JN411733

제8판

민법총칙

THE CIVIL CODE THE CIVIL CODE

송덕수 저

박영사

제 8 판 머리말

이 책의 제 7 판이 나온 뒤 민법이 한 차례 개정되었다. 그 개정 규정에는 총칙편의 규정들이 포함되어 있다. 또 최근에 아주 중요한 대법원 전원합의체 판결이 선고되었고, 다른 수많은 대법원판결 · 결정도 나타났다. 이러한 변화는 되도록 빨리 반영해 줄 필요가 있다. 그래서 한 학기 뒤에 개정하려던 것을 앞당겨 부랴부랴 이번에 개정판을 내게 되었다. 이 개정으로 2026년 1월에 저자의 낱권 교과서는 이 책과 「친족상속법」이 함께 제 8 판으로 나오게 되었다.

이 책이 제 8 판에서 크게 달라진 점은 다음과 같다.

(1) 민법과 민사특별법의 개정사항을 반영하였다.

(2) 새로운 대법원판례를 빠짐없이 조사하여 적절한 곳에서 충실하게 설명해 주었다.

(3) 일부 중요 판결에 대하여 저자가 — 김병선 교수와 함께 — 펴낸 「민법핵심판례240선」(박영사)의 면수를 찾아 적었다. 또한 저자의 「신민법사례연습」(제 6 판)을 인용했던 경우에 인용 면수를 최신판인 제 7 판에 맞추어 적었다.

이 책이 나오는 데에는 많은 분의 도움이 있었다. 우선 박영사의 안종만 회장님과 안상준 대표가 이 책의 개정을 독려하고 격려해 주셨다. 특히 안 회장님은 저자가 민법의 전 분야에 걸쳐 낱권 교과서를 완간한 것을 — 곽윤직 교수님도 못하신 것이라며 — 높이 평가하면서 오래도록 꾸준히 개정도 해달라고 당부하셨다. 그리고 김선민 이사는 편집을 총괄하면서 아주 빠른 시간에 책을 훌륭하게 만들어주셨다. 또 조성호 출판기획이사는 개정 작업이 순조롭게 이루어질 수 있도록 열심히 도와주셨다. 이분들을 포함하여 도와주신 모든 분께 깊이 감사드린다.

2026년 1월

송 덕 수

머 리 말

몇 년 전 민법강의[상]을 집필할 때 그 책의 목적상 양·내용·서술방식 등 여러 면에서 제약을 받아 정신적으로 힘들어했던 기억이 난다. 특히 한정된 지면 때문에 충분한 설명을 하지 못하여 안타까워하기도 했고, 또 쓰기 싫은 내용을 독자들을 위하여 참고 기술하기도 하였다. 그러면서 혹시 후에 개별적인 책으로 교과서를 집필하게 될 기회가 있으면 내가 하고 싶은 대로 하리라 다짐하였다.

그 뒤 법학전문대학원(로스쿨) 제도가 도입되어 법학계는 이전에 경험해 보지 못한 새로운 국면을 맞았다. 법학전문대학원 제도는 실무를 중시하는 교육을 하지 않으면 안 되도록 했고, 아울러 법학 전공생의 수를 급격히 줄어들게 하였다. 이는 적어도 교과서에 관한 한 그것의 융성을 막는 커다란 장애요인이고, 그 결과 종래 우리의 법학을 가장 건실하게 지탱해 오던 바탕을 취약하게 만드는 중대한 사유가 되고 있다. 그뿐만 아니라 법학전문대학원의 교육은 교수에게 법과대학 시절보다 몇 배의 노력과 시간을 요구하였다.

이러한 상황에서 상세한 교과서를 쓰는 것은 즐거운 일도, 크게 환영받을 일도 아니었다. 그런데 박영사의 안종만 회장이 법학 발전에 대한 강한 신념과 의지를 가지고 저자에게 낱권 교과서의 집필을 간곡히 요청하였다. 저자는 처음에는 매우 주저하다가 집필을 하기로 하였다. 법률실무를 잘 하기 위해서는 먼저 법률이론을 철저하게 익혀야 하고, 따라서 법학전문대학원 제도 하에서도 법률이론을 잘 정리한 좋은 교과서가 반드시 있어야 한다고 생각했기 때문이다. 그러고 보면 이 책을 쓰게 된 것은 전적으로 안회장의 신념과 의지 덕택이라고 할 수 있다.

이런 과정을 거쳐 집필을 결정하고 보니, 예전에 마음먹었던 대로, 즉 저자의 만족만을 위하여서가 아니고, 오히려 법학전문대학원 시대에 도움이 되는 방향으로 집필하는 것이 바람직하다고 생각되었다. 그래서 개인적으로 좋아하지는 않아도 법학전문대학원 학생들의 학습에 적합한 방법으로 책을 쓰기로 하였다. 구체적으로는 이론과 실무를 연계해서 공부하고 익힐 수 있도록 배려하고, 또한 통합적 공부에 도움이 되도록 민법 외에 상법이나 민사소송법 · 민사집행법과 관련되는 부분에도 신경을 많이 썼다. 그리고 이 책에는 지면의 여유가 어느 정도는 있어서 각 사항에 비교적 충분한 설명을 했고, 그러면서 다른 학자나 실무가의 가치가 있는 논문들도 반영하였다. 그 밖에 독자들의 편의를 위하여 전체를 한글로만 기술하고, 어려운 용어는 해설을 붙이기도 하였다. 또한 표지나 글자 등의 디자인도 주된 독자층인 젊은이의 취향에 맞추었다.

앞으로 이런 방식으로 민법의 나머지 부분도 차례차례 써 내려갈 계획이다.

지금 돌이켜보니 올해는 저자가 대학원에 진학하여 민법을 전공으로 택한 지 30년이 되는 뜻깊은 해이다. 그런데 강산이 세 번 바뀌도록 민법을 공부했는데도 아직도 모르는 것투성이이고 공부할수록 더 어려우니 그것은 저자에게 재주가 부족해서 그러리라. 그나마 법률행위의 기초이론과 의사표시에 관하여 오랜 기간 연구를 하여 나름의 새로운 체계를 세워놓은 것에서 조금은 위안을 삼는다.

저자는 대학원 석사과정에서부터 어느 분보다도 뛰어나고 훌륭하신 곽윤직 선생님을 지도교수로 모시고 과분하게 공부해 왔다. 그러면서 항상 냉철하고 정확하게 판단하시는 선생님을 경외심을 가지고 바라보았다. 저자는 민법에 관한 글을 쓰면서 정말 어려운 법적 판단을 하여야 할 때면 마음속으로 선생님께서 이 문제를 접하면 어떻게 판단하실까 상상하면서 고심하곤 하였다. 이 책을 내게 되니 이러한 기억과 함께 선생님에 대한 존경과 감사의 염이 끊임없이 일어난다.

이 책을 펴내는 데에는 많은 분들의 도움이 있었다. 먼저 이화여대 서을오 부교수, 한양대 송호영 부교수는 자료제공과 자문을 해 주었고, 대학원 제자들인 김지원(구명 김계순) 이화여대 연구교수, 김병진 법학박사, 김소희 · 한은주 · 형수경 · 이선미 법학석사는 수정할 곳을 지적해 주었으며, 특히 김지원 박사는 색인도 훌륭하게 만들어 주었다. 그리고 박영사에서도 조성호 부장, 김선민 부장을 비롯한 여러 분이 수고를 해 주었다. 이 모든 분들에게 이 자리를 빌려 깊이 감사드린다.

2011년 1월

송 덕 수

차 례

제 1 장 서 론

제 2 장 권 리

제 3 장　법률행위

제 4 장 기 간

제 5 장 소멸시효

제 6 장 권리의 주체

제 7 장 물 건

주요 참고문헌

(괄호 안은 인용약어임)

姜台星, 民法總則, 新版, 大明出版社, 2006 (강태성)
高翔龍, 民法總則, 第 3 版, 法文社, 2003 (고상룡)
高昌鉉, 民法總則, 法文社, 2006 (고창현)
郭潤直, 民法總則, 第 7 版, 博英社, 2007 (곽윤직)
郭潤直, 民法總則, 新訂版(重版), 博英社, 1992 (곽윤직(신정판))
金基善, 韓國民法總則, 第 3 全訂版, 法文社, 1991 (김기선)
김상용, 민법총칙, 화산미디어, 2009 (김상용)
金容漢, 民法總則論, 再全訂版, 博英社, 1997 (김용한)
金疇洙, 民法總則, 第 5 版, 三英社, 2002 (김주수)
金俊鎬, 民法總則, 全訂版, 法文社, 2008 (김준호)
金曾漢 · 金學東 共著, 民法總則, 第 9 版, 博英社, 2001 (김학동)
명순구, 민법총칙, 法文社, 2005 (명순구)
民法注解[I]~[Ⅲ], 博英社, 1992 (주해(1)~(3)(집필자 성명))
白泰昇, 民法總則, 第 4 版, 法文社, 2009 (백태승)
송덕수, 물권법, 제 7 판, 박영사, 2025 (물권법)
송덕수, 신민법강의, 제19판, 박영사, 2026 (신민법강의)
송덕수, 신민법사례연습, 제 7 판, 박영사, 2024 (신사례)
송덕수, 채권법각론, 제 7 판, 박영사, 2025 (채권법각론)
송덕수, 채권법총론, 제 7 판, 박영사, 2024 (채권법총론)
송덕수, 친족상속법, 제 8 판, 박영사, 2026 (친족상속법)
송덕수 · 김병선, 민법 핵심판례240선, 박영사, 2024 (핵심판례)
梁彰洙, 民法硏究 第 1 卷~第 9 卷, 博英社, 1991~2007 (양창수, 민법연구(1)~(9))
尹眞秀, 民法論攷 I ~Ⅳ, 博英社, 2007~2010 (윤진수, 민법논고(1)~(4))
李英俊, 民法總則, 改訂增補版, 博英社, 2007 (이영준)
李銀榮, 民法總則, 第 5 版, 博英社, 2009 (이은영)
李太載, 民法總則, 法文社, 1981 (이태재)
張庚鶴, 民法總則, 第 2 版, 法文社, 1989 (장경학)
鄭淇雄, 民法總則, 法文社, 2009 (정기웅)
註釋民法, 總則(1)~(3), 제 3 판, 韓國司法行政學會, 2001~2002 (주석 민법총칙(1)~(3)(집필자 성명))
池元林, 民法講義, 第 8 版, 弘文社, 2010 (지원림)
홍성재, 민법총칙, 전정판, 대영문화사, 2010 (홍성재)
Brox, *Allgemeiner Teil des Bürgerlichen Gesetzbuchs*, 15. Aufl., 1991 (Brox)
Flume, *Das Rechtsgeschäft*, 3. Aufl., 1979 (Flume)

Hübner, *Allgemeiner Teil des Bürgerlichen Gesetzbuches*, 1985 (Hübner)
Lange-Köhler, *BGB Allgemeiner Teil*, 17. Aufl., 1980 (Lange-Köhler)
Larenz, *Allgemeiner Teil des Bürgerlichen Rechts*, 6. Aufl., 1983 (Larenz)
Medicus, *Allgemeiner Teil des BGB*, 6. Aufl., 1982 (Medicus)

일러두기

독자들로 하여금 이 책을 효율적으로 읽게 하기 위하여 이 책의 특징을 소개하기로 한다.

- 이 책은 독서의 편의를 위하여 각주를 두지 않고, 각주에 둘 사항은 괄호 안에 두 줄의 작은 글씨로 처리하였다.
- 주요 관련사항은 본문에 두되, 글자의 크기를 줄여서 구별되게 하였다.
- 민법 개정법률을 포함하여 모든 법령을 최근의 것까지(2025. 9. 19. 공포 기준) 반영하였다.
- 판례는 최근의 것까지 모두 조사하여 정리 · 인용하였다. 판례는 판례공보에 수록된 것을 중심으로 검토하였으나(2025. 9. 15.자 공보까지), 다른 자료에 나타난 판례라도 중요한 것은 반영하였다. 그런데 이 책은 교과서이기 때문에 독서의 편의를 위하여 — 전거를 찾기가 어려운 특별한 사정이 없는 한 — 전거나 자료의 표시는 생략하였다.
- 판례 가운데 특히 중요한 것은 판결이유 중 요지부분을 직접 인용하여 실었다. 그러한 판례는 충분히 익혀야 한다.
- 독자들의 편의를 위하여 교과서(특히 현재 실효성이 있는 것)를 중심으로 하여 학설을 모두 조사하여 정리해 두었다. 그럼에 있어서 교과서 이외의 문헌도 가치가 큰 것은 조사하여 정리해 두었다.
- 이 책에는 관련부분을 찾아보는 데 편리하게 하기 위하여 본문의 옆에 일련번호, 즉 옆번호를 붙였다. 그리고 참조할 곳을 지시할 때는 이 옆번호를 사용하였다. 색인의 경우에도 마찬가지이다.
- 이 책에 인용된 법령 가운데 민법규정은 민법이라고 표시하지 않고 조문으로만 인용하였다. 그리고 나머지의 법령은 해당 법령의 명칭을 써서 인용하되, 몇 가지 법령은 약칭을 사용하였다(전부 또는 일부에서). 그러한 법령 중 중요한 것들의 본래의 명칭은 다음과 같다.

  가담법(또는 가등기담보법): 「가등기담보 등에 관한 법률」
  가소: 가사소송법
  가소규: 가사소송규칙
  가족: 「가족관계의 등록 등에 관한 법률」
  가족규칙: 「가족관계의 등록 등에 관한 규칙」
  공간정보구축법: 「공간정보의 구축 및 관리 등에 관한 법률」
  공익법인법: 「공익법인의 설립 · 운영에 관한 법률」
  근기법: 근로기준법
  대부업법: 「대부업 등의 등록 및 금융이용자 보호에 관한 법률」
  민소: 민사소송법
  부동산실명법: 「부동산 실권리자 명의 등기에 관한 법률」

부등법: 부동산등기법
부등규칙: 부동산등기규칙
부등특조법:「부동산등기 특별조치법」
비송(또는 비송법): 비송사건절차법
실화책임법:「실화책임에 관한 법률」
약관법:「약관의 규제에 관한 법률」
입목법:「입목에 관한 법률」
주임법: 주택임대차보호법
집합건물법:「집합건물의 소유 및 관리에 관한 법률」
채무자회생법:「채무자회생 및 파산에 관한 법률」

• 판결 인용은 양을 줄이기 위하여 다음과 같은 방식으로 하였다.
(예) 대법원 1971. 4. 10. 선고 71다399 판결 → 대판 1971. 4. 10, 71다399

제 1 장 서　　론

제 1 절　민법(民法)의 의의

I. 서　　설 [1]

어떤 학문이든 그것에 관하여 논의를 함에 있어서는 먼저 그것이 다루어야 하는 대상을 분명하게 할 필요가 있다. 우리가 논의를 시작하려고 하는 민법학(民法學)의 경우에도 마찬가지이다. 법해석학의 일종인 민법학은 실제 사회에서 일어나는 민사에 관한 구체적인 다툼에 적용하게 하기 위하여 민법을 해석하는 학문이다. 그러므로 민법을 그 연구대상으로 한다. 여기서 민법학의 연구대상이 되고 있는 민법이 과연 무엇인가를 살펴볼 필요가 있다.

민법은 실질적으로 파악될 수도 있고, 형식적으로 파악될 수도 있다. 그리고 그에 따른 민법을 각각 실질적 의미의 민법(실질적 민법), 형식적 의미의 민법(형식적 민법)이라고 한다. 전자는 보통 법질서 안에서 민법이 차지하는 지위를 밝히는 방법으로 정의되며, 후자는 민법이라는 이름의 법률을 가리킨다.

뒤에 보는 바와 같이, 두 가지의 민법 가운데 민법학의 대상으로 되는 것은 실질적 민법이다. 따라서 둘 중 실질적 민법이 보다 중요하다. 그러나 형식적 민법이 실질적 민법에 대하여 가지는 지위가 매우 중대함에 비추어 볼 때 형식적 민법도 가볍게 볼 수는 없다.

〈민법(民法)이라는 용어의 유래와 그 글자의 뜻〉

민법의 「民」(민)은 백성이라는 뜻을 가진 한자이다. 그러면 민법은 백성의 법이라는 의미를 가진 말인가?

민법은 독일과 오스트리아에서는 Bürgerliches Recht라고 하고, 스위스에서는 Zivilrecht라고 하며, 프랑스에서는 Droit civil이라고 한다. 이들은 한결같이 로마의 ius civile를 번역한 것으로서 문자상 시민법(市民法)이라는 뜻을 가지고 있다. 본래 로마에서 ius civile(시민법)는 로마의 시민에게만 적용되는 법으로서, 그 내용은 사법(私法)이었다. 그 뒤, 유럽 대륙의 여러 나라에 로마법이 계수(繼受)되면서 시민법은 사법을 가리키는 법률술어로 되었다(여기의 시민이 계급으로서의 시민이 아님은 물론이다). 우리의 민법도 마찬가지이다. 즉 우리의 민법이라는 용어도 서양의 시민법이라는 말을 번역한 것이다. 결국 민법이라는 글자는 신하나 임금의 법과 대립되는 의미에서 백성의 법이라는 뜻을 가진 것이 아니고, 사법이라는 뜻을 가진 용어이다.

[2] Ⅱ. 실질적 민법

민법을 실질적으로 파악하면 그것은 사법(私法)의 일부로서 사법관계(私法關係)를 규율하는 원칙적인 법, 즉 사법의 일반법(일반사법)이라고 할 수 있다. 이에 의하면 민법은 우선 법의 일부이고, 그 가운데 사법이며, 사법 중에서도 일반법이다. 아래에서 이들에 관하여 나누어 설명하고, 덧붙여 민법의 다른 성질에 대하여도 기술하기로 한다.

1. 민법은 법의 일부이다

사람은 혼자서 살 수 없으며, 가족 · 사회 · 국가에 소속되어 공동생활을 하고 있다. 그런데 공동생활에서 질서가 유지되려면 일정한 규칙에 따라서 행동하여야 한다. 공동생활에서 지켜야 할 규칙은 규범이라고도 하는데, 그러한 사회규범에는 법 · 도덕 · 관습 · 종교 등 여러 가지가 있다. 이들 가운데 법은 국가권력에 의하여 그 실현이 강제된다는 점에서 다른 사회규범과 구별된다. 법을 강제성으로 무장된 사회규범이라고 하는 이유가 여기에 있다.

이러한 법은 하나의 법규범을 가리키는 것이 아니고, 헌법을 정점으로 하여 어느 정도 체계를 이루고 있는 여러 규범을 의미한다. 그 때문에 법을 법체계라고 한다. 그리고 규범의 체계를 질서라고 하므로, 법은 법질서라고도 한다. 결국 법 · 법체계 · 법질서는 모두 동의어이다.

민법은 이러한 법질서(법)의 일부이다.

2. 민법은 사법이다

일반적으로 법은 크게 공법(公法)과 사법(私法)으로 구별된다. 이렇게 법을 공법과 사법으로 나누는 경우에 민법은 사법에 해당한다.

(1) 공법과 사법의 구별

1) 구별에 관한 학설 공법과 사법을 어떠한 표준에 의하여 구별할 것인가에 관하여는 아직까지 정설이 없다. 그에 대한 고전적인 견해로 이익설 · 성질설 · 주체설이 있으나, 우리나라에서는 이를 그대로 채용하는 학자는 없으며 그것들을 결합시킨 견해가 대부분이다. 아래에서 고전적인 견해와 함께 우리의 학설을 살펴보기로 한다.

(가) 이 익 설 공익(公益)의 보호를 목적으로 하는 법이 공법이고, 사익(私益)의 보호를 목적으로 하는 법이 사법이라는 견해로서 목적설이라고도 한다. 이익설은 로마법에서 이미 나타난 오래된 학설이다.

(나) 성 질 설 법이 규율하는 생활관계의 성질을 표준으로 하여 불평등관계(권력 · 복종관계)를 규율하는 법이 공법이고, 평등 · 대등관계를 규율하는 법이 사법이라는 견해이다. 성질설은 법률관계설 또는 효력설이라고도 한다.

(다) 주 체 설 국가 기타 공공단체 상호간의 관계 또는 이들과 개인과의 관계를 규율하는 법이 공법이고, 개인 상호간의 관계를 규율하는 법이 사법이라는 견해이다(강태성, 6면).

(라) 생활관계설 사람의 생활관계 가운데 국민으로서의 생활관계를 규율하는 법이 공법이고, 인류로서의 생활관계를 규율하는 법이 사법이라는 견해이다(김용한, 4면).

(마) 사적 자치설 사적 자치의 원칙의 적용을 받는 법이 사법이고, 그렇지 않은 법이 공법이라는 견해이다(이영준, 6면).

(바) 다원설(多元說) 어느 하나의 표준에 의하지 않고 여러 가지의 표준에 의하여 공 · 사법을 구별하는 견해이다. 다원설 중에는 주체설을 기본으로 하고 거기에 성질설 · 이익설을 가미한 견해가 많다(고상룡, 5면; 고창현, 22면; 곽윤직, 5면 · 6면; 김상용, 9면; 정기웅, 5면). 그런가 하면 구별표준으로 사익 · 행위주체 · 당사자의 대등성과 교환성 · 행위 내용의 자율적 형성 등 여러 가지를 드는 견해(이은영, 10면)도 있다.

2) 판 례 판례는 성질설을 취하고 있는 것으로 보인다(대결 2006. 6. 19, 2006마117; 대결 2012. 9. 20, 2012마1097; 대판 2014. 12. 24, 2010다83182). 견해(지원림, 4면)에 따라서는 우리의 판례가 주체설의 입장에 있다고 이해한다. 그러나 판례는 문제되는 계약에 관하여 사법의 원리가 적용된다고 하는 근거를 지방자치단체가 당사자가 되었는가의 점에서보다는 상대방과

대등한 위치에서 체결한다는 점에서 찾고 있는 것으로 생각된다.

〈판　례〉

「지방재정법에 의하여 준용되는 국가계약법에 따라 지방자치단체가 당사자가 되는 이른바 공공계약은 사경제의 주체로서 상대방과 대등한 위치에서 체결하는 사법(私法)상의 계약으로서 그 본질적인 내용은 사인간의 계약과 다를 바가 없으므로, 그에 관한 법령에 특별한 정함이 있는 경우를 제외하고는 사적 자치와 계약자유의 원칙 등 사법의 원리가 그대로 적용된다고 할 것」이다(대결 2006. 6. 19, 2006마117. 같은 취지: 대결 2012. 9. 20, 2012마1097; 대판 2014. 12. 24, 2010다83182; 대판 2020. 5. 14, 2018다298409).

[3] 3) 학설들의 문제점　공·사법 구별에 관한 학설들은 모두 한편으로는 공감되는 표준을 제시하면서도 다른 한편으로 문제점도 드러내고 있다.

우선 이익설은 어떤 법이 공익과 사익의 둘 모두의 보호를 목적으로 하는 경우에는 적절한 구별을 할 수 없게 된다. 예컨대 재산범죄자 처벌을 위한 형법규정은 사회의 질서유지라는 공익을 보호함과 동시에 사인(私人)의 재산(사익)의 보호도 목적으로 한다(곽윤직, 2면). 성질설에 의하면, 국가는 서로 평등하므로 국가 사이의 관계를 규율하는 국제법은 사법이고, 부모와 자녀 사이에 관한 민법규정은 공법이라고 하게 되어 문제이다. 주체설은 국가 또는 공공단체가 사인과 매매 등의 계약을 체결하는 경우를 공법의 규율대상이라고 해야 하는 문제가 생긴다. 그 때문에 주체설에서는 국가나 공공단체가 사인과 같은 자격으로 개인과 법률관계를 맺는 경우에 이를 규율하는 법은 사법이라는 예외를 인정한다. 그런데 그것은 구별의 표준이 이원적이라는 비난을 면하기 어렵다. 생활관계설은 사람의 생활관계가 국민으로서의 생활관계와 인류로서의 생활관계로 확연하게 구분되기 어려워 현실성이 없다. 사적 자치설은 공·사법이 구별된 후에 사법에 적용되어야 할 사적 자치라는 원리가 그 이전에 공·사법 구별의 표준으로 사용되는 점에서 본말이 전도되어 있다. 끝으로 다원설은 공·사법의 완전한 구별만을 위하여 여러 가지 표준을 끌어들이고, 그 결과 의미 있는 하나의 기준을 제시하는 역할을 스스로 포기하는 점에서 바람직하다고 할 수 없다.

4) 공법·사법 구별의 필요성　방금 본 것처럼, 공·사법 구별에 관한 보편타당한 표준을 찾는 것은 대단히 어려운 일이다. 그 이유는 공법과 사법이 법의 개념이나 이념으로부터 당연히 추출될 수 있는 절대적인 개념이 아니고, 역사

적 · 연혁적인 것이고 또한 상대적인 것에 지나지 않기 때문이다. 따라서 어떤 견해도 완전할 수 없는 것이다.

그런데 거기에 공 · 사법 구별을 더욱 어렵게 하는 사정이 생겼다. 사회법의 등장이 그것이다. 근대 이후 자본주의가 발전하면서 여러 가지 폐단이 발생하였고, 그러한 폐단을 제거하기 위하여 국가는 사법의 영역에 속하는 분야에 공법적인 규제를 가하는 여러 입법을 하였다. 노동법(근로기준법 등의 노사관계에 관한 법) · 경제법(독점금지 · 소비자보호 등에 관한 법) · 사회보장법(각종 연금법 등)이 그것이다. 그리고 이들은 종래의 공법과 사법 가운데 어디에도 속하지 않는 사회법이라는 제 3 의 법영역을 형성하게 되었다. 그리고 앞으로 공법과 사법의 접근은 더욱 늘어갈 것이다.

그러면 공법 · 사법의 구별을 포기해야 하는가? 공 · 사법의 구별은 그것이 아무리 어렵다고 하여도 다음과 같은 이유에서 견지되어야 한다. 첫째로 공법과 사법은 지배하는 법원리가 다르기 때문이다. 특히 사적 자치는 사법에서만 적용된다. 둘째로 구체적인 법률관계에 관하여 명문규정이 없을 때 거기에 적용되어야 할 법 또는 법원칙을 결정하기 위하여서도 공 · 사법의 구별이 필요하다. 셋째로 현행 재판제도상 행정사건과 민사사건의 구별 표준을 위하여서도 필요하다. 현행법에 의하면 행정소송은 피고의 소재지를 관할하는 행정법원의 전속관할에 속한다(법원조직법 40조의 4, 행정소송법 3조 · 4조 · 9조 · 38조 · 40조 · 46조 등).

5) 사 견 다원설이 아니면 어느 학설도 공 · 사법을 완전하게 구별할 수는 없다. 그렇지만 설사 다원설을 취한다고 하여도 어느 기준을 가장 의미 있는 것으로 보아야 할 것인가는 밝혀 주는 것이 필요하다. 그런 점에서 사견으로는 당해 법이 규율하는 생활관계가 권력 · 복종관계인가 대등관계인가에 따라 구별하는 성질설이 실질적으로 타당하게 공 · 사법을 판단할 수 있다는 점에서 가장 바람직하다고 생각한다.

〈참 고〉

현재 우리의 법률 가운데 민법 · 상법이 사법이고, 헌법 · 행정법(행정법이라는 법률이 있지는 않음) · 형법 · 형사소송법 · 민사소송법이 공법이라는 데 대하여는 다툼이 없다. 공법과 사법의 구별은 조그만 법률들에서 주로 문제되는 것이다.

(2) 사법의 내용 [4]

사법의 적용을 받는 생활관계, 즉 사법관계에는 재산관계와 가족관계(신분관계라고도 함)의 둘이 있다. 재산관계는 재화를 얻거나 그것을 지배하여 이용하는 생활관계이며, 그러한 재산관계의 전형적인 것으로는 물권관계와 채권관계가 있다. 그 중에 물권관계는 물건 기타의 객체에 대한 지배관계이고, 채권관계는 2인 이상의 특정인 사이에 채권·채무가 존재하는 관계이다. 한편 가족관계는 종래 친족관계와 상속관계로 나누어졌다. 그러나 1990년의 민법 개정으로 호주상속이 호주승계로 이름이 바뀌어 친족편으로 옮겨졌다가 급기야 2005년의 개정으로 호주제도가 폐지되었고, 그리하여 상속편은 재산상속만을 규율함에 따라, 이제 상속관계는 재산관계로 되었고 가족관계로는 친족관계만 남게 되었다(같은 취지: 곽윤직, 6면). 그럼에도 불구하고 아직도 가족관계를 친족관계 외에 상속관계를 포함하는 것으로 이해하는 학자가 많이 있다. 그러한 입장에서는 가족관계를 친족적 집단에 있어서의 생활관계 및 재산상속에 관한 생활관계로 이루어지는 관계라고 한다(김상용, 9면 등). 그에 비하여 가족관계를 친족관계로만 이해하는 사견에서는 가족관계 즉 친족관계는 혼인을 기초로 하여 형성된 일정범위의 친족 사이의 생활관계라고 하게 된다.

위와 같은 사법관계의 분류에 따라 사법도 재산관계를 규율하는 재산법과 가족관계를 규율하는 가족법(신분법이라고도 함)으로 나누어지고, 재산법에는 전형적인 것으로 물권법·채권법이 있게 되고 상속법도 거기에 속하게 되었다. 그런데 이하에서는 편의상 재산법은 물권법·채권법만을 가리키는 용어로 사용하고, 상속법은 따로 상속법이라고 표현하기로 한다.

〈법률관계의 분류 및 규율법〉(괄호 안은 해당 법률관계를 규율하는 법임)

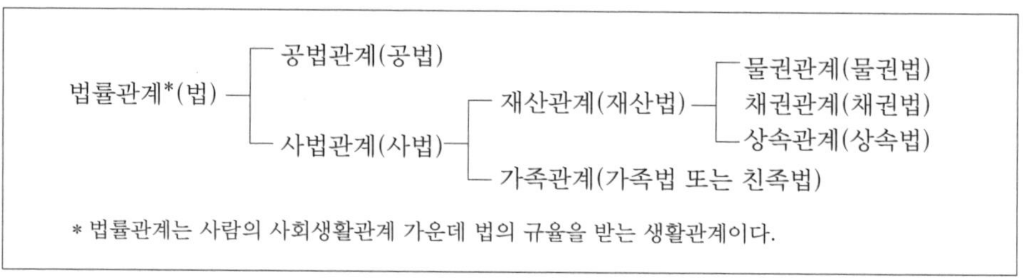

[5] 3. 민법은 일반법(一般法)이다

(1) 일반법과 특별법의 구분

법은 일반법과 특별법으로 나누어진다. 일반법은 사람·사항·장소 등에 특별한 제한 없이 일반적으로 적용되는 법이고, 특별법은 일정한 사람 · 사항 · 장소에 관하여만 적용되는 법이다. 그런데 이 구별은 상대적이다. 예컨대 상법은 민법에 대하여서는 특별법이지만 상사특별법에 대하여서는 일반법이다. 법을 일반법 · 특별법으로 구별하는 이유는 동일한 사항에 대하여서는 특별법이 일반법에 우선하여 적용되기 때문이다. 이것을 특별법 우선의 원칙이라고 한다.

(2) 일반법으로서의 민법

사법을 일반법과 특별법으로 나눈다면, 민법은 일반법이다. 그리하여 민법은 사법의 일반법, 즉 일반사법(一般私法)이다. 그러므로 그것은 사람 · 사항 · 장소에 관계없이 널리 적용된다.

(3) 특별사법

일반사법인 민법에 대하여 많은 특별사법이 있다. 그 가운데 가장 중요한 것이 상법이다. 상법(실질적 상법)은 상기업에 관한 특별사법이다. 문헌들은 특별사법의 그 밖의 예로 경제법 · 노동법 · 지식재산권법을 들기도 한다(이영준, 7면; 주해(1), 33면(최병조). 김학동, 8면은 앞의 둘을 든다). 그런데 공법과 사법이 교차하는 사회법의 영역을 인정할 경우 경제법 · 노동법은 특별「사법」이라고 할 수 없을 것이다.

주의할 것은, 주택임대차보호법과 같은 민사특별법은 일반사법인 실질적 민법에 해당하고 특별사법이 아니라는 점이다. 주택임대차보호법은 일반인의 주택임대차를 규율하는 것이기 때문이다.

4. 민법의 그 밖의 성질

(1) 실체법(實體法)

법에는 실체법과 절차법이 있다. 실체법은 직접 법률관계 자체 즉 권리 · 의무에 관하여 규정하는 법이고, 절차법은 법률관계(권리 · 의무)를 실현하는 절차를 정하는 법이다. 실체법과 절차법은 밀접한 관계에 있다. 실체법이 정하는 내용은 그것이 지켜지지 않는 때에는 절차법에 의하여 실현되기 때문이다.

법을 실체법과 절차법으로 나눈다면, 민법은 실체법에 속한다. 민사에 관한 절차법의 대표적인 예로는 민사소송법 · 민사집행법 · 가사소송법 · 비송사건절차법 · 민사조정법을 들 수 있다.

(2) 행위규범 · 재판규범

민법은 각 개인이 지켜야 할 규범(행위규범)이면서 아울러 재판시 법관(법원)이 지켜야 할 규범(재판규범)이기도 하다(이설 없음).

[6] Ⅲ. 형식적 민법

민법을 형식적으로 이해하면 민법은 「민법」이라는 이름을 가진 성문의 법전을 가리킨다. 즉 1958년 2월 22일에 공포되어 1960년 1월 1일부터 시행된 법률 제471호를 말한다. 형식적 민법은 실질적 민법과 구별하기 위하여 「민법전」(民法典)이라고 표현되기도 한다.

Ⅳ. 두 민법 사이의 관계와 민법학의 대상

1. 두 민법 사이의 관계

실질적 민법과 형식적 민법은 일치하지 않는다. 민법전(형식적 민법)은 실질적 민법법규를 모아 제정한 것이기는 하지만, 실질적 민법법규 모두를 담고 있지 못하다. 그런가 하면 민법전 안에는 실질적 민법이 아닌 공법적인 규정도 들어 있다(예: 법인의 이사 · 감사 · 청산인에 대한 벌칙규정인 97조, 채권의 강제집행 방법에 관한 389조 등). 한편 실질적 민법에는 민법전 외에 민법의 부속법령, 민사특별법령, 공법 내의 규정 등도 있다. 그리고 민사에 관한 관습법은 불문법이지만 실질적 민법에 속하게 된다.

이처럼 두 민법은 일치하지 않지만, 그렇다고 하여 둘이 전혀 무관계한 것은 아니다. 두 민법은 아주 밀접한 관계에 있다. 민법전이 실질적 민법의 중심을 이루고 있기 때문이다. 민법전은 — 극소수의 공법적 규정을 제외하면 — 가장 핵심적인 실질적 민법인 것이다.

2. 민법학의 대상: 실질적 민법

민법학의 대상이 되는 민법은 실질적 민법이다. 민법전에 규정되지 않은 사항이라도 개인의 사법관계에 관한 원칙적인 법이면 모두 논의하는 것이 바람직하기 때문이다. 따라서 앞으로의 논의는 민법전에 한정하지 않고 실질적 민법 전부에 관하여 이루어지게 된다. 그렇지만, 형식적 민법은 실질적 민법의 핵심부분이기 때문에, 그 논의는 민법전을 중심으로 하게 될 것이다. 그리고 그때 내용상의 누락을 막기 위하여 민법전 중의 공법적 규정도 같이 다루게 된다.

〈주의할 점〉

대체로 학자들은 문헌에서 실질적 민법과 형식적 민법을 구별하지 않고 모두 단순히 민법이라고 표현하고 있다. 따라서 민법이라는 용어가 사용된 경우에 그것이 두 민법 가운데 어느 것을 가리키는지는 문맥과 상황을 고려하여 적절하게 판단하여야 한다.

제 2 절 민법의 법원(法源)

I. 서 설 [7]

1. 법원의 의의와 종류

(1) 법원의 의의

우리는 앞에서 사법관계에 적용되는 원칙적인 법(일반사법)이 실질적 민법임을 보았다. 그런데 실질적 민법에 관한 그러한 개념 정의는 매우 추상적이어서 어떤 것이 그에 해당하는지를 구체적으로 알려 주지 못한다. 여기서 실질적 민법이 구체적으로 어떤 모습으로 존재하는지(또는 실질적 민법을 무엇을 통하여 인식할 수 있는지)를 살펴볼 필요가 있다. 그것이 민법의 법원의 문제이다.

법원(法源)은 법의 연원(淵源)을 줄인 말인데, 그 의미에 관하여는 견해가 대립하고 있다. 대부분의 학자들이 취하고 있는 견해(제 1 설)는 법의 존재형식 또는 현상형태(現象形態)라고 한다(대표적으로 곽윤직, 12면). 제 2 설은 민법의 법원이라고 할 때는 법원의 의미가 제 1 설과 같으나, 제 1 조의 제목의 법원은 법의 인식근거로서의 법원이라고 한다(주해(1), 27면 · 35면(최병조)). 그리고 제 3 설은, 제 2 설을 인식연원설(認識淵源說)이라고 하면서, 민법의 법원이란 「국민이 무엇이 법인가를 인식할 수 있는 출처」를 가리킨다는 취지에서 인식연원설이 옳다고 한다(이은영, 27면). 이 견해는 「민법의 법원」이라고 할 때도 같은 의미로 이해하는 점에서 제 2 설과 다르다. 생각건대 제 3 설은 제 2 설의 주장내용을 불완전하게 파악하고 있다. 제 2 설에 의하더라도 「민법의 법원」이라고 할 때는 법원의 의미를 제 1 설과 같이 이해하고 있음을 주의하여야 한다. 그러고 보면 「법의 존재형식」과 「법의 인식근거」 가운데 무엇을 논의할 것인가 하는 선택의 문제임을 알 수 있다. 그런데 여기서 중요한 것은 무엇이 민법인가 하는 점이다. 따라서 법의 존재형식이라는 의미에서 법원을 논의하는 것이 바람직하다. 그럼에 있어서 제 1 조의 제목에 지나치게 구애될 필요는 없다.

법원을 통설인 제 1 설 및 사견과 같이 이해하면 민법의 법원으로서 구체적으로 열거한 것이 실질적 민법이라는 결과로 된다.

(2) 법원의 종류

법원에는 성문법(成文法)과 불문법(不文法)이 있다. 성문법은 문자로 표시되고 일정한 형식 및 절차에 따라서 제정되는 법이며, 제정법이라고도 한다. 그리고 성문법이 아닌 법이 불문법이다. 불문법으로 논의되는 것에는 관습법 · 판례법 · 조리 등이 있다.

〈성문법과 실정법(實定法)〉

성문법과 구별해야 하는 개념으로 실정법이 있다. 실정법은 자연법(시간과 장소를 초월하여 영원히 존재한다고 생각되는이상적인 법)과 대비되는 것으로서, 사회에서 실증적으로 파악되는 법이다. 따라서 실정법은 현재 법으로서 존재하는 것 모두를 가리키는 것이며, 우리가 말하는 넓은 의미의 법이 모두 실정법이다. 그 결과 성문법뿐만 아니라 관습법과 같은 불문법도 실정법에 해당한다. 실정법은 성문법을 포함하는 넓은 개념인 것이다.

각 나라는 성문법과 불문법 가운데 어느 것을 제 1 차적인 법원으로 인정하느냐에 따라 성문법주의 국가와 불문법주의 국가로 나누어진다. 민법에 관하여 보면, 독일 · 프랑스 · 스위스 등의 대륙법계(여기의 대륙은 유럽대륙을 가리킴) 국가는 성문법주의를 취하고 있고, 영국 · 미국의 많은 주 등 영미법계 국가는 불문법주의를 취하고 있다(여기서는 판례법을 제 1 차적인 법원으로 함). 성문법주의의 경우에는 민법전과 같은 대법전을 두고 있으나, 불문법주의의 경우에는 특별한 사항에 대한 성문법(예: 영국의 동산매매법)은 있어도 민법 전체를 규율하는 대법전은 없다.

성문법주의와 불문법주의는 성문법과 불문법 가운데 어느 것을 제 1 차적인 법원으로 인정하는가에 따른 구별일 뿐이다. 그리하여 어느 주의를 취한다고 하여 제 1 차적인 법원이 아닌 법을 법원에서 배제한다는 의미는 아니다. 실제로 오늘날 성문법주의 국가에서는 대체로 불문법, 특히 관습법에 대하여 성문법을 보충하는 효력을 인정하고 있으며, 불문법주의 국가에서는 불문법의 불충분함을 보충하거나 수정하기 위하여 성문법을 제정하는 경우가 많다(같은 취지: 곽윤직, 12면).

2. 법원에 관한 민법규정과 그에 따른 법원의 순위 [8]

민법은 제 1 조에서 「민사에 관하여 법률에 규정이 없으면 관습법에 의하고 관습법이 없으면 조리에 의한다」고 규정하고 있다. 문헌(주해(1), 27면(최병조))에 따라서는 이 규정이 민법의 존재형식으로서의 법원을 규정한 것이 아니고, 재판기준을 정한 것이라고 한다. 생각건대 제 1 조의 모습(「의한다」고 한 점)이나 그 규정의 입법에 참조한 외국법(특히 스위스 민법 1조 2항)에 비추어 볼 때, 제 1 조는 기본적으로는 재판기준을 정한 것이다. 그러나 그 규정이 법원이라는 제목을 붙인 점, 당시에 일반적으로 법원을 법의 존재형식으로 이해하고 있었던 점(가령 我妻榮 저 안이준 역, 민법총칙, 1950, 3면; 김증한 · 안이준, 신민법총칙, 1958, 21면; 김기선, 신민법총칙, 1958, 4면; 김용진, 신민법해의, 1958, 20면)을 고려하면, 그 규정은 재판기준뿐만 아니라 법의 존재형식으로서의 법원도 함께 규율한 것으로 이해하여야 한다. 아래에서는 그러한 관점에서 제 1 조를 나누어 설명하기로 한다.

(1) 성문법주의의 채용

우선 제 1 조에서 법률을 최우선 순위의 법원으로 규정하고 있는데, 이것은 우리나라가 민사에 관하여 성문법주의를 취하고 있음을 보여 준다.

(2) 「민사」(民事)의 의미

제 1 조의 「민사」는 무엇인가? 여기에 관하여는 두 가지의 설명이 있다.

하나(곽윤직, 13면)는, 가장 기본적으로는 민사는 민법(실질적 민법)에 의하여 규율되는 사항을 뜻한다고 한 뒤, 그것은 보통 일반적으로는 형사(刑事)(실질적 형법의 규율대상)에 대응하여 사용하고 있으나, 때로는 상사(商事)(상법의 규율대상)에 대응하여 사용한다고 한다. 그러고 나서 제 1 조의 민사는 어느 쪽으로 새겨도 차이가 없으나, 민사라는 용어가 형사에 대응해서 사용되는 것이 보통이고, 또한 민법이 사법의 일반법임을 생각할 때, 같은 조에서의 민사도 상사를 포함하는 것으로 해석하는 것이 옳다고 한다. 그리하여 결국 제 1 조가 말하는 「민사에 관하여」는 널리 「사법관계에 관하여」라는 뜻으로 이해할 것이라고 한다.

그에 비하여 다른 하나(주해(1), 28면 · 37면(최병조). 김상용, 14면도 이 견해의 결론을 따름)는, 제 1 조의 민사는 사법적(司法的) 판단을 전제로 한 민사사건, 즉 민사에 관한 소송사건의 준말로 이해된다고 한 뒤, 그것은 시민의 사법적(私法的) 생활관계 중에서 사법적 심사의 대상이 된 민사사건을 의미한다고 한다. 그러면서 일반사법의 기본법인 민법전은 특별한 사정이 없는 한 특별사법관계에도 적용되므로 제 1 조의 민사는 특별사법관계를 포함한다고 한다.

이 두 견해 중 뒤의 것은 제 1 조의 법원을 재판기준이라고 보기 때문에 「민사」를 명확하게 민사사건으로 파악한다. 그에 비하여 앞의 견해는 제 1 조를 재판기준만을 정한 것으로 보지 않고 넓게 이해하는 입장이다. 그러한 점을 제외하면 두 견해는 근본에 있어서는 차이가 없다. 생각건대, 앞에서 언급한 것처럼, 제 1 조는 재판기준뿐만 아니라 법의 존재형식으로서의 법원도 함께 규율한 것이므로, 제 1 조의 민사는 널리 「사법관계」라는 의미로 해석하는 것이 옳다.

(3) 「법률」의 의미

제 1 조에서 말하는 「법률」은 헌법이 정하는 절차에 따라서 제정 · 공포되는 형식적 의미의 법률만을 가리키는 것이 아니고 모든 성문법(제정법)을 뜻한다고 하여야 한다(이설 없음). 그렇지 않으면 불문법인 관습법이 성문법인 명령 · 규칙 등에 우선하게 될 것인데, 그것은 타당하지 않기 때문이다. 판례도 위임명령이면서 대통령령인 구(舊) 가정의례준칙(이는 1999. 8. 31.에 폐지되고 건전 가정의례준칙으로 대치되었다)과 관습법 사이의 우열이 문제된 사안에서 관습법은 제정법에 대하여 열후적(劣後的) · 보충적 성격을 가진다고 하여 같은 태도를 취하고 있다(대판 1983. 6. 14, 80 다3231. [93]에 인용).

(4) 법원의 순위

제 1 조는 법원으로 법률(성문법), 관습법, 조리의 세 가지만을 그 순위와 함께 규정하고 있다. 그런데 그러한 규정에도 불구하고 규정이 없는 판례 등이나 규정되어 있는 조리에 관하여 법원성이 다투어지고 있으며, 관습법과 성문법 사이의 우열관계도 논의되고 있다. 아래에서 법원을 성문법과 불문법으로 나누어 살펴보기로 한다.

Ⅱ. 성문민법(成文民法) [9]

민법 제 1 조의 규정상 우리나라에서는 성문법(제정법)이 제 1 차적인 법원이 된다. 성문법에는 법률 · 명령 · 대법원 규칙 · 조약 · 자치법 등이 있다.

1. 법 률

여기의 법률은 형식적 의미의 법률이다. 법률에는 민법전과 민법전 이외의 법률이 있다.

(1) 민 법 전

민법이라는 이름의 법률인 민법전은 민법의 법원 중에서 가장 중요한 것이다. 다만, 민법전 가운데에는 실질적 민법이 아닌 규정도 소수 포함되어 있기는 하다. 법인의 이사 등에 관한 벌칙규정인 제97조와 채무의 강제집행 방법에 관한 제389조가 그렇다. 앞의 것은 넓은 의미의 형벌법규이고, 뒤의 것은 민사소송법규에 해당한다.

(2) 민법전 이외의 법률

민법전을 보충 또는 수정하기 위하여 제정된 특별 민법법규(예: 이자제한법, 주택임대차보호법), 공법에 속하는 법규(예: 농지법, 「부동산 거래신고 등에 관한 법률」) 중의 여러 규정, 민법전에 규정되어 있는 실체적인 민법법규를 구체화하기 위한 절차를 규정한 민법 부속법률(예: 부동산등기법, 「가족관계의 등록 등에 관한 법률」)도 민법의 주요한 법원이다.

〈민법전 이외의 법률로서 민법의 법원이 되는 것들의 구체적인 예〉

(ㄱ) 민법 특별법규

민법전의 총칙편에 관련된 특별법: 「부재선고에 관한 특별조치법」, 「공익법인의 설립 · 운영에 관한 법률」, 「법인의 등기사항 등에 관한 특례법」

물권편에 관련된 특별법: 「입목에 관한 법률」, 「집합건물의 소유 및 관리에 관한 법률」, 「부동산등기 특별조치법」, 「부동산 실권리자 명의 등기에 관한 법률」, 외국인토지법, 신탁법, 「공장 및 광업재단 저당법」, 「자동차 등 특정동산 저당법」, 「가등기담보 등에 관한 법률」, 「동산 · 채권 등의 담보에 관한 법률」

채권편에 관련된 특별법: 이자제한법, 「보증인 보호를 위한 특별법」, 신원보증법, 「전자문서 및 전자거래 기본법」, 전자서명법, 「약관의 규제에 관한 법률」, 「할부거래에 관한 법률」, 「방문판매 등에 관한 법률」, 「전자상거래 등에서의 소비자보호에 관한 법률」, 주택임대차보호법, 「상가건물 임대차보호법」, 「하도급거래 공정화에 관한 법률」, 국가배상법, 「자동차손해배상 보장법」, 우주손해배상법, 원자력손해배상법, 「유류오염손해배상 보장법」, 제조물책임법, 「실화책임에 관한 법률」

친족편에 관련된 특별법: 혼인신고특례법, 「위기 임신 및 보호출산 지원과 아동 보호에 관한 특별법」·「국내입양에 관한 특별법」·「국제입양에 관한 법률」, 「보호시설에 있는 미성년자의 후견직무에 관한 법률」, 「남북 주민 사이의 가족관계와 상속 등에 관한 특례법」(이 법은 상속편에도 관련됨)

상속편에 관련된 특별법: 「국가에 귀속하는 상속재산 이전에 관한 법률」

(ㄴ) 공법에 속하는 법규

귀속재산처리법, 「친일 반민족행위자 재산의 국가귀속에 관한 특별법」, 선박법, 자동차관리법, 항공법, 건설기계관리법, 공인중개사법, 「부동산 거래신고 등에 관한 법률」, 「공익사업을 위한 토지 등의 취득 및 보상에 관한 법률」, 광업법, 수산업법, 도로법, 하천법, 국유재산법, 「공유재산 및 물품 관리법」, 「대부업 등의 등록 및 금융이용자 보호에 관한 법률」, 양곡관리법, 비료관리법, 농지법, 「국토의 계획 및 이용에 관한 법률」, 산림보호법, 소비자기본법, 환경정책기본법, 특허법, 실용신안법, 디자인보호법, 상표법, 저작권법, 아동복지법, 「아동·청소년의 성보호에 관한 법률」

(ㄷ) 민법 부속법률

부동산등기법, 「축사의 부동산등기에 관한 특례법」, 선박등기법, 「국·공유부동산의 등기촉탁에 관한 법률」, 유실물법, 공탁법, 「가족관계의 등록 등에 관한 법률」, 「후견등기에 관한 법률」

2. 명 령

명령은 국회가 아닌 국가기관이 일정한 절차를 거쳐서 제정하는 법규이다. 명령에는 법률에 의하여 위임된 사항을 정하는 위임명령(예: 「민법 제312조의 2 단서의 시행에 관한 규정」, 「이자제한법 제 2 조 제 1 항의 최고이자율에 관한 규정」)과 법률의 규정을 집행하기 위하여 필요한 세칙을 정하는 집행명령(예: 「주택임대차보호법 시행령」과 같은 각종 특별법규의 시행령)이 있으며, 제정권자에 의하여 대통령령(헌법 75조)·총리령(헌법 95조)·부령(헌법 95조)으로 나누어진다. 이러한 명령도 민사에 관하여 규정하고 있으면 민법의 법원이 된다. 다만, 이 명령은 법률의 아래에 있는 것이므로 법률을 바꾸지는 못한다.

대통령은 일정한 요건 하에 긴급 재정·경제명령(헌법 76조 1항)과 긴급명령(헌법 76조 2항)을 발할 수 있다. 이러한 명령이 민사에 관한 것일 때에는 역시 민법의 법원이 된다. 그런데 이들 두 긴급명령은 법률과 동일한 효력이 있어서(헌법 76조 1항·2항) 민법법규를 바꿀 수도 있다. 다만, 대통령이 이들 명령을 발한 때에는 지체없이 국회에 보고하여 승인을 얻어야 하며(헌법 76조 3항), 국회의 승인을 얻지 못한 때에는 그 명령은 그때부터(소급하여서가 아님) 효력을 상실한다(헌법 76조 4항 1문). 그리고 이 경우 그 명령에 의하여 개정 또는 폐지되었던 법률은 그 명령이 승인을 얻지 못한 때부터 당연히 효력을 회복한다(헌법 76조 4항 2문).

〈참 고〉

현행헌법 하의 긴급 재정·경제명령으로서 민법의 법원이 되었던 것으로 「금융 실명거래 및 비밀보장에 관한 긴급 재정경제명령」(대통령 긴급 재정경제명령 제16호, 1993. 8. 12. 제정)이 있다. 이 명령은 「금융 실명거래 및 비밀보장에 관한 법률」(법률 제5493호, 1997. 12. 31. 제정)이 제정되면서 폐지되었다.

3. 대법원규칙 [10]

대법원은 법률에 저촉되지 않는 범위 안에서 소송에 관한 절차, 법원의 내부규율과 사무처리에 관한 규칙을 제정할 수 있는데(헌법 108조), 이에 따라 대법원이 제정한 규칙도 민사에 관한 것은 민법의 법원이 된다.

〈민법의 법원이 되는 중요한 대법원규칙〉

부동산등기규칙, 입목등기규칙, 「법인 및 재외국민의 부동산등기용 등록번호 부여에 관한 규칙」, 「부동산등기 특별조치법에 따른 대법원규칙」, 「축사의 부동산등기에 관한 특례규칙」, 「민법법인 및 특수법인 등기규칙」, 「공장 및 광업재단 저당등기 규칙」, 선박등기규칙, 공탁규칙, 「공탁금의 이자에 관한 규칙」, 「가족관계의 등록 등에 관한 규칙」, 가사소송규칙, 「후견등기에 관한 규칙」

4. 조 약

헌법에 의하여 체결·공포된 조약과 일반적으로 승인된 국제법규는 국내법과 같은 효력을 가지므로(헌법 6조 1항), 조약으로서 민사에 관한 것은 민법의 법원이 된다. 주의할 것은, 여기의 조약은 조약이라는 명칭이 사용된 것만을 가리키는 것이 아니고, 협약·협정·의정서 등의 명칭이 사용된 것도 포함된다는 점이다.

〈민법의 법원이 되는 조약의 구체적인 예〉

「국제물품매매계약에 관한 국제연합 협약」(United Nations Convention on Contracts for the International Sale of Goods. 약칭 CISG), 「유류오염손해에 대한 민사책임에 관한 국제협약」, 「2001년 선박 연료유 오염손해에 대한 국제민사책임협약」, 「여성에 대한 모든 형태의 차별철폐에 관한 협약」, 세계저작권협약, 「1971년 7월 24일 파리에서 개정된 세계저작권 협약」, 「공업소유권의 보호를 위한 파리 협약」, 「음반의 무단 복제로부터 음반제작자를 보호하기 위한 협약」

5. 자치법(自治法)

지방자치단체는 법령의 범위 안에서 그 사무에 관하여 「조례」를 제정할 수 있다(지방자치법 22조 본문)(조례 제정에는 지방의회의 의결이 필요함. 지방자치법 26조 1항 참조). 그리고 지방자치단체의 장은 법령이나 조례가 위임한 범위에서 그 권한에 속하는 사무에 관하여 「규칙」을 제정할 수 있다(지방자치법 23조). 다만, 시 · 군 및 자치구의 조례나 규칙은 시 · 도의 조례나 규칙을 위반하여서는 안 된다(지방자치법 24조).

이러한 「조례」와 「규칙」도 민사에 관한 것은 민법의 법원이 된다(통설임. 김용한, 18면은 반대). 그런데 이러한 자치법규는 법령에 우선하지 못하며(헌법 117조 1항 참조), 적용범위가 지역적으로도 제한된다.

〈조례와 규칙의 예〉

조례의 예로는 「서울특별시 수도조례」, 「서울특별시 하수도 사용조례」를 들 수 있고, 규칙의 예로는 「서울특별시 수도조례 시행규칙」, 「서울특별시 하수도 사용조례 시행규칙」이 있다.

[11] Ⅲ. 불문민법(不文民法)

불문민법으로서 문제되는 것으로는 우선 제 1 조에 규정되어 있는 관습법과 조리가 있다. 그 밖에 학자들은 판례 · 헌법재판소 결정 · 학설에 관하여도 논의를 하고 있다. 이들에 관하여 차례대로 살펴보기로 한다.

1. 관 습 법

(1) 의 의

관습법이라 함은 사회생활에서 스스로 발생하는 관행(관습)이 법이라고까지 인식되어(법적 확신의 취득) 대다수인에 의하여 지켜질 정도가 된 것을 말한다. 이는 관습이 사회의 법적 확신에 의하여 관습법으로 된다고 하는 견지(법적 확신설)에서 취하는 개념정의이며, 그 점은 구체적인 표현은 조금씩 달라도 실질적으로는 통설에서도 마찬가지이다(곽윤직, 17면; 김상용, 17면; 김학동, 13면; 이영준, 23면; 이은영, 39면). 그리고 판례도, 「관습법이란 사회의 거듭된 관행으로 생성한 사회생활규범이 사회의 법적 확신과 인식에 의하여 법적 규범으로 승인 강행되기에 이르른 것을 말」한다고 하여, 사견 및 통설과 같다(대판(전원) 2005. 7. 21, 2002다1178).

관습법은 국가에 의하여 인공적으로 만들어지는 것이 아니고, 사람들의 사회생활 속에서 자연적으로 형성된다. 그러한 점은 성문법주의 국가에서도 마찬가지이다. 성문법이 아무리 완비되었다고 하더라도 사회사정이 변하면 그것이 적절하지 않게 되고, 그리하여 그 사정에 맞는 새로운 규범인 관습이 사람들 사이에 법으로서 자연스럽게 기능하게 되는 것이다.

민법은 제 1 조에서 이러한 관습법이 민법의 법원이 됨을 명문으로 규정하고 있다.

(2) 관습법의 성립요건 [12]

관습법이 성립하기 위한 요건은 다음과 같다.

첫째로 관행이 존재하여야 한다. 관행은 어떤 사항에 관하여 사람들이 되풀이하여 행위하는 상태를 가리킨다.

둘째로 그 관행이 법규범이라고 의식될 정도에 이르러야 한다. 이를 법적 확신의 취득이라고 한다. 그리고 판례는 「사회의 거듭된 관행으로 생성한 어떤 사회생활규범이 법적 규범으로 승인되기에 이르렀다고 하기 위하여는 헌법을 최상위 규범으로 하는 전체 법질서에 반하지 아니하는 것으로서 정당성과 합리성이 있다고 인정될 수 있는 것」이어야 한다고 한다(대판(전원) 2005. 7. 21, 2002다1178. 대판(전원) 2003. 7. 24, 2001다48781도 참조). 생각건대 관습법의 성립의 문제와 관습법에 대한 법원의 심사는 구별되어야 한다. 그리고 법원으로서는 내용이 불합리하다 하여 관습법을 부정할 수는 없고, 관습법으로서 존재하고 있지만 현재에는 법적 확신이 사라졌다든가, 그 관습법이 헌법이나 그 밖의 상위규범에 반하는 경우에만 그 효력을 부정할 수 있다고 하여야 한다(윤진수, "상속회복청구권의 소멸시효에 관한 구 관습의 위헌 여부 및 판례의 소급효," 민사실무연구 13권, 107면. 같은 취지: 김제완, "단체법리의 재조명: 종중재산의 법적 성격," 인권과 정의, 제355호, 140면). 앞서 설명한 우리 판례도, 「관습법으로 승인되었다고 하더라도 사회 구성원들이 그러한 관행의 법적 구속력에 대하여 확신을 갖지 않게 되었다거나, 사회를 지배하는 기본적 이념이나 사회질서의 변화로 인하여 그러한 관습법을 적용하여야 할 시점에 있어서의 전체 법질서에 부합하지 않게 되었다면 그러한 관습법은 법적 규범으로서의 효력이 부정될 수밖에 없다」고 한 점에 비추어 볼 때 사견과 같은 입장인 것으로 보인다. 관습법의 효력의 소멸에 관하여는 뒤에 따로 기술한다.

그 밖에 관습법이 성립하기 위하여 판결과 같은 국가의 승인이 필요한가? 견해(서광민, "관습법과 사실인 관습," 고시계, 1991. 8, 114면)에 따라서는, 저절로 형성된 내용의 관습이 관습법으로 승격하기 위해서는 법적 확신도 수반되어야 하겠지만, 그 밖에 국가의 승인도 있어야 한다고 주장한다. 그리고 이 경우의 국가의 승인이라는 것은 관습을 적용하여 판결하는 것을 말한다고 한다. 이에 대하여 다른 견해(이은영, 41면; 윤진수, 위의 논문, 107면)는, 위의 견해를 실정법 위주의 법실증주의적 입장이라고 하면서 관습법의 성립에 국가의 승인이 필요하지 않다고 한다. 이 견해는 그 이유로, 민법 제 1 조가 법원의 승인을 요구하지 않고 있으며, 앞의 견해를 취하면 승인(판결)이 있기 전에 발생한 사건에 적용할 수 없는 문제(혹은 소급적용의 문제)가 생긴다고 한다. 생각건대 제 1 조가 관습법을 법원으로 인정한 것이 관습법 자체를 국가가 승인하여 법으로 삼으려고 한 것으로 이해할 이유는 없다. 오히려 성문법에 없는 사항으로서 사회에서 법으로 인식되고 있는 것은 그대로 법으로 인정하겠다는 취지로 보아야 한다. 따라서 뒤의 견해가 타당하다.

위의 두 요건 가운데 둘째의 요건을 갖추지 못한 경우에는 관습법이 되지 못하고 사실인 관습에 머물게 된다(관습과 관습법의 구별에 관하여는 [93] 참조).

〈판 례〉

(ㄱ) 「제정 민법(1958. 2. 22. 법률 제471호로 공포되어 1960. 1. 1.부터 시행된 것)이 시행되기 전에 존재하던 관습 중 "상속회복청구권은 상속이 개시된 날부터 20년이 경과하면 소멸한다"는 내용의 관습은 이를 적용하게 되면 위 20년의 경과 후에 상속권 침해행위가 있을 때에는 침해행위와 동시에 진정상속인은 권리를 잃고 구제를 받을 수 없는 결과가 되므로 진정상속인은 모든 상속재산에 대하여 20년 내에 등기나 처분을 통하여 권리확보를 위한 조치를 취하여야 할 무거운 부담을 떠안게 되는데, 이는 소유권은 원래 소멸시효의 적용을 받지 않는다는 권리의 속성에 반할 뿐 아니라 진정상속인으로 하여금 참칭상속인에 의한 재산권침해를 사실상 방어할 수 없게 만드는 결과로 되어 불합리하고, 헌법을 최상위 규범으로 하는 법질서 전체의 이념에도 부합하지 아니하여 정당성이 없으므로, 위 관습에 법적 규범인 관습법으로서의 효력을 인정할 수 없다고 할 것이다.」(이러한 다수의견에 대하여 반대의견은, 법원으로서는 관습법이 다른 법령에 의하여 변경 · 폐지되거나 그와 모순 · 저촉되는 새로운 내용의 관습법이 확인되기 전까지는 이에 기속되어 이를 적용하여야 하고, 만일 관습법이 헌법에 위반된다면 그 이유로 이를 적용하지 아니할 수 있을 뿐이지 막연히 불합리하다거나 정당성이 없다는 등의 사유를 이유로 판례변경을 통하여 그 적용을 배제할 수는 없다고 한다)(대판(전원) 2003. 7. 24, 2001다48781)

(ㄴ)「관습법이란 사회의 거듭된 관행으로 생성한 사회생활규범이 사회의 법적 확신과 인식에 의하여 법적 규범으로 승인·강행되기에 이른 것을 말하고, 그러한 관습법은 법원(法源)으로서 법령에 저촉되지 아니하는 한 법칙으로서의 효력이 있는 것이며(대법원 1983. 6. 14. 선고 80다3231 판결 참조), 또 사회의 거듭된 관행으로 생성한 어떤 사회생활규범이 법적 규범으로 승인되기에 이르렀다고 하기 위하여는 헌법을 최상위 규범으로 하는 전체 법질서에 반하지 아니하는 것으로서 정당성과 합리성이 있다고 인정될 수 있는 것이어야 하고, 그렇지 아니한 사회생활규범은 비록 그것이 사회의 거듭된 관행으로 생성된 것이라고 할지라도 이를 법적 규범으로 삼아 관습법으로서의 효력을 인정할 수 없다고 할 것이다(대법원 2003. 7. 24. 선고 2001다48781 전원합의체 판결 참조).

따라서 사회의 거듭된 관행으로 생성된 사회생활규범이 관습법으로 승인되었다고 하더라도 사회 구성원들이 그러한 관행의 법적 구속력에 대하여 확신을 갖지 않게 되었다거나, 사회를 지배하는 기본적 이념이나 사회질서의 변화로 인하여 그러한 관습법을 적용하여야 할 시점에 있어서의 전체 법질서에 부합하지 않게 되었다면 그러한 관습법은 법적 규범으로서의 효력이 부정될 수밖에 없다.」(대판(전원) 2005. 7. 21, 2002다1178: 종중 구성원의 자격을 성년 남자로만 제한하는 종래의 관습법의 효력을 부정함)

(3) 관습법의 성립시기 [13]

관습법의 성립시기는 관습법의 성립요건 두 가지, 즉 관행의 존재와 법적 확신의 취득이 갖추어진 때이다. 그런데 그 시기는 법원의 판결을 통하여 확인될 수 있을 뿐이다. 그리하여 법원의 판결에서 관습법의 존재가 인정되는 때에, 그 관습법은 그 관습이 법적 확신을 취득하여 사회에서 행하여지게 된 시기에 소급하여 관습법으로 존재하고 있었던 것으로 된다(곽윤직, 18면).

관습법은 그 자체가 법원(法源)이기 때문에 법원(法院)은 당사자의 주장을 기다릴 필요가 없이 직권으로 확정·적용하여야 한다(통설임. 대판 1983. 6. 14, 80다3231). 그러나 실제에 있어서 법원이 관습법의 존재를 알지 못하는 경우가 많을 것이고, 그때에는 당사자의 주장이 필요할 것이다(대판 1983. 6. 14, 80다3231).

(4) 효력(성문법과의 우열관계)

관습법이 법원으로 인정된다고 하더라도 그것과 배치되는 성문법이 이미 존재하고 있는 경우에는 성문법과의 우열관계가 문제된다. 제 1 조는 명문으로 관습법이 성문법을 보충하는 효력만 가지고 있는 것으로 규정하고 있다. 그럼에도 불구하고 학설은 보충적 효력설과 변경적 효력설(일부 문헌은 이를 대등적 효력설이라고도 하나, 변경적 효력설이라고 함이 옳다)이 대립하고 있다. 학설·판례를 정리하고, 이어서 사견을 적기로 한다.

1) 학 설

i) 보충적 효력설 관습법에 대하여 성문법이 없는 부분에 관하여 이를 보충하는 효력만을 인정하는 견해이다(곽윤직, 19면; 김상용, 23면; 김준호, 8면; 명순구, 22면; 이영준, 20면; 이은영, 44면). 이 견해가 드는 이유 중 주요한 것은 다음과 같다. ① 변경적 효력설에 의하면 제 1 조는 무의미해진다. ② 변경적 효력설은 명인방법 · 동산의 양도담보에서와 같이 현실적으로 성문법이 관습법에 의하여 개폐되고 있다고 하나, 그러한 경우들은 판례법으로 이해할 수 있다. ③ 관습법은 한정된 범위에서만 통용되는 것이 보통이므로 관습법에 법률 개폐의 효력을 인정하는 것은 바람직하지 않다. ④ 관습에 법률 개폐의 효력을 인정하면 불합리한 구 관습을 없애기 위한 정책적 입법의 취지가 몰각될 우려가 있다.

ii) 변경적 효력설 관습법에 대하여 이미 존재하는 성문법을 개폐하는 효력을 인정하는 견해이다(고창현, 30면; 김용한, 22면; 김주수, 45면; 김학동, 14면; 백태승, 19면). 이 견해는 「신법이 구법에 우선한다」고 하는 신법우선의 원칙을 전제로 한다. 즉 기존의 성문법과 다른 관습법이 새로 성립하는 경우에는 그 관습법에 의하여 성문법이 개정 또는 폐지된다는 것이다. 물론 이 견해는 새로 제정된 성문법에 의하여 관습법이 개폐되는 것도 인정한다. 이 견해가 드는 주요한 이유는 다음과 같다. ① 국민이 직접적으로 정립한 관습법이 그 대표기관에 의하여 간접적으로 정립한 법보다 열위에 선다는 것은 모순이다. ② 성문법을 아무리 완비시키더라도 관습법의 성립을 저지할 수 없는 것이고, 따라서 관습법에 어떠한 효력을 인정할 것인가는 입법정책에 의하여 좌우될 수 없는 것이다. 이런 점에서 제 1 조는 입법의 한계를 넘는 규정이며, 따라서 동조를 넘는 해석이 부당하지 않다(김학동, 14면). ③ 양도담보 · 명인방법 등과 같이 관습법이 실제로 법적 효력을 인정받은 예가 있다. ④ 성문법과 다른 관습법이 성립하였다면 성문법이 사회변화에 적절히 대응하지 못하였다는 증거이므로 관습법을 인정하여야 할 것이다.

2) 판 례 판례는, 상제(喪制. 부모나 조부모가 세상을 떠나서 상(喪) 중에 있는 사람)에 관한 구 가정의례준칙(1973. 5. 17, 대통령령 제6680호. 이 준칙은 1999. 8. 31. 건전가정의례준칙이 제정되면서 폐지되었음) 제13조와 관습법의 우열이 문제된 사안에서, 관습법의 보충적 효력을 인정하였고(대판 1983. 6. 14, 80다3231), 그 후에도 「관습법은 법원으로서 법령에 저촉되지 아니하는 한 법칙으로서의 효력이 있는 것」이라고 하여 그 점을 분명히 하였다(대판(전원) 2005. 7. 21, 2002다1178).

3) 사 견 변경적 효력설은 입법론상 고려할 여지는 있으나, 해석론으로서는 취할 수 없다. 우선 민법안이 국회에서 심의될 당시 관습법에 성문법과 대등한 효력(실질적으로는 변경적 효력)을 부여할 것을 제안하는 내용의 개정안(현석호 개정안 제 1 항: 「민사에 관하여는 법률 또는 관습법이 없으면 조리에 의한다」)이 제출되었는데, 그것이 토론 후 표결에 의하여 부결되고 보충적 효력을 규정한 민법안이 채택되었다(양창수, 민법연구(3), 49면 이하 참조). 이는 입법자의 의사가 관습법에 변경적 효력을 인정하지 않고 보충적 효력을 인정하려는 데 있음을 분명히 보여준다. 그리고 제 1 조가 「법률에 규정이 없으면 관습법에 의하고」라고 규정하는데 관습법이 성문법을 개폐한다고 하는 것은 제 1 조를 무력화하는 것이며, 그것은 해석의 한계를 넘는 것이다. 또한 제 1 조가 입법의 한계를 넘는 것이라는 주장에 대하여도 동의하기 어렵다. 우리 민법 제 1 조의 입법에 참고한 스위스민법 제 1 조 제 2 항도 관습법의 보충적 효력을 명문으로 규정하고 있기 때문이다. 결국 관습법에는 성문법을 보충하는 효력만 있다고 하여야 한다.

〈관습법이 강행법규인지 여부〉

관습법은 당사자의 의사에 의하여 배제될 수 있는가? 만약 관습법이 모두 강행법규적인 것(강행법규 · 임의법규에 대하여는 [29] 참조)이라면 당사자의 의사에 의하여 배제될 수 없을 것이나, 그것이 모두 임의법규적인 것이라면 배제될 수 있을 것이다. 생각건대 관습법 가운데에는 임의법규적인 것도 있고, 강행법규적인 것도 있다고 하여야 한다. 그리고 그 가운데 임의법규적인 것은 당사자의 의사에 의하여 배제될 수 있다고 하여야 한다(같은 취지: 주해(1), 50면(최병조)). 채권계약에 관한 관습법은 대부분 임의법규적일 것이나, 물권법인 관습법은 대체로 강행법규적일 것이다. 현재 우리 대법원에 의하여 확인된 관습법으로는 명인방법 · 분묘기지권 · 관습법상의 법정지상권 등과 같이 물권법이 많으며, 그러한 관습법은 강행법규라고 보아야 한다. 주의할 것은, 이 문제가 관습법의 보충적 효력 · 변경적 효력과는 별개의 것이라는 점이다. 보충적 효력 등은 성문법에 대하여 관습법에 어떠한 효력을 부여하는지의 문제이고, 어느 관습법이 강행법규적인가는 관습법 자체의 문제이다.

(5) 관습법의 효력의 소멸 [14]

앞서 언급한 바와 같이, 관습법이 법적 확신을 상실하거나 헌법 기타의 상위규범에 위배된 때에는 효력을 잃는다. 여기서 우선 그 경우에 관습법이 헌법에 위반하는가를 누가 판단하는지가 문제된다. 법률이 위헌인지에 대한 최종적인 심판권한은 헌법재판소가 가지고 있다(헌법 111조 1항 1호). 그런데 이때의 법률은 형식적 의미의 법률을 가리킨다. 그리고 관습법과 같은 불문법이 위헌인지를 판단하는 권한은 법원이, 그리하여 최종적으로는 대법원이 가지고 있다고 보아야 한다(같은 취지: 윤진수, 위의 논문, 111면. 이영준, 25면은 관습법의 법률유사적 성격 때문에 헌법재판소나 대법원의 폐지선언이 있기까지는 그 효력이 유지된다고 한다). 관습법이 법률에 저촉되는지(특히 보충적 효력설의 입장의 경우)도 역시 법원이 판단한다고 할 것이다.

문제는 대법원이 관습법이 헌법 등 상위규범에 위배되어 효력이 없다고 판단한 경우에 그 판례가 소급효가 없어 장래에 대하여만 관습법이 적용되지 않는지이다. 그에 관하여 대법원은, 종중원의 자격에 관한 대법원의 견해 변경은 그 판결 이후에 새로이 성립하는 법률관계에 대하여만 적용되나, 종원 지위의 확인을 구하는 당해 사건에 대하여는 소급하여 적용된다고 한다(대판(전원) 2005. 7. 21, 2002다1178). 이 문제의 논의에 대하여는 법률의 위헌심사에 관한 판례와 이론이 참고될 수 있을 것이다(그에 관하여는 윤진수, 위의 논문, 119면 이하 참조). 법률의 위헌심사와 관습법의 위헌심사는 담당기관에서만 차이가 있을 뿐이기 때문이다. 그런데 여기서 그에 관하여 자세히 논하는 것은 적절하지 않으므로 사견만을 적기로 한다. 생각건대 문제되는 관습법이 현재의 특별한 가치관이나 그 밖의 사정으로 말미암아 헌법 등에 위반된다고 판단되는 경우에는 그러한 사정이 있는 때 이후에만 효력을 잃는다고 하여야 한다(유사한 견해로 김제완, 위의 논문, 141면 이하; 윤진수, 위의 논문, 129면 이하도 참조). 그에 비하여 당해 재판 이전에도 이미 위헌이었을 경우에는 관습법이 소급하여 효력이 없다고 하여야 한다. 물론 이 가운데 어디에 해당하는지는 개별적인 소송에서 면밀하게 검토되어야 한다. 그리하여 관습법의 효력을 부정하는 판례가 당연히 장래에 대하여만 효력을 발생시킨다고 할 것은 아니다. 다만, 판결 이전에 생긴 사건 중에 당사자의 신뢰보호나 다른 사정이 있어서 신의칙이나 권리남용 금지의 원칙에 의하여 판례의 소급 적용을 부정하여야 할 경우도 있을 수 있다. 한편 관습법이 법적 확신을 상실하여 효력을 잃게 되는 경우에는 법적 확신을 상실했다고 인정되는 시점부터 관습법이 적용되지 않는다고 하여야 한다.

(6) **특별규정**

민법은 제185조에서 「물권은 법률 또는 관습법에 의하는 외에는 임의로 창설하지 못한다」라고 하여, 물권의 성립에 관하여 법률과 관습법을 대등하게 규정하고 있다. 그러나 그 경우에도 관습법에는 보충적 효력만 인정되어야 한다(자세한 사항은 물권법[10] 참조).

상법은 제 1 조에서 「상사에 관하여 본법에 규정이 없으면 상관습법에 의하고 상관습법이 없으면 민법의 규정에 의한다」고 규정한다. 그 결과 상관습법은 상법전(商法典)에 대하여는 보충적 효력을 가지지만 민법전에는 우선하게 된다.

2. 조리(條理) [15]

(1) 의 의

조리는 사물의 본질적 법칙 또는 사물의 도리를 가리킨다. 이는 일정한 내용을 가진 것이 아니고 법질서 전체에 비추어 가장 적절하다고 생각될 경우에 쓰는 말이다. 제 1 조는 재판할 수 있는 법원이 전혀 없는 경우에 조리에 따라 재판하여야 한다고 규정하고 있다. 여기서 조리가 법원인지 문제된다.

견해(곽윤직, 23면; 이영준, 30면)에 따라서는 조리가 법률이나 계약의 해석에 있어서 표준이 된다고 한다. 그러나 이러한 설명은 법률의 해석에서는 몰라도(사견으로는 이 점도 의문임) 계약 내지 법률행위의 해석에 대하여는 적절하지 않다. 거기에서는 오히려 조리 대신 신의칙이 해석의 표준으로 된다(뒤의 [93] 참조).

(2) 조리가 법원인지 여부

조리의 법원성 여부에 관하여 학설은 인정설과 부정설로 나뉘어 대립하고 있다.

인정설은 조리도 법원이라고 하는 견해이다(강태성, 19면; 고창현, 32면; 김상용, 27면; 김용한, 28면; 김주수, 47면; 김준호, 11면; 이은영, 52면. 이들 중 상당수는 법원을 법의 인식연원이라고 이해한다). 인정설이 드는 이유로서 주요한 것은 다음과 같다. ① 부정설은 제 1 조가 왜 법규범이 아닌 도덕률을 재판규범으로 열거하였는가를 설명하여야 하는데 그 설명이 불충분하다. ② 조리의 법규범성을 인정하여야만 법원의 판결이 정당성을 갖게 된다. ③ 조리의 법규범성을 인정할 때 법관의 지나친 자유재량과 자의적 법적용의 전횡을 방지할 수 있다.

부정설은 조리를 법원으로 인정하지 않는 견해이다(고상룡, 12면; 곽윤직, 23면; 김학동, 21면; 백태승, 24면; 이영준, 30면; 정기웅, 16면). 이 견해가 드는 주요한 이유를 열거해 본다. ① 인정설은 법관은 헌법과 법률에 의하여 독립하여 심판한다는 헌법규정(103조)과 민법 제 1 조를 근거로 조리의 법원성을 인정하는데, 헌법규정은 법관의 물적 독립성을 선언한 것에 지나지 않으며 실정법질서가 완전한 것을 전제로 하고 있다고 할 수 없고, 민법 제 1 조도 민법질서가 완전하지 못함을 인정한 데 유래한 것이다. ② 조리를 재판의 준칙으로 인정한 것은 그것이 법이기 때문이 아니라, 성문법주의 아래에서 법이 없는 경우가 생길 수밖에 없는 데다가 법관은 재판을 거부할 수 없다는 사실에 기인하는 것이다. ③ 모든 재판의 준칙이 바로 법이라고 할 수는 없는 것이고 성질상 사물의 본성을 실정법이라고 할 수는 없다. ④ 조리는 그 자체가 구체적인 내용을 가진 것이 아니며, 단지 어떠한 기준을 해석함에 있어서 고려되는 요소이다.

우리 판례가 조리의 법원성을 인정하는지 여부는 분명하지 않다. 대법원은 여러 판결에서 조리라는 용어를 사용하고 있다. 그리고 하나의 판결에서는 상관습 · 민법규정 · 민사관습과 함께 조리를 언급하기도 한다(대판 1965. 8. 31, 65다1156. 대판 2000. 6. 9, 98다35037; 대판(전원) 2005. 7. 21, 2002다1178; 대판(전원) 2005. 7. 21, 2002다13850에서는 관습법이 효력을 가지지 못하게 된 경우에 조리에 의하여 보충될 수밖에 없다고 한다. 그 외에 대결 1995. 5. 23, 94마2218도 참조). 특히 이 판결 때문에 일부 문헌(이영준, 29면; 정기웅, 16면. 이은영, 51면도 판례가 조리의 법원으로 인정한다고 하나, 이 문헌은 법원의 의미를 법을 인식할 수 있는 출처로 이해한다(그 책, 27면 참조). 김상용, 26면도 이 문제에 대하여는 바로 앞의 문헌과 같다)은 우리 판례가 조리의 법원성을 인정하고 있다고 한다. 그러나 이 판결은 논란의 여지가 많을 뿐만 아니라(다른 판결들도 같음), 그것이 반드시 조리의 법원성을 인정한 것이라고 단정할 수도 없다. 조리는 법원이 아니어도 재판의 준칙으로 될 수는 있기 때문이다.

생각건대 제 1 조는 본래 재판기준을 정한 것이고, 법원에 대하여는 단지 부수적으로 정하였을 뿐이다. 따라서 거기에 조리가 규정되어 있다고 하여 그것이 법원을 정한 것이라고 이해하여서는 안 된다. 그리고 이렇게 제 1 조가 조리를 재판의 준칙으로 규정하였는데, 그것은 재판할 법이 없을 때(재판할 법이 없어도 법관은 재판을 거부하지 못함) 자의적인 재판을 하지 않도록 하기 위한 것이며 조리를 법원이라고 보기 때문인 것은 아니다. 또한 인정설은 조리의 법규범성을 인정하여야만 법원 판결이 정당성을 갖게 된다고 하나, 그 정당성은 헌법 제103조와 민법 제 1 조에 의하여 이미 확보된다. 그리고 인정설의 ③은 과장이며, 조리의 법원성을 인정하든 않든 차이가 없다. 요컨대 조리는 법이 없을 때 법원(法院)에 의하여 적용되기는 하지만 법원(法源)은 아니라고 하여야 한다.

[16] ## 3. 판 례

(1) 판례는 법원의 재판(판결 · 결정)을 통하여 형성된 규범을 가리킨다. 그리고 판례를 법이라고 하면 판례법이라고 부를 수 있을 것이다.

〈판결과 판례의 구별〉

국민이 법원에 재판을 청구하면 법원은 재판을 거부하지 못하며, 그에 대하여 반드시 판단을 하여야 한다. 그리고 법원의 판단은 판결 · 결정 또는 명령의 형식으로 행하여진다. 이때 판결 등이 판례인가? 문헌들은 보통 판례의 의미를 엄격하게 제한하여 사용하지 않고, 판결 등의 구체적인 재판이나 선례로 되는 법리 중 어느 하나나 둘 모두를 가리키는 용어로 사용하고 있다. 이러한 태도를 비난할 필요는 없지만, 판례의 의미는 분명하게 해 두어야 한다. 사견으로는 개별적인 소송 등에 대하여 법원이 내린 구체적인 결정은 재판이고, 그 재판 가운데 선례(先例)로서의 의미를 가지는 법리를 판례라고 하여야 한다. 그리고 판례를 법규범이라고 인정하는 경우에는 판례를 판례법이라고 표현할 수도 있는 것이다. 한편 재판에는 판결 외에 결정 · 명령도 있으나, 그것들 모두를 포괄하는 용어로 「판결」을 사용하기도 한다. 그에 대하여 판례가 되지 않는 재판 또는 구체적인 재판은 「재판례(裁判例)」라고 부르자는 견해(주해(1), 59면(최병조); 양창수, 민법입문, 제 5 판, 2008, 146면)도 있다. 이 견해가 정확성은 있으나, 「재판례」라는 표현이 판결 등을 가리키는 것으로 쉽게 와 닿지 않으므로, 여기서는 일반적으로 문헌에서 하는 것처럼 구체적인 재판을 가리키는 용어로 「판결」을 사용하기로 한다.

선례로서의 가치를 지니는 법리만을 판례라고 하는 경우에는 당연히 법원의 모든 판결(결정 등도 포함하여 사용한다)이 판례로 될 수 없으며, 최고법원인 대법원의 판결만이 판례로 될 수 있다. 그리고 대법원의 판결이 여러 차례 반복되었어야 할 필요는 없고, 단 한 차례 선고된 것도 판례로 될 수 있다(같은 취지: 윤일영, "판례의 기능," 민사판례연구 1권, 380면). 또한 판결에서 법률문제를 명시적으로 거론하지 않았거나 개별적으로 그 이유를 붙이지 않았다고 하더라도 판례로 될 수 있다고 하여야 한다(같은 취지: 주해(1), 59면(최병조)).

판례가 될 수 있는 대법원의 판결은 그 모든 부분이 판례로 되는가? 판결(이유)로부터 추출될 수 있는 법리는 크게 두 부분으로 나눌 수 있다. 그 하나는 구체적 사건에 있어서 결정(결론)을 하는 데 불가결의 전제가 되는 법규적인 명제부분이고, 다른 하나는 그 이외의 부분, 즉 판결 중에 기술된 법률판단의 결론을 정당화하기 위한 이론적 설명이나 법제도 · 법규의 취지 등의 일반적 해설 내지는 법해석의 일반적 지침, 가정적인 판단(예: 「…의 경우에는 …라고 해석할 것인데 본건의 경우에는 그와 달라 …라고 해석할 것이다」) 등이다. 이들 중 앞의 것을 「주론」(主論. ratio decidendi)이라고 하고 뒤의 것을 「방론」(傍論. obiter dictum)이라고 하는데, 선례로서 가치를 가지는 것은 「주론」만이며, 「방론」은 기껏해야 설득적인 전거로서의 가치밖에 없다(같은 취지: 윤일영, 위의 논문, 380면 이하; 주해(1), 59면(최병조)). 「주론」이 판례인 것이다. 그러나 「방론」도 현실적으로는 중요한 기능을 수행할 수 있다. 가령 대법원이 구체적인 다툼이 생기지 않았음에도 불구하고 「방론」을 이용하여 판례를 일정한 방향으로 이끌 수 있기 때문이다.

(2) 판례가 법원인가에 관하여 학설은 i) 인정설과 ii) 부정설로 나뉘어 대립 [17]

하고 있다. i) 인정설은 판례의 법형성적 기능 · 일반적 구속력 및 법인식의 근원에 비추어 민법의 법원이라고 하거나(김상용, 26면), 판례의 법원적 가치를 인정함으로써 법적 안정을 유지할 수 있다거나(고상룡, 13면), 또는 판례는 관습처럼 법적 확신의 취득으로 법원이 된다고 한다(김학동, 18면). 그에 비하여 ii) 부정설은 판례의 법원성을 부인한다(곽윤직, 21면; 김용한, 25면; 백태승, 23면; 이영준, 27면; 이은영, 62면). 부정설이 드는 이유는 다음과 같다. ① 법원조직법에는 「상급법원 재판에서의 판단은 해당 사건에 관하여 하급심을 기속한다」는 규정(같은 법 8조)이 있지만, 이는 해당 사건에 관하여서만 하급심을 구속한다는 것이고 일반적으로 구속하지는 않는다는 의미이다. ② 사법부는 입법권을 갖지 않으므로 법원이 판례법을 제정할 수는 없다.

한편 여기에 관한 판례는 없다.

생각건대 영미법계와 달리 대륙법계 국가에서는 법관은 헌법과 법률에 의하여 재판할 의무가 있을 뿐(헌법 103조 참조), 상급법원의 판단에 당연히 구속되어야 하는 것이 아니다. 우리나라의 경우에도 같다. 부정설이 지적하는 것처럼, 법원조직법 제8조의 규정은 상급심이 해당 사건에 관하여서만 하급심을 구속한다는 의미에 지나지 않으며, 따라서 법원이 판례를 따르지 않아도 그것은 위법한 재판이 되지 않는다. 결국 판례는 법원이 아니다.

판례는 법원이 아니어서 법률적 구속력은 없지만, 상급법원 특히 대법원의 판례는 사실상의 구속력을 가진다. 그것은 ① 법원조직법이 법의 안정을 위하여 대법원의 판례 변경에 신중을 기하도록 하고 있고(같은 법 7조 1항), ② 하급법원도 판례와 다른 판단을 하면 그것이 상급법원에서 깨뜨려질 것이어서 그 스스로 판례에 따르게 되기 때문이다. 그 결과로 판례는 실제에 있어서는 「살아 있는 법」으로 기능하게 된다.

〈대법원의 재판과 판례변경〉

법원조직법에 따르면, 대법원은 원칙적으로 대법관 전원의 3분의 2 이상의 합의체 즉 전원합의체에서 재판을 하여야 하며(같은 법 7조 1항 본문), 다만 특별한 경우(같은 법 7조 1항 1호-4호)를 제외하고는 대법관 3인 이상으로 구성된 부(部)에서 먼저 사건을 심리하여 의견이 일치한 경우에 한정하여 그 부에서 재판할 수 있도록 하고 있다(같은 법 7조 1항 단서). 그리고 반드시 전원합의체에서 재판하여야 하는 경우들 중 하나로 「종전에 대법원에서 판시한 헌법 · 법률 · 명령 또는 규칙의 해석적용에 관한 의견을 변경할 필요가 있다고 인정하는 경우」가 규정되어 있다(같은 법 7조 1항 3호). 이는 기존의 판례를 변경하는 경우를 가리킨다. 따라서 판례를 변경하는 재판은 전원합의체가 하여야 하고, 만약 그러한 재판을 대법관 3인 이상으로 구성된 부에서 하였다면 그것은 재심사유에 해당하게 된다(민소 451조 1항 1호). 여기서 과연 어떤 재판이 판례의 변경이고, 따라서 전원합의체에서 재판하여야 하는지가 문제된다. 그에 관하여 최근에 대법원이 판단한 적이 있다. 그 판결 가운데 일부분을 직접 인용한다.

「구체적인 대법원의 재판(이하에서는 '전부를 대표하는 부분'으로서 판결만을 문제삼아 논의하기로 한다)에서 어떠한 표현으로 법의 해석에 관한 일정한 견해가 설시되어 있다고 하더라도, 그것이 진정으로 의미하는 바가 무엇인가, 즉 어떠한 내용으로 또는 어떠한 범위에서 장래 국민의 법생활 또는 법관을 비롯한 법률가의 법운용을 '구속'하는 효력, 즉 판례로서의 효력을 가져서 그 변경에 대법원 전원합의체의 판단이 요구되는가를 살피려면, 사람의 의사표현행위 일반에서와 마찬가지로, 그 설시의 문구에만 구애될 것이 아니라 당해 판결의 전체적인 법판단에 있어서 그 설시가 어떠한 위상을 가지는가에 유의하면서 또 다른 재판례들과의 관련을 고려하면서 면밀하게 따져보아야 할 것이다. 특히 판결은 1차적으로 개별적인 사건에 법적인 해결을 부여하는 것을 지향하는 것이고, 대법원 판결에서의 추상적·일반적 법명제의 설시도 기본적으로 당해 사건의 해결을 염두에 두고 행하여지므로, 그 설시의 위와 같은 '의미'는 당해 사건의 사안과의 관련에서 이해되어야 한다.」(대판 2009. 7. 23, 2009재다516)

4. 기 타 [18]

(1) 헌법재판소의 결정

문헌에 따라서는, 헌법재판소의 결정에 관하여 그것은 법률과 동일한 효력을 가지고 법원 기타 국가기관과 지방자치단체를 기속하므로(헌법재판소법 47조·67조·75조), 그 결정의 내용이 실질적으로 민사에 관한 것인 때에는 민법의 법원이 된다고 한다(주해(1), 41면(최병조) 등). 생각건대 이러한 설명은 옳은 것이기는 하지만, 큰 의미가 없다. 왜냐하면 헌법재판소의 결정이 특히 의미를 갖는 것은 민사에 관한 법률의 위헌 결정을 한 경우인데, 그때는 그 법률이 민법의 법원에서 제외되는 결과를 가져오는데 지나지 않기 때문이다. 즉 법원에서 제외시키는 소극적인 의미에서 「법원으로 된다」고 할 수 있을 뿐이다. 그리고 그에 대한 논의를 성문법 내지 법률의 항에서 하는 것도 바람직하지 않다. 한편 이러한 논의는 명령·규칙에 대한 대법원의 심판에도 그대로 적용된다(헌법 107조 2항 참조).

(2) 학 설

학설은 — 현행법에 관한 것이라 할지라도 — 조리를 통하여 재판에 영향을 미칠 수는 있으나 법원은 아니다(같은 취지: 주해(1), 41면(최병조)).

제 3 절 민법전의 연혁과 구성

[19] ### Ⅰ. 서 설

민법의 법원으로 가장 중요한 것은 민법전이다. 그래서 민법학은 민법전에 관한 해석을 중심으로 한다. 그런데 그에 관하여 올바른 해석을 하려면 민법전이 어떤 과정을 거쳐 성립하였고, 그것이 어느 법의 영향을 받았는가, 그리고 그 구성은 어떠한가를 알아야 할 필요가 있다. 이하에서 이들에 관하여 살펴보기로 한다.

〈괄목할 만한 참고문헌〉

우리 민법전의 성립과정에 관하여는 그 동안 깊은 연구가 많지 않았다. 그 이유는 아마도 연구를 생생하게 할 수 있는 분들은 민법전의 성립과정에 직접 참여하거나 곁에서 관찰한 분들일 텐데, 그들로서는 그러한 연구의 필요성을 절감하지 못했기 때문이 아니었는가 추측된다. 그런데 근래 여기에 관하여 괄목할 만한 연구들이 발표되었다. 양창수, "민법안의 성립과정에 관한 소고," 민법연구(1), 61면 이하; 같은 필자, "민법안에 대한 국회의 심의(Ⅰ)," 민법연구(3), 1면 이하; 같은 필자, "민법안에 대한 국회의 심의(Ⅱ)," 민법연구(3), 33면 이하; 같은 필자, "민법의 역사와 민법학," 민법연구(3), 117면 이하; 정종휴, "한국민법전의 제정과정," 곽윤직 교수 화갑기념 민법학논총, 1면 이하; 같은 필자, "한국민법전의 비교법적 계보," 민사법학 8호, 60면 이하가 그것이다. 민법의 성립과정과 그 평가에 관한 아래의 설명은 위의 논문들을 크게 참고하였다.

[20] ### Ⅱ. 민법전의 연혁

1. 고대 이후 조선시대까지

뒤에 보는 바와 같이, 현행민법전은 과거 우리의 법을 입법화한 것이 아니고 서구의 법을 받아들인 것이다. 그렇더라도 민법전 제정 이전에 우리의 법이 어떠하였는지를 아는 것은 의미 있는 일이다. 그리하여 아래에서는 고대에서부터 조선시대까지의 법을 시대별로 간략하게 기술하려고 한다(보다 상세한 점은 박병호, 한국의 법, 1999, 29면-54면을 참조).

우리나라의 씨족시대는 신석기시대에 해당하는데, 이때의 법은 관습법이나 불문법이며, 아직 법과 종교(자연숭배·토테미즘 등)·도덕이 분화되지 않아 일체로 되어 있었다. 그리고 사회를 통제하는 힘은 종교적 색채가 짙은 주술적 규범에서 나왔다.

기원전 5세기 내지 4세기 이후 우리나라는 청동기·철기시대가 되면서 씨족공동체가 약화되거나 해체되고 부족이 형성되었다. 그리고 일부는 부족국가로 발전하였다. 기원 후 3세기경의 부족으로 부여·예맥·읍루·조선·옥저·예·마한·진한·변한이 있었다. 우리나라에서 가장 오래된 법으로 전해지는 고조선의 8조 법금(8條法禁)은 이 시대의 법인데, 상당히 발달한 형법이라고 할 수 있다. 그리고 이 시대에 사유재산제도가 처음 싹트고 발전되었으며, 그러한 사유재산제도와 가족제도에서 나온 민사관계법은 새로운 사회·경제의 변화에 적응하면서 관습법으로 존속하였다(박병호, 위의 책, 33면).

삼국시대부터 통일신라시대까지는 중국의 관료제적·전제적 국가체제의 법적 기반인 율령(律令)제도를 들여와 시행하였다(율령의 공포에 의해 제정법전시대로 됨). 율령제도는 여러 가지 지배조직이나 정부조직을 영(令)으로 규정하고, 이를 거역하는 자는 율(律)이라는 벌칙으로 다스리는 것이다. 그 법체계가 율(律)·영(令)·격(格)·식(式)의 넷으로 되어 있는데, 율은 형법이고, 영은 형법을 제외한 모든 법규이어서 사법(私法)도 이에 해당하며, 격은 시대의 변천에 따라서 율과 영의 규정을 개정 또는 폐지하여 보충하는 법령집이고, 식은 율령의 시행에 관한 세칙규정이다.

고려시대에는 주로 당나라 법(당률. 唐律)을 받아들였으나, 아울러 송나라 법도 받아들였으며, 우리나라의 고유법도 참작하였다. 그런데 왕권이 확립된 뒤에는 오직 왕법으로 통치하였다고 한다. 한편 고려시대의 민사관계법은 일반적으로 넓은 범위에 걸쳐서 관습법과 판례법이었으며, 전통적인 고유한 법의식은 관습법과 판례법에 의지하여 유지·계승될 뿐이었다(박병호, 위의 책, 39면).

조선시대에는 초기부터 통일법전이 편찬·시행되었다. 태조 때 최초의 성문법전으로 「경제육전」(經濟六典)이 편찬되었고, 태종 때에는 「속육전」(續六典)이, 세종 때에는 「신 속육전」(新續六典)·「신찬 경제속육전」(新撰經濟續六典)이 편찬되었다. 그 뒤 세조는 기존의 법령을 모두 검토하여 새로이 조직적·통일적 법전을 편찬하도록 하였고, 그 결과로 예종 때에 완성된 법전이 「경국대전」(經國大典)이다. 이 「경국대전」은 성종 때에 세 차례 개수(改修. 고쳐서 다시 만듦)되었는데, 마지막으로 개수된 「경국대전」 즉 제 4 차 「경국대전」이 그 이후의 조선 통치의 기본법이 되었다(이 제 4 차 「경국대전」만이 전해지고 있다). 이 「경국대전」은 이전(吏典)·호전(戶典)·예전(禮典)·병전(兵典)·형전(刑典)·공전(工典)의 순서로 되어 있다. 이들 규정 가운데 민사에 관한 것을 보면, 호전에 토지·가옥·우마(牛馬)의 매매의 취소기한과 매매의 경우 오늘날의 등기에 해당하는 입안(立案), 채무변제와 이자율 등이 포함되어 있고, 예전에 상복제도(친족의 범위)·봉사(奉祀. 제사상속)·입후(立後. 양자제도)·혼인 등이 수록되어 있으며, 형전의 재판과 사노비에 관한 규정 중에 재산 상속법이 포함되어 있다(박병호, 위의 책, 46면). 그 후 영조 때에는 「속대전」이 편찬되었고, 정조 때에는 「경국대전」·「속대전」과 그 이후에 공포된 법령을 하나로 통합한 법전인 「대전통편」(大典通編)이, 고종 때에는 「대전통편」 후의 현행 법령을 추가한 「대전회통」(大典會通)이 편찬되었다. 한편 조선시대의 형법은 명나라의 형법인 대명률(大明律)을 포괄적으로 계수(繼受)(계수 개념에 관하여는 뒤에 자세히 설명한다)하여 시행하였다.

[21] ## 2. 조선시대 말기부터 민법전 제정 전까지

(1) 민법 제정의 제 1 차시도

조선 후기에 이르러 제26대 임금인 고종은 갑오경장(甲午更張. 1894년)이 시작된 얼마 후 정치혁신의 기본강령으로 홍범14조(洪範14條)(이는 우리의 최초의 헌법이라고 할 수 있음)를 선포하였으며, 그 안에는 민법을 제정하여 인민(人民)의 생명과 재산을 보호한다는 규정도 포함되어 있었다(13조). 그리고 다음 해인 1895년에는 법부(法部) 내에 법률기초위원회를 설치하여 형법·민법·상법 등을 상세히 조사하여 개정 또는 제정하는 법안을 기초하도록 하였다(양창수, 민법연구(3), 118면). 그런데 그 후 민씨 일가가 친일내각을 무너뜨리고 친러내각(제 3 차 김홍집 내각)을 성립시켰고, 그러자 일본 공사 미우라 고로(三浦梧樓)는 자객을 앞세워 명성황후를 시해하고 고종을 압박하여 친러내각을 물러나게 하고 제 4 차 김홍집 내각을 세웠다. 그 뒤 1896년 러시아 공사 베베르의 계략으로 고종과 세자가 러시아 공사관으로 피신하는 이른바 아관파천(俄館播遷)이 있었고, 그 직후 김홍집 등은 고종의 명령에 따라 체포·살해되었다. 그리하여 근대민법 제정의 첫 번째 시도는 거의 진척되지 못하고 중단되었다.

(2) 민법 제정의 제 2 차시도

1905년에 민법을 제정하려는 움직임이 다시 시작되었다. 같은 해 5월 31일 법부(法部)에 법률기초위원회를 설치하여 민법을 제정하려고 하는 법부대신의 주청이 재가되었다(양창수, 민법연구(3), 119면). 당시에는 이미 근대적인 재판제도가 도입되어 있어서, 그중 민사재판에 대하여도 그 실체법이 제시될 필요가 있었던 것이다. 법부는 재가된 주청에 따라 같은 해 7월 18일 법부령 제 2 호로 법률기초위원회 규정을 마련하였고, 그에 의하면 그 위원회에 법률기초의 임무가 주어졌다. 그런데 우리의 이러한 민법 제정 시도는 일본의 국권 강탈에 의하여 결실을 보지 못했다(양창수, 민법연구(3), 120면).

(3) 일제강점기의 민법

1910년 한국의 국권을 강제로 빼앗은 일본은 「조선에 시행할 법령에 관한 건(件)」이라는 긴급칙령을 발포하여 우리나라에 시행할 법령은 조선총독의 명령으로 제정할 수 있도록 하였다. 그리고 그러한 조선총독의 명령을 「제령」(制令)이라고 하였다. 그 후 1912년 3월 18일에는 제령 제 7 호로 「조선민사령」(朝鮮民事令)을 제정하였으며, 그에 의하여 일본의 민법전과 각종 특별법 등이 우리나라에 「의용」(依用. 다른 나라의 법을 그대로 적용함)되게 되었다. 다만, 조선민사령에 따르면, 초기에는 조선인의 친족과 상속에 관하여는 조선의 관습에 의한다고 하였다(11조). 그러나 그 후 그 규정이 여러 차례 개정되어 의용되는 친족상속 규정이 점차 확대되었고, 그 결과 해방 직전에는 친족상속에 관한 상당수의 일본민법 규정이 의용되었다.

이 조선민사령이 일제강점기(日帝强占期)에 우리나라에 있어서의 민사에 관한 기본법이다. 그리고 그 시기에 이 조선민사령에 의하여 우리나라에 의용된 일본민법을 의용민법(依用民法)이라고 한다. 문헌에 따라서는 이를 구민법(舊民法)이라고도 하나, 그것은 우리가 만든 법이 아니므로 구민법이라는 표현은 부적절하다.

(4) 해방 후 미군정(美軍政)시기의 민법

1945년 8월 15일 우리나라가 일본으로부터 해방되었으나 곧바로 우리의 자주정부를 수립할 수는 없었다. 북위 38도 이남은 다시 미국에 의하여 군정이 실시되었다. 그리고 미군정 당국(在朝鮮 美國 陸軍 軍政廳. 이하 미군정청이라 함)은 해방 당시 법률적 효력을 가지고 있던 규칙 · 명령 · 고시 기타 문서 등은 미군청청의 특별명령에 의하여 폐지될 때까지는 완전히 효력을 가진다는 태도를 취하였다(미군정법령 21호). 그런데 3년의 군정기간 동안 미군정 당국의 포고로 일제의 법령이 폐지된 것은 극소수에 불과하였다(자세한 사항은 양창수, 민법연구(1), 65면; 민법연구(3), 123면 참조). 그리하여 일본민법이 우리나라에 의용되고 있던 상황은 그때에도 변함이 없었다.

그런데 놀라운 일은 이 시기에 다른 한편으로 우리나라 사람들에 의하여 민법 제정이 준비되고 있었다는 점이다(양창수, 민법연구(1), 67면 이하; 민법연구(3), 124면; 정종휴, "한국민법전의 제정과정," 곽윤직 교수 기념논문집, 3면 참조). 미국은 점차 군정에 한국인을 참여시키는 정책을 펴서 1946년 12월에는 한국인들로만 구성된 입법의원(立法議院)을 창설하여 법령을 제정하도록 하였고, 1947년 2월에는 행정의 최고책임자로 한국인 안재홍을 임명하였으며, 이들은 남조선과도정부라고 불렀다. 그리고 이 과도정부는 1947년 6월 30일 행정명령 제 3 호를 공포하여 그 조직의 일부인 사법부 안에 민법 등 기초법전의 초안을 작성할 「법전 기초위원회」(「조선법전 편찬위원회」라고도 함)를 설치하였다. 이 위원회는 1948년 4월까지 「조선 임시민법 편찬요강」의 일부를 완성하였다. 위 「법전 기초위원회」는 우리 정부가 수립된 후에 구성되어 「민법전 편찬요강」을 작성하고 민법을 기초한 「법전편찬위원회」와 법적인 동일성은 없으나, 두 위원회의 인적 구성(상당수가 겹침. 양창수, 민법연구(1), 71면; 민법연구(3), 88면 이하; 정종휴, 위의 논문, 7면 참조)과 각기 작성한 편찬요강의 내용을 비교해 볼 때 후자가 전자의 연장선상에 있었음이 분명하다.

[22]
3. 민법전의 성립과 발전

(1) 민법전의 제정

1) 법전 편찬위원회의 구성 1948년 8월 15일 미군정이 끝나고 우리 정부가 수립되었다. 이제 드디어 우리의 의지로 민법전을 제정할 수 있게 된 것이다. 정부는 정부수립 후 한 달 뒤인 1948년 9월 15일 대통령령 제 4 호로 「법전편찬위원회 직제」를 공포 · 시행하였다. 그 직제에 의하면, 법전편찬위원회는 민사 · 상사 및 형사의 기초법전과 기타 소송 · 행형 등 사법법규의 자료를 수집 · 조사하여 그 초안을 기초 · 심의하는(2조) 대통령 직속기관으로서(1조), 위원장 1인, 부위원장 2인, 50인 이내의 위원으로 구성하도록 되어 있었다(3조). 그리고 그 위원회 안에 각 실정법전을 기초하기 위하여 분과위원회를 둘 수 있었다(5조). 그리하여

민법전의 기초를 위하여 「법전편찬위원회 민법분과위원회」가 구성되었다.

법전편찬위원회의 위원장에는 당시 대법원장이던 김병로(金炳魯)가 위촉되었다. 그리고 민법분과위원회는 총칙 · 물권 · 채권 · 친족 · 상속의 5편으로 나뉘어 각 편마다 책임위원과 일반위원이 두어졌다. 각 편의 책임위원은 총칙편은 고병국, 물권편은 강병순, 채권편은 권승렬, 친족편 · 상속편은 주책임위원 장경근, 책임위원보 장승두이었다(정종휴, 위의 논문, 7면). 이들 책임위원과 일반위원들은 대부분 법조인이었고 소수의 법학교수가 포함되어 있었을 뿐이다.

민법분과위원회가 민법전의 기초에 착수한 것은 1948년 12월 15일이다(민법안 심의록(상), 1면).

2) 민법안의 기초(起草) 「법전편찬위원회 직제」와 함께 공포된 「법전편찬위원회 처무규정」에 따르면, 기초위원은 기초에 앞서 요강(要綱)을 작성하여야 하고, 그것은 분과위원회 및 위원총회의 의결을 거쳐야 하며(8조), 그 요강대로 법안을 기초하도록 되어 있었다(9조). 그리하여 먼저 재산편에 관하여 112개 항목에 이르는 「민법전 편찬요강」이 작성되었고(자세한 요강 내용은 양창수, 민법연구(1), 100면 이하 참조), 그 후 「민법 친족상속법 편찬요강」이 발표되었다. 이 요강은 민법의 큰 방향을 정하는 것이 아니고, 개별규정의 내용을 지침 형태로 정리한 것이다. 예를 들면 「一. 민법 전체를 위한 대원칙(통칙)으로서 1. 관습법 및 조리의 보충적 효력을 규정하고…」와 같다. 그리고, 앞에서 언급한 바와 같이, 이 요강은 미군정 시기의 「조선 임시민법 편찬요강」을 원안으로 하여 작성된 것으로 파악되고 있다.

생각보다 빨리 민법전 편찬요강이 만들어졌으나, 구체적인 초안(조문)을 만드는 작업은 쉽게 진행되지 못했다. 그 가장 큰 이유는 한국전쟁(6 · 25전쟁)의 발발이다. 전쟁으로 인하여 위원들이 납북되거나 사망하여 인력을 확보하기가 어려웠다. 그리고 작업을 보조할 인력과 필요한 설비도 확보할 수가 없었다. 그러한 상황에서 법전편찬위원회의 위원장을 맡고 있는 김병로가 거의 혼자서 민법전 초안을 기초한 것으로 알려지고 있다. 그러나 그가 다른 누구의 의견도 듣지 않고 오직 자기만의 의견으로 기초한 것으로 보이지는 않는다. 그는 다른 법률가들과도 토의를 거쳐 신중하게 작업을 한 것으로 관측된다.

김병로는 민법전 편찬요강을 충실히 따라서 초안을 작성하였다. 그러나 요강을 무시하거나 요강에 없는 사항이 새로 추가되기도 하였다(자세한 점은 양창수, 민법연구(1), 80면 이하 참조).

더욱이 친족편과 상속편의 경우에는 요강에 구애받지 않았다. 그 이유에 관하여, 친족 · 상속편 요강의 작성에는 김병로가 참여하지 않았기 때문이라는 주장도 있다.

이렇게 하여 민법전 초안이 완성된 것은 1952년 7월 4일이었다(민법안심의록(상), 1면). 민법전의 기초에 4년 7개월이 소요된 것이다. 도중에 전쟁이 있었던 점을 감안할 때 짧은 기간 안에 끝마쳤다고 하겠다.

사실상 김병로가 단독으로 작성한 민법전 초안은 법전편찬위원회의 총회를 거쳐 1953년 7월 4일 그 위원회의 공식초안이 되었다. 그 뒤 법전편찬위원회 공식초안은 1953년 9월 30일 정부에 이송되었다. 그 초안은 정부의 법제실에서 용어의 통일 기타 조문 정리 정도의 심사를 거쳐 1954년 9월 30일 국무회의를 통과하였다. 그리고 그 해 10월 13일 대통령의 재가를 얻어, 10월 26일 국회에 제출되었다. 이 정부제출 민법안은 본문 1118조, 부칙 32조로 되어 있었다. 그리고 그 법안에는 제안이유서나 기초에 관한 회의록 등 원안 기초자 측의 기초의견을 알 수 있는 자료가 전혀 없었다(민법안심의록(상), 1면).

[23] 3) 민법안의 국회심의

(가) 국회 법제사법위원회에서의 심의 국회, 즉 민의원(그때 헌법에는 국회가 민의원(民議院)과 참의원으로 구성되도록 정해져 있었으나, 당시에는 민의원만 구성되어 있었음)에 제출된 민법안은 1954년 10월 28일 민의원 법제사법위원회(아래에서는 법사위라고 함)에 회부되었다. 그리고 법사위는 같은 해 11월 6일 그 안에 「민법안 심의 소위원회」(아래에서는 「민법안 심의소위」라 함)를 구성하여 민법안의 예비심사를 전담하게 하였다. 「민법안 심의소위」의 위원장은 장경근 의원이 맡았고, 위원으로는 김성호 · 윤형남 의원(1956. 2. 27.부터는 신태권 의원으로 교체됨)이 선임되었다. 그리고 심사에 필요한 자료조사와 심의록 작성을 위하여 전문위원인 이태준 · 유민상이 참가하였고, 처음 6개월간은 당시 연희대학 교수이던 장경학이 이들과 함께 하였다.

「민법안 심의소위」는 민법안 전체의 심사를 위하여 1955년 3월 15일에 제 1 차회의를 개최한 이래 1957년 9월 2일까지 약 2년 6개월 동안 65차례의 회의를 하였고, 3차례에 걸쳐 각기 약 보름 동안씩 합숙심의를 하였으며, 1957년 4월 6일 · 7일에는 민법안 전체에 대한 일반 공청회를 개최하여 학계를 비롯하여 국민 각층의 의견을 들을 기회를 가졌다(민법안심의록(상), 1면). 그런데 1957년 5월 3일에는 국회 제24임시회가 모든 안건을 폐기하고 폐회됨으로써 민법안도 일단 폐기되었으나, 같은 해 6월 17일 이전의 것과 같은 민법안을 다시 제출하였고, 법사위도 형식상 절차에 따라 종전의 소위원회 위원을 다시 「민법안 심의소위」 위원으로 선임하였으며, 이 소위가 7월 29일 이미 행하여진 심사결과를 그대로 계승 채택하기로 결의하는 일도 있었다.

「민법안 심의소위」는 민법안을 심사함에 있어서 다음 세 가지의 기본방침을 정하였다(민법안심의록(상), 2면). 첫째는 민법안 각 조문을 차례차례 빠짐없이 기초자를 대신하여 그 기초이유를 검토하는 동시에, 조문마다 독일민법 · 프랑스민법 · 스위스민법 · 스위스채무법 · 영미법 · 중화민국민법 · 만주국민법 등을 비롯한 외국 입법례와 판례 · 학설을 조사 검토하고, 우리나라의 현재의 사회사정과의 부합성을 비교 고찰한다는 것이다. 둘째는 제안된 법안을 일단 시인하고 이를 기본으로 하여 심사에 임하는 것이 타당하므로, 특히 수정을 가하여야 할 적극적 이유가 없는 한 가급적 수정하는 것을 피한다는 것이다. 셋째는 이러한 심사내용은 각 조문마다 현행법, 판례 학설, 외국 입법례, 심의경과, 결론 등의 순서에 따라 상세히 기록하여 민법안 심의자료로서 국회의원에게 배부하는 동시에 각계 기타 각 방면의 참고문헌으로 제공한다는 것이다.

「민법안 심의소위」는 이러한 방침에 따라 심의한 결과로 343개항(본문에 관하여 323개항, 부칙에 관하여 20개항)의 수정안을 채택 · 발표하고, 그와 함께 「민법안심의록」 2권을 발간하였다(그 외의 중요자료로 「민법안심의자료집」도 있다). 이 수정안은 1957년 9월 11일 법사위에 상정되어 수정 없이 통과되었고, 이제 법사위 수정안으로서 그 다음날 정부안과 함께 국회 본회의에 회부되었다.

㈏ **정부제출 민법안의 그 밖의 수정안들** 정부제출 민법안에 대하여는 전술한 법사위의 수정안 외에 6개의 수정안이 제출되었다. 현석호 수정안, 정일형 수정안, 권오종 수정안, 이영희 수정안, 변진갑 수정안, 송경섭 수정안이 그것이다(수정안의 명칭은 수정안을 발의한 대표의원의 성명으로 붙인 것임). 이들 중 맨 앞의 둘이 중요한데, 현석호 수정안은 법학자들이 펴낸 「민법안의견서」(1957년)를 바탕으로 재산편에 관하여 작성한 37개 항목의 수정안이고(이 수정안에 대한 구체적인 검토로 양창수, 민법연구⑶, 48면 이하가 있다), 정일형 수정안은 친족상속편에 관하여 여성단체와 학계의 의견을 반영한 57개 항목의 수정안이다.

〈「민법안의견서」에 관하여〉

현석호 수정안의 바탕이 된 민법안의견서에 대하여 설명하기로 한다. 앞에서 언급한 것처럼, 정부의 민법안은 대부분 법조인에 의하여 기초되었고, 거기에 법학자의 참여는 거의 없었다. 아마도 그 당시에는 대학이 정비되지도 않았고, 학자층도 젊고 극히 엷었기 때문이었을 것이다. 그렇지만 민법안이 공표되자 그에 대하여 학자들의 반응이 뜨거웠다. 어떤 학자는 시기상조라는 이유로 민법 제정에 반대하였다고 한다. 그러나 그 의견에는 즉각적으로 비판이 가해졌을 뿐더러, 다수의 지지를 받을 수도 없었다. 우리나라가 건국된 후에도 일본법을 적용하는 치욕에서 빨리 벗어나려면 마땅히 우리 민법이 제정되어야 했기 때문이다(같은 취지: 양창수, 민법연구(3), 42면). 다른 한편으로 민법학자들은 단체를 조직하여 민법안을 연구하였다. 민법안이 「민법안 심의소위」에서 심의되고 있던 1956년 9월 25일 서울을 중심으로 한 대학에서 민법 · 상법 · 국제사법을 담당하는 교수 20여 명이 민법초안연구회를 구성하고, 민법안과 그 수정안 및 친족상속법 심의요강에 대한 연구와 검토를 시작하였다. 이들은 먼저 총칙 · 물권 · 채권 · 신분의 4분과로 나누어 그 해 11월 9일에 이르는 동안에는 각 분과별로 예비토의를 하고, 그 날부터 다음 해 1월 19일에 이르는 동안에는 12차례에 걸쳐 전체회의에서 다시 검토하였다. 그 결과로 작성된 것이 민법안의견서이며, 마지막 전체회의에서 그 회의 명칭을 민사법연구회로 부르기로 하였다(민법안의 견서, 서문). 민법안의견서에는 재산편에 관하여만 공식의견이 실려 있다. 그 의견은 168개 항목인데, 그중에 다수(94개 항목)는 민법안이나 법사위 수정안에 찬성한다는 것이나, 반대 · 수정 또는 신설의견도 있다. 그런데 이 의견들은 법사위 「민법안 심의소위」의 심의에 반영되지 않았다. 그 가장 큰 이유는 시기적으로 늦은 데 있었던 것으로 보인다. 그 후 이 의견들은 현석호 수정안으로 제출되어 국회 본회의에서 일부가 채택되기도 하였다.

(다) **국회 본회의에서의 의결** 정부가 제출한 민법안과 그에 대한 법사위 수정안은 1957년 11월 5일 국회 본회의에 상정되었다. 그리고 같은 날 제 1 독회가 시작되어 법사위 위원장 박세경의 심사보고, 「민법안 심의소위」 위원장 장경근의 민법안 심의결과 보고, 법무부차관의 정부측 제안설명이 있었다. 이어서 11월 6일에는 법전편찬위원회 위원장 김병로의 기초취지 및 내용의 설명이 있었고, 곧바로 질의가 시작되어 11월 7일까지 의원들이 질의를 하고 법무부 차관 또는 「민법안 심의소위」 위원장이 답변을 하였다. 그리고 11월 8 · 9 · 11일의 3일 동안에는 전체토론이 있었다. 제 1 독회에서 질의나 전체토론의 대상은 물권변동 등 재산편에 관한 것도 있으나, 그 대부분은 가족편의 문제, 그중에서도 동성동본 금혼제에 집중되었다(정종휴, 위의 논문, 21면).

같은 해 11월 21일부터는 민법안 제 2 독회가 시작되었는데, 그때는 앞에서 언급한 수정안도 제출되었다. 제 2 독회에서는 축조심의를 하였는데, 그 방법으로 민법안 제92조까지는 수정안이 없는 조문도 심의하였다. 그러다가 11월 25일부터는 시간 절약을 위하여 수정안이 있는 조항을 먼저 처리하고 나머지 부분은 일괄하여 표결하기로 하였다. 그리하여 11월 28일까지 재산편의 문제조항(수정안 있는 조항, 수정안, 민법안에 없는 조항의 신설안)의 심의를 마쳤다. 그 뒤 11월 29일부터는 친족편 · 상속편의 심의를 시작하여 12월 17일까지 심의가 계속되었다. 그리고 12월 19일까지 수정안과 관련된 원안 조항, 원안에 없는 수정안의 심의를 끝내고, 이어서 그 밖의 조문 전부가 함께 의결되었다(정종휴, 위의 논문, 22면).

제 2 독회의 심의결과를 보면, 우선 법사위 수정안은 157개 항목 중 1개(특별실종기간에 관한 6항)를 제외하고 모두 채택되었다. 그에 비하여 현석호 수정안은 법사위의 반대가 없는 범위에서만 채택되었고, 그 외의 수정안은 법사위가 동의한 것이나 극히 사소한 것만 받아들여졌다.

당시의 헌법에 의하면 법안의 의결에는 원칙적으로 3회의 독회가 필요하였으나, 민법안의 심의는 제 3 독회를 생략하기로 하였기 때문에, 독회는 두 번으로 끝나게 되었다.

4) 민법전의 공포 국회에서 의결된 민법안은 제 2 독회의 마지막 날에 [24]
결정된 대로 법사위에서 자구(字句) 수정, 각 조문의 표제를 붙이는 것(이때 붙여진 표제도 법률의 일부로 보아야 하며, 따라서 그것을 바꾸려면 개정의 절차가 필요하다), 조문의 배열 · 정리 등의 절차를 거쳐 1958년 2월 7일 정부에 이송되었다. 그리고 정부는 이를 2월 22일 법률 제471호로 공포하였다. 이것이 우리의 현행 민법전이다. 민법전은 공포 당시 본문은 1111개조이고 부칙이 28개조이었다. 이 민법전은 1960년 1월 1일부터 시행되었다(부칙 28조).

5) 민법전의 특징 제정 당시를 기준으로 하여 우리 민법전의 특징을 적어 보기로 한다. 첫째로, 민법전의 제정을 지나치게 서둔 것으로 보인다. 그 이유는 아마도 하루빨리 근대적인 모습의 독립국가의 면모를 갖추고, 더욱이 패망국 일본의 법적용이라는 현실에서 속히 벗어나고 싶었던 데 있지 않았는가 싶다. 그런 열망의 결과로 우리 민법전의 초안은 — 한국전쟁기간을 포함하여 — 4년 7개월(1948. 12. 15-1952. 7. 4)의 단기간에 완성되었다. 이는 당시의 극히 어려운 여건을 감안하여 볼 때 기초자의 헌신적인 노력이 있었기에 가능했을 것이다. 그런데 그러다

보니 자연히 기본법전의 제정을 위한 철저한 조사와 연구가 부족할 수밖에 없었다. 둘째로, 민법전의 기초를 거의 전적으로 법률실무가가 맡았고, 법학자의 참여가 부족하였다. 이 점은 그 당시의 법학계의 인적·물적(연구실적) 상황에 비추어 볼 때 불가피했는지도 모른다. 그런데 그로 인하여 초안에 대한 이론 검증이 철저하게 이루어지기 어려웠고, 기초이유서와 같은 자료집도 만들어지지 못하였다. 오늘날 민법규정에 대한 기초자의 의견을 파악하기 어려운 이유는 근본적으로는 여기에서 연유한다. 그렇지만 실무가에 의하여 기초되었기 때문에 초안은 매우 실용적인 시각에서 만들어졌고, 이 점은 장래의 법적용을 생각한다면 바람직하다고 할 수 있다. 셋째로, 재산편에 관한 한, 민법전은 당시에 의용되던 일본민법을 기초로 하였다는 점이다. 기초자는 물론 일본민법 외에 다른 근대민법도 많이 참고하였다. 그러나 기본이 된 것은 어디까지나 일본민법이었다. 우리나라가 해방된 뒤 그토록 미워하던 일본민법이 기초로 된 이유는 어디에 있는가? 기초자는, 일본민법을 일본의 고유한 법이 아니고 프랑스민법·독일민법을 그대로 가져다가 만든 것이라고 생각했고, 따라서 근대민법들을 참고하다 보면 자연히 일본법과 같아지게 된다고 하였다. 물론 일본민법 중 일본의 고유한 제도는 철저히 제거하였다. 넷째로, 기초자는 일본민법에 거의 또는 전적으로 기대지 않고 실용적인 관점에서 창조적으로 초안을 작성하였다(같은 취지: 양창수, 민법연구(3), 154면). 위에 언급한 것처럼 기초자는 여러 나라의 입법을 참고하여 가장 적절하다고 하는 내용을 선택하였다. 다만, 그때의 사정상 참고할 자료가 일본에서 연구된 것들이었음은 부득이한 일이었다.

[25] 6) 우리 민법전의 계보

〈법의 계수〉

법의 계수(繼受)(Rezeption des Rechts)라는 개념은 반드시 명확한 것은 아니어서 학자마다 달리 정의될 수 있다. 그런데 대체로 어떤 민족이나 국가에서 발달한 법이 다른 민족이나 국가에 수입·채용되는 현상을 가리킨다(가령 곽윤직(신정판), 41면). 그리고 계수된 법을 계수법(繼受法)이라고 하며, 그것은 어떤 나라에서 다른 나라의 법의 영향을 받지 않고 발달한 법인 고유법(固有法)과 대비된다. 계수법의 대표적인 예로 16세기 말~18세기 독일 보통법시대에 있어서 로마법의 계수를 들 수 있다.

넓은 의미로는 어떤 나라가 다른 나라를 정복하여 강제로 법을 제정하게 하거나 자기 나라의 법을 적용하게 하는 것도 법의 계수라고 할 수 있다. 그러나 계수하는 쪽이 주체성을 가지고 또한 자발적인 의지로 수용하는 것만을 계수라고 하여야 한다.

법의 계수는 여러 가지 표준에 의하여 그 종류를 나눌 수 있다. 계수된 법이 계수 당시에 존재하는 것인가에 따라 과거법의 계수와 현재법의 계수로, 계수된 법이 기존의 법 내지 법문화에 있어서 동일한가에 따라 동질적 계수와 이질적 계수로, 계수의 방법에 따라 입법적 계수(이를 법전(法典)계수라고도 할 수 있다) · 사법적(司法的) 계수 · 학설계수로, 법을 부분적으로 계수했는가 전체적으로 계수했는가에 따라 개별적 계수와 포괄적 계수로, 어느 한 나라의 법만을 그대로 계수했는가 여러 나라의 법들 가운데 선별하여 계수했는가에 따라 단일법(單一法)의 계수와 혼합적 계수로, 다른 나라의 법을 처음부터 직접적으로 계수했는가 다른 나라를 통하여 계수했는가에 따라 직접적 계수와 간접적(매개적) 계수로 나눌 수 있다. 그리고 법의 계수 개념을 넓게 사용한다면, 계수가 자발적인 것인가 강제에 의한 것인가에 따라 자발적(임의적) 계수와 강제적 계수로 나눌 수도 있다. 그때에는 본래의 의미의 계수는 모두 자발적 계수가 된다. 그 밖에 학자(양창수, 민법연구(3), 143면 참조)에 따라서는 강제된 법을 후에 자발적으로 채용하는 경우를 2차계수라고 표현하기도 한다.

우리 민법전은 우리의 고유법을 법전화한 것이 아니고 외국의 법을 받아들인 것이다. 이른바 계수법인 것이다. 그리고 내용적으로는 근본적으로는 일본민법을 바탕으로 하였지만, 일본민법상 프랑스민법에서 유래한 제도를 많이 빼고 그것 대신에 독일민법이나 스위스민법상의 제도를 삽입하였다. 그 결과 우리 민법은 독일민법 제 1 초안과 프랑스민법의 요소가 섞여 있는 일본민법에 비하여 독일민법 쪽에 훨씬 가깝게 되었다. 그러고 보면 우리 민법은 적어도 재산법에 관한 한 일본민법을 통하여 독일민법을 계수하였다고 할 수 있다. 그리고 독일민법 등은 로마법을 계수한 것이다. 여기서 우리 민법전은 거슬러 올라가다 보면 로마법에까지 연결되어 있음을 알 수 있다. 다만, 친족법과 상속법은 일본법이나 다른 근대민법의 영향이 적으며, 거기에는 우리의 전통적인 윤리관이 많이 반영되어 있다.

이러한 우리 민법전의 역사적 성격에 대하여는 두 가지의 근본적으로 상이한 시각이 있다. 하나는 우리 민법전에 직접 영향을 준 일본민법전과 일본민법학의 관계에서 실마리를 찾는다(정종휴, "한국민법전의 비교법적 계보," 민사법학 8호, 65면 이하 참조). 일본민법전은 프랑스법 · 독일민법 제 1 초안 · 영미법 등 여러 나라의 법들을 참고로 하여 제정되었으며, 그중에 프랑스법의 영향이 독일법에 못지 않았다. 그런데 일본민법 시행 이래 1920년경까지 독일 법학이 압도적으로 유입되었다고 한다. 이를 두고 일본의 기타가와 젠타로(北川善太郎) 교수는 기존의 법이 외국의 법학에 의하여 기존의 구조와 다르게 구축되고 개조되는 것을 「학설계수」라고 불렀고, 이 학설계수에 의하여 일본민법전과 일본민법학 사이에 갭이 발생하였으며, 그는 이를 극복해야 할 민법의 2중구조라고 하였다고 한다. 그런 뒤에 우리 민법전이 일본민법전에 비하여 독일법적이 된 것은 당시의 일본민법학이 학설계수에 따라 독일민법학에 경도해 있었기 때문이라고 한다. 그러면서 우리 민법전은 당시의 민법의 2중구조를 극복하려 한 입법적 노력의 결정(結晶)이라고 한다(정종휴, 위의 논문, 92면). 그리고 그 근거로 우리 민법전이 당시의 통설 또는 유력설에 따라 만들어진 만주국민법의 영향을 많이 받은 점을 들기도 한다. 이에 대하여 다른 견해는 위의 견해에 대하여 근본적으로 의문을 제기한다(양창수, 민법연구(3), 151면 참조). 우리 기초자는 위 견해가 말하는 갭을 극복하려는 노력을 하지 않았으며, 일부 규정이 일본민법학의 영향 아래서 독일민법학의 결론을 수용하였더라도 그것은 일본민법의 2중구조를 해결하려는 노력의 결과가 아니라는 것이다. 그리고 우리 민법전에는 독자성이 있는 규정이 많이 있다는 이유도 든다. 그러면서 기초자들의 작업이 제한된 범위 내에서 창조적으로 이루어졌다고 한다. 생각건대 이 두 견해는 모두 타당한 면을 지니고 있다. 우리 민법의 기초자는 일본민법을 비롯하여 독일민법 · 프랑스민법 · 스위스민법 · 스위스채무법 · 중화민국민법 · 만주국민법 · 영미법 등 여러 나라의 입법례를 참고하여 바람직한 모습의 민법안을 만들었다. 그럼에 있어서 일본에서의 민법전과 민법학의 2중구조의 타파를 의식한 것으로 보이지는 않는다. 그런가 하면 우리 민법전에는 우리 민법만에 특유한 제도가 두어져 있다(그 예로 전세권제도, 607조 · 608조를 들 수 있다. 그 외에 양창수, 민법연구(3), 152면도 참조). 그러나 다른 한편으로 기초자는 당시의 사정상 안타깝게도 일본민법과 그에 대한 일본민법학의 비판을 많이 참고할 수밖에 없었고, 그 밖의 외국 자료도 대체로 일본의 연구를 통하여만 하였다. 그리고 기초자의 실용적인 성향이 일본민법학이 이루어 놓은 결실을 외면하지 않았을 것이다. 그리하여 적어도 상당한 부분에서 결과적으로는 일본의 2중구조를 타파한 것으로 나타나게 된다. 요컨대 우리 민법전은 창조적으로 기초 · 제정되었으나, 시대적인 제약으로 일부에서는 일본법학의 결론을 수용하게 되었던 것이다.

〈계수법으로서의 우리 민법전〉

우리 민법전이 계수법임은 앞에서 기술하였다. 그런데 여기서는 구체적으로 어떤 성격의 계수인지를 설명하기로 한다(유사한 견해로 양창수, 민법연구(3), 141면 이하; 정종휴, 위의 논문, 96면 이하도 참조).

우리 민법전이 제정될 당시 참고한 법들 중에는 이미 효력을 잃은 만주국민법도 있었으나, 그것은 기본적인 자료가 아니었음은 물론, 여러 참고자료 가운데 하나였을 뿐이므로 현재법의 계수이다(같은 취지: 정종휴, 위의 논문, 99면). 그리고 우리 민법전은 우리의 고유법과는 전혀 다른 성질의 법을 계수한 것이어서 이질적 계수에 해당한다. 또한 입법을 하는 방법으로 계수하였으므로 입법적 계수(법전계수)이다. 나아가 우리 민법전은, 일본민법전을 기본적인 모델로 삼기는 하였으나, 일본민법전을 포함하여 여러 민법들 가운데 최적의 내용을 선별하여 제정한 것이므로 혼합적 계수이다. 그리고 우리 민법전은 특히 일본민법(법전 및 학설)을 매개로 하여 서양의 법, 특히 독일·프랑스·스위스의 법을 받아들인 것으로서 간접적(매개적) 계수라고 할 수 있다. 그런가 하면 민법전 전체를 새로 제정했지만 어느 하나의 법을 전적으로 수용한 것은 아니어서 포괄적 계수라고 할 수는 없으며, 그렇다고 하여 부분적 계수도 아니다. 그 밖에 계수 개념을 넓게 사용한다면 우리 민법전의 제정 자체는 본래의 의미의 계수인 자발적 계수이다. 그에 비하여 일제강점기에 있었던 일본민법의 의용은 강제적 계수에 해당한다.

〈근대민법 성립의 역사적 배경과 근대민법들〉 [26]

우리 민법전은 일본민법을 통하여 유럽의 근대민법들을 계수하였다. 그리고 그러한 근대민법들은 로마법에까지 거슬러 올라가는 특별한 역사적 배경 아래서 성립하였다. 그러므로 우리 민법전의 성격을 제대로 이해하고 그것을 올바르게 해석하려면 근대민법들의 성립과정을 알 필요가 있다. 그리하여 여기서 우리 민법전의 이해에 필수적인 범위에서 근대민법 성립의 역사적 배경과 근대민법들의 성립과정을 간략하게 설명하려고 한다.

• 근대민법 성립의 역사적 배경

우리 민법에 영향을 크게 미친 유럽의 근대민법으로는 프랑스민법·독일민법·스위스민법(채무법 포함)을 들 수 있다. 아래에서는 이들 민법이 성립하게 된 역사적 배경을 시대순으로 살펴보기로 한다.

(ㄱ) 로 마 법

로마는 기원전 753년에 건국되어 395년 동(東)·서(西)로마로 분리된 뒤, 서로마는 476년에 멸망하고, 동로마는 1453년까지 존속하였다. 이러한 로마법의 역사는 크게 셋으로 나눌 수 있다.

로마는 처음에는 작은 도시국가에서 출발한 농업 위주의 사회였다(제 1 기(기원전 753년-기원전 202년): 고대 또는 공화정 전기). 그리고 그 시대의 법은 대부분 관습으로 이루어져 있고(그러나 12표법과 같은 성문법도 있었음) 친족법 · 상속법을 내용으로 하였는데, 그것을 시민법(市民法. ius civile)이라고 한다. 시민법은 매우 엄격한 형식주의가 지배하고 있었다.

그 뒤 로마는 지중해의 상업권을 독점하고 있던 카르타고를 물리치고(2차 포에니 전쟁. 기원전 202년) 지중해 연안을 지배하는 일대 상업국가로 발돋움하게 된다(제 2 기(기원전 202년-기원후 284년): 공화정 후기 · 원수정 시대). 그 결과 로마에서는 상인들의 활동으로 상거래에 관한 관습이 발달하여 시민법과 다른 거래법이 형성되었다. 그 법은 로마시민뿐만 아니라 로마제국 국민 모두에게 적용될 수 있는 법이라고 하여 만민법(萬民法. ius gentium)이라고 한다. 만민법은 자유롭고 비형식주의적인 일반법이었다(황적인, 로마법 · 서양법제사, 1985, 29면). 이 시기에도 시민법은 존속하였으며, 그 법은 로마시민권을 가진 사람에게만 적용되었다. 그런가 하면 다른 한편으로 소송을 주재하는 법무관(및 일정한 정무관)이 시민법을 실체적으로는 변경하지 않고 재판의 방침을 정한 고시(告示)에 의하여 소송상으로 사실상 수정하기도 하였다. 이들 고시에 의한 법을 — 명예 있는 정무관이 만든 것이라고 하여 — 명예법(名譽法. ius honorarium)이라고 한다. 이 명예법은 고루한 법을 변화된 사정에 맞추어 변경하는 역할을 하였다. 한편 이 시대의 후반인 원수정시대(기원전 27년 -기원후 284년)에는 법학이 크게 발전하였는데, 이를 고전시대(古典時代)라고 한다. 법학의 융성은 고전시대 중에서도 제 2 기(하드리아누스-알렉산더)에 절정에 달하였다.

로마는 3세기 후반부터 쇠퇴하기 시작하였고, 395년에는 동 · 서로마로 분리되었다. 그 시기(제 3 기(284년-565년 유스티니아누스 사망): 전주정(專主政)시대)에는 황제의 권력이 절대적으로 되면서 다른 법은 모두 없어지고 황제의 법인 칙법(勅法)이 유일한 성문법이었다. 그리고 이때에는 법학도 급속히 쇠약해졌다. 그 후 6세기 전반에 동로마의 황제 유스티니아누스는 법무장관 트리보니아누스(Tribonianus)를 중심으로 하여 법전편찬사업을 벌이도록 하였다. 그것은 당시의 혼란한 법을 통일 · 정비하고 아울러 고전시대의 문화를 재현하려는 이유에서였다. 이 사업으로 처음 완성한 것은 구 칙법휘찬(舊勅法彙纂. Codex vetus)이다. 이것은 이전의 칙법집들과 그 이후의 칙법을 정리하여 하나로 만든 것인데(일부만 전해지고 있음), 그 후 개정되어 (개정)칙법휘찬(Codex repetitae praelectionis)이 편찬되면서 폐지되었다. 다음에는 학설휘찬(학설유집)(Digesta. 그리스어로 Pandectae(회전. 會典)라고도 함)이 있다. 이것은 로마의 법학자들(모두 39명에 이르나, 고전시대의 학자가 35명이며, Ulpianus, Paulus, Papinianus, Modestinus, Gaius의 5인의 것이 전체의 3분의 2를 차지한다)의 저서에서 학설을 발췌하여 저자와 출처를 명시하여 정리한 것이다(그 내용의 4분의 3이 순수한 사법이다. 최병조, 로마법강의, 209면 참조). 그리고 법학제요(法學提要. Institutiones)가 있다. 이것은 법학을 처음 배우는 학생을 위한 교과서로서 오늘날의 법학개론에 해당한다. 그런데 이것은 칙법으로 공포되어 법률이기도 하였다. 법학제요는 서론 · 인법(人法) · 물법(物法) · 소권법(訴權法)으로 구성되어 있다. 그 밖에 (개정)칙법휘찬이 편찬된 후 유스티니아누스 황제가 공포한 여러 칙법을 모은 신칙법(Novellae constitutiones)이 있다(이는 유스티니아누스 사망 후 사인(私人)들이 편찬한 것이다). 이렇게 편찬된 학설휘찬 · (개정)칙법휘찬 · 법학제요 · 신칙법을 통틀어서 유스티니아누스 법전 또는 로마법대전(大典)(Corpus iuris civilis)(이 명칭은 프랑스의 인문주의 법학자 고토프레두스가 교회법대전과 대비되는 시민법(세속법)의 총체라는 의미에서 처음 사용하였다고 한다. 서을오, 서양사법사 강의, 42면)이라고 한다. 이 법전은 로마법을 온전한 모습으로 후세에 전해 주었으며, 그중에서도 특히 학설휘찬이 중심적인 역할을 하였다.

(ㄴ) 게르만법

게르만 민족은 처음에는 스칸디나비아 반도 남부와 독일 북해안 등의 발트해 연안에서 살고 있었다. 그런데 점차 영역을 넓혀 로마 제정시대에는 라인강과 도나우강을 경계로 하여 로마 제국과 마주하고 있었다. 그러다가 375년에 시작된 게르만의 민족대이동 때에 로마의 영역으로 침투해 들어갔다. 그 후 쇠약해진 로마는 동·서로마로 분열된 뒤, 서로마는 476년에 멸망하고 만다. 이 시대에 게르만 민족은 여러 부족으로 나뉘어 있었고, 문자도 없었다. 그리고 법은 부족마다 달랐고, 문자가 없었기 때문에 불문법이고 관습법이었다. 또한 법이 말로 전승되는 것이었기 때문에, 법은 격언 즉 법언(法諺)의 형식으로 요약되었다(예: 「횃불에 타는 것은 동산이다」).

게르만의 민족대이동이 마무리되는 5세기 중엽에는 이탈리아 지역을 포함하여 유럽 전역에 게르만의 6개의 부족국가들이 성립하였고, 그 후 북쪽의 프랑크, 스페인의 서 고트, 이탈리아의 롬바르디아의 셋만이 남았다. 그리고 그중 가장 강력한 나라는 — 나중에 독일과 프랑스로 나누어진 — 프랑크 왕국이었다. 이때(중세 전기)의 법은 「부족법전」의 형태로 문자화되었으며, 그 수는 매우 많았다. 이들 부족법전은 주로 고대로부터 내려오는 관습법(부족법)을 그대로 기록한 것이나, 새로운 규정도 포함되어 있었다. 그리고 그 법은 자기가 속하는 부족의 법의 적용을 받는 「속인주의」(屬人主義)를 취하고 있었다.

9세기 말 프랑크 왕국이 동·서로 분열된 후 근대 이전을 중세 후기(또는 단순히 중세)라고 한다. 중세에는 전기에 기독교가 많이 전파되어 후기에는 기독교가 정치와 사회를 지배하게 되었다. 그리고 교회재판의 기준이 되는 종교회의의 결의와 교황의 칙령을 모은 「교회법」(캐논법. canon law)이 성립하였다. 다른 한편으로 중세에는 8세기에 시작하여 10세기 초에 정착된 봉건제도가 중세말까지 유지되었다. 이 제도로 말미암아 각 나라는 그 안에 작은 여러 나라가 있는 형국을 보였다. 그런가 하면 상공업이 발달하여 독립된 자치권을 가진 다수의 도시가 나타났다. 이 시대의 법은 어떠했는가? 우선 수많은 부족법전이 자취를 감추고 고대처럼 다시 관습법이 적용되었다. 그리고 교회나 봉건영주는 부족들과는 관련이 없을 뿐더러 여러 부족이 섞여 사는 지역도 많았기 때문에, 어느 부족 출신인지를 불문하고 어느 영주의 지배영역(란트. Land)에 있는가에 따라 그 지역의 법인 란트법(Landrecht)의 적용을 받도록 하였다. 즉 과거의 「속인주의」가 「속지주의」(屬地主義)로 바뀐 것이다. 그 결과 수많은 란트법이 발달하였다. 그리고 도시의 시민에게 적용되는 도시법도 생겨났다. 또한 법영역 내지 법권(法圈)(예: 봉건 영주와 봉건 신하 사이, 장원의 영주와 농민 사이, 가인(家人)의 권리의무관계)별로 특별법이 발생하였다. 이와 같이 법이 지역별로, 법영역별로 분열된 현상은 독일지역에서 특히 심했으나, 프랑스나 다른 지역도 마찬가지였다.

(ㄷ) 로마법의 부활과 계수

서로마가 멸망한 후 로마법도 — 동로마를 제외하고는 — 힘을 잃었고 잊혀져 갔다. 그러다가 12세기 초에 이탈리아 북부의 볼로냐(Bologna)의 법학교에서 로마법의 연구가 시작되었다. 이르네리우스(Irnerius)를 중심으로 한 이들 법학자는 로마법대전, 특히 학설휘찬 사본의 행간이나 여백에 주(註)를 붙이는 방법으로 연구하였기 때문에 주석학파(註釋學派. Glossatoren)라고 한다. 주석학파는 법문의 형식적 의미파악에 주력하고 전체를 체계적으로 연구하지는 못하였기 때문에 로마법을 실용화하는 데 기여하지는 못하였다. 그러나 로마법의 핵심적 내용을 정확하게 파악할 수 있게 하여 후대의 체계적·역사적 연구의 기초를 마련해 주었다. 13세기 중엽에는 유럽 각지에서 주석학파와 다른 새로운 학파가 생기게 된다. 후기 주석학파(Postglossatoren) 또는 주해학파(Kommentatoren)라고 불리는 이들은 로마법 원전이 아니고 주석학파의 연구성과인 표준주석서(이는 아쿠르시우스의 저작이다)를 대상으로 하여 로마법을 체계적으로 연구하였고, 또한 실무에 적용할 수 있도록 하였다. 후기 주석학파의 대표자는 바르톨루스(Bartolus)이다. 그 후 16세기에는 당시에 성행하던 인문주의(人文主義. Humanismus)에 기반을 둔 법학방법론이 널리 퍼졌으며 프랑스가 그 중심지였다. 이 인문주의 법학은 로마법을 역사적이고 어문학적 방법으로 연구하였을 뿐 그것을 실제 사회에 적용하는 것과는 거리가 멀었다.

사라져 가던 로마법이 위와 같은 연구에 의하여 되살아난 뒤 유럽 각국에 계수되게 된다. 그런데 그 모습은 국가에 따라 다르다. 프랑스는 로마법이 적용되는 남부의 성문법 지방과 북부의 관습법 지방(관습법은 게르만법의 요소가 강하였다)으로 나뉘었고, 그 상태가 프랑스 민법전이 제정될 때까지 계속되었다. 그때 프랑스의 북부지방에도 로마법이 서서히 침투되어 들어갔으나, 그것은 개별규정의 채용에 지나지 않을 뿐이어서 계수라고 할 수는 없다. 프랑스에서 로마법의 계수는 민법전 제정시에 일어나게 된다(곽윤직(신정판), 47면).

독일에서는 로마법이 중세 말부터 근세 초기에 걸쳐 계수된다. 독일에서의 로마법의 계수는 초기계수(1200년-1450년), 본계수(本繼受. 1450년-1600년), 후기계수(19세기)의 셋으로 나눌 수 있다. 초기계수는 게르만 부족국가와 신성로마(독일)황제가 로마황제를 선임자로 알고 로마법을 자국법으로 받아들인 것을 가리킨다. 이때 계수된 로마법은 로마법대전이 아니고, 일부는 테오도시우스법전이고, 다른 일부는 로마법이 게르만화된 로마 비속법(卑俗法)이었다. 그리고 이 계수는 부분적 계수이고 입법적 계수였다. 본계수는 이탈리아나 독일에서 로마법을 공부한 학자들이 재판에 참여하여 로마법을 적용하는 방법으로 일어난다(사법적 계수). 그리고 후에는 이를 제도적으로도 인정하였다. 즉 1495년의 제실법원령(帝室法院令. Reichskammergerichtsordnung)은 최고법원인 제실법원을 구성하면서 16인의 법관 중 반을 교육을 받은 법학자로 임명하도록 하였고(후에는 법관 전원을 법학자로 임명하도록 개정되었다), 재판을 제국의 보통법

(Gemeines Recht. 로마법과 교회법)에 따라서 하도록 규정하였다(3조). 다만, 존재가 증명된 합리적인 법령과 관습이 있으면 그것들이 보통법에 우선 적용되도록 하였다. 그리하여 로마법은 보충법으로서의 효력만 가지고 있었다. 그렇지만 실무에서는 법령 등의 존재를 소송당사자들에게 증명하도록 함으로써, 실제에 있어서는 문자로 확실하게 기록되어 있는 지방특별법이 있는 경우에만 그 효력을 인정받을 수 있었다. 이 본계수에서는 로마법이 포괄적으로 계수된다. 이 계수에 의하여 16세기 말에는 로마법이 — 비록 보충적이기는 하지만 — 독일 전역에 일반적으로 적용되게 되었다. 그러한 법을 「독일 보통법」(Gemeines Recht)이라고 한다. 이 독일 보통법은 로마법대전의 학설휘찬을 주된 내용으로 하는데, 학설휘찬은 그리스어로 판덱테(Pandectae)라고도 하므로, 독일 보통법을 판덱텐(Pandekten)이라고도 부른다. 그 후 독일에서는 계수된 로마법을 다시 독일고유법으로 수정하여 로마법을 실제 생활을 적절하게 규율할 수 있는 규범으로 만들어 갔는데, 그것을 가리켜 「로마법의 현대적 관용(慣用)」(usus modernus pandectarum)이라고 일컫는다. 한편 18세기 말에는 역사법학파가 등장하여 로마법대전을 새롭게 연구하였다. 역사법학파의 시조인 사비니(Savigny)는 법은 민족정신의 표현이고, 법은 합리적 고찰에 의하여 만들어지는 것이 아니라 역사와 더불어 변천하고 생성되는 것이라고 하였다. 그러면서 민법전 편찬에 관하여 논란이 있던 당시(티보(Thibaut)가 1814년 독일 통일민법의 제정을 주장하였다)에는 아직 그러한 작업을 감당할 학문적 기반이 조성되어 있지 않다고 주장하였다. 역사법학파의 연구는 19세기 후반에 형성된 판덱텐 법학의 기초를 제공하였고, 특히 사적 자치의 보장에 결정적 기여를 하였다(Knütel 저 · 신유철 역, 로마법산책, 2008, 104면).

(ㄹ) **자연법학(自然法學)**

계몽시대인 17세기부터 유럽 각국에는 인간의 이성을 기초로 한 영원한 법, 즉 자연법을 주장하는 학자들이 나타나 위세를 떨쳤다. 그들은 실정법은 자연법의 아래에 있다고 하였다. 자연법학자의 대표자는 네덜란드의 그로티우스(Grotius)이다. 자연법학자들은 최소한의 공리(公理)에서 출발하여 모든 것을 귀납적으로 설명하는 기하학적인 방법으로 연구하였고, 그리하여 로마법도 있는 그대로가 아니고 그것을 분석하여 대원칙을 찾으려고 하였다. 그리고 그들은 불합리한 지역적 관습을 제거하기 위해 법전을 편찬하자고 주장하였다.

• **근대민법의 성립과정**

여기서는 우리 민법전의 내용에 영향을 크게 미친 유럽민법전들인 프랑스민법전 · 독일민법전 · 스위스민법전과 의용민법이기도 했던 일본민법전의 성립과정을 설명하기로 한다.

(ㄱ) **프랑스민법전**(여기에 관하여는 남효순, "나뽈레옹 법전(프랑스민법전)의 제정에 관한 연구," 서울대 법학 35권 1호, 283면 이하를 참고하였다)

프랑스대혁명 후 프랑스에서는 네 차례에 걸쳐 통일민법전의 제정을 시도하였으나 모두 성공하지 못하였다. 그러다가 1799년 쿠테타로 제 1 통령이 된 나폴레옹은

1800년 총통령으로 네 명으로 민법전 기초위원회를 구성하여 민법초안을 기초하게 하였다. 이 네 명의 위원 중 두 명(트롱쉐, 비고 뒤 프레아므뉘)은 북부의 관습법지방을 대표하는 자였고, 다른 두 명(포르탈리스, 말르빌르)은 남부의 성문법지방을 대표하는 자였다(이들은 국참사원의 최고 위원이었던 포르탈리스를 빼고는 모두 최고법원에 속하였으며, 트롱쉐와 포르탈리스가 중심인물이었다고 한다). 이 기초위원들은 4개월도 채 되기 전에 민법초안을 완성하였다. 그 뒤 국참사원(國參事院. Conseiller d'Etat)이 이 초안을 36편으로 나누어 심사하여 민법안을 확정하였다. 이 과정에서 나폴레옹은 이혼 · 입양 등에 관하여 자신의 의견을 관철시켰다고 한다. 민법안은 각 편을 단행법률로 하여 먼저 맨 앞의 세 편이 의회인 심의원 · 입법원에 제출되었다. 그런데 민법전의 서편(序編)에 해당하는 제 1 소안이 입법원에서 부결되었다. 그러자 나폴레옹은 심의원을 개편하였고, 그 뒤 1803년 3월부터 1804년 3월의 기간 동안 36편이 차례차례 의회를 통과하였다. 그리고 1804년 3월 21일에는 이미 효력이 발생한 36개의 법률을 하나의 법전으로 통합하는 법률이 제정되었다. 이것으로 최초의 근대민법전이 탄생하게 된다. 이 법전의 공식 명칭은 제정 당시에는 「프랑스인의 민법전」이었는데, 1807년에 나폴레옹 법전(Code Napoléon)으로 바꾸었고, 그것을 다시 「프랑스인의 민법전」이라고 하였다가 또 나폴레옹 법전이라고 하였다. 그리하여 현재 이 법전의 공식 명칭은 나폴레옹 법전이다. 그런데 오늘날에는 보통 「민법전」(Code civil. 약어로는 C.c.)이라고 한다.

프랑스민법전은 서편(序編) · 제 1 권 · 제 2 권 · 제 3 권으로 이루어져 있다. 그중 서편은 법률 일반의 공포 · 효력 · 적용에 관하여 규정하고 있고, 제 1 권은 「인(人)」이라는 표제 아래 자연인에 관한 법과 친족법을, 제 2 권은 「물(物) 및 소유권의 변경」이라는 표제 아래 물권법을, 제 3 권은 「소유권의 취득방법」이라는 표제 아래 채권법과 상속법을 담고 있다.

(ㄴ) 독일민법전

독일에 로마법이 계수되어 독일보통법이 성립하였음에도 불구하고 독일 전체의 법의 통일이 이루어지지는 않았다. 더욱이 자연법학자들은 고유법이 이상적인 법이라고 하면서 그것을 법전으로 편찬하자고 주장하였다. 그 결과로 각 란트별로 지방특별법(Partikularrechte)이 제정되었다. 프로이센 일반란트법(ALR) · 오스트리아 일반민법전(ABGB) · 바덴란트법 · 작센 민법전이 그에 해당한다. 이러한 지방특별법의 제정으로 독일보통법에 의하여 이룩되었던 부분적인 법의 통일이 다시 깨어졌다. 그리고 독일 통일민법전 제정은 1871년 독일 제 2 제국이 성립된 후에야 가능하였다.

독일민법의 제정과정은 다음과 같다(Wieacker, Privatrechtsgeschichte der Neuzeit, 2. Aufl., 1967, S. 468-472 참조). 먼저 5명의 법률가로 구성된 준비위원회(Vorkommission)를 구성하여 민법전 제정계획에 관한 감정의견을 제출하도록 하였다. 1881년 이 준비위원회의 제안에 따라 11명의 위원으로 구성된, 후에 제 1 위원회라고 불린 위원회에 초안작성이 맡겨졌다. 제 1 위원회는 빈트샤이트(Windscheid. 재산법 부분)와 플랑크(Planck. 친족상속법 부분)의 주도 아래 제 1 초안(Erster Entwurf. 약칭 E I)을 완성하였으며, 그것을 1887년에 5권의 이유서(Motive)와 함께 공표하였다. 그런데 이 제 1 초안은 발표되자마자 신랄한 비판을 받았다. 무엇보다도 로마법에 치우쳤다는 비판이 많았다. 그러자 독일제국 법무부는 비판하는 글들을 모아서 보게 하고, 1890년 제 2 위원회(Zweite Kommission)를 설치하였다. 그 위원회는 10명의 상임위원 외에 12명의 비상임위원(특히 경제계 저명인사)으로 구성되었다. 제 2 위원회는 제 1 초안을 대폭 수정하여 1895년 제 2 초안(Zweiter Entwurf. 약칭 E II)을 심의록(Protokolle)과 함께 공표하고, 그 초안을 연방참의원(Bundesrat)에 제출하였다. 제 2 초안은 연방참의원에서 약간의 수정을 받은 뒤 제 3 초안으로서 제국 법무부의 회고록(Denkschrift)과 함께 1896년에 제국의회(Reichstag)에 제출되었다. 이 초안은 제국의회 총회에서 다시 조금 고쳐져 1896년 8월 18일에 공포되고, 1900년 1월 1일부터 시행되었다.

독일민법전은 모두 5편으로 되어 있다. 총칙 · 채무관계법 · 물권법 · 친족법 · 상속법이 그것이다. 우리 민법전과 달리 채권법이 물권법에 앞서 있음을 알 수 있다.

(ㄷ) 스위스민법전

스위스에서는 과거에는 입법권이 칸톤(Kanton. 주(州))에 있었고 연방에는 없었다. 그러다가 1874년에 일부 사법분야에 관하여 연방에 입법권을 부여하는 헌법개정이 있었다. 그에 기하여 채무법(Schweizerisches Obligationenrecht. 약칭 OR)과 혼인법이 제정되었다. 이 가운데 채무법은 민법과 상법이 함께 규정되어 있는 점에서 특징적이다. 그 뒤 1898년에 다시 헌법이 개정되어 사법의 모든 분야에 관하여 연방이 입법권을 가지게 되었다. 그런데 연방법무부는 그 이전에 이미 스위스 고유법의 권위자인 후버(Huber)에게 민법초안의 기초를 맡겼고, 후버는 인법(人法) · 친족법 · 물권법 · 상속법의 초안을 1900년까지 차례로 완성시켰다. 이 초안은 이유서(Erläuterung)와 함께 1902년에 간행되었다. 그 후 이 초안은 전문가위원회(Expertenkommission)의 심의를 거쳐 1904년에 연방의회에 제출되었고, 1907년 12월 10일에 의회를 통과하여 1912년 1월 1일부터 시행에 들어갔다. 한편 1911년에는 이미 단행법으로 시행되고 있던 채무법을 조금 개정하여 민법전의 제 5 편으로 하여 나머지 4편과 함께 시행하였다.

스위스민법전은 인법(人法) · 친족법 · 상속법 · 물권법 · 채무법의 5편과 서장(序章)과 종장(終章)으로 되어 있다.

(ㄹ) 일본민법전

일본은 이른바 명치유신(1868년) 후 1870년부터 민법전 편찬사업을 시작하였다. 처음에는 프랑스민법전을 번역하여 일본에 시행하려고 하여 1878년 초안이 완성되었으나, 불완전하여 그대로 시행할 수가 없었다. 그 뒤 1879년에 당시 파리대학의 법률학 조교수이던 보아소나드(Boissonade)를 초청하여 민법초안을 기초하도록 하였다(나중에는 이 작업에 일본인도 참여하였다). 그에 따라 완성된 민법전이 1890년에 공포되었고, 이를 1893년

1월 1일부터 시행하려고 하였다. 그런데 이 민법전의 시행을 반대하는 주장이 거세게 일어 단행론과 연기론 사이에 큰 논쟁이 벌어졌다. 그 결과 연기론이 승리하여 1896년까지 시행을 연기하기로 하였다. 이 민법전을 일본에서는 구민법 또는 기성법전(旣成法典)이라고 한다. 그 후 1893년에 법전조사회가 설치되고 호즈미 노부시게(穗積陳重)·토미이 마사아키라(富井政章)·우메 켄지로(梅謙次郎)의 3인에게 새로이 민법초안을 기초하게 하였다. 이들은 프랑스민법전 일색인 기성법전을 당시에 발표되어 있던 독일민법 제1초안을 참고하여 수정하는 형식으로 초안을 작성하였다. 그리하여 총칙·물권·채권의 3편은 1896년 4월 27일에, 친족·상속의 2편은 1897년 6월 21일에 공포되고, 이어서 민법시행법도 공포되어, 1898년 7월 16일부터 시행되었다. 이것이 일본의 현행 민법전이며, 과거 일제강점기에 우리나라에 의용되었던 것이다(많은 문헌들은 이 법을 구민법이라고도 하나, 그것은 바람직하지 않다).

[27] (2) 민법전의 개정

민법전은 제정된 뒤 — 다른 법의 개정에 따른 것까지 포함하면 — 모두 서른다섯 차례 개정되었다(2025. 9. 19. 기준). 제1차 개정(1962. 12. 29)은 법정분가 제도를 신설한 것이고, 제2차(1962. 12. 31)·제3차(1964. 12. 31)·제4차(1970. 6. 18)는 부칙을 고친 것이었으며, 제5차(1977. 12. 31)는 유류분제도의 신설 등 친족상속법에 관한 의미 있는 개정이었다. 제6차(1984. 4. 10)에서는 드물게 재산법을 약간 손질하였다. 그리고 제7차(1990. 1. 13)에서는 호주상속을 호주승계로 이름을 바꾸어 친족편으로 옮기는 등 친족·상속편의 개혁적인 개정이 있었다. 제8차(1997. 12. 13)는 국적법의 개정에 따른 것이고, 제9차(1997. 12. 13)는 간호원·사법서사 등을 간호사·법무사 등으로 용어를 수정하는 내용이었다. 제10차(2001. 12. 29)는 민사집행법의 제정에 따라 민법을 정비한 것이고, 제11차(2002. 1. 14)는 상속법을 조금 고친 것이다. 제12차(2005. 3. 31)에서는 호주제도의 폐지, 동성동본 불혼제도 폐지, 친양자제도의 신설 등과 같은 친족·상속편의 대폭적인 개정이 있었다. 제13차(2005. 3. 31)는 「채무자회생 및 파산에 관한 법률」의 개정에 따른 용어 수정이고, 제14차(2005. 12. 29)는 한정승인제도에 관한 개정이며, 제15차(2007. 5. 17)는 「가족관계의 등록 등에 관한 법률」의 제정에 따른 용어 수정이었다. 제16차(2007. 12. 21)는 친족·상속편을 중심으로 하는 중폭의 개정이고, 제17차(2009. 5. 8)는 친족편에 관한 미미한 개정이었다. 제18차(2011. 3. 7)는 무능력자와 후견에 관한 민법총칙과 친족법 규정이 대단히 많이 바뀐 이른바 성년후견제 개정이고, 제19차(2011. 5. 19)는 친권제도를 개선한 것이다. 그리고 제20차(2012. 2. 10)는 양자제도를 중심으로 하는 친족법의 개정이었으며, 제21차(2013. 4. 5)는 유실물의 소유권 귀속시기에 관한 개정이었다. 제22차(2014. 10. 15)는 친권의 제한에 관한 약간의 개정이었다. 제23차(2014. 12. 30)는 민법 여러 조문에 있는 「가름」을 「갈음」으로 수정하는 것이었고, 제24차(2015. 2. 3)는 「가족관계의 등록 등에 관한 법률」의 개정에 따른 자구수정이었다. 제25차(2015. 2. 3)는 보증에 관한 규정을 개정하고, 전형계약의 하나로 여행계약에 관한 규정을 신설한 것이다. 제26차(2016. 1. 6)는 제651조를 삭제한 것이고, 제27차(2016. 12. 2)는 면접교섭권에 관한 개정이었으며, 제28차(2016. 12. 20)는 후견인의 결격사유에 관한 간단한 내용의 개정이다. 제29차(2017. 10. 31)에서는 친생부인의 허가청구제도(854조의 2)와 인지의 허가청구제도(855조의 2)가 신설되었다. 제30차(2020. 10. 20)는 미성년자가 성적 침해를 당한 경우에 관한 개정(766조 3항의 신설)이고, 제31차(2021. 1. 26)는 친권자의 징계규정(915조)을 삭제한 것이다. 제32차(2022. 12. 13)는 미성년자 상속인을 위한 특별한정승인 제도를 신설한 것(1019조 4항 등)이고, 제33차(2022. 12. 27)는 나이를 만 나이로 계산함을 분명히 한 것이며, 제34차(2023. 5. 16)는 국가유산기본법이 제정되면서 민법 규정 하나(255조)의 제목을 수정한 것이다. 제35차(2024. 9. 20)에서는 법인 등기제도를 개선하고, 피상속인의 직계존속이 피상속인에 대한 부양의무를 중대하게 위반한 경우 등에 가정법원이 그의 상속권 상실을 선고할 수 있도록 하였으며(1004조의 2), 형제자매의 유류분권 규정을 삭제하였다.

이와 같은 개정에 의하여 민법전의 친족·상속편은 입법 당시와는 매우 다른 모습으로 바뀌었다(친족·상속편의 개정에 관한 좀더 자세한 내용은 친족상속법 [14]·[15] 참조). 그에 비하여 재산법(민법전 제1편-제3편)은 최근까지만 해도 1984년의 제 6 차와 2001년의 제10차에서 약간 개정된 데 불과하여 변한 것이 극히 적었다. 그런데 법무부가 2009년부터 민법 중 재산법을 전면적·단계적으로 개정하려는 작업을 벌였고, 그 결실로서 제18차·제25차·제30차 개정이 이루어졌다. 그리고 2023년 6월부터 다시 법무부에 민법 전면 개정을 위한 민법개정위원회가 구성되어 활동한 것을 보면 앞으로 재산법도 크게 바뀔 가능성이 있다.

〈민법전 개정의 구체적인 내용〉

• 제1차 개정(1962. 12. 29. 개정, 1963. 3. 1. 시행)

가족이 혼인하면 당연히 분가되는 법정분가(法定分家) 제도를 신설하여 차남 이하의 자는 혼인하면 법률상 당연히 분가되도록 하였다(789조). 그런데 이는 호주를 중심으로 하는 「가」(家)에 기반을 둔 제도이어서, 제12차 민법개정 때 호주제도와 함께 가(家)제도가 폐지되면서 이 규정도 삭제되었다.

• 제2차 개정(1962. 12. 31. 개정, 1963. 1. 1. 시행)

민법 시행일 전의 법률행위로 인한 부동산물권변동은 민법시행일부터 3년 내에 등기하지 않으면 그 효력이 상실되도록 규정되어 있었는데, 이 등기기간을 2년 더 연장하였다(부칙 10조 1항).

• 제3차 개정(1964. 12. 31. 개정, 1965. 1. 1. 시행)

민법 시행일 전의 법률행위로 인한 부동산물권변동은 제2차 민법개정으로 민법 시행일부터 5년 내에 등기하지 않는 경우 그 효력이 상실되도록 규정되어 있었는데, 이 등기기간을 다시 1년 더 연장하여 6년으로 하였다(부칙 10조 1항).

• 제4차 개정(1970. 6. 18. 개정, 1970. 6. 18. 시행)

공증인이나 법원서기에게 사문서(私文書)에 일자 확정을 청구하는 자는 그 청구서에 수수료로 10환(민법개정 당시의 화폐로는 1원)의 인지를 첨부하게 되어 있었는데, 그 액수가 현실에 맞지 않을 뿐만 아니라 물가변동에 따라 법을 개정하는 번거로움을 피하기 위하여 이를 대법원규칙(법원서기에게 청구하는 경우)과 법무부령(공증인에게 청구하는 경우)에 위임하도록 하였다(부칙 3조 3항).

• 제5차 개정(1977. 12. 31. 개정, 1979. 1. 1. 시행)

① 개정 전에는 남자 27세, 여자 23세 미만인 자가 혼인할 때에는 부모의 동의를 얻어야 했었는데, 미성년자에 한하여 혼인에 대하여 부모의 동의를 받도록 하였다(808조). ② 미성년자가 혼인을 한 때에는 성년자로 보는 이른바 혼인에 의한 성년의제(成年擬制) 제도를 신설하였다(826조의 2). ③ 부부의 누구에게 속한 것인지 분명하지 않은 재산은 부부의 공유로 추정하였다(830조 2항). 이는 종래 남편의 재산으로 추정하던 것을 개정한 것이다. ④ 협의이혼의 경우에는 당사자가 가정법원에 출석하여 확인을 받도록 하였다(836조 1항). ⑤ 미성년자인 자에 대한 친권은 부모가 공동으로 행사하도록 하였다(909조 1항 본문). 개정 전에는 모가 있는 경우에도 친권을 부만이 행사하도록 되어 있었다. 그런데 개정 후에도 그 항의 단서로 부모의 의견이 일치하지 않는 경우에는 부가 행사한다고 하여 결국은 부의 의사가 관철되도록 하였다. ⑥ 특별수익자의 수증재산이 상속분을 초과한 경우에는 그 초과분의 반환을 요하지 않는다는 규정(1008조 단서)을 삭제하였다. ⑦ 동순위의 상속인이 수인인 때에는 그 상속분은 균분으로 하되, 재산상속인이 동시에 호주상속을 할 때에는 5할을 가산하도록 하였다(1009조 1항). 개정 전에는 여자의 상속분은 남자의 상속분의 2분의 1에 지나지 않았다. 그러나 동일가적(同一家籍. 동일한 호적) 내에 없는 여자의 상속분은 남자의 상속분의 4분의 1로 한

다는 규정(1009조 2항)은 개정하지 않고 그대로 유지하였다. ⑧ 피상속인의 처의 상속분은 직계비속과 공동으로 상속하는 때에는 동일가적 내에 있는 직계비속의 상속분의 5할을 가산하고, 직계존속과 공동으로 상속하는 때에는 직계존속의 상속분의 5할을 가산하도록 하였다(1009조 3항). ⑨ 유류분제도를 신설하였다(1112조-1118조).

• **제6차 개정**(1984. 4. 10. 개정, 1984. 9. 1. 시행)

① 특별실종기간을 3년에서 1년으로 단축하고, 항공기에 의한 실종을 특별실종에 추가하였다(27조 2항). ② 구분지상권 제도를 신설하였다(289조의 2·290조 2항). ③ 전세권에 우선변제적 효력을 인정하는 규정을 두었다(303조 1항). ④ 건물전세권의 최단 존속기간을 1년으로 하였다(312조 2항). ⑤ 건물전세권에 관하여 법정갱신제도를 신설하였다(312조 4항). ⑥ 전세권의 당사자에게 전세금 증감청구권을 인정하되, 증액의 경우에는 대통령령으로 기준과 비율을 규제할 수 있도록 하는 규정을 신설하였다(312조의 2). 이는 위 ⑤와 함께 그 무렵 제정된 주택임대차보호법에 의하여 보호되는 주택임차인과의 균형을 맞추기 위한 것이다.

• **제7차 개정**(1990. 1. 13. 개정, 1991. 1. 1. 시행)

이때의 개정사항은 매우 많다. 따라서 지면관계상 여기서는 그것들 가운데 다른 개정사항에 따라 부수적으로 손질된 것이나 그 밖의 사소한 것은 제외하고 기술하기로 한다.

(ㄱ) **친족 관련** ① 친족의 범위를 8촌 이내의 혈족, 4촌 이내의 인척 및 배우자로 하여, 혈족의 경우 부계 또는 모계혈족의 구분 없이 각각 8촌 이내로 하고, 인척의 경우 4촌 이내로 하였다(777조). ② 혈족의 범위에 자매의 직계비속을 포함시키고(768조), 인척의 범위에서 혈족의 배우자의 혈족을 제외하였다(769조). ③ 인척의 촌수의 계산 규정을 개정된 친족범위 규정에 맞추어 혈족녀의 직계비속에 관한 부분을 삭제하였다(771조). ④ 법정친자관계로서의 계모자(繼母子)관계(773조), 적모서자(嫡母庶子)관계(773조)를 폐지하여 인척관계로 하였다. ⑤ 배우자의 일방이 사망한 경우 생존배우자가 재혼하는 때에는 인척관계가 소멸되도록 하였다(775조 1항).

(ㄴ) **호주제도 관련** ① 호주제도를 존치하되, 호주상속 제도를 호주승계 제도로 변경하고(980조 이하), 호주승계권을 포기할 수 있도록 하였으며(991조), 호주상속비용(983조), 호주상속에 있어서의 태아의 지위(988조), 대습상속(990조), 분묘 등의 승계에 관한 규정(996조)을 삭제하였다. ② 개정 전에는 여호주(女戶主)의 가(家)에 그 가의 계통을 계승할 남자가 입적한 경우에는 여호주가 가족이 되고(792조) 호주상속이 개시되는 것으로 규정하고 있었는데(980조 4항), 이들 규정을 삭제하였다. ③ 호주의 한정치산선고·금치산선고 청구권(9조. 이것이 준용되는 12조도 참조)과 입적동의권(784조 1항)을 삭제하였다. ④ 호주의 직계비속 장남자의 거가(去家)금지규정(790조), 호주의 가족에 대한 거소(居所)지정권(798조), 호주의 사고와 그 직무대행(799조), 호주의 부양의무(797조) 등을 삭제하였다. ⑤ 가족 중 누구에게 속한 것인지 분명하지 않은 재산에 대하여는 가족의 공유로 추정하는 규정

(796조 2항)을 두었다. ⑥ 혼인의 취소나 이혼시 또는 부(夫)가 사망한 때에 처와 부의 혈족 아닌 직계비속은 친가에 복적하거나 일가를 창립할 수 있도록 하였다(787조).

(ㄷ) **혼인 관련** ① 약혼 해제사유 중 폐병을 삭제하고 새로이 불치의 정신병을 추가하였으며(804조 3호), 2년 이상의 생사불명을 약혼 해제사유로 하던 것을 그 기간을 단축하여 1년 이상으로 하였다(804조 6호). ② 혼인적령 미달자의 혼인을 취소할 수 있는 혼인으로 규정하였다(816조 1호에 907조 추가). ③ 부부의 동거장소는 부부의 협의에 의하여 정하도록 하고, 협의가 성립되지 않은 경우 가정법원이 정하도록 하였다(826조 2항). ④ 부부의 공동생활비용은 부부가 공동으로 부담하도록 하였다(833조). ⑤ 금치산자의 혼인에 관한 제808조 제2항 및 제3항의 규정을 금치산자의 협의상 이혼에 준용하는 규정을 두었다(835조). ⑥ 이혼시 자녀의 양육에 관한 사항은 부모가 협의하여 정하도록 하였다(837조 1항). ⑦ 협의이혼 후 자를 직접 양육하지 않는 부모 중 일방은 면접교섭권을 가지도록 하고(837조의 2), 그 규정을 재판상 이혼에도 준용하도록 하였다(843조). ⑧ 협의이혼에 관하여 이혼배우자의 재산분할청구권 제도를 신설하고(839조의 2), 그 규정을 재판상 이혼에도 준용하도록 하였다(843조).

(ㄹ) **양자 관련** ① 미성년자의 입양에 대하여 후견인이 동의를 하는 경우에는 가정법원의 허가를 받도록 하였다(871조 단서 신설). ② 후견인이 피후견인을 양자로 하는 경우에는 가정법원의 허가를 받도록 하였다(872조). ③ 배우자가 있는 자가 입양을 하는 때에는 배우자와 공동으로 하도록 하고, 부부의 일방이 양자가 될 때에는 다른 일방의 동의를 얻도록 하였다(874조). ④ 사후(死後)양자 제도(867조·868조·879조), 서양자(婿養子) 제도(876조), 유언양자 제도(880조)를 폐지하고, 호주의 직계비속 장남자의 입양금지규정(875조)을 삭제하였다.

(ㅁ) **친권·후견 관련** ① 친권자에 관한 규정을 손질하였다. 특히 친권자인 부모의 의견이 일치하지 않는 경우에는 당사자의 청구에 의하여 가정법원이 친권 행사자를 정하도록 하였고(909조 2항 단서), 혼인 외의 자가 인지된 경우와 부모가 이혼한 경우 그 친권은 부모의 협의로 행사할 자를 정하고, 협의가 이루어지지 않는 경우에는 당사자의 청구에 의하여 가정법원이 정하도록 하였다(909조 4항). ② 부모가 공동으로 친권을 행사하는 경우 부모의 일방이 공동 명의로 자를 대리하거나 자의 법률행위에 동의한 경우에는 다른 일방의 의사에 반하는 때에도 그 효력이 있도록 하되, 상대방이 악의인 때에는 예외로 하는 규정을 신설하였다(920조의 2). ③ 기혼자가 금치산 또는 한정치산의 선고를 받은 경우 배우자가 후견인이 되고, 배우자도 금치산 또는 한정치산의 선고를 받은 경우에는 그 선고를 받은 자의 직계혈족, 3촌 이내의 방계혈족의 순위로 후견인이 되도록 하였다(934조).

(ㅂ) **상속 관련** ① 피상속인의 직계비속, 직계존속, 형제자매 외에 상속인이 될 수 있는 자를 피상속인의 8촌 이내의 방계혈족에서 피상속인의 4촌 이내의 방계혈족으로 개정하여 상속인의 범위를 축소하였다(1000조 1항 4호). ② 개정 전에는 부부 중 처

가 사망한 경우(개정 전 1002조)와 부가 사망한 경우(개정 전 1003조)에 상속방법이 달랐으나, 이를 통일하였다. 그리하여 배우자의 일방이 사망한 경우 직계비속 또는 직계존속이 있는 때에는 그 상속인과 동순위로 공동상속인이 되고, 그 상속인이 없는 때에는 단독상속인이 되도록 하였다(1003조). ③ 직계비속 사이에 상속분의 차등을 없애고 균등하게 상속하도록 하였으며(1009조 1항), 배우자의 상속분은 직계비속 또는 직계존속의 상속분에 5할을 가산하도록 하였다(1009조 2항). ④ 기여분제도를 신설하였다(1008조의 2). ⑤ 분묘에 속한 일정범위의 금양임야(禁養林野), 묘토, 족보, 제구(祭具)의 소유권을 제사주재자가 승계하도록 하는 규정을 신설하였다(1008조의 3). ⑥ 상속인이 없는 재산의 청산의 경우 소정의 기간 내에 상속권을 주장하는 자가 없는 때에는 가정법원은 피상속인과 생계를 같이 하고 있던 자 등 피상속인과 특별한 연고가 있던 자의 청구에 의하여 상속재산을 분여할 수 있도록 하였다(1057조의 2). 이는 특별연고자에 대한 재산분여제도이다. ⑦ 재산상속인이 호주상속을 할 경우 고유의 상속분에 그 5할을 가산하도록 한 규정을 삭제하였다(1009조 1항).

• **제 8 차 개정**(1997. 12. 13. 개정, 1998. 6. 14. 시행)

국적법이 개정되면서(1997. 12. 13) 그 부칙(8조)에 의하여 제781조 제 1 항에 단서(「다만, 부가 외국인인 때에는 모의 성과 본을 따를 수 있고 모가에 입적한다」)가 신설되었다.

• **제 9 차 개정**(1997. 12. 13. 개정, 1998. 1. 1. 시행)

이는 다른 법률에 맞추어 민법상의 표현을 정비한 것이다. 구체적으로는 제163조 제 2 호에서 「조산원, 간호원」을 「조산사, 간호사」로, 제 4 호 및 제 5 호에서 「계리사 및 사법서사」를 각각 「공인회계사 및 법무사」로 하였다. 그리고 제318조 및 제1037조에서 「경매법」을 각각 「민사소송법」으로 하였다.

• **제10차 개정**(2001. 12. 29. 개정, 2002. 7. 1. 시행)

법인에 관하여 두 규정을 신설하고 인용 법률을 정비한 개정이다. 그 내용은 다음과 같다. ① 이사의 직무집행을 정지하거나 직무대행자를 선임하는 가처분을 하거나 그 가처분을 변경 · 취소하는 경우에는 주사무소와 분사무소가 있는 곳의 등기소에서 이를 등기하도록 하였다(52조의 2 신설). ② 직무대행자는 가처분명령에 다른 정함이 있는 경우와 법원의 허가를 얻은 경우를 제외하고는 법인의 통상사무에 속하지 아니한 행위를 하지 못하도록 하였다(60조의 2 신설). ③ 제318조 · 제354조 및 제1037조상의 「민사소송법」을 각각 「민사집행법」으로 하였다.

• **제11차 개정**(2002. 1. 14. 개정, 2002. 1. 14. 시행)

이는 헌법재판소로부터 위헌결정을 받은 상속회복청구권에 관한 조항과 헌법불합치 결정을 받은 상속에 있어서의 단순승인 의제조항에 헌법재판소 결정의 취지를 반영한 것이다. 구체적인 내용은 다음과 같다. ① 상속회복청구권은 종전에는 그 침해를 안 날부터 3년, 상속개시일부터 10년이 경과하면 소멸되도록 되어 있었으나, 그 침해를 안 날부터 3년, 상속권의 침해행위가 있는 날부터 10년이 경과하면 소멸하도록 하였다(999조 2항). ② 상속인은 상속채무가 상속재산을 초과하는 사실을 중대한 과실없이 상속개시일부터 3월의 기간 내에 알지 못하고 단순승인(1026조 1호 · 2호의 규정에 의하여 단순승인한 것으로 보는 경우를 포함함)을 한 경우에는 그 사실을 안 날부터 3월 내에 한정승인을 할 수 있도록 하였다(1019조 3항). ③ 1998년 5월 27일부터 이 법 시행 전까지 상속개시가 있음을 안 자 중 상속채무가 상속재산을 초과하는 사실을 중대한 과실없이 상속개시일부터 3월의 기간 내에 알지 못하다가 이 법 시행 전에 그 사실을 알고도 한정승인 신고를 하지 않은 자는 이 법 시행일부터 3월 내에 제1019조 제3항의 개정규정에 의한 한정승인을 할 수 있도록 하였다(부칙 3조).

• **제12차 개정**(2005. 3. 31. 개정, 2005. 3. 31. 시행)

이는 특히 친족법에 관하여 제7차 개정에 버금가는 개혁적인 내용의 개정이다(상속법도 일부 있음). 그 주요한 것을 열거한다.

① 호주에 관한 규정과 호주승계 제도, 호주제도를 전제로 한 입적 · 복적 · 일가창립 · 분가 등에 관한 규정을 삭제하였다. ② 종래 호주와 가(家)의 구성원과의 관계로 정의되어 있는 가족에 관한 규정을 새롭게 정하였다(779조). ③ 자녀의 성(姓)과 본(本)은 부(父)의 성과 본을 따르는 것을 원칙으로 하되, 혼인신고시 부모의 협의에 의하여 모(母)의 성과 본도 따를 수 있도록 하였다(781조 1항). 그리고 자녀의 복리를 위하여 자녀의 성과 본을 변경할 필요가 있는 때에는 부 또는 모 등의 청구에 의하여 법원의 허가를 받아 이를 변경할 수 있도록 하였다(781조 6항). ④ 남녀평등과 혼인의 자유를 침해할 우려가 있는 동성동본 금혼제도를 폐지하고 근친혼 금지제도로 전환하되, 근친혼 제한의 범위를 합리적으로 조정하였다(809조). ⑤ 여성에 대한 재혼 금지기간 제도를 폐지하였다(811조 삭제). ⑥ 근친혼 등의 금지규정(809조)에 위반한 혼인의 취소권자 중 「8촌 이내」의 방계혈족을 「4촌 이내」로 하였다(817조). ⑦ 중혼의 취소청구권자 중 「8촌 이내」의 방계혈족을 「4촌 이내」로 하였다(818조). ⑧ 이혼과 자녀의 양육책임 규정(837조)과 면접교섭권 규정(837조의 2)을 혼인의 취소의 경우에 준용하도록 하였다(824조의 2). ⑨ 종래 친생부인의 소는 부(夫)만이 제기할 수 있고 제소기간도 출생을 안 날부터 1년 내로 제한하였으나, 그 소를 부(夫)뿐만 아니라 처(妻)도 제기할 수 있도록 하고(846조), 제소기간도 친생부인사유를 안 날부터 2년 내로 변경하였다(847조 1항). 그리고 친생부인의 소의 상대방이 될 자가 모두 사망한 때에는 그 사망을 안 날부터 2년 내에 검사를 상대로 하여 친생부인의 소를 제기할 수 있도록 하였다(847조 2항). ⑩ 이혼과 자녀의 양육책임 규정(837조)과 면접교섭권 규정(837조의 2)을 인지된 경우에 준용하도록 하였다(824조의 2). ⑪ 15세 미만의 자의 입양에 후견인이 승낙하는 경우에는 가정법원의 허가를 받도록 하였다(869조 단서). 그리고 15세 미만의 자의 파양의 협의를 후견인 또는 생가(生家)의 다른 직계존속이 하는 때에도 가정법원의 허가를 받도록 하였다(899조 2항). ⑫ 친양자(親養子) 제도를 신설하였다(908조의 2 - 908조의 8). ⑬ 친권자에 관한 규정을 다소 변경하였다(909조). ⑭ 부모 등 친권자가 친권을 행사함에 있어서는 자녀의 복리를 우선적으로 고려하여

야 한다는 의무규정을 신설하였다(912조). ⑮ 후견인의 해임 규정을 피후견인의 복리를 위한 후견인의 변경 규정으로 바꾸었다(940조). ⑯ 한정승인에 관한 규정을 일부 개정하였다(1030조 · 1034조 2항 · 1038조).

• **제13차 개정**(2005. 3. 31. 개정, 2006. 4. 1. 시행)

「채무자회생 및 파산에 관한 법률」의 개정에 따라 민법 두 규정(937조 3호 · 1098조)에서 「파산자」를 「파산선고를 받은 자」로 고쳤다.

• **제14차 개정**(2005. 12. 29. 개정, 2005. 12. 29. 시행)

2002년 1월 14일에 신설된 제1019조 제3항의 이른바 특별 한정승인제도는 그 부칙 제3항에서 소급적용의 범위를 「1998년 5월 27일부터 이 법 시행(2002. 1. 14) 전까지 상속개시가 있음을 안 자」로 제한하고 있었다. 그런데 이러한 부칙 제3항은 1998년 5월 27일 전에 상속개시가 있음을 알았으나 그 이후에 상속채무가 상속재산을 초과하는 사실을 안 자를 포함하는 소급적용에 관한 경과규정을 두지 않는 한 헌법에 위반된다는 헌법재판소의 결정(2004. 1. 29, 2002헌가22 등)이 있어 이에 해당하는 자에게도 특별 한정승인의 기회를 부여하려는 내용으로 부칙을 개정하였다(부칙 4항 신설).

• **제15차 개정**(2007. 5. 17. 개정, 2008. 1. 1. 시행)

이는 「가족관계의 등록 등에 관한 법률」이 제정되고 아울러 호적법이 폐지되면서, 그에 따라 민법규정상의 「호적법」을 「가족관계의 등록 등에 관한 법률」로 하고(812조 1항 · 836조 1항 · 859조 1항 · 878조 1항), 「본적지를 관할하는 호적관서」를 「등록기준지를 관할하는 가족관계 등록관서」로 표현을 수정하였다(814조 2항).

• **제16차 개정**(2007. 12. 21. 개정, 2007. 12. 21. 시행)

① 법인 이사 등의 일정한 행위에 대한 과태료를 「5만환 이하」에서 「500만원 이하」로 현실화하였다(97조). ② 기간의 말일이 토요일 또는 공휴일에 해당하는 경우에는 기간은 그 익일(다음날)로 만료하도록 하였다(161조). ③ 남녀의 약혼연령과 혼인적령을 남녀 모두 만 18세로 하였다(801조 · 807조). 종래에는 약혼연령과 혼인적령이 남자는 만 18세, 여자는 만 16세로 달리 규정되어 있었다. ④ 이혼 숙려기간 제도를 도입하였다(836조의 2 2항 · 3항). 그리고 협의이혼시 자녀의 일정한 양육사항(개정된 837조도 참조) 및 친권자 결정에 관한 협의서 또는 가정법원의 심판정본을 제출하도록 하였다(836조의 2 4항). ⑤ 부모에게만 면접교섭권이 인정되던 규정을 개정하여 자녀에게도 면접교섭권을 인정하였다(837조의 2 1항). ⑥ 재산분할청구권 보전을 위한 사해행위취소권 규정을 신설하였다(839조의 3).

• **제17차 개정**(2009. 5. 8. 개정, 2009. 8. 9. 시행)

이혼시 양육비를 효율적으로 확보하기 위해 양육비의 부담에 대하여 당사자가 협의하여 그 부담내용이 확정된 경우, 가정법원이 그 내용을 확인하는 양육비 부담조서를 작성하도록 하였다(836조의 2 5항 신설).

• **제18차 개정**(2011. 3. 7. 개정, 2013. 7. 1. 시행)

기존의 금치산 · 한정치산 제도를 성년후견제로 확대 · 개편하고, 성년 연령을 만

20세에서 만 19세로 낮춘 것이다. 그 주요내용은 다음과 같다.

① 성년 연령을 만 20세에서 만 19세로 낮추었다(4조). ② 기존의 금치산·한정치산 제도 대신 성년후견·한정후견·특정후견제도를 도입하고, 성년후견개시 및 종료·한정후견개시 및 종료·특정후견 심판의 청구권자에 「후견감독인」과 「지방자치단체의 장」을 추가하였으며, 성년후견 등을 필요로 하는 노인·장애인 등에 대한 보호를 강화하였다(9조 및 12조 개정, 14조의 2 신설). ③ 제한능력자 능력을 확대하였다(10조·13조). ④ 후견을 받는 사람의 복리·치료행위·주거의 자유 등에 관한 신상보호 규정을 신설하였다(947조 개정, 947조의 2 신설). ⑤ 후견인의 법정순위를 폐지하고, 가정법원이 피후견인의 의사 등을 고려하여 후견인과 그 대리권·동의권의 범위 등을 개별적으로 결정하도록 하였으며, 복수(複數)·법인(法人) 후견인도 선임할 수 있도록 하였다(930조·938조 개정, 959조의 4·959조의 11 신설). ⑥ 친족회를 폐지하고, 그 대신 가정법원이 사안에 따라 후견감독인을 개별적으로 선임할 수 있도록 하였다(940조의 2-940조의 7, 959조의 5·959조의 10 신설). ⑦ 후견계약제도를 도입하였다(959조의 14-959조의 20 신설). ⑧ 제 3 자 보호를 위하여 성년후견을 등기를 통하여 공시하도록 하였다(959조의 15·959조의 19·959조의 20 신설).

• **제19차 개정**(2011. 5. 19. 개정, 2013. 7. 1. 시행)

이는 친권자 내지 미성년후견인의 지정에 관한 것이다. 그 주요내용은 다음과 같다.

① 이혼 등으로 단독 친권자가 된 자가 사망한 경우, 입양 취소, 파양 또는 양모부가 사망한 경우에 가정법원이 미성년자의 법정대리인(친권자 또는 후견인)을 선임하도록 하였다(909조의 2 신설). ② 친권자 지정의 기준을 명시하였다(912조 2항 신설). ③ 단독 친권자에게 친권 상실, 소재불명 등 친권을 행사할 수 없는 중대한 사유가 있는 경우에 가정법원이 미성년자 법정대리인을 선임하도록 하였다(927조의 2 신설). ④ 단독 친권자가 유언으로 미성년자의 후견인을 지정한 경우에도 가정법원이 미성년자의 복리를 위하여 필요하다고 인정하면 친권자를 지정할 수 있도록 하였다(931조 2항 신설).

• **제20차 개정**(2012. 2. 10. 개정, 일부는 2012. 2. 10. 시행, 나머지는 2013. 7. 1. 시행)

이는 양자제도의 개선을 중심으로 하는 것이다. 그 주요내용은 다음과 같다.

① 미성년자를 입양할 때에는 가정법원의 허가를 받도록 하고, 가정법원이 입양을 허가할 때에는 양부모가 될 사람의 양육능력, 입양의 동기 등을 심사하여 허가 여부를 결정하도록 하는 한편, 미성년자는 재판으로만 파양할 수 있도록 입양절차를 개선하였다(867조 신설, 898조 개정). ② 부모의 동의 없이 양자가 될 수 있는 방안을 마련하였다(870조·871조·908조의 2 2항). ③ 친양자 입양의 연령 제한을 완화하여 친양자가 될 사람이 미성년자이면 친양자 입양을 할 수 있도록 하였다(908조의 2 1항 2호).

• **제21차 개정**(2013. 4. 5. 개정, 2013. 7. 1. 시행)

유실물의 소유권이 습득자에게 귀속하는 시기를 1년에서 6개월로 단축하였다(253조).

• **제22차 개정**(2014. 10. 15. 개정, 2016. 10. 16. 시행)

이는 친권에 관하여 약간 개정한 것이다. 그 주요내용은 ① 친권자의 동의를 갈음하는 법원의 재판제도의 도입(922조의 2 신설), ② 친권의 일시정지 제도의 도입(924조), ③ 친권의 일부제한 제도의 도입(924조의 2 신설)이다.

• **제23차 개정**(2014. 12. 30. 개정, 2014. 12. 30. 시행)

이는 민법 여러 조문에 있는 「가름」을 「갈음」으로 수정하는 것이었다.

• **제24차 개정**(2015. 2. 3. 개정, 2015. 7. 1. 시행)

「가족관계의 등록 등에 관한 법률」을 개정하면서 그에 맞추어 민법의 한 조문(814조 2항)의 문구를 수정하였다.

• **제25차 개정**(2015. 2. 3. 개정, 2016. 2. 4. 시행)

보증의 방식(428조 의 2)과 근보증(428조 의 3)에 관한 규정을 신설하는 등 보증에 관한 규정을 개정하고, 전형계약의 하나로 여행계약에 관한 규정(674조의 2 이하)을 신설하였다.

• **제26차 개정**(2016. 1. 6. 개정, 2016. 1. 6.시행)

위헌결정을 받은 제651조 제 1 항과 제 1 항의 위헌결정으로 존속의 의미를 잃은 같은 조 2항을, 그리하여 제651조 전체를 삭제하였다.

• **제27차 개정**(2016. 12. 2. 개정, 2017. 6. 3. 시행)

자녀를 직접 양육하지 않는 부모 일방이 사망하거나 자녀를 직접 양육하지 않는 부모 일방이 피치 못할 사정으로 면접교섭권을 행사할 수 없을 때 그 부모의 직계존속이 가정법원의 허가를 받아 손자녀와 면접교섭이 가능하도록 하였다(837조의 2 2항 신설. 그 외에 같은 조 2항을 3항으로 하면서 내용을 약간 수정함).

• **제28차 개정**(2016. 12. 20. 개정, 2016. 12. 20. 시행)

피후견인의 직계비속은 그 직계혈족이 피후견인을 상대로 소송을 하였거나 하고 있더라도 후견인 결격사유에 해당되지 않도록 하였다(937조 8호 신설).

• **제29차 개정**(2017. 10. 31. 개정, 2018. 2. 1. 시행)

제844조의 표현을 수정하고, 친생부인의 허가청구제도(854조 의 2)와 인지의 허가청구제도(855조 의 2)를 신설하였다(2018. 2. 1. 시행).

• **제30차 개정**(2020. 10. 20. 개정, 2020. 10. 20. 시행)

미성년자가 성적 침해를 당한 경우에는 그 미성년자가 성년이 될 때까지 손해배상청구권의 소멸시효가 진행되지 않는다는 규정(766조 3항)을 신설하였다.

• **제31차 개정**(2021. 1. 26. 개정, 2021. 1. 26. 시행)

친권자의 징계규정(915조)을 삭제하였다.

• **제32차 개정**(2022. 12. 13. 개정, 2022. 12. 13. 시행)

미성년자 상속인을 위한 특별한정승인 제도를 신설하였다(1019조 4항을 신설하고, 그에 맞추어 관련 규정을 정비함).

• **제33차 개정**(2022. 12. 27. 개정, 2023. 6. 28. 시행)

나이를 만 나이로 계산함을 분명히 하고(158조), 친족편 · 상속편에 있는 나이 관련 규정에서 연령을 「나이」라고 고치고 나이 표시에서 「만」자를 삭제하였다.

• **제34차 개정**(2023. 5. 16. 개정, 2024. 5. 17. 시행)

국가유산기본법을 제정하면서 민법 제255조의 제목에서 「문화재」를 「국가유산기본법 제 3 조에 따른 국가유산」이라고 수정하였다.

• 제35차 개정(2024. 9. 20. 개정, 2025. 1. 31. 시행 (1004조의 2만은 2026. 1. 1. 시행))

법인의 분사무소 설치의 등기(50조), 사무소 이전의 등기(51조), 해산등기(85조)제도를 개선하였고, 피상속인의 직계존속으로서 상속인이 될 사람이 피상속인에 대한 부양의무를 중대하게 위반하거나 중대한 범죄행위 또는 그 밖에 심히 부당한 대우를 한 경우 등에는 피상속인의 유언 또는 공동상속인 등의 청구에 따라 가정법원이 상속권의 상실을 선고할 수 있도록 하였으며(1004조의 2. 세칭 '구하라'법), 형제자매의 유류분권 규정(1112조 4호)을 삭제하였다(이는 헌법재판소의 위헌결정에 따른 것임. 헌재 2024. 4. 25, 2020헌가4 등 참조).

[28] Ⅲ. 민법전의 구성과 내용

1. 민법전의 구성

근대에 있어서 민법전의 구성(편별. 編別)에는 로마식 구성(인스티투티오네스 체계. Institutionensystem)과 독일식 구성(판덱텐 체계. Pandektensystem)의 두 가지가 있다.

〈판덱텐 체계라는 명칭의 유래〉

독일식 구성을 판덱텐 체계라고도 하는 이유는 다음과 같다. 앞에서 언급한 것처럼 로마법대전의 하나인 학설휘찬은 그리스어로 판덱테(Pandectae. 회전(會典))라고도 한다. 그리고 무엇보다도 이 학설휘찬의 연구를 통하여 로마법이 유럽 각국에 계수되게 된다. 특히 독일에서는 그것을 기초로 하여 독일 보통법이 형성된다. 그리하여 독일 보통법을 판덱텐이라고도 하였다. 그러면 학설휘찬이 독일식 구성방법을 취하고 있었는가? 그렇지 않다. 학설휘찬은 개별적인 사례에 대한 학자들의 견해를 모아놓은 것이며, 오늘날의 독일식 구성과는 거리가 멀다. 그럼에도 불구하고 독일식 구성을 판덱텐 체계라고도 하는 것은 그 구성방법이 판덱텐 법학자들에 의하여 완성되었을 뿐만 아니라 그들에 의하여 널리 사용되었기 때문이다(같은 취지: 곽윤직 (신정판), 65면).

(1) 로마식 구성

민법전을 사람에 관한 법(인법. 人法), 물건에 관한 법(물법. 物法), 소권(訴權)에 관한 법으로 나누는 방법을 로마식 구성 또는 인스티투티오네스 체계라고 한다. 이는 로마법대전 가운데 하나인 법학제요(Institutiones)의 구성과 같기 때문에 그와 같이 불린다.

이 법학제요(Institutiones라는 책 이름은 라틴어 institutio(제도 · 체계 · 규정 · 교육의 의미)의 복수형에서 유래한다)는 가이우스(Gaius)의 법학제요(161년경)를 바탕으로 하여 편찬되었다. 앞에서도 언급한 바와 같이 법학제요는 오늘날의 법학개론에 해당하는 것인데, 그것은 가이우스 외에도 파울루스(Paulus. 175-230년에 활동) · 울피아누스(Ulpianus. 190-223년에 활동) 등 여러 법학자들에 의하여서 저술되었다. 그런데 가이우스의 책이 고전시대의 로마법을 쉽고도 체계적으로 잘 요약하였기 때문에 — 그의 생전과는 달리 — 후대에 그 진가를 발휘하게 된 것이다(서을오, 서양사법사 강의, 215면 이하 참조). 4권으로 되어 있는 가이우스의 법학제요는 법을 3부분으로 나누어 설명한다. 인(personae), 물건(res), 소권(actiones)이 그것이다. 그리고 인에 관한 법에는 친족법이, 물건에 관한 법에는 물권법 외에 채권법 · 상속법이 각각 포함되어 있다. 이러한 구성은 로마법대전의 법학제요에 그대로 계승되었다. 그리하여 후자도 모두 4권으로 되어 있고, 그 전부는 크게 3부분으로 나뉜다. 그리고 각 부분에서 다루어지는 내용도 가이우스의 법학제요와 동일하다.

근대민법전 가운데 로마식 구성방법을 취하고 있는 것으로 프랑스민법전(1804년)을 들 수 있다. 프랑스민법전은 제 1 권 「인(人)」에서 자연인에 관한 법과 친족법을, 제 2 권 「물(物) 및 소유권의 변경」에서 물권법을, 제 3 권 「소유권의 취득방법」에서 채권법과 상속법을 규율하고 있다. 이는 소송법을 따로 독립시킨 점을 제외한다면 로마식 구성과 유사한 것이다. 그러나 그 외에도 로마식 구성에서는 「물」에 관한 법이 하나로 결합되어 있는데 프랑스민법에서는 제 2 권과 제 3 권으로 나뉘어 있는 점에서 차이를 보인다.

(2) 독일식 구성

민법전을 5부분으로 나누어 총칙 · 물권 · 채권 · 친족 · 상속으로 편성하는 방법을 독일식 구성 또는 판덱텐 체계라고 한다. 이 독일식 구성은 오늘날 로마식 구성과 대비되어 설명되고 있다. 이 구성방법은 어떻게 형성되었는가? (이하는 서을오, 서양사법사 강의, 220면 이하를 참조하였다) 17세기까지만 하여도 법학서적의 서술은 학설휘찬과 칙법휘찬의 순서를 충실하게 따르고 있었다. 그러다가 인문주의 법학자들이 등장하여 로마법대전을 새로운 방법으로 연구하였고, 법학제요의 가치를 강조하였다. 그 뒤 「로마법의 현대적 관용」 시대에는 물건 개념을 물권으로 파악하였고, 그것을 물건에 관한 권리(소유권 · 상속권)와 물건에 대한 권리(채권)로 나누었다. 그 결과 사법이 인법 · 물권법(상속법 포함) · 채권법으로 나누어졌다. 그 후 네텔블라트(Nettelbladt)(판덱텐 체계의 원조라 고 일컬어지는 학자임)는 상속법을 떼어 맨 뒤로 옮기고, 물법(物法)은 다시 물권법과 채권법으로 구분하였다. 그 결과 그에 의하면 민법 체계는 물권법 · 채권법 · 친족법 · 상속법의 순서로 되었다. 그리고 이를 좀 더 발전시킨 후고(Hugo)는 자신의 체계를 서론 · 물권 · 채권 · 친족 · 상속 · 소송법으로 구성하였다. 그 뒤 하이제(Heise)는 그의 이론 체계를 서론에 이어서 총칙 · 물권법 · 채권법 · 물적 인법(친족법) · 상속법 · 원상회복으로 구성하여, 드디어 「판덱텐」 체계를 완성하였다. 이와 같이 「판덱텐」 체계는 로마법과 관계없이 창안된 것이 아니고 인스티투티오네스 체계가 변형 · 발전된 것이다. 즉 인스티투티오네스 체계 가운데 인(人)에 관한 법으로부터 친족법이, 물건에 관한 법으로부터 상속법이 각각 분리되어 나오고, 그것들 모두에 — 특히 물권법과 채권법에 — 공통적으로 적용될 총칙을 둔 것이 판덱텐 체계인 것이다. 이러한 판덱텐 체계가 만들어진 데에는 — 무엇보다도 총칙이 두어지게 된 데에는 — 자연법학의 영향이 가장 컸다.

독일식 구성 또는 판덱텐 체계를 입법에서 맨 처음 채택한 것은 1863년의 삭센민법전이다. 그리고 일본민법전과 우리 민법전도 판덱텐 체계를 따르고 있다. 독일민법전은 물권과 채권의 순서를 바꾸어 놓기는 했지만 역시 판덱텐 체계에 의한 것이다.

판덱텐 체계의 가장 큰 특징은 총칙이 있다는 점이다. 이 총칙은 무엇보다도 동일한 내용을 물권 · 채권 등 각 편에 중복하여 규정하는 번거로움을 피할 수 있게 하는 장점이 있다. 그 반면에 규정이 추상화되어 알기 어렵게 하는 단점도 있다. 그리고 민법 전체의 총칙(제 1 편)은 법률행위를 중심으로 만들어졌기 때문에, 친족법 · 상속법에는 그대로 적용될 수 없는 문제점도 있다. 한편 우리 민법전은 민법 전체의 총칙 외에도 물권편의 총칙(185조-191조), 채권편 전체의 총칙(373조-526조), 채권편 중 계약의 총칙(527조-553조)을 가지고 있다.

〈판덱텐 체계를 유지하는 것이 바람직한가?〉

그동안 판덱텐 체계에 관하여 비판이 적지 않았다. 그러나 내용파악을 어렵게 한다고 하여 판덱텐 체계를 좋지 않다고 단정하는 것은 성급한 일이다. 그 체계에 의하여 모든 사항을 망라적으로 규율할 수 있고, 그 결과 동일한 원리에 의하여 다툼을 빠짐없이 해결할 수 있다는 장점도 간과하지 않아야 하는 것이다. 판덱텐 체계에 문제점이 있다고 하여 그것을 버리려고 할 것이 아니고, 부족한 점이 있다면 그것을 보완하여 더욱 유용한 체계로 발전시켜 나가려는 태도가 바람직하다고 하겠다.

2. 민법전의 내용 [29]

우리 민법전은 모두 5편으로 이루어져 있다. 제 1 편 총칙, 제 2 편 물권, 제 3 편 채권, 제 4 편 친족, 제 5 편 상속이 그것이다. 이 가운데 제 2 편의 물권법과 제 3 편의 채권법은 본래의 전형적인 재산법이고, 현재에는 제 5 편의 상속법도 재산법이라고 하여야 한다(같은 취지: Brox, S. 20). 그리고 제 4 편 친족법은 가족법이라고 부르기도 한다. 한편 제 1 편 총칙은 민법 전체에 적용되는 원칙적인 규정을 모은 것이다. 그런데 그 규정들의 적용에는 제약이 있으며, 그에 관하여는 뒤에 설명한다.

3. 민법규정의 효력상 분류

공법과 달리 사법인 민법에 있어서는 그 규정 모두가 당사자의 의사를 무시하고 강제적으로 적용되는 것은 아니다. 민법규정 가운데에는 당사자의 의사에 의하여 그 적용을 배제할 수 없는 규정이 있는가 하면, 당사자에 의하여 그 적용을 배제할 수 있는 규정도 있다. 앞의 것을 강행규정(강행법규)이라고 하고, 뒤의 것을 임의규정(임의법규)이라고 한다.

민법에 이처럼 임의규정이 두어져 있는 이유는 사적 자치의 원칙([32] 참조)의 결과이다. 즉 모든 규정을 강행규정으로 만들어 놓으면 개인의 자유로운 의사에 의한 법률관계의 형성은 있을 수 없기 때문이다. 따라서 사적 자치가 넓게 인정되는 영역에서는 임의규정도 많게 된다. 계약법이 대표적인 예이다.

어떤 규정이 강행규정인지 임의규정인지의 구별은 대단히 중요하다. 그러나 그것을 구별하는 일반적인 원칙은 없으며, 구체적인 규정에 대하여 그 종류 · 성질 · 입법목적을 고려하여 개인의 의사에 의한 적용의 배제를 허용하여야 하는지를 판단하는 수밖에 없다. 일반적으로 말하면 물권편 · 친족편 · 상속편의 규정들은 대부분 강행규정이나, 채권편 특히 계약법의 규정에는 임의규정이 많다.

주의할 것은, 민법의 어느 규정이 임의규정이어서 반대약정이 없는 경우에만 적용된다고 하여, 그 규정이 별로 의미가 없다고 여겨서는 안 된다는 점이다. 민법의 여러 규정은 매우 상세한 사항에 관한 것이고, 일반적으로 사람들은 그러한 사항에 대하여는 특별한 약정을 하지 않기 때문이다. 그 결과 거의 모든 경우(약정이 없는 경우)에 그 규정이 적용된다.

[30] ### 4. 민법총칙의 내용

(1) 제 1 편 총칙은 모두 7장으로 이루어져 있다. 통칙, 인, 법인, 물건, 법률행위, 기간, 소멸시효가 그것이다. 이들 중 법원(法源)과 신의성실 · 권리남용 금지의 원칙을 규정한 제 1 장 통칙을 제외하면, 권리의 주체, 권리의 객체, 권리의 변동원인 또는 그에 관련된 사항을 차례로 규정한 셈이다. 제 2 장 인과 제 3 장 법인이 권리의 주체이고, 제 4 장 물건은 권리의 객체 가운데 물권의 객체이고, 제 5 장 법률행위와 제 7 장 소멸시효는 권리변동 사유이며, 제 6 장 기간은 권리변동에 관련된 사항이기 때문이다.

(2) 민법총칙 규정의 실질적 성격에 관하여 우리의 학자들은 대단히 소극적이다. 즉 그 규정들은 형식적으로는 재산법(물권편 · 채권편 · 상속편)뿐만 아니라 가족법(친족편)에까지도 널리 적용되어야 하지만, 그 대부분은 재산법만을 생각해서 만들어진 것이므로 그러한 규정은 가족법에는 적용되지 않는다고 한다. 그 결과 민법총칙은 재산법의 총칙에 불과하며, 그 규정들은 가족법에 명시적으로 적용을 배제하는 특별규정이 없다고 하더라도 거기에 당연히는 적용되지 않아야 한다고 한다(대표적으로 곽윤직, 29면). 그러면서 널리 적용되는 규정은 법원 · 신의칙 · 주소 · 부재와 실종 · 물건 · 기간 등에 불과하다고 한다.

이를 검토해 본다. 가족법에는 총칙규정과 다른 특별규정이 두어져 있는 경우가 자주 있다(예: 행위능력에 관한 801조 · 802조 · 807조 · 808조 · 835조 · 866조 · 869조 · 870조 · 871조 · 873조 · 902조 · 908조의 2 등, 의사표시에 관한 815조 1호 · 816조 3호 · 823조 · 838조 · 854조 · 861조 · 883조 1호 · 884조 3호 · 904조 등). 그러한 경우에 총칙규정이 적용될 수 없음은 당연하다. 그러면 특별규정이 없을 때는 어떤가? 특별규정이 없다고 하여 언제나 총칙규정을 적용하도록 하는 것은 적절하지 않다. 왜냐하면 가족법상의 특별규정이 충분한 정도로 두어져 있지 않기 때문이다. 그럼에도 불구하고 적용을 강행한다면 당사자의 진의가 존중되어야 한다는 가족법상의 행위의 특질과 모순되는 결과를 가져올 수 있다. 따라서 법률행위 규정 등의 총칙규정은 가족법상의 행위에는 특별규정이 없더라도 원칙적으로 적용되지 않는다고 하여야 한다(그러나 상속법은 다르다. 친족상속법 [17] 참조).

5. 이 책 민법총칙 부분의 기술순서

앞서 본 것처럼, 민법 제 1 편은 통칙을 제외하면 권리의 주체, 권리의 객체, 권리의 변동으로 재구성할 수 있다. 그 때문에 문헌들 중에는 그러한 순서로 민법총칙 교과서를 기술해 가기도 한다. 이것이 매우 논리적임은 물론이다. 그렇지만 그와 같은 기술방법은 민법내용의 이해에는 별로 도움이 되지 못하며, 다른 한편으로 무엇이 중요한지에 관하여 혼란을 주기도 한다. 그리하여 이 책에서는 이러한 문제점을 방지하는 방법으로 써 가려고 한다. 구체적으로는 제목에서 권리변동, 권리객체를 없애는 대신 법률행위와 물건을 전면으로 내세우고, 권리를 설명한 뒤에 곧바로 법률행위를 다루기로 하며, 아울러 자연인의 행위능력은 권리의 주체에서 빼내어 법률행위 부분에서 다루려고 한다. 그리고 논술순서는 서론, 권리, 법률행위, 기간, 소멸시효, 권리의 주체(자연인 · 법인), 물건의 순으로 할 것이다.

제 4 절 민법의 기본원리

I. 서 설 [31]

민법에 관한 문헌은 예외없이 민법의 기본원리에 관하여 논하고 있다. 그런데 그 논의가 무엇에 관한 것이고, 또 왜 행하여져야 하는지 의식하고 있지 못한 경우도 적지 않은 듯하다. 그러다 보니 단편적인 주장이 난무하고 있다.

민법의 기본원리는 민법전(실질적 민법이 아니다)이 어떤 원리에 입각하여 만들어졌는가의 문제이다. 그것을 파악하여야 하는 이유는 그 기본원리가 민법전을 해석할 때 길잡이가 되기 때문이다. 특히 어려운 가치판단을 필요로 하는 문제에 있어서는 기본원리가 중요한 준거로 작용할 수 있다. 그러한 의미에서 볼 때, 어떤 희미한 흔적만을 보고서 그것도 기본원리라고 주장하지는 않아야 한다.

Ⅱ. 학설의 동향과 비판적 검토

민법의 기본원리에 관한 고전적인 견해에 의하면 우리 민법은 근대민법의 기본원리(사유재산권 존중의 원칙 · 사적자치의 원칙 · 과실책임의 원칙)가 20세기에 들어와 수정된 것을 기본으로 하고 있다고 한다. 즉 자유인격의 원칙과 공공복리의 원칙을 최고원리로 하며, 공공복리라는 최고의 존재원리의 실천원리 내지 행동원리로서 신의성실 · 권리남용의 금지 · 사회질서 · 거래안전의 여러 기본원칙이 있고, 다시 그 밑에 이른바 3대원칙이 존재한다고 한다(곽윤직, 36면-38면; 김용한, 42면; 정기웅, 38면. 강태성, 37면; 고상룡, 22면-29면; 김상용, 80면-83면도 유사하다). 이러한 고전적 견해에 대하여, 근래 사적 자치의 원칙을 최고의 원리로 전면에 내세우는 견해를 주장하는 학자들이 늘어가고 있어 눈길을 끈다(김준호, 27면; 김학동, 29면 · 30면; 백태승, 43면; 이영준, 12면-20면; 이은영, 67면-74면). 그리고 이들 중 대다수는 사적 자치의 원칙에서 법률행위 자유의 원칙, 소유권 자유의 원칙, 자기(과실)책임의 원칙이 나온다고 한다. 한편 고전적 견해가 아닌 학설에서도 대체로 근대민법의 기본원리가 「수정」되었다고 설명하고 있다.

이제 학설을 검토해 보기로 한다. 우선 많은 학자들은 근대민법의 기본원리가 「수정」되었다고 한다. 이 수정이라는 표현은 본질이 변하였다는 의미를 담고 있다. 그러나 이는 옳지 않다. 사적 자치를 비롯한 근대민법의 기본원리에 대하여 제약이 증가하기는 하였으나 결코 본질이 바뀐 것은 아니기 때문이다. 다음에, 고전적 견해는 근대민법의 기본원리는 공공복리라는 최고원리와 신의칙 등 그 실천원리의 하위에 머문다고 한다. 그러나 근대민법의 기본원리는 공공복리 등의 아래에서 비로소 존재하는 정도의 가벼운 것이 아니다. 공공복리 등은 지나친 경우의 폐해를 시정할 수 있는 것에 지나지 않는다. 새로운 견해는 사적 자치를 강조하여 거기에서 3대원리가 나온다고 한다. 그러나 그러한 표현은 부정확할 뿐만 아니라 나머지 원리를 소홀하게 하는 점에서도 바람직하지 않다.

[32] Ⅲ. 우리 민법의 기본원리(사견)

1. 개 관

우리 민법전은 근대민법전(프랑스민법 · 독일민법 · 스위스민법 · 일본민법)을 모범으로 하여 만들어졌다. 그런데 이러한 근대민법전들은 개인주의 · 자유주의라는 당시의 시대사조에 따라 모든 개인은 태어날 때부터 완전히 자유이고 서로 평등하다고 하는 자유인격의 원칙(인격절대주의)을 기본으로 하여, 이를 사유재산제도 내지 자본주의 경제조직에 실현시키기 위하여 사유재산권 존중의 원칙, 사적 자치의 원칙, 과실책임의 원칙의 세 원칙을 인정하였다. 이 세 원칙을 근대민법의 3대원리라고 한다. 근대민법전을 바탕으로 한 우리 민법전에서도 근대민법의 이 3대원리는 기본원리로 되고 있다.

나아가 우리 민법전은 3대원리 외에 그것을 제약하는 여러 제도도 두고 있다. 이를 포괄하여 사회적 조정(sozialer Ausgleich)의 원칙이라고 할 수 있을 것이다(Brox, S. 17-18 도 참조). 그리고 우리 민법전은 사회적 조정의 원칙을 19세기에 성립한 프랑스민법 · 독일민법에 비하여 더욱 강화하고 있다.

이들 기본원리를 나누어 살펴보기로 한다.

2. 3대원리

(1) 사유재산권 존중의 원칙

사유재산권 존중의 원칙은 각 개인의 사유재산권에 대한 절대적 지배를 인정하고, 국가나 다른 개인은 이에 간섭하거나 제한을 가하지 않는다는 원칙이다. 사유재산권 가운데 가장 대표적인 것이 소유권이기 때문에 이 원칙은 소유권 절대의 원칙이라고도 한다. 민법은 제211조에서 사유재산권을 보장하고 있다.

(2) 사적 자치의 원칙

사적 자치의 원칙은 개인이 법질서의 한계 내에서 자기의 의사에 기하여 법률관계를 형성할 수 있다는 원칙이다. 사적 자치는 헌법 제10조와 제37조 제1항에 의하여 헌법상 보장되며, 개별적인 기본권들에 의하여 보충되고 있다(헌법 23조 · 15조 · 21조 1항 · 119조 등). 그리고 민법에서는 제105조가 사적 자치를 간접적으로 규정하고 있으며, 제103조 · 제104조 등은 사적 자치를 전제로 하는 규정이다. 사적 자치의 원칙은 3대원리 가운데에서도 가장 핵심적인 원칙이다. 사적 자치의 내용으로는 계약의 자유, 단체결성의 자유, 유언의 자유, 권리행사의 자유 등이 있다. 사적 자치의 원칙은 채권법, 특히 계약법에서 두드러지게 작용한다.

(3) 과실책임의 원칙

과실책임의 원칙은 개인이 타인에게 가한 손해에 대하여는 그 행위가 위법할 뿐만 아니라 동시에 고의 또는 과실에 기한 경우에만 책임을 진다는 원칙이다. 민법은 제390조 · 제750조를 비롯한 여러 규정에서 이 원칙을 규정하고 있다. 이 원칙이 두드러지게 작용하는 것은 특히 불법행위(타인에게 위법하게 손해를 가하는 행위)에 있어서이다.

〈민법상의 책임요건으로서의 고의(故意)와 과실(過失)〉

과실책임의 원칙상 민법(사법)에 있어서 책임이 발생하려면 행위자에게 고의 또는 과실이 있어야 한다. 고의는 자기의 행위로부터 일정한 결과가 발생할 것을 인식하면서도 그 행위를 하는 것이고, 과실은 자기의 행위로부터 일정한 결과가 생길 것을 인식했어야 함에도 불구하고 부주의로 말미암아 인식하지 못하는 것이다. 고의와 과실은 이처럼 구별되지만 — 형법에서와 달리 — 민법에서는 책임의 발생 및 범위 면에서 둘은 차이가 없는 것이 원칙이다. 그리하여 민법규정에서는 고의라는 표현은 따로 쓰지 않고 과실만으로 표현하는 것이 보통이다(예: 201조 2항 · 385조 2항 · 392조 · 396조 · 397조 2항 · 427조 1항 · 441조 · 442조 1호 · 627조 1항 · 661조 · 688조 3항 · 734조 3항 · 740조 · 757조 단서 · 806조 1항 · 1018조 단서. 그러나 고의나(고의 또는) 과실이라고 한 규정도 적지 않다. 390조 단서 · 391조 · 401조 · 485조 · 553조 · 750조 · 754조 단서가 그렇다). 그 때에는 고의는 과실에 포함되는 것으로 해석된다.

3. 사회적 조정의 원칙

사회적 조정의 원칙은 사적 자치를 비롯한 3대원리를 일반적으로(즉 양 당사자에 대하여) 또는 내부적으로(즉 우월한 일방 당사자에 대하여만) 제약하는 원리이다. 그 구체적인 예로는 신의칙(2조 1항), 권리남용 금지(2조 2항), 사회질서(103조), 폭리행위 금지(104조), 제607조 · 제608조, 임대차에 있어서의 강행규정(652조 참조), 제761조(정당방위 · 긴급피난), 유류분제도(1112조 이하) 등을 들 수 있다. 이 원칙은 오늘날에는 민법에서보다 특별법 제정시에 더욱 강하게 인정되고 있다. 근로기준법을 비롯한 노동법, 이자제한법, 「보증인보호를 위한 특별법」, 주택임대차보호법, 「가등기담보 등에 관한 법률」, 「약관의 규제에 관한 법률」, 「할부거래에 관한 법률」, 「방문판매 등에 관한 법률」 등이 그 예이다.

[33]

제 5 절 민법전의 적용범위

민법전의 적용범위는 사항 · 때(時) · 인(자연인 · 법인) · 장소의 네 가지에 관하여 살펴보아야 한다(문헌들은 모두 때 · 자연인 · 장소에 관하여만 논의한다).

Ⅰ. 사항에 관한 적용범위

민법은 사법의 일반법이기 때문에 개인의 사법관계에 관한 것이면 그 모두에 적용된다. 다만, 상법을 비롯한 특별사법이나 민사특별법규에 따로 규정이 있는 경우에는, 특별법 우선의 원칙에 의하여 제 1 차적으로 그 특별법이 적용되며, 그 법에 규율되지 않은 사항이 있으면 보충적으로 민법이 적용된다. 예컨대 쌀 도매상이 쌀 소매상에게 특정한 쌀 1포대를 팔았는데 그것이 썩어 있었던 경우에는, 거기에 적용될 수 있는 민법 제580조 · 제582조 대신에 먼저 상법 제69조 제 1 항이 적용된다. 따라서 소매상이 일정한 권리를 가지려면 상법규정에 따른 요건을 갖추어야 한다. 그런데 그 요건을 갖춘 때에 소매상이 가지게 되는 구체적인 권리는 상법에 규정되어 있지 않다. 따라서 이제 민법으로 돌아와야 한다(580조 · 575조 1항 참조).

Ⅱ. 때(時)에 관한 적용범위

일반적으로 법률은 그것의 효력이 생긴 뒤에 발생한 사항에 관하여서만 적용되는 것이 원칙이다. 이를 법률 불소급의 원칙이라고 한다. 그런데 이 원칙은 법적 안정을 유지하고 기득권을 존중하기 위하여 해석상 인정되는 것이므로, 입법에 의하여서는 배제될 수도 있다.

현행 민법은 1960년 1월 1일부터 시행되고 있다(부칙 28조). 그러므로 그 시행일 이후에 발생한 사항에 관하여는 널리 적용된다. 그 이전에 발생한 사항은 어떤가? 여기에 관하여 특별규정이 없다면 법률 불소급의 원칙 때문에 거기에는 민법이 적용되지 않을 것이다. 그런데 민법은 부칙 제 2 조 본문에서 「본법은 특별한 규정 있는 경우 외에는 본법 시행일 전의 사항에 대하여도 이를 적용한다」고 규정하여 소급적용을 인정하고 있다. 그런가 하면 그 단서에서는 「이미 구법에 의하여 생긴 효력에 영향을 미치지 아니한다」고 하여 기득권의 침해를 금지하였다. 이 단서규정으로 인하여 실질적으로는 불소급의 원칙을 채용한 것이나 마찬가지로 된다.

Ⅲ. 인(人)에 관한 적용범위

1. 사람(자연인)

먼저 사람(자연인)에 관하여 본다. 민법은 모든 우리나라 국민에게 적용된다. 그가 국내에 있든 외국에 있든 묻지 않는다. 이러한 태도를 속인주의라고 하는데, 그것은 국민주권에 의한 결과이다. 우리나라 국민인지 여부는 국적법이 정하고 있다.

다른 한편으로 민법은 우리나라의 영토 내에 있는 외국인에게도 적용된다. 이를 속지주의라고 하며, 그것은 영토주권에 의한 것이다. 그런데 속인주의·속지주의의 결과 외국에 있는 한국인이나 한국에 있는 외국인은 두 법의 적용을 모두 받게 되는 문제가 생긴다. 따라서 이러한 경우에 어떤 법(이른바 준거법)을 적용할 것인가를 정하여야 한다. 우리의 법률 중에는 「국제사법」(구 섭외사법)이 그에 관하여 규정하고 있다.

우리나라 국민인 한 성별·종교·사회적 신분 등에 관계없이 민법의 적용을 받는다(헌법 11조 1항 참조).

2. 법　인

뒤에 보는 바와 같이, 우리 민법상 권리의 주체에는 사람(자연인) 외에 법인도 있다. 이러한 민법상의 법인에 민법이 적용되는 것은 당연하다(부칙 6조도 참조). 그리고 법인에 대하여도 자연인에서처럼 두 나라 법 사이의 충돌문제가 생길 수 있다(국제사법 16조도 참조).

Ⅳ. 장소에 관한 적용범위

민법은 우리나라의 모든 영토 내에서 적용된다.

〈북한주민에게 우리 민법이 적용되는지의 문제〉

북한주민에 대하여도 우리 민법이 적용되는가? 이는 실용성과는 관계없는 단순히 이론적인 문제인 것만은 아니다. 근래 북한주민이 남한주민을 상대로 상속회복을 청구하거나 (아울러) 혼인(후혼)의 취소를 구하는 등의 소를 제기하는 일이 빈번하게 일어나고 있기 때문이다. 2001년에 이미 북한주민이 월남한 아버지의 상속재산을 찾으려고 검사를 상대로 인지청구의 소를 제기한 뒤 합의로 소가 취하된 적이 있고, 2008년에는 한국전쟁 당시에 납북된 북한주민이 제기한 부동산반환청구 소송에 대하여 승소판결이 내려지기도 하였다. 그리고 이러한 남북주민간의 사법상의 분쟁은 남북교류 및 탈북자의 입국증가로 앞으로 더욱 증가될 것으로 예상된다.

헌법은 대한민국의 영토는 한반도와 그 부속도서로 한다고 규정하고 있다(3조). 그에 따르면 북한지역도 대한민국의 영토이기 때문에 우리의 법이 북한 전역에 적용된다고 볼 수 있다. 헌법상 북한주민은 외국인도 아닐 것이어서 더욱 그러하다. 그런데 현실적으로는 북한 주민에게는 우리와는 별개인 북한의 법체계가 적용되고 있어서 문제이다. 여기에 관하여는 일반적으로 다음과 같이 해결하여야 한다. 우리 헌법에도 불구하고 사법관계(私法關係)에 관하여는 북한의 법도 하나의 국가의 법으로 인정하여야 하고, 따라서 우리의 법과 북한법 중 어느 것이 적용되어야 하는지는 국제사법에 의하여 해결되어야 한다.

한편 현재 남한과 북한 사이에는 전쟁으로 발생한 대규모의 이산가족이 남북분단으로 오랜기간 생사 확인조차 할 수 없는 특수성이 있다. 그러므로 남북주민에 대하여 단순히 국제사법에 좇아 어느 법을 적용할 경우 위와 같은 특수성을 반영하지 못하여 불합리한 결과가 발생할 가능성이 크다. 그러한 문제는 특히 상속·혼인·친생자관계·취득시효 등에서 많이 생길 것이다. 이러한 문제의 해결을 위하여 최근에 「남북 주민 사이의 가족관계와 상속 등에 관한 특례법」이 제정되어 시행되고 있다(2012. 2. 10. 제정, 2012. 5. 11. 시행). 이 법은 재판관할, 중혼·실종선고 취소에 따른 혼인의 효력·친생자관계 존재 확인의 소·인지청구의 소에 관한 특례, 상속재산 반환청구·상속회복청구·상속의 단순승인 간주에 관한 특례, 북한 주민이 상속·유증 등으로 취득한 재산을 관리할 재산관리인의 선임과 재산관리, 벌칙·과태료 등을 규정하고 있다.

제 6 절 민법의 해석과 적용

Ⅰ. 서 설 [34]

민사에 관하여 어떤 다툼이 발생하면 그에 적용될 수 있는 법(법원)을 찾아 그것을 해석한 후 그 다툼에 적용하여야 한다. 이러한 민법의 해석과 적용은 누가 어떻게 하여야 하는가? 아래에서 해석과 적용을 나누어 살펴보기로 한다.

Ⅱ. 민법의 해석

1. 민법해석의 의의

일반적으로 법의 해석이라고 하면 법규가 가지는 의미나 내용(보다 정확하게는 법규의 법적으로 표준적인 의미)을 확정하는 것을 말하며, 이는 법의 적용의 전제가 된다. 법의 해석은 간단하지 않다. 법규가 정확한 논리 개념만 사용하는 것이 아니고 전문용어와 우회적인 용어를 즐겨 쓰기 때문이다. 이러한 점은 민법의 경우에도 마찬가지이다.

민법의 해석은 민법의 모든 법원에 관하여 필요하다. 즉 민법전을 비롯한 성문 민법법규 외에 불문법인 관습법이나 판례에 대하여도 해석은 필요하다. 관습법에서는 관습의 내용을 확인하고 그것이 사회에서 법으로 인식되고 있는지(법적 확신의 취득)를 판단하여야 하며, 판례에 관하여는 개개의 판결에 내재하는 일반적인 법규범을 추출해내야 한다. 그러나 가장 중요하고 어려운 것은 성문 민법법규, 그 가운데에서도 민법전의 해석이다. 민법전은 그 대부분의 규정에서 추상적으로 간결하게 표현하고 있어서 구체적인 내용까지 정해주지 않는다. 그리고 많은 경우 그 의미 파악이 쉽지 않은 전문용어를 사용하고 있다. 그런가 하면 서로 모순되는 내용을 정하고 있는 경우도 있다. 이러한 점들을 극복하고 민법전의 내용을 확정하는 해석이 필요한 것이다.

여기서 법의 해석이라고 하는 것은 학리해석(학설적 해석)을 가리킨다. 그것은 학자와 법관을 포함한 모든 법률가가 할 수 있다. 이러한 법률가들의 해석이 엇갈리는 경우에 최종적으로 의미를 가지는 것은 법원, 그중에서도 최고법원이 행한 해석이다. 그렇지만 법원의 해석은 대개 학자들의 해석들 가운데 선택된 것이다. 뿐만 아니라 학자들의 해석은 풍부한 자료를 바탕으로 이론적으로 충분한 검토 끝에 이루어진다. 그러한 점에서 볼 때 해석 가운데 가장 중요한 것은 학자들에 의한 것이라고 할 수 있다.

2. 해석의 방법

민법해석의 방법에는 일반적인 법해석에 있어서와 마찬가지로 다음 네 가지의 방법이 있다.

(1) **문리해석**(문자적 해석)

문리해석은 법규범의 문언의 의미를 밝히는 해석이다. 문리해석에 있어서는 문법원칙 · 일반적인 언어사용법 · 법률가의 전문용어를 고려하여 해석하여야 한다. 문헌에 따라서는 문리해석을 마치 개념법학적 방법으로 생각하여 경원시하기도 하나, 그것은 옳지 않다. 문리해석은 모든 해석자가 반드시 거쳐야 하는 법해석의 출발점이다. 그러나 해석이 거기에 그쳐서는 안 된다.

(2) **논리해석**(체계적 해석)

논리해석은 어느 규정을 해석하면서 법규의 다른 관련규정도 고려하여 전체가 체계적으로 조화를 이룰 수 있도록 하는 해석이다.

(3) **역사적 해석**

역사적 해석은 입법 당시의 자료를 참조하여 하는 해석이다. 이에 의하면 입법자의 의도가 잘 파악될 수 있다. 역사적 해석에 있어서 이용될 수 있는 자료로는 여러 가지가 있겠으나, 일반적으로 가장 중요한 것은 기초자의 기초이유서이다. 그러나 우리 민법의 경우에는 기초이유서는 없다. 단지 입법 준비자료와 심의기록(민법안심의록) 등이 빈약한 정도로 있을 뿐이다. 이러한 상황이기 때문에 민법의 기초자가 해당규정을 어떤 민법을 참조하여 기초하였는지, 그리고 그 규정이 역사적으로 어떻게 발전되어 왔는지를 추적하여 입법자의 의도를 간접적으로 파악하는 수밖에 없다.

(4) **목적론적 해석**

목적론적 해석은 법의 목적(정신 · 취지)에 따라 법규를 해석하는 방법이다. 구체적으로는 민법의 관련규정을 모두 종합하여 볼 때 그것이 특정한 사항에 관하여 어떻게 가치판단을 하고 있다고 판단할 것인지를 확정하여야 한다. 이 목적론적 해석이 가장 우월한 해석방법이다. 따라서 가령 이 해석에 의한 결과가 문리해석이나 심지어 입법자의 의사에 반한다고 하더라도 그것만이 유일한 해석결과로 인정되어야 한다.

〈입법자의 의사에 따른 해석 문제〉

과거에 법률을 입법자의 의사를 탐구하여 해석하여야 하는가에 관하여 논란이 있었다. 여기서 입법자란 법적으로는 국회의원이 되겠으나, 실질적으로는 법률의 기초자로 이해된다. 따라서 입법자의 의사는 기초자의 이유서 · 설명자료 기타의 입법자료 등을 조사하여 탐구하게 된다. 그리고 이러한 입법자의 의사에 따라 해석하여야 한다는 견해를 입법자 의사설이라고 한다. 그에 비하여 일단 법률이 제정되면 그 법률은 입법자의 의사로부터 독립된 객관적인 것이 되므로 입법자의 의사에 구속되지 않아야 한다는 견해가 있다. 이 견해는 법률 자신의 의사를 탐구한다는 의미에서 법률 의사설이라고 한다. 생각건대 법률을 해석함에 있어서 입법자의 의사는 가장 중요한 해석자료라고 하여야 한다. 그렇다고 하여 반드시 그것에 얽매여야 할 것은 아니다(같은 취지: 곽윤직(신정판), 84면; 김상용, 86면). 특히 입법자가 잘못 판단한 경우에는 그로부터 자유롭게 해석할 수 있어야 한다.

3. 해석의 구체적인 기술(技術)

방금 설명한 방법들에 의하여 해석을 하는 경우에 사용할 수 있는 해석의 기술에는 여러 가지가 있다. 우선 반대해석은 규정되지 않은 사항에 대하여 반대의 결과를 인정하는 해석이다. 가령 「소멸시효의 이익은 미리 포기하지 못한다」고 규정한 제184조 제 1 항을 반대해석하여 시효이익을 시효완성 후에는 포기할 수 있다고 해석하는 것이 그 예이다([290] 참조). 유추해석은 규정이 없는 유사한 사항에 관하여 규정된 것과 같은 결과를 인정하는 해석이다. 법인 아닌 사단에 법인에 관한 규정의 결과를 인정하는 것이 그 예이다. 그리고 확장해석은 규정의 문언을 문자가 가지는 뜻보다 더 넓게 해석하는 것이고, 축소해석은 문자가 가지는 뜻보다 좁혀서 해석하는 것이다.

〈준용(準用)과 유추(類推)〉

유추와 비슷한 법률술어로 준용이 있다. 유추는 법해석의 한 방법으로서 규정이 없는 유사한 사항에 대하여 어떤 규정의 결과를 인정하는 것인 데 비하여, 준용은 입법 기술상의 한 방법으로서 법규를 제정할 때 법규를 간결하게 할 목적으로 다른 유사한 법규를 유추적용하도록 규정하는 것이다(예: 12조 2항). 둘이 이처럼 서로 다른데, 문헌에서는 두 용어를 혼용하는 일이 많다. 특히 「유추적용하여야 한다」고 표현하여야 할 곳에 「준용하여야 한다」고 하는 일이 자주 있다. 그러한 경우에는 반드시 용어를 바꾸어야 할 필요는 없지만 그 의미는 정확히 알고 있어야 한다.

4. 해석에 의한 법률의 틈의 보충 [35]

법의 해석은 법규의 의미를 밝히는 것에 한정되지 않는다. 만일 법규가 불완전하여 규율되지 않은 틈이 있는 경우에는 그 틈을 채우는 것도 필요하다. 법률의 틈은 입법 당시부터 존재하는 것일 수도 있고, 사후에 생긴 것일 수도 있다. 그런가 하면 그 틈이 명백히 드러난 경우도 있고(드러난 틈), 숨겨진 경우도 있다(숨겨진 틈). 예컨대 착오를 이유로 법률행위를 취소할 수 있다고 하는 제109조에 있어서는 외견상 당사자 쌍방의 공통의 착오도 규율되고 있는 것처럼 보이나 실질적으로는 규율되고 있지 않다. 즉 숨겨진 틈이 있는 것이다.

이러한 해석을 함에 있어서는 먼저 앞에서 기술한 해석방법에 의하여 과연 법률에 틈이 존재하는지를 확정하여야 한다. 그때 단순히 규정이 없다고 하여 틈이 있다고 속단하여서는 안 된다. 입법자가 일정한 결과를 인정하지 않기 위하여 규정을 두지 않은 것이라면, 일정한 결과를 부인하는 규율이 존재하는 것이며, 따라서 법률의 틈은 있지 않다.

법률의 틈이 존재하는 경우에 그러한 틈은 법관 기타의 해석자가 자신의 가치판단에 의하여 채우지는 못한다. 그렇게 되면 그는 입법자로서 행위하는 것이 되기 때문이다. 법률의 틈은 법률의 정신 내지 목적에 비추어 합리적인 내용으로 채워져야 한다. 그리고 이때 신의칙이 중요한 작용을 하게 된다.

틈을 채우는 해석의 결과 어느 하나의 법률규정이 규율되지 않은 다른 경우에 확장하여 적용될 수도 있다. 그런가 하면 다수의 법률규정의 기초에 놓여 있는 법원칙에 의하여 그 틈이 보충될 수도 있다. 채무불이행의 하나의 유형인 불완전이행 내지 불완전급부가 그 예이다(채권법총론 [81] 이하 참조). 이들 가운데 앞의 경우를 법률유추(Gesetzesanalogie)라고 하고, 뒤의 경우를 — 다수의 법률규정이 유추적용되는 — 법유추(Rechtsanalogie)라고 한다. 그러나 후자의 경우는 실질적으로 보면 법률규정들이 유추적용된다기보다 그러한 규정들을 기초로 새로운 법규범이 만들어지는 것이어서 유추라고 표현하는 것이 부적절하다. 그러므로 유추라는 표현은 전자만을 가리키는 것으로 사용하는 것이 좋다.

〈판 례〉

(ㄱ) 「민사법의 실정법 조항의 문리해석 또는 논리해석만으로는 현실적인 법적 분쟁

을 해결할 수 없거나 사회적 정의관념에 현저히 반하게 되는 결과가 초래되는 경우에는 법원이 실정법의 입법정신을 살려 법적 분쟁을 합리적으로 해결하고 정의관념에 적합한 결과를 도출할 수 있도록 유추적용을 할 수 있다(대법원 1994. 8. 12. 선고 93다52808 판결 등 참조).」(대결 2021. 5. 27, 2019스621. 같은 취지: 대판 2024. 8. 1, 2024다204696)

(ㄴ)「법적 규율이 없는 사안에 대하여 그와 유사한 사안에 관한 법규범을 적용함으로써 법률의 흠결을 보충하는 것을 유추적용이라고 한다. 이는 실정법 조항의 문리해석 또는 논리해석만으로는 현실적인 법적 분쟁을 해결할 수 없거나 사회적 정의관념에 현저히 반하게 되는 결과가 초래되는 경우 법원이 실정법의 입법정신을 살려 법적 분쟁을 합리적으로 해결하고 정의관념에 적합한 결과를 도출하기 위한 것이다. 이러한 유추를 위해서는 법적 규율이 없는 사안과 법적 규율이 있는 사안 사이에 공통점 또는 유사점이 있어야 할 뿐만 아니라, 법규범의 체계, 입법 의도와 목적 등에 비추어 유추적용이 정당하다고 평가되는 경우이어야 한다.」(대판(전원) 2021. 7. 22, 2019다277812. 같은 취지: 대판 2020. 4. 29, 2019다226135; 대판 2023. 8. 18, 2021다294889; 대판 2024. 5. 9, 2023다311665; 대판 2024. 8. 1, 2024다204696)

5. 해석의 두 가지 사명

민법의 해석에는 두 가지 사명이 있다. 그 하나는 민법의 해석이 사람이나 사건에 따라서 달라지지 않아야 한다는 법적 안정성 내지 일반적 확실성이고, 다른 하나는 구체적인 경우에 타당한 결과를 가져와야 한다는 구체적 타당성이다. 그런데 이 두 사명은 조화를 이루기가 쉽지 않다. 둘 중 어느 하나가 강조되면 다른 것이 희생되기 때문이다. 그렇더라도 민법해석은 법적 안정성과 구체적 타당성을 최대한 조화시키는 방향으로 행하여야 한다. 그런데 만약 아무리 노력하여도 둘이 조화를 이룰 수 없다면 법적 안정성을 우선시켜야 한다(같은 취지: 곽윤직, 42면. 반대: 백태승, 57면). 그리고 그때에 살리지 못한 구체적 타당성은 새로운 입법에 의하여 달성할 수 있도록 하여야 한다. 판례도, 법해석의 목표는 법적 안정성을 저해하지 않는 범위 내에서 구체적 타당성을 찾는 데 두어야 할 것이라고 하여(대판 2009. 4. 23, 2006다81035; 대판 2010. 12. 23, 2010다81254; 대판(전원) 2013. 1. 17, 2011다83431; 대판 2014. 12. 11, 2013므4591; 대판 2017. 12. 22, 2014다223025; 대판 2023. 4. 13, 2021다271725), 사견처럼 법적 안정성에 대하여 우위를 인정하는 견지에 있다.

〈법해석의 한계 문제〉

일부문헌(김학동, 40면 이하)은 전체 법질서 안에 담겨진 가치평가를 고려할 때 정당하다고 판단되는 해석을 하여야 하며, 이러한 임무를 다하기 위해서 법률문언을 넘어선 해석을 해야 할 경우가 적지 않다고 한다. 그러면서 그러한 해석은 우선 법률에 공백이 있는 경우에 행하여지나, 공백이 있지 않은 경우 즉 당해 사안을 규율하는 법률이 존재하는 경우에도 가능하다고 한다. 그리고 그와 같은 해석을 할 수 있는 경우로 법문대로의 해석이 사회사정에 적합하지 않게 된 경우, 신의칙과 같은 법원리를 고려할 수 있는 경우, 문언대로의 해석이 다른 규정 또는 법원칙과 모순되거나 우리의 법감정이나 사회현실에 부합하지 않는 경우 등을 든다.

생각건대 위의 견해가 법률문언을 넘는 해석을 할 수 있다고 하는 경우 가운데 법률에 공백이 있는 경우, 신의칙 등을 고려할 수 있는 경우, 다른 규정 등과 모순되는 경우 등은 보통의 해석에 해당하며, 그것은 당연히 허용된다. 그러나 사회사정이 변하였다거나 우리의 법감정에 맞지 않다고 하여 법문을 넘는 해석을 하는 것은 적절하지 않다. 성문법주의 국가에서는 성문법의 한계 안에서 해석을 하여야 하는 것이다. 판례도 해석의 한계를 인정하고 있는 것으로 보인다(대판 2009. 4. 23, 2006다81035).

Ⅲ. 민법의 적용 [36]

법의 적용이란 구체적인 생활관계에 법규를 적용하는 것을 말한다. 즉 추상적인 법규를 대전제로 하고 구체적인 생활관계를 소전제로 하여 3단논법으로 결론을 도출하는 것이다. 이러한 법의 적용을 하려면 먼저 대전제인 법규의 내용을 확정하는 것이 필요하며, 그것이 앞에서 본 법의 해석이다. 다음에는 구체적인 생활관계가 법규가 추상적으로 정하는 요건을 구비하였는지 검토하여야 한다. 이를 사실인정이라고 한다. 사실인정의 결과 요건이 구비되었다고 인정되면 법규에서 정한 법률효과가 주어진다.

예컨대 A가 공놀이를 하다가 잘못하여 B의 유리창을 깨뜨린 경우에 민법 제750조가 적용되는 과정을 보기로 한다. 제750조는 불법행위에 관한 원칙규정으로서 「고의 또는 과실로 인한 위법행위로 타인에게 손해를 가한 자는 그 손해를 배상할 책임이 있다」라고 규정한다. 이와 같이 법규는 추상적인 요건(앞부분)과 법률효과(끝부분)로 이루어져 있다. 이로부터 일반 불법행위의 요건으로 ① 고의 또는 과실, ② 위법행위, ③ 타인에의 손해발생 등이 필요함을 알 수 있다(그 외에 753조·754조에 의하여 가해자의 책임능력도 있어야 하나, 여기서는 일단 논외로 한다). 이러한 요건을 파악한 뒤에는 A의 행위가 이들 요건을 모두 갖추고 있는지 검토하여야 한다(사실인정). 이 사안에서는 A에게 과실이 있고 위법성도 있으며 피해자 B에게 손해도 발생하였다. 즉 제750조의 요건을 모두 구비하였다. 따라서 이 사안의 경우 제750조에서 정한 법률효과인 A의 손해배상책임이 발생하게 된다. 이를 달리 표현하면, 가해자 A는 불법행위를 이유로 피해자 B에게 손해배상을 하여야 한다.

법의 적용은 법률가뿐만 아니라 일반인에 의하여서도 행하여질 수 있다. 그러나 법적으로 실효성이 있는 것은 재판에 있어서 법관에 의하여 법이 적용된 경우이다. 재판을 함에 있어서 「법관은 헌법과 법률에 의하여 그 양심에 따라 독립하여 심판」하여야 한다(헌법 103조). 따라서 법관은 자신의 재량·기분 또는 자의에 의하여 재판하지 못한다. 특정한 법률규정이 잘못되어 있다고 생각되더라도 법관은 그 규정에 구속된다. 설사 어느 법률규정이 헌법에 위반된다고 여겨지는 경우에도 법관은 재판을 함에 있어서는 이 규정의 적용을 피할 수 없으며, 헌법재판소에 위헌심판을 제청할 수 있을 뿐이다(헌법 107조 1항 참조). 나아가 법관은 물적 독립성이 인정되어 있어서 헌법과 법률에 의하여 재판하면 되며(헌법 103조), 상급자 기타 누구의 지시도 따를 필요가 없다. 그 밖에 헌법은 법관의 물적 독립성을 보장하기 위하여 법관의 신분도 보장하고 있다(헌법 106조 참조).

제 2 장 권　　리

제 1 절　법률관계(法律關係)

Ⅰ. 의　　의 [37]

(1) 의　　의

사람의 사회생활은 여러 가지 모습으로 행하여진다. 친구와 함께 찻집에서 담소를 즐기기도 하고, 교회에 가서 기도와 헌금을 하기도 한다. 또한 교통카드를 이용하여 버스를 타기도 하고, 공부할 책을 구입하기도 한다. 그런데 이러한 생활관계가 모두 법에 의하여 규율되는 것은 아니다. 사람의 생활관계 가운데에는 법에 의하여 규율되는 것이 있는가 하면 그렇지 않은 것도 있다. 이 중에 「법에 의하여 규율되는 생활관계」를 법률관계라고 한다. 법률관계는 역사적으로 보면 시대가 발전할수록 그 범위가 넓어져 왔고, 그리하여 오늘날에는 대부분의 생활관계가 법률관계이기는 하나, 그 모두가 법률관계인 것은 아니다. 앞에 든 예들 중 앞의 둘은 법률관계가 아니고, 뒤의 둘은 법률관계이다. 법률관계가 아닌 생활관계(비법률관계)는 법 대신 도덕 · 관습 · 종교 등의 다른 사회규범에 의하여 규율되며, 따라서 국가권력에 의한 강제력은 수반하지 않는다.

(2) 호의관계(好意關係)와의 구별

비법률관계의 대표적인 예로 호의관계가 있다. 호의관계는 법적인 의무가 없음에도 불구하고 호의로 어떤 행위를 해 주기로 하는 생활관계이다. 친구의 산책에 동행해 주기로 한 경우, 어린 아이를 그 부모가 외출하는 동안 대가를 받지 않고 돌보아 주기로 한 경우, 저녁식사에 초대한 경우, 자기 차에 아는 사람을 무료로 태워준 경우(이른바 호의동승)가 그 예이다. 이러한 호의관계는 법의 규율을 받지 않기 때문에 약속을 위반하여도 법적 제재를 받지 않는다. 예컨대 친구와의 약속을 저버리고 동행하지 않거나 동행하다가 돌아와 버린 경우, 저녁식사 초대

후 문전박대를 한 경우에는, 약속을 법에 의하여 강제할 수 없고, 또한 손해배상도 청구하지 못한다. 그러한 경우는 단지 도덕이나 관습에 의한 비난만 가할 수 있다. 그러나 호의관계가 때로 법률관계로 비화되는 수도 있다. 가령 이웃집 어린 아이를 돌보아 주기로 해 놓고 돌보지 않아 그 아이가 위험한 물건을 가지고 놀다가 다친 경우나 호의동승에 있어서 운전자의 과실로 동승자가 다친 경우에는, 아이를 돌보아 주기로 한 사람이나 운전자는 책임을 질 수 있게 된다. 다만, 이때의 구체적인 처리방식에 대하여는 견해가 나뉜다(자세한 내용은 채권법각론 [293] 참조).

호의관계와 법률관계(특히 채권관계)는 구별이 쉽지 않은 때도 있다. 그때에는 호의행위자의 상대방이 제반사정 하에서 적절한 주의를 베풀었다면 호의행위자의 행위를 어떻게 이해했어야 하는지의 관점에서 호의관계 여부를 결정하여야 한다. 그리하여 호의행위자의 상대방이 호의행위자에게 법적으로 구속당할 의사가 있다고 보았어야 한다면 법률관계로 된다.

(3) **법률제도와의 구별**

법률관계는 법률제도와 구별하여야 한다. 법률제도는 법에 의하여 규율되고 있는(즉 법이 만들어 낸) 조직 내지 설비로서 추상적인 것이다. 매매 · 임대차 · 소유권 · 혼인이 그 예이다. 그에 비하여 법률관계는 그러한 법률제도가 특정한 사람 등에 의하여 구체화된 경우이다. 예컨대 「매매」에 관하여 논의하면서 당사자를 예정하지 않고서 하는 경우는 법률제도의 문제이며, A · B라는 특정인이 물건을 사고 파는 경우라면 법률관계의 문제이다.

[38] Ⅱ. 내 용

(1) 법률관계는 사람의 생활관계의 일종이므로, 궁극적으로는 사람과 사람의 관계, 즉 법에 의하여 구속되는 자와 법에 의하여 보호되는 자의 관계로 나타난다. 여기서 앞의 사람의 지위를 의무라고 하고, 뒤의 사람의 지위를 권리라고 한다면, 결국 법률관계는 권리 · 의무관계라고도 할 수 있다(그러나 능력 · 주소 등과 같이 권리 · 의무관계가 아닌 예외적인 경우도 있다). 그 결과 법률관계의 주된 내용은 권리 · 의무이다.

법률관계에서의 권리 · 의무는 하나일 수도 있고, 여러 개일 수도 있다. 예컨대 A가 B에게 100만원의 금전을 주기로 약속한 경우에는, A · B 사이에 증여라는 법률관계가 성립하며, 그에 기하여 B는 A에 대하여 100만원의 지급청구권이라는 하나의 권리를 가지고 A는 B에 대하여 그러한 내용의 하나의 의무를 진다. 그에 비하여 C가 D에게 그의 집을 팔기로 한 경우에는 C와 D 사이의 매매라는 법률관계에 의하여 매수인 D는 집의 소유권이전청구권 · 점유이전청구권(인도청구권)을 가지고 매도인 C는 이에 대응하는 의무를 지게 되며, 다른 한편으로 C는 매매대금 지급청구권을 가지고 D는 이에 대응하는 의무를 지게 되어, 세 개의 권리 · 의무가 존재하게 된다.

한편 법률관계는 특정인들 사이의 관계일 수도 있고, 특정인과 일반인 사이의 관계일 수도 있다. 위에서 예를 든 것과 같은 채권관계는 전자에 해당하고, 물건의 소유관계와 같은 물권관계나 특허권 · 저작권 등이 있는 지식재산권관계는 후자에 해당한다.

사법상의 법률관계의 분류에 관하여는 앞에서 설명하였다([4] 참조).

(2) 법률관계의 내용은 앞에 설명한 기본적인 권리 · 의무에 한정되지 않는다. 법률관계에는 기본적인 권리 · 의무 외에 신의칙에 의하여 일정한 행위의무가 있을 수도 있다. 가령 기계의 매매에 있어서 매도인은 기계의 사용방법을 알려주어야 할 의무가 있다. 이러한 의무는 학자에 따라서 기본채무 이외의 용태의무, 부수적 의무, 행태의무 등 여러 가지로 부르고, 판례에서는 대체로 「신의칙상의 부수의무」라고 하나, 사견으로는 급부의무 이외의 행위의무(weitere Verhaltenspflicht)를 짧게 줄여서 「기타의 행위의무」라고 한다(그 자세한 내용은 채권법총론 [29] 이하 참조). 법률관계에는 또한 취소권 · 해제권 · 상계권과 같은 특별한 권리가 있을 수도 있다.

그 밖에 법률관계에는 권리나 의무로 환원되지 않는 보호이익이나 부담 · 제한도 존재할 수 있다. 따라서 법률관계를 단순한 권리 · 의무관계만으로 생각하여서는 안 된다.

(3) 이처럼 법률관계는 권리 · 의무만의 집합체가 아니고 그 이상의 내용을 가지는 포괄적인 관계이다. 그 때문에 오늘날에는 구체적인 경우에 관하여 권리 · 의무를 중심으로 하여 고찰하기보다, 법률관계 전체에 관하여 종합적으로 살펴보는 것이 보통이다. 그러나 그렇다고 하여 사법에서 권리 · 의무의 중요성이 감소하였다고 속단하여서는 안 된다. 법률관계를 중심으로 하여 다룬다고 하더라도 권리 · 의무(권리본위로 파악할 경우에는 권리)가 그 핵심을 이루고 있음은 물론이다.

Ⅲ. 법률관계의 규율

법률관계는 권리의 면에서 파악할 수도 있고, 의무의 면에서 파악할 수도 있다. 그런데 근대민법에 있어서는 법률관계가 권리본위로 규율되고 있다. 우리 민법도 마찬가지이다.

제 2 절 권리와 의무의 의의

[39] ## Ⅰ. 권리의 의의

(1) 권리의 본질이 무엇인가에 관하여는 과거 독일에서 i) 법에 의하여 주어진 의사(意思)의 힘 또는 의사의 지배라는 견해(Savigny와 Windscheid의 의사설), ii) 법에 의하여 보호되는 이익이라는 견해(Jhering의 이익설), iii) 일정한 이익을 누리게 하기 위하여 법이 인정하는 힘이라는 견해(Enneccerus의 권리법력설) 등의 학설이 대립하고 있었다. 그런데 우리나라에서는 여기에 관하여 별로 논의되지 않고 있으며 iii)의 권리법력설(權利法力說)만이 지배적인 견해로 되고 있다(고상룡, 40면; 곽윤직, 48면; 백태승, 72면). i)의 의사설은 젖먹이 어린아이나 정신질환자처럼 의사능력이 없는 자도 권리를 가질 수 있다는 것을 적절하게 설명할 수 없고, ii)의 이익설은 친권처럼 권리자에게 이익이 없는 권리가 있는 점에서 비난의 여지가 있다는 이유에서이다. 이러한 우리의 통설은 타당하다.

(2) 권리와 구별하여야 하는 개념으로 권한, 권능, 권리반사 내지 반사적 효과(이익)가 있다.

권한(權限)은 타인에게 일정한 법률효과를 발생하게 하는 행위를 할 수 있는 법률상의 지위 또는 자격을 말한다. 예컨대 대리인의 대리권, 법인 이사의 대표권, 사단법인 사원의 결의권, 선택채권의 선택권 등이 그에 해당한다.

권능(權能)은 권리의 내용을 이루는 각각의 법률상의 힘을 가리킨다. 가령 소유권이라는 권리에 대하여 그 내용인 사용권 · 수익권 · 처분권은 권능이다. 그러므로 어떤 권리가 하나의 권능으로 이루어져 있는 경우에는 권리와 권능이 같게 된다.

권리반사(權利反射) 또는 반사적 효과(이익)는 법률이 특정인 또는 일반인에게 일정한 행위(작위 · 부작위)를 명함에 의하여 다른 자가 누리는 이익을 말한다. 예컨대 채무가 없는 줄 알면서 채무를 변제한 자는 그것의 반환을 청구할 수 없는데(742조 참조), 이때에 반환청구를 당하지 않는 자가 수령한 것의 소유권을 가지게 되는 것은 권리가 아니고 반사적 이익에 지나지 않는다.

Ⅱ. 의무의 의의

(1) 의무는 법률상의 구속이다. 그리하여 의무자는 그의 의사와 관계없이 의무를 이행하여야 한다. 의무에는 어떤 행위를 적극적으로 하여야 하는 경우(작위의무)가 있는가 하면(예컨대 매도인의 소유권이전의무, 매수인의 대금지급의무), 어떤 행위를 소극적으로 하지 않아야 하는 경우(부작위의무)도 있다. 그리고 후자 가운데에는 일정한 행위를 하지 않아야 하는 경우(단순 부작위의무)와 특정인이 일정한 행위를 하는 경우에 이를 참고 받아들여야 하는 경우(인용의무)가 있다. 밤 10시 이후에 피아노를 치지 않기로 약속한 경우에 그 의무는 전자의 예이고, 임대인의 보존행위시 임차인이 지는 인용의무(忍容義務)(624조 참조)는 후자의 예이다.

권리와 의무는 서로 대응하여 존재하는 것이 보통이다. 예컨대 매수인의 소유권이전청구권에 대응하여 매도인의 소유권이전의무가 있게 된다. 그러나 언제나 그러한 것은 아니다. 권리만 있고 의무는 없는 경우가 있는가 하면, 의무만 있고 권리는 없는 경우도 있다. 취소권 · 해제권 · 상계권 등과 같은 형성권의 경우는 전자에 해당하고, 제50조 내지 제52조의 2 · 제85조 · 제94조의 등기의무, 제86조 · 제94조의 신고의무, 제93조의 공고의무, 제755조의 감독의무는 후자에 해당한다.

(2) 본래의 의무와 구별하여야 할 것으로 간접의무(Obliegenheit)가 있다. 간접의무란 그것을 부담하는 자가 반드시 이행하여야 하는 것은 아니지만 그가 그것을 이행하지 않으면 유리한 법적 지위의 상실과 같은 불이익을 입게 되는 의무를 말한다. 제528조의 승낙연착의 통지의무, 제559조 제 1 항의 증여자의 하자 고지의무, 제612조의 사용대주의 하자 고지의무가 그 예이다. 간접의무는 책무(責

務)라고도 하나, 이는 의무보다도 더 강력한 의미를 지니고 있어서 적절한 용어가 아니다(곽윤직(신정판), 98면).

제 3 절 권리(사권)의 종류

[40] Ⅰ. 민법상의 권리(사권)의 분류방법

법이 공법과 사법으로 나누어짐에 따라 권리도 공법상의 권리인 공권(公權)과 사법상의 권리인 사권(私權)으로 구별된다. 권리를 이처럼 공권 · 사권으로 나눈다면, 민법상의 권리는 사권이다.

사권을 어떠한 표준에 의하여 어떻게 나눌 것인가에 관하여 학자들의 태도가 일치하지 않는다. 일반적으로는 i) 내용에 의하여 재산권 · 인격권 · 가족권 · 사원권으로 나누고, 또 작용(효력)에 의하여 지배권 · 청구권 · 형성권 · 항변권으로 나누며, 그 밖에 몇 가지 분류를 더 추가하고 있으나(고상룡, 40면 이하; 곽윤직, 49면 이하; 김상용, 98면 이하; 김용한, 50면 이하; 김준호, 39면 이하; 김학동, 53면 이하. 김주수 88면 이하도 유사하다), ii) 권리를 일원적으로 분류하여 먼저 지배권 · 청구권 · 형성권 · 항변권 · 기대권으로 나눈 뒤, 지배권을 재산권과 비재산권으로 나누고 그것들을 또 세분하는 견해(이영준, 47면 이하)와 iii) 권리 2분법(二分法)을 취한다고 하면서 실정법상의 분류로 재산권 · 가족권을 나누고, 개념상의 분류로 지배권 · 형성권을 나누는 견해(이은영, 109면 이하)도 있다.

생각건대 권리의 분류가 필요한 이유는 법률관계로부터 발생하는 각각의 권리의 성질을 분명하게 인식하게 하기 위하여서이다. 따라서 이러한 목적을 달성하려면 권리가 일정한 표준에 의하여 체계적으로 나누어져서 혼란스럽지 않아야 한다. 그런 점에서 볼 때 우리의 통설처럼 기본적으로 권리를 내용에 따라 나누고, 그것과 별도로 작용에 의하여 다시 나누는 것이 적절하다. 그러므로 아래에서는 통설의 방식에 의하여 권리를 분류하기로 한다.

Ⅱ. 내용에 의한 분류

[41]

사권은 그 내용이 되는 사회적인 생활이익을 표준으로 하여 재산권 · 인격권 · 가족권(신분권) · 사원권으로 나눌 수 있다(김주수, 93면은 여기에 관리권을 추가한다). 이는 권리에 관한 가장 기본적인 분류이다. 그리고 여기서 특히 중요한 것은 재산권이다.

1. 재산권(財産權)

재산권은 쉽게 표현하면 경제적 가치 있는 이익을 누리는 것을 목적으로 하는 권리라고 할 수 있다. 그러나 이는 정확하지 않다. 왜냐하면 전형적인 재산권인 채권 가운데는 금전으로 가액을 산정할 수 없는 것도 있고(373조 참조), 부양청구권(974조 이하 참조)과 같이 가족권에도 경제적 가치가 있는 권리가 있기 때문이다. 따라서 재산권은 비재산권(인격권과 가족권)이 아닌 권리라는 의미로 소극적으로 정의되어야 한다. 그렇게 한다면, 재산권은 권리자의 인격이나 친족관계를 떠나서 존재하는 권리라고 할 수 있다.

재산권은 민법전이 명시적으로 사용하고 있는 개념이며, 민법은 많은 경우에 재산권에 대하여 특별히 규율하고 있다(162조 2항 · 210조 · 248조 · 278조 · 345조 · 406조 · 563조 · 596조 · 597조 · 607조 · 839조의 3 참조). 그리고 민사집행법은 채권과 그 밖의 재산권의 강제집행을 별도로 정하고 있다(같은 법 223조-251조).

재산권의 대표적인 것으로는 물권 · 채권 · 지식재산권이 있다. 그리고 상속권이 재산권인가에 관하여는 견해가 대립한다. i) 제 1 설(다수설)은 종래와 마찬가지로 상속권이 가족권(신분권)에 속한다고 하며(김상용, 99면 · 101면; 김용한, 53면; 김주수, 89면; 백태승, 78면; 이영준, 48면), ii) 제 2 설은 재산권이라고 한다(곽윤직, 6면 · 7면. 이은영, 110면은 상속권은 상속인의 상속지분이 확정된 후에는 재산권의 성격을 갖는다고 한다). 그리고 iii) 제 3 설은 가족권의 성질과 재산권의 성질을 겸유하는 것이라고 한다(명순구, 47면). 생각건대 1990년의 민법개정으로 상속권은 이제는 재산상속권만을 가리키는 것이 되었으며, 그것은 친족권(가족권)과는 다른 재산권이라고 하여야 한다. 피상속인의 일정한 친족을 상속인으로 하고 있다고 하여 그것이 친족권으로 되지는 않는다.

(1) 물권(物權)

물권은 권리자가 물건 기타의 객체를 직접 지배해서 이익을 얻는 배타적 권리이다. 물권은 법률 또는 관습법에 의하여서만 창설될 수 있는데(185조 참조), 우리 민법전이 인정하고 있는 물권으로는 점유권 · 소유권 · 지상권 · 지역권 · 전세권 · 유치권 · 질권 · 저당권의 8가지가 있고, 관습법상의 물권으로 판례에 의하여 확인된 것으로는 분묘기지권 · 관습법상의 법정지상권이 있다. 한편 광업권(광업법 3조 3호 · 10조 참조) · 어업권(수산업법 2조 9호 · 16조 참조)과 같이 객체를 직접 지배하지는 않지만 타인을 배제하고 독점적으로 객체를 취득할 수 있는 권리는 준물권(準物權)이라고 하여 물권과 유사하게 취급한다.

(2) **채권**(債權)

채권은 특정인(채권자)이 다른 특정인(채무자)에 대하여 일정한 행위(이를 보통 급부라고 하는데, 이행행위라고 함이 더 낫다)를 요구할 수 있는 권리이다. 채권은 계약 · 사무관리 · 부당이득 · 불법행위 등 여러 가지 원인에 의하여 발생하는데, 그 발생원인 가운데에는 계약이 가장 중요하다. 계약에 의하여 발생하는 채권은 원칙적으로 내용에 있어서 제약을 받지도 않아서(사적 자치의 적용) 그 종류도 이루 헤아릴 수 없다.

(3) **지식재산권**(知識財産權)

지식재산권은 발명 · 저작 등의 정신적 · 지능적 창조물을 독점적으로 이용하는 것을 내용으로 하는 권리이다. 특허권 · 실용신안권 · 디자인권(구 의장권) · 상표권 · 저작권 등이 이에 속한다. 지식재산권에 대하여는 그것을 보호하는 특별법들이 있다. 특허법 · 실용신안법 · 디자인보호법 · 상표법 · 저작권법 등이 그것이다.

〈지식재산권이라는 명칭〉

지식재산권은 종래에는 지적 재산권(또는 무체재산권 · 지적 소유권)이라고 하였다. 그런데 근래 제정 · 시행된 「지식재산 기본법」(2011. 5. 19. 제정, 2011. 7. 20. 시행)이 지적 재산권이라는 명칭을 모두 지식재산권으로 변경하였다. 그래서 이제부터는 지적 재산권이라는 용어 대신 지식재산권이라는 용어를 사용하기로 한다.

(4) **상속권**(相續權)

상속권은 상속개시 후 상속인이 가지는 권리이다.

2. 인격권(人格權)

인격권은 권리의 주체와 불가분적으로 결합되어 있는 인격적 이익을 누리는 것을 내용으로 하는 권리이다. 생명 · 신체 · 명예 · 신용 · 정조 · 성명 · 초상 · 창작 · 사생활에 대한 권리가 이에 해당한다. 민법은 인격권에 관하여 일반적인 규정을 두고 있지 않으며, 제751조에서 타인의 신체 · 자유 · 명예를 침해하는 것은 불법행위가 된다고 하고 있을 뿐이다.

3. 가족권(친족권 · 신분권)

가족권 또는 친족권은 친족관계에 있어서의 일정한 지위에 따르는 이익을 누리는 것을 내용으로 하는 권리이다. 구체적으로는 친권 · 후견인이 가지는 권리 · 배우자가 가지는 권리 · 부양청구권 등이 있다. 가족권은 의무적 색채가 강하다.

4. 사원권(社員權)

이는 단체의 구성원이 그 구성원이라는 지위에서 단체에 대하여 가지는 권리를 통틀어서 일컫는 말이다. 사원권은 따로 분리하지 않으면 재산권에 속한다. 사원권에는 민법상 사단법인의 사원의 권리, 주식회사의 주주의 권리 등이 있다.

사원권은 단체의 구성원이 단체의 목적사업 수행에 참여하는 것을 내용으로 하는 공익권(共益權)과 단체의 구성원이 단체로부터 경제적 이익을 받는 것을 내용으로 하는 자익권(自益權)으로 나누어진다. 결의권 · 소수사원권 · 업무집행권 · 감독권 등이 공익권에 속하고, 영리법인의 경우 이익배당청구권 · 잔여재산 분배청구권, 비영리법인의 경우 사단의 설비를 이용하는 권리 등이 자익권에 해당한다. 이들 중 비영리법인에서는 공익권이 중요하고, 영리법인에서는 자익권이 중요하다.

Ⅲ. 작용(효력)에 의한 분류 [42]

권리는 그것을 행사하는 경우에 어떻게 작용하는가, 즉 어떤 효력이 생기는가에 따라 지배권 · 청구권 · 형성권 · 항변권으로 나누어진다. 이것이 권리의 분류 가운데 가장 중요한 것이다.

1. 지배권(支配權)

지배권은 타인의 행위를 개재시키지 않고서 일정한 객체에 대하여 직접 지배력을 발휘할 수 있는 권리이다. 물권이 가장 전형적인 지배권이고 지식재산권 · 친권 · 후견권도 이에 속한다. 인격권에 대하여는 i) 다수설인 긍정설(대표적으로 곽윤직, 52면)과 ii) 부정설(김상용, 103면)이 대립하고 있다. 부정설은 그 이유로, 인격권은 존경의 권리이지 권리주체가 스스로 권리객체가 되어 객체에 대한 지배권으로 될 수는 없는 것이며, 특히 사람은 권리의 객체가 될 수 없기 때문이라고 한다. 그러나 사람은 물권의 객체가 되지는 않아도 모든 권리의 객체가 될 수 없는 것은 아니며, 인격권에도 지배권의 효력이 인정됨이 타당하므로 긍정하여야 한다. 채권에 대하여는 i) 통설은 청구권으로 보나(대표적으로 곽윤직, 52면). ii) 지배권이라고 하는 소수설(이은영, 112면)도 있다. 생각건대 채권에는 일반적으로 설명하는 지배권의 효력이 인정될 수 없으므로 지배권이 아니고 청구권이라고 하여야 한다. 한편 사원권에 대하여는 i) 지배권이라고 하는 견해(이영준, 51면)와 ii) 여기에 의문을 제기하는 견해(김상용, 103면)가 나뉘는데, 사원권은 지배권이라고 하기 어렵다.

지배권의 효력으로는 대내적 효력과 대외적 효력이 있다. 전자는 객체에 대한 직접적인 지배력이고, 후자는 제 3 자가 권리자의 지배를 침해할 수 없다는 효력 즉 권리불가침의 효력이다. 이 후자에 의하여 지배권에 대한 제 3 자의 위법한 침해는 불법행위로 되어 권리자는 당연히 손해배상을 청구할 수 있으며(750조), 아울러 그 침해상태의 배제를 청구할 수도 있다.

2. 청구권(請求權)

청구권은 특정인이 다른 특정인에 대하여 일정한 행위를 요구할 수 있는 권리이다. 예컨대 주택 매수인의 주택 소유권이전청구권은 매도인의 소유권이전행위를 요구할 수 있는 권리이다. 따라서 지배권과 달리 그 객체인 주택을 직접 지배할 수 있는 것이 아니다.

청구권에 해당하는 권리로는 채권을 들 수 있다. 앞에서 본 것처럼 채권과 청구권은 정의가 같다. 그렇다면 둘은 같은 권리인가? 그렇지 않다. 우선 ① 채권과 청구권은 존재하는 면이 다르다. 채권은 권리의 내용상의 분류에 의한 것이고, 청구권은 효력상의 분류에 의한 것이다. 청구권과 같은 권리의 효력은 채권 등 기초적 권리의 효력으로 발생하며, 따라서 기초적 권리와 차원을 달리한다. ② 청구권은 채권으로부터만 생기는 것이 아니고 물권 · 지식재산권 · 상속권 · 가족권으로부터도 생긴다. 물권적 청구권 · 상속회복청구권 · 유아의 인도청구권 · 부양청구권 · 부부의 동거청구권 등이 그 예이다. ③ 청구적인 효력은 채권의 중요한 내용이지만 그것만이 효력의 전부는 아니다. 채권에는 그 외에도 이행한 것(급부)의 수령 · 보유력, 채권자대위권 · 채권자취소권 · 항변권 · 해제권 등의 다른 권능도 있다. ④ 채권이 발생하면 보통 청구권도 존재한다. 그러나 이행기가 되지 않은 채권의 경우에는 채권은 존재하여도 청구권은 아직 발생하지 않는다. 이렇게 볼 때 채권과 청구권은 동일한 것이 아니며, 청구권은 채권의 본질적인 내용을 이루고 있을 뿐이다.

그렇기는 하지만 특히 채권법의 영역에서 청구권이라는 용어가 채권과 동의어로 자주 쓰이고 있다. 소유권이전채권 대신 소유권이전청구권이라고 하는 것이 그 예이다. 그 이유는 아마도 채권적 청구권과 채권을 동일시하는 독일문헌의 영향 때문인 듯하다. 이러한 태도가 바람직하지는 않지만 워낙 일반화되어 있어 특별한 사정이 없는 한 둘을 굳이 구별하지 않아도 무방하다. 그렇지만 둘의 관계는 정확하게 알고 있어야 한다.

청구권이라고 불리지만 실질에 있어서는 형성권이라고 해석되는 경우가 있다. 지료증감청구권(286조) · 지상물매수청구권(283조 2항 · 285조 2항) · 부속물매수청구권(316조 · 646조 · 647조) · 매매대금감액청구권(572조) · 차임증감청구권(628조) 등이 그 예이다. 그 밖에 지상권소멸청구권(287조) · 전세권소멸청구권(311조) · 공유물분할청구권(268조)에 대하여는 논란이 있다(이에 대한 자세한 논의는 물권법 [51] · [138] 참조).

3. 형성권(形成權) [43]

형성권은 권리자의 일방적인 의사표시에 의하여 법률관계를 발생 · 변경 또는 소멸시키는 권리이다. 이는 가능권(可能權)이라고도 한다. 형성권에는 권리자의 의사표시만 있으면 효과가 발생하는 것과 법원의 판결이 있어야 비로소 효과가 발생하는 것이 있다. 전자의 예로는 법률행위의 동의권(5조 · 13조 1항) · 취소권(140조 이하) · 추인권(143조 이하) · 상계권(492조) · 계약의 해제권 해지권(543조) · 매매의 일방예약 완결권(564조) · 약혼 해제권(805조) · 상속포기권(1041조) 등이 있고, 후자의 예로는 채권자취소권

(406조)·재판상 이혼권(840조)·친생부인권(846조)·입양취소권(884조)·재판상 파양권(905조) 등이 있다. 후자의 형성권의 경우에 법원의 판결까지 요구하는 이유는 그 권리의 행사가 제3자에게도 영향을 크게 미치기 때문이다. 그리고 이때의 법원의 판결을 형성판결이라고 하며, 형성판결을 얻기 위하여 제기하는 소를 형성의 소라고 한다.

형성권은 일방적인 의사표시에 의하여 법률관계를 변동시키는 권리이므로 형성권의 행사에는 조건이나 기한을 붙일 수 없다.

4. 항변권(抗辯權)

항변권은 상대방의 청구권의 행사에 대하여 그 작용을 저지할 수 있는 권리이다. 이를 반대권이라고도 한다. 항변권은 상대방의 청구권의 존재를 전제로 한다. 즉 상대방의 청구권은 인정하면서 그 작용만을 저지하는 권리이다. 그러므로 청구권의 성립을 부인하거나 소멸을 주장하는 것은 항변권이 아니다.

항변권에는 청구권의 행사를 일시적으로 저지할 수 있는 연기적 항변권과 영구적으로 저지할 수 있는 영구적 항변권이 있다. 전자의 예로는 쌍무계약의 당사자가 가지는 동시이행의 항변권(536조), 보증인이 가지는 최고·검색의 항변권(437조)이 있고, 후자의 예로는 상속인의 한정승인의 항변권(1028조)이 있다.

항변권은 권리자에 의하여 행사되어야 한다. 소송절차에서 법관은 항변권의 요건이 구비되어 있고 권리자가 이를 주장·인용하는 경우에만 항변권을 고려할 수 있으며, 주장이 없는 경우에 직권으로 고려하지는 못한다. 이처럼 항변권의 행사를 필요로 하는 이유는 항변권자가 청구권에 대하여 이행하려고 하는지 않는지가 오직 항변권자에게 맡겨져 있기 때문이다.

항변권과 비슷한 것으로 이의(異議)와 소송상의 항변이 있다. 이의는 항변권과 달리 권리가 성립하지 않았다거나 소멸하였다고 하는 등으로 상대방의 권리를 부인하는 것이다. 한편 소송상의 항변은 민사소송법상의 방어방법의 일종으로 상대방의 신청 또는 주장을 단순히 부인하는 것이 아니고, 그것을 배척하기 위하여 다른 사항을 주장하는 것이다.

Ⅳ. 그 밖의 분류 [44]

1. 절대권(絕對權) · 상대권(相對權)

권리는 그것에 복종하는 의무자의 범위를 표준으로 하여 절대권 · 상대권으로 나눌 수 있다. 절대권은 모든 자에게 주장할 수 있는 권리이며 대세권(對世權)이라고도 한다. 그에 비하여 상대권은 특정인에 대하여서만 주장할 수 있는 권리이며 대인권(對人權)이라고도 한다. 물권 · 지식재산권 · 친권 · 후견권 등의 지배권은 절대권에 해당하고, 채권 등의 청구권은 상대권에 해당한다.

절대권은 모든 자가 의무자이므로 누가 그것을 침해하든 불법행위가 된다. 그러나 상대권에 있어서는 의무자 이외의 자에 의하여서는 이론상 침해될 수 없다는 결과가 된다. 이러한 점 때문에 제 3 자에 의한 채권침해가 불법행위로 된다고 하기 위하여 과거에 우리의 일부 문헌은 절대권 · 상대권의 구별을 부정하였다. 그러나 절대권 · 상대권을 구별하더라도 제 3 자에 의한 채권침해가 불법행위가 되는 데 지장이 없으며(자세한 내용은 채권법 총론 [18] 이하 참조), 따라서 이 구별은 행하여져야 한다. 이러한 점이 밝혀져 요즈음에는 구별 부인설이 보이지 않는다.

2. 일신전속권(一身專屬權) · 비전속권(非專屬權)

권리는 그것과 그 주체와의 긴밀도의 차이에 의하여 일신전속권과 비전속권으로 나누어진다. 일신전속권(귀속상의 일신전속권)은 권리의 성질상 타인에게 귀속될 수 없는 것, 즉 양도 · 상속 등으로 타인에게 이전할 수 없는 권리이고, 비전속권은 양도 · 상속이 가능한 권리이다. 가족권 · 인격권은 대부분 일신전속권이고, 재산권은 대체로 비전속권이다.

위에서 말한 일신전속권은 귀속상의 일신전속권이다. 그런데 민법에서는 때로 행사상의 일신전속권이 문제되기도 한다. 이 권리는 권리자 이외의 자에 의하여 대신 행사될 수 없는 것으로서 채권자대위권의 객체가 되지 못한다. 친권(913조)이 그 예이다.

3. 주된 권리 · 종된 권리

권리 가운데에는 하나의 권리가 다른 권리를 전제로 하여 존재하는 경우가 있다. 이때 전제가 되는 권리가 주된 권리이고, 그것에 종속되는 권리를 종된 권리라고 한다. 예컨대 원본채권과 이자채권, 피담보채권과 질권 · 저당권, 주채무자에 대한 채권과 보증인에 대한 채권은 모두 주된 권리-종된 권리의 관계에 있다.

4. 기성(旣成)의 권리 · 기대권(期待權)

이는 권리가 성립요건을 모두 구비하였는가에 의한 구별이다. 보통의 권리인 기성의 권리(이를 완전권이라고도 한다)는 권리의 성립요건이 모두 갖추어져서 이미 성립한 권리이고, 기대권은 권리발생요건 중 일부분만 갖추고 있는 상태에 대하여 법이 주고 있는 보호이다. 조건부 권리(148조 · 149조) · 기한부 권리(154조)가 기대권의 예이다. 그 밖에 물권적 기대권도 인정되는가에 대하여는 논란이 있다(물권법 [67] 참조).

제4절 권리의 경합

[45] ### I. 의의와 모습

실제의 법률관계에 있어서 동일한 당사자 사이에서 하나의 사실이 둘 이상의 법규가 정하는 요건을 충족시켜 둘 이상의 권리가 발생하는 경우가 있다. 예컨대 A의 기계를 임차하고 있는 B가 임대차계약의 기간이 만료되었음에도 불구하고 그 기계를 A에게 반환하지 않은 경우에는, A는 임대차계약에 기하여 반환청구권을 가지며(654조 · 615조), 그것과 별도로 소유권에 기하여 반환청구권(213조)도 가지게 된다. 이와 같은 것을 권리의 경합이라고 한다.

권리의 경합의 경우에 수개의 권리는 목적을 같이하기 때문에 그 가운데 어느 하나를 행사하여 목적을 달성하게 되면 다른 권리도 같이 소멸한다. 그러나 각각의 권리는 독립하여 존재하고, 서로 관계없이 행사될 수 있으며, 각기 따로 시효 기타의 사유로 소멸할 수 있다. 판례도 채권자가 동일한 목적을 달성하기 위하여 복수의 채권을 갖고 있는 경우에, 그중 어느 하나의 청구를 한 것만으로는 다른 채권 그 자체를 행사한 것으로 볼 수는 없으므로, 특별한 사정이 없는 한 그 다른 채권에 대한 소멸시효 중단의 효력은 없다고 하여 — 소멸시효의 중단에 관하여 — 동일한 견지에 있다(대판 2001. 3. 23, 2001다6145; 대판 2002. 6. 14, 2002다11441).

권리의 경합은 청구권에 관하여 존재하는 때가 많다. 그와 관련하여 특히 동일한 사실이 채무불이행의 요건과 불법행위의 요건을 갖추는 경우에 채무불이행에 의한 손해배상청구권과 불법행위에 의한 손해배상청구권이 경합하는가가 논란되고 있으며, 이 경우에 다수설과 판례(대판 1980. 11. 11, 80다1812; 대판(전원) 1983. 3. 22, 82다카1533; 대판 1989. 4. 11, 88다카11428 등)는 청구권의 경합을 인정하나, 반대하는 소수설도 있다(자세한 사항은 채권법각론 [251] 참조). 문헌에 따라서는(곽윤직, 56면; 김용한, 61면; 김주수, 96면; 김준호, 45면) 청구권 외에 형성권 · 항변권 · 담보물권 등에 관하여도 권리의 경합이 일어날 수 있다고 하나, 「동일한 사실」에 의하여 그러한 권리(예컨대 취소권과 해제권, 복수의 연대채무)가 여러 개 성립할 수 있는지 의문이다.

Ⅱ. 법규경합(법조경합)

경우에 따라서는 동일한 사실이 둘 이상의 법규가 정하는 요건을 충족시키지만, 그중의 한 법규가 다른 법규를 배제하는 것일 때에는, 그 한 법규만 적용된다. 그리고 그 결과로 권리도 하나만 발생하게 된다. 이를 법규경합 또는 법조경합(法條競合)이라고 한다. 법규경합은 해당하는 여러 법규가 특별법(특별규정)과 일반법(일반규정)의 관계에 있는 경우에 자주 일어난다. 가령 공무원이 그 직무를 행함에 있어서 고의 또는 과실로 위법하게 타인에게 손해를 가한 경우에는, 민법 제756조와 국가배상법 제 2 조가 경합하지만, 특별법의 규정인 후자가 일반법의 규정인 전자에 우선하여 적용되어 국가배상법에 의한 손해배상청구권만 발생한다. 법규경합은 같은 민법전 내에서도 생길 수 있다. 예컨대 매매계약의 당사자가 수량을 지정하여 매매하였는데 목적물의 일부가 계약 당시에 이미 멸실된 경우에는, 제535조와 제574조가 모두 적용될 수 있으나, 후자가 전자에 대한 특별규정이어서 후자에 의한 법률효과만 발생한다.

제5절 권리의 행사와 의무의 이행

[46] ## Ⅰ. 권리행사의 의의와 방법

권리의 행사란 권리의 내용을 현실화하는 과정을 말한다. 가령 소유권자가 소유물을 소비하거나 다른 자에게 파는 것이 그에 해당한다. 권리의 행사는 권리의 존재에 관하여 다투어지고 있거나 권리의 행사가 방해되고 있을 때 타인으로 하여금 권리의 존재 자체를 승인하게 하려는 행위인 권리의 주장과 구별된다. 권리의 행사는 사실행위일 수도 있고 준법률행위나 법률행위일 수도 있다. 예를 들면 소유자가 소유물을 사용하는 것은 사실행위이고, 제한능력자의 상대방이 확답촉구권(確答促求權)을 행사하는 것은 준법률행위이며, 소유자가 타인과 소유물의 매매계약이나 임대차계약을 체결하는 것은 법률행위에 해당한다.

권리행사의 방법은 권리의 종류에 따라 다르다. ① 지배권은 객체를 지배해서 사실상 이익을 누리는 모습으로 행사되는 것이 보통이다. 소유자가 물건을 사용·수익·처분하는 것이 그 예이다. ② 청구권은 특정인에 대하여 일정한 행위(이행행위 즉 급부)를 요구하거나 그에 따른 결과를 수령하는 방법으로 행사된다. 금전채권자가 금전의 지급을 청구하고 지급된 금전을 수령하는 것이 그 예이다. ③ 형성권은 권리자가 취소나 해제와 같은 일방적인 의사표시를 함으로써 행사된다. 형성권 가운데에는 소를 제기하는 방법으로 행사하여야 하는 것도 있다. ④ 항변권은 청구권자가 이행청구를 할 때 그것을 거절하는 방식으로 행사된다.

권리의 행사는 권리자 자신이 직접 하는 것이 원칙이다. 그러나 행사하는 권리가 행사상의 일신전속권이 아닌 한 타인으로 하여금 행사하게 할 수도 있다. 법률행위의 방법으로 권리를 행사하는 때에는 대리인에 의하여서도 할 수 있다.

Ⅱ. 권리의 충돌과 순위

동일한 하나의 객체에 관하여 여러 개의 권리가 존재하는 경우가 있다. 그러한 경우에는 때에 따라서 그 객체가 모든 권리를 만족시킬 수 없게 된다. 이를 가리켜 권리의 충돌이라고 한다. 권리의 충돌은 앞서 본 권리의 경합과는 전혀 다르다. 권리의 경합은 동일한 당사자 사이에서 하나의 사실에 의하여 여러 개의 권리가 성립하는 경우로서, 그때의 권리들은 목적이 동일하기 때문에 어느 것이 행사되어도 무방하여 충돌의 문제가 생기지 않는다. 그에 비하여 권리의 충돌은 대체로 다른 자들 사이에 동일한 객체에 관하여 실질적으로 양립하기 어려운 여러 개의 권리가 이미 성립한 경우이다(성립이 되지 않은 경우는 문제되지 않는다). 이러한 권리의 충돌에 있어서는 권리자 모두가 만족할 수 없기 때문에 누가 우선하여(또는 동등하게) 권리를 행사할 수 있는가, 즉 권리의 순위의 문제가 생긴다.

충돌하는 권리가 물권들인 경우에는 원칙적으로 그들 사이에 순위가 정하여져 있다. 소유권과 제한물권(민법이 규정하는 물권 중 점유권·소유권 이외의 물권) 사이에서는 제한물권이 우선한다. 왜냐하면 본래 제한물권은 소유권을 제한하면서 성립하기 때문이다. 제한물권들 사이에서는 그것이 다른 종류일 때에는 원칙이 없고 법률규정에 의하여 순위가 정해지나, 같은 종류일 때에는 먼저 성립한 물권이 우선한다. 소유권들이 충돌하는 일은 없다. 한편 채권에 있어서는 본래 채권자 평등의 원칙이 있어서 같은 채무자에 대한 여러 채권이 모두 평등하게 다루어진다. 그리고 그에 의하면 궁극적으로 채권자는 채권액에 비례하여 변제를 받게 된다. 그런데 이 원칙이 그대로 지켜지는 것은 파산의 경우에 한하며, 파산의 경우가 아닌 때에는 각 채권자가 임의로 채권을 실행하여 변제받을 수 있다. 그 결과 채권을 먼저 행사하는 자가 이익을 얻게 된다. 이를 선행주의(先行主義)라고 한다. 그런가 하면 동일한 객체에 대하여 물권과 채권이 성립한 경우에는 직접적인 지배권인 물권이 채권에 우선하게 된다. 그러나 이러한 권리들의 순위 원칙에 대하여는 법률상 많은 예외가 인정된다. 구체적인 내용은 해당하는 곳에서 설명한다.

Ⅲ. 권리행사의 한계 [47]

1. 서 설

민법은 제 2 조 제 1 항에서 「권리의 행사와 의무의 이행은 신의에 좇아 성실히 하여야 한다」고 하고, 같은 조 제 2 항에서 「권리는 남용하지 못한다」고 규정하고 있다. 이들은 권리행사(의무이행 포함)의 한계를 명문으로 규정한 것이다(물론 뒤에 자세히 보는 바와 같이 권리행사의 한계만을 정하고 있는 것은 아니다).

그런데 이러한 민법 제 2 조가 어떤 연유로 두어졌는가에 관하여는 견해가 대립되고 있다. i) 통설은, 근대사법에서는 권리행사 자유의 원칙이 인정되었으나, 20세기에 들어와 자본주의의 폐단이 나타나자 기본원리가 수정되면서 권리의 사회성 · 공공성이 강조되었고, 제 2 조는 그러한 사회성 · 공공성이 구체화된 것이라고 한다(고상룡, 43면; 곽윤직, 59면 · 60면; 김상용, 111면-113면; 김용한, 64면; 김학동, 64면-66면; 백태승, 88면). 그에 대하여 ii) 소수설은 신의칙과 권리남용 금지의 원칙은 법률관계 내지 권리의 속성으로부터 당연히 도출되는 것이므로, 그 타당근거를 찾기 위하여 사권의 공공성 · 사회성을 지나치게 강조할 필요는 없다고 한다(이영준, 63면). 생각건대 통설은 사적 자치를 비롯한 근대민법의 기본원리가 「수정」되었다고 하면서 그 위에 공공복리가 위치한다는 사고에 입각한 견해이다. 그런데 그와 같이 해석되지 않아야 함은 「민법의 기본원리」 부분에서 이미 설명하였다([31] 참조). 또한 통설처럼 새기게 되면 오늘날에 있어서도 가장 중요한 기본원리인 사적 자치가 무시되는 결과로 되어 부당하기도 하다. 그렇다고 하여 신의칙 · 권리남용 금지가 권리의 속성상 당연하다고 보는 것도 무리이다. 만약 그렇다면 독일민법이나 스위스민법이 그러한 규정을 둘 이유가 없다. 결국 신의칙 등은 권리의 공공성 · 사회성의 표현이 아니며, 또한 그것은 타당한 내용을 가지고 있기는 하지만 당연한 것도 아니다. 그것들은 사적 자치를 비롯한 3대원리를 제약하는 방법으로 개인들의 이익을 조정하기 위하여 특별히 두어진 규정이라고 하여야 한다.

아래에서 신의성실의 원칙과 권리남용 금지의 원칙을 나누어 살펴보기로 한다.

[48]

2. 신의성실의 원칙

(1) 의　　의

권리의 행사와 의무의 이행은 신의에 좇아 성실히 하여야 한다(2조 1항)는 원칙을 신의성실의 원칙 또는 — 이를 간단히 줄여서 — 신의칙이라고 한다. 여기서 신의성실이라 함은 상대방의 신뢰를 헛되이 하지 않도록 성의를 가지고 행동하는 것을 말한다. 신의나 성실은 본래 도덕적 또는 윤리적인 평가개념인데 이것이 법적 개념으로 도입된 것이다.

(2) 연　　혁

신의칙은 로마법에 그 기원을 두고 있다. 그리고 근대사법에서는 프랑스민법이 계약의 이행에 관하여 규정한 것이 최초이다. 그 법은 제1134조 제 3 항에서 「합의는 성실하게 이행하여야 한다」고 규정한다. 독일민법에서는 계약의 해석과 채무의 이행의 두 가지에 관하여 신의칙을 규정하였다. 독일민법은 제157조에서 「계약은 신의성실이 거래관행을 고려하여 요구하는 대로 해석하여야 한다」고 하고, 제242조에서는 「채무자는 신의성실이 거래관행을 고려하여 요구하는 대로 급부를 실현할 의무가 있다」고 규정한다. 그럼에도 불구하고 독일의 학설과 판례는 신의칙을 채권법 전체에 걸치는 원칙으로 해석하고 있다. 한편 그 뒤에 제정된 스위스민법은 신의칙을 제 2 조 제 1 항에서 사법 전체에 걸치는 일반적인 모습으로 규정하게 된다. 「모든 자는 그의 권리의 행사와 그의 의무의 이행에 있어서 신의성실에 따라 행위하여야 한다」는 것이 그것이다. 그리고 일본민법은 1947년에 민법을 개정하면서 스위스민법 제 2 조 제 1 항을 모방한 규정을 신설하였다(같은 법 1조 2항). 우리 민법도 스위스민법을 본받아 제 2 조 제 1 항에서 일반적인 모습의 신의칙을 규정하였다.

(3) 법적 성격

1) 3대원리의 제약원리 민법의 기본원리와 관련하여 이미 적은 바와 같이([31]·[32] 참조), 신의칙은 민법의 기본원리라고 할 수는 있다. 그러나 종래의 일반적인 견해가 주장하는 것처럼 공공복리의 실천원리로서 3대원리 위에 위치하는 원칙이라고 할 수는 없다. 가령 사적 자치가 신의성실에 부합하는 내용으로만 인정되는 것은 아니기 때문이다(같은 취지: 주해(1), 87면(양창수)). 신의칙은 사회적 조정의 원칙의 일부로서 사적 자치 등 3대원리의 지나친 폐해를 예외적으로 제한하는 제약원리일 뿐이다.

2) 일반조항(백지규정) 민법 제 2 조 제 1 항은 일반적인 민법규정들과 달리 구체적인 요건이 규정되어 있지 않다. 그리고 법률효과도 없다. 이와 같이 내용(특히 요건)이 구체적으로 정하여져 있지 않은 법률규정을 일반조항 또는 백지규정이라고 한다. 신의칙은 제103조와 더불어 가장 대표적인 일반조항이다. 이러한 일반조항의 내용은 실제의 재판에 의하여 형성되어 간다. 그리하여 결국 신의칙의 구체적인 내용은 법관의 재량에 맡겨져 있다고 할 수 있다. 그렇지만 이것이 법관이 아무런 기준 없이 자의에 의하여 재판할 수 있다는 것은 아니다. 법관은 일반적인 법원칙, 사회의 정의관·윤리관 등에 입각하여 판단하여야 한다.

그러한 의미에서 법관의 재량은 자유재량이 아니고 기속재량이라고 할 수 있다.

신의칙 적용의 요건과 관련하여 고의 · 과실이 요구되는가에 관하여 i) 원칙적으로는 필요하나 상대방의 이익을 보호할 필요가 절실한 때에는 필요하지 않다고 하는 견해(이영준, 구판(2003), 57면. 현재는 개설함)와 ii) 신의칙은 잘못에 대한 제재가 아니라 당사자 간에 형평에 반하는 결과의 방지에 목적이 있으므로 고의 · 과실은 신의칙에 반하기 위한 요건이 아니라고 하는 견해(김학동, 71면; 지원림, 46면)가 대립하고 있다. 생각건대 ii)설이 타당하다.

〈이른바 일반적인 신뢰책임의 문제〉

근래 일부 문헌(가령 김학동, "신뢰책임의 체계," 저스티스 20권, 1987, 50면 이하. 이는 독일의 Canaris의 이론을 받아들인 것임)은 신뢰보호사상에 입각한 여러 제도들을 「신뢰책임」으로 논하면서 그 책임의 공통적인 요건과 법률효과를 고찰하고 있다. 그러나 우리 민법은 동산의 선의취득(249조) · 허위표시(108조 2항) · 착오(109조 2항) 등과 같이 개별적인 경우에만 「예외적으로」 상대방이나 제 3 자의 신뢰를 보호하는 입장에 있다. 따라서 일반적인 신뢰보호를 논하는 것은 우리 민법에 맞지 않다(같은 취지: 주해(1), 97면(양창수)).

3) 재판규범 · 행위규범 신의칙은 다른 민법규정과 마찬가지로 법관을 구속하는 재판규범이면서 아울러 일반인에 대한 행위규범이기도 하다.

[49] **4) 강행규정** 민법 제 2 조 제 1 항이 강행규정인가에 관하여 학설은 i) 강행규정이라는 견해(김학동, 70면; 백태승, 90면)와 ii) 그 파생원칙의 성격에 따라 임의규범 또는 강행규범으로서 작용한다는 견해(이은영, 80면)가 대립하고 있다. 그리고 판례는 강행규정이라고 한다(대판 1995. 12. 22, 94다42129; 대판 1998. 8. 21, 97다37821).

ii)설은 당사자의 합의를 보충하는 역할을 하는 계약법 영역에서는 임의법규이고, 당사자의 합의를 무효로 하거나 그 내용을 수정하는 역할을 하는 경우에는 강행법규라고 한다. 생각건대 ii)설은 법률행위에서 당사자의 합의가 없는 사항이 최종적으로는 신의칙에 의하여 보충되므로 합의가 있었으면 신의칙이 적용되지 않았을 것이라는 의미에서 그때에는 임의법규라고 하는 듯하다. 물론 모든 사항에 관하여 당사자의 합의가 있었으면 신의칙은 적용되지 않을 것이다. 그리고 그 결과에서는 임의법규와 유사하다. 그러나 그렇다고 하여 신의칙을 임의법규와 동일시하는 것은 옳지 않다. 그때의 신의칙은 합의에 대한 합리적인 보충의 기준이 되는 것일 뿐이며, 임의법규처럼 그 자체가 그대로 계약내용이 되는 것은 아니기 때문이다. 결국 신의칙은 언제나 강행규정이라고 하여야 한다.

〈판　례〉

「신의성실의 원칙에 반하는 것은 강행규정에 위배되는 것으로서 당사자의 주장이 없더라도 법원이 직권으로 판단할 수 있다.」(대판 1998. 8. 21, 97다37821)

5) **민법의 모든 분야에 적용되는 규정** 민법 제 2 조 제 1 항은 신의칙을 권리의 행사와 의무의 이행에 관하여 적용되도록 규정하고 있다. 그러나 권리와 의무는 사법관계 자체라고 할 것이므로 그 규정은 법률 및 법률행위의 해석에 의하여 당사자에게 어떠한 권리가 생기는지를 결정하는 데에도 적용된다고 하여야 한다. 다른 한편으로 그 규정은 민법의 첫 부분에 두어진 것으로 보아 모든 사법관계에 대하여 일반적으로 적용된다고 하여야 한다. 즉 채권관계뿐만 아니라 물권관계 · 가족관계 · 상속관계에도 적용된다. 이처럼 민법 전체에 적용되지만, 실제로는 채권법 분야에서 가장 실효성이 크다. 나아가 그 규정은 민법 외에 상법과 같은 특별사법과 공법에도 널리 적용된다(대판 2021. 10. 28, 2017다224302도 신의성실의 원칙이 법질서 전체를 관통하는 일반 원칙으로 작용하고 있다고 함). 참고로 말하면 민사소송법은 1990년 개정시 신의칙을 규정한 제 1 조를 신설하였다.

〈판　례〉

「일반 행정법률관계에서 관청의 행위에 대하여 신의칙이 적용되기 위해서는 합법성의 원칙을 희생하여서라도 처분의 상대방의 신뢰를 보호함이 정의의 관념에 부합하는 것으로 인정되는 특별한 사정이 있을 경우에 한하여 예외적으로 적용된다.」(대판 2004. 7. 22, 2002두11233)

6) **권리남용과의 관계** 신의칙과 권리남용 금지의 원칙이 어떠한 관계에 있는가에 관하여는 견해가 대립되고 있다. i) 다수설은 권리행사가 신의성실에 반하는 경우에는 권리남용이 된다고 한다(강태성, 84면; 곽윤직, 62면; 김상용, 116면; 김용한, 68면; 김학동, 81면). 그런가 하면 ii) 신의칙과 권리남용 금지는 적용국면을 달리한다는 견해도 있다. 이 견해는 대인관계에는 신의칙이, 대사회관계에는 권리남용 금지의 원칙이 적용되고, 양자가 결합하고 있는 경우에는 각 관계의 측면에 대하여 각각의 원칙이 적용된다고 한다(고상룡, 65면; 김주수, 109면). 그 밖에 iii) 권리남용 금지는 기본원칙인 신의칙의 파생원칙이라고 하는 견해(이은영, 88면)도 있다.

판례는 다수설과 같이 권리행사가 신의성실의 원칙에 반하는 경우에는 권리남용이 된다는 입장에 있다(대판 1997. 12. 12, 95다29895; 대판 1999. 12. 7, 98다42929; 대판 2002. 10. 25, 2002다32332; 대판 2003. 5. 16, 2000다54659; 대판 2006. 3. 10, 2002다1321; 대판 2007. 1. 25, 2005다67223 등 참조).

생각건대 학설 가운데 iii)설이 i)설과 실질적으로 다른 것인지는 의문이다. 그렇게 보면 i), iii)설은 실질적으로 같은 부류로 보고 논의할 수 있다. 한편 ii)설은 아마도 신의칙이 특별구속관계에 있는 자 사이에 적용되고 권리남용 금지의 원칙은 그러한 관계에 있지 않은 자 사이에 적용된다는 점을 근거로, 양자의 적용범위가 다르다고 주장하는 듯하다. 두 원칙이 발생사적으로 각각 채권법과 물권법에서 발전한 것은 사실이다. 그러나 이제는 신의칙이 민법 전체에 걸치는 원칙으로 되었고, 권리남용 금지에 있어서 권리행사가 권리남용에 해당하는지의 판단은 신의칙이라는 표준에 의하여 하게 되므로, 이 주장은 적절하지 않다. 또한 권리남용이 특별구속관계에서도 자주 문제될 수 있고, 그러한 관계가 없는 자 사이라 하더라도 권리남용이 문제되는 것은 권리자와 다른 자 사이에 개별적 · 구체적인 관계가 형성된 경우이다. 즉 특별구속관계와 유사한 관계가 존재하는 경우인 것이다. 그러고 보면 권리남용의 기준을 권리행사가 신의칙 위반이 된다는 데에서 찾아야 하는 한, i)설과 판례가 타당하다.

[50] (4) 기 능

1) 개 설 종래 우리 문헌은 신의칙과 관련하여서는 그 원칙을 개괄적으로 설명한 뒤 그로부터 파생하는 원칙(사정변경의 원칙 · 실효의 원칙)을 설명하는 것이 보통이었다(현재의 문헌으로는 곽윤직, 60면 이하 등 참조). 그런데 근래에는 신의칙을 그 기능을 중심으로 논의하는 것이 일반적인 경향이다. 생각건대 이러한 경향은 일반조항으로 되어 있는 신의칙을 보다 구체적으로 인식하게 하는 점에서 고무적이라고 할 수 있다. 그리고 이는 신의칙의 남용 방지에도 의미가 있다.

신의칙의 기능이 무엇인가에 관하여 학자들의 견해는 제각각이다. 그런데 이들 견해 중 어느 것도 충분히 만족스럽지 않다. 그래서 아래에서는 사견에 의하여 기능을 설명하기로 한다. 주의할 것은, 이 책에서 신의칙을 권리행사의 한계 문제로 논의하고 있지만 그것은 체제상의 필요 때문에 부득이 취한 태도일 뿐이라는 점이다.

민법 제 2 조 제 1 항에서는 신의칙을 권리의 행사 · 의무의 이행에 관하여만 규율하고 있다. 그렇지만 그것이 신의칙의 전부가 아님은 앞에서 적은 바 있다([49] 참조). 신의칙은 그 외에도 널리 법 또는 법률행위에 관여하여 여러 가지 작용을 하고 있다. 그것을 유형화해 보면 해석기능 · 보충기능 · 수정기능 · 금지기능의 네 가지로 표현할 수 있다. 그런데 이들 기능은 반드시 서로 완전하게 구분되는 것은 아니고 어느 정도 겹칠 수도 있다. 그리고 그것들만이 전부라고 할 수도 없다.

2) 해석기능 신의칙은 법률과 법률행위를 해석하여 그 내용을 보다 명확하게 하는 기능이 있다. 이를 해석기능이라고 할 수 있다. 여기서 신의칙은 해석의 표준이 되어 법과 법률행위의 합리적인 의미를 밝혀준다.

법률의 경우의 예를 들어 보면, 가령 채무자는 채무를 변제하여야 하는데(460조 참조), 그가 구체적으로 어떤 방법으로 변제하여야 하는지, 즉 방식 · 장소 · 시간 등의 세부사항에 관하여는 신의칙을 기준으로 하여 결정된다. 그 결과 심야에 채권자를 깨워서 변제하거나 수억원의 채무를 모두 10원짜리 주화로 변제하여서는 안 된다고 해석하게 된다. 그런가 하면 계약의 당사자에게는 본래의 급부의무(이행의무) 외에 급부의무가 아닌 행위의무 즉 「기타의 행위의무」도 발생하는데(채권법총론 [29] 이하 참조), 그 근거가 되는 것은 신의칙이다. 즉 신의칙의 법해석 기능에 의하여 「기타의 행위의무」가 인정되는 것이다. 「기타의 행위의무」는 학자에 따라서는 기본채무 이외의 용태의무, 부수의무, 행태의무 등으로 부른다. 예컨대 기계의 매도인이 부담하는 기계의 사용방법을 알려주어야 할 의무(설명의무), 사용자가 피용자로 하여금 노무 제공과정에서 생명 · 신체 · 건강을 해치지 않도록 필요한 조치를 강구하여야 할 의무(안전배려의무)(대판 1999. 2. 23, 97다12082; 대판 2000. 5. 16, 99다47129; 대판 2001. 7. 27, 99다56734; 대판 2006. 9. 28, 2004다44506; 대판 2021. 8. 19, 2018다270876), 병원이 입원환자의 도난방지를 위하여 필요한 적절한 조치를 강구하여야 할 의무(보호의무)(대판 2003. 4. 11, 2002다63275)가 그에 속한다. 그리고 계약 체결을 위하여 사회적 접촉을 시작하면 계약당사자가 아니라도 이 「기타의 행위의무」가 생길 수 있다(이 의무의 위반이 계약체결상의 과실이다). 예컨대 가게 주인은 고객을 위하여 통로에 위험한 물건을 두지 않아야 할 의무가 있는데, 이것은 이 행위의무에 속한다. 그리고 판례는 아파트 분양자는 아파트 단지 인근에 쓰레기 매립장이 건설예정인 사실(대판 2006. 10. 12, 2004다48515)이나 공동묘지가 조성되어 있는 사실(대판 2007. 6. 1, 2005다5812 · 5829 · 5836)을 수분양자에게 고지할 의무가 있으며(설명의무 내지 고지의무), 그에 위반한 경우에는 사기취소가 가능하다고 한다([170] 참조. 그 외에 견해에 따라서는 계약체결상의 과실도 문제될 수 있음). 그런가 하면, 계약의 일방 당사자는 신의성실의 원칙상 상대방에게 계약의 효력에 영향을 미치거나 상대방의 권리 확보에 위험을 가져올 수 있는 사정 등을 미리 고지할 의무가 있다고 하고(대판 2014. 7. 24, 2013다97076; 대판 2022. 5. 26, 2020다215124; 대판 2023. 8. 18, 2022다291702(이는 계약 당사자가 조금만 주의를 기울였다면 위와 같은 구체적 사정을 알 수 있었을 경우에도 마찬가지라고 함). 대판 2013. 11. 28, 2011다59247은 이때에도 상대방이 고지의무의 대상이 되는 사실을 이미 알고 있거나 스스로 이를 확인할 의무가 있는 경우 또는 거래 관행상 상대방이 당연히 알고 있을 것으로 예상되는 경우 등에는 상대방에게 위와 같은 사정을 알리지 않았다고 하여 고지의무를 위반하였다고 볼 수 없다고 함), 이러한 의무는 계약을 체결할 때뿐만 아니라 계약 체결 이후 이를 이행하는 과정에서도 유지되며, 특히 계속적 계약의 일방 당사자가 고도의 기술이 집약된 제품을 대량으로 생산하는 제조업자이고 상대방이 소비자라면 정보 불균형으로 인한 부작용을 해소하기 위해 제조업자에 대하여 위와 같은 고지의무를 인정할 필요가 더욱 크다고 한다(대판 2022. 5. 26, 2020다215124).

한편 법률행위에 관하여는 신의칙이 규범적 해석의 표준이 된다. 그 때문에 규범적 해석은 상대방의 시각에서 의사표시의 의미를 탐구하게 되는 것이다(자세한 점은 「법률행위의 해석」을 참조([93])). 법률행위의 보충적 해석에도 신의칙이 적용되기는 하나, 그것은 다음의 보충기능의 문제이다.

[51] 3) 보충기능　신의칙은 법률이나 법률행위에 있어서 규율되지 않은 틈이 있는 경우에 그 틈을 보충하는 기능이 있다. 법률에 있어서 틈이 존재하면 법규의 정신 내지 취지에 의하여 보충되는데, 그때 신의칙이 중요한 기준이 된다. 사정변경의 원칙에 의한 해제·해지나, 당사자 쌍방이 일치하여 공통의 착오에 빠진 때에 인정되는 탈퇴권 등이 그러한 경우의 예이다(전자는 이를 인정하는 것이 통설이나, 후자는 논의가 적은 문제에 대한 사견이다). 그리고 법률행위에 있어서 틈이 있는 때에는 보충적 해석이 행하여지는데, 그에 의하면 관습과 임의법규에 의하여 보충되고, 그것들도 없으면 제반사정 하에서 신의칙에 의하여 판단할 때 가장 적합한 결과가 탐구되어야 한다(자세한 점은 [95] 참조).

4) 수정기능　신의칙은 이미 명백하게 확정되어 있는 법률이나 법률행위의 내용을 수정하는 기능이 있다. 아주 사소한 채무불이행을 이유로 계약 전체의 해제를 인정하지 않는 것은 해제규정의 법리(544조)가 수정된 것이라고 할 수 있다. 사견에 의하면, 당사자 일방의 동기의 착오를 상대방이 신의성실에 반하여 악용한 경우에 제109조에도 불구하고 계약에의 구속을 주장하지 못한다는 것, 대리권(대표권) 남용의 경우에 대리행위의 유효를 주장할 수 없다는 것 등도 그 예에 속한다(이설 있음). 한편 법률행위의 내용이 수정된 예로는, 신체침해를 당한 자가 손해배상청구권을 포기하는 합의를 하였는데 후발손해가 생긴 경우에 일정한 때

에는 신의칙상 합의의 유효를 주장할 수 없다고 하여야 한다는 것을 들 수 있다 (이설 있음. 자세한 점은 채권법각론 [214] 참조).

〈판 례〉

(ㄱ) 판례는 계속적 보증뿐만 아니라 일반보증에 있어서도 신의칙에 반하는 특별한 사정이 있는 경우에는 보증인의 책임을 합리적인 범위로 제한할 수 있다고 한다(계속적 보증의 경우. 대판 1998. 6. 12, 98다8776; 대판 2005. 10. 27, 2005다35554 · 35561 등. 일반보증의 경우 대판 2004. 1. 27, 2003다45410. 채권법총론 [181] 참조).

(ㄴ) 「위임계약에서 보수액에 관하여 약정한 경우에 수임인은 원칙적으로 약정보수액을 전부 청구할 수 있는 것이 원칙이지만, 그 위임의 경위, 위임업무 처리의 경과와 난이도, 투입한 노력의 정도, 위임인이 업무 처리로 인하여 얻게 되는 구체적 이익, 기타 변론에 나타난 제반 사정을 고려할 때 약정보수액이 부당하게 과다하여 신의성실의 원칙이나 형평의 원칙에 반한다고 볼 만한 특별한 사정이 있는 때에는 예외적으로 상당하다고 인정되는 범위 내의 보수액만을 청구할 수 있다(대법원 2012. 4. 12. 선고 2011다107900 판결 등 참조).」(대판 2016. 2. 18, 2015다35560. 변호사의 소송위임사무 처리에 대한 보수에 관하여 같은 취지: 대판 1991. 12. 13, 91다8722 · 8739; 대판(전원) 2018. 5. 17, 2016다35833(법원은 그에 관한 합리적인 근거를 명확히 밝혀야 한다고 함); 대판 2018. 10. 25, 2017다287648 · 287655; 대판 2023. 8. 31, 2022다293937(특별한 사정의 존재에 대한 증명책임은 약정된 보수액이 부당하게 과다하다고 주장하는 측에 있다고 함). 세무사에 관하여 같은 취지: 대판 2006. 6. 15, 2004다59393. 신탁보수에 관하여 같은 취지: 대판 2018. 2. 28, 2013다26425)

5) **금지기능** 신의칙에는 구체적인 행위가 신의성실에 반하는 경우에 그 행위의 효과를 금지(무력화)하는 기능인 금지기능이 있다. 이는 어떻게 보면 앞의 세 기능이 구체적인 행위와 관련하여 작용하는 것일 수도 있다. 그렇지만 그 외의 것도 있을 수 있으므로 별개로 설명하는 것이 바람직하다. 민법 제 2 조 제 1 항은 명문으로는 이 경우에 대하여만 규정하고 있는데, 학설들은 다른 기능도 인정하고 있는 것이다. 이 금지기능에 의하여 채무이행 행위가 신의성실에 반하면 채무불이행으로, 권리행사가 신의성실에 반하면 권리남용으로 평가되게 된다. 선행행위에 모순되는 행위가 금지된다는 것과 그중에 포함되는 실효의 원칙도 금지기능에 의한 것이라고 할 수 있다.

〈판 례〉

「신의성실의 원칙은 법률관계의 당사자가 상대방의 이익을 배려하여 형평에 어긋나거나 신의를 저버리는 내용 또는 방법으로 권리를 행사하거나 의무를 이행해서는 안 된다는 추상적 규범이다. 신의성실의 원칙에 반한다는 이유로 권리의 행사를 부정하기 위해서는 상대방에게 신뢰를 제공하였다거나 객관적으로 보아 상대방이 신뢰를 하는 데 정당한 상태에 있어야 하고, 이러한 상대방의 신뢰에 반하여 권리를 행사하는 것이 정의관념에 비추어 용인될 수 없는 정도의 상태에 이르러야 한다(대법원 2003. 4. 22. 선고 2003다2390,

2406 판결, 대법원 2011. 2. 10. 선고 2009다68941 판결 등 참조)·」(대판 2017. 2. 15, 2014다19776·19783. 같은 취지: 대판 2019. 1. 31, 2016다258148; 대판 2019. 2. 14, 2015다217287; 대판 2021. 6. 10, 2017다52712; 대판 2024. 3. 28, 2019다253700. 후단에 관하여 같은 취지: 대판 2017. 2. 15, 2016다32193)

[52] (5) 신의칙이 구체화된 하부원칙

학자들에 의하여 신의칙이 구체화된 원칙으로 논의되는 것이 몇 가지 있다. 권리남용 금지의 원칙, 사정변경의 원칙, 실효의 원칙 등이 그것이다(그 밖에 각각의 구체적인 경우를 논의하기도 하나, 그것은 원칙이라고 할 수는 없는 것들이다). 이들 가운데 권리남용 금지의 원칙에 관하여는 뒤에 따로 보기로 하고, 나머지의 원칙들을 차례로 보기로 한다.

1) 사정변경의 원칙 사정변경의 원칙은 법률행위의 기초가 된 사정이 후에 당사자가 예견하지도 못했고 또 예견할 수도 없었던 중대한 변경을 받게 되어, 처음의 효과를 그대로 유지하는 것이 부당한 경우에, 법률행위의 내용을 개조하거나 계약을 해제·해지할 수 있다는 원칙이다. 민법에는 이 원칙에 입각한 규정이 많이 있다(218조·286조·557조·627조·628조·661조·689조 등). 그런데 이를 일반적으로 인정하는 규정은 두고 있지 않다. 그럼에도 불구하고 학자들은 대체로 신의칙의 파생적 원칙으로 이 원칙을 인정하고 있다(대표적으로 곽윤직, 63면. 그러나 이은영, 96면은 전시 또는 이에 준하는 비상사태의 경우에만 인정되어야 한다고 한다).

그에 비하여 판례의 태도는 단순하지 않다. 판례는 과거에는 사정변경의 원칙을 인정하지 않았고(의용민법 하의 판례로 대판 1955. 2. 10, 4287민상109; 대판 1955. 4. 14, 4286민상231(매매대금 증액 부인)), 특히 그에 기한 해제권의 발생은 분명하게 부인하였다(대판 1963. 9. 12, 63다452). 그런데 하나의 판결에서, 매매계약이 체결된 후에 9년이 지났고 시가가 올랐다 하더라도 그것만으로는 매매계약을 해제할 만한 사정변경이 있었다고 볼 수 없다고 하였으며(대판 1991. 2. 26, 90다19664), 다른 판결에서 차임 부증액의 특약이 있더라도 그 특약을 유지시키는 것이 신의칙에 반한다고 인정될 정도의 사정변경이 있다고 보여지는 경우에는 형평의 원칙상 임대인에게 차임증액 청구를 인정하여 주어야 할 것이라고 하였다(대판 1996. 11. 12, 96다34061). 그리고 근래에는 하나의 판결에서 사정변경으로 인한 계약의 해제를 법리로서 인정하였고(대판 2007. 3. 29, 2004다31302), 그 법리가 계속적 계약관계에서 사정변경을 이유로 계약의 해지를 주장하는 경우에도 적용된다고 하였으며(대판(전원) 2013. 9. 26, 2012다13637; 대판(전원) 2013. 9. 26, 2013다26746), 얼마 전에는, 「계약 성립의 기초가 된 사정이 현저히 변경되고 당사자가 계약의 성립 당시 이를 예견할 수 없었으며, 그로 인하여 계약을 그대로 유지하는 것이 당사자의 이해에 중대한 불균형을 초래하거나 계약을 체결한 목적을 달성할 수 없는 경우에는 계약준수 원칙의 예외로서 사정변경을 이유로 계약을 해제하거나 해지할 수 있다」고 하여(대판 2017. 6. 8, 2016다249557; 대판 2020. 12. 10, 2020다254846; 대판 2021. 6. 30, 2019다276338), 명백하게 사정변경의 원칙을 인정하였다. 그 밖에 판례는 예전부터 계속적 채권관계, 특히 계속적 보증관계에 있어서만은 사정변경을 이유로 한 권리를 인정하여 왔다(대판 2002. 5. 31, 2002다1673 등 다수의 판결. 자세한 내용은 채권법총론 [182] 참조). 한편 하나의 판결에서는, 법인이나 법인 아닌 사단의 총회에 있어서 소집된 총회가 개최되기 전에 당초 그 총회의 소집이 필요하거나 가능하였던 기초사정에 변경이 생겼을 경우에는 특별한 사정이 없는 한 그 소집권자는 소집된 총회의 개최를 연기하거나 소집을 철회·취소할 수 있다고 하여, 총회의 소집에 관하여 사정변경의 법리를 적용하였다(대판 2007. 4. 12, 2006다77593).

생각건대 사정변경의 원칙은 우리 민법 정신에 비추어 인정될 수 있고, 또 그것은 법의 한계를 극복하는 것으로서 필요하다고 하겠다. 다만, 그 원칙의 내용은 신의칙에 기초하여 정밀하게 확정되어야 한다.

2) 모순행위 금지의 원칙 모순행위 금지의 원칙은 어떤 행위를 한 자가 [53]
후에 그와 모순되는 행위를 한 경우에 그 모순되는 행위의 효력을 인정하지 않는다는 원칙을 말한다. 이는 영미법상의 금반언(禁反言. estoppel)의 법리와 유사하다. 금반언의 법리란 어떠한 행위(가령 법원의 판결·날인증서(deed)·계약)에 의하여 어떠한 사실(오늘날에는 약속에 대하여도 금반언이 인정되는 경우가 있다고 함)의 존재를 표시한 자는 그것을 믿고 자신의 이해관계를 변경한 자에 대하여 표시한 사실에 반하는 주장을 하지 못한다는 원칙이다. 이때 그 주장이 사실에 부합하는지는 묻지 않는다.

모순행위 금지의 원칙이 구체적인 경우에 관하여 우리 민법에 명문으로 규정되어 있는 것으로 제452조 제 1 항이 있다.

모순행위 금지의 원칙에 대하여 논의하고 있는 문헌은 모두 이 원칙의 인정에 찬성한다. 그리고 판례는 한편으로 이 원칙이 적용될 수 있는 경우에 관하여 모순행위 금지의 원칙의 적용을 명시적으로 언급하지는 않으면서(다만, 대판 1995. 9. 26, 94다54160은 선행행위에 모순되어 신의칙에 반한다고 한 원심을 긍정하고 있다) 신의칙 위반을 이유로 같은 결과를 인정하고 있다. 그런가 하면 다른 한편으로「금반언 및 신의칙」또는「신의칙이나 금반언의 원칙」을 명시적으로 언급하면서 판단한 예도 많이 있다(대판 2000. 4. 25, 99다34475 등 다수). 그리고 그것들 가운데에는 후술하는 실효의 법리가 적용될 수 있는 사안도 포함되어 있다. 생각건대 두 원칙(모순행위 금지와 금반언의 법리)을 굳이 구별할 이유는 없으며 동일한 것으로 파악하고 또한 그 원칙을 인정하여야 할 것이다.

〈판 례〉

㈀ 신의칙에 반한다고 인정한 예

① 지방자치단체가 그 행정재산인 토지를 매도한 후 20년 가까이 경과하고 공용폐지까지 된 이제 와서 당해 토지가 매매 당시에 행정재산임을 내세워 무효라고 주장하는 것은 신의칙에 반하는 권리행사에 해당되어 허용될 수 없다(대판 1986. 10. 14, 86다카204).

② 농지의 명의수탁자가 적극적으로 농가이거나 자경의사가 있는 것처럼 하여 소재지관서의 증명을 받아 그 명의로 소유권이전등기를 마치고 그 농지에 관한 소유자로 행세하면서, 한편으로 증여세 등의 부과를 면하기 위하여 농가도 아니고 자경의사도 없었음을 들어 농지개혁법에 저촉되기 때문에 그 등기가 무효라고 주장함은 전에 스스로 한 행위와 모순되는 행위를 하는 것으로 자기에게 유리한 법지위를 악용하려 함에 지나지 아니하므로 이는 신의성실의 원칙이나 금반언의 원칙에 위배되는 행위로서 법률상 용납될 수 없다(대판 1990. 7. 24, 89누8224).

③ 「원고가 그의 친딸을 위하여 위와 같이 견고한 건물을 신축하게 하였다가 이것이 제3자(소외인의 채권자)의 강제경매 신청에 의하여 피고들에게 경락되자 그 뜻을 바꾸어 신축한 지 얼마 되지 아니한 이 사건 건물의 철거를 구하는 것은 특별한 사정이 없는 한 신의성실의 원칙에 어긋난다고 볼 수 있」다(대판 1991. 6. 11, 91다9299).

④ 「원심이 확정한 바와 같이 원고가 이 사건 토지에 관하여 소외 회사로 하여금 이 사건 건물을 신축하는 데 사용하도록 승낙하였고 소외 회사가 이에 따라 이 사건 건물을 신축하여 피고들에게 분양하였다면 원고는 이 사건 건물을 신축하게 한 원인을 제공하였다 할 것이므로 이를 신뢰하고 136세대에 이르는 규모로 견고하게 신축한 건물 중 각 판시부분을 분양받은 피고들에게 이 사건 토지에 대한 소외 회사와의 매매계약이 해제되었음을 이유로 하여 그 철거를 요구하는 것은 비록 그것이 이 사건 토지에 대한 소유권에 기한 것이라 하더라도 신의성실의 원칙에 비추어 용인될 수 없다.」(대판 1993. 7. 27, 93다20986 · 20993)

⑤ 경매목적이 된 부동산의 소유자가 경매절차가 진행 중인 사실을 알면서도 그 경매의 기초가 된 근저당권 내지 채무명의(현재는 집행권원이라 함)인 공정증서가 무효임을 주장하여 경매절차를 저지하기 위한 조치를 취하지 않았을 뿐만 아니라 배당기일에 자신의 배당금을 이의 없이 수령하고 경락인으로부터 이사비용을 받고 부동산을 임의로 명도해 주기까지 하였다면 그 후 경락인에 대하여 위 근저당권이나 공정증서가 효력이 없음을 이유로 경매절차가 무효라고 주장하여 그 경매목적물에 관한 소유권이전등기의 말소를 청구하는 것은 금반언의 원칙 및 신의칙에 위반되는 것이어서 허용될 수 없다(대판 1993. 12. 24, 93다42603).

⑥ 갑이 대리권 없이 을 소유 부동산을 병에게 매도하여 「부동산 소유권이전등기 등에 관한 특별조치법」에 의하여 소유권이전등기를 마쳐주었다면 그 매매계약은 무효이고 이에 터잡은 이전등기 역시 무효가 되나, 갑은 을의 무권대리인으로서 민법

제135조 제 1 항의 규정에 의하여 매수인인 병에게 부동산에 대한 소유권이전등기를 이행할 의무가 있으므로 그러한 지위에 있는 갑이 을로부터 부동산을 상속받아 그 소유자가 되어 소유권이전등기 이행의무를 이행하는 것이 가능하게 된 시점에서 자신이 소유자라고 하여 자신으로부터 부동산을 전전매수한 정에게 원래 자신의 매매행위가 무권대리행위여서 무효였다는 이유로 정 앞으로 경료된 소유권이전등기가 무효의 등기라고 주장하여 그 등기의 말소를 청구하거나 부동산의 점유로 인한 부당이득금의 반환을 구하는 것은 금반언의 원칙이나 신의성실의 원칙에 반하여 허용될 수 없다(대판 1994. 9. 27, 94다20617).

⑦ 「근저당권자가 담보로 제공된 건물에 대한 담보가치를 조사할 당시 대항력을 갖춘 임차인이 그 임대차 사실을 부인하고 그 건물에 관하여 임차인으로서의 권리를 주장하지 않겠다는 내용의 무상임대차 확인서를 작성해 주었고, 그 후 개시된 경매절차에 그 무상임대차 확인서가 제출되어 매수인이 그 확인서의 내용을 신뢰하여 매수신청금액을 결정하는 경우와 같이, 임차인이 작성한 무상임대차 확인서에서 비롯된 매수인의 신뢰가 매각절차에 반영되었다고 볼 수 있는 사정이 존재하는 경우에는, 비록 매각물건명세서 등에 위 건물에 대항력 있는 임대차 관계가 존재한다는 취지로 기재되었다고 하더라도 임차인이 제 3 자인 매수인의 건물인도청구에 대하여 대항력 있는 임대차를 주장하여 임차보증금반환과의 동시이행의 항변을 하는 것은 금반언 또는 신의성실의 원칙에 반하여 허용될 수 없다.」(대판 2016. 12. 1, 2016다228215. 유사한 판례: 대판 1997. 6. 27, 97다12211(임차인이 배당요구를 한 경우임))

「주택 경매절차의 매수인이 권리신고 및 배당요구를 한 주택임차인의 배당순위가 1순위 근저당권자보다 우선한다고 신뢰하여 임차보증금 전액이 매각대금에서 배당되어 임차보증금반환채무를 인수하지 않는다는 전제 아래 매수가격을 정하여 낙찰을 받아 그 주택에 관한 소유권을 취득하였다면, 설령 그 주택임차인이 1순위 근저당권자에게 무상거주확인서를 작성해 준 사실이 있어 임차보증금을 배당받지 못하게 되었다고 하더라도, 그러한 사정을 들어 주택의 인도를 구하는 매수인에게 주택임대차보호법상 대항력을 주장하는 것은 신의칙에 위반되어 허용될 수 없다.」(대판 2017. 4. 7, 2016다248431)

⑧ 「(취득)시효완성 후에 그 사실을 모르고 이 사건 토지에 관하여 어떠한 권리도 주장하지 않기로 하였다 하더라도 이에 반하여 시효주장을 하는 것은 특별한 사정이 없는 한 신의칙상 허용되지 않는다.」(대판 1998. 5. 22, 96다24101)

⑨ 「건물의 소유지분권을 매도한 사람은 그 매매의 이행으로서 매수인에 대하여 그 매도부분에 관한 점유이전의 의무를 지므로 특단의 사정이 없는 한 매도인이 점유·사용 중인 매수인에 대하여 그 매매부분을 명도하라고 청구하는 것은 신의성실의 원칙에 위배된다.」(대판 1999. 1. 15, 98다43953)

⑩ 「사용자로부터 해고된 근로자가 퇴직금 등을 수령하면서 아무런 이의의 유보나 조건을 제기하지 않았다면 해고의 효력을 인정하지 아니하고 이를 다투고 있었다고

볼 수 있는 객관적인 사정이 있다거나 그 외에 상당한 이유가 있는 상황 하에서 이를 수령하는 등의 특별한 사정이 없는 한 그 해고의 효력을 인정하였다고 할 것이고, 따라서 그로부터 오랜 기간이 지난 후에 그 해고의 효력을 다투는 소를 제기하는 것은 신의칙이나 금반언의 원칙에 위배되어 허용될 수 없다.」(대판 2000. 4. 25, 99다34475)

⑪ 갑이 하여야 할 연대보증을 그 부탁으로 을이 대신 한 경우, 갑이 그 연대보증채무를 대위변제하였다는 이유로 을에 대하여 구상권을 행사하는 것이 신의칙에 반한다고 본 사례(대판 2000. 5. 12, 99다38293).

⑫「건축회사가 상가를 건축하여 각 점포별로 업종을 지정하여 분양한 경우 그 수분양자나 점포에 관한 수분양자의 지위를 양수한 자는 특별한 사정이 없는 한 그 상가의 점포 입주자들에 대한 관계에서 상호간에 명시적이거나 또는 묵시적으로 분양계약에서 약정한 업종제한 등의 의무를 수인하기로 동의하였다고 봄이 상당하므로, 상호간의 업종제한에 관한 약정을 준수할 의무가 있고, 따라서 점포 수분양자나 그 지위를 양수한 자 등이 분양계약에서 정한 업종제한약정을 위반할 경우, 이로 인하여 영업상의 이익을 침해당할 처지에 있는 자는 침해배제를 위하여 동종 업종의 영업금지를 청구할 권리가 있으며, 일단 위와 같은 동의를 한 이후 나중에 이와 다른 명시적 의사표시나 행위를 하는 것은 신의칙에 위배되어 허용될 수 없다.」(대판 2002. 12. 27, 2002다45284)

⑬「단체협약 등 노사합의의 내용이 근로기준법의 강행규정을 위반하여 무효인 경우에, 그 무효를 주장하는 것이 신의칙에 위배되는 권리의 행사라는 이유로 이를 배척한다면 강행규정으로 정한 입법취지를 몰각시키는 결과가 될 것이므로, 그러한 주장이 신의칙에 위배된다고 볼 수 없음이 원칙이다. 그러나 노사합의의 내용이 근로기준법의 강행규정을 위반한다고 하여 그 노사합의의 무효 주장에 대하여 예외 없이 신의칙의 적용이 배제되는 것은 아니다(대법원 2001. 5. 29. 선고 2001다15422, 15439 판결 참조). 위에서 본 신의칙을 적용하기 위한 일반적인 요건을 갖춤은 물론 근로기준법의 강행규정성에도 불구하고 신의칙을 우선하여 적용하는 것을 수긍할 만한 특별한 사정이 있는 예외적인 경우에 한하여 그 노사합의의 무효를 주장하는 것은 신의칙에 위배되어 허용될 수 없다. …

앞서 본 바와 같은 방식의 임금협상 과정을 거쳐 이루어진 노사합의에서 정기상여금은 그 자체로 통상임금에 해당하지 아니한다고 오인한 나머지 정기상여금을 통상임금 산정기준에서 제외하기로 합의하고 이를 전제로 임금수준을 정한 경우, 근로자 측이 앞서 본 임금협상의 방법과 경위, 실질적인 목표와 결과 등은 도외시한 채 임금협상 당시 전혀 생각하지 못한 사유를 들어 정기상여금을 통상임금에 가산하고 이를 토대로 추가적인 법정수당의 지급을 구함으로써, 노사가 합의한 임금수준을 훨씬 초과하는 예상 외의 이익을 추구하고 그로 말미암아 사용자에게 예측하지 못한 새로운 재정적 부담을 지워 중대한 경영상의 어려움을 초래하거나 기업의 존립을 위태롭게 한다면, 이는 종국적으로 근로자 측에까지 그 피해가 미치게 되어 노사 어느 쪽에도 도움이 되지 않는 결과를 가져오므로 정의와 형평 관념에 비추어 신의에 현저히 반하고 도저히 용인될 수 없음이 분명하다. 그러므로 이와 같은 경우 근로자 측의 추가 법정수당 청구는 신의칙에 위배되어 받아들일 수 없다」(대판(전원) 2013. 12. 18, 2012다89399: 통상임금 사건)

대법원판결 중에는 위의 판결과 같은 취지로 판시한 뒤 다음과 같은 내용을 덧붙인 것도 있다. 「다만 근로관계를 규율하는 강행규정보다 신의칙을 우선하여 적용할 것인지를 판단할 때에는 근로조건의 최저기준을 정하여 근로자의 기본적 생활을 보장·향상시키고자 하는 근로기준법 등의 입법취지를 충분히 고려할 필요가 있다. 또한 기업을 경영하는 주체는 사용자이고, 기업의 경영 상황은 기업 내·외부의 여러 경제적·사회적 사정에 따라 수시로 변할 수 있으므로, 통상임금 재산정에 따른 근로자의 추가 법정수당 청구를 중대한 경영상의 어려움을 초래하거나 기업 존립을 위태롭게 한다는 이유로 배척한다면, 기업 경영에 따른 위험을 사실상 근로자에게 전가하는 결과가 초래될 수 있다. 따라서 근로자의 추가 법정수당 청구가 사용자에게 중대한 경영상의 어려움을 초래하거나 기업의 존립을 위태롭게 하여 신의칙에 위반되는지는 신중하고 엄격하게 판단하여야 한다.」(대판 2019. 2. 14, 2015다217287; 대판 2019. 4. 23, 2014다2780; 대판 2020. 8. 20, 2019다14110·14127·14134·14141) 그리고 거기에 「통상임금 재산정에 따른 근로자의 추가 법정수당 청구가 기업에 중대한 경영상의 어려움을 초래하거나 기업 존립을 위태롭게 하는지는 추가 법정수당의 규모, 추가 법정수당 지급으로 인한 실질임금 인상률, 통상임금 상승률, 기업의 당기순이익과 그 변동 추이, 동원 가능한 자금의 규모, 인건비 총액, 매출액, 기업의 계속성·수익성, 기업이 속한 산업계의 전체적인 동향 등 기업운영을 둘러싼 여러 사정을 종합적으로 고려해서 판단해야 한다. 기업이 일시적으로 경영상의 어려움에 처하더라도 사용자가 합리적이고 객관적으로 경영 예측을 하였다면 그러한 경영상태의 악화를 충분히 예견할 수 있었고 향후 경영상의 어려움을 극복할 가능성이 있는 경우에는 신의칙을 들어 근로자의 추가 법정수당 청구를 쉽게 배척해서는 안 된다.」는 점까지 부가한 판결도 있다(대판 2021. 12. 16, 2016다7975; 대판 2022. 4. 28, 2019다238053). 그런가 하면 전술한 전원합의체 판결의 취지에 이어서 「그러나 통상임금에서 제외하기로 하는 노사합의가 없는 임금에 대해서는 근로자가 이를 통상임금에 가산하고 이를 토대로 추가적인 법정수당의 지급을 청구하더라도 신의칙에 반한다고 볼 수 없다.」는 내용을 덧붙인 판결도 있다(대판 2021. 6. 10, 2017다52712).

⑭ 갑이 국방경비법 위반죄로 사형을 선고받아 형이 집행된 후 재심에서 무죄판결이 선고·확정되었고, 이에 을을 포함한 갑의 유족들이 국가를 상대로 위자료를 구하는 소를 제기하여 국가로부터 위자료를 지급받았으며, 을은 국가를 상대로 형사보상을 청구하여 국가로부터 형사보상금을 지급받았는데, 국가가 형사보상금 지급이 「형사보상 및 명예회복에 관한 법률」 제 6 조 제 2 항에 반하는 이중지급이라고 주장하며 을을 상대로 부당이득 반환을 구한 사안에서, 형사보상금을 이중지급이라는 이유로 반환하여야 한다면 국가의 손해배상 및 형사보상금 지급이 정당한 방식으로 운영된

다고 믿은 을의 신뢰를 저버리는 것이 되므로, 위 부당이득 반환청구는 신의성실의 원칙에 반하는 것으로서 허용될 수 없다고 한 사례(대판 2021. 11. 25, 2017다258381).

(ㄴ) 신의칙에 반하지 않는다고 한 예

① 대법원은 여러 판결에서 강행법규를 위반한 자가 무효를 주장하는 것은 특별한 사정이 없는 한 즉 원칙적으로 신의칙에 반하지 않는다고 하였다.

「강행법규인 국토이용관리법 제21조의 3 제 1 항, 제 7 항을 위반하였을 경우에 있어서 위반한 자 스스로가 무효를 주장함이 신의성실의 원칙에 위배되는 권리의 행사라는 이유로서 이를 배척한다면 위에서 본 국토이용관리법의 입법취지를 완전히 몰각시키는 결과가 되므로, 거래당사자 사이의 약정내용과 취득목적대로 관할관청에 토지거래허가 신청을 하였을 경우에 그 신청이 국토이용관리법 소정의 허가기준에 적합하여 허가를 받을 수 있었으나 다른 급박한 사정으로 이러한 절차를 회피하였다고 볼 만한 특단의 사정이 엿보이지 아니하는 한, 그러한 주장이 신의성실의 원칙에 반한다고는 할 수 없다.」(대판 1993. 12. 24, 93다44319 · 44326. 같은 취지: 대판 1997. 11. 11, 97다33218)

대법원은, 강행법규에 위반하여 무효인 수익보장약정이 투자신탁회사가 먼저 고객에게 제의를 함으로써 체결된 것이라고 하더라도, 이러한 경우에 강행법규를 위반한 투자신탁회사 스스로가 그 약정의 무효를 주장함이 신의칙에 위반되는 권리의 행사라는 이유로 그 주장을 배척한다면, 이는 오히려 강행법규에 의하여 배제하려는 결과를 실현시키는 셈이 되어 입법취지를 완전히 몰각하게 되므로, 달리 특별한 사정이 없는 한 위와 같은 주장이 신의성실의 원칙에 반하는 것이라고 할 수 없다고 한다(대판 1999. 3. 23, 99다4405).

「사립학교법 제28조 제 2 항, 법시행령 제12조가 학교법인이 학교교육에 직접 사용되는 학교법인의 재산 중 교지, 교사 등은 이를 매도하거나 담보에 제공할 수 없다고 규정한 것은 사립학교의 존립 및 목적 수행에 필수적인 교육시설을 보전함으로써 사립학교의 건전한 발달을 도모하는 데 그 목적이 있는 것이라고 해석되는바, 강행법규인 법 제28조 제 2 항을 위반한 경우에 위반한 자 스스로가 무효를 주장함이 권리남용 내지 신의성실 원칙에 위배되는 권리의 행사라는 이유로 배척된다면 위와 같은 입법취지를 완전히 몰각시키는 결과가 되므로, 명목상으로만 학교법인에 직접 사용되는 재산으로 되어 있을 뿐 실제로는 학교교육에 직접 사용되는 시설 · 설비 및 교재 · 교구 등이 아니거나 학교 자체가 형해화되어 사실상 교육시설로 볼 수 없는 경우와 같은 특별한 사정이 있다면 매도나 담보제공을 무효라고 주장하는 것은 법규정의 취지에 반하는 것이므로 신의성실 원칙에 반하거나 권리남용이라고 볼 것이지만 그와 같은 특별한 사정이 없이 사립학교 경영자가 매도나 담보제공이 무효라는 사실을 알고서 매도나 담보제공을 하였다고 하더라도 매도나 담보제공을 금한 관련 법규정의 입법취지에 비추어 강행규정 위배로 인한 무효주장을 신의성실 원칙에 반하거나 권리남용이라고 볼 것은 아니다.」(대판 2000. 6. 9, 99다70860)

「노동조합 및 노동관계조정법 제31조 제 1 항이 단체협약은 서면으로 작성하여 당사자 쌍방이 서명날인하여야 한다고 규정하고 있는 취지는 단체협약의 내용을 명확히 함으로써 장래 그 내용을 둘러싼 분쟁을 방지하고 아울러 체결당사자 및 그의 최종적 의사를 확인함으로써 단체협약의 진정성을 확보하기 위한 것이므로, 강행규정인 위 규정에 위반된 단체협약의 무효를 주장하는 것이 신의칙에 위배되는 권리의 행사라는 이유로 이를 배척한다면 위와 같은 입법취지를 완전히 몰각시키는 결과가 될 것이므로 특별한 사정이 없는 한 그러한 주장이 신의칙에 위반된다고 볼 수 없다.」(대판 2001. 5. 29, 2001다15422 · 15439)

「(강행법규인 상법 731조 1항을 위반하여: 저자 주) 피보험자의 서면 동의 없이 타인의 신체 상해를 보험사고로 하는 보험계약을 체결한 사람 스스로 보험계약의 무효를 주장하는 것이 신의성실의 원칙 또는 금반언의 원칙에 위반되는 권리 행사라는 이유로 이를 배척한다면 위와 같은 입법취지를 완전히 몰각시키는 결과가 초래되므로, 특단의 사정이 없는 한 그러한 주장이 신의성실 또는 금반언의 원칙에 반한다고 볼 수 없다.」(대판 2024. 11. 14, 2024다238392)

② 학교법인의 이사회가 소집권자에 의해 소집된 것도 아니고 소집권자를 포함한 이사 전원의 동의에 의한 것이 아니라면 그 이사회의 결의가 사실상 이사 전원의 의사에 일치한다 하더라도 적법하다 할 수 없고 위와 같은 이사회에 참석하여 그 결의에 적극가담하고 문교당국의 인가를 받아 학교법인을 운영해 온 자라 할지라도 이사회결의 부존재 또는 무효주장이 반드시 신의성실이나 금반언의 원칙에 반하는 것은 아니다(대판 1978. 8. 22, 76다1747).

③ 「상속인 중의 1인이 피상속인의 생존시에 피상속인에 대하여 상속을 포기하기로 약정하였다고 하더라도, 상속개시 후 민법이 정하는 절차와 방식에 따라 상속포기를 하지 아니한 이상, 상속개시 후에 자신의 상속권을 주장하는 것은 정당한 권리행사로서 권리남용에 해당하거나 또는 신의칙에 반하는 권리의 행사라고 할 수 없다.」(대판 1998. 7. 24, 98다9021)

④ 다수의 다른 채권자들이 제 3 채무자를 상대로 추심금 청구소송 등을 제기하고 있는 사실을 알고 있는 전부채권자가 제 3 채무자로부터 소를 제기하여 다른 채권자들과 같은 기회에 배당받을 것을 권유받았음에도 불구하고 아무런 조치를 취하지 않고 있다가, 다른 채권자들이 제기한 소송이 모두 법원의 조정에 갈음하는 결정으로 확정되어 제 3 채무자가 다른 채권자들에게 전부채권 전액에 상당하는 조정금액을 전부 지급한 후 비로소 자신의 채권의 지급을 구하는 것이 신의성실의 원칙에 반하지 않는다(대판 2001. 7. 13, 2000다5909).

⑤ 「채권자가 주채무자인 회사의 다른 주주들이나 임원들에 대하여는 회사의 채무에 대하여 연대보증을 요구하지 아니하였고, 오로지 대표이사의 처이고 회사의 감사라는 지위에 있었다는 이유만으로 그 회사의 주주도 아닌 자에게만 연대보증을 요구하여 그가 연대보증을 하게 되었다 하더라도, 그 연대보증계약을 들어 신의성실의

원칙 내지 헌법상의 재산권 및 평등의 원칙 또는 경제와 형평의 원칙 등에 위반된다고 볼 수는 없다.」(대판 2002. 4. 12, 2000다43352)

⑥ 대판 2006. 9. 22, 2004다51627([98] 참조).

⑦ 피보험자의 서면동의 없이 체결된 타인의 사망을 보험사고로 하는 생명보험계약의 보험자가 수년간 보험료를 수령하거나 종전에 그 생명보험계약에 따라 입원급여금을 지급한 경우에도 위 생명보험계약의 무효를 주장하는 것이 신의성실의 원칙 등에 위반하지 않는다고 본 사례(대판 2006. 9. 22, 2004다56677).

⑧ 동일한 건물에 대하여 이중으로 소유권보존등기를 한 원고가 위 보존등기가 유효하다고 하여 이를 믿은 피고와 사이에 근저당권설정계약을 체결하고 그 등기를 경료케 한 경우에 위 이중의 소유권보존등기는 무효로서 말소되어야 할 운명인 이상 위 무효인 보존등기에 기한 근저당권설정등기가 원고에 대하여는 무효가 아니라고 볼 수 없음이 명백하므로 위 근저당권설정등기를 원고가 유발하였다 하더라도 동 등기가 무효라는 원고의 주장을 금반언의 원칙과 신의성실의 원칙에 반한다고 할 수 없다(대판 1968. 4. 24, 68다219).

⑨ 「근로자에 대한 전보나 전직은 원칙적으로 인사권자인 사용자의 권한에 속하므로 업무상 필요한 범위 내에서는 사용자는 상당한 재량을 가지며 그것이 근로기준법에 위반되거나 권리남용에 해당되는 등의 특별한 사정이 없는 한 유효하다 할 것이고, 전보처분 등이 권리남용에 해당하는지 여부는 전보처분 등의 업무상의 필요성과 전보 등에 따른 근로자의 생활상의 불이익을 비교·교량하여 결정되어야 할 것이고, 업무상의 필요에 의한 전보 등에 따른 생활상의 불이익이 근로자가 통상 감수하여야 할 정도를 현저하게 벗어난 것이 아니라면 이는 정당한 인사권의 범위 내에 속하는 것으로서 권리남용에 해당하지 않는다 할 것이다.」(대판 1995. 10. 13, 94다52928)

[54] **3) 실효의 원칙** 일반적으로 실효의 원칙이라 함은 권리자가 그의 권리를 오랫동안 행사하지 않았기 때문에 상대방이 이제는 더 이상 권리의 행사가 없으리라고 믿은 경우에 그 후에 하는 권리행사는 허용되지 않는다는 원칙을 말한다. 실효의 원칙에 대하여는 i) 모순행위 금지의 원칙의 하나의 적용(주해(1), 143면(양창수)) 또는 특칙(백태승, 100면)이라는 견해, ii) 권리남용 금지의 원칙의 하나의 내용이라는 견해(곽윤직, 63면; 김학동, 72면·73면), iii) 모순행위 금지의 원칙으로부터 도출해낼 수 있다고 하면서 또한 권리남용의 한 적용례라는 견해(이영준, 85면·789면)가 대립되고 있다. 이 논의는 실익은 없는 것이나, 굳이 논한다면 일반적인 권리남용 금지의 명문규정이 없는 독일민법에서와 달리 우리 법상은 ii)설에 의하여 설명하는 것이 내용적으로 가장 적절하다.

실효의 원칙에 대하여 우리 문헌들은 모두 이를 인정하고 있다.

그리고 판례는 1988년 이래 이 원칙을 인정하고 있다. 그런데 판례 중에는 이 원칙이 「권리자가 장기간(또는 상당한 기간) 권리를 행사하지 않음에 따라 상대방이 이제는 권리를 행사하지 않을 것으로 신뢰할 만한 정당한 기대를 가지게 된 경우에 새삼스럽게 권리자가 그 권리를 행사하는 것이 신의칙에 반하여 허용되지 않을 때」에 인정된다고 하는 것이 있는가 하면(대판 1993. 8. 24, 92므907; 대판 1995. 2. 10, 94다31624 등), 「권리행사의 기회가 있어서 이를 현실적으로 기대할 수가 있었음에도 불구하고 행사하지 아니하여 상대방으로서는 이제는 권리자가 권리를 행사하지 않을 것으로 신뢰할 만한 정당한 기대를 가지게 된 다음에 새삼스럽게 권리를 행사하는 것이 신의칙에 반한 때」에 인정된다고 하는 것도 있고(대판 1988. 4. 27, 87누915; 대판 1992. 5. 26, 92다3670 등), 행사기회가 있었다는 것과 장기간의 불행사를 모두 언급한 것도 있다(대판 1992. 1. 21, 91다30118; 대판 2004. 3. 26, 2001다72081; 대판 2005. 7. 15, 2003다46963; 대판 2005. 10. 28, 2005다45827). 그러고 보면 판례는 ① 권리자가 권리를 장기간(또는 상당기간) 행사하지 않아 상대방이 권리불행사를 신뢰하게 된 경우, ② 권리행사의 기회가 있어서 그것을 기대할 수 있었는데도 행사하지 않아 상대방이 이를 신뢰하게 된 경우, ③ 위 ①②의 요건을 모두 갖춘 경우 등 세 가지 전부에 대하여 실효를 인정하는 태도를 취하고 있다. 구체적으로는 1년 4개월 전에 발생한 해제권을 장기간 행사하지 않고 오히려 잔금채무의 이행을 최고한 경우(대판 1994. 11. 25, 94다12234), 근로자들이 면직된 후 퇴직금을 청구하여 아무런 이의나 조건의 유보 없이 수령하였고 그로부터 9년 후 해직공무원보상법에 따라 보상금까지 수령하고서 면직처분 무효확인의 소를 제기한 경우(대판 1992. 12. 11, 92다23285 등), 해고된 근로자가 퇴직금을 이의 없이 수령하고 그로부터 상당한 기간이 경과된 후에 해고무효의 소를 제기한 경우(대판 1993. 12. 28, 92다34858; 대판 1996. 11. 26, 95다49004; 대판 2005. 10. 28, 2005다45827. 그러나 반대의 사정이 엿보이는 때에는 예외를 인정한다(대판 1996. 3. 8, 95다51847; 대판 2003. 10. 10, 2001다76229; 대판 2005. 11. 25, 2005다38270 참조))에 실효를 인정하였다. 그에 비하여 소유권 내지 소유자의 실효인정에는 신중한 태도를 보이고 있다(대판 1995. 11. 7, 94다31914; 대판 2002. 1. 8, 2001다60019 등). 그 밖에 인지청구권에는 실효의 원칙이 적용되지 않는다고 한다(대판 2001. 11. 27, 2001므1353).

〈판　례〉

「실효의 원칙이라 함은 권리자가 장기간에 걸쳐 그 권리를 행사하지 아니함에 따라 그 의무자인 상대방이 더 이상 권리자가 그 권리를 행사하지 아니할 것으로 신뢰할 만한 정당한 기대를 가지게 되는 경우에 새삼스럽게 권리자가 그 권리를 행사하는 것은 법질서 전체를 지배하는 신의성실의 원칙에 위반되어 허용되지 않는다는 것을 의미하는 것으로(대법원 1994. 6. 28. 선고 93다26212 판결 참조), 이 사건 각 토지의 소유권을 취득하기 이전의 종전 토지 소유자들이 자신들의 권리를 행사하지 아니하였다는 사정은 그 토지의 소유권을 적법하게 취득한 원고들에게 권리의 실효 원칙을 적용함에 있어서 고려하여야 할 것은 아니라 할 것」이다(송전선이 토지 위를 통과하고 있다는 점을 알고서 토지를 취득하였다고 하여 그 취득자가 그 소유 토지에 대한 소유권의 행사가 제한된 상태를 용인하였다고 할 수 없으므로, 그 취득자의 송전선 철거 청구 등 권리행사가 신의성실의 원칙에 반하지 않는다고 본 사례)(대판 1995. 8. 25, 94다27069).

생각건대 실효의 원칙은 우리 법상 신의칙에 기하여 인정될 수 있고, 또 인정되어야 한다. 그리고 그 원칙은 권리행사의 기회가 있었는데 행사하지 않았거나 장기간 행사하지 않아서 상대방에게 권리가 행사되지 않으리라는 정당한 기대가 생긴 경우에 적용된다고 하여야 한다. 그리하여 반드시 권리의 장기간의 불행사가 필요하다고 할 것은 아니다. 또한 장기간의 불행사가 있었다고 하여 당연히 실효가 인정되지도 않는다고 하여야 한다.

[55] (6) 신의칙의 적용에 있어서 유의할 점

신의칙은 민법 전체에 걸쳐 매우 여러 가지의 기능을 수행하고 있는 중요한 원칙이다. 그럼에도 불구하고 그 구체적 내용은 확정되어 있지 않다. 그 때문에 자칫 법률의 해석에 의하여 달성하기 어려운 문제가 생기면 곧바로 신의칙으로 달려갈 위험이 도사리고 있다. 학자들이 신의칙의 남용을 우려하는 이유가 여기에 있다(이른바 일반조항에의 도피). 이러한 지적은 깊이 새겨야 할 것이다. 그리하여 신의칙의 이름으로 감정에 의하여 법과 배치되는 판단을 하지 않도록 하여야 한다. 신의칙은 현재의 법으로서는 도저히 용인할 수 없는 경우에, 그것도 그럴만한 정당한 이유가 있는 때에 한하여 고려하여야 한다.

그러나 다른 한편으로 구체적인 법률규정에 의하여 해결할 수 없으면 신의칙을 애써 외면하고 곧바로 손을 들어버리는 태도도 민법에 합당하지 않다. 민법은 앞부분에서 일반적인 사용을 위하여 신의칙을 규정하고 있다. 따라서 신의칙을 엄격한 요건 하에 사용하되, 그 사용에 있어서는 적극성을 보여야 한다. 일반조항에의 도피라는 비난이 무서워 지레 당사자의 보호를 포기하는 것은 법률가의 올바른 자세가 아니다.

판례는, 국가의 소멸시효 완성 주장(대판 2005. 5. 13, 2004다71881), 특정채무를 보증하는 일반 보증의 경우에 채권자의 권리행사(대판 2004. 1. 27, 2003다45410), 근저당권자가 임차인이 주민등록상 주소가 등기부상 표시와 다르다는 이유로 임대차의 대항력을 부정하는 주장(대판 2008. 2. 14, 2007다33224)이 신의칙에 비추어 용납할 수 없는 경우에는, 그 주장을 예외적으로 배척할 수 있으나, 그것은 자칫하면 법적 안정성(위 둘째 판결에서는 법적 안정성과 함께 사적 자치의 원칙도 들고 있음)을 해할 수 있으므로 그 적용에 있어서 신중을 기할 것이라고 한다(대판 2015. 10. 15, 2012다64253도 같은 취지임). 그런가 하면, 유효하게 성립한 계약상의 책임을 공평의 이념 또는 신의칙과 같은 일반원칙에 의하여 제한하는 것은 사적 자치의 원칙이나 법적 안정성에 대한 중대한 위협이 될 수 있으므로, 채권자가 유효하게 성립한 계약에 따른 급부의 이행을 청구하는 때에 법원이 그 급부의 일부를 감축하는 것은 원칙적으로 허용되지 않는다고 한다(대판 2016. 12. 1, 2016다240543. 전단에 관하여 같은 취지: 대판 2015. 10. 15, 2012다64253; 대판 2024. 4. 4, 2022다239131 · 239148 등).

3. 권리남용 금지의 원칙 [56]

(1) 의 의

권리남용 금지의 원칙이란 권리행사가 신의칙에 반하는 경우에는 권리남용이 되어 정당한 권리의 행사로서 인정되지 않는다는 원칙이다. 민법은 이 원칙을 제 2 조 제 2 항에서 명문으로 규정하고 있다. 권리남용 금지의 원칙은 신의칙의 하부원칙이라고 보아야 한다.

(2) 연 혁

로마법이나 근대 초기에는 권리행사의 자유가 인정되었다. 그것은 「자기의 권리를 행사하는 자는 누구에 대하여도 불법(不法)을 행하는 것이 아니다」라는 법언으로 표시되었다. 그런데 프랑스에서 먼저 이에 대한 반성이 있게 되었고, 권리남용 금지의 원칙이 판례를 통하여 형성되어 갔다. 그리고 독일민법은 「오직 타인을 해할 목적으로만 권리를 행사하는 행위」인 쉬카네(Schikane)를 금지하는 규정을 명문화하였다(같은 법 226조). 그 후 스위스민법은 처음으로 권리자의 가해목적이라는 주관적 요소를 요건으로 하지 않고 완전히 객관적인 모습으로 권리남용 금지를 규정하게 된다(같은 법 2조 2항). 즉 스위스민법은 「권리의 명백한 남용은 법의 보호를 받지 못한다」고 규정하였다. 우리 민법 제 2 조 제 2 항은 이러한 스위스민법을 본받은 것이다. 일본민법도 1947년 개정시 유사한 규정을 신설하였다(같은 법 1조 3항).

(3) 법적 성격

권리남용 금지의 원칙의 법적 성격은 신의칙에 대한 것이 거의 그대로 타당하다. 그리하여 그것은 3대원리의 제약원리이다. 그리고 제 2 조 제 2 항은 요건(및 효과)이 구체화되어 있지 않은 백지규정이다. 또한 재판규범이면서 행위규범이다. 그리고 강행규정이다(판례도 같은 태도이다. 대판 1989. 9. 29, 88다카17181). 마지막으로 그 원칙은 비록 물권법에서 발전하였지만 민법의 모든 영역에 걸쳐 널리 적용된다. 즉 물권법 외에 채권법이나 가족법에도 적용된다. 판례도 중혼의 취소나 친권행사와 같은 가족법상의 권리행사를 권리남용으로 인정한 바 있다(대판 1993. 8. 24, 92므907; 대판 1997. 1. 24, 96다43928). 물론 실효성이 가장 큰 분야는 물권법이다.

[57] (4) 권리남용의 요건

권리남용이란 신의칙에 반하는 권리행사를 말한다. 이러한 권리남용이 되기 위하여 갖추어야 하는 요건은 무엇인가? 앞서 언급한 바와 같이, 민법 제 2 조 제 2 항은 권리남용의 요건과 효과를 규정하고 있지 않다. 그것은 학설 · 판례에 맡겨져 있는 셈이다. 그런데 그 요건과 효과는 행사되는 권리가 어떤 것인가에 따라 다르다. 그리하여 일률적으로 설명할 수 없으나, 일반적인 요건으로 몇 가지를 들 수는 있다.

1) 권리행사 권리남용이 되려면 그 당연한 전제로서 권리행사라고 볼 수 있는 행위가 있어야 한다. 문헌들은, 여기에서 권리라 함은 엄격한 의미의 권리만을 의미하는 것이 아니고 넓은 의미의 법적 지위도 포함된다고 한다(김학동, 81면; 이영준, 85면; 이은영, 88면 등). 그러면서 가령 법인의 권리주체성을 악용하여 채무를 면탈할 목적으로 형해법인(形骸法人. 형체뿐인 법인)의 법인격을 주장하는 것(법인격남용이론)도 권리남용에 포함된다고 한다(대판 2008. 9. 11, 2007다90982도 참조). 생각건대 권리 개념을 엄격하게 파악하지 않는 이러한 견해의 태도는 바람직하다. 권리남용 금지가 민법의 일반원칙으로 되어 있는 우리 민법상 물권법에 머물러 있을 때와는 다르게 파악하는 것이 마땅하기 때문이다. 그러나 법적 지위 주장만을 포함시키는 것으로는 충분치 않다. 계약의 효력(유효성)을 주장하는 행위와 같은 것도 권리행사에 해당한다고 하여야 한다. 그 결과 예컨대 신체침해에 있어서 합의 후 후발손해가 발생한 경우, 대리권(대표권)이 남용된 경우, 표의자의 동기의 착오를 상대방이 악용한 경우 등

에 있어서, 합의 내지 법률행위의 효력을 주장하는 것도 권리남용으로 인정될 수 있다(다른 견해도 있음을 주의할 것). 결국 여기서 권리행사라고 하는 것은 널리 법적 효과를 주장하는 모든 행위를 가리킨다.

이 요건과 관련하여 권리의 불행사도 남용으로 될 수 있는지가 문제된다. 여기에 관하여는 학설은 i) 불성실한 불행사는 남용이 되며, 그 효과로서 실효를 생각할 수 있다는 견해(곽윤직, 65면; 김상용, 125면; 김학동, 81면; 이은영, 88면. 그런데 이영준, 85면은 이렇게 주장하면서, 791면에서는 전의 권리불행사가 아니고 후의 권리행사가 신의칙에 반한다고 한다)와, ii) 친권을 제외하고는 권리남용 사례가 없다는 견해(주해(1), 191면(윤용섭))로 나뉘어 대립하고 있다. 생각건대 권리는 권리자를 위한 것이므로 권리의 불행사가 남용으로 될 수는 없다고 하겠다. 그런 점에서 ii)설이 이해가 된다. 그러나 권리를 불성실하게 불행사하고 나서 권리행사를 하면 뒤의 권리행사는 남용으로 될 수 있다. 그때에는 선행행위에 모순되는 행위이거나 실효의 요건을 갖추게 될 수도 있기 때문이다. i)설은 아마도 그러한 견해가 아닌가 싶다(이영준, 791면 참조). 만약 그렇다면 i)설도 옳다. 그러나 그 견해라면 불행사 자체가 남용으로 되는 듯한 설명은 하지 않았어야 한다. 요컨대 친권 등을 제외하고는 불성실한 불행사 자체가 남용으로 되지는 않으나, 불행사 후의 권리행사가 남용으로 될 수는 있다.

2) 신의칙 위반 권리남용으로 되려면 권리행사 행위가 신의칙에 반하여야 한다. 이는 사회질서 위반, 정당한 이익의 흠결, 이익의 현저한 불균형, 권리의 경제적·사회적 목적에의 위반, 사회적 이익의 균형의 파괴 등 여러 가지로 표현되기도 한다. 그러나 어느 것이든 매우 추상적인 기준이어서, 권리남용으로 되는지 여부는 구체적인 경우에 개별적으로 모든 사정을 참작하여 그러한 사정 위에서 권리행사를 하는 것이 신의칙에 비추어 허용되어야 하는지를 판단하여야 한다.

〈판 례〉

「신의성실의 원칙은 법률관계의 당사자는 상대방의 이익을 배려하여 형평에 어긋나거나, 신뢰를 저버리는 내용 또는 방법으로 권리를 행사하거나 의무를 이행하여서는 아니된다는 추상적 규범으로서, 신의성실의 원칙에 위배된다는 이유로 그 권리의 행사를 부정하기 위하여는 상대방에게 신의를 공여하였다거나, 객관적으로 보아 상대방이 신의를 가짐이 정당한 상태에 있어야 하고, 이러한 상대방의 신의에 반하여 권리를 행사하는 것이 정의관념에 비추어 용인될 수 없는 정도의 상태에 이르러야 하며, 또한 특별한 사정이 없는 한, 법령에 위반되어 무효임을 알고서도 그 법률행위를 한 자가 강행법규 위반을 이유로 무효를 주장한다 하여 신의칙 또는 금반언의 원칙에 반하거나 권리남용에 해당한다고 볼 수는 없다(대법원 1999. 3. 23. 선고 99다4405 판결, 2001. 5. 15. 선고 99다53490 판결 등 참조).」(대판 2002. 3. 15, 2001다67126. 같은 취지: 대판 2003. 4. 22, 2003다2390 · 2406; 대판 2003. 8. 22, 2003다19961; 대판 2004. 6. 11, 2003다1601; 대판 2006. 6. 29, 2005다11602 · 11619 등)

[58] 3) 주관적 요건이 필요한지 여부

(가) **학 설** 민법 제 2 조 제 2 항은 권리남용 금지를 일반적 · 객관적으로 규정하여 쉬카네의 금지에서와 같은 주관적인 요소는 요건으로 하지 않고 있다. 그리하여 학자들은 대부분 가해의 의사나 목적은 권리남용의 요건이 아니라고 한다(곽윤직, 66면 · 67면; 이영준, 87면 등). 그러나 원칙적으로 가해목적이라는 주관적 요건이 요구된다는 견해(지원림, 54면)도 소수설로 주장되고 있다.

(나) **판 례** 이 문제에 관한 판례의 태도는 어떤가?

이에 대하여 기술하기 전에 먼저 권리남용의 요건에 관한 판례를 개괄적으로 살펴보기로 한다. 대법원이 권리남용인지 여부를 판단한 사안은 크게 두 부류로 나누어진다. 그 하나는 「권리남용의 요건」을 명시적으로 기술하는 경우이고, 다른 하나는 어떤 권리행사가 신의칙 등에 반하여 권리남용으로 되는지만을 언급하는 경우이다. 이는 아마도 본래의 권리남용 금지 영역(즉 물권법 분야)과 신의칙에 의한 금지 영역(기타 분야)에 의한 구분인 듯하다.

어쨌든 이 가운데 전자에 있어서는 권리남용의 요건으로 가해의 의사라는 주관적인 요건을 제시한다. 그러면서 몇 개의 예에서는 주관적 요건만으로 충분한 것으로 하고 있으며(대판 1959. 10. 29, 4292민상352; 대판 1962. 9. 27, 62다424; 대판 1973. 8. 31, 73다91; 대판 1980. 5. 27, 80다484), 주관적 요건이 갖추어지거나 객관적 요건이 갖추어지면 남용이 된다고 한 것도 있고(대판 1962. 3. 22, 61다1392; 대판 1964. 7. 14, 64아4; 대판 1983. 10. 11, 83다카335; 대판 1991. 10. 25, 91다27273; 대판 1993. 8. 24, 92므907)(대판 2021. 11. 11, 2020다254280은 권리 행사자에게 아무런 이익이 없는데도 상대방을 괴롭히기 위해 권리를 행사하거나 권리 행사에 따른 이익과 손해를 비교하여 권리 행사가 사회 관념에 비추어 도저히 허용할 수 없는 정도로 막대한 손해를 상대방에게 입히게 한다거나 권리 행사로 말미암아 사회질서와 신의성실의 원칙에 반하는 결과를 초래하는 경우에 권리남용이 된다고 함), 드물게는 객관적 요건만 요구하고 있다(대판 1961. 10. 19, 4293민상204). 그러나 이들은 비교적 오래된 것들이고 과거부터 최근에 이르기까지 다수의 판결에서는 주관적 요건과 함께 객관적 요건도 요구하고 있다(대판 1962. 3. 8, 4294민상934; 대판 1987. 3. 10, 86다카2472; 대판 1988. 6. 28, 87다카2699; 대판 1993. 5. 14, 93다4366; 대판 1998. 6. 26, 97다42823; 대판 2002. 9. 4, 2002다22083 · 22090; 대판 2003. 2. 14, 2002다62319 · 62326; 대판 2005. 3. 25, 2003다5498; 대판 2010. 2. 25, 2009다58173; 대판 2012. 6. 14, 2012다20819; 대판 2021. 10. 14, 2021다242154; 대판 2023. 3. 13, 2022다293999; 대판 2023. 6. 15, 2017다46274; 대판 2023. 6. 15, 2018다41986; 대판 2023. 9. 14, 2023다214108 등 매우 많음). 그런데 이들 판결에서는 그 대부분의 것에서 토지소유자의 소유권행사가 권리남용으로 되는지가 다투어졌다. 다만, 하나의 판결에서 중혼 취소가 남용인지에 관하여 판단하였고(대판 1993. 8. 24, 92므907), 다른 하나의 판결(앞의 1988. 6. 28 의 판결)에서는 건물임대인의 임대차계약의 해지가 문제되었으며(여기서도 실질적으로는 소유권의 행사가 문제된 셈이다), 최근의 두 판결(앞의 2023. 6. 15. 선고한 판결들)에서는 소 제기가 권리남용인지 다투어졌다. 그리고 근래의 판결 가운데에는 「토지소유자가 그 토지의 소유권을 행사하는 것이 권리남용에 해당한다고 할 수 있으려면」 주관적 · 객관적 요건이 필요하다고 특별히 제한적으로 판시하는 것도 있다(대판 1988. 12. 27, 87다카2911; 대판 1994. 11. 22, 94다5458). 그 밖에 상계권(대판 2003. 4. 11, 2002다59481) 또는 상표권 행사가 권리남용이 되기 위하여 주관적 요건이 반드시 필요한 것은 아니라고 한다(대판 2007. 1. 25, 2005다67223).

이들을 종합하여 판단하면, 우리 판례가 가해의 의사라는 주관적 요건을 필요로 하는 것은 — 적은 예외가 있기는 하지만 — 토지소유권 행사에 한정되어 있다고 할 수 있다. 그것은 토지소유권의 행사를 원칙적으로 제한하지 않으려는 의도에서일 것이다. 그런데 근래 몇몇 판결에서는 그 경우에 있어서도 「주관적 요건은 권리자의 정당한 이익을 결여한 권리행사로 보여지는 객관적인 사정에 의하여 추인할 수 있다」고 하여(대판 1993. 5. 14, 93다4366; 대판 1998. 6. 26, 97다42823; 대판 2003. 11. 27, 2003다40422; 대판 2005. 3. 24, 2004다71522 · 71539; 대판 2012. 6. 14, 2012다20819; 대판 2021. 10. 14, 2021다242154; 대판 2023. 3. 13, 2022다293999; 대판 2023. 9. 14, 2023다214108) 주관적 요건의 완화를 시도하고 있다.

한편 권리남용 요건을 명시하지 않는 경우에는 주관적 요건을 의식하지 않고 거의 객관적 요건만으로 남용 여부를 판단하고 있다.

〈판 례〉

(ㄱ) 「권리행사가 권리의 남용에 해당한다고 할 수 있으려면, 주관적으로 그 권리행사의 목적이 오직 상대방에게 고통을 주고 손해를 입히려는 데 있을 뿐 행사하는 사람에게 아무런 이익이 없는 경우이어야 하고, 객관적으로는 그 권리행사가 사회질서에 위반된다고 볼 수 있어야 하는 것이며, 이와 같은 경우에 해당하지 않는 한 비록 그 권리의 행사에 의하여 권리행사자가 얻는 이익보다 상대방이 잃을 손해가 현저히 크다 하여도 그러한 사정만으로는 이를 권리남용이라 할 수 없고, 어느 권리행사가 권리남용이 되는가의 여부는 각 개별적이고 구체적인 사안에 따라 판단되어야 한다.」(대판 2003. 2. 14, 2002다62319 · 62326)

(ㄴ) 「어떤 토지가 그 개설경위를 불문하고 일반 공중의 통행에 공용되는 도로, 즉 공로가 되면 그 부지의 소유권 행사는 제약을 받게 되며, 이는 소유자가 수인하여야만 하는 재산권의 사회적 제약에 해당한다. 따라서 공로 부지의 소유자가 이를 점유 · 관리하는 지방자치단체를 상대로 공로로 제공된 도로의 철거, 점유 이전 또는 통행금지를 청구하는 것은 법질서상 원칙적으로 허용될 수 없는 '권리남용'이라고 보아야 한다(대법원 2021. 3. 11. 선고 2020다229239 판결, 대법원 2021. 10. 14. 선고 2021다242154 판결 등 참조). 그 경우 특별한 사정이 없는 한 그 도로

지하 부분에 매설된 시설에 대한 철거 등 청구도 '권리남용'이라고 봄이 상당하다.」(대판 2023. 9. 14, 2023다214108)

(다) **사 견** 생각건대 권리남용에 가해의 의사와 같은 주관적 요건을 요구하는 것은 앞서 본 권리남용 금지 원칙의 연혁에 비추어 볼 때 우리 민법과 맞지 않는다. 또한 그러한 요건을 요구한다고 하더라도 실제로 그러한 요건을 증명하기는 대단히 곤란하여 실효성도 거의 없다. 결국 가해의 의사 등의 주관적 요건은 권리남용의 요건이 아니라고 할 것이다. 그런 점에서 판례의 근래의 태도 변화는 긍정적이다. 그러나 그 요건으로부터 완전히 벗어나야 한다. 주의할 것은, 가해의 의사가 요건이 아니라는 것은 그것을 갖추지 않아도 남용으로 될 수 있다는 의미이지, 그것이 없어야 한다는 뜻은 아니다. 가해의 의사가 있을 경우에는 권리남용으로 되기가 더욱 쉬울 것이다.

4) **기 타** 권리를 행사하는 자의 고의 · 과실도 요건이 아니다(같은 취지: 김학동, 82면). 그리고 위법성도 요건이 아니라고 하여야 한다(반대: 백태승, 108면).

[59] **(5) 권리남용의 효과**

권리행사가 남용으로 인정되면 권리행사의 효과가 발생하지 않는다. 그런데 남용의 구체적인 효과는 권리의 종류와 남용으로 인한 결과에 따라 다르다. 일반적으로 말한다면, ① 행사되는 권리가 청구권이면 법은 그것의 실현을 도와주지 않는다. ② 형성권의 행사가 남용인 경우에는 본래 발생하여야 할 효과가 생기지 않는다. ③ 남용으로 인하여 타인에게 손해가 발생하면 손해배상책임을 지게 되며, 다른 한편으로 권리행사의 정지 · 장래에의 예방 · 손해배상의 담보도 청구할 수 있다. ④ 계약의 효력 주장이 남용인 경우에는 계약의 효력이 생기지 않는다. ⑤ 경우에 따라서는 남용된 권리의 박탈도 생각할 수 있다. 그러나 이는 친권(924조 1항)과 같이 법률에 규정이 있는 때에 한하여 고려할 수 있을 뿐이다. 왜냐하면 권리남용 금지는 권리 자체의 제한이 아니고 권리행사의 제한에 지나지 않기 때문이다. 우리 판례는 8세 4개월된 원고의 친권자인 모가 원고의 유일한 재산을 타인에게 증여한 행위는 친권남용행위라고 하면서, 친권이 상실되어야 하는 것은 아니라고 하여, 명문규정이 있는 경우에도 신중한 자세를 보인다(대판 1997. 1. 24, 96다43928).

(6) 권리남용 금지 원칙 적용시 주의할 점

권리남용 금지의 원칙은 그 적용에 있어서 매우 신중하여야 한다. 만일 이를 지나치게 넓게 적용하고 권리남용을 너무 쉽게 인정하면 권리 자체를 부인하는 결과를 가져오기 때문이다. 따라서 신의칙의 적용에서와 달리 적극적인 개입과 금지는 바람직하지 않다.

Ⅳ. 의무의 이행

의무의 이행이란 의무자가 의무의 내용을 실현하는 행위를 하는 것을 말한다. 그것은 의무의 내용에 따라 작위행위일 수도 있고 부작위행위일 수도 있다. 예컨대 금전채무에 있어서는 금전지급행위가, 건축을 하지 않기로 한 채무에서는 건축을 하지 않는 부작위행위가 의무이행이다. 의무이행은 부작위채무에 있어서처럼 의무자가 권리자의 협력 없이 할 수 있는 경우도 있으나, 권리자의 협력을 필요로 하는 때가 많다.

의무의 이행은 의무를 발생시킨 계약 또는 법률규정에 맞게 하여야 한다. 그뿐만 아니라 신의에 좇아 성실하게 하여야 한다(2조 1항). 의무의 이행이 신의칙에 반하는 경우에는 의무의 이행으로 되지 않으며, 채무불이행 기타 위법행위로 되어 의무자에게 불이익을 발생시킨다. 어떠한 의무이행이 신의칙에 반하는가는 권리행사에 있어서와 마찬가지로 구체적인 경우에 개별적으로 판단되어야 한다.

제6절 권리의 보호

Ⅰ. 서 설 [60]

권리가 의무자나 그 밖의 자에 의하여 침해되는 경우에는 그에 대한 구제가 필요하게 되는데, 이것이 곧 「권리의 보호」의 문제이다. 과거에는 권리자가 스스로의 힘으로 권리를 구제하는 사력구제(私力救濟)가 인정되기도 하였으나, 근대에 와서는 권리구제는 원칙적으로 국가구제(즉 공력구제. 公力救濟)에 의하고 사력구제는 부득이한 경우에 한하여 예외적으로만 인정된다. 이들 두 구제방법을 좀 더 살펴보기로 한다.

Ⅱ. 국가구제

국가가 권리를 보호하는 제도로는 재판제도와 조정제도가 있다.

1. 재판제도

의무자가 이행을 하지 않거나 다른 방법으로 권리가 침해된 경우에는, 권리자는 법원에 재판을 청구할 수 있다(헌법 27조 · 101조). 이때 법원은 사실인정을 한 뒤에 법을 해석 · 적용하여 판단을 내리게 된다([34] 이하 참조). 이것이 판결이다. 만약 이러한 판결이 선고되었음에도 불구하고 의무자가 그에 따르지 않으면, 국가권력에 의하여 강제로 그 내용을 실현시킬 수 있다. 이를 강제집행이라고 한다. 그리고 장래의 강제집행을 보전하거나 현상을 유지하기 위하여 미리 가압류나 가처분을 할 수도 있다(민사집행법 276조 · 300조 참조). 민사재판 및 그 강제집행의 절차를 정하는 중요한 법률로 민사소송법과 민사집행법이 있다.

2. 조정제도

조정은 판사 — 또는 그와 학식 · 덕망이 있는 자로서 구성되는 조정위원회 — 가 당사자들의 주장을 서로 양보하게 하고 필요하면 중재의견을 제시하여 당사자들로 하여금 합의에 의하여 다툼을 원만하게 해결하게 하는 절차이다. 이 조정은 재판절차에 비하여 비용과 시간이 절약되고 당사자 사이에 감정을 남지 않게 하는 장점이 있는 반면에, 확실성이 없는 단점도 있다. 다만, 조정은 당사자의 합의가 없으면 성립하지 못하며, 그때에는 다시 재판절차로 넘어가게 된다.

조정에 관한 법률로는, 민사에 관한 분쟁의 조정(가사조정은 제외)에 관한 일반법으로 민사조정법이 제정되어 있다. 이 법에 의하면 당사자는 법원에 조정을 신청할 수 있고(같은 법 2조), 제 1 심 수소법원도 필요하다고 인정하는 경우에는 소송이 계속 중인 사건을 결정으로 조정에 회부할 수 있다(같은 법 6조). 조정은 조정담당판사가 하나, 조정위원 또는 조정위원회로 하여금 하게 할 수도 있다(같은 법 7조). 조정에 관한 다른 법률로는, 일정한 가사사건 · 노동쟁의사건 · 의료분쟁의 조정에 관하여 각각 규정하고 있는 가사소송법(49조 이하), 「노동조합 및 노동관계조정법」(47조 이하), 「의료사고 피해구제 및 의료분쟁 조정 등에 관한 법률」(19조 이하) 등이 있다.

조정과 비슷하면서 다른 것으로 중재가 있다. 중재는 당사자가 합의에 의하여 선임한 제 3 자의 결정(중재판정)에 의하여 다툼을 해결하는 제도이다. 중재는 당사자의 양보를 묻지 않고 중재결과를 강제로 실현시킬 수 있는 점에서 조정과 다르다(중재법 35조 이하 참조). 그러나 이 방법은 당사자의 합의(중재계약)가 있는 경우에만 사용할 수 있을 뿐이어서 당사자의 자율적인 해결방법이라고 할 수 있다. 이 중재제도는 상사거래관계, 특히 국제적인 상사거래관계에 있어서의 다툼의 해결에 적합하다. 중재에 관한 법률로는 중재법, 「노동조합 및 노동관계조정법」(62조 이하)이 있다.

Ⅲ. 사력구제 [61]

다른 나라와 마찬가지로 우리 민법에서도 사력구제는 국가구제를 기다릴 여유가 없는 경우에 한하여 예외적으로 인정될 뿐이다. 그런데 그와 관련하여 민법은 정당방위와 긴급피난이 불법행위로 되지 않는다는 규정만 두고 있으며, 사력구제에 대하여는 일반적인 규정이 없다. 사력구제의 세 가지 방법인 정당방위 · 긴급피난 · 자력구제를 차례로 보기로 한다.

1. 정당방위(正當防衛)

정당방위란 타인의 불법행위에 대하여 자기 또는 제 3 자의 이익을 지키기 위하여 부득이 타인에게 손해를 가하는 행위이다. 정당방위는 민법상 허용된다. 정당방위가 행위자의 불법행위로 되지 않아서 행위자에게 손해배상책임을 발생시키지 않는다는 데 대하여는 민법이 명문으로 규정하고 있다(761조 1항).

2. 긴급피난(緊急避難)

긴급피난은 급박한 위난을 피하기 위하여 부득이 타인에게 손해를 가하는 행위이다. 긴급피난은 정당방위와 달리 적법한 침해에 대하여도 행하여질 수 있다. 이 긴급피난도 민법상 허용되며, 긴급피난행위도 정당방위처럼 불법행위로 되지 않는다(761조 2항).

3. 자력구제(自力救濟)

자력구제는 청구권(물권적·채권적·가족권적 청구권)을 보전하기 위하여 국가기관의 구제를 기다릴 여유가 없는 경우에 권리자가 스스로의 힘으로 권리를 실현하는 행위이다. 자력구제와 정당방위·긴급피난의 차이에 관하여 i) 통설은 후자들이 현재의 침해에 대한 방위행위인 데 대하여 전자는 주로 과거의 침해에 대한 회복인 점에서 다르다고 하나(곽윤직, 70면 등 다수 문헌), 그에 대하여 ii) 제도의 취지로나 법문(209조 및 독일민법 229조)의 표현으로나 자력구제는 오히려 후자들을 포함하는 개념으로 이해하는 것이 타당하다고 하는 소수설(김용한, 78면)도 주장된다. 생각건대 민법 제209조의 표현만으로 ii)설처럼 이해될 수는 없으며, 독일에서도 통설처럼 파악하는 견해가 있음에 비추어 볼 때 통설을 따르는 것이 옳다.

민법은 자력구제에 관하여는 점유의 침탈이 있는 경우에 대하여만 규정을 두고 있다(209조). 그러나 점유침탈 이외의 경우에도 자력구제는 인정되어야 한다(이설 없음). 다만, 청구권을 즉시 실현하지 않으면 안 되는 사정이 있어야 하고, 그 수단도 선량한 풍속 기타 사회질서에 반하지 않아야 하며, 필요한 정도를 넘지 않는 경우에만 자력구제가 허용된다고 하여야 한다. 그리고 자력구제는 적법한 것이기 때문에 그에 대하여 정당방위가 행하여질 수는 없다.

제 3 장 법률행위(法律行爲)

제 1 절 권리변동의 일반이론

Ⅰ. 서설(법률요건에 의한 법률효과의 발생) [62]

앞에서 본 바와 같이([37] 참조), 사람(법인의 경우도 마찬가지이다)의 사회생활관계는 여러 방면에서 다양한 모습으로 존재한다. 그리고 그러한 생활관계 가운데 법의 규율을 받는 생활관계를 법률관계라고 하며, 법률관계는 대부분 권리의무관계(권리본위로 표현하면 권리관계)로 나타난다. 그런데 법률관계는 세상에 존재하지 않던 것이 처음으로 생겨나는가 하면(발생), 다른 것으로 바뀌기도 하고(변경), 또한 없어지기도 한다(소멸). 법률관계의 이러한 변화, 즉 발생·변경·소멸을 통틀어서 법률관계의 변동이라고 한다. 그리고 법률관계는 결국 권리관계로 나타나므로 법률관계의 변동은 권리의 변동(발생·변경·소멸)이라고 할 수 있다.

이와 같은 법률관계의 변동 내지 권리의 변동은 아무런 원인도 없이 생기는 것은 아니다. 그것은 일정한 원인이 있는 경우에 그 결과로서 발생한다. 이 법률관계(권리) 변동의 원인이 되는 것을 법률요건(法律要件)이라고 하고, 그 결과로서 생기는 법률관계(권리) 변동을 법률효과(法律效果)라고 한다. 예를 들어 본다. A는 B에게 그가 가진 그림 한 점을 100만원에 사라고 하였고, B는 그러겠다고 하였다. 이 경우에는 A와 B 사이에 그림의 매매계약이 성립한다. 그리고 이 매매계약의 결과로 B는 A에 대하여 그림의 소유권이전청구권을 가지게 되고, A는 B에 대하여 대금 100만원의 지급청구권을 가지게 된다(568조 참조). 이러한 예에서 B와 A에게 채권이 발생하게 되는 것이 곧 법률효과이고, 그 법률효과 발생의 원인이 된 매매계약이 법률요건이다. 다른 예를 보면, C가 고의로 D를 때려 다치게 한 경우에는, C의 D에 대한 불법행위가 성립하게 되고(750조 참조), 그 결과로 D는 C에 대하여 손해배상청구권을 가지게 되는데, 이때 C의 불법행위가 법률요건이고 D의 손해배상청구권의 발생이 법률효과이다.

아래에서 법률효과인 권리변동의 모습을 구체적으로 살펴보고, 이어서 권리변동의 원인이 되는 법률요건의 자세한 의미와 그것을 구성하는 법률사실에 대하여 설명한 뒤에, 법률요건으로서의 법률행위의 중요성에 관하여 적기로 한다.

[63] Ⅱ. 권리변동(법률효과)의 모습

권리의 발생·변경·소멸을 줄여서 권리의 변동이라고 한다. 이것은 권리의 주체의 입장에서 보면 권리의 득실변경(得失變更. 취득·변경·상실)이 된다.

1. 권리의 발생(취득)

권리의 발생은 곧 권리의 취득인데, 이에는 원시취득과 승계취득이 있다.

(1) 원시취득(절대적 발생)

원시취득(原始取得)은 타인의 권리를 바탕으로 하지 않고서 원시적으로 취득하는 것이다. 원시취득되는 권리는 세상에 새로이 생겨난다(절대적 발생). 가옥의 신축에 의한 소유권취득, 선점(252조)·습득(253조)·취득시효(245조 이하)·선의취득(249조 이하)에 의한 소유권취득(취득시효에 대하여는 승계취득설도 있다), 인격권·가족권의 취득이 그 예이다.

(2) 승계취득(상대적 발생)

승계취득(承繼取得)은 타인의 권리를 바탕으로 하여 취득하는 것이다. 물건매매에 의한 소유권취득(물건매매에 의한 채권취득은 원시취득이다), 상속에 의한 권리취득이 그 예이다. 승계취득은 다시 이전적 승계와 설정적(창설적) 승계로 나누어진다.

이전적(移轉的) 승계는 구 권리자의 권리가 동일성을 유지하면서 신 권리자에게 이전되는 경우이다. 이는 주체가 변경되는 것으로서 본래의 의미의 승계취득이라고 할 수 있다. 이전적 승계에는 각각의 권리가 각각의 취득원인에 의하여 승계되는 특정승계와 하나의 취득원인에 의하여 여러 개의 권리가 한꺼번에 승계되는 포괄승계가 있다. 물건매매에 의한 소유권취득은 특정승계에 해당하고, 상속(1005조)·포괄유증(1078조)·회사합병(상법 235조(합명회사의 경우)·530조 2항(주식회사의 경우)·603조(유한회사의 경우))에 의한 권리취득은 포괄승계에 해당한다.

설정적 승계는 구 권리자의 권리는 그대로 있으면서 신 권리자가 그 권리 위에 제한적인 내용의 권리를 새로이 취득하는 것이다. 소유권 위에 지상권 · 저당권 등의 제한물권이 설정되거나 임차권이 취득되는 경우가 그 예이다.

(3) 원시취득과 승계취득의 차이

원시취득은 타인의 권리를 바탕으로 하지 않는 데 비하여 승계취득은 타인의 권리를 바탕으로 하기 때문에, 둘은 여러 가지 점에서 차이를 보인다. 즉 구 권리자가 무권리자인 경우에 원시취득은 가능하나(가령 선의취득), 승계취득은 불가능하다. 그리고 구 권리자의 권리에 제한이나 흠이 있는 경우 그것은 원시취득에 있어서는 새로운 권리에 영향이 없으나, 승계취득에 있어서는 제한과 흠도 그대로 승계된다.

2. 권리의 소멸(상실)

권리의 소멸은 권리의 주체의 입장에서는 권리를 상실하는 것이다. 권리의 소멸에는 절대적 상실(소멸)과 상대적 상실(소멸)이 있다. 전자는 권리 자체가 사회에서 없어져 버리는 것이다. 목적물의 멸실에 의한 권리의 소멸, 소멸시효 · 변제에 의한 채권의 소멸이 그에 해당한다. 그에 비하여 후자는 권리가 없어지는 것은 아니고 주체가 변경되는 경우이다. 이는 다른 면에서 보면 승계취득 중 이전적 승계이다.

3. 권리의 변경

권리의 변경은 권리가 동일성을 유지하면서 주체 · 내용 또는 작용에 있어서 변화가 있는 것이다. ① 주체의 변경은 다른 면에서 보면 권리의 이전적 승계취득이다. ② 내용(객체)의 변경은 권리의 내용이 질적으로 또는 양적으로 변경되는 것이다. 물건의 인도채권이 채무불이행으로 인하여 손해배상채권으로 변하는 것(390조 참조)은 전자의 예이고, 물건 위에 제한물권(지상권 · 저당권 등)이 설정되거나 이미 설정된 제한물권이 소멸하는 것은 소유권의 내용이 감소되거나 증가되는 점에서 후자에 해당한다. ③ 작용의 변경은 권리의 작용(효력)에 관하여 변경이 있는 것으로서, 선순위저당권의 소멸로 인한 저당권 순위의 승진, 부동산임차권의 등기에 의하여 대항력을 가지게 되는 것(621조) 등이 그 예이다.

〈권리변동의 모습〉

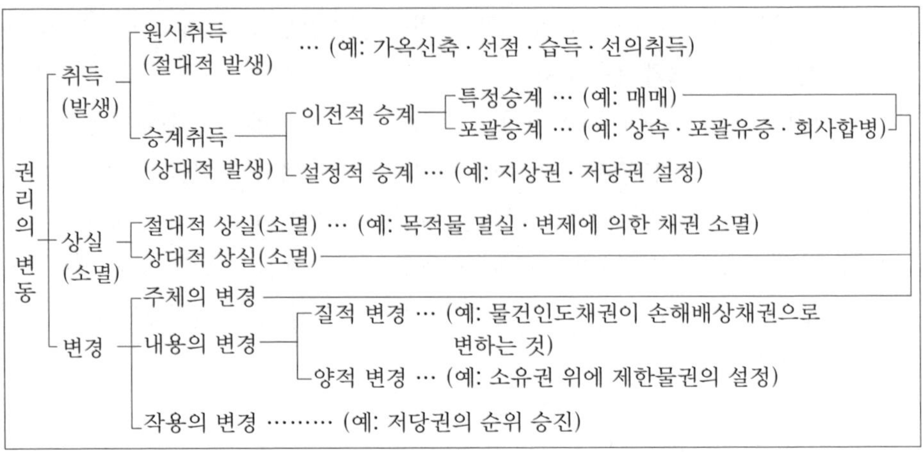

[64] ## Ⅲ. 권리변동의 원인(법률요건과 법률사실)

1. 법률요건

(1) 의 의

앞에서 법률요건은 「법률관계 변동의 원인이 되는 것」이라고 하였다. 이것이 법률요건의 의의로서 충분한가? 종래 우리의 문헌은 대부분 — 표현은 조금씩 달라도 — i) 법률요건은 「일정한 법률효과를 발생케 하는 사실을 통틀어서」 일컫는 말이라거나, 「일정한 법률효과의 발생을 위하여 필요하고도 충분한 원인이 되는 사실의 전체(혹은 총체)」라고 정의하여 왔다(고상룡, 297면; 곽윤직, 187면 · 188면; 김상용, 302면; 김용한, 235면; 김학동, 255면). 그리고 이들 중에는, 법규는 「이러이러한 사실이 있으면 이러이러한 효과가 생긴다」는 가언적(假言的) 판단의 모습을 취하며, 이때 조건명제에서 요구되는 요건의 전체가 법률요건이고, 귀결명제에서 주어지는 효력이 법률효과라고 하는 설명을 덧붙이는 것도 있다(곽윤직, 187면; 김학동, 255면). 그런가 하면 ii) 법률요건은 「법률효과를 발생하게 하는 원인」(이영준, 101면) 또는 「법률관계 변동의 원인이 되는 것」(백태승, 316면)이라고만 하는 문헌도 있다. 뒤의 ii)설은 i)설이 당연히 전제하고 있는 부분만을 적고 있는 것이다.

생각건대 i)설은 몇 가지 문제점을 보여 주고 있다. 우선 법률요건이 사실(법률사실)들의 병렬적인 총집합인 것으로 표현하고 있는 점에서 그렇다. 가장 대표적인 법률요건인 법률행위 가운데 계약은 둘 이상의 의사표시라는 법률사실들만으로 법률요건이 되지 않으며, 의사표시들의 일치(결합)가 있어야 비로소 법률요건이 된다(이것 때문인지 고상룡, 297면은 계약은 청약 · 승낙 외에 의사표시의 합치라는 세 개의 법률사실이 합쳐져서 성립하는 법률요건이라고 하나, 「합치」는 법률사실이 아니다). 나아가 i)설은 법규가 요구하는 요건의 전체가 법률요건이라고 하고 있다. 그러나 이는 형법상의 범죄구성요건을 그대로 연상시키는 것으로서 민법에는 맞지 않다. 예컨대 민법상 하나의 법률요건인 불법행위가 성립하려면 민법 제750조에 의하여 가해행위 · 고의 과실 · 위법성 · 손해발생(그 외에 753조 · 754조에 의하여 책임능력도 필요하다)이 필요하게 되는데, i)설의 설명에 의하면 불법행위의 성립요건인 가해행위 등이 모두 법률사실인 것으로 오해하게 된다. 가해행위 등은 불법행위의 성립요건일 뿐이다. 그리고 불법행위는 그것이 법률요건이면서 또한 법률사실이기도 하다. 뿐만 아니라 계약에 있어서는 법규라는 것이 별 의미를 갖지 못한다. 그러고 보면 i)설은 법률요건의 원형인 형법상의 구성요건 개념의 구태를 그대로 지니고 있는 것으로서 올바르지 않다. 그에 비하여 ii)설은 i)설의 문제점을 가지고 있지 않다. 그러나 그 견해는 법률요건이 가지는 의미 내지 기능만을 설명하고 있을 뿐 개념정의는 하고 있지 않아서 불충분하다. 법률요건의 실체를 보여 주는 개념정의가 필요한 것이다.

사견으로는 「법률요건은 법률효과의 발생에 적합한 법적 상태」라고 정의하였으면 한다. 이때 법률효과 앞에 「일정한」이라는 수식어는 없어야 하며 꼭 둔다면 「어떤」이라는 부정관사를 두어야 한다. 그 이유는 특히 계약의 경우 법률효과가 한정되어 있지 않기 때문이다. 법률요건에 관하여 이러한 개념정의를 하고서, 그것이 법률사실로 구성되고, 계약의 경우에는 법률사실의 결합까지도 필요하다는 점을 설명해 주어야 할 것이다.

법률요건은 뒤에 살펴보게 되는 법률행위의 요건과는 구별된다. 후자는 법률요건의 일종인 법률행위에 있어서 그것이 성립하고 유효하기 위한 요건의 문제이다.

(2) 구체적인 예

법률요건 가운데 가장 대표적인 것은 법률행위이다. 그러나 법률요건에는 법률행위 외에도 준법률행위 · 불법행위 · 부당이득 · 사무관리 등 여러 가지가 있다.

[65] ## 2. 법률사실(法律事實)

(1) 의 의

법률요건을 구성하는 개개의 사실이 법률사실이다. 이러한 법률사실은 단독으로 또는 다른 법률사실(들)과 합해져서 법률요건을 이루게 된다. 예를 들면, 유언·취소·해제는 의사표시라는 하나의 법률사실이 곧바로 법률요건으로 된 것이고, 매매·임대차 등의 계약은 청약이라는 의사표시와 승낙이라는 의사표시(두 개의 법률사실)가 결합하여 하나의 법률요건으로 된 것이다.

(2) 분 류

전통적으로 문헌들은 법률사실을 크게 사람의 정신작용에 기초한 사실인 용태(容態)와 그렇지 않은 사실인 사건으로 나누고, 용태를 다시 세분해 왔다. 그런데 근래 이러한 분류방법을 미시적 분석방법이라고 하면서 실익에 의문을 제기하는 견해(명순구, 316면; 백태승, 316면; 이영준, 104면·105면)가 주장되고 있다. 생각건대 이 견해의 지적도 고려할 만하나, 전통적인 방법은 법률사실을 전체적으로 파악하고 서로의 차이를 보다 분명하게 인식하는 데 크게 도움을 준다. 따라서 여기서는 종래 문헌들의 태도에 따라 법률사실을 분류해 보기로 한다.

1) **용태(容態)** 용태는 사람의 정신작용에 기초한 법률사실이다. 용태에는 작위·부작위의 행위를 가리키는 외부적 용태와 내심적 의식에 불과한 내부적 용태가 있다.

㈎ **외부적 용태** 외부적 용태는 의사가 외부에 표현되는 용태이며 행위를 가리킨다. 여기의 행위에는 적극적인 행위인 작위뿐만 아니라 소극적인 행위인 부작위도 포함된다. 그러나 법률상의 행위는 법률사실로서 가치가 있는 것이어야 하므로 산책행위·의례적인 담화행위 등은 여기의 행위가 아니다. 외부적 용태(행위)는 법적 평가에 따라 적법행위와 위법행위로 나누어진다.

(a) 적법행위 적법행위는 법률이 가치가 있는 것으로 평가하여 허용하는 행위이다. 적법행위는 다시 의사표시와 준법률행위(법률적 행위)로 나누어진다. 나아가 준법률행위는 표현행위와 비표현행위(사실행위)로 나누어지고, 표현행위는 의사의 통지·관념의 통지·감정의 표시로 세분된다. 적법행위를 하나씩 살펴보기로 한다.

㉠ 의사표시(意思表示) 의사표시는 법률효과의 발생에 향하여진 사

적(私的)인 의사표명으로서, 법률요건 가운데 가장 중요한 법률행위의 필수불가결한 요소가 되는 법률사실이다. 의사표시에 관하여는 뒤에 자세히 설명한다([75] 이하 · [84] 참조).

㉡ 의사의 통지　　의사의 통지는 자기의 의사를 타인에게 통지하는 [66]
행위이다. 각종의 최고(88조 · 89조 · 131조 · 387조 · 540조 · 552조 등)와 확답촉구(15조)가 그에 속한다. 통설은 각종의 거절(16조 2항 · 132조 등)도 의사의 통지라고 한다(가령 곽윤직, 189면; 이영준, 167면(이 책은 무권대리행위의 경우 본인의 거절인데 상대방의 거절이라고 잘못 설명하고 있음) 등). 사견도 과거에는 통설과 같은 입장이었다(주해(2), 154면(송덕수)). 거절의 경우에는 법률효과의 발생을 저지하는 것이기 때문에 의사표시에서 제외하려 했던 것이다. 그러나 법률효과의 발생뿐만 아니라 불발생을 일으키는 것도 의사표시에 포함되어야 하며, 중요한 것은 그 법률효과가 행위자의 의사에 기한 것인지 여부라고 하여야 한다. 그렇게 보면 거절의 경우에는 민법에 규정된 때(16조 2항 · 132조 등)이든 아니든(가령 청약에 대한 상대방의 거절. 채권법각론 [24] 참조) 언제나 행위자의 의사에 따라 법률효과의 불발생이라는 효과가 생기므로, 거절은 모두 의사표시인 것이다(결과에서 같은 취지로 김학동, 257면 주 1; 주해(1), 324면(양삼승); 주해(3), 217면(강용현). 그런데 지원림, 174면은 무권대리행위에 대한 본인의 추인거절은 의사표시라고 한다). 민법도 「거절의 의사표시」라고 규정하고 있다(16조 3항 · 132조 본문 참조).

의사의 통지에 대하여는 — 모든 준법률행위에 관하여 그렇듯이 — 행위자의 의사(준법률행위에서는 의사가 표명되더라도 그것은 직접 법률효과에 향하여진 것이 아니다)를 묻지 않고 민법이 독자적인 평가에 의하여 법률효과를 부여하고 있다.

㉢ 관념의 통지　　관념의 통지는 어떤 사실(특히 과거 또는 장래의 사실)을 알리는 행위이며, 사실의 통지라고도 한다. 사원총회 소집의 통지(71조) · 대리권을 수여하였다는 통지(125조) · 시효 중단사유로서의 채무의 승인(168조) · 채권양도의 통지 또는 승낙(450조) · 공탁의 통지(488조) · 승낙연착의 통지(528조), 상사매매에 있어서 매수인이 하는 하자통지(상법 69조) 등이 그 예이다.

㉣ 감정의 표시　　이는 일정한 감정을 표시하는 행위이다. 배우자의 부정행위에 대한 용서(841조) · 수증자의 망은행위(忘恩行爲)에 대한 용서(556조) 등이 그에 해당한다(이영준, 168면은 치료행위에 대한 동의, 841조의 사전동의도 여기에 포함시킨다).

㉤ 사실행위　　사실행위는 법률이 행위자의 의사와 관계없이 법률효과를 부여하는 사실적인 결과에 향하여진 행위이다. 통설은 사실행위를 외부적 결과의 발생만 있으면 법률이 일정한 효과를 부여하는 순수 사실행위와, 그 밖에

어떤 의식과정이 따를 것을 요구하는 혼합 사실행위로 나누고 있다(대표적으로 곽윤직, 189면).

순수 사실행위의 예로는 주소의 설정(18조) · 매장물의 발견(254조) · 가공(259조) · 저작물의 창조를 들 수 있다. 부합(256조 · 257조) · 혼화(258조)도 사람의 행위에 의할 경우에는 순수 사실행위에 해당한다. 물론 이들은 자연현상에 의하여도 일어날 수 있으며, 그러한 때에는 사건에 속한다(통설은 이 둘은 언제나 사건이라고 한다).

혼합 사실행위에 있어서는 사람의 의사가 뒤따라야 한다. 그러나 여기의 의사는 법률행위에 있어서의 의사와 다르며, 그리하여 자연적(사실적)인 의사라고 한다. 혼합 사실행위의 예로는 점유의 취득과 상실(192조) · 유실물 습득(253조) · 무주물 선점(252조) · 사무관리(734조) · 부부의 동거(826조)를 들 수 있다. 그에 비하여 소유권의 포기는 법률행위이고 사실행위가 아니다(같은 취지: 이영준, 169면).

(b) 위법행위 위법행위는 법률이 가치가 없는 것으로 평가하여 허용하지 않는 행위이다. 위법행위의 경우에는 법질서가 행위자에게 불이익을 부과한다. 통설에 의하면, 민법상의 위법행위에는 채무불이행(390조)과 불법행위(750조 이하)가 있다고 한다.

(나) **내부적 용태** 이는 내심적 의식이다. 이 내부적 용태는 예외적으로만 법률사실로 되고 있다. 내부적 용태에는 관념적 용태와 의사적 용태가 있다.

(a) 관념적 용태 이는 선의(어떤 사정을 알지 못하는 것) · 악의(어떤 사정을 알고 있는 것) · 정당한 대리인이라는 신뢰(126조) 등과 같이 일정한 사실에 관한 관념 또는 인식이 있느냐 없느냐의 내심적 의식을 말한다.

(b) 의사적 용태 이는 일정한 의사를 가지고 있느냐 없느냐의 내심적 과정을 가리킨다. 소유의 의사(197조) · 제 3 자의 변제에 있어서의 채무자의 허용 또는 불허용의 의사(469조) · 사무관리의 경우의 본인의 의사(734조) 등은 의사적 용태의 예이다.

2) **사 건** 사건은 사람의 정신작용에 기초하지 않는 법률사실이다. 사람의 출생과 사망, 실종, 시간의 경과, 물건의 자연적인 발생과 소멸 등은 사건의 예이다. 그리고 통설은 물건의 파괴, 천연과실의 분리, 부합 · 혼화와 같이 사람의 정신작용에 의하는 것이라도 정신작용을 문제삼지 않고 오직 결과의 발생만을 문제로 삼아서 일정한 법률효과를 부여하는 법률사실도 사건에 포함시킨다(고상룡, 301면; 김상용, 307면; 김학동, 259면; 이영준, 82면 등). 그러나 사람의 정신작용에 기초한 것은 사건이 아니라고

하여야 한다.

〈법률사실의 분류〉

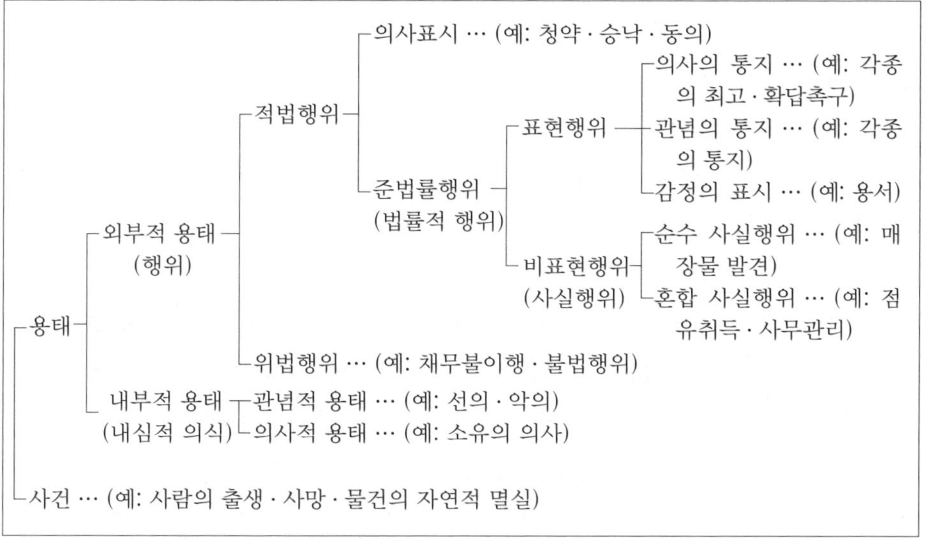

Ⅳ. 법률요건으로서의 법률행위의 중요성 [67]

이미 설명한 바와 같이, 어떤 법률요건이 있으면 권리변동이라는 법률효과가 발생하게 된다. 그런데 법률요건에는 법률행위 외에도 준법률행위 · 불법행위 등 여러 가지가 있다. 이러한 법률요건 가운데 가장 중요한 것은 법률행위이다. 그 이유는 당사자가 원하는 대로 법률효과가 발생하는 법률요건은 오직 법률행위밖에 없기 때문이다. 법률행위가 아닌 법률요건의 경우에는 당사자의 의사와는 관계없이 법질서에 의하여 일정한 법률효과가 주어진다. 그리고 그것들의 대부분은 법률에 규정되어 있다. 이처럼 법률행위만이 당사자가 원하는 대로 법률효과를 생기게 하기 때문에, 사적 자치가 기본원리로 되어 있는 우리 민법상, 법률행위가 당연히 가장 중요한 법률요건이 되는 것이다. 사적 자치는 바로 법률행위에 의하여 법질서에서 실현되게 된다. 법률행위는 나머지 법률요건 전부를 합한 것보다도 더 중요하다. 분야에 따라서는 민법이 권리변동을 법률행위의 경우와 나머지의 경우로 구분하여 규율하기도 한다. 가령 부동산에 관한 물권변동에 있어서 그렇다(186조·187조 참조).

위에서, 법률행위의 경우에는 당사자가 원하는 대로의 효과가 발생한다고 하였는데, 그것은 구체적으로 어떤 의미인가? 법률행위는, 법률요건들이 모두 그렇듯이, 법률사실로 이루어져 있다. 그리고 그 법률사실에는 반드시 의사표시가 포함되어 있어야 한다. 실제로는 대부분의 법률행위가 의사표시로만 구성되어 있으나, 반드시 그래야 하는 것은 아니며, 거기에는 다른 법률사실이 들어 있을 수도 있다. 어쨌든 법률행위에는 언제나 하나 또는 둘 이상의 의사표시가 있게 되는데, 그와 같은 법률행위에 의하여 발생하는 법률효과는 바로 그 법률행위의 구성요소인 의사표시에 의하여 당사자가 — 단독으로(단독행위의 경우) 또는 일치하여(계약의 경우) — 의욕한 것으로 표시된 바와 같은 효과이다. 여기서 법률행위의 핵심이 의사표시에 있음을 알 수 있다. 법률행위를 비롯한 법률요건들의 경우에 법률효과가 발생하는 것을 그림으로 나타내면 다음과 같다.

〈법률요건의 경우 법률효과 발생도〉

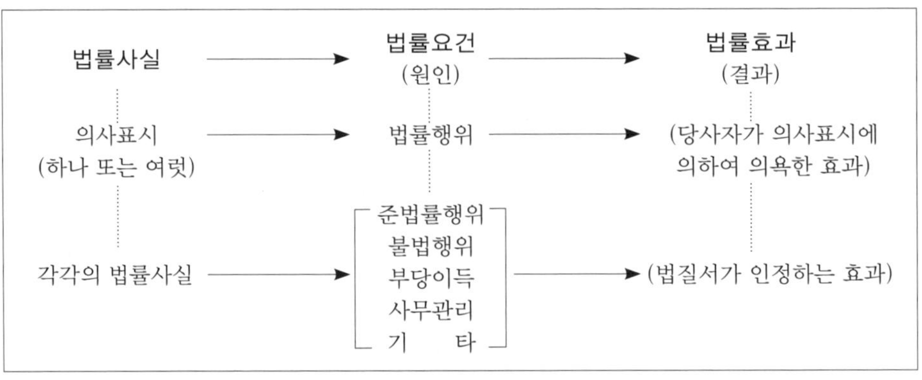

제 2 절 법률행위의 기초이론

Ⅰ. 법률행위의 의의 및 성질 [68]

1. 의 의

민법은 제 1 편(총칙) 제 5 장의 제목을 「법률행위」라고 붙이고, 거기에서 법률행위에 관한 여러 가지 문제(사회질서 위반, 강행법규 위반, 해석, 의사의 흠결, 대리, 무효와 취소, 조건과 기한)를 규율하고 있다. 그 결과 법률행위는 민법에 있어서 가장 중요한 기본개념의 하나가 되고 있다. 그런데 이 법률행위라는 표현 자체가 실제 사회에서 전혀 사용되지 않는 것이고, 법률에 그 정의규정도 없어서, 법률행위의 의미를 파악하기는 쉽지 않다. 그리하여 여기서는 이해의 편의를 위하여 법률행위의 의의를 설명하기 전에 법률행위 개념이 누구에 의하여 어떤 목적으로 만들어졌는지를 간단히 보기로 한다(자세한 내용은 주해(2), 82면 이하(송덕수) 참조).

실제 사회에서 당사자들은 매매 · 임대차 · 교환과 같은 여러 종류의 계약을 체결하기도 하고 유언과 같은 행위를 하기도 한다. 그런데 법률에서 이들 각각에 관하여 그것들의 내용이 사회적으로 도저히 받아들여질 수 없거나(사회질서 위반) 또는 행위자가 잘못 생각하고서 행위를 한 경우(착오)에 각각에 대하여 동일한 효과를 인정하려고 한다면, 그것의 입법방법으로 두 가지를 생각할 수 있다. 하나는 개별적인 행위별로 동일한 규정을 따로따로 두는 것이고, 다른 하나는 공통적인 규정을 한 번만 두고 그것을 모든 행위에 적용되도록 하는 것이다. 이들 가운데 전자에 의하면 법률의 양이 방대해지고 매우 복잡하게 될 것이다. 그에 비하여 후자에 의하면 법률이 간단해지면서 일목요연하게 정리된 모습을 보여 줄 것이다. 여기서 후자를 택하고 싶어질 수 있다. 그런데 그때에는 각각의 행위를 통칭하는 개념이 필요하게 된다. 그러한 개념이 없으면 매 규정마다 다시 각각의 행위를 열거하여야 하는 번거로움이 생기기 때문이다(그리고 법학이론에서 설명할 때도 마찬가지이다). 그런 연유에서, 18 · 19세기에 독일 학자들에 의하여 당사자가 의사표시에 의하여 행하는 모든 행위를 아우르는 개념으로 만들어진 것이 법률행위(Rechtsgeschäft)이다. 그리고 그 개념이 우리 민법에도 그대로 들어오게 되었다.

이러한 법률행위는 어떻게 개념정의되어야 하는가? 학자들은 법률행위가 법률요건의 일종이고, 다른 법률요건과는 의사표시를 필수적인 요소로 한다는 점에서 차이가 있다는 데에 착안하여 — 표현은 다소 다르지만 — 「의사표시를 요소로 하는 법률요건」이라고 정의한다. 그러나 좀더 정확하게 개념정의를 하려면 몇 가지 검토하여야 할 점이 있다. ① 우선 법률행위적 행정행위와 구별해 주기 위하여 「사법상(私法上)의」 법률요건이라고 하여야 한다. ② 의사표시가 없이도 법률행위가 성립할 수 있다고 하면 정의가 달라져야 한다. 이와 관련하여 문제가 되는 것으로 의사실현(532조)과 사실적 계약관계가 있다. 만약 의사실현을 의사표시가 아니라고 하거나 사실적 계약관계를 인정하는 경우에는 계약당사자의 일방(의사실현의 경우)이나 쌍방(사실적 계약관계의 경우)의 의사표시가 없이도 계약 즉 법률행위가 성립할 수 있기 때문에 법률행위의 개념정의가 달라져야 하는 것이다. 그런데 사견은 의사실현을 의사표시라고 파악하고(채권법각론 [28] 참조) 사실적 계약관계는 인정하지 않기 때문에 이들은 고려할 필요가 없다. ③ 법률행위의 특징으로, 의사표시를 불가결의 요소로 한다는 점 외에, 의사표시의 내용대로 법률효과가 발생한다는 점도 추가하는 것이 좋다. 그렇지 않을 경우에는 개념정의에서 빠진 법률효과의 발생문제는 따로 설명하게 되나, 이는 개념을 충실하게 이해시키는 방식에 있어서 바람직하지 않다. 그리고 이처럼 효과가 발생하는 것이 법질서의 승인에 의한 것임을 주지시켜야 한다. 이러한 점들을 모두 고려하여 정의한다면 「법률행위는 의사표시를 불가결의 요소로 하고 의사표시의 내용대로 법률효과가 발생하는 것을 법질서가 승인한 사법상의 법률요건」이라고 할 수 있다.

[69] 2. 성 질

(1) 사법상의 법률요건

법률행위는 법률요건이다. 따라서 법률행위가 있으면 그로 인하여 법률효과가 발생하게 된다. 그 법률효과의 내용은 당사자가 의사표시에 의하여 표시한 대로이다. 그리고 법률행위는 사법상의 법률요건이며 그 점에서 행정법적인 의사표시를 요소로 하는 법률요건(이른바 법률행위적 행정행위)과 구별된다.

(2) 추상화개념(抽象化概念)으로서의 법률행위

위에서 언급한 바와 같이, 법률행위는 구체적인 행위유형 모두를 총괄하기 위한 목적으로 발견된 개념이다. 법률행위라는 행위 자체는 존재하지 않으며, 존재하는 것은 오직 매매계약 · 채권양도 · 소유권양도 · 약혼 · 혼인 · 유언 등과 같은 구체적인 행위유형만이다. 법률행위는 이러한 행위유형을 추상화한 개념인 것이다.

(3) 목적적(目的的) 행위로서의 법률행위

법률행위에 해당하는 행위유형은 목적적(종국적) 행위, 즉 법률관계의 발생 · 변경 · 소멸에 목적적으로 향하여진 행위이다(같은 취지: Larenz, S. 302; Flume, S. 24; 이영준, 110면). 그리고 그 내용대로 법률관계가 변동되는 것을 법질서가 승인한다. 그 결과 개인은 법률행위에 의하여 자신의 의사에 따라 창조적으로 법률관계를 형성할 수 있다. 법률행위는 이처럼 목적적 행위인 점에서 다른 모든 법률요건과 구별된다. 후자에 있어서는 법률효과가 법질서에 의하여 부여된다. 예컨대 소유권양도라는 법률행위는 목적적으로 소유권이전이라는 법률효과의 발생에 향하여지고, 그에 따른 법률효과가 발생한다. 그에 비하여 불법행위는, 설사 손해배상의무의 부담을 위하여 가해행위를 행하였다고 하더라도, 손해배상의무는 그 의욕 때문이 아니고 침해 자체에 의하여 발생한다.

(4) 의사표시와의 관계

법률행위는 의사표시를 필수불가결한 요소로 한다. 법률행위 가운데에는 하나의 의사표시만 있으면 의욕된 법률효과가 발생하는 경우도 있다. 그러한 때에는 의사표시와 법률행위는 일치한다. 해지(解止)가 그 예이다. 그러나 이는 예외에 속한다. 일반적으로 법률행위는 둘 이상의 의사표시를 필요로 한다. 계약이 전형적인 예이다. 계약에 있어서는 계약당사자의 복수의 의사표시(청약 · 승낙)가 결합하여 계약이라는 하나의 법률행위를 성립시킨다. 이러한 경우에는 의사표시는 법률행위의 구성부분에 불과하며, 양자는 결코 같은 것일 수 없다. 법률관계의 변동은 각각의 의사표시에 의하여가 아니고, 그것들이 결합한 것인 계약에 의하여 일어난다.

법률행위는 언제나 의사표시로만 구성되는 것은 아니다. 법률행위가 성립하기 위하여 의사표시 외에 다른 사실(사실행위 · 관청의 협력 등)이 더 필요한 경우도 있다. 예컨대 요물계약(계약금계약 · 대물변제(466조) 등)은 목적물의 인도가 있어야 성립하고, 혼인이 성립하려면 신고가 있어야 한다(812조). 견해(이영준, 112면)에 따라서는 물권행위에 있어서 동산의 인도나 부동산의 등기도 물권행위(법률행위)의 요소라고 한다. 이는 동산의 인도나 부동산의 등기와 같은 물권변동의 공시방법을 물권행위의 성립요건으로 파악하는 입장이다. 그러나 공시방법은 물권행위로부터 독립한 것으로서 물권행위 이외에 법률에 의하여 요구되는 물권변동의 또 하나의 요건으로 보아야 한다(자세한 내용은 물권법 [27] 참조). 그리고 이러한 입장에 서게 되면, 물권행위의 경우의 동산의 인도나 부동산의 등기는 법률행위의 요소의 예로 될 수 없다. 한편 법률행위의 효력을 발생하기 위하여 필요하기는 하지만 법률행위로부터는 독립되어 있는 요건인 법률행위의 효력요건(유효요건)은 법률행위의 요소가 아니다(같은 취지: 이영준, 112면). 예컨대 미성년자의 법률행위에 있어서 법정대리인의 동의(5조 1항), 유언에 있어서 유언자의 사망(1073조), 토지거래 허가구역 안에서 체결하는 토지에 관한 계약에 있어서 시장·군수·구청장의 허가(「부동산 거래신고 등에 관한 법률」 11조 1항)는 법률행위의 효력요건이어서 그것들이 있어야 법률행위의 효력이 발생하기는 하나, 법률행위의 일부가 아니다.

그러면 법률행위가 의사표시 없이도 존재할 수 있는가? 이른바 사실적 계약관계론을 인정하는 소수설은 이를 긍정할 것이나, 그러한 이론은 옳지 않으며, 따라서 부정되어야 한다(채권법각론 [29] 참조).

이제까지의 논의를 토대로 하여 법률행위와 의사표시의 관계를 정리하면 다음과 같다. 법률행위는 의사표시로만 구성되어야 하는 것은 아니지만 반드시 하나 또는 둘 이상의 의사표시를 포함하고 있어야 한다. 그리고 이 의사표시는 법률행위의 본질적 구성요소로서 법률행위의 핵심이다. 그 결과 의사표시의 흠(무효·취소사유)은 곧바로 법률행위의 흠으로 된다.

(5) 의사표시의 내용에 따른 법률효과의 발생

법률행위가 있으면 행위자가 의욕한 것으로 표시된 바와 같이, 즉 의사표시의 내용대로 법률효과가 발생한다. 이 점에서 법률행위는 다른 법률요건과 차이가 있다. 법률행위 이외의 법률요건의 경우에는 법률효과가 당사자의 의사와는 관계없이 법질서에 의하여 부여된다. 그리고 법률행위의 경우에 의사표시의 내용에 따른 법률효과가 발생하는 이유는 행위자가 의욕했기 때문만이 아니고 법질서도 그것을 승인했기 때문이다. 그 결과 때에 따라서는 법률행위에 의한 법률효과가 법질서에 의하여 전면적으로 부인되거나(103조·104조 참조) 제한될 수도 있다(가령 312조 1항).

3. 법률행위 개념의 문제점 [70]

법률행위 개념이 가져온 학문적인 성과에 대하여는 — 독일에서 — 평가가 엇갈리고 있다. 학자에 따라서는 그러한 추상화는 근본적으로 정돈효과 이외에 아무 것도 가져오지 않는다고 하나(Zweigert/Kötz, Einführung in die Rechtsvergleichung auf dem Gebiete des Privatrechts, Band Ⅱ Institutionen, 2. Aufl., 1984, S. 5), 법에 있어서의 추상화의 위험성을 지적하면서도 법률행위 개념의 발견은 법학의 큰 업적 가운데 하나라고 하는 견해도 있다(Flume, S. 31-32. 이호정, "사회정형적 행위론의 연구(基一)," 경제논집(서울대 경제연구소), 129면도 높이 평가하는 입장이다). 생각건대 법률행위 개념이 민법의 발전에 이바지한 공로는 부인할 수 없다. 그 개념은 의사의 흠결을 비롯한 일련의 일반적인 문제를 다루는 데 있어서 기초로 되었고, 그 결과 사법의 여러 분야에서 그러한 문제들을 통일적으로 파악할 수 있게 하였다. 또한 사법의 기초의 하나인 사적 자치의 사상도 법률행위 개념에 의하여 보다 엄격하게 실현될 수 있었다(Coing, Europäisches Privatrecht, Band Ⅰ Älteres Gemeines Recht(1500 bis 1800), 1985, S. 183). 그러나 법률행위의 문제를 다룸에 있어서는, 개별적인 경우의 특수성을 고려하지 못한다는 추상화의 위험성을 항상 염두에 두어야 하고, 그에 대처하는 노력을 게을리하지 않아야 한다. 법률이 개별적인 행위의 특수성을 무시한 규정을 모든 법률행위에 적용되도록 한 경우에 더욱 그렇다. 다만, 사견은 법률행위 개념을 선험적인 법적 의미 개념(Larenz, S. 302 Fn. 1이 그러한 입장이다)이라고 하지 않고 법질서에 의하여 승인된 행위유형의 추상화로서 파악함으로써 개별적인 행위의 특수성을 고려할 수 있도록 하고 있으며, 그 방법으로 법률행위 개념의 추상화가 가져오는 위험성을 피하고 있다.

Ⅱ. 사적 자치와 법률행위 제도 [71]

1. 사적 자치의 의의와 헌법적 기초

(1) 사적 자치의 의의

사적 자치라 함은 개인이 법질서의 한계 내에서 자기의 의사에 기하여 법률관계를 형성할 수 있다는 원칙을 말한다. 즉 개인이 법질서의 제한에 부딪치지 않는 한 자유로운 자기결정에서, 그리고 국가의 간섭이나 도움을 받음이 없이 법률관계를 규율할 수 있다는 원칙이다.

(2) 헌법적 기초

사적 자치는 인간의 일반적인 자기결정 원칙의 일부분이다. 그리고 자기결정의 원칙은 법질서에 선재(先在)하면서도 법질서에서 실현되어야 하는 가치로서 자유민주주의를 표방하는 모든 나라의 헌법이 이를 보장하고 있다. 그러나 이러한 자기결정의 원칙과 그 일부분으로서의 사적 자치가 헌법에서 반드시 명문으로 규정되어야만 하는 것은 아니다(바이마르 헌법은 152조에서 계약자유를 명문으로 규정하고 있었다).

우리 헌법은 사적 자치에 관하여 직접 명시적으로 규정하고 있지는 않다. 그렇지만 사적 자치는 인간의 존엄과 가치 및 행복추구권을 규정한 헌법 제10조와 열거되지 않은 기본권도 보장됨을 분명하게 하고 있는 제37조 제 1 항에 의하여 헌법상 보장된다. 즉 개인의 자기결정 내지 사적 자치는 인간의 존엄과 가치라는 기본권 보장의 목적을 실현하는 수단이자 포괄적 기본권인 행복추구권에 포함되어 헌법 제10조에 의하여 보장되며, 그것은 헌법 제37조 제 1 항에 의하여 다시 분명하게 확인되고 있다. 그 외에 개별적인 기본권들에 의하여 보충되고 있다(헌법 23조 · 15조 · 21조 1항 · 119조 등). 헌법재판소의 판례도 유사한 입장이다(헌재 1991. 6. 3, 89헌마204).

민법을 비롯한 사법질서는 이러한 헌법적 기초 위에서 사적 자치의 형식과 한계를 정하고 있다. 그러나 사적 자치를 직접적 · 포괄적으로 규정하고 있지는 않으며, 그것을 당연한 전제로 한 많은 규정을 두고 있을 뿐이다.

〈헌법재판소 판례〉

「헌법 제10조 전문은 "모든 국민은 인간으로서의 존엄과 가치를 가지며, 행복을 추구할 권리를 가진다"고 규정하고 있다. 여기의 행복추구권 속에 함축된 일반적인 행동자유권과 개성의 자유로운 발현권은 국가안전보장, 질서유지 또는 공공복리에 반하지 않는 한 입법 기타 국정상 최대의 존중을 필요로 하는 것이라고 볼 것이다. 일반적 행동자유권에는 적극적으로 자유롭게 행동을 하는 것은 물론 소극적으로 행동을 하지 않을 자유 즉 부작위의 자유도 포함되는 것으로, 법률행위의 영역에 있어서는 계약을 체결할 것인가의 여부, 체결한다면 어떠한 내용의, 어떠한 상대방과의 관계에서, 어떠한 방식으로 계약을 체결하느냐 하는 것도 당사자 자신이 자기의사로 결정하는 자유뿐만 아니라 원치 않으면 계약을 체결하지 않을 자유 즉 원치 않는 계약의 체결은 법이나 국가에 의하여 강제받지 않을 자유인 이른바 계약자유의 원칙도, 여기의 일반적 행동자유권으로부터 파생되는 것이라 할 것이다. 이는 곧 헌법 제119조 제 1 항의 개인의 경제상의 자유의 일종이기도 하다.」(헌재 1991. 6. 3, 89헌마204)

2. 사적 자치의 발현형식(영역) [72]

(1) 서 설

사적 자치의 발현형식(發現形式)은 — 정확하지는 않지만 — 사적 자치의 내용의 문제라고 할 수 있다. 그런데 이 문제는 우리나라 문헌에서는 「법률행위 자유의 원칙」이라는 제목 아래에서 설명되고 있다. 그러나 그 용어는 사적 자치가 인정되는 영역과 그 밖의 자치영역을 설명하는 데 적당치 않다. 또한 사적 자치의 귀결이 법률행위 자유임에도 불구하고 이를 역으로 설명하는 결과를 가져온다. 따라서 여기서는 사적 자치라고만 표현하기로 한다.

사적 자치의 발현형식에는 여러 가지가 있다. 가장 중요한 것으로서 계약의 자유가 있고, 그 밖에 단체(법인)결성의 자유, 유언의 자유, 권리행사의 자유도 있다.

(2) 계약의 자유

계약은 법률관계를 사적 자치적으로 형성하는 가장 주된 형식이다. 그 때문에 때로 사적 자치는 계약자유와 동의어로 사용되기도 한다. 그러나 사적 자치는 계약자유보다 넓은 개념이다. 법질서가 사적 자치적인 규율을 인정하는 영역 중에는 계약이 지배하지 않는 곳도 있기 때문이다.

계약자유는 넓은 의미로 이해될 수도 있고 좁은 의미로 이해될 수도 있다. 넓은 의미로는 당사자가 합의(채권계약 · 물권적 합의 · 가족법상의 합의 등)에 의하여 법률관계를 형성하는 것인 한 그 영역을 불문한다. 따라서 물권적 합의나 혼인의 자유도 계약자유에 포함된다. 그에 비하여 좁은 의미로는 채권계약의 자유만을 가리킨다.

한편 계약자유는 체결의 자유, 상대방 선택의 자유, 내용결정의 자유, 방식의 자유로 나누어진다. 체결의 자유는 계약을 체결할 것인가는 당사자의 자유라는 것이고, 상대방 선택의 자유는 계약을 체결할 경우에 누구와 체결할 것인가는 자유라는 것이다. 상대방 선택의 자유는 체결의 자유에 포함시켜서 이해하기도 한다. 내용결정의 자유는 계약의 내용은 당사자가 자유롭게 결정할 수 있다는 것이다. 그리고 방식의 자유는 계약체결에 일정한 방식이 요구되지 않는 것이다.

체결의 자유와 상대방 선택의 자유, 그리고 방식의 자유는 채권계약뿐만 아니라 물권계약 · 가족법상의 계약에서도 일반적으로 인정된다. 그에 비하여 내용결정의 자유는 채권계약에서는 넓게 인정되지만, 그 밖의 계약에서는 좁은 범위에서만 인정된다. 민법은 채권계약의 유형(전형계약)을 정해 놓고 있지만 계약을 체결하는 자가 반드시 그러한 유형의 계약을 체결해야 하는 것은 아니다. 그리고 민법이 정하고 있는 유형의 계약을 체결하는 경우에도, 강행규정이 문제되지 않는 한, 민법이 규정하는 것과 다르게 채권관계를 형성할 수도 있다. 그에 비하여 물권계약 · 가족법상의 계약은 그렇지 않다. 물권의 종류와 내용은 법률(및 관습법)에 의하여 강행적으로 정해지기 때문에(185조의 물권법정주의), 물권변동을 위한 합의는 법질서에 의하여 그 내용이 확정된다. 가족법상의 계약도 마찬가지이다. 가령 혼인은 민법이 규정하는 권리 · 의무만을 성립시킬 뿐이다. 그러나 물권계약이나 가족법상의 계약에서 내용결정의 자유가 전면적으로 부정되는 것은 아니다. 예컨대 지역권에 있어서 토지(승역지)의 이용방법은 당사자가 자유롭게 결정할 수 있으며(291조 참조), 혼인의 경우 재산관계에 관하여 부부가 자치적으로 그 내용을 결정할 수 있다(829조).

(3) 단체결성의 자유

법질서가 단체의 설립을 허용하고 설립자에 의하여 설정된 목적을 구속적인 것으로 승인하는 단체결성의 자유도 사적 자치의 하나의 중요한 발현형식이다. 단체에는 법인과 인적 조합이 있으나, 우리 법상 조합은 채권계약 가운데 하나이므로(703조 이하) 여기의 단체는 법인만을 의미한다고 할 것이다. 회사(합명회사 · 합자회사 · 유한책임회사 · 주식회사 · 유한회사)가 그 전형적인 예이나, 비영리 사단법인도 많이 있다.

단체결성의 자유는 다시 두 가지로 세분되어야 한다. 하나는 성립단계에 있어서 설립의 자유이고, 다른 하나는 그 다음 단계에 있어서 단체와 그 구성원 사이의 법률관계 형성의 자유이다. 설립의 자유는 단체, 즉 법인의 종류에 따라 제한되기도 한다. 각종의 영리법인(회사)은 그 설립이 비교적 자유로우나(상법 172조 참조), 민법상의 비영리법인은 그것이 성립하기 위해서 행정관청의 허가가 있어야 하므로 설립의 자유가 상당히 제약을 받는다(32조). 그리고 단체와 그 구성원 사이의 법률관계 형성의 자유는 구성원이 단체에 대하여 가지는 권리 · 의무를 정관에 의하여 규율하는 것을 말한다.

(4) 유언의 자유

상속법 분야에서 유언의 자유가 인정된다. 그리하여 각 개인은 법이 정하고 있는 일정한 유언사항(친족상속법 [338] 참조)에 관하여 자유롭게 결정할 수 있다. 물론 그의 재산을 유언으로 타인에게 대가 없이 주는 유증(1074조 이하)도 거기에 포함된다. 그리고 법질서는 이 결정을 승인한다. 유언에 정당성이 있는가는 묻지 않는다. 예컨대 아버지가 유증하면서 자녀들을 정당한 이유 없이 차별한 경우에도 그것은 정당한 것으로 인정된다. 그렇다고 하여 유언에 전혀 제한이 없는 것은 아니다. 우선 유언은 일정한 방식에 따르지 않으면 효력이 생기지 않는다(1060조 · 1065조 이하). 또한 유언이 선량한 풍속 기타 사회질서에 반하는 경우에도 무효이다(103조). 그리고 유언자가 일정한 법정상속인의 상속분의 일정부분에 대하여는 자유로이 처분할 수 없도록 하는 유류분 제도를 두고 있다(1112조 이하).

(5) 권리행사의 자유

권리행사의 자유, 특히 소유권의 자유도 사적 자치의 발현형식의 하나이다. 그러나 권리행사 모두가 사적 자치행위에 속하는 것은 아니다. 권리를 사적 자치적인 규율, 즉 의사표시의 방식으로 행사하는 경우에만 권리행사가 사적 자치행위에 해당한다. 그리고 권리행사에는 소유권양도 · 채권양도와 같이 계약의 방식인 것도 있고, 소유권의 포기, 해지권 · 취소권 · 해제권 · 추인권의 행사와 같이 단독행위의 방식인 것도 있다. 그 가운데 전자에 대하여는 전술한 계약자유에 대한 설명이 참고되어야 한다. 그러한 계약은 물권계약 또는 준물권계약이기 때문이다.

(6) 사적 자치 이외의 자치

법질서는 이러한 자유 이외에도 많은 영역에서 자유활동을 허용한다. 영업의 자유, 경쟁의 자유, 의견의 자유, 정보의 자유, 일반적인 행동의 자유 등이 그 예이다. 그러나 이들은 사적 자치에 속하지 않는다. 법질서는 이들에 대하여는 — 위에서의 것과 달리 — 자유로운 활동은 허용하되 그러한 활동에 법적 구속성을 부여하지는 않는다.

3. 사적 자치의 실현수단으로서의 법률행위 [73]

(1) 사적 자치에 대한 법률행위의 의미

개인이 자기의 의사에 기하여 법률관계를 형성하는 것은 법률적으로 「법률행위」를 함으로써 가능하게 된다. 그리하여 법률행위는 사적 자치를 실현하는 수단이라고 설명된다. 그러면 사적 자치를 실현하는 수단 가운데 법률행위가 아닌 것도 있는가? 그리고 사적 자치의 원칙에는 법률행위 자유의 원칙 외에 다른 것도 있는가?

우리 문헌들은 여기에 관하여 정밀한 논의를 거의 하지 않는 편이다. 그러면서 대부분의 문헌은 단순히 i) 「사적 자치를 실현하는 법률적 수단은 법률행위」라고 하여(가령 곽윤직, 192면; 지원림, 176면) 법률행위가 사적 자치를 실현하는 유일한 수단인 것처럼 기술한다. 그런가 하면 ii) 사적 자치를 실현하는 「가장 중요한」 수단이 법률행위라고 하는 견해도 있다(장경학, 398면). 그리고 이 견해의 입장에서 보다 자세히 설명하는 문헌도 하나 있다(김상용, 316면).

이 문제는 — 우리 문헌들은 의식하지 못하고 있지만 — 근본적으로 사적 자치를 어떻게 이해하느냐에 달린 것이다. 독일에서는 사적 자치의 정의에 관하여 두 가지 입장이 있다. 그중 하나는 — 우리의 일치된 견해처럼 — 사적 자치는 개인이 자기의 의사에 의하여 법률관계를 스스로 형성하는 원칙이라는 것이고, 다른 하나는 의사표명(Willensäußerung)에 의하여 법률효과를 일으키거나 저지할 가능성의 법적인 승인이라는 것이다(Medicus, Rn. 174). 이들 가운데 전자에 따르면 법률행위는 사적 자치를 실현하는 유일한 수단일 수밖에 없고, 또한 사적 자치와 법률행위 자유는 동일하게 된다. 그에 비하여 후자에 따르면 사적 자치를 실현하는 법적 수단으로서 법률행위가 아닌 것도 있게 되고, 사적 자치는 법률행위 자유 외에 다른 것들도 지니게 된다. 사견을 포함하여 우리 문헌들은 일치하여 사적 자치를 전자처럼 파악하고 있다(ii)설을 취하는 김상용, 315면도 같다). 그리고 그러한 개념 파악은 적절하다. 왜냐하면 의사의 통지와 같이 의사표시가 아닌 것에 의하여 법률관계가 형성되는 경우는 법률이 그 법률효과를 정하는 것으로서 법률효과가 자기의 의사에 기하여 발생하는 경우와는 근본적으로 다르고, 따라서 그러한 경우 등을 사적 자치에 포함시키는 것은 적절하지 않기 때문이다. 그리고 사적 자치를 전자와 같이 파악하는 때에는, 행위자의 「의사」에 따른 법률효과가 발생하는 법률요건은 법률행위밖에 없고, 사적 자치는 자신의 의사에 기하여 법률관계를 창조적으로 규율하는 것이므로, 법률행위 이외의 사적 자치 실현수단을 상정하는 것은 적절하지도 않고 특별한 의미도 없다. 오히려 법률행위는 사적 자치를 실현하는 유일한 수단으로 보아야 할 것이다. 그 결과 법률행위 자유의 원칙은 사적 자치의 원칙과 내용적으로 같게 된다.

(2) 법률행위의 효력근거

법률행위의 효력근거는 제 1 차적으로는 법률행위(당사자의 의사)에서 찾아야 한다(같은 취지: Larenz, S. 302). 사적 자치가 인정되는 범위에서 법률행위에 의한 법률효과는 법률행위의 내용대로 발생하기 때문이다. 그렇지만 그러한 결과는 법질서가 시인하기 때문에 가능하게 된다. 법질서는 법률관계를 사적 자치적으로 형성할 수 있게 하되, 그 형식과 내용을 정해 놓고 그러한 유형의 것만 승인된 방식으로 하도록 하고 있다. 그런가 하면 한계를 정해 놓거나 추가요건을 요구하기도 한다(가령 103조, 사립학교법 28조). 이러한 점에서 볼 때 법질서를 법률행위의 효력근거에서 배제하는 것은 온당하지 않다. 결국 법률행위의 효력근거는 법률행위(당사자의 의사)와 법질서의 양자에서 찾아야 한다(같은 취지: 이영준, 117면. 그런데 지원림, 180면은 당사자의 의사(표의자의 내심의 주관적 의사)와 사적 자치의 또 다른 내용인 자기책임이 효력근거라고 하며, 김학동, 269면 · 270면은 당사자의 의사, 표시에 대한 상대방의 신뢰가 효력근거라고 한다).

4. 사적 자치의 한계 [74]

사적 자치는 법질서의 한계 내에서만 허용된다. 따라서 사적 자치에 관하여는, 그것이 인정되는 영역 외에 법질서가 설정하고 있는 한계도 살펴보아야 한다. 그러나 그 구체적인 내용은 해당하는 곳(특히 계약자유는 채권법각론 [6] · [7]. 그 밖에 주해(2), 114면 이하(송덕수)도 참조)에서 보기로 하고 여기서는 전반적인 경향만을 적기로 한다.

역사적으로 보면 사적 자치는 19세기에는 광범위하게 인정되고 제약이 많지 않았다. 그 결과 경제는 이전과는 비교할 수 없을 정도로 발전하였다. 그런데 개인에게는 심각한 문제가 발생하였다. 경제력의 차이로 말미암아 모든 자에게 동등하게 보장된 사적 자치적인 자유는 모든 자에 의하여 동등하게 행사될 수 없었다. 예컨대 생산수단의 소유자인 기업이 재산이 없는 자와 고용계약을 체결하는 경우, 주택의 소유자와 임차인이 임대차계약을 맺는 경우에 기업이나 주택소유자는 그의 소유권을 유용하게 이용하여 자신에게 유리한 내용으로 계약을 체결하였다. 사적 자치의 영역에서 이러한 문제점이 발생하게 되자, 사적 자치에 관하여 보다 많은 제약이 가해져야 한다고 주장되었으며, 문제점을 해결하기 위한 입법(특히 노동법 · 경제법)이 행하여지기도 하였다. 그리고 민법의 계약법에서도 강행규정이 점차 더 늘게 되었다. 또한 경제적 약자 보호를 위한 특별법도 많이 제정되었다.

이처럼 19세기에 비하여 오늘날 사적 자치가 많은 제약을 받고 있는 현상을 우리 문헌은 대체로 법률행위 자유의 원칙의 「수정」이라고 설명하고 있다(곽윤직, 193면 · 194면; 김용한, 248면; 김주수, 300면 등). 그런가 하면 이를 비판하는 견해(이영준, 119면-121면)도 있다. 생각건대 20세기와 21세기의 법질서에서 사적 자치는 그에 대한 제약이 증가하였다는 점만이 19세기에서와 다르다. 그리고 사적 자치는 법질서의 한계 내에서 인정되는 것이므로, 제약의 증가가 그에 대한 본질을 변경시키는 것은 아니다. 그럼에도 불구하고 사적 자치가 「수정」되었다고 하면, 그것이 「변질」된 것으로 잘못 파악하게 될 가능성이 있어서 바람직하지 않다. 우리 문헌에서 말하는 「수정」은 「제약이 증가하여 한계가 보다 엄격해졌다」는 정도로 이해되어야 할 것이다. 사적 자치는 오늘날 우리의 사법질서에 있어서도 중요한 기본원칙 가운데 하나이며, 그것이 가지는 의미는 결코 가볍게 취급되지 않아야 한다(고상룡, 305면은 사적 자치의 사고의 쇠퇴를 언급하고 있으나, 이는 적절하지 않다).

[75] ## Ⅲ. 법률행위의 구성요소로서의 의사표시

1. 의사표시의 의의

의사표시에 관한 우리 학자들의 표현은 각기 다르다. 그러나 의사표시를 「일정한 법률효과의 발생을 목적으로 하는 의사의 표시행위」라고 보는 점에서 실질적으로 일치하고 있다(곽윤직, 195면; 이영준, 121면 등 참조). 그러나 이와 같은 통설적인 정의는 만족스럽지 않다. ① 우선 표의자(表意者. 의사표시를 하는 자)는 사적 자치가 허용되는 범위 안에서 자유롭게 법률효과를 결정할 수 있는데, 위의 정의에 의하면 「일정한 법률효과」라고 하여 의욕될 수 있는 법률효과가 한정되어 있는 것처럼 되어 있다. ② 여기의 의사표시가 사법에 속하는 것임을 드러내지 못한다. ③ 의사표시에는 묵시적 의사표시도 있으므로 「표시」라는 표현이 완화되어야 한다. 이들을 고려하여 의사표시를 정의한다면, 의사표시는 「법률효과의 발생에 향하여진 사적(私的)인 의사표명」이라고 할 수 있다.

의사표시는 법률행위에 불가결한, 그리고 본질적인 구성요소이다. 의사표시는 단독으로 또는 다른 의사표시 기타의 법률사실과 결합하여 법률행위를 형성한다. 이렇게 의사표시를 요소로 하여 성립한 법률행위는 하나의 법률요건으로서 법률효과를 발생하게 하는데, 그 효과는 바로 의사표시의 내용에 따른 것이다.

2. 의사표시 이론

(1) 서 설

의사표시 이론은 의사표시가 효력을 가지는 근거는 어디에 있는가의 문제이다. 이러한 의사표시 이론은 무엇보다도 의사와 표시의 불일치, 특히 착오의 문제와 직접 관련된다. 그 때문에 종래 우리 문헌들은 이를 「의사와 표시의 불일치」와 관련하여 설명하여 왔다(곽윤직, 229면 등 참조). 그러나 의사표시 이론은 기본적으로 의사표시의 본질에 관한 것으로서, 의사와 표시의 불일치 외에 법률행위의 해석 등과 같은 의사표시 내지 법률행위의 여러 문제에 영향을 미친다. 따라서 의사표시 이론은 의사표시의 일반적인 문제로 논의되어야 한다.

의사표시 이론을 올바르게 이해하기 위하여서는, 먼저 그에 관한 독일에서의 이론을 살펴볼 필요가 있다. 왜냐하면 우리의 이론은 모두 독일의 이론을 받아들인 것이기 때문이다.

(2) 독일의 이론

독일에서 의사표시 이론으로 주장되었거나 주장되고 있는 이론으로는 의사주의, 표시주의, 효력주의, 플루메(Flume)의 견해 등이 있다.

의사주의(意思主義)는 의사표시가 의사와 표시의 두 요소로 구성되어 있다는 전제에 서서, 그 가운데 의사가 결정적인 요소라고 하는 견해이다(Savigny, Windscheid, Enneccerus, Zitelmann). 의사주의는 의사를 의사표시의 결정적 요소, 그리하여 효력근거로 보기 때문에(이른바 의사 도그마), 표시에 대응하는 의사가 없는 경우(의사와 표시의 불일치의 경우)에는 논리적으로 의사표시는 당연히 무효라는 결론에 도달한다(이른바 무효 도그마). 그러나 의사주의는 비진의표시에 대하여는 무효 도그마의 예외를 인정하였다.

표시주의(表示主義)는 의사표시가 의사와 표시로 구성되어 있다고 보고서, 그 가운데 표시가 의사표시의 결정적 요소라고 하는 견해이다(Danz). 즉 의사표시의 효력근거를 표시(표시에 의하여 창조된 신뢰요건)에서 찾는 이론이다. 표시주의에 의하면 표시행위가 존재하는 한 그에 대응하는 의사가 없는 경우(예컨대 착오)에도 표시행위로부터 추단되는 의사가 존재하는 것으로 하여 표시행위대로의 효력이 발생하게 된다.

효력주의(效力主義. Geltungstheorie)는 의사표시는 효력표시(Geltungserklärung)이고 의사와 표시로 나누어지지 않으며 일체로서 파악되어야 한다고 주장한다(Bülow, Larenz, Dulckeit, Nipperdey). 즉 의사표시는 내적인 의사의 단순한 통지가 아니고 의사의 실현(완성)이며, 의사는 그것이 실현되는 표시와 불가분적으로 결합되어 있다고 한다. 이렇게 의사가 표시에서 실현되고 또 표시에 의하여 의도적으로 표시된 것에 효력을 부여하기 때문에, 법률효과의 근거는 — 분리할 수 없는 — 의사와 표시에 공통적으로 존재한다고 한다. 효력주의에 의하면 착오로 인한 의사표시의 경우에도 의도적인 효력부여가 존재하고, 따라서 일단 유효한 법적 형성이 있으며, 그것은 단지 그 밖의 행위(즉 취소)에 의하여서만 다시 배제될 수 있다고 한다. 그리하여 의사와 표시의 2원론(분열)이 극복된다고 한다.

독일 학자 플루메(Flume)는 의사표시의 성질을 효력표시로 이해하고, 또 의사표시를 의사와 표시로 구분하지 않고 일체로 파악하는 점에서 효력주의에 찬성한다(Flume, S. 59). 그러나 그는 효력주의가 의사주의와 대립되는 것으로 생각하는 것은 옳지 않으며, 그것은 새롭게 이해된 의사주의라고 한다. 그리고 그는 이처럼 새롭게 이해한 의사주의의 입장에서 의사와 표시의 불일치의 해결을 위한 이론을 전개하고 있으며, 이 점에서는 효력주의와 전혀 다르다. 또한 고전적 의사주의와도 똑같지 않다. 플루메에 의하면, 의사표시의 본질은 「자기결정에서 법률관계를 창조적으로 형성하는 데」 있다고 한다. 그리고 자기결정에는 자기책임도 포함되어 있어서 의사흠결의 경우에도 의사표시가 당연히 무효인 것은 아니며(의사주의의 무효 도그마에 반대함), 표시의 효력이 인정될 수 있다고 한다. 그런데 의사흠결의 경우에 어떤 범위에서 자기결정의 상관개념인 자기책임에 기하여 책임을 부담하여야 하는가, 그리하여 표시행위를 효력 있게 할 것인가는 실정법이 정할 문제라고 한다(Flume, S. 61).

[76] (3) 우리나라의 학설

의사표시 이론에 관한 우리의 학설 가운데 i) 압도적인 다수설은 우리 민법이 — 의사주의와 표시주의 사이의 — 절충주의를 취하고 있다고 한다(고상룡, 388면; 곽윤직, 230면; 김상용, 438면; 김용한, 280면-282면; 김주수, 353면; 백태승, 405면(표시주의에 기운 절충주의); 이은영, 446면(절충적 표시주의)). 그런데 이 다수설은 실질적으로는 표시주의의 입장으로 보인다(김학동, 266면은 표시주의가 타당하다고 한다). 그에 비하여 ii) 소수설(이영준, 151면. 강태성, 519면도 이에 따르며, 홍성재, 188면도 유사하다)은 플루메의 견해를 바탕으로 하여 개인의 의사를 보다 강조하는 견해(이를 스스로 신의사주의라고 함)를 주장하고 있다. 나도 종래 소수설과 본질적으로 같은 견해를 취하여 왔다(주해(2), 129면 이하(송덕수)).

(4) 검토 및 사견

생각건대 실질적으로 표시주의의 입장에 있는 다수설은 다음의 점에서 옳지 않다. ① 우선 다수설은 의사표시의 본질을 파악하기 위하여(사실은 의사흠결의 문제를 해결하기 위하여) 의사와 표시가 불일치하는 경우, 즉 비정상적(병리적)인 경우를 모델로 하여 의사표시를 의사와 표시로 나눈다. 그러나 의사표시의 본질은 정상적인 경우에서 파악하여야 한다(같은 취지: Flume, S. 47-49). 그리한다면 의사표시는 본질적으로 「자기결정에 기하여 법률관계를 형성하는 행위」라고 할 수 있다. 그리고 이처럼 정상적인 경우에는 의사와 표시의 일치는 당연한 것으로 보아야 하며, 따라서 그것(의사와 표시의 일치)도 의사표시의 본질에 속하는 것으로 보아야 한다. 이러한 의사표시의 본질상 의사표시는 의사와 표시로 나누어지지 않으며, 의사와 표시는 본질적으로 단일체이다. 즉 표시는 의사의 단순한 통지가 아니고 의사를 실현시키는(구체화하는) 행위이며, 양자는 불가분적으로 결합되어 있다. 의사와 표시의 분리는 병리적인 경우에만 발생할 뿐이다. 그럼에도 불구하고 다수설은 의사와 표시가 분리되는 것으로 생각하고 있어서 옳지 않다. ② 다수설처럼 — 실질적으로 — 표시를 의사표시의 본체로 보는 태도는 민법의 기본원칙인 사적 자치와 조화되기 어렵다. ③ 그 이론을 취하면 당사자의 진의가 존중되어야 하는 가족법분야에는 적용될 수 없는 문제가 생긴다. ④ 그 이론은 법률행위의 해석 가운데 자연적 해석의 설명에 적절하지 않다.

사견에 의하면, 민법은 의사주의를 바탕으로 하고 있다. 그런데 여기의 의사주의는 고전적인 의사주의가 아니고, 의사와 표시를 본질적 단일체로 파악하는, 새롭게 이해된 의사주의라고 하여야 한다. 그리하여 의사표시의 효력근거는 일체로서의 의사와 표시 양자에 있다고 할 것이다. 한편 민법은 여러 규정(가령 107조 · 109조 · 2조 1항)에서 상대방의 신뢰를 보호하고 있으나, 그렇다고 하여 의사표시의 효력근거에 관한 민법의 근본입장이 바뀌지는 않는다. 의사주의에 의하더라도, 특히 의사흠결의 경우 자기결정에 포함되어 있는 자기책임에 의하여 의사표시를 표시된 대로 효력이 생기도록 할 수 있기 때문이다. 물론 어느 범위에서 자기책임을 자기결정에 우선시켜야 할 것인가, 즉 어떤 범위에서 상대방이나 제 3 자의 신뢰를 보호하여야 할 것인가는 실정법이 결정할 문제이다. 결국 민법은 의사주의를 바탕으로 하지만, 입법자의 결단에 의하여 상대방이나 제 3 자를 보호할 필요가 있는 경우에는 — 자기결정의 상관개념인 자기책임에 입각하여 — 그들의 신뢰를 보호하는 입장을 취하고 있다고 하겠다. 즉 신뢰보호에 의하여 제한된 의사주의의 입장에 있다. 이러한 사견은 우리의 소수설과 근본적으로는 같다. 그러나 그 견해는 의사에 하자가 있는 경우에도 의사표시가 표시된 대로 효력을 발생한다고 함으로써(이영준, 151면), 그러한 결과가 법질서에 의하여 결정된다는 점을 간과하고 있다. 그리고 구체적인 설명에서도 차이가 있다.

[77] 3. 의사표시의 구성요소

(1) 서 설

일반적으로 문헌에서는 의사표시를 기본적으로 의사와 표시로 나누고, 또 의사를 다시 세분한 뒤, 이들 가운데 어떤 것(들)이 의사표시를 구성하는 요소인가에 관하여 논하고 있다. 그러나, 앞서 본 바와 같이, 의사표시는 의사와 표시라는 독립적인 요소로 구분될 수 없다. 따라서 세분된 것들 가운데 무엇이 의사표시의 구성요소에 속하는가, 다시 말해서 무엇이 의사표시의 본질에 속하는가는 적절한 논의의 대상이라고 할 수 없다. 그 문제는 오히려 현실적으로 의사와 표시가 분리되어 있는 비정상적인 경우를 어떻게 해결하여야 하는가의 관점에서 다루어져야 한다. 그렇지만 우리의 문헌이 대부분 의사표시의 요소의 관점에서 기술하고 있으므로 부분적으로는 부득이 그러한 입장에서 설명하기로 한다.

우리의 문헌은 종래에는 대체로, i) 의사표시가 성립하는 심리적 과정을 분석 · 관찰하면 먼저 어떤 동기에 의하여 일정한 법률효과의 발생을 목적으로 하는 의사(효과의사)를 결정하고, 다음에 이 의사를 외부(타인)에 알리기 위하여 발표하려는 의사(표시의사)에 매개되어서, 일정한 행위가 되어 외부에 나타나게 된다(표시행위)고 하면서, 효과의사 · 표시의사 · 표시행위가 의사표시의 구성요소로서 문제된다고 하였다(대표적으로 곽윤직, 196면). 그런데 근래에는 ii) 효과의사 · 표시의사 · 표시행위 외에 행위의사를 따로 인정하는 견해가 일반화되고 있다(김상용, 324면 · 326면; 김주수, 351면; 김학동, 266면; 백태승, 321면; 이영준, 123면 등). 이를 검토해 보면, i)설은 행위의사를 독립적인 요소로 파악하지는 않지만 그것을 독립적인 요소로 파악하고 있는 ii)설과 같은 결과를 인정하고 있다. 따라서 이들 견해는 설명 방법만 다르다고 할 것이다. 그러나 어디서든 행위의사가 없는 경우를 다루어야 한다면 다수설처럼 표시행위에서 다루기보다는 독립적으로 취급하는 것이 좋다. 그러한 입장에 선다면, 의사표시의 구성요소로서 문제되는 것으로는 행위의사 · 표시의사 · 효과의사 · 표시행위를 들 수 있다. 그런데 이들 가운데 앞의 셋은 의사적 요소이므로, 의사표시의 구성요소에 대하여는 의사적 요소로서의 그 셋과 표시행위(표시적 요소)로 나누어 기술하는 것이 바람직하다(이은영, 452면은 표시의식을 표시행위의 문제로 고찰한다).

(2) 의사적 요소

1) **행위의사**　　행위의사라 함은 외부적인 용태, 즉 행위를 한다는 의식(의사)이다. 말을 하거나 일정한 동작을 하거나 단순히 침묵하는 것과 같이 의식적으로 행위하는 자는 모두 이러한 행위의사를 가지고 있다. 그러나 가령 의식불명상태 · 최면상태 또는 수면상태에서 말을 하는 경우, 저항할 수 없는 폭력에 의하여 서면에 날인하게 된 경우(절대적 폭력의 경우), 단순히 반사적으로 행동한 경우에는 행위의사가 없다. 행위의사가 없는 경우에는 의사표시는 존재하지 않는다. 따라서 의사표시에 의한 법률효과가 발생할 여지가 없다. 또한 이 경우에는 신뢰책임도 발생하지 않는다.

행위의사를 독립한 요소로 보지 않는 견해는 그 경우를 표시행위의 문제로 다루고 있다. 그러나 한결같이, 의사표시라고 할 수 있기 위하여서는 의식 있는 거동이어야 하므로, 수면 중의 행위나 강제에 의한 거동은 표시행위로서의 가치가 없다고 하여(대표적으로 곽윤직, 197면), 결과에서는 행위의사를 독립요소로 보는 견해와 같다.

2) **표시의사(표시의식)**　　표시의사 또는 표시의식은 법적으로 의미 있는 표시행위를 한다는 의식이다. 표시의식은 표의자가 그의 용태가 법적으로 의미 있는 표시로서 파악될 수 있음을 의식하는 경우에 존재한다. 표의자가 단순히 법적으로 의미가 없는 어떤 것을 표시한다고 믿는 경우에는 표시의식은 없다. 표시의식은 단순히 행위를 한다는 의식인 행위의사, 그리고 구체적인 법률효과에 향하여진 의사인 효과의사와 구별된다. 표시의식이 없는 경우의 예로는 축하장이라고 생각하고서 어음에 기명날인하는 경우를 들 수 있다. 그리고 — 독일문헌에서 강학상의 필요에서 만들어졌지만 자주 인용되고 있는 — 트리어(Trier)의 포도주 경매사건(이 예는 H. Isay에 의해서 처음 소개되었다)이 있다. 그 사건은 다음과 같다. 트리어 지방에 낯선 A가 아무 생각 없이 포도주 경매가 행하여지고 있는 식당에 들어갔다. 그곳의 포도주 경매에 있어서 손을 드는 행위는 100마르크(Mark) 더 비싸게 사겠다고 하는

가격신청을 의미하였다. A는 참석자 가운데 친구를 발견하고 손을 들어 그에게 신호를 보냈다. 경매자는 이 동작을 가격신청으로 해석하고 A에게 경락결정을 내렸다. 이 경우에 A는 행위의사는 가지고 있었지만, 그가 의욕한 친구에 대한 인사가 아무런 법적 의미도 없기 때문에 표시의식은 없었다.

표시의식이 의사표시의 구성요소인가에 관하여는 i) 긍정설(고상룡, 386면; 김상용, 326면; 이영준, 125면)과 ii) 부정설(곽윤직, 198면; 김학동, 266면 · 267면; 명순구, 349면; 백태승, 322면; 이은영, 453면; 지원림, 229면)이 대립하고 있다. i)설에 따르면, 표시의식이 없는 경우에는 의사표시는 존재하지 않는다. 그러므로 트리어의 포도주 경매사건의 경우 유효한 의사표시는 없으며, 따라서 무효이다. 그에 비하여 ii)설에 의하면, 표시의식이 없는 경우에도 의사표시는 유효하게 성립하게 되며, 단지 착오에 관한 규정의 적용 또는 유추적용에 의하여 취소할 수 있을 뿐이다. 그리하여 트리어의 포도주 경매사건에 있어서 A의 거수행위는 가격신청의 의미를 갖는 유효한 의사표시이며, A는 그 의사표시를 취소할 수 있다. 생각건대 표시의식은 의사표시의 요소의 문제로 논의되어서는 안 된다. 오히려 표시의식이 없는 경우에도 표시된 대로 효력을 발생하는가의 관점에서 다루어져야 한다. 표시의식이 없는 경우에는 진정한 의미에서 자기결정에 의한 법률관계의 형성은 존재하지 않는다. 그러나 자기결정에는 자기책임이 포함되어 있으므로 법질서는 사적 자치에 기하여 상대방의 신뢰보호를 위하여 표시의식이 없는 경우에도 표시된 대로 효력을 발생하게 할 수 있다. 그런데 민법은 이 경우에 관하여 명문의 규정을 두고 있지 않다. 그렇지만 표시의식이 없는 경우는 이익관계에 있어서 효과의사가 없음을 표의자가 모르는 착오의 경우(109조)와 같으므로, 민법은 두 경우를 동일하게 취급하고 있다고 평가할 수 있다. 그렇게 본다면 표시의식이 없더라도 일단 표시된 대로 효력을 발생하게 되며, 다만 표의자는 제109조의 요건 하에 그것을 취소할 수 있다고 할 것이다. 이때 표시된 대로 효력이 발생되는 행위는 정상적인 의사표시는 아니지만 궁극적으로는 법률에 의하여서가 아니고 사적 자치(자기결정과 결합된 자기책임)에 근거하여 효력을 발생시키는 것이므로 의사표시로 인정하여야 할 것이다.

[78] **3) 효과의사** 효과의사는 일정한(어떤 구체적인) 법률효과의 발생에 향하여진 의사이다. 효과의사는 구체적인 법률효과를 내용으로 하는 점에서 일반적 · 추상적인 법률효과의식인 표시의식과 구별된다. 예컨대 A가 B에게 편지로

매도청약을 하면서 대금을 980만원으로 쓰려고 하였으나 잘못하여 890만원으로 쓴 경우에는, A에게는 법적으로 의미 있는 표시를 하려는 의식 즉 표시의식은 있으나, 890만원에 팔겠다고 하는 효과의사는 없다. 효과의사에 관하여 과거에는 대체로 그것이 법률효과가 아니고 사실적 효과에 향하여진 것이라고 설명하였으나, 지금은 사견처럼 설명하는 것이 보통이다(가령 이영준, 127면; 이은영, 450면).

효과의사는 표시행위로부터 추단되는 의사인 「표시상의 효과의사」인가, 표의자가 가지고 있었던 실제의 의사(진의, 내심의 의사)인 「내심적 효과의사」인가? 여기에 관하여는 i) 의사표시의 요소가 되는 것은 표시상의 효과의사뿐이라는 표시상의 효과의사설(곽윤직, 198면; 김주수, 350면; 이은영, 449면)과, ii) 효과의사의 본체는 내심적 효과의사라고 하는 내심적 효과의사설(강태성, 514면; 김상용, 325면; 김준호, 259면; 명순구, 346면; 백태승, 323면; 이영준, 131면; 지원림, 229면)이 대립하고 있다. 그리고 판례는 법률행위의 해석과 관련하여 의사표시의 요소가 되는 것은 표시상의 효과의사라고 한다(대판 1996. 4. 9, 96다1320; 대판 1997. 6. 24, 97다5428; 대판 1997. 11. 28, 97다11133; 대판 2002. 2. 26, 2000다48265; 대판 2002. 6. 28, 2002다23482. 이들 중 첫째 판결에 대한 비판으로 송덕수, "법률행위의 해석과 표시상의 효과의사," 이화여대 법학논집 6권 1호(2001. 6), 451면 이하 참조). 생각건대 내심적 효과의사만이 효과의사이고 표시상의 효과의사는 효과의사가 아니다. 표시상의 효과의사는 표시주의(또는 효력주의)의 입장에서 내심적 효과의사가 없는 경우에 의사표시의 성립을 인정하기 위하여 존재하는 것으로 의제된 것에 지나지 않는다. 즉 효과의사를 의사표시의 요소라고 하면, 표시행위에 대응하는 내심적 효과의사가 결여된 경우에는 의사표시의 성립이 인정될 수 없고, 그 결과 상대방의 신뢰가 보호되지 못한다. 여기서 상대방의 신뢰를 보호하려면 의사표시의 유효한 성립을 인정하여야 했는데, 실제로는 효과의사가 없기 때문에 표시행위로부터 추단되는 효과의사가 존재하는 것으로 의제한 것이다. 한편 판례는, 의사표시의 해석의 경우 표시상의 효과의사가 그 표준이 될 수도 없을뿐더러, 설사 그것이 표준이 된다고 하여도 해석에 관한 판결에서 그것이 의사표시의 요소인지 언급할 필요는 없다는 점에서 부당하다.

효과의사도 표시의식과 마찬가지로 의사표시의 요소인가의 면에서 다루어지지 않아야 하며, 오히려 효과의사가 없는 경우에 표시된 대로 효력이 발생하는가의 관점에서 다루어져야 한다. 효과의사(내심적 효과의사)가 없는 경우에는 진정한 의미에서 자기결정에 의한 법률관계의 형성은 존재하지 않는다. 그렇지만 자기결정에는 자기책임이 포함되어 있으므로, 법질서는 사적 자치에 기하여 일정한 경우에는 상대방의 신뢰보호를 위하여 일단 표시된 대로 효력을 발생하게 할 수 있다(107조 내지 109조 참조). 한편 효과의사가 없는 의사표시는 정상적인 의사표시는 아니지만 궁극적으로는 사적 자치(자기결정 또는 자기책임)에 기한 것이므로 의사표시로서 인정하여야 할 것이다.

[79] (3) 표시행위(표시)

1) 의 의 표시행위(표시)는 효과의사를 외부에서 인식할 수 있도록 표명하는 행위이다. 표시행위는 여러 가지 방식으로 행하여질 수 있다. 말이나 글뿐만 아니라 머리를 끄덕이거나 가로젓는 것과 같은 동작과 심지어 침묵도 표시행위로 될 수 있다.

2) 표시행위의 방식(명시적 표시와 묵시적 표시) 표시행위를 명시적인 것과 묵시적인 것으로 나눌 것인가, 구별한다면 어떤 기준에 의할 것인가가 문제된다. 명시적 표시와 묵시적 표시의 구별에 관하여는 i) 그것은 결국 표시행위가 가지는 표시가치의 크고 작음에 의한 구별에 지나지 않으며, 우리 민법에서는 이를 구별할 실익이 없다는 구별 불필요설(곽윤직, 197면)과, ii) 법률행위의 내용이 비통상적이면 비통상적일수록 명시적 표시를 요한다고 하는 구별 필요설(이영준, 135면)이 대립하고 있다. 생각건대 두 표시는 법률효과에 있어서 아무런 차이도 없기 때문에 구별의 필요성이 크지는 않으나, 둘을 구별하고 묵시적 표시를 자세히 살펴보는 일은 실제의 법률생활을 보다 잘 이해하는 데 유익할 것이다. 그러므로 구별은 필요하다.

그러면 명시적 표시와 묵시적 표시를 어떤 기준에 의하여 구별할 것인가? 여기에 관하여는 i) 주관설과 ii) 객관설이 대립하고 있다. i) 주관설(백태승, 324면; 주해(2), 144면(송덕수))은 효과의사가 표시행위에서 직접 표현된 경우가 명시적 표시이고, 행위자가 일정한 행위로써 직접적으로는 다른 목적을 추구하지만 그로부터 간접적으로 효과의사를 추단할 수 있는 경우는 묵시적 표시라고 하는 견해이다. ii) 객관설은 모습이 둘로 나뉘는데, 그 하나는 (a) 표의자의 효과의사가 언어나 문자 등에 의하여 분명히 표현된 경우를 명시적 의사표시라고 하고 법률행위의 제반사정에 비추어 의사표시가 있었다고 인정되는 경우를 묵시적 의사표시라고 하는 견해(김준호, 260면; 이은영, 454면)이고, 다른 하나는 (b) 두 가지로 해석될 수 없는 일의적인 의사표시를 명시적 의사표시라고 하고 그렇지 않은 의사표시를 묵시적 의사표시라고 하는 견해(이영준, 135면)이다. 사견은 종래부터 주관설에 찬성하고 있다(주해(2), 144면 (송덕수) 참조).

3) 묵시적 표시

(가) **서 설** 법률이나 당사자의 약정에 의하여 명시적인 표시가 요구되는 경우를 제외하고는 의사는 묵시적으로 표시될 수 있으며, 그에 관하여는 다툼이 없다. 그런데 무엇을 묵시적 표시로 이해할 것인가에 관하여는 학자들의 태도가 엇갈리고 있다. 사견으로는 침묵에 의한 표시뿐만 아니라 추단적 행위에 의한 표시도 묵시적 표시라고 하여야 하며, 이들이 표시행위로서 파악될 수 있는 한 그 모두를 의사표시로 보아야 한다고 생각한다. 이 둘을 나누어 살펴보기로 한다.

(나) **추단적 행위** 추단적 행위는 직접 효과의사의 표명을 목적으로 한 것은 아니지만 그로부터 일정한 효과의사를 추단할 수 있는 행위이다(이영준, 138면은 이를 포함적 의사표시라고 한다). 이러한 추단적 행위도 비록 간접적이기는 하지만 효과의사를 표현하는 것이고, 따라서 표시행위이다. 그 결과 의사표시로서의 효과가 발생하게 된다. 추단적 행위에 의한 의사표시는 유상으로 제공된 급부를 이용하는 경우에 자주 행하여진다. 가령 식당의 식탁 위에 놓여져 있는 빵을 손님이 먹은 경우, 어떤 자가 전차에 승차하거나 전기·수도·가스 등을 사용하거나 자신의 차를 유료주차장에 주차시키는 경우에 그렇다. 견해(사실적 계약관계론)에 따라서는, 뒤의 예의 경우에는 의사표시가 아니고 그 행위(사회정형적 행위)에 의하여 계약이 성립한다고 하나, 이는 옳지 않다(채권법각론 [29] 참조).

의사실현(意思實現)(532조)도 추단적 행위에 의한 표시에 포함된다. 의사실현은 「승낙의 의사표시로 인정되는 사실」이다(채권법각론 [28] 참조). 가령 매도청약과 함께 송부된 책을 수령자가 여러 부분으로 나누거나 줄을 그어 가면서 읽는 경우가 그에 해당한다. 견해(곽윤직, 채권각론, 제 6 판, 2003, 47면; 이은영, 채권각론, 제 5 판, 2007, 94면)에 따라서는 의사실현을 표시행위에 해당하지 않는다고 하여 의사표시에서 제외시킨다. 생각건대 의사실현은 타인에 대한 통지의 의미가 없는 점에서 확실히 다른 의사표시와 차이를 보이기는 한다. 그러나 그러한 이유 때문에 의사실현을 의사표시에서 배제하여서는 안 된다. 의사실현에 있어서도 — 의사표시의 본질인 — 자기결정에 의한 법률관계의 창조적인 형성이 존재하며, 그 점에서 다른 의사표시와 공통된다(통지는 의사표시의 본질적인 표지가 아니다). 따라서 의사실현도 의사표시로 보아야 한다. 즉 추단적 행위에 의한 의사표시, 그리하여 묵시적인 의사표시이다.

추단적 행위에 의한 의사표시는 명시적인 이의에 의하여 그 성립이 저지될 수 있다. 물론 이의는 그것이 의사표시의 효력발생 후에 제기된 경우에는 고려되지 않는다. 그때의 이의는 표시된 것으로부터 분리되어 있기 때문이다. 그리고 이의는 행위 자체와 모순되지 않아야 한다. 행위와 모순되는 이의는 고려되지 않는다. 그리하여 가령 유료주차장에 주차시키면서 주차료를 지급하지 않겠다고 하는 경우에는, 그 이의는 고려되지 않으며, 따라서 주차료를 지급하여야 한다.

㈐ **침묵에 의한 표시** 침묵은 원칙적으로 표시행위가 될 수 없다. 그러나 침묵을 효과의사의 표현이라고 인식시키는 특별한 사정이 존재하는 경우에는, 침묵은 표시행위로 인정될 수 있다. 예컨대 당사자 사이에 명시적으로 침묵이 일정한 의미(동의 또는 거절)를 가진다는 데 합의가 있는 경우, 사단법인 총회에서 의장이 결의에 반대하는 사원은 손을 들라고 하는 경우에 그렇다. 이와 같은 특별한 사정이 없는 경우에는, 가령 청약자가 침묵은 승낙의 의사표시로 보겠다고 하여도, 상대방은 아무런 대답을 할 필요가 없으며, 그의 침묵은 승낙의 표시로 해석될 수 없다. 침묵이 표시행위로 인정되는 경우에, 그것은 언제나 묵시적인 표시라고 하여야 한다(이은영, 456면은 의제된 의사표시라고 한다).

침묵이 의사표시로 되는 경우에 그것이 동의의 의사표시인가 거절의 의사표시인가가 문제된다. 이는 개별적인 경우의 사정에 따라 결정되어야 한다. 그런데 침묵이 의사표시로 인정되는 경우는 대체로 거절할 때에 한하여 특별한 표시를 요구할 것이다. 그런 의미에서 침묵은 원칙적으로 동의를 의미한다고 할 수 있다. 그러나 개별적인 경우에 침묵이 거절 또는 반대의 의미를 지닐 수도 있다. 예컨대 결의과정에서 찬성하는 사람은 손을 들라고 하는 경우에 그렇다.

[80] 4) **의제된 의사표시** 민법은 일정한 추단적 행위나 특히 침묵이 있는 경우에 의사표시가 없음에도 불구하고 의사표시가 있는 것으로 간주(의제)하는 규정을 두고 있다(15조 · 145조 · 639조 · 1026조 등). 그러한 경우에 법률규정에 의하여 인정된 추인 · 취소 · 단순승인 · 승낙 등은 법률에 의하여 의제된 것이므로 의제된 의사표시라고 한다. 그러나 의제된 의사표시는 결코 의사표시가 아니다. 추인 · 취소 등과 같이 의사표시에 해당하는 표현은 법률이 법률효과를 결정하기 위한 보조수단으로 의사표시 개념을 빌려 사용한 것에 불과하다.

의제된 의사표시는 의사표시가 아니기 때문에 그것에 의사표시에 관한 규정이 적용될 수 없다. 그런데 유추적용은 해야 하는가? 일부 문헌(이영준, 144면)은, 침묵이 추인거절로 의제되는 경우에는 의사표시 규정을 유추적용할 필요가 없지만, 침묵이 추인 또는 갱신이 있는 것으로 의제된 경우에는 유추적용할 것이라고 한다. 그러나 이러한 해석은 법률관계를 획일적·안정적으로 처리하려고 하는 의제규정의 취지에 부합하지 않는다. 따라서 의제된 의사표시는 가령 착오를 이유로 취소할 수 없다고 할 것이다.

〈전자적 의사표시의 문제〉

근래 전자적 의사표시 또는 자동화된 의사표시에 관하여 논의가 되고 있다. 전자적 의사표시는 의사표시가 컴퓨터와 같은 자동화된 설비에 의하여 행하여지는 경우를 가리킨다. 이러한 의사표시의 법률상의 취급에 관하여는, i) 통상의 의사표시와 마찬가지로 보아야 한다는 견해(김상용, 333면; 백태승, 330면; 이영준, 144면; 지원림, 227면)와, ii) 인간이 결정한 효과의사를 컴퓨터통신을 통하여 전달하는 것일 뿐인 경우에는 다른 통신수단을 이용한 의사표시와 크게 다를 것이 없지만, 컴퓨터가 상대방의 청약을 분석하여 계약체결 여부를 자동적으로 결정하여 승낙의 의사표시를 발하는 등 의사형성이 자동화된 프로그램에 의하여 이루어지는 경우에는 독자적인 법원리가 필요하다고 하는 견해(이은영, 459면)가 대립하고 있다. 생각건대 의사표시의 모든 과정이 컴퓨터에 의하여 이루어지는 경우는 특수한 점이 있는 것이 사실이다. 그러나 그러한 경우의 문제도 법률행위에 관한 종래의 규정 및 이론에 의하여 해결할 수 있을 것이라고 생각한다.

Ⅳ. 법률행위의 요건 [81]

1. 서 설

법률행위가 그 법률효과를 발생하려면, 여러 가지의 요건을 갖추어야 한다. 그런데 이론적으로는 법률행위가 먼저 성립하고 그 뒤에 비로소 유효·무효가 문제되기 때문에, 학설 가운데 i) 우리의 다수설은 법률행위의 요건을 법률행위가 성립하기 위한 요건인 성립요건과 그것이 유효하기 위한 요건인 효력요건 내지 유효요건으로 구분한다. 그리고 성립요건과 효력요건은 모두 법률행위 일반에 공통하는 요건(일반적 성립요건·일반적 효력요건)과 개별적인 법률행위에 특유한 요건(특별성립요건·특별효력요건)으로 다시 세분하고 있다(곽윤직, 198면; 김상용, 340면; 김용한, 249면; 김준호, 219면; 백태승, 331면; 이영준, 172면). 그러나 ii) 다수설의 주장 내용 중 특별성립요건의 구별에 의문을 제기하는 견해(김학동, 271면), iii) 성립요건 · 효력요건을 종합하여 「법률행위의 요건」으로서 고찰함이 바람직하다는 견해(이은영, 354면), iv) 법률행위의 요건을 성립요건(일반성립요건 · 특별성립요건) · 유효요건 · 효과귀속요건 · 효력발생요건으로 나누는 견해(고상룡, 314면; 김주수, 320면)도 있다.

이와 같은 여러 기술방식 가운데 어느 것에 따를 것인가는 법률행위의 요건을 성립요건과 효력요건으로 구분할 실익이 있는지, 그리고 체계적으로 이해시키기 위한 가장 합리적인 방식이 어떤 것인지를 고려하여 결정하여야 한다. 우선 성립요건과 효력요건을 구별할 실익이 있는가에 관하여 보자면, 증명책임 부담의 면에서 양자는 구별할 필요성이 있다고 하겠다. 왜냐하면 법률행위의 성립요건은 법률행위의 효과를 주장하는 당사자가 증명하여야 하는 데 비하여, 효력요건은 당해 법률행위의 무효를 주장하는 자가 그것의 부존재를 증명하여야 하기 때문이다. 따라서 법률행위의 요건은 성립요건과 효력요건으로 나누어 살펴보아야 한다. 나아가 법률행위의 요건 가운데에는 모든 법률행위에 공통한 것도 있고 개별적인 법률행위에 특유한 것도 있다. 따라서 일반적인 요건만에 관한 설명은 불충분하게 된다. 결국 다수설이 여러 면에서 가장 바람직하다. ii)설이 부당함은 이미 보았고, iii)설은 현실성이 없으며, iv)설은 불필요한 세분화로 개념상의 혼란을 가져올 수 있다. 그리하여 아래에서는 다수설처럼 법률행위의 요건을 먼저 성립요건과 효력요건으로 나누고, 그것들을 각각 일반적인 것과 특별한 것으로 세분하여 기술하기로 한다.

2. 성립요건

성립요건은 법률행위의 존재가 인정되기 위하여 필요한 최소한의 외형적 · 형식적인 요건이다. 성립요건에는 모든 법률행위에 공통하는 일반적 성립요건과, 개별적인 법률행위에 대하여 특별히 요구되는 특별성립요건이 있다.

(1) 일반적 성립요건

일반적 성립요건은 모든 법률행위에 대하여 요구되는 성립요건이다. 종래에는 대체로 일반적 성립요건으로 ① 당사자, ② 목적, ③ 의사표시의 셋을 들었다(현재에는 곽윤직, 199면; 김용한 249면; 이영준, 173면이 그렇다). 그러나 당사자와 목적은 의사표시 안에 포함되므로 의사표시 외에 당사자와 목적을 열거하는 것은 불필요하다. 그렇다고 하여 의사표시만을 언급하는 것은 불충분하다. 왜냐하면 계약의 경우에는 하나 또는 각각의 의사표시만으로 법률행위(계약)가 성립하지는 않으며, 의사표시의 일치인 합의가 있어야 하기 때문이다. 따라서 법률행위의 일반적 성립요건은 법률행위의 성립에 필요한 의사표시(단독행위의 경우) 또는 의사표시의 일치, 즉 합의(계약의 경우)라고 하여야 한다. 이러한 지적을 고려하여 당사자, 목적, 의사표시를 요건으로 들면서 계약의 경우 합의의 설명을 덧붙이는 견해도 있다(김상용, 340면; 백태승, 331면 등. 고상룡, 313면은 당사자와 의사표시가 성립요건이라고 한다).

(2) 특별성립요건

이는 개별적인 법률행위에 대하여 추가적으로 더 요구되는 성립요건이다. 이러한 요건은 대부분 법률에 규정되어 있으나, 당사자의 약정(가령 요식행위 약정)에 의하여 요구될 수도 있다(같은 취지: 백태승, 332면; 이은영, 357면. 반대: 고상룡, 313면; 곽윤직, 199면; 김주수, 321면; 이영준, 173면). 법률에 규정되어 있는 특별성립요건의 예로는 요식행위에 있어서의 일정한 방식(가령 혼인에 있어서 일정한 방식의 신고. 812조 참조), 요물계약에서의 목적물의 인도 기타의 급부 등을 들 수 있다. 그 밖에 일부 문헌은 동산의 인도나 부동산의 등기를 물권행위의 특별성립요건으로 파악하나, 그 견해는 옳지 않다([69] 및 물권법 [27] 참조).

3. 효력요건(유효요건) [82]

효력요건은 이미 성립한 법률행위가 효력을 발생하는 데 필요한 요건이며, 이것도 역시 일반적인 것과 특별한 것으로 세분될 수 있다.

(1) 일반적 효력요건

일반적 효력요건은 모든 법률행위에 공통적으로 요구되는 효력요건이며, 여기에는 여러 가지가 있다.

우선 당사자에게 의사능력과 행위능력이 있어야 한다(의사능력 · 행위능력에 관하여는 본장 제 5 절 참조). 의사능력이 없는 자의 의사표시도 의사표시로서는 성립하지만 무효이므로, 의사능력은 효력요건이 된다. 제한능력자의 법률행위는 유효하게 성립하며 단지 취소할 수 있을 뿐이다. 그렇지만 법률행위가 취소되면 소급하여 무효로 되기 때문에 행위능력은 효력요건으로 보아도 무방하다. 그에 비하여 권리능력(권리의 주체가 될 수 있는 지위 또는 자격)은 성립요건에 따르는 문제로 보아야 한다(같은 취지: 김상용, 341면; 김준호, 219면; 백태승, 332면. 반대: 이영준, 174면; 이은영, 356면). 왜냐하면 권리능력이 없는 자의 의사표시는 의사표시로서의 존재가 인정되지 않기 때문이다.

법률행위의 목적(법률행위에 의하여 달성하고자 하는 법률효과)이 확정될 수 있어야 하고(이은영, 357면은 이를 성립요건으로 본다), 실현가능하여야 하고, 적법하여야 하며, 사회적 타당성을 지니고 있어야 한다(본장 제6절 참조). 법률행위의 목적이 확정되어 있지도 않고 확정될 수도 없거나, 처음부터 실현이 불가능하거나(원시적 불능), 강행법규에 반하거나, 또는 선량한 풍속 기타 사회질서에 위반된 때에는 법률행위는 무효이다.

의사표시에 관하여 의사와 표시가 일치하고, 사기 · 강박에 의한 의사표시가 아니어야 한다(본장 제7절 참조). 의사와 표시가 일치하지 않는 경우에는 의사표시가 무효이거나(비진의표시의 예외적인 경우, 허위표시) 취소될 수 있다(착오). 그리고 사기 · 강박에 의한 의사표시의 경우에는 법률행위가 취소될 수 있다.

(2) 특별효력요건

이는 일정한 법률행위에 특유한 효력요건이다. 특별효력요건 가운데에는 법률에 규정되어 있는 것도 있고, 당사자의 약정에 의한 것도 있다. 특별효력요건의 예로는, 대리행위에 있어서 대리권의 존재, 미성년자 · 피한정후견인(동의가 유보된 경우)의 법률행위에 있어서 법정대리인의 동의, 유언에 있어서 유언자의 사망, 정지조건부 법률행위에 있어서 조건의 성취, 시기부 법률행위에 있어서 기한의 도래, 토지거래 허가구역 안에서 체결하는 토지에 관한 계약에 있어서 시장 · 군수 · 구청장의 허가(「부동산 거래신고 등에 관한 법률」 11조), 학교법인(사립학교의 경우)의 기본재산 처분에 있어서 관할청의 허가(사립학교법 28조) 등을 들 수 있다.

〈법률행위의 요건〉

	성립요건	효력요건
일반요건	법률행위의 성립에 필요한 의사표시(단독행위의 경우) 또는 의사표시의 일치 즉 합의(계약 · 합동행위의 경우) 〈참고〉 다수설은 당사자 · 목적 · 의사표시라고 함.	당사자의 의사능력 · 행위능력 법률행위의 목적의 확정 · 가능 · 적법 · 사회적 타당성 의사표시에 관하여 의사와 표시가 일치하고 사기 · 강박에 의한 의사표시가 아닐 것

특별요건	(예) 요식행위에 있어서의 일정한 방식, 요물계약에 있어서의 목적물의 인도 기타의 급부	(예) 대리행위 — 대리권의 존재 미성년자 · 피한정후견인(동의가 유보된 경우)의 법률행위 — 법정대리인의 동의 유언 — 유언자의 사망 정지조건부 법률행위 — 조건의 성취 시기부 법률행위 — 기한의 도래 토지거래 허가구역 안에서의 토지에 관한 계약 — 시장 · 군수 · 구청장의 허가 학교법인의 기본재산 처분 — 관할청의 허가

제 3 절 법률행위의 종류

Ⅰ. 서 설 [83]

법률행위는 여러 가지 표준에 의하여 그 종류를 나눌 수 있다. 이하에서는 통상적으로 설명되고 있는 법률행위의 종류를 적어 보기로 한다.

Ⅱ. 단독행위 · 계약 · 합동행위

법률행위는 그것의 요소인 의사표시의 수와 모습에 따라 단독행위 · 계약 · 합동행위로 나누어진다(김상용, 345면; 김학동, 277면은 여기에 결의를 추가하고, 고상룡, 307면; 김주수, 303면은 결의와 함께 협약을 더하고 있다). 이는 법률행위의 분류 가운데 가장 기본적인 것이다.

1. 단독행위(單獨行爲)

단독행위는 하나의 의사표시에 의하여 성립하는 법률행위이며, 일방행위(일방적 행위)라고도 한다. 그것은 하나의 의사표시만으로 성립하는 점에서 복수의 의사표시를 필요로 하는 계약 · 합동행위와 구별된다.

단독행위는 상대방이 있느냐에 따라 상대방 있는 단독행위와 상대방 없는 단독행위로 세분된다. ① 상대방 있는 단독행위는 상대방에 대하여 행하여지는 단독행위이다. 그런데 여기의 상대방이 반드시 특정인이어야 하는 것은 아니다. 대부분은 특정인이겠으나 불특정 다수인을 상대방으로 하는 경우도 있다. 동의·채무면제·추인·취소·상계·해제·해지 등은 전자의 예이고, 현상광고(675조 참조)를 단독행위로 본다면 그것은 후자의 예이다. 이들 중 특정한 상대방에 대하여 행하여지는 단독행위는 의사표시가 상대방에게 도달하여야 효력이 발생한다(111조 1항). ② 상대방 없는 단독행위는 상대방이 존재하지 않는 단독행위이다. 상대방 없는 단독행위는 대체로 의사표시가 있으면 곧 효력이 발생하나, 관청의 수령이 있어야만 효력이 발생하는 것도 있다. 유언·재단법인 설립행위·권리(예컨대 소유권)의 포기는 전자의 예이고, 상속의 포기(1041조), 채권자에 의한 공탁의 승인(489조)은 후자의 예이다.

사적 자치에 따라 단독행위의 자유가 인정되는가? 여기에 관하여는, i) 민법 기타 법률에 특별한 규정이 있는 경우에 한하여 행하여질 수 있다는 견해(고상룡, 306면; 김상용, 347면; 이영준, 179면; 이은영, 330면(관습법도 추가하고 있음). 곽윤직, 200면은 원칙적으로 법률규정이 있는 경우에만 허용된다고 한다)와, ii) 직접으로 행위자의 법적 영역에만 관련되는 경우, 타인의 법적 영역에도 관련되나 그 타인에게는 단지 권능만을 부여하거나 혹은 타인에게 유리한 법적 지위를 주는 경우(예: 대리권 수여, 상속재산의 거절)에는 자유롭게 할 수 있으나, 법률행위가 타인에게 불리하게 작용할 수 있는 경우에는 법률의 규정이 있거나 이에 관한 당사자의 합의가 있어야 한다는 견해(김학동, 276면)가 대립하고 있다. 생각건대 법률규정이 없는 경우에도 단독행위가 가능한 때가 있기 때문에 기본태도에서는 ii)설이 옳다. 그러나 ii)설은 권능 등을 주는 때에도 자유롭게 할 수 있다고 하는 점에서 옳지 않다. 사견으로는 단독행위 가운데 소유권 포기와 같이 타인의 권리·의무에 영향을 미치지 않는 단독행위는 사적 자치의 원칙상 자유롭게 행하여질 수 있으나, 타인의 권리·의무에 영향을 미치게 되는 단독행위는 비록 그것이 타인에게 이익만을 주는 경우(가령 채권취득)에도 법률이 허용하는 때(가령 취소·해제·상계 등)에 한하여서만 행하여질 수 있다고 하여야 한다(같은 취지: 지원림, 185면). 한편 ii)설이 권능 부여 등의 예로 들고 있는 대리권 수여·상속재산 거절은 법률이 허용하는 것으로 볼 수 있다.

단독행위는 보통 하나의 당사자에 의하여 행하여진다. 그러나 수인의 당사자가 단독행위를 하는 것도 가능하다. 수인이 재단법인의 설립행위를 하는 경우,

해제권 · 해지권이 있는 계약당사자 일방이 수인인 때에 그 수인이 해제권 · 해지권을 행사하는 경우(547조 1항)가 그 예이다. 이러한 경우에는 단독행위가 경합하고 있는 것으로 이해된다([335]도 참조).

2. 계 약 [84]

(1) 의 의

계약의 의의는 넓은 의미의 것과 좁은 의미의 것의 두 가지가 있다. ① 넓은 의미에서 계약이라고 하면, 둘 이상의 서로 대립하는 의사표시의 일치에 의하여 성립하는 법률행위를 말한다. 이는 반드시 여러 개의 의사표시가 필요하다는 점에서 단독행위와 다르고, 그 여러 개의 의사표시의 방향이 평행적 · 구심적(求心的)이 아니고 대립적 · 교환적인 점에서 합동행위와 차이가 있다. 넓은 의미의 계약에는 채권계약뿐만 아니라 물권계약 · 준물권계약 · 가족법상의 계약 등도 포함된다. 그에 비하여 ② 좁은 의미의 계약은 채권계약, 즉 채권의 발생을 목적으로 하는 계약만을 가리킨다. 이러한 채권계약과 구별하기 위하여 다른 계약의 경우에는 합의라고 표현하기도 한다. 소유권이전의 합의 · 혼인의 합의가 그 예이다. 민법은 채권계약에 관하여만 계약이라는 용어를 사용하고 있다. 우리 민법에는 증여 · 매매 · 임대차와 같은 15가지의 전형적인 채권계약이 규정되어 있다(554조 이하. 2015. 2. 3. 개정시에 여행계약이 신설됨). 그러나 사적 자치 내지 계약자유의 원칙상 규정되지 않은 종류의 계약도 얼마든지 체결될 수 있다.

(2) 계약의 성립

민법은 넓은 의미의 계약의 성립에 관하여는 일반적인 규정을 두고 있지 않다. 단지 채권계약에 대하여만 채권법 중 계약법(527조 이하)에서 규율하고 있을 뿐이다. 그런데 이에 관한 규정은 성질이 허용하는 한 넓은 의미의 계약에도 유추적용된다고 하여야 한다.

계약의 성립은 그것이 법률행위에 관한 일부의 논의(가령 의사표시론 · 해석론)를 전제로 할 뿐만 아니라, 그것 자체가 법률행위에 대한 다른 논의(가령 사회질서위반 · 착오)의 전제가 되기도 한다. 그러한 점에서 볼 때 계약성립은 민법총칙 분야에서 다루는 것이 바람직하다(이 점에서 계약성립을 민법총칙에서 규율하는 독일민법은 매우 고무적이다). 그렇지만 계약성립이라는 우리 민법전상의 채권법 분야의 일부분을 모두 가져오는 것은 부담스럽기 때문에, 여기서는 법률행위에 관한 논의를 위하여 필요한 최소한도의 범위에서만 그에 관하여 설명하기로 한다.

보통의 계약(낙성계약)은 계약당사자의 의사표시의 일치 즉 합의가 있어야 성립한다. 의사표시의 일치 즉 합의는 당사자의 의사(진의)의 일치가 아니고 표시의 일치이다. 좀더 정확하게 말하면, 의사표시의 해석에 의하여 확정되는 표시행위들의 의미가 일치하는 것이다. 이러한 의사표시의 일치가 없는 경우에는 이른바 불합의(不合意)가 되어, 설사 당사자가 합의가 있다고 믿고 있더라도(무의식적인 불합의) 계약은 — 극히 적은 예외를 제외하고는 — 성립하지 않는다(자세한 사항은 채권법각론 [21] 참조). 그리고 계약이 성립하지 않으면 계약의 유효·무효는 아예 문제가 되지 않는다. 법률행위의 유효한 성립을 전제로 하는 취소(가령 착오의 경우)도 마찬가지이다.

계약을 성립시키는 합의는 보통 청약과 승낙에 의하여 행하여진다. 그런데 민법은 그 외에 의사실현(532조)과 교차청약(533조)에 의하여서도 계약이 성립할 수 있음을 규정하고 있다. 의사실현은 승낙의 의사표시로 인정되는 사실이다. 의사실현이 의사표시인가에 관하여는 견해가 대립되고, 오히려 통설은 의사표시가 아니라고 한다. 그러나 — 앞에서 언급한 바와 같이 — 의사실현도 자기결정에 의한 법률관계 형성이라는 의사표시의 본질을 지니고 있으므로 의사표시라고 보아야 한다. 그것은 추단적 행위에 의한 묵시적 의사표시이다([79] 참조). 그러고 보면 의사실현에 의한 계약성립도 의사표시의 일치 즉 합의에 의한 것이다. 교차청약(서로 행한 청약)의 경우에도 그 의사표시들이 비록 청약과 승낙의 관계에 있지는 않지만 실질적으로 합의가 있기 때문에 그것 역시 합의에 의하여 계약이 성립한다. 한편 일부 견해는 전차 승차·수도 전기 가스의 이용·유료주차장의 이용 등의 대량적 거래에 있어서는 합의가 아니고 이용행위에 의하여 계약이 성립한다고 한다(이른바 사실적 계약관계론 내지 사회정형적 행위론). 그러나 그러한 이론은 부정되어야 하며, 그러한 경우도 합의에 의하여 계약이 성립한다고 하여야 한다(채권법각론 [29] 참조). 주의할 것은, 의사실현을 의사표시가 아니라고 하거나 또는 사실적 계약관계론을 취하는 경우에는 합의에 의하지 않고 계약이 성립하는 경우가 있게 되어, 계약의 개념정의를 바꾸어야 한다는 점이다. 즉 계약을 「의사표시의 일치」에 의하여 성립하는 법률행위라고 할 수 없는 것이다. 그럼에도 불구하고 그러한 주장을 하는 문헌은 모두 계약 개념은 그대로 두어 모순을 보이고 있다(고상룡, 298면·306면; 김상용, 330면·

348면; 김주수, 292면 · 303면; 백태승, 325면 · 334면 등).

3. 합동행위(合同行爲)

합동행위는 평행적 · 구심적으로 방향을 같이하는 둘 이상의 의사표시의 일치로 성립하는 법률행위이다. 그것은 여러 개의 의사표시를 요하는 점에서 단독행위와 다르고, 그 여러 개의 의사표시가 방향을 같이하며, 각 당사자에게 동일한 의미를 가지고 또 같은 법률효과를 가져오는 점에서 계약과 구별된다. 사단법인의 설립행위가 그 전형적인 예이다.

합동행위는 단체설립행위와 같은 결합적 합동행위와 결의 · 선거와 같은 집합적 합동행위로 나누어질 수도 있다. 그럴 경우 결합적 합동행위에 있어서는 당사자의 의사표시가 반드시 모두 결합하여야 하고 각 의사표시는 독립성을 잃지 않으나, 집합적 합동행위에 있어서는 다수결의 원칙이 적용되고 다수결에 의하여 집합된 다수의 의사표시는 독립성을 잃은 각각의 의사표시와는 별개의 단일한 존재로서 존재하게 된다(곽윤직(신정판), 346면).

계약과 별개의 이러한 합동행위 개념을 인정할 것인가에 대하여는 i) 인정설(고상룡, 307면; 곽윤직, 201면; 김상용, 353면; 김용한, 241면; 김준호, 134면; 백태승, 335면; 지원림, 185면)과 ii) 부정설(김학동, 278면; 이영준, 181면; 이은영, 338면)이 대립하고 있다. 생각건대 합동행위가 계약과 다른 특수성을 지니고 있고 또 계약으로부터 그것을 구별함으로써 계약개념을 보다 잘 이해시킬 수 있다는 점에서 다수설에 따라도 무방할 것으로 보인다. 물론 그 개념을 인정하든 않든 결과에서 차이가 생기지는 않는다.

Ⅲ. 요식행위 · 불요식행위 [85]

법률행위는 그것이 일정한 방식에 따라서 행하여져야 하느냐 여부에 의하여 요식행위(要式行爲)와 불요식행위(不要式行爲)로 나누어진다. 요식행위는 일정한 방식에 따라 하여야만 효력이 인정되는 법률행위이고, 불요식행위는 방식에 구속되지 않고 자유롭게 행하여질 수 있는 법률행위이다. 우리 법상 법률행위는 원칙적으로 불요식행위이다. 다만, 법률규정 또는 당사자의 합의에 의하여 일정한 방식이 요구된 경우에는 예외이다. 법률은 행위자로 하여금 신중하게 행위를 하게 하거나 또는 법률관계를 명확하게 하기 위하여 일정한 방식을 요구하는 때가 있다. 유언(1060조) · 법인 설립행위(40조 · 43조) · 인지(859조) · 입양(878조) · 혼인(812조) · 후견계약(959조의14 2항) 등이 그 예이다. 그런가 하면 외형을 신뢰하여 신속하고 안전하게 거래를 할 수 있도록 하기 위하여 방식을 요구하는 때도 있다. 어음 · 수표 등의 유가증권에 관한 행위가 그 예이다. 견해에 따라서는, 채권자취소권(406조)과 같이 소제기의 형식에 의하여 행하여야 하는 경우(김상용, 356면) 또는 요물계약(김상용, 356면; 이영준, 182면)도 요식행위라고 한다. 그러나 소의 제기나 물건의 인도를 방식이라고 보기는 어려우며, 따라서 이들은 요식행위가 아니라고 하여야 한다.

요식행위에 있어서 방식을 갖추지 않은 경우의 효과는 법률 또는 당사자 약정의 해석에 의하여 결정되며, 때에 따라서 법률행위가 성립하지 않는 것으로 되거나(가령 혼인) 또는 무효로 된다(가령 유언)(김학동, 278면은 무효라고만 한다).

Ⅳ. 생전행위 · 사후행위(사인행위)

법률행위는 그 효력이 행위자의 생전에 발생하는가 사망 후에 발생하는가에 따라 생전행위(生前行爲) · 사후행위(死後行爲)로 나누어진다. 보통의 법률행위는 생전행위이나, 유언(1060조 이하) · 사인증여(562조)는 사후행위이다(김상용, 358면은 사인증여가 생전행위라고 한다). 사후행위는 사인행위(死因行爲)라고도 한다. 사후행위는 행위자가 사망한 후에 비로소 효력이 발생하므로, 그 행위의 존재나 내용을 명확하게 해 두어야 할 필요가 있다. 그리하여 민법은 사후행위에 관하여 방식을 요구하는 등의 특별규정을 두고 있다(1060조 이하, 562조 참조).

[86] Ⅴ. 채권행위 · 물권행위 · 준물권행위

법률행위는 그것에 의하여 발생하는 법률효과에 따라 채권행위 · 물권행위 · 준물권행위로 나누어진다. 이는 특히 법률행위에 의하여 후에 이행의 문제를 남기는지에 관하여 중점적으로 살펴보려는 것으로서 매우 중요한 분류이다. 주의할 것은, 모든 법률행위가 반드시 이 셋 중 어느 하나에 해당하는 것은 아니라는 점이다. 사단법인 설립행위와 같이 권리변동과 무관한 행위는 이들 중 어느 것에도 해당하지 않게 된다.

채권행위는 채권을 발생시키는 법률행위이다. 증여 · 매매 · 임대차가 그 예이다. 채권행위는 의무부담행위라고도 한다. 채권행위가 있으면 채권자는 채무자에 대하여 일정한 행위(이행행위 내지 급부)를 청구할 수 있는 권리만 가질 뿐, 존재하는 권리가 직접 변동되지는 않는다. 그러므로 채권행위에 있어서는 채무자가 그의 채무를 이행하는 때에 비로소 완전히 목적을 달성하게 된다. 이러한 채권행위는 이행이라는 문제를 남긴다는 점에서 물권행위 · 준물권행위와 다르다.

물권행위는 물권의 변동을 목적으로 하는 의사표시(물권적 의사표시)를 요소로 하여 성립하는 법률행위이다. 예컨대 소유권이전행위 · 저당권설정행위가 그에 해당한다. 물권행위는 채권행위와 달리 직접 물권을 변동시키고 이행의 문제를 남기지 않는다. 다만, 법률이 물권행위 외에 등기 · 인도와 같은 다른 요건(이른바 공시방법)을 더 갖추어야 물권변동이 일어나도록 규정할 수는 있으며, 그때에는 물론 물권행위 외에 그 다른 요건도 갖추어야 한다. 우리 민법은 그러한 입장에 있다(186조 · 188조 참조). 그에 관하여는 물권법에서 자세히 다룬다.

준물권행위는 물권 이외의 권리를 종국적으로 변동시키고 이행이라는 문제를 남기지 않는 법률행위이다. 채권양도 · 지식재산권 양도 · 채무면제 등이 그 예이다.

채권행위 · 물권행위 · 준물권행위의 구별은 법률행위의 효과에 의한 구별이기 때문에 단독행위 · 계약 등의 분류와는 차원을 달리한다. 그 결과 채권행위 · 물권행위 · 준물권행위에는 단독행위인 것도 있고 계약인 것도 있다. 채권행위 가운데 매매와 같은 채권계약은 모두 계약이나, 유증 · 현상광고(이설 있음) 등은 단독행위이다. 물권행위 중에도 소유권의 포기 · 제한물권의 포기는 단독행위에 속하고, 소유권이전의 합의 · 저당권설정의 합의는 계약이다. 그리고 준물권행위에 있어서도 채권양도 · 지식재산권 양도는 계약이지만, 채무면제는 단독행위이다.

물권행위 · 준물권행위는 모두 처분행위, 그 가운데에서 법률적 처분행위에 해당한다. 그러나 법률적 처분행위에 물권행위 · 준물권행위만 있는 것은 아니며, 해제권 · 취소권과 같은 형성권의 행사나 타인에 대하여 처분의 동의나 허락을 하는 것 등도 법률적 처분행위에 해당한다. 이러한 처분행위는 — 선의취득규정(249조)이나 제 3 자 보호규정(107조 2항 · 108조 2항 · 109조 2항 · 110조 3항 · 548조 1항 단서)이 적용되지 않는 한 — 처분권자의 처분권을 전제로 한다. 그리하여 처분권 없는 자의 처분행위는 무효이다.

요즈음 우리의 일부 문헌(김상용, 353면; 김학동, 273면; 백태승, 335면; 이영준, 188면; 이은영, 339면)은 독일 문헌을 따라서 법률행위를 채권행위 · 물권행위 · 준물권행위로 나누는 것 대신에(또는 그것과 별도로) 의무를 발생시키는 행위인 의무부담행위(부담행위)와 권리를 이전 · 변경 · 소멸시키는 처분행위로 나누고 있다. 그러면서 채권행위는 모두 의무부담행위이고, 처분행위에는 물권행위 · 준물권행위를 포함하여 여러 가지가 있다고 한다(형성권의 행사에 대하여는 다시 견해가 나뉜다). 생각건대 처분행위는 본래 관리행위와 대비되는 개념일 뿐만 아니라, 그것에는 법률적 처분행위 외에 사실적 처분행위(재산을 멸실 · 훼손하는 행위)도 있기 때문에, 그 개념을 법률행위의 종류로서 사용하는 것은 적절하지 않다. 처분행위에 해당하는 법률행위에 관하여 처분행위로서의 특수성을 인정하면 충분할 것이다.

Ⅵ. 재산행위 · 가족법상의 행위

법률행위는 그것이 재산상의 법률관계에 관한 것인가, 가족법상의 법률관계에 관한 것인가에 따라 재산행위(재산법적인 행위)와 가족법상의 행위로 나누어진다. 가족법상의 행위는 신분행위라고도 한다. 예컨대 매매 · 임대차 · 소유권이전행위 등은 재산행위이고, 혼인 · 입양 · 인지 등은 가족법상의 행위이다. 상속법상의 행위는 1990년 민법 개정 후에는 재산행위로 보아야 한다.

[87]

Ⅶ. 출연행위 · 비출연행위

방금 본 재산행위는 출연행위(出捐行爲)와 비출연행위(非出捐行爲)로 나누어진다. 출연행위는 자기의 재산을 감소시키고 타인의 재산을 증가하게 하는 법률행위이고, 비출연행위는 타인의 재산을 증가하게 하지는 않고 자기의 재산을 감소시키거나 또는 직접 재산의 증감을 일어나게 하지 않는 행위이다. 매매, 임대차 등의 채권계약 · 소유권양도행위 · 저당권설정행위 · 채권양도 등은 출연행위이고, 소유권 포기 · 대리권 수여 등은 비출연행위이다. 출연은 출재(出財)라고도 하므로, 출연행위는 출재행위라고도 할 수 있다. 출연행위는 다시 다음과 같이 세분된다.

1. 유상행위 · 무상행위

출연행위에는 자기의 출연에 대하여 상대방으로부터도 그것에 대응하는 출연(대가적 출연)을 받는 것과 그렇지 않는 것이 있다. 앞의 것이 유상행위(有償行爲)이고, 뒤의 것이 무상행위(無償行爲)이다. 매매 · 임대차 · 고용 등은 유상행위의 예이고, 증여 · 사용대차 · 무이자 소비대차는 무상행위의 예이다. 유상행위 · 무상행위의 구별은 보통 채권계약에 관하여 행하여지나, 단독행위의 경우에도 유상행위를 인정할 수 있다. 예컨대 부담부 유증(1088조)은 단독행위이지만 대가적 출연을 조건으로 하므로 유상행위이다. 한편 부담부 증여는 상대방의 출연이 있기는 하나, 그것이 대가적인 출연이 아니어서 무상행위에 해당한다. 유상행위 가운데 유상계약에는 매매에 관한 규정이 준용된다(567조).

2. 유인행위 · 무인행위

출연행위는 다른 법률관계(법률행위 또는 법률규정)를 전제로 하여 행하여진다. 이러한 경우에 출연행위의 전제가 되는 법률관계를 출연의 원인(causa)이라고 한다. 그런데 출연행위 중에는, 이와 같은 출연의 원인이 존재하지 않으면(불성립 또는 무효) 효력이 생기지 않는 것이 있는가 하면, 원인이 존재하지 않더라도 그대로 유효한 것이 있다. 앞의 것이 유인행위(有因行爲)이고, 뒤의 것이 무인행위(無因行爲)이다.

출연행위는 유인행위임이 원칙이다. 그러나 출연행위를 모두 유인행위로 하면, 원인이 존재하지 않을 경우 그 출연행위가 무효로 되기 때문에 거래의 신속과 안전을 해치게 된다. 따라서 법률은 일정한 경우에는 원인의 존재와 관계없이 출연행위를 유효하게 다룬다. 여기서 어떤 법률행위를 유인으로 할 것인가 무인으로 할 것인가가 논리의 문제가 아니고 입법정책의 문제임을 알 수 있다(곽윤직, 206면). 무인행위의 전형적인 예로 어음행위를 들 수 있다. 그리하여 가령 채무를 변제하기 위하여 어음을 배서 · 교부한 경우에는, 실제로는 그 채무가 존재하지 않더라도 어음의 배서 · 교부는 그대로 유효하고, 따라서 어음채권은 유효하게 이전한 것이 된다. 한편 물권행위가 유인행위인가 무인행위인가에 대하여는 견해가 대립하고 있다(물권법 [29] 참조).

[88] ## Ⅷ. 신탁행위 · 비신탁행위

신탁법상 신탁이란 신탁을 설정하는 자(위탁자)와 신탁을 인수하는 자(수탁자) 간의 신임관계에 기하여 위탁자가 수탁자에게 특정의 재산(영업이나 저작재산권의 일부를 포함한다)을 이전하거나 담보권의 설정 또는 그 밖의 처분을 하고 수탁자로 하여금 일정한 자(수익자)의 이익 또는 특정의 목적을 위하여 그 재산의 관리, 처분, 운용, 개발, 그 밖에 신탁 목적의 달성을 위하여 필요한 행위를 하게 하는 법률관계이고(신탁법 2조), 이러한 신탁을 설정하는 계약(위탁자와 수탁자 사이의), 유언(위탁자의), 신탁선언(위탁자가 자신을 수탁자로 정한 선언. 이는 단독행위에 해당함) 신탁행위이다(신탁법 3조 1항).

그리고 민법학상의 신탁행위는 어떤 경제적인 목적을 달성하기 위하여 당사자 일방이 상대방에게 그 목적달성에 필요한 정도를 넘는 권리를 이전하면서, 상대방으로 하여금 그 이전받은 권리를 당사자가 달성하려고 하는 경제적 목적의 범위 안에서만 행사하게 하는 법률행위이며, 동산의 양도담보 · 추심을 위한 채권양도가 그에 해당한다. 그 외에 과거 판례에 의하여 확립된 명의신탁이 신탁행위인가에 관하여 논쟁이 있었으나, 현재는 특별법에 의하여 원칙적으로 무효로 규정되어 있다(자세한 사항은 물권법 [61] 이하 참조).

Ⅸ. 기타의 분류

1. 독립행위 · 보조행위

독립행위는 직접 법률관계의 변동을 일어나게 하는 법률행위이고, 보조행위는 단순히 다른 법률행위의 효과를 형식적으로 보충하거나 확정하는 데 불과한 행위이다. 대부분의 행위는 독립행위이나, 동의 · 추인 · 대리권 수여 등은 보조행위에 속한다.

2. 주된 행위 · 종된 행위

법률행위가 유효하게 성립하기 위하여 다른 법률행위의 존재를 전제로 하는 경우에 그 행위를 종된 행위라고 하고, 그 전제가 되는 행위를 주된 행위라고 한다. 예컨대 부부재산계약은 혼인의 종된 계약이고, 보증계약이나 질권설정계약은 금전 소비대차계약의 종된 계약이다. 종된 행위는 주된 행위와 법률상 운명을 같이하는 것이 원칙이다.

제 4 절 법률행위의 해석

Ⅰ. 법률행위 해석의 의의 [89]

법률행위의 해석이라 함은 법률행위의 내용을 확정하는 것을 말한다(법률행위 해석에 관한 자세한 사항은 송덕수, "법률행위의 해석," 경찰대 논문집 6집, 237면 이하; 주해(2), 170면 이하(송덕수) 참조). 법률행위의 내용을 확정하는 이러한 해석은 법률행위에 대한 어떤 판단(예컨대 불합의·착오 등의 존재)을 하기 위한 전제가 되기 때문에, 해석은 법률가의 가장 중요한 임무 가운데 하나이다.

법률행위의 해석은 의사표시가 존재하는지 여부의 검토를 포함한다. 의사표시의 부존재의 확정도 법률행위의 내용의 확정에 속하기 때문이다. 예컨대 A가 B에게 「예」라고 대답한 경우에는, B의 질문이 무엇인지를 고려하여 의사표시를 포함하는지가 분명히 되어야 한다. 만약 B가 「당신이 내 개를 10만원에 사겠는가?」라고 물었다면 A의 대답이 의사표시로 될 것이나, B가 「어제 동물원에 있었는가?」라고 물었다면 의사표시가 아니라고 하게 된다. 다음 단계에서는 의사표시 또는 법률행위가 어떤 내용을 가지는가를 명백히 하여야 한다. 법률행위 자체의 내용을 밝히는 것 외에(밝히는 해석 또는 단순한 해석), 법률행위에 규율의 틈이 있는 경우에는 그것을 보충하여야 한다(보충적 해석). 가령 기간을 정하지 않은 사무실임대차에 있어서 임차인이 임대인에게 편지로, 그가 보다 좋고 저렴한 사무실을 발견하였고 그래서 그들은 다음달 말에 헤어져야 한다고 썼다고 하면, 해석에 의하여 임차인의 의사표시가 다음달 말의 해지라는 내용임을 확정할 수 있을 것이다(635조 참조). 그런가 하면 상가건물의 세 층이 임대차된 경우에 임차인이 조명광고를 위하여 건물 외벽을 사용할 권리가 있는가에 관하여 전혀 규율되지 않았다면, 그것은 해석에 의하여 보충되어야 한다. 물론 논리적으로 분리되어야 하는 해석의 두 단계, 즉 의사표시의 존재 여부 결정과 그 내용 결정은 실무에서는 자주 한꺼번에 행하여진다.

〈계약당사자의 확정〉

일반적으로 계약의 당사자가 누구인지를 결정하는 것은 그 계약에 관여한 당사자의 의사표시의 해석의 문제이다(대판 2010. 5. 13, 2009다92487; 대판 2011. 1. 27, 2010다81957; 대판 2019. 1. 17, 2016다256999; 대판 2019. 9. 10, 2016다237691; 대판 2020. 12. 10, 2019다267204; 대판 2022. 12. 16, 2022다245129; 대판 2023. 6. 15, 2022다247422). 그리하여 당사자들의 의사가 일치하는 경우에는 그 의사에 따라 계약의 당사자를 확정해야 하나, 당사자들의 의사가 합치되지 않는 경우에는 의사표시 상대방의 관점에서 합리적인 사람이라면 누구를 계약의 당사자로 이해하였을 것인지(사견으로는 「누구를 당사자로 이해했어야 하는지」)를 기준으로 판단해야 한다(대판 2019. 9. 10, 2016다237691; 대판 2020. 12. 10, 2019다267204; 대판 2022. 12. 16, 2022다245129; 대판 2023. 6. 15, 2022다247422). 계약의 당사자를 확정하는 이러한 해석은 근래 우리 실무에서 특히 타인의 명의를 빌려 그 자의 명의로 계약을 체결하거나([138]·[216] 참조) 행위자가 자신이 마치 타인인 것처럼 그 타인의 명의를 사용하여 계약을 체결하는 경우에([203] 이하 참조) 많이 문제된다.

「부가가치세법에 따른 고유번호나 소득세법에 따른 납세번호를 부여받지 않은 비법인 단체의 경우 그 대표자가 단체를 계약의 당사자로 할 의사를 밝히면서 대표자인 자신의 실명으로 예금계약 등 금융거래계약을 체결하고, 금융기관이 그 사람이 비법인 단체의 대표자인 것과 그의 실명을 확인하였다면, 특별한 사정이 없는 한 당사자 사이에 단체를 계약의 당사자로 하는 의사가 일치되었다고 할 수 있어 금융거래계약의 당사자는 비법인 단체라고 보아야 한다.」(대판 2020. 12. 10, 2019다267204)

「실제 계약을 체결한 행위자가 자신의 이름은 특정하여 기재하되 불특정인을 추가하는 방식으로 계약서상 당사자를 표시한 경우(즉, 실제 계약체결자의 이름에 '외 ○인'을 부가하는 형태), 그 계약서 자체에서 당사자로 특정할 수 있거나 상대방의 입장에서도 특정할 수 있는 특별한 사정이 인정될 수 있는 당사자만 계약당사자 지위를 인정할 수 있다.」(대판 2023. 6. 15, 2022다247422. 위 특별한 사정의 인정 여부는 신중하게 판단해야 한다고 함)

Ⅱ. 법률행위 해석의 목표

법률행위의 내용을 확정하는 것이 법률행위의 해석이라고 할 때, 어떠한 것을 그 내용으로 인식할 것인가, 다시 말해서 무엇을 내용으로 찾아내야 하는가가 문제된다. 이를 법률행위 해석의 목표라고 할 수 있다.

법률행위 해석의 목표에 관하여 학설은 대립하고 있다. i) 표시행위가 가지는 의미를 밝히는 것이라고 하는 견해(곽윤직, 223면; 김용한, 269면. 이것은 과거의 다수설이었다)가 있는가 하면, ii) 해석의 목표를 해석의 대상이라고 잘못 기술하면서, 「해석의 대상은 원칙적으로 표의자의 내심적 효과의사를 확정하는 것」이라고 하는 견해(이영준, 285면. 같은 취지: 김상용, 409면; 백태승, 383면)와, iii) 법률행위의 유형과 특성을 고려하여 특히 표의자의 진의가 중시되는 경우에는 표의자의 진의를 탐구하고, 상대방의 신뢰보호가 요구되는 경우에는 표시의 객관적 의미를 탐구하여야 한다는 견해(김학동, 284면)도 있다. 판례는 오래 전에는 당사자의 진의를 탐구하여 해석하여야 하는 것이라고 하였으나(대판 1960. 7. 7, 4292민상879; 대판 1962. 4. 18, 4294민상1236; 대판 1977. 6. 7, 75다1034), 근래에는 당사자가 표시행위에 부여한 객관적인 의미를 명백하게 확정하는 것이라고 하여(대판 1990. 11. 13, 88다카15949; 대판 1992. 5. 26, 91다35571; 대판 1995. 3. 17, 93다46544; 대판 1996. 10. 25, 96다16049 및 이를 따르는 판결들), i) 설과 같은 입장에 있다.

〈판 례〉

(ㄱ) 「법률행위의 해석은 당사자가 그 표시행위에 부여한 객관적인 의미를 명백하게 확정하는 것으로서, 서면에 사용된 문구에 구애받는 것은 아니지만 어디까지나 당사자의 내심적 의사의 여하에 관계없이 그 서면의 기재내용에 의하여 당사자가 그 표시행위에 부여한 객관적 의미를 합리적으로 해석하여야 하는 것이고, 당사자가 표시한 문언에 의하여 그 객관적인 의미가 명확하게 드러나지 않는 경우에는 그 문언의 내용과 그 법률행위가 이루어진 동기 및 경위, 당사자가 그 법률행위에 의하여 달성하려는 목적과 진정한 의사, 거래의 관행 등을 종합적으로 고려하여 사회정의와 형평의 이념에 맞도록 논리와 경험의 법칙, 그리고 사회 일반의 상식과 거래의 통념에 따라 합리적으로 해석하여야 한다.」(대판 1996. 10. 25, 96다16049. 따름 판례: 대판 1999. 11. 26, 99다43486; 대판 2000. 11. 10, 98다31493; 대판 2001. 3. 23, 2000다40858; 대판 2009. 5. 14, 2008다90095 · 90101; 대판 2009. 10. 29, 2007다6024 · 6031; 대판 2017. 9. 26, 2017다22407(타인에게 권한을 위임하거나 대리권을 수여하는 내용의 위임장이 작성된 경우 위임한 행위의 내용과 권한의 범위는 위임장 등 문언의 내용뿐만 아니라 위임장의 작성 목적과 경위 등을 두루 살펴 신중하게 판단할 것이라고 함); 대판 2018. 6. 28, 2016다221368; 대판 2018. 7. 12, 2018다21821 · 25502; 대판 2018. 7. 24, 2017다242959(특히 당사자 일방이 주장하는 법률행위의 내용이 상대방의 권리의무관계에 중대한 영향을 초래하게 되는 경우에는 더욱 엄격하게 해석할 것이라고 함); 대판 2020. 9. 7, 2020다237100; 대판 2021. 5. 7, 2017다220416; 대판 2022. 1. 27, 2019다299058; 대판 2024. 2. 15, 2019다272404; 대판 2024. 7. 11, 2024다209769)

「당사자 사이에 계약의 해석을 둘러싸고 이견이 있어 당사자의 의사 해석이 문제되는 경우에는 계약의 형식과 내용, 계약이 체결된 동기와 경위, 계약으로 달성하려는 목적, 당사자의 진정한 의사, 거래 관행 등을 종합적으로 고려해서 논리와 경험의 법칙, 그리고 사회일반의 상식과 거래의 통념에 따라 합리적으로 해석해야 한다.」(대판 2022. 4. 14, 2017다3024. 같은 취지: 대판 2017. 9. 26, 2015다245145; 대판 2021. 11. 25, 2018다260299; 대판 2021. 3. 25, 2018다275017; 대판 2022. 3. 17, 2021다231598; 대판 2022. 7. 14, 2022다225767 · 225774; 대판 2021. 3. 25, 2018다275017; 대판 2024. 8. 1, 2024다227699; 대판 2024. 10. 25, 2020다273007; 대판 2025. 1. 23, 2024다243172; 대판 2024. 10. 25, 2023다280358)

(ㄴ) 「계약당사자 사이에 어떠한 계약내용을 처분문서인 서면으로 작성한 경우에 문언의 객관적인 의미가 명확하다면, 특별한 사정이 없는 한 문언대로의 의사표시의 존재와 내용을 인정하여야 하지만, 그 문언의 객관적인 의미가 명확하게 드러나지 않는 경우에는 그 문언의 내용과 계약이 이루어지게 된 동기 및 경위, 당사자가 계약에 의하여 달성하려고 하는 목적과 진정한 의사, 거래의 관행 등을 종합적으로 고찰하여 사회정의와 형평의 이념에 맞도록 논리와 경험의 법칙, 그리고 사회일반의 상식과 거래의 통념에 따라 계약내용을 합리적으로 해석하여야 하고, 특히 당사자 일

방이 주장하는 계약의 내용이 상대방에게 중대한 책임을 부과하게 되는 경우에는 그 문언의 내용을 더욱 엄격하게 해석하여야 한다.」(대판 2002. 5. 24, 2000다72572. 같은 취지: 대판 2016. 12. 15, 2016다238540; 대판 2021. 7. 21, 2021다219116; 대판 2022. 2. 10, 2020다279951; 대판 2022. 3. 31, 2019다226395; 대판 2022. 3. 31, 2020다245408; 대판 2022. 4. 14, 2021다275611(이 판결에는 맨 끝부분의 문구는 없음))

판례는, 근저당권설정계약서가 부동문자로 인쇄된 일반거래약관의 형태를 취하고 있다고 하더라도 그것은 처분문서이고(대판 1996. 9. 20, 96다27612), 탈퇴한 조합원의 지분 계산에 관한 약정을 서면으로 작성한 경우에 그 서면은 일반적으로 처분문서에 해당한다고 하며(대판 2017. 7. 18, 2016다254740), 거기에 처분문서의 해석에 관한 법리를 적용한다.

(ㄷ) 대법원은, 법률행위의 해석의 방법에 관한 (ㄱ)판결의 법리와, 「특히 당사자 일방이 주장하는 계약의 내용이 상대방에게 중대한 책임을 부과하게 되는 경우에는 더욱 엄격하게 해석하여야 한다」는 (ㄴ)판결 후단의 법리를 인정한 뒤, 「이러한 이치는 거동에 의한 묵시적 법률행위에 있어서도 다르지 않다」고 한다(대판 2018. 12. 27, 2015다73098).

(ㄹ) 「계약의 내용이 통상의 경우와 달리 어느 일방에게 무거운 책임을 부과하게 하는 경우에는 그 계약 문언은 엄격하게 해석하여야 하므로(대법원 1995. 5. 23. 선고 95다6465 판결), 당사자의 고의 또는 과실과 무관한 사유를 약정해지 또는 해제사유로 정한 경우에 그 사유로 계약을 해지 또는 해제하면서 귀책사유와 상관없이 손해배상책임을 지기로 한 것이 계약 내용이라고 해석하려면, 계약의 내용과 경위, 거래관행 등에 비추어 그렇게 인정할 만한 특별한 사정이 있어야 한다.」(대판 2016. 4. 15, 2015다59115)

(ㅁ) 「처분문서라 할지라도 그 기재 내용과 다른 명시적, 묵시적 약정이 있는 사실이 인정될 경우에는 그 기재 내용과 다른 사실을 인정할 수는 있으나(대법원 2006. 4. 13. 선고 2005다34643 판결 참조), 그와 같은 경우에도 주채무에 관한 계약과 연대보증계약은 별개의 법률행위이므로 처분문서의 기재 내용과 다른 명시적, 묵시적 약정이 있는지 여부는 주채무자와 연대보증인에 대하여 개별적으로 판단하여야 한다.」(대판 2011. 1. 27, 2010다81957. 전단에 관하여 같은 취지: 대판 2024. 11. 20, 2023다237514)

생각건대 법률행위의 해석의 목표는 의사표시의 본질에 관한 이론에 직접 관련된다(백태승, 383면은 관련성을 부인하나, 이는 옳지 않다). 그 이론 중 의사주의에서는 표의자의 의사(내심의 의사)를 찾으려고 하나, 표시주의에서는 표시의 순수한 객관적 의미를 탐구하게 되고, 효력주의는 표시의 객관적 · 규범적 의미를 탐구하려고 한다. 그런데 사견으로는 우리 민법이 「신뢰보호에 의하여 제한된 의사주의」의 입장에 있다고 보기 때문에, 해석의 목표는 해석의 종류 즉 신뢰보호의 필요성의 정도에 따라 다르게 정해져야 한다.

사견을 구체적으로 정리해 본다. 먼저 유언과 같은 상대방 없는 의사표시에 있어서는 보호하여야 할 상대방이 없기 때문에 표의자의 진정한 의사를 탐구하여야 한다. 그러나 순수하게 내적인 의사는 탐구될 필요가 없다. 그에 비하여 상대방 있는 의사표시(상대방 있는 단독행위와 계약)에 있어서는 상대방이 보호되어야 하므로 해석은 객관적으로 행하여져야 한다(자세한 근거는 주해(2), 177면(송덕수) 참조). 그러나 이것이 표시행위가 가지는 순수하게 객관적인 의미를 탐구하라고 하는 것은 아니다. 표시 상대방(표시 수령자)이 알 수 있는 한에서 표시행위의 의미를 탐구하는 것이다. 그리고 표의자의 순수한 내심의 의사를 밝히는 것이 결코 해석의 목표로 될 수는 없다. 만약 해석에 의하여 내심의 의사에 효력을 부여하게 되면, 내심의 의사가 없음(착오)을 이유로 한 취소는 있을 여지가 없어, 민법 제109조에 반하게 된다. 주의할 것은, 이상의 설명은 — 후술하는 해석의 방법 가운데 — 상대방 있는 의사표시의 규범적 해석에 관한 것이라는 점이다. 규범적 해석이 본래의 의미의 해석이기는 하나 그것이 전부는 아니다. 따라서 예외적인 경우인 자연적 해석에 있어서는 당사자의 일치하는 진정한 의사가 탐구되어야 한다. 그리고 보충적 해석에서는 여러 사정의 고려 하에 신의칙에 의하여 판단할 때 가장 적당하다고 인정되는 것이 탐구되어야 한다.

이와 같은 사견에 비추어 볼 때, i), ii)설과 판례는 모두 적절하지 않다. 우선 해석의 목표를 해석의 방법에 따라 달리 설정하지 않아서 문제이다. 그리고 i)설과 판례는 이른바 규범적 해석만을 생각하여 목표를 기술하고 있고, ii)설은 의사표시의 본질만을 생각하여 해석의 중심인 규범적 해석에는 적합하지 않은 목표를 세워놓고 있다. 그에 비하여 iii)설은 사견에 접근하는 것으로서 비교적 타당하다.

Ⅲ. 법률행위 해석의 주체 · 객체 [90]

1. 주 체

법률행위 해석은 궁극적으로 법원, 즉 법관에 의하여 행하여진다. 이러한 법관의 해석권은 당사자에 의하여 침해될 수 없다. 따라서 가령 계약사항에 대하여 이의가 발생한 경우 일방 당사자의 해석에 따른다는 조항이 있더라도 이는 법관의 법률행위 해석권을 구속하지는 못한다(대판 1974. 9. 24, 74다105).

2. 객 체

해석의 객체는 그로부터 하나의 의사표시가 추론되어야 하는 구체적인 용태 또는 구체적인 표명이다(가령 전화호출 · 서류 1매 · 고개를 끄덕임). 즉 표시행위가 해석의 객체로 된다. 한편 표시행위에 부수하는 사정(가령 상의 내용 · 장소 · 시간)도 여기의 표시행위, 그리하여 해석의 객체로 보아야 하는가에 관하여는 i) 긍정설(곽윤직, 224면)과 ii) 부정설(이영준, 330면)이 대립하고 있다. 생각건대 표시행위 당시의 제반사정은 표시행위에 포함되지 않으며 의사표시의 해석에 있어서 보조적인 수단(해석표준)으로 될 뿐이라고 하여야 한다.

[91] Ⅳ. 법률행위 해석의 방법

1. 개 관

법률행위 해석의 방법을 설명하기 전에 먼저 해석의 분류에 관하여 살펴보기로 한다.

입법례에 따라서는 법률행위의 해석에 관하여 의사표시와 계약을 따로 규정하기도 한다(예컨대 독일민법 133조 · 157조). 그러나 법률행위는 의사표시를 불가결의 요소로 하기 때문에, 법률행위의 해석은 결국은 의사표시의 해석이 된다. 따라서 법률행위의 해석을 굳이 의사표시의 해석과 계약의 해석으로 구별할 필요는 없다(명문규정이 있는 독일에서도 다수설은 이와 같다).

그에 비하여 의사표시가 상대방 있는 것이냐에 따른 구별은 하여야 한다. 유언과 같은 상대방 없는(대부분 수령을 요하지 않는) 의사표시에 있어서는 보호하여야 할 상대방이 없기 때문에 상대방 있는 의사표시에 비하여 표의자의 의사가 더욱 존중되어야 한다.

그리고 상이한 객체를 문제삼는 위에서의 분류와는 달리, 동일한 법률행위에 있어서 해석은 기본적으로 법률행위(의사표시)의 의미를 밝히는 해석과 법률행위에서 규율되지 않은 부분, 즉 틈이 있는 경우에 그것을 보충하는 해석으로 나누어진다. 이 두 해석 가운데 밝히는 해석(이는 단순한 해석이라고도 한다)이 먼저 시작되어야 한다. 왜냐하면 보충적인 해석은 밝히는 해석의 결과 드러나는 틈을 전제로 하기 때문이다. 그리고 밝히는 해석에 있어서는, 유언과 같은 상대방 없는 의사표시의 경우에는 표의자의 진정한 의사가 탐구되어야 한다. 그러나 상대방 있는 의사표시의 경우에는 다르다. 그때에는 원칙적으로 표시의 객관적 · 규범적 의미가 탐구되어야 한다. 이를 규범적 해석이라고 한다. 그런데 여기에는 예외가 있다. 의사표시의 당사자가 표시를 — 그것이 다의적일지라도 — 사실상 같은 의미로 이해한 경우에 그렇다. 이 경우에는 표의자와 상대방이 일치하여 생각한 의미로 확정되어야 한다. 그렇게 함이 당사자의 의사와 사적 자치에 부합하게 된다. 이를 자연적 해석(또는 당사자의 사실상 일치하는 이해의 확정으로서의 해석)이라고 한다. 이렇게 볼 때, 상대방 있는 의사표시의 밝히는 해석에는 규범적 해석과 자연적 해석이 있게 된다. 이 가운데 해석의 첫 단계는 자연적 해석이며, 그것에서 당사자의 사실상 일치하는 이해가 확정될 수 없는 경우에 비로소 규범적 해석이 행하여진다. 그리고 규범적 해석의 결과 법률행위의 틈이 발견되는 때에는 보충적인 해석이 행하여지게 된다.

유언 기타 상대방 없는 의사표시의 해석에 관하여는 뒤에 따로 정리하기로 하고([95] 참조), 아래에서는 보통의 경우인 상대방 있는 의사표시의 해석에 관하여서만 자연적 해석 · 규범적 해석 · 보충적 해석의 순으로 해석방법을 기술하기로 한다.

2. 자연적 해석 [92]

어떤 일정한 표시에 관하여 당사자가 사실상 일치하여 이해한 경우에는, 그 의미대로 효력을 인정하여야 하는데, 이를 자연적 해석이라고 한다. 이에 의하면 사실상 일치하여 의욕된 것(의사의 일치)은 문언의 일반적인 의미에 우선한다. 이러한 자연적 해석은 로마 상속법에서 인정되었던 「그릇된 표시는 해가 되지 않는다」(falsa demonstratio non nocet)는 법리가 발전한 것이다. 그 때문에 그릇된 표시(falsa demonstratio)의 법리라고 할 수도 있다. 어떤 문헌(곽윤직, 223면)은 이를 한자로 「오표시 무해(誤表示 無害)」의 원칙이라고 표현하기도 한다. 자연적 해석을 하게 되면, 가령 일본에 유학 중인 한국 학생들이 금전을 대차하면서 빌려주는 자나 빌리는 자 모두가 일본 화폐 단위인 「엔」으로 생각하면서 한국 화폐 단위인 「원」이라고 말한 경우에는, 표시에도 불구하고 「엔」으로 해석된다. 견해(백태승, 384면; 이영준, 295면; Brox, S. 68)에 따라서는 유언과 같은 상대방 없는 의사표시의 해석도 자연적 해석이 행하여진다고 하나, 상대방 없는 의사표시의 해석은 해석방법이 다르므로 별개의 방법으로 해석된다고 하여야 하며, 자연적 해석에 포함시키는 것은 옳지 않다([95] 참조).

자연적 해석에 있어서는 표의자나 상대방이 착오로 표시의 의미를 다르게 생각하였는가는 묻지 않는다. 그리고 의도적으로 다른 의미의 표시를 한 경우도 같다(가령 기관총을 암거래하면서 피아노라고 쓴 경우). 우리의 은닉행위([150] 참조)는 이에 해당한다. 주의할 것은, 착오로 표시를 행한 경우에는 상대방이 사실적으로 일치하여 이해한 때에만 그것대로 효력이 있다는 점이다. 상대방이 표의자의 진정한 의사를 알 수 있었으나 실제로는 알지 못한 때에는 포함되지 않는다(같은 취지: Flume, S. 300; 김학동, 285면. 반대: Brox, S. 69; 김상용, 412면; 백태승, 385면; 이영준, 299면). 표의자에게도 착오를 저지른 잘못이 있음에도 불구하고 상대방의 부주의한 불인식을 이유로 표의자의 생각대로 효력을 인정하는 것은 부당하기 때문이다. 즉 자연적 해석이 기반을 두고 있는 사적 자치에 비추어 볼 때, 그러한 해석은 상대방의 사적 자치에 반하게 된다.

과거 우리 문헌은 자연적 해석을 알지 못하였다. 그러나 1980년대 후반 이후 독일의 이론을 받아들인 새로운 법률행위 해석이론이 주장된 뒤(송덕수, "법률행위의 해석," 경찰대 논문집 6집, 237면 이하; 이영준(1987), 272면 이하), 이제는 거의 모두가 이를 인정하고 있다. 판례도 과거에는 이를 정면으로 인정한 것이 없었으나, 근래 부동산 매매계약에 있어서 당사자 쌍방이 모두 지번 등에 착오를 일으켜 실제로 합의하지 않은 토지를 계약서에 매매목적물로 기재한 경우에 관하여, 계약서에 기재된 토지가 아니고 실제로 합의된 토지가 매매목적물이라고 하여(대판 1993. 10. 26, 93다2629 · 2636; 대판 1996. 8. 20, 96다19581 · 19598), 자연적 해석의 원리에 따른 결과를 인정하였다. 그리고 대법원은 타인의 이름으로 계약을 체결한 경우의 당사자 결정에 관하여 — 자연적 해석 및 규범적 해석을 바탕으로 하여 새롭게 만들어진 — 사견(민사판례연구 16권, 71면 이하; 사법연구 2집, 335면 이하 참조)을 그대로 채용함으로써(대판 1995. 9. 29, 94다4912 이후 대판 1998. 3. 13, 97다22089; 대판 2003. 12. 12, 2003다44059 등 다수), 자연적 해석의 법리를 간접적으로 받아들이기도 하였다. 그런가 하면 최근에는 — 전술한 사견과 동일하게 — 자연적 해석(상대방이 표의자의 의사를 알 수 있었던 경우는 자연적 해석을 하지 않음)과 규범적 해석을 추상적인 법리로 명확하게 판시하였다(대판 2017. 2. 15, 2014다19776 · 19783). 그리고 다른 판결에서, 계약 내용이 명확하지 않은 경우 계약서의 문언이 계약해석의 출발점이지만, 당사자들 사이에 계약서의 문언과 다른 내용으로 의사가 합치된 경우에는 그 의사에 따라 계약이 성립한 것으로 해석해야 한다고 하였다

(대판 2018. 7. 26, 2016다242334. 같은 취지: 대판 2021. 11. 25, 2018다260299; 대판 2024. 11. 20, 2023다237514; 대판 2025. 1. 23, 2024다243172). 이 판결은 이어서, 계약당사자 쌍방이 모두 동일한 물건을 계약 목적물로 삼았으나 계약서에는 착오로 다른 물건을 목적물로 기재한 경우 계약서에 기재된 물건이 아니라 쌍방 당사자의 의사합치가 있는 물건에 관하여 계약이 성립한 것으로 보아야 하고, 이러한 법리는 계약서를 작성하면서 계약상 지위에 관하여 당사자들의 합치된 의사와 달리 착오로 잘못 기재하였는데 계약 당사자들이 오류를 인지하지 못한 채 계약상 지위가 잘못 기재된 계약서에 그대로 기명날인이나 서명을 한 경우에도 동일하게 적용될 수 있다고 하였다(대판 2018. 7. 26, 2016다242334). 그런가 하면 계약서가 복수의 언어본으로 작성되거나 하나의 계약서에 복수의 언어가 사용되었는데 사용된 언어의 내용이 일치하지 않는 경우에, 당사자의 의사가 어느 한쪽을 따르기로 일치한 때에는, 그에 따라야 한다고 한다(대판 2025. 1. 23, 2024다243172(그렇지 않은 때에는 계약 해석 방법에 따라 그 내용을 확정해야 한다고 함). 계약서가 두 개의 언어본으로 작성된 경우에 관하여 같은 취지: 대판 2021. 3. 25, 2018다275017).

〈판 례〉

(ㄱ) 「부동산의 매매계약에 있어 쌍방 당사자가 모두 특정의 갑(甲) 토지를 계약의 목적물로 삼았으나 그 목적물의 지번 등에 관하여 착오를 일으켜 계약을 체결함에 있어서는 계약서상 그 목적물을 갑 토지와는 별개인 을(乙) 토지로 표시하였다 하여도 위 갑 토지에 관하여 이를 매매의 목적물로 한다는 쌍방 당사자의 의사합치가 있은 이상 위 매매계약은 갑 토지에 관하여 성립한 것으로 보아야 할 것이고 을 토지에 관하여 매매계약이 체결된 것으로 보아서는 안 될 것이며, 만일 을 토지에 관하여 위 매매계약을 원인으로 하여 매수인 명의로 소유권이전등기가 경료되었다면 이는 원인이 없이 경료된 것으로서 무효라고 하지 않을 수 없다.」(대판 1993. 10. 26, 93다2629 · 2636. 따름 판례: 대판 1996. 8. 20, 96다19581 · 19598)

(ㄴ) 「계약을 체결하는 행위자가 타인의 이름으로 법률행위를 한 경우에 행위자 또는 명의인 가운데 누구를 계약의 당사자로 볼 것인가에 관하여는, 우선 행위자와 상대방의 의사가 일치한 경우에는 그 일치한 의사대로 행위자 또는 명의인을 계약의 당사자로 확정해야 하고, 행위자와 상대방의 의사가 일치하지 않는 경우에는 그 계약의 성질 · 내용 · 목적 · 체결 경위 등 그 계약 체결 전후의 구체적인 제반사정을 토대로 상대방이 합리적인 사람이라면 행위자와 명의자 중 누구를 계약당사자로 이해할 것인가에 의하여 당사자를 결정하여야 한다.」(대판 2001. 5. 29, 2000다3897)

(ㄷ) 「당사자들이 공통적으로 의사표시를 명확하게 인식하고 있다면, 그것이 당사자가 표시한 문언과 다르더라도 당사자들의 공통적인 인식에 따라 의사표시를 해석하여야 한다. 그러나 의사표시를 한 사람이 생각한 의미가 상대방이 생각한 의미와 다

른 경우에는 의사표시를 수령한 상대방이 합리적인 사람이라면 표시된 내용을 어떻게 이해하였다고 볼 수 있는지를 고려하여 의사표시를 객관적 · 규범적으로 해석하여야 한다.」(대판 2017. 2. 15, 2014다19776 · 19783)

[93] ### 3. 규범적 해석

(1) 규범적 해석의 방법

자연적 해석이 행하여질 수 없는 경우에는 규범적 해석이 행하여진다. 규범적 해석은 상대방(표시 수령자)의 이해가능성(수령자시계. 受領者視界)에 의하여 행하여져야 한다. 구체적으로는 여러 사정 하에서 적절한 주의를 베푼 경우에 상대방이 이해했어야 하는 표시행위의 의미를 탐구하여야 한다. 상대방이 실제로 어떻게 이해하였는가는 중요하지 않다. 상대방이 합리적인 자라면 제반사정 하에서 표시행위를 어떻게 이해했어야 하느냐가 결정적이다. 판례도 같은 견지에 있다(대판 2017. 2. 15, 2014다19776 · 19783).

(2) 규범적 해석의 표준

1) 표시행위에 따르는 제반사정 규범적 해석의 제 1 의 표준은 표시행위에 따르는 모든 사정이다. 즉 모든 사정을 고려하여 의사표시의 의미내용을 탐구하여야 하는 것이다. 그런데 여기의 사정은 표시행위 당시에 존재하는 것만이다. 사정의 예로는 당사자의 모든 용태, 계약을 상의하면서 표시한 것들, 법률행위의 목적, 표시행위의 장소 · 시간 등을 들 수 있다. 견해에 따라서는 당사자의 목적만을 제 1 의 표준이라고 하나(가령 곽윤직, 224면), 그것은 고려하여야 할 제반사정 가운데 하나에 지나지 않는다.

2) 관 습 여러 사정의 고려 하에 법률행위의 내용을 확정할 수 없는 경우에는 관습 내지 거래관행을 고려하여 해석하여야 한다. 민법은 제106조에서 관습이 법률행위 해석의 표준이 됨을 규정하고 있다. 제106조의 해석상 강행규정에 위반되는 관습은 해석의 표준이 될 수 없다. 신의성실 또는 선량한 풍속 기타 사회질서에 반하는 관습도 마찬가지로 새겨야 할 것이다. 임의규정과 다른 관습이 있는 경우에는 관습이 임의규정에 우선하여 해석의 표준이 된다. 강행규정 · 임의규정의 어느 것도 없는 사항에 관한 관습도 해석표준으로 된다. 제106조가 적용되는 것은 당사자의 의사가 명확하지 않은 경우이다. 관습에 의하거나 의

하지 않는다고 표시한 경우에는 표시(법률행위)에 의한 효과가 발생한다. 관습을 당사자가 인식하고 있을 필요는 없다. 그렇지만 법률행위 당시에 관습이 존재하고 있어야 한다.

제106조에 의하여 법률행위 해석의 표준이 되는 관습은 제 1 조의 관습법과 어떤 관계에 있는가? 여기에 관하여 학설은 크게 i) 구별 인정설과 ii) 구별 부정설로 나누어지고, 그 내부에서 다시 세분된다. i) 구별 인정설 가운데에는 (a) 제 1 조의 관습법과 제106조의 관습은 그 성질 · 효력 · 적용범위가 상이한 것이므로 구별하여야 하고, 이를 구별하여도 아무런 모순이나 불합리가 없다고 하는 견해(김상용, 424면; 백태승, 391면; 이영준, 342면)와, (b) 관습법에는 강행법규적 성질을 가지는 것과 임의법규적 성질을 가지는 것이 있는데, 이 중 앞의 것을 관습법으로, 뒤의 것을 사실인 관습이라고 이해하여야 한다는 견해(이은영, 436면)가 있다. 다음에 ii) 구별 부정설은 관습법과 사실인 관습을 구별할 필요가 없다고 하는 견해인데, 그 이유는 학자마다 차이가 있다(고상룡, 375면; 곽윤직, 227면; 김용한, 274면; 김주수, 315면). 한편 판례는 법적 확신의 유무에 의하여 관습법과 사실인 관습은 구별되며, 관습법은 법칙으로서 효력이 있는 것이나, 사실인 관습은 당사자의 의사를 보충함에 그친다고 한다(대판 1983. 6. 14, 80다3231). 생각건대 관습법을 강행법규적인 것과 임의법규적인 것으로 나누는 견해는 「관습법」의 일부가 왜 사실인 관습으로 되는 것인지를 제대로 설명하지 못한다. 그리고 법률행위 해석의 표준에 관한 한 관습법과 사실인 관습을 구별하는 학설이나 판례에는 찬성할 수 없다. 왜냐하면 그에 의하면 법규범적 성격이 강한 관습법이 임의법규의 하위에 서고 법규범적 성격이 약한 사실인 관습이 법률행위의 해석을 통하여 실질적으로 임의법규에 우선하는 모순을 가져오기 때문이다(이영준, 341면은 그런 경우가 사실상 존재할 수 없다고 하나, 이는 너무 단정적이다). 이러한 모순을 해결하는 길은 양자의 구별을 부인하여 적어도 둘의 효력을 같게 하는 것이다. 즉 그 둘은 모두 임의법규에 우선하여 법률행위 해석의 표준이 된다고 하여야 한다. 그러나 이 둘을 모든 면에서 완전히 동일시하는 것은 타당하지 않다. 양자는 법의 존재형식의 면에서는 구별된다고 보아야 한다. 즉 해석의 표준으로 되는 면에서만 동일할 뿐이고, 법원(法源)의 면에서는 관습법은 — 비록 보충적이기는 하지만 — 직접 적용될 수 있는 점에서 명문규정이 없는 한 적용될 수 없는 사실인 관습과 구별된다.

법률행위의 해석에 있어서 관습의 존부가 문제되는 경우에는 법관은 당연히 직권으로 그 존부를 판단하여야 한다(같은 취지: 곽윤직, 225면. 반대: 이영준, 334면). 판례는 직권으로 판단할 수 있다고 하면서도(대판 1977. 4. 12, 76다1124), 당사자가 그 존재를 주장·증명하여야 한다고도 한다(대판 1983. 6. 14, 80다3231).

〈판 례〉

「관습법이란 사회의 거듭된 관행으로 생성한 사회생활규범이 사회의 법적 확신과 인식에 의하여 법적 규범으로 승인 강행되기에 이르른 것을 말하고 사실인 관습은 사회의 관행에 의하여 발생한 사회생활규범인 점에서는 관습법과 같으나 다만 사실인 관습은 사회의 법적 확신이나 인식에 의하여 법적 규범으로서 승인될 정도에 이르지 않은 것을 말하여 관습법은 바로 법원으로서 법령과 같은 효력을 갖는 관습으로서 법령에 저촉되지 않는 한 법칙으로서의 효력이 있는 것이며 이에 반하여 사실인 관습은 법령으로서의 효력이 없는 단순한 관행으로서 법률행위의 당사자의 의사를 보충함에 그치는 것이다.

일반적으로 볼 때 법령과 같은 효력을 갖는 관습법은 당사자의 주장 입증을 기다림이 없이 법원이 직권으로 이를 확정하여야 하나 이와 같은 효력이 없는 사실인 관습은 그 존재를 당사자가 주장 입증하여야 한다고 파악할 것이나 그러나 사실상 관습의 존부 자체도 명확하지 않을 뿐만 아니라 그 관습이 사회의 법적 확신이나 법적 인식에 의하여 법적 규범으로까지 승인된 것이냐 또는 그에 이르지 않은 것이냐를 가리기는 더욱 어려운 일이므로 법원이 이를 알 수 없을 경우 결국은 당사자가 이를 주장 입증할 필요에 이르게 될 것이다.

한편 민법 제 1 조의 관습법은 법원으로서의 보충적 효력을 인정하는 데 반하여 같은 법 제106조는 일반적으로 사법자치(이는 「사적 자치」를 가리키는 것으로 보임. 이하 같음: 저자 주)가 인정되는 분야에서의 관습의 법률행위의 해석기준이나 의사보충적 효력을 정한 것이라고 풀이할 것이므로 사법자치가 인정되는 분야 즉 그 분야의 제정법이 주로 임의규정일 경우에는 위와 같은 법률행위의 해석 기준으로서 또는 의사를 보충하는 기능으로서 이를 재판의 자료로 할 수 있을 것이나 이 이외의 즉 그 분야의 제정법이 주로 강행규정일 경우에는 그 강행규정 자체에 결함이 있거나 강행규정 스스로가 관습에 따르도록 위임한 경우 등 이외에는 이 관습에 법적 효력을 부여할 수 없다고 할 것인바, 가정의례에 관한 법률에 따라 제정된 가정의례준칙(1973. 5. 17. 대통령령 제6680호) 제13조는 사망자의 배우자와 직계비속이 상제가 되고 주상은 장자가 되나 장자가 없는 경우에는 장손이 된다고 정하고 있으므로 원심인정의 관습이 관습법이라는 취지라면(원심판시의 취지로 보아 관습법이라고 보여지나 반드시 명확하지는 않다) 관습법의 제정법에 대한 열후적, 보충적 성격에 비추어 그와 같은 관습법의 효력을 인정하는 것은 관습법의 법원으로서의 효력을 정한 위 민법 제 1 조의 취지에 어긋나는 것이라고 할 것이고 이를 사실인 관습으로 보는 취지라면 우선 그와 같은 관습을 인정할 수 있는 당사자의 주장과 입증이 있어야 할 것일 뿐만 아니라 사실인 관습의 성격과 효력에 비추어 이 관습이 사법자치가 인정되는 임의규정에 관한 것이어야만 비로소 이를 재판의 자료로 할 수 있을 따름이므로 이 점에 관하여도 아울러 심리 판단하였어야 할 것이므로, 따라서 원심인정과 같은 관습을 재판의 자료로 하려면 그 관습이 관습법인지 또는 사실인 관습인지를 먼저 가려 그에 따라 그의 적용 여부를 밝혔어야 할 것이다.」(대판 1983. 6. 14, 80다3231)

3) **임의규정** 제105조의 반대해석에 의하여 특별한 의사표시가 없는 경우 또는 의사표시가 불명료한 경우에는 임의규정을 적용하게 된다. 학설 가운데에는 이 경우 임의규정이 해석의 표준이 된다고 하는 견해도 있으나(곽윤직, 227면 등), 그것은 본질에 있어서 법률의 적용이고 해석이 아니다(같은 취지: 이영준, 328면).

본래 임의규정은 해석규정과 보충규정으로 나눌 수 있다. 전자는 의사표시가 있지만 그 의미가 불분명한 경우에 이것을 일정한 의미로 해석하는 것으로서 「추정한다」라는 표현이 사용되며(예: 262조 2항 · 398조 4항 · 424조 · 579조 1항 · 585조 · 709조 · 711조 2항), 후자는 의사표시의 내용에 틈이 있는 경우에 이를 보충하는 것으로서 「특별한 규정이 있는 때」 또는 「다른 의사표시(약정)가 없는 한」 등의 표현을 가진다(예: 42조 1항 · 292조 1항 · 297조 1항 · 334조 · 358조 · 394조 · 565조 1항 · 711조 1항 · 829조 1항). 그러나 위와 같은 표현이 없어도 규정의 해석에 의하여 해석규정 · 보충규정 중 어느 하나(또는 둘 모두)로 인정될 수 있다(예: 100조 2항 · 566조 · 569조 이하). 해석규정 · 보충규정 가운데 규범적 해석과 관계하는 것은 해석규정이며, 보충규정은 뒤에 보는 보충적 해석에서 의미를 가진다.

4) **신 의 칙** 이상의 모든 표준에 의하여 의미가 확정될 수 없는 경우에는 신의칙에 따라서 확정하여야 한다.

(3) 규범적 해석에서의 몇 가지 문제 [94]

1) **보통거래약관의 해석** 의사표시가 개별적인 경우의 사정에 의하여 해석되어야 한다는 원칙에 대하여는 하나의 예외가 인정되어야 한다. 즉 대량거래를 위한 보통거래약관은 획일적인 처리를 기본적인 목적으로 하고 있으므로, 구체적인 상대방의 사정에 의하여 해석하지 않아야 하며 평균적인 고객이 알았어야 하는 사정만을 고려하여 해석하여야 한다(채권법각론 [13] 참조). 우리의 「약관의 규제에 관한 법률」은 이를 명문화하고 있다(같은 법 5조 1항).

2) **판례의 이른바 예문해석**(例文解釋) 부동산의 임대차 등의 계약을 체결함에 있어서 계약서로 관용되는 서식에 경제적 강자에게 일방적으로 유리한

조항이 들어가 있는 경우가 있다. 예컨대 토지임대차계약서에 있는 「임대인의 청구가 있으면 언제든지 반환하여야 한다」는 등의 조항이 그렇다. 그러한 조항을 예문(단순한 예로서 늘어 놓은 문언)이라고 보아 당사자가 이 문구에 구속당할 의사가 없었음을 이유로 하여 무효라고 해석하는 것을 예문해석 또는 예문재판이라고 한다. 종래 판례는 이러한 예문해석을 해오고 있다(대판 1979. 11. 27, 79다1141; 대판 1997. 5. 28, 96다9508; 대판 1999. 3. 23, 98다64301; 대판 2003. 3. 14, 2003다2109 등 다수). 이에 대하여 학자들은 i) 그러한 조항은 신의칙 또는 조리에 반하기 때문에 무효라고 했어야 한다는 견해(곽윤직, 228면; 김용한, 276면)와, ii) 판례의 예문해석을 비판하고, 다른 이론으로 해결하자는 견해(이영준, 346면)로 나뉘어 있다. 생각건대 예문해석에는 찬성할 수 없다. 그러한 경우는 해석의 원칙에 입각하여 해석하여야 하며, 제103조 · 제104조나 제109조가 적용될 사정이 있으면 그것들을 적용하여야 한다(자세한 점은 주해(2), 196면(송덕수) 참조). 단순히 신의칙에 반한다고 하여 효력이 부인될 수도 없기 때문에 i)설도 옳지 않다.

〈판 례〉

「근저당설정계약서는 처분문서이므로 특별한 사정이 없는 한 그 계약 문언대로 해석하여야 함이 원칙이지만, 그 근저당권설정계약서가 금융기관 등에서 일률적으로 일반거래약관의 형태로 부동문자로 인쇄하여 두고 사용하는 계약서인 경우에 그 계약 조항에서 피담보채무의 범위를 그 근저당권 설정으로 대출받은 당해 대출금채무 외에 기존의 채무나 장래에 부담하게 될 다른 원인에 의한 모든 채무도 포괄적으로 포함하는 것으로 기재하였다고 하더라도, 당해 대출금채무와 장래 채무의 각 성립 경위 등 근저당설정계약 체결의 경위, 대출 관행, 각 채무액과 그 근저당권의 채권최고액과의 관계, 다른 채무액에 대한 별도의 담보확보 여부 등 여러 사정에 비추어 인쇄된 계약 문언대로 피담보채무의 범위를 해석하면 오히려 금융기관의 일반 대출 관례에 어긋난다고 보여지고 당사자의 의사는 당해 대출금 채무만을 그 근저당권의 피담보채무로 약정한 취지라고 해석하는 것이 합리적일 때에는 위 계약서의 피담보채무에 관한 포괄적 기재는 부동문자로 인쇄된 일반거래약관의 예문에 불과한 것으로 보아 그 구속력을 배제하는 것이 타당하다(대법원 1997. 5. 28. 선고 96다9508 판결, 2001. 9. 18. 선고 2001다36962 판결 등 참조).」(대판 2003. 3. 14, 2003다2109)

[95] 4. 보충적 해석

보충적 해석은 틈 있는 법률행위의 보충을 의미한다. 보충은 모든 법률행위에서 행하여질 수 있으나 주로 계약에서 문제된다. 보충적 해석은 자연적 해석 또는 규범적 해석에 의하여 법률행위의 성립이 인정된 후에 비로소 문제된다. 보충적 해석이 해석에 의한 법률행위의 보충인가 아니면 임의법규의 적용인가에 관하여는, i) 법적용설(김준호, 233면; 이은영, 429면)과 ii) 해석설(김상용, 415면; 이영준, 306면)이 대립하고 있다. 생각건대 보충적 해석을 법의 적용이라고 하면, 부당하게도, 각각의 경우의 특별한 사정이 해석에 대하여 중요하게 작용할 수가 없을 것이다. 그러므로 보충적 해석은 법률행위의 해석에 의한 법률행위의 보충으로 보아야 한다.

보충적 해석은 법률행위에서의 틈(규율의 틈)의 존재를 전제로 한다. 법률행위에서 규율하고 있는 한 사정이 변경되어 부적당하게 되었을지라도 보충적 해석은 필요하지 않다. 보충적 해석의 전제가 되는 이러한 틈은 계약체결 당시부터 존재할 수도 있지만, 어느 계약조항이 무효로 되어 생길 수도 있고, 또 법률관계의 발전에 기초하여 사후에 생길 수도 있다.

법률행위에서 규율을 요하는 틈이 확정된 경우에는 — 고유한 — 보충적 해석에 앞서서 우선 임의규정이 파악하려고 할 것이다. 그런데 우리 민법에서는 제106조에 의하여 임의규정과 다른 관습이 있는 경우에 당사자의 의사가 명백하지 않은 때에는 관습에 의하여 보충되게 된다. 결국 우리 민법상 법률행위의 규율의 틈은 제 1 차적으로 관습에 의하여 보충되고, 관습이 없는 경우에는 임의규정에 의하며, 임의규정도 없거나 임의규정에 의하여 보충될 수 없는 때에는 마지막으로 제반사정 하에서 신의칙에 의하여 보충을 행하게 된다. 이들 중 마지막의 경우에 대하여만 더 보기로 한다.

법률행위의 규율의 틈이 임의규정에 의하여 보충되지 못한 경우에 비로소 고유한 의미의 보충적인 해석이 행하여진다. 그런데 이때의 해석표준에 대하여는, i) 양당사자의 가정적 의사를 탐구하여야 한다는 견해와, ii) 뒤에 보는 사견의 두 가지가 주장되고 있다. 판례는, 계약당사자 쌍방이 계약의 전제나 기초가 되는 사항에 관하여 구체적 약정을 하지 아니함에 따라 당사자의 의사를 보충하여 계약을 해석하는 경우, 보충되는 당사자의 의사는 당사자의 실제 의사 또는 주관적 의사가 아니라 계약의 목적, 거래관행, 적용법규, 신의칙 등에 비추어 객관적으로 추인되는 정당한 이익조정 의사를 말한다고 한다(대판 2024. 10. 25, 2023다206138. 근로계약 등에 소정근로시간을 정하지 않은 경우임). 이러한 판례는 i)설과 유사하다. 대법원은 예전에 그 경우를 공통의 착오의 문제라고 하면서 동일한 법리를 인정하였는데(대판 2006. 11. 23, 2005다13288), 이 판결에서는 올바르게 보충적 해석으로 파악하였다([168] 참조). 생각건대 i)설이 말하는 가정적인 의사는 의제된 것에 불과하며, 따라서 그에 의하면 법률행위의 범위 내에 있어야 한다는 해석의 한계를 넘게 된다. 그리고 그에 대한 법적 근거도 없다(자세한 점은 주해(2), 208면(송덕수) 참조). 그러고 보면 당사자의 가정적 의사는 보충적인 해석의 표준이 될 수 없다. 보충적인 해석이 법률행위의 해석이라고 파악되는 한, 틈의 보충은 법률행위의 규율에서 출발하여야 한다. 법률행위(계약) 자체뿐만 아니라 각각의 계약조항 및 평가, 그리고 인식가능한 계약의 목적 · 계약의 의미관계 · 계약의 근본사상 등의 모든 사정이 출발점을 이룬다. 여기에 신의칙도 고려되어야 한다. 그리하여 법률행위(계약)에서의 규율 기타의 사정 하에서 신의성실에 의하여 판단할 때 가장 적당한 결과가 탐구되어야 한다.

〈상대방 없는 의사표시 특히 유언의 해석〉

상대방 없는 의사표시로 유언 · 권리의 포기 · 재단법인 설립행위 등이 있다. 이러한 상대방 없는 의사표시의 해석의 방법도 밝히는 해석(단순한 해석)과 보충적 해석으로 나누어진다. 그런데 상대방 없는 의사표시에 있어서는 보호해야 할 상대방이 없기 때문에 밝히는 해석의 경우 표의자의 진정한 의사를 탐구하는 방법으로 해석하여야 한다. 그리하여 규범적 해석은 인정되지 않는다. 그리고 의사표시에 규율의 틈이 있을 경우 그것을 채우는 해석(보충적 해석)도, 상대방 있는 의사표시에 있어서와 달리, 관습에 의한 보충은 배제되어야 하고, 드러난 표의자의 의사를 기초로 모든 사정을 고려할 때 가장 적당한 결과가 무엇인가를 탐구하는 방법으로 하여야 한다.

[96] V. 법률행위 해석이 법률문제인지 여부

일반적으로 사실확정의 문제는 상고이유가 되지 못하나, 법률문제는 상고이유가 된다. 이러한 원칙은 법률행위의 해석의 경우에도 적용된다. 그런데 법률행위의 해석이 법률문제인가에 관하여 우리의 학설은 i) 그 전부가 법률문제라고 하는 견해(고상룡, 382면; 곽윤직, 228면; 김상용, 434면; 김용한, 270면; 김주수, 320면; 김준호, 228면; 김학동, 294면; 이은영, 438면; 정기웅, 354면)와, ii) 통상의 법률행위의 해석은 사실문제이나, 사실의 인정이 법률에 위배되는 때에는 상고이유로 된다는 견해(이영준, 358면)가 대립하고 있다. 생각건대 i)설은 사실문제인 많은 경우를 간과한 점에서 옳지 않고, ii)설은 사실확정과 그에 대한 법적 판단을 구별하지 않고 있어서 역시 부당하다. 사견에 의하면 어떤 것은 사실문제이고, 다른 것은 법률문제로 된다. 사견을 좀더 자세히 적어보기로 한다.

자연적 해석은 순수한 사실확정으로서 사실심에 맡겨진다. 그에 대하여는, 사실확정에서 고려되어야 하는 모든 사실이 고려되지 않는 것과 같이 절차법에 위반된 경우에만 상고법원이 파기할 수 있다. 규범적 해석의 경우, 해석에 앞서서 행하여져야 하는 표시행위의 확정과 해석표준의 하나인 관습의 존재·부존재의 확정은 사실문제이다. 그에 비하여 규범적 해석 자체는 법적 가치판단 즉 법률문제이다. 그리고 보충적 해석도 법률문제라고 보아야 한다.

〈구체적인 법률행위의 해석에 관한 판례〉

(ㄱ) 「총완결이라는 문언이 기재된 을 제 1 호증 영수증의 성질이 처분문서이던 보고문서이던간에 다시 말하면 총완결이라는 의사표시가 을 제 1 호증 작성에 의하여 된 것이던 그렇지 아니하던 간에 그러한 의사표시 있었음이 을 제 1 호증의 기재에 의하여 인정되고 그것이 원고 의사표시로서의 효력이 인정된다면 그 의사표시는 원판결 판단과 같은 멕기불량품을 대조 확인하였다거나 그 값을 공제하고 나머지가 계산상 36만원임을 상호 확인한 사실이 없다하여도 돈 36만원을 영수하고 그것으로 모두 결재가 끝났다는 것을 표시한 원고의 의사표시라고 해석되며 그 의사표시의 상대방인 피고가 그 당시 그러한 의사표시가 진의 아닌 것으로 알지 아니하였다면 그것이 원판결 판단과 같이 돈받기 위하여 피고의 요구에 따라 거짓 기재한 것이라 하여도 그 사실 자체만으로는 위 총완결이라는 원고의 의사표시가 당연무효라 할 수 없을 것임에도 불구하고 피고가 그렇게 쓰지 아니하면 돈을 주지 않겠다고 하기에 당시 궁박한 공장사정에 비추어 우선 돈받기 위하여 거짓 기재한 것이라는 이유만으로 그 자체 아무런 독자적 효과가 없는 것이라 하여 아직 채무가 남아있는 것으로 판단한 원판결에는 의사표시 내지 법률행위의 효력에 관한 법리를 오해한 위법이 있다.」(대판 1969. 7. 8, 69다563)

(ㄴ) 대판 1998. 3. 13, 97다22089([205] 참조).

(ㄷ) 낙찰대금에서 배당을 받지 못한 세입자가 임대인의 아들을 찾아가 임대차보증금을 어떻게 할 것인지 따지자 자신이 책임지고 해결하겠으니 걱정하지 말고 기다리라고 한 경우, 그 말의 객관적 의미는 임대차 보증금반환의무를 법적으로 부담할 수는 없지만 사정이 허락하는 한 그 이행을 사실상 하겠다는 취지라고 해석한 사례(대판 1999. 11. 26, 99다43486).

(ㄹ) 임대인이 임대차계약기간 중에 임차인에게 인상된 임대차보증금 및 차임을 납부한 후 새로운 임대차계약을 체결하되 만약 이를 납부하지 아니하면 기존의 임대차계약을 해지하고 명도절차를 진행하겠다고 통지한 경우, 그 통지는 기존의 임대차계약 기간 중의 계약해지를 의미하는 외에 장차 기존의 임대차계약상의 임대차보증금

과 차임을 인상하는 것으로 그 계약조건을 변경하지 않으면 계약을 갱신하지 않겠다는 의사표시까지 포함된 것으로 본 사례(대판 2002. 6. 28, 2002다23482).

(ㅁ) 임대차계약서 부칙에서 '임차인은 본 계약 규정에 따른 임차인의 의무 또는 임대인이 필요하거나 합당하다고 생각하는 것에 따라서 대지 또는 일부분에 들어가서 보수, 개조, 유지, 변경 또는 어떤 다른 작업을 실행하겠다고 통지할 때는 언제나 임대인에게 허락하여야 한다'는 취지로 규정한 사안에서, 위 조항은 임대인이 필요하거나 합당하다고 생각하여 보수·개조 등의 작업을 하게 되더라도 임차인의 개별 임차부분에 들어가서 행하게 되는 소규모의 보수·개조 등의 작업에 한하여 임차인이 임대인에게 허락을 하여야 한다는 취지로 해석함이 상당하다고 본 사례(대판 2010. 4. 8, 2009다99594).

(ㅂ) 「당사자의 합의에 의하여 지명된 감정인의 감정의견에 따라 보상금을 지급하기로 약정하였다고 하더라도 당사자의 약정 취지에 반하는 감정이 이루어졌다든가 그 감정의견이 명백히 신빙성이 없다고 판단되는 등의 특별한 사정이 있다면 당사자가 그 감정 결과에 따라야 하는 것은 아니다. 이 경우 수소법원으로서는 다른 합리성이 있는 전문적 의견을 보충자료로 삼아 분쟁사안을 판단하여야 한다(대법원 1994. 4. 29. 선고 94다1142 판결, 대법원 2007. 4. 12. 선고 2004다39467 판결 등 참조).」(대판 2011. 11. 24, 2011다9426)

(ㅅ) 「하나의 법률관계를 둘러싸고 각기 다른 내용을 정한 여러 개의 계약서가 순차로 작성되어 있는 경우 당사자가 그러한 계약서에 따른 법률관계나 우열관계를 명확하게 정하고 있다면 그와 같은 내용대로 효력이 발생한다. 그러나 여러 개의 계약서에 따른 법률관계 등이 명확히 정해져 있지 않다면 각각의 계약서에 정해져 있는 내용 중 서로 양립할 수 없는 부분에 관해서는 원칙적으로 나중에 작성된 계약서에서 정한 대로 계약 내용이 변경되었다고 해석하는 것이 합리적이다.」(상가건물 일부를 임차하는 임대차계약을 체결한 후 당사자가 그 임대차계약의 내용을 변경하면서 임차면적·임대차기간·월차임·특약사항에 관하여 내용이 약간씩 다른 4개의 임대차계약서를 차례로 작성한 사안)(대판 2020. 12. 30, 2017다17603)

(ㅇ) 「어떠한 의무를 부담하는 내용의 기재가 있는 문면에 '최대한 노력하겠습니다.', '최대한 협조한다.' 또는 '노력하여야 한다.'고 기재되어 있는 경우, 특별한 사정이 없는 한 당사자가 위와 같은 문구를 기재한 의미는 문면 그 자체로 볼 때 그러한 의무를 법적으로는 부담할 수 없지만 사정이 허락하는 한 그 이행을 사실상 하겠다는 취지로 해석함이 타당하다. 당사자가 그러한 표시행위에 의하여 나타내려고 한 의사는 그 문구를 포함한 전체의 문언을 고려하여 해석해야 하는데, 그러한 의무를 법률상 부담하겠다는 의사였다면 굳이 위와 같은 문구를 사용할 필요가 없고, 위와 같은 문구를 삽입하였다면 그 문구를 의미 없는 것으로 볼 수 없기 때문이다. 다만 계약서의 전체적인 문구 내용, 계약의 체결 경위, 당사자가 계약을 체결함으로써 달성하려는 목적과 진정한 의사, 당사자에게 의무가 부과되었다고 볼 경우 이행가능성이 있는 것인지 여부 등을 종합적으로 고려하여 당사자가 그러한 의무를 법률상 부담할 의사

였다고 볼 만한 특별한 사정이 인정되는 경우에는 위와 같은 문구에도 불구하고 법적으로 구속력이 있는 의무로 보아야 한다.」(대판 2021. 1. 14, 2018다223054)

(ㅈ) 상가건물을 임대하면서 계약서에 '계약의 해지 성립 여부에 쌍방 간 이견이 있을 경우 법원의 판결에 따르되 최종 판결 전까지 임대인과 임차인의 권리와 의무는 유지되는 것으로 한다.'는 내용을 특약으로 정하였는데, 임차인이 차임과 관리비 등을 납부하지 않자, 임대인이 임차인을 상대로 임대차계약을 해지한다고 주장하면서 건물의 인도 및 연체차임 등의 지급을 구한 사안에서, "최종 판결 전까지는 임대인과 임차인의 권리와 의무는 유지되는 것으로 한다." 부분의 의미는 위 임대차계약의 해지를 원인으로 하여 임대차 관계의 청산을 구하는 소송에서 임대차계약이 적법하게 해지되었음을 이유로 임차목적물 반환 등 임대차 관계의 청산을 명하는 판결이 선고되더라도 판결이 확정될 때까지는 기존 임대차 관계를 유지하되 확정 후에 그 판결을 집행한다는 것일 뿐, 위와 같은 소송에서 판결이 확정될 때까지 임차인이 임대인의 임차목적물 반환청구를 거절할 수 있는 권능을 가진다는 의미로 해석할 수 없다고 한 사례(대판 2024. 7. 11, 2024다209769).

〈판 례〉

(ㄱ) 「하나의 계약에 포함되어 있는 개별 약정이 다수의 법률행위로 분리된 것으로 보아야 하는지는 당사자에게 주관적으로 이러한 약정을 다수의 법률행위로 분리할 수 있는 것으로 하겠다는 의사의 합치가 있는지, 이러한 약정이 객관적으로 다수의 법률행위로 분리될 수 있는지 여부 등을 종합적으로 고려하여 결정하여야 한다.」(대판 2020. 5. 14, 2016다12175)

(ㄴ) 「근저당권자와 근저당권설정자의 행위가 가지는 법적 의미가 분명하지 않은 경우 근저당권자와 근저당권설정자 사이에 형성된 법률관계의 실체를 밝히는 것은 단순한 사실인정 문제가 아니라 의사표시 해석의 영역에 속한다. 그 행위가 가지는 법적 의미는 근저당권자와 근저당권설정자의 관계, 근저당권설정의 동기와 경위, 당사자의 진정한 의사와 목적 등을 종합적으로 고찰하여 논리와 경험의 법칙에 따라 합리적으로 해석해야 한다.」(대판 2020. 8. 20, 2020다227356)

제 5 절 행위능력

I. 서 언 [97]

앞서 본 바와 같이, 법률행위 당사자의 행위능력은 모든 법률행위가 효력을 발생하기 위하여 갖추어야 하는 요건(일반적 효력요건)이다. 그리고 행위능력이라고 할 때 행위가 바로 법률행위라는 점에서 알 수 있는 것처럼 행위능력은 법률행위에 관한 제도이다. 그러고 보면 행위능력에 관한 규정은 마땅히 법률행위 규정(제1편 제5장) 안에 두어졌어야 한다. 그런데 민법은 행위능력을 자연인에 관한 규정(제1편 제2장 인(人)) 가운데 「능력」이라는 표제(제1절)를 두고 그 안에서 권리능력과 함께 규율하고 있다. 이는 아마도 우리의 입법자가 행위능력이 — 우리 민법상의 두 가지 권리능력자인 — 자연인과 법인 중 자연인에게만 특별히 문제된다는 점을 고려하여 단순히 체계를 위하여 그와 같이 배치한 것으로 추측된다. 그렇지만 행위능력은 바로 법률행위 자체의 문제이다. 그리고 그것은 법률행위의 개념의 이해를 전제로 한다. 그러므로 무엇보다도 행위능력제도를 효율적이고도 충실하게 이해시키기 위하여서는 행위능력을 바로 이 순서에서 논의하여야 한다. 이 책이 민법전의 체제와 순서에도 불구하고 권리의 주체(자연인·법인)의 설명을 법률행위 뒤로 미루고, 그 가운데 행위능력에 관한 것만을 다시 가져와 지금 논의하려는 연유가 거기에 있다.

행위능력 문제는 법인에 관하여도 생각할 수 있다. 그러나 법인에서는 — 뒤에 보는 것처럼([341] 참조) — 권리능력이 있는 범위에서 행위능력이 인정되고, 구체적인 행위를 실제로는 이사와 같은 법인의 대표기관이 행하기 때문에 행위능력이 크게 문제되지 않는다. 따라서 여기서는 자연인의 행위능력만 다루기로 한다.

[98]

Ⅱ. 행위능력 일반론

1. 의사능력(意思能力)

행위능력을 설명하려면 먼저 의사능력에 관하여 살펴보아야 한다.

뒤에 보는 바와 같이([292] 참조), 우리 민법상 권리의 주체가 될 수 있는 자 즉 권리능력자에는 모든 살아 있는 사람과 법인의 둘이 있다. 그 가운데 사람은 법인과 구별하여 자연인이라고 한다. 자연인 즉 사람은 모두 권리능력을 가지고 있다. 그러나 권리능력이라고 하는 것은 권리를 취득하거나 의무를 부담할 수 있는 가능성에 불과하다. 따라서 사람이 권리능력을 가지고 있다고 하여 그들 모두가 자신의 법률행위에 의하여 권리를 취득하거나 의무를 부담할 수 있는 것은 아니다. 어떤 사람이 그러한 행위를 할 수 있으려면 일정한 지적 수준에 이르고 있어야 한다. 적어도 자신의 행위가 어떤 의미를 가지고 있는지는 알고 있었어야 한다. 왜냐하면 민법이 기본원리로 삼고 있는 사적 자치의 원칙상 개인은 자기의 「의사」에 기하여서만 법률관계를 형성할 수 있는데, 자신의 행위가 어떤 의미를 가지고 있는지조차 모르는 경우라면 결코 그의 「의사」에 기한 것이라고 할 수 없기 때문이다. 여기서 자기의 행위의 의미나 결과를 합리적으로 예견할 수 있는 정신적인 능력 내지 지능을 의사능력이라고 한다. 판례(대판 2002. 10. 11, 2001다10113; 대판 2006. 9. 22, 2004다51627; 대판 2009. 1. 15, 2008다58367; 대판 2022. 5. 26, 2019다213344[핵심판례 16면]; 대판 2022. 12. 1, 2022다261237)와 통설(고상룡, 114면; 곽윤직, 84면; 이영준, 857면 등. 그러나 김학동, 108면은 행위의 결과는 아니고 행위 자체를 인식하고 규율할 수 있는 능력이라고 한다)도 같다. 그런데 여기의 기준이 되는 자는 전지전능한 자가 아니고 통상인이기 때문에, 의사능력은 통상인이 가지는 정상적인 판단능력을 가리키게 된다(곽윤직, 84면).

의사능력이 있는지 여부는 구체적인 행위에 대하여 개별적으로 판단되며(대판 2002. 10. 11, 2001다10113; 대판 2006. 9. 22, 2004다51627; 대판 2006. 9. 22, 2006다29358; 대판 2009. 1. 15, 2008다58367; 대판 2022. 5. 26, 2019다213344[핵심판례 16면]도 같다), 그것을 판정하는 객관적 · 획일적 기준은 없다. 그리하여 동일한 행위에 대하여 어떤 자는 의사능력이 있는데 같은 나이에 있는 다른 자는 없을 수도 있고(가령 지적 발육이 늦은 자), 또 동일한 자라도 어떤 행위에 대하여는 의사능력이 있는데(가령 장난감의 구입) 다른 행위에 대하여는 의사능력이 없을 수도 있다(가령 주식 매입). 의사무능력자의 예로 정신질환자, 만취자를 들 수 있다. 그리고 7세 미만의 자는 대체로 의사능력이 없다(김주수, 134면은 부동산매매는 13세, 신분행위는 15세 정도의 판별력이 필요하다고 한다).

의사능력이 없는 자의 법률행위는 무효이다. 입법례 중에는 이를 명문으로 규정하고 있는 것이 적지 않으나(가령 독일민법 105조 1항 · 프랑스민법 489조 · 스위스민법 18조), 명문규정이 없는 우리 민법에서도 마찬가지로 새겨야 한다. 사적 자치의 원칙상 각 개인은 그의 「의사」에 기하여서만 법률관계를 형성할 수 있는데, 의사무능력자의 행위는 그의 「의사」에 기한 것이라고 할 수 없기 때문이다. 통설과 판례(대판 2002. 10. 11, 2001다10113은 사회연령 6세에 해당하는 자의 금전대출과 담보제공행위는 무효라고 한다. 대판 1993. 7. 27, 93다8986; 대판 1996. 4. 23, 95다34514도 참조)도 같은 견지에 있다. 그런데 의사무능력자의 법률행위의 무효의 주장을 의사무능력자에게만 인정할 것인가에 관하여는 견해가 나뉘고 있다. i) 압도적인 다수설은 상대방을 포함하여 누구나 무효를 주장할 수 있다고 하나(김상용, 151면; 김준호, 79면; 김학동, 109면; 이영준, 858면; 이은영, 158면), ii) 의사무능력에 의한 무효는 의사무능력자를 보호하기 위한 것이므로 무효의 주장은 의사무능력자에게만 인정하는 것이 타당하다는 견해(김주수, 136면)도 있다. 생각건대 의사무능력자의 법률행위는 사적 자치에 기하여 당연히 절대적으로 무효이다. 따라서 타당성만을 고려하여 법적 근거가 없이 해석으로 그 효력(무효)을 제한할 수는 없다. 다음에 의사무능력자가 동시에 — 후술하는 — 제한능력자이기도 한 경우에는, 그는 제한능력을 이유로 취소할 수도 있고 의사무능력을 이유로 무효를 주장할 수도 있다(이설 없음).

사람은 보통 의사능력을 갖추고 있는 것으로 보아야 하기 때문에, 의사무능력자의 행위의 경우에는 그 행위의 무효를 주장하는 자가 의사능력이 없었음을 증명하여야 한다(같은 취지: 이영준, 859면; 대판 2022. 12. 1, 2022다261237).

〈판 례〉

(ㄱ) 「의사능력이란 자신의 행위의 의미나 결과를 정상적인 인식력과 예기력을 바탕으로 합리적으로 판단할 수 있는 정신적 능력 내지는 지능을 말하는바, 특히 어떤 법률행위가 그 일상적인 의미만을 이해하여서는 알기 어려운 특별한 법률적인 의미나 효과가 부여되어 있는 경우 의사능력이 인정되기 위하여는 그 행위의 일상적인 의미뿐만 아니라 법률적인 의미나 효과에 대하여도 이해할 수 있을 것을 요한다고 보아야 하고, 의사능력의 유무는 구체적인 법률행위와 관련하여 개별적으로 판단되어야 할 것이다(대법원 2002. 10. 11. 선고 2001다10113 판결 등 참조).」(대판 2006. 9. 22, 2006다29358(지능지수 58인 정신지체 장애인이 타인이 은행에 대하여 부담하는 신용보증계약상의 일체의 채무를 연대보증한 경우에 의사무능력을 이유로 무효라고 함). 같은 취지: 대판 2022. 5. 26, 2019다213344 (지적장애인이 대출약정의 법률적인 의미나 효과를 이해하기 어려웠다고 본 사례))

(ㄴ) 「의사무능력자의 사실상의 후견인이었던 아버지의 보조를 받아 의사무능력자가 자신의 명의로 대출계약을 체결하고 의사무능력자 소유 부동산에 관하여 근저당권을 설정한 후, 의사무능력자의 여동생이 특별대리인으로 선임되어 위 대출계약 및 근저당권설정계약의 효력을 부인하는 경우에, 이러한 무효 주장이 거래관계에 있는 당사자의 신뢰를 배신하고 정의의 관념에 반할 것 같은 예외적인 경우에 해당하지 않는 한, 의사무능력자에 의하여 행하여진 법률행위의 무효를 주장하는 것이 신의칙에 반하여 허용되지 않는다고 할 수 없다.」(대판 2006. 9. 22, 2004다51627)

(ㄷ) 「민법 제141조는 "취소한 법률행위는 처음부터 무효인 것으로 본다. 그러나 무능력자는 그 행위로 인하여 받은 이익이 현존하는 한도에서 상환할 책임이 있다."고 규정하고 있는데, 무능력자의 책임을 제한한 위 조항의 단서는 부당이득에 있어 수익자의 반환범위를 정한 민법 제748조의 특칙으로서 무능력자의 보호를 위해 그 선의·악의를 묻지 아니하고 반환범위를 현존 이익에 한정시키려는 데 그 취지가 있으므로, 의사능력의 흠결을 이유로 법률행위가 무효가 되는 경우에도 유추적용되어야 할 것이나, 법률상 원인 없이 타인의 재산 또는 노무로 인하여 이익을 얻고 그로 인하여 타인에게 손해를 가한 경우, 그 취득한 것이 금전상의 이득인 때에는 그 금전은 이를 취

득한 자가 소비하였는가의 여부를 불문하고 현존하는 것으로 추정되므로(대법원 1996. 12. 10. 선고 96다32881 판결 참조), 위 이익이 현존하지 아니함은 이를 주장하는 자, 즉 의사무능력자 측에 입증책임이 있다.」(대판 2009. 1. 15, 2008다58367)

〈책임능력〉

법률행위에 있어서 의사능력이 있는 것처럼, 불법행위에 있어서는 책임능력이 있다. 책임능력은 자기의 행위에 대한 책임을 인식할 수 있는 지능을 가리키며, 이러한 능력이 없는 자의 행위(가해행위이고 법률행위가 아님)는 설사 타인에게 손해를 발생시켰더라도 불법행위로 되지 않으며, 따라서 손해배상책임이 생기지 않는다. 책임능력이 있는지 여부도 구체적인 경우에 개별적으로 판단되어야 하나, 대체로 12세를 전후하여 갖추어지는 것으로 생각된다.

2. 행위능력(行爲能力) [99]

앞에서 설명한 바와 같이, 의사능력이 없는 자의 법률행위는 무효이다. 그 결과 의사무능력자를 보호할 수 있게 된다. 그런데 의사능력이 없이 법률행위를 한 자는, 그가 보호받으려면 법률행위 당시에 의사능력이 없었음을 증명하여야 한다. 그러나 그것은 여간 어려운 일이 아니다. 그런가 하면 그러한 증명이 된 경우에는, 이제 그것을 알 수 없었던 상대방이나 제 3 자가 예측하지 못한 손해를 입게 된다. 여기서 민법은 일정한 획일적 기준(연령과 법원의 선고)을 정하여, 이 기준을 갖추는 때에는 의사능력이 없었던 것으로 다루어 그 자가 단독으로 한 행위를 취소할 수 있도록 하고 있다. 그리고 이 획일적 기준을 외부에서 쉽게 인식할 수 있도록 객관화하여 상대방이나 제 3 자도 보호하려고 한다. 이와 같이 객관적·획일적 기준에 의하여 의사능력을 객관적으로 획일화한 제도가 행위능력제도 또는 제한능력자제도이다. 그리고 여기에서 제한능력자에 해당하지 않을 만한 자격을 행위능력이라고 한다. 따라서 행위능력은 단독으로 완전하고 유효하게 법률행위를 할 수 있는 지위 또는 자격이다.

여기서 행위능력이 의사능력을 객관적으로 획일화하였다고 하였는데, 그것이 의사능력을 그대로 획일화하였다는 의미는 아니다. 행위능력은 의사능력을 전제로 하여 거래에 관한 능력까지도 고려하여 넉넉하게 일반화시킨 것이다(그러면서 효과도 무효 대신에 취소가능성으로 규정한다)(김학동, 109면도 참조). 그 결과 의사능력이 있으면서 행위능력이 제한된 자도 많이 있다. 의사능력 있는 미성년자가 그 예이다. 그런가 하면 의사능력은 없지만 행위능력은 있는 자도 있다. 성년후견개시의 심판을 받지 않은 정신질환자가 그 예이다. 결국 행위능력이 의사능력을 전제로 한 것이지만, 둘이 언제나 일치하는 것은 아니다.

행위능력 내지 제한능력자제도는 법률행위에만 관련되는 것이다. 불법행위에 있어서는 개별적 · 구체적으로 책임능력 유무를 살피게 된다. 그리고 민법에서 보통 능력 또는 제한능력이라고 하면 그것은 행위능력 또는 행위능력의 제한능력을 가리킨다.

[100]

3. 민법상의 제한능력자제도

(1) 민법상의 제한능력자

2011. 3. 7.에 민법이 개정되기 전에는 민법상의 무능력자로 미성년자(4조) · 한정치산자(개정 전 민법 9조) · 금치산자(개정 전 민법 12조)의 셋이 있었다. 그런데 이들 가운데 한정치산자 · 금치산자 제도에 관하여는 비판이 많이 제기되었다. 그 제도들은 사회적으로 낙인을 찍는 효과가 강할 뿐만 아니라 실제로 보호가 필요한 사람들에게 효율적으로 도움을 주지 못하고, 그리하여 제도 자체의 이용을 꺼리게 된다는 것이다. 이러한 비판을 받아들여 2011. 3. 7.에 금치산 · 한정치산제도와 후견제도를 크게 손질하였다. 그러면서 한정치산자 · 금치산자라는 용어가 사회적으로 부정적인 이미지가 있다고 하여 그것 대신 피한정후견인 · 피성년후견인이라고 수정하였다. 그리고 금치산제도의 변형인 성년후견제도를 앞에 두고 한정후견에서는 그에 관한 규정들의 일부를 준용하는 방식으로 규율하고 있다. 이것이 이른바 성년후견제 민법개정이다. 이렇게 개정된 민법은 2013. 7. 1.부터 시행되고 있다.

개정된 민법은 제 1 편(총칙) 제 2 장(인) 제 1 절(능력)에서 넓은 의미에서 행위능력이 제한되는 자(보호가 필요한 자) 즉 제한능력자로 미성년자(4조) · 피성년후견인(9조) · 피한정후견인(12조) · 피특정후견인(14조의 2)의 네 가지를 규정하고 있다. 그런데 피특정후견인은 행위능력상 전혀 제약을 받지 않는다. 그렇지만 피특정후견인도 법정후견을 받기 때문에 여기에 함께 규정한 것이다. 그리고 피한정후견인은 원칙적으로는 행위능력을 가지며, 가정법원이 피한정후견인이 한정후견인의 동의를 받아야 하는 행위의 범위를 정하는 경우에만(13조 참조) 행위능력을 제한받게 된다. 결국 개정된 민법상 행위능력이 제한되는 좁은 의미의 제한능력자로는 미성년자 · 피성년후견인 · 피한정후견인(예외적 인 경우)의 셋이 있게 된다. 그리고 보호를 받아야 하는, 그리하여 법정후견을 받는 넓은 의미의 제한능력자에는 위의 좁은 의미의 제한능력자 외에 피특정후견인이 속하게 된다.

〈주의할 점〉

개정된 민법상의 제한능력자도 넓은 의미에서는, 개정 전의 민법에서와 마찬가지로, 의사능력의 결여 또는 부족에 기초하고 있다. 그러나 전통적인 의사능력 개념을 그대로 채용하고 있지는 않으며, 정신적 능력을 바탕으로 하지만 기능적인 능력을 문제삼는 변형된 의사능력 개념을 사용하고 있다. 개정법이 「정신적 제약으로 사무를 처리할 능력」이 결여된 또는 부족한 사람이라고 규정하고 있기 때문이다(9조 · 12조 참조).

(2) 제한능력자에 관한 규정의 성격

제한능력자에 관한 규정은 강행규정이다. 그것은 법률질서의 기본구조에 관한 규정이기 때문이다([117] 참조). 따라서 행위능력을 제한하는 계약은 무효이다.

그리고 이 규정은 재산행위를 모범으로 한 것이므로, 가족법상의 행위에는 원칙적으로 적용되지 않는다. 가족법상의 행위에서는 개별적인 행위에 대하여 본인의 의사가 존중되어야 하기 때문에 능력을 획일화하는 것은 적절하지 않은 것이다. 가족법에는 이에 관하여 특별규정을 두고 있는 경우도 많이 있다.

(3) 제한능력자제도의 의의

앞에서, 제한능력자제도는 한편으로는 의사무능력의 증명을 면제함으로써 본인을 보호하려는 것이나, 다른 한편으로는 의사무능력자와 거래한 상대방이나 제 3 자로 하여금 객관적 기준에 기하여 제한능력자임을 쉽게 인식하여 그 점을 고려할 수 있도록 함으로써 상대방이나 거래의 안전도 보호하려고 한다고 하였다. 그러나 제한능력자인지 여부의 판단을 객관적 · 획일적 기준에 의하여 한다고 하더라도 실제로는 그것이 결코 쉬운 일이 아니며, 심사한다는 것 자체가 벌써 거래의 신속을 해치는 일이다(곽윤직(신정판), 156면). 그리고 민법은 제한능력자를 충실하게 보호하기 위하여 그가 법률행위를 취소한 경우에 그 취소를 가지고 선의의 제 3 자에게도 대항할 수 있도록 한다. 또한 제한능력자가 법률행위를 취소한 경우에는 — 다른 행위의 취소의 경우와 달리 — 현존이익만을 반환하도록 하고 있다(141조 단서. 그 외에 135조 2항도 참조). 이러한 점에 비추어볼 때 제한능력자제도는 거래의 안전 내지 사회 일반의 이익보다는 본인의 보호에 중점이 두어져 있는 제도라고 하겠다. 판례도 「행위무능력자(제한능력자에 해당함: 저자 주)제도는 사적 자치의 원칙이라는 민법의 기본이념, 특히 자기책임의 원칙을 구현케 하는 도구로서 인정되는 것이고, 거래의 안전을 희생시키더라도 행위무능력자를 보호하고자 함에 근본적인 입법취지가 있는 것」이라고 한다(대판 2007. 11. 16, 2005다71659 · 71666 · 71673). 그러므로 민법을 해석함에 있어서는 항상 이 점을 유념해야 한다.

제한능력자제도에 대한 민법의 태도와 관련하여, i) 거래의 안전이 충분히 확보되지 못한다는 이유로 회의적인 견해(곽윤직, 86면)가 있는가 하면, ii) 제한능력자 보호는 민법의 결단이라고 하면서 옹호하는 견해(이영준, 865면)도 있고, iii) 절충적인 견해(이은영, 152면)도 있다. 생각건대 민법이 제한능력자를 보호하려고 하고 있음은 부인할 수 없다. 그리고 그러한 태도는 견지되어야 한다.

한편 정신적 능력의 면에서 피성년후견인이나 피한정후견인에 해당할지라도 아직 성년후견개시 또는 한정후견개시의 심판을 받지 않았으면 그에게 제한능력자에 관한 규정을 유추적용해서는 안 된다(민법개정 전의 학설 중 같은 취지: 김학동, 116면; 이영준, 866면. 반대 견해: 고상룡, 151면; 김상용, 158면; 김주수, 140면). 민법개정 전의 판례도 같은 입장이다(대판 1992. 10. 13, 92다6433).

[101] Ⅲ. 미성년자(未成年者)

1. 성년기(成年期)

우리 민법상 19세로 성년에 이르게 된다(4조. 2011. 3. 7.에 개정됨). 여기의 19세는 만 나이를 가리킨다. 따라서 만 19세가 되지 않은 자가 미성년자이다. 19년의 연령은 역(曆)에 의하여 계산하되(160조), 출생일을 그 기간에 포함시킨다(158조). 구체적인 경우의 예를 들어 성년자로 되는 시점을 보기로 한다. A가 1995년 5월 15일 오후 2시 50분에 출생하였다고 하자. 이 경우에 출생일인 5월 15일은 성년으로 되는 19년의 기간에 포함된다(출생시각은 중요하지 않다). 그리하여 5월 15일이 기산일이 된다. 그 뒤에 19년의 기간을 일(日)로 환산하여 계산하지 않고 역(曆)(태양력을 의미함)에 의하여 계산하여(160조 1항) 최후의 연에서 기산일에 해당하는 날을 찾아야 한다. 왜냐하면 연의 처음부터 계산하지 않는 때에는 최후의 연에서 기산일에 해당하는 날의 전일의 만료로 기간이 만료되기 때문이다(160조 2항). 그렇게 할 때 최후의 연에서 기산일에 해당하는 날은 2014년 5월 15일이 된다. 그리고 19년의 기간이 만료되는 시점, 즉 A가 성년자로 되는 시점은 그 날의 전날이 만료되는 때이다. 즉 2014년 5월 14일 밤 12시에 A는 성년자로 되는 것이다.

민법은 미성년 규정을 완화하는 제도로 혼인에 의한 성년의제제도를 두고 있다(826조의 2). 그리하여 미성년자(사견은 혼인적령에 이른 자이어야 한다고 새긴다)는 혼인을 하면(2007. 12. 21.의 민법개정으로 혼인적령이 남녀 모두 만 18세로 되었음을 주의할 것. 807조 참조) 성년자로 의제(간주)된다. 여기의 혼인의 의미에 관하여는, i) 법률혼만을 의미한다는 견해(곽윤직, 90면; 김상용, 153면; 김학동, 117면; 이영준, 868면)와 ii) 사실혼도 포함한다는 견해(고상룡, 122면; 이은영, 162면)가 대립된다. 그러나 법률관계를 획일적으로 정하는 의제제도의 취지를 살리려면 법률혼만을 의미한다고 새겨야 한다. 그리고 성년의제를 받은 자가 미성년의 상태에서 혼인이 해소(이혼 · 일방의 사망)되거나 취소된 때에는 여전히 성년자라고 보아야 한다. 그러나 혼인적령에 이르지 못하여 혼인이 취소된 경우와 혼인이 무효인 경우는 다르게 보아야 한다(친족상속법 [50] 참조). 주의할 것은, 혼인에 의한 성년의제제도가 사법관계에 관하여만 적용된다는 점이다(같은 취지: 이영준, 868면; 이은영, 163면). 따라서 선거 등의 공법관계에서는 미성년자가 혼인을 하였다고 하여 성년자로 의제되지 않는다(공직선거법 15조 1항 참조). 청소년보호법(같은 법 2조 1호) · 근로기준법(같은 법 67조)의 경우에도 같다.

〈추정(推定)과 간주(看做)〉

민법에서 자주 쓰이는 전문용어 중 추정과 간주(의제)라는 것이 있다. 그 가운데 추정은 반대의 증거가 제출되면 규정(추정규정)의 적용을 면할 수 있는 것이고(예: 30조), 간주는 반대의 증거가 제출되더라도 규정(간주규정)의 적용을 면할 수 없는 것이다(예: 28조 · 115조). 우리 민법은 간주규정을 「… 으로 본다」고 표현하고 있다.

2. 미성년자의 행위능력 [102]

(1) 원 칙

미성년자는 제한능력자로서 원칙적으로 단독으로 법률행위를 하지 못한다. 미성년자가 법률행위를 하려면 법정대리인의 동의를 얻어야 한다(5조 1항)(이 규정은 강행규정임: 대판 2007. 11. 16, 2005다 71659 · 71666 · 71673). 만약 미성년자가 법정대리인의 동의 없이 법률행위를 한 경우에는, 미성년자나 법정대리인이 그 행위를 취소할 수 있다(5조 2항). 그리고 법률행위가 취소되면 취소된 법률행위는 처음부터(소급하여) 무효였던 것으로 된다(141조)(그 경우의 상세한 효과에 대하여는 [245] 참조). 미성년자의 법률행위에 대하여 동의가 있었다는 증명책임은 미성년자가 아니고 이를 주장하는 상대방에게 있다(대판 1970. 2. 24, 69다1568).

〈「증명」·「증명책임」이라는 용어〉

민사소송법에서 증명(입증)이란 법관이 요증사실(要證事實)의 존재에 대하여 고도의 개연성 즉 확신을 얻은 상태 또는 법관으로 하여금 확신을 얻게 하기 위해 증거를 제출하는 당사자의 노력을 가리킨다. 그리고 증명책임(입증책임·거증책임)은 소송상 증명을 필요로 하는 사실의 존재 여부가 확정되지 않은 경우에 그 사실이 존재하지 않는 것으로 취급되어 법적 판단을 받게 되는 당사자 일방의 위험 또는 불이익을 말한다. 이러한 증명·증명책임은 종래 대체로 입증·입증책임이라고 표현되어 왔다. 그런데 2002. 1. 26. 민사소송법이 개정되면서 「입증」이라는 용어를 모두 「증명」이라고 바꾸었다(가령 개정 전 민소 126조 1항, 개정 후 민소 136조 1항). 그래서 이 책에서는 개정된 민사소송법의 용어 사용에 맞추어 「입증」·「입증책임」을 모두 「증명」·「증명책임」이라고 바꾸기로 한다.

〈「취소」라는 용어〉

민법에서 취소라는 용어가 여러 곳에서 사용되고 있다. 그 경우들은 크게 법률행위의 취소와 법원선고의 취소, 행정처분의 취소로 나누어지고, 법률행위의 취소는 다시 제한능력·착오·사기·강박을 이유로 한 재산행위의 취소, 사해행위 취소(406조)·영업허락의 취소(8조)처럼 제한능력·착오 등의 흠이 없는 완전히 유효한 재산행위의 취소, 혼인·이혼·입양 등 가족법상의 행위의 취소로 세분된다. 이들 가운데 취소가 있으면 제141조의 규정에 의하여 법률행위가 소급해서 당연히 무효로 되는 것은 제한능력 등을 이유로 한 재산행위의 취소 즉 원칙적인 취소에 있어서만이다. 나머지의 경우에 대하여는 효력에 관한 특별규정이 있는 때가 많고, 그것이 없어도 제도의 취지 등을 고려하여 소급효의 인정 여부를 결정하여야 한다. 특히 실종선고와 같은 법원선고의 취소는 법률행위의 취소가 아니며, 따라서 소급효가 당연히 인정되는 것이 아니다.

일부 문헌(곽윤직(신정판), 160면; 지원림, 78면)은 미성년자가 법정대리인의 동의 없이 한 행위인지는 실질적으로 고찰하여 결정하여야 하고, 예컨대 계약서 등이 미성년자의 명의로 작성되어 있다는 사실만으로 곧 취소할 수 있는 행위로 볼 것은 아니라고 하면서, 형식상·문서상으로는 미성년자 명의로 행하여진 법률행위라도 그것이 실질적으로는 적법한 대리인에 의하여 행하여진 것이라면 특별한 사정이 없는 한 취소하지 못하는 유효한 행위라고 한다. 그리고 판례는, 법정대리인이 미성년자 본인의 이름으로 법률행위를 한 경우에도 법정대리인이 그 행위를 한 이상 미성년자에 대하여 법률행위의 효과가 발생한다고 하며(대판 1962. 9. 20, 62다333), 미성년자 소유의 토지가 미성년자 명의의 소요문서에 의하여 타인에게 이전등기가 된 경우에는 그 등기는 적법하게 경료된 것으로 추정된다고 한다(대판 1969. 2. 4, 68다2147). 한편 이 판례 중 전자에 대하여 미성년자 본인의 보호를 소홀히 하고 있다고 비판을 하는 견해도 있다(김상용, 160면). 검토하건대 전자의 판례는 대리인(임의대리인 · 법정대리인을 가리지 않음)이 본인 명의로 법률행위를 한 경우에 그 행위의 효과가 직접 본인에게 귀속한다고 하는 태도의 일환이다([205] 참조). 사견은 대리인이 본인의 명의를 써서 행위한 경우에도 「타인 명의를 사용하여 행한 법률행위」의 문제로 다루는 것이 바람직하다는 입장에 있다. 자세한 것은 뒤에 설명한다([203] 이하 참조).

(2) 예　외 [103]

미성년자는 다음에 열거하는 행위는 법정대리인의 동의 없이 단독으로 유효하게 할 수 있다. 물론 그때 의사능력은 가지고 있어야 한다.

1) **단순히 권리만을 얻거나 또는 의무만을 면하는 행위**(5조 1항 단서) 이러한 행위는 미성년자에게 이익만을 주기 때문에 허용된다. 그 예로는 부담 없는 증여를 받는 행위, 채무면제의 청약에 대한 승낙(민법은 채무면제를 단독행위로 정하고 있으나(506조), 계약자유의 원칙상 계약으로 할 수도 있다), 친권자에 대한 부양료청구(대판 1972. 7. 11, 72므5)를 들 수 있다. 그에 비하여 부담부 증여를 받는 행위, 경제적으로 유리한 매매계약 체결, 상속의 승인 등은 이익을 얻을 뿐만 아니라 의무를 부담하는 것이어서 단독으로 하지 못한다. 채무의 변제를 수령하는 행위는 법률행위는 아니지만 채권상실이라는 불이익을 가져오므로 제 5 조를 유추적용하여 역시 미성년자가 단독으로 할 수 없다고 하여야 한다.

2) **처분이 허락된 재산의 처분행위** 법정대리인이 범위를 정하여 처분을 허락한 재산은 미성년자가 임의로 처분할 수 있다(6조). 여기서 한 가지 문제는 사용목적을 정하여 처분을 허락한 재산도 그 목적과 상관 없이 임의로 처분할 수 있는가이다. 여기에 관하여는 i) 거래의 안전을 보호하기 위하여 이를 긍정하여야 한다는 견해(고상룡, 123면; 곽윤직, 89면; 김용한, 109면; 김주수, 149면; 김학동, 119면; 이영준, 869면; 이은영, 171면; 주해(1), 283면(양삼승))와, ii) 사용목적을 포함하여 제요인을 고려하여 유효성을 판단하여야 한다는 견해(김상용, 165면)가 대립하고 있다. 생각건대 처분을 허락받은 재산을 사용목적과 다르게 사용하였다고 하여 취소할 수 있도록 하는 것은 지나치며, 그 때문에 민법은 목적을 언급하지 않은 것으로 보인다. 따라서 i)설이 타당하다. 한편, 가령 미성년자의 전 재산의 처

분을 허락하는 것과 같이, 제한능력자제도의 목적에 반할 정도로 포괄적인 처분을 허락하는 것은 금지된다(이설 없음). 그리고 제 6 조는 재산의 처분이라고만 하였으나 「사용 · 수익」을 포함하는 것으로 새겨야 한다.

미성년자가 처분이 허락된 재산으로 취득한 재산을 다시 처분하는 경우에 법정대리인의 동의를 얻어야 하는가? 예컨대 미성년자가 용돈으로 구입한 장난감을 팔 때 법정대리인의 동의가 있어야 하는지가 문제된다. 이는 법정대리인이 처음에 한 처분허락행위의 해석의 문제이다. 생각건대 장난감의 처분을 특별히 금지한 것으로 해석되지 않는 한 동의를 요하지 않는다고 할 것이다(같은 취지: 주해(1), 285면(양삼승)).

〈미성년자가 법정대리인의 동의 없이 체결한 신용구매계약을 취소할 수 있는지 여부〉

미성년자 A가 법정대리인의 동의 없이 카드회사로부터 신용카드를 발급받은 다음 가맹점들로부터 2개월에 걸쳐 총 200여만원에 해당하는 물품을 구입한 경우에, 그가 법정대리인의 동의가 없었음을 이유로 신용카드 이용계약과 개별 신용구매계약을 취소할 수 있는가? 이 경우에 신용카드 이용계약을 취소할 수 있음은 의문의 여지가 없다. 그런데 신용구매계약에 대하여는 필수계약의 법리(10조 4항 · 13조 4항 단서 참조)를 인정하거나 거래의 안전을 보호하기 위하여 취소를 제한하려는 견해가 있을 수 있다. 그런데 판례는, 신용구매계약을 취소하는 것이 신의칙에 위반되지는 않는다고 한 뒤, 그렇지만 미성년자의 행위가 법정대리인의 묵시적 동의가 인정되거나 처분허락이 있는 재산의 처분 등에 해당하는 경우라면 무능력(제한능력)을 이유로 그 법률행위를 취소할 수 없다고 한다. 그러면서 A가 19세 2개월이 된 자이고 당시 월 60만원 이상의 소득을 얻고 있었던 사안에 대하여 A가 당시 얻고 있던 소득에 대하여는 법정대리인의 묵시적 처분허락이 있었고, 그 사건 신용구매계약은 처분허락을 받은 재산범위 내의 처분행위에 해당한다고 한다(대판 2007. 11. 16, 2005다71659 · 71666 · 71673. [105]에 직접 인용함).

위와 같은 경우에 만약 A가 신용카드 이용계약과 개별 신용구매계약을 모두 적법하게 취소하였다면, A는 카드회사에 대한 카드대금 지급의무와 가맹점에 대한 신용구매대금 지급의무를 면하게 된다. 그리고 A가 이미 카드대금을 모두 지급하였다면 그는 카드회사에 대하여는 신용카드 이용계약 취소를 이유로, 가맹점에 대하여는 신용구매계약의 취소를 이유로 그 반환을 청구할 수 있다. 문제는 그때 A가 반환해야 할 현존이익이 무엇인지이다. 가맹점에 대한 현존이익은 잔존하는 상품 등이 될 것이다. 그에 비하여 카드회사에 대하여는 A가 가맹점에 대하여 가지는 신용구매대금 상당의 부당이득 반환채권이라고 할 것이다(송경근, 대법원 판례해설, 71호, 40면 이하). 그렇게 되면 최후에 위험을 부담하는 것은 가맹점이 된다. 한편 신용카드 이용계약만이 취소된 경우에 대하여 판례는 신용카드회원은 자신의 가맹점에 대한 매매대금 지급채무를 법률상 원인없이 면제받는 이익을 얻었으며, 그러한 이익은 금전상의 이득으로서 현존하는 것으로 추정된다고 한다(대판 2005. 4. 15, 2003다60297 · 60303 · 60310 · 60327. [245]에 인용함).

3) 영업이 허락된 미성년자의 그 영업에 관한 행위 미성년자가 법정대 [104]
리인으로부터 특정의 영업을 허락받은 경우에는, 그에 관하여는 성년자와 동일한 행위능력을 가진다(8조 1항). 여기서 말하는 영업은 상업뿐만 아니라 널리 영리를 목적으로 하는 독립적 · 계속적 사업을 의미한다(통설도 같음). 일부 견해(고상룡, 124면; 김용한, 110면)는 고용되어 일하는 자도 포함시켜야 마땅하므로 영업을 직업과 같은 뜻으로 보거나 적어도 그러한 자에 대하여 제 8 조를 유추적용하여야 한다고 주장한다. 그러나 고용되어 일하는 자는 영업하는 자와 다르다. 그리고 미성년자가 고용되어 행하는 행위는 대리행위로 되는 때가 많을 것이며, 그 나머지의 행위에 대하여는 미성년자 보호를 위하여 원칙을 지켜야 한다. 또한 법률규정의 모습에 비추어 볼 때 그러한 해석은 한계를 넘는 것이다. 한편 법정대리인이 영업의 허락을 함에는 반드시 영업의 종류를 특정하여야 한다. 어떠한 영업을 하여도 좋다고 하는 허락은 미성년자를 보호하려는 제도의 취지에 반하기 때문이다. 그리고 여기서 「특정한 영업」이란 사회관념상 1개로 보여지는 영업의 단위를 가리킨다(예: 학용품의 소매). 그리고 그 영업의 일부(예: 10,000원 이하의 학용품의 소매)는 여기의 「특정한 영업」이 아니다. 따라서 그 일부만을 허락하여서는 안 된다. 그리고 영업이 상업인 때에는 상업등기를 하여야 선의의 제 3 자에게 대항할 수 있다(상법 6조 · 37조). 영업의 허락이 있으면 미성년자는 영업 자체 외에 그 영업에 직접 · 간접으로 필요한 모든 행위도 할 수 있다(점포 임차 · 점원 고용 등). 그리고 영업허락이 있는 경우에는 그 범위에서는 법정대리인의 동의권도, 대리권도 소멸한다(통설도 같음).

4) 미성년자 자신이 법정대리인의 동의 없이 행한 법률행위를 취소하는 행위 (140조. [242] 참조)

5) 혼인을 한 미성년자의 행위(826조 의 2)

6) 대리행위 미성년자의 행위능력 제한은 제한능력자 본인을 위한 것이다. 따라서 타인의 대리인으로서 하는 대리행위에 관하여는 행위능력이 제한되지 않는다(117조).

7) 유언행위 만 17세가 된 자는 단독으로 유언을 할 수 있다(1061조 · 1062조).

8) 법정대리인의 허락을 얻어 회사의 무한책임사원이 된 미성년자가 그 사원자격에서 한 행위(상법 7조).

9) 근로계약 체결과 임금의 청구 근로기준법 제67조 제 1 항은 친권자나 후견인은 미성년자의 근로계약을 대리할 수 없다고 규정한다. 따라서 근로계약은 미성년자 자신이 직접 체결하여야 한다. 그런데 그때 미성년자가 법정대리인의 동의를 얻어야 하는가에 관하여는, i) 법정대리인의 동의를 얻어야 한다는 견해(고상룡, 125면; 곽윤직, 93면; 김상용, 163면; 김주수, 150면; 백태승, 160면; 이은영, 173면), ii) 법정대리인의 동의를 요하지 않는다는 견해(김용한, 111면; 김학동, 121면; 이영준, 871면), iii) 근로기준법 제66조의 규정을 고려할 때 18세 이상의 근로자의 근로계약에만 동의가 필요하지 않다는 견해(김준호, 91면; 주해(1), 280면(양삼승))가 대립하고 있다. 생각건대 근로기준법 제67조 제 1 항이 법정대리인의 동의까지 배제하는 취지는 아닐 것이다. 그리고 18세 미만의 자에 대하여 법정대리인의 동의서를 사업장에 비치하도록 한 같은 법 제66조도 어린 미성년자의 특별보호를 위한 것으로 볼 수 있고, 그렇다면 그것이 동의배제의 근거로 될 수는 없다. 나아가 미성년자의 보호를 생각한다면 동의를 요구하는 것이 적절할 것이다. 결국 i)설이 타당하다.

그리고 미성년자는 독자적으로 임금을 청구할 수 있다(근기법 68조).

(3) 동의와 허락의 취소 또는 제한

법정대리인은 미성년자가 아직 법률행위를 하기 전에는 그가 행한 동의(5조)나 일정범위의 재산처분에 대한 허락(6조)을 취소할 수 있다(7조). 여기서 「취소」할 수 있다고 하였으나, 그것은 처음부터 동의 등이 없었던 것으로 하려는 것이 아니므로 철회에 해당한다. 이 철회는 미성년자나 그 상대방에게 하여야 한다. 철회를 미성년자에게 한 경우에는 그것을 가지고 선의의 제 3 자(즉 상대방)에게 대항할 수 없다고 함이 통설이다(8조 2항 단서 유추)(반대: 지원림, 81면). 그렇게 새기지 않으면 거래의 안전을 위협하게 되기 때문이다.

법정대리인은 그가 행한 영업의 허락을 취소 또는 제한할 수 있다(8조 2항 본문). 그리고 여기의 취소도 철회의 의미이다. 여기서 영업의 제한이란 두 개 이상의 영업을 특정해서 허락한 경우에 그중 일부를 금지하는 것이며, 일부철회라고 할 수 있다. 한편 미성년후견인이 친권자가 허락한 영업을 취소하거나 제한하는 경우에는 미성년후견감독인이 있으면 그의 동의를 받아야 한다(945조 3호). 그리고 영업허락의 취소 · 제한은 선의의 제 3 자에게 대항하지 못한다(8조 2항 단서). 만약 상업의 허락을 취소 또는 제한하는 경우에는 지체없이 상업등기를 말소하거나 변경등기를 하여야 하고(상법 40조), 말소등기나 변경등기가 있기 전에는 선의의 제 3 자에게 대항하지 못한다(상법 37조).

3. 법정대리인 [105]

(1) 법정대리인이 되는 자

미성년자의 법정대리인은 제 1 차로 친권자가 되고(911조), 친권자가 없거나 친권자가 법률행위의 대리권과 재산관리권을 행사할 수 없는 경우에는 제 2 차로 미성년후견인이 된다(928조). 친권의 행사방법은 제909조가 규정하고 있다(원칙적으로 공동행사). 그리고 미성년후견인에는 지정후견인(931조) · 선임후견인(932조)이 있다(자세한 사항은 친족상속법 [175] 참조).

(2) 법정대리인의 권한

1) 동 의 권　미성년자의 법정대리인은 미성년자가 법률행위를 하는 데 동의를 할 권리, 즉 동의권이 있다(5조 1항). 법정대리인은 일정범위의 재산처분을 허락할 수 있고(6조), 또 특정한 영업에 대하여 허락할 수도 있는데(8조), 이들 허락의 성질은 「동의」와 같다(곽윤직, 93면). 동의는 원칙적으로 미성년자가 법률행위를 하기 전에 하여야 하며, 적어도 미성년자의 행위와 동시에 하여야 한다. 사후의 동의는 추인이 된다고 할 것이다. 동의는 묵시의 방법으로도 할 수 있다(대판 2007. 11. 16, 2005다71659 · 71666 · 71673). 그리고 예견할 수 있는 범위에서 개괄적으로 하여도 무방하다. 그러나 미성년후견인이 미성년자의 일정한 행위에 동의를 할 때는 후견감독인이 있으면 그의 동의를 받아야 한다(950조). 한편 동의는 미성년자에게 하여도 되고 미성년자의 상대방에게 하여도 무방하다.

법정대리인의 동의가 있으면 미성년자가 유효하게 법률행위를 할 수 있다. 다만, 그에게 의사능력은 있어야 한다. 주의할 것은, 법정대리인의 동의가 있다고 하여 — 그 행위에 관하여서만이라도 — 미성년자가 완전한 행위능력을 가지고 독립하여 법률행위를 할 수 있게 되는 것은 아니다(이 점에서 영업허락의 경우와 다름). 그리하여 법정대리인은 동의를 한 후에도 미성년자를 대리하여 법률행위를 할 수 있다. 그리고 미성년자가 법률행위를 하기 전에는 동의를 철회하고 그가 대리행위를 할 수 있다.

〈판 례〉

「가. … 법정대리인의 동의 없이 신용구매계약을 체결한 미성년자가 사후에 법정대리인의 동의 없음을 사유로 들어 이를 취소하는 것이 신의칙에 위반된 것이라고 할 수 없음은 상고이유에서 주장하는 바와 같다.

나. 그러나 미성년자가 법률행위를 함에 있어서 요구되는 법정대리인의 동의는 언제나 명시적이어야 하는 것은 아니고 묵시적으로도 가능한 것이며, 한편 민법은, 범위를 정하여 처분을 허락한 재산의 처분 등의 경우와 같이 행위무능력자인 미성년자가 법정대리인의 동의 없이 단독으로 법률행위를 할 수 있는 예외적인 경우를 규정하고 있고, 미성년자의 행위가 위와 같이 법정대리인의 묵시적 동의가 인정되거나 처분허락이 있는 재산의 처분 등에 해당하는 경우라면, 미성년자로서는 더 이상 행위무능력을 이유로 그 법률행위를 취소할 수는 없다고 할 것이다.

그리고 이 경우 묵시적 동의나 처분허락이 있다고 볼 수 있는지 여부를 판단함에 있어서는, 미성년자의 연령 · 지능 · 직업 · 경력, 법정대리인과의 동거 여부, 독자적인 소득의 유무와 그 금액, 경제활동의 여부, 계약의 성질 · 체결경위 · 내용, 기타 제반사정을 종합적으로 고려하여야 할 것이고, 위와 같은 법리는 묵시적 동의 또는 처분허락을 받은 재산의 범위 내라면 특별한 사정이 없는 한 신용카드를 이용하여 재화와 용역을 신용구매한 후 사후에 결제하려는 경우와 곧바로 현금구매하는 경우를 달리 볼 필요는 없다고 할 것이다.」(2011. 3. 7. 민법 개정 전에 만 19세가 넘은 미성년자가 월 소득범위 내에서 신용구매계약을 체결한 사안에서, 스스로 얻고 있던 소득에 대하여는 법정대리인의 묵시적 처분허락이 있었다고 보아 위 신용구매계약은 처분허락을 받은 재산범위 내의 처분행위에 해당한다고 본 사례)(대판 2007. 11. 16, 2005다71659 · 71666 · 71673)

2) 대 리 권 법정대리인은 미성년자를 대리하여 재산상의 법률행위를 할 권한, 즉 대리권이 있다(920조 · 949조). 앞에서 설명한 바와 같이, 법정대리인은 동의를 한 행위도 대리할 수 있다. 그러나 미성년자 본인의 행위를 목적으로 하는 채무를 부담할 경우에는 본인의 동의를 얻어야 대리할 수 있다(920조 단서 · 949조 2항). 그리고 법정대리인과 미성년자의 이익이 상반하는 행위(가령 법정대리인의 채무를 위하여 미성년자의 부동산에 저당권을 설정하는 행위)에 관하여는 법정대리인의 대리권이 제한된다(921조). 후견인에 대하여는 동의권에서와 같은 제한이 있다(950조). 영업허락의 경우에 그 범위에서 대리권이 소멸함은 앞에서 설명하였다([104] 참조).

3) 취 소 권 법정대리인은 미성년자가 동의 없이 행한 법률행위를 취소할 수 있다(5조 2항 · 140조).

Ⅳ. 피성년후견인 [106]

1. 피성년후견인의 의의와 성년후견개시의 심판

(1) 피성년후견인의 의의

피성년후견인은 질병 · 장애 · 노령(老齡) · 그 밖의 사유로 인한 정신적 제약으로 사무를 처리할 능력이 지속적으로 결여된 사람으로서 일정한 자의 청구에 의하여 가정법원으로부터 성년후견개시의 심판을 받은 자이다(9조 1항). 사무처리능력이 지속적으로 결여된 사람이라도 성년후견개시의 심판을 받기 전에는 피성년후견인이 아니다(대판 1992. 10. 13, 92다6433도 참조).

(2) 성년후견개시 심판의 요건

1) 질병 · 장애 · 노령 · 그 밖의 사유로 인한 정신적 제약으로 사무를 처리할 능력이 지속적으로 결여된 사람이어야 한다.

우선 질병(예: 치매) · 장애 · 노령(나이가 많음) · 그 밖의 사유로 인하여 정신적 제약이 있어야 한다. 「정신적 제약」이 있어야 하고, 신체적 장애는 — 그로 인하여 의사표시를 하기가 어려울지라도 — 성년후견개시의 사유로 되지 않는다. 「정신적 제약」을 요구하고 있는 것은 개정 전 민법에서 금치산자 · 한정치산자에게 「심신상실」 · 「심신박약」 등을 요구하는 것과 기본적으로 같은 맥락에 있다. 다만, 아래에서 보는 바와 같이, 정신적 제약이 있는 것 외에 사무처리 능력의 결여 · 부족을 요구하는 점에서 구 제도와 차이가 있다.

다음에 사무를 처리할 능력이 지속적으로 결여된 사람이어야 한다. 방금 언급한 것처럼, 정신적 제약만 있는 것으로 충분하지 않으며, 그로 인하여 사무를 처리할 능력이 결여되었어야 한다. 그리고 정신적 제약과 사무처리 능력의 결여 사이에 인과관계가 있어야 한다. 나아가 사무처리 능력이 「지속적으로」 결여된 사람이어야 한다. 이 점에서 사무처리 능력이 부족한 사람에 대한 한정후견과 다르다(12조 1항 참조).

가정법원이 성년후견 개시의 심판을 할 경우에는 피성년후견인이 될 사람의 정신상태에 관하여 의사에게 감정을 시켜야 한다(가소 45조의 2 1항 본문). 다만, 피성년후견인이 될 사람의 정신상태를 판단할 만한 다른 충분한 자료가 있는 경우에는 그렇지 않다(가소 45조의 2 1항 단서). 이 규정의 의미는 의사의 감정에 따라 정신적 제약으로 사무를 처리할 능력이 부족하거나 지속적으로 결여되었는지를 결정하라는 것이 아니라, 의학상으로 본 정신능력을 기초로 하여 성년후견이나 한정후견의 개시 요건이 충족되었는지 여부를 결정하라는 것이고, 따라서 피성년후견인이나 피한정후견인이 될 사람의 정신상태를 판단할 만한 다른 충분한 자료가 있는 경우 가정법원은 의사의 감정이 없더라도 성년후견이나 한정후견을 개시할 수 있다(대결 2021. 6. 10, 2020스596). 그리고 감정을 시킬 경우 감정에 구속될 필요는 없다.

법원은 한정후견개시의 심판청구가 있더라도 성년후견개시의 심판을 할 수 있고, 반대의 것도 가능하다고 할 것이다(개정 전의 통설도 같음). 대법원도 최근에, 성년후견이나 한정후견 개시의 청구가 있는 경우 가정법원은 청구취지와 원인, 본인의 의사, 성년후견 제도와 한정후견 제도의 목적 등을 고려하여 어느 쪽의 보호를 주는 것이 적절한지를 결정하고, 그에 따라 필요하다고 판단하는 절차를 결정해야 하며, 따라서 한정후견의 개시를 청구한 사건에서 의사의 감정 결과 등에 비추어 성년후견개시의 요건을 충족하고 본인도 성년후견의 개시를 희망한다면 법원이 성년후견을 개시할 수 있고, 성년후견개시를 청구하고 있더라도 필요하다면 한정후견을 개시할 수 있다고 하였다(대결 2021. 6. 10, 2020스596).

2) 본인 · 배우자 · 4촌 이내의 친족 · 미성년후견인 · 미성년후견감독인 · 한정후견인 · 한정후견감독인 · 특정후견인 · 특정후견감독인 · 검사 또는 지방자치단체의 장의 청구가 있어야 한다.

성년후견개시의 심판절차는 일정한 청구권자의 청구가 있어야 시작되며, 가정법원이 직권으로 절차를 개시하는 것은 인정하지 않는다. 청구권자로서 먼저 본인이 있다. 본인도 의사능력을 회복한 때에는 단독으로 심판을 청구할 수 있다. 민법은 청구권자로 미성년후견인과 미성년후견감독인도 명문으로 규정하고 있다. 그 결과 미성년자도 피성년후견인으로 될 수 있다. 그런데 피성년후견인에게는 미성년자에 대한 신상보호(913조-915조 · 945조)가 인정되지 않아서 문제이다(김형석, "민법개정안에 따른 성년후견법제," 가족법연구 24권 2호, 127면 주 25). 그러나 명문규정이 있는 한 성년후견이 개시되고 신상감호에 대한 규정을 성년후견에 유추적용하여, 친권자나 미성년후견인의 권한을 성년후견인이 행사한다고 새기는 것이 바람직하다(이는 입법적으로 해결하는 것이 바람직하다). 피한정후견인이나 피특정후견인에 대하여 성년후견개시 심판을 청구할 수 있도록, 한정후견인 · 한정후견감독인 · 특정후견인 · 특정후견감독인도 청구권자로 되어 있다. 그리고 검사를 청구권자로 규정한 것은 다른 청구권자가 없거나 있어도 청구하지 않을 때 공익의 대표자로서 청구할 수 있도록 하기 위해서이다. 그 외에 지방자치단체의 장도 규정되어 있다. 이는 종래 금치산선고 · 한정치산선고에 대하여 검사의 청구가 많지 않았고, 또 정신장애자 · 노령자의 일상에 대하여 보다 더 전문성을 가지고 접근할 수 있기 때문이다.

3) 가정법원이 성년후견개시의 심판을 할 때에는 본인의 의사를 고려하여야 한다(9조 2항). 이는 피성년후견인의 재활과 자기결정권의 존중을 위한 것이며, 그 점은 과거 금치산자 · 한정치산자제도에서 본인의 의사를 고려하지 않고 일방적으로 보호 여부를 결정했던 것과 다르다.

(3) 성년후견개시 심판의 절차

성년후견개시 심판의 절차는 가사소송법과 가사소송규칙의 규정에 의한다(가소 34조 이하, 특히 44조 이하, 가소규 31조 이하). 그리고 모든 요건이 갖추어지면 가정법원은 반드시 성년후견개시의 심판을 하여야 한다(9조 참조). 임의적인 것이 아니다.

성년후견개시의 공시는 — 가족관계등록부에 의하지 않고 — 새로운 후견등기부에 의하여 한다(「후견등기에 관한 법률」 참조).

2. 피성년후견인의 행위능력 [107]

(1) 피성년후견인은 가정법원이 다르게 정하지 않는 한 원칙적으로 종국적 · 확정적으로 유효하게 법률행위를 할 수 없으며, 그의 법률행위는 원칙적으로 취소할 수 있다(10조 1항). 즉 법정대리인인 성년후견인의 동의를 얻지 않고 한 행위뿐만 아니라 동의를 얻고서 한 행위도 취소할 수 있다. 그런데 이 원칙에는 재산행위에 관하여 두 가지 예외가 있다.

하나는 가정법원이 취소할 수 없는 피성년후견인의 법률행위의 범위를 정한 경우이다. 가정법원은 취소할 수 없는 법률행위의 범위를 정할 수 있다(10조 2항). 그리고 가정법원은 본인 · 배우자 · 4촌 이내의 친족 · 성년후견인 · 성년후견감독인 · 검사 또는 지방자치단체의 장의 청구에 의하여 그 범위를 변경할 수 있다(10조 3항). 이와 같이 취소할 수 없는 범위를 정한 경우에는, 그 범위에서는 피성년후견인의 법률행위라도 취소할 수 없다.

다른 하나는 일용품의 구입 등 일상생활에서 필요하고 그 대가가 과도하지 않은 법률행위는 성년후견인이 취소할 수 없다(10조 4항). 이 규정에서 「성년후견인이」라고 하고 있지만, 피성년후견인도 취소할 수 없다고 새겨야 한다. 그리고 이 경우 피성년후견인이 법률행위를 성년후견인의 동의를 받고서 했는지는 묻지 않으며, 언제나 취소할 수 없다. 이러한 거래는 신중한 고려가 요구되지 않고 또 피성년후견인에게 크게 불이익이 생기지도 않으므로, 피성년후견인의 거래의 자유와 일반 거래의 안전을 보호하기 위하여 취소할 수 없도록 한 것이다. 이 규정상 취소할 수 없는 법률행위라는 점은 취소를 막으려는 상대방이 주장·증명하여야 한다. 피성년후견인의 행위는 원칙적으로 취소할 수 있는 것이고, 또 피한정후견인에 대하여 같은 취지를 규정하고 있는 제13조 제 4 항이 단서에서 이를 규정하여 증명책임을 전환하고 있는데, 피성년후견인의 경우와 피한정후견인의 경우에 차이를 둘 이유가 없기 때문이다.

(2) 피성년후견인은 약혼(802조)·혼인(808조 2항)·협의이혼(835조)·인지(856조)·입양(873조 1항)·협의파양(902조) 등의 친족법상의 행위는 성년후견인의 동의를 얻어서 스스로 할 수 있다.

(3) 피성년후견인은 만 17세가 되었으면 의사능력이 회복된 때에 단독으로 유언을 할 수 있고(1063조), 그 유언은 취소할 수 없다(1062조).

3. 성년후견인

피성년후견인에게는 보호자로 성년후견인을 두어야 한다(929조). 성년후견인은 여러 명을 둘 수 있고(930조 2항), 법인도 성년후견인이 될 수 있다(930조 3항). 성년후견인은 성년후견개시의 심판을 할 때에는 가정법원이 직권으로 선임한다(936조 1항).

이러한 성년후견인은 피후견인의 법정대리인이 된다(938조 1항). 그리고 가정법원은 성년후견인이 가지는 법정대리권의 범위와 피성년후견인의 신상에 관하여 결정할 수 있는 권한의 범위를 정할 수 있다(938조 2항·3항).

성년후견인은 원칙적으로 동의권은 없고(10조 1항 참조), 대리권만 가진다(949조). 그러나 예외적으로 일정한 친족법상의 행위에 관하여는 동의권도 가진다. 그 외에 취소권도 있다(10조 1항·140조).

4. 성년후견종료의 심판

성년후견개시의 원인이 소멸된 경우에는, 가정법원은 본인 · 배우자 · 4촌 이내의 친족 · 성년후견인 · 성년후견감독인 · 검사 또는 지방자치단체의 장의 청구에 의하여 성년후견종료의 심판을 한다(11조). 성년후견종료 심판의 절차도 가사소송법과 가사소송규칙에 의한다. 가정법원이 성년후견종료의 심판을 할 경우에는 피성년후견인의 정신상태에 관하여 의사에게 감정을 시킬 수 있다(가소규 38조). 그리고 성년후견종료의 심판도 그 요건이 갖추어지면 반드시 행하여져야 한다.

가정법원이 피성년후견인에 대하여 한정후견개시의 심판을 할 때에는 종전의 성년후견의 종료 심판을 한다(14조의 3 2항).

성년후견종료의 심판이 있으면 피성년후견인은 행위능력을 회복한다. 그 시기는 심판이 내려진 때부터 장래에 향하여서이고 과거에 소급하지 않는다. 다만, 피성년후견인에 대하여 한정후견개시의 심판을 하기 위하여 종료 심판을 할 때에는 그렇지 않으며, 그때는 피한정후견인으로 된다.

V. 피한정후견인 [108]

1. 피한정후견인의 의의와 한정후견개시의 심판

(1) 피한정후견인의 의의

피한정후견인은 질병 · 장애 · 노령 · 그 밖의 사유로 인한 정신적 제약으로 사무를 처리할 능력이 부족한 사람으로서 일정한 자의 청구에 의하여 가정법원으로부터 한정후견개시의 심판을 받은 자이다(12조 1항).

(2) 한정후견개시 심판의 요건

1) 질병 · 장애 · 노령 · 그 밖의 사유로 인한 정신적 제약으로 사무를 처리할 능력이 부족한 사람이어야 한다.

이 요건은 성년후견의 경우와 대체로 같고, 사무처리 능력이 지속적으로 결여된 것이 아니고 부족한 사람이라는 점에서 차이가 있을 뿐이다. 따라서 성년후견의 요건에 준하여 판단하면 된다.

가정법원이 한정후견개시의 심판을 할 경우에 피한정후견인이 될 사람의 정신상태에 관하여 의사에게 감정을 시켜야 한다는 점은 피성년후견인의 경우와 같다(가소 45조의 2 1항. [106] 참조).

2) 본인 · 배우자 · 4촌 이내의 친족 · 미성년후견인 · 미성년후견감독인 · 성년후견인 · 성년후견감독인 · 특정후견인 · 특정후견감독인 · 검사 또는 지방자치단체의 장의 청구가 있어야 한다.

한정후견개시의 심판절차도 일정한 청구권자의 청구가 있어야 시작되고, 가정법원이 직권으로 개시하지는 못한다. 본인도 청구할 수 있다. 청구권자로 미성년후견인과 미성년후견감독인을 규정하고 있는 점은 숙고를 필요로 한다. 피한정후견인은 원칙적으로 행위능력을 가지기 때문에 미성년자를 피한정후견인으로 만들어 보호를 가볍게 하고, 나아가 신상보호도 소홀하게 하는 것은 바람직하지 않다. 따라서 미성년자에 대하여는 그가 성년을 바로 앞둔 경우에 보호상의 공백기를 메우기 위한 목적으로만 청구할 수 있다고 하여야 할 것이다. 그 밖의 다른 점은 성년후견의 경우와 마찬가지이다.

3) 가정법원이 한정후견개시의 심판을 할 때에는 본인의 의사를 고려하여야 한다(12조 2항 · 9조 2항).

(3) 한정후견개시 심판의 절차

한정후견개시 심판의 절차는 가사소송법과 가사소송규칙에 의한다. 그리고 모든 요건이 갖추어지면 가정법원은 반드시 심판을 하여야 한다(12조 1항). 한정후견개시의 공시는 후견등기부에 의하여 한다(「후견등기에 관한 법률」 참조).

[108-1]

2. 피한정후견인의 행위능력

(1) 피한정후견인은 원칙적으로 종국적 · 확정적으로 유효하게 법률행위를 할 수 있다. 즉 피한정후견인은 원칙적으로 행위능력을 가진다. 다만, 가정법원이 피한정후견인으로 하여금 한정후견인의 동의를 받아야 할 행위의 범위를 정한 경우에는 예외이다. 여기에 대하여 단락을 바꾸어 설명하기로 한다.

개정된 민법에 따르면, 가정법원은 피한정후견인이 한정후견인의 동의를 받아야 하는 행위의 범위를 정할 수 있다(13조 1항). 이를 한정후견인의 동의권의 유보 또는 동의유보라고 한다. 이는 과거에 한정치산자에 대하여 그의 구체적인 정신적 능력을 고려하지 않고 일률적 · 포괄적으로 행위능력을 제한하던 것과 달리,

피한정후견인의 잔존능력을 최대한 활용할 수 있도록 하기 위하여 그의 능력이나 그 밖의 모든 사정을 고려하여 그의 보호에 필요하다고 생각되는 범위에서 동의를 받도록 한 것이다. 그리고 가정법원은 본인 · 배우자 · 4촌 이내의 친족 · 한정후견인 · 한정후견감독인 · 검사 또는 지방자치단체의 장의 청구에 의하여 동의를 받아야만 할 수 있는 행위의 범위를 변경할 수 있다(13조 2항). 그런가 하면, 한정후견인의 동의를 필요로 하는 행위에 대하여 한정후견인이 피한정후견인의 이익이 침해될 염려가 있음에도 그 동의를 하지 않는 때에는, 가정법원은 피한정후견인의 청구에 의하여 한정후견인의 동의를 갈음하는 허가를 할 수 있다(13조 3항).

한정후견인의 동의가 필요한 법률행위를 피한정후견인이 한정후견인의 동의 없이 하였을 때에는, 그 법률행위는 취소할 수 있다(13조 4항 본문). 다만, 일용품의 구입 등 일상생활에 필요하고 그 대가가 과도하지 않은 법률행위는 취소할 수 없다(13조 4항 단서).

(2) 민법은 친족편에서 약혼(801조 · 802조) · 혼인(807조 · 808조) · 협의이혼(835조) · 입양(870조 · 873조) · 협의파양(898조 · 902조) 등에 관하여 미성년자와 피성년후견인에 대하여만 특별히 규정하고, 피한정후견인에 대하여는 규정을 두고 있지 않다. 이들 규정과 관련하여서는 — 과거 한정치산자에 대하여 — 중대한 입법적 불비(不備)라고 보고 그러한 행위에 있어서도 미성년자와 같게 다루어야 한다는 견해와 한정치산자를 완전한 능력자로 하고 있는 것으로 이해하여 한정치산자는 그러한 행위는 단독으로 유효하게 할 수 있다는 견해가 대립하고 있었으며, 후자가 다수설이었다. 생각건대 민법이 미성년자와 피성년후견인을 규정하면서 피한정후견인을 제외한 것은 의도적인 것으로 보아야 한다. 상속편에서 재산행위라고 할 수 있는 상속의 승인과 포기에 관하여는 제한능력자 전부를 규정한 것(1020조)에 비추어볼 때 더욱 그렇다. 결국 위의 규정들은 입법론으로는 검토의 여지가 있으나, 해석론으로서는 유추해석의 전제가 되는 규율의 틈이 없기 때문에, 미성년자에 관한 규정이 피한정후견인에 대하여 유추적용되지 않아야 한다. 이러한 사견은 결과에서는 과거의 다수설과 같다.

3. 한정후견인

피한정후견인에게는 보호자로 한정후견인을 두어야 한다(959조의 2). 한정후견인은 — 성년후견인과 마찬가지로 — 여러 명을 둘 수 있고(959조의 3 2항 · 930조 2항), 법인도 한정후견인이 될 수 있다(959조의 3 2항 · 930조 3항). 그리고 한정후견인은 한정후견개시의 심판을 할 때에는 가정법원이 직권으로 선임한다(959조의 3 1항).

한정후견인이 당연히 피한정후견인의 법정대리인으로 되는 것은 아니다. 가정법원은 한정후견인에게 대리권을 수여하는 심판을 할 수 있고(959조의 4 1항), 그러한 심판이 있는 경우에만 — 그것도 가정법원이 법정대리권의 범위를 정한 때에는 그 범위에서 — 법정대리권을 가진다(959조의 4 2항 · 938조 4항). 여기의 대리권의 범위는 동의권의 유보범위와 반드시 일치할 필요는 없다. 두 제도는 취지가 다르기 때문이다.

한정후견인은 원칙적으로 법률행위의 동의권 · 취소권이 없다. 그러나 동의가 유보된 경우에는 동의권과 취소권을 가진다. 그리고 대리권도 원칙적으로 없으며, 대리권을 수여하는 심판이 있는 경우에만 대리권을 가진다.

4. 한정후견종료의 심판

한정후견개시의 원인이 소멸된 경우에는, 가정법원은 본인 · 배우자 · 4촌 이내의 친족 · 한정후견인 · 한정후견감독인 · 검사 또는 지방자치단체의 장의 청구에 의하여 한정후견종료의 심판을 한다(14조). 한정후견종료 심판의 절차도 가사소송법과 가사소송규칙에 의한다. 가정법원이 한정후견종료의 심판을 할 경우에 피한정후견인의 정신상태에 관하여 의사에게 감정을 시킬 수 있는 점은 피성년후견인의 경우와 같다(가소규 38조). 그리고 한정후견종료의 심판도 그 요건이 갖추어지면 반드시 행하여져야 한다.

가정법원이 피한정후견인에 대하여 성년후견개시의 심판을 할 때에는 종전의 한정후견의 종료 심판을 한다(14조의 3 1항).

한정후견종료의 심판이 있으면 피한정후견인은 행위능력을 제한받고 있었더라도 행위능력을 회복한다. 그 시기는 심판이 내려진 때부터 장래에 향해서이다.

Ⅵ. 피특정후견인 [109]

1. 피특정후견인의 의의와 특정후견 심판의 요건

(1) 피특정후견인의 의의

피특정후견인은 질병 · 장애 · 노령 · 그 밖의 사유로 인한 정신적 제약으로 일시적 후원 또는 특정한 사무에 관한 후원이 필요한 사람으로서 일정한 자의 청구에 의하여 가정법원으로부터 특정후견의 심판을 받은 자이다(14조의 2 1항). 피특정후견인은 1회적 · 특정적으로 보호를 받는 점에서 지속적 · 포괄적으로 보호를 받는 피성년후견인 · 피한정후견인과 차이가 있다. 정신적 제약이 미약한 정도이거나 정신적 제약이 크기는 하지만 여러 여건상 1회적으로나 또는 특정한 사무에 관하여만 보호를 받으면 충분한 경우에 이 제도를 활용할 수 있을 것이다. 이 특정후견 제도는 과거에는 없던 새로운 것이다.

특정후견도 후견등기부에 의하여 공시된다(「후견등기에 관한 법률」 참조).

(2) 특정후견 심판의 요건

1) 질병 · 장애 · 노령 · 그 밖의 사유로 인한 정신적 제약으로 일시적 후원 또는 특정한 사무에 관한 후원이 필요한 사람이어야 한다.

정신적 제약이 필요한 점은 피성년후견인 · 피한정후견인에서와 같다. 그러나 피특정후견인의 경우에는 사무를 처리할 능력이 있는지를 묻지 않는다. 그것 대신에 정신적 제약으로 일시적 후원 또는 특정한 사무에 관한 후원이 필요하여야 한다.

가정법원이 특정후견의 심판을 할 경우에는 의사나 그 밖에 전문지식이 있는 사람의 의견을 들어야 하고, 이 경우 의견을 말로 진술하게 하거나 진단서 또는 이에 준하는 서면으로 제출하게 할 수 있다(가소 45조의 2 2항).

2) 본인 · 배우자 · 4촌 이내의 친족 · 미성년후견인 · 미성년후견감독인 · 검사 또는 지방자치단체의 장의 청구가 있어야 한다. 지속적으로 보호를 받아야 하는 피성년후견인 · 피한정후견인에 대하여 특정후견 심판을 청구하는 것은 부적당하여 성년후견인 · 한정후견인은 청구권자에 포함되어 있지 않다. 미성년후견인 · 미성년후견감독인이 청구권자로 규정되어 있는데, 미성년자는 미성년자로서 보호되는 것은 유지한 채 별도로 특정후견을 이용할 수 있다고 새겨야 할 것이다.

3) 특정후견은 본인의 의사에 반하여 할 수 없다(14조의 2 2항). 그렇다고 하여 본인이 적극적으로 동의하여야 하는 것은 아니다.

2. 특정후견 심판의 내용과 보호조치

가정법원이 특정후견의 심판을 하는 경우에는 특정후견의 기간 또는 사무의 범위를 정하여야 한다(14조의 2 3항). 특정후견은 1회적 · 특정적 보호제도이므로 후견의 개시와 종료를 별도로 심판할 필요가 없으며, 그 후견으로 처리되어야 할 사무의 성질에 의하여 그 존속기간이 정해진다. 그리하여 민법이 위와 같이 규정하였다.

가정법원은 피특정후견인의 후원을 위하여 필요한 처분을 명할 수 있다(959조 의 8). 그리고 그 처분으로 피특정후견인을 후원하거나 대리하기 위한 특정후견인을 선임할 수 있다(959조의 9 1항). 나아가 피특정후견인의 후원을 위하여 필요하다고 인정하면, 가정법원은 기간이나 범위를 정하여 특정후견인에게 대리권을 수여하는 심판을 할 수 있다(959조의 11 1항). 그 경우에 특정후견인은 — 정해진 범위에서 — 피특정후견인의 법정대리인이 된다.

3. 피특정후견인의 행위능력

특정후견의 심판이 있어도 피특정후견인은 행위능력에 전혀 영향을 받지 않는다. 그리고 특정한 법률행위를 위하여 특정후견인이 선임되고 법정대리권이 부여된 경우에도 그 법률행위에 관하여 피특정후견인의 행위능력은 제한되지 않는다. 따라서 그러한 행위를 특정후견인의 동의 없이 직접 할 수도 있다.

4. 피특정후견인에 대하여 성년후견개시 등의 심판을 하는 경우

앞에서 언급한 바와 같이, 특정후견의 종료 심판이라는 제도는 없다. 다만, 가정법원이 피특정후견인에 대하여 성년후견개시의 심판을 하거나 한정후견개시의 심판을 할 때에는, 종전의 특정후견의 종료심판을 한다(14조의 3 1항 · 2항).

Ⅶ. 제한능력자의 상대방의 보호 [110]

1. 서 설

제한능력자의 법률행위는 취소할 수 있고(예외 있음), 또 그 취소권은 제한능력자 쪽만 가지고 있다. 따라서 제한능력자와 거래한 상대방은 전적으로 제한능력자 쪽의 의사에 좌우되는 불안정한 상태에 놓이게 된다. 여기서 민법은 제한능력자의 보호로 인하여 희생되는 상대방을 위하여 상대방의 확답촉구권(15조), 철회권·거절권(16조), 그리고 일정한 경우의 제한능력자 쪽의 취소권의 배제(17조)를 규정하고 있다. 물론 민법이 취소할 수 있는 법률행위 모두에 관한 제도로서 취소권의 단기소멸(146조)과 법정추인(145조)을 규정하고 있기는 하나, 그것만으로는 불충분하다고 판단한 것이다. 민법의 이러한 태도와 관련하여 i) 거래의 안전 보호를 위하여 필요하다는 견해(고상룡, 140면; 곽윤직, 100면; 김상용, 174면; 김용한, 119면; 백태승, 169면; 이영준, 878면; 주해(1), 316면(양삼승))가 일반적이나, ii) 민법의 이 규정들은, 독일민법상 제한능력자의 행위를 부동적(浮動的) 무효로 규정하고 착오는 지체없이 취소하여야 하도록 하고 있는 점을 간과하고 그 법에 따른 것으로서, 특히 착오와의 균형이 맞지 않으며, 상대방 보호규정을 두려면 취소에 관한 일반적 규정의 개선이 선행되어야 한다는 견해(김학동, 130면)도 있다. 생각건대 민법의 이 규정들이 전적으로 부당하다고 할 수는 없으나, 균형의 면에서 검토해 볼 필요는 있을 것이다.

제한능력자의 상대방 보호를 위하여 특별히 규정된 세 가지를 차례로 살펴보기로 한다.

2. 상대방의 확답촉구권(確答促求權)(구 최고권. 催告權)

(1) 확답촉구의 의의

민법 제15조의 제목은 민법이 2011. 3. 7.에 개정되기 전에는 「무능력자의 상대방의 최고권」이었으나, 개정 후에는 「제한능력자의 상대방의 확답을 촉구할 권리」라고 되어 있다. 즉 과거에 최고라고 하던 것을 확답촉구로 개정한 것이다. 이는 「최고」라는 다의적이고 매우 어려운 용어를 여기의 의미에 가장 가깝게 쉬운 용어로 고친 것이며, 사견은 개정 전에도 이와 같이 새기고 있었다(여기의 최고는 독촉과 요구를 합한 뜻이다). 결국 확답촉구는 과거의 최고와 동일한 것이다.

어쨌든 제15조에 따라 제한능력자의 상대방은 제한능력자 쪽에 대하여 취소할 수 있는 행위를 추인(취소권의 포기)할 것인지의 여부에 관하여 확답을 촉구할 수 있다. 이러한 확답촉구는 의사를 표명하는 점에서 의사표시와 비슷하나, 그에 대한 효과가 촉구자의 의사와는 관계없이 민법에 의하여 주어진다는 점에서 의사표시와 다르며, 그 성질은 준법률행위의 하나인 의사의 통지에 해당한다. 이러한 상대방의 확답촉구는, 상대방의 일방적 행위에 의하여 법률관계의 변동이 일어나는 점에서 일종의 형성권이라고 할 수 있다는 것이 통설이다(곽윤직, 101면; 김상용, 180면; 김용한, 120면; 김주수, 164면; 김준호, 95면; 백태승, 166면; 이영준, 878면; 정기웅, 136면; 주해(1), 317면(양삼승)). 이러한 통설에 대하여, 확답촉구의 효과가 제한능력자 쪽의 확답이 없는 경우에 한하여 보충적으로 생긴다는 점을 들어 형성권이라고 할 수 없다는 주장(이은영, 180면)도 있다. 그러나 비록 보충적이기는 하지만 성질면에서 형성권과 같으므로 통설처럼 형성권이라고 새겨도 무방할 것이다.

[111] (2) 확답촉구의 요건

제한능력자의 상대방이 확답촉구권을 행사하려면, ① 취소할 수 있는 행위를 지적하고, ② 1개월 이상의 유예기간을 정하여, ③ 추인할 것인지 여부의 확답을 요구하여야 한다(15조 1항).

만약 상대방이 유예기간을 1개월 미만으로 정하여 확답촉구를 하면 어떻게 되는가? 이 경우에는 — 가령 확답촉구 후 1개월이 지난 때에 효력이 생긴다고 할 것이 아니고 — 확답촉구의 효력을 부인하여야 할 것으로 생각한다(같은 취지: 주해(1), 318면(양삼승)). 왜냐하면 유예기간을 1개월 이상으로 정하도록 한 것은 제한능력자의 보호를 위하여 최소한 1개월의 숙고기간은 보장해 주려는 데 그 취지가 있기 때문이다. 유예기간을 정하지 않고 확답촉구를 한 경우에도 확답촉구가 무효라고 하여야 한다.

(3) 확답촉구의 상대방

확답촉구의 상대방은 확답촉구를 수령할 능력이 있고(112조 참조), 또 취소나 추인을 할 수 있는 자이어야 한다(140조 · 143조 참조). 따라서 민법은 제한능력자는 그가 능력자로 된 후에만 확답촉구의 상대방이 될 수 있고(15조 1항), 그가 아직 능력자로 되지 못한 경우에는 그의 법정대리인이 상대방이 된다고 규정한다(15조 2항). 확답촉구의 상대방이 아닌 자에 대한 확답촉구는 무효이다.

(4) 확답촉구의 효과

상대방의 확답촉구를 받은 자가 유예기간 내에 추인 또는 취소의 확답을 하면 그에 따른 효과가 발생하여 법률행위는 취소할 수 없는 것으로 확정되거나 소급하여 무효로 된다. 그러나 이것은 추인 또는 취소라는 의사표시(법률행위)의 효과이며 확답촉구 자체의 효과는 아니다. 확답촉구의 효과는 유예기간 내에 확답이 없는 경우에 발생한다. 민법이 정하고 있는 확답촉구의 효과는 다음과 같다.

1) 제한능력자가 능력자로 된 후에 확답촉구를 받고 유예기간 내에 확답을 발송하지 않으면(도달주의의 원칙에 대한 예외이다. 111조 참조) 그 행위를 추인한 것으로 본다(15조 1항).

2) 제한능력자가 아직 능력자로 되지 못하여 그 법정대리인이 확답촉구를 받은 경우에 관하여는 민법 제15조 제 2 항 · 제 3 항이 규정하고 있다. 제15조 제 3 항은 법정대리인에 관하여 명시하지는 않았지만, 제한능력자가 능력자로 된 후에는 특별한 절차를 밟아야 할 경우가 없기 때문에, 그 규정은 법정대리인만에 관한 규정으로 이해된다. 그리고 법정대리인에 관한 이 두 항 가운데 제 2 항은 원칙을, 제 3 항은 예외를 정하고 있다. 이들에 의하면 법정대리인이 유예기간 내에 확답을 발송하지 않으면 원칙적으로 추인한 것으로 보게 되나(2항), 다만 법정대리인이 특별한 절차를 밟아서 확답을 하여야 하는 경우에 확답을 발송하지 않으면 예외적으로 취소한 것으로 본다(3항). 이를 정리하면, ① 법정대리인이 특별한 절차를 밟지 않고 단독으로 추인할 수 있는 경우에 확답이 없으면 추인한 것으로 보고, ② 법정대리인이 특별한 절차를 밟아야 하는 경우에 확답이 없으면 취소한 것으로 본다. 여기서 특별한 절차가 필요한 행위라는 것은 법정대리인인 후견인이 제950조 제 1 항에 열거된 법률행위에 관하여 추인하는 경우이다(자세한 사항은 친족상속법 [186] 참조). 이때에는 후견감독인이 있으면 그의 동의를 받아야 한다(950조 1항(미성년자의 경우) · 959조의 6(피한정후견인의 경우)).

3) 확답촉구의 상대방은 유예기간 내에 확답을 발송하면 되고, 그것이 유예기간 내에 도달해야 할 필요는 없다(발신주의. 111조 참조). 문제는 확답이 유예기간 내에 발송되었으나 전혀 도달이 이루어지지 못한 경우에 확답촉구의 효과가 발생한다고 할 것인가이다. 여기에 관하여 통지의 발송이 없었던 경우와 마찬가지로 다루어야 한다는 견해(김주수, 165면)가 주장되고 있다. 그러나 제한능력자의 확답의 발송이 증명된 경우에는 제한능력자 보호를 위하여 확답에 따른 효과가 생긴다고 하여야

할 것이다(같은 취지: 지원림, 87면). 이것이 상대방을 크게 불이익하게 만들지도 않기 때문이다.

[112] ## 3. 상대방의 철회권 · 거절권

상대방의 확답촉구는 상대방 자신이 법률행위의 효력발생을 원하지 않는 경우에는 별로 유용하지 못하다. 그리하여 민법은 그러한 경우에는 상대방이 그의 행위로부터 벗어날 수 있도록 하고 있다. 이것이 철회권과 거절권이다. 철회권은 계약에 관한 것이고, 거절권은 단독행위에 관한 것이다.

(1) 철회권(撤回權)

상대방이 제한능력자와 계약을 체결한 경우에, 상대방은 제한능력자 쪽에서 추인을 할 때까지는(즉 추인하기 전에는) 그의 의사표시를 철회할 수 있다(16조 1항 본문). 그러나 계약 당시에 상대방이 제한능력자임을 알았을 때에는 철회권은 인정되지 않는다(16조 1항 단서). 그러한 상대방은 보호할 필요가 없기 때문이다. 철회의 의사표시는 법정대리인에 대하여뿐만 아니라 — 의사표시의 수령능력이 없는(112조 참조) — 제한능력자에게도 할 수 있다(16조 3항).

상대방의 철회가 있으면 계약이 처음부터 성립하지 않았던 것으로 된다. 그 결과 이제 제한능력자 쪽에서 추인을 하지도 못한다. 그리고 그 계약에 기하여 이미 이행이 된 경우에는, 계약이 취소된 경우에 준하여 처리하여야 할 것이다(141조 단서 참조. 같은 취지: 이은영, 182면).

(2) 거절권(拒絕權)

제한능력자가 단독행위를 한 경우에는, 상대방은 제한능력자 쪽에서 추인을 할 때까지는 이를 거절할 수 있다(16조 2항). 여기의 단독행위는 성질상 당연히 채무면제 · 상계와 같은 상대방 있는 것에 한한다. 유언 · 재단법인 설립행위와 같은 상대방 없는 단독행위의 경우에는 도대체 「상대방」이라는 것이 없기 때문이다. 상대방의 거절이 있으면 단독행위는 무효로 된다. 그리고 거절의 의사표시도 철회에 있어서와 마찬가지로 제한능력자에 대하여도 할 수 있다(16조 3항). 한편 거절권은 상대방이 의사표시를 수령할 때에 표의자가 제한능력자임을 알고 있었더라도 행사할 수 있다고 하여야 한다(통설이며 이설 없음). 계약에서와 달리 단독행위에서는 상대방은 의사표시를 수령할 수 있을 뿐이고 그가 의사표시를 하여 법률행위의 효력발생에 참여할 수는 없기 때문에, 그가 설사 표의자가 제한능력자임을 알고 있었다고 하여도 그에게 불이익을 주는 것은 옳지 않다. 그런 연유에서 민법의 입법자는 철회권에서와 같은 규정(16조 1항 단서)을 두지 않은 것으로 보인다.

4. 제한능력자 쪽의 취소권의 배제 [113]

민법은 제17조에서 제한능력자가 속임수를 써서 법률행위를 한 경우에는 제한능력자 쪽의 취소권을 박탈하고 있다. 그러한 경우에 상대방은 때에 따라 사기를 이유로 법률행위를 취소하거나(110조) 또는 불법행위를 이유로 손해배상을 청구할 수도 있다(750조). 그러나 민법의 입법자는 그것만으로는 부족하다고 생각하여 제한능력자 쪽으로부터 취소권을 없애서 법률행위를 완전히 유효하게 확정짓도록 하고 있는 것이다.

(1) 취소권 배제의 요건

1) 제한능력자가 능력자로 믿게 하려고 하였거나(17조 1항) 또는 미성년자나 피한정후견인이 법정대리인의 동의가 있는 것으로 믿게 하려고 하였어야 한다(17조 2항). 이들 중 앞의 경우에는 피성년후견인도 포함되나(가령 피성년후견인이 피한정후견인이라고 속이면서 위조된 법정대리인의 동의서를 보여주는 경우), 뒤의 경우에는 피성년후견인이 제외된다. 왜냐하면 피성년후견인은 법정대리인의 동의가 있어도 원칙적으로 단독으로 법률행위를 하지 못하기 때문이다.

2) 속임수(민법개정 전에는 사술(詐術)이라고 하였음)를 썼어야 한다. 법정대리인의 동의서를 위조하거나 동사무소 직원과 짜고 생년월일을 실제와 달리 기재한 인감증명서를 교부받아 제시하는 경우(대판 1971. 6. 22, 71다940)가 그 예이다.

속임수, 즉 기망수단이 적극적인 것이어야 하는가에 관하여는 견해가 대립한다. i) 다수설은 가족관계증명서나 법정대리인의 동의서의 위조와 같은 적극적인 기망수단뿐만 아니라 오신(誤信)을 유발하거나 오신을 강하게 하는 것도 그에 해당한다고 한다(곽윤직, 104면; 김상용, 178면; 김용한, 124면; 김주수, 168면; 김준호, 103면; 김학동, 134면; 백태승, 173면; 이영준, 881면; 주해(1), 327면(양삼승)). 그런가 하면 ii) 제한능력자 보호의 입법취지를 살리기 위하여 적극적 기망수단이라고 해석하여야 한다는 견해(이은영, 184면), iii) 기본적으로는 다수설의 견해가 타당하나, 단순한 침묵 또는 묵비까지도 경우에 따라서 속임수(사술)가 된다는 견해에는 의문이 간다는 주장(고상룡, 146면; 정기웅, 140면)도 있다. 그리고 판례는 사술(속임수)은 적극적 사기수단이라고 하면서 단순히 자기가 능력자라 사언(詐言)함은 사술을 쓴 것이라고 할 수 없다고 한다(대판 1971. 12. 14, 71다2045). 생각건대 제한능력자를 보호하여야 함은 분명하지만,

적극적인 기망수단을 쓰지 않았다고 하여 상대방의 합리적인 오신을 조장한 경우까지도 보호하여야 할 필요는 없을 것이다. 결국 각 경우에 있어서 제반사정을 고려하여 적극적 기망수단이 없었더라도 취소권을 배제함이 적절한 때에는 속임수의 요건을 갖춘 것으로 보아야 한다. 만약 다수설이 이러한 의미라면 그 견해가 타당하다. 그러나 단순히 거래의 안전만 고려하여 속임수를 넓게 인정하려는 것이라면 그에 반대한다. 한편 침묵·묵비 등도 사정에 따라서는 매우 강한 속임수단이 될 수 있다는 점에서, 단지 소극적인 행태라는 이유만으로 달리 취급하려고 하는 iii)설도 비판의 여지가 있다.

이 속임수의 요건은 — 미성년자 등이 그것을 썼다고 주장하는 — 상대방이 증명하여야 한다(대판 1971. 12. 14, 71다2045).

3) 제한능력자의 속임수에 기하여 상대방이 능력자라고 믿었거나 법정대리인의 동의(또는 허락)가 있다고 믿었어야 한다. 일부 견해는 여기의 오신에 대한 증명책임은 상대방이 아니고 제한능력자 쪽에 오신 부존재의 증명책임이 있다고 하나(고상룡, 147면), 받아들이기 어렵다. 그리고 그 견해는 제한능력자와 상대방과의 이익조정의 측면에서 상대방에게 중과실이 있는 경우에는 제한능력자는 취소권을 상실하지 않는다고 해석한다(고상룡, 148면). 그러나 상대방의 중과실이 악의와 동일시되는 경우가 아니고 단순히 중과실만 있는 경우에는 그렇게 해석할 법적 근거가 없다.

4) 상대방이 그러한 오신에 기초하여 제한능력자와 법률행위를 하였어야 한다.

(2) 효 과

위와 같은 요건이 갖추어지면 제한능력자 본인뿐만 아니라 그의 법정대리인이나 그 밖의 취소권자는 제한능력을 이유로 법률행위를 취소하지 못한다(17조 1항·2항).

제6절 법률행위의 목적

[114] I. 서 설

법률행위의 목적이란 법률행위의 당사자가 법률행위에 의하여 달성하려고 하는 법률효과이며, 법률행위의 내용이라고도 한다. 예컨대 A가 B에게 Y라는 시계를 10만원에 팔기로 하는 매매계약을 체결한 경우에, 매매계약(채권행위)의 목적은 B가 A에 대하여 가지는 Y시계의 소유권이전청구권의 발생과 A가 B에 대하여 가지는 10만원의 대금지급청구권의 발생이다. 그리고 A가 B와 Y시계의 소유권이전의 합의(물권행위)를 한 경우에는, A로부터 B로의 Y시계의 소유권이전이 그 행위의 목적이다. 이러한 법률행위의 목적 내지 내용은 법률행위의 요소가 되는 의사표시(하나 또는 둘 이상의 의사표시의 일치)에 의하여 정하여진다.

법률행위의 목적은 법률행위의 목적물(객체)과는 구별하여야 한다. 전자는 법률행위에 의하여 달성하려고 하는 법률효과 그 자체인 데 비하여, 후자는 그 법률효과의 대상을 가리킨다. 앞의 예에서 Y시계가 곧 법률행위의 목적물이다. 대부분의 법률행위는 목적물을 가지고 있으나, 목적물이 없는 법률행위도 있다. 가령 노래를 불러주기로 하는 계약의 경우가 그렇다.

법률행위가 유효하려면 법률행위의 목적이 일정한 요건을 갖추어야 한다. 민법은 그에 관하여 제103조에서 사회적 타당성을 가질 것을 규정하고, 제105조에서는 적법성을 간접적으로 요구하고 있다. 그런데 학자들은 대체로 그 외에도 확정성과 실현가능성이 필요하다고 한다. 그러나 일부 견해(김학동, 281면)는 법률행위의 목적을 확정하는 것은 법률행위의 해석이므로 확정성을 법률행위의 목적의 유효요건으로 설명하는 것은 적절하지 않다고 한다. 생각건대 법률행위의 목적을 확정하는 작업이 법률행위의 해석이기는 하나, 해석에 의하여 목적이 확정될 수 없는 경우에는 법률행위가 유효할 수 없다. 그러한 의미에서 확정성도 유효요건으로 설명되어야 한다. 한편 법률행위의 목적이 실현될 수 없는 경우에는 법률행위의 목적 실현을 국가가 도와줄 수 없다. 그리하여 민법은 실현가능성도 법률행위의 목적의 요건으로 삼고 있다. 결국 법률행위가 유효하려면 그 목적이 확정성·실현가능성·적법성·사회적 타당성이라는 요건을 갖추어야 한다.

Ⅱ. 목적의 확정성

법률행위의 목적은 확정되어 있거나 또는 확정할 수 있어야 한다. 법률행위에 따라서는 법률이 처음부터 목적이 확정되어 있을 것을 요구한다. 사단법인 설립행위(40조·43조)·어음행위(어음법 1조·2조)·수표행위(수표법 1조·2조)와 같은 요식행위에 있어서 그렇다. 그러나 보통의 법률행위에 있어서는 법률행위의 목적이 반드시 법률행위 당시에 확정되어 있을 필요는 없으며, 장차 확정할 수 있는 표준이 있으면 이 요건을 갖추는 것이 된다. 그리하여 예컨대 갑이 을에게 갑의 승용차나 현금 300만원 중 을이 원하는 것을 주겠다는 계약은 계약내용을 확정할 수 있기 때문에 유효하다(선택채권에 관한 380조 이하도 참조). 그에 비하여 목적이 확정되어 있지도 않고 또 확정할 수도 없는 법률행위는 무효이다. 그러한 법률행위는 국가가 그 실현을 도울 수가 없기 때문이다. 예컨대 A와 B 사이에 A가 B에게 토지를 사준다는 내용의 계약을 체결한 경우에, 어디에 있는 어떤 가치의 토지를 사준다는 의미인지 확정할 수 없으면 그 계약은 설사 계약서가 작성되어 있을지라도 효력이 생기지 않는다.

앞에서 언급한 바와 같이, 법률행위의 목적을 확정하는 작업이 법률행위의 해석이다.

[115] Ⅲ. 목적의 실현가능성

1. 의 의

(1) 법률행위의 목적은 실현이 가능하여야 한다. 목적의 실현이 불가능한 법률행위는 무효이다. 그런데 법률행위를 무효로 만드는 것은 불능 전체가 아니고 — 후술하는 — 원시적 불능만이다. 민법은 원시적 불능의 무효원칙을 제535조 · 제390조 · 제537조 · 제538조 등에서 간접적으로 규정하고 있다. 그리고 판례도 원시적 불능인 급부를 목적으로 하는 계약의 무효를 인정하고 있다(대판 1994. 10. 25, 94다18232. 사안은 의약품 제조 등을 목적으로 하는 주식회사가 농지매매계약을 체결하여 농지매매증명을 발급받을 수 없는 경우임).

법률행위의 목적이 실현될 수 있는지 여부, 즉 불능(또는 불가능)인지 여부는 물리적으로 판단하는 것이 아니고 사회통념에 의하여 결정된다. 그 결과 물리적으로는 실현될 수 있어도 사회통념상 실현될 수 없는 것은 불능에 해당한다. 예컨대 태평양 바다에 빠진 보석 1개를 찾아주기로 하는 계약이 그렇다. 다만 과학기술이 발전하면 사회통념도 변할 수 있음을 유의하여야 한다. 그리고 불능은 확정적이어야 하며, 일시적으로는 불능이더라도 실현될 가능성이 있는 것은 불능이 아니다.

(2) 법률행위의 목적 자체는 실현이 가능하더라도 그 법률행위의 효력을 발생시키는 조건(정지조건)이 법률행위의 성립 당시에 이미 성취될 수 없는 경우, 즉 정지조건부 법률행위에 있어서 정지조건의 성취가 원시적으로 불가능한 경우에는, 결국 법률행위의 목적 전체가 불능으로 되어서 그 법률행위는 무효가 된다. 민법은 이를 조건에 관한 부분에서 규정하고 있으나(151조 3항), 이론상으로는 여기의 불능에 해당한다(곽윤직, 209면). 그에 비하여 법률행위의 성립 후에 정지조건의 성취가 불가능하게 된 경우(후발적 불능)에는 법률행위는 무효로 되지 않는다(같은 취지: 이영준, 199면).

2. 불능(不能)의 분류

불능(또는 불가능)은 여러 가지 표준에 의하여 종류를 나눌 수 있다.

(1) **원시적(原始的) 불능 · 후발적(後發的) 불능**

이는 어느 시점에서 발생한 불능인가에 따른 구별로서 불능의 분류 가운데 가장 중요한 것이다. 원시적 불능은 법률행위의 성립 당시에 이미 불능인 것이고, 후발적 불능은 법률행위의 성립 당시에는 불능이 아니었으나 그 이후에 불능으로 된 것이다. 예컨대 가옥의 매매계약에 있어서 매매계약 체결 전날에 가옥이 불타 버린 경우는 원시적 불능이고, 계약이 체결된 후 이행이 있기 전에 가옥이 불탄 경우는 후발적 불능이다. 앞서 언급한 바와 같이, 이들 가운데 법률행위를 무효로 만드는 것은 원시적 불능에 한한다. 후발적 불능의 경우에는 법률행위는 무효로 되지 않는다. 만약 계약상의 채무가 후발적으로 불능으로 되면, 그 불능이 채무자의 고의·과실에 의하여 발생하였는지 여부에 따라 그의 고의·과실이 있는 경우에는 이행불능(390조)의 문제로 되고, 그렇지 않은 경우에는 채무가 소멸하고 다만 쌍무계약에 있어서는 위험부담의 문제(537조·538조)가 생기게 된다. 한편 원시적 불능의 경우에도 계약에 있어서는 제535조에 의하여 일정한 요건 하에 계약체결상의 과실책임이 발생할 수도 있다. 이들에 관하여는 채권법에서 논의한다.

(2) **전부불능 · 일부불능**

이는 어떤 범위에서 불능이 발생하였는가에 따른 구별이다. 전부불능은 법률행위의 목적의 전부가 불능인 경우이고, 일부불능은 일부분만이 불능인 경우이다. 원시적 불능이 전부불능인 때에는 법률행위는 전부가 무효이다(535조가 이를 전제로 한다). 그런데 원시적 일부불능인 때에는 어떻게 되는가? 그때 불능인 부분은 당연히 무효이다. 문제는 불능이 아닌 부분도 무효로 되느냐이다. 거기에는 제137조가 정하는 일부무효의 법리가 적용된다(예외 규정: 574조 등). 그리하여 원칙적으로 법률행위의 전부가 무효로 되나, 그 무효부분이 없더라도 법률행위를 하였으리라고 인정될 때에는 나머지 부분만은 유효하게 된다.

(3) **법률적 불능 · 사실적 불능**

이는 불능의 이유가 법률상의 이유에 의한 것인가 물리적 이유에 의한 것인가에 따른 구별이다. 법률적 불능은 법률이 허용하지 않아서 실현될 수 없는 경우이고, 사실적 불능은 자연적 · 물리적으로 실현될 수 없는 경우이다(이영준, 205면은 사실적 불능은 물리적으로 불능은 아니지만 실현이 어려운 경우라고 설명한다). 법률적 불능은 법률이 일정한 행위를 금지하는 경우와 그 밖의 법적인 장애사유가 있는 경우로 나누어진다(Medicus, Schuldrecht I Allgemeiner Teil, 8. Aufl., 1995, S. 367 참조). 아편의 매매계약(형법 198조 참조), 살인을 하기로 하는 계약(형법 250조 참조)은 전자의 예이고, 부동산질권의 설정계약은 후자의 예이다. 그런데 법률적 불능 · 사실적 불능의 구별은 특별한 실익이 없다.

(4) **객관적 불능 · 주관적 불능**

일부 문헌은 독일 채권법 개정 전의 독일 문헌을 따라서 불능을 객관적 불능 · 주관적 불능으로 나누기도 한다. 그렇게 나누는 경우에는, 일반인 모두에게 불능인 것을 객관적 불능이라고 하고, 채무자에게 불능인 것을 주관적 불능이라고 한다. 개정 전 독일민법은 입법적으로 이 두 불능을 구별하고 있었다(같은 법 279조. 현재는 삭제됨). 그러나 우리 민법은 이를 구별하지 않고 있다. 그렇지만 그 구별이 없어도 그에 관련된 문제를 사회통념상의 불능이론에 의하여 쉽고도 완전하게 해결할 수 있다(자세한 점은 주해(8), 143면(송덕수) 참조). 따라서 이 구별은 불필요하다.

[116] Ⅳ. 목적의 적법성

1. 서 설

법률행위가 유효하려면 그 목적이 적법(適法)하여야 한다. 다시 말하면 목적이 강행법규(그 가운데 효력규정)에 어긋나지 않아야 한다. 만약 이에 위반하는 경우에는 법률행위는 무효이다. 민법은 제105조에서 이를 간접적으로 규정하고 있다.

우리 민법은 사적 자치를 원칙으로 인정하고 있다. 그렇지만 그 자치는 무제한의 것이 아니며 법질서의 한계 내에서 인정된다. 그리고 강행법규는 — 뒤에 보는 사회질서와 더불어 — 사적 자치의 한계를 이루고 있다. 그러므로 법률행위는 그 목적에 관하여 한계가 되는 강행법규를 위반하지 않아야 하는 것이다.

목적의 적법성과 사회적 타당성의 관계에 관하여는 학설이 일치하지 않고 있다. 일반적으로는 i) 둘을 별개의 요건으로 다루고 있다(곽윤직, 214면; 백태승, 348면 등 통설임). 그러나 ii) 양자는 모두 사적 자치의 한계를 선언하는 것으로서 동일한 것이므로, 둘을 분리·독립시키는 것은 우리 민법 체계에 반한다는 견해(이영준, 208면)가 소수설로 주장된다. 그런가 하면 iii) 양 견해는 그 내용에 있어서는 동일하며 체계구성에 차이가 있을 뿐이라는 견해(김상용, 372면)도 있다. 그리고 판례는, 담배사업법상의 강행법규에 위반하는 행위와 관련하여, 「이에 위반하는 행위가 무효라고 하더라도 이것을 선량한 풍속 기타 사회질서에 반하는 행위라고는 할 수 없다」고 하여, 적법성과 사회적 타당성을 별개로 파악하고 있다(대판 2001. 5. 29, 2001다1782). 이들을 검토해 본다. ii)설은 강행법규가 「법령 중의 선량한 풍속 기타 사회질서에 관계 있는 규정」이므로 강행규정은 사회질서의 구체적 표현에 불과하다고 하면서 그와 같은 주장을 한다. 즉 강행규정이 사회질서에 관계 있는 규정이니까 바로 사회질서에 해당한다는 것이다. 그러나 사회질서를 실질적으로 이해할 경우에는 강행법규의 내용이 반드시 사회질서에 반하는 것을 금지하는 것이라고 단정할 수 없다. 전혀 방향이 다를 수 있는 것이다. 그리고 강행법규에 위반하지 않으면서 사회질서에 위반되는 경우도 얼마든지 있다. 그러고 보면 적법성의 요건과 사회적 타당성의 요건은 분리하여 따로 검토하는 것이 바람직하다. 결국 다수설인 i)설과 판례가 타당하다.

2. 강행법규(强行法規) [117]

(1) 의 의

법률규정은 사법상의 법률효과에 의하여 강행법규(강행규정)와 임의법규(임의규정)로 나누어진다. 이 가운데 강행법규는 당사자의 의사에 의하여 배제 또는 변경될 수 없는 규정이고, 임의법규는 당사자의 의사에 의하여 배제 또는 변경될 수 있는 규정이다. 민법에서는 강행법규는「법령 중의 선량한 풍속 기타 사회질서에 관계 있는 규정」으로, 임의법규는「법령 중의 선량한 풍속 기타 사회질서에 관계 없는 규정」으로 표현되어 있다(105조·106조 참조).

(2) 판정기준

어떤 법률규정이 강행법규인지 임의법규인지를 결정하는 것은 대단히 중요한 일이다. 경우에 따라서는 법률 자체에서 어떤 법률규정이 강행규정임을 명시적으로 언급하기도 한다(가령 289조·608조·652조). 그러나 보통은 그렇지 않다. 그때에는 해석에 의하여 강행법규인지 여부를 결정하여야 한다. 그런데 강행법규인지를 결정하는 일반적인 원칙은 없으며, 구체적인 규정에 대하여 그 규정의 종류·성질·입법목적 등을 고려하여 판정하는 수밖에 없다. 강행법규의 예를 들어 보면 다음과 같다.

1) 혼인·가족과 같은 일정한 제도를 유지하기 위한 규정(친족편·상속편의 많은 규정)

2) 법률질서의 기본구조에 관한 규정(권리능력·행위능력·법인제도 등에 관한 규정)

3) 제 3 자의 이해관계에 영향을 크게 미치는 사항에 관한 규정(물권편의 많은 규정)

4) 거래의 안전 보호를 위한 규정(유가증권제도 등)

5) 경제적 약자 보호를 위한 규정(104조·608조, 임대차·고용·소비대차의 일부규정, 특별법의 많은 규정)

6) 사회의 윤리관을 반영하는 규정(2조·103조 등)

[118] (3) 단속법규(團束法規)와의 관계

1) 강행법규와 단속법규의 관계 강행법규와 단속법규의 관계에 관하여는 학설이 나뉘고 있다. i)설은 강행법규에는 효력규정과 단속규정(금지규정)이 있으며, 효력규정은 그에 위반하는 행위의 사법상의 효과가 부정되는 것이고, 단속규정은 국가가 일정한 행위를 단속할 목적으로 그것을 금지하거나 제한하는데 지나지 않기 때문에 그에 위반하여도 벌칙의 적용이 있을 뿐이고 행위 자체의 사법상의 효과에는 영향이 없다고 한다(곽윤직, 211면; 김주수, 327면; 김학동, 307면. 김용한, 254면도 이에 따름). 그에 비하여 ii)설은 먼저 강행법규와 단속법규를 구별하여 대비시킨 뒤, 단속법규를 다시 이에 위반하는 행위를 무효로 하는 효력규정과 법률행위를 무효로 하지 않고 단지 이에 위반하는 행위에 대하여 처벌 등 불이익을 가하는 단순한 단속규정으로 나눈다(김상용, 375면; 백태승, 349면; 이영준, 215면; 정기웅, 323면. 고상룡, 324면은 광의의 단속규정을 사실행위 규제규정과 법률행위 규제규정으로 나누고, 후자를 다시 효력규정·단순한 단속규정으로 세분한다). 그 밖

에, iii) 두 견해는 용어법의 차이에 지나지 않는다는 주장(김용한, 254면)도 있다.

생각건대 ii)설은 행정목적의 규제법규는 공법법규로서 사법법규와 다르고, 그리하여 따로 논의하여야 한다는 입장에 있다. 그러나 비록 행정적인 목적에 의한 것일지라도 사법상의 법률관계에 관한 것이면 실질적인 민법에 해당하고, 그렇다면 민법전상의 법률규정과 같은 평면에서 다루는 것이 마땅하다(실질적 민법이 아니라면 논의에서 배제하여야 할 것이다). 그리고 그 견해에 의하면 특별법이 모두 그렇게 취급되는지, 아니면 다시 민법적인 것(가령 「부동산 실권리자 명의 등기에 관한 법률」·「부동산등기 특별조치법」)과 행정법적인 것(가령 식품위생법)으로 구분되어야 하는지도 궁금하다. 또한 후에 만약 특별법상의 것이 민법에 흡수된다면(가령 허가 없는 계약의 무효) 그에 관한 것은 단속법규에서 강행법규로 변하게 되는지도 모를 일이다. 그러고 보면, 실질적 민법에 속하는 것은 모두 같은 체계 아래에서 논의되는 것이 바람직하며, 공법적인 법률에 포함되어 있다는 이유로 이질적인 것으로 보아서는 안 된다. 그러한 법규도 강행법규로서 사적 자치의 한계를 이루는 점에서 차이가 없기 때문이다(김상용, 375면은 반대). 결국 민법법규와 행정법규를 분리하는 ii)설은 옳지 않으며, 단속규정을 강행법규에 포함시키는 i)설이 타당하다.

2) 효력규정 · 단속규정의 구별표준 어떤 강행규정이 효력규정인지 단속규정인지를 결정하는 것은 강행규정 · 임의규정의 구별처럼 중요하나, 쉬운 일이 아니다. 교통단속법규와 같이 단순히 사실적 행위를 금지 또는 제한하는 규정이 단속규정임은 분명하다. 그러나 일정한 법률행위를 금지 또는 제한하면서 그에 위반하는 경우에 행위자를 처벌하는 법규는 판단이 쉽지 않다. 물론 법률에서 법률행위의 무효를 명문으로 규정하는 때도 있다. 가령 「부동산 거래신고 등에 관한 법률」 제11조 제 6 항, 「부동산 실권리자 명의 등기에 관한 법률」 제 4 조 제 2 항이 그 예이다. 그러나 대부분은 명문규정을 두고 있지 않다. 그러한 때에는 해당 법규의 입법취지에 의하여 판단하여야 한다. 즉 법규의 입법취지가 단순히 일정한 행위를 하는 것을 금지하려는 것인지, 아니면 법규가 정하는 내용의 실현을 완전히 금지하려는 것인가에 따라, 전자에 해당하면 단속규정이라고 하고, 후자에 해당하면 효력규정이라고 하여야 한다(판단기준에 관한 판례로 대판 2010. 12. 23, 2008다75119; 대판 2017. 2. 3, 2016다259677; 대판 2018. 7. 11, 2017다274758; 대판 2018. 10. 12, 2015다219528; 대판 2018. 10. 12, 2015다256794; 대판 2019. 1. 17, 2015다227000; 대판 2019. 6. 13, 2018다258562; 대판 2020. 4. 9, 2019다294824; 대판 2020. 11. 12, 2017다228236; 대판 2021. 9. 30, 2016다252560; 대판 2022. 7. 28, 2021다235132; 대판 2021. 9. 30, 2016다252560; 대판 2022. 7. 28, 2021다235132; 대판 2024. 6. 17, 2020다291531; 대판 2024. 5. 9, 2023다311665도 참조).

〈판 례〉

「사법상의 계약 기타 법률행위가 일정한 행위를 금지하는 구체적 법규정을 위반하여 행하여진 경우에 그 법률행위가 무효인가 또는 법원이 법률행위 내용의 실현에 대한 조력을 거부하거나 기타 다른 내용으로 그 효력이 제한되는가의 여부는 당해 법규정이 가지는 넓은 의미에서의 법률효과에 관한 문제의 일환으로서, 그 법규정의 해석 여하에 의하여 정하여진다. 따라서 그 점에 관한 명문의 정함이 있다면 당연히 이에 따라야 할 것이고, 그러한 정함이 없는 때에는 종국적으로 그 금지규정의 목적과 의미에 비추어 그에 반하는 법률행위의 무효 기타 효력 제한이 요구되는지를 검토하여 이를 정할 것이다(대법원 2019. 6. 13. 선고 2018다258562 판결 등 참조).」(대판 2021. 4. 29, 2017다261943. 같은 취지: 대판 2024. 6. 17, 2020다291531; 대판 2024. 5. 9, 2023다311665)

[119] **3) 단속규정 · 효력규정 위반행위의 예** 행정법규 가운데 특히 경찰법규는 단순한 단속규정이며, 그에 위반하는 행위는 무효로 되지 않는다(이영준, 220면은 완전유효가 아니고 일부유효라고 한다). 예컨대 무허가 음식점의 유흥 영업행위 또는 음식물 판매행위(식품위생법 37조 · 94조 3호), 신고 없이 숙박업을 하는 행위(공중위생관리법 3조 · 20조), 공무원의 영리행위(국가공무원법 64조), 허가 없이 하는 총포 화약류의 거래행위(「총포 · 도검 · 화약류 등의 안전관리에 관한 법률」 6조 · 9조 · 21조 · 70조 · 71조) 등이 그렇다. 그리고 판례에 나타난 예로는, 「하도급거래 공정화에 관한 법률」 제17조에 위반하여 하도급대금을 물품으로 지급하기로 한 계약(대판 2003. 5. 16, 2001다27470), 하도급대금 감액금지에 관한 「하도급거래 공정화에 관한 법률」 제11조에 위반된 대금감액 약정(대판 2011. 1. 27, 2010다53457), 구 「금융실명거래 및 비밀보장에 관한 긴급 재정 경제 명령」에 위반되는 비실명 금융거래 계약(대판 2001. 12. 28, 2001다17565), 판매행위를 금지한 구 주택건설촉진법 제38조의 3 제 1 항(1999년에 삭제됨)에 위반한 매매계약(대판 1992. 2. 25, 91다44544), 구 주택법 제39조 제 1 항의 전매금지규정을 위반한 약정(대판 2011. 5. 26, 2010다102991), 지역주택조합의 조합원 자격에 관한 구 주택법 제32조 제 5 항 및 동법 시행령 제38조 제 1 항을 위반하여 체결한 조합가입계약(대판 2022. 7. 14, 2021다281999 · 282008. 같은 취지: 대판 2025. 1. 9, 2023다209403; 대판 2025. 2. 13, 2024다249040), 「부동산등기 특별조치법」 제 2 조 제 2 항에 위반한 중간생략등기의 합의(대판 1993. 1. 26, 92다39112), 구 외국환관리법 제24조에 위반하여 재무부장관의 허가 없이 주권에 질권을 설정하는 행위(대판 1987. 2. 10, 86다카1288), 상호신용금고가 구 상호신용금고법 제18조의 2에 위반하여 토지를 낙찰받은 행위(대판 2008. 12. 24, 2006다53672), 「유사수신행위의 규제에 관한 법률」 제 3 조를 위반하여 유사 수신행위(다른 법령에 따른 인가 · 허가를 받지 않거나 등록 · 신고 등을 하지 않고 불특정 다수인으로부터 자금을 조달하는 것을 업으로 하는 행위로서 동법 2조가 나열하고 있는 행위)로 체결된 계약(대판 2024. 4. 25, 2023다310471. 동법 3조는 단속규정이라 함), 「유사 수신행위의 규제에 관한 법률」 등 관련법규에 위배하여 신용협동조합이 비조합원에 대하여 대출한 행위(대판 2008. 12. 24, 2008다61172), 구

증권거래법 제 54조 · 동법 시행령 제37조 · 구 증권회사의 재무건전성준칙 제25조 제 3 항(임원에 대한 연간 보수범위 내의 금전 대여를 제외하고는 특수관계인에게 금전을 대여하거나 신용공여하지 못하도록 규정하고 있음) 등을 위반한 금전대여나 신용공여행위(대판 2009. 3. 26, 2006다47677), 개업공인중개사 등이 중개의뢰인과 직접 거래를 하는 행위를 금지하는 공인중개사법 제33조 제 6 호에 위반하여 한 거래행위(대판 2017. 2. 3, 2016다259677), 전세버스 운송사업자가 「여객자동차 운수사업법」 제12조를 위반하여 체결한 지입계약(대판 2018. 7. 11, 2017다274758), 구 「독점규제 및 공정거래에 관한 법률」 제10조의 2 제 1 항을 위반한 채무보증과 그 법 제15조를 위반한 탈법행위(대판 2019. 1. 17, 2015다227000), 금융투자업 등록을 하지 않고서 하는 투자일임업을 금지하는 구 「자본시장과 금융투자업에 관한 법률」 제17조를 위반한 미등록 영업자와 투자자가 체결한 투자일임계약(대판 2019. 6. 13, 2018다258562; 대판 2024. 5. 9, 2023다311665. 그 규정을 단속규정이라 함), 구 종자산업법 제137조 · 제138조 제 3 항을 위반하여 무등록 · 미신고 상태에서 보호품종을 수입 · 생산 · 판매하는 등의 행위(대판 2020. 4. 9, 2019다294824. 그 규정들이 단속규정이라 함), 을 재단법인이 의료법 제33조 제10항을 위반하여 의사인 갑(갑은 을 법인이 개설한 병원에 관해 경영위탁계약을 체결한 후 직접 진료도 하면서 병원을 운영함)에게 명의를 대여한 행위(대판 2022. 7. 28, 2021다235132), 상호저축은행이 구 상호저축은행법 제18조의 2 제 1 호 등을 위반하여 비상장회사 주식을 그 회사 발행주식 총수의 100분의 10을 초과하여 취득한 행위(대판 2024. 6. 17, 2020다291531. 그 규정들은 단속규정이라 함) 등이 있다.

그에 비하여 효력규정에 위반하는 행위는 무효로 된다(이영준, 218면은 행정법규 위반행위가 때로 무효로 되는 것은 법질서 자기모순 금지 원칙의 적용결과라고 한다). 광업권의 대차(이른바 덕대계약. 德大契約)(광업법 8조 · 11조), 어업권의 임대차(수산업법 33조), 금융투자업자의 명의대여계약(「자본시장과 금융투자업에 관한 법률」 39조), 문화재수리업자의 명의대여행위를 금지한 문화재수리법 제21조를 위반한 명의대여계약이나 이에 기초하여 대가를 정산하여 받기로 하는 정산금 약정(대판 2020. 11. 12, 2017다228236), 토지거래 허가구역 내에서 관할관청의 허가 없이 체결한 토지매매계약(「부동산 거래신고 등에 관한 법률」 11조), 농지취득 자격증명 없는 농지매매(농지법 8조)(같은 취지: 이은영, 358면. 그러나 판례는 무효가 아니라고 한다. 대판 1998. 2. 27, 97다49251; 대판 2006. 1. 27, 2005다59871([82] 참조)), 농지의 임대를 금지한 구 농지법 제23조를 위반하여 체결한 농지임대차계약(대판 2017. 3. 15, 2013다79887 · 79894), 관할청의 허가 없이 행한 학교법인(사립학교)의 기본재산 처분(사립학교법 28조)(그런데 매매 등 계약 성립 후에라도 감독청의 허가를 받으면 그 매매 등 계약이 유효하게 된다(대판 1998. 7. 24, 96다27988; 대판 2022. 1. 27, 2019다289815). 그리고 이러한 계약은 관할청의 불허가 처분이 있는 경우뿐만 아니라 당사자가 허가신청을 하지 않을 의사를 명백히 표시하거나 계약을 이행할 의사를 철회한 경우 또는 그 밖에 관할청의 허가를 받는 것이 사실상 불가능하게 된 경우 무효로 확정된다(대판 2022. 1. 27, 2019다289815))(명의신탁자가 학교법인의 기본재산으로 등기되어 있는 부동산에 관하여 부동산실명법 소정의 유예기간 내에 실명등기 등을 하지 않음으로써 종전의 명의신탁약정 및 그에 따른 등기에 의한 부동산의 물권변동이 무효라는 이유로 등기 말소 또는 진정명의 회복을 원인으로 한 소유권이전등기 절차이행을 구하는 경우에 이는 학교법인의 기본재산 처분행위가 있는 경우라고 볼 수 없으므로 관할청 허가가 필요하지 않다. 대판 2013. 8. 22, 2013다31403), 주무관청의 허가 없이 행한 공익법인의 기본재산의 처분(공익법인법 11조 3항)(대판 2005. 9. 28, 2004다50044), 의료법인이 의료법 제48조 제 3 항를 위반하여 시 · 도지사의 허가를 받지 않고 그 법인 토지에 지상권설정계약(또는 지상권 변경계약)을 체결하거나(대판 2021. 11. 25, 2019다277157. 그런데 이 판결 사안의 경우에 지상권설정등기 말소청구는 신의성실의 원칙에 위배되어 허용될 수 없다고 함) 의료장비에 관하여 양도담보계약을 체결한 경우(대판 2023. 8. 31, 2021다234528), 관할청의 허가 없이 사찰 소유의 일정한 재산을 대여 · 양도 또는 담보에 제공하는 행위(구 불교재산관리법 11조 1항 2호. 현재의 「전통사찰의 보존 및 지원에 관한 법률」 9조 2항)(대판 2001. 2. 9, 99다26979), 구 사회복지사업법 제23조 제 3 항 제 2 호에 위반하여 사회복지법인이 보건복지부장관의 허가 없이 보건복지부령이 정하는 금액 이상을 1년 이상 장기차입한 계약(대판 2014. 4. 10, 2013다98710. 차입 당시에 상환기간을 1년 이상으로 정한 것만 포함되고, 차입 당시에는 상환기간을 1년 미만으로 정하였으나 차입금을 상환하지 아니한 채 변제기가 지나 결과적으로 1년 이상 차입하게 된 경우까지 포함되지는 않는다고 함), 법령의 제한을 초과하는 부동산 중개수수료 약정(규율 법률이 변해왔는데, 현재에는 공인중개사법 32조 1항 · 4항, 33조 1항 3호)(대판 2002. 9. 4, 2000다54406 · 54413; 대판(전원) 2007. 12. 20, 2005다32159; 대판 2021. 7. 29, 2017다243723. 한도 초과 부분이 무효라고 함.), 공인중개사 자격이 없는 자가 중개사무소 개설등록을 하지 않은 채 부동산중개업을 하면서 체결한 중개수수료 지급약정(구 부동산중개업법 4조 1항 등)(대판 2010. 12. 23, 2008다75119), 구 임대주택법 제14조 제 1 항 등 공공건설임대주택의 임대보증금과 임대료의 상한을 정한 규정을 위반하여 임차인의 동의 절차를 올바르게 거치지 않고 일방적으로 상호전환의 조건을 제시하여 체결한 임대차계약(대판(전원) 2016. 11. 18, 2013다42236), 분양전환가격 산정기준에 관한 구 임대주택법 등 관련 법령의 규정들을 위반하여 그 규정들에서 정한 산정기준에 의한 금액을 초과한 분양전환가격으로 체결된 분양계약에서 기준을 초과하는 부분(대판(전원) 2011. 4. 21, 2009다97079; 대판 2020. 8. 27, 2017다211481), 구 임대주택법 제21조 제 1 항 · 제 2 항을 위반하여 임대사업자가 우선분양전환권이 있는 임차인이 있음에도 임대주택을 제 3 자에게 분양전환한 경우 그 분양전환계약(대판 2021. 9. 30, 2016다252560), 공공건설임대주택의 임대보증금과 임대료의 상한을 정한 그 임대주택법 제21조 및 구 「임대주택법 시행령」 제21조를 위반한 임대주택의 임대보증금 및 임대료 약정 중 소정의 한도액을 초과하는 부분(대판 2022. 5. 26, 2020다253515), 임대주택 임차인의 임차권 양도를 원칙적으로 금지한 구 임대주택법 제19조(같은 취지의 현행 공공주택특별법 49조의 4도 참조) 등 관련 법령을 위반한 임차권의 양도(대판 2022. 10. 27, 2020다266535), 이주대책 대상자와 공익사업의 시행자 사이에 체결된 택지에 관한 특별공급계약 중 구 「공익사업을 위한 토지 등의 취득 및 보상에 관한 법률」 제78조 제 4 항을 위반하여 생활기본시설 설치비용을 분양대금에 포함시킨 부분(대판 2019. 3. 28, 2015다49804), 의료인의 자격이 없는 일반인이 필요한 자금을 투자하여 시설을 갖추고 유자격 의료인을 고용하여 그 명의로 의료기관 개설신고를 하고 의료기관의 운영 및 손익 등이 그 일반인에게 귀속되도록 하는 내용의 약정(의료법 33조 2항)(대판 2011. 1. 13, 2010다67890. 같은 취지: 대판 2003. 4. 22, 2003다2390 · 2406), 구 「산업집적활성화 및 공장설립에 관한 법률」 제28조의 4 제 1 항에 위반하여 아파트형 공장을 설립한 자가 모집 공고안에 대한 승인 없이 임의로 이를 분양 또는 임대한 행위(대판 2009. 4. 9, 2008다1521), 「도시 및 주거환경정비법」 제65조 제 2 항을 위반하여 사업시행자와 국가 또는 지방자치단체 간에 체결된 매매계약(대판 2009. 6. 11, 2008다20751), 외화획득용 원료기재의 사용목적 변경에 주무부장관의 승인을 얻도록 한 무역거래법 제18조 제 1 항을 위반한 행위(대판 1974. 3. 26, 73다721), 「국가를 당사자로 하는 계약에 관한 법률」 제11조 제 1 항 · 제 2 항에 위반하여 계약서를 따로 작성하는 등 법령상 요건과 절차를 거치지 않은 계약(대판 2015. 1. 15, 2013다215133. 같은 취지: 대판 2005. 5. 27, 2004다30811 · 30828(지방재정법); 대판 2009. 12. 24, 2009다51288(지방재정법)), 모든 공공계약에서 대가지급 지연에 대한 이자에 관하여 「국가를 당사자로 하는 계약에 관한 법률」 제15조와 같은 법 시행령 제59조에 위반하여 정한 경우(대판 2018. 10. 12, 2015다256794), 차입행위 등 채무부담 제한에 관한 상호신용금고법 제17조 제 1 항 및 제 2 항을 위반한 채무부담행위(대판(전원) 1985. 11. 26, 85다카122), 증권회사 지점장이 고객에게 주식거래를 할 것을 권유하면서 자신에게 주식투자를 일임하면 주식투자금에 대하여 최소한 투자원금과 이에 대한 연 10%의 이자, 연 6%의 수익 및 거래관계가 종료되는 경우 그 익일부터 원금과 보장수익에 대한 연 25%의 비율에 의한 지연손해금의 지급을 보장하겠다고 약속한 것(구 증권거래법 52조 1호. 현재의 「자본시장과 금융투자업에 관한 법률」 55조 3호 참조)(대판 1996. 8. 23, 94다38199), 증권회사 직원이 과거 자신의 잘못으로 고객의 계좌에 발생한 손해를 보전하여 주기 위한 방법으로 고객에게 향후 증권거래 계좌 운용에서 일정한 최소한의 수익을 보장할 것을 약정한 것(구 증권거래법 52조 1호 및 3호. 현재의 「자본시장과 금융투자업에 관한 법률」 55조 참조)(대판 2003. 1. 24, 2001다2129), 이익보장약속에 의한 부당권유행위를 금지하는 구 「간접투자자산 운용업법」 제144조의 11 제 2 항 제 2 호와 구 「자본시장과 금융투자업에 관한 법률」 제272조 제 6 항 제 2 호에 위배되는 이익보장약속(대판 2021. 9. 15, 2017다282698. 이 판결은, 나아가 사모투자전문회사의 업무집행사원이 관여하여 체결된 약정이 실질적으로는 무효인 이익보장약속에서 정한 이익을 투자자에게 제공하기 위한 것인 경우 이러한 약정은 위 금지규정의 적용을 배제하거나 잠탈하기 위한 탈법행위로서 무효라고 한다), 구 「도시 및 주거환경정비법」 제11조 제 1 항 본문을 위반하여 경쟁입찰의 방법이 아닌 방법으로 이루어진 입찰과 시공자 선정결의(대판 2017. 5. 30, 2014다61340), 변호사법 제109조 제 1 호와 법무사법 제 3 조 제 1 항 · 제74조 제 1 항 제 1 호를 위반하는 내용을 목적으로 하는 계약(대판 2018. 8. 1, 2016다242716 · 242723: 부동산에 대한 경매사건의 권리분석과 법률적인 조언을 해주기로 한 부동산컨설팅계약은 반사회적 법률행위에 해당하므로 무효라고 함), 수산업협동조합의 자금 차입의 상대방을 엄격하게 제한한 구 수산업협동조합법 제65조 제 4 항을 위반하여 지구별 수산업협동조합이 제 3 자의 채무에 대하여 지급보증을 하거나 지급의무를 부담하는 행위(대판 2010. 4. 29, 2009다96731. 같은 취지: 대판 1976. 6. 8, 76다911), 농업협동조합의 자금 차입의 상대방을 엄격하게 제한한 농업협동조합법 제57조 제 2 항 · 제112조를 위반하여 농업협동조합이 다른 자로부터 차입을 한 행위 또는 다른 사람의 채무를 보증하는 등으로 실질적으로 위 규정에서 정한 기관이 아닌 제 3 자에 대하여 차입에 준하여 채무를 부담한 행위(대판 2019. 6. 13, 2016다203551), 가맹계약 해지절차 등을 규정하고 있는 「가맹사업거래의 공정화에 관한 법률」 제14조를 위반한 계약 조항과 그 계약 조항에 따른 회사의 해지 통지(대판 2021. 8. 19, 2021다225708), 구 「택시운송사업의 발전에 관한 법률」 제12조 제 1 항을 위반하여 택시운송사업자와 택시운전근로자 노동조합 사이의 합의로 이 규정의 적용을 배제하거나 유류비를 택시운전근로자들이 부담하기로 한 약정(대판 2023. 4. 27, 2022다307003. 이 판결은, 나아가 택시운송사업자가 유류비를 부담하는 것을 회피할 의도로 노동조합과 사이에 외형상 유류비를 택시운송사업자가 부담하기로 정하되, 실질적으로는 유류비를 택시운전근로자에게 부담시키기 위해 택시운전근로자가 납부할 사납금을 인상하는 합의를 하는 것과 같이 강행규정인 이 사건 규정의 적용을 잠탈하기 위한 탈법적인 행위 역시 무효라고 한다), 구 「자산유동화에 관한 법률」 제22조 제 1 항 제 6 호를 위반하여 자산유동화 계획에 의하지 않고 여유자금을 투자한 계약(대판 2024. 2. 8, 2023다259262), 구 「장사에 관한 법률」 제14조 제 4 항 및 제21조의 규정을 위반하여 예외사유에 해당하지 않음에도 민법상 재단법인이 아닌 자에게 묘지를 사전에 매매 · 양도 · 임대하거나 사용을 허락하기로 하는 약정(대판 2024. 5. 30, 2023다313968 · 313975) 등이 그렇다. 한편 명의대여계약으로 명의를 빌린 자가 제 3 자와 맺는 계약, 예컨대 광업권자의 명의를 빌려서(조광권(租鑛權)에 의하지 않고) 채굴한 광물을 제 3 자에게 매각하는 행위의 효력에 관하여는, i) 거래의 안전 보호를 위하여 유효하다고 해석하는 견해(곽윤직, 212면)와, ii) 무효라고 하는 견해(이영준, 219면)가 대립하고 있다. 생각건대 우리 민법상 거래의 안전은 법률행위의 효력을 인정하는 구체적인 근거로 될 수가 없다(만약 거래의 안전이 특별히 문제된다면 효력규정으로 새기지 않았어야 한다). 따라서 그러한 계약은 무효라고 하는 수밖에 없다. 그때의 거래의 안전은 동산거래에 있어서는 선의취득제도(249조)에 의하여 어느 정도 확보될 수는 있을 것이다.

〈판 례〉

판례는, 민법 제271조 제 1 항은 물권법상의 규정으로서 강행규정이고, 따라서 조합체의 구성원인 조합원들이 공유하는 경우에는 조합체로서 물건을 소유하는 것으로 볼 수 없다고 한다(대판 2002. 6. 14, 2000다30622). 그리고 매도인이 매수인들과 사이에서 민법 제547

조 제 1 항의 적용을 배제하기로 하였다는 특별한 사정이 없는 한 매매계약을 해제함에 있어 매수인들 모두에 대하여 그 해제의 의사표시를 하여야 그 효력이 발생한다고 하여, 그 규정을 임의규정이라고 해석한다(대판 1994. 11. 18, 93다46209).

(4) 강행법규 위반의 모습 [120]

강행법규 가운데 효력규정에 위반하는 모습에는 직접적 위반과 간접적 위반(탈법행위)의 두 가지가 있다.

1) **직접적 위반** 직접적 위반은 법률행위가 효력규정에 정면으로 위반되는 경우이며, 그때 법률행위가 무효로 됨은 물론이다. 만약 행위의 일부만이 효력규정에 위반되는 경우에는 일부무효의 법리(137조)가 적용되어야 한다.

〈판 례〉

「계약체결의 요건을 규정하고 있는 강행법규에 위반한 계약은 무효이므로 그 경우에 계약상대방이 선의·무과실이라 하더라도 민법 제107조의 비진의표시의 법리 또는 표현대리 법리가 적용될 여지는 없다(대법원 1983. 12. 27. 선고 83다548 판결, 대법원 1996. 8. 23. 선고 94다38199 판결 등 참조). 따라서 도시정비법에 의한 주택재건축조합의 대표자가 그 법에 정한 강행규정에 위반하여 적법한 총회의 결의 없이 계약을 체결한 경우에는 상대방이 그러한 법적 제한이 있다는 사실을 몰랐다거나 총회결의가 유효하기 위한 정족수 또는 유효한 총회결의가 있었는지에 관하여 잘못 알았다고 하더라도 그 계약이 무효임에는 변함이 없다. 또한 총회결의의 정족수에 관하여 강행규정에서 직접 규정하고 있지 않지만 강행규정이 유추적용되어 과반수보다 가중된 정족수에 의한 결의가 필요하다고 인정되는 경우에도 그 결의 없이 체결된 계약에 대하여 비진의표시 또는 표현대리의 법리가 유추적용될 수 없는 것은 마찬가지이다. 강행규정이 유추적용되는 경우라고 하여 강행법규의 명문 규정이 직접 적용되는 경우와 그 효력을 달리 볼 수는 없기 때문이다.」(대판 2016. 5. 12, 2013다49381)

2) **탈법행위(간접적 위반)** 탈법행위(脫法行爲)란 직접 효력규정(강행법규)에 위반하지는 않으나 강행법규가 금지하고 있는 것을 회피수단에 의하여 실질적으로 달성하고 있는 행위를 말한다. 예컨대 금전의 대여자가 법령이 정한 최고이자율을 회피하기 위하여 일부 금액을 수수료 또는 사례금의 명목으로 받기로 한 경우에 그렇다(이자제한법 4조 또는 「대부업 등의 등록 및 금융이용자 보호에 관한 법률」 8조 2항에 의하여 수수료 등이 이자로 의제되기 때문에 이 예는 아주 적절하지는 않으나, 이해의 편의를 위하여 여기에 든 것이다). 용어에 있어서 주의할 것은 법률이 금지하는 것을 회피수단을 써서 달성하는 행위 모두가 탈법행위가 아니라는 점이다. 회피행위 가운데 무효로 되는

행위만을 탈법행위라고 한다.

이러한 탈법행위에 관하여는 전통적으로 강행법규에 대한 간접적 위반의 문제로 논의되어 왔다(가령 곽윤직, 213면 등). 그런데 일부 견해는 탈법행위의 문제는 강행법규의 해석 및 그 적용대상인 법률행위 해석의 문제에 귀착되는 것이므로, 탈법행위 이론을 별도의 이론체계로 인정하는 것은 타당하지 않다고 한다(이영준, 225면). 그에 대하여 탈법행위의 효력을 판단하는 작업은 나름대로 의미가 있으므로 탈법행위의 개념까지 부정할 필요는 없다는 견해(백태승, 357면)도 있다. 생각건대 탈법행위 이론은 강행법규를 회피하는 행위가 어떤 경우에 탈법행위로서 무효로 되고 어떤 경우에 유효로 되는지에 관하여 일종의 표준을 제시해 주는 점에서 의미가 있다. 그런가 하면 근래에 제정된 특별법에서는 탈법행위라는 용어를 사용하기도 하므로(가령 「하도급거래 공정화에 관한 법률」 20조, 「독점규제 및 공정거래에 관한 법률」 36조), 그에 관한 이론을 제공해 주는 것이 필요하다.

탈법행위는 직접 강행법규에 위반하는 것은 아니지만 법규의 정신에 반하고 법규가 금지하고 있는 결과의 발생을 목적으로 하기 때문에 무효이다. 법률 가운데에는 명문으로 탈법행위를 금지하고 있는 것도 있다(가령 「하도급거래 공정화에 관한 법률」 20조, 「독점규제 및 공정거래에 관한 법률」 36조). 그러나 그러한 명문규정이 없더라도 탈법행위는 무효이다. 행위의 일부만이 탈법행위인 경우에는 일부무효의 법리(137조)가 적용된다.

강행법규가 금지하는 것을 회피하는 행위가 모두 탈법행위인 것은 아니다. 그러면 유효한 회피행위로부터 탈법행위를 어떻게 구별할 것인가? 강행법규의 취지가 그것의 위반행위에 의한 결과를 절대로 인정하지 않으려는 것일 때에는 회피행위는 탈법행위라고 하여야 하고, 단지 특정의 수단·형식에 의하여 어떤 결과가 생기지 않게 하려는 것일 때에는 회피행위는 탈법행위가 아니고 유효하다고 하여야 한다. 후자의 예로 동산의 양도담보를 들 수 있다. 동산의 양도담보란 동산의 소유자가 자신이 그 동산을 점유·사용하면서 동산의 소유권을 채권자에게 양도하는 방법으로 채권을 담보하는 것을 말한다. 그런데 이는 형식적으로는, 동산 위에 질권을 설정하려면 목적물을 질권자에게 인도하여야 한다는 제332조와 채무불이행의 경우에 유질계약을 금지하는 제339조의 강행법규를 회피하는 것이 된다. 그러나 현재의 동산담보제도가 불완전하다는 점을 고려하면 동산의 양도담보는 유효하다고 하여야 한다. 그리하여 학설은 위의 강행법규들은 질권을 설정하는 경우에만 적용되는 것으로 해석하여 동산의 양도담보는 탈법행위가 아니라고 한다.

일반적으로 말하면 경제적 약자 보호를 목적으로 하는 강행법규의 회피수단은 탈법행위로 되는 경우가 많다. 그에 비하여 거래의 안전 보호를 목적으로 하는 강행법규의 회피수단은 대체로 유효하게 다루어진다.

〈판 례〉 [121]

(ㄱ) 「구 건설업법(1981. 12. 31. 법률 제3501호로서 개정되기 이전의 것)은 건설업면허를 대여한 자에 대하여는 그 면허를 취소하도록 규정(제38조 제 8 호)함과 아울러 타인에게 건설업면허를 대여하거나 대여받아 이를 사용하는 자는 1년 이하의 징역 또는 1,000,000원 이하의 벌금에 처한다고 규정하고 있고(제51조 제 9 호) 건설업면허는 해당 건설업의 양도 또는 건설업자인 법인의 합병과 함께 하는 경우에만 이전할 수 있도록 규정(제 7 조의 4)하고 있는바, 이와 같은 규정 취지 등을 종합하면 건설업면허의 대여계약은 같은 법에 위반하는 계약으로서 무효이고 건설업면허대여의 방편으로 체결되는 건설업 양도양수계약 또한 강행규정인 위 구 건설업법 규정들의 적용을 잠탈하기 위한 탈법행위로서 무효라고 보아야 할 것이지만, 위 계약 자체가 선량한 풍속 기타 사회질서에 어긋나는 반윤리적인 것은 아니어서 건설업 양도양수계약의 형식으로 이루어진 건설업면허의 대여가 불법원인급여에 해당하는 것은 아니므로 건설업 양도양수계약 형식으로 건설업면허를 대여받은 자가 이를 반환할 의무를 지는 것은 당연하고, 따라서 위와 같은 형식으로 대여된 건설업면허의 반환에 대한 약정까지 그 효력이 부인될 수는 없는 것이다.」(대판 1988. 11. 22, 88다카7306)

(ㄴ) 「근로자의 선택에 따라 근로자를 중간퇴직 처리한 뒤 그 중간퇴직금을 지급한 행위를 근로기준법상의 퇴직금규정에 위배되는 탈법행위로서 무효라고 할 수도 없다.」(대판 1992. 9. 14, 92다17754)

(ㄷ) 「구 국유재산법(1976. 12. 31. 법률 제2950호로 개정되기 전의 것) 제 7 조는 같은 법 제 1 조의 입법취지에 따라 국유재산 처분 사무의 공정성을 도모하기 위하여 관련 사무에 종사하는 직원에 대하여 부정한 행위로 의심받을 수 있는 가장 현저한 행위를 적시하여 이를 엄격히 금지하는 한편, 그 금지에 위반한 행위의 사법상 효력에 관하여 이를 무효로 한다고 명문으로 규정하고 있으므로, 국유재산에 관한 사무에 종사하는 직원이 타인의 명의로 국유재산을 취득하는 행위는 강행법규인 같은 법 규정들의 적용을 잠탈하기 위한 탈법행위로서 무효라고 할 것이고, 나아가 같은 법이 거래안전의 보호 등을 위하여 그 무효로 주장할 수 있는 상대방을 제한하는 규정을 따로 두고 있지 아니한 이상, 그 무효는 원칙적으로 누구에 대하여서나 주장할 수 있다고 할 것이므로, 그 규정들에 위반하여 취득한 국유재산을 제 3 자가 전득하는 행위 또한 당연무효라 할 것이다(대법원 1994. 10. 21. 선고 94도2048 판결, 1996. 4. 26. 선고 94다43207 판결 각 참조).」(대판 1997. 6. 27, 97다9529. 같은 취지: 대판 2017. 12. 22, 2015다205086)

(ㄹ) 「형식적으로는 경쟁입찰의 방법에 따라 조합총회에서 시공자의 선정 결의를 하

였다고 하더라도 실질적으로 구 도시정비법 제11조 제 1 항 본문에서 경쟁입찰에 의하여 시공사를 정하도록 한 취지를 잠탈하는 경우에도 위 규정을 위반한 것으로 볼 수 있다. 가령 조합이나 입찰 참가업체가 시공자 선정과정에서 조합원들에게 금품을 제공하여 시공자 선정동의서를 매수하는 등 시공자 선정 기준, 조합의 정관, 입찰참여지침서나 홍보지침서 등에서 정한 절차나 금지사항을 위반하는 부정한 행위를 하였고, 이러한 부정행위가 시공자 선정에 관한 총회결의 결과에 영향을 미쳤다고 볼 수 있는 경우를 들 수 있다.」(대판 2017. 5. 30, 2014다61340)

(ㅁ) 「정액사납금제 하에서 생산고에 따른 임금을 제외한 고정급이 최저임금에 미달하는 것을 회피할 의도로 사용자가 소정근로시간을 기준으로 산정되는 시간당 고정급의 외형상 액수를 증가시키기 위해 택시운전근로자 노동조합과 사이에 실제 근무형태나 운행시간의 변경 없이 소정근로시간만을 단축하기로 합의한 경우, 이러한 합의는 강행법규인 최저임금법상 특례조항 등의 적용을 잠탈하기 위한 탈법행위로서 무효라고 보아야 한다(대법원 2019. 4. 18. 선고 2016다2451 전원합의체 판결 등 참조).

이때 정액사납금제 하에서 이루어진 소정근로시간 단축 합의가 탈법행위로서 무효인지 여부는, 합의를 체결한 근로관계 당사자들의 주된 목적이 최저임금법의 적용을 회피하려는 것이었는지와 아울러 단축된 소정근로시간과 택시운전근로자의 실제 근로시간을 비교하여 양자 사이에 상당한 불일치가 있는지를 중심으로 규범적인 관점에서 판단하여야 한다(대법원 2024. 5. 30. 선고 2023다279402, 280563 판결 등 참조).」(대판 2024. 10. 25, 2023다206138. 신설회사가 최저임금법상 특례조항이 시행된 이후 소정근로시간을 처음 정한 경우에도 같다고 함)

(5) 강행법규 위반의 효과

여러 번 언급한 바와 같이, 강행법규(효력규정)에 위반된 법률행위는 무효이다. 그런데 법률행위가 강행법규에 위반되는지 여부는 법률행위 당시를 기준으로 하여 판단하여야 한다. 그리고 행위 당시에 강행법규 위반으로 무효인 때에는 그 후에 법률이 개정되더라도 유효하게 되지 않는다(대결 1967. 1. 25, 66마1250).

강행법규 위반행위의 무효는 원칙적으로 확정적인 것이며 추인에 의하여 유효로 되지 않는다. 그러나 예외적으로 유동적(불확정적) 무효이다가 일정한 요건을 갖추면 유효로 되는 경우도 있다. 예컨대 토지거래 허가구역 내에서 관할관청의 허가 없이 체결한 토지매매계약은 무효이나, 그 무효는 유동적 무효이어서 나중에 관할관청의 허가를 받으면 소급해서 유효하게 된다([235] 참조).

V. 목적의 사회적 타당성 [122]

1. 서 설

법률행위가 유효하려면 사회적 타당성이 있어야 한다. 민법은 이를 제103조에서 「선량한 풍속 기타 사회질서에 위반한 사항을 내용으로 하는 법률행위는 무효로 한다」라고 규정하고 있다. 그 결과 법률행위는 그것이 설사 개별적인 강행법규에 위반하지 않을지라도 경우에 따라서 사회적 타당성이 없다는 이유로 무효로 될 수도 있다. 여기의 「선량한 풍속 기타 사회질서」는 강행법규와 더불어 사적 자치의 한계를 이루고 있다. 나아가 제103조는 헌법의 기본권 규정이 그것을 통하여 사법관계에도 효력을 미치게 하는 규정이기도 하다.

사회적 타당성이 없는 행위를 금지하는 태도는 로마법 이래로 대륙법(프랑스민법 1131조·1133조, 독일민법 138조 1항, 스위스채무법 20조 1항, 일본민법 90조)뿐만 아니라 영미법까지도 모두 마찬가지이다. 그런데 입법례들은 우리 민법이 「선량한 풍속 기타 사회질서」라고 하는 것을 각기 달리 표현하고 있다. 로마법은 「선량한 풍속에 반하여」(contra bonos mores)라고 하고, 프랑스민법은 「선량한 풍속 또는 공공질서」(bonnes moeurs ou l'ordre public)(같은 법 1133조), 독일민법(138조 1항)과 스위스민법(20조 1항)은 「선량한 풍속」(die guten Sitten), 일본민법은 「공공의 질서 또는 선량한 풍속」, 영미법은 「공공의 질서」(public policy)라고 한다. 이처럼 모든 나라가 사회적 타당성이 없는 행위를 금지하는 이유는 어디에 있는가? 근대 이전에는 말할 것도 없고, 근대 이후에 사적 자치의 원칙을 인정하여 법률행위를 자유롭게 할 수 있도록 한 경우에도, 어떤 내용의 법률행위든 제한 없이 유효성을 인정할 수는 없다. 그 시대의 가치관에 비추어 도저히 용인할 수 없는 행위는 유효성을 인정하지 않아야 하는 것이다. 그런데 그와 같이 허용되지 않는 행위를 일일이 강행법규로 규정하는 것은 사실상 불가능하다. 그것이 설사 가능하다고 하더라도 그러한 규정은 사회의 가치관이 변경되면 부분적으로 무용지물이 되는 문제가 생긴다. 여기서 일반적으로 허용되지 않는 행위를 유연한 모습의 규정으로 금지하는 것이 필요하게 된다. 그리하여 각 나라는 일반규정의 형태로 사회적 타당성이 없는 법률행위를 무효로 정하게 된 것이다.

2. 사회질서(社會秩序)의 의의

민법 제103조는 「선량한 풍속 기타 사회질서」를 사회적 타당성의 구별 표준으로 규정하고 있다. 그런데 우선 「선량한 풍속」과 「사회질서」가 어떤 관계에 있는지 문제된다. 학설은 i) 사회질서가 상위개념이고 선량한 풍속은 사회질서의 일종이라고 하는 상위개념설(곽윤직, 215면; 김용한, 260면), ii) 선량한 풍속은 윤리개념인 데 대하여 사회질서는 공익개념으로서 양자는 병존개념 또는 대비개념이고 후자가 전자의 포괄개념이 아니라는 병존개념설(김상용, 384면; 이영준, 232면), iii) 양자를 구별할 필요도 실익도 없으며 양자를 포괄하여 사회적 타당성으로 이해하여야 한다는 비구별설(고상룡, 334면; 김학동, 310면; 백태승, 362면; 이은영, 367면; 정기웅, 331면; 주해(2), 218면(민일영))로 나뉘어 대립하고 있다. 이들 견해를 검토해 보기로 한다. 민법은 의용민법이 「공공(公共)의 질서 또는 선량한 풍속」이라고 하던 것(같은 법 90조)을 바꾸어 「선량한 풍속 기타 사회질서」로 표현하였다. 그럼에도 불구하고 의용민법에서와 마찬가지로 새기는 ii)설은 옳지 않다. 그리고 선량한 풍속은 사회질서 가운데에서도 지킬 것이 요구되는 최소한도의 도덕률로 이해할 수 있고, 그렇다면 일반적인 질서인 사회질서와는 구별할 수 있다. 나아가 그러한 구별은 — 사견에 의하면 — 사회질서 위반행위의 효과와 관련하여 필요하게 된다. 결국 우리 민법상 사회질서는 선량한 풍속을 포함하는 상위개념으로 이해하는 i)설이 타당하다. 이러한 견지에서 두 개념의 의의를 보기로 한다.

여기서 선량한 풍속이라 함은 모든 국민에게 지킬 것이 요구되는 최소한도의 도덕률을 말한다. 그리고 사회질서는 국가·사회의 공공적 질서이다. 즉 사회질서는 질서유지를 위하여 국민이 지켜야 할 일반규범을 의미한다(곽윤직, 215면). 그 결과 선량한 풍속은 당연히 사회질서에 포함되게 된다. 한편 제103조에서 중요한 것은 사회질서에 반하느냐 여부이다. 왜냐하면 법률행위가 선량한 풍속에 반하지 않을지라도 사회질서에 반하면 무효로 되기 때문이다. 그러나 그 법률행위에 기하여 이행이 된 뒤에는 — 사견에 의할 경우 — 선량한 풍속 위반인지 여부도 의미를 가지게 된다([129] 참조).

선량한 풍속과 사회질서 개념의 구체적인 내용은 시대에 따라서 달라지게 되며, 그 모습은 판례에 의하여 구체화된다(같은 취지: 김상용, 384면).

3. 사회질서 위반 여부의 판단 [123]

(1) 당사자의 인식이 필요한지 여부

어떤 법률행위가 사회질서에 반한다고 평가되려면, 법률행위의 내용이 사회질서에 반하는 것 외에 법률행위가 사회질서에 반한다는 것을 당사자가 인식하였어야 하는지가 문제된다. 여기에 관하여는, i) 자신의 행위가 반사회적임을 인식하였어야 한다는 견해(김학동, 311면), ii) 법률행위가 사회질서에 반한다는 것을 인식할 필요는 없으나, 법률행위를 사회질서에 반하게 만드는 사정에 대한 인식은 필요하다는 견해(김상용, 393면; 김준호, 249면; 이영준, 253면; 주해(2), 221면(민일영))(이 견해는 과실에 의한 불인식은 인식과 동일하게 취급한다), iii) 인식은 요건이 아니라는 견해(이은영, 364면)가 대립하고 있다. 생각건대 사회질서는 국민이 지켜야 할 일반규범으로서 모두가 이미 알고 있다고 보아야 한다. 따라서 법률행위 자체가 사회질서에 반하는 경우에는 당사자의 인식 여부를 묻지 않고 무효라고 하여야 한다. 다만, 법률행위의 동기만이 불법인 때에는 다른 고려가 필요하다(같은 취지: 지원림, 202면; 주석 민법총칙(2), 429면(윤진수)).

(2) 동기의 불법(不法) [124]

법률행위의 동기란 법률행위를 하게 한 이유이다. 이 동기는 법률행위의 내용을 이루지 않으며 법률행위 밖에 머물러 있다. 문제는 법률행위에 있어서 이러한 동기만이 사회질서에 반하는 경우에도 언제나 법률행위가 무효로 되는가이다. 예컨대 살인을 위하여 흉기를 매매하거나 도박을 하기 위하여 금전을 빌리거나 또는 매음(賣淫, 즉 매춘(賣春))을 하기 위하여 가옥을 임차하는 경우에는, 흉기의 매매계약 · 금전의 소비대차계약 · 가옥의 임대차계약은 모두 그 자체가 사회질서에 반하지는 않으며, 그러한 법률행위를 하게 된 동기만이 사회질서에 반한다. 그러한 때에도 법률행위가 무효로 되는지가 문제되는 것이다.

여기에 관하여 학설은 여러 가지로 나뉘어 대립하고 있다. i) 표시설은 동기가 표시된 때에 한하여 그 표시된 동기는 법률행위의 내용을 이루고, 따라서 표시된 동기가 사회질서에 반하면 무효라고 한다(곽윤직, 219면; 지원림, 204면). ii) 인식설은 불법동기가 상대방에게 표시되거나 알려져 상대방이 그 불법동기의 실현에 가담할 때 반사회성을 인정한다(백태승, 370면; 주해(2), 223면(민일영)). iii) 인식가능성설은 동기가 표시된 때는 물론이고 표시되지 않았더라도 상대방이 동기를 알았거나 알 수 있었을 때에는 무효라고 한다(김용한, 265면; 김학동, 312면. 김준호, 249면도 여기에 속하나, 우연한 인식은 제외한다. 김상용, 392면도 여기에 해당한 것으로 보인다).

여기에 관한 판례의 태도는 분명치 않다. 대법원은 초기에는「법률행위가 선량한 풍속 기타 사회질서에 위반한 사항을 그 내용으로 한 것이 아니고 단지 법률행위의 연유, 동기 혹은 수단으로 한 것에 불과한 것은 이로써 법률행위를 무효로 할 수 없다」고 하여(대판 1972. 10. 31, 72다1271 · 1272), 동기의 불법을 고려하지 않는 것처럼 보였다. 그런데 그 후의 여러 판결에서「표시되거나 상대방에게 알려진 법률행위의 동기가 반사회질서적인 경우」도 사회질서 위반행위라고 하여(대판 1984. 12. 11, 84다카1402 이래 다수의 판결), 인식설과 유사한 태도를 보이고 있다. 그런데 이것이 인식설의 입장인지 표시설의 입장인지는 분명치 않다(대판 1996. 4. 26, 94다34432는 표시설의 견지인 듯하게 설시한다).

학설 · 판례를 검토해 본다. 여기서 먼저 주의할 것은, 동기의 불법을 — 뒤에 보는 — 동기의 착오와 같은 견지에서 다루어서는 안 된다는 점이다(결과에서 동일하게 이영준, 254면). 사회질서 위반행위는 법질서의 이상에 반하여 효력이 부인되어야 하는 행위이고, 착오에 의한 법률행위는 착오자를 보호하기 위한 행위이다. 이처럼 두 행위는 완전히 이질적인 것이기 때문에 판단함에 있어서 고려하여야 할 요소도 같지 않다. 그러므로 동기의 불법은 동기의 착오와는 완전히 별개의 견지에서 다루어져야 한다. 다음에 제103조가「사회질서에 위반한 사항을 내용으로 하는 법률행위」라고 하여「내용」을 명시적으로 언급하고 있으나, 제109조에서와 달리 그것은 무시하여야 한다. 제103조는 법률행위의「내용」이 사회질서에 반하는 경우에만 무효로 하려는 것이 아니고, 법률행위를 전체적으로 평가하여 시인할 수 없다고 판단될 경우 전부에 관하여 무효로 하려는 것이다. 그렇게 볼 때 제103조에「내용」이라는 문구가 포함된 것은 잘못이며, 그 규정은「법률행위가 사회질서에 반하는 경우」를 규정한 것이라고 이해하여야 한다. 나아가 동기의 불법에 있어서는 불법한 법률행위를 일반적으로 금지시키려고 하는 제103조와 상대방이나 제 3 자의 보호를 어떻게 조화시킬 것인가의 관점에서 적절하게 판단을 하여야 한다. 이러한 점들을 고려해 볼 때, i)의 표시설은 동기의 착오에서와 같은 이론으로서 부적당할 뿐만 아니라, 동기는 표시되어도 내용으로 되는 것은 아니기 때문에 올바르지 않다. iii)의 인식가능성설은 상대방이 알 수 있었을 뿐 알지 못한 경우에도 무효로 하여 상대방에게 가혹하게 된다. 그에 비하여 ii)의 인식설은 상대방을 적절히 보호하면서 제103조의 이상을 실현하는 바람직한 이론으로 보인다. 그에 의하면 상대방이 어떤 이유로든 행위자의 불법한 동기를 알고 있었던 경우에는 법률행위가 무효로 된다. 당사자 쌍방이 동일한 불법동기를 실현하려고 하는 경우도 거기에 포함됨은 물론이다. 한편 판례는 그것이 표시설의 입장이라면 옳지 않으나, 사견과 같은 인식설이라면 타당하다.

한편 위와 같은 이론은 계약에 대하여만 적용된다고 하여야 하며, 단독행위에 있어서 그 동기가 사회질서에 반하는 경우에는 언제나 무효라고 하여야 한다(같은 취지: 김주수, 339면; 백태승, 371면; 이영준, 255면; 주해(2), 223면(민일영)). 단독행위가 상대방 있는 것인 때에 상대방이 인식했는지도 묻지 않는다. 그리고 그 단독행위가 상대방에게 불이익을 주는가(가령 임대차의 해지) 이익을 주는가(가령 불법한 대가를 주기 위한 유증)도 차이가 없다. 단독행위에 있어서는 상대방의 보호필요성이 크지 않기 때문에 제103조의 이상을 널리 실현하는 것이 바람직하기 때문이다.

(3) 사회질서 위반 여부의 판단시기

법률행위가 사회질서에 위반하는지 여부는 어느 시기를 기준으로 하여 판단하여야 하는가? 여기에 관하여 학설은 i) 법률행위시설(김상용, 393면; 김준호, 249면; 이영준, 257면; 주해(2), 224면(민일영))과 ii) 효력발생시설(김학동, 313면)로 나뉘어 대립하고 있다. ii)설은 제103조의 취지가 반사회적인 법률효과를 승인하지 않는 데 있다는 이유를 든다. 그리고 판례는 「선량한 풍속 기타 사회질서는 부단히 변천하는 가치관념으로서 어느 법률행위가 이에 위반되어 민법 제103조에 의하여 무효인지 여부는 그 법률행위가 이루어진 때를 기준으로 판단하여야」 한다고 하여, i)의 법률행위시설의 견지에 있다(대판(전원) 2015. 7. 23, 2015다200111). 생각건대 ii)설이 드는 이유도 경청할 만하나, 그 견해에 의하게 되면 효력의 유동성으로 인하여 혼란을 가져올 가능성이 있다. 따라서 원칙에 따라 법률행위 당시를 기준으로 하여야 한다. 그 결과 법률행위 당시에 사회질서에 반하는 것으로 인정되면 그 행위는 후에 사회질서의 관념이 변경되어도 유효하게 될 수 없으며, 법률행위 당시에 사회질서에 반하지 않는 것으로 인정되면 후에 무효로 되지 않는다. 다만, 행위 당시에는 사회질서에 반하지 않아 유효한 법률행위가 이행되지 않고 있던 중에 사회질서에 반하게 하는 사정이 생긴 경우에는, 그 법률행위에 기한 채무(또는 이행되지 않은 부분)의 이행을 청구할 수 없다고 하여야 한다(같은 취지: 이영준, 257면).

[125] **4. 사회질서 위반행위의 유형과 구체적인 예**

사회질서 위반행위의 무효를 규정하고 있는 제103조는 신의칙에 관한 제2조와 더불어 대표적인 일반조항이다. 동조에서는 사회질서라는 매우 추상적인 불확정 개념을 이용하여 규율하고 있기 때문이다. 이러한 일반조항의 구체적인 내용은 법원의 재판을 통하여 축적되어 간다. 그런데 재판을 하는 법관은 자신의 주관적인 윤리관에 의하여서가 아니고 국민 전체의 건전한 윤리관·가치관에 의하여 판단하여야 한다. 종래의 판례에 나타난 사안을 중심으로 하여 사회질서 위반행위의 유형과 구체적인 예를 살펴보기로 한다.

(1) 사회질서 위반행위의 유형

사회질서 위반행위의 유형은 일반적으로 사회질서 위반의 모습에 따라서 ① 법률행위의 목적이 사회질서에 위반하는 경우(가령 첩계약, 살인계약), ② 어떤 사항 자체가 사회질서에 반하지는 않으나 그것이 법률적으로 강제됨으로써 사회질서에 반하는 것(가령 과도한 위약벌의 약정. 대판 1993. 3. 23, 92다46905), ③ 그 사항 자체는 사회질서에 반하지 않으나 금전적 이익과 결부됨으로써 사회질서에 반하는 것(가령 소송에서 사실대로 증언해 줄 것을 조건으로 통상적인 수준을 넘는 급부를 약정한 경우(대판 1994. 3. 11, 93다40522; 대판 1999. 4. 13, 98다52483), 형사사건에서의 성공보수약정(대판(전원) 2015. 7. 23, 2015다200111)), ④ 사회질서에 반하는 것을 조건으로 하는 것(가령 살인을 조건으로 한 증여계약, 수임인이 행정청의 허가를 얻기 위하여 공무원의 직무 관련 사항에 관하여 특별한 청탁을 하면서 뇌물공여 등 로비를 하는 자금이 그 보수액에 포함되어 있다고 볼 만한 특수한 사정이 있는 때(대판 2016. 2. 18, 2015다35560)), ⑤ 동기가 불법한 것(가령 살인을 위한 흉기매매) 등으로 나눈다(곽윤직, 218면 등). 판례도 같다(대판 1984. 12. 11, 84다카1402 이래 대판 2024. 6. 17, 2020다291531에 이르기까지 다수의 판결). 그런데 판례는 유형화를 언급하는 모든 판결에서 위와 같은 다섯 가지의 유형을 제한적인 것으로 파악하여 그 외의 사회질서 위반행위는 없는 것으로 단정하고 있다. 그리하여 그 유형에 해당하지 않으면 사회질서에 반하지 않는다고 한다. 그리고 그 한 예로 법률행위의 성립과정에서 강박이라는 불법적 방법이 사용된 데 불과한 때에는 사회질서 위반의 문제가 아니라고 한다(대판 1984. 12. 11, 84다카1402; 대판 1992. 11. 27, 92다7719; 대판 1996. 4. 26, 94다34432; 대판 1996. 10. 11, 95다1460; 대판 1999. 7. 23, 96다21706; 대판 2002. 9. 10, 2002다21509; 대판 2002. 12. 27, 2000다47361). 생각건대 어떤 법률행위가 사회질서에 반하는지 여부는 법률행위 전체에 관하여 여러 가지 사정을 고려하여 판단하여야 한다. 그리고 그 유형이 완전하다고 여겨, 거기에 해당하지 않으면 사회질서에 반하지 않는다고 하는 것은 지극히 위험한 발상이다. 그러한 유형은 사회질서 위반의 모습을 이해하고 판단하는 데 참고하기 위한 것으로 보아야 한다. 그러한 점에서 볼 때 유형을 닫힌 것으로 보고 성립과정상의 불법을 당연히 배제하는 근래의 판례의 태도는 바람직하지 않다. 그에 비하여 성립과정상의 불법에 대한 판례의 결과는 타당하다.

〈판 례〉

(ㄱ) 「민법 제103조에 의하여 무효로 되는 반사회질서 행위는 법률행위의 목적인 권리·의무의 내용이 선량한 풍속 기타 사회질서에 위반되는 경우뿐만 아니라 그 내용 자체는 반사회질서적인 것이 아니라고 하여도 법률적으로 이를 강제하거나 법률행위에 반사회질서적인 조건 또는 금전적 대가가 결부됨으로써 반사회질서적 성질을 띠게 되는 경우 및 표시되거나 상대방에게 알려진 법률행위의 동기가 반사회질서적인 경우를 포함하나, 이상의 각 요건에 해당하지 아니하고 단지 법률행위의 성립과정에 강박이라는 불법적 방법이 사용된 데 불과한 때에는 강박에 의한 의사표시의 하자나 의사의 흠결을 이유로 효력을 논의할 수는 있을지언정 반사회질서의 법률행위로서 무효라고 할 수는 없다.」(대판 2002. 12. 27, 2000다47361)

(ㄴ) 「반사회성 여부가 논의되는 당해 법률행위와 관련이 있는 다른 일정한 법률행위에 관하여 그 효력을 명문으로 배제하는 강행법규가 있는 경우에는, 그 강행법규가 어떠한 취지에서 나온 것인지, 이들 두 법률행위가 일정한 구체적 생활관계의 맥락에서 일정한 내용으로 사회적·경제적인 연관을 가져서 강행법규에 의한 금지의 취지를 반사회질서의 법률행위라는 법구성을 통하여 다른 법률행위에도 미치게 하는 것이 적절하지 아니한지, 당해 법률행위에 대하여 그 규범내용이 명확하지 아니한 일반조항인 민법 제103조에 기하여 이를 무효로 함으로 인하여 거래에 부당한 부담을 지우거나 당사자들의 정당한 기대를 저버리게 되는 것은 아닌지 등을 당해 법률행위가 사회질서에 위반하는지 여부를 판단함에 있어서 고려할 수 있고 또 고려하여야 할 것이다.」(대판 2009. 9. 10, 2009다37251)

(2) 사회질서 위반행위의 구체적인 예 [126]

1) 정의의 관념에 반하는 행위 범죄 기타의 부정행위를 권하거나 그에 가담하는 계약은 무효이다. 예컨대 밀수입의 자금으로 사용하기 위한 대차 또는 그것을 목적으로 하는 출자는 무효이다(대판 1956. 1. 26, 4288민상96).

〈2중매매 기타의 2중양도에 관한 판례〉

(ㄱ) **2중매매에 관한 기본태도** 부동산 매도인의 배임행위에 적극 가담하여 이루어진 토지의 2중매매는 사회정의 관념에 위배된 반사회적인 법률행위로서 무효이다(대판 1969. 11. 25, 66다1565; 대판 1970. 10. 23, 70다2038; 대판 1977. 1. 11, 76다2083; 대판 1981. 12. 22, 81다카197; 대판 1994. 3. 11, 93다55289). 그러나 2중매수인이 매도인의 매도사실을 알았다는 것만으로는 무효로 되지 않는다(대판 1981. 1. 13, 80다1034). 대리인이 본인을 대리하여 부동산을 2중으로 매수한 경우에는 대리인이 매도인의 배임행위에 가담하였으면 본인이 그러한 사정을 몰랐더라도 무효이다(대판 1998. 2. 27, 97다45532). 그리고

타인에게 대지를 매도한 사람의 동생으로서 매매사실을 잘 알고 있었고, 또한 대지 매수인이 매수한 토지 위에 건물을 건축하여 거주하여 온 사실을 이웃에 살면서 잘 알고 있으면서, 그 대지매수인이 그 명의로 매수토지의 소유권이전등기를 경료받기 전에 자기 명의로 소유권이전등기를 하였다면 이러한 형제간에 이루어진 소유권이전 행위는 특별한 사정이 없는 한 사회정의 관념에 위반된 반사회적 법률행위로서 무효이다(대판 1978. 4. 11, 78다274).

(ㄴ) **2중매매 무효법리의 확대적용** 판례는 이러한 2중매매 무효의 법리를 그 밖에서도 널리 적용한다. 그리하여 어떤 자가 부동산을 타인에게 매도하였음을 알면서 그 자의 배임행위에 적극 가담하여 증여받은 경우(대판 1982. 2. 9, 81다1134; 대판 1983. 4. 26, 83다카57), 부동산에 관하여 취득시효가 완성된 후 부동산 소유자가 이를 알면서 부동산을 제 3 자에게 불법적으로 처분하였고 부동산을 취득한 제 3 자가 부동산 소유자의 불법행위에 적극 가담한 경우(대판 1993. 2. 9, 92다47892; 대판 1998. 4. 10, 97다56495; 대판 2002. 3. 15, 2001다77352 · 77369(취득시효 완성 후 경료된 무효인 제 3 자 명의의 등기에 대하여 시효완성 당시의 소유자가 무효행위를 추인하여도 그 제 3 자 명의의 등기는 그 소유자의 불법행위에 제 3 자가 적극 가담하여 경료된 것으로서 사회질서에 반하여 무효라고 함)), 이미 매도된 부동산에 관하여 매도인의 채권자가 매도인의 배임행위에 적극 가담하여 저당권설정계약을 체결한 경우(대판 1997. 7. 25, 97다362; 대판 1998. 2. 10, 97다26524; 대판 2002. 9. 6, 2000다41820)에, 수증행위 · 부동산 매매계약 · 저당권설정계약은 모두 사회질서에 반하여 무효이다.

2중매매의 매수인이 매도인과 직접 매매계약을 체결하는 대신에 매도인이 채무를 부담하고 있는 것처럼 거짓으로 꾸며 가장채권에 기한 채무명의(현재의 집행권원에 해당함)를 만들고 그에 따른 강제경매절차에서 매수인이 경락취득하는 방법을 취한 경우, 이는 2중매매의 매수인이 매도인의 배임행위에 적극 가담하여 이루어진 반사회적 법률행위로서 제103조에 의하여 무효라 할 것이고 이는 무효의 채무명의에 기한 집행의 효과도 유효하다는 논리와 모순되는 것은 아니다(대판 1985. 11. 26, 85다카1580).

주권발행 전에 주식을 양도한 자가 회사에 양도통지를 하기 전에 다른 제 3 자에게 2중으로 양도하고 회사에게 확정일자 있는 양도통지를 한 경우에 제 3 자가 이러한 양도인의 배임행위에 적극 가담한 때에는, 제 3 자에 대한 양도행위도 무효이다(대판 2006. 9. 14, 2005다45537).

그리고 부동산의 명의수탁자가 실질소유자 몰래 부동산을 처분하는 경우, 부동산의 취득자가 명의수탁자의 범죄적인 처분행위에 적극 가담하여 처분이 이루어진 때에는, 그 취득행위는 무효이다(대판 1992. 3. 31, 92다1148; 대판 1992. 6. 9, 91다29842). 부동산의 명의수탁자가 그 명의신탁의 해지로 인한 소유권이전등기 소송의 진행 도중에 자신의 지배 하에 있는 사찰에게 그 부동산을 증여하는 행위도 무효이다(대판 1989. 10. 24, 88다카22299. 대판 1991. 10. 22, 91다26072도 참조).

취득시효가 완성된 부동산 소유자가 그 부동산을 아들에게 증여한 경우도 수증자인 아들이 아버지의 배임행위에 적극 가담할 가능성이 커서 무효로 될 여지가 있다(대판 1995. 6. 30, 94다52416).

제 3 자가 피상속인으로부터 토지를 전전매수한 사실을 알면서 그 사정을 모르는 상속인을 기망하여 그로 하여금 토지를 2중매도하게 한 경우에도, 그 양도계약은 무효이다(대판 1994. 11. 18, 94다37349).

공동상속인 중 1인이 제 3 자에게 상속 부동산을 매도한 뒤 그 앞으로 소유권이전등기가 경료되기 전에 그 매도인과 다른 공동상속인들 간에 그 부동산을 매도인 외의 다른 상속인 1인의 소유로 하는 내용의 상속재산 협의분할이 이루어져 그 앞으로 소유권이전등기를 한 경우에, 상속재산 협의분할로 부동산을 단독으로 상속한 자가 협의분할 이전에 공동상속인 중 1인이 그 부동산을 제 3 자에게 매도한 사실을 알면서도 상속재산 협의분할을 하였을 뿐 아니라, 그 매도인의 배임행위(또는 배신행위)를 유인, 교사하거나 이에 협력하는 등 적극적으로 가담한 때에는, 그 상속재산 협의분할 중 그 매도인의 법정상속분에 관한 부분은 반사회질서의 법률행위라고 한다(대판 1996. 4. 26, 95다54426 · 54433).

(ㄷ) 몇 개의 판결을 직접 인용한다.

「부동산의 이중매매가 반사회적 법률행위로서 무효가 되기 위하여는 매도인의 배임행위와 매수인이 매도인의 배임행위에 적극 가담한 행위로 이루어진 매매로서 그 적극 가담하는 행위는 매수인이 다른 사람에게 매도된 것을 안다는 것만으로는 부족하고 적어도 그 매도사실을 알고도 매도를 요청하여 매매계약에 이르는 정도가 되어야 한다.」(대판 1994. 3. 11, 93다55289)

「이미 매도된 부동산에 관하여 체결한 근저당권설정계약이 반사회적 법률행위로 무효가 되기 위하여는 매도인의 배임행위와 근저당권자가 매도인의 배임행위에 적극 가담한 행위로 이루어진 것으로서 그 적극 가담하는 행위는 근저당권자가 다른 사람에게 그 목적물이 매도된 것을 알고도 근저당권설정을 요청하거나 유도하여 계약에 이르는 정도가 되어야 한다고 할 것이다.」(대판 2002. 9. 6, 2000다41820)

(ㄹ) 대법원은 근래에 부동산의 2중매매 후 2중매수인에게 등기를 해 준 경우에 관하여 그것이 사회질서에 반하여 무효가 되기 위해서는 보다 엄격한 요건을 갖추어야 한다는 입장을 밝히고 있다. 즉 「소유자의 그러한 제 2 의 소유권양도의무를 발생시키는 원인이 되는 매매 등의 계약이 소유자의 위와 같은 의무위반행위를 유발시키는 계기가 된다는 것만을 이유로 이를 공서양속에 반하여 무효라고 할 것이 아님은 물론이다. 그것이 공서양속에 반한다고 하려면, 다른 특별한 사정이 없는 한 상대방에게도 그러한 무효의 제재, 보다 실질적으로 말하면 나아가 그가 의도한 권리취득 자체의 좌절을 정당화할 만한 책임귀속사유가 있어야 한다. 제 2 의 양도채권자에게 그와 같은 사유가 있는지를 판단함에 있어서는, 그가 당해 계약의 성립과 내용에 어떠한 방식으로 관여하였는지(당원의 많은 재판례가 이 문제와 관련하여 제시한 "소유자의 배임행위에 적극 가담하였는지" 여부라는 기준은 대체로 이를 의미한다)를 일차적으로 고려할 것이고, 나아가 계약에 이른 경위, 약정된 대가 등 계약내용의 상당성 또는 특수성, 그와 소유자의 인적 관계 또는 종전의 거래상태, 부동산의 종류 및 용도, 제 1 양도채권자의 점유 여부 및 그 기간의 장단과 같은 이용현황, 관련 법규정의

취지 · 내용 등과 같이 법률행위가 공서양속에 반하는지 여부의 판단에서 일반적으로 참작되는 제반 사정을 여기서도 종합적으로 살펴보아야 할 것이다(대법원 1975. 11. 25. 선고 75다1131 판결; 대법원 1976. 4. 27. 선고 75다1783 판결; 대법원 1982. 2. 9. 선고 81다1134 판결 등도 참조). 그리고 법률행위로 인한 부동산물권변동에 등기를 요구하는 민법 제186조의 입법취지 등에 비추어 보면, 제 2 의 양도채권자가 소유자가 같은 부동산에 대하여 이미 다른 사람에 대하여 소유권양도의무를 지고 있음을 그 채권 발생의 원인이 되는 계약 당시에 알고 있었다는 것만으로 당연히 위와 같은 책임귀속이 정당화될 수는 없다.」(대판 2009. 9. 10, 2009다23283. 같은 취지: 대판 2013. 10. 11, 2013다52622)

그리고 2중매매에 관한 사안은 아니지만, 배임행위의 실행행위자(이 자는 2중으로 매도하는 자와 유사함)와 거래하는 경우에 관하여, 「거래 상대방이 배임행위를 유인 · 교사하거나 배임행위의 전 과정에 관여하는 등 배임행위에 적극 가담하는 경우에는 그 실행행위자와 체결한 계약이 반사회적 법률행위에 해당하여 무효로 될 수 있지만, 관여의 정도가 거기에까지 이르지 아니하고 법질서 전체적인 관점에서 볼 때 거래 상대방이 반대편에서 독자적으로 거래에 따르는 위험을 피하고 합리적인 이익을 보호하기 위하여 필요한 조치를 요구하는 등 그 계약의 동기, 목적 및 의도, 그 계약의 내용 및 요구된 조치의 필요성 내지 관련성, 거래 상대방과 배임행위의 실행행위자와 관계 등을 종합할 때 사회적 상당성을 갖추고 있다고 평가할 수 있는 경우에는 비록 거래 상대방이 그 계약의 체결에 임하는 실행행위자의 행위가 배임행위에 해당할 수 있음을 알거나 알 수 있었다 하더라도 그러한 사정만으로 그 계약을 반사회적 법률행위에 해당한다고 보아 무효라고 할 수는 없다」고 한다(대판 2009. 3. 26, 2006다47677).

당사자 일방이 상대방에 대하여 공무원의 직무에 관한 사항에 관하여 청탁을 하게 하고 그에 대한 보수를 지급할 것을 내용으로 하는 계약(대판 1971. 10. 11, 71다1645; 대판 1995. 7. 14, 94다51994), 당초부터 오직 보험사고를 가장하여 보험금을 취득할 목적으로 체결한 생명보험계약(대판 2000. 2. 11, 99다49064), 보험계약자가 다수의 보험계약을 통하여 보험금을 부정취득할 목적으로 보험계약을 체결한 경우(대판 2005. 7. 28, 2005다23858; 대판 2009. 5. 28, 2009다12115; 대판 2017. 4. 7, 2014다234827; 대판 2018. 9. 13, 2016다255125. 이들 판결은 그것을 직접적으로 인정할 증거가 없더라도, 보험계약자의 직업 및 재산상태, 다수의 보험계약의 체결 경위, 보험계약의 규모, 보험계약 체결 후의 정황 등 제반사정에 기하여 그와 같은 목적을 추인할 수 있다고 함), 수사기관에서 참고인으로서 허위진술을 해 주는 대가로 작성된 각서(대판 2001. 4. 24, 2000다71999)도 사회질서에 반하여 무효이다.

경매나 입찰에 있어서 부정한 약속을 하는 담합행위(談合行爲)도 사회질서에 반하여 무효이다(곽윤직(신정판), 370면).

대법원은, 금전소비대차계약과 함께 이자의 약정을 하는 경우에, 그 이율이 사회통념상 허용되는 한도를 초과하여 현저하게 고율로 정하여진 때에는 그 초과부분의 이자약정은 선량한 풍속 기타 사회질서에 반하는 것으로서 무효라고 한다(대판(전원) 2007. 2. 15, 2004다50426. 같은 취지: 대판 2009. 6. 11, 2009다12399; 대판 2023. 6. 15, 2022다211959).

그에 비하여 판례에 의하면, 양도소득세 회피를 위하여 매매계약을 체결하거나(대판 1992. 12. 22, 91다35540·35557) 또는 명의신탁을 한 경우(대판 1991. 9. 13, 91다16334·16341), 양도소득세의 일부를 회피할 목적으로 매매계약서에 실제로 거래한 가액보다 낮은 금액을 매매대금으로 기재한 경우(대판 2007. 6. 14, 2007다 3285), 강제집행을 면할 목적으로 부동산에 허위의 근저당권설정등기를 한 행위(대판 2004. 5. 28, 2003다70041), 양도소득세의 회피 및 투기의 목적으로 자신 앞으로 소유권이전등기를 하지 않고 미등기인 채로 체결한 매매계약(대판 1993. 5. 25, 93다296. 그리고 이 판결은, 매매계약에서 매도인에게 부과될 공과금을 매수인이 책임진다는 취지의 특약을 하였다 하더라도, 이는 공과금이 부과되는 경우 그 부담을 누가 할 것인가에 관한 약정으로서 그 자체가 불법조건이라고 할 수 없고, 이것만 가지고 사회질서에 반한다고 단정하기도 어렵다고 한다), 반사회적 행위에 의하여 조성된 재산인 이른바 비자금을 소극적으로 은닉하기 위하여 임치한 것(대판 2001. 4. 10, 2000다49343), 전통사찰의 주지직을 거액의 금품을 대가로 양도·양수하기로 하는 약정이 있음을 알고도 이를 묵인 혹은 방조한 상태에서 한 종교법인의 주지 임명행위(대판 2001. 2. 9, 99다38613)는 사회질서에 반하지 않는다고 한다. 또한 매매가격이 시가보다 헐하다는 이유만으로 사회질서에 반한다고도 할 수 없다고 한다(대판 1966. 7. 12, 66다936). 그리고 대법원은 구체적인 사안과 관련하여, 다수의 생명보험계약이 체결되었고 그 보험료나 보험금이 다액이며 발생경위가 석연치 않은 교통사고로 보험계약자가 사망하였다는 사정만으로는 생명보험계약 체결의 동기가 자살에 의하여 보험금의 부정취득을 노린 반사회질서적인 것이라고 단정하기 어렵다고 하였다(대판 2001. 11. 27, 99다33311).

대가를 주고서 부정행위를 하지 않게 하는 계약도 당연한 일이 금전적 대가와 결합함으로써 사회질서 위반으로 된다. 명예훼손행위를 하지 않는다는 것을 조건으로 하여 금전을 지급하기로 한 약정이 그 예이다. 그뿐만 아니라 반사회질서행위는 범죄행위나 부정행위에 한하지 않으며, 경우에 따라서는 정당한 행위에 대한 사례금 지급약정도 그에 해당할 수 있다(대판 1972. 1. 31, 72다1455·1456). 예컨대 소송에서 사실대로 증언해 줄 것을 조건으로 어떤 급부를 하는 것을 약정한 경우에는 통상적인 수준(가령 증언으로 인한 수입 결손 전보)을 넘는 때에는 사회질서에 반하게 된다(대판 1994. 3. 11, 93다40522; 대판 1999. 4. 13, 98다52483. 대판 2016. 10. 27, 2016다25140은 그 급부의 내용에 기존 채무의 변제를 위한 부분이 포함되어 있다고 하더라도, 전체적으로 통상 용인될 수 있는 수준을 넘는 급부를 하기로 한 것이라면, 그 약정은 103조가 규정한 반사회질서행위에 해당하여 전부가 무효라고 함).

2) 윤리적 질서에 반하는 행위 예컨대 자녀가 부모에 대하여 손해배상 [127]

을 청구하는 행위, 자녀가 부모와 동거하지 않겠다고 하는 행위는 부모와 그 자녀 사이의 도의에 반하는 행위로서 무효이다.

그리고 일부일처제의 혼인질서에 반하는 법률행위도 무효이다. 그리하여 첩계약(처 있는 남자가 다른 여자와 부첩관계를 유지하는 계약)은 반사회질서행위로 무효이다. 판례도 첩계약은 본처의 사전승인이 있었더라도 무효라고 한다(대판 1967. 10. 6, 67다1134). 혼인 외의 성관계를 유지하기 위한 증여나 유증, 현재의 처가 사망하거나 처와 이혼하면 혼인한다는 계약(대판 1955. 7. 14, 4288민상156)도 무효이다. 그러나 부첩관계를 해소하면서 그 동안의 첩의 희생에 대하여 배상하고 또 첩의 장래 생활대책을 위하여 금전을 지급하기로 한 약정은 사회질서 위반이 아니다(대판 1980. 6. 24, 80다458). 즉 첩계약과 관련하여서는 불륜관계의 계속을 강요하는 범위에서만 무효라고 하여야 하며, 첩의 생존과 자녀의 성장을 보장하는 범위에서는 유효하다고 하여야 한다.

그리고 부첩관계인 부부생활의 종료를 해제조건으로 하는 증여계약은 그 조건만이 무효인 것이 아니라 증여계약 자체가 무효이다(대판 1966. 6. 21, 66다530). 또 사실혼 중 동거를 거부하는 경우에 금전을 지급하기로 하는 약정, 타인의 자녀를 출산해 주기로 하는 대리모(代理母)계약(대판 2025. 4. 24, 2022므15371)도 윤리질서에 반하여 무효이다. 대리모가 자신이 출산한 아이와 관련하여 친생모로서 가지는 권리 일체를 포기하기로 하는 합의는 대리모계약의 일부 혹은 그 연장선상에서 체결된 것이므로 역시 무효이고, 진실한 친자관계를 부정하고 모로서의 정당한 권리행사를 박탈하는 것이라는 점에서도 그 효력을 인정하기 어렵다(대판 2025. 4. 24, 2022므15371).

3) 개인의 자유를 심하게 제한하는 행위 이러한 행위 가운데에는 개인의 정신적 · 신체적 자유를 제한하는 것과 경제적 자유를 제한하는 것이 있다.

전자의 예로는 인신매매 · 매춘행위가 있으며 그것들은 당연히 사회질서에 반하여 무효이다. 판례는 윤락행위 및 그것을 유인 · 강요하는 행위는 선량한 풍속 기타 사회질서에 위반되어 무효이며(대판 2004. 9. 3, 2004다27488 · 27495), 어떤 일이 있어도 이혼하지 않겠다는 각서를 써주었다고 하더라도 그와 같은 의사표시는 신분행위의 의사결정을 구속하는 것으로서 무효라고 한다(대판 1969. 8. 19, 69므18). 그리고 과도하게 무거운 위약벌의 약정도 무효라고 한다(대판 1993. 3. 23, 92다46905). 그러나 부정행위를 용서받는 대가로 처에게 부동산을 양도하되, 부부관계가 유지되는 동안에는 처가 임의로 처분할 수 없다는 제한을 붙인 약정은 사회질서에 반하지 않는다고 한다(대판 1992. 10. 27,

92므 204 · 211).

다음에 경제적 자유를 제한하는 것의 예로는 어떤 자와 같은 종류의 영업을 하지 않겠다는 계약을 들 수 있다. 그러한 계약도 합리적인 시간과 범위를 정하고 있으면 유효하다. 그러나 경제활동을 지나치게 제한하게 되면 사회질서에 반하게 된다. 대법원도, 사용자와 근로자 사이에 경업금지약정이 존재한다고 하더라도, 그와 같은 약정이 헌법상 보장된 근로자의 직업선택의 자유와 근로권 등을 과도하게 제한하거나 자유로운 경쟁을 지나치게 제한하는 경우에는 제103조에 정한 선량한 풍속 기타 사회질서에 반하는 법률행위로서 무효라고 한다(대판 2010. 3. 11, 2009다82244). 그러면서 이와 같은 경업금지약정의 유효성에 관한 판단은 보호할 가치 있는 사용자의 이익, 근로자의 퇴직 전 지위, 경업 제한의 기간 · 지역 및 대상 직종, 근로자에 대한 대가의 제공 유무, 근로자의 퇴직경위, 공공의 이익 및 기타 사정 등을 종합적으로 고려하여야 하고, 여기에서 말하는 '보호할 가치 있는 사용자의 이익'이라 함은 「부정경쟁방지 및 영업비밀보호에 관한 법률」 제 2 조 제 2 호에 정한 「영업비밀」뿐만 아니라 그 정도에 이르지 아니하였더라도 당해 사용자만이 가지고 있는 지식 또는 정보로서 근로자와 이를 제 3 자에게 누설하지 않기로 약정한 것이거나 고객관계나 영업상의 신용의 유지도 이에 해당한다고 한다(대판 2010. 3. 11, 2009다82244). 그에 비하여 해외파견된 근로자가 귀국일로부터 일정기간 소속회사에서 근무하여야 한다는 사규나 약정은 사회질서에 반하지 않는다(대판 1982. 6. 22, 82다카90). 한편 판례에 의하면, 당사자 일방이 그의 독점적 지위 내지 우월적 지위를 악용하여 자기는 부당한 이득을 얻고 상대방에게는 과도한 반대급부 또는 기타의 부담을 과하는 법률행위는 무효라고 한다(대판 1996. 4. 26, 94다34432; 대판 2017. 9. 7, 2017다229048; 대판 2023. 2. 23, 2022다287383). 그리고 경제적 지위에서 우위에 있는 당사자와의 관계에서 상대방의 계약상 의무와 그 위반에 따른 손해배상책임에 관하여 구체적이고 상세한 규정을 두는 등 계약상 책임의 요건과 범위 및 절차 등을 정한 경우, 그 취지는 계약상 책임의 부과 절차의 객관성 · 공정성을 확보하기 위한 것이므로, 이러한 요건과 절차에 따르지 않은 채 상대방에게 이를 초과하는 책임을 추궁하는 것은 비록 그것이 계약상 별도의 약정에 기한 것이더라도 달리 그 합리성 · 필요성을 인정할 만한 사유가 존재하지 않는 한 경제적 지위의 남용에 따른 부당한 이익의 취득 및 부담의 강요로서 제103조에 위반되어 무효로 볼 여지가 있다고 한다(대판 2023. 2. 23, 2022다287383).

4) 생존의 기초가 되는 재산의 처분행위 예컨대 어떤 자가 자신이 장차 취득할 재산을 모두 양도한다는 계약, 사찰이 그 존립에 필요불가결한 재산인 임야를 증여하는 행위(대판 1970. 3. 31, 69다2293)는 생존을 불가능하게 하는 행위로서 무효이다.

5) 지나치게 사행적(射倖的)인 행위 요행을 바라는 사행계약은 그 정도가 지나친 경우에는 사회질서에 반한다. 도박계약이 그 예이다. 그러나 「복권 및 복권기금법」에 의하여 발행되는 각종의 복권(같은 법 2조 · 3조)이나 승마투표권 즉 마권(한국마사회법 6조 이하)과 같이 법률이 허가하고 있는 복권은 반사회성이 없다.

한편 도박과 관련된 행위로서, 도박을 한다는 것을 알면서 도박자금을 빌려주는 행위(대판 1959. 7. 16, 4291민상260; 대판 1973. 5. 22, 72다2249), 도박으로 인한 채무의 변제를 위하여 토지를 양도하는 계약(대판 1959. 10. 15, 4291민상262), 노름빚을 토대로 하여 그 노름빚을 변제하기로 약정한 계약(대판 1966. 2. 22, 65다2567)은 모두 무효이다. 그러나 이는 사행계약이어서가 아니고, 동기가 불법하고 그 동기를 상대방이 알고 있었기 때문이다.

〈판 례〉

도박채무의 변제를 위하여 채무자로부터 부동산의 처분을 위임받은 채권자가 그 부동산을 제 3 자에게 매도한 경우, 도박채무 부담행위 및 그 변제약정이 민법 제103조의 선량한 풍속 기타 사회질서에 위반되어 무효라 하더라도, 그 무효는 변제약정의 이행행위에 해당하는 위 부동산을 제 3 자에게 처분한 대금으로 도박채무의 변제에 충당한 부분에 한정되고, 위 변제약정의 이행행위에 직접 해당하지 아니하는 부동산 처분에 관한 대리권을 도박 채권자에게 수여한 행위 부분까지 무효라고 볼 수는 없으므로, 위와 같은 사정을 알지 못하는 거래 상대방인 제 3 자가 도박 채무자부터 그 대리인인 도박 채권자를 통하여 위 부동산을 매수한 행위까지 무효가 된다고 할 수는 없다(대판 1995. 7. 14, 94다40147).

6) 폭리행위 이에 관하여는 뒤에 따로 논의한다([130] 이하).

[128] **7) 기 타** 그 밖에 우리 판례에 나타난 중요한 예를 보기로 한다. 판례에 의하면, 변호사 아닌 자가 승소를 조건으로 하여 그 대가로 소송당사자로부터 계쟁물(부동산)의 일부를 받기로 한 약정(대판 1987. 4. 28, 86다카1802; 대판 1990. 5. 11, 89다카10514)(대판 2014. 7. 24, 2013다28728은 변호사법 109조 1호를 위반하여 소송사건을 대리하는 자가 소송비용을 대납한 행위는 그 성격상 대리를 통한 이익취득 행위에 불가결하게 수반되는 부수적 행위에 불과하므로, 위와 같이 대납하는 소송비용을 소송 종료 후에 반환받기로 하는 약정은 특별한 사정이 없는 한 이익취득 약정과 일체로서 반사회질서의 법률행위에 해당하여 무효라고 보아야 하고, 이 부분만을 따로 떼어 그 효력을 달리한다고 볼 것은 아니라고 한다), 대출금채무의 담보를 위하여 제공한 주식을 보관하는 자가 별도의 차명대출을 받으면서 그 주식을 주주들의 동의 없이 무단으로 담보에 제공한 경우에 그와 같은 사정을 잘 알면서

그 주식을 담보로 제공받은 행위(대판 2005. 11. 10, 2005다38089), 친권 상실이나 관리권 상실을 청구할 수 있는 자가 그러한 청구권을 포기하는 것을 내용으로 하는 계약(대판 1977. 6. 7, 76므34), 당사자가 통정하여 단속규정을 위반하는 법률행위를 한 경우(대판 2022. 7. 14, 2021다281999 · 282008(구체적으로는 지역주택조합의 조합원 자격에 관한 주택법 및 그 시행령을 위반하여 조합가입계약을 체결한 경우임); 대판 2025. 2. 13, 2024다249040)는 사회질서에 반하여 무효라고 한다. 그리고 청원권 행사의 일환으로 이루어진 진정을 이용하여 타인을 궁지에 빠뜨린 다음 이를 취하하는 것을 조건으로 거액의 급부를 제공받기로 한 약정은 반사회질서적인 조건 또는 금전적 대가가 결부됨으로써 반사회질서적 성질을 띠게 되는 경우에 해당한다고 한다(대판 2000. 2. 11, 99다56833). 또한 형사사건에서의 성공보수약정은 수사 · 재판의 결과를 금전적인 대가와 결부시킴으로써 기본적 인권의 옹호와 사회정의의 실현을 그 사명으로 하는 변호사 직무의 공공성을 저해하고 의뢰인과 일반 국민의 사법제도에 대한 신뢰를 현저히 떨어뜨릴 위험이 있으므로 선량한 풍속 기타 사회질서에 위반되는 것으로 평가할 수 있다고 하며(대판(전원) 2015. 7. 23, 2015다200111. 종래 이루어진 보수약정의 경우에는 보수약정이 성공보수라는 명목으로 되어 있다는 이유만으로 무효라고 단정하기는 어려우나, 향후에도 성공보수약정이 체결된다면 이는 103조에 의하여 무효로 볼 것이라고 한다), 지방자치단체가 골프장 사업계획 승인과 관련하여 사업자로부터 거액의 기부금을 지급받기로 한 증여계약은 공무수행과 결부된 금전적 대가로서 그 조건이나 동기가 사회질서에 반하므로 제103조에 의하여 무효라고 한다(대판 2009. 12. 10, 2007다63966). 그런가 하면 단체와 그 구성원간에 있어서의 사적 행동규범인 규약도 국가사회의 존립과 진전에 일반적으로 필요로 하는 일반적 질서와 선량한 풍속에 위반하지 아니하는 범위 내에서만 허용되는 것이고 위와 같은 공공복리의 원칙인 공서양속에 위배되는 한에 있어서는 그것은 무효라고 한다(대판 1962. 3. 22, 4294민상715). 판례는 더 나아가, 「대한민국 법원의 관할을 배제하고 외국의 법원을 관할법원으로 하는 전속적인 국제관할의 합의가 유효하기 위하여는, 당해 사건이 대한민국 법원의 전속관할에 속하지 아니하고, 지정된 외국법원이 그 외국법상 당해 사건에 대하여 관할권을 가져야 하는 외에, 당해 사건이 그 외국법원에 대하여 합리적인 관련성을 가질 것이 요구된다고 할 것이고, 한편 전속적인 관할 합의가 현저하게 불합리하고 불공정한 경우에는 그 관할 합의는 공서양속에 반하는 법률행위에 해당하는 점에서도 무효」라고 하며(대판 1997. 9. 9, 96다20093; 대판 2004. 3. 25, 2001다53349), 가압류집행이 형식적으로는 채권확보를 위한 집행절차라고 하더라도 그 자체가 법이 보호할 수 없는 반사회적 행위에 의하여 이루어진 것임이 분명한 이상 그 집행의 효력을 그대로 인정할 수 없다고 할 것이므로, 위 가압류집행 후 본집행으로 이행하기 전에 이 사건 아파트의 소유권을 취득한 원고들은 그 가압류집행에 터잡은 강제집행절차에서 그 집행의 배제를 구할 수 있다고 한다(대판 1997. 8. 29, 96다14470). 뒤의 이 두 판결은 소송행위에 제103조를 적용한 것으로서 특별한 점도 있다. 그런데 그것과 관련하여서는 판례가 제103조를 경매절차에 적용하지 않고 있음도 유의하여야 한다(대결 1980. 2. 4, 80마2).

그러나 매매계약 체결 당시에 정당한 대가를 지급하고 목적물을 매수하는 계약을 체결하였다면 비록 그 후 목적물이 범죄행위로 취득된 것을 알게 되었다고 하더라도 그러한 사유만으로 소유권이전등기 청구가 사회질서에 반하는 행위라고 단정할 수 없다고 한다(대판 2002. 11. 9, 2001다44987). 그리고 주택개량 사업구역 내의 주택에 거주하는 세입자가 주택개량 재개발조합으로부터 장차 신축될 아파트의 방 1간을 분양받을 수 있는 피분양권(이른바 세입자입주권)을 15매나 매수하였고 또 그것이 투기의 목적으로 행하여진 것이라 하여 그것만으로 그 피분양권 매매계약이 사회질서에 반하는 법률행위로서 무효로 된다고 할 수 없다고 한다(대판 1991. 5. 28, 90다19770). 또한 주택매매계약에 있어서 매도인으로 하여금 주택의 보유기간이 3년 이상으로 되게 함으로써 양도소득세를 부과받지 않게 할 목적으로 매매를 원인으로 한 소유권이전등기는, 3년 후에 넘겨받기로 특약을 하였다고 하더라도, 그와 같은 목적은 위 특약의 연유나 동기에 불과한 것이어서 위 특약 자체가 사회질서나 신의칙에 위반한 것이라고는 볼 수 없다고 하고(대판 1991. 5. 14, 91다6627), 「식품접객업 영업허가가 행정관청의 허가이고 그 영업 자체가 국민의 보건과 관계가 있으며, 나아가 부가가치세법에 의한 사업자등록이 납세의무와 관련되어 있다 하더라도, 당사자 사이에서 그 허가명의 및 등록명의를 대여하는 것」이 사회질서 위반의 법률행위로서 무효라고 볼 것은 아니라고 한다(대판 2004. 3. 12, 2002도5090). 그리고 농성기간중의 행위에 대하여 근로자들에게 민·형사상의 책임이나 신분상 불이익처분 등 일체의 책임을 묻지 않기로 노사간에 합의를 한 경우에, 그러한 면책합의가 압력 등에 의하여 궁지에 몰린 회사가 어쩔 수 없이 응한 것이라고 하여도 그것이 민법 제104조 소정의 요건을 충족하는 경우에 불공정한 법률행위로서 무효라고 봄은 별문제로 하고 민법 제103조 소정의 반사회질서행위라고 보기는 어렵다고 한다(대판 1992. 7. 28, 92다14786).

5. 사회질서 위반의 효과 [129]

법률행위가 선량한 풍속 기타 사회질서에 반하는 경우에는 그 법률행위는 무효이다(103조). 그 무효는 절대적인 것이고(이 법률행위의 무효는 이를 주장할 이익이 있는 자는 누구든지 주장할 수 있다. 대판 2016. 3. 24, 2015다11281), 따라서 누구도 사회질서 위반행위의 유효를 주장할 수 없다. 그가 선의의 제 3 자라도 마찬가지이다. 판례도 「부동산의 제 2 매수인이 매도인의 배임행위에 적극 가담하여 제 2 매매계약이 반사회적 법률행위에 해당하는 경우에는 제 2 매매계약은 절대적으로 무효이므로, 당해 부동산을 제 2 매수인으로부터 다시 취득한 제 3 자는 설사 제 2 매수인이 당해 부동산의 소유권을 유효하게 취득한 것을 믿었다고 하더라도 제 2 매매계약이 유효하다고 주장할 수 없」고(대판 1996. 10. 25, 96다29151. 같은 취지: 대판 1979. 7. 24, 79다942; 대판 1984. 6. 12, 82다카672; 대판 1985. 11. 26, 85다카1580; 대판 2008. 3. 27, 2007다82875. 맨 앞의 대판 1996. 10. 25, 96다29151은 「부동산의 이중양도가 반사회적 법률행위에 해당하여 무효인 경우 금반언 내지 신의칙의 원칙상 통정허위표시의 경우와 같이 선의의 제 3 자에 대하여는 무효를 주장할 수 없다」는 견해는 인정할 수 없다고 한다), 그러한 법리는 담보권설정계약에서도 동일하다고 한다(대판 2008. 3. 27, 2007다82875). 한편 사회질서 위반행위는 추인을 하여도 추인의 효과가 생기지 않으며, 무효임을 알고 추인하여도 새로운 법률행위를 한 효과가 생기지 않는다(대판 1973. 5. 22, 72다2249).

그 밖에 반사회질서행위가 채권행위인 경우에는, 효과를, 이행이 있기 전과 이행이 있은 후로 나누어 살펴보아야 한다. 이행이 있기 전에는 행위의 효력이 생기지 않고, 따라서 이행할 필요가 없다. 그에 비하여 이미 이행이 행하여진 경우에는 이행한 것의 반환청구를 허용할 것인지의 문제가 생긴다. 이는 제746조의 해석의 문제이다. 여기에 관하여, 학설은 i) 그러한 급부는 불법원인급여이어서 반환청구가 인정되지 않는다는 견해(곽윤직, 220면; 김상용, 398면; 김준호, 253면; 백태승, 372면; 주해(2), 226면(민일영). 이은영, 383면도 유사하다), ii) 제103조의 불법이 제746조의 불법에는 해당하지 않는 경우가 있어 그때에는 반환청구가 인정된다는 견해(김용한, 268면; 김주수, 342면), iii) 제746조의 불법은 「인격적으로 비난을 받아야 할 악(惡)」을 가리키는 것이므로 그 외의 사회질서 위반의 경우에는 반환청구가 인정된다는 견해(고상룡, 347면), iv) 제746조는 적용이 배제되는 많은 예외가 있으며, 2중매매가 그중 하나라는 견해(이영준, 267면)로 나뉘어 대립하고 있다. 그리고 판례는 원칙적으로는 i)설과 같으나, 근래 불법성 비교론을 채용하여 다소 다른 모습을 보인다(대판 1993. 12. 10, 93다12947; 대판 1997. 10. 24, 95다49530). 생각건대 제103조의 사회질서 위반과 제746조의 불법은 동일하게 해석되어야 하는 것이 아니다. 여기서 자세히 논할 수는 없으나, 제746조의 취지를 살리면서 합리적으로 규율하려면, 선량한 풍속 위반만이 제746조의 불법에 해당한다고 하여야 한다(채권법각론 [237] 참조). 그리하여 선량한 풍속 위반이 아닌 단순한 사회질서 위반의 경우에는 불법원인급여로 되지 않고, 따라서 반환청구를 할 수 있다고 할 것이다. 다만, 이는 제742조에 의한 것이므로 그 요건은 갖추어야 한다. 이러한 사견에 의하면 2중매매가 사회질서에 반하여 무효인 경우에, 이미 이행을 한 때에는, 특별한 사정이 없는 한 당사자 쌍방이 모두 그 반환을 청구할 수 있다.

법률행위의 일부만이 사회질서에 반하는 경우에는 일부무효의 법리(137조)가 적용된다.

[130] 6. 불공정한 법률행위(폭리행위)

(1) 의 의

불공정(不公正)한 법률행위 또는 폭리행위(暴利行爲)라 함은 당사자의 궁박·경솔 또는 무경험으로 인하여 현저하게 공정을 잃은 법률행위를 말한다. 민법은 제104조에서 어떤 자가 약자적인 지위에 있는 다른 자의 궁박·경솔·무경험을 이용하여 폭리를 취하는 것을 막기 위하여 폭리행위를 무효로 규정하고 있다(같은 취지: 대판 1988. 9. 13, 86다카563; 대판 1994. 11. 8, 94다31969; 대판 2024. 3. 12, 2023다301712; 대판 2024. 6. 17, 2020다291531 등). 한편 형법은 사람의 궁박한 상태를 이용하여 현저하게 부당한 이익을 취득하거나 제 3 자로 하여금 부당한 이익을 취득하게 한 자를 부당이득죄로 처벌하는 규정을 두고 있다(같은 법 349조).

폭리를 규제하는 법률규정으로는 제104조 외에 제339조(유질계약의 금지)·제607조·제608조(대물변제예약), 이자제한법 제 2 조, 「가등기담보 등에 관한 법률」 제 4 조, 「대부업 등의 등록 및 금융이용자 보호에 관한 법률」 제 8 조 등도 있다. 그런데 제104조 이외의 규정들은 주로 금전대차에 있어서 폭리를 취하는 경우를 대비한 것이다. 그에 비하여 제104조는 금전대차·물건거래를 포함한 모든 경우를 위한 일반적인 폭리규제 규정이다.

제104조와 제103조의 관계에 관하여는 견해가 대립되고 있다. i) 다수설은 제104조의 폭리행위는 제103조의 사회질서 위반행위의 일종이라고 한다(곽윤직, 220면; 김용한, 263면; 김주수, 344면; 이영준, 269면; 주해(2), 243면(민일영)). 그에 비하여 ii) 소수설은 제103조와 제104조는 별개의 제도라고 한다. 이 견해는 그 이유로, 제104조는 균형의 법리에 기한 것이고 또 두

행위는 요건과 효과도 다르다고 하거나(고상룡, 350면), 또는 제104조는 사회적 형평의 이념에 기초한 것이라고 한다(김학동, 319면). 판례는 다수설과 같이 폭리행위가 사회질서 위반행위에 포함된다고 한다(대판 1964. 5. 19, 63다821). 생각건대 ii)의 소수설은 민법 제104조가 — 독일민법(138조 2항)과 달리 — 제103조와는 별개의 규정으로 되어 있다는 점에 큰 의미를 두고 있다. 그러나 그 의미를 과대평가할 필요는 없다. 그 규정은 막연한 사회질서 위반행위 가운데 분명하고 자주 발생할 수 있는 한 가지 유형을 특별히 규정한 것으로 이해하는 것이 옳다. 물론 반드시 그런 규정을 둘 필요는 없겠으나, 일반조항에 대한 우려를 생각하면 수긍되는 면도 있다. 그러고 보면 사정에 따라서는 제104조의 요건 중 일부가 미비된 경우에 제103조 위반으로 될 수도 있을 것이다.

(2) 제104조의 적용범위 [131]

제104조가 매매 등을 비롯한 유상계약에 적용될 수 있음은 의문의 여지가 없다. 그런데 계약이 아닌 유상행위 또는 무상행위에도 적용될 수 있는지 문제된다. 여기에 관하여 학설은 i) 재산상의 유상행위에 적용되고, 증여와 같은 무상행위에는 적용되지 않는다는 견해(곽윤직, 220면; 김상용, 401면; 김주수, 343면; 백태승, 376면)와, ii) 소유권포기 · 증여 등의 무상행위에도 적용된다는 견해(김학동, 320면; 이영준, 270면; 이은영, 410면)가 대립하고 있다. 그리고 판례는 증여나 기부행위와 같이 아무런 대가 없이 당사자 일방이 상대방에게 일방적인 급부를 하는 법률행위는 그 공정성을 논의할 수 있는 성질의 법률행위가 아니라고 하여(대판 1993. 3. 23, 92다52238; 대판 1993. 7. 16, 92다41528 · 41535; 대판 1993. 10. 26, 93다6409; 대판 1997. 3. 11, 96다49650; 대판 2000. 2. 11, 99다56833), 무상행위에는 제104조가 적용되지 않는다는 견지에 있다. 이들을 검토하여 본다. ii)설은 대가의 유무는 실질적으로 파악하여야 한다(구속에서의 석방 등도 포함)고 하며, 만일 i)설처럼 해석하면 강박에 의하여 재산을 기부하는 형식으로 빼앗는 경우에는 보호되지 못하는 모순에 도달한다고 한다(이영준, 271면). 이러한 지적은 경청할 만하다. 그러나 제104조는 급부의 공정성 여부를 핵심적인 판단요소로 삼고 있다. 따라서 그러한 판단의 객체가 없는 단순한 무상행위는 제104조의 적용대상이 될 수 없다. 다만, 이전에 급부한 것의 대가로 증여를 하는 경우처럼 전체적으로 보아 쌍방의 급부가 있었던 때에는 제104조의 적용 내지 유추적용을 고려할 수 있다. 이러한 견지에서 볼 때, 우리 대법원이, 채무자인 회사가 남편의 징역을 면하기 위하여 부정수표를 회수하려면 물품외상대금 중 금 100만원을 초과하는 채권에 대한 포기서를 써야

된다는 강압적인 요구를 하므로 사회적 경험이 부족한 가정부인이 경제적 · 정신적 궁박상태 하에서 구속된 자기남편을 석방 구제하는 데에는 위 수표의 회수가 필요할 것이라는 일념에서 회사에 대한 물품잔대금 채권이 얼마인지조차 확실히 모르면서 보관 중이던 남편의 인감을 이용하여 남편을 대리하여 위임장과 포기서를 작성하여 준 채권포기행위는 거래관계에 있어서 현저하게 균형을 잃은 행위로서 사회적 정의에 반하는 불공정한 불법행위로 보는 것이 상당하다고 한 것은 받아들일 수 있는 태도라고 하겠다(대판 1975. 5. 13, 75다92). 그에 비하여 단순히 증여를 받기 위하여 감금하였다가 증여를 받고 풀어준 경우에는 상대방(풀어준 자)의 급부는 인정될 수가 없다. 그런 경우는 행위의사([77] 참조)의 유무나 제110조의 강박에 의한 의사표시의 문제로 구제하는 수밖에 없다. 결국 i)설 및 판례가 타당하다.

대가관계를 상정할 수 있다면 합동행위에도 제104조는 적용된다. 대법원도 어촌계 총회의 결의가 폭리행위라고 판시한 적이 있다(대판 1997. 10. 28, 97다27619; 대판 1999. 7. 27, 98다46167; 대판 2003. 6. 27, 2002다68034). 그에 비하여 경매에는 제104조가 적용되지 않는다(대결 1980. 3. 21, 80마77).

[132] (3) 요 건

폭리행위가 성립하려면 객관적 요건과 주관적 요건의 두 요건이 갖추어져야 한다.

1) 객관적 요건

(가) **급부 사이의 현저한 불균형** 폭리행위가 되려면 먼저 급부와 반대급부 사이에 현저한 불균형이 있어야 한다(대판 2010. 2. 11, 2009다72643도 같음). 이를 판단하려면 우선 해당 법률행위의 급부와 반대급부가 무엇인지를 확정한 뒤 그 각각의 객관적 가치를 비교 · 평가해야 한다(대판 2024. 3. 12, 2023다301712). 따라서, 앞에서 본 바와 같이, 반대급부가 없는 증여 · 기부행위는 폭리행위가 될 수 없다. 그리고 급부와 반대급부 사이에 현저한 불균형이 있는지는 단순히 시가와의 차액 또는 시가와의 배율로 판단할 수 있는 것은 아니고, 구체적 · 개별적 사안에서 일반인의 사회통념에 따라 결정하여야 한다(대판 2010. 7. 15, 2009다50308; 대판 2024. 3. 12, 2023다301712). 이러한 급부 사이의 불균형은 가치의 차이가 클 때 인정될 수 있으나, 가치의 차이만을 가지고 판단할 것은 아니며 법률행위에 관련된 모든 사정을 고려하여 불균형이 존재하는지를 결정하여야 한다. 판례도 같은 태도를 취하고 있다(대판 2010. 7. 15, 2009다50308). 그리고 불균형 여부를 판단함에 있어서는 당사자의 주관적 가치가 아니고 객관적 가치에 의하여야 한다(같은 취지: 곽윤직, 221면; 대판 2010. 7. 15, 2009다

50308(그 판단에 있어서는 피해 당사자의 궁박 · 경솔 · 무경험의 정도가 아울러 고려되어야 한다고 함). 한편 판례는, 여기에서 급부와 반대급부는 해당 법률행위에서 정한 급부와 반대급부를 의미하므로, 궁박 때문에 법률행위를 하였다고 주장하는 당사자가 그 법률행위의 결과 제 3 자와의 계약관계에서 입었을 불이익을 면하게 되었더라도, 특별한 사정이 없는 한 이러한 불이익의 면제를 곧바로 해당 법률행위에서 정한 상대방의 급부로 평가해서는 안 되며, 이러한 불이익은 급부와 반대급부 사이의 객관적 가치 차이가 사회통념상 현저하게 균형을 잃은 정도에 이르렀는지, 또는 당사자가 궁박한 상태에 있었는지를 판단할 때 고려할 수 있을 뿐이라고 한다(대판 2024. 3. 12, 2023다301712. 상대방의 이행으로 면하게 된 위약금 상당액이 본인의 급부에 포함되지 않는다고 함).

우리 판례가 인정한 불균형 사례에는, 부동산의 매매가격이 시가의 8분의 1 정도인 경우(대판 1977. 12. 13, 76다2179), 토지를 시가의 5분의 1에도 못 미치는 가격으로 매매한 경우(대판 1994. 6. 24, 94다10900), 건물을 시가의 3분의 1에도 미달한 가격으로 매매한 경우(대판 1973. 5. 22, 73다231) 등이 있다. 그리고 가옥을 시가의 반값도 안 되는 가격에 매매한 경우도 폭리행위라고 하였다(대판 1979. 4. 10, 79다275). 그러나 다른 판결에서는, 부동산을 반값에 매매하였다고 하여 바로 제104조 위반은 아니라고 한다(대판 1991. 11. 12, 91다10732). 그 밖의 예로, 시가 60,000여원 상당의 토지와 그 토지에 대한 임료 상당의 손해배상채권 78,000여원을 10,000원에 매각한 경우(대판 1956. 3. 8, 4288민상548), 임야 16,964평을 10,000원으로 매수한 경우(대판 1968. 7. 30, 68다88), 생명침해를 당한 자의 유족이 배상받아야 할 금액의 8분의 1밖에 안 되는 금액만을 받고 합의를 해 준 경우(대판 1979. 4. 10, 78다2457. 대판 1987. 5. 12, 86다카1824도 참조), 255만원 상당의 재산을 60 내지 90만원 상당의 가옥과 교환한 경우(대판 1980. 6. 24, 80다558), 계(契)와 관련한 고소로 인하여 삼청교육대의 교육을 받은 후 다시 고소를 당한 자가 1,300만원 이상의 채권에서 현금 45만원 및 부채 216만원을 인수시키고 1,000만원 이상의 채권을 포기하는 약정을 한 경우(대판 1992. 4. 14, 91다23660), 민박집의 대지에 건물을 신축하기로 하면서 건축업자가 대지와 신축건물은 자신이 소유하고 민박집 소유자는 건축기간 동안 생활비와 자녀 학비를 보조받는 외에 건물 1층만 민박집으로 이용할 수 있도록 한 약정(대판 1994. 10. 14, 94다18539 · 18546), 시가 2억 2천만원 상당의 임야에 대하여 권리주장을 하지 않는 대가로 7억 5천만원을 주기로 한 약정(대판 1995. 4. 11, 94다17000 · 17017) 등이 있다. 그런가 하면 이전의 수용가가 체납한 전기요금을 지급하기로 한 약정에 대하여 폭리행위라고 한 적도 있으나(대판 1987. 2. 10, 86다카2094; 대판 1988. 4. 12, 88다2), 경영인이 전 소유자의 체납 전기요금채무를 인수하였지만 특별한 사정에 있거나 체납요금이 있는 것을 알고 공장을 매수 또는 경락한 경우, 체납 전기요금을 납부한다는 매매조건을 받아들여 매수한 경우에 관하여 여러 판결에서 폭리행위가 아니라고 하였다(대판 1989. 10. 24, 88다카16454 이래 다수의 판결).

(나) **불균형의 판단시기** 급부 사이의 불균형 여부를 판단하는 기준시기는 언제인가? 여기에 관하여 i) 통설은 법률행위 당시(계약을 체결한 때)라고 한다(고상룡, 356면; 곽윤직, 221면; 김상용, 402면; 김학동, 320면; 백태승, 377면; 이영준, 278면). 그런가 하면, ii) 법률행위시가 기준시점이나, 이행시에 불균형이 없어진 경우에는 무효를 주장할 수 없다는 견해(이은영, 416면), iii) 행위시와 이행기에 모두 불균형하여야 한다는 견해(김주수, 345면)도 있다. 그리고 판례는 i)의 통설과 같은 태도이다(대판 1965. 6. 15, 65다610; 대판 1984. 4. 10, 81다239; 대판 2013. 9. 26, 2010다42075; 대판(전원) 2013. 9. 26, 2011다53683 · 53690; 대판(전원) 2013. 9. 26, 2012다13637; 대판(전원) 2013. 9. 26, 2013다26746 . 이 중 첫번째 판결이 변제기를 언급하면서 불명확하게 표현하고 있어서 판례의 태도에 논란이 있으나, 그 판결에서 변제기는 대물변제예약에서의 원리금채무의 계산을 위한 것이며, 거기에서도 궁극적으로는 행위 당시의 토지의 시가와 채권 총액을 비교하고 있다). 그리고 대법원은, 이와 같이 법률행위시를 기준으로 판단하여야 하므로, 계약체결 당시를 기준으로 전체적인 계약 내용에 따른 권리의무관계를 종합적으로 고려한 결과 불공정한 것이 아니라면, 사후에 외부적 환경의 급격한 변화에 따라 계약당사자 일방에게 큰 손실이 발생하고 상대방에게는 그에 상응하는 큰 이익이 발생할 수 있는 구조라고 하여 그 계약이 당연히 불공정한 계약에 해당한다고 말할 수 없다고 한다(대판(전원) 2013. 9. 26, 2011다53683 · 53690; 대판(전원) 2013. 9. 26, 2012다13637; 대판(전원) 2013. 9. 26, 2013다26746). 그러면서 대법원은, 갑 주식회사가 을 은행 등과 체결한 키코(KIKO) 통화옵션계약(약정환율과 환율변동의 상한(knock-in)과 하한(knock-out)을 정해놓고 환율이 일정범위에서 변동한다면 미리 정한 약정환율에 달러를 팔 수 있어 환율변동에 따른 위험을 줄일 수 있는 반면에, 환율이 상한 이상으로 오르게 되면 약정액의 1~2배를 같은 고정환율에 매도해야 한다는 옵션이 붙고, 환율이 하한 이하로 떨어지면 계약이 해지되어 환손실을 입는 상품)이 불공정한 행위인지 문제된 사안에서, 키코 통화옵션계약의 구조가 환율 변동이 클수록, 그리고 급격하게 발생할수록 은행의 손실은 제한적인 반면 이익은 기하급수적으로 늘어나는 구조라서 불공정하다고 하는 것은 계약 체결 당시 시장환율 추이와 대다수 국내외 연구소 및 금융기관 등의 환율 전망에 비추어 시장환율이 상승할 확률이 높지 않으리라고 예상하였다가 사후에 시장환율이 급상승한 결과를 놓고 계약을 불공정한 법률행위라고 하는 것과 다름없으므로 받아들이기 어렵다는 등의 이유로, 위 통화옵션계약이 불공정한 행위에 해당하지 않는다고 본 원심판단을 정당하다고 하였다(대판(전원) 2013. 9. 26, 2011다53683 · 53690; 대판(전원) 2013. 9. 26, 2012다1146 · 1153; 대판(전원) 2013. 9. 26, 2012다13637; 대판(전원) 2013. 9. 26, 2013다26746). 한편 판례는, 불공정 법률행위에 해당하는지는 법률행위가 이루어진 시점을 기준으로 약속된 급부와 반대급부 사이의 객관적 가치를 비교 평가하여 판단하여야 할 문제라고 하면

서, 당초의 약정대로 계약이 이행되지 않을 경우에 발생할 수 있는 문제는 달리 특별한 사정이 없는 한 채무의 불이행에 따른 효과로서 다루어지는 것이 원칙이라고 한다(대판 2013. 9. 26, 2010다42075). 생각건대 iii)설은 근거도 희박할 뿐만 아니라 그에 의할 경우 매우 복잡하게 된다. 그리고 이행기에 급부 사이에 불균형이 없으면 당연히 무효주장을 배제하여야 하겠으나, 그 이유는 폭리행위가 아니라고 하기보다는 그러한 주장이 신의칙에 반하는 권리남용이기 때문이라고 하여야 한다. 요컨대 통설이 옳다.

2) 주관적 요건 [133]

(가) **서　　설**　폭리행위가 되려면 피해자의 궁박·경솔 또는 무경험을 이용하였어야 한다. 즉 피해자의 궁박·경솔 또는 무경험이 있어야 하고, 폭리행위자가 이를 이용하였어야 한다(김상용, 404면; 이영준, 273면은 이들 중 앞의 것은 객관적 요건이고, 뒤의 것만 주관적 요건이라고 한다. 그러나 불법행위에서 고의·과실, 책임능력처럼 특정인과 관련된 요건은 모두 주관적 요건이라고 할 수 있다).

(나) **피해자의 궁박·경솔·무경험**　「궁박」(窮迫)은 벗어나기 어려운 상태(판례는 급박한 곤궁이라 한다)를 말하는 것으로서, 경제적인 원인에 의한 것일 때가 많겠으나(대판 1968. 7. 30, 68다88), 그에 한정되지 않으며 정신적·심리적 원인에 의한 것이어도 무방하다(같은 취지: 대판 1974. 2. 26, 73다673; 대판 1996. 6. 14, 94다46374 등). 그리하여 가령 위급한 환자에게 의사가 과다한 보수를 요구하거나 감금하고서 토지를 싸게 팔도록 한 경우도 궁박에 해당할 수 있다. 당사자가 궁박의 상태에 있었는지 여부는 그의 신분과 재산상태 및 그가 처한 상황의 절박성의 정도, 계약의 체결을 둘러싼 협상과정 및 거래를 통한 피해당사자의 이익, 피해당사자가 그 거래를 통해 추구하고자 한 목적을 달성하기 위한 다른 적절한 대안의 존재 여부 등 여러 상황을 종합하여 구체적으로 판단하여야 한다(대판 1992. 4. 14, 91다23660; 대판 1996. 11. 12, 96다34061; 대판 2002. 10. 22, 2002다38927; 대판 2010. 7. 15, 2009다50308 등). 대법원은, 사실과 다른 고소에 의하여 구속된 상태에서 시부모와 남편 및 본인까지도 병중에 있었고 경영하던 회사는 부도 위기에 처하는 등 정신적·경제적으로 궁박한 상태에 있었으며 합의의 내용도 고소인의 주장을 그대로 인정하고 이루어진 경우에 관하여 그 합의는 불공정한 법률행위에 해당한다고 하나(대판 1998. 3. 13, 97다51506), 노동조합의 쟁의행위가 법에 의하여 보호되는 점에 비추어 볼 때 단체협약이 노동조합의 쟁의행위 끝에 체결되었고 사용자 측의 경영상태에 비추어 그 내용이 다소 합리성을 결하였다고 하더라도 그러한 사정만으로는 이를 궁박한 상태에서 이루어진 불공정한 법률행위

에 해당한다고 할 수 없다고 한다(대판 2007. 12. 14, 2007다18584). 그리고 당사자가 계약을 지키지 않는 경우 얻을 이익이 이로 인해 입을 불이익보다 크다고 판단하여, 그 불이익의 발생을 예측하면서도 이를 감수할 생각으로 계약에 반하는 행위를 함으로써 계약 상대방과의 관계에서 그가 주장하는 급박한 곤궁 상태에 이르렀다면, 이와 같이 그가 자초한 상태를 궁박이라고 인정하는 것은 엄격하고 신중하게 이루어져야 한다고 한다(대판 2024. 3. 12, 2023다301712. 이전에 체결한 계약상의 과다한 위약금을 면하기 위하여 상대방에게 큰 급부를 약속한 경우에 궁박을 인정하지 않음). 한편 궁박 상태는 계속적인 것일 필요가 없으며 일시적인 것이라도 상관없다.

「경솔」(輕率)의 의미에 관하여는 학설이 나뉜다. i) 다수설은 의사를 결정할 때 그 행위의 결과나 장래에 관하여 보통인이 베푸는 고려를 하지 않는 심리상태를 말한다고 하나(곽윤직, 221면; 김상용, 403면; 김용한, 263면; 김주수, 346면; 이은영, 414면; 주해(2), 246면(민일영). 백태승, 377면도 유사하다), ii) 소수설은 선천적 경솔 또는 주위사정으로부터 피할 수 없었던 고려의 부족상태라고 한다(고상룡, 354면; 김학동, 321면; 이영준, 275면). 그리고 판례는 분명치 않다. 생각건대 주의를 게을리한 자를 보호할 필요가 있는가의 관점에서 제104조는 입법론적으로 검토할 여지가 있다. 그러나 현재로는 그 규정을, 경솔을 이용하여 폭리를 취하는 것을 막겠다는 취지로 이해할 수밖에 없으며, 그러한 견지에서 보면 다수설이 타당하다. 대법원은 토지의 평당 단가를 2,100원으로 기재해야 할 것을 그 10배인 21,000원으로 오기한 것은 경솔에 해당한다고 한다(대판 1977. 5. 10, 76다2953).

「무경험」의 의미에 관하여는 보통 i) 일반적인 생활체험이 불충분한 것이라고 하거나(곽윤직, 221면; 김주수, 346면 등) 또는 거래 일반에 관한 경험 및 지식의 결여라고 하나(이영준, 274면), ii) 문제되는 법률행위에 관하여 평균의 거래당사자가 가지는 식견이나 경험이 없는 상태라고 하는 견해(이은영, 414면)도 있다. ii)설은 무경험과 법률행위 사이에 인과관계가 있어야 하므로 무경험의 의미도 그런 관점에서 판단하는 것이 필요하다고 한다. 판례는「일반적인 생활체험의 부족을 의미하는 것으로서 어느 특정영역에 있어서의 경험부족이 아니라 거래 일반에 대한 경험부족을 뜻한다」고 하여(대판 2002. 10. 22, 2002다38927), i)설과 같은 견지에 있다. 생각건대 제104조가 무경험을 포함시킨 데에는 일반적으로 경험이 부족한 자는 거래도 능숙하게 할 수 없을 것이라는 고려가 작용한 듯하다. 그리고 보면 무경험은 i)설 및 판례처럼 해석하여야 한다. 일반적으로 경험은 부족하지만 특히 해당 거래에 관하여 경험이 많은 자는 폭리행위를 당하지 않을 것이다. 그리고 일반적으로 경험이 많은 자가 특정의 행위에 경험이 적은 경우는 제104조가 보호하려고 한 경우는 아니다. 한편 무경험이 존재하는지 여부도 궁박에 있어서처럼 구체적인 경우에 모든 사정을 종합적으로 고려하여 개별적으로 판단하여야 한다(같은 취지: 대판 2002. 10. 22, 2002다38927).

피해자는 궁박·경솔·무경험 가운데 어느 하나만 갖추면 되고, 그 모두를 갖출 필요는 없다(통설·판례도 같다. 대판 1993. 10. 12, 93다19924 이래의 여러 판결).

(다) **폭리행위자의 이용** 폭리행위가 성립하려면 피해자의 궁박·경솔·무경험이 존재하는 것 외에 피해자의 그러한 상황을 폭리행위자가 이용하였어야 한다. 그런데 이 요건이 필요한지, 그리고 그 정확한 의미가 무엇인지에 관하여는 견해가 나누어진다. i) 통설은 폭리행위자가 피해자에게 위와 같은 사정이 있음을 알고서 그것을 이용하려는 의사, 즉 악의를 가지고 있어야 한다고 한다(곽윤직, 221면; 김주수, 346면; 김준호, 255면; 백태승, 378면; 주해(2), 248면(민일영)). 그러나 소수설로서, ii) 그러한 의도나 악의까지는 필요하지 않고 궁박 등을 이용한다는 인식만 있으면 충분하다는 견해(이영준, 276면), iii) 그러한 의도나 인식은 필요하지 않다고 하는 견해(김학동, 322면; 이은영, 415면)도 있다. 판례는 특히 과거에는 인식을 요구하는 듯이 판시한 적이 있으나(대판 1970. 11. 24, 70다2065; 대판 1979. 4. 10, 79다275; 대판 1991. 5. 28, 90다19770), 근래에 와서는 「상대방 당사자에게 위와 같은 피해당사자 측의 사정을 알면서 이를 이용하려는 의사 즉 폭리행위의 악의가 없었다면 불공정한 법률행위는 성립하지 않는다」고 하는 태도를 확고히 하고 있다(대판 1988. 9. 13, 86다카563; 대판 1991. 7. 9, 91다5907; 대판 1992. 5. 26, 92다84; 대판 1992. 10. 23, 92다29337; 대판 1993. 10. 12, 93다19924; 대판 1996. 10. 11, 95다1460; 대판 1996. 11. 12, 96다34061; 대판 1997. 7. 25, 97다15371; 대판 2002. 9. 4, 2000다54406·54413; 대판 2002. 10. 22, 2002다38927; 대판 2009. 3. 16, 2008다1842; 대판 2011. 1. 13, 2009다21058; 대판 2011. 1. 27, 2010다53457; 대판 2024. 6. 17, 2020다291531). 생각건대 제104조에서 「…로 인하여」라고 표현한 것은 「이를 이용하여」의 의미로 해석된다. 따라서 통설·판례가 옳다. 한편 사견에 의하면, 이 요건 때문에 과실에 의한 폭리행위는 있을 수가 없게 된다(그런데 iii)설은 과실에 의한 폭리행위를 인정할 여지가 있다). [134]

3) **증명책임 및 기타** 폭리행위가 성립하려면 위의 객관적·주관적 요건이 모두 갖추어져야 하며, 그 가운데 하나라도 갖추어지지 않으면 폭리행위가 되지 않는다(대판 1993. 5. 25, 93다296 등 판례도 같은 취지이다). 그리고 이들 요건은 법률행위가 폭리행위로서 무효라고 주장하는 자가 궁박·경솔 또는 무경험의 상태에 있었다는 사실, 상대방이 이를 인식하고 있었다는 사실, 급부와 반대급부가 현저하게 불균형한 사실을 모두 증명하여야 한다(같은 취지: 대판 1969. 7. 24, 69다594; 대판 1970. 11. 24, 70다2065; 대판 1991. 5. 28, 90다19770). 그리고 판례에 의하면 법률행위가 현저하게 공정을 잃었다고 하여 곧 그것이 궁박, 경솔 또는 무경

험으로 이루어진 것이라고 추정되지는 않는다(대판 1969. 7. 24, 69다594; 대판 1977. 12. 13, 76다2179). 그런데 대법원은 하나의 판결에서 위의 법리를 인정하면서도, 매매가격이 시가의 약 8분의 1 정도로 현저한 차이가 있고 매도인이 평소 어리석은 사람인 것이 인정되며 또한 매수인은 이건 부동산을 매수한 후 약 3개월 후에 매수가격의 4.5배 정도로 전매한 경우 특별한 합리적인 근거를 찾아 볼 수 없는 사정이라면 이는 매도인의 경솔, 무경험에 인한 것이며 매수인이 그 사정을 알고 이를 이용함으로써 이루어졌다고 추인할 수 있다고 하였다(대판 1977. 12. 13, 76다2179).

대리인에 의하여 행하여진 법률행위에 관하여 폭리행위가 문제되는 경우에는 경솔과 무경험은 대리인을 기준으로 하여 판단하여야 하고, 궁박상태에 있었는지 여부는 본인의 입장에서 판단되어야 한다(대판 1972. 4. 25, 71다2255; 대판 2002. 10. 22, 2002다38927).

판례는, 매매계약과 같은 쌍무계약이 불공정한 법률행위에 해당하여 무효라고 한다면, 그 계약으로 인하여 불이익을 입는 당사자로 하여금 위와 같은 불공정성을 소송 등 사법적 구제수단을 통하여 주장하지 못하도록 하는 부제소 합의 역시 다른 특별한 사정이 없는 한 무효라고 한다(대판 2010. 7. 15, 2009다50308).

[135] (4) 효　과

법률행위가 폭리행위의 요건을 모두 갖추면 무효로 된다(104조). 그 무효는 절대적 무효이며, 추인에 의하여 유효하게 될 수도 없다(대판 1994. 6. 24, 94다10900). 법률행위의 일부만이 폭리행위에 해당하는 경우에는 일부무효의 법리(137조)가 적용된다(고상룡, 359면은 폭리행위의 경우에 일반적으로 일부무효를 인정하려고 하나, 이는 옳지 않다). 그리고 폭리행위가 불법행위의 요건을 갖추면 폭리행위를 당한 자는 불법행위를 이유로 손해배상을 청구할 수 있다.

판례는, 매매계약이 약정된 매매대금의 과다로 말미암아 제104조에서 정하는 불공정한 법률행위에 해당하여 무효인 경우에도 무효행위의 전환에 관한 제138조가 적용될 수 있다고 한다(대판 2010. 7. 15, 2009다50308([240]에 직접 인용함)).

폭리행위가 채권행위인 경우 그에 기하여 이행이 행하여지지 않은 때에는 더 이상 이행할 필요가 없게 된다. 그런데 이미 이행이 된 때의 반환문제에 관하여는 논란이 있다. i) 통설은 폭리행위에 있어서의 급부도 불법원인급여이기는 하나, 그때는 불법원인이 폭리자에게만 있으므로 제746조 단서가 적용되어 피해자는 반환을 청구할 수 있다고 한다. 그러나 폭리자는 제746조 본문이 적용되어 반환청구를 하지 못한다고 한다(곽윤직, 222면; 김상용, 405면; 김학동, 322면; 백태승, 378면. 이은영, 417면은 피해자는 양 급부의 차액만 반환청구권을 가진다고 한다).

그에 비하여 ii) 소수설은 폭리행위자의 폭리행위와 상대방의 행위는 분리하여 고찰하여야 한다고 하면서, 피해자에게 한 급부행위는 무효가 아니므로 피해자는 그 급부를 보유할 수 있다고 한다(그러나 피해자는 반환청구를 할 수 있다는 의미인 듯하다)(김주수, 347면; 이영준, 279면). 여기에 관한 판례는 아직 나타나 있지 않다. 사견으로는 폭리행위의 경우에는 특별한 사정이 없는 한 선량한 풍속 위반은 아니고 단순한 사회질서 위반일 것이어서 제746조가 아니고 제742조의 적용을 받게 된다. 그 결과 양 당사자가 그들의 행위가 폭리행위로서 무효임을 모르고 급부한 경우에는 그들 모두가 급부한 것의 반환을 청구할 수 있다. 만약 선량한 풍속 위반으로 인정되는 경우에는 i)설처럼 제746조의 단서가 적용될 것이다.

제 7 절 흠 있는 의사표시

I. 개 관 [136]

법률행위가 유효하려면 그것의 구성요소인 의사표시에 흠이 없어야 한다. 만약 의사표시에 흠이 있는 때에는 법률행위가 무효로 되거나 취소될 수 있다. 민법은 의사표시에 흠이 있는 경우 4가지를 제107조 내지 제110조에서 규정하고 있다. 그런데 그것들은 성질상 크게 「의사와 표시의 불일치」와 「사기 · 강박에 의한 의사표시」의 둘로 나누어진다. 견해(고상룡, 441면; 김상용, 439면; 이영준, 360면)에 따라서는 이와 같은 구별은 방법론상 타당하지 않다고 한다. 그러나 그 두 경우는 실질에 있어서 다르므로 본질의 정확한 이해를 위하여 양자의 구별은 필요하다고 하겠다.

의사표시에 있어서 표의자의 내심의 의사(진의)와 표시행위의 의미가 일치하지 않는 경우, 즉 의사와 표시가 일치하지 않는 경우를 통틀어서 「의사와 표시의 불일치」 또는 「의사의 결여(흠결)」라고 한다. 이러한 「의사와 표시의 불일치」 가운데에는 표의자가 그 불일치를 알고 있는 경우도 있고, 알고 있지 못하는 경우도 있다. 진의 아닌 의사표시(107조)와 허위표시(108조)는 전자에 해당하고, 착오(109조)는 후자에 해당한다. 그리고 진의 아닌 의사표시와 허위표시는 표의자가 의사와 표시의 불일치를 알고 있다는 점에서는 같으나, 상대방과의 통정(통모)이 있었는지 여부에서 다르다.

사기 · 강박에 의한 의사표시(110조)에 있어서는 의사의 형성과정에 하자(부당한 간섭)가 존재한다. 그 때문에 이 의사표시는 하자 있는 의사표시라고도 한다.

이들 흠 있는 의사표시에 관하여 차례로 살펴보기로 한다.

[137] Ⅱ. 진의 아닌 의사표시(비진의표시)

1. 의 의

진의(眞意) 아닌 의사표시 또는 비진의표시(非眞意表示)라 함은 표시행위의 의미가 표의자의 진의와 다르다는 것, 즉 의사와 표시의 불일치를 표의자 스스로 알면서 하는 의사표시를 말한다(대판 1997. 7. 25, 97다8403은 비진의 표시를 사견과 같이 정의하고 있다). 비진의표시는 표시와 다른 진의를 마음 속(심리. 心裡)에 보류(유보)하고 있다는 의미에서 심리유보(心裡留保)라고도 한다. 가령 보석반지를 잃어버린 자가 습득자를 알고 있는 자에게 보수를 지급할 의사는 처음부터 없고 단지 습득자를 알려주게 하기 위하여 습득자를 알려주면 10만원의 보수를 지급하겠다고 하는 경우, 어떤 자가 식당에서 그의 여자친구를 감탄시키기 위하여 값비싼 희귀요리를 그것이 없을 것이라고 잘못 생각하고서 주문하는 경우가 그 예이다. 우리 대법원은, 증권회사 직원이 증권투자로 인한 고객의 손해에 대하여 책임을 지겠다는 내용의 각서를 작성해 준 사안에서, 그 각서가 남편을 안심시키려는 고객의 요청에 따라 작성된 경위 등에 비추어 비진의 의사표시로서 무효라고 한 적이 있고(대판 1999. 2. 12, 98다45744), 농수산물 도매시장의 지정 도매인인 회사가 그 영업을 위해 지방자치단체와 시설물사용계약을 체결하기 위한 방편으로서 사후에 주주로서의 권리를 원상회복해 주고 주권을 발행할 것을 약속하고 주주와 중매인을 겸할 수 없다는 지방자치단체의 방침에 따라 주주들로부터 주식포기각서를 받은 경우에, 주식포기각서를 작성한 주주들은 회사의 주식을 포기할 의사 없이 다만 지방자치단체와 시설물사용계약을 체결하기 위한 방편으로 회사에 주식포기각서를 작성 · 제출하였을 뿐이고, 회사로서도 이러한 사정을 잘 알고 있었으므로, 이는 비진의 의사표시로서 그 효력이 없다고 하였다(대판 1998. 12. 23, 97다20649).

이러한 비진의표시에 관하여 민법은 제107조 제 1 항에서 그러한 의사표시도 원칙적으로 유효하다고 규정하고(본문), 다만 상대방이 표의자의 진의 아님을 알았거나 알 수 있었을 경우에는 예외적으로 무효라고 한다(단서). 제107조 제 1 항에 대하여 i) 다수의 학자들은 그 본문은 비진의표시를 한 자를 보호할 필요가 없기 때문에 표시주의의 이론을 따른 것이고, 단서는 악의 또는 과실 있는 상대방은 보호할 필요가 없으므로 이때에는 오히려 표의자의 진의를 존중하여 비진의표시를 무효로 하고 있다고 한다(곽윤직, 232면 등), 그에 비하여 ii) 소수설은 표시주의이론에 입각하고 있다는 다수설을 비판하면서, 비진의표시가 표시된 대로 효력을 발생하는 것은 표의자가 이를 의욕하였기 때문이라고 한다. 그리고 진의 아님을 상대방이 안 경우는 표의자가 일부러 자기의 효과의사와 배치되는 의사를 상대방 모르게 유보한 것이 아니므로 비진의표시에 해당하지 않는 것으로 되고, 따라서 의사와 표시가 일치하지 않는 경우의 원형으로 돌아가서 그와 같은 경우에 의사표시는 무효로 된다고 한다(이영준, 367면). 한편 판례는 i)설과 유사하게 설명한다(대판 1987. 7. 7, 86다카1004). 생각건대 비진의표시를 원칙적으로 유효로 다루는 것이 의사주의의 반대근거로 될 수는 없다(같은 취지: Flume, S. 402). 아무리 극단주의적인 의사주의자라도 비진의표시를 무효라고 하지는 않는다. 그리고 ii)설은 표시된 대로 효력을 발생하는 것은 표의자가 의욕했기 때문이라고 하나, 이는 우리 민법상 표의자가 그의 진의를 상대방이 알아차리리라고 기대하면서 진의와 달리 표시하는 이른바 희언표시도 비진의표시로 다루어져야 하는 점에서 볼 때, 의문이 있다. 결국 비진의표시를 유효로 취급하는 것은 거래의 안전과 표시에 대한 신뢰를 기반으로 하고 있는 법질서의 불가결한 요청이라고 보아야 한다(같은 취지: Hübner, Rn. 435). 그렇게 하지 않으면 법질서가 거짓표시를 보호하는 결과로 될 것이기 때문이다.

비진의표시는 의사와 표시의 불일치를 표의자가 의식하고 있다는 점에서 허위표시와 같다. 그러나 진의와 다른 표시를 표의자가 단독으로 하고 상대방 있는 경우에도 그와 통정(통모: 서로 짜고 함)하는 일이 없는 점에서, 진의와는 다른 표시를 하는 데 관하여 상대방과 합의(통모)가 있어야 하는 통정 허위표시와 다르며, 그 때문에 비진의표시는 통정 허위표시에 대응하여 단독 허위표시라고도 한다.

[138] ## 2. 요 건

(1) 의사표시의 존재

비진의표시가 인정되기 위하여서는 우선 의사표시가 존재하여야 한다. 즉 일정한 효과의사를 추단할 만한 가치 있는 행위가 있어야 한다. 따라서 사교상의 명백한 농담, 배우가 무대에서 행한 대사, 교수가 강의 중에 예로서 행한 표시 등의 경우에는, 의사표시가 있다고 할 수 없으므로, 비진의표시는 문제될 여지가 없다.

표의자가 의사표시를 하면서, 예컨대 의사표시가 구속력이 없다거나 또는 약정이 존재하지 않는다는 표현을 덧붙여, 의사표시를 의욕하지 않음을 표시할 수도 있다. 이러한 경우는 표의자의 진의가 표시에 나타나 있기 때문에 이른바 「드러난(공개된) 유보」라고 일컬어지는데, 거기에는 제107조는 적용되지 않으며, 이 경우에 표시된 것은 당연히 무효로 된다. 왜냐하면 표시의 해석상 의사표시의 존재가 인정되지 않기 때문이다.

표의자가 진의와 다른 표시를 상대방이 알 것이라고 기대하고서 하는 의사표시인 희언표시(戱言表示)가 있다. 농담이 그 대표적인 예이다. 입법례에 따라서는 이러한 희언표시에 대하여 비진의표시와 별도로 규율하기도 하나(가령 희언표시를 무효로 규정하는 독일민법 118조), 우리 민법에는 그에 관한 특별규정이 없다. 따라서 우리 민법에서는 희언표시에도 제107조가 적용된다고 하여야 한다(통설도 같으며, 이설 없음).

(2) 진의(의사)와 표시의 불일치

비진의표시로 되려면 진의와 표시가 일치하지 않아야 한다. 즉 표시행위의 의미(표시상의 효과의사)에 대응하는 의사(내심적 효과의사)(판례는 이 의사를 효과의사에 대응하는 내심의 의사라고 표현한다. 대판 1991. 7. 12, 90다11554)가 존재하지 않아야 한다. 여기의 진의(의사)는 내심적 효과의사이고, 표의자가 이상적 · 궁극적으로 바라고 있는 의도가 아니다(이은영, 466면은 진의는 표의자가 그 의사표시를 통해 실제로 추구하는 목적이라고 한다). 판례도 진의는 특정한 내용의 의사표시를 하고자 하는 표의자의 생각을 말하는 것이지 표의자가 진정으로 마음 속에서 바라는 사항을 뜻하는 것은 아니라고 하면서, 비록 재산을 뺏긴다는 것이 표의자의 본심으로 잠재되어 있었다 하여도 표의자가 강박에 의하여서나마 증여를 하기로 하고 그에 따른 증여의 의사표시를 한 이상 증여의 내심의 효과의사가 결여된 것이라고 할 수 없다고 하는가

하면(대판 1993. 7. 16, 92다41528 · 41535; 대판 2002. 12. 27, 2000다47361), 표의자가 의사표시의 내용을 진정으로 마음 속에서 바라지는 아니하였다고 하더라도 당시의 상황에서는 그것을 최선이라고 판단하여 그 의사표시를 하였을 경우에는 이를 내심의 효과의사가 결여된 비진의 의사표시라고 할 수 없다고도 한다(대판 1996. 12. 20, 95누16059; 대판 2000. 4. 25, 99다34475; 대판 2001. 1. 19, 2000다51919; 대판 2003. 4. 25, 2002다11458).

우리의 실무에서 비진의표시인지가 문제된 주요 사안으로는 사직의 의사표시 및 명의대여의 경우가 있다. 판례에 의하면, 근로자들이 사용자의 지시에 좇아 사직서를 제출한 경우에는, 비록 그들이 사직서 제출 당시 그 사직서에 의하여 의원면직 처리될지 모른다는 점을 인식하였다고 하더라도, 그것만으로써 그들의 내심에 사직의 의사가 있는 것이라고 할 수 없다고 한다(대판 1991. 7. 12, 90다11554. 일괄 사직서 제출에 관한 판결은 그 밖에도 많다). 즉 사직의 의사표시는 비진의표시라고 한다. 그런데 대법원은 다른 한편으로, 공무원의 일괄사표 제출은 비진의표시가 아니며, 설사 비진의표시라고 하여도 제107조는 사인의 공법행위에는 적용되지 않으므로 사직원 제출을 받아들여 의원면직 처분한 것을 당연무효라고 할 수 없다고 한다(대판 1992. 8. 14, 92누909. 같은 취지: 대판 1994. 1. 11, 93누10057; 대판 1997. 12. 12, 97누13962; 대판 2000. 11. 14, 99두5481; 대판 2001. 8. 24, 99두9971. 대판 1981. 11. 24, 81누120; 대판 1986. 7. 22, 86누43도 참조). 그러나 이 판결의 앞부분은 옳지 않으며, 사직원 제출을 유효하게 하려면 뒤의 이유만 들었어야 한다(같은 취지: 이영준, 372면). 다음에 타인에게 자기의 명의를 사용하여 거래할 것을 승인한 경우인 명의대여에 있어서는, 법률상의 효과는 대여자 자신에게 귀속시키고 경제적인 효과는 그 타인에게 귀속시키려는 진의가 있는 한, 비진의표시가 성립할 여지가 없다. 그리고 판례는 학교법인이 사립학교법상의 제한규정 때문에 그 학교의 교직원의 명의를 빌려서 금전을 빌린 경우(대판 1980. 7. 8, 80다639), 법률상 또는 사실상의 장애로 자기 명의로 대출받을 수 없는 자를 위하여 대출금 채무자로서의 명의를 빌려주어 대출을 받게 한 경우(대판 1996. 9. 10, 96다18182; 대판 1997. 7. 25, 97다8403)에 관하여, 명의대여자의 의사표시는 비진의표시가 아니고, 따라서 표시된 대로 효력이 생긴다고 한다. 이러한 판례는 타당하다.

〈판 례〉

(ㄱ) 「진의 아닌 의사표시인지의 여부는 효과의사에 대응하는 내심의 의사가 있는지 여부에 따라 결정되는 것인바, 비록 원고들이 사직서를 작성 제출할 당시 그 사직서에 기하여 의원면직 처리될지 모른다는 점을 인식하였다고 하더라도 이것만으로써 그들의 내심에 사직의 의사가 있는 것이라고 할 수 없다. 따라서 원고들의 사직 의사

표시는 비진의 의사표시에 해당한다고 할 것이므로 같은 취지의 원심판단은 정당하고 소론과 같은 법리오해의 위법이 있다 할 수 없다.

이처럼 사용자가 근로자로부터 사직서를 제출받고 이를 수리하는 의원면직의 형식을 취하여 근로계약관계를 종료시킨다고 할지라도, 사직의 의사 없는 근로자로 하여금 어쩔 수 없이 사직서를 작성 제출하게 한 경우에는 실질적으로는 사용자의 일방적 의사에 의하여 근로계약관계를 종료시키는 것이어서 해고에 해당하고, 정당한 이유 없는 해고조치는 부당해고에 다름없는 것이다.」(대판 1991. 7. 12, 90다11554)

(ㄴ) 「일괄사표를 제출하였다가 선별수리하는 형식으로 위원면직(이는 의원면직의 오기로 보임: 저자 주)되었다고 하더라도 공무원들이 임용권자 앞으로 일괄사표를 제출한 경우 그 사직원의 제출은 제출 당시 임용권자에 의하여 수리 또는 반려 중 어느 하나의 방법으로 처리되리라는 예측이 가능한 상태에서 이루어진 것으로서 그 사직원에 따른 의원면직은 그 의사에 반하지 아니하고, 비록 사직원 제출자의 내심의 의사가 사직할 뜻이 아니었다 하더라도 그 의사가 외부에 객관적으로 표시된 이상 그 의사는 표시된 대로 효력을 발하는 것이며, 민법 제107조는 그 성질상 사인의 공법행위에 적용되지 아니하므로 원고들의 사직원 제출을 받아들여 원고들을 의원면직 처분한 것을 당연무효라고 할 수 없다.」(대판 1992. 8. 14, 92누909)

(ㄷ) 물의를 일으킨 사립대학교 조교수가 사직원이 수리되지 않을 것이라고 믿고 사태수습을 위하여 형식상 이사장 앞으로 사직원을 제출하였던바 의외로 이사회에서 '본인의 의사이니 하는 수 없다'고 하여 사직원이 수리된 경우 위 조교수의 사직원이 설사 진의에 이르지 아니한 비진의 의사표시라 하더라도 학교법인이나 그 이사회에서 그러한 사실을 알았거나 알 수 있었을 때가 아니라면 그 의사표시에 따라 효력을 발생하는 것이다(대판 1980. 10. 14, 79다2168).

[139] (3) 표의자가 진의(의사)와 표시의 불일치를 알고 있을 것

비진의표시로 되려면 표의자 스스로 그의 진의와 표시행위의 의미가 일치하지 않는다는 것을 알고 있어야 한다. 이 점에서 비진의표시는 허위표시와 같고 착오와 다르다.

대리행위에 있어서는 진의와 표시의 불일치를 알고 있어야 하는 표의자는 본인이 아니고 대리인이다(116조).

(4) 표의자의 동기

표의자가 진의와 다른 표시를 하는 이유나 동기는 묻지 않는다. 즉 표의자가 상대방이나 제 3 자를 속이려고 하는 경우이든, 상대방이 표의자의 진의를 알아차리리라고 기대하고서 하는 경우이든(희언표시), 또는 상대방이 표의자의 진의

를 알 것이라고 기대하지만 표시된 것이 진의로 받아들여질 수도 있다고 생각하는 경우(이른바 악의의 희언)이든(대판 1991. 7. 12, 90다11554도 같은 취지이다), 모두 비진의표시로 되는 데 지장이 없다. 표의자가 상대방을 속이려고 한 경우에, 그 이유가 도덕적이냐 아니냐도 묻지 않는다. 그리하여 가령 죽을 병에 걸린 자를 안심시키기 위하여 실제 의사와 달리 채무를 면제한 경우도 비진의표시로서 원칙적으로 유효하다.

(5) 증명책임

이들 요건 가운데 의사표시의 존재는 그 법률효과를 발생시키려는 자(상대방)가 주장·증명하여야 하나, 나머지의 요건들은 모두 그 의사표시를 무효화하려는 자(표의자)가 주장·증명하여야 한다. 판례도 「어떠한 의사표시가 비진의 의사표시로서 무효라고 주장하는 경우에 그 입증책임은 그 주장자에게 있다」고 하여 마찬가지로 새긴다(대판 1992. 5. 22, 92다2295).

3. 효　과 [140]

(1) 원　칙

비진의표시는 원칙적으로 표시된 대로 효력을 발생한다(107조 1항 본문). 민법은 거래의 안전과 표시를 신뢰한 상대방을 보호하기 위하여 이와 같이 규정하고 있다.

이렇게 비진의표시도 원칙적으로 유효하기 때문에, 표의자는 — 상대방이 표의자의 진의 아님을 알았거나 알 수 있었을 경우가 아닌 한, 즉 상대방이 선의·무과실인 한 — 의사표시의 무효를 상대방에게 주장할 수 없다. 표의자가 무효를 주장하더라도 선의·무과실의 상대방은 그것을 부정할 수 있다. 그러나 표의자의 무효주장을 상대방이 긍정하는 것은 무방하다. 이는 본래 비진의표시의 효과문제가 아니고, 민사소송에 있어서의 청구의 인낙의 문제이다.

그러면 표의자가 비진의표시의 유효를 주장하는 경우에 선의·무과실의 상대방이 이를 부정할 수 있는가? 다시 말하면 의사표시 당시에 표의자의 진의 아님을 알지 못했고 또 알 수도 없었던 상대방이 나중에 그 의사표시가 비진의표시임을 증명하여 무효라고 주장할 수 있는가? 생각건대 「대항하지 못한다」고 하지 않고 「효력이 있다」고 규정한 제107조 제 1 항의 취지는, 상대방이 악의이거나 과실이 있어 보호할 필요가 없는 경우를 제외하고는, 표시에 대한 상대방의 신뢰를 보호하되, 의사표시를 유효하게 하는 방법으로 보호하려는 데 있다고 하겠다.

그러므로 선의·무과실의 상대방은 표의자가 비진의표시의 유효를 주장하는 경우에 이를 부정할 수는 없다고 하여야 한다.

(2) 예 외

상대방이 표의자의 진의 아님을 알았거나 이를 알 수 있었을 경우에는 비진의표시는 무효이다(107조 1항 단서). 민법은 악의의 또는 과실 있는 상대방을 보호할 필요가 없기 때문에 이와 같이 규정하였다. ① 이렇게 상대방이 악의이거나 과실이 있는 경우에는 비진의표시가 무효이기 때문에, 표의자는 의사표시의 무효를 상대방에 대하여 주장할 수 있다. 표의자가 무효를 주장하는 경우에 악의의 또는 과실 있는 상대방은 이것을 부정하지 못한다. ② 표의자가 의사표시의 유효를 주장하는 경우에 또는 유효·무효의 주장을 하지 않고 있는 경우에 상대방이 자신이 악의이거나 과실이 있다고 하면서 그것을 부정할 수 있는가? 생각건대 상대방은 그가 악의인 경우에는 비진의표시가 무효라고 믿고 있을 것이기 때문에, 표의자가 비진의표시의 유효를 주장하더라도 그것을 부정할 수 있다고 하여야 한다. 다만, 선의이지만 과실 있는 상대방에 대하여는 주저되는 바가 없지 않으나, 우리 민법상 기망의도가 없는 희언표시도 비진의표시에 포함되는 것을 고려할 때, 그러한 상대방에게 무효주장을 인정하여도 무방할 것으로 보인다. ③ 표의자가 의사표시의 유효를 주장하는 경우에 악의의 또는 과실 있는 상대방이 그것을 인정하는 것은 상관없다.

여기서 「진의 아님을 알았다」고 함은 표시와 다른 진의가 표의자에 의하여 드러나게(공개적으로) 표시되지는 않았지만 상대방이 이를 알게 된 것, 즉 악의인 것을 말한다. 그리고 「알 수 있었을 경우」라 함은 거래계에서 보통 일반적으로 요구되는 정도의 주의(일반인으로서의 주의)를 베풀었다면 알 수 있었을 경우를 말한다. 즉 과실로 인하여 알지 못한 경우이다.

상대방이 진의 아님을 알았거나 알 수 있었음은 어느 시점을 기준으로 하여 판단해야 하는가? 여기에 관하여 우리의 학설은, i) 행위(의사표시)의 당시, 즉 상대방이 표시를 요지(了知)한 때라는 견해(곽윤직, 232면; 김용한, 284면; 김주수, 357면; 김학동, 330면; 백태승, 409면)와, ii) 도달한 때라는 견해(김상용, 443면; 이영준, 376면; 이은영, 477면)로 나뉘어 있다. 생각건대 ii)설은 민법이 상대방 있는 의사표시의 효력발생시기에 관하여 도달주의를 취하고 있다는 점에서 근거를 찾고 있으나, 도달주의와 여기의 기준시기가 일치하여야 하는 논리필연적인 이유는 없다. 그리고 의사표시의 해석에 있어서는 요지시(了知時)까지의 사정이 참작되어야 할 것이므로, 도달시까지의 사정만을 고려하는 소수설은 옳지 못하다. 실질적으로 보아도 도달 당시에는 진의 아님을 몰랐지만 요지시에는 알았다면 표의자로 하여금 무효를 주장할 수 있다고 함이 마땅할 것이다.

상대방이 진의 아님을 알았다거나(악의) 또는 알 수 있었다는 것(과실)은 의사표시의 무효를 주장하는 자가 주장·증명하여야 한다. 통설(곽윤직, 232면 등)과 판례(대판 1992. 5. 22, 92다2295)도 같다.

비진의표시가 무효로 되는 경우에 표의자가 상대방에 대하여 불법행위 등을 이유로 손해배상을 하여야 하는가? 여기에 관하여는, i) 상대방이 선의이지만 과실이 있는 경우에는 불법행위 또는 계약체결상의 과실을 이유로 손해배상책임을 인정하여야 한다는 견해(고상룡, 396면; 김상용, 443면; 김용한, 284면; 김주수, 357면; 이영준, 377면; 이은영, 480면; 정기웅, 368면)와, ii) 손해배상책임이 없다는 견해(곽윤직, 232면; 김준호, 268면; 백태승, 410면; 지원림, 235면)가 대립하고 있다. 생각건대 제107조 제 1 항 단서가 상대방이 안 경우와 그에게 과실이 있는 경우를 똑같이 규정한 것을 보면, 민법의 입법자는 표의자의 손해배상책임을 인정하지 않으려 했던 것으로 보인다(민법안심의록(상), 73면도 참조). 설사 이를 인정하더라도 표의자의 행위가 불법행위의 성립요건을 충족할지 의문이다. 또한 계약체결상의 과실책임을 인정하기 위한 전제로서 어떤 의무가 표의자에게 있다고 하기도 어렵다. 결국 의사표시가 무효로 된 경우에 표의자에게 손해배상책임은 발생하지 않는다고 할 것이다.

(3) 제 3 자에 대한 관계

비진의표시가 예외적으로 무효로 되는 경우에, 그 무효는 선의의 제 3 자에게 대항하지 못한다(107조 2항). 이는 거래의 안전을 위하여 둔 규정이다. 이 규정에서 「제 3 자」, 「선의」, 「대항하지 못한다」 등의 의미는 허위표시(108조 2항)에 있어서와 마찬가지이므로, 허위표시에 관한 설명에 미루기로 한다([146] 이하 참조).

4. 제107조의 적용범위 [141]

(1) 적용되는 경우

제107조는 모든 종류의 의사표시에 적용된다. 그리하여 상대방 있는 의사표시뿐만 아니라 상대방 없는 의사표시에도 적용된다(이은영, 472면은 유언에는 107조가 적용될 여지가 없다고 한다). 그런데 상대방 없는 의사표시에 대하여 제 1 항 단서도 적용되는가에 관하여는 학설이 일치하지 않으며, i) 그 경우에는 제 1 항 단서는 적용될 여지가 없고, 따라서

언제나 유효하다는 견해(곽윤직, 233면; 김준호, 268면; 김학동, 331면; 지원림, 235면)와, ii) 상대방 없는 의사표시에 기하여 특정인이 구체적인 권리·의무를 취득하는 경우에 그 자가 악의이거나 또는 과실이 있는 때에도 그 의사표시를 유효로 할 필요는 없을 것이고, 그렇다면 특정인을 상대방으로 하여 행하여져야 할 의사표시인가 아닌가 하는 형식적인 구별에 구애됨이 없이 단서의 적용(유추적용)까지 인정하는 것이 타당하다는 견해(김용한, 285면; 김주수, 358면; 백태승, 411면. 고상룡, 397면; 김상용, 444면은 악의의 경우만 언급한다)로 나뉘어 있다. 생각건대 상대방에게 과실이 있는 경우는 그렇지 않으나 상대방이 악의인 경우에는 ii)설의 결과가 바람직해 보인다. 그러나 그러한 결과는 제107조 제 1 항 단서를 적용하기에 앞서 의사표시의 해석에 의하여 이미 달성된다(가령 유언의 해석에서 진의 탐구에 의하여). 한편 상대방이 선의이지만 과실이 있는 경우에는 ii)설의 결과는 이상적이지도 않고, 더욱이 법적 근거도 없다. 결국 의사표시를 올바르게 해석한다는 전제 하에서 i)설을 따라야 할 것이다.

제107조는 준법률행위에 관하여도 그 성질에 따라 유추적용된다고 할 것이다(자세한 점은 주해(2), 329면(송덕수) 참조).

(2) 적용이 배제되는 경우

제107조는 가족법상의 행위(민법은 혼인과 입양에 관하여는 명문규정을 두고 있다. 815조 1호·883조 1호 참조), 의사실현, 공법행위(대판 1978. 7. 25, 76누276(영업 재개업 신고); 대판 1994. 1. 11, 93누10057(전역지원서); 대판 1997. 12. 12, 97누13962(공무원 사직) 등), 소송행위, 주식인수의 청약(상법 302조 3항), 유가증권의 행위 등에는 적용되지 않는다.

(3) 기 타

우리 판례와 일부 학설은 대리인이 대리권의 범위 안에서 오직 자기 또는 제 3 자의 이익을 꾀하기 위하여 대리행위를 한 경우에 대하여 제107조 제 1 항 단서를 유추적용한다. 그런데 이는 이른바 대리권 남용의 문제이므로 후에 대리법에서 논의하기로 한다([194] 이하 참조).

[142] ## Ⅲ. 허위표시(虛僞表示)

1. 의 의

허위표시라 함은 상대방과 통정하여서 하는 허위의 의사표시를 말한다. 즉 표의자가 허위의 의사표시를 하면서 그에 관하여 상대방과의 사이에 합의가 있는 경우이다(대판 1998. 9. 4, 98다17909). 채무자가 자기 소유의 부동산에 대한 채권자의 집행을 면하기 위하여 타인과 상의하여 부동산을 그 자에게 매도한 것으로 하고 소유권 이전등기를 한 경우, 경매에 있어서 경매대가를 높이기 위하여 경매인과 합의하여 호가(呼價)를 하는 경우가 그 예이다. 그리고 판례에 따르면, 채권자가 주택임대차보호법상의 대항력을 취득하는 방법으로 기존 채권을 우선변제받을 목적으로 주택임대차계약의 형식을 빌려 기존 채권을 임대차보증금으로 하기로 하고 주택의 인도와 주민등록을 마침으로써 주택임대차로서의 대항력을 취득한 것처럼 외관을 만들었을 뿐 실제 주택을 주거용으로 사용·수익할 목적을 갖지 아니한 계약은 주택임대차계약으로서는 통정허위표시에 해당되어 무효라고 한다(대판 2002. 3. 12, 2000다24184·24191). 허위표시는 상대방과 통정하고 있다는 점에서 통정 허위표시라고도 한다. 그리고 허위표시를 요소로 하는 법률행위를 가리켜 가장행위(假裝行爲)라고도 한다.

2. 요 건

(1) 의사표시의 존재

허위표시가 인정되려면 우선 의사표시가 있어야 한다. 다시 말하면, 유효한 의사표시가 존재하는 것과 같은 외관이 있어야 한다. 그러나 실제에 있어서는 증서의 작성이나 등기·등록과 같은 명백한 외형까지 수반하는 경우가 대부분이다. 그것은 허위표시가 보통 제 3 자를 속이기 위한 목적으로 행하여지기 때문이다.

(2) 진의(의사)와 표시의 불일치

허위표시가 되려면, 진의와 표시가 일치하지 않아야 한다. 즉 표시행위의 의미에 대응하는 표의자의 의사가 존재하지 않아야 한다. 주의할 것은, 당사자의 의사가 있는 한, 의사표시의 법률적 효과와 그것에 의하여 달성하려고 하는 경제적 목적이 서로 모순될지라도, 그것이 곧 허위표시로 되지는 않는다는 점이다. 즉 신탁행위는 허위표시가 아니다.

허위표시는 보통 객관적인 잘못(실제와의 불일치)을 내포하고 있다. 그러나 그러한 잘못이 있다고 하여 곧바로 허위표시로 되지는 않는다. 진의가 존재하는 경우에는 표시에서의 일정한 잘못에도 불구하고 유효한 행위로 인정될 수 있다. 그리하여 당사자가 법률행위에 관하여 발행된 증서에 약간의 사실적인 사항을 실제와 다르게 기재한 경우에, 그 행위 자체가 진정으로 의욕되었으면, 허위표시로 되지 않는다. 예컨대 계약서에 계약체결일자를 소급하여 기재한 경우에는, 그 밖의 것들이 의욕되었다면, 허위표시로서 무효가 아니다.

〈판 례〉

(ㄱ) 「통정 허위표시가 성립하기 위하여는 의사표시의 진의와 표시가 일치하지 아니하고, 그 불일치에 관하여 상대방과 사이에 합의가 있어야 하는바, 제 3 자가 금융기관을 직접 방문하여 금전소비대차 약정서에 주채무자로서 서명날인하였다면 제 3 자는 자신이 당해 소비대차계약의 주채무자임을 금융기관에 대하여 표시한 셈이고, 제 3 자가 금융기관이 정한 대출규정의 제한을 회피하여 타인으로 하여금 제 3 자 명의로 대출을 받아 이를 사용하도록 할 의도가 있었다거나 그 원리금을 타인의 부담으로 상환하기로 하였더라도, 특별한 사정이 없는 한 이는 소비대차계약에 따른 경제적 효과를 타인에게 귀속시키려는 의사에 불과할 뿐, 그 법률상의 효과까지도 타인에게 귀속시키려는 의사로 볼 수는 없으므로, 제 3 자의 진의와 표시에 불일치가 있다고 보기는 어렵다.」(대판 2003. 6. 24, 2003다7357. 같은 취지: 대판 1998. 9. 4, 98다17909)

(ㄴ) 대법원은 하나의 판결에서 위 (ㄱ)의 법리를 판시한 뒤, 「구체적 사안에 있어서 위와 같은 특별한 사정의 존재를 인정하기 위해서는, 실제 차주와 명의대여자의 이해관계의 일치 여부, 대출금의 실제 지급 여부 및 직접 수령자, 대출서류 작성과정에 있어서 명의대여자의 관여 정도, 대출의 실행이 명의대여자의 신용에 근거하여 이루어진 것인지 혹은 실제 차주의 담보제공이 있었는지 여부, 명의대여자에 대한 신용조사의 실시 여부 및 조사의 정도, 대출 원리금의 연체에 따라 명의대여자에게 채무이행의 독촉이 있었는지 여부 및 그 독촉 시점 기타 명의대여의 경위와 명의대여자의 직업, 신분 등의 모든 사정을 종합하여, 금융기관이 명의대여자와 사이에 당해 대출에 따르는 법률상의 효과까지 실제 차주에게 귀속시키고 명의대여자에게는 그 채무부담을 지우지 않기로 약정 내지 양해하였음이 적극적으로 입증되어야 할 것」(대판 2008. 6. 12, 2008다7772 · 7789)이라고 하였다.

(ㄷ) 「동일인에 대한 대출액 한도를 제한한 법령이나 금융기관 내부규정의 적용을 회피하기 위하여 실질적인 주채무자가 실제 대출받고자 하는 채무액에 대하여 제 3 자를 형식상의 주채무자로 내세우고, 금융기관도 이를 양해하여 제 3 자에 대하여는 채무자로서의 책임을 지우지 않을 의도 하에 제 3 자 명의로 대출관계 서류를 작성받은 경우, 제 3 자는 형식상의 명의만을 빌려 준 자에 불과하고 그 대출계약의 실질적인 당사자는 금융기관과 실질적 주채무자이므로, 제 3 자 명의로 되어 있는 대출약정은 그 금융기관의 양해 하에 그에 따른 채무부담의 의사 없이 형식적으로 이루어진 것에 불과하여 통정 허위표시에 해당하는 무효의 법률행위이다.」(대판 2001. 5. 29, 2001다11765. 같은 취지: 대판 1996. 8. 23, 96다18076; 대판 1999. 3. 12, 98다48989; 대판 2001. 2. 23, 2000다65864; 대판 2002. 10. 11, 2001다7445)

(ㄹ) 「명의신탁 부동산을 명의수탁자가 임의로 처분할 경우에 대비하여 명의신탁자

가 명의수탁자와 합의하여 자신의 명의로, 혹은 명의신탁자 이외의 다른 사람 명의로 소유권이전등기 청구권 보전을 위한 가등기를 경료한 것이라면 비록 그 가등기의 등기원인을 매매예약으로 하고 있으며 명의신탁자와 명의수탁자 사이에 그와 같은 매매예약이 체결된 바 없다 하더라도 위와 같은 가등기를 하기로 하는 명의신탁자와 명의수탁자의 합의가 통정 허위표시로서 무효라고 할 수 없다.」(대판 1997. 9. 30, 95다39526. 이 판결은 부동산실명법이 시행되기 전의 것임을 유의하여야 한다. 이 판결은 현재에는 동법에 의하여 유효하게 다루어지는 명의신탁에 대하여만 의미가 있는 것으로 이해하여야 한다)

(3) 표의자가 진의(의사)와 표시의 불일치를 알고 있을 것 [143]

허위표시로 되려면 표의자 스스로 그의 진의와 표시행위의 의미가 일치하지 않는다는 것을 알고 있어야 한다. 허위표시는 이 점에서 비진의표시와 같고 착오와 다르다.

(4) 상대방과의 통정(通情)이 있을 것

허위표시로 인정되려면, 진의와 다른 표시를 하는 데 관하여 상대방과 통정하여야 한다. 여기의 통정(통모. 通謀)이 있다고 하기 위하여서는 표의자가 진의 아닌 표시를 하는 것을 알고 있는 것만으로는 부족하며(그 외에 당사자 쌍방이 별개로 비진의표시를 한 경우와 성취되지 못한 가장행위(가장행위를 하려는 표의자가 그의 의도에 관하여 상대방과 합의가 이루어졌다고 잘못 생각하는 경우)도 비진의표시에 불과하다), 그에 관하여 상대방과의 사이에 합의가 있어야 한다(통설 · 판례도 마찬가지로 새긴다. 대판 1998. 9. 4, 98다17909). 그리고 이렇게 상대방과의 합의를 요하는 점에서 허위표시는 비진의표시와 구별된다.

의사표시의 상대방이 여럿인 경우에는 가장의 합의는 모든 상대방과의 사이에서 행하여져야 한다. 그렇지 않으면 의사표시는 유효하다. 예컨대 다수의 채권자가 채무자를 구제해주기 위하여 각 채권자의 채무의 일부를 면제해주는 내용의 화해계약을 체결하는 경우에, 하나의 채권자가 채무자와 은밀하게 그의 채권만을 완전히 변제하기로 합의한 때에는, 허위표시 규정은 적용되지 않는다. 그리하여 화해계약은 유효하다.

대리인도 타인과 통정하여 허위표시를 할 수 있다. 그 경우에는 대리인과의 합의로 충분하다(116조 1항). 그러나 허위표시가 본인을 속일 목적으로 행하여진 경우에는 신의칙상 상대방은 본인에 대하여 법률행위의 무효를 주장할 수 없다고 하여야 한다(이설 있음. [207], 주해(2), 325면 이하(송덕수) 참조).

(5) 표의자의 동기

허위표시는 보통 제 3 자를 속일 의도로 행하여지나, 그러한 의도는 요건이 아니다.

(6) 증명책임

허위표시의 요건 가운데 의사표시의 존재는 법률효과를 발생시키려는 표의자가 주장·증명하여야 하나, 나머지의 요건들은 모두 의사표시가 허위표시이어서 무효라고 주장하는 자가 이를 주장·증명하여야 한다. 대법원은, 동거하는 부부간에 있어 남편이 처에게 토지를 매도하고 그 소유권이전등기까지 경료한다 함은 이례에 속하는 일로서 가장매매라고 추정하는 것이 경험칙에 비추어 타당하다고 한다(대판 1978. 4. 25, 78다226).

[144] 3. 허위표시와 구별하여야 하는 행위

(1) falsa demonstratio(그릇된 표시)

의사표시의 자연적 해석에 있어서 당사자의 일치하는 이해와 다르게 표시된 것을 가리켜 falsa demonstratio라고 한다([92] 참조). 그러한 falsa demonstratio의 경우에는 표시의 의미가 당사자의 일치하는 이해대로 확정되므로 의사와 표시는 일치한다. 따라서 그것은 허위표시가 아니다.

(2) 신탁행위

어떤 경제적 목적을 달성하기 위하여 상대방에게 그 목적달성에 필요한 정도를 넘는 권리를 이전하면서 상대방으로 하여금 그 이전받은 권리를 당사자가 달성하려고 하는 경제적 목적의 범위 안에서만 행사하게 하는 행위가 신탁행위이다. 동산의 양도담보, 추심을 위한 채권양도가 그 예이다. 이러한 신탁행위는 허위표시(가장행위)가 아니다. 신탁행위에 있어서는 권리를 이전하려는 진의가 있기 때문이다.

이렇게 신탁행위는 가장행위가 아니나, 구체적인 경우에 법률행위가 신탁행위인지 가장행위인지를 판단하는 것은 쉬운 일이 아니다. 이는 법률행위의 해석의 문제인데, 어떤 법률행위가 신탁행위와 가장행위 가운데 어느 것에 속하는지가 불분명한 때에는, 당사자가 그 법률행위에 의하여 추구된 효과를 달성하기 위하여 가장행위의 존재만으로 충분한 것으로 여겼는가 아니면 진정으로 의욕된 행위가 있어야 한다고 생각했는가에 따라, 앞의 경우는 가장행위로, 뒤의 경우는 신탁행위로 보아야 한다.

신탁행위와 가장행위의 법률효과상의 차이는 악의의 제 3 자가 존재할 경우에 나타난다. 즉, 신탁행위에 있어서는 가장행위의 경우와 달리 악의의 제 3 자도 보호하게 된다.

신탁행위인지 논란이 되었던 것으로 명의신탁이 있다. 명의신탁은 대내적 관계에서는 신탁자가 소유권을 보유하여 이를 관리 · 수익하면서 공부상(公簿上)의 소유 명의만을 수탁자 앞으로 해두는 것을 말한다. 이러한 명의신탁은 과거 판례에 의하여 확고한 제도로 정착되었었다. 그러나 그 유효성에 관하여 학설은 무효설(허위표시설) · 유효설(신탁행위설) · 특수이론 등으로 나누어져 있었다. 최근에 와서는 명의신탁이 불법목적으로 악용됨에 따라 이를 원칙적으로 무효화하는 특별법인 「부동산 실권리자 명의 등기에 관한 법률」이 제정되었다. 그에 관하여 자세한 사항은 물권법에서 논한다(물권법 [61] 이하 참조).

(3) 허수아비행위

가장행위와 구별하여야 하는 것의 하나로 허수아비행위가 있다. 여기서 허수아비라 함은 법률행위를 함에 있어서 직접 행위를 할 수 없거나 또는 직접 행위하고 싶지 않은 자(배후 조종자)에 의하여 표면에 내세워진 자를 말한다. 그리고 이러한 자가 제 3 자와 행한 법률행위를 허수아비행위라고 한다. 허수아비행위는 원칙적으로 가장행위가 아니다. 왜냐하면 법률효과의 발생이 진정으로 의욕되었기 때문이다(자세한 점은 주해(2), 355면 이하(송덕수) 참조).

(4) 사해행위(詐害行爲)

채무자가 채권자를 해하기 위하여 행한 법률행위를 사해행위라고 하는데, 이러한 사해행위도 가장행위가 아니다. 거기에는 채권자취소권에 관한 규정(406조)이 적용된다(채권법총론 [129] 이하 참조).

4. 효 과 [145]

(1) 서 설

허위표시는 그 내용에 따른 효과가 발생하지 않는다. 즉 무효이다(108조 1항). 우선 당사자 사이에서 그렇다. 그러나 제 3 자에 대한 관계에서도 허위표시는 무효이다. 다만, 민법상 허위표시의 무효를 가지고 선의의 제 3 자에게 대항하지는 못한다(108조 2항).

〈판 례〉

통정한 허위의 의사표시는 당사자 사이에서는 물론 제 3 자에 대하여도 무효이고 다만, 선의의 제 3 자에 대하여만 이를 대항하지 못한다고 할 것이므로, 허위의 근저당권에 기하여 배당이 이루어진 경우, 배당채권자는 채권자취소의 소로써 통정 허위표시를 취소하지 않았다 하더라도 그 무효를 주장하여 그에 기한 채권의 존부, 범위, 순위에 관한 배당이의의 소를 제기할 수 있다(대판 2001. 5. 8, 2000다9611).

(2) 당사자 사이의 효과

허위표시는 당사자 사이에서는 언제나 무효이다. 선의의 제 3 자가 허위표시의 유효를 주장하는 경우에도 마찬가지이다. 따라서 가장행위에 기하여 이행을 하고 있지 않으면 이행할 필요가 없고, 이미 이행한 경우에는 부당이득을 이유로 반환청구를 할 수 있다. 이때에 제746조는 적용되지 않는다. 통설도 같다. 한편 허위표시의 당사자 쌍방은 상대방에 대하여 소유권이전등기 · 계약증서와 같은 허위표시의 외관의 제거에 협력할 것을 청구할 수 있다. 가령 자력이 없는 채무자 A가 채권자 C의 강제집행을 피하기 위하여 자신의 유일한 부동산을 B에게 파는 것처럼 꾸미고 B의 이름으로 소유권이전등기까지 한 경우에는, A는 B에게 등기말소를 청구할 수 있다. 그리고 C는 자신의 채권을 보전하기 위하여 A가 B에 대하여 가지는 등기말소청구권을 대위행사할 수 있다(404조 참조. 판례도 같다. 대판 1989. 2. 28, 87다카1489).

허위표시가 제406조의 요건을 갖춘 때에는 허위표시를 한 채무자의 채권자는 채권자취소권을 행사할 수 있다(통설 · 판례도 같다. 채권법총론 [133] 참조).

〈판 례〉

「채무자의 법률행위가 통정 허위표시인 경우에도 채권자취소권의 대상으로 된다고 할 것이고, 한편 채권자취소권의 대상으로 된 채무자의 법률행위라도 통정 허위표시의 요건을 갖춘 경우에는 무효라고 할 것이다.」(대판 1998. 2. 27, 97다50985)

[146] (3) 제 3 자에 대한 관계

1) 개 관 가장행위는 원칙적으로 제 3 자에 대하여 무효이다. 단지 선의의 제 3 자에 대하여만 예외가 인정될 뿐이다(108조 2항). 따라서 당사자는 제 3 자에 대하여도 그가 선의의 제 3 자에 해당하지 않는 한 무효를 주장할 수 있다. 그런가 하면 제 3 자, 가령 가장매도인의 채권자도 가장행위의 무효를 주장할 수 있다. 예컨대 채무자가 채권자의 강제집행을 피하기 위하여 타인과 통정하여 자기

의 부동산을 그 자에게 거짓으로 양도한 경우에는, 채권자는 허위표시를 이유로 부동산소유권 이전이 없었음을 주장할 수 있고, 따라서 그 부동산을 압류할 수 있다. 또한 채권이 가장으로 양도된 경우에는, 채무자는 — 그가 양도를 승인하였더라도 — 채권양수인에 대하여 채권양도의 무효를 주장할 수 있다. 그리고 채무자가 그 소유의 재산을 가장매도하여 이를 인도한 경우에는 채무자는 그 매수인에 대하여 매매의 무효를 이유로 이를 반환할 것을 청구할 수 있고, 따라서 채권자는 자기의 채권을 보전하기 위하여 위의 채무자의 가장매수인에 대한 재산반환청구권을 채무자를 대위하여 행사할 수 있음은 물론, 당해 청구권에 관한 강제집행의 보전을 위하여 가압류 또는 가처분명령의 신청도 할 수 있다.

가장행위의 경우에 제 3 자에 대하여 불법행위를 성립시킬 수 있다. 당사자가 합의하여 고의로 제 3 자를 기망한 경우가 그 예이다. 그러한 때에는 그 제 3 자는 양 당사자에 대하여 불법행위를 이유로 손해배상을 청구할 수 있다고 할 것이다.

2) 민법 제108조 제 2 항(선의의 제 3 자 보호) 민법은 제108조 제 2 항에서 「전항의 의사표시의 무효는 선의의 제 3 자에게 대항하지 못한다」고 규정하고 있다. 이 규정은 선의취득이 인정되지 않는 거래분야, 특히 부동산거래에 있어서 사실상 공신의 원칙을 인정하는 것이 되어 대단히 중요한 의미를 갖는다. 이 규정의 내용을 「제 3 자」, 「선의」, 「대항하지 못한다」로 나누어 자세히 살펴보기로 한다.

(가) 제 3 자 일반적으로 제 3 자라고 하면 당사자와 그 포괄승계인(예: 상속인·합병회사) 이외의 자 모두를 가리킨다. 그러나 제108조 제 2 항에서 말하는 제 3 자는, 위와 같은 자 가운데에서 허위표시 행위를 기초로 하여 새로운 이해관계를 맺은 자만을 의미한다(이설이 없으며, 판례도 같다. 대판 1982. 5. 25, 80다1403; 대판 1983. 1. 18, 82다594; 대판 2000. 7. 6, 99다51258). 왜냐하면 위 규정은 허위표시임을 알지 못하여 그것이 유효하다고 믿고 거래한 제 3 자를 보호하기 위하여 두어진 것이기 때문이다. 그리고 새로운 이해관계를 맺었는지 여부는 실질적으로 검토하여야 한다(대판 1996. 4. 26, 94다12074; 대판 2000. 7. 6, 99다51258; 대판 2003. 3. 28, 2002다72125; 대판 2014. 4. 10, 2013다59753; 대판 2020. 1. 30, 2019다280375).

여기의 제 3 자에 해당하는 자로는, 가장매매의 매수인으로부터 목적부동산을 다시 매수한 자(대판 1960. 2. 4, 4291민상636), 가장 매매예약에 기하여 가등기 및 그에 기한 본등기를 한 자(또는 그 후에 그로부터 가등기권리를 모두 넘겨받은 자)로부터 목적부동산을 매수한 자(대판 1996. 4. 26, 94다12074), 가장매매의 매수인으로부터 저당권을 설정받은 자, 가장 전세권에 대하여 저당권을 취득한 자(대판 2006. 2. 9, 2005다59864; 대판 2008. 3. 13, 2006다29372 · 29389; 대판 2021. 12. 30, 2018다268538), 가장 저당권설정행위에 기한 저당권 실행에 의하여 부동산을 경락받은 자(대판 1957. 3. 23, 4289민상580), 가장매매의 매수인으로부터 매매계약(또는 매매예약 · 대물변제예약)에 의한 소유권이전청구권 보전을 위한 가등기를 취득한 자(대판 1970. 9. 29, 70다466), 가장 근저당권설정행위에 기한 근저당권을 양수한 자, 가장매매에 기한 대금채권(가장채권)의 양수인, 가장 소비대차에 기한 대여금채권의 양수인(대판 2004. 1. 15, 2002다31537), 가장 근저당권설정계약이 유효하다고 믿고 그 피담보채권에 대하여 가압류한 자(대판 2004. 5. 28, 2003다70041. 그런데 판례는 피담보채권을 성립시키는 법률행위가 필요하다고 하면서, 만일 근저당권의 피담보채권이 존재하지 않는다면 그 가압류명령은 무효라고 할 것이고, 근저당권을 말소하는 경우에 가압류권자는 등기상 이해관계 있는 제 3 자로서 근저당권의 말소에 대한 승낙의 의사표시를 하여야 할 의무가 있다고 함.), 가장 전세권설정계약에 의하여 형성된 법률관계로 생긴 채권(전세권부 채권)을 가압류한 경우의 가압류권자(대판 2010. 3. 25, 2009다35743; 대판 2013. 2. 15, 2012다49292), 가장매매의 매수인에 대한 압류채권자, 임대차 보증금반환채권이 양도된 후 양수인의 채권자가 임대차 보증금반환채권에 대하여 채권압류 및 추심명령을 받았는데 임대차 보증금반환채권 양도계약이 허위표시로서 무효인 경우에 압류 등을 한 그 채권자(대판 2014. 4. 10, 2013다59753), 파산자가 가장채권을 보유하고 있다가 파산이 선고된 경우의 파산관재인(대판 2003. 6. 24, 2002다48214; 대판 2005. 5. 12, 2004다68366; 대판 2006. 11. 10, 2004다10299; 대판 2010. 4. 29, 2009다96083), 허위의 선급금 반환채무 부담행위에 기하여 그 채무를 보증하고 이행까지 하여 구상권을 취득한 자(대판 2000. 7. 6, 99다51258) 등을 들 수 있다. 가장매매에 기한 손해배상청구권의 양수인, 가령 A가 B에게 그의 부동산을 가장매도한 뒤 C에게 진정으로 매도하고 소유권이전등기까지 해준 경우에, B가 가장매매에 기한 그의 손해배상청구권을 D에게 양도한 때에 있어서의 D에 관하여는, i) 제 3 자가 아니라는 견해(고상룡, 403면; 곽윤직, 235면; 김상용, 449면; 김주수, 363면; 백태승, 417면; 이영준, 386면)와, ii) 제 3 자에 해당한다는 견해(김용한, 291면)가 대립하고 있으나, 그러한 자를 가장매매에 기한 대금채권의 양수인과 구별할 이유는 없다고 할 것이므로 ii)설이 타당하다. 그리고 제 3 자로부터의 전득자도 제 3 자에 해당한다. 대법원도, 제108조 제 2 항에서 「선의의 제 3 자가 보호될 수 있는 법률상 이해관계는 — 통정허위표시에 해당하여 무효인(저자 주) — 위 전세권설정계약의 당사자를 상대로 하여 직접 법률상 이해관계를 가지는 경우 외에도 그 법률상 이해관계를 바탕으로 하여 다시 위 전세권설정계약에 의하여 형성된 법률관계와 새로이 법률상 이해관계를 가지게 되는 경우도 포함된다」고 하여(대판 2013. 2. 15, 2012다49292) 같은 태도를 취하고 있다. 이 판결의 사안을 구체적으로 살펴보면 이 판결은, 갑이 을의 임차보증금반환채권을 담보하기 위하여 통정허위표시로 을에게 전세권설정등기를 마친 후 병이 이러한 사정을 알면서도 을에 대한 채권을 담보하기 위하여 위 전세권에 대하여 전세권근저당권 설정등기를 마쳤는데, 그 후 정이 병의 전세권근저당권부 채권을 가압류하고 압류명령을 받은 사안에서, 정이 통정허위표시에 관하여 선의라면 비록 병이 악의라 하더라도 허위표시자는 그에 대하여 전세권이 통정허위표시에 의한 것이라는 이유로 대항할 수 없다고 하였다.

〈참 고〉 [147]

가령 가장매매의 매수인으로부터 목적부동산을 다시 매수한 자가 제108조 제 2 항의 제 3 자로 되려면 계약만 체결한 것만으로는 부족하고 자신의 명의로 등기까지(동산의 경우 인도까지) 마쳤어야 하는가? 여기에 관하여 다른 학자들의 논의는 보이지 않는다(나의 일반적인 설명으로 채권법각론 [68] 참조). 그리고 판례는 가장매매의 매수인으로부터 부동산을 다시 매수한 자를 제 3 자로 인정하면서도, 등기 여부에 대하여는 명시적으로 판단한 적이 없다. 다만, 판례가 다룬 사안은 모두 등기를 한 경우였다(가령 대판 1960. 2. 4, 4291민상636. 대판 1996. 4. 26, 94다12074 도 참조).

이러한 상황에서 이론상으로는 등기하지 않고 단순히 계약만 체결하고 있는 자는 여기의 제 3 자에 해당하지 않는다는 견해도 주장될 여지가 있다. 그러나 여기의 제 3 자는 허위표시행위를 기초로 새로이 이해관계를 맺었으면 되고, 제548조 제 1 항 단서의 제 3 자와 달리(여기에 대하여는 확고한 판례가 있음. 채권법각론 [68] 참조) 등기까지 갖추어 완전한 권리를 취득한 자일 필요가 없다고 새겨야 한다. 제108조 제 2 항이 제548조 제 1 항 단서와 달리 「제 3 자의 권리를 해하지 못한다」고 하지 않고 「선의의 제 3 자에 대항하지 못한다」고 규정하고 있고, 또 등기까지 한 자만을 제 3 자로 해석하면 제 3 자 보호가 불충분하다는 점 등을 들 수 있다.

그리고 이와 같이 해석하는 때에는, 제 3 자로 된 매수인이 그의 등기청구권을 보전하기 위하여 가장매매의 매수인의 가장매매의 매도인에 대한 등기청구권을 대위행사하는 경우에 그 매도인은 허위표시의 무효를 주장하지 못한다고 하여야 한다(결과에서 같은 취지: 주해(9), 781면(김능환)). 그렇게 새기지 않으면 제 3 자를 보호하려는 제108조 제 2 항의 취지를 살릴 수 없기 때문이다. 구체적인 예를 들어 다시 설명하면, 갑이 자신의 토지를 을에게 매매한 것처럼 계약서를 허위로 작성하였으나, 을 명의로 등기는 하지 않고 있었는데, 그 상태에서 을이 병에게 그 토지를 매도한 경우에, 병이 그의 을에 대한 등기청구권을 보전하기 위하여 을의 갑에 대한 등기청구권을 대위행사할 수 있고, 이때 갑은 병에게 갑과 을 사이의 매매가 허위표시로서 무효라고 주장할 수 없는 것이다. 본래 갑과 을 사이의 매매가 가장매매이어서 을은 갑에 대하여 등기청구권을 가지고 있지 않으나, 제 3 자 보호를 규정하고 있는 제108조 제 2 항의 취지를 살리려면 을의 권리를 인정하는 해석을 하는 것이 불가피한 것이다. 주의할 것은, 위의 예에서 병이 단순히 을에 대하여 금전채권만을 가지고 있다면, 그가 을의 등기청구권을 갑에게 대위행사하는 경우에 갑은 허위표시의 무효로 대항할 수 있다는 점이다. 그런 경우의 병은 새로운 이해관계, 즉 가장행위와는 별개의 법률원인에 의하여 고유한 법률관계에 들어가지 않았고, 따라서 제108조 제 2 항의 제 3 자가 아니기 때문이다. 요컨대 가장매매의 매수인으로부터 다시 매수한 자와 같이 가장매매에 기하여 특정채권을 취득한 자는 여기의 제 3 자에 해당하나, 가장매매의 매수인에 대하여 금전채권을 가지고 있는 자나 가장매매가 아닌 다른 원인에 기하여 채권(특정채권 포함)을 취득한 자는 여기의 제 3 자가 아니다. 그리하여 전자에 대하여는 무효주장을 못하지만, 후자에 대하여는 무효주장을 할 수 있는 것이다.

〈판 례〉

(ㄱ) 「파산자가 파산선고시에 가진 모든 재산은 파산재단을 구성하고, 그 파산재단을 관리 및 처분할 권리는 파산관재인에게 속하므로, 파산관재인은 파산자의 포괄승계인과 같은 지위를 가지게 되지만, 파산이 선고되면 파산채권자는 파산절차에 의하지 아니하고는 파산채권을 행사할 수 없고, 파산관재인이 파산채권자 전체의 공동의 이익을 위하여 선량한 관리자의 주의로써 그 직무를 행하므로, 파산관재인은 파산선고에 따라 파산자와 독립하여 그 재산에 관하여 이해관계를 가지게 된 제 3 자로서의 지위도 가지게 된다. 따라서 파산자가 상대방과 통정한 허위의 의사표시를 통하여 가장채권을 보유하고 있다가 파산이 선고된 경우 그 가장채권도 일단 파산재단에 속하게 되고, 파산선고에 따라 파산자와는 독립한 지위에서 파산채권자 전체의 공동의 이익을 위하여 직무를 행하게 된 파산관재인은 그 허위표시에 따라 외형상 형성된 법률관계를 토대로 실질적으로 새로운 법률상 이해관계를 가지게 된 민법 제108조 제 2 항의 제 3 자에 해당한다.」(대판 2003. 6. 24, 2002다48214)

(ㄴ) 「파산자가 파산선고 전에 상대방과 통정한 허위의 의사표시를 통하여 가장채권을 보유하고 있다가 파산이 선고된 경우, 파산관재인은 민법 제108조 제 2 항의 제 3 자에 해당하므로 상대방이 파산관재인에게 통정 허위표시임을 들어 그 가장채권의 무효임을 대항할 수 없다 할 것이지만, 위 민법 제108조 제 2 항과 같은 특별한 제한이 있는 경우를 제외하고는 채무의 소멸 등 파산 전에 파산자와 상대방 사이에 형성된 모든 법률관계에 관하여 파산관재인에게 대항할 수 없는 것은 아니라 할 것이며, 그 경우 파산자와 상대방 사이에 일정한 법률효과가 발생하였는지 여부에 대하여는 파산관재인의 입장에서 형식적으로 판단할 것이 아니라 파산자와 상대방 사이의 실질적 법률관계를 기초로 판단하여야 할 것이다.」(대판 2005. 5. 12, 2004다68366)

(ㄷ) 보증인이 주채무자의 기망행위에 의하여 주채무가 있는 것으로 믿고 주채무자

와 보증계약을 체결한 다음 그에 따라 보증채무자로서 그 채무까지 이행한 경우, 그 보증인은 주채무자에 대한 구상권 취득에 관하여 법률상의 이해관계를 가지게 되었고 그 구상권 취득에는 보증의 부종성으로 인하여 주채무가 유효하게 존재할 것을 필요로 한다는 이유로 결국 그 보증인은 주채무자의 채권자에 대한 채무부담행위라는 허위표시에 기초하여 구상권 취득에 관한 법률상 이해관계를 가지게 되었다고 보아 민법 제108조 제 2 항 소정의 '제 3 자'에 해당한다고 한 사례(대판 2000. 7. 6, 99다51258).

위 판결의 환송 후 판결: 「보증인이 채권자에 대하여 보증채무를 부담하지 아니함을 주장할 수 있었는데도 그 주장을 하지 아니한 채 보증채무의 전부를 이행하였다면 그 주장을 할 수 있는 범위 내에서는 신의칙상 그 보증채무의 이행으로 인한 구상금채권에 대한 연대보증인들에 대하여도 그 구상금을 청구할 수 없다.」(대판 2006. 3. 10, 2002다1321)

(ㄹ) 「실제로는 전세권설정계약이 없으면서도 임대차계약에 기한 임차보증금 반환채권을 담보할 목적으로 임차인과 임대인 사이의 합의에 따라 임차인 명의로 전세권설정등기를 경료한 후 그 전세권에 대하여 근저당권이 설정된 경우, 가사 위 전세권설정계약만 놓고 보아 그것이 통정 허위표시에 해당하여 무효라 하더라도 이로써 위 전세권설정계약에 의하여 형성된 법률관계를 토대로 별개의 법률원인에 의하여 새로운 법률상 이해관계를 갖게 된 근저당권자에 대하여는 그와 같은 사정을 알고 있었던 경우에만 그 무효를 주장할 수 있다.」(대판 2008. 3. 13, 2006다29372 · 29389)

(ㅁ) 「임대인과 임차인이 위와 같이 임대차 보증금반환채권을 담보할 목적으로 전세권을 설정하기 위하여 전세권설정계약을 체결하였다면, 임대차 보증금에서 연체차임 등을 공제하고 남은 돈을 전세금으로 하는 것이 임대인과 임차인의 합치된 의사라고 볼 수 있다. 그러나 그 전세권설정계약은 외관상으로는 그 내용에 차임지급 약정이 존재하지 않고 이에 따라 전세금이 연체차임으로 공제되지 않는 등 임대인과 임차인의 진의와 일치하지 않는 부분이 존재한다. 따라서 그러한 전세권설정계약은 위와 같이 임대차계약과 양립할 수 없는 범위에서 통정허위표시에 해당하여 무효라고 봄이 타당하다. 다만 그러한 전세권설정계약에 의하여 형성된 법률관계에 기초하여 새로이 법률상 이해관계를 가지게 된 제 3 자에 대하여는 그 제 3 자가 그와 같은 사정을 알고 있었던 경우에만 그 무효를 주장할 수 있다.」(대판 2021. 12. 30, 2018다268538)

(ㅂ) 갑이 통정 허위표시에 해당하여 무효인 전세권설정계약에 의하여 형성된 법률관계로 생긴 채권(전세권부 채권)을 가압류한 사안에서, 가압류 등기를 마칠 당시 전세권설정등기가 말소되지 아니한 상태였고, 전세권 갱신에 관한 등기가 불필요한 전세권명의자가 부동산 일부를 여전히 점유 · 사용하고 있었던 이상, 갑은 통정 허위표시를 기초로 하여 새로이 법률상 이해관계를 가진 선의의 제 3 자에 해당한다고 봄이 상당하다고 한 사례(대판 2010. 3. 25, 2009다35743).

그에 비하여 대리인이나 대표기관이 상대방과 허위표시를 한 경우의 본인이나 법인, 채권의 가장양수인으로부터 추심을 위하여 채권을 양수한 자, 가장양수인의 일반채권자(압류 등의 경우는 예외), 가장 소비대차에 있어서 대주의 지위를 이전받은 자(대판 2004. 1. 15, 2002다31537) 등은 여기의 제 3 자가 아니다. 이들은 모두 새로운 이해관계, 즉 가장행위와는 별개의 법률원인에 의하여 고유한 법률상의 이익을 갖는 법률관계에 들어가지 않았기 때문이다. 그리고 판례는, A가 부동산의 매수자금을 C로부터 차용하고 담보조로 가등기를 해주기로 약정한 후 채권자들의 강제집행을 우려하여 B에게 가장양도한 후 C 앞으로 가등기를 하게 한 경우에 있어서 C는 형식상은 가장양수인으로부터 가등기를 넘겨받은 것으로 되어 있으나 그 가등기는 실질적인 새로운 법률원인에 의한 것이 아니므로 C를 통정 허위표시에서의 제 3 자로 볼 수 없다고 한다(대판 1982. 5. 25, 80다1403). 또한 갑이 부동산 관리를 위해 을에게 매매예약을 등기원인으로 소유권이전등기 청구권 가등기를 마쳐주었고, 그 후 을이 제기한 가등기에 기한 본등기의 이행을 구하는 소송이 공시송달로 진행된 결과 을의 승소판결이 선고되어 외형상 확정되었으나, 갑이 추완항소를 제기하여 가등기의 등기원인인 매매예약이 갑과 을의 통정한 허위의 의사표시에 의한 것으로 무효라는 이유로 제 1 심판결을 취소하고 을의 청구를 기각하는 판결이 선고·확정되었는데, 위 부동산에 관하여 을이 갑의 추완항소 이전에 발급받았던 송달증명원 및 확정증명원을 가지고 확정판결을 원인으로 지분소유권 이전등기를 마쳤고, 을의 남편인 병이 재산분할을 원인으로 지분소유권 이전등기를 마쳤으며, 그 후 정과 무가 위 부동산에 관하여 매매를 원인으로 지분소유권 이전등기를 순차로 마친 사안에서, 무는 을 명의의 허위 가등기 자체를 기초로 하여 새로운 법률상 이해관계를 맺은 제 3 자의 지위에 있지 않다고 한다(대판 2020. 1. 30, 2019다280375).

채권의 가장양도에 있어서의 채무자가 여기의 제 3 자인가에 관하여 i) 다수설(고상룡, 402면; 곽윤직, 235면; 김상용, 449면; 김주수, 363면; 김학동, 335면; 백태승, 417면; 이영준, 386면)은 이를 부정한다. 그러나 ii) 소수설(김용한, 291면)은 채권의 가장양수인에 대하여 채무자가 변제 기타 채무를 소멸시키는 행위를 한 경우에는 제 3 자에 포함되지만, 아직 변제행위를 하지 않은 경우에는 제 3 자가 아니라고 한다. 그리고 판례는, 퇴직금채권 가장양도계약이 있은 후 채무자가 퇴직금을 지급하지 않고 있는 동안에 그 계약이 허위표시임이 밝혀진 경우에는, 채무자는 선의의 제 3 자임을 내세워 퇴직금채권의 전부채권자에게 퇴직금의 지급을 거절하지 못한다고 한다(대판 1983. 1. 18, 82다594. 판례는 변제를 한 경우에는 채무자를 제 3 자로 인정할 것으로 보인다). 생각건대 채권의 가장양도에 있어서의 채무자는 본래 가장행위에 기하여 새로운 이해관계를 맺은 자가 아니다. 그러나 변제를 한 경우에는 이해관계를 맺은 것으로 보아 여기의 제 3 자로 인정하여야 한다. 다른 한편으로 채권의 가장양도 후에 양도인이 채무자에게 채권양도를 통지한 경우에는, 채무자가 채권양도가 가장행위임을 모르고 변제를 하였으면, 채무자는 그 변제를 가지고 양도인에게 대항할 수 있다(452조 1항). 그리고 설사 채권양도의 통지가 없었더라도 가장양수인을 채권의 준점유자로 보아야 하므로(이것이 다수설이지만, 이설 있음. 채권법총론 [213] 참조), 채무자가 선의이며 과실 없이 가장양수인에게 변제한 때에는, 채무자의 변제는 유효하게 된다(470조).

제108조 제 2 항의 제 3 자에 해당된다고 하는 사실은 제 3 자가 주장 · 증명하여야 한다.

(나) **선 의** 법률에서 일반적으로 선의(善意) · 악의(惡意)라고 하면 그 것들은 각각 어떤 사정을 알지 못하는 것 · 어떤 사정을 알고 있는 것을 가리키며, 타인을 해칠 의도의 유무와는 무관하다. 그리하여 제108조 제 2 항에서 선의라 함은 의사표시가 허위표시임을 알지 못하는 것이다. 제 3 자가 대리인을 통하여 이해관계를 맺은 경우에는 선의 여부는 대리인을 표준으로 하여 결정하여야 한다(116조 1항). [148]

제 3 자의 선의 · 악의를 결정하는 표준이 되는 시기는 법률상 새로운 이해관계를 맺은 때이다. 그리하여 예컨대 가장 채권양도의 경우에는 양도통지시가 아니고 양도계약시가 기준시기로 된다.

선의의 제 3 자로부터 다시 권리를 전득한 자에 대하여는 그가 설사 전득시에 악의였을지라도 허위표시의 무효를 가지고 대항하지 못한다고 새겨야 한다(이설 없음). 그렇게 새기지 않으면 선의의 제 3 자를 보호하려는 제108조 제 2 항의 취지를 살릴 수 없을 것이기 때문이다. 선의의 제 3 자의 취득에 의하여 하자는 치유되었다고 해석할 수 있을 것이다.

〈판 례〉

「파산관재인은 선임되어 파산의 종결에 이르기까지 다양하게 설명되는 법적 지위에서 여러 가지 직무권한을 행사하는바, 파산관재인이 민법 제108조 제 2 항의 경우 등에 있어 제 3 자에 해당된다고 한 것(대법원 2003. 6. 24. 선고 2002다48214 판결, 2005. 7. 22. 선고 2005다4383 판결 등 참조)은, 파산관재인은 파산채권자 전체의 공동의 이익을 위하여 선량한 관리자의 주의로써 그 직무를 행하여야 하는 지위에 있기 때문에 인정되는 것이므로, 그 선의·악의도 파산관재인 개인의 선의·악의를 기준으로 할 수는 없고, 총파산채권자를 기준으로 하여 파산채권자 모두가 악의로 되지 않는 한 파산관재인은 선의의 제 3 자라고 할 수밖에 없다.

이러한 법리에 비추어 살펴보면, 비록 파산관재인인 피고가 파산선고 이전에 위에서 본 바와 같은 까닭으로 개인적인 사유로 이 사건 대출계약이 통정 허위표시에 의한 것이라는 점을 알게 되었다고 하더라도 그러한 사정만 가지고 파산선고시 파산관재인이 악의자에 해당한다고 할 수는 없다.」(대판 2006. 11. 10, 2004다10299)

제 3 자가 보호되기 위하여서는 선의인 데 과실이 없어야 하는가? 여기에 관하여 i) 다수설(곽윤직, 235면; 김상용, 449면; 김용한, 292면; 김학동, 335면; 백태승, 417면; 이영준, 387면; 이은영, 503면)은 선의이면 되고 무과실은 요건이 아니라고 하나, ii) 소수설(고상룡, 405면)은 무과실은 필요하지 않지만 중과실이 있어서는 안 된다고 한다. 그리고 판례는 다수설과 같이 무과실을 요구하지 않는다(대판 2004. 5. 28, 2003다70041; 대판 2006. 3. 10, 2002다1321). 생각건대 제108조 제 2 항에서 무과실이 규정되지 않은 것은 입법자의 결단이라고 보아야 하며, 따라서 다수설 및 판례가 타당하다.

제 3 자의 선의·악의의 주장·증명책임에 관하여 통설은 제 3 자의 악의를 주장하는 자가 이를 증명하여야 한다고 하며(다만, 지원림, 244면은 의문을 제기한다), 판례도 같다(대판 1970. 9. 29, 70다466; 대판 1978. 12. 26, 77다907; 대판 2006. 3. 10, 2002다1321). 생각건대 제 3 자는 일반적으로 표의자의 허위표시를 알 수 없는 입장에 있다고 할 것이므로, 제 3 자를 보호하려는 제108조 제 2 항의 취지를 살리기 위하여 통설·판례를 따라야 할 것이다.

[149] **(다) 대항하지 못한다** 일반적으로 「대항하지 못한다」라고 하면 법률행위의 당사자가 제 3 자에 대하여 법률행위의 효력(유효·무효)을 주장하지 못하지만, 제 3 자가 그 효력을 인정하는 것은 무방하다는 것을 의미한다. 제108조 제 2 항에서 대항하지 못한다는 것은 허위표시의 무효를 주장할 수 없다는 것이다. 그 결과 허위표시는 무효이지만 선의의 제 3 자에 대한 관계에 있어서는 표시된 대로 효력이 생기게 된다. 즉 상대적 무효이다.

선의의 제 3 자에 대하여 허위표시의 무효를 주장하지 못하는 것은 당사자 및 그 포괄승계인뿐만 아니라 당사자의 채권자도 마찬가지이다. 당사자의 특정승계인도 같다. 대법원은 구체적 사안에서, 가장 매매예약의 예약매도인으로부터 부동산을 매수한 자도 선의의 제 3 자(등기를 마친 경우)에게 무효를 주장하지 못한다고 하였다. 즉, 통정 허위표시(매매예약)를 원인으로 한 부동산에 관한 가등기 및 그 가등기에 기한 본등기로 인하여 예약매도인으로부터 부동산을 매수한 갑의 소유권이전등기가 말소된 후 그 본등기에 터잡아 을이 부동산을 양수하여 소유권이전등기를 마친 경우, 을이 통정 허위표시자로부터 실질적으로 부동산을 양수하고 또 이를 양수함에 있어 통정 허위표시자 명의의 각 가등기 및 이에 기한 본등기의 원인이 된 각 의사표시가 허위표시임을 알지 못하였다면, 갑은 선의의 제 3 자인 을에 대하여는 그 각 가등기 및 본등기의 원인이 된 각 허위표시가 무효임을 주장할 수 없고, 따라서 을에 대한 관계에서는 그 각 허위표시가 유효한 것이 되므로, 그 각 허위표시를 원인으로 한 각 가등기 및 본등기와 이를 바탕으로 그 후에 이루어진 을 명의의 소유권이전등기도 유효하다고 하였다(대판 1996. 4. 26, 94다12074). 한편 이 판결의 사안과 달리 「부동산의 가장매수인으로부터 선의로 부동산을 매수하는 계약을 체결하고 아직 소유권이전등기는 하지 않고 있는 자」가 가장매도인으로부터 그 부동산을 매수하여 소유권이전등기를 마친 자에 대하여 가장매매의 유효주장을 할 수 있는가가 문제된다. 생각건대 등기를 마치지 않은 매수인도 선의의 제 3 자에 해당하기는 하나, 이러한 경우는 제186조에 의하여 해결하는 것이 바람직하다. 그 결과 가장매수인으로부터 매수한 자는 소유권취득의 요건을 모두 갖추지 못하였기 때문에 소유권취득의 요건을 갖춘 가장매도인으로부터의 매수인에 대하여 소유권취득을 주장할 수 없다고 하여야 한다. 이러한 시각에서 사견은, 앞의 대법원판결을 가장 예약매수인으로부터 매수한 제 3 자가 등기를 갖추었고 가장 예약매도인으로부터의 매수인은 등기가 없는 경우에 관하여 판단한 것으로 이해하고 싶다.

〈판 례〉

「민법 제108조에 의하면, 상대방과 통정한 허위의 의사표시(다음부터 단순히 허위표시라고 한다)는 무효이고 누구든지 그 무효를 주장할 수 있는 것이 원칙이나, 허위표시의 당사자 및 포괄승계인 이외의 자로서 허위표시에 의하여 외형상 형성된 법률관계를 토대로 실질적으로 새로운 법률상 이해관계를 맺은 선의의 제 3 자에 대하여는 허위표시의 당사자뿐만 아니라 그 누구도 허위표시의 무효를 대항하지 못한다 할 것이고, 따라서 위와 같은 선의의 제 3 자에 대한 관계에 있어서는 허위표시도 그 표시된 대로 효력이 있다.」(대판 1996. 4. 26, 94다12074)

허위표시의 무효를 선의의 제 3 자에 대하여 주장할 수 없는 경우에 선의의 제 3 자가 무효를 주장할 수 있는가? 여기에 관하여 i) 다수설(고상룡, 407면; 곽윤직, 235면; 김상용, 450면; 백태승, 417면; 이은영, 504면)은 선의의 제 3 자가 무효를 주장하는 것은 무방하다고 한다. 그에 비하여 ii) 소수설(김주수, 364면; 김학동, 336면; 이영준, 389면. 신의칙상 무효 주장을 허용하지 않을 것이라는 지원림, 246면도 이에 속한다)은 선의의 제 3 자가 허위표시의 무효를 주장하는 것은 허용되지 않아야 한다고 주장한다. 이 견해는, 선의의 제 3 자라고 해서 그 법률행위의 결과가 자기에게 불리하면 허위표시의 무효를 주장하고 유리하면 유효를 주장할 수 있게 하는 것은 불공평하고, 뿐만 아니라 다수설과 같은 결론을 인정하는 것은 거래의 안전을 보호하려고 하는 제108조 제 2 항의 취지에도 반한다고 한다. 생각건대 허위표시는 본래 무효이다. 그리고 허위표시가 대체로 당사자 이외의 자를 속이기 위하여 행하여진다는 점을 생각해 볼 때, 무효 주장을 하는 선의의 제 3 자보다 허위표시의 유효를 주장하는 당사자를 보호할 이유는 없다. 또한 제108조 제 2 항이 「대항하지 못한다」고 규정하고 있는 점도 간과하지 않아야 한다. 그 조항은, 문언상, 선의의 제 3 자로 하여금 유효를 주장하는 방법으로만 그를 보호하려고 하는 취지의 것이 결코 아니다. 결국 다수설이 타당하다.

(4) 법률행위의 일부의 가장행위

가령 매매계약에 있어서 거짓으로 환매의 특약을 삽입하는 경우와 같이 법률행위의 일부가 허위표시인 때에는 일부무효의 법리(137조)에 의하여 법률행위의 효력이 결정되어야 한다(같은 취지: 김상용, 448면; 이영준, 379면. 그러나 이은영, 490면은 잔존부분의 유효가 원칙이라고 한다).

(5) 허위표시의 철회

허위표시는 무효이므로 그것의 철회는 논리적으로 무의미하다고 할 것이다. 그러나 허위표시도 제 3 자에 대한 관계에서는 유효로 취급될 수도 있으므로 철회의 필요성이 있고, 또 일단 하나의 의사표시가 존재하는 만큼 그것의 효력을 분명하게 제거하는 것이 불가능하지 않다고 하여야 할 것이다. 따라서 허위표시의 철회를 인정하여야 한다(통설도 같다. 다만, 이은영, 505면은 철회는 불가능하며 의사표시의 외관 제거만이 가능하다고 한다).

허위표시의 철회가 있었더라도 그 이전에 이해관계를 맺은 선의의 제 3 자에 대하여는 철회를 가지고 대항할 수 없다. 그리고 철회 후에 이해관계를 맺은 자에 대하여는, 그 이전에 허위표시의 외형을 제거한 경우에는 대항할 수 있으나, 그러한 외형을 제거하지 않은 경우에는 대항할 수 없다.

5. 제108조의 적용범위 [150]

제108조는 모든 의사표시, 즉 모든 법률행위에 적용된다. 그리하여 법률행위가 계약인가 단독행위인가를 묻지 않는다. 그런데 상대방 없는 단독행위에도 적용되는가에 관하여는, i) 적용 부정설(곽윤직, 236면; 김준호, 276면; 김학동, 337면; 백태승, 418면)과 ii) (유추)적용 인정설(고상룡, 409면; 김상용, 450면; 김용한, 294면; 김주수, 365면; 이영준, 390면; 이은영, 496면)이 대립하고 있다. 그 이유로 적용 부정설은 제108조의 문언을 들고, 적용 인정설은 상대방 없는 의사표시에 관하여 제108조의 적용을 부정하면 이 의사표시에 의하여 다른 특정인이 직접 수익하는 경우에 이 수익을 원상으로 복구할 수 없게 된다는 점을 든다. 생각건대 상대방 없는 의사표시의 경우에 수익의 원상복구는 의사표시의 해석의 문제로서 해결될 수 있다(108조가 적용되지 않는다고 하여 무조건 유효인 것이 아님을 주의). 다만, 선의의 제 3 자가 관여한 경우에 그의 보호를 생각한다면 제108조의 법리를 적용하는 것이 필요할 것이다. 나아가 정관작성행위에 제108조가 적용되는가에 관하여는, i) 부정설(곽윤직, 236면; 김용한, 294면; 백태승, 418면), ii) 긍정설(김상용, 451면; 김주수, 365면; 김학동, 337면; 이영준, 391면)이 대립하고 있다. 사견으로는 부정설에 찬성한다([331] 참조). 한편 가족법상의 행위에 제108조가 적용되는가에 관하여도 학설이 대립된다. i) 본인의 진의를 절대적으로 존중하는 가족법상의 행위에 관하여는 허위표시는 언제나 무효이고, 그 무효는 선의의 제 3 자에 대하여서도 주장할 수 있다는 견해(곽윤직, 236면; 김준호, 276면; 김학동, 338면; 백태승, 419면), ii) 혼인 · 입양과 같이 당사자의 의사가 절대적으로 존중되는 가족법상의 행위상의 허위표시에는 제108조가 적용되지 않으나, 가족법상의 행위라 하더라도 재산법적인 요소가 짙은 행위, 예컨대 상속재산 분할의 협의 · 상속재산의 포기 등에 관하여는 제108조가 적용된다는 견해(고상룡, 410면; 김상용, 451면; 김용한, 294면; 김주수, 365면; 이영준, 391면; 이은영, 496면; 정기웅, 377면)가 그것이다. 생각건대 현행법상 상속법상의 행위는 가족법상의 행위가 아니고 재산행위라고 보아야 할 것이다. 그렇게 보면 두 견해는 차이가 없어지게 된다. 한편 가장혼인이나 가장입양은 명문규정(815조 1호 · 883조 1호)상 무효로 된다(친족상속법 [34] · [133] 참조). 그러나 이는 제108조에 의한 것이 아니기 때문에, 당연히 무효로 되는지에 대하여는 친족법에서 따로 논의되고 있음을 유의해야 한다(친족상속법 [38] · [133] 참조).

그 밖에 제108조는 유가증권에 관한 행위, 주식인수의 청약에는 적용되지 않는다고 하여야 한다(같은 취지: 이은영, 496면. 반대: 이영준, 391면). 그런데 판례는 어음행위에 제108조를 적용하고 있다(대판 1996. 8. 23, 96다18076; 대판 2005. 4. 15, 2004다70024). 한편 제108조는 공법행위에도 원칙적으로 적용되지 않는다.

근래 일부 견해(김상용, 452면; 김학동, 337면; 이영준, 392면)는 허위표시가 없는 경우에도 거래의 안전을 보호하기 위하여 외관의 허위성이 인정되고 또한 진정한 권리자에의 귀책이 가능한 경우에는 제108조 제 2 항을 유추적용해야 한다고 주장한다. 그런가 하면 이에 반대하는 견해(백태승, 420면)도 있다. 그리고 판례는, 을이 갑으로부터 부동산에 관한 담보권설정의 대리권만 수여받고도 그 부동산에 관하여 자기 앞으로 소유권이전등기를 하고 이어서 병에게 그 소유권이전등기를 경료한 경우에 관하여, 제126조나 제108조 제 2 항을 유추할 수는 없다고 한다(대판 1981. 12. 22, 80다1475; 대판 1991. 12. 27, 91다3208). 생각건대 제108조 제 2 항을 유사한 경우에 — 넓게 — 유추적용하게 되면, 법률상 등기에 공신력을 인정하는 것과 거의 같은 결과에 도달하게 된다. 이것은 민법의 기본적 입장에 배치된다. 민법은 의식적으로 등기에 공신력을 인정하지 않고 있기 때문이다. 결국 제108조 제 2 항의 유추적용은 허용하지 않아야 한다(보다 자세한 사항은 주해(2), 385면(송덕수) 이하 참조).

6. 은닉행위(隱匿行爲)

법률행위를 함에 있어서 당사자가 가장된 외형행위에 의하여 진정으로 의욕한 다른 행위를 숨기는 경우가 있다. 그러한 경우에 숨겨진 행위를 은닉행위라고 한다. 증여를 하면서 매매를 가장하는 경우, 매매계약을 체결하면서 계약서에 매매대금을 실제로 합의된 것과 다르게 적는 경우가 그 예이다. 은닉행위의 경우에 그것을 감추는 외형상의 행위는 가장행위(허위표시)이다. 그러나 은닉행위 자체는 가장행위가 아니다. 따라서 가장된 외형행위는 무효이지만, 은닉행위는 — 그것이 유효하기 위한 요건을 갖추고 있는 한 — 가장행위와 관계없이 유효하다고 하여야 한다. 통설과 판례도 같은 태도이다(대판 1993. 8. 27, 93다12930). 은닉행위의 유효성을 인정하는 것은 — 새로운 법률행위 해석 이론에 따르면 — 자연적 해석을 한 결과라고 할 수 있다([92] 참조).

〈판 례〉

매도인이 경영하던 기업이 부도가 나서 그가 주식을 매도할 경우 매매대금이 모두 채권자은행에 귀속될 상황에 처하자 이러한 사정을 잘 아는 매수인이 매매계약서상의 매매대금은 형식상 8,000원으로 하고 나머지 실질적인 매매대금은 매도인의 처와

상의하여 그에게 적절히 지급하겠다고 하여 매도인이 그와 같은 주식매매계약을 체결한 경우, 매매계약상의 대금 8,000원이 적극적 은닉행위를 수반하는 허위표시라 하더라도 실지 지급하여야 할 매매대금의 약정이 있는 이상 위 매매대금에 관한 외형행위가 아닌 내면적 은닉행위는 유효하고 따라서 실지 매매대금에 의한 위 매매계약은 유효하다(대판 1993. 8. 27, 93다12930).

Ⅳ. 착오(錯誤) [151]

1. 의 의

사람의 능력의 불완전에서 연유하는 착오는 사람의 관념이 관여할 수 있는 한 모든 행위 분야에서 일어날 수 있다. 그리하여 비단 민법 내지 사법의 영역에 한하지 않고, 형법 · 행정법 · 민사소송법과 같은 공법의 영역에서도 착오는 문제된다. 민법의 영역 안에서도 착오는 의사표시에 있어서뿐만 아니라 준법률행위나 그 밖의 법률사실에서도 문제된다. 그런데 제109조는 의사표시에 있어서의 착오만을 규정하고 있다(그 외에 민법규정 중 법률행위에 관한 것으로 733조(화해계약) · 861조(인지), 변제에 관한 것으로 743조 · 744조 · 745조가 있다).

「착오」와 「착오로 인한 의사표시」는 용어상 구별하여 사용되어야 한다. 전자는 착오라는 사실 자체만을 가리키고, 후자는 표의자가 착오에 빠져서 행한 의사표시이다. 그런데 우리의 학설은 대체로 착오를 착오로 인한 의사표시의 의미로 사용하고 있다. 특히 착오의 의의를 정의할 때 그렇다.

아래에서 착오의 의의에 관하여 먼저 학설 · 판례를 살펴보고 이어서 사견을 기술하기로 한다.

(1) 학 설

i) 다수설은 착오에 의한 의사표시는 표시로부터 추단되는 의사(표시상의 효과의사)와 진의(내심적 효과의사)가 일치하지 않는 의사표시로서 그 불일치를 표의자 자신이 알지 못하고 한 것이라고 한다(김주수, 368면; 김학동, 339면; 백태승, 426면; 이은영, 512면).

ii) 제 2 설은 착오로 인한 의사표시는 표의자가 의사표시에 이르는 과정 또는 의사표시 자체에 있어서 스스로가 모르고 사실과 일치되지 않는 인식 또는 판단을 하고 이에 의거하여 의사표시를 한 경우라고 한다(김용한, 295면; 정기웅, 387면).

iii) 제 3 설은 착오에 의한 의사표시는 진의와 표시의 불일치라고 하면서, 여기서 진의라는 것은 표의자가 진정으로 의도하였던 의사, 즉 착오가 없었더라면 가졌을 것으로 생각되는 의사라고 한다(곽윤직, 237면).

iv) 제 4 설은 민법상의 착오는 내심적 효과의사와 표시행위와의 불일치라고 하면서, 거래에 있어서 중요한 동기의 착오에 관하여 제109조를 유추적용하자고 한다(김상용, 457면; 이영준, 399면). 이 견해는 스스로 의의에서는 다수설과 같고, 결과에서는 제 2 설과 같다고 한다.

(2) 판 례

우리 판례는 착오를 전체의 착오와 법적으로 고려되는 착오의 두 가지로 나누어 정의하고 있는 것으로 이해된다. 그에 의하면 전체의 착오는 표의자의 인식과 그 대조사실이 어긋나는 경우이고(대판 1972. 3. 28, 71다2193; 대판 2010. 5. 27, 2009다94841. 같은 취지: 대판 2020. 5. 14, 2016다12175), 그중 법적으로 고려되는 착오는 의사와 표시가 불일치하고 그 불일치를 표의자 자신이 모르는 경우(대판 1967. 6. 27, 67다793; 대판 1985. 4. 23, 84다카890)이다.

〈판 례〉

(ㄱ) 의사표시에 착오가 있다고 하려면 법률행위를 할 당시에 실제로 없는 사실을 있는 사실 또는 실제로 있는 사실을 없는 것으로 잘못 생각하듯이 표의자의 인식과 대조사실과가 어긋나는 경우라야 할 터이므로 판결선고 전에 이미 그 선고결과를 예상하고 법률행위를 하였으나 실제로 선고된 판결이 그 예상과 다르다 하더라도 이 표의자의 심리상태에 인식과 대조사실에 불일치가 있다고는 할 수 없어 착오로 다룰 수는 없다(대판 1972. 3. 28, 71다2193. 같은 취지: 대판 2010. 5. 27, 2009다94841(공장을 설립할 목적으로 매수한 임야가 도시관리계획상 보전관리지역으로 지정됨에 따라 공장설립이 불가능하게 된 사안에서, 매매계약 당시 매수인이 위 임야가 장차 계획관리지역으로 지정되어 공장설립이 가능할 것으로 생각하였다고 하더라도 이는 장래에 대한 단순한 기대에 지나지 않는 것이므로, 그 기대가 이루어지지 아니하였다고 하여 이를 법률행위의 내용의 중요부분에 착오가 있는 것으로는 볼 수 없다고 한 사례); 대판 2020. 5. 14, 2016다12175; 대판 2024. 8. 1, 2024다206760).

「장래에 발생할 막연한 사정을 예측하거나 기대하고 법률행위를 한 경우 그러한 예측이나 기대와 다른 사정이 발생하였다고 하더라도 그로 인한 위험은 원칙적으로 법률행위를 한 사람이 스스로 감수하여야 하고 상대방에게 전가해서는 안 되므로 착오를 이유로 취소를 구할 수 없다.」(대판 2020. 5. 14, 2016다12175)

「의사표시자가 행위를 할 당시 장래에 있을 어떤 사항의 발생을 예측한 데 지나지 않는 경우는 의사표시자의 심리상태에 인식과 대조사실의 불일치가 있다고 할 수 없어 이를 착오로 다룰 수 없다(대법원 2020. 5. 14. 선고 2016다12175 판결 참조). 다만 어떠한 인식이 장래에 있을 어떤 사항에 대한 단순한 예측이나 기대에 머무르는 것이 아니라 그 예측이나 기대의 근거가 되는 현재 사정에 대한 인식을 포함하고 있고 그 인식이 실제로 있는 사실과 일치하지 않는다면 이를 착오로 다룰 수 있다.」(대판 2024. 8. 1, 2024다206760)

(ㄴ) 매도인의 대리인이, 매도인이 납부하여야 할 양도소득세 등의 세액이 매수인이

부담하기로 한 금액뿐이므로 매도인의 부담은 없을 것이라는 착오를 일으키지 않았더라면 매수인과 매매계약을 체결하지 않았거나 아니면 적어도 동일한 내용으로 계약을 체결하지는 않았을 것임이 명백하고, 나아가 매도인이 그와 같이 착오를 일으키게 된 계기를 제공한 원인이 매수인 측에 있을 뿐만 아니라 매수인도 매도인이 납부하여야 할 세액에 관하여 매도인과 동일한 착오에 빠져 있었다면, 매도인의 위와 같은 착오는 매매계약의 내용의 중요부분에 관한 것에 해당한다.

부동산의 양도가 있은 경우에 그에 대하여 부과될 양도소득세 등의 세액에 관한 착오가 미필적인 장래의 불확실한 사실에 관한 것이라도 민법 제109조 소정의 착오에서 제외되는 것은 아니다(대판 1994. 6. 10, 93다24810).

(3) 사 견

착오의 유형 가운데 법적 고려의 대상에서 제외되는 것이 없다면 착오의 의의는 하나로 충분하다. 그러나 법적으로 고려되지 못하는 유형이 있다면 착오의 의의는 하나로는 부족하다. 그때에는 모든 착오의 의의와 법적으로 고려되는 착오의 의의가 필요한 것이다. 그런데 우리 민법상 법률행위의 내용에 착오가 있는 경우에만 착오가 고려되기 때문에(109조) 동기의 착오는 고려대상이 아니다. 따라서 착오의 의의는 동기의 착오를 포함하는 광의의 착오와 그것을 제외하고 법률행위의 내용에 착오가 있는 경우인 협의의 착오의 둘 모두에 대하여 정의되어야 한다. 그렇게 한다면 광의의 착오는 「표의자의 관념과 실제의 무의식적인 불일치」라고 할 수 있고, 협의의 착오는 「의사(내심적 효과의사)와 표시(표시행위의 의미)의 무의식적인 불일치」라고 할 수 있다.

이들 중 보다 중요한 것은 뒤의 것이다. 그것만이 법적으로 고려되기 때문이다. 그리고 그에 해당하기만 하면 어떤 방식으로 발생한 착오이든 효과에 있어서는 차이가 없다. 여기서 협의의 착오를 통틀어서 간단히 부를 수 있는 용어가 필요하게 된다. 그러한 용어로는 「법률행위의 내용의 착오」를 줄인 「행위내용의 착오」가 적당할 것이다.

2. 착오와 법률행위 해석의 관계 [152]

고려되는 착오, 즉 행위내용의 착오의 경우에는 내심적 효과의사(진의)와 표시행위의 의미가 일치하지 않는다. 따라서 고려되는 착오가 존재하는지 여부를 판단하기 위하여서는 먼저 법률행위의 해석에 의하여 표시행위의 의미가 탐구되어야 한다. 한편 착오가 발생한 법률행위가 계약인 경우에는 착오를 거론하기에 앞서 계약의 성립 유무를 조사하여야 한다. 왜냐하면 민법이 고려되는 착오의 효과로 규정한 취소는 법률행위, 그리하여 계약의 성립과 유효를 전제로 하기 때문이다. 계약이 성립하지 않으면 착오를 이유로 한 취소(착오취소)는 처음부터 문제되지 않는다. 그런데 계약이 성립하려면 당사자들의 의사표시인 청약과 승낙의 일치, 즉 합의가 있어야 한다. 그리고 언제 합의가 존재하는 것으로 인정되는가는 의사표시 내지 법률행위의 해석([89] 이하 참조)의 고려 하에서만 해결될 수 있다. 아래에서 해석의 각 단계별로 착오와의 관계를 좀더 자세히 살펴보기로 한다.

자연적 해석의 경우에는 그릇된 표시에도 불구하고 당사자가 일치하여 생각한 의미로 효력이 생기기 때문에(의사와 표시의 일치), 착오취소는 인정될 여지가 없다. 그리하여 계약의 경우에는 사실상 일치하여 이해한 의미로 합의가 인정되며, 그러한 내용으로 성립한 계약은 어느 당사자에 의하여도 취소될 수 없다.

자연적 해석이 행하여질 수 없는 경우에는 규범적 해석에 의하여 의사표시의 객관적인 의미가 탐구되어야 한다. 그런 뒤에 그렇게 탐구된 의사표시의 의미와 표의자의 진정한 의사를 비교하여야 한다. 그 결과 이 둘이 불일치하고 있음이 발견된 때에는 착오로 되어, 표의자에 의한 취소가 고려된다. 그러나 표의자의 의사와 표시행위의 의미가 불일치할지라도 착오취소가 처음부터 배제될 때가 있다. 계약에 있어서 불합의가 존재하는 경우에 그렇다. 예컨대 A가 특정한 그림을 B에게 980만원에 판다고 청약을 하려고 하였는데 편지를 쓰면서 잘못하여 890만원에 팔겠다고 하였고, B가 그 청약을 읽고 890만원에 사겠다는 답장을 보내려고 하였는데 답장을 쓰면서 그 역시 잘못하여 980만원에 사겠다고 한 경우에는, A · B는 모두 합의가 된 것으로 믿을 것이지만, 둘의 의사표시가 일치하지 않아서(불합의) 계약은 성립하지 않는다. 그 결과 A · B는 의사와 표시의 불일치가 있지만 계약이 아예 성립하지 않았기 때문에 착오취소는 거론될 필요도 없다.

규범적 해석의 결과 규율의 틈이 드러나는 경우에는 보충적 해석이 행하여진다. 이러한 보충적 해석에 의하여 법률행위가 가지는 의미가 표의자의 실제의 의사와 다른 경우는, 행위내용의 착오이기는 하나 중요부분의 착오로 되기가 어려워 취소는 인정되지 않는다.

3. 착오가 고려되기 위한 요건 [153]

(1) 서 설

착오가 고려되기 위한 요건은 제109조 제 1 항이 규정하고 있다. 그에 의하면 당연한 요건으로서 의사표시의 존재와 의사표시에 있어서의 표의자(상대방은 아님)의 착오의 존재가 필요하다. 그러나 이들에 관하여 특별히 설명할 필요는 없다. 그 밖의 요건으로 법률행위의 내용에 착오가 있어야 하고, 또 그 중요부분에 착오가 있어야 한다. 그리고 제109조 제 1 항 단서는 표의자에게 중대한 과실이 없을 것을 요구한다.

(2) 「법률행위의 내용」의 착오(행위내용의 착오)

1) 착오의 유형화의 필요성과 그 방법 민법은 착오의 개별적 유형을 전혀 규정하고 있지 않다(독일민법 119조 · 120조, 스위스채무법 24조 등 참조). 그렇지만 착오의 발생양상이 여러 가지이고, 민법상 모든 착오가 고려되지는 않기 때문에 착오의 유형화는 필요하다. 착오의 유형화 방법으로는 심리학적인 분류(표시상의 착오 · 내용의 착오 · 동기의 착오)와 착오의 객체에 따른 분류가 있으며, 이 둘은 모두 필요하다. 그런데 전자는 모든 착오를 포괄하지 못하는 문제점이 있다. 따라서 여기서는 심리학적인 분류에 바탕을 두고 착오의 모든 경우를 망라적으로 인식시킬 수 있도록 유형화하려고 한다. 그것은 시간적인 분류라고 부를 수 있다. 그리고 그에 따른 유형과 별도로 착오 객체에 따른 유형도 살펴보아야 한다. 다만, 이 유형에 관하여는 중복을 피하기 위하여 뒤에 따로 기술하기로 한다.

2) 시간적인 분류에 의한 착오 유형 이는 하나의 의사표시가 형성되기 시작할 때부터 상대방에게 도달하기까지의 과정 가운데 어느 단계에서 착오가 발생하였는가에 의하여 착오의 유형을 구별하는 방법이다. 의사표시가 행하여지는 과정을 살펴보면, 우선 표의자의 의사가 형성되고, 그런 뒤에는 형성된 의사를 표현할 언어나 기타의 표시부호가 결정되며, 다음에는 결정된 표시부호들이 표명된다(말 또는 글). 이 세 단계를 거치면 보통 의사표시는 상대방에게 도달된다. 그러나 간혹 사자나 전신전화국 등(전보)에 의한 표시의 운반이 개재되는 경우가 있다. 마지막으로 의사표시가 도달한 후에 상대방에 의하여 오해될 위험이 남아 있다. 이들 중 어느 단계에서 착오가 발생하였는가에 의하여 착오의 유형을

나눌 수 있는 것이다. 그렇게 한다면, 의사형성에 있어서의 착오를 동기의 착오라고 하고, 의사를 위한 표시부호의 결정에 있어서의 착오를 의미(내용)의 착오, 표시부호의 표명에 있어서의 착오를 표시행위의 착오, 표시의 운반에 있어서의 착오를 전달의 착오(표시기관의 착오), 그리고 상대방에 의하여 오해되는 경우를 상대방(수령자)의 착오라고 한다. 이하에서는 이들 각각의 착오 유형이 행위내용의 착오에 해당하는지를 검토하기로 한다.

[154] **3) 동기의 착오** 동기의 착오는 의사형성에 있어서의 착오이다. 이는 연유의 착오라고도 한다. 예컨대 조카가 운전면허시험에 합격했다고 믿고서 그에게 승용차를 사주었는데 사실은 합격하지 않은 경우에 그렇다.

동기의 착오가 어떤 범위에서 고려되는가에 관하여는 학설이 대립하고 있다. i) 제 1 설(표시설)은 동기가 표시되고 상대방이 알고 있는 경우에는 그 동기는 의사표시의 내용이 되므로 그 범위 안에서 동기의 착오는 표시행위의 내용의 착오가 되지만, 동기가 표시되지 않은 경우에는 착오의 문제가 일어나지 않는다고 한다(곽윤직, 238면). ii) 제 2 설(표시불문설)은 동기의 착오도 동기가 표시되었거나 또는 않았거나를 불문하고 다른 유형의 착오와 같이 일반요건에 따라서 제109조가 적용되어야 할 것이라고 한다(김용한, 297면; 이은영, 519면; 정기웅, 390면. 김주수, 373면도 이에 해당한다). iii) 제 3 설(유추적용설)은 동기의 착오는 우리 민법상 통상의 착오와 동일하게 취급될 수 없으나, 다만 동기의 착오 중 「거래에 있어서 중요한 사람 또는 물건의 성질에 관한 착오」 및 이에 준하는 착오에 대하여는 제109조를 유추적용할 것이라고 한다(백태승, 430면; 이영준, 407면. 김상용, 464면은 성질의 착오에 한정하지 않고 일반적으로 유추적용하자고 한다). iv) 제 4 설(불고려설)은 동기의 착오는 비록 동기가 표시되었더라도 취소사유로 되지 않으며, 다만 동기가 상대방에 의하여 유발된 경우에는 신의칙상 취소를 인정할 것이라고 한다(김학동, 343면).

판례는 학설 중 i)설(표시설)과 마찬가지로 「동기를 당해 의사표시의 내용으로 삼을 것을 상대방에게 표시」할 것을 요구한다(대판 1989. 12. 26, 88다카31507; 대판 1995. 11. 21, 95다5516; 대판 2000. 5. 12, 2000다12259 등 다수). 그런데 다른 한편으로 판례는, 표의자의 착오를 상대방이 부정한 방법으로 유발한 경우, 동기가 상대방으로부터 제공된 경우에는 표시를 묻지 않고 — 대체로 내용의 착오 여부에 대하여는 침묵한 채 — 중요부분의 착오라고 한다.

〈판 례〉

「동기의 착오가 법률행위의 내용의 중요부분에 해당함을 이유로 표의자가 법률행위를 취소하려면 그 동기를 당해 의사표시의 내용으로 삼을 것을 상대방에게 표시하고 의사표시의 해석상 법률행위의 내용으로 되어 있다고 인정되면 충분하고 당사자들 사이에 별도로 그 동기를 의사표시의 내용으로 삼기로 하는 합의까지 이루어질 필요는 없지만, 그 법률행위의 내용의 착오는 보통 일반인이 표의자의 입장에 섰더라면 그와 같은 의사표시를 하지 아니하였으리라고 여겨질 정도로 그 착오가 중요한 부분에 관한 것이어야 할 것이다.」(대판 2000. 5. 12, 2000다12259. 같은 취지: 대판 1997. 9. 30, 97다26210; 대판 1998. 2. 10, 97다44737; 대판 1999. 4. 23, 98다45546; 대판 2015. 7. 23, 2012다15336)

학설 · 판례를 검토해 본다. 동기의 착오에 관한 이론을 정립하려 할 때 무엇보다도 염두에 두어야 할 것은, 민법이 동기의 착오를 기타의 착오로부터 구별하여 고려하지 않는 것은 민법의 근본결단이라는 점이다(109조의 법문 · 역사적 발전과정에 비추어). 그러고 보면 동기의 착오를 다른 착오와 구별하지 않고 동일하게 취급하는 ii)설(표시불문설)은 민법에 반하는 이론이다. 그리고 그에 의하면 거래의 안전도 크게 해하게 된다. i)설(표시설)은 우선 동기가 표시되어 상대방이 알고 있으면 그 동기가 의사표시의 내용이 된다고 주장하는 데 문제가 있다. 동기의 표시는 단순한 통지이며, 단순한 통지가 법률효과를 일으키는 내용을 가질 수는 없기 때문이다. 그리고 동기의 착오를 부분적으로 고려하는 점에서도 옳지 않다. 또한 동기가 표시된 것만으로 동기의 진실에 대한 위험을 상대방에게 전가할 수는 없고, 또 그에 의하면 수다스러운 사람에게 매우 유리해진다는 점에서도 타당하지 않다. iii)설(유추적용설)은 일정한 동기의 착오에 제109조를 유추적용하여 민법에 반한다는 비판을 피하려고 하나, 결과에서는 취소를 인정하므로 민법에 반하기는 ii)설과 마찬가지이다. 그리고 그 견해는 중요한 성질의 착오 등에 관하여만 유추적용을 인정하는데, 그 이유나 근거도 충분치 않다(전체적으로 유추적용하자는 견해에 의하면 109조는 무의미해지게 된다). iv)설(불고려설)은 사견과 유사하나, 일정한 경우에 「신의칙상」 취소를 인정한다는 점에서 부당하다. 한편 판례의 태도 가운데 i)설과 같은 점에 대하여는 그에 대한 비판이 그대로 타당하다. 그리고 판례의 예외적인 태도는 우선은 주류의 판례태도에 어긋나는 점에서 비판의 여지가 있고, 또 그 경우는 사기에 의한 의사표시 또는 신의칙의 문제로 처리하여야 한다는 점에서도 옳지 않다.

사견을 정리해 본다. 민법규정(109조)에 비추어 보거나 실질적으로 보거나, 우리 민법상 동기의 착오는 비록 동기가 표시되어 상대방이 알고 있다고 할지라도 제109조에 의하여서는 고려되지 않는다고 하여야 한다. 동기의 진실함에 대한 위험은 스스로 부담하여야 하며, 그 위험을 상대방에게 지우려면 동기를 당사자의 합의에 의하여 조건으로 만들어 법률행위의 내용으로 높여야 한다. 다만, 동기의 착오가 상대방에 의하여 신의칙에 반하여 악용된 경우에는 상대방이 이행을 요구하는 것은 권리남용이 된다고 하여야 한다. 그리하여 착오자는 이행을 거절할 수 있고, 착오자가 이미 이행한 때에는 급부의 반환을 청구할 수 있다. 그리고 증여에 있어서는 동기의 표시를 묻지 않고 제109조의 요건 하에 취소할 수 있다고 하여야 한다. 한편 당사자 쌍방이 일치하여 동기의 착오에 빠져서 행위한 경우는 공통의 착오의 문제로서 따로 살펴보아야 한다([168] 참조).

[155] **4) 의미의 착오** 의미의 착오는 의사를 표시하기 위한 부호의 결정에 있어서의 착오이다. 여기서는 표의자는 표시부호의 법적 의미에 관하여 착오에 빠진다. 즉 표시부호는 표의자가 생각한 것과 다른 의미를 가진다. 의미의 착오는 표의자가 사용하려고 한 표시부호를 사용하지만 그 부호의 내용 즉 의미에 관하여 착오에 빠지는 점에서, 표의자가 사용하려고 하지 않은 표시부호를 무의식적으로 사용하는 경우인 표시행위의 착오와 구별된다. 의미의 착오는 일반적으로는 내용의 착오라고 한다.

의미의 착오가 행위내용의 착오에 속함은 물론이다. 의미의 착오는 선택된 표현의 의미, 법률행위 상대방 또는 객체의 동일성, 법률효과 등 여러 가지 사항에 관계할 수 있다. 그리하여 예컨대 £(파운드)가 프랑을 의미한다고 오신하고서 100£라고 쓰고서 100프랑을 의미한다고 믿은 경우, 자기가 알고 있는 사람과 동명이인을 자기가 알고 있는 사람이라고 믿고 그에게 전화로 사무처리를 위임하는 경우, X라는 이름의 개를 Y라고 생각하고 Y를 매도한다고 표시하는 경우, 사용대차를 유상계약이라고 생각하면서 사용대차한다고 표시하는 경우에 의미의 착오가 존재한다.

5) 표시행위의 착오 이는 표의자가 올바른 표시부호를 표명하려고 하였으나, 표명함에 있어서 그에게 착오가 있는 경우이다. 예컨대 매도한다고 말하려고 했는데 매수한다고 말한 경우(오담), 물건을 주문하면서 100개 대신 1,000개라고 잘못 쓴 경우(오기)가 그렇다. 표시행위의 착오는 표시의 착오라고도 한다.

이러한 표시행위의 착오도 행위내용의 착오이다.

6) **전달의 착오**(표시기관의 착오) 이는 격지자 사이의 의사표시에 있어서 중개자가 표의자의 의사와 다른 표시를 상대방에게 전달한 경우이다. 예컨대 어떤 자가 비서에게 하나의 침대가 있는 객실 두 개를 예약하도록 하였는데, 비서가 두 개의 침대가 있는 객실 하나를 예약한 경우에 그렇다. 전달의 착오는 표시기관의 착오라고도 한다.

전달의 착오는 표시행위의 착오의 한 가지 경우이다(통설도 같음. 그러나 이영준, 409면은 거기에 109조를 유추적용하자고 한다). 그리고 여기의 중개자에는 사자뿐만 아니라 우체국·전신전화국과 같은 공공시설도 포함시켜야 한다. 주의할 것은, 표의자가 의사표시를 서면으로 작성하였고 사자에게는 단지 서면의 배달만이 위임된 경우에는, 사자는 표시 자체의 사자가 아니라는 점이다. 따라서 그 경우에는 배달이 잘못되었을지라도 의사표시의 부도달이 문제될 뿐이고, 전달의 착오는 문제되지 않는다.

7) **상대방(수령자)의 착오** 이는 올바르게 표명되고 전달된 의사표시를 상대방(수령자)이 잘못 이해한 경우이다. 이 상대방의 착오는 제109조의 적용대상이 아니다. 그 규정이 전제로 하는 착오는 표의자 자신의 의사표시만에 관한 것이기 때문이다. 올바르게 도달된 의사표시를 올바르게 이해하지 못하는 위험은 전적으로 상대방이 부담하여야 한다. 따라서 단지 상대방이 올바르게 이해하지 못한 경우에는, 의사표시는 표의자가 의욕한 바와 같이 — 정확하게는 해석에 의하여 확정된 의미로 — 유효하고, 그 결과 표의자는 취소를 할 필요가 없다. 그리고 의사표시의 상대방도 자신의 오해를 이유로 「표의자」의 의사표시를 취소할 수 없다(140조의 취소권자도 「착오로 인하여 의사표시를 한 자」로 되어 있다). 다만, 가령 상대방이 표의자의 표시를 오해하고서 그것에 단순 동의를 표시하여 자신의 의사표시를 한 경우에는, 자신의 의사표시를 착오를 이유로 취소할 수는 있다. 그러나 이는 상대방으로서가 아니고 표의자로서의 취소이다.

(3) 중요부분의 착오 [156]

1) **중요부분의 착오의 의미** 착오가 고려되기 위하여서는 행위내용의 착오가 존재하는 것만으로는 부족하며, 그 밖에 착오가 법률행위의 내용의 중요부분에 있어야 한다. 여기서 법률행위의 내용의 중요부분에 착오가 있다 함은 의사표시에 의하여 달성하려고 한 법률효과(곽윤직, 240면은 사실적 효과라고 한다)의 중요한 부분에 착오가

있는 것을 말한다.

그런데 그것을 판단하는 기준에 관하여는 학설이 대립하고 있다. i) 다수설(주 · 객관적 요건설)은, 표의자가 그러한 착오가 없었더라면 그 의사표시를 하지 않았으리라고 생각될 정도로 중요한 것이어야 하고(주관적 요건), 보통 일반인도 표의자의 입장에 섰더라면 그러한 의사표시를 하지 않았으리라고 생각될 정도로 중요한 것이어야 한다(객관적 요건)고 한다(곽윤직, 240면; 김상용, 471면; 백태승, 436면; 이영준, 417면). ii) 제 2 설(인식가능성 추가설)은 다수설의 주관적 · 객관적 요건 외에 상대방의 인식가능성이라는 요건도 추가되어야 한다고 주장한다(김용한, 300면; 김주수, 377면). iii) 제 3 설(객관적 요건설)은 중요성에 대한 판단은 법률행위의 여러 사정을 고려하여 객관적으로 해야 한다고 한다(이은영, 521면). iv) 제 4 설(1개 요건충족설)은 객관적 요건과 주관적 요건 중 어느 하나만 충족하면 된다고 한다(김학동, 348면).

판례는 동기의 착오에 관한 사안에서 주관적 · 객관적 요건을 요구하는 것(대판 1985. 4. 23, 84다카890; 대판 1996. 3. 26, 93다55487; 대판 1997. 8. 26, 97다6063; 대판 1999. 4. 23, 98다45546; 대판 2020. 3. 26, 2019다288232; 대판 2020. 10. 15, 2020다227523 · 227530)과, 객관적 요건만을 언급하는 것(대판 1989. 1. 17, 87다카1271; 대판 1997. 9. 30, 97다26210; 대판 1998. 2. 10, 97다44737; 대판 1999. 2. 23, 98다47924; 대판 2000. 5. 12, 2000다12259)이 병존하여 그 태도가 분명하지 않다. 이에 대하여 우리 판례가 객관적 요건설을 취하고 있다고 하는 견해(이은영, 521면은 대판 1999. 2. 23, 98다47924를 들고 있다. 그러나 그 판결은 객관적 요건이 구비되지 못한 경우에 대하여 판단하느라고 그렇게 판시한 것으로 보인다)가 있다. 그러나 판례 가운데 뒤의 것은 주관적 요건을 배제하기 위한 것이라기보다는 객관적 요건을 강조하기 위한 것으로 보아야 한다. 그렇게 본다면 판례는 다수설(주 · 객관적 요건설)과 같다고 할 것이다.

생각건대 ii)설(인식가능성 추가설)은 제109조의 문언상 인정될 수 없다. iii)설(객관적 요건설)은 그 이유로, i)설(다수설)은 두 요건이 모두 갖추어지지 않은 경우에 지침을 주지 못하고, 표의자의 의도는 취소시에 이미 드러나므로 판단기준으로 삼을 필요가 없으며, 착오의 문제는 상대방의 입장에서 취소를 감수하는 것이 타당한가 아닌가에 따라 판단되어야 하기 때문이라고 한다(이은영, 521면). 그러나 i)설에 의하면 두 요건을 모두 갖춘 경우에만 취소가 인정됨이 분명하다. 그리고 중요부분의 판단에 주관적 요건을 추가하는 것은 착오자를 보호하기 위하여서가 아니라, 착오자에 의하여 추구된 목적을 고려하여 판단하여 볼 때 착오가 현저하지 않은 경우에 취소를 배제하기 위한 것이므로, 그러한 경우에 취소를 부인하려면 그 요건이 있어야만 한다. 나아가 착오의 문제는 착오자와 상대방의 입장을 모두 살펴서 착오자의 보호 필요성을 결정하여야 한다. 따라서 iii)설은 옳지 않다. iv)설(1개 요건충족설)은 보호 필요성의 결정에 있어서 너무 완화된 기준을 사용하는 점에서 역시 취할 수 없다. 그에 비하여 i)설(주·객관적 요건설)은 타당하다. 한편 판례는 그것이 i)설과 같다면 옳다. 그러나 만약 판례 중 일부의 태도가 객관적 요건설의 입장이라면, 그것이 설사 iii)설과 같이 취소를 주장하기 때문에 주관적 요건이 이미 구비되었다고 믿고 있다 할지라도, 부당하다.

2) 착오의 주관적·객관적 현저성 중요부분의 착오로 되려면 먼저 착오가 주관적으로 현저하여야 한다. 즉 착오자가 착오가 없었다면 표시를 하지 않았을 것이거나 또는 그런 내용으로 하지 않았을 것이어야 한다. 따라서 착오가 없었다 할지라도 표의자가 표시를 하였으리라고 인정되는 경우에는 착오는 중요부분의 착오가 아니어서 고려되지 않는다. 가령 포도주 감식가가 아닌 어떤 자가 카탈로그를 보고 포도주를 주문하면서 번호를 혼동하여 다르게 주문한 경우에, 표시된 번호의 포도주와 의욕된 번호의 포도주가 품질과 가격 면에서 거의 동일한 때에 그렇다. 근저당권설정자 또는 보증인이 계약서상의 채무자에 관하여 착오하였지만 그 채무자가 실질적인 채무자와 다르다는 것을 알았을지라도 계약을 체결했을 경우도 마찬가지이다(대판 1986. 8. 19, 86다카448). [157]

중요부분의 착오로 되려면 그 외에 착오가 객관적으로도 현저하여야 한다. 이것이 착오의 현저성을 순수하게 객관적으로 결정하라는 의미는 아니다. 보통인도 착오자의 입장이었다면 그러한 의사표시를 하지 않았을 것이라고 인정되어야 한다. 이때는 착오자의 모든 개별적인 사정을 고려하여 현저성을 판단하되, 착오자의 고집·괴벽·주관적 기분·어리석은 관념과 같은 자의로부터 떠나서 합리적인 제 3 자의 입장에서 그리하여야 한다. 객관적 현저성이 없는 예로는 미신적인 동기에 의한 경우(가령 인터넷으로 34호실 대신 44호로 예약한 경우), 유태인 배척자가 주소를 혼동하여 유태인 주류도매상에 샴페인을 주문한 경우, 착오가 착오자를 경제적으로 더 불이익하게 하지 않는 경우(대판 1998. 9. 22, 98다23706; 대판 1999. 2. 23, 98다47924; 대판 2006. 12. 7, 2006다41457(주채무자의 차용금반환채무를 보증할 의사로 공정증서에 연대보증인으로 서명·날인했는데, 그 공정증서가 주채무자의 기존의 구상금채무 등에 관한 준소비대차계약의 공정증서이었던 경우); 대판 2009. 4. 23, 2008다96291·96307)를 들 수 있다.

〈판 례〉

(ㄱ) 「착오가 법률행위 내용의 중요부분에 있다고 하기 위하여는 표의자에 의하여 추구된 목적을 고려하여 합리적으로 판단하여 볼 때 표시와 의사의 불일치가 객관적

으로 현저하여야 하고, 만일 그 착오로 인하여 표의자가 무슨 경제적인 불이익을 입은 것이 아니라고 한다면 이를 법률행위 내용의 중요부분의 착오라고 할 수 없다.」(대판 1999. 2. 23, 98다47924)

(ㄴ) 착오가 법률행위의 내용의 중요부분에 존재하는지 여부는 그 각 행위에 관하여 주관적 · 객관적 표준에 좇아 구체적 사정에 따라 가려져야 하며, 추상적 · 일률적으로 가릴 수는 없다(대판 1985. 4. 23, 84다카890).

(ㄷ) 「특정한 목적을 위한 기부 또는 후원을 내용으로 하는 증여계약에서 그 목적이 계약 내용의 중요부분에 관한 것인지는, 이러한 형태의 계약에서는 재산권의 무상 이전뿐만 아니라 그 이전의 목적이 중요하다는 특수성을 염두에 두면서, 목적의 표시 여부, 표시 주체와 방법, 쌍방의 목적 인식 여부, 목적의 구체성, 목적이 증여의 불가결한 기초 사정이 되었는지 여부 등을 고려하여 판단하여야 한다.」(대판 2024. 8. 1, 2024다206760)

[158] (4) 표의자에게 중과실이 없을 것

1) 착오가 표의자의 중대한 과실로 인하여 발생한 때에는 다른 요건이 모두 갖추어져 있어도 고려되지 못한다(109조 1항 단서). 여기서 중대한 과실(중과실)이라 함은 표의자의 직업, 행위의 종류, 목적 등에 비추어 보통 베풀어야 할 주의를 현저하게 결여하는 것을 말한다(통설 · 판례도 같다. 대판 1992. 11. 24, 92다25830 · 25847; 대판 2000. 5. 12, 99다64995; 대판 2003. 4. 11, 2002다70884; 대판 2023. 4. 27, 2017다227264 등 다수의 판결). 따라서 중대한 과실 유무의 판정은 구체적인 사실관계에 있어서 보통인이 베풀어야 할 주의를 표준으로 하여 그 주의를 심하게 결한 것인가에 의하여 행하여야 하며, 표의자의 주의능력을 표준으로 하는 것이 아니다. 즉 구체적인 과실이 아니고 추상적인 과실, 그리하여 추상적인 중과실이 문제된다.

우리 판례에 의하면, 공장을 경영하기 위하여 건물을 임차하면서 그 건물에 공장신설이 가능한지 알아보지 않은 경우(대판 1992. 11. 24, 92다25830 · 25847), 새로운 공장을 설립할 목적으로 토지를 매수하면서 그 토지상에 공장을 건축할 수 있는지 여부를 관할 관청에 알아보지 않은 경우(대판 1993. 6. 29, 92다38881), 대기업이 근로자들과 일정한 합의약정을 하면서 퇴직금지급규정 개정시 근로자집단의 동의를 받았는지를 제대로 확인하지 않은 경우(대판 1995. 12. 12, 94다22453), 신용보증기금의 신용보증서를 담보로 금융채권자금을 대출해 준 금융기관이 위 대출자금이 모두 상환되지 않았음에도 착오로 신용보증기금에게 신용보증서 담보설정 해지를 통지한 경우(대판 2000. 5. 12, 99다64995)는, 중대한 과실에 해당한다.

그에 비하여 매수인이 도자기를 매수하면서 자신의 골동품 식별능력과 매매를 소개한 자를 과신한 나머지 고려청자 진품이라고 믿고 소장자를 만나 그 출처를 물어 보지 않고 전문적 감정인의 감정을 거치지 않은 채 그 도자기를 고가로 매수하고 고려청자가 아닐 경우를 대비하여 필요한 조치를 강구하지 않은 경우(대판 1997. 8. 22, 96다26657), 건물에 대한 매매계약 체결 직후 건물이 건축선을 침범하여 건축된 사실을 알았으나 매도인이 법률전문가의 자문에 의하면 준공검사가 난 건물이므로 행정소송을 통해 구청장의 철거 지시를 취소할 수 있다고 하여 매수인이 그 말을 믿고 매매계약을 해제하지 않고 대금지급의무를 이행한 경우(대판 1997. 9. 30, 97다26210), 부동산 중개업자가 다른 점포를 매매목적물로 잘못 소개하여 매수인이 매매목적물에 관하여 착오를 일으킨 경우(대판 1997. 11. 28, 97다32772 · 32789), A가 설계용역계약 체결을 전후하여 건축사 자격이 없다는 것을 묵비한 채 자신이 미국에서 공부한 건축학 교수이고 '○○건축연구소'라는 상호로 사업자등록까지 마치고 건축설계업을 하며 상당한 실적까지 올린 사람이라고 소개하여 재건축조합 측이 그 말을 믿고 그와 설계용역계약을 체결한 경우(대판 2003. 4. 11, 2002다70884)에는 중대한 과실이 인정되지 않는다. 그리고 대법원은 구체적인 사안에 있어서, 소액대출임을 감안하여 간이심사 방식으로 신용조사를 한 점 등에 비추어 볼 때, 신용보증기관 직원이 실제 경영주가 신용보증을 신청하면서 제출한 신청명의인의 주민등록증 사진을 통하여 신청명의인과 실제 경영주를 구분하지 못하고, 신청명의인의 학력과 경력이 실제 경영주의 것임을 발견하지 못하였다는 사정만으로 신용보증기관이 보증대상 기업의 경영주와 그 신용상태에 대한 착오를 일으킨 데 중대한 과실이 있다고 단정할 수 없다고 하였다(대판 2007. 8. 23, 2006다52815).

2) 표의자의 착오를 상대방이 인식한(알고 이용한) 경우에는 표의자는 그에게 중과실이 있더라도 취소할 수 있다고 하여야 한다(같은 취지: 이영준, 425면; 대판 1955. 11. 10, 판례총람 1-2(A), 214면; 대판 2014. 11. 27, 2013다49794; 대판 2023. 4. 27, 2017다227264). 그러한 경우에는 상대방보다 표의자를 보호하는 것이 마땅하기 때문이다.

〈과실(過失)의 종류〉 [159]

과실은 부주의(不注意)의 정도에 의하여 경과실과 중과실로 나누어진다. 경과실은 다소라도 주의를 게을리한 경우이고, 중과실은 현저하게 주의를 게을리한 경우이다. 민사책임에 있어서는 과실만 있으면 충분하므로, 일반적으로 민법에서 과실이라고 하면 경과실을 의미한다. 중과실을 요하는 경우에는 특별히 「중대한 과실」이라고 표현한다(109조 1항 단서 등).

과실은 다른 한편으로 어떠한 종류의 주의의무를 게을리했는가에 따라 추상적 과실과 구체적 과실로 나누어진다. 추상적 과실은 그 사람이 속하는 사회적 지위, 종사하는 직업 등에서 보통 일반적으로 요구되는 정도의 주의(注意), 즉 구체적인 사람에 의한 개인의 능력 차이가 인정되지 않고 일반적으로 평균인에게 요구되는 주의를 게을리한 것이다. 이 경우의 주의를 선량한 관리자의 주의 또는 선관주의(善管注意)라고 한다(374조 참조). 그에 비하여 구체적 과실은 행위자 자신의 주의능력을 기준으로 하여 그 주의를 게을리한 것이다(695조 · 922조 · 1022조 등). 따라서 구체적 과실의 주의에서는 개인의 능력 차이가 인정된다. 그런데 민법상의 주의는 선관주의가 원칙이고, 그리하여 과실도 추상적 과실이 원칙이다. 민법은 구체적 과실의 경우에는 「자기 재산과 동일한 주의」 등의 특별한 표현을 쓰고 있다.

추상적 과실은 추상적 경과실과 추상적 중과실로 나누어진다. 이 가운데 추상적 경과실이 민법상의 원칙임은 물론이다. 따라서 선관주의를 다소라도 게을리하면 책임이 발생하게 된다. 이론상으로는 구체적 과실도 구체적 경과실과 구체적 중과실로 나눌 수 있으나, 구체적 중과실을 규정하는 명문규정은 없다. 따라서 구체적 과실은 언제나 경과실 즉 구체적 경과실을 의미한다.

(5) 상대방의 인식가능성 문제

견해에 따라서는 착오가 고려되기 위한 요건 내지 중요부분의 착오의 요건으로 상대방의 인식가능성을 추가하자고 하나, 이는 제109조의 해석상 무리이다(같은 취지: 고상룡, 435면; 김상용, 475면; 김학동, 350면; 백태승, 440면; 이영준, 427면; 이은영, 525면; 지원림, 267면. 반대: 김용한, 300면; 김주수, 377면).

(6) 증명책임

착오를 이유로 의사표시를 취소하는 자는 착오의 존재뿐만 아니라 그 착오가 법률행위 내용의 중요부분에 존재한다는 것도 증명하여야 한다(같은 취지: 대판 2008. 1. 17, 2007다74188; 대판 2018. 10. 25, 2016다239345; 대판 2020. 10. 15, 2020다227523 · 227530). 그러나 표의자에게 중대한 과실이 있는가에 대한 증명책임은 착오자에게 있지 않고 의사표시를 취소하지 않게 하려는 상대방에게 있다(대판 2005. 5. 12, 2005다6228).

〈판 례〉

「착오를 이유로 의사표시를 취소하는 자는 법률행위의 내용에 착오가 있었다는 사실과 함께 그 착오가 의사표시에 결정적인 영향을 미쳤다는 점, 즉 만약 그 착오가 없었더라면 의사표시를 하지 않았을 것이라는 점을 증명하여야 한다.」(대판 2008. 1. 17, 2007다74188)

4. 고려되는 착오의 구체적인 모습 [160]

우리 판례에 나타난 예를 중심으로 하여 착오의 객체에 따른 유형별로 고려되는 착오의 모습을 살펴보기로 한다.

(1) 기명날인의 착오(서명의 착오)

위자료를 수령하면서 위자료의 수령에 따르는 보통문서인 것으로 오인하고 일체의 손해배상청구권을 포기하는 취지의 각서에 기명날인한 경우(대판 1967. 2. 7, 66다2518; 대판 1967. 6. 27, 67다793), 신원보증서류에 서명날인한다는 착각에 빠진 상태로 연대보증의 서면에 서명날인한 경우(대판 2005. 5. 27, 2004다43824)는 중요부분의 착오이다.

(2) 동일성의 착오

이는 법률행위가 관계하는 사람(법인 포함) 또는 객체의 동일성에 관하여 착오가 있는 경우이다. 동일성의 착오 가운데 사람, 특히 상대방의 동일성의 착오는 상대방이 누구인지가 중요한 법률행위, 예컨대 사용대차 · 임대차 · 소비대차 · 위임 · 고용 · (때에 따라서) 신용매매 등에서는 고려되나, 상대방이 누구인지가 중요하지 않은 법률행위, 예컨대 현실매매나 동시이행을 조건으로 하는 쌍무계약에서는 고려되지 않는다. 제 3 자의 동일성의 착오가 중요한 착오로 되는 경우도 있다. 근저당권설정계약에 있어서 채무자의 동일성에 관한 착오가 그 예이다(대판 1995. 12. 22, 95다37087. 대판 1986. 8. 19, 86다카448은 특별한 사정이 있는 경우이다). 법률행위가 관계하는 객체의 동일성의 착오는 일반적으로 고려된다. 그리고 토지의 경계에 관한 착오는 객체의 동일성의 착오로 다루어야 한다. 판례는 그러한 경우를 현황경계의 착오라고 하면서 취소를 인정한다(대판 1968. 3. 26, 67다2160; 대판 1974. 4. 23, 74다54; 대판 1989. 7. 25, 88다카9364; 대판 2020. 3. 26, 2019다288232).

(3) 성질의 착오

성질의 착오는 법률행위가 관계하는 사람(법인 포함) 또는 객체의 성질에 관하여 착오하는 것을 말한다. 예컨대 횡령 전과자임을 모르고서 특정인을 경리직원으로 채용하는 경우, 포도주가 이미 식초로 변해 있었는데 그것을 모른 채 매수하는 경우, 금반지라고 오신하고서 금도금된 반지를 매수하는 경우에 그렇다. 성질의 착오는 경우에 따라서 행위내용의 착오로 될 수 있으나(주해(2), 466면(송덕수) 참조), 일반적으로는 동기의 착오이다. 따라서 사견에 의하면 그 착오는 고려되지 않는다. 그러나 동기의 착오도 동기가 표시된 때에는 고려하는 판례의 입장에서는 다르다. 판례는, 상대방의 거래상황 확인서를 믿고 제 3 자를 신용있는 기업으로 착각하여 대출에 대하여 신용보증을 한 경우(대판 1987. 7. 21, 85다카2339; 대판 1989. 1. 17, 87다카1271; 대판 1992. 2. 25, 91다38419; 대판 1996. 7. 26, 94다25964)와 기업의 실질적 경영주가 금융부실거래자로 규제되어 있어서 타인 명의로 사업자등록을 한 후 그의 명의로 신용보증을 신청하자 신용보증기금이 확인 끝에 위 기업의 경영주가 신용 있는 자라고 착각하고 신용보증을 한 경우(대판 1993. 10. 22, 93다14912; 대판 2005. 5. 12, 2005다6228)에 관하여 취소를 인정하였고, 토지매매에 있어서 건축가능성에 관하여 착오가 있는 경우(대판 1984. 10. 23, 83다카1187; 대판 1990. 5. 22, 90다카7026)에 대하여 매수동기가 표시되지 않았음을 이유로 취소를 부인하였다(아마도 중요부분의 착오라고는 인정하는 듯하다). 그리고 토지가 귀속재산인가 여부에 관한 착오는 중요부분의 착오라고 한다(대판 1978. 7. 11, 78다719). 나아가 온천여관의 매매계약에 있어서 온천공(溫泉孔)이 공동사용이냐 단독사용이냐 문제는 중요부분이 아니라고 한다(대판 1987. 4. 14, 86다카1065). 그 밖에 재건축조합이 설계용역계약을 체결함에 있어서 상대방(건축연구소를 개설·운영하고 있는 건축학 교수)에게 건축사 자격이 있다고 오신한 경우는 중요부분의 착오라고 한다(대판 2003. 4. 11, 2002다70884).

[161] (4) 법률효과의 착오

우리 문헌들은 대체로 「법률의 착오」와 「법률효과의 착오」의 정확한 의미와 관계를 알지 못한다(특히 이영준, 411면은 이 두 착오를 동의어로 잘못 이해한다). 법률의 착오는 법률상태에 관한 착오이고, 법률효과의 착오는 의사표시의 법률효과에 관하여 착오하는 것이다. 따라서 법률의 착오가 법률효과의 착오로 되려면, 표의자가 착오한 법률이 의사표시의 법률효과를 형성하여야 한다. 나머지의 경우에는 법률의 착오는 법률효과의 착오로 되지 못한다(물론 법률효과의 착오이면서 법률의 착오가 아닌 때도 많다). 예컨대 다액의 양도소득세가 부과될 것을 두려워하는 매도인에게 매수인이 주식회사를 설립하여 출자하는 형식을 취하면 양도소득세가 부과되지 않는다고 하여, 매도인이 이를 믿고 매매계약을 체결하였는데, 후에 그러한 때에도 양도소득세가 부과됨을 알게 된 경우에는(대판 1981. 11. 10, 80다2475), 양도소득세에 관한 법률은 매매계약의 법률효과와는 무관하므로, 법률의 착오이기는 하나 법률효과의 착오는 아니다. 이렇게 법률효과의 착오로 되지 않는 법률의 착오는 동기의 착오에 지나지 않는다(다만, 앞의 예는 공통의 착오의 문제로 되는 경우이다).

〈판 례〉

(ㄱ) 「법률에 관한 착오라도 그것이 법률행위의 내용의 중요부분에 관한 것인 때에는 표의자는 그 의사표시를 취소할 수 있다고 할 것이며, 또 비록 위 매매가 매도인

인 피고에 대한 양도소득세의 부과를 회피할 목적으로 이루어진 것이라 하더라도 그 것이 곧 사회질서에 반하는 것이라고 단정할 수 없으므로 이러한 경우에 역시 의사표시의 착오의 이론을 적용한 원심의 조처는 정당하고, 거기에 소론과 같은 법률행위의 착오에 관한 법리를 오해한 위법이 있다고 할 수 없다.」(대판 1981. 11. 10, 80다2475)

(ㄴ) 「계약의 성립을 위한 의사표시의 객관적 합치 여부를 판단함에 있어, 처분문서인 계약서가 있는 경우에는 특별한 사정이 없는 한 계약서에 기재된 대로의 의사표시의 존재 및 내용을 인정하여야 하고, 계약을 체결함에 있어 당해 계약으로 인한 법률효과에 관하여 제대로 알지 못하였다 하더라도 이는 계약체결에 관한 의사표시의 착오의 문제가 될 뿐이다.」(대판 2009. 4. 23, 2008다96291 · 96307)

대법원은 이 판결에서, 부채를 제외한 전기공사업면허 등만을 분할합병의 방식으로 이전받기로 계약한 당사자가 그 계약에 의해 채무의 승계 없이 면허 등만을 양수하는 것으로 믿었더라도, 이는 분할합병의 법률적인 효력에 관한 착오에 불과하다고 하였다. 그리고 분할합병계약의 체결로 그 계약 상대방의 전자(前者)의 채무까지 부담할 가능성을 생각하지 못한 것이 분할합병의 법률적인 효력과 관련된 동기의 착오에 해당한다고 하더라도, 그 판결 사안의 계약 체결과정에서 상대방에게 표시되지 않아 계약의 내용이 되지 못하였고, 그 착오가 법률행위의 내용의 중요부분에 관한 것이라고도 단정할 수 없다고 하였다. 그러나 이 판결이 착오취소에 관하여 판단한 내용은 옳지 않으며, 오히려 강행법규의 취지를 살리기 위하여 취소를 부정했어야 한다(송덕수, "강행법규 위반과 착오," 법학논집 21권 4호, 285면 이하 참조).

법률효과의 착오로 되지 않는 법률의 착오에 관하여는 앞에서 보았으므로, 이제는 법률효과의 착오로 되는 법률의 착오를 포함하여 법률효과의 착오 전반에 관하여 검토하여 보기로 한다. 사실 법률행위에 있어서는 어떠한 법률효과가 발생하는지가 의사표시의 내용에 의하여 결정되기 때문에, 행위내용의 착오는 모두 넓은 의미의 법률효과의 착오이다. 그러나 여기서는 의미의 착오가 문제되는 경우만을 살펴보기로 한다. 법률효과의 착오는 공표(公表)의 착오의 형태일 수 있다. 법률개념을 오해한 경우에 그렇다. 가령 보증하려는 의사로 채무를 인수한다고 한 경우가 그 예이다. 그런가 하면 법률상 또는 보충적 해석에 의하여 부여되는 법률효과에 관하여 착오하는 경우도 법률효과의 착오에 해당한다. 예컨대 매도인이 하자담보책임을 지지 않는다고 오신하고서 매도하는 경우에 그렇다. 이러한 법률효과의 착오는 언제나 행위내용의 착오로 된다고 하여야 한다. 착오한 법률효과가 본질적이냐 부수적이냐, 그리고 명시적인 의사표시에 의하여 발생한 것이냐 법률(임의규정)이나 보충적 해석에 의하여 부여된 것이냐는 묻지 않는다. 그렇다고 하여 법률효과의 착오의 경우 언제나 취소가 인정된다는 의미는 아니다. 취소까지 인정되려면 그 밖에도 여러 요건을 갖추어야 한다. 특히 중요부분의 착오이어야 한다. 부수적인 법률효과에 관한 착오는 보통은 중요부분의 착오로 되지 못할 것이다.

[162] (5) 계산의 착오

계산에 있어서 착오가 있는 경우를 계산의 착오라고 한다. 그것은 원료비·인건비·양·크기·무게 등 개개의 계산인자를 빠뜨리거나 잘못 결정하는 경우뿐만 아니라 금액의 계산 자체에 있어서 착오하는 경우도 포함한다. 계산의 착오는 착오의 관점에서만 판단하면 언제나 동기의 착오라고 하여야 할 것이나, 그러한 해석은 실질적 타당성도 없고 논리적으로도 옳지 않다. 거기에서는 먼저 해석에 의하여 행위내용을 결정한 후에 착오를 논의하여야 한다(자세한 점은 주해(2), 482면(송덕수) 참조).

(6) 표시의식의 결여

표시의식이 없는 경우는 효과의사가 없는 경우(착오)와 이익사정이 같으므로 그와 동일하게 다루어야 한다. 따라서 일단은 유효하되 제109조의 요건 하에 취소할 수 있다고 하여야 한다.

(7) 그 밖에 판례에 의하여 착오가 고려된 예

판례는 착오가 상대방에 의하여 유발되었거나 상대방 측으로부터 제공된 경우에는 동기의 착오라도 중요부분의 착오로서 취소할 수 있다고 한다(대판 1970. 2. 24, 69누83; 대판 1987. 7. 21, 85다카2339; 대판 1989. 1. 17, 87다카1271; 대판 1992. 2. 25, 91다38419; 대판 1996. 7. 26, 94다25964; 대판 1997. 8. 26, 97다6063; 대판 1997. 9. 30, 97다26210; 대판 2003. 11. 13, 2001다33000(건설공제조합이 조합원과 사이에 공사도급계약과 관련하여 계약이행보증보험계약을 체결함에 있어서 조합원이 선급금의 액수·지급시기·지급방법 등을 불실고지하거나 불고지한 경우). 이들 중 둘째 판결부터 넷째 판결은 기업의 신용에 관한 착오의 경우이기도 하여, 앞의 성질의 착오에서도 설명하였다).

대법원은, 전문건설공제조합이 도급금액이 허위로 기재된 계약보증신청서를 믿고서 조합원이 수급할 공사의 도급금액이 조합원의 도급한도액 내인 것으로 잘못 알고 계약보증서를 발급한 것이 법률행위의 중요 부분의 착오에 해당한다고 하였다(대판 1997. 8. 22, 97다13023).

또한 대법원은, 시(市)로부터 공원휴게소 설치시행 허가를 받음에 있어 담당 공무원이 법규오해로 인하여 잘못 회신한 공문에 따라 동기의 착오를 일으켜 법률상 기부채납의무가 없는 휴게소 부지의 16배나 되는 토지 전부와 휴게소 건물을 시에 증여한 경우에 관하여, 휴게소 부지와 그 지상 시설물에 관한 부분을 제외한 나머지 토지에 관해서만 법률행위의 중요부분에 관한 착오라고 하였다(대판 1990. 7. 10, 90다카7460).

그리고 시(市)가 산업기지 개발사업을 실시하기 위해 토지를 취득함에 있어 일부가 그 사업 대상토지에 편입된 토지는 무조건 잔여지를 포함한 전체 토지를 협의매수하기로 하여 지주들에게는 잔여지가 발생한 사실 등을 알리지 아니한 채 전체 토지에 대한 손실보상협의 요청서를 발송하고 매수협의를 진행함에 따라 지주들이 그 소유 토지 전부가 사업대상에 편입된 것 등으로 잘못 판단하고 시의 협의매수에 응한 것에 대하여 그 의사표시의 동기에 착오가 있었음을 이유로 취소할 수 있다고 하였다(대판 1991. 3. 27, 90다카27440).

그런가 하면, 경계선을 침범하였다는 상대방의 강력한 주장에 의하여 착오로 그간의 경계 침범에 대한 보상금 내지 위로금 명목으로 금전을 지급한 경우, 진정한 경계선에 관한 착오는 위의 금전지급 약정을 하게 된 동기의 착오이지만 그와 같은 동기의 착오는 상대방의 강력한 주장에 의하여 생긴 것으로서 표의자가 그 동기를 의사표시의 내용으로 표시하였다고 보아야 하고, 또한 표의자로서는 그와 같은 착오가 없었더라면 그 의사표시를 하지 아니하였으리라고 생각될 정도로 중요한 것이고 보통 일반인도 표의자의 처지에 섰더라면 그러한 의사표시를 하지 아니하였으리라고 생각될 정도로 중요한 것이라고 볼 수 있으므로, 위 금전지급 의사표시는 그 내용의 중요부분에 착오가 있는 것이 되어 이를 취소할 수 있다고 하였다(대판 1997. 8. 26, 97다6063).

대법원은 하나의 판결에서 다음과 같이 판시하기도 하였다. 즉, 원고가 소외 회사에 어음할인의 방법으로 금전을 대여하면서 피고(은행)가 발행한 지급보증서(1983. 9. 23.자)를 교부받았는데, 이는 종전에 해오던 방식에 따라 소외 회사가 피고로부터 새로운 지급보증서를 받아오면 이를 담보로 소외 회사에게 어음할인을 해줌으로써 기존의 할인어음채무의 지급기일을 실질적으로 연기해 주기로 한 약속에 따른 것이었다. 그 후 원고는 당시 소외 회사가 연대보증하고 있던 다른 회사 발행의 약속어음이 결제되어야 한다면서 위의 어음할인대전의 지급을 보류하였고, 그러자 피고는 원고에게 그 지급보증서는 연기용이니 그 지급보증서의 결제를 위한 어음할인대전을 교부해 주든지 아니면 지급보증서를 반환해 달라고 요구하였다. 그런데도 위 결제대전이 피고에게 입금되지 않자 피고는 자체 자금으로 구 지급보증서(1983. 8. 23.자)를 결제하고 다음날에 원고에게 이 사건 지급보증서에 기한 보증을 취소하였다. 이러한 경우에 관하여, 대법원은, 피고가 본건 지급보증서를 발행한 것은 원고가 어음할인대전을 소외 회사에게 지급하여 위 8. 23.자 지급보증서의 결제자금으로 입금될 것으로 알고 보증행위를 하였다 할 것이므로 만일 원고의 위약으로 위 어음할인대전이 피고에게 입금되지 않을 것을 알았다면 본건 지급보증서를 발행하지 않았을 것임이 명백하므로 피고는 본건 지급보증서를 발행함에 있어서 법률행위의 중요한 부분에 관한 동기의 착오가 있었다 할 것이고, 또한 피고의 위와 같은 보증의 동기는 피고가 본건 지급보증서를 발급하기 이전에 소외 회사를 통하여 원고에게 고지함으로써 표시되었다 할 것이므로 피고의 본건 보증행위는 위 9. 24.자 취소의 의사표시에 의하여 적법히 취소되었다고 하였다(대판 1989. 12. 26, 88다카31507).

그리고 매매계약의 체결 경위 및 당시 시행되던 소득세법 · 같은법 시행령 · 조세감면규제법 · 주택건설촉진법 등 관계규정에 의하면, 토지의 매수인이 개인인지 법인인지, 법인이라도 주택건설 사업자인지 및 주택건설 사업자라도 양도소득세 면제신청을 할 것인지 여부 등은 매도인이 부담하게 될 양도소득세액 산출에 중대한 영향을 미치게 되어 이 점에 관한 착오는 법률행위의 내용의 중요부분에 관한 것이라고 한다(대판 1995. 3. 24, 94다44620. 그런데 그 사안에서는 불이익이 소멸하였다는 이유로 신의칙상 취소를 허용하지 않았다).

대법원은 여러 번, 교통사고 등으로 인하여 신체침해가 발생한 경우에 있어서 피해자가 장래에 들 치료기간 · 치료비 · 후유증 등을 예상하지 못하고 가해자와 손해배상청구권을 포기하거나 또는 민 · 형사상 일체의 소송을 제기하지 않기로 합의한 경우에 관하여 착오를 이유로 한 취소를 인정하였다(대판 1971. 4. 30, 71다399 외 다수). 그런데 대법원은 다른 한편으로 비슷한 경우들을 합의의 해석에 의하여 해결하였다. 즉 그러한 합의는 예상할 수 없는 손해에는 미치지 않는다고 한다(대판 1970. 8. 31, 70다1284 등 다수의 판결). 근래에는 이러한 태도가 지배적이다(최근의 판결로는 대판 2000. 3. 23, 99다63176). 이 문제는 채권법각론에서 자세히 논의하기로 한다(채권법각론 [214] 참조).

판례에 의하면, 가해자의 과실이 경합되었는데 오로지 피해자에게만 과실이 있는 것으로 오인하고 합의한 경우에는 분쟁의 전제가 되는 사항에 착오가 있으므로 취소할 수 있다고 한다(대판 1997. 4. 11, 95다48414).

대법원은, 외형적인 경계를 기준으로 하여 인접토지에 관한 교환계약이 이루어졌으나 그 경계가 실제의 경계와 일치하지 않음으로써 그중 일방이 제공받기로 한 토지가 자신의 토지임이 밝혀진 경우에는, 토지의 경계(소유권귀속)에 관한 착오로서 중요부분의 착오라고 한다(대판 1993. 9. 28, 93다31634 · 31641. 이 판결은 문제가 많으며, 그에 관하여는 민사판례연구 21권, 1면 이하 참조).

보험회사 또는 보험모집종사자가 설명의무를 위반하여 고객이 보험계약의 중요사항에 관하여 제대로 이해하지 못한 채 착오에 빠져 보험계약을 체결한 경우, 그러한 착오가 동기의 착오에 불과하다고 하더라도 그러한 착오를 일으키지 않았더라면 보험계약을 체결하지 않았거나 아니면 적어도 동일한 내용으로 보험계약을 체결하지 않았을 것이 명백하다면, 위와 같은 착오는 보험계약의 내용의 중요부분에 관한 것에 해당하므로 이를 이유로 보험계약을 취소할 수 있다고 한다(대판 2018. 4. 12, 2017다229536).

대법원은, 일본군 위안부 피해자를 위한 양로시설 및 사회복지시설 등을 운영하는 갑 법인의 후원 안내에 따라 할머니들의 생활 · 복지 · 증언활동을 위한 일반후원 납입 계좌로 후원금을 송금하여 왔는데, 그 후 후원금이 대부분 법인에 유보되어 있고 위안부 피해자들을 위해서는 제대로 사용되지 않는다는 취지의 폭로와 언론 보도가 잇따르자 을이 갑 법인을 상대로 후원금 반환 등을 구한 사안에서, 갑 법인과 을 사이에 체결된 후원계약은 특정한 목적의 기부 또는 후원을 내용으로 하는 증여계약으로서 위안부 피해자 관련 활동을 돕기 위한 것이라는 위 후원계약의 목적은 계약 내용의 중요부분에 해당하는데, 갑 법인이 표시하고 을이 인식하였던 후원계약의 목적과 후원금의 실제 사용 현황 사이에 착오로 평가할 만한 정도의 불일치가 존재하므로, 을은 착오를 이유로 후원계약을 취소할 수 있다고 하였다(대판 2024. 8. 1, 2024다206760).

(8) 판례에 의하여 착오가 고려되지 않은 예 [163]

판례는 부동산의 매매에 있어서 시가에 관한 착오는 중요부분의 착오가 아니라고 한다(대판 1985. 4. 23, 84다카890; 대판 1991. 2. 12, 90다17927; 대판 1992. 10. 23, 92다29337. 그러나 대판 1998. 2. 10, 97다44737에 주의. 이 판결은, 당사자 쌍방이 매매대금의 기초로 된 감정가격이 잘못 책정되었음을 똑같이 모르고 매매계약을 체결한 경우 즉 공통의 동기의 착오의 경우를, 동기가 표시된 경우로서 판단하였음). 그리고 부동산의 임대차의 경우에 누구에게 소유권이 있는지에 관한 착오는 중요부분의 착오일 수 있다고 하였으나(대판 1975. 1. 28, 74다2069), 임야 위의 건물 등을 기부채납함에 있어서 임야의 소유권에 관하여 착오한 경우에 대하여는 착오로 경제적 불이익이 없다는 이유로 중요부분의 착오가 아니라고 하였다(대판 1999. 2. 23, 98다47924). 또 판례는, 토지소유자가 토지형질 변경행위 허가에 붙은 기부채납의 부관에 따라 토지를 국가나 지방자치단체에 기부채납(증여)한 경우, 기부채납의 부관이 당연무효이거나 취소되지 아니한 이상 토지소유자는 위 부관으로 인하여 증여계약의 중요부분에 착오가 있음을 이유로 증여계약을 취소할 수 없다고 한다(대판 1999. 5. 25, 98다53134). 토지의 매매에 있어서 토지의 면적의 착오도 중요부분의 착오가 아니라고 한다(대판 1969. 5. 13, 69다196; 대판 1976. 4. 27, 75다1218). 그리고 판례에 대한 기대가 발생하지 않은 경우, 특히 장래에 있을 판결 결과의 불변경에 관한 착오에 대하여, 판례는 착오로 다룰 수 없다거나 중요부분의 착오가 아니라고 한다(대판 1972. 3. 28, 71다2193). 또한 매매계약 당시 장차 도시계획이 변경되어 공동주택 · 호텔 등의 신축에 대한 인 · 허가를 받을 수 있을 것이라고 생각하였으나 그 후 생각대로 되지 않은 경우에 관하여, 이는 법률행위 당시를 기준으로 장래의 미필적 사실의 발생에 대한 기대나 예상이 빗나간 것에 불과할 뿐 착오라고 할 수는 없다고 한다(대판 2007. 8. 23, 2006다15755). 운수회사가 그의 차량 운전수의 과실로 타인에게 상해를 입힌 것으로 또는 그 회사 소속 운전수가 가해자인 것으로 오인하고 부상자의 병원에 대한 치료비 지급채무를 보증 또는 연대보증한 경우에, 그 착오는 동기의 착오에 불과한 것으로서 그 동기를 표시하지 않은 이상 착오를 이유로 당해 보증계약을 취소할 수 없다고 한다(대판 1975. 4. 22, 75다387 등 다수). 그런가 하면 신용보증기금이 은행의 착오로 피보증인이 연체채무가 없다고 잘못 기재하여 발급한 거래상황 확인서의 기재를 그대로 믿고서 위 피보증인을 위하여 한 신용보증행위에 대하여 그 사안에서의 연체의 정도와 신용보증기금에서 연체사실이 참작되는 정도 등에 비추어 법률행위의 내용의 중요부분에 착오가 없다고 판단한 적이 있고(대판 1987. 11. 10, 87다카192), 등기명의자 갑과 종전 소유자의 상속인으로서 소유권이전등기의 원인무효를 주장하는 을 사이에 토지 소유권 환원의 방법으로 을 앞으로 소유권이전등기를 경료하여 주기로 하는 합의가 이루어진 경우, 을이 공동상속인들 중 1인이라면 공유물에 대한 보존행위로서 단독으로 공유물에 관한 원인무효의 등기의 말소를 구하거나 소유권이전등기에 관한 합의를 할 수 있다고 보아야 하므로, 갑이 을을 단독상속인으로 믿고서 그와 같은 소유권 환원의 합의에 이르렀더라도 그와 같은 착오는 합의내용의 중요부분에 해당한다고 볼 수 없다고 하였다(대판 1996. 12. 23, 95다35371). 그리고 이사 사임등기가 경료되지 않은 줄로 오인하여 이사 사임 후 발생한 회사의 제 3 자에 대한 채무에 대하여 재임 중에 체결한 근보증계약상의 책임을 면할 수 없을 것으로 판단하고 위 제 3 자와 근저당권설정계약을 체결하였으나, 후에 이사 사임등기가 신등기용지에 이기하는 과정에서 누락된 사실을 발견하고 착오를 이유로 위 근저당권설정의 의사표시를 취소하고 그 등기의 말소를 청구한 사안에서, 위 근저당권설정계약을 체결함에 있어 이사 사임등기가 경료되었는지 여부의 점에 관하여는 착오가 있었다고 할 것이지만 위와 같은 착오는 위 근저당권설정계약의 중요부분에 관한 착오에 해당한다고 볼 수 없으므로 위와 같은 착오를 이유로 근저당권설정계약을 취소할 수는 없다고 하였다(대판 1995. 4. 7, 94다736). 그런가 하면 대법원은, 반환소송을 당하게 되면 아무런 보상도 받지 못한 채 부동산을 반환하여야 할 것으로 착각하여 이를 매도하는 매매계약을 체결하였다 하더라도 이는 동기의 착오에 불과하므로 그와 같은 동기를 매매계약의 내용으로 삼았다는 특별한 사정이 없는 한 이를 이유로 매매계약을 취소할 수 없다고 하였다(대판 1991. 11. 12, 91다10732).

5. 고려되는 착오의 효과 [164]

(1) 취소가능성

착오가 고려되기 위한 요건이 모두 갖추어진 경우에는 법률행위를 취소할 수 있다(109조 1항). 민법은 제109조에서 「의사표시」를 취소할 수 있다고 규정하고, 제141조에서는 「법률행위」를 취소할 수 있는 것으로 규정하여 일관성이 없다. 사견으로는 착오라는 의사표시의 흠으로 말미암아 법률행위가 취소된다고 하여야 한다(같은 취지: 김상용, 476면 · 500면; 이은영, 527면. 반대: 백태승, 441면; 이영준, 433면; 지원림, 268면).

〈판 례〉

「매도인이 매수인의 중도금 지급채무 불이행을 이유로 매매계약을 적법하게 해제한 후에도 매수인으로서는 상대방이 한 계약해제의 효과로서 발생하는 손해배상책임을 지거나 매매계약에 따른 계약금을 반환받을 수 없는 불이익을 면하기 위하여 착오를 이유로 한 취소권을 행사하여 위 매매계약 전체를 무효로 돌리게 할 수 있다.」(대판 1996. 12. 6, 95다24982. 같은 취지: 대판 1991. 8. 27, 91다11308)

(2) 취소가 배제되는 경우

착오취소의 요건이 모두 갖추어졌을지라도 취소가 배제되는 경우들이 있다.

1) 취소권의 포기 · 실효 제109조는 임의규정이다. 따라서 당사자들은 합의에 의하여 착오취소권을 배제할 수 있다. 그리고 취소권은 착오를 인식한 후에 추인함으로써 포기될 수도 있다(143조 · 144조). 그 밖에 만약 실효의 원칙을 인정한다면, 실효에 의하여서 취소권이 배제될 수도 있다.

2) 상대방이 착오자의 진의에 동의하는 경우 착오자의 상대방이 의사표시를 착오자에 의하여 생각된 의미로 효력 있게 할 용의가 있다고 표시한 경우에는, 착오자의 취소는 신의칙에 반하는 권리행사로서 허용되지 않는다(같은 취지: 이영준, 428면. 이은영, 525면은 다른 방법을 주장한다). 예컨대 매도인이 어떤 물건을 잘못하여 43만원 대신에 34만원으로 매도청약한 경우에 매수인이 43만원을 지급하겠다고 하는 때에는, 현재 그 물건의 가격이 50만원이 되었다고 하더라도 매도인은 계약을 취소하지 못한다.

3) 신의칙에 의한 그 밖의 배제 가령 고용 · 조합과 같은 계속적인 채권관계에 있어서, 의사표시가 행하여질 당시에는 법률행위의 내용의 중요부분의 착오가 있었으나 계약실행의 과정에서 착오취소가 의미를 상실한 경우에는, 취소는 신의칙과 모순된다. 우리 판례도 매매계약에 따른 양도소득세와 관련하여 착오가 있었더라도 법령이 개정되어 불이익이 소멸한 경우에는 착오의 주장이 신의칙상 허용되지 않는다고 한다(대판 1995. 3. 24, 94다44620).

4) 계약상의 담보책임에 의한 배제 여부 계약상의 담보책임에 관한 민법 규정이 착오규정에 우선하여 적용된다고 해석하면, 착오와 담보책임이 경합하는 경우에는 착오취소가 인정되지 않는다. 이에 대하여는 뒤에 관련 제도로서 논의한다([167] 참조).

[165] **(3) 취소의 효과**

착오를 이유로 법률행위가 취소되면, 그 법률행위는 전체가 처음부터 무효였던 것으로 된다(141조 본문). 다만, 실행에 옮겨진 조합계약이나 노동이 개시된 고용에 있어서는 취소는 장래에 향하여서만 효력이 생긴다고 하여야 한다(같은 취지: 이영준, 434면; 이은영, 530면).

착오자는 취소에 의하여 취소된 법률행위를 폐기할 수 있을 뿐이고, 수정하지는 못한다(같은 취지: 이영준, 433면). 즉, 취소된 법률행위 대신에 다른 행위, 가령 착오자가 의욕한 내용의 법률행위가 들어설 수 없다. 왜냐하면 이 의사에는 필요한 표시가 결여되어 있고, 또 계약에 있어서는 상대방의 승낙이 없기 때문이다.

착오가 법률행위의 일부에만 관계된 경우에는 그 부분만이 취소된다. 그리고 그때의 취소의 효과에 대하여는 일부무효의 법리가 적용되어야 한다. 판례도 같은 입장에 있다(대판 1998. 2. 10, 97다44737; 대판 2002. 9. 4, 2002다18435. 그 외에 대판 1974. 4. 23, 74다54; 대판 1992. 2. 14, 91다36062도 참조).

착오에 의한 의사표시의 취소는 선의의 제 3 자에게 대항하지 못한다(109조 2항). 여기의 「제 3 자」, 「선의」, 「대항하지 못한다」 등은 허위표시에서와 같다. 따라서 제 3 자는 당사자 및 그의 포괄승계인 이외의 자 가운데에서 착오에 의한 의사표시로 생긴 법률관계에 기하여 새로운 이해관계를 맺은 자만을 가리킨다(여기의 제 3 자의 범위가 확장되어야 하는 문제가 있으나, 그에 대하여는 물권법에서 논의한다. 물권법 [29] 이하 참조). 그리고 선의는 착오로 인한 의사표시임을 알지 못하는 것이다. 대항하지 못한다는 것은 표의자가 착오를 이유로 한 취소를 주장할 수 없다는 것이다. 그러나 선의의 제 3 자가 취소의 효과를 주장하는 것은 무방하다.

법률행위를 취소한 착오자에게 손해배상책임을 인정하여야 하는가? 민법은 여기에 관하여 전혀 규정하고 있지 않다. 그러한 상황에서 학설은 i) 착오자에게 경과실이 있는 경우만은 계약체결상의 과실책임을 인정하여야 한다는 견해(김상용, 480면; 김주수, 380면; 백태승, 443면; 이은영, 533면; 정기웅, 394면. 이영준, 438면은 중과실이 있는 때에도 취소권 배제를 주장하지 않고서 배상청구를 할 수 있다고 한다)와, ii) 착오자의 배상책임을 부인하는 견해(고상룡, 436면; 김학동, 351면)로 나뉘어 있다. 그리고 판례는 과실 있는 착오자의 불법행위책임을 부정한 바 있다(대판 1997. 8. 22, 97다13023). 생각건대 표의자에게 경과실이 있고 상대방은 선의·무과실인 경우에까지 손해배상을 인정하지 않는 것은 옳지 않다. 따라서 그러한 경우에는 계약체결상의 과실(535조 참조)을 이유로 하여 표의자는 상대방에 대하여 법률행위가 유효하다고 믿음으로써 받은 손해(신뢰이익)를 배상하여야 한다고 새겨야 한다.

6. 제109조의 적용범위 [166]

제109조는 원칙적으로 모든 종류의 의사표시 내지 법률행위에 적용된다(대판 2014. 11. 27, 2013다49794도 제109조의 적용을 배제하는 취지의 별도의 규정이 있거나 당사자의 합의로 그 적용을 배제하는 등의 특별한 사정이 없는 한 원칙적으로 모든 사법상의 의사표시에 적용된다고 한다. 그리고 대판 2020. 10. 15, 2020다227523·227530은 소취하 합의의 의사표시에도 109조를 적용한다). 그리하여 재단법인 설립행위와 같은 상대방 없는 단독행위에도 적용된다(대판 1999. 7. 9, 98다9045[[335]에 인용함]: 재단법인을 설립하기 위해 서면에 의한 출연행위를 한 경우 법인의 성립 여부나 출연된 재산이 기본재산인지에 관계없이 착오에 의한 의사표시를 이유로 취소할 수 있다). 그리고 「자본시장과 금융투자업에 관한 법률」에 따라 거래소가 개설한 금융투자상품시장에서 이루어지는 증권이나 파생상품 거래의 경우에도 거래소

의 업무규정에서 제109조의 적용을 배제하거나 제한하고 있는 등의 특별한 사정이 없는 한 제109조가 적용된다(대판 2014. 11. 27, 2013다49794).

가족법상의 행위에 대하여 제109조가 적용되는가에 관하여, i) 압도적인 다수설은 가족법상의 행위에 있어서는 당사자의 의사가 절대적으로 존중되어야 한다는 이유로 제109조의 적용에 반대하나(고상룡, 437면; 곽윤직, 242면; 김상용, 481면; 김용한, 301면; 김주수, 383면; 김학동, 359면; 이영준, 429면), ii) 특칙(815조·883조)이 없는 경우에는 가족법상의 행위에도 제109조가 적용된다고 하는 견해(이은영, 512면)도 있다. 생각건대 제109조는 재산법상의 행위를 모델로 하고 있다. 그리하여 상대방 보호를 위하여 법률행위의 내용의 중요부분에 착오가 있는 경우에만 취소를 인정하고, 표의자에게 중대한 과실이 있는 때에만 취소를 배제하고 있다. 또한 의사표시의 취소를 가지고 선의의 제3자에게 대항하지 못한다고 한다. 이러한 점들은, 당사자의 진의가 절대적으로 존중되어야 하는 가족법상의 행위에는 어울리지 않는다. 이런 취지에서 민법은 착오에 의한 혼인행위와 입양행위가 무효임을 규정하고 있다(815조 1호·883조 1호). 그러나 그와 같은 특별규정이 없는 협의이혼이나 그 밖의 가족법상의 행위에 관하여도 착오로 인한 의사표시는 무효라고 하여야 한다.

한편 재산행위라 할지라도 특별규정에 의하여 제109조의 적용이 제한되는 경우가 있다. 즉 제733조의 규정상 화해계약은 원칙적으로 착오를 이유로 취소하지 못하며, 「화해당사자의 자격」이나 「화해의 목적사항 이외의 사항」에 착오가 있는 때에는 예외이다. 그리고 신주인수는 착오를 이유로 취소하지 못한다(상법 320조).

그 밖에 소송행위에는 제109조가 적용되지 않는다. 또한 제109조는 공법행위에도 원칙적으로 적용되지 않는다.

〈판 례〉

(ㄱ) 민법상의 법률행위에 관한 규정은 민사소송법상의 소송행위에는 특별한 규정 또는 특별한 사정이 없는 한 적용이 없으므로 사기 또는 착오를 원인으로 하여 소취하 등 소송행위를 취소할 수 없다(대판 1964. 9. 15, 64다92. 같은 취지: 대판 1970. 6. 30, 70후7).

(ㄴ) 소의 취하는 원고가 제기한 소를 철회하여 소송계속을 소멸시키는 원고의 법원에 대한 소송행위이고 소송행위는 일반 사법상의 행위와는 달리 내심의 의사보다 그 표시를 기준으로 하여 그 효력 유무를 판정할 수밖에 없는 것인바, 원고들 소송대리인으로부터 원고 중 1인에 대한 소 취하를 지시받은 사무원은 원고들 소송대리인의 표시기관에 해당되어 그의 착오는 원고들 소송대리인의 착오로 보아야 하므로, 그

사무원의 착오로 원고들 소송대리인의 의사에 반하여 원고들 전원의 소를 취하하였다 하더라도 이를 무효라 볼 수는 없고, 적법한 소 취하의 서면이 제출된 이상 그 서면이 상대방에게 송달되기 전·후를 묻지 않고 원고는 이를 임의로 철회할 수 없다(대판 1997. 6. 27, 97다6124).

(ㄷ) 원고 소송대리인으로부터 소송대리인 사임신고서 제출을 지시받은 사무원은 원고 소송대리인의 표시기관에 해당되어 그의 착오는 원고 소송대리인의 착오라고 보아야 하므로, 사무원의 착오로 원고 소송대리인의 의사에 반하여 소를 취하하였다고 하여도 이를 무효라고 볼 수는 없다(대판 1997. 10. 24, 95다11740).

7. 다른 제도와의 관계 [167]

(1) 착오와 사기

동일한 사실이 착오와 사기의 요건을 모두 충족시키는 경우가 생길 수 있다. 그때에는 표의자는 어느 쪽이든 그 요건을 증명하여 취소할 수 있다고 하여야 한다(통설도 같다). 그 착오가 동기의 착오인가(이때는 동기의 착오에 취소를 인정하여야 경합이 인정된다) 행위내용의 착오인가는 묻지 않는다. 이와 같이 표의자는 착오와 사기를 선택적으로 주장할 수 있으나, 상대방은 표의자가 주장하지 않는 쪽을 들어 반대하지는 못한다(곽윤직, 244면). 즉 표의자가 착오를 주장할 때에 상대방이 사기를 주장하지 못하고, 표의자가 사기를 주장할 때에 상대방이 착오를 주장하지 못한다.

그런데 판례는 표의자가 제 3 자의 기망행위에 의하여 신원보증서류에 서명날인한다는 착각에 빠져 연대보증의 서면에 서명날인한 경우에 관하여, 그 경우는 기명날인의 착오로서 표시상의 착오이고 동기의 착오가 아니므로, 거기에는 사기에 의한 의사표시의 법리는 적용되지 않고 착오에 의한 의사표시의 법리만 적용된다고 한다(대판 2005. 5. 27, 2004다43824). 그러나 이는 사기에 의한 의사표시의 경우에는 동기의 착오만이 있을 수 있다는 오해에 기인한 것으로서 타당하지 않다.

〈판 례〉

「사기에 의한 의사표시란 타인의 기망행위로 말미암아 착오에 빠지게 된 결과 어떠한 의사표시를 하게 되는 경우이므로 거기에는 의사와 표시의 불일치가 있을 수 없고, 단지 의사의 형성과정 즉 의사표시의 동기에 착오가 있는 것에 불과하며, 이 점에서 고유한 의미의 착오에 의한 의사표시와 구분되는데, 이 사건의 경우 피고 한○○은 신원보증서류에 서명날인한다는 착각에 빠진 상태로 연대보증의 서면에 서명날인한 것으로서, 결국 위와 같은 행위는 강학상 기명날인의 착오(또는 서명의 착오), 즉 어떤 사람이 자신의 의사와 다른 법률효과를 발생시키는 내용의 서면에, 그 것을 읽지 않거나 올바르게 이해하지 못한 채 기명날인을 하는 이른바 표시상의 착오에 해당하므로, 비록 위와 같은 착오가 제 3 자의 기망행위에 의하여 일어난 것이라 하더라도 그에 관하여는 사기에 의한 의사표시에 관한 법리, 특히 상대방이 그러한 제 3 자의 기망행위 사실을 알았거나 알 수 있었을 경우가 아닌 한 의사표시자가 취소권을 행사할 수 없다는 민법 제110조 제 2 항의 규정을 적용할 것이 아니라, 착오에 의한 의사표시에 관한 법리만을 적용하여 취소권 행사의 가부를 가려야 할 것이다.」(대판 2005. 5. 27, 2004다43824)

(2) 착오와 계약상의 담보책임

착오와 매도인의 담보책임이 경합하는 경우에 관하여 학설은, i) 담보책임을 우선하여 적용하여야 한다는 견해(고상룡, 438면; 김용한, 302면; 백태승, 445면; 이영준, 440면; 정기웅, 396면)와 ii) 양자를 경합적으로 인정하는 것이 타당하다는 견해(김상용, 482면; 김주수, 383면; 이은영, 526면)로 나뉘어 있다. 그리고 판례는 매매계약 내용의 중요부분에 착오가 있는 경우 매수인은 매도인의 하자담보책임이 성립하는지와 상관없이 착오를 이유로 그 매매계약을 취소할 수 있다고 하여, ii)설과 같다(대판 2018. 9. 13, 2015다78703). 생각건대 동기의 착오에 대하여 취소를 인정하지 않는 사견의 입장에서는 양자의 경합이 문제되지 않으나, 경합이 문제된다면 i)설이 옳다(자세한 점은 채권법각론 [102] 참조).

[168] 8. 계약당사자 쌍방의 공통하는 동기의 착오

계약을 체결함에 있어서 당사자 쌍방이 일치하여 일정한 사정에 관하여 착오에 빠진 경우, 즉 쌍방의 일치하는 동기의 착오의 경우가 있다. 주식매매의 당사자 쌍방이 신문에 잘못 보도된 주식시세를 올바른 것으로 믿고 그에 기초하여 매매대금을 결정한 때가 그 예이다. 이러한 경우에도 — 일방적인 — 동기의 착오에 관한 이론이 적용되는가? 여기에 관하여 우리의 학설로는 i) 법률행위의 보충적 해석에 의하여 해결하여야 한다는 견해(명순구, 425면; 이영준, 442면)와 ii) 후술하는 사견과 같이 주관적 행위기초론을 적용하여야 한다는 견해(강태성, 564면 주 86; 김상용, 483면; 김학동, 344면; 이상민, 민사판례연구 18권, 67면)가 주장되고 있다. 보충적 해석으로 해결하는 견해는, 실제와 다른 상황을 전제로 하지 않았더라면 의욕하였을 가정적 의사를 확정할 것이라고 한다. 그리고 판례는 과거에는 공통의 동기의 착오 문제를 의식하지 못하고서 일방적 착오처럼 다루면서 취소를 인정하였다(대판 1989. 7. 25, 88다카9364(원고와 피고가 이 사건 토지에 인접한 소외인의 소유대지 위의 담장이 그 대지경계선과 일치하는 것으로 잘못 알고 이 담장을 기준으로 통로폭을 정하여 피고의 담장설치에 합의한 경우); 대판 1994. 6. 10, 93다24810(매매계약의 당사자 쌍방이 매도인이 납부해야 할 양도소득세 등의 세액에 관하여 동일한 착오에 빠져 있었던 경우); 대판 1998. 2. 10, 97다44737(매매 당사자 쌍방이 매매대금의 기초로 된 감정가격이 잘못 책정되었음을 똑같이 모르고 그에 기초하여 매매대금을 정한 경우); 대판 2000. 5. 12, 2000다12259(매매계약 체결 당시에 당사자 쌍방이 매매목적 토지 중 약 20-30평 정도만 도로에 편입될 것이라고 믿고 있었는데, 그 후 실제로 전체 면적의 약 30%에 해당하는 197평이 도로로 편입된 경우). 그런데 얼마 전에는 건물의 기부채납과 그에 따른 사용료 면제가 부가가치세 부과대상이 되는지를 의식하지 못하여 당사자가 그에 대하여 약정하지 않은 경우에 관하여, 당사자가 그러한 착오가 없을 때에 약정하였을 것으로 보이는 내용으로 당사자의 의사를 보충하여 계약을 해석할 수도 있다고 하였다(대판 2006. 11. 23, 2005다13288). 그리고 최근에는, 갑 지방자치단체와 폐기물 처리업자인 을 주식회사 등이 입찰절차를 거쳐 생활폐기물 위탁처리 용역계약을 체결하면서 그 사건 용역의 공급이 부가가치세 면세대상임에도 쌍방이 모두 부가가치세 과세대상이라고 착오하여 용역계약을 체결하였고, 그 계약에 따라 갑이 을 회사 등에게 용역대금과 부가가치세를 지급하였다가 나중에 위 용역의 공급이 부가가치세 면세대상임을 알게 되자 을 회사 등을 상대로 기지급한 부가가치세 상당액의 반환을 구한 사안에서, 전술한 법리를 든 뒤 그 법리를 적용하여(그 사건 용역의 공급이 부가가치세 면세대상일 경우 을 등이 공제받지 못하는 매입세액을 용역대금에 어떻게 반영할 것인지에 대하여 구체적 약정을 하지 않았다는 이유를 들고 있음), 용역계약 체결 당시 위 용역의 공급이 부가가치세 면세대상이라는 사정을 알았다면 부가가치세를 제외하고 기존 용역대금에 상당한 금액만을 지급하기로 약정하였을 것으로 보기 어려운데도, 이와 같이 약정하였을 것으로 보아 을 회사 등이 갑에 대해 지급받은 부가가치세 전액 상당의 부당이득 반환의무를 부담한다고 본 원심판단에 법리오해의 잘못이 있다고 하였다(대판 2023. 8. 18, 2019다200126. 구체적인 쟁점은 을 등이 이 사건 용역과 관련된 매입세액을 공제받을 수 있느냐인데, 원심은 이를 부정한 데 비하여 대법원은 이를 긍정하는 입장임).

〈판 례〉

「계약당사자 쌍방이 계약의 전제나 기초가 되는 사항에 관하여 같은 내용으로 착오를 하고 이로 인하여 그에 관한 구체적 약정을 하지 아니하였다면, 당사자가 그러한 착오가 없을 때에 약정하였을 것으로 보이는 내용으로 당사자의 의사를 보충하여 계약을 해석할 수도 있으나, 여기서 보충되는 당사자의 의사란 당사자의 실제 의사 내지 주관적 의사가 아니라 계약의 목적, 거래관행, 적용법규, 신의칙 등에 비추어 객관적으로 추인되는 정당한 이익조정 의사를 말한다고 할 것이다.」(대판 2006. 11. 23, 2005다13288)

형식적으로만 보면, 쌍방의 공통의 동기의 착오에도 제109조가 적용된다고 할 수 있다. 그러나 그러한 착오는 일방적인 동기의 착오와는 본질적으로 다르다. 그 경우에는 당사자 쌍방이 동일한 기초 위에서 계약을 체결하였기 때문이다. 그러고 보면 제109조는 쌍방의 공통하는 동기의 착오의 특수성을 알지 못한 규정이라고 할 수 있으며, 결국 민법에는 그러한 경우에 관한 규정이 없다고 할 수 있다. 법률의 틈이 존재하는 것이다. 이러한 틈은 다른 이론에 의하여 보충되어야 한다. 그러한 이론으로는 독일에서 주장되는 주관적 행위기초론이 가장 적당할 것으로 생각된다. 그에 의하면 주관적 행위기초는 계약당사자 쌍방이 계약체결에 있어서 의식적으로 이끌려진 공통하는 관념 또는 기대이다. 그러나 그러한 관념이나 기대 모두가 주관적 행위기초로 되지는 않는다. 계약당사자 쌍방의 의사표시 모두에 대하여 결정적인 관념 또는 기대만이 주관적 행위기초일 수 있다. 주관적 행위기초에 속하는 것으로는 공통하는 상의기초, 화해기초, 일정한 사정의 존속 또는 불변경에 대한 적극적인 기대를 들 수 있다. 이러한 주관적 행위기초가 처음부터 결여되었거나 후에 소실된 경우에는, 공통의 동기의 착오에 의하여 불이익하게 계약을 체결한 당사자는 계약으로부터 벗어날 권리(탈퇴권)를 가진다고 하여야 한다. 다만, 착오에 의하여 유익하게 된 당사자가 계약을, 당사자 쌍방이 착오가 없었으면 합의하였을 내용으로, 바꾸어 말하면 사실관계에 맞게 수정된 내용으로 효력 있게 하려고 하는 경우에는, 상대방의 탈퇴권은 인정되지 않아야 한다. 탈퇴권은 원칙적으로 소급적 효력을 가지는 해제권이나, 계속적 채권관계에 있어서는 장래에 향해서만 효력이 있는 해지권이다.

보충적 해석에 의하여 해결하려는 견해는, 보충적 해석에 의한 결과가 자신에게 불리한 당사자가 계약으로부터 전혀 벗어날 수 없다는 문제점이 있다. 뒤의 자는 계약으로부터 벗어날 수 있어야 하며, 그런 결과를 인정하려면 사견을 따라야 한다. 보충적 해석으로 해결하려는 견해 중 일부는, 근본적으로 공통의 착오의 경우에 제109조가 전혀 적용될 수 없다고 볼 근거는 없다고 하면서, 공통의 착오에 있어서는 계약 자체의 취소를 문제삼기 이전에 그러한 계약의 수정이 가능한가를 먼저 탐구하고, 그것이 불가능하면 그때 비로소 계약을 취소할 것인가를 따져 볼 필요가 있다고 한 뒤, 이에 관하여는 독일에서 주장되는 행위기초론의 적용과 법률행위의 보충적 해석의 두 가지 방법이 주장되고 있는데, 법률행위의 보충적 해석이 더 적절한 방법이라고 주장한다(윤진수, "2006년도 주요 민법 관련 판례회고," 서울대 법학 48권 1호, 385면-386면). 이 견해는 민법 제109조에 의한 취소권과 계약의 수정을 모두 인정하는 점에서 특징이 있다. 그런데 공통의 동기의 착오에 민법 제109조가 적용된다면 그것은 일정한 요건 하에 취소권을 인정하는 방법밖에 없다. 그러고 보면 이 견해가 계약의 수정을 인정하는 것은 법적 근거가 없다. 그리고 — 본래의 의미의 계약해석이 아니고 공통의 동기의 착오의 해결방법으로서의 — 계약수정은 이미 민법 제109조를 떠난 해결방법인데, 그 방법을 사용해본 뒤 그것이 불가능한 때에 제109조로 되돌아오는 것도 매우 부자연스럽다.

한편 공통의 착오에 있어서 보충적 해석을 인정하고 있는 근래의 판결 중 첫째의 것(대판 2006. 11. 23, 2005다13288)은, 그 사안 자체(건물을 신축하여 기부채납하면서 기부채납에 부가가치세가 부과됨을 쌍방이 의식하지 못하고 그 대지와 건물에 관하여 사용수익권을 받기로 약정한 경우)가 공통의 착오 이론이 적용될 것이 아니어서 문제이다. 그 사안은 공통의 착오로 인하여 그러한 계약을 체결한 것이 아니고 단지 약정이 없는 경우에 지나지 않기 때문이다. 그야말로 본래의 의미의 보충적 해석이 필요한 경우인 것이다. 판례는 엉뚱한 사안(즉 보충적 해석이 필요한 사안)을 보고 공통의 착오라고 하면서 그 사안에 맞는 해결(보충적 해석)을 하고 있는 것으로 생각된다(이 판결에 대한 자세한 점은 송덕수, "공통의 동기의 착오에 관한 판례 연구," 법조 2009. 11, 334면 이하 참조). 그리고 두 번째 판결에서는 — 첫 번째 판결 사안에서와 달리 — 공통의 착오에 기하여 부가가치세 부담에 관하여 적극적으로 의사표시를 하였다. 그런데도 대법원은 부가가치세 면세대상일 경우의 매입세액 반영에 관하여 구체적 약정이 없었다는 이유로 보충적 해석의 법리를 적용하였다. 이 사안에서는 적극적인 의사표시를 했으므로 약정이 없는 경우가 아니며(순수한 보충적 해석 사안이 아님), 따라서 먼저 부가가치세 부담에 관한 의사표시 자체의 유효 여부를 판단했어야 한다. 그러면서 그 안에서 매입세액을 공제받을 수 있는지 결정했어야 한다. 사견으로는 그 판결 사안에서는 — 공통의 착오에 해당하므로 — 행위기초론에 따라 원고인 갑이 계약을 해제할 수 있으나, 을 등이 받은 부가가치세 중 매입세액을 제외한 금액을 반환하겠다고 하면 갑은 해제할 수 없다고 해야 한다.

Ⅴ. 사기(詐欺) · 강박(强迫)에 의한 의사표시 [169]

1. 서 설

의사표시가 타인의 부당한 간섭으로 말미암아 방해된 상태에서 자유롭지 못하게 행하여지는 경우가 있다. 타인의 사기 또는 강박에 의하여 행하여진 의사표시가 그렇다. 이러한 의사표시에 있어서는 항상 의사의 형성과정에 하자(부당한 간섭)가 존재한다. 그 외에 의사와 표시의 불일치는 없는가? 사기에 의한 의사표시의 경우에는 대체로 동기의 착오로 되어 의사와 표시가 일치하나, 예외적으로 법률행위의 내용의 착오가 존재할 수도 있으며, 그때에는 의사와 표시가 불일치하게 된다. 상대방 또는 제 3 자에게 속아서 법적 의미가 다른 서류에 서명한 경우가 그 예이다(대판 2005. 5. 27, 2004다43824 참조). 그에 비하여 강박에 의한 의사표시의 경우에는 원칙적으로 착오가 존재하지 않고, 따라서 의사와 표시는 일치하나, 가령 상대방 또는 제 3 자의 강박에 의하여 법적 의미를 오해하고서 서류에 서명한 때에는 예외적으로 의사와 표시가 불일치하게 된다.

〈참 고〉

판례는 사기에 의한 의사표시의 경우에는 동기의 착오만이 발생한다고 하면서, 제 3 자의 기망행위에 의하여 법적 의미가 다른 서류에 서명날인한 경우에는 표시상의 착오가 존재하므로 사기에 의한 의사표시가 아니고, 따라서 거기에는 민법 제110조가 적용되지 않고 착오법리만 적용된다고 한다(대판 2005. 5. 27, 2004다43824. [167] 참조). 종래 나도 그러한 의견이었다. 그러나 판례의 사안에서와 같이 기망행위에 의하여 행위내용의 착오가 생긴 경우도 사기표시로 다루어야 한다(반대: 이영준, 444면). 그리하여 나는 사기에 의한 의사표시의 개념을 변경하기로 한다. 이러한 점은 강박에 의한 의사표시에 있어서도 같다.

사기 · 강박이라는 위법행위는 형법상 사기죄(형법 347조) · 공갈죄(형법 350조) · 협박죄(형법 283조)를 구성하기도 한다. 그런데 민법에서는 그 사기 · 강박이 불법행위를 구성하는 때에는 피해자에게 손해배상청구권을 인정하고(750조), 또 사기 · 강박에 의하여 행하여진 법률행위를 일정한 요건 하에 취소할 수 있도록 하고 있다(110조). 이 가운데 민법총칙에서는 법률행위의 취소에 관하여서만 논의하게 된다. 주의할 것은, 사기나 강박행위가 있다고 하여 언제나 위의 세 가지 효과(범죄 성립 · 불법행위 · 법률행위의 취소가능성)가 발생하는 것은 아니라는 점이다. 그 효과가 발생하려면 각각의 제도가 요구하고 있는 요건을 구비하여야만 하는 것이다.

제110조는 사적 자치의 원칙이 전제로 하고 있는 「의사결정의 자유」를 보호하려는 데 그 취지가 있으며, 그것은 결코 형법상의 사기죄 · 공갈죄와 같이 계약상대방의 재산을 보호하려고 하는 것이 아니다. 사적 자치의 원칙상 의사표시가

완전히 유효하려면, 그것이 자유로이 결정된 의사에 기한 것이어야 한다. 그런데 의사가 사기나 강박의 영향을 받아 형성된 경우에는 자유로운 의사결정은 존재하지 않는다. 따라서 사기나 강박에 의한 의사표시의 유효성은 부인되어야 할 것이다. 그 방법으로는 그와 같은 의사표시가 처음부터 무효라고 할 수도 있겠으나, 민법은 취소가능성을 택하여 의사표시의 효력유지 여부를 사기나 강박을 당한 자로 하여금 결정할 수 있도록 하였다.

민법은 사기에 의한 의사표시와 강박에 의한 의사표시에 관하여 하나의 규정에서 규율하고 있고, 더욱이 그 효과는 똑같이 정하고 있다. 따라서 이하에서는 그 둘을 요건은 나누어 기술하고, 효과는 한꺼번에 설명하기로 한다.

2. 사기에 의한 의사표시의 의의와 요건 [170]

사기라 함은 고의로 사람을 기망하여 착오에 빠지게 하는 위법행위를 말한다. 그리고 사기에 의한 의사표시는 타인(제 3 자 포함)의 고의적인 기망행위로 인하여 착오에 빠져서 한 의사표시이다. 이 의사표시는 착오로 인하여 행하여진 의사표시의 일종인데, 그 착오는 대부분 동기의 착오이고 예외적으로 법률행위의 내용의 착오인 경우도 있다.

사기에 의한 의사표시의 요건은 다음과 같다.

(1) 의사표시의 존재

사기에 의한 의사표시가 인정되려면, 그 당연한 전제로서 의사표시가 존재하여야 한다. 의사표시가 존재하지 않으면 법률행위의 취소는 필요하지도 가능하지도 않다.

(2) 사기자의 고의

사기자, 즉 기망행위자에게 고의가 있어야 한다(이은영, 544면은 과실로도 충분하다고 하나, 이는 옳지 않다). 여기의 고의는 2단의 고의, 즉 표의자를 기망하여 착오에 빠지게 하려는 고의(기망의 고의)와 다시 그 착오에 기하여 표의자로 하여금 구체적인 의사표시를 하게 하려는 고의(동기화 의식)가 있어야 한다(통설도 같은 취지임. 이영준, 446면; 이은영, 544면은 3단계의 고의를 요구한다). ① 첫째의 고의인 기망의 고의는 기망행위자가 그의 진술이 잘못되었음을 알고 있다는 것을 전제로 한다. 진술이 옳지 않음을 과실로 알지 못한 것만으로는 기망의 고의가 인정되지 않는다. 따라서 선의로 옳지 않은 진술을 한 경우에는, 그 선의가 중대한 과실로 인한 것일지라도 고의는 없게 된다. 가령 중고자동차의 매도인이 그 자동차가 사고를 당한 적이 있느냐는 물음에 대하여 조금만 조사하였으면 알 수 있었는데도 전소유자가 확언하였기 때문에 실제와 다르게 「사고당한 적이 없다」고 대답한 경우에 그렇다. ② 둘째의 고의는 기망행위자가 자신의 행위의 의미에 관하여 알고 있다는 것을 전제로 한다. 따라서 기망행위자는 표의자가 올바른 사정을 알았다면 의사표시를 하지 않았거나 기껏해야 다른 내용으로 하였을 것을 의식하여야 한다. 바꾸어 말하면 표의자가 바로 그 기망행위에 의하여 구체적인 의사표시의 교부를 결정하였다는 의식, 즉 동기화 의식이 기망행위자에게 있어야 한다. 이러한 의식은 가령 신문의 날조기사에 있어서는 존재하지 않는다. 따라서 어떤 자가 날조기사를 믿고서 의사표시를 하였더라도 신문사의 사기에 의한 것이라고 할 수 없다.

사기자에게 2단의 고의 외에 악의의 의도(불순한 동기)까지 있을 필요는 없다. 제110조는 피기망자의 재산이 아니고 그의 의사결정의 자유를 보호하는 데 그 취지가 있기 때문이다. 따라서 기망행위가 피기망자의 복리만을 위한 경우에도 취소가 인정될 수 있다. 그리고 제110조는 피기망자의 재산을 보호하려는 것이 아니므로, 피기망자에게 손해를 가하려는 의사 또는 스스로 이익을 얻으려는 의사나 제 3 자에게 이익을 얻게 하려는 의사는 필요하지 않다. 기망행위자의 능력에 관하여 말한다면, 기망행위자에게는 고의가 있어야 하므로, 그는 적어도 사실상 의사능력이 있어야 한다. 그리하여 가령 유아나 미친 사람에게 속은 경우에는 사기가 성립할 수 없다. 그러나 사기는 법률행위가 아니므로 행위능력은 요구되지 않는다. 그리고 불법행위와도 다르므로 불법행위능력(책임능력)도 필요하지 않다.

(3) 기망행위(欺罔行爲)

사기자의 기망행위가 있어야 한다. 여기서 기망행위라 함은 표의자에게 그릇된 관념을 가지게 하거나 이를 강화 또는 유지하려는 모든 용태를 말한다. 기망행위는 적극적으로 허위의 사실을 주장하거나 날조하는 것일 수도 있고, 소극적으로 진실한 사실을 은폐하는 것일 수도 있다.

단순한 침묵은 원칙적으로는 기망행위가 아니나 침묵된 사정에 관하여 행위자에게 설명의무가 있는 경우에만은 기망행위로 된다고 할 것이다. 판례도 같은 취지이다(대판 1997. 11. 28, 97다26098; 대판 2002. 9. 4, 2000다54406 · 54413; 대판 2006. 10. 12, 2004다48515; 대판 2007. 6. 1, 2005다5812 · 5829 · 5836). 그리하여 아파트 분양자는 아파트 단지 인근에 쓰레기 매립장이 건설예정인 사실(대판 2006. 10. 12, 2004다48515)이나 공동묘지가 조성되어 있는 사실(대판 2007. 6. 1, 2005다5812 · 5829 · 5836)을 분양계약자에게 고지할 신의칙상 의무를 부담하며, 따라서 이를 하지 않은 것은 기망행위가 된다는 입장이다. 그리고 건설산업기본법에 따라 설립된 공제조합이 그 조합원과의 보증위탁계약에 따라 조합원이 도급받은 공사 등의 계약이행과 관련하여 부담하는 계약보증금의 납부에 관한 의무이행을 보증하기 위하여 계약보증서를 발급하는 방법으로 그 도급인과 보증계약을 체결하는 경우에 관하여, 공제조합은 그 조합원이 도급계약에 따른 채무를 이행하지 아니함으로 말미암아 도급인에게 부담하게 될 채무를 보증하는 것이므로, 선급금의 액수와 그 지급방법 및 선급금이 정하여진 용도로 실제 사용될 것인지 여부 등은 보증사고에 해당하는 수급인의 채무불이행 여부를 판정하는 기준이 되는 계약상 중요한 사항으로서 조합원 등이 이를 거짓으로 고지할 경우 공제조합에 대한 기망행위가 될 수 있다고 한다(대판 2002. 11. 26, 2002다34727). 그러나 부동산(그 사안에서는 점포)의 분양계약의 경우, 「분양자가 수분양자가 전매이익을 노리고 분양을 받으려는 것을 알면서 수분양자로 하여금 전매이익의 발생 여부나 그 액에 관하여 거래관념상 용납될 수 없는 방법으로 잘못 판단하게 함으로써 분양계약에 이르게 하였다는 등의 특별한 사정이 없는 한, 분양자에게 그 대립당사자로서 스스로 이익을 추구하여 행위하는 수분양자에 대하여 최초분양인지, 전매분양인지를 포함하여 수분양자의 전매이익에 영향을 미칠 가능성이 있는 사항들에 관하여 분양자가 가지는 정보를 밝혀야 할 신의칙상의 의무가 있다거나, 나아가 그러한 정보를 밝혀 고지하지 아니하면 그것이 부작위에 의한 기망에 해당하여 민법 제110조 제 1 항에서 정하는 사기가 된다고 쉽사리 말할 수 없다」고 한다(대판 2010. 2. 25, 2009다86000). 그리고 교환계약의 당사자는 시가(時價)를 설명 내지 고지할 신의칙상의 주의의무가 없기 때문에 당사자 일방이 자기 소유 목적물의 시가를 묵비한 것은 기망행위가 아니라고 한다(대판 2002. 9. 4, 2000다54406 · 54413).

〈판 례〉

「일반적으로 재화나 용역의 판매자가 자신이 판매하는 재화나 용역의 판매가격에 관하여 구매자에게 그 원가나 판매이익 등 구성요소를 알려주거나 밝혀야 할 의무는 없다. 이러한 이치는 은행이 고객으로부터 별도로 비용이나 수수료를 수취하지 아니하는 이른바 제로 코스트(zero cost) 구조의 장외파생상품 거래를 하는 경우에도 다르지 않다. 또한 은행이 장외파생상품 거래의 상대방으로서 일정한 이익을 추구하리라는 점은 시장경제의 속성상 당연하므로 누구든지 이를 예상할 수 있다. 따라서 달리 계약 또는 법령 등에 의하여 가격구성요소의 고지의무가 인정되는 등의 특별한 사정이 없는 한 은행은 고객에게 제로 코스트의 장외파생상품 구조 내에 포함된 옵션의 이론가, 수수료 및 그로 인하여 발생하는 마이너스 시장가치에 대하여 고지하여야 할 의무가 있다고 할 수 없고, 이를 고지하지 아니하였다고 하여 그것이 고객에 대한 기망행위가 된다거나 고객에게 당해 장외파생상품 거래에서 비용이나 수수료를 부담하지 않는다는 착오를 일으킨다고 볼 수도 없다.」(대판(전원) 2013. 9. 26, 2011다53683 · 53690; 대판(전원) 2013. 9. 26, 2012다1146 · 1153; 대판(전원) 2013. 9. 26, 2012다13637; 대판(전원) 2013. 9. 26, 2013다26746. 이른바 KIKO 사건)

[171] (4) 기망행위의 위법성

기망행위가 위법하여야 한다. 사회생활에서는 타인의 부지(不知)나 착오를 이용하는 것이 어느 정도까지는 허용되어야 하므로, 모든 기망행위가 위법하다고 할 수는 없다. 위법성의 유무는 개별적인 경우의 사정 위에서 신의칙 및 거래관념에 의하여 판단하여야 한다. 일반적으로 매매나 임대차에서는 위임이나 조합에서보다 정직함이 덜 요구된다고 할 수 있으며, 또 같은 매매라 하더라도 행위의 주체와 객체의 성질에 따라(가령 노점에서의 매매인가 백화점에서의 매매인가, 중고품의 매매인가 신제품의 매매인가에 따라) 정직성의 요구가 달라진다.

〈판 례〉

(ㄱ) 「상품의 선전 광고에 있어서 거래의 중요한 사항에 관하여 구체적 사실을 신의성실의 의무에 비추어 비난받을 정도의 방법으로 허위로 고지한 경우에는 기망행위에 해당한다고 할 것이나, 그 선전 광고에 다소의 과장 허위가 수반되는 것은 그것이 일반 상거래의 관행과 신의칙에 비추어 시인될 수 있는 한 기망성이 결여된다고 할 것이고, 또한 이 사건 상가와 같이 그 용도가 특정된 특수시설을 분양받을 경우 그 운영을 어떻게 하고, 그 수익은 얼마나 될 것인지와 같은 사항은 투자자들의 책임과 판단 하에 결정될 성질의 것이라 할 것인바, 원심이 같은 취지에서, 피고 ○○토건이 이 사건 상가에 첨단 오락타운을 조성하고 전문경영인에 의한 위탁경영을 통하여 일정 수익을 보장한다는 취지의 광고를 하였다고 하여 이를 가리켜 피고 ○○토건이 원고들을 기망하여 이 사건 분양계약을 체결하게 하였다거나 원고들이 분양계약의 중요부분에 관하여 착오를 일으켜 이 사건 상가분양계약을 체결하게 된 것이라 볼 수 없다고 판단한 것은 정당」하다(대판 2001. 5. 29, 99다55601 · 55618. 전단에 관하여 같은 취지: 대판 2015. 7. 23, 2012다15336).

(ㄴ) 「상품의 선전, 광고에 있어 다소의 과장이나 허위가 수반되는 것은 그것이 일

반 상거래의 관행과 신의칙에 비추어 시인될 수 있는 한 기망성이 결여된다고 하겠으나, 거래에 있어서 중요한 사항에 관하여 구체적 사실을 신의성실의 의무에 비추어 비난받을 정도의 방법으로 허위로 고지한 경우에는 기망행위에 해당한다고 할 것이고, 한편 현대 산업화 사회에 있어 소비자가 갖는 상품의 품질이나 가격 등에 대한 정보는 대부분 생산자 및 유통업자의 광고에 의존할 수밖에 없는 것이므로, 이 사건 백화점들과 같은 대형 유통업체의 매장에서 판매되는 상품의 품질과 가격에 대한 소비자들의 신뢰나 기대는 백화점들 스스로의 대대적인 광고에 의하여 창출된 것으로서 특히 크고 이는 보호되어야 할 것이다.」(대판 1993. 8. 13, 92다52665(정상가격을 할인판매 가격으로 표시한 이른바 변칙세일사건. 그 경우 기망행위로서 위법성이 인정된다고 함). 유사 판례: 대판1995. 7. 28, 95다19515 · 19522; 대판 1995. 9. 29, 95다7031; 대판 2001. 5. 29, 99다55601; 대판 2008. 11. 27, 2008다56118(방문판매자가 체형보정용 속옷이 각종 질병 치료에 효과가 있는 것처럼 말한 경우에 위법성이 있다고 함); 대판 2009. 3. 16, 2008다1842(상가분양계약 체결에 있어 분양 점포의 전용면적 · 위치 등에 관하여 사회적으로 용인될 수 있는 상술의 정도를 넘는 분양자의 기망행위가 있었다거나 수분양자의 착오가 있었다고 보기 어렵다고 한 사례); 대판 2009. 4. 23, 2009다1313; 대판 2009. 8. 20, 2008다51120 · 51137 · 51144 · 51151; 대판 2014. 1. 23, 2012다84417 · 84424 · 84431; 대판 2023. 7. 27, 2022다293395(지역주택조합의 설립 인가를 위한 조합원 모집에서 허위고지 여부가 문제됨))

(ㄷ) 「일반인은 광고에서 직접적으로 표현된 문장, 단어 등과 그 결합에 의하여 제시되는 표현뿐만 아니라 간접적으로 암시하고 있는 사항, 관례적이고 통상적인 상황 등 여러 사정을 종합하여 전체적 · 궁극적 인상을 형성하게 되므로, 지역주택조합 조합원 모집 광고가 계약상대방을 속이거나 계약상대방으로 하여금 잘못 알게 할 우려가 있는지는 보통의 주의력을 가진 일반인이 그 광고를 받아들이는 전체적 · 궁극적 인상을 기준으로 하여 객관적으로 판단하여야 한다.」(대판 2023. 7. 27, 2022다293395)

기망행위가 위법성이 없다고 인정되는 중요한 경우는 허용되지 않는 질문에 대하여 사실과 다르게 대답한 때이다. 특히 고용계약을 체결하기 위하여 상의를 하면서 사용자가 허용되지 않는 질문을 할 경우가 있다. 그러한 경우에 사실대로 답하면 피용자가 채용되지 못할 수가 있다. 그 때문에 틀린 대답을 하고 채용되었다면 사용자는 사기를 이유로 계약을 취소하지 못한다고 하여야 한다. 고용계약과 관련하여 허용되지 않는 질문으로는 과거에 걸렸으나 이미 완치된 질병, 노무급부와 관계없는 현재의 질병, 회계직원의 채용에 있어서 교통범죄 여부 등을 들 수 있다. 그에 비하여 모든 업무와 관련하여 중대한 질병이 있는지 여부, 회계직원과 관련하여 횡령죄 · 배임죄 · 문서위조죄 등의 전과 여부의 질문은 허용된다.

(5) 기망행위와 의사표시 사이의 인과관계

기망행위와 의사표시 사이에 인과관계가 있어야 한다. 그리하여 먼저 ① 기망행위와 표의자의 착오 사이에 인과관계가 있어야 한다. 이러한 인과관계는 기망행위에 의하여 그릇된 관념이 처음 발생한 경우뿐만 아니라, 그릇된 관념이 유지 또는 강화된 경우에도 인정된다. 예컨대 타인에게 임대된 주택을 매수하는 자가 착오로 임차인이 자력이 있다고 믿고 있었는데 매도인이 그것을 더욱 믿도록 한 경우가 그렇다. 그리고 여기의 착오가 기망행위만에 의하여 야기되었어야 할 필요는 없다. 기망행위가 다른 사실과 함께 착오를 야기하였어도 무방하다. 또 표의자의 착오가 객관적으로 중요한 것일 필요도 없다. 나아가 ② 착오와 의사표시 사이에 인과관계가 있어야 한다. 이 인과관계는, 착오가 없었으면 표의자가 의사표시를 하지 않았거나 다른 내용으로 하였거나 또는 다른 시기에 하였으리라고 인정될 경우에 존재한다. 그에 비하여 표의자가 일정한 사정에 관하여 착오가 없었더라도 의사표시를 하였을 경우에는 인과관계는 존재하지 않는다. 기망행위에 의하여 야기된 착오가 의사표시를 하게 한 유일한 요소일 필요는 없다. 한편 여기의 인과관계는 표의자의 주관적인 것에 불과하여도 무방하다(통설도 같다. 그런데 이은영, 548면은 객관적으로 판단할 것을 주장한다).

(6) 증명책임

이들 요건 중 의사표시의 존재는 법률효과를 발생시키려는 자(상대방)가 주장·증명하여야 하나, 나머지의 요건은 모두 취소를 주장하는 자가 증명하여야 한다.

[172] 3. 강박에 의한 의사표시의 의의와 요건

강박이라 함은 고의로 해악을 가하겠다고 위협하여 공포심을 일으키게 하는 위법행위를 말한다. 그리고 강박에 의한 의사표시는 표의자가 타인(제 3 자 포함)의 강박행위로 인하여 공포심에 사로잡혀서 한 의사표시이다.

강박에 의한 의사표시의 요건은 다음과 같다.

(1) 의사표시의 존재

강박에 의한 의사표시가 인정되려면 먼저 의사표시가 존재하여야 한다. 그러기 위하여서는 의사표시의 교부에 필요한 「의사결정의 여지」가 있어야 한다. 어떤 자가 항거할 수 없는 물리적인 힘(절대적 폭력)에 의하여 의사결정의 자유를 완전히 빼앗긴 상태에서 의사표시의 외관만을 만들어낸 경우에는 의사결정의 여지가 없다. 예컨대 저항하는 손을 억지로 끌어다가 서면에 날인하게 한 경우에 그렇다. 이러한 때에는 강제당한 자는 법률행위자가 아니고 단지 도구에 지나지 않는다. 그에게는 행위의사가 없어서 그의 외관상의 표시는 의사표시가 아니다. 그리고 의사표시가 존재하지 않는 만큼 취소도 필요하지 않다. 판례도 그러한 행위는 무효라고 하나(대판 1984. 12. 11, 84다카1402; 대판 1992. 11. 27, 92다7719; 대판 1996. 10. 11, 95다1460; 대판 1997. 3. 11, 96다49353; 대판 1998. 2. 27, 97다38152; 대판 2002. 12. 10, 2002다56031; 대판 2003. 5. 13, 2002다73708 · 73715), 실제 사안에서 무효라고 한 적은 없다.

〈판 례〉

「강박에 의한 의사표시라고 하려면 상대방이 불법으로 어떤 해악을 고지함으로 말미암아 공포를 느끼고 의사표시를 한 것이어야 하고, 강박에 의한 법률행위가 하자 있는 의사표시로서 취소되는 것에 그치지 않고 나아가 무효로 되기 위하여는, 강박의 정도가 단순한 불법적 해악의 고지로 상대방으로 하여금 공포를 느끼도록 하는 정도가 아니고, 의사표시자로 하여금 의사결정을 스스로 할 수 있는 여지를 완전히 박탈한 상태에서 의사표시가 이루어져 단지 법률행위의 외형만이 만들어진 것에 불과한 정도이어야 한다.」(대판 2003. 5. 13, 2002다73708 · 73715)

(2) 강박자의 고의

강박자에게 고의가 있어야 한다. 그리고 여기의 고의도 사기에 있어서와 마찬가지로 2단계의 고의, 즉 강박행위에 의하여 표의자를 공포심에 사로잡히게 하려는 고의와 표의자로 하여금 의사표시를 하게 하려는 고의가 필요하다. 통설(그러나 이영준, 451면; 이은영, 547면은 3단계의 고의가 필요하다고 한다) · 판례(대판 1975. 3. 25, 73다1048; 대판 1992. 12. 24, 92다25120)도 같다. 그 외에 강박자가 강박행위를 실제로 행하려는 의사는 요구되지 않는다. 그리고 형법상의 공갈죄(형법 350조)와 달리 피강박자에게 손해를 가하려는 의사 또는 스스로 이익을 얻으려는 의사나 제 3 자로 하여금 이익을 얻게 하려는 의사도 필요하지 않다.

강박자는 자신의 행위에 의하여 의사표시를 하게 할 고의를 가져야 하므로 의사능력을 갖추고 있어야 한다. 그러나 강박행위는 법률행위가 아닐 뿐만 아니라 제110조는 강박자에 대한 제재를 목적으로 하는 것이 아니고 피강박자의 보호를 목적으로 하기 때문에 행위능력이나 불법행위능력은 필요하지 않다.

(3) 강박행위

강박행위 즉 해악(불이익)을 가하겠다고 위협하여 공포심을 일으키게 하는 행위가 있어야 한다. 해악의 종류나 강박행위의 방법은, 그것이 공포심을 일으키게 할 수 있는 한, 제한이 없다. 따라서 해악이 피강박자 본인이 아니고 그의 근친자와 같은 제 3 자에 대한 것이라도 무방하다. 경우에 따라서는 강박자 자신과 관계된 것일 수도 있다. 피용자가 사용자에게 해고 철회가 없으면 자살하겠다고 위협하는 경우가 그 예이다. 또한 해악은 재산적인 성질의 것일 수도 있고, 생명 · 신체 · 자유 · 명예 등에 대한 해악과 같이 비재산적인 것일 수도 있다. 그리고 강박자가 고지한 해악은 그가 직접 발생시킬 수 있는 것이어야 하는 것은 아니다. 그가 제 3 자로 하여금 실현하게 할 수 있는 것이라도 무방하다. 범죄자를 고소 · 고발하겠다고 하는 경우가 그 예이다.

[173] (4) 강박행위의 위법성

강박에 의한 의사표시가 인정되려면 강박행위가 위법하여야 한다. 그런데 강박행위의 위법성이라는 표현은 정확하지 못하다. 위법성은 오히려 「강박행위에 의한 의사결정」에 관하여 요구된다고 하여야 한다. 따라서 반드시 강박행위 그 자체가 위법하여야 하는 것은 아니며, 강박자의 전체 용태가 위법하다고 인정되면 족하다.

이러한 위법성은 수단이 위법한 경우, 목적이 위법한 경우, 수단과 목적의 결합이 부적당한 경우에 인정된다. 먼저 강박수단(위협된 행위)이 법질서에 위배된 경우에는 강박행위에 의한 의사결정은 언제나 위법하다. 폭행 또는 방화하겠다고 위협하는 것이 그 예이다. 다음에 강박수단에 의하여 추구된 효과, 즉 피강박자로 하여금 하게 하는 의사표시 자체가 위법한 경우(목적이 위법한 경우)에도 의사결정은 위법하다. 적법한 수단으로 위협한 때에도 같다. 예컨대 탈세에 협력하지 않으면 실제로 존재하는 채무의 즉시이행을 청구하는 소송을 제기하겠다고 하는 경우에 그렇다. 그런가 하면 강박수단과 목적이 모두 허용되는 것일지라도 양자의 결합 — 즉 일정한 목적을 위하여 일정한 수단을 사용하는 것 — 이 부적당한 경우에는, 강박행위에 의한 의사결정은 위법성을 띠게 된다. 예컨대 교통사고의 피해자가 가해운전자에게 사고로 인한 손해배상을 하지 않으면 우연히 목격했던 과거의 교통사고 사실을 경찰에 신고하겠다고 하는 경우에 그렇다. 판례도 최근에는 위법성을 이러한 방법으로 판단하고 있다(대판 2000. 3. 23, 99다64049; 대판 2010. 2. 11, 2009다72643(계약을 해제하여 손해배상을 청구할 수 있다는 취지로 말한 것으로는 제반사정상 「위법한 해악의 고지」에 해당한다고까지 할 수 없다고 본 사례)).

〈판 례〉

「강박에 의한 의사표시라고 하려면 상대방이 불법으로 어떤 해악을 고지함으로 말미암아 공포를 느끼고 의사표시를 한 것이어야 하는바, 여기서 어떤 해악을 고지하는 강박행위가 위법하다고 하기 위하여는 강박행위 당시의 거래관념과 제반사정에 비추어 해악의 고지로써 추구하는 이익이 정당하지 아니하거나 강박의 수단으로 상대방에게 고지하는 해악의 내용이 법질서에 위배된 경우 또는 어떤 해악의 고지가 거래관념상 그 해악의 고지로써 추구하는 이익의 달성을 위한 수단으로 부적당한 경우 등에 해당하여야 할 것이다.」(대판 2000. 3. 23, 99다64049)

범죄행위(불법행위)를 한 자를 고소 또는 고발하겠다고 하는 것은 위법한가? 여기에 관하여, 통설은 그것이 부정한 이익을 목적으로 하지 않을 때에는 위법하다고 할 수 없으나, 어떤 부정한 이익의 취득을 목적으로 하는 때에는 위법하다고 한다(곽윤직, 246면; 김주수, 388면; 김학동, 366면). 그리고 판례는, 고소·고발은 그것이 부정한 이익을 목적으로 하는 것이 아닌 때에는 정당한 권리행사가 되어 위법하다고 할 수 없을 것이나, 부정한 이익의 취득을 목적으로 하는 경우에는 위법한 강박행위가 되는 경우가 있을 것이며, 목적이 정당하다고 하더라도 그 행위나 수단 등이 부당한 때에는 위법성이 있는 경우가 있을 수 있다고 한다(대판 1992. 12. 24, 92다25120; 대판 1997. 3. 25, 96다47951; 대판 2008. 9. 11, 2008다27301·27318). 그러나 통설·판례는 옳지 않다. 부정한 이익의 취득을 목적으로 하지 않는 경우라 할지라도 범죄행위와 추구된 목적(가령 행사된 채권) 사이에 전혀 관계가 없는 때에는 위법하다고 하여야 하기 때문이다. 따라서 고소 또는 고발하겠다고 하는 경우에는 범죄행위와 추구된 목적이 내적으로 관련되어 있고 또 강박자가 그로써 실체법상 그에게 귀속될 수 없는(부당한) 이익을 취득하려고 하지 않는 때에만 적법하다고 할 것이다.

(5) 강박행위와 의사표시 사이의 인과관계

강박행위와 의사표시 사이에 인과관계가 있어야 한다. 그리하여 표의자가 강박행위에 의하여 공포심에 사로잡혀야 하고, 또 이 공포심에 기하여 의사표시를 하였어야 한다(대판 1979. 1. 16, 78다1968; 대판 2003. 5. 13, 2002다73708·73715). 여기의 인과관계도 사기에서와 마찬가지로 주관적으로(즉 표의자의 관점에서) 존재하면 충분하다.

(6) 증명책임

이들 요건 중 의사표시의 존재는 법률효과를 발생시키려는 자(상대방)가 주장·증명하여야 하나, 나머지의 요건은 모두 취소를 주장하는 자가 증명하여야 한다(대판 1969. 12. 9, 69다1818).

[174] ## 4. 사기 · 강박에 의한 의사표시의 효과

(1) 취소가능성

사기 또는 강박에 의한 의사표시는 취소할 수 있다(110조 1항). 다만, 민법은 상대방 있는 의사표시에 관하여 제 3 자가 사기나 강박을 행한 경우에 관하여는 취소를 제한하고 있다(110조 2항). 그 결과 의사표시가 상대방 있는 것인가 상대방 없는 것인가에 따라 취소할 수 있는 경우가 같지 않게 된다. 우리 문헌들은 사기 · 강박에 의한 의사표시의 효과를 상대방의 사기 · 강박의 경우와 제 3 자의 사기 · 강박의 경우로 나누어 설명하나, 상대방 없는 의사표시에서는 상대방 · 제 3 자가 있을 수 없으므로 그 방법은 부적절하다.

1) 상대방 없는 의사표시의 경우 취소의 제한에 관한 제110조 제 2 항은 상대방 없는 의사표시에는 적용되지 않는다. 따라서 상대방 없는 의사표시는 누가 사기 또는 강박을 행하였는가, 그리고 누가 사기나 강박의 사실 등을 인식하였는가를 불문하고 취소할 수 있다(110조 1항).

2) 상대방 있는 의사표시의 경우 제110조 제 2 항은 상대방 있는 의사표시가 상대방의 사기나 강박에 의하여 행하여진 경우에는 적용되지 않는다. 따라서 그러한 경우에는 — 취소의 요건이 갖추어져 있는 한 — 제110조 제 1 항에 의하여 언제나 취소할 수 있다.

그에 비하여 상대방 있는 의사표시가 제 3 자의 사기나 강박에 의하여 행하여진 경우에는 상대방이 그 사실을 알았거나 알 수 있었을 경우에 한하여 그 의사표시(법률행위)를 취소할 수 있다(110조 2항). 여기서 「알 수 있었다는 것」은 과실로 알지 못한 것을 가리킨다. 상대방의 선의 · 악의 및 과실 유무는 행위(의사표시) 당시, 즉 상대방이 표시를 요지(了知)한 때를 표준으로 하여 결정하여야 한다. 대법원판결에 의하면, 토지의 소유자가 매도인으로서 매매계약 체결에 참여하였고 소개인인 소외인이 매수인에게 위 토지에 관하여 개발제한구역이 당장 해제되며 주유소 허가도 쉽게 난다고 기망하는 말을 할 때에 그 곳에 있었다면, 토지매도인은 위와 같은 소외인의 기망사실을 알았거나 알 수 있었다고 인정하는 것이 경험법칙에 합치된다고 한다(대판 1990. 2. 27, 89다카24681).

민법 제110조 제 2 항의 제 3 자는 상대방 이외의 모든 자인가? 여기에 관한

학설로는 i) 상대방의 대리인은 제 3 자가 아니라고만 하는 견해(김용한, 305면)와 ii) 후술하는 사견과 유사한 견해(백태승, 440면; 이영준, 462면)가 있다. 그리고 판례는 상대방의 대리인 등 상대방과 동일시할 수 있는 자는 제 3 자가 아니나(대판 1998. 1. 23, 96다41496; 대판 1999. 2. 23, 98다60828 · 60835), 단순히 상대방의 피용자이거나 상대방이 사용자책임을 져야 할 관계에 있는 피용자에 지나지 않는 자는 상대방과 동일시할 수는 없어 이 규정에서 말하는 제 3 자에 해당한다고 한다(대판 1998. 1. 23, 96다41496). 생각건대 여기의 제 3 자는 그의 행위에 대하여 상대방에게 책임을 지울 수 없는 자만을 의미한다고 엄격하게 새겨야 한다. 그래야만 형평 및 당사자의 이익상태에 부합하고 또 민법 제391조에 나타난 법사상과도 일치하기 때문이다. 문제는 어떤 요건이 갖추어진 경우에 다른 자의 기망행위나 강박행위를 상대방에게 책임지울 수 있다고 할 것인가이다. 이는 모든 사정을 종합적으로 평가하여, 특히 당사자의 이익상태를 고려하여 형평의 관점에서 판단하여야 하겠으나, 일단은 구체적인 경우에 있어서 기망행위나 강박행위를 행한 자와 상대방 사이의 관계가 상대방이 그들의 기망행위나 강박행위에 대하여 자신의 것에 대하여처럼 책임을 져야 할 정도로 밀접한 경우에 그렇다고 할 수 있을 것이다. 사기나 강박을 행한 자가 제 3 자로 파악되지 않는 경우에는, 의사표시의 상대방이 그에 관하여 선의 · 무과실이라 할지라도 표의자는 제110조 제 1 항에 의하여 취소할 수 있다. 이렇게 볼 때 학설 중 i)설은 불완전하다. 그리고 판례는 그 의미를 확실히 알 수 없으나, 그것이 사견과 달리 여기의 제 3 자를 매우 넓게 인정하려는 것이라면 받아들일 수 없다. 제110조 제 2 항의 제 3 자인지를 구체적으로 보기로 한다. 상대방의 대리인, 간접대리의 경우의 본인, 허수아비행위에 있어서의 배후조종자, 대리상, 상대방의 위임을 받아 상의(相議)를 행하는 자(상의 수령자) 또는 상의를 도와 주는 자(상의 보조자)는 제 3 자가 아니다. 중개인도 당사자 일방만을 위하여 활동하는 경우에는 그 당사자에 대하여는 제 3 자가 아니다. 담보제공자(보증인 · 물상보증인 등)에 대하여 사기 · 강박을 행한 채무자는 제 3 자이다. 그는 자신의 이익을 추구할 뿐 채권자 쪽에 서 있지 않기 때문이다. 제 3 자를 위한 계약의 수익자는 여기의 제 3 자라고 하여야 한다(채권법각론 [50] 참조). 한편 판례에 의하면, 상호신용금고를 근저당권자로 하는 근저당권설정계약에 있어서 그 금고의 피용자인 기획감사실 과장은 그 금고에 대하여 제 3 자이고(대판 1998. 1. 23, 96다41496. 그러나 그가 대리권이 있었다면 달리 보았어야 한다), 은행을 소비대주로 하는 소비대차에 있어서 은행의 출장소장은 은행에 대하여 제 3 자가 아니다(대판 1999. 2. 23, 98다60828).

의사표시의 상대방이 2인 이상인 경우에 그 전원이 선의 · 무과실이 아닌 때에는, 표의자는 의사표시를 취소할 수 있기는 하나, 그 취소는 악의이거나 과실 있는 자에 대하여만 효력이 생긴다고 하여야 한다. 다만, 그때 의사표시의 내용이 불가분이라면, 표의자보다 선의 · 무과실의 상대방을 더 보호하여야 하므로 취소할 수 없다고 할 것이다.

[175] (2) 취소의 효과

취소가 있으면 법률행위는 처음부터 무효였던 것으로 된다(141조). 다만, 실행에 놓여진 계속적 채권관계(고용계약 · 조합계약)에서는 사기나 강박의 경우에도 — 착오에 있어서와 마찬가지로 — 취소의 소급효가 제한된다고 할 것이다. 즉 그 경우에는 취소가 장래에 향하여만 효력이 있다고 하여야 한다. 판례도, 근로계약에 대하여 그것이 기본적으로 사법상 계약이므로 계약 체결에 관한 당사자들의 의사표시에 무효 또는 취소의 사유가 있으면 그 상대방은 이를 이유로 근로계약의 무효 또는 취소를 주장하여 그에 따른 법률효과의 발생을 부정하거나 소멸시킬 수 있다고 하면서, 다만 근로계약에 따라 그 동안 행하여진 근로자의 노무 제공의 효과를 소급하여 부정하는 것은 타당하지 않으므로 이미 제공된 근로자의 노무를 기초로 형성된 취소 이전의 법률관계까지 효력을 잃는다고 보아서는 안 되고, 취소의 의사표시 이후 장래에 관하여만 근로계약의 효력이 소멸된다고 하여 같은 입장에 있다(대판 2017. 12. 22, 2013다25194 · 25200: 이력서를 허위로 기재하여 체결된 근로계약을 기망을 이유로 취소한 경우에 취소표시 이후의 장래에 대해서만 근로계약의 효력이 소멸한다고 함).

사기 또는 강박을 이유로 한 취소는 선의의 제 3 자에게 대항하지 못한다(110조 3항). 이 규정의 의의, 선의, 제 3 자, 대항하지 못한다는 것은 허위표시의 경우와 같다. 따라서 제 3 자는 사기 또는 강박에 의한 의사표시의 당사자와 그 포괄승계인 이외의 자 가운데에서 그 의사표시를 기초로 하여 새로운 이해관계를 맺은 자만을 가리킨다(통설 · 판례도 같다. 대판 1997. 12. 26, 96다44860(부동산의 양도계약이 사기에 의한 의사표시에 해당하는 경우에 있어서는 공시방법인 소유권이전등기를 마친 기망행위자와 사이에 새로운 법률원인을 맺어 이해관계를 갖게 된 자만이 110조 3항 소정의 제 3 자에 해당한다는 논지는 옳지 않다고 함))(여기의 제 3 자의 범위도 확장되어야 하는데, 그에 대하여는 물권법에서 논의한다. 물권법 [29] 참조). 선의라 함은 의사표시가 사기 또는 강박에 의한 것임을 모르는 것이다. 대항하지 못한다고 하는 것은 사기 또는 강박에 의한 의사표시의 취소를 주장할 수 없다는 것이다. 그러나 제 3 자가 취소의 효과를 인정하는 것은 무방하다.

〈판 례〉

(ㄱ) 「사기의 의사표시로 인한 매수인으로부터 부동산 위의 권리를 취득한 제 3 자는 특별한 사정이 없는 한 선의로 추인(추정의 오기로 보임 : 저자 주)할 것임으로 사기로 인한 의사표시를 한 부동산의 양도인이 제 3 자에 대하여 사기에 의한 의사표시의 취소를 주장하려면 제 3 자의 악의를 입증할 필요가 있다.」(대판 1970. 11. 24, 70다2155)

(ㄴ) 「주채무자에 해당하는 보험계약자가 보증보험계약을 체결함에 있어서 보험자를 기망하였다는 이유로 보험자가 보증보험계약 체결의 의사표시를 취소하였다 하더라도, 이미 그 보증보험계약의 피보험자인 채권자가 보증보험계약의 채권담보적 기능을 신뢰하여 새로운 이해관계를 가지게 되었다면, 피보험자가 그와 같은 기망행위가 있었음을 알았거나 알 수 있었던 경우이거나, 혹은 피보험자와 보험자 사이에 피보험자가 보험자를 위하여 보험계약자가 제출하는 보증보험계약 체결 소요 서류들이 진정한 것인지 등을 심사할 책임을 지고 보험자는 그와 같은 심사를 거친 서류만을 확인하고 보증보험계약을 체결하도록 미리 약정이 되어 있는데, 피보험자가 그와 같은 서류심사에 있어서 필요한 주의의무를 다하지 아니한 과실이 있었던 탓으로 보험자가 보증책임을 이행한 후 구상권을 확보할 수 없게 되었다는 등의 특별한 사정이 없는 한 그 취소를 가지고 피보험자에게 대항할 수 없다.」(대판 2001. 2. 13, 99다13737)

(ㄷ) 「파산관재인이 제 3 자로서의 지위도 가지는 점 등에 비추어, 특별한 사정이 없는 한 파산관재인은 사기에 의한 의사표시에 따라 외형상 형성된 법률관계를 토대로 실질적으로 새로운 법률상 이해관계를 가지게 된 민법 제110조 제 3 항의 제 3 자에 해당한다고 보아야 할 것이고, 파산채권자 모두가 악의로 되지 않는 한 파산관재인은 선의의 제 3 자라고 할 수밖에 없을 것이다.」(대판 2010. 4. 29, 2009다96083)

5. 제110조의 적용범위 [176]

제110조는 특별규정이 없는 한 원칙적으로 모든 사법상의 의사표시에 적용된다. 그러나 가족법상의 행위는 당사자의 의사가 존중되어야 하므로 특별규정이 없더라도 적용되지 않는다(통설도 같다. 그러나 이은영, 540면은 특칙이 없으면 그 규정을 적용해야 한다고 주장한다). 그리고 재산행위일지라도 전형적인 거래행위나 단체적 행위에는 거래의 안전상 제110조가 적용되지 않는다(상법 320조의 신주인수와 어음행위 · 법인설립행위 등). 그리고 그 규정은 행정처분 · 소송행위(대판 1964. 9. 15, 64다92; 대판 1997. 10. 10, 96다35484)에도 적용되지 않는다.

6. 관련 제도

(1) 제110조에 의한 취소와 매도인의 담보책임

매매계약에 있어서 제110조에 의한 취소권과 매도인의 담보책임이 경합하는 경우에는, 매수인은 두 권리를 선택적으로 행사할 수 있다. 두 제도는 각기 다른 목적과 특징을 지닌 별개의 제도이기 때문이다. 타인의 권리매매에 관하여 판례도 같은 입장이다(대판 1973. 10. 23, 73다268).

〈판 례〉

「민법 569조가 타인의 권리의 매매를 유효로 규정한 것은 선의의 매수인의 신뢰이익을 보호하기 위하여 규정한 것이므로 매수인이 매도인의 기망에 의하여 타인의 물건을 매도인의 것으로 잘못 알고 매수한다는 의사표시를 한 것이고 만일 타인의 물건인줄 알았더라면 매수하지 아니하였을 사정이 있는 경우에는 매수인은 민법 110조에 의하여 매수의 의사표시를 취소할 수 있다.」(대판 1973. 10. 23, 73다268)

(2) 취소와 손해배상

사기 또는 강박행위는 제110조에 의한 취소권 외에 불법행위를 이유로 한 손해배상청구권(750조)을 발생시킬 수도 있다(대판 2007. 4. 12, 2004다62641). 그러한 경우에는 피기망자나 피강박자는 두 가지 권리를 자유롭게 행사할 수 있다. 그리하여 취소권을 행사하면서 손해배상을 청구할 수도 있다(대판 1993. 4. 27, 92다56087). 그런가 하면 취소를 하지 않고 손해배상만 청구할 수도 있다(대판 1998. 3. 10, 97다55829).

〈판 례〉

「어떤 법률행위가 사기에 의한 것으로서 취소되는 경우에 그 법률행위가 동시에 불법행위를 구성하는 때에는 취소의 효과로 생기는 부당이득 반환청구권과 불법행위로 인한 손해배상의 청구권은 경합하여 병존하는 것이므로, 채권자는 어느 것이라도 선택하여 행사할 수 있지만 중첩적으로는 행사할 수 없는 것」이다(대판 1993. 4. 27, 92다56087).

제 8 절 의사표시의 효력발생

[177] Ⅰ. 서 설

의사표시 가운데에서 상대방 없는 의사표시는 원칙적으로 표시행위가 완료된 때에 효력을 발생하며(표백주의. 表白主義), 특별한 문제가 없다. 그리하여 민법은 상대방 없는 의사표시(법률행위)의 효력발생시기에 관하여 때에 따라 개별적인 규정을 두고 있을 뿐(예: 1042조(상속의 포기) · 1073조(유언)), 일반적인 규정을 두고 있지 않다.

그에 비하여 상대방 있는 의사표시는 상대방에게 알리는 것을 목적으로 하기 때문에 상대방 없는 의사표시와 똑같이 다룰 수 없다. 그 의사표시에 있어서는 ① 의사표시의 효력발생시기, ② 의사표시의 수령능력, ③ 상대방이 누구인지를 모르는 경우 등에 어떻게 하여야 하는가 등이 문제된다. 민법은 이들 경우에 관하여 명문규정(111조 내지 113조)을 두고 있다.

Ⅱ. 의사표시의 효력발생시기

1. 입법주의

상대방 있는 의사표시 — 특히 격지자(隔地者. 멀리 떨어져 있는 자) 사이의 의사표시 — 가 상대방에게 전달되는 과정을 보면, 먼저 표의자가 의사를 표백하고(가령 편지의 작성), 이어서 이를 발신하고(가령 우체통에의 편지의 투입), 상대방이 이를 수령하며(즉 상대방에의 도달)(가령 편지의 배달), 끝으로 상대방이 이를 요지(了知)하게 된다(가령 편지를 읽고 이해함). 그리하여 이들 중 어느 단계에서 효력이 발생하는 것으로 하느냐에 따라 의사표시의 효력발생시기에 관하여는 표백주의 · 발신주의 · 도달주의(수신 · 수령주의) · 요지주의 등의 입법주의가 있다.

2. 도달주의의 원칙

민법은 제111조 제 1 항에서 「상대방이 있는 의사표시는 상대방에 도달한 때에 그 효력이 생긴다」고 규정하여 도달주의의 원칙을 채용하고 있다. 그러나 일정한 경우에는 예외적으로 발신주의를 취한다(15조 · 71조 · 131조 · 455조 · 531조 등).

제111조는 임의규정이다. 따라서 당사자가 이 규정과 다른 시기, 예컨대 발송한 때에 효력이 생긴다고 약정을 하면, 그 약정이 유효하게 된다.

(1) 도달의 의의

여기의 도달의 의미에 관하여는 학설이 대립하고 있다. i) 다수설(요지상태설)은 의사표시가 상대방의 지배영역 내에 들어가서 그 내용을 알 수 있는 상태가 생겼다고 인정되는 것이라고 하나(고상룡, 453면; 곽윤직, 249면; 김상용, 496면; 김용한, 311면; 김주수, 391면; 김준호, 297면; 김학동, 373면; 백태승, 462면),

ii) 소수설(진입설)은 도달은 의사표시가 상대방의 영역에 진입하는 것만을 요건으로 한다고 주장한다(이영준, 476면; 이은영, 557면). 판례는 「도달이라 함은 사회통념상 상대방이 통지의 내용을 알 수 있는 객관적 상태에 놓여 있는 경우를 가리키는 것으로서, 상대방이 통지를 현실적으로 수령하거나 통지의 내용을 알 것까지는 필요로 하지 않는 것」이라고 하여(대판 2008. 6. 12, 2008다19973. 채권양도의 통지에 관하여 같은 취지: 대판 1983. 8. 23, 82다카439; 대판 1997. 11. 25, 97다31281; 대판 2010. 4. 15, 2010다57), i)의 다수설과 같다. 생각건대 의사표시는 보통 도달할 때에 요지할 수 있는 상태에 놓이게 된다. 그런데 가령 야간에 텔렉스나 팩스가 오거나(자동응답 녹음도 유사함) 편지가 수거시간이 지난 뒤에 사서함에 투입되는 경우에는 두 시기가 다르게 된다. ii)의 소수설은 이와 같은 경우에도 도달은 인정되지만, 상대방이 요지할 수 없었음을 증명하여 효력을 부정할 수 있다고 한다(이영준, 476면). 그에 비하여 다수설은 도달 자체를 인정하지 않을 것이다. 이 두 견해 가운데 소수설은 효력 자체가 유동적이어서 바람직하지 않으며, 다수설 및 판례가 타당하다. 그 결과 위에서 문제된 경우에는 특별한 사정(가령 팩스를 하루 종일 보거나 처음부터 늦어도 무방하다는 조건을 붙인 경우)이 없는 한 도달을 인정하지 않아야 한다.

도달주의의 원칙상 가령 편지가 우편수신함에 투입되거나 동거하는 가족·피용자 등에게 교부된 때에는 비록 상대방의 사정으로 살펴보지 않았더라도 도달로 된다. 수령을 거절한 때에도 정당한 이유가 없는 한 도달은 있었던 것이 된다. 판례도 「상대방이 정당한 사유 없이 통지의 수령을 거절한 경우에는 상대방이 그 통지의 내용을 알 수 있는 객관적 상태에 놓여 있는 때에 의사표시의 효력이 생기는 것으로 보아야 한다」고 하여(대판 2008. 6. 12, 2008다19973), 같은 견지에 있다. 대법원은 이 판결에서, 피고가 원고에게 이 사건 매매계약을 이행할 것과 이행하지 않으면 이 사건 매매계약을 해제하겠다는 내용이 담긴 내용증명 우편을 보내 원고에게 도착하였으나 원고가 그 우편물의 수취를 거절하고 매매계약을 이행하지 않은 경우에 관하여 원심이 그 매매계약은 원고의 잔금지급 거절을 원인으로 한 피고의 계약해제 의사표시에 의하여 적법하게 해제되었다고 판단한 것은 옳다고 하였다. 그리고 도달의 경로는 표의자의 예상과 달라도 무방하다(이때 표의자의 의사에 기하여 상대방을 향하여 발신되었어야 한다). 그리하여 상대방이 이미 이사를 하였으면 도달이 되지 않으나, 이전 주소의 거주자를 통하여 수령이 되었으면 도달이 된다. 한편 편지를 수령자의 주머니나 상품 속에 몰래 넣은 경우에는 도달은 인정되지 않는다.

〈판 례〉

(ㄱ) 「우편법 소정의 규정에 따라 우편물이 배달되었다고 하여 언제나 상대방 있는 의사표시의 통지가 상대방에게 도달하였다고 볼 수는 없다 할 것이므로(대법원 1993. 11. 26. 선고 93누17478 판결 참조), 오히려 위와 같은 우편집배원의 진술이나 우편법 등의 규정을 들어 우편물의 수령인을 본인의 사무원 또는 고용인으로 추정할 수는 없다고 할 것이다.

그렇다면 이 사건 우편물이 피고의 주소나 사무소가 아닌 동업자의 사무소에서 그 신원이 분명치 않은 자에게 송달되었다는 사정만으로는 사회관념상 피고가 통지의 내용을 알 수 있는 객관적 상태에 놓여졌다고 인정할 수 없」다(대판 1997. 11. 25, 97다31281).

(ㄴ) 「채권양도의 통지는 양도인이 채무자에게 자기의 채권을 양수인에게 양도하였다는 사실을 통지하는 것으로서 그 통지가 채무자에게 도달됨으로써 효력을 발생하는 것이고 여기에 도달이라 함은 사회관념상 채무자가 통지의 내용을 알 수 있는 객관적 상태에 놓여졌다고 인정되는 상태를 지칭한다고 해석되므로 원심판시 이유대로 원판시 채권양도의 통지를 피고가 현실적으로 수령하였다거나 그 통지의 내용을 알았을 것까지는 필요로 하지 않는다 할 것이나 피고가 주장하고 있는 바와 같이 원판시 채권양도 통지서가 들어있는 우편물을 피고의 가정부인 소외 이○○이 수령한 직후, 한집에 거주하고 있던 채권양도 통지인인 소외 국○○가 그 우편물을 바로 회수해 버렸다면 그 우편물의 내용이 무엇이었는지를 소외 이○○이 알고 있었다는 등의 특별한 사정이 없었던 이상 그 통지를 받아야 할 피고로서는 채권양도의 통지가 있었는지 여부를 알 수 없었던 상태였다 할 것이니 원판시 채권양도의 통지는 사회관념상 채무자인 피고가 그 통지의 내용을 알 수 있는 객관적 상태에 놓여졌던 것이라고는 볼 수 없다 할 것이고, 따라서 그 통지는 피고에게 도달되었던 것이라고 볼 수 없을 것이다.」(대판 1983. 8. 23, 82다카439)

(ㄷ) 「아파트의 우편함에 우편물을 넣어 두었다고 하더라도 그 우편물이 분실되는 경우가 흔히 있고 통상 우편함에는 비단 보통의 우편물뿐만 아니라 광고전단 등도 아울러 투입되는 일이 많으며 우편함에 광고전단 등이 많이 쌓여 넘치게 되면 아파트의 청소를 담당하는 사람이 치워 버리기도 하는 현실에 비추어 볼 때, … 특별히 피고의 아파트의 우편함에 자물쇠가 있어 우편물을 그 우편함에 투입하면 다른 사람이 쉽게 이를 꺼내 갈 수 없는 구조라거나, 그 우편함의 자물쇠가 설치되어 제대로 작동하고 있었으며 경비원 김○○이 위 상속채무발생 통보서를 다른 사람이 꺼낼 수 없도록 완전하게 넣었다는 등의 특별한 사정이 밝혀지지 아니하는 한, 경비원 김○○이 상속채무발생 통보서를 피고의 우편함에 투입하였다는 사실만으로 피고가 이를 실제로 수취하였다고 추단할 수는 없을 것이다.」(대판 2006. 3. 24, 2005다66411)

전자적인 의사표시에 관하여는 「전자문서 및 전자거래 기본법」이 전자문서의 송·수신시기를 일정한 시기로 의제하고 있으나(같은 법 6조 2항), 이는 기술적인 도달시기를 규정한 것으로 보아야 하며, 민법상의 도달시기는 아니라고 할 것이다(같은 취지: 고상룡, 457면; 백태승, 463면). 따라서 특별한 사정이 없는 한 요지할 수 있는 상태에 놓이게 된 때에 도달한다고 새겨야 한다.

[178] 〈의사표시의 성립시기〉

일부 견해(이영준, 468면; 이은영, 554면)는 상대방 있는 의사표시의 경우에는 도달이 없으면 의사표시는 상대방에 대한 관계에 있어서 법적으로 존재하는 것이라고 할 수 없으므로 도달은 의사표시의 성립요건으로 보아야 한다고 주장한다. 그러나 의사표시는 상대방 없는 것이든 상대방 있는 것이든 표시행위가 있으면 성립하며, 상대방 있는 것이라고 하여 도달이 있어야 비로소 성립하는 것은 아니다. 다만, 격지자 사이의 상대방 있는 의사표시는 표시의 발송까지를 표시행위라고 볼 것이다(같은 취지: 김학동, 372면). 만약 앞의 견해처럼 해석하면, 도달이 있기 전에는 의사표시의 실체가 있는데 부존재하는 것으로 해석하게 되어 실질에 맞지 않는다. 뿐만 아니라 그 견해는 도달시까지는 의사표시 자체가 존재하지 않는데 「의사표시」를 철회할 수 있다는 등의 모순된 설명을 하기도 한다. 결국 표시행위까지가 성립요건이고 도달은 효력발생요건이라고 보아야 한다. 한편 어떤 자가 작성해 놓은 편지를 그의 배우자가 우체통에 넣은 경우에는 작성자에 의한 표시행위가 없었기 때문에 의사표시는 성립하지 않았고, 따라서 효력이 생길 여지가 없다(유사한 견해: 이영준, 471면. 그러나 곽윤직(신정판), 430면은 비진의표시에 준하여 해결할 것이라고 한다).

의사표시가 도달하였다는 사실은 표의자가 증명하여야 한다. 도달이 효력발생요건이기는 하지만 민법이 도달을 요구하고 있기 때문이다(111조 1항). 판례에 의하면, 내용증명 우편으로 또는 등기로 발송한 우편물은 반송되는 등의 특별한 사정이 없는 한 그 무렵 수취인에게 배달되었다고 보아야 할 것이나(대판 1969. 3. 25, 69다2449; 대판 1980. 1. 15, 79다1498; 대판 1992. 3. 27, 91누3819; 대판 1992. 12. 11, 92누13127; 대판 1997. 2. 25, 96다38322; 대판 2000. 10. 27, 2000다20052; 대판 2007. 12. 27, 2007다51758), 보통우편으로 발송된 경우에는 상당기간 내에 도달하였다고 추정할 수 없고 송달을 주장하는 측에서 증거에 의하여 도달사실을 증명하여야 할 것이라고 한다(대판 1993. 5. 11, 92다2530; 대판 2002. 7. 26, 2000다25002; 대판 2009. 12. 10, 2007두20140).

(2) 격지자와 대화자의 구별

제111조의 도달주의 원칙은 격지자뿐만 아니라 대화자에 대하여도 적용된다(통설도 같다. 그런데 이영준, 480면은 대화자에 대하여는 요지주의가 적용된다고 한다). 여기서 주의할 것은 격지자 · 대화자는 장소적인 개념이 아니고 시간적인 개념이라는 점이다. 따라서 멀리 떨어져 있는 자라도 전화로 의사표시를 하는 경우에는 대화자에 해당한다.

(3) 제111조의 적용범위

제111조는 의사표시에 관한 규정이지만 준법률행위에 유추적용된다. 판례도 준법률행위 가운데 관념의 통지에 해당하는 채권양도의 통지에 관하여 같은 입장에 있다(대판 1983. 8. 23, 82다카439; 대판 1997. 11. 25, 97다31281; 대판 2010. 4. 15, 2010다57). 그리고 이 규정은 법률에 특별한 규정이 없고 또 성질에 반하지 않는 경우에는 상대방 있는 공법행위에도 적용된다(같은 취지: 이영준, 469면; 주해(2), 604면(박영식)). 판례도 상대방 있는 행정처분(대판 1969. 9. 23, 69다1217; 대판 1990. 7. 13, 90누2284; 대판 2009. 11. 12, 2009두11706), 지방공무원법 제67조 제 1 항 · 제 2 항이 정하고 있는 징계처분사유를 기재한 설명서의 교부(대판 1983. 9. 13, 83누320)에 관하여 같은 태도를 취하고 있다.

3. 도달주의의 효과

의사표시는 상대방에게 도달한 때에 그 효력이 생기므로 발신자는 발신 후에도 도달하기 전에는 그 의사표시를 철회할 수 있다(대판 2000. 9. 5, 99두8657도 참조). 다만, 철회의 의사표시는 늦어도 앞의 의사표시와 동시에 도달하여야 한다.

도달주의를 취하는 결과, 어느 일정한 시기까지 하여야 할 의사표시는 그 시기 이전에 도달하지 않으면 안 된다. 따라서 의사표시의 불착(不着) 또는 연착은 모두 표의자의 불이익으로 돌아간다. 최고기간(가령 544조)의 계산도 최고가 도달한 때부터 계산한다.

의사표시가 도달하고 있는 한 의사표시자가 의사표시의 발송 후에 사망하거나 제한능력자가 되어도 그 의사표시의 효력에는 아무런 영향을 미치지 않는다(111조 2항). 따라서 의사표시 후 표의자가 사망한 경우 상속인은 그 의사표시가 상대방에게 도달하기 전에는 이를 철회할 수 있다.

Ⅲ. 의사표시의 공시송달(公示送達) [179]

표의자가 과실 없이 상대방을 알지 못하거나(가령 상대방이 사망하여 상속인이 누구인지 알지 못하는 경우) 상대방의 소재를 알지 못하는 경우에는, 의사표시는 민사소송법의 공시송달의 규정(민소 195조)에 의하여 송달할 수 있다(113조). 그런데 여기서 표의자의 과실 유무는 누가 증명하여야 하는가? 그에 관하여는 i) 표의자에게 증명책임이 있다는 견해(김상용, 501면; 김학동, 378면; 이영준, 482면)와 ii) 상대방에게 증명책임이 있다는 견해(고상룡, 459면; 곽윤직, 250면; 김용한, 314면; 김주수, 394면; 주해(2), 622면(박영식))가 대립하고 있다. 생각건대 표의자에게 과실이 없음을 추정할 특별한 이유나 근거가 없을뿐더러, 공시송달되는 의사표시의 상대방을 보호하여야 하므로(상대방이 소송에서 패소할 경우를 상상해 보라), 원칙에 따라 표의자에게 증명책임이 있다고 새겨야 한다.

공시송달의 방법으로 한 의사표시는 실시한 날부터 2주일이 지나야 효력이 생긴다(민소 196조 1항 본문). 다만, 같은 당사자에게 하는 그 뒤의 공시송달은 실시한 다음 날부터 효력이 생긴다(민소 196조 1항 단서).

Ⅳ. 의사표시의 수령능력

1. 서 설

의사표시의 수령능력이란 타인의 의사표시의 내용을 이해할 수 있는 능력이다. 이 수령능력은 스스로 의사를 결정·발표할 수 있는 능력인 행위능력보다는 그 정도가 낮아도 무방하다. 그런데 민법은 모든 제한능력자를 의사표시의 수령무능력자로 규정하고 있다(112조).

2. 수령무능력자에 대한 의사표시의 효력

의사표시의 상대방이 의사표시를 받은 때에 제한능력자인 경우에는, 의사표시자는 그 제한능력자에 대하여 그 의사표시로써 대항하지 못한다(112조 본문)(이때 제한능력자가 그 의사표시를 인정하는 것은 무방하다). 그러나 상대방이 제한능력자이더라도 그의 법정대리인이 의사표시가 도달한 사실을 안 후에는 의사표시자도 의사표시로써 대항할 수 있다(112조 단서). 한편 미성년자나 피한정후견인도 일정한 경우에는 행위능력이 인정되는데, 이때에는 수령능력도 가진다고 해석하여야 한다(통설도 같음).

의사표시의 수령능력제도는 의사표시가 특정한 상대방에게 도달한 것으로 인정하느냐의 문제이다. 따라서 그에 관한 제112조는 상대방 없는 의사표시, 발신시에 효력이 생기는 의사표시, 공시송달에 의한 의사표시에는 적용되지 않는다(통설도 같음).

의사표시의 상대방이 제한능력자는 아니지만 의사표시를 수령할 당시 의사능력이 없었던 경우에 표의자는 그 상대방에게 의사표시로써 대항할 수 있는가?

만약 상대방이 만취 등으로 일시적으로 의사무능력의 상태에 빠졌었다면 도달을 주장할 수 있다(대화자의 경우는 다름). 그런데 문제는 상대방이 정신병 등으로 계속하여 의사무능력의 상태에 있는 경우이다. 이때에는 명문규정이 없으므로 도달은 인정되고, 다만 상대방 측에서 의사무능력의 상태에 있었음을 증명하여 무효를 주장하는 수밖에 없다(같은 취지: 김주수, 395면; 이영준, 485면; 이은영, 562면. 무효라는 견해: 고상룡, 463면; 김상용, 504면).

제 9 절 법률행위의 대리

제 1 관 서 설

Ⅰ. 대리제도의 의의 및 사회적 작용 [180]

1. 의의 · 연혁

대리(代理)란 타인(대리인)이 본인의 이름으로 법률행위(의사표시)를 하거나 또는 의사표시를 받음(수령)으로써 그 법률효과가 직접 본인에 관하여 생기는 제도이다. 예컨대 A(본인)가 B(대리인)에게 A의 토지를 팔도록 한 경우에, 그에 기하여 B가 C와 그 토지의 매매계약을 체결하면, 매매계약은 B와 C가 체결하였지만 그 효과는 직접 A와 C 사이에 생기게 된다. 그리하여 A가 C에 대하여 토지의 소유권이전채무를 부담하고 C가 A에 대하여 대금지급의무를 부담하게 된다. 이처럼 대리의 경우에는, 보통의 법률행위에서와 달리, 법률행위의 효과가 행위자 이외의 자에게 발생하는 예외적인 현상을 보인다.

이러한 대리제도(직접대리)는 근대 이전에는 인정되지 않았다. 로마법에서는 직접대리는 점유의 취득과 같은 약간의 예외를 제외하고는 인정되지 않았다. 다만, 가자(家子)나 노예의 거래행위에 대하여 가부(家父) 또는 주인이 직접 책임을 지는 것과, 간접대리 등에 의하여 대리의 경제적 목적을 달성하고 있었다. 게르만법에서도 직접대리제도가 발달하지 못했고, 중세 독일이나 영국에서는 신탁이나 간접대리가 대리에 유사한 작용을 하였을 뿐이다(곽윤직(신정판), 438면). 그 뒤 17세기경부터 대륙법에서 「제 3 자를 위한 계약」 이론의 발전 · 확장으로서 대리제도가 인정되기 시작하였고, 19세기 이후에 편찬된 각국의 민법전에 이것이 규정되었다.

2. 사회적 작용

일반적으로 대리제도는 다음 두 가지의 작용을 하는 것으로 설명되고 있다.

(1) 사적 자치의 확장

오늘날 거래관계는 한정된 지역을 넘어서서 전국적 · 세계적인 규모로 확대되는가 하면 매우 전문화되기도 한다. 따라서 어느 개인이 혼자서 모든 거래를 직접 처리하는 것이 사실상 불가능한 때가 많다. 그러한 때에 타인을 대리인으로 하여 법률행위를 하게 하면 개인의 활동범위(사적 자치의 범위)는 크게 늘어나게 된다. 이러한 대리의 기능은 후술하는 임의대리에서 특히 크게 작용한다.

(2) 사적 자치의 보충

대리는 다른 한편으로 스스로 법률행위를 전혀 할 수 없거나 제한적으로만 할 수 있는 의사무능력자와 제한능력자로 하여금 권리 · 의무를 취득할 수 있도록 해준다. 무엇보다도 법정대리에 있어서 그렇다.

[181] Ⅱ. 대리의 본질

앞에서 언급한 바와 같이, 대리에 있어서는 법률행위에 의한 법률효과가 행위자 이외의 자에게 발생하게 되는데, 이 예외적인 법현상을 법이론적으로 어떻게 설명할 것인가가 문제된다. 이것이 대리의 본질의 문제이다.

(1) 고전적 견해

대리의 본질에 관하여 독일 보통법시대에 본인행위설 · 대리인행위설 · 공동행위설 등이 대립하고 있었다. 본인행위설은 대리행위에 있어서 행위를 하는 자는 본인이라고 하는 견해이고, 대리인행위설(대표설)은 대리인을 행위당사자로 보며, 공동행위설은 대리행위는 본인과 대리인의 공동행위라고 한다.

(2) 우리의 학설

대리의 본질에 관한 우리의 학설은 i) 대리인행위설, ii) 통합요건설, iii) 행위 · 규율 분리설로 나뉘어 대립하고 있다. 이 가운데 뒤의 두 견해는 근래에 독일에서 주장되고 있는 견해를 받아들인 것이다.

i) 대리인행위설(대표설)은 대리인을 행위당사자라고 하는 견해이다(곽윤직, 254면; 김학동, 385면; 정기웅, 427면). ii) 통합요건설은 본인의 수권행위와 대리인의 대리행위가 적법한 대리

를 위한 통합요건이 된다고 한다(김상용, 514면; 백태승, 470면; 이은영, 578면; 주해(3), 10면(손지열). 김주수, 400면도 이에 속한다). 그리고 그중 일부 문헌은 법정대리의 경우에도 대리권의 존재와 대리행위간의 관계를 이러한 통합요건이론으로 설명하면 좋을 것이라고 한다(주해(3), 10면(손지열)). iii) 행위·규율 분리설은 법률행위는 행위와 규율로 나눌 수 있다고 전제한 뒤, 행위로서의 법률행위는 대리인의 것이고 규율로서의 법률행위는 본인의 것이라고 한다(이영준, 497면).

(3) 검토 및 사견

이 문제를 논의함에 있어서 먼저 주의하여야 할 점이 있다. 대리나 제 3 자를 위한 계약을 유효하게 할 것인가는 전적으로 법률이 정하기 나름이라는 것이다. 법률은 그것들이 반드시 사적 자치에 부합하지 않아도 유효하게 할 수 있으며, 사적 자치에 부합하여도 효력을 부인할 수 있다. 그러고 보면 대리의 경우를 무리하게 사적 자치에 부합하도록 이론구성하여야 할 필요는 없으며, 현상을 가장 적절하게 표현하는 이론을 취하는 것이 바람직하다.

임의대리를 중심으로 사적 자치에 부합하는 이론을 세우려 하는 위의 ii), iii) 설은 우선 법정대리에 대하여도 통일적으로 적용될 수 없다는 점에서 문제가 있고, 그러다 보니 대리행위가 실질에 있어서 어디까지나 대리인의 행위임에도 불구하고 다르게 설명하는 모습을 보이게 된다. 더구나 대리의 효과가 법질서에 의하여 인정된다고 하는 데 이르면 그러한 노력은 더욱 무의미하게 된다. 다만, 이들 견해는 i)설이 대리인의 대리의사 때문에 대리행위의 효과가 본인에게 귀속한다고 설명하고 있는 것에 문제가 있음을 지적한 점에서 공적은 있다. 대리행위의 효과가 본인에게 발생하는 근거는 대리의사가 아니고 대리권의 존재라고 보아야 하기 때문이다. 요컨대 대리행위의 본질은 — 임의대리이든 법정대리이든 — 대리인의 행위라는 데 있다고 보는 것이 실제에 부합한다. 그런데 그러한 행위의 효과가 행위자가 아닌 본인에게 발생하는 이유는 대리행위자에게 수권행위(임의대리의 경우) 또는 법률규정(법정대리의 경우)에 의하여 발생한 대리권이 있기 때문이다. 민법도 대리인행위설을 바탕으로 하고 있다(116조 1항).

Ⅲ. 대리가 인정되는 범위 [182]

대리는 법률행위 즉 의사표시를 하거나(능동대리) 의사표시를 받는 것(수동대리)에 한하여 인정되며, 사실행위(가령 선점 · 습득 · 부부의 동거)나 불법행위에는 인정되지 않는다.

점유의 이전, 즉 인도와 관련하여 현실의 인도에 관하여 대리가 허용될 수 없다는 데 대하여는 다툼이 없다. 그런데 간이인도(188조 2항) · 점유개정(189조) · 목적물반환청구권의 양도(190조)의 경우에 관하여는, i) 그 경우에는 대리에 의한 점유이전이 가능하다고 하는 견해(고상룡, 475면; 김상용, 509면; 이영준, 488면; 이은영, 567면)와 ii) 그 경우에도 예외를 인정할 필요가 없다는 견해(곽윤직, 255면; 김용한, 325면; 김주수, 400면; 백태승, 471면; 주해(3), 4면(손지열))가 대립하고 있다. i)설은 그 경우에는 대리인에 의한 의사표시나 계약이 있으면 점유이전이 있게 된다는 점을 이유로 들고 있으며, ii)설은 그 경우에는 대리인은 단순한 점유보조자 또는 점유매개자에 불과하며 본인은 이들을 통하여 점유를 취득하거나 이전하는 것이라고 한다. 생각건대 i)설이 들고 있는 경우에는 실제로 점유가 움직이지 않음에도 불구하고 법률이 점유이전의 효과를 인정하고 있는 데 지나지 않는다. 법률이 인정하는 그러한 효과(의제 등)를 놓고서 대리인에 의한 계약이 있을 때에는 대리인에 의한 인도라고 설명하는 것은 무의미하다.

준법률행위는 의사표시가 아니므로 대리가 인정되지 않으나, 준법률행위 가운데에서 의사의 통지와 관념의 통지에 관하여는 대리규정을 유추적용하는 것이 좋다(통설도 같으며, 대판 2024. 1. 4, 2023다225580도 두 경우에 유추적용을 인정함).

대리는 법률행위 내지 의사표시에 한하여 인정되나, 모든 의사표시에 관하여 대리가 인정되지는 않는다. 즉 혼인 · 이혼 · 인지 · 유언 등과 같이 본인 스스로의 의사결정이 절대적으로 필요한 법률행위에는 대리가 허용되지 않는다. 이를 「대리에 친하지 않은 행위」라고 한다. 그러한 행위는 친족법상의 행위와 상속법상의 행위에 많다. 주의할 것은, 부양청구권의 행사와 같이 친족법상의 행위이더라도 재산행위로서의 성질도 가지는 행위에 관하여는 원칙적으로 대리가 허용된다는 점이다.

[183] Ⅳ. 대리와 구별하여야 할 제도

(1) 간접대리(間接代理)

간접대리는 타인의 계산으로 그러나 자기의 이름으로써 법률행위를 하고, 그 법률효과는 행위자 자신에게 생기며, 후에 그가 취득한 권리를 타인에게 이전하는 것이다. 위탁매매업(상법 101조)이 그 예이다. 간접대리는 행위자가 자신의 이름으로 법률행위를 하고 그 효과가 행위자에게 생겼다가 후에 타인에게 이전되는 점에서, 행위자가 본인의 이름으로 법률행위(의사표시)를 하고 그 효과가 직접 본인에게 생기는 대리 즉 직접대리와 다르다.

(2) **사자**(使者)

사자는 본인이 결정한 효과의사를 표시하거나 전달함으로써 표시행위의 완성에 협력하는 자를 말한다. 사자에는 본인이 완성한 의사표시를 전달하는 자(전달기관)와 본인이 결정한 의사를 상대방에게 표시하여 그 의사표시를 완성하는 자(표시기관)의 두 유형이 있으나(다수설임. 김상용, 518면; 주해(3), 13면(손지열)은 전자만을 사자라고 한다. 이영준, 503면도 참조), 그 가운데 대리와 비슷한 것은 후자이다. 그러나 이때에도 효과의사는 본인이 결정하므로, 대리인 자신이 효과의사를 결정하는 대리와는 다르다. 그런데 판례는, 대리인도 본인의 지시에 따라 행위를 하여야 하는 이상(116조 2항), 법률행위의 체결 및 성립 여부에 관한 최종적인 결정권한이 본인에게 유보되어 있다는 사정이 대리와 사자를 구별하는 결정적 기준이나 징표가 될 수는 없다고 한 뒤, 그 구별은 의사표시 해석과 관련된 문제로서, 상대방의 합리적 시각, 즉 본인을 대신하여 행위하는 자가 상대방과의 외부적 관계에서 어떠한 모습으로 보이는지 여부를 중심으로 여러 사정을 종합적으로 고려하여 합리적으로 판단하여야 하며, 이는 변호사가 각종 권리의무의 발생과 법적 책임 등 복잡한 법률관계가 수반되는 당사자 사이의 계약의 체결을 위한 일련의 교섭 과정에 어느 일방을 위한 자문의 역할로 개입한 경우, 그 행위가 대리에 해당하는지 혹은 단순한 사자에 불과한지 다투어지는 경우에도 마찬가지라고 한다(대판 2024. 1. 4, 2023다225580).

〈사자와 대리의 그 밖의 차이〉

대리인은 행위능력은 없더라도(117조 참조) 의사능력은 있어야 하나, 사자는 의사능력까지 없어도 무방하다(주해(3), 13면(손지열)). 대리의 경우 본인은 행위능력은 물론 의사능력이 없어도 되나, 사자의 경우 본인은 행위능력이 있어야 한다. 의사의 흠결이나 하자의 유무 등은 대리에서는 대리인을 표준으로 하여 판단하나(116조 1항), 사자에서는 본인을 표준으로 하여 판단한다.

(3) **대표**(代表)

법인의 경우에는 대표기관의 행위에 의하여 법인이 직접 권리 · 의무를 취득하는 점에서, 법인의 대표와 대리는 비슷하다. 그러나 대리인은 본인과 대립된 별개의 지위를 갖는 데 비하여, 대표기관은 법인과 별개의 지위를 갖지 않으며, 대표기관의 행위는 바로 법인의 행위로 간주된다. 그리고 대리와는 달리 대표는 사실행위나 불법행위에 관하여도 인정된다(같은 취지: 곽윤직, 257면; 김학동, 388면. 반대: 고상룡, 475면; 이영준, 516면).

Ⅴ. 대리의 종류

(1) 임의대리 · 법정대리

대리권이 본인의 의사에 기초하여 주어지는 것이 임의대리이고, 대리권이 법률의 규정에 기초하여 주어지는 것이 법정대리이다.

(2) 능동대리 · 수동대리

본인을 위하여 제 3 자에 대하여 의사표시를 하는 대리가 능동대리(적극대리)이고, 본인을 위하여 제 3 자의 의사표시를 수령하는 대리가 수동대리(소극대리)이다. 특별한 사정이 없는 한, 대리인은 이 두 대리를 모두 할 수 있는 대리권을 가진다. 판례도 임의대리에 있어서 이와 같은 입장을 취하고 있다(대판 1994. 2. 8, 93다39379).

(3) 유권대리 · 무권대리

대리인으로 행동하는 자에게 대리권이 있는 경우가 유권대리이고, 대리권이 없는 경우가 무권대리이다. 무권대리에는 협의의 무권대리와 표현대리가 있다(이설 있음. [214] 참조).

Ⅵ. 대리에 있어서의 3면관계

대리관계는 본인-대리인 사이의 관계, 대리인-상대방 사이의 관계, 상대방-본인 사이의 관계의 3면관계로 이루어져 있다. 이들 중 본인-대리인 사이의 관계는 대리인이 본인의 정당한 대리인이라는 관계(대리권)이고, 대리인-상대방 사이의 관계는 대리인이 본인을 위하여 상대방과 법률행위를 한다는 관계(대리행위)이며, 상대방-본인 사이의 관계는 대리행위의 결과로 상대방과 본인 사이에 권리변동이 생긴다는 관계(법률효과)이다.

아래에서 이 3면관계를 차례로 살펴보고, 그 뒤에 대리에 있어서 특수한 문제인 복대리와 무권대리에 관하여 기술하기로 한다.

〈대리의 모습〉

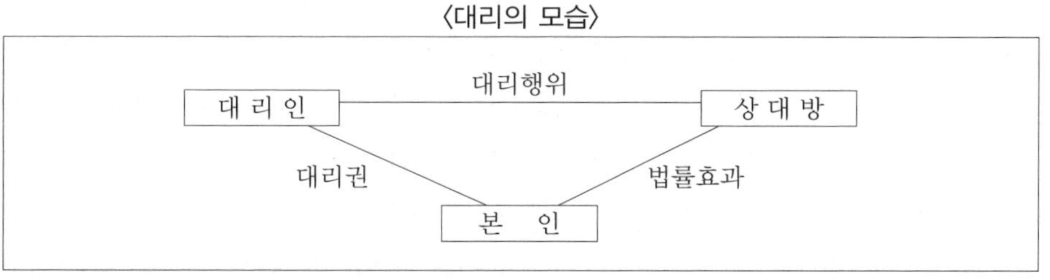

제2관 대 리 권

Ⅰ. 대리권의 의의 및 성질 [184]

대리권이란 타인(대리인)이 본인의 이름으로 의사표시를 하거나 또는 의사표시를 받음으로써 직접 본인에게 법률효과를 발생시키는 법률상의 지위 또는 자격이다. 이러한 개념정의는 i) 다수설인 자격설에 따른 것이다(같은 취지: 곽윤직, 259면; 김학동, 390면; 이은영, 596면 등). 그런데 일부 문헌은 ii) 대리권은 규율로서의 법률행위를 본인의 것으로 정당화하는 무실체성의 것이라고 하기도 하고(이영준, 520면), iii) 본인의 행위 내지 행위영역을 확대할 수 있는 가능성으로서의 법적인 힘이라고 하기도 한다(김상용, 529면. 이 견해는 개념정의에서는 자격이라고 하여 모순을 보인다). 생각건대 ii), iii)설이 가리키는 바는 명확하지 않으며, i)설에 의하여 대리권을 설명해도 무방하다.

대리권은 권리가 아니며 일종의 권한이다. 따라서 정확하게 표현한다면 대리권한이라고 하여야 할 것이다.

판례는, 대리권이 있다는 점에 대한 증명책임은 대리행위의 효과를 주장하는 자(즉 대리행위의 상대방)에게 있다고 한다(대판 1994. 2. 22, 93다42047; 대판 2008. 9. 25, 2008다42195).

Ⅱ. 대리권의 발생원인

1. 법정대리권의 발생원인

법정대리가 성립하는 경우에는 세 가지가 있다. ① 하나는 본인에 대하여 일정한 지위에 있는 자가 당연히 대리인이 되는 경우로서, 일상가사대리권을 가지는 부부(827조)·친권자(911조·920조) 등이 이에 해당한다. ② 다음에는 본인 이외의 일정한 지정권자의 지정으로 대리인이 되는 경우가 있다. 지정후견인(931조)·지정유언집행자(1093조·1094조) 등이 이에 해당한다. ③ 마지막으로는 법원(가정법원)의 선임에 의하여 대리인이 되는 경우가 있다. 부재자재산관리인(23조·24조)·선임후견인(932조·936조·959조의 4)·상속재산관리인(1023조·1040조·1044조·1047조·1053조 등)·유언집행자(1096조) 등이 그 예이다.

이들 각 경우의 법정대리권의 발생원인은 ①의 경우에는 법률의 규정이고, ②의 경우에는 지정권자의 지정행위이며, ③의 경우에는 법원의 선임행위이다.

[185] ## 2. 임의대리권의 발생원인(수권행위)

임의대리권은 본인이 대리인에게 대리권을 수여하는 행위 즉 대리권 수여행위에 의하여 발생한다. 대리권 수여행위는 보통 간단히 줄여서 수권행위라고도 한다.

(1) 수권행위(授權行爲) 개념의 인정 여부(독자성 유무)

수권행위가 본인과 대리인 사이의 기초적 내부관계를 발생시키는 행위와는 별개의 행위인가? 이것이 수권행위의 독자성의 문제이다. 여기에 관하여는 견해가 대립하고 있다. i) 통설은 수권행위는 내부관계 발생행위로부터 독립되어 있는 것으로서 대리권 발생만을 목적으로 하는 행위라고 한다(곽윤직, 260면 등). 그에 비하여 ii) 소수설은 대리권은 내부적인 계약관계에서 발생하고 후자의 변경이나 소멸에 따라서 전자의 내용과 존재도 변동한다고 하면서, 수권행위를 일종의 융합계약이라고 한다(김용한, 341면). 판례는 통설과 마찬가지로 수권행위의 독자성을 인정하고 있다(대판 1962. 5. 24, 4294민상251·252).

이를 검토해 본다. 대리권은 대리인이 본인에 대하여 일정한 법률행위를 할 의무를 부담하는 경우에 그 의무의 이행수단으로 주어지는 수가 많다. 가령 가옥의 매매를 위임하면서 매매에 관한 대리권을 수여하는 경우가 그렇다. 그 때문에 과거에(의용민법 하에서) 대리관계는 기초적 내부관계의 외부관계, 특히 위임의 대외관계라고 파악하기도 하였다. 그러나 이론상 내부관계와 대리관계는 별개의 것이다. 위임과 대리가 반드시 결합하는 것도 아니다. 중개업·위탁매매업의 경우는 위임이지만 대리권이 수여되지 않으며, 고용·도급·조합은 위임이 아니지만 대리권이 수여되기도 한다. 이렇게 대리가 내부관계와 구별되는 만큼, 대리권을 수여하는 행위인 수권행위도 내부관계 발생행위와는 별개의 독립된 행위로 보아야 한다. 민법도 독립적인 수권행위 개념을 인정하고 있다(128조 1문). 이러한 관점에서 볼 때, 학설 중 소수설은 과거의 견해를 따른 것으로서 타당하지 않다.

그러나 이처럼 수권행위의 독자성을 인정한다고 하여 실제에 있어서 반드시 수권행위가 내부관계 발생행위와 따로 행하여져야 한다거나 또는 보통 그렇게 행하여진다는 의미는 아니다. 실제에 있어서 두 행위가 한꺼번에 행하여질 수 있으며 그것이 오히려 일반적인 모습이다. 그렇지만 두 행위는 개념상 별개의 것이다. 따라서 내부관계 발생행위만 있거나 수권행위만 있을 수도 있다.

(2) 수권행위의 법적 성질

1) 계약인지 단독행위인지 여부 수권행위가 계약인가 단독행위인가에 관하여는 견해가 대립한다. i) 다수설(단독행위설)은 수권행위를 상대방 있는 단독행위라고 하나(고상룡, 482면; 곽윤직, 260면; 김상용, 532면; 김주수, 409면; 백태승, 478면; 이영준, 525면; 이은영, 601면; 정기웅, 435면), ii) 소수설(계약설)은 대리인에게 대리권을 수여하고자 하는 본인 · 대리인 사이의 계약(무명계약)이라고 한다(김기선, 287면).

사견을 밝히기 전에 이 두 견해의 차이를 보기로 한다. 계약설에 의하면 대리권의 발생에 대리인의 의사표시가 필요하고, 또한 그의 의사표시에 흠이 있을 때 수권행위는 실효하여 대리행위는 무권대리가 된다. 그에 비하여 단독행위설에 의하면 대리인 측의 사정에 영향을 받지 않으므로 대리행위는 여전히 유권대리로 남게 된다. 그 때문에 단독행위설은 거래의 안전을 보호하기 위하여 그 견해를 취할 것이라고 한다. 생각건대 거래의 안전 보호를 위하여서도 그렇지만, 민법규정에 비추어 보아도 단독행위설을 취하여야 할 것이다. 제117조는 단독행위설의 결과를 원하고 있고, 또 제128조는 수권행위가 단독행위임을 전제로 하고 있기 때문이다.

2) 유인행위(有因行爲)인지 무인행위(無因行爲)인지 여부 앞서 언급한 바 [186]
와 같이, 수권행위는 개념상 본인과 대리인 사이의 기초적 내부관계를 발생하게 하는 행위와는 별개의 행위이며, 뒤의 행위 없이 수권행위만 행하여질 수도 있다. 그런데 보통은 내부관계 발생행위가 있고 그에 의한 의무를 이행하게 하기 위하여 수권행위가 행하여진다. 이와 같이 내부관계 발생행위(가령 위임 · 고용 · 도급 · 조합계약)를 원인으로 하여 수권행위가 행하여진 경우에, 내부관계 발생행위가 무효이거나 취소 기타의 사유로 실효하면 수권행위도 그 영향으로 효력을 잃게 되는지가 문제된다. 이것이 수권행위의 무인성의 문제이다.

여기에 관하여 학설은 세 가지로 나뉘어 대립하고 있다. i) 유인설은 원인관계가 실효하면 당연히 수권행위도 효력을 잃으며, 그러한 견해가 당사자의 의사를 존중하는 해석론이라고 한다(고상룡, 485면; 곽윤직, 261면; 김기선, 287면; 김상용, 535면; 김준호, 311면; 이은영, 602면). ii) 무인설은 수권행위는 내부관계 발생행위에 영향을 받지 않는다고 한다(김주수, 410면; 김학동, 393면; 백태승, 480면; 정기웅, 436면). 이 견해는 그 이유로 무인성을 인정하는 것이 민법의 취지에 맞으며, 수권행위를 단독행위라고 하는 한 무인성을 인정하는 것이 앞뒤가 맞는다고 한다(김학동, 393면). iii) 내부적 수권·외부적 수권 구별설은 수권행위에는 내부적 수권행위(대리인에 대하여 행하여지는 수권행위)와 외부적 수권행위(내부적 수권행위가 있음을 대리행위의 상대방에 대하여 표시하는 것)의 두 가지가 있으며, 이 중 전자의 경우에는 내부관계 발생행위가 실효되면 원칙적으로 수권행위도 효력을 잃게 되나(유인), 후자의 경우에는 상대방이 선의·무과실인 한 제129조에 의하여 수권행위가 효력을 잃지 않는다고 한다(유인성의 제한)(이영준, 531면).

생각건대 우선 iii)설은 수권행위를 둘로 구별하나, 이는 우리 민법상 인정될 수 없어서 받아들일 수 없다. 독일에서는 독일민법 제171조·제172조의 규정상 외부적 수권이 인정될 여지가 있으나, 우리 민법에는 그런 규정이 없기 때문이다. 그리고 ii)설은 거래의 안전을 보호하기는 하나, 그 범위는 매우 좁다. 두 행위는 실제로는 거의 합체되어 행하여지며, 그때에는 그 견해에 의하더라도 수권행위가 효력을 잃을 것이기 때문이다. 또한 수권행위는 보통 내부관계 위에 놓여있다. 즉 그에 기초 내지 의존한다(채권행위가 물권행위에 의존하는 것보다 훨씬 강함). 따라서 수권행위는 무인행위가 아니라고 하여야 한다. 결국 유인설이 타당하다. 이 견해에 의하면, 내부관계 발생행위와 수권행위가 한꺼번에 행하여진 경우에는, 원인행위의 무효·취소·해제 사유는 수권행위 자체의 흠이기도 하여 두 행위는 효력을 같이하게 된다. 그리고 수권행위가 원인행위와 따로 행하여진 경우에도, 특별한 사정이 없는 한, 원인행위가 실효하면 수권행위도 효력을 잃게 된다.

3) 수권행위의 방식(불요식행위) 수권행위의 방식에는 제한이 없다. 따라서 구두로 할 수도 있고 서면으로 할 수도 있다. 또한 명시적인 의사표시에 의하여 할 수도 있고 묵시적으로 할 수도 있으며, 어떤 사람이 대리인의 외양을 가

지고 행위하는 것을 본인이 알면서도 이의를 하지 아니하고 방임하는 등 사실상의 용태에 의하여 대리권의 수여가 추단되는 경우도 있다(대판 2016. 5. 26, 2016다203315). 그런데 보통은 위임장을 주고 있다. 그러나 이것은 대리권 수여의 증거에 불과하다. 위임장의 특수한 것으로 백지위임장이 있다. 이는 대리인의 성명 등을 백지로 한 위임장이다. 이 경우에는 최후의 자가 그 위임장에 자기 이름을 수임인으로 기재해 넣는다.

4) 수권행위의 상대방 수권행위의 상대방은 대리인만인가 제 3 자도 가능한가에 관하여는, i) 제 3 자도 가능하다는 견해(김학동, 395면)와 ii) 대리인만이 상대방이라는 견해(지원림, 289면; 주해(3), 31면(손지열))가 대립하고 있다. 생각건대 우리 민법상 대리인만이 상대방이 된다고 하여야 한다. 제 3 자에 관한 명문규정(독일민법 167조 1항 참조)이 없기 때문이다. 만일 제 3 자에게 표시하였다면 그것은 제125조의 표현대리의 문제가 될 뿐이다.

(3) 관련 문제 [187]

1) 수권행위의 실효와 대리행위 어떤 사유로 수권행위가 실효하는 경우에 이미 행하여진 대리행위의 효력은 어떻게 되는가? 여기에 관하여 우리의 문헌들은 관련되는 곳에서 부분적 · 단편적으로만 논의하고 있다. 그런데 여기서는 여러 가지의 경우를 종합적으로 정리하기로 한다. 문제되는 경우는 다음의 세 가지이다.

(가) 대리인의 사유로 수권행위 자체가 효력을 잃는 경우 이러한 경우는 수권행위를 계약이라고 보는 견해에서만 발생할 수 있다. 그리고 그 견해에서는 이론상으로는 수권행위가 비진의표시 등을 이유로 무효로 될 수 있고, 착오 · 사기 · 강박 · 제한능력을 이유로 수권행위를 취소할 수 있을 것이다. 그러나 우리나라에서 실제로 계약설을 취하는 문헌에서는 — 제한능력에 관하여만 언급하면서 — 「수권계약이 무능력자에게 하등 불이익을 주지 않으므로 금치산자(이는 현행의 피성년후견인에 해당함)를 제외하고는 취소할 수 없다」고 한다(김기선, 296면).

(나) 대리인 또는 본인의 사유로 내부관계 발생행위가 실효된 경우 우리 문헌들은 모두 이에 해당하는 경우로 대리인이 제한능력자인 때에 관하여만 논의하고 있다. 그러나 대리인의 제한능력 이외의 사유에 의한 경우는 물론 본인의 사유에 의한 경우도 똑같은 문제가 생긴다. 대리인이나 본인의 사유로 내부관계 발생행

위가 실효되는 일은 단독행위설 · 계약설 모두에서 발생할 수 있다. 그리고 그때의 효과에 관한 논의는 수권행위에 무인성을 인정할 것인가에 관한 이론의 연장선상에 있다.

여기에 관하여(대리인의 제한능력의 경우) 우리의 학설은 대립하고 있다. i) 유인설에 의하면, 내부관계 발생행위가 실효하면 수권행위도 실효하므로 이미 행하여진 대리행위는 무권대리가 되어야 할 것이나, 그렇게 해석하면 거래의 안전을 해치므로 거래의 안전 또는 민법 제117조를 원용하여 대리권은 장래에 향하여 소멸한다고 해석하며, 이미 행하여진 대리행위는 유효하다고 한다(고상룡, 521면; 곽윤직, 272면; 김기선, 296면(계약설); 김상용, 566면; 김용한, 336면(융합계약설). 이은영, 594면은 유인설은 취하면서 이 경우에는 129조를 적용하여 표현대리로서 본인에게 대리의 효과가 귀속한다고 한다). ii) 무인설을 취하는 학자들은, 기초적 내부관계가 실효하면 대리권은 장래에 향하여 소멸할 뿐 소급적으로 소멸하지 않으므로(128조), 이미 행하여진 대리행위는 유효하다고 한다(김주수, 432면; 김학동, 424면; 정기웅, 455면; 주해(3), 57면(손지열)). iii) 내부적 수권 · 외부적 수권 구별설은 수권행위 취소의 경우에 준하여 내부적 수권행위 · 외부적 수권행위로 나누고, 후자는 대리인의 제한능력을 알았거나 알 수 있었을 경우에 한하여 소멸한다고 함으로써 상대방을 보호하여야 한다고 주장한다(이영준, 591면). 그리고 그 실정법적 근거는 제129조의 유추적용이라고 한다.

생각건대 수권행위는 유인행위라고 하여야 하나, 고용이나 조합계약에 있어서 취소의 소급효가 배제되는 것과 마찬가지로 대리권은 장래에 향하여서만 소멸한다고 새겨야 한다.

[188] **㈐ 수권행위가 본인의 사유로 효력을 잃은 경우** 이 경우에 관하여 우리 문헌은 대부분 수권행위가 본인의 제한능력을 이유로 취소된 때에 대하여만 논의하고 있다(117조는 대리인에 관한 규정이므로 본인의 제한능력에는 적용되지 않음을 주의)(다만, 주해(3), 37면(손지열)은 전반적으로 논의하며, 이영준, 534면은 제한능력을 제외하고 흠 있는 의사표시들에 관하여 적고 있다). 그러면서 여러 견해로 나뉘어 있다. 하나는 i) 수권행위가 취소되면 대리권은 소급적으로 소멸한다고 한다(고상룡, 522면(이 견해는 그 결과 무권대리행위가 된다고 함); 곽윤직, 273면). 그런가 하면 흠 있는 의사표시에 관하여 논하면서, ii) 대리행위가 행하여진 후에 수권행위의 하자를 주장하는 것은 일단 수권행위에 의하여 자기 행위를 정당화시켰던 대리행위를 부인하는 것이 되므로 이러한 결과는 형평에 반하고 거래의 안전을 해친다는 이유로 이를 제한하는 해석을 하자고 하는 견해(이영준, 534면)도 있고, iii) 대리행위 후에는 소급적 취소는 배제하는 것이 타당하나, 수권행위의 결함이 대리행위의 내용에도

직접 영향을 미치는 경우에는 예외적으로 취소를 인정할 것이라는 견해(백태승, 482면)도 있다. 그 밖에 모든 경우를 전반적으로 논의하면서, iv) 수권행위가 무효이거나 취소되면 그 대리권에 기한 대리행위도 무권대리로 되며, 그에 따른 상대방의 보호는 개개의 상대방 보호규정에 의하거나 제131조 이하 특히 제135조에 의하는 수밖에 없다는 견해(김상용, 536면; 주해(3), 37면(손지열))도 주장된다.

생각건대 수권행위가 무효이든 취소사유가 있든 그 주장은 인정하되 위 (나)에서와 마찬가지로 일반적으로 소급효는 배제하여야 한다. 민법 제128조 제 2 문이 그런 취지를 담고 있는 것으로 보이기도 한다.

2) 대리행위가 요식행위인 경우 수권행위도 방식을 갖추어야 하는지 여부

여기에 관하여는, i) 대리행위가 요식행위라고 하더라도 수권행위는 그에 따를 필요가 없다는 견해(이은영, 606면)와 ii) 대리행위의 방식규정이 수권행위에 관하여 적용되지 않으면 방식규정의 존재의의가 몰각되는 경우(가령 555조)에 한하여 수권행위에도 이를 유추적용할 것이라는 견해(이영준, 540면)가 대립하고 있다. 생각건대 ii)설과 같은 해석은 필요하지 않다.

Ⅲ. 대리권의 범위와 그 제한 [189]

1. 법정대리권의 범위

법정대리권의 범위는 각종의 법정대리인에 관한 규정의 해석에 의하여 결정된다(25조 · 913조 이하 · 941조 이하 · 1040조 2항 · 1047조 2항 · 1053조 2항 · 1101조 등). 그리고 법률의 규정에 의하지 않는 한 당사자가 임의로 법정대리권의 범위를 확장 또는 제한하는 것은 허용되지 않는다.

2. 임의대리권의 범위

(1) 서 설

임의대리권은 본인의 의사에 기초하여 주어지므로 그 대리권의 범위도 일반적으로 그 대리권을 수여하는 행위인 수권행위에 의하여 정하여진다. 그런데 일정한 임의대리인에 관하여는 그 대리권의 범위가 법률로 규정되어 있다. 이는 특히 제 3 자와 거래가 많은 경우에 제 3 자로 하여금 대리권의 범위를 쉽게 알 수 있도록 하여 거래의 안전을 보호하기 위한 것이다. 아래에서 두 경우를 나누어

대리권의 범위를 설명하기로 한다.

(2) 법률규정에 의하여 정해지는 경우

상법상의 지배인(상법 11조)·부분적 포괄대리권을 가진 사용인(상법 15조)·물건판매점포의 사용인(상법 16조) 등은 임의대리인이지만, 그들의 대리권의 범위가 법률에 명문으로 규정되어 있다. 이 규정들은 강행규정이라고 이해된다(이영준, 541면).

(3) 수권행위에 의하여 정해지는 경우

임의대리권의 범위는 — 법률에 명문규정이 없는 보통의 경우에는 — 수권행위에 의하여 결정된다. 본인은 대리인에게 일정한 사항에 한정하거나(특정수권) 또는 일정범위의 사항에 관하여 포괄적으로 대리권을 줄 수 있다(포괄수권). 그러므로 대리권의 범위는 궁극적으로는 수권행위의 해석에 의하여 확정된다. 수권행위의 해석은 제반사정 위에서 거래관행을 고려하여 신중하게 하여야 한다.

〈판 례〉

수권행위의 해석과 관련한 우리의 판례 가운데 주요한 것을 들어 본다.

(ㄱ) 일반적인 경우 통상의 임의대리권은 그 권한에 부수하여 필요한 한도에서 상대방의 의사표시를 수령하는 수령대리권을 포함한다(대판 1994. 2. 8, 93다39379). 어떠한 계약의 체결에 관한 대리권을 수여받은 대리인이 수권된 법률행위를 하게 되면 그것으로 대리권의 원인된 법률관계는 원칙적으로 목적을 달성하여 종료되는 것이고, 법률행위에 의하여 수여된 대리권은 그 원인된 법률관계의 종료에 의하여 소멸하는 것이므로(128조), 그 계약을 대리하여 체결하였다 하여 곧바로 그 사람이 체결된 계약의 해제 등 일체의 처분권과 상대방의 의사를 수령할 권한까지 가지고 있다고 볼 수는 없다(대판 2008. 6. 12, 2008다11276).

(ㄴ) 매매계약의 경우 매도인으로부터 매매계약을 체결할 대리권을 수여받은 대리인은 그 매매계약에 따른 중도금이나 잔금을 수령할 수 있다(대판 1991. 1. 29, 90다9247; 대판 1992. 4. 14, 91다43107; 대판 1994. 2. 8, 93다39379; 대판 2011. 8. 18, 2011다30871). 부동산을 매수할 권한을 수여받은 대리인은 부동산을 처분(전매)할 대리권은 없으며(대판 1991. 2. 12, 90다7364), 또한 매매계약의 해제 등 일체의 처분권과 상대방의 의사를 수령할 권한까지 가지고 있다고 볼 수는 없다(대판 1987. 4. 28, 85다카971; 대판 1997. 3. 25, 96다51271). 매매계약의 체결과 이행에 관하여 포괄적으로 대리권을 수여받은 대리인은 약정된 매매대금 지급기일을 연기해 줄 권한도 가진다(대판 1992. 4. 14, 91다43107).

(ㄷ) 소비대차 등의 경우 소비대차계약 체결의 대리권을 가지는 자는 그 계약체결은 물론 그 계약의 내용을 구성하는 기한의 연기, 이자의 수령 또는 대금변제의 수령권이 있다(대판 1948. 2. 17, 4280민상236). 그러나 대여금의 영수권한이 있는 대리인이 대여금채무의 일부를 면제하려면 특별수권이 필요하다(대판 1981. 6. 23, 80다3221). 예금계약의 체결을 위

임받은 자의 대리권에 당연히 예금을 담보로 하여 대출을 받거나 기타 이를 처분할 수 있는 대리권이 포함되어 있는 것은 아니다(대판 1992. 6. 23, 91다14987; 대판 1995. 8. 22, 94다59042; 대판 2002. 6. 14, 2000다38992). 본인을 위하여 금전소비대차 내지 그를 위한 담보권 설정계약을 체결할 권한을 수여받은 대리인에게 본래의 계약관계를 해제할 대리권까지는 없다(대판 1993. 1. 15, 92다39365; 대판 1997. 9. 30, 97다23372; 대판 2021. 10. 14, 2021다243430).

(ㄹ) 기타의 경우 부동산 처분에 관한 소요서류를 구비하여 교부한 것은 부동산 처분에 관하여 대리권을 수여한 것이다(대판 1959. 7. 2, 4291민상329). 그러나 부동산의 소유자가 부동산을 담보로 하여 은행으로부터 융자를 얻기 위하여 타인에게 부동산의 등기부등본과 인감증명서를 주었다고 하여 그 부동산에 관한 처분의 대리권을 주었다고 할 수 없다(대판 1962. 10. 11, 62다436). 그리고 채권자가 채무의 담보를 목적으로 채무자를 대리하여 부동산에 관한 매매 등의 처분행위를 할 수 있는 권한이 있는 경우에, 자신의 개인적인 채무를 변제하기 위하여 그의 채권자와의 사이에 임의로 부동산의 가치를 협의 · 평가하여 그 가액 상당의 채무에 대한 대물변제조로 양도할 권한은 없다(대판 1997. 9. 9, 97다22720). 한편 경매입찰의 대리권 있는 자는 경락허가 결정이 있은 후 경락인이 된 본인을 대리하여 채권자의 강제경매신청 취하에 동의할 권한은 없다(대결 1983. 12. 2, 83마201). 그리고 소송상 화해나 청구의 포기에 관한 특별수권이 되어 있다면 특별한 사정이 없는 한 그러한 소송행위에 대한 수권만이 아니라 그러한 소송행위의 전제가 되는 당해 소송물인 권리의 처분이나 포기에 대한 권한도 수여되어 있다고 보아야 할 것이나, 소송대리권의 범위는 특별한 사정이 없는 한 당해 심급에 한정되어, 소송대리인의 소송대리권의 범위는 수임한 소송사무가 종료하는 시기인 당해 심급의 판결을 송달받은 때까지라고 할 것이다(대결 2000. 1. 31, 99마6205). 그리고 변호사에게 판결금 수령을 위하여 통상의 소송위임장 용지에 판결금 수령위임장을 작성해 준 경우에, 소송비용 상환청구권의 포기권한까지 수여한 것으로 볼 수는 없다(대결 2007. 4. 26, 2007마250).

(4) 민법의 보충규정(118조) [190]

민법은 수권행위의 해석에 의하여도 대리권의 범위가 명확하지 않은 경우를 위하여 제118조의 보충규정을 두고 있다. 그에 의하면, 대리권의 범위가 불명확한 경우에는, 보존행위 · 이용행위 · 개량행위 등의 이른바 관리행위만 할 수 있고 처분행위는 하지 못한다.

제118조는 수권행위의 해석에 의하여 대리권의 범위를 정할 수 없는 경우에 적용되는 보충규정이므로, 수권행위에서 대리권의 범위가 명시적 또는 묵시적으로 정해져 있는 때에는 적용되지 않는다.

제118조는 임의대리에 대하여만 적용되며 법정대리에는 적용될 여지가 없다

(같은 취지: 주해(3), 58면(손지열)). 다만, 법정대리인 중 법원이 선임한 부재자의 재산관리인은 원칙적으로 제118조가 정한 행위만을 할 수 있고, 그것을 넘는 행위를 할 때에는 법원의 허가를 얻어야 한다(25조). 그리고 재산관리인에 관한 이 규정은 상속재산관리인에게도 준용된다(1023조 2항 · 1047조 2항 · 1053조 2항).

제118조가 정하고 있는 행위들을 나누어 설명하기로 한다.

1) 보존행위 보존행위는 재산의 현상을 유지하는 행위이며, 가옥의 수선 · 소멸시효의 중단 · 미등기 부동산의 등기 등이 그에 속한다. 그리고 기한이 도래한 채무의 변제나 부패하기 쉬운 물건의 처분 등과 같이 재산의 전체에서 보아 현상의 유지라고 볼 수 있는 처분행위도 보존행위에 해당한다. 그러나 대물변제나 경개는 자신이 급부를 하거나(대물변제의 경우) 새로운 채무를 부담하므로(경개의 경우) 보존행위가 아니다(같은 취지: 이영준, 545면; 주해(3), 59면(손지열)).

대리인은 이러한 보존행위는 무제한으로 할 수 있다(118조 1호).

2) 이용행위 · 개량행위 이용행위는 물건을 임대하거나 금전을 이자부로 대여하는 것과 같이 재산의 수익을 꾀하는 행위이고, 개량행위는 무이자의 금전대여를 이자부로 하는 행위와 같이 사용가치 또는 교환가치를 증가하게 하는 행위이다. 이러한 이용행위나 개량행위는 대리의 목적인 물건이나 권리의 성질을 변하지 않게 하는 범위에서만 할 수 있다(118조 2호). 객체의 성질이 변하였는지 여부는 사회관념에 의하여 결정되는데, 예금을 주식으로 바꾸거나 은행예금을 개인에게 빌려주는 것은 객체의 성질을 변하게 한 경우에 해당한다.

3) 행위의 성질 결정 구체적인 행위가 처분행위인지 아닌지, 객체의 성질을 변하게 하는 또는 변하게 하지 않는 이용행위나 개량행위인지는 통상적으로 행위의 종류에 의하여 추상적으로 정하여지며, 본인에게 이익이 되는가는 묻지 않는다. 따라서 행위의 성질상 객체의 성질을 변하게 하지 않는 이용행위나 개량행위에 해당하면 설사 그 행위가 본인에게 불이익을 가져오더라도 대리행위로서는 유효하다. 이때 내부관계상 대리인이 본인에게 책임을 지는 일이 있더라도 그것에 의하여 영향을 받지는 않는다. 그리고 객체의 성질을 변하게 하는 이용행위나 개량행위이면 그것이 본인에게 이익을 가져오더라도 대리행위로서 유효하게 되지는 않는다. 물론 이때 이익을 얻게 된 본인이 무권대리를 추인하여 유권대리로 만들 수는 있을 것이다(130조 이하 참조).

3. 대리권의 제한 [191]

(1) 자기계약(自己契約) · 쌍방대리(雙方代理)의 금지

1) 자기계약 · 쌍방대리의 의의 및 금지원칙 대리인이 한편으로는 본인을 대리하고 다른 한편으로는 자기 자신의 자격으로 혼자서 본인 · 대리인 사이의 계약을 맺는 것을 자기계약(자기대리 또는 상대방대리)이라고 한다. 예를 들면 A(본인)로부터 토지매각의 대리권을 수여받은 B가 자신이 A로부터 토지를 매수하는 계약을 체결하는 경우에 그렇다. 이때 B는 한편으로는 매도인인 A를 대리하고 다른 한편으로는 B 자신이 매수인이 되어 혼자서 A · B 사이의 매매계약을 체결하게 된다. 그리고 대리인이 한편으로는 본인을 대리하고 다른 한편으로는 상대방을 대리하여 자기만으로써 본인 · 상대방 사이의 계약을 맺는 것을 쌍방대리라고 한다. 예를 들면 A(본인)로부터 토지매각의 대리권을 수여받고 또 B(다른 본인)로부터 토지매수의 대리권을 수여받은 C(대리인)가 혼자서 A · B 사이의 매매계약을 체결하는 경우가 그렇다.

민법상 이러한 자기계약과 쌍방대리는 원칙적으로 금지된다(124조 본문). 그 이유는 본인(자기계약의 경우) 또는 본인 중 일방(쌍방대리의 경우)의 이익을 보호하기 위하여서이다. 일부 견해(이영준, 557면)는 그러한 경우에는 계약이 성립할 수 없기 때문이라고 한다. 그러나 대리에 있어서 계약을 성립시키기 위하여 별도의 세(3) 인격자가 있어야 하는 것은 아니고 세(3) 주체가 있으면 충분하다고 할 것이므로, 그러한 경우에도 계약이 성립하는 데는 지장이 없다(같은 취지: 곽윤직, 264면).

〈판 례〉

「민법 제124조는 "대리인은 본인의 허락이 없으면 본인을 위하여 자기와 법률행위를 하거나 동일한 법률행위에 관하여 당사자 쌍방을 대리하지 못한다"고 규정하고 있으므로 부동산 입찰절차에서 동일물건에 관하여 이해관계가 다른 2인 이상의 대리인이 된 경우에는 그 대리인이 한 입찰은 무효라고 할 것이다.」(대결 2004. 2. 13, 2003마44)

2) 자기계약 · 쌍방대리가 예외적으로 허용되는 경우 자기계약 · 쌍방대리가 금지되는 이유는 그것들이 본인 또는 본인 중 일방을 해칠 우려가 있기 때문이므로, 그럴 우려가 없는 경우에는 그것들을 금지할 필요가 없다. 그리하여 민법은 두 가지 경우에 그것들을 허용하고 있다. 첫째로 본인이 미리 자기계약 ·

쌍방대리를 허락한 경우에 그렇다(124조 본문)(대판 2024. 1. 4, 2023다225580은 — 변호사의 쌍방대리 사안에서 — 본인의 허락이 있는지 여부는 쌍방대리행위에 관하여 유효성을 주장하는 자가 주장·증명책임을 부담하고, 이때의 허락은 명시된 사전 허락 이외에 묵시적 허락 또는 사후 추인의 방식으로도 가능하다고 함). 둘째로 채무의 이행에 관하여도 자기계약·쌍방대리는 허용된다(124조 단서). 채무이행은 이미 성립하고 있는 이해관계의 결제에 불과하며 새로운 이해관계를 생기게 하는 것이 아니기 때문이다. 그리고 채무의 이행과 같은 것으로 볼 수 있는 경우, 즉 새로운 이해관계를 생기게 하지 않는 경우에도 예외적으로 자기계약·쌍방대리가 허용된다고 하여야 한다(같은 취지: 곽윤직, 264면. 그러나 그 외에 본인을 해하지 않을 것을 추가하는 견해(주해(3), 82면(손지열))와 본인에게 실질적으로 이익이 있느냐에 따라 결정하자는 견해(김상용, 547면)도 있다). 예를 들면 금전출납권이 있는 대리인이 본인에 대하여 채권이 있는 경우에 그 기한이 도래하자 본인의 예금으로부터 찾아서 변제에 충당하거나, 주식의 명의개서에서 매수인이 매도인의 대리인으로 되거나, 동일한 법무사가 부동산의 매도인과 매수인을 모두 대리하여 소유권이전등기를 신청하는 것도 가능하다. 그러나 다툼이 있는 채무의 이행이나 기한이 되지 않은 채무의 변제, 대물변제 등에 관하여는 자기계약·쌍방대리가 허용되지 않는다.

〈판 례〉

사채알선업자가 사채를 얻으려는 사람들로부터 금전 차용을 의뢰받을 때에 담보물이 확실하면 담보관계 서류를 받아 두고, 사채를 놓으려는 사람들이 돈을 놓아 달라고 하면 그들로 하여금 미리 확보해 놓은 담보물 가운데 적당한 것을 담보로 하여 돈을 대여하도록 하였고, 이 경우 사채를 얻은 쪽이나 놓은 쪽 모두 상대방이 누구인지 모른 채, 또한 상대방이 누구인지 상관하지 아니하고 사채알선업자를 신뢰하여 그로 하여금 사채를 얻는 쪽과 놓는 쪽 쌍방을 대리하여 금전 소비대차계약과 담보권설정계약을 체결하도록 하는 방식으로 사채알선업을 하는 경우, 그 사채알선업자는 소비대차계약의 체결에 있어서 대주에 대하여는 차주의 대리인 역할을 하고, 반대로 차주에 대하여는 대주의 대리인 역할을 하게 되는 것이고, 대주로부터 소비대차계약을 체결할 대리권을 수여받은 대리인은 특별한 사정이 없는 한 그 소비대차계약에서 정한 바에 따라 차주로부터 변제를 수령할 권한도 있다고 봄이 상당하므로 차주가 그 사채알선업자에게 하는 변제는 유효하다고 한 사례(대판 1997. 7. 8, 97다12273).

[192] **3) 금지위반의 효과** 자기계약·쌍방대리 금지에 관한 제124조에 위반하는 행위는 확정적 무효가 아니고 무권대리행위이다. 따라서 그 행위는 효력을 발생시키지는 않으나, 본인이 사후에 이를 추인하면 완전히 유효하게 된다(130조 참조). 대법원도, 영농조합법인의 대표이사가 제124조를 위반하여 영농조합법인을 대리

한 경우에 그 행위는 무권대리행위로서 영농조합법인에 대하여 효력이 없다고 한다(대판 2018. 4. 12, 2017다271070). 제124조 위반의 경우에 — 무권대리인의 책임에 관한 — 제135조가 적용될 수 있는가에 관하여는, i) 인정설(김상용, 549면)과 ii) 부정설(주해(3), 86면(손지열))이 대립되나, 그때의 대리인은 본인 자신의 대리인이므로 부정하여야 할 것이다.

4) **적용범위** 제124조는 법정대리 · 임의대리 모두에 적용된다. 다만, 법정대리에 관하여는 특별규정을 두고 있는 때가 있으며(64조 · 921조 · 951조 등), 그러한 때에는 제124조는 적용되지 않는다. 견해에 따라서는, 제124조가 계약 외에 상대방 있는 단독행위에도 적용된다고 한다(김상용, 548면; 김용한, 351면; 백태승, 255면; 이영준, 560면; 주해(3), 83면(손지열)).

(2) 공동대리

1) **공동대리의 의의와 각자대리(各自代理)의 원칙** 공동대리라 함은 대리인이 여럿 있는 경우에 그 대리인들이 공동으로만 대리할 수 있는 것을 말한다. 따라서 공동대리에 있어서 하나의 대리인이라도 참여하지 않으면 대리행위는 유효하지 못하거나 흠을 가지게 된다. 그러므로 공동대리도 각 대리인에게는 일종의 대리권의 제한이 된다.

복수의 대리인이 있는 경우에 공동대리인가 단독대리인가는 법률의 규정 또는 수권행위에 의하여 정하여지나, 그것들에 정함이 없으면 대리인 각자가 단독으로 본인을 대리한다(119조). 즉 단독대리가 원칙이다. 이는 수권자의 추정적인 의사와 거래의 편의를 위한 것으로 이해된다.

이러한 단독대리의 원칙에 대하여 예외적으로 공동대리로 하여야 하는 경우는 두 가지이다. ① 하나는 본인이 수권행위에서 공동으로 대리하도록 정하고 있는 경우이다. 상법에서는, 상인은 수인의 지배인에게 공동으로 대리권을 행사하게 할 수 있고(상법 12조 1항), 합명회사는 수인의 사원(상법 208조 1항)이, 그리고 주식회사는 수인의 대표이사(상법 389조 2항)가 공동으로 회사를 대표할 것을 정할 수 있다고 규정하고 있다. ② 다른 하나는 법률이 공동대리를 정하고 있는 경우이다. 미성년 자녀의 부모가 친권을 공동으로 행사하여야 하는 것이 그 대표적인 예이다(909조 2항).

2) **수동대리에의 적용 여부** 공동대리에 있어서 그 대리는 능동대리만을 가리키는지, 즉 제119조 단서가 능동대리에만 적용되는지 수동대리에도 적용되는지가 문제된다. 상법에는 이에 관하여 부분적으로 명문규정을 두고 있으나(상법 12조 2항 · 208조 2항 등), 민법에는 전혀 규정이 없다. 수동대리에 관하여 i) 단독대리설(다수설)

(고상룡, 495면; 김상용, 551면; 김용한, 350면; 김주수, 415면; 김준호, 314면; 김학동, 403면; 백태승, 489면; 이영준, 567면; 이은영, 618면; 주해(3), 63면(손지열))과 ii) 공동대리설(곽윤직, 265면)이 대립하고 있다. 단독대리설은 상대방의 보호와 거래상의 편의를 이유로 들고 있고, 공동대리설은 민법이 공동대리를 능동대리에 한정하고 있지 않다는 것을 이유로 든다. 생각건대 제119조 단서가 공동대리를 능동대리에 한정하고 있지는 않으나, 그 규정은 능동대리만을 모델로 하여 두어진 것으로 보인다. 따라서 공동대리의 제약이 있는 경우에도 수동대리는 각 대리인이 단독으로 할 수 있다고 할 것이다.

[193] **3) 공동대리에 있어서 「공동」의 의미** 공동대리의 경우에 「공동」이 의사결정을 공동으로 하여야 한다는 것인지, 표시행위를 공동으로 하여야 한다는 것인지가 문제된다.

여기에 관하여는, i) 의사결정을 공동으로 하면 충분하며, 따라서 공동대리인의 의사의 합치가 있는 한 대리행위가 일부의 대리인만에 의하여 행하여져도 무방하다고 하는 견해(고상룡, 494면; 김상용, 550면; 김용한, 350면; 김주수, 415면; 김준호, 313면; 김학동, 402면; 정기웅, 439면; 주해(3), 62면(손지열))와 ii) 공동대리인 중의 1인이 공동대리인으로서 행위한다고 표시한 경우에는 다른 공동대리인의 의사표시가 있어야 대리행위가 성립하고, 단독대리인으로서 행위한다고 표시한 경우에는 단독으로 대리할 수 있는 수권을 본인으로부터 받은 때에는 유효하지만, 그러한 수권이 없는 때에는 무권대리행위가 된다고 하는 견해(이영준, 565면; 이은영, 617면)가 대립하고 있다.

이들 학설을 검토해 본다. ii)설이 들고 있는 첫째의 경우는 본질적으로는 의사표시의 성립 자체가 문제되는 것이므로 여기서 논의할 필요가 없다. 그때는 표의자가 다수임이 표시되었는데 일부의 자만이 표시행위를 한 것이어서 특별한 사정이 없는 한 의사표시는 성립하지 않을 것이다. 그에 비하여 ii)설의 둘째 경우가 본래 여기의 「공동」이 문제되는 경우이다. i)설도 그 경우를 전제로 논의하고 있는 것으로 보인다. 그러면서 i)설은 그 경우에 표시행위의 공동은 필요하지 않다고 한다. 그러나 ii)설은 단독대리에 관한 수권이 없었으면 무권대리가 된다고 하여, 수권이 없는 때에는 공동의 표시행위를 요구하고 있다.

생각건대 법률규정(가령 920조의 2)이나 수권행위에 의하여 표시행위의 공동의 필요 여부가 분명하게 된 경우에는 그에 따르면 된다. 그러나 어느 쪽인지 불분명한 때에는 표시행위의 공동이 필요하다고 새겨야 한다. 그 이유는 다음과 같다. 본래 당사자의 일방이 여럿인 때에는 그들이 표시행위를 같이 하여야 한다. 당사자 일방의 대리인이 여럿 있는 경우도 마찬가지이다. 뿐만 아니라 표시행위의 공동을 요구하지 않는 i)설에 의하면 공동대리인에게만 편리할 뿐, 본인과 상대방 누구에게도 적절하지 않다. 하나의 대리인이 단독으로 대리한 경우에 대리인들 사이에 의사결정의 공동이 없었음에도 불구하고 그들이 귀찮아서 다투지 않는 때에는, 본인으로서는 의사결정의 공동이 없었음을 증명하기가 어려워 대리행위를 무효로 만들 수 없다. 그 결과 대리를 공동대리로 하도록 한 취지를 살릴 수 없게 된다. 그런가 하면 상대방에게는 더욱 부적당하다. 대리인들 사이에 의사결정의 공동이 있었음에도 불구하고 본인이나 대리인들이 그 행위를 무효로 하고 싶어 의사결정의 공동이 없었다고 주장하면, 상대방은 반대증명을 할 수가 없어서 실제와 다르게 본인 측의 의사에 의하여 법률행위의 효력이 뒤집어지게 된다. 그렇다고 하여 공동대리의 경우에 단독으로 대리한 때에 의사결정의 공동을 추정할 수도 없다. 이렇게 볼 때, i)설은 원칙에 어긋날 뿐만 아니라, 본인이나 상대방 모두에게 부적절하다. ii)설은 불필요하게 경우를 나누는 점과 단독대리의 수권을 공동대리인도 할 수 있다고 하는 점에서 만족스럽지 않으나, 나머지의 해당하는 경우에 대한 결과에서는 타당하다.

4) **공동대리 위반의 효과** 공동대리의 제한에 위반하여 1인의 대리인이 단독으로 대리행위를 한 경우의 효과에 관하여 i) 통설은 권한을 넘은 무권대리 행위가 된다고 하나(곽윤직, 265면 등), ii) 소수설은 위의 공동의 의미에 있어서처럼 경우를 나누어, 공동대리인으로서 행위한다는 것을 표시한 경우와 단독대리인으로 대리한다고 표시한 경우 중 본인의 수권이 있는 때에는 무권대리의 문제가 생길 여지가 없으나, 뒤의 경우 중 수권이 없는 때에는 권한을 넘은 무권대리가 된다고 한다(이영준, 566면; 이은영, 618면). 생각건대 여기서도 ii)설은 논의가 불필요한 경우까지 논의에 포함시키고 있으며, 그것을 제외하면 i), ii)설은 권한을 넘은 무권대리가 된다는 점에서 차이가 없다. 그러한 학설의 결과는 타당하다.

결국 공동대리인이 단독으로 대리행위를 한 경우에는 권한을 넘은 무권대리 행위로 되어 유권대리행위로서 효력이 생기지 않는다. 그러나 제126조의 표현대리가 성립하는 때가 많을 것이다.

[194] Ⅳ. 대리권의 남용

1. 서 설

대리인이 대리권의 범위 안에서 대리행위를 하였으나 오직 자기 또는 제 3 자의 이익을 꾀하기 위하여 그렇게 한 경우에 그 법률효과가 본인에게 발생하는가? 예컨대 대리인이 자기가 써버릴 생각으로 본인 이름으로 금전을 빌린 경우에 본인의 채무로 되는지가 문제된다. 민법에 의하면 그러한 경우에는, 대리인이 대리권의 범위 안에서 본인의 이름으로 대리행위를 하였으므로 유효한 대리행위가 되어 본인에게 효과가 발생하게 된다. 그러나 언제나 그러한 결과가 인정되어서는 안 된다. 가령 대리인의 배임적인 의도를 상대방이 알고 있었던 경우까지도 본인에게 책임을 지울 수는 없다. 이것이 이른바 대리권의 남용의 문제이다. 이와 같은 문제는 법인의 대표기관의 행위에 있어서도 똑같이 발생하는데, 거기에도 같은 이론이 적용되어야 한다(대표권의 남용).

대리권의 남용은 임의대리뿐만 아니라 법정대리에서도 마찬가지로 문제된다. 학설(김상용, 543면; 이영준, 555면; 지원림, 297면)과 판례(대판 2011. 12. 22, 2011다64669)도 같은 입장이다. 주의할 것은, 제924조에 규정되어 있는 친권남용은 친권자의 대리권의 남용과는 다르다는 점이다. 그 규정의 친권남용은 자녀학대 등의 사유(대리권 남용도 사유가 될 수는 있을 것임)가 있을 때 일정한 요건 하에 법원이 친권의 상실 또는 일시정지를 선고하여 친권자의 친권을 완전히 박탈하거나 일정기간 동안 친권을 행사하지 못하게 하는 제도이며, 개별적인 대리행위의 효력이 본인에게 생기지 않도록 하는 대리권 남용이론과는 근본적으로 다른 것이다. 이와 같이 대리권 남용은 임의대리 · 법정대리에서 모두 문제되나, 아래에서는 특히 중요성이 큰 임의대리를 중심으로 하여 논의하기로 한다.

〈판 례〉

친권자인 모(母)가 미성년자인 자(子)의 법정대리인으로서 자의 유일한 재산을 아무런 대가도 받지 않고 증여하였고 상대방(미성년자의 삼촌)이 그 사실을 알고 있었던 경우, 그 증여행위는 친권의 남용에 의한 것이므로 그 효과는 자에게 미치지 않는다.

위의 경우, 친권자의 법정대리권의 남용으로 인한 법률행위의 효과가 미성년인 자에게 미치지 아니한다고 하여 그 친권자의 친권이 상실되어야 하는 것은 아니며, 친권자가 자의 법정대리인으로서 소송대리인을 선임하여 그 증여에 기하여 이루어진 소유권이전등기의 말소를 구하는 소를 제기하였다고 하여 이를 금반언의 원칙에 어긋난 것으로 볼 수도 없다(대판 1997. 1. 24, 96다43928).

2. 학설 · 판례 [195]

(1) 학 설

대리권 남용에 관한 학설은 다음의 세 가지로 나뉘어 있다.

i) 제107조 제 1 항 단서의 유추적용설 이 견해에 의하면, 대리인이 본인의 이익을 위하여서가 아니라 자기의 이익을 꾀하기 위하여 대리행위를 하더라도 그 행위는 대리행위로서 유효하게 성립하나, 다만 대리인의 그러한 배임적 의사를 상대방이 알았거나 알 수 있었을 때에는 제107조 제 1 항 단서의 취지를 유추하여 대리행위의 효력을 부정하는 것이 타당하다고 한다(곽윤직, 233면; 김상용, 544면; 김용한, 286면; 정기웅, 445면).

ii) 권리남용설 대리인의 권한남용의 위험은 원칙적으로 본인이 부담하여야 할 것이나, 다만 상대방의 악의 · 중과실 등 주관적 태양에 따라 상대방의 권리행사가 신의칙에 반하는 경우에는 상대방이 그러한 위험을 부담하도록 하는 것이 좋을 것이라는 견해이다(고상룡, 501면; 명순구, 448면; 홍성재, 227면).

iii) 무권대리설 대리인의 배임적 대리행위에 있어서는 상대방이 대리인의 배임행위를 알았거나 정당한 이유 없이 알지 못한 때(이를 선의 · 무과실이라고 하는 견해도 있다)에는 대리권이 부정되고 대리인의 대리행위는 무권대리로 된다고 하는 견해이다(김주수, 419면; 김학동, 408면(이 견해는 악의 또는 중과실을 요구한다); 백태승, 493면; 이영준, 555면; 지원림, 299면. 주해(3), 46면(손지열)도 이에 해당한다).

(2) 판 례

우리 판례는 대리권 또는 대표권의 남용에 관하여 대체로 제107조 제 1 항 단서의 유추적용설의 입장이나(대리권 남용에 관하여: 대판 1987. 7. 7, 86다카1004; 대판 1987. 11. 10, 86다카371; 대판 1999. 1. 15, 98다39602; 대판 2001. 1. 19, 2000다20694; 대판 2007. 4. 12, 2004다51542 등 다수의 판결. 대표권 남용에 관하여: 대판 1988. 8. 9, 86다카1858; 대판 1997. 8. 29, 97다18059; 대판 2004. 3. 26, 2003다34045), 두 개의 판결에서는 대표권 남용의 경우에 상대방이 악의인 때에는 권리를 주장하는 것이 신의칙에 반한다고 하여 권리남용설을 취하고 있다(대판 1987. 10. 13, 86다카1522; 대판 2016. 8. 24, 2016다222453). 그리고 판례는, 미성년자의 법정대리인인 친권자의 대리행위에 관하여도 대리권 남용을 인정하면서, 그 경우에도 제107조 제 1 항 단서를 유추적용한다(대판 2011. 12. 22, 2011다64669; 대판 2018. 4. 26, 2016다3201). 나아가 판례는, 그에 따라 외형상 형성된 법률관계를 기초로 하여 새로운 법률상 이해관계를 맺은 선의의 제 3 자에 대하여는 같은 조 제 2 항의 규정을 유추적용하여 누구도 그와 같은 사정을 들어 대항할 수 없으며, 제 3 자가 악의라는 사실에 관한 주장 · 증명책임은 그 무효를 주장하는 자에게 있다고 한다(대판 2018. 4. 26, 2016다3201).

〈판 례〉

(ㄱ) 「진의 아닌 의사표시가 대리인에 의하여 이루어지고 그 대리인의 진의가 본인의 이익이나 의사에 반하여 자기 또는 제 3 자의 이익을 위한 배임적인 것임을 그 상대방이 알거나 알 수 있었을 경우에는 위 법 제107조 제 1 항 단서의 유추해석상 그 대리인의 행위는 본인의 대리행위로 성립할 수 없다 하겠으므로 본인은 대리인의 행위에 대하여 아무런 책임이 없다 할 것이며 이때 그 상대방이 대리인의 표시의사가 진의 아님을 알거나 알 수 있었는가의 여부는 표의자인 대리인과 상대방 사이에 있었던 의사표시의 형성과정과 그 내용 및 그로 인하여 나타나는 효과 등을 객관적인 사정에 따라 합리적으로 판단하여야 할 것이다.」(예금계약이 은행의 정규예금 금리보다 훨씬 높은 이자가 정기적으로 지급되고 은행의 많은 지점 가운데서도 오로지 하나의 지점에서만 이러한 예금이 가능할뿐더러 예금을 할 때 암호가 사용되어야 하며 예금거래신청서의 금액란도 빈칸으로 한 채 통상의 방법이 아닌 수기식 통장이 교부되는 사정이라면 위 예금계약의 형성과정과 내용 및 그로 인하여 나타나는 효과 등에 비추어 적어도 예금자로서는 은행 지점장대리인의 표시의사가 진의가 아닌 것을 알았거나 중대한 과실로 이를 알 수 없었다고는 할 수 없을지라도 적어도 통상의 주의만 기울였던들 이를 알 수 있었을 것이라고 인정되는 점에서 볼 때 위 지점장대리인의 의사는 본인인 은행의 의사나 이익에 반하여 자기 또는 제 3 자의 이익을 위하여 배임적인 의도로 한 것이고 예금자 역시 위 대리인의 예금계약 의사가 진의가 아님을 통상의 과실로 알지 못한 채 예금계약을 체결한 것이라고 할 것이므로 결국 이 사건 예금계약 자체가 성립되지 아니하였다 할 것이니 위 예금자는 은행에 대하여 위 대리인의 사용자임을 이유로 그의 불법행위를 원인으로 한 책임을 묻는 것은 별문제로 하고 정당한 예금계약이 성립되었음을 전제로 하여 예금반환청구는 할 수 없다고 함)(대판 1987. 7. 7, 86다카1004(세칭 명성그룹 사건). 같은 취지의 판결도 매우 많음)

(ㄴ) 증권회사 직원이 고객으로부터 채권과 채권매수대금을 교부받아 증권회사의 계좌에 입금하지 아니하고 임의로 운용한 경우에, 일반적인 채권 또는 양도성예금증서와는 달리 세금공제 후의 확정이자가 지급되었고, 고객은 그 직원을 통하여만 증권회사와 거래하였을 뿐만 아니라 고객 명의의 종합통장의 잔고는 없어지고 다만 그 직원으로부터 잔액증명서나 보관증만을 교부받았고, 이 잔액증명서나 보관증으로 그 직원을 통하지 아니하고는 증권회사로부터 현금 또는 채권으로 인출할 수 없었다면, 고객으로서는 증권회사 직원의 의사가 증권회사를 위한 것이 아님을 알았다고 할 수는 없을지라도 적어도 통상의 주의만 기울였던들 이를 알 수 있었을 것이라고 보는 것이 상당하므로 고객과 증권회사 사이에 채권이나 채권매수자금에 대한 위탁계약이

성립되었다고 볼 수 없다고 한 사례(대판 2001. 1. 19, 2000다20694).

3. 학설 · 판례의 검토 및 사견 [196]

주류의 판례이기도 한 i)의 제107조 제 1 항 단서 유추적용설은, 대리권 남용행위가 진의와 표시 사이에 불일치가 없어서 비진의표시가 아닐 뿐만 아니라 대리권 남용이론과 비진의표시 제도는 취지 내지 기초를 달리한다는 점에서 취할 수 없다. iii)의 무권대리설은 대리권 남용의 경우에 무권대리로 된다고 하나, 그 근거가 납득하기 어렵다. 왜냐하면 대리권 남용의 경우에는 대리인이 대리권의 범위 안에서 대리행위를 하였고, 실질적으로 본인의 이익이 보호되어야만 유권대리로 되는 것은 아니기 때문이다. 그에 비하여 ii)의 권리남용설은 법적 논리의 면에서 가장 흠이 적다. 다만, 학설 가운데 권리남용설은 판례의 그것과 달리 상대방이 중과실로 대리인의 배임적 의도를 알지 못한 때에도 상대방의 권리 주장이 신의칙에 반한다고 하나, 이는 법리상으로뿐만 아니라 — 아래에서 보는 것처럼 — 실질적인 타당성의 면에서도 의심스럽다.

실질적인 면에서 검토해 보기로 한다. 상대방이 대리인의 배임의도를 안 경우, 즉 악의인 경우에는, 어느 학설에 의하든 본인은 보호된다. 그러나 상대방에게 과실이 있는 경우에 관하여는 학설의 결과가 동일하지 않다. i)설과 iii)설에 의하면 상대방에게 과실이 있는 한 본인이 보호되며, ii)설에 의하면 중과실이 있는 때에만 본인이 보호된다. 생각건대 상대방이 악의인 경우에 상대방의 희생 하에 본인을 보호하는 것은 지극히 타당하다. 그러나 상대방이 단지 과실로 인하여 대리인의 배임의도를 알지 못한 경우까지도 그래야 하는지는 의문이다. 대리에 있어서는 본인이 특정인을 신뢰하여 대리인으로 선임한 만큼(임의대리의 경우), 본인은 그 자신이 직접 의사표시를 하는 때보다는 더욱 많은 위험을 부담하는 것이 마땅하며, 또한 상대방으로서는 대리인의 효과의사도 아닌 단순한 의도(동기)에 대하여는 조사의무가 없다고 하여야 한다. 따라서 상대방이 악의인 경우와는 달리 선의이지만 과실이 있는 경우에는 비록 그 과실이 중대하다고 할지라도 선의의 상대방을 보호하여야 할 것이다.

결국 가장 타당하고 이론적으로 무난한 것은 판례의 한 입장으로서의 권리남용설이라 하겠다. 그리하여 대리권 남용의 경우에 상대방이 악의인 때에는 대리행위의 효력발생을 주장하는 것이 신의칙에 반하는 권리남용이어서 허용되지 않는다고 하여야 한다. 그때 상대방이 대리인에게 무권대리를 주장할 수는 없다고 하여야 한다. 대리인에게 대리권이 있기 때문이다. 그리하여 상대방이 급부한 것이 있으면 법률행위가 무효인 경우에 준하여 부당이득으로 반환청구를 하여야 한다. 무권대리설에 의하면, 무권대리인으로서의 책임을 물을 수 있다고 할 것이나, 이는 법적으로나 타당성 면에서나 모두 옳지 않다.

4. 표현대리에서의 대리권 남용

대리권 남용은 표현대리(125조·126조·129조)가 성립한 경우에도 똑같이 문제된다. 가령 X행위에 대하여 대리권을 가지고 있는 대리인이 자신의 이익을 꾀하기 위하여 대리권 없는 Y행위를 한 경우에, 상대방이 대리인에게 Y행위에 관한 대리권이 없음을 알지도 못했고 또 알지 못한 데 과실도 없었지만 대리인의 배임적 의도만은 알고 있었던 경우에 그렇다(대판 1987. 7. 7, 86다카1004(세칭 명성그룹 사건)가 그 예이다). 그러한 경우에는 대리권 남용에 관한 이론에 따라 일정한 때에는 상대방은 본인에게 책임을 물을 수 없다고 하여야 한다. 그리고 이 경우에도, 표현대리가 성립하는 한, 상대방은 대리인에게 무권대리인으로서의 책임은 물을 수 없다고 하여야 한다.

〈판 례〉

「우선 이 사건 예금계약이 위 지점장 대리인 위 김○○과 원고 사이에 이루어졌고 또 위 김○○이 당좌담당 대리여서 예금업무에 관하여는 피고은행을 대리할 권한이 없다고 하더라도 상대방인 원고로서는 위 김○○에게 그와 같은 권한이 있는 것으로 믿는 데에 정당한 이유가 있다고 보여지므로 위 예금계약은 일응 피고은행에게 그 효력이 있는 것으로 보여지겠지만 위 김○○이가 한 대리행위가 본인인 피고은행의 의사나 이익에 반하여 예금의 형식을 빌어 사채를 끌어 모아 위 A의 사업자금을 마련함으로써 자기와 위 A의 이익을 도모하려 한 것이고 원고가 위 김○○의 예금계약 의사가 진의 아님을 알았거나 이를 알 수 있었다면 위 김○○이가 한 이 사건 예금계약은 피고은행의 대리행위로 성립할 수 없으므로 피고은행은 이에 대하여 아무런 책임이 없게 된다 할 것이다.」(실명 이름은 저자가 바꾼 것임)(대판 1987. 7. 7, 86다카1004)

그 밖에 공동대리에 있어서 1인의 대리인이 단독으로 대리한 경우에도, 제126조의 표현대리가 성립할 수 있으므로, 같은 문제가 생길 수 있다.

V. 대리권의 소멸 [197]

1. 서 설

대리권의 소멸원인에는 임의대리와 법정대리에 공통한 것과, 이들 각각에 특유한 것이 있다. 그 가운데 법정대리에 특유한 소멸원인은 각각의 법정대리에 관하여 규정하고 있고(22조 2항 · 23조 · 909조 6항 · 924조 1항 · 925조 · 927조 · 937조 · 939조 · 957조 · 1098조 · 1105조 · 1106조 등), 민법총칙에서는 법정대리 · 임의대리에 공통한 소멸원인과 임의대리에 특유한 소멸원인을 규정하고 있다.

〈참 고〉

법정대리권은 그 밖에도 미성년자가 성년으로 되거나 한정후견종료의 심판 · 성년후견종료의 심판이 있거나 유언집행이 종료된 경우 등과 같이 대리권 발생의 원인이 된 사실관계가 소멸한 경우에도 당연히 소멸한다.

대리인이었던 자가 대리권이 소멸된 후에 대리행위를 하면 무권대리가 된다. 그러나 상대방이 선의 · 무과실인 때에는 대리권 소멸 후의 표현대리(129조)가 된다. 한편 위임에 관하여 제692조는 위임종료의 사유는 상대방에게 통지하거나 상대방이 그것을 안 때가 아니면 그것을 가지고 상대방에게 대항하지 못한다고 규정하고 있는데, 그 규정은 대리권 소멸의 경우에는 적용되지 않는다고 하여야 한다. 그 규정이 적용된다고 하면 제129조가 의미를 잃게 되기 때문이다(같은 취지: 주해(3), 183면(손지열)).

2. 공통한 소멸원인(127조)

(1) 본인의 사망

본인이 사망하면 법정대리든 임의대리든 대리권이 소멸한다. 민법이 본인의 사망을 공통하는 소멸원인으로 규정한 이유는, 법정대리에서는 본인이 사망하면 더 이상 대리가 필요 없기 때문이고, 임의대리에서는 본인과 대리인 사이의 특별한 신임관계가 대리의 기초를 이루고 있으므로 본인이 사망하면 그 신임관계가 없어지게 되고 그것이 상속인에게까지 존속할 수는 없기 때문이다.

본인에 대하여 실종선고가 내려지면 본인은 사망한 것으로 의제되므로(28조), 그 경우에도 역시 대리권은 소멸한다.

본인이 사망하면 대리권이 소멸한다는 원칙에는 예외가 있다.

1) 임의대리에 있어서 기초적 내부관계가 본인의 사망에도 불구하고 존속하는 때(위임에 관한 691조 참조)에는 그 범위에서 대리권도 존속한다고 하여야 한다.

2) 상법규정상 상인이 그 영업에 관하여 수여한 대리권은 본인의 사망으로 인하여 소멸하지 않는다(상법 50조).

3) 임의대리에 있어서 본인과 대리인 사이에 본인이 사망하더라도 대리인의 대리권이 소멸하지 않는다는 특약이 있었고 그것이 유효하다면, 그 특약도 하나의 예외가 될 것이다. 그런데 대리권 불소멸 특약의 유효 여부에 관하여 우리 학설은 i) 유효설, ii) 무효설, iii) 절충설로 나뉘어 대립하고 있다. i) 유효설은 대리권은 임의로 포기할 수 있는 것이므로 그러한 특약도 유효하다고 한다(김용한, 357면; 김준호, 318면; 김학동, 411면; 주해(3), 184면(손지열)). ii) 무효설은 그러한 특약을 유효하다고 하면 본인의 의사표시가 상속인의 의사결정권을 박탈하는 결과가 되므로 그러한 특약은 무효라고 한다(김상용, 553면; 이은영, 611면). iii) 절충설은 그러한 합의도 허용되나 그것이 본인의 상속인의 의사결정을 박탈하는 결과로 되어 사적 자치에 반하는 경우에는 허용되지 않는다고 한다(고상룡, 507면; 김주수, 422면; 이영준, 568면). 그러한 합의를 무제한으로 허용하면 상속인의 지위를 해할 염려가 있기 때문이라고 한다. 생각건대 본인 사망시 대리권이 소멸하지 않는다는 특약이 본인의 상속인의 동의 없이도 본인 사망 후에 그 상속인을 구속할 수 있으려면, 이를 허용하는 법률규정이 있어야 한다. 그렇지 않음에도 불구하고 구속을 인정하는 것은 상속인의 사적 자치에 반하기 때문이다. 그런데 그러한 법률규정은 없다. 따라서 그러한 합의는 언제나 무효라고 하여야 한다. 상속인은 원한다면 단독행위인 수권행위에 의하여 다시 대리권을 수여할 수 있을 것이다.

[198] (2) 대리인의 사망

이것도 공통하는 소멸원인이다. 법정대리권은 일정한 자격 내지 직무에 수반하여 부여되는 것이고, 임의대리권은 본인과 대리인 사이의 특별한 신임관계에 기초하여 주어지기 때문에, 대리인이 사망하면 그의 대리권이 상속인에게 상속되지 않고 마땅히 소멸한다고 해야 할 것이다.

이 원인과 관련하여 문제되는 것으로 다음의 두 가지가 있다.

1) 기초적인 내부관계가 대리인의 사망에도 불구하고 존속하는 때에 본인의 사망의 경우와 동일하게 다룰 것인가이다. 여기에 관하여는 i) 긍정설(고상룡, 509면; 곽윤직, 266면;

(김용한, 359면; 김준호, 318면; 이은영, 613면; 주해(3), 187면(손지열))과 ii) 부정설(이영준, 569면)이 대립하고 있다. 부정설은 대리인이 사망한 경우에 대리인의 상속인이 대리인으로서 행위하여야 한다는 것은 대리제도 및 사적 자치제도의 근본이념에 반한다고 한다. 생각건대 민법 제691조는 위임종료의 경우에 급박한 사정이 있는 때에는 수임인의 상속인도 사무처리를 계속하여야 한다고 규정하고 있으므로, 그 범위에서는 그 취지가 대리권에 있어서도 인정되어야 한다. 그리고 그것은 일종의 명문규정에 의한 것이기 때문에 대리인의 상속인의 의사에도 불구하고 인정될 수 있다. 그러나 고용·조합의 경우에는 위임에서와 달리 명문규정이 없어서 위의 결과가 인정되지 않는다.

2) 임의대리에 있어서 본인과 대리인 사이에 대리인이 사망하면 그의 상속인에게 대리권이 승계되는 것으로 특약을 한 경우에 그것은 유효한가? 여기에 관하여는 i) 예비적 수권행위가 있은 것으로 보아 그러한 특약의 효력을 인정하여야 한다는 견해(김용한, 359면; 김준호, 318면; 김학동, 411면; 주해(3), 187면(손지열))와 ii) 대리인의 의사로써 그의 상속인을 구속할 수는 없다는 이유로 그러한 특약의 유효성을 부정하는 견해(김상용, 554면)가 대립하고 있다. 생각건대 대리권 수여행위는 상대방 있는 단독행위이므로 i)설과 같은 견해도 고려해 봄직하다. 그러나 그와 같은 특약은 당사자 이외의 자에게 권한을 부여하려는 것으로서, 그것이 유효하려면 역시 특별규정이 있어야 한다. 그런데 그러한 규정은 없다. 따라서 그러한 특약은 유효할 수가 없다. 결국 무효설을 취하여야 한다.

(3) 대리인의 성년후견의 개시 또는 파산

피성년후견인(117조 참조)이나 파산자도 대리인이 될 수 있다. 그러나 피성년후견인이나 파산자가 아닌 자가 대리인으로 된 뒤에 성년후견이 개시되거나 파산선고를 받은 때에는, 대리권은 소멸한다. 대리인의 재산관리능력(성년후견이 개시된 경우)이나 경제적 신용(파산선고의 경우)을 신뢰할 수 없게 되어, 임의대리인에 대한 본인의 신임관계나 법정대리인의 적합성에 변동이 생기기 때문이다(같은 취지: 주해(3), 187면(손지열)).

3. 임의대리에 특유한 소멸원인 [199]

(1) 원인된 법률관계의 종료

임의대리권은 그 원인된 법률관계(기초적 내부관계)가 종료되면 소멸한다

(128조 1문). 그런데 이에 대한 규정은 임의규정이어서, 본인은 원인된 법률관계가 종료된 후에도 대리권만을 존속시킬 수 있다.

(2) 수권행위의 철회

본인은 원인된 법률관계가 존속하고 있더라도 수권행위를 철회하여 임의대리권을 소멸시킬 수 있다(128조 2문). 제128조 제 2 문은 본인이 언제든지 수권행위를 철회할 수 있음을 전제로 하는 규정으로 보아야 한다. 일부 견해(김상용, 556면; 지원림, 302면; 주해(3), 189면(손지열))는 위 규정은 직접적으로는 원인관계와 관계없이 수권행위만을 철회할 수도 있다는 가능성을 규정하였을 뿐 수권행위 철회의 권능을 규정한 것이 아니라고 하면서, 수권행위는 실질에 있어 위임과 유사한 점이 많으므로 제689조를 유추적용하여 본인은 언제든지 수권행위를 철회할 수 있으며 대리인도 언제든지 대리권을 포기할 수 있다고 해석할 것이라고 하나, 이는 옳지 않다. 그렇게 새기면 철회권이 명문규정의 근거없이 해석에 의하여 인정되는 결과가 되기 때문이다.

수권행위 철회의 상대방은, 수권행위에서와 달리, 대리인뿐만 아니라 대리행위의 상대방인 제 3 자라도 무방하다(통설도 같음. 반대: 지원림, 303면(수권행위 철회의 상대방은 수권행위의 상대방이어야 한다는 이유)). 그리고 제128조 제 2 문도 임의규정이어서, 원인된 법률관계가 종료되기 전에는 수권행위를 철회하지 않는다는 특약도 원칙적으로 유효하다(통설도 같음).

(3) 본인의 파산이 소멸원인인지 여부

견해에 따라서는, i) 민법에 규정이 없음에도 불구하고 본인의 파산도 임의대리권의 소멸원인이라고 한다. 이 견해는 그 이유로, 수권행위가 위임계약과 비슷하므로 파산을 위임계약의 종료원인으로 규정하고 있는 민법 제690조를 수권행위에 유추적용하여야 한다거나(김용한, 362면; 김주수, 424면; 백태승, 496면), (구) 파산법 제56조 · 제38조 제 6 호(채무자회생법 342조 · 473조 6호에 해당)가 본인의 파산시 당연히 대리권이 소멸하는 것을 전제로 한 것이라거나(고상룡, 510면; 이영준, 571면), 본인의 파산의 경우에 임의대리권이 소멸하지 않으면 파산관재인이라는 법정대리인과 임의대리인이 병존하는 현상이 생기기 때문이라거나(김상용, 557면), 또는 기초계약 없는 대리권은 인정되지 않고 또 본인의 파산 후에 대리행위의 효력을 인정하여 본인에게 권리 · 의무를 발생시키는 것이 파산제도의 취지에 어긋난다는 점(이은영, 612면)을 든다. 이에 대하여 반대 견해는, ii) 파산으로 원인된 법률관계가 종료하면 대리권도 소멸하게 되며(128조 1문), 특별히 본인의 파산으로 대리권이 소멸한다고 할 필요가 없다고 한다(곽윤직, 267면; 김학동, 412면; 주해(3), 186면(손지열)). 생각건대

제128조가 임의대리권의 소멸원인을 따로 규정하고 있고, 본인의 파산시 — 원인관계가 종료하는 경우(위임은 종료하나(690조), 고용(663조)·조합(717조)·도급(674조) 등은 당연히 소멸하지는 않는다) — 원인관계의 종료라는 사유에 의하여 대리권이 소멸한다고 하면 충분하기 때문에, 그것을 독립한 소멸원인으로 인정할 필요는 없다. 물론 대리권이 소멸하지 않지만 채무자회생법에 의하여 대리권 행사가 제한될 수는 있으며, 그것은 별개의 문제이다.

제3관 대리행위

Ⅰ. 현명주의(顯名主義) [200]

1. 의 의

(1) 개 념

대리에 있어서 법률행위, 즉 대리행위는 대리인과 상대방 사이에 행하여진다. 그런데 그러한 대리행위의 법률효과가 본인에게 생기게 하려면, 대리인이 「본인을 위한 것임을 표시」하여서 의사표시를 하여야 한다(114조 1항). 이와 같이 대리의 경우에 본인을 밝혀서 의사표시를 하게 하는 태도를 현명주의라고 한다.

현명주의는 대리에 있어서 당연히 전제되는 요소가 아니다. 대리인이 본인을 밝혀서 의사표시를 하지 않더라도 법률이 그것을 유효한 대리행위로서 본인에게 효력이 생기게 할 수 있는 것이다. 즉 대리행위의 경우에 현명을 하게 할 것인지는 입법정책의 문제이다. 그리하여 입법례도 나뉘어 있다. 독일법은 민사대리·상사대리 모두에 관하여 현명을 요구하고 있고(독일민법 164조, 독일상법 51조), 우리 법은 민사대리에는 현명을 요구하지만 상사대리에서는 요구하지 않으며(상법 48조), 영미법에서는 아예 현명주의를 취하지 않는다. 그러면 우리 민법이 현명주의를 취하는 이유는 무엇인가? 만약 현명을 요구하지 않으면 법률행위의 당사자와 법률효과의 귀속자가 불분명하게 되어 법률관계의 안정을 해치게 된다. 또한 상대방으로서는 법률행위의 당사자나 법률효과의 귀속자를 스스로 조사하여야 하는 부담을 안으며, 때에 따라서는 예상하지 못한 자와 법률관계가 맺어지게 되어 불이익을 입을 수도 있게 된다. 결국 민법은 법률관계를 명확하게 하고 아울러 상대방을 보호하기 위하여 현명주의를 원칙으로 채용한 것이다. 이러한 민법의 태도는 바람직하다고 하겠다.

[201] (2) 현명의 본질

「본인을 위한 것임을 표시」하는 것 즉 현명의 본질에 관하여 학설은, i) 대리행위의 법률적 효과를 본인에게 귀속시키려고 하는 의사인 대리적 효과의사(대리의사)를 표시하는 의사표시라는 견해(곽윤직, 268면; 이은영, 582면; 정기웅, 449면), ii) 대리행위를 이루는 의사표시의 요소(내용)일 뿐, 독립한 의사표시가 아니라는 견해(주해(3), 24면(손지열)), iii) 의사의 통지라는 견해(김상용, 559면; 이영준, 574면), iv) 관념의 통지라는 견해(김준호, 321면; 김학동, 413면), v) 어떻게 보든 실제에 있어서 차이가 없다는 견해(고상룡, 512면)로 나뉘어 대립하고 있다. 생각건대 현명은 대리행위의 상대방으로 하여금 대리행위의 법률효과가 발생하는 자(본인)가 누구인지를 알게 함으로써 그 상대방을 보호하기 위하여 법률이 요구하는 요건일 뿐이다(같은 취지: Brox, S. 223). 그러고 보면 현명의 본질에 관한 논의는 별 의미가 없다. 굳이 성질을 밝히자면, 대리행위의 효과가 발생하는 자인 본인이 누구인지를 알리는 것으로서 일종의 관념의 통지라고 하여야 한다.

「본인을 위한 것」임을 표시하여야 한다는 것은 본인을 밝혀서, 즉 본인의 이름으로 법률행위를 하라는 의미이지, 「본인의 이익을 위하여서」 행위하라는 것은 아니다. 따라서 대리인이 본인의 이름으로 행위를 하였으면, 설사 대리인이 자신의 이익을 꾀하여 행하였을지라도 유효한 대리행위로 되는 데 지장이 없다. 다만, 일정한 경우에는 대리권 남용이론에 의하여 대리행위의 효과를 주장하지 못할 수 있다([194] 이하 참조).

(3) 현명의 방법

현명의 방법에는 제한이 없다. 따라서 서면으로 할 수도 있고 구두로 할 수도 있다(대판 1946. 2. 1, 4278민상205). 그리고 반드시 명시적으로 해야 하는 것이 아니고 묵시적으로도 할 수 있다(대판 2024. 1. 4, 2023다225580). 그러나 가장 보통의 방법은 서면에 「A의 대리인 B」라고 적는 것이다. 본인을 밝혀야 한다고 하여 반드시 본인이 명백하게 표시되어야만 하는 것은 아니며, 제반사정에 비추어 본인을 알 수 있으면 된다. 그리하여, 예컨대 식품회사의 영업소장이 식품공급계약을 체결한 경우(대판 1968. 3. 5, 67다2297), 회사의 대표이사가 대표이사의 직명을 기재하여 행위한 경우(대판 1994. 10. 11, 94다24626)에는 회사를 위하여 행한 것으로 보아야 한다. 한편 본인이 특정되어야 하는가에 관하여는, i) 현명에 의하여 그 법률행위가 타인을 위하여 하는 행위임이 나타나면 족하고 반드시 본인의 이름을 밝혀야 하는 것은 아니라는 견해(김용한, 329면; 이영준, 576면)와 ii) 본인이 특정되거나 특정될 수 있어야 한다는 견해(이은영, 584면)가 대립한다. 생각건대 현명을 요구하는 제114조 제 1 항이, i)설이 주장하는 것처럼, 단지 타인을 위한 행위임을 표시하라는 의미만을 가진다고 보기는 어렵다. 따라서 ii)설이 타당하다.

〈판 례〉

(ㄱ) 매매위임장을 제시하고 매매계약을 체결하는 자는 특단의 사정이 없는 한 소유자를 대리하여 매매행위하는 것이라고 보아야 하고 매매계약서에 대리관계의 표시 없이 그 자신의 이름을 기재하였다고 해서 그것만으로 그 자신이 매도인으로서 타인물을 매매한 것이라고 볼 수는 없다(대판 1982. 5. 25, 81다1349, 81다카1209).

(ㄴ) 법정대리인이 법정대리권에 기하여 그 친권에 복하는 미성년자들의 상속분까지 함께 처분한다는 표시를 하지 아니하였다 할지라도 이미 이전등기된 이상 친권자의 처분행위에는 그 미성년자의 지분권도 함께 처분하는 취지가 포함된 것이다(대판 1973. 2. 26, 72다2479).

(ㄷ) 「타인의 사망을 보험사고로 하는 보험계약에 있어서, 피보험자인 타인의 동의는 각 보험계약에 대하여 개별적으로 서면에 의하여 이루어져야 하고 포괄적인 동의 또는 묵시적이거나 추정적 동의만으로는 부족하나, 여기서 말하는 피보험자인 타인의 서면동의가 그 타인이 보험청약서에 자필 서명하는 것만을 의미하는 것은 아니므로, 피보험자인 타인이 참석한 자리에서 보험계약을 체결하면서 보험계약자나 보험모집인이 그 타인에게 보험계약의 내용을 설명한 후 그 타인으로부터 명시적으로 권한을 수여받아 보험청약서에 그 타인의 서명을 대행하는 경우와 같이, 그 타인으로부터 특정한 보험계약에 대하여 서면동의를 할 권한을 구체적 · 개별적으로 수여받았음이 분명한 자가 그 권한 범위 내에서 그 타인을 대리 또는 대행하여 서면동의를 한 경우에도, 그 타인의 서면동의는 적법한 대리인에 의하여 유효하게 이루어진 것으로 보아야 할 것이다.」(대판 2006. 12. 21, 2006다69141)

대리인이 자기가 마치 본인인 것처럼 본인의 이름을 사용하여 법률행위를 하는 경우가 있다. 그러한 경우에도 유효한 대리행위가 되는지 문제된다. 여기에 관하여 우리의 학설은 한결같이 이를 긍정하고 있으며, 판례도 상당히 쌓여 있다. 그런데 이 문제는 뒤에 따로 「타인의 명의를 사용하여 법률행위를 한 경우」 일반에 포함하여 논의하기로 한다([203] 이하 참조).

수동대리에 있어서는 상대방 쪽에서 본인에 대한 의사표시임을 표시하여야 한다고 새겨야 한다. 이때에도 대리인이 현명하여 수령하는 것은 불가능할 뿐더러 필요하지도 않기 때문이다. 통설도 제114조 제 2 항을 이처럼 해석한다.

[202] ## 2. 현명을 하지 않은 행위

대리인이 본인을 위한 것임을 표시하지 않고서 한 의사표시는 대리인 자신을 위하여 한 것으로 본다(115조 본문). 이처럼 그러한 의사표시는 대리인 자신을 위한 것으로 의제되기 때문에, 대리인은 본인을 위한 것이었음을 증명하여도 이 규정의 적용을 면하지 못한다. 그리고 대리인은 착오를 주장할 수도 없다(같은 취지: 곽윤직, 269면; 이영준, 577면. 반대: 이은영, 589면). 그러나 상대방이 대리인으로 한 것임을 알았거나 알 수 있었을 때에는, 그 의사표시는 유효한 대리행위가 된다(115조 단서)(대판 1982. 5. 25, 81다1349, 81다카1209도 참조. [201]에 인용함).

제115조는 수동대리에는 적용되지 않는다. 따라서 수동대리에서 상대방이 본인에게 효과를 발생할 의사를 가지고, 그렇지만 그것을 표시하지 않고서 대리인에게 의사표시를 한 경우에는, 의사표시의 해석에 의하여 유효 여부가 결정된다.

3. 현명주의의 예외

(1) 상행위에 관하여는 현명주의가 채용되어 있지 않다. 즉 상법 제48조에 의하면, 상행위의 경우에는 대리인이 본인을 위한 것임을 표시하지 않아도 그 행위의 효력이 본인에게 생긴다(상법 48조 본문). 그러나 상대방이 본인을 위한 것임을 알지 못한 때에는 대리인에 대하여도 이행의 청구를 할 수 있다(상법 48조 단서).

(2) 민법상의 법률행위에 있어서도 개인을 중요시하지 않는 거래, 가령 특정의 영업주를 상대로 하는 거래의 경우에는 현명주의의 예외를 인정할 것인지가 문제된다. 만약 이 경우에 현명주의의 예외를 인정하게 되면, 대리인이 본인의 이름으로 법률행위를 하지 않았더라도 본인에게 그 효력이 발생하게 될 것이다.

여기에 관하여는 i) 예외 인정설(김상용, 563면; 김학동, 416면; 백태승, 498면; 이영준, 583면; 주해(3), 28면(손지열))과 ii) 예외 부정설(고상룡, 514면; 곽윤직, 270면; 김용한, 331면; 김주수, 429면; 이은영, 587면)이 대립하고 있다. 예외 인정설은 그 이유로, 영업주가 대리인보다 자력이 많아서 대체로 상대방에게 유리하고 또 예외를 인정하지 않으면 번거롭다는 점(김학동, 416면)과 우리 민법상 일상가사대리(827조)에 관하여 예외가 인정되어 있으므로 예외 인정이 불가능하지 않다는 점(김상용, 563면; 이영준, 583면)을 든다. 그러나 영업주가 대리인보다 언제나 자력이 더 많은 것은 아니므로, 자력이 부족한 때에는 근거가 부족한 이론 때문에 오히려 상대방이 불이익을 입는 결과로 된다. 그리고 그때 상대방의 희생은 「보호될 수 있는 상대방이 많이 존재할 가능성이 있다는 것」에 의하여 정당화될 수는 없다. 나아가 민법에 일상가사대리에 관한 규정이 있다고 하여 여기의 경우가 당연히 예외로 인정될 수 있는 것도 아니다. 뿐만 아니라 이 경우의 예외 인정은 우리 법상 필요성도 매우 적다. 이러한 점으로 미루어 볼 때, 위의 경우에는 현명주의의 예외를 인정하지 않아야 한다.

Ⅱ. 타인의 명의(이름)를 사용하여 행한 법률행위 [203]

1. 서　　설

실제의 거래관계에 있어서 어떤 자가 자신으로서는 행위할 수 없거나 자신을 숨기기 위하여 또는 기타의 이유로 타인의 명의(이름)를 사용하여 법률행위(또는 그 밖의 행위)를 하는 경우가 자주 있다. 이러한 경우에는 행위자는 명의인을 위하여 행위한다는 것을 표시하지 않고 오히려 자신을 위하여(자신의 이름으로) 행위한다고 표시한다. 그러나 그럼에 있어서 자신의 명의가 아닌 다른 이름을 언급하고 자신이 마치 그 명의인인 것처럼 행동한다. 즉 보통의 대리행위와도 다르고 또 자신의 이름으로 하는 통상의 법률행위와도 다르다. 따라서 이러한 행위에 있어서는 무엇보다도 먼저 그와 같은 법률행위가 행위자 자신의 행위인지 아니면 명의인의 행위인지가 문제된다. 그리고 명의인의 행위라고 할 경우에는 거기에 대리에 관한 법률규정이 적용되는지도 문제된다.

우리의 문헌은 타인의 명의를 사용하여 행한 법률행위 일반에 관하여 이론을 세우지 않고, 대리인이 본인의 이름을 사용한 경우와 명의모용 및 명의차용에 관하여 최근에 나타난 새로운 판례에 대하여 각기 다른 곳에서 설명하는 데 그치고 있다. 그러나 대리인의 경우를 포함하여 타인의 명의를 사용한 경우 전부에 대하여 일관된 이론을 세울 필요가 있고, 또 대리인 이외의 경우도 대리법과 무관하지 않으므로, 여기서 그 모두에 관하여 논의하기로 한다.

2. 판　　례 [204]

여기에 관한 우리의 판례는 대판 1995. 9. 29, 94다4912 이전과 이후로 나누어 살펴보아야 한다. 위의 판결 이후에는 판례의 태도가 크게 달라졌기 때문이다.

(1) 대판 1995. 9. 29, 94다4912 이전의 판례

종래 타인의 명의를 사용하여 법률행위(또는 기타의 행위)를 한 경우에 관하여 우리의 판례는 통일적 · 일반적인 원칙을 세우지 않고 있었다. 과거의 판례 중에는 명의신탁의 법리를 적용한 것이 있는가 하면, 대리의 관점에서 처리한 것도 있고, 또 개별적으로 단순한 당사자 확정의 문제로 해결한 것도 있다.

1) 명의신탁의 법리를 적용한 경우 우리 대법원은 과거에 타인의 명의로 임야를 사정받거나(대판 1971. 5. 24, 71다512 등), 타인 명의로 전화가입 청약을 한 경우(대판 1971. 9. 28, 71다1382), 또는 타인 명의로 부동산을 매수한 경우(대판 1989. 11. 14, 88다카19033) 등에 명의신탁을 인정하였다. 이들 경우에는 아마도 행위자와 명의인 사이에 명의신탁에 관한 합의가 존재하고 있었을 것이다.

2) 대리법의 적용을 문제삼은 경우 우리의 판례는 — 대리권 있는 — 대리인이 직접 본인 이름을 표시하여 법률행위를 한 경우는 대리의 문제로 다루고 있다. 그러한 경우 가운데에는 대리인이 대리권의 범위 안에서 행위한 때도 있고, 대리권의 범위를 넘어서서 행위한 때도 있다.

우리 판례에 의하면, 대리인이 대리권의 범위 안에서 본인의 이름을 사용하여 법률행위를 한 경우에는, 상대방이 대리인으로서 행위하였음을 몰랐더라도 그 법률행위의 효과가 직접 본인에게 귀속한다(대판 1962. 9. 20, 62다333(법정대리인의 경우); 대판 1963. 5. 9, 63다67; 대판 1987. 6. 23, 86다카1411 등). 이때 대리인이 본인으로부터 본인 명의로 법률행위를 할 수 있는 권한을 부여받았는가(본인명의 사용허락)를 묻지 않는다. 그에 비하여 대리인이 대리권의 범위를 넘어서서 본인 명의를 사용하여 법률행위를 한 경우에는, 특별한 사정(가령 대리의사의 묵시적인 표시)이 없는 한 제126조의 표현대리는 성립할 수 없으나, 그 규정 즉 권한을 넘은 표현대리의 법리를 유추적용하여 본인에게 그 행위의 효력을 미치게 할 수 있다(대판 1978. 3. 28, 77다1669; 대판 1988. 2. 9, 87다카273; 대판 1993. 2. 23, 92다52436).

[205] 3) 그 밖에 개별적으로 해결한 경우 그 밖에 대법원에 의하여 개별적으로 해결된 경우도 있다. 그것은 명의신탁의 성립을 인정할 수도 없고 또 대리권 있는 자가 법률행위를 하지도 않은 경우에 그렇다. 대법원은 종래 그러한 경우에 관하여 특별한 원칙이 없이 개별적으로 판단하였다(자세한 사항은 송덕수, "타인의 명의를 사용하여 행한 법률행위," 사법연구 2집, 1994,

343면-345면 참조).

(2) 대판 1995. 9. 29, 94다4912 이후의 판례

1995. 9. 29.의 판결 이후에 판례 태도의 대전환이 일어났다. 우선 이 판결에서 「타인 명의를 '임의로' 사용하여 계약을 체결한 경우」에 관하여 새로운 법리를 채용하였으며, 그 후속 판결도 여러 개 나와 확고해졌다(대판 1995. 10. 13, 94다55385; 대판 1996. 7. 30, 95다1019; 대판 1996. 11. 26, 96다32003; 대판 2012. 10. 11, 2011다12842).

그 판결에서 대법원이 채용한 법리는 다음과 같다. 즉 「타인의 이름을 임의로 사용하여 계약을 체결한 경우에는 누가 그 계약의 당사자인가를 먼저 확정하여야 할 것으로서, 행위자 또는 명의인 가운데 누구를 당사자로 할 것인지에 관하여 행위자와 상대방의 의사가 일치한 경우에는 그 일치하는 의사대로 행위자의 행위 또는 명의인의 행위로서 확정하여야 할 것이지만, 그러한 일치하는 의사를 확정할 수 없는 경우에는 계약의 성질, 내용, 목적, 체결경위 및 계약 체결을 전후한 구체적인 제반사정을 토대로 상대방이 합리적인 인간이라면 행위자와 명의자 중 누구를 계약당사자로 이해할 것인가에 의하여 당사자를 결정하고, 이에 터잡아 계약의 성립 여부와 효력을 판단함이 상당할 것이다」라고 한다. 이는 그 판결 이전에 저자가 주장하던 이론 그대로이다(송덕수, "타인의 명의를 빌려 체결한 토지분양계약의 효력," 민사판례연구 14권, 1992, 71면 이하; 송덕수, 사법연구 2집, 335면 이하 참조).

그 뒤 대판 1998. 3. 13, 97다22089에서는 「타인의 허락 하에」 타인의 이름을 사용한 경우에 관하여 전술한 임의사용에 있어서의 법리를 일반화시켜서 판시한 뒤 적용하였다. 그리고 그 후속 판결도 계속 나와서 확고해지고 있다(대판 1998. 5. 12, 97다36989; 대판 1999. 6. 25, 99다7183; 대판 2001. 5. 29, 2000다3897; 대판 2003. 9. 5, 2001다32120; 대판 2007. 9. 6, 2007다31990; 대판 2009. 7. 23, 2008다76426; 대판 2011. 2. 10, 2010다83199 · 83205; 대판 2013. 10. 11, 2013다52622; 대판 2016. 7. 22, 2016다207928. 그런데 대판 2003. 12. 12, 2003다44099; 대판 2009. 12. 10, 2009다27513은 대리인이 현명을 한 경우에 대하여 그 법리를 적용하고 있는바, 이는 문제이다).

그런가 하면 대법원은 이름이 사용된 자인 「타인」이 허무인인 경우에도 「타인 명의를 임의로 사용하여 계약을 체결한 경우와」 마찬가지라고 한다(대판 2012. 10. 11, 2011다12842). 다만, 계약당사자가 허무인으로 확정되는 경우에는 그와의 사이에 계약이 유효하게 성립할 수는 없다고 한다(대판 2012. 10. 11, 2011다12842. 같은 취지: 대판 1996. 11. 26, 96다32003).

〈판 례〉

대법원이 새 법리를 적용하여 판단한 구체적인 사례를 정리해 본다.

(ㄱ) 갑이 계속적 거래로 인한 병(피고)에 대한 채무를 담보하기 위하여 을의 명의

를 도용하여 보험계약을 체결한 후 그 거래대금을 체불함으로써 보험자(보증보험 주식회사. 원고)가 병에게 보험금을 지급한 경우에, 보험자와 그 보험계약을 체결한 당사자는 갑이 아니라 을이라고 할 것인데, 실제는 갑이 을로부터 아무런 권한도 부여받음이 없이 임의로 을의 이름을 사용하여 계약을 체결한 것이므로, 그 보험계약은 특별한 사정이 없는 한 그 계약 내용대로 효력을 발생할 수는 없는 것이고, 따라서 갑이 병에 대한 채무를 이행하지 않은 것을 이유로 병이 보험자로부터 이 사건 보험금을 지급받은 것은 결국 아무런 효력이 없는 보험계약에 기한 보험금의 수령이라 할 것이므로 더 나아가 갑의 병에 대한 채무불이행이 그 보험계약상의 보험사고인지 여부를 따질 필요도 없이 병은 법률상 아무런 원인 없이 이득을 본 것이라고 한 사례(대판 1995. 9. 29, 94다4912).

(ㄴ) 지입차주가 지입회사의 승낙 하에 지입회사 명의로 지입차량의 할부구입계약 및 그 할부대금의 지급보증을 위한 할부판매 보증보험계약을 체결하면서 그 할부대금을 완전히 자신이 부담하기로 하였다면 그 내심의 의사는 자신이 계약당사자가 될 의사였을지 모르지만, 상대방인 자동차회사 및 보험회사에 대하여는 지입회사의 승낙 하에 그 명의를 사용하였을 뿐만 아니라 그 상대방 회사로서도 지입관계를 알면서 보증보험계약을 체결하였다고 볼 만한 아무런 사정이 없는 이상, 그 보증보험계약의 당사자는 지입회사라고 본 사례(대판 1998. 3. 13, 97다22089).

(ㄷ) 지입회사 직원이 자기 회사의 명의로 등록되어 있는 지입차량에 관하여 자기 회사가 사고가 많아 보험료율이 높은 관계로 보험료율이 낮은 계열회사의 명의로 보험계약을 체결하기 위하여 보험회사 직원에게 그 차량이 계열회사 소유라고 말하여 보험계약자 및 피보험자 명의를 계열회사로 하는 보험계약을 체결한 경우, 지입회사의 내심의 의사는 자신을 보험계약자 내지 피보험자로 하려는 의사가 있었을지 모르나 상대방인 보험회사와 사이에 그렇게 하기로 하는 의사의 합치가 있었다고 볼 수 없고, 또 보험회사로서는 계약명의자인 계열회사가 실제의 보험계약자 및 피보험자인 것으로 이해하고 그에 따른 보험료율 등을 정하여 보험계약을 체결한 것이라고 보여지므로, 보험계약자 및 기명피보험자는 계약명의자인 계열회사라고 본 사례(대판 1998. 5. 12, 97다36989).

(ㄹ) 대법원은, 「어떤 사람이 타인을 통하여 부동산을 매수함에 있어 매수인 명의 및 소유권이전등기 명의를 그 타인 명의로 하기로 하였다면 이와 같은 매수인 및 등기 명의의 신탁관계는 그들 사이의 내부적인 관계에 불과한 것이므로 특별한 사정이 없는 한 대외적으로는 그 타인을 매매당사자로 보아야 할 것이다」고 한다. 그러면서 원고가 A로부터 이 사건 토지를 매수하면서 그 현황이 농지인 점을 고려하여 그 매수인 및 등기 명의를 B에게 신탁하여 B의 대리인으로서 이 사건 매매계약을 체결하고 B 명의로 소유권이전등기를 마쳤으므로 이 사건 매매계약의 당사자는 어디까지나 수탁자인 B라고 한 원심의 판단은 정당하다고 한다(대판 2003. 9. 5, 2001다32120).

(ㅁ) 「일방 당사자가 대리인을 통하여 계약을 체결하는 경우에 있어서 계약의 상대방이 대리인을 통하여 본인과 사이에 계약을 체결하려는 데 의사가 일치하였다면 대리인의 대리권 존부 문제와는 무관하게 상대방과 본인이 그 계약의 당사자라고 할 것이다.」(대판 2003. 12. 12, 2003다44059. 같은 취지: 대판 2009. 12. 10, 2009다27513; 대판 2022. 12. 16, 2022다245129)

이 판결은 계약당사자 확정에 관한 새로운 법리를 대리인이 본인의 명의로 계약을 체결한 즉 현명(顯名)한 경우에도 확대적용한 것으로서 옳지 않다(그에 관하여 자세한 점은 송덕수, "계약당사자 확정이론과 대리행위," 민사판례연구 31권, 57면 이하 참조).

이것은 종래 판례의 1)의 경우와 3)의 경우에 대하여 실질적으로 태도를 변경한 것이다. 외견상으로는 대판 1998. 3. 13, 97다22089가 이 법리를 완전히 일반화시키고 있어서 종래 판례의 2)의 경우(대리법을 문제삼은 경우)까지 판례가 변경된 것으로 보이나, 대법원이 2002년(대판 2002. 6. 28, 2001다49814. 처가 제 3 자를 남편으로 가장시켜 관련 서류를 위조하여 남편 소유의 부동산을 담보로 금원을 대출받은 경우에, 남편에 대한 126조의 표현대리책임을 부정한 사례)과 2025년(대판 2025. 6. 5, 2023다232526)에 제126조의 표현대리와 관련하여 종래의 판례와 같은 취지를 판시하였기에 2)의 경우는 제외되어 있다고 이해하여야 한다. 대법원은 특히 뒤의 판결에서 「제126조의 표현대리는 대리인이 본인을 위한다는 의사를 명시적 또는 묵시적으로 표시하거나 대리의사를 가지고 권한 외의 행위를 하는 경우에 성립한다. 그 외에 사술을 써서 위와 같은 대리행위의 표시를 하지 아니하고 단지 본인의 성명을 모용하여 자기가 마치 본인인 것처럼 기망하여 본인 명의로 직접 법률행위를 한 경우에는, 본인을 모용한 사람에게 본인을 대리할 기본대리권이 있었고, 상대방으로서는 위 모용자가 본인 자신으로서 본인의 권한을 행사하는 것으로 믿은 데 정당한 사유가 있었던 사정이 있는 경우에 한하여 민법 제126조의 표현대리 법리가 유추적용된다」고 하였다(대판 2025. 6. 5, 2023다232526).

한편 판례는 — 판결에서 명시하고 있지는 않으나 — 타인 명의를 사용하여 예금계약을 체결한 경우에 관하여는 특히 금융실명제 관련규정의 입법취지를 고려하여 위의 법리에 예외를 인정하고 있다. 즉 실명확인 절차를 거쳐 체결한 예금계약의 경우에는, 일반적으로 예금명의자를 예금계약의 당사자로 보아야 하며, 예금명의자가 아닌 출연자 등을 예금계약의 당사자라고 볼 수 있으려면, 금융기관과 출연자 등과 사이에서 실명확인 절차를 거쳐 서면으로 이루어진 예금명의자와의 예금계약을 부정하여 예금명의자의 예금반환청구권을 배제하고 출연자 등과 예금계약을 체결하여 출연자 등에게 예금반환청구권을 귀속시키겠다는 명확한 의사의 합치가 있는 극히 예외적인 경우로 제한되어야 한다고 한다(대판(전원) 2009. 3. 19, 2008다45828).

[206] ## 3. 학 설

우리의 학설은 종래 — 후술하는 사견을 제외하고는 — 대체로 「타인의 명의를 사용하여 행한 법률행위」 일반에 관하여가 아니고, 단지 대리인이 본인 자신이 하는 것과 같은 외관으로 행위하는 경우에 관하여만 그다지 깊이는 없게 논의하고 있다. 그리고 그러한 경우의 취급에 대하여 견해가 대립하고 있다. i) 다수설은 대리인에게 대리의사가 있는 것으로 인정되는 한 유효한 대리행위로 보아야 할 것이라고 한다(고상룡, 513면; 곽윤직, 269면; 김용한, 329면; 김주수, 427면. 이은영, 584면도 유사하다). 그에 비하여 ii) 소수설은 본인의 수권행위가 있고 그 수권행위에 기한 대리인의 법률행위가 있으면 대리인이 본인으로 행세하였다고 하더라도 당연히 그 법률행위의 법률효과는 본인에게 발생하게 된다고 하면서, 유권대리 · 표현대리 · 무권대리를 나누어 설명한다(이영준, 587면).

한편 최근에는 타인 명의 사용행위 일반에 관하여 사견을 지지하는 견해도 주장되고 있다(김상용, 523면. 김학동, 415면; 홍성재, 257면도 유사하다).

4. 검토 및 사견

(1) 판례와 학설의 검토

먼저 우리의 종래 판례는 「타인의 명의를 사용하여 행한 법률행위」의 경우를 통일적으로가 아니고 개별적으로 해결하고 있는 점에서 문제가 있다. 그러한 법률행위의 각 경우들이 판례가 구분한 것처럼 나누어져야 할 합리적인 이유는 없으며, 그것들은 동일한 이론에 의하여 해결됨이 마땅하다. 그에 비하여 새로운 판례는 타당하다. 다만, 추후에 대리인의 경우에도 같은 법리로 규율할 것이 필요하다.

그런가 하면 전술한 우리의 학설 가운데 대리인과 관련한 학설은 모두 만족스럽지 않다. 다수설은 우선 대리권 없는 자가 본인 명의를 사용하여 행위하는 경우에 관하여는 대체로 언급이 없다. 그리고 대리의사의 유무로 대리행위 여부를 결정하는 것이 바람직한지도 의문이다. 한편 소수설은 다수설과는 달리 대리권 없이 본인 명의를 사용하여 행위한 경우에 관하여도 다루고 있기는 하나, 대리행위와 행위자 자신의 행위가 어떤 표준에 의하여 구별되어야 하는지가 불분명하고, 또 개별적인 경우들의 분류방법 및 내용도 탐탁치 않다.

(2) 사 견

타인 명의 사용행위는 대리에 해당하거나 또는 대리와 유사하므로, 거기에는 대리에 관한 법률규정이 적용 또는 유추적용되어야 한다. 그런데 그러한 경우 가운데에는 행위자 자신의 행위라고 인정되어야 하는 때가 있는가 하면, 명의인의 행위라고 인정되어야 하는 때도 있다. 이 가운데 앞의 경우에는 대리의 문제는 생기지 않는다. 그에 비하여 뒤의 경우에는, 행위자가 단순히 사자라고 인정되지 않는 한, 대리의 문제가 생긴다. 물론 그러한 경우라 해도 상대방이, 본인 명의를 사용하여 행위한 자가 대리인으로서 한 것임을 알았거나 알 수 있었을 때에는 보통의 대리가 된다고 하여야 한다(115조 단서의 유추적용). 그러고 보면 타인 명의 사용행위가 명의인의 행위로 인정되고, 상대방은 행위자가 그것을 대리인으로 한 것임을 알 수도 없었던 때에만, 대리에 관한 규정이 적용 또는 유추적용될 수 있음을 알 수 있다. 그러하는 한, 행위자에게 대리권이 있는지는 묻지 않는다.

그러면 그와 같은 경우에 대리규정이 직접 적용되는가 유추적용되는가? 직접 적용되든 유추적용되든 결과에서는 차이가 없으나, 이론상 논의의 필요는 있다. 생각건대 대리행위에 있어서 현명은 반드시 엄격한 형식을 갖추어야 하는 것은 아니다. 그러므로 타인 명의 사용행위와 같이 대리인의 표시가 없이 본인만 표시된 경우에도 현명이 있었던 것으로 보아도 무리가 없다. 이처럼 현명의 요건도 갖추어진 만큼 타인 명의 사용행위가 명의인의 행위로 인정된 때에는 대리행위라고 하여야 하며, 그 결과 거기에는 대리규정이 직접 적용된다고 새겨야 한다. 이렇게 볼 때, 타인 명의 사용행위에 있어서 중요한 것은 그 법률행위가 행위자와 명의인 가운데 누구의 것이냐, 즉 당사자가 누구인가를 결정하는 데 있다.

타인 명의를 사용하여 행한 법률행위에 있어서 누가 행위당사자로 되는가는 법률행위의 해석에 의하여 결정되어야 한다. 그리하여 우선 행위자 또는 명의인 가운데 누구를 당사자로 하는지에 관하여 행위자와 상대방의 의사가 일치한 경우에는 그 일치하는 의사대로 행위자의 행위 또는 명의인의 행위로서 확정되어야 한다(자연적 해석). 만일 그러한 일치하는 의사가 확정될 수 없는 경우에는 이

제 규범적 해석을 하여야 한다. 즉 구체적인 경우의 제반사정 위에서 합리적인 인간으로서 상대방이 행위자의 표시를 어떻게 이해했어야 하는가에 의하여 당사자가 결정되어야 한다. 행위자의 내적 의사는 중요하지 않다. 이와 같은 방법에 의하여 해석한 결과 법률행위가 행위자 자신의 행위로 인정되는 경우에는 명의인 표시는 이름을 잘못 표시한 것(가령 사용대차라고 하면서 사용대가를 지급하기로 하고 있는 경우에 임대차로 해석되는 것과 같음)에 불과하여 명의인에게는 아무런 효과도 발생하지 못하고, 따라서 명의인은 추인에 의하여 법률효과를 자기에게 귀속시킬 수도 없다. 그것은 대리행위가 아니기 때문이다. 그에 비하여 명의인의 행위로 인정되는 경우에는 대리행위가 되므로, 거기에는 대리에 관한 규정이 적용되어야 한다. 행위자에게 대리권이 없는 때에도 마찬가지이다. 즉 그때에는 무권대리에 관한 규정이 적용된다.

[207] Ⅲ. 대리행위의 흠과 경합

1. 대리행위의 흠(하자)

(1) 제116조 제 1 항

대리에 있어서 법률행위의 행위당사자는 대리인이므로 의사표시의 요건은 본인이 아니고 대리인을 표준으로 하여 판단하여야 한다. 민법도 「의사표시의 효력이 의사의 흠결, 사기, 강박, 또는 어느 사정을 알았거나 과실로 알지 못한 것으로 인하여 영향을 받을 경우에 그 사실의 유무는 대리인을 표준으로 하여 결정한다」고 하여 이러한 취지를 규정하고 있다(116조 1항). 그러나 대리행위의 흠으로부터 생기는 효과(취소권·무효주장권 등)는 본인에게 귀속하게 된다. 이때 대리인이 취소권 등을 대리행사할 수 있는지 여부는 수권행위의 해석에 의하여 결정된다(통설도 같음).

제116조 제 1 항은 임의대리뿐만 아니라 법정대리에도 적용된다(같은 취지: 김상용, 567면; 이영준, 591면).

아래에서 제116조 제 1 항을 구체적으로 적용해 보기로 한다.

1) 진의 아닌 의사표시 대리인이 진의 아닌 의사표시를 한 경우에는 그 의사표시는 원칙적으로 표시된 대로 효력이 발생한다(107조 1항 본문). 그러나 상대방이 진의 아님을 알았거나 알 수 있었을 때에는 의사표시는 무효이다(107조 1항 단서). 그리고 이

의사표시의 무효는 선의의 제 3 자에게 대항하지 못하는데(107조 2항), 본인은 여기의 제 3 자에 해당하지 않는다.

대리인이 비진의표시를 하는 것이 아니고 대리행위의 상대방이 비진의표시를 한 경우에, 제107조 제 1 항 단서를 적용함에 있어서 진의 아님을 알았거나 알 수 있었는지 여부는 대리인을 표준으로 하여 결정한다. 다만, 대리인이 선의·무과실이더라도 본인이 악의이면 대리인의 선의를 주장하지 못한다(116조 2항).

2) 허위표시, 특히 대리인이 상대방과 통정하여 배임적 행위를 한 경우 대리인이 대리권의 범위 안에서 본인의 이름으로 의사표시를 하면서 상대방과 통모하여 허위표시를 한 경우에는, 민법규정상 본인이 선의이든 악의이든 그 의사표시는 허위표시로서 무효이고(116조 1항·108조 1항), 본인은 제 3 자가 아니기 때문에 선의의 제 3 자로서 보호되지도 못한다. 그런데 대리인이 「본인을 속일 목적으로」 상대방과 통모하여 허위의 의사표시를 한 경우에 대하여는 학자들 사이에 논란이 있다(판례는 이러한 경우에 허위표시이거나 허위표시가 아니라고만 하여 불분명하다). 학설은 i) 본인과의 관계에서 유효하다고 하는 유효설(김용한, 333면; 주해(3), 52면(비진의 표시와 유사하다는 견해)(손지열)), ii) 본인에 대하여 무효를 주장할 수 있다는 무효설(김주수, 429면; 이영준, 593면), iii) 이는 대리권 남용이라고 하면서, 본인에 대하여는 무효라고 할 것이지만, 제 3 자에 대한 관계에서는 제108조 제 2 항을 유추적용하여야 한다는 상대적 무효설(김학동, 419면), iv) 본인은 무효를 주장할 수 있으나, 상대방은 신의칙상 무효주장을 할 수 없다는 신의칙설(고상룡, 516면; 김상용, 567면)로 나뉘어 대립하고 있다. 생각건대 제116조 제 1 항은 상대방을 보호하려는 취지의 규정이다. 따라서 그 규정은 상대방의 보호필요성이 없는 경우에는 적용되지 않는다고 하여야 한다. 그 결과 상대방은 무효주장을 할 수 없다고 해석하여야 한다. 그런데 그 근거로 제107조 제 1 항을 들 수는 없다. 위의 경우는 비진의표시와 전혀 다르기 때문이다. 사견으로는 상대방의 무효주장이 신의칙에 반하는 권리남용에 해당하기 때문에 허용되지 않는다고 하여야 한다.

3) 착　　오　　제109조를 적용함에 있어서 착오의 존재 여부, 중대한 과실의 유무는 모두 대리인을 표준으로 하여 결정한다. 그 결과 본인에게 착오가 있더라도 대리인에게 착오가 없으면 법률행위를 취소할 수 없다. 한편 착오가 중요부분에 관하여 존재하는가는 본인의 사정을 기초로 하여 판단하여야 한다(같은 취지: 이영준, 593면; 주해(3), 53면(손지열)). 착오표시의 법률효과는 본인에게 귀속하기 때문이다.

〈판 례〉

매수인이 대리인을 통하여 분양택지 매수지분의 매매계약을 체결한 경우, 대리행위의 하자의 유무는 대리인을 표준으로 판단하여야 하므로, 대리인이 매도인과 분양자와의 매매계약에 있어서 매수인의 1인으로서 그 계약 내용, 잔금의 지급기일, 그 지급 여부 및 연체 지연손해금 액수에 관하여 잘 알고 있었다고 인정되는 때에는, 설사 매수인이 연체 지연손해금 여부 및 그 액수에 관하여 모른 채로 대리인에게 대리권을 수여하여 매도인과의 사이에 그 매매계약을 체결하였다고 하더라도, 매수인으로서는 그 자신의 착오를 이유로 매도인과의 매매계약을 취소할 수는 없게 되었다고 볼 여지가 있다고 한 사례(대판 1996. 2. 13, 95다41406).

4) **사기 · 강박에 의한 의사표시** 대리인이 타인의 사기 · 강박에 의하여 의사표시를 한 경우에는, 본인이 아니고 대리인을 표준으로 하여 제110조의 제 1 항 또는 제 2 항의 요건이 구비되었는지를 판단하여야 한다. 그 결과 대리인이 사기 · 강박을 당하여 취소의 요건이 갖추어진 경우에는 본인은 사기 · 강박을 당하지 않았을지라도 취소할 수 있다. 그리고 본인이 사기 · 강박을 당했더라도 대리인은 그렇지 않은 경우에는 취소할 수 없다.

대리인이 사기 · 강박을 당하여 의사표시를 한 것이 아니고 오히려 타인에게 사기 · 강박을 행한 경우는 제116조 제 1 항의 문제가 아니고, 제110조의 해석에 의하여 해결되어야 한다. 그리하여 대리인의 사기 · 강박에 의하여 어떤 자가 상대방없는 의사표시를 하였거나 대리인을 상대방으로 하는 의사표시를 한 경우에는 그 표의자는 취소할 수 있다. 그리고 이들 중 후자의 경우 대리인은 제110조 제 2 항의 제 3 자에 해당하지 않으므로([174] 참조), 대리인의 상대방인 표의자는 본인이 대리인의 사기 · 강박사실을 알았든 몰랐든 제110조 제 1 항에 의하여 취소할 수 있다.

5) **기타의 경우** 제116조 제 1 항은 의사무능력에 관하여도 유추적용되어야 한다(같은 취지: 이영준, 589면). 그리고 폭리행위 여부를 판단함에 있어서는 매도인의 경솔과 무경험은 대리인을 표준으로 하여야 하고, 궁박상태에 있었는지 여부는 매도인 본인을 표준으로 하여야 한다(대판 1972. 4. 25, 71다2255). 한편 우리 판례에 의하면 대리인이 매도인의 배임행위에 적극 가담하여 2중매매계약을 체결한 경우에 대리행위의 하자 유무는 대리인을 표준으로 판단하여야 하므로, 본인이 이를 몰랐거나 반사회성을 야기하지 않았을지라도 반사회질서행위가 부정되지는 않는다고 한다

(대판 1998. 2. 27, 97다45532).

(2) 제116조 제 2 항 [208]

대리의 경우 본인은 법률행위의 행위당사자는 아니지만 법률효과는 직접 본인에게 생기므로, 대리인이 선의일지라도 본인이 악의인 때에는 본인을 보호할 필요가 없다. 그리하여 민법은 「특정한 법률행위를 위임한 경우에 대리인이 본인의 지시에 좇아 그 행위를 한 때에는 본인은 자기가 안 사정 또는 과실로 인하여 알지 못한 사정에 관하여 대리인의 부지(不知)를 주장하지 못한다」고 규정한다(116조 2항). 예를 들면 본인이 대리인에게 특정한 목조가옥을 매수하도록 하면서 그 가옥의 기둥이 썩어 있는 것을 알고 있었다면, 대리인이 그 사실을 몰랐더라도, 본인은 매도인에게 하자담보책임(580조)을 묻지 못한다. 그리고 여기의 「본인의 지시」는 엄격한 의미에서 특별한 지시가 있을 것을 요구하지 않으며, 문제의 부분이 본인의 의사에 따라 결정된다는 것만으로 충분하다(통설도 같음. 곽윤직, 270면 등).

제116조 제 2 항과 관련하여서는 그 규정이 법정대리에도 적용되는지가 문제된다. 학설은 i) 적용 긍정설(김상용, 569면. 백태승, 502면; 이영준, 595면; 주해(3), 54면(손지열)은 일정한 경우에 적용하자고 한다)과 ii) 적용 부정설(고상룡, 519면. 김학동, 421면은 예외를 인정한다)로 나뉘어 있다. 생각건대 법정대리에 있어서도 적용에 적합한 경우가 있을 수 있으나, 제한능력자 보호 취지에 비추어 볼 때 일반적으로 적용을 배제하는 것이 바람직하다. 또한 제116조 제 2 항도 임의대리를 전제로 하고 있는 것으로 보인다. 결국 그 규정은 법정대리에 적용하지 않아야 한다.

견해에 따라서는 제116조 제 2 항은 어느 사정의 지 · 부지만에 관한 것이지만, 그 규정을 의사의 흠결 · 착오 · 사기 · 강박에 유추적용하자고 한다(김상용, 569면; 김용한, 334면; 김학동, 420면). 예컨대 대리인이 착오나 사기를 당하여 의사표시를 한 경우에, 본인이 그 사실을 알았을 뿐만 아니라 대리인으로 하여금 착오에 빠지지 않도록 규제할 수 있는 입장에 있었던 때에는, 제116조 제 2 항을 유추적용하자는 것이다. 그러나 그 규정의 유추적용은 필요성도 없고 또 근거도 없으므로 부정되어야 한다(같은 취지: 주해(3), 55면(손지열)).

2. 대리행위의 경합

우리 법상 대리인에게 대리권이 있는 동안에도 본인이 법률행위를 하는 데 지장이 없다. 그리고 그 점은 임의대리나 법정대리나 마찬가지이다(같은 취지: 김준호, 326면; 이영준, 596

면. 그러나 김상용, 570면은 법정대리에서는 본인의 법률행위가 배제될 수 있다고 한다). 따라서 때로는 본인의 행위와 대리인의 행위가 경합할 수도 있다. 그때에 어떤 행위가 유효한지는 법률행위의 유효성에 관한 일반원칙이 적용된다.

[209] Ⅳ. 대리인의 능력

1. 대리행위를 위한 능력

(1) 대리인은 행위능력자임을 요하지 않는다(117조). 본래 법률행위를 하는 자는 행위능력을 가지고 있어야 하나, 본인이 제한능력자를 대리인으로 정한 이상 그 불이익은 스스로 부담하여야 한다는 취지에서 민법은 위와 같이 규정하고 있다. 그 결과 제한능력자인 대리인이 대리행위를 한 때에도 그 행위는 취소할 수 없다. 물론 그에게 의사능력이 없으면 대리행위는 무효로 된다.

이 규정(117조)은 능동대리뿐만 아니라 수동대리에도 적용된다.

(2) 제117조가 임의대리 외에 법정대리에도 적용되는가? 법정대리에 있어서는 대리인을 본인이 선임하지 않기 때문에, 본인을 보호하기 위하여 제한능력자가 법정대리인으로 될 수 없다고 규정하는 경우도 있다(910조(친권자) · 937조(후견인) · 940조의 7(미성년후견감독인 · 성년후견감독인) · 959조의 5(한정후견감독인) · 959조의 10(특정후견감독인) · 959조의 16(임의후견감독인) · 1098조(유언집행자) 등). 그런데 이러한 특별규정이 없는 때에는 제117조가 적용되는지가 문제된다. 여기에 관하여는 i) 특별규정이 없더라도 법정대리인은 능력자이어야 한다는 견해(고상룡, 520면; 곽윤직, 271면; 김상용, 565면; 김용한, 335면; 김주수, 431면; 백태승, 504면; 정기웅, 454면)와 ii) 제117조는 법정대리에도 적용되므로 법정대리인은 제한능력자라도 무방하다는 견해(김준호, 325면; 김학동, 422면; 이영준, 590면; 이은영, 594면; 주해(3), 56면(손지열))가 대립하고 있다. 생각건대 민법이 제한능력자로 하여금 법정대리인이 될 수 없도록 한 특별규정을 예시적 · 주의적 규정이라고 볼 근거가 없고, 또 본인 보호를 위하여 i)설처럼 해석할 필요가 거의 없으며, 만약 법원이 제한능력자를 법정대리인으로 선임한 경우에 i)설에 따라 그 제한능력자의 대리권을 부인하게 되면 법률문제가 매우 복잡하게 될 것이므로(같은 취지: 김학동, 422면), 제117조는 법정대리에도 적용된다고 하여야 한다.

(3) 피성년후견인이 대리인인 경우에 관하여 논의가 있다. 학설은 i) 피성년후견인은 대리인이 될 수 없다는 견해(김학동, 423면), ii) 피성년후견인이 대리인인 때에는 언제나 후견인이 대리행위를 하여야 한다는 견해(이영준, 590면), iii) 피성년후견인도

의사무능력자가 아닌 한 대리인이 될 수 있고 또 스스로 대리행위를 할 수 있다는 견해(김상용, 565면; 이은영, 594면; 주해(3), 57면(손지열))로 나뉘어 있다. 생각건대 i), ii)설은 법적 근거가 없다. 따라서 iii)설처럼 새겨야 한다.

2. 제한능력자인 대리인과 본인의 관계

앞에서 본 제117조는 대리인이 제한능력자라는 이유로 대리행위를 취소할 수 없다는 것일 뿐이며, 대리인의 제한능력 때문에 수권행위나 기초적 내부관계가 효력에 영향을 받지 않는다는 의미는 가지고 있지 않다. 이론에 따라서는 대리인의 제한능력으로 인하여 수권행위가 무효로 될 수도 있고, 또 기초적 내부관계가 실효됨으로 인하여 수권행위가 실효될 수도 있다. 그리고 그러한 때에 대리행위가 무효로 되는지는 따로 살펴보아야 한다. 그에 관하여는 앞에서 수권행위의 관련 문제로서 이미 설명하였다([187] 이하 참조).

제4관 대리의 효과

I. 본인에의 법률효과 발생 [210]

대리인이 대리권에 기하여 행한 법률행위의 효과는 직접 본인에게 발생한다(114조). 즉 법률효과가 일단 대리인에게 발생하였다가 본인에게 이전되는 것이 아니고 처음부터 본인에게 생긴다(이 점에서 간접대리와 다르다). 본인에게 발생하는 법률효과에는 제 1 차적 급부의무(가령 매매계약에 있어서 매도인의 재산권이전의무·매수인의 대금지급의무. 채권법총론 [28] 참조)뿐만 아니라 제 2 차적 급부의무(가령 채무불이행으로 인한 손해배상의무. 채권법총론 [28] 참조)도 포함되고, 본래의 급부의무(채권법총론 [29] 참조) 외에 신의칙에 기한 주의의무인 「기타의 행위의무」(채권법총론 [29] 참조)도 포함된다. 그리고 계약해제권·법률행위의 취소권도 본인에게 속한다. 판례는, 대리인이 그 권한에 기하여 계약상 급부를 수령한 경우에, 그 법률효과는 계약 자체에서와 마찬가지로 직접 본인에게 귀속되고 대리인에게 돌아가지 않으며, 따라서 계약상 채무의 불이행을 이유로 계약이 상대방 당사자에 의하여 유효하게 해제되었다면, 그 해제로 인한 원상회복의무는 대리인이 아니라 계약의 당사자인 본인이 부담한다고 한다(대판 2011. 8. 18, 2011다30871). 그리고 이는 본인이 대리인으로부터 그 수령한 급부를 현실적으로 인도받지 못하였다거나 해제의 원인이 된 계약상 채무의 불이행에 관하여 대리인에게 책임있는 사유가 있다고 하여도 다른 특별한 사정이 없는 한 마찬가지라고 한다(대판 2011. 8. 18, 2011다30871).

그에 비하여 대리인이 불법행위를 한 경우에 그 효과는 본인에게 발생하지 않고 대리인에게 생긴다. 대리는 불법행위에 관하여는 인정되지 않기 때문이다. 다만, 본인과 대리인이 사용자 · 피용자 관계에 있는 때에는 그 내부관계에 의하여 본인이 사용자책임을 질 수는 있다(756조 참조).

대리인의 계약체결상의 과실(채권법각론 [30] 이하 참조)에 대하여 본인이 책임을 지는지 문제된다. 계약체결상의 과실에도 대리가 인정되지 않는다. 따라서 여기에도 대리에 관한 규정은 적용되지 않는다(같은 취지: 주해(3), 23면(손지열). 다른 견해: 김상용, 572면). 그리고 그 구체적인 효과는 계약체결상의 과실책임의 법적 성질을 어떻게 보느냐에 따라 달라지게 된다. 사견처럼 계약에 유사한 책임이라고 이해하면(채권법각론 [31] 참조), 제391조에 의하여 본인이 책임을 지게 되는 수가 있다(그 규정은 법정대리인은 명문으로 규정하고 있다). 그러나 불법행위책임이라고 보면 사용자책임 규정(756조)이 적용될 것이다.

Ⅱ. 본인의 능력

본인은 스스로 법률행위를 하는 것이 아니므로 반드시 의사능력이나 행위능력을 가질 필요는 없다. 그러나 대리행위의 효과가 본인에게 발생하기 위하여 권리능력은 가지고 있어야 한다.

본인은 — 대리행위가 아니고 — 수권행위를 하기 위하여서는 행위능력이 있어야 한다(임의대리의 경우). 만약 본인이 제한능력을 이유로 수권행위를 취소하는 경우에 어떻게 되는가에 관하여는 앞에서 수권행위의 관련 문제로 이미 살펴보았다([188] 참조).

제5관 복대리(復代理)

Ⅰ. 복대리 및 복대리인의 의의 [211]

복대리란 복대리인에 의한 대리를 말한다. 그리고 복대리인은 대리인이 그의 권한 내의 행위를 행하게 하기 위하여 대리인 자신의 이름으로 선임한 본인의 대리인이다. 복대리에 있어서 복대리인을 선임할 수 있는 권리를 복임권(復任權)이라고 하고, 복대리인 선임행위를 복임행위(復任行爲)라고 한다.

복대리인의 법률적 성질을 나누어 설명하면 다음과 같다. ① 복대리인도 역시 대리인이며, 대리인의 단순한 사자나 보조자가 아니다. 복대리인도 대리인과 마찬가지로 스스로 의사표시를 하기 때문이다. ② 복대리인은 대리인이 자기의 이름으로 선임한 자이며, 대리인이 본인의 이름으로 선임한 자가 아니다. 그러므로 복대리인 선임행위는 대리행위가 아니다. 한편 대리인이 본인의 이름으로 선임한 자는 복대리인이 아니고 단순한 본인의 대리인이다. 물론 대리인이 본인 이름으로 대리인을 선임하려면 본인으로부터 특별한 수권을 받았어야 한다. 어쨌든 이러한 경우에 선임된 대리인은 통상의 대리인이기 때문에, 그 대리인은 선임한 대리인의 대리권에 의존하지 않고, 또 선임한 대리인의 지휘·감독을 받지도 않는다. ③ 복대리인은 본인의 대리인이며, 대리인의 대리인이 아니다(123조 1항 참조). ④ 복대리인을 선임한 뒤에도 대리인은 대리권을 잃지 않는다. ⑤ 복대리인의 권한은 대리인의 권한 내에서만 인정된다. 따라서 대리인이 복대리인에게 자기의 권한을 넘는 권한을 수여하더라도 원대리권의 범위를 넘는 부분은 무권대리로 된다.

복대리인 선임행위 즉 복임행위의 성질에 관하여는 i) 대리권의 양도가 아니라는 소극적인 견해(김학동, 430면), ii) 대리권의 설정적 양도라는 견해(곽윤직, 274면), iii) 병존적 설정행위라는 견해(고상룡, 527면; 김상용, 575면; 김용한, 389면; 백태승, 506면; 이은영, 624면; 주해(3), 65면(손지열). 복수권행위(復授權行爲)라고 하는 김주수, 435면; 이영준, 603면도 이에 해당한다)가 대립하고 있다. 생각건대 어떻게 새기든 결과에서는 차이가 없으나, 이론상 대리권의 병존적 설정행위라고 보는 iii)설이 타당하다.

Ⅱ. 대리인의 복임권과 책임

[212] ### 1. 복임권의 의의 · 성질

복임권은 대리인이 복대리인을 선임할 수 있는 권리이다. 이 복임권의 법적 성질에 관하여는 i) 본인 · 대리인 사이의 내부관계로부터 발생한 대리인이 가지는 법률상의 일종의 권능이라는 견해(곽윤직, 274면; 김학동, 427면; 백태승, 507면; 주해(3), 66면(손지열))와 ii) 대리권의 내용 자체이며 이와 별개의 권리나 권능이 아니라는 견해(이영준, 604면)가 대립된다. 그러나 복임권은 법률규정에 의하여 인정되는 것으로 보아야 하므로, ii)설은 옳지 않으며, i)설이 타당하다.

복임권의 유무와 범위는 임의대리와 법정대리에 있어서 크게 차이가 있다.

2. 임의대리인의 복임권

임의대리인은 본인의 승낙이 있거나 부득이한 사유가 있는 때에 한하여 복임권을 가진다(120조). 본래 임의대리인은 본인의 신임을 받는 자이고 그는 언제든지 사임할 수 있기 때문에, 민법은 임의대리인에게는 예외적으로만 복임권을 인정한다. 따라서 여기의 「부득이한 사유」는 가령 본인의 소재불명 등으로 본인의 승낙을 얻을 수 없거나 또는 사임할 수 없는 사정이 있는 것을 의미한다(통설). 그리고 본인의 승낙은 명시적으로뿐만 아니라 묵시적으로도 행하여질 수 있으며, 승낙이 있는지 여부는 수권행위의 해석에 의하여 확정된다. 판례는 A가 B에게 채권자를 특정하지 않은 채 부동산을 담보로 제공하여 금전을 차용해 줄 것을 위임한 경우에 관하여 A의 의사에는 복대리인의 선임에 관한 승낙이 포함되어 있다고 하며(대판 1993. 8. 27, 93다21156), 대리의 목적인 법률행위의 성질상 대리인 자신에 의한 처리가 필요하지 않은 경우에는 본인이 복대리 금지의 의사를 명시하지 않는 한 복대리인의 선임에 관하여 묵시적인 승낙이 있는 것으로 보는 것이 타당하다고 한다(대판 1996. 1. 26, 94다30690). 그러나 오피스텔이나 아파트 분양업무는 대리인 자신에 의한 처리가 필요한 것이어서 본인의 명시적인 승낙 없이는 복대리인의 선임이 허용되지 않는다고 한다(대판 1996. 1. 26, 94다30690; 대판 1999. 9. 3, 97다56099).

제120조에 위반한 복임행위는 무효이다. 그리고 그 복대리인의 대리행위는 무권대리로 된다. 한편 그에 대하여 표현대리가 인정되는가에 관하여 학설은 i)

긍정설(김상용, 579면; 이영준, 607면)과 ii) 부정설(김학동, 428면; 주해(3), 69면(손지열))로 나뉘어 대립하고 있으며, 판례는 긍정설을 취하고 있다(대판 1967. 11. 21, 66다2197; 대판 1979. 11. 27, 79다1193; 대판 1998. 5. 29, 97다55317). 생각건대 대리에 있어서는 일반적으로 위험을 본인이 부담해야 하고, 또 그래야 대리제도에 대한 신뢰가 유지될 수 있다는 점에 비추어 볼 때, 긍정설을 지지하여야 할 것이다.

임의대리인이 제120조에 의하여 복대리인을 선임한 때에는 본인에 대하여 그 선임 · 감독에 관하여 책임을 져야 한다(121조 1항). 그러나 대리인이 본인의 지명에 의하여 복대리인을 선임한 경우에는 그 부적임 또는 불성실함을 알고 본인에 대한 통지나 그 해임을 태만히 한 때에 한하여 책임을 진다(121조 2항).

3. 법정대리인의 복임권

법정대리인은 언제나 복임권이 있다(122조 본문). 법정대리인의 권한은 대단히 넓고 그 사임도 쉽지 않으며 본인의 신임을 받아서 대리인으로 된 자도 아니기 때문에, 민법은 법정대리인에게는 원칙적으로 복임권을 인정하고 있다.

언제나 복임권을 가지는 법정대리인은 다른 한편으로 복대리인의 행위에 관하여 선임 · 감독에 과실이 있는지를 묻지 않고 모든 책임을 진다(122조 본문). 다만, 부득이한 사유로 복대리인을 선임한 경우에는 임의대리인과 마찬가지로 선임 · 감독에 관하여만 책임을 진다(122조 단서).

Ⅲ. 복대리인의 지위 [213]

(1) 대리인에 대한 관계

복대리인은 대리인의 복임권에 기하여 선임된 자이므로 대리인의 감독을 받는다. 또한 복대리인의 대리권은 대리인의 대리권을 기초로 한 것이므로, 그것은 대리인의 대리권보다 넓을 수 없고, 대리인의 대리권이 소멸하면 그것도 소멸한다. 그러나 복대리인이 선임되었다고 하여 대리인의 대리권이 소멸하지는 않으므로, 대리인 · 복대리인 모두가 본인을 대리하게 된다.

(2) 상대방에 대한 관계

복대리인은 본인의 대리인이므로(123조 1항) 본인의 이름으로 대리행위를 하고, 제115조 · 제116조 등의 적용을 받는다. 그 밖에도 제 3 자(대리행위의 상대방을 의미함)에 대하여는 대리인과 동일한 권리 · 의무가 있다(123조 2항).

(3) 본인에 대한 관계

복대리인은 대리인에 의하여 선임된 자이므로 본인과의 사이에 내부관계가 있을 리 없다. 그러나 그렇게 하면 복대리제도의 운용이 불편할 것이어서 민법은 본인과 복대리인 사이에도 본인 · 대리인 사이에서와 같은 내부관계가 생기는 것으로 하였다(123조 2항). 따라서 가령 대리인이 수임인인 경우에는 복대리인도 본인에 대하여 수임인으로서의 권리 · 의무를 가지게 된다(681조 · 686조 · 688조 등 참조).

(4) 복대리인의 복임권

복대리인이 다시 복대리인을 선임할 수 있는가에 관하여 통설은 적극적으로 해석한다. 즉 통설에 의하면 복대리인은 임의대리인과 동일한 조건 하에 복임권을 가진다고 한다.

Ⅳ. 복대리권의 소멸

복대리권은 ① 대리권 일반의 소멸원인(본인의 사망과 복대리인의 사망 · 성년후견의 개시 · 파산), ② 대리인 · 복대리인 사이의 수권관계의 소멸, ③ 대리인이 가지는 대리권의 소멸(대리인의 사망 · 성년후견의 개시 · 파산)에 의하여 소멸한다.

제6관 무권대리

[214] Ⅰ. 서 설

(1) 무권대리란 대리권 없이 행한 대리행위를 말한다. 이러한 무권대리에는 표현대리(表見代理)(여기의 「見」자는 「볼 견」이 아니고 「나타날 현」이다)와 좁은 의미의 무권대리가 있다.

〈무권대리의 체계〉

무권대리의 체계에 관하여 학설은 세 가지로 나뉘어 있다. 하나는 i) 무권대리(광의의 무권대리)에는 표현대리와 협의의 무권대리가 있으며, 표현대리는 협의의 무권대리의 성질도 잃지 않으므로 무권대리의 규정(130조 이하)도 적용되나, 다만 제135조는 적용되지 않는다고 한다(곽윤직, 277면; 김상용, 587면; 김준호, 332면; 김학동, 432면; 백태승, 509면). 다른 견해로 ii) 위의 견해에서 말하는 협의의 무권대리가 무권대리의 원칙적인 것이고 표현대리는 무권대리의 특수한 경우라고 하면서, 표현대리에 제135조도 적용될 수 있다고 한다(고상룡, 534면; 김용한, 363면; 김주수, 439면). 마지막으로 iii) 수권행위를 내부적인 것과 외부적인 것으로 나눈 뒤, 통상적인 유권대리에서는 내부적 수권과 외부적 수권이 모두 존재하고, 무권대리에 있어서는 둘이 모두 존재하지 않으며, 표현대리에 있어서는 내부적 수권은 없지만 외부적 수권은 존재한다고 하는 견해가 있다(이영준, 616면). 그러면서 이 견해는 표현대리는 무권대리의 일종이 아니고 유권대리의 아종(亞種)이라고 한다. 그리고 여기에는 제135조는 물론 제130조 내지 제134조도 적용될 수 없다고 한다.

생각건대 수권행위를 내부적인 것과 외부적인 것으로 구별하는 것은 우리 민법상 허용될 수 없어서 iii)설은 옳지 않다. 그리고 뒤에 보는 바와 같이([218] 참조) 표현대리의 요건이 갖추어지는 한 제135조는 적용하지 않는 것이 옳다. 그에 비하여 i)설은 타당하다.

(2) 무권대리는 대리권이 없이 행하여진 대리행위이므로 그 행위의 법률효과가 본인에게 발생할 수 없다. 그런가 하면 그 행위는 대리인이 본인의 이름으로 행한 것이므로 그 효과를 대리인에게 귀속시킬 수도 없다. 그리하여 무권대리의 경우에는 무권대리인과 상대방 사이에 불법행위 문제만 남게 된다. 그런데 이를 끝까지 관철한다면 대리라는 제도는 상대방에게는 매우 위험한 것이 되어 이용되지 않을 것이다. 왜냐하면 상대방으로서는 대리인의 대리권 유무를 잘 알 수가 없고, 그리하여 상대방이 대리권 없는 자에게 대리권이 없음을 모르고 그와 법률행위를 한 때에는 본인에게 법률효과를 주장할 수 없기 때문이다. 여기서 민법은 본인의 이익을 부당하게 침해하지 않으면서 대리제도의 신용을 유지하기 위하여 무권대리를 다음과 같이 규율하고 있다. 즉 대리인이 무권대리를 한 데 대하여 본인에게도 책임이 있다고 생각되는 일정한 사정이 있는 경우에는 본인에게 책임을 지운다. 그리고 무권대리행위를 당연히 무효라고 하지 않고서 본인에게 추인할 수 있도록 한 뒤, 그러한 추인이 없는 경우에 대리인에게 책임을 물을 수 있도록 한다. 앞의 것이 표현대리이고, 뒤의 것이 좁은 의미의 무권대리이다.

Ⅱ. 표현대리 [215]

1. 의 의

표현대리제도는 대리인에게 대리권이 없음에도 불구하고 마치 그것이 있는 것과 같은 외관이 있고 또 그러한 외관의 발생에 대하여 본인이 어느 정도 책임이 있는 경우에, 그 무권대리행위에 대하여 본인에게 책임을 지게 함으로써, 본인의 이익의 희생 하에 상대방 및 거래의 안전을 보호하려는 제도이다. 민법은 표현대리로서 ① 대리권 수여의 표시에 의한 표현대리(125조), ② 대리권한을 넘은 표현대리(126조), ③ 대리권 소멸 후의 표현대리(129조)의 세 가지를 규정하고 있다(대판 1954. 7. 7, 4287민상366은 표현대리는 위 세 경우에 한한다고 함).

표현대리의 법적 성질에 관하여 학설은 i) 외관책임설(무권대리설)(고상룡, 555면; 곽윤직, 277면; 김상용, 588면; 김주수, 453면; 김준호, 335면; 김학동, 436면; 백태승, 512면), ii) 유권대리의 아종(亞種)이라는 견해(이영준, 617면), iii) 외관책임설의 입장에 있으면서 표현대리를 유권대리와 무권대리의 중간에 존재하는 독자적인 대리유형으로 파악하는 견해(이은영, 631면)로 나뉘어 있다. 그리고 판례는 「표현대리가 성립된다고 하여 무권대리의 성질이 유권대리로 전환되는 것은 아니」라고 하고(대판(전원) 1983. 12. 13, 83다카1489), 또 「표현대리의 법리는 거래의 안전을 위하여 어떠한 외관적 사실을 야기한 데 원인을 준 자는 그 외관적 사실을 믿음에 정당한 사유가 있다고 인정되는 자에 대하여는 책임이 있다는 일반적인 권리외관이론에 그 기초를 두고 있」다고 하여(대판 1998. 5. 29, 97다55317. 같은 취지: 대판 1962. 2. 8, 4294민상192), 외관책임설 즉 무권대리설을 취하고 있다. 생각건대 제125조 · 제126조 · 제129조의 법문(책임이 있다, 대항하지 못한다)으로 보나 실질적으로 보나 표현대리를 유권대리라고 할 수는 없다. 그리고 표현대리에 대하여 무권대리와 별도의 독자적인 유형으로 인정할 필요성도 없다. 표현대리는 일정한 외관이 있고 그에 대하여 본인에게도 책임이 있는 경우에 무권대리임에도 불구하고 민법이 본인에게 책임을 지우는 것으로 이해하면 충분하다.

표현대리가 성립하기 위해서는 대리권의 부존재를 제외하고는 다른 장애사유가 없어야 한다(같은 취지: 지원림, 313면). 따라서 대리행위가 강행법규나 사회질서에 위반되어 무효인 경우에는 표현대리가 성립하지 않는다. 판례도, 증권회사의 지점장이 주식거래에 관하여 행한 투자수익약정이 강행법규에 위배되어 무효인 이상 그 지점장(대리인)에게 그와 같은 약정을 체결할 권한이 수여되었는지 여부에 불구하고 그 약정은 여전히 무효이므로 표현대리의 법리에 따라 책임을 져야 하는지는 살펴볼 필요도 없다고 하여(대판 1996. 8. 23, 94다38199), 같은 견지에 있다.

〈사자(使者)의 경우〉

사자가 본인이 완성시킨 의사표시를 다른 자에게 전달하거나(전달기관으로서의 사자) 본인의 의사와 다르게 표시한 경우(표시기관으로서의 사자) 표현대리 규정을 적용 또는 유추적용하여야 하는지가 문제된다.

여기에 관하여 학설은 i) 긍정설, ii) 부정설, iii) 경우를 구별하여 설명하는 견해로 나뉘어 있다. i)의 긍정설은, 거래의 안전이 요청되는 것은 사자나 대리인의 경우가 마찬가지이고, 상대방의 입장에서도 양자를 구별하기가 실제로 어려울 뿐만 아니라, 둘 다 본인이 타인을 개입시켜 법률행위를 하는 점에서 동일하고, 따라서 양자를 구별하여 상대방보호에 차등을 둔다는 것은 부당하다고 사료되므로, 유추적용을 인정할 것이라고 한다(주해(3), 99면(차한성)). ii)의 부정설은 사자와 대리는 구별되고, 사자는 단순한 의사표시의 전달기관에 지나지 않으며, 사자가 월권하여 대리인으로 행동하였다면 그것은 무권대리(협의의 무권대리)로 처리함이 타당하므로, 사자에는 표현대리의 법리를 유추적용하지 않아야 한다고 한다(김상용, 591면). 그리고 iii)설은 사자가 상대방에 대하여 명시적 또는 묵시적으로 대리인으로서 본인의 지시대로 법률행위를 한 경우에는 대리로 취급하여 대리규정을 적용(유추적용이 아님)하여야 하나, 사자가 본인의 지시에 반하여 법률행위를 한 경우에는 사자가 선의이면 착오의 문제로, 악의이면 표현대리 규정이 유추적용되는 경우가 있을 것이라고 한다(이영준, 505면).

한편 판례는 「대리인이 아니고 사실행위를 위한 사자라 하더라도 외관상 그에게 어떠한 권한이 있는 것 같은 표시 내지 행동이 있어 상대방이 그를 믿었고 또 그를 믿음에 있어 정당한 이유가 있었다면 표현대리의 법리에 의하여 본인에게 책임지워 상대방을 보호하여야 할 것」이라고 하여, 긍정설의 입장에 있다(대판 1962. 2. 8, 4294민상192).

생각건대 전달기관으로서의 사자는 의사표시의 부도달만이 문제된다고 하여야 한다. 그에 비하여 표시기관으로서의 사자의 경우에 있어서, 가령 본인이 상대방에게 사자가 본인의 의사를 표시하는 방법으로 전달할 것이라고 하였거나(125조 참조) 상대방이 사자에게 정당한 권한이 있다고 믿을 만한 정당한 사유가 있거나(126조 참조) 권한이 있던 사자에게 권한이 소멸한 때(129조 참조)에는, 상대방은 대리인의 경우에서처럼 보호되어 마땅하다. 법률관계가 대리에서와 같기 때문이다. 따라서 그때에는 표현대리 규정이 유추적용(착오에서와 달리 적용이 아님)되어야 한다(그런데 126조의 법리가 인정되기는 쉽지 않을 것이다).

2. 제125조의 표현대리(대리권 수여의 표시에 의한 표현대리) [216]

이는 본인이 대리인에게 대리권을 수여하지 않았으면서 그에게 대리권을 수여하였다고 제 3 자에게 표시한 경우에 그 대리인에 의하여 행하여진 대리이다. 여기의 제 3 자는 대리행위의 상대방이 될 자를 의미한다. 구체적으로 제125조의 표현대리가 성립할 수 있는 경우의 예를 들어본다. A는 C에게 자신(A)이 B에게 자기의 토지를 매도할 대리권을 수여하였다고 말하였다. 그런데 실제로는 A가 대리권을 수여하지 않았다. 그러한 상태에서 B가 C에게 A의 그 토지를 A의 이름으로 매도하는 계약을 체결하였다. 이와 같은 경우에 B의 대리는 무권대리이지만, 민법은 B에게 대리권이 있다고 신뢰한 상대방 C를 보호하기 위하여 제125조가 정하는 일정한 요건을 갖춘 때에는 본인에게 책임을 지워 상대방을 보호하고 있는 것이다.

(1) 요 건

1) 대리권 수여의 표시 본인이 제 3 자에 대하여 어떤 자에게 대리권을 수여하였음을 표시(통지)하였어야 한다. 여기의 제 3 자는 대리행위의 상대방이 될 자를 가리킨다.

표시의 방법에는 제한이 없다. 따라서 서면에 의할 수도 있고 구두로 할 수도 있다. 그리고 특정의 제 3 자에 대하여 할 수도 있고, 신문광고에 의하는 경우처럼 불특정의 제 3 자에 대하여 할 수도 있다. 백지위임장을 교부하는 것이 여기의 표시에 해당하는가 아니면 수권행위인가에 관하여는 견해가 대립한다. i) 다수설은 대리권을 수여한 뜻을 표시한 것이라고 하나(곽윤직, 278면; 김용한, 374면; 김주수, 456면; 백태승, 514면; 주해(3), 125면(차한성)), ii) 소수설은 수권행위라고 한다(김상용, 593면; 이영준, 623면). 생각건대 위임장이나 백지위임장을 교부하는 것은 일반적으로 수권행위에 해당한다. 다만, 그것들의 교부에도 불구하고 대리권의 수여가 없었음이 분명한 경우에는 그것을 제125조의 대리권의 수여의 표시라고 볼 수 있을 것이다.

대리권을 수여하였음을 표시함에 있어서는 반드시 대리권 또는 대리인이라는 말이나 문자를 사용하여야 하는 것은 아니며(통설 · 판례도 같다. 대판 1998. 6. 12, 97다53762), 여러 가지 사정에 비추어 그러한 표시가 있었던 것으로 인정되면 충분하다. 한편 사용자가 어떤 범위의 대리권을 가지고 있는 것으로 제 3 자가 믿을 만한 직명을 그의 피용자로 하여금 대외적으로 사용하게 하거나, 피용자가 그와 같이 칭하고 있음을 사용자가 알고 묵인하고 있는 경우, 그리고 타인에 대하여 자기 명의의 사용을 허락하거나 묵인하는 것(명의대여관계)이 여기의 표시에 해당하는가가 문제된다. 여기에 관하여 학설은 i) 제125조의 대리권 수여의 표시에 해당한다고 하는 견해(고상룡, 560면; 곽윤직, 278면; 김용한, 374면; 김주수, 457면)와 ii) 묵시적인 수권행위라는 견해(김상용, 593면; 이영준, 622면; 이은영, 634면)로 나뉘어 있고, 판례는 i)설과 같다(대판 1987. 3. 24, 86다카1348; 대판 1998. 6. 12, 97다53762). 생각건대 위의 경우에는 법률효과를 본인에게 생기게 할 의사가 있는 것으로 보이므로 대리권 자체가 수여된 것으로 보아야 한다. 따라서 판례와 i)설은 옳지 않고, ii)설이 타당하다.

〈명의대여자의 책임에 관한 상법의 특별규정〉

과거에는 통설이 명의대여관계는 대리권 수여표시에 해당한다고 보는 입장이었다. 그런 입장에서는 상법 제24조와의 관계를 보다 자세히 규명해야 할 필요가 있었다. 왜냐하면 그 규정은 「타인에게 자기의 성명 또는 상호를 사용하여 영업을 할 것을 허락한 자는 자기를 영업주로 오인하여 거래한 제 3 자에 대하여 그 타인과 연대하여 변제할 책임이 있다」고 규정하고 있기 때문이다. 그리하여 학자들은 상법 제24조가 성립하지 않는 영역에서만 민법 제125조가 적용된다고 하고 있었다. 지금도 명의대여를 대리권 수여표시로 이해하는 입장에서는 위와 같은 설명을 하게 될 것이다(가령 곽윤직(신정판), 481면). 그런데 사견은 명의대여의 경우에는 대리권 자체가 수여된 것으로 보는 입장이다. 이러한 사견의 견지에서는 그 특별규정의 요건이 갖추어진 범위에서는 위의 사견이 적용되지 않으며, 그 외에서만 사견에 따른 결과가 발생한다고 하게 된다. 제125조의 효과가 발생한다고 하지 않는 것이다. 일부 문헌은 명의대여를 사견과 같이 파악하면서도 상법 제24조가 적용되지 않는 영역에서 제125조가 적용된다고 하는데(김상용, 593면; 이영준, 618면), 이는 논리적으로 문제가 있다.

〈판 례〉

(ㄱ) 「민법 제125조가 규정하는 대리권 수여의 표시에 의한 표현대리는 본인과 대리행위를 한 자 사이의 기본적인 법률관계의 성질이나 그 효력의 유무와는 관계가 없이 어떤 자가 본인을 대리하여 제 3 자와 법률행위를 함에 있어 본인이 그 자에게 대리권을 수여하였다는 표시를 제 3 자에게 한 경우에 성립하는 것이고, 이때 서류를 교부하는 방법으로 대리권 수여의 표시가 있었다고 하기 위하여는 본인을 대리한다고 하는 자가 제출하거나 소지하고 있는 서류의 내용과 그러한 서류가 작성되어 교부된 경위나 형태 및 대리행위라고 주장하는 행위의 종류와 성질 등을 종합하여 판단하여야 할 것이다.」(대판 2001. 8. 21, 2001다31264)

(ㄴ) **제125조의 표현대리의 성립을 인정한 사례** 갑이 자기의 사위인 을에게 상호를 포함한 영업 일체를 양도하여서 동일 상호를 사용하여 영업을 계속하게 하는 동안 자기의 당좌거래를 이용하여 대금결제를 하도록 하였고 또 영업을 을에게 양도한 이후에도 자기 명의의 당좌수표 및 약속어음 20여장이 을로부터 병에게 물품대금으로 교부되어 그 대부분이 결제되었다면 갑이 병으로 하여금 을이 갑 명의의 수표를 사용할 권한이 있다고 믿게 할 만한 외관을 조성하였다 할 것이고 이와 같은 외관을 가지고서 을이 갑의 인장을 남용하여 수표를 위조한 행위는 대리권 수여표시에 의한 표현대리에 해당한다(대판 1987. 3. 24, 86다카1348).

(ㄷ) **제125조의 표현대리의 성립을 부정한 사례** 제조회사가 신문에 자사 제품의 전문취급점 및 A/S센터 전국총판으로 위 대리점을 기재한 광고를 한 번 실었다고 하더라도, 전문취급점이나 전국총판의 실질적인 법률관계는 대리상인 경우도 있고 특약점인 경우도 있으며 위탁매매업인 경우도 있기 때문에, 위 광고를 곧 제조회사가 제 3 자에 대하여 위 대리점에게 자사 제품의 판매에 관한 대리권을 수여함을 표시한 것이라고 보기 어렵다고 한 사례(대판 1999. 2. 5, 97다26593).

갑이 주채무액을 알지 못한 상태에서 주채무자의 부탁으로 채권자와 보증계약 체결 여부를 교섭하는 과정에서 채권자에게 보증의사를 표시한 후 주채무가 거액인 사실을 알고서 보증계약 체결을 단념하였으나 갑의 도장과 보증용 과세증명서를 소지하게 된 주채무자가 임의로 갑을 대리하여 채권자와 사이에 보증계약을 체결한 경우, 갑이 채권자에 대하여 주채무자에게 보증계약 체결의 대리권을 수여하는 표시를 한 것이라 단정할 수 없고, 대리권 수여의 표시를 한 것으로 본다 하더라도 채권자에게는 주채무자의 대리권 없음을 알지 못한 데 과실이 있다고 보아 민법 제125조 소정의 표현대리의 성립을 부정한 사례(대판 2000. 5. 30, 2000다2566).

금융기관의 직원이 고객관리차원에서 장기간 동안 고객의 예금을 파출수납의 방법으로 입금 및 인출하여 오던 중 고객으로부터 예금인출 요구를 받지 않았음에도 불구하고 인출을 요구받아 파출업무를 수행하는 것처럼 가장하여 금융기관의 영업부 직원에게 구두로 출금을 요구하여 돈을 받은 후 고객 몰래 인장을 찍어 둔 인출청구서에 고객의 서명을 위조하여 위 영업부 직원에게 교부하는 방법으로 여러 차례에 걸쳐 금원을 인출한 경우, 파출수납의 방법에 의한 예금 입·출금은 금융기관 직원 자신의 직무를 수행하는 것에 불과하고, 고객이 직원에게 예금 입·출금과 관련한 대리권을 수여하였다거나 그 수여의 의사를 표시한 것으로 볼 수는 없다고 하여 표현대리의 법리를 인정하지 않은 원심의 판단을 수긍한 사례(대판 2001. 2. 9, 99다48801).

여기의 표시의 성질에 관하여는 i) 수권행위가 있었다는 뜻의 관념의 통지라는 견해(고상룡, 560면; 곽윤직, 278면; 김용한, 373면; 김주수, 456면; 김준호, 336면; 김학동, 439면; 백태승, 514면; 이은영, 633면), ii) 대리인에게 대리권이 수여되지 않았기 때문에 그것은 장래에 대리권을 수여할 것이라는 표시이고, 따라서 그것은 의사의 통지로 이해하여야 한다는 견해(김상용, 594면), iii) 그 표시는 의사표시이며 상대방에 대하여 하는 수권행위라는 견해(이영준, 620면)가 대립하고 있다. 생각건대 iii)설은 수권을 내부적 수권·외부적 수권으로 나누면서, 제125조의 경우는 외부적 수권이 있는 경우라고 하나, 우리 민법상 수권이 그 둘로 나누어질 수 없기 때문에 취할 수 없다. 그리고 ii)설은 사실에 관한 올바른 관념을 통지하는 것만이 관념의 통지라고 보는 듯하다. 그러나 통지하는 것이 어떤 사실에 대한 관념이기만 하면 그것이 실제와 다르다고 해도 관념의 통지로 되는 데 지장이 없다고 하여야 한다. 또한 그 견해는 제125조의 경우에는 장차 대리권을 수여할 것이라고 보아 거기의 표시가 의사의 통지라고 한다. 그러나 실제에 있어서는 그러한 의사가 없는 경우가 대부분일 것이고, 설사 그럴 의사가 있더라도 그 통지는「장차 대리권을 수여하겠다」는 사실을 통지하는 것에 불과하므로 그렇게 볼 수도 없다. 결국 여기의 표시는 i)설처럼 관념의 통지로 이해하여야 한다.

이 표시는 대리인이 대리행위를 하기 전에는 언제든지 철회할 수 있다. 그러나 그 철회는 표시와 동일한 방법으로 상대방에게 알려야 한다. 따라서 특정인에게 표시(통지)를 한 경우에는 그 자에 대하여 철회통지를 하여야 하고, 광고에 의하여 표시한 경우에는 그것을 알고 있는 자에게 철회통지가 도달하여야 하므로 동일한 광고나 그에 준하는 방법으로 철회통지를 하여야 한다. 그리고 위임장이나 그 밖의 수권증서를 준 뒤에 수권행위를 소급적으로 철회한 때에는, 법적으로는 대리권이 전혀 없는 것으로 되지만, 그 증서는 대리권을 준 뜻의 표시로서 계속 효력을 가지게 되어 이 증서가 제 3 자에게 제시되는 경우에는 제125조의 요건을 충족하는 것이 된다(곽윤직, 278면).

2) 대리권이 없을 것　대리인으로서 행위하는 자에게 대리권이 없어야 [217]
한다. 그에게 실제로 대리권이 수여되었으면 유권대리가 되거나 제126조의 표현대리가 문제될 것이다. 대리권이 없는 경우 가운데에는 처음부터 수권행위가 없는 때뿐만 아니라 수권행위가 있었지만 그것이 무효이거나 취소된 때도 있다.

3) 표시된 대리권의 범위 내의 대리행위　대리인(무권대리인)이 표시된 대리권의 범위 내에서 대리행위를 하였어야 한다. 이 범위를 넘어서 대리행위를 한 경우에는 제126조의 표현대리로 된다.

4) 통지받은 상대방과의 행위일 것　대리행위가 통지를 받은 상대방과의 사이에서 행하여졌어야 한다. 그리하여 통지를 특정인에게 한 경우에는, 그 특정인만이 상대방으로서 보호받을 수 있고, 그 통지를 옆에서 보았거나 우연히 알게 된 제 3 자는 그 통지에 기하여 대리권이 있다고 믿고서 거래를 하였더라도 보호되지 못한다. 그에 비하여 통지가 광고에 의하여 된 때에는 그 광고를 본 제 3 자가 모두 보호될 수 있을 것이다.

5) 상대방의 선의 · 무과실　상대방은 선의 · 무과실이어야 한다(125조 단서)

(대판 2009. 5. 28, 2008다56392도 이를 확인함). 여기의 선의는 대리권이 없음을 알지 못하는 것, 즉 대리권이 있는 것으로 오인하는 것이다. 그리고 무과실은 선의인 데 과실이 없는 것, 즉 일반보통인의 주의를 하였음에도 대리권이 없음을 알지 못하는 것이다. 한편 상대방의 선의 · 무과실의 증명책임은 상대방에게 있지 않으며, 표현대리의 책임을 지지 않으려는 본인이 상대방의 악의 또는 과실을 증명하여야 한다.

〈상대방의 과실 유무에 관한 판례〉

(ㄱ) 저당권설정계약 당시 소외 갑이 원고의 인감증명서와 인감도장만을 소지하였을 뿐 대리인으로서는 의당 제시될 것이 통상적으로 기대되는 원고 명의의 등기권리증을 소지하지 않았고 또 피고는 원고가 같은 시내의 국민학교 교장으로 재직하고 있는 것을 알고 있었으므로 피고로서는 위 소외인의 대리권에 대하여 의심을 가지고 직접 원고 본인에게 상대방의 대리권의 존부를 확인하는 등으로 좀더 적절한 조사를 하였어야 할 것이니 피고가 이 경우에 막연히 위 소외인 등의 말만 믿고 저당권설정계약을 체결하였다면 피고는 대리인을 상대로 저당권을 설정함에 있어 마땅히 하여야 할 주의를 다하지 못한 과실이 있다고 할 것이다(대판 1984. 11. 13, 84다카1024).

(ㄴ) 중개인이 본인인 회사에게 오피스텔의 분양희망자를 중개하여 주고 그 대가로 회사로부터 수수료만을 지급받기로 하였고, 분양계약서의 작성 및 분양대금 수납은 회사에서 직접 관리하였으며, 중개인은 오피스텔을 분양받고자 하는 자가 있으면 그를 오피스텔 내에 있는 회사 분양사무소에 데리고 가서 분양대금을 지급하고 회사 명의의 계약서를 작성하여 받아오는 방식을 취하였고, 상대방의 매매계약서도 그러한 방식에 의하여 작성되었다면, 상대방이 중개인에게 지급한 매매대금에 대한 영수증이 회사의 명의로 발행되지 아니하고 중개인 명의로 발행된 경우, 오피스텔을 분양받으려는 상대방으로서는 본인에게 중개인의 대리권 유무를 확인하여 보았더라면 그가 단순한 중개인에 불과하고 오피스텔의 매매대금을 수령할 대리권이 없다는 점을 쉽게 알 수 있었을 것임에도 이를 게을리한 과실이 있고, 나아가 본인이 중개인에게 오피스텔의 분양중개를 부탁한 것을 가지고 오피스텔 분양에 관련한 어떤 대리권을 수여한 것이라고 볼 수도 없다고 보아 민법 제125조의 표현대리에 해당하지 않는다고 본 원심판결을 수긍한 사례(대판 1997. 3. 25, 96다51271).

6) 법정대리에의 적용 문제 제125조가 임의대리에만 적용되는지 법정대리에도 적용되는지에 관하여는 학설이 대립하고 있다. i) 부정설은, 법정대리인은 본인이 선임하는 것이 아니므로 본인이 어떤 자에게 법정대리권을 주었다는 뜻을 통지한다는 것은 있을 수 없기 때문에, 법정대리에는 적용되지 않는다고 한다(고상룡, 562면; 곽윤직, 279면; 김학동, 441면; 백태승, 516면; 정기웅, 473면). 그에 비하여 ii) 긍정설은, 거래의 안전이 보호

되어야 하고 또 제한능력자제도가 본인 보호에 지나치게 편중되어 있다는 점을 들어 제125조가 법정대리에도 적용되어야 한다고 주장한다(김상용, 596면; 김용한, 375면; 김주수, 459면). 그런가 하면 iii) 경우를 나누어 보아야 한다고 하면서, 허위의 혼인신고 또는 허위의 인지신고를 한 경우에는 제125조가 적용되나, 제한능력자에 관하여는 적용되지 않는다고 하는 견해(이영준, 624면; 이은영, 636면)도 있다. 생각건대 제125조의 핵심은 대리권을 수여하였음을 통지한 데에 있다. 그런데 대리권이 법률규정에 의하여 발생하는 법정대리에 있어서는 대리권을 수여하였음을 생각할 수가 없다. 따라서 제125조를 법정대리에 적용하는 것은 무리일 뿐만 아니라 부적절하다.

(2) 효 과 [218]

1) 위의 요건이 갖추어진 경우에는 본인은 무권대리인의 대리행위에 대하여 책임이 있다(125조 본문). 즉 그 무권대리행위의 효과는 본인에게 귀속한다. 그 결과 본인은 상대방에 대하여 채무를 이행할 의무를 부담하게 되나, 그것과 함께 채권이나 그 밖의 권리도 취득하게 된다. 그리고 본인은 표현대리행위에 기하여 전적인 책임을 져야 하며, 상대방에게 과실이 있다고 하더라도 과실상계의 법리를 유추적용하여 본인의 책임을 감경할 수는 없다(대판 1994. 12. 22, 94다24985; 대판 1996. 7. 12, 95다49554. 이 판결들의 사안은 모두 126조의 표현대리에 관한 것임)(125조 단서가 정하는 악의의 경우 135조 규정상 모두 무권대리인에게 책임을 묻지 못할 것이나, 125조 등에서는 표현대리의 성립이 문제되고 불성립은 의미가 없는 것이어서 135조에서는 독자적으로 상대방이 대리권 없음을 알았는지를 따지게 됨).

2) 이러한 표현대리는 상대방이 이를 주장하는 때에 비로소 문제되며, 상대방이 주장하지 않는 한 본인 쪽에서 표현대리를 주장하지는 못한다(이설 없음). 다만, 이때 본인이 추인을 하여 표현대리의 법률효과를 발생시킬 수는 있다. 그러나 상대방이 표현대리를 주장하는 한 본인이 추인을 거절하여 효과발생을 막을 수는 없다. 그리고 판례에 의하면, 유권대리에 관한 주장 속에는 표현대리의 주장이 포함되어 있다고 볼 수 없으며(대판(전원) 1983. 12. 13, 83다카1489), 표현대리를 주장할 때에는 무권대리인과 표현대리에 해당하는 무권대리행위를 특정하여 주장하여야 한다(대판 1984. 7. 24, 83다카1819).

〈판 례〉

(ㄱ) 「변론에서 당사자가 주장한 주요사실만이 심판의 대상이 되는 것으로서 여기에서 주요사실이라 함은 법률효과를 발생시키는 실체법상의 구성요건 해당사실을 말하는 것인바, 대리권에 기한 대리의 경우나 표현대리의 경우나 모두 제 3 자가 행한 대리행위의 효과가 본인에게 귀속된다는 점에서는 차이가 없으나 유권대리에 있어서는

본인이 대리인에게 수여한 대리권의 효력에 의하여 위와 같은 법률효과가 발생하는 반면 표현대리에 있어서는 대리권이 없음에도 불구하고 법률이 특히 거래상대방 보호와 거래안전 유지를 위하여 본래 무효인 무권대리행위의 효과를 본인에게 미치게 한 것으로서 표현대리가 성립된다고 하여 무권대리의 성질이 유권대리로 전환되는 것은 아니므로, 양자의 구성요건 해당사실 즉 주요사실은 서로 다르다고 볼 수밖에 없다.

그러므로 유권대리에 관한 주장 가운데 무권대리에 속하는 표현대리의 주장이 포함되어 있다고 볼 수 없으며, 따로이 표현대리에 관한 주장이 없는 한 법원은 나아가 표현대리의 성립 여부를 심리 판단할 필요가 없다.」(대판(전원) 1983. 12. 13, 83다카1489)

(ㄴ) 표현대리제도는 대리권이 있는 것 같은 외관이 생긴 데 대해 본인이 민법 제125조, 제126조 및 제129조 소정의 원인을 주고 있는 경우에 그러한 외관을 신뢰한 선의 무과실의 제3자를 보호하기 위하여 그 무권대리행위에 대하여 본인이 책임을 지게 하려는 것이고 이와 같은 문제는 무권대리인과 본인과의 관계, 무권대리인의 행위 당시의 여러 가지 사정 등에 따라 결정되어야 할 것이므로 당사자가 표현대리를 주장함에는 무권대리인과 표현대리에 해당하는 무권대리행위를 특정하여 주장하여야 한다 할 것이고 따라서 당사자의 표현대리의 항변은 특정된 무권대리인의 행위에만 미치고 그 밖의 무권대리인이나 무권대리행위에는 미치지 아니한다(대판 1984. 7. 24, 83다카1819).

3) 표현대리에 무권대리에 관한 규정(130조 내지 135조)이 적용되는가에 관하여는 i) 제135조를 제외한 나머지의 규정은 적용된다는 견해(곽윤직, 280면; 김상용, 587면; 백태승, 516면), ii) 모두 적용된다는 견해(고상룡, 564면; 김용한, 386면; 김주수, 476면; 김학동, 454면), iii) 유권대리의 아종이므로 제114조가 적용되고 제130조 이하(특히 135조)는 적용되지 않는다는 견해(이영준, 647면)가 대립하고 있다. 생각건대 표현대리는 유권대리라고 볼 수 없으므로 iii)설은 취할 수 없다. 그리고 표현대리는 상대방과 거래의 안전을 위하여 본인을 구속하는 제도이므로, 나머지의 점에서는 여전히 무권대리로서의 성질을 가진다. 따라서 거기에는 무권대리규정이 적용되어야 한다. 다만, 제135조는 적용되지 않아야 한다. 표현대리가 인정되는 경우 상대방은 본인에게 책임을 물을 수 있고, 그럼으로써 그는 기대한 만큼 충분히 보호되기 때문이다. 만약 표현대리의 경우에 제135조를 적용하여 무권대리인에게 책임을 물을 수 있게 하면, 상대방은 우연한 사정에 의하여 유권대리의 상대방 이상으로 보호되는 결과로 된다. 그것이 온당하지 않음은 물론이다. 결국 무권대리 규정 가운데 제135조를 제외한 나머지 규정만 적용

된다고 할 것이다.

이러한 사견에 의하면, 상대방은 표현대리의 경우 무권대리행위로서 철회할 수 있고(134조), 본인은 이를 추인하여 상대방의 철회권을 소멸시킬 수 있다(130조). 또한 상대방은 본인에 대하여 추인 여부의 확답을 최고할 수도 있다(131조). 그러나 제135조에 의하여 무권대리인에게 책임을 물을 수는 없다.

4) 표현대리의 결과 본인에게 손해가 생긴 때에는, 본인은 무권대리인에 대하여 기초적 내부관계에 기한 의무위반이나 불법행위를 이유로 손해배상을 청구할 수 있다.

3. 제126조의 표현대리(대리권한을 넘은 표현대리) [219]

이는 대리권을 가지고 있는 대리인이 대리권을 넘어서 대리행위를 한 경우이다. 본인의 토지에 저당권을 설정하고 금전을 빌릴 수 있는 대리권을 가지고 있는 자가 그 토지를 매각해 버린 경우가 그 예이다. 이러한 경우에도 제126조의 요건을 갖추면 본인이 그 대리행위에 대하여 책임을 지게 된다.

(1) 요 건

1) 기본대리권의 존재 대리인이 일정한 범위의 대리권, 즉 기본대리권을 가지고 있어야 한다. 전혀 대리권이 없는 자의 행위에는 표현대리가 성립하지 않는다(대판 1962. 3. 22, 4294민상483; 대판 1963. 9. 19, 63다383; 대판 1979. 4. 10, 79다227; 대판 1984. 10. 10, 84다카780). 가령 타인의 인감이나 백지위임장을 습득한 자가 이를 악용하여 계약을 체결한 때처럼 상대방뿐만 아니라 일반적으로 대리권이 있다고 생각되는 경우에도 그렇다. 그리고 사실행위의 위임을 받은 경우도 마찬가지이다(같은 취지: 김상용, 600면; 이영준, 627면. 반대: 김용한, 376면; 김학동, 442면; 이은영, 638면). 그런데 여기에 관한 판례의 태도는 통일되어 있지 않다. 대법원은 이전에는, 「대리인이 아니고 사실행위를 위한 사자라 하더라도 외관상 그에게 어떠한 권한이 있는 것 같은 표시 내지 행동이 있어 상대방이 그를 믿었고 또 그를 믿음에 있어 정당한 사유가 있었다면 표현대리의 법리에 의하여 본인에게 책임지워 상대방을 보호하여야 할 것」이라고 하였으나(대판 1962. 2. 8, 4294민상192: 약속어음금 사건), 그 뒤에는, 증권회사 직원이 아니면서도 사실상 투자상담사 역할을 하는 자가 유가증권 매매의 위탁 권유 등을 한 경우에 관하여, 제126조의 표현대리가 성립하기 위하여는 무권대리인에게 법률행위에 관한 기본대리권이 있어야 하는바, 증권회사로부터 위임받은 고객의 유치, 투자

상담 및 권유, 위탁매매 약정 실적의 제고 등의 업무는 사실행위에 불과하므로 이를 기본대리권으로 하여서는 권한초과의 표현대리가 성립할 수 없다고 하였다(대판 1992. 5. 26, 91다32190: 예탁금반환 사건).

여기의 대리인은 본인으로부터 직접 대리권을 수여받은 자에 한하지 않으며, 그 대리인으로부터 권한을 수여받은 자(대판 1970. 6. 30, 70다908)나 복대리인이어도 무방하다(대판 1967. 11. 21, 66다2197; 대판 1975. 2. 25, 74다1745; 대판 1998. 3. 27, 97다48982).

위와 같이 대리인이 기본대리권을 가지고 있어야 하나, 그 대리권이 권한을 벗어난 행위와 같은 종류의 대리권이거나 비슷한 것일 필요는 없다(통설 · 판례도 같음. 대판 1963. 8. 31, 63다326; 대판 1969. 7. 22, 69다548; 대판 1978. 3. 28, 78다282 · 283). 그리고 그 행위가 대리권과 아무런 관계가 없어도 무방하다(대판 1963. 11. 21, 63다418). 그리하여 가령 임야 불하의 동업계약을 체결할 수 있는 대리권을 가지고 있는 자가 본인 소유의 부동산을 매도한 경우(대판 1963. 11. 21, 63다418), 등기신청의 대리권을 가지고 있는 자가 대물변제를 한 경우(대판 1978. 3. 28, 78다282 · 283)에도 제126조의 표현대리가 성립할 수 있다. 그러나 기본대리권의 성격 · 범위 등이 「정당한 이유」의 판정에 중요한 비중을 차지하게 된다.

[220] **2) 권한을 넘은 대리행위** 대리인이 권한 밖에서 대리행위를 하였어야 한다. 대리인이 권한 내에서 대리행위를 하였으면 유권대리가 되며, 권한을 넘어서서 대리행위를 한 경우에 제126조의 표현대리가 문제된다.

〈판 례〉

종중으로부터 임야의 매각과 관련한 권한을 부여받은 갑이 임야의 일부를 실질적으로 자기가 매수하여 그 처분권한이 있다고 하면서 을로부터 금원을 차용하고 그 담보를 위하여 위 임야에 대하여 양도담보계약을 체결한 경우, 이는 종중을 위한 대리행위가 아니어서 그 효력이 종중에게 미치지 아니하고, 민법 제126조의 표현대리의 법리가 적용될 수도 없다고 한 사례(대판 2001. 1. 19, 99다67598).

공동대리를 하여야 함에도 공동대리인 중 1인이 단독으로 대리행위를 하였다면, 그것도 권한을 넘은 대리행위이어서 제126조의 적용을 받는다(같은 취지: 주해(3), 153면(차한성)). 이와 관련하여 특기할 사항이 있다. 친권은 부모가 공동으로 행사하여야 하는 공동대리이므로(909조 2항 본문), 부모의 일방이 단독으로 친권을 행사하는 때에는 제126조가 적용되어야 한다. 그런데 민법은 제920조의 2에서 「부모가 공동으로 친권을 행사하는 경우 부모의 일방이 공동명의로 자를 대리하거나 자의 법률행위에 동의한 때에는 다른 일방의 의사에 반하는 때에도 그 효력이 있다. 그러나 상대방이 악의인 때에는 그러하지 아니하다」라고 규정하고 있다. 그 결과 공동친권자의 일방이 공동명의로 한 대리행위에 대해서는, 상대방이 선의이면 상대방에게 과실이 있더라도 위의 규정에 의하여 적법하게 되고, 제126조가 적용되지 않는다. 결국 제920조의 2는 제126조에 대한 특별규정이라고 하겠다.

제126조의 표현대리가 성립하려면 대리행위가 있어야 하며, 대리행위로 인정할 만한 것이 없으면 상대방의 신뢰가 있더라도 제126조가 적용되지 않는다(같은 취지: 지원림, 325면; 주해(3), 153면(차한성)). 판례도, 종중으로부터 임야의 매각과 관련한 권한을 부여받은 자가 임야의 일부를 자기가 매수하여 그 처분권한이 있다고 하면서 타인으로부터 금전을 차용하고 그 담보를 위하여 그 임야에 대하여 양도담보계약을 체결한 경우에 관하여, 그것은 종중을 위한 대리행위가 아니어서 그 효력이 종중에게 미치지 않고, 제126조의 표현대리의 법리가 적용될 수도 없다고 한다(대판 2001. 1. 19, 99다67598).

제125조의 표현대리 또는 제129조의 표현대리가 성립하는 범위를 넘어서서 법률행위를 한 경우, 즉 대리권 수여의 통지를 한 때에 통지된 대리권의 범위를 넘어서서 행위를 하거나 또는 대리권이 존재하였으나 소멸한 때에 그 소멸한 대리권의 범위를 넘어서서 행위를 한 경우에도 제126조의 표현대리가 성립하는가? 여기에 관하여 학설은 i) 긍정설(고상룡, 584면; 곽윤직, 281면; 김상용, 609면; 김용한, 382면; 김주수, 463면; 백태승, 517면; 이영준, 631면; 이은영, 639면)과 ii) 부정설(김기선, 300면)로 나뉘어 있으며, 그 가운데 긍정설이 압도적인 다수설이다. 판례는 제129조의 표현대리의 권한을 넘는 대리행위에 관하여 제126조의 표현대리가 성립할 수 있다고 한다(대판 1970. 2. 10, 69다2149; 대판 1971. 12. 21, 71다2024; 대판 1973. 7. 30, 72다1631; 대판 1979. 3. 27, 79다234)(다만, 상대방은 과거에 무권대리인과 거래한 경험이 있어야 한다. [224] 참조). 생각건대 제126조의 표현대리가 성립하려면 기본대리권이 존재하여야 하나, 제125조 또는 제129조의 표현대리가 성립할 수 있다면 그에 기하여 대리권이 존재하는 것처럼 다루어지므로, 표현대리제도의 취지에 비추어 볼 때 제125조 또는 제129조의 범위를 넘는 때에는 제126조가 적용된다고 새기는 것이 바람직할 것이다(이를 논리적으로 인정할 수 없다면, 유추적용을 허용하여야 한다).

〈대리인이 본인의 이름을 사용하여 법률행위를 한 경우〉

대리인이 마치 자신이 본인인 것처럼 직접 본인 명의로 법률행위를 하는 경우가 있다. 그러한 경우에 법률행위의 효과가 누구에게 발생하는지 문제된다. 이는 「타인의 명의를 사용하여 행한 법률행위」의 문제의 일부이다([203] 이하 참조). 그리고 사견은 그에 관한 통일적인 이론이 대리인의 경우에도 적용되어야 한다는 견지에 있다. 그런데 판례는 타인 명의 사용행위에 관하여 새로운 일반이론을 채용하고 있지만, 대리인의 경우에 대하여는 이전의 판례를 유지하고 있다([204]·[205] 참조). 그 판례는 — 앞에서 설명한 바와 같이 — 대리인이 대리권의 범위를 넘어서서 본인의 이름을 사용하여 법률행위를 한 경우에는 제126조의 표현대리가 성립할 수 없으나, 그 표현대리의 법리를 유추적용하여 본인에게 그 행위의 효력을 미치게 할 수 있다고 한다(대판 1978. 3. 28, 77다1669; 대판 1988. 2. 9, 87다카273; 대판 1993. 2. 23, 92다52436; 대판 2002. 6. 28, 2001다49814; 대판 2025. 6. 5, 2023다232526)(대리인이 대리권의 범위 안에서 그리한 경우에는 행위의 효과가 직접 본인에게 귀속한다고 함). 아래에 몇 개의 판결을 인용한다.

(ㄱ) 민법 제126조의 표현대리는 대리인이 본인을 위한다는 의사를 명시 혹은 묵시적으로 표시하거나 대리의사를 가지고 권한 외의 행위를 하는 경우에 성립하고, 사술을 써서 대리행위의 표시를 하지 아니하고 단지 본인의 성명을 모용하여 자기가 마치 본인인 것처럼 기망하여 본인 명의로 직접 법률행위를 한 경우에는 특별한 사정이 없는 한 위 법조 소정의 표현대리는 성립할 수 없다.

본인으로부터 아파트에 관한 임대 등 일체의 관리권한을 위임받아 본인으로 가장하여 아파트를 임대한 바 있는 대리인이 다시 자신을 본인으로 가장하여 임차인에게 아파트를 매도하는 법률행위를 한 경우에는 권한을 넘은 표현대리의 법리를 유추적용하여 본인에 대하여 그 행위의 효력이 미친다고 볼 수 있다(대판 1993. 2. 23, 92다52436).

(ㄴ) 대리인이 본인임을 사칭하고 본인을 가장하여 은행과 근저당권설정계약을 체결한 행위에 대해 권한을 넘은 표현대리의 법리를 유추적용한 것이 정당하다고 한 사례(대판 1988. 2. 9, 87다카273).

(ㄷ) 「다른 사람이 본인을 위하여 한다는 대리문구를 어음상에 기재하지 않고 직접 본인 명의로 기명날인을 하여 어음행위를 하는 이른바 기관 방식 또는 서명대리 방식의 어음행위가 권한 없는 자에 의하여 행하여졌다면 이는 어음행위의 무권대리가 아니라 어음의 위조에 해당하는 것이기는 하나, 그 경우에도 제 3 자가 어음행위를 실제로 한 자에게 그와 같은 어음행위를 할 수 있는 권한이 있다고 믿을 만한 사유가 있고, 본인에게 책임을 질 만한 사유가 있는 때에는 대리방식에 의한 어음행위의 경우와 마찬가지로 민법상의 표현대리 규정을 유추적용하여 본인에게 그 책임을 물을 수 있다.」(대판 2000. 3. 23, 99다50385)

(ㄹ) 대판 2025. 6. 5, 2023다232526(판결이유는 [205] 참조. 대출업 등을 영위하는 갑 회사가 을 회사에 대출모집 업무를 위탁하였는데, 을 회사의 운영자 또는 업무담당자 병 등이 다른 대출로 정의 인감증명서 등을 소지함을 기화로 정 명의의 대출신청서 및 대출계약서 등을 위조하고 갑 회사에 제출하여 대출계약이 체결된 사안에서, 위 대출계약 당시 병 등에게 정을 대리할 기본대리권이 있었다고 하더라도 갑 회사에 병 등이 정 자신으로서 본인의 권한을 행사하여 위 대출을 신청한 것이라고 믿을 만한 정당한 사유가 있었다고 보기 어려워, 갑 회사에 대하여 정의 표현대리책임이 인정되지 않는다고 본 사례)

[221] **3) 정당한 이유의 존재** 상대방(126조는 「제 3 자」라고 하고 있으나, 거기에서의 「제 3 자」는 대리행위의 상대방만을 의미한다)이 대리인에게 대리권이 있다고 믿을 만한 정당한 이유가 있어야 한다. 그런데 이것의 의미에 관하여는 견해가 대립한다. i) 다수설은 여러 사정으로부터 객관적으로

관찰하여 보통인이면 대리권이 있는 것으로 믿는 것이 당연하다는 의미, 즉 선의·무과실을 가리킨다고 한다(고상룡, 577면; 곽윤직, 281면; 김기선, 311면; 김용한, 378면; 김주수, 464면; 김학동, 445면; 명순구, 505면; 정기웅, 476면). 그에 비하여 어떤 견해는 ii) 법관이 변론종결 당시까지 존재하는 제반자료 및 사정을 종합하여 판단할 때 대리권의 존재가 명백하다고 할 수밖에 없는 경우에 정당한 이유가 있다고 한다(백태승, 518면; 이영준, 635면; 이은영, 641면). 그런가 하면 이 둘의 절충적인 견해도 있다. 이 견해는 iii) 정당한 이유는 상대방의 선의·무과실로 이해할 것은 아니며, 객관적으로 보아 대리권이 있다고 믿을 만한 사유로 이해할 것이라고 하면서, 정당한 이유의 판단은 이성인이 아니고 보통인을 기준으로 할 것이라고 한다. 이 견해에 의하면 변론종결시까지의 사정도 고려의 대상이 된다고 한다(김상용, 603면). 한편 판례는 선의·무과실로 이해하는 것(대판 1954. 3. 16, 4286민상215; 대판 1987. 5. 26, 86다카1821; 대판 1989. 4. 11, 88다카13219; 대판 1989. 5. 23, 88다카22626; 대판 1992. 6. 9, 92다11473; 대판 1992. 6. 23, 91다14987; 대판 2009. 5. 28, 2008다56392)과 대리권을 주었다고 믿었음을 정당화할 만한 객관적인 사정이라고 하는 것(대판 1968. 11. 26, 68다1727·1728; 대판 1970. 3. 10, 69다2218; 대판 1981. 8. 25, 80다3204; 대판 1998. 7. 10, 98다18988)이 뒤섞여 있는가 하면, 어떤 사안에서는 상대방의 악의 유무를 불문하고 객관적으로 보아서 정당한 이유가 있다고도 하였다(대판 1970. 10. 30, 70다1812). 이러한 판례를 두고 「점차 선의·무과실로 보지 않는 방향으로 발전되었」다고 하거나(김상용, 602면), 혹은 초기에는 선의·무과실로 이해하였으나 오늘날은 객관적인 사정이라고 판시한다고 설명하기도 한다(백태승, 518면). 그러나 이들 견해는 지나친 속단이다. 판례는 전체적으로는 선의·무과실이라고 이해하는 범주에 머물러 있는 것으로 보인다.

생각건대 제126조에서는 제125조·제129조에서와 달리 상대방의 선의·무과실 대신 「권한이 있다고 믿을 만한 정당한 이유」가 있을 것을 요건으로 규정하고 있는바, 이는 입법자가 깊은 고려에 입각하여 의도적으로 행한 결과라고 보아야 한다. 제126조의 표현대리의 경우에는 다른 두 표현대리에 있어서보다 외관상 상대방의 신뢰가치가 훨씬 낮다(같은 취지: 김학동, 441면). 다른 두 표현대리에서는 대리권을 수여하였다고 표시한 그 대리권의 범위 안에서 또는 소멸하기 전에 가지고 있었던 대리권의 범위 안에서 행위를 하는데, 제126조의 경우에는 대리권의 범위를 넘어서서 행위를 하기 때문이다. 대리권이 있는 행위와 다른 종류의 행위를 한 때는 더 말할 필요도 없다. 그리하여 입법자는 제126조의 표현대리는 다른 경우보다 제한된 범위에서만 성립할 수 있게 하기 위하여 「정당한 이유」를 요구한 것이다. 따라서 그 정당한 이유는 다수설처럼 상대방의 선의·무과실로 이해하여서는 안 된다.

그것보다는 좁게, 제반사정(여기의 제반사정은 대리행위 당시의 것만이며, 그 점에서 변론종결 당시까지의 제반사정을 고려하는 ii)설과 다르다)에 비추어 볼 때 보통사람이라면 대리권이 존재하는 것으로 믿었을 것이 분명하다고 여겨지는 경우에 정당한 이유가 있다고 하여야 한다. 여기의 판단을 함에 있어서는 기본대리권도 필수적으로 고려하여야 한다. 그 결과 기본대리권과 거리가 먼 대리행위의 경우에는 대리권이 있다고 믿을 만한 정당한 이유의 존재가 인정되기 어려울 것이다.

정당한 이유 유무를 판단하는 시기는 대리행위 당시이며(같은 취지: 고상룡, 577면; 김용한, 378면; 김주수, 465면; 김준호, 340면; 주해(3), 156면(차한성). 그러나 이영준, 635면은 변론종결 당시까지의 사정을 고려하자고 한다). 따라서 그 이후의 사정은 고려되지 않는다. 판례도 같다(대판 1981. 8. 20, 80다3247; 대판 1981. 12. 8, 81다322; 대판 1987. 7. 7, 86다카2475; 대판 1997. 6. 27, 97다3828; 대판 2009. 2. 26, 2007다30331; 대판 2009. 11. 12, 2009다46828).

〈판 례〉

(ㄱ) 부동산을 담보로 금전을 빌리면서 필요한 서류 일체를 구비하여 교부한 경우(대판 1960. 2. 4, 4291민상508), 근저당권설정계약에서 부동산소유자의 권리문서 · 인감증명서 · 인감도장을 소지하고 대리인으로 표명한 경우(대판 1968. 11. 26, 68다999), 이장이 부락민이 맡긴 인장으로 약속어음을 발행하거나(대판 1962. 4. 18, 4294민상850) 비료의 외상판매증서를 작성한 경우(대판 1971. 11. 30, 71다2166), 연대보증보험계약을 체결함에 있어서 본인의 인감과 보증보험 연대보증용으로 된 본인의 인감증명을 소지하고 있었던 경우(대판 1991. 12. 27, 91다30668: 「소형트럭」의 할부구입 보증보험계약상의 구상금채무의 연대보증을 위하여 교부한 인감증명과 인감도장을 「굴삭기」 할부구입 보증보험계약상의 구상금채무의 연대보증을 위하여 사용한 경우에 126조의 표현대리의 성립을 인정함)에는 정당한 이유가 있다. 그러나 부동산매매계약에서 처가 남편의 실인(實印)을 소지한 사실만으로는 정당한 이유가 없으며(대판 1960. 9. 15, 4292민상1007), 남편의 인장과 권리증을 교부받아 남편의 부동산을 처분한 경우에 예전에도 그렇게 처분한 사실이 있다는 사정은 정당한 이유가 될 수 없다(대판 1969. 6. 24, 69다633).

(ㄴ) 대리인이 본인에게 자기가 일류회사에 취직하는 데 보증인을 세움에 필요하다고 속여서 그로부터 인장과 인감증명을 받아내는 한편, 본인 모르게 등기필증을 훔쳐내어 그 정을 모르는 타인과 근저당권설정계약을 한 다음 설정등기를 하고 그로부터 돈을 차용하였다면, 본인이 대리인으로부터 기망당하여 인장과 인감증명서를 동인에게 교부하였다 하여도 본인은 동인에게 자기의 대리로 신원보증서를 작성하라고 교부한 것으로서 대리권을 수여한 것이라고 보아야 할 것이고, 동인이 그 대리권의 권한 외의 법률행위를 한 경우에 해당한다고 보아야 할 것이므로 표현대리의 성립이 가능하다(대판 1967. 5. 23, 67다621 · 622).

(ㄷ) 본인이 대리인을 통하여 허무인 명의로 부동산을 매수하고 소유권이전등기를 경료하지 아니하고 있는 사이에 대리인이 위 부동산을 제 3 자에 처분함으로 인하여 당초의 매도인으로부터 제 3 자 앞으로 직접 소유권이전등기가 경료된 데 대하여 본인이 매도인에 대하여는 소유권이전등기 절차의 이행을, 제 3 자에 대하여는 소유권이전등기의 말소등기절차의 이행을 구하는 사안에 있어서 본인이 위 대리인의 매도

행위에 대하여 책임이 있는지에 대하여는 아무런 판단도 하지 아니한 채 당초 매도인이 위 대리인에게 위 허무인(또는 본인)을 대리하여 위 부동산을 전매할 권한까지 있다고 믿을 만한 정당한 이유가 있었으므로 제 3 자가 정당하게 소유권이전등기를 경료받은 것으로 판단한 것은 이유를 제대로 명시하지 아니한 위법이 있는 것이다(대판 1991. 2. 12, 90다7364)(지원림, 328면은 이 판결과 아래 (ㄹ) 판결 등을 근거로 판례가 126조의 표현대리에 있어서 본인 측의 유책사유를 필요로 하는 것으로 이해한다).

(ㄹ) 갑 스스로 을에게 친분관계 등에 터잡아 그의 사업수행에 필요한 자금을 조달하는 과정에서 보증용으로 사용할 수 있도록 자신의 인감 등을 넘겨줌으로써 을이 그 권한을 남용하여 발생할 거래안전에 미칠 위험성은 상당 정도 갑에게도 책임 있는 사유로 유발되었고, 더구나 갑이 종전에도 약속어음의 할인에 즈음하여 병의 직접 확인전화를 받고 을의 사업자금 조달을 위하여 보증을 한다는 취지에서 배서를 한 사실을 인정까지 해 준 것이라면, 병으로서는 을이 갑으로부터 두터운 신뢰를 받고 있어 갑을 대리할 수 있는 적법한 권한을 보유하고 있던 것으로 능히 생각할 수 있었다고 할 것이므로, 병이 을에게 그와 금전소비대차계약을 체결함에 있어서 갑을 대리할 권한이 있었다고 믿었고 또 그와 같이 믿은 데에 상당한 이유가 있었다고 보아 민법 제126조 소정의 표현대리의 성립을 인정한 사례(대판 2003. 4. 11, 2003다7173 · 7183).

(ㅁ) 「표현대리에 관한 민법 제126조의 규정에서 제 3 자라 함은 당해 표현대리행위의 직접 상대방이 된 자만을 지칭하는 것이고, 약속어음의 보증은 발행인을 위하여 그 어음금채무를 담보할 목적으로 하는 보증인의 단독행위이므로 그 행위의 구체적, 실질적인 상대방은 어음의 제 3 취득자가 아니라 발행인이라 할 것이어서 약속어음의 보증부분이 위조된 경우, 동 약속어음을 배서, 양도받는 제 3 취득자는 위 보증행위가 민법 제126조 소정의 표현대리행위로서 보증인에게 그 효력이 미친다고 주장할 수 있는 제 3 자에 해당하지 않는다.」(대판 2002. 12. 10, 2001다58443)

(ㅂ) 「민법 제126조에서 말하는 권한을 넘은 표현대리의 효과를 주장하려면 자칭 대리인이 본인을 위한다는 의사를 명시 또는 묵시적으로 표시하거나 대리의사를 가지고 권한 외의 행위를 하는 경우에 상대방이 자칭 대리인에게 대리권이 있다고 믿고 그와 같이 믿는 데 정당한 이유가 있을 것을 요건으로 하는 것인바, 여기서 정당한 이유의 존부는 자칭 대리인의 대리행위가 행하여질 때에 존재하는 모든 사정을 객관적으로 관찰하여 판단하여야 하고, 금융기관이 채무자 본인의 서명날인 또는 채무자의 보증의사 확인 등 계약체결에 관한 사무처리규정을 마련하여 둔 경우에는 연대보증계약을 체결하면서 그와 같은 사무처리규정을 준수하였는지 여부가 표현대리에서 정당한 이유가 있는지 여부를 판단하는 요소가 될 수 있다.」(대판 2009. 2. 26, 2007다30331)

(ㅅ) 부동산 매도를 위임받은 대리인이 자신의 채무 지급을 담보하기 위하여 그 부동산에 관하여 양도담보계약을 체결한 사안에서, 대리인이 소유권이전등기에 필요한 서류와 인감도장을 모두 교부받아 이를 상대방에게 제시하며 부동산을 처분할 대리권이 있음을 표명하였다면 상대방으로서는 대리권이 있다고 믿는 데에 정당한 이유

가 있었다고 볼 수 있고, 더 나아가 본인에 대해 직접 대리권 수여 유무를 확인해 보아야만 하는 것은 아니라고 한 사례(대판 2009. 11. 12, 2009다46828).

정당한 이유의 증명책임에 관하여는 세 가지 견해가 대립한다. i) 제 1 설은 본인이 상대방의 악의나 과실을 증명하여야 한다고 주장한다(곽윤직, 281면; 김용한, 378면; 김주수, 465면; 주해(3), 160면(차한성)). 이 견해는 법문상은 상대방에게 있는 것처럼 보이나 다른 표현대리와 구별할 이유가 없다고 한다. ii) 제 2 설은 상대방이 정당한 이유가 있음을 증명해야 한다고 한다(고상룡, 578면; 김상용, 604면; 김준호, 341면; 백태승, 521면; 이영준, 639면; 이은영, 642면). 제126조의 표현대리는 다른 표현대리와 성질에 있어서 다르며, 그러한 취지에서 법률규정에서도 제125조 · 제129조와 달리 규정하고 있다고 한다. iii) 제 3 설은 선의의 증명은 상대방이 하고 과실의 증명은 본인이 해야 한다고 한다(김학동, 446면). 판례는 제 2 설과 같다(대판 1968. 6. 18, 68다694). 생각건대 제126조는 그 법문으로 볼 때 제125조 · 제129조와 현저하게 구별되며, 그것은 특별한 고려에 입각한 의도적인 것으로 보아야 한다. 따라서 법문에 따라 표현대리를 주장하는 상대방이 정당한 이유가 존재함을 증명해야 할 것이다.

본조에 의하여 보호되는 상대방(법문상으로는 제 3 자)은 표현대리행위의 직접 상대방이 된 자만을 가리키며, 전득자는 포함되지 않는다(대판 1986. 9. 9, 84다카2310; 대판 1994. 5. 27, 93다21521; 대판 1997. 11. 28, 96다21751; 대판 1999. 1. 29, 98다27470; 대판 1999. 12. 24, 99다13201). 물론 상대방에 대하여 표현대리 요건이 갖추어져 있는 경우에 그 상대방으로부터 전득한 자는 유권대리에 기하여 권리를 취득한 것과 마찬가지이므로 표현대리를 주장할 수 있다(대판 1991. 6. 11, 91다3994(수표취득자); 대판 1994. 5. 27, 93다21521(어음취득자); 대판 1999. 1. 29, 98다27470(어음취득자); 대판 1999. 12. 24, 99다13201(어음취득자)).

[222] **4) 본인의 과실 문제** 그 밖에 본인의 과실은 묻지 않는다(반대: 김학동, 449면). 그리고 대리인이 권한을 넘어서 행위하는 것이 범죄로 된다고 하더라도 표현대리의 성립에는 지장이 없다(대판 1963. 8. 31, 63다326; 대판 1966. 6. 28, 66다845).

5) 법정대리에의 적용 문제 제126조가 임의대리 외에 법정대리에도 적용되는가? 여기에 관하여 학설은 i) 긍정설, ii) 부정설로 나뉘어 대립하고 있다. i) 긍정설은 제126조의 표현대리는 본인의 과실이나 행위에 의할 것이 필요하지 않으므로 동조는 법정대리에도 적용된다고 한다(곽윤직, 282면; 김상용, 606면; 김용한, 379면; 김주수, 467면; 백태승, 522면; 주해(3), 173면(차한성)). 그리하여 예컨대 법정대리인인 후견인이 친족회(이는 민법개정시에 폐지되고 그 대신 후견감독인제도가 신설되었음)의 동의를 얻어 대리행위를 하여야 하는 경우에(개정 전 950조), 그가 친족회의 동의서를 위

조하거나 또는 친족회의 결의가 취소된 때에는, 제126조가 적용된다고 한다(김용한, 379면은 단순히 친족회의 동의를 얻지 않은 경우에는 950조 2항이 적용되어야 하고 126조는 적용되지 않는다고 한다). 그에 비하여 ii) 부정설은 만약 제126조를 법정대리에도 적용하면 제한능력자 보호라는 제한능력자제도의 목적에 반하므로 그 규정은 법정대리에는 적용하지 않아야 한다고 주장한다(김학동, 451면; 이영준, 640면; 이은영, 642면; 지원림, 323면. 고상룡, 581면은 유가증권 기타 이에 준하는 거래에서는 예외를 인정한다). 한편 판례는 「제126조 소정의 권한을 넘는 표현대리의 규정은 거래의 안전을 도모하여 거래상대방의 이익을 보호하려는 데에(그 취지가: 저자 주) 있으므로 법정대리라고 하여 임의대리와는 달리 그 적용이 없다고 할 수 없고, 따라서 한정치산자의 후견인이 친족회의 동의를 얻지 않고 피후견인의 부동산을 처분하는 행위를 한 경우에도 상대방이 친족회의 동의가 있다고 믿은 데에 정당한 이유가 있는 때에는 본인인 한정치산자에게 그 효력이 미친다」고 하여, 긍정하는 입장이다(대판 1997. 6. 27, 97다3828(친족회의 의사록을 위조한 경우임)). 생각건대 법정대리인의 대리권의 범위는 법률규정에 의하여 정하여져 있다. 따라서 법정대리의 상대방은 대리인의 형태가 아니고 법률에 기초하여 대리행위가 권한 내의 행위인지를 판단하여야 한다. 이런 점에서 보면 제126조를 법정대리에는 적용하지 않아야 할 것이다. 그러나 법정대리에서도 상대방과 거래안전의 보호가 임의대리에 못지않게 필요하므로, 그 적용을 무조건 배제하지는 않아야 한다. 그리하여 거래의 안전을 희생하면서까지 본인을 보호하여야 하는 제한능력자의 경우를 제외하고는 법정대리에도 제126조를 적용하는 것이 바람직하다.

〈부부의 일상가사대리권(日常家事代理權)과 제126조의 표현대리〉 [223]

부부는 일상의 가사에 관하여 서로 대리권이 있다(827조). 이것이 이른바 일상가사대리권이다. 그런데 이 일상가사대리권이 제126조의 표현대리에 있어서 기본대리권이 될 수 있는지가 문제된다.

(ㄱ) **학 설** 여기에 관하여 학설은 네 가지로 나뉘어 있다. i) 제 1 설은 일상가사대리권을 기본대리권으로 하여서도 제126조의 표현대리가 성립할 수 있다고 한다(곽윤직(신정판), 489면; 김기선, 313면; 김상용, 609면; 이영준, 640면; 이은영, 644면). 이 견해는 일상가사대리권을 법정대리권이라고 보는 견해이다. ii) 제 2 설은 일반적 · 추상적 일상가사의 범위와 개별적 · 구체적인 일상가사의 범위가 어긋날 경우에 일반적 · 추상적인 일상가사의 범위 내에서만 표현대리의 규정이 유추적용되고, 그 밖의 행위에 대하여는 대리권의 수여가 있는 경우에 한하여 그것을 기초로 하여 제126조가 적용된다고 한다(김주수, 468면; 김주수(친상), 164면). 이 견해는 일상가사대리권을 법정대리권으로 보지 않고 일종의 대표로 이해한다. iii)

제 3 설은 부부관계의 태양에 따라 일상가사의 범위가 신축될 것이라고 하면서, 일상가사의 범위에 들어갈 경우에는 바로 제827조가 적용되고 그러한 범위를 넘는 경우에는 대리권 수여의 문제가 아니고 제126조의 정당한 이유의 존부 문제로 다루어 표현대리의 인정 여부를 결정하는 것이 타당하다고 한다(고상룡, 582면). 이 견해는 일상가사대리권은 법정대리권도 아니고 대표라고 보는 견해도 문제가 있다고 하면서, 오히려 부부간의 묵시적인 수권행위가 법률로 표현된 것으로 이해한다. iv) 제 4 설은 일상가사대리권에 제126조를 유추적용하여도 실제로는 그 요건을 갖추지 못하여 적용 의도는 유명무실하게 된다고 하면서, 법정대리에 굳이 제126조를 적용할 필요는 없다고 한다(김학동, 451면).

㈁ **판 례** 판례는 제 1 설과 마찬가지로 일상가사대리권을 기본대리권으로 하여서도 표현대리가 성립할 수 있다고 한다. 그런데 판례를 구체적으로 살펴보면, 일상가사의 범위 내의 행위라고 오인될 수 있는 경우에 한하여 표현대리를 인정하였고(대판 1967. 8. 29, 67다1125(근저당권설정); 대판 1970. 10. 30, 70다1812(부동산의 적정가격 매도); 대판 1981. 6. 23, 80다609(금전차용); 대판 1987. 11. 10, 87다카1325(부의 해외 취업 중 공장경영 위임을 받은 처가 공장 운영자금의 조달을 위해 금전차용을 위한 담보를 설정한 경우)), 그 밖의 경우에 대하여는 상대방 배우자가 그 행위에 관한 대리권을 주었다고 믿었음을 정당화할 만한 객관적인 사정이 있었어야 한다고 하면서 표현대리를 인정하지 않았다(대판 1968. 11. 26, 68다1727 · 1728(근저당권설정 · 소유권이전등기); 대판 1970. 3. 10, 69다2218(부동산 처분); 대판 1971. 1. 29, 70다2738(융자신청); 대판 1981. 8. 25, 80다3204(담보제공); 대판 1984. 6. 26, 81다524(담보제공); 대판 1990. 12. 26, 88다카24516(차용시부터 4년 후 잔존채무금을 확정하고 분할변제의 약정을 체결한 경우); 대판 1997. 4. 8, 96다54942(사업채무의 보증); 대판 1998. 7. 10, 98다18988(타인 채무의 보증); 대판 2009. 4. 23, 2008다95861(처가 북한으로 피랍된 남편을 대리하여 토지를 매도한 사안); 대판 2009. 12. 10, 2009다66068(연대보증)). 이러한 판례는 실질적으로 아래의 사견과 같지 않은가 한다(만약 판례의 뒤의 태도가 대리권 수여가 없이도 객관적 사정만으로 표현대리를 인정하는 취지라면 다르며, 그것은 받아들일 수 없다).

㈂ **사 견** 생각건대 일상가사대리권도 대리권으로서 기본대리권이 된다고 하여야 한다. 그 결과 일상가사대리권을 기초로 하여서도 제126조의 표현대리가 성립할 수 있다. 다만, 제126조의 표현대리의 요건 중 정당한 이유가 존재하는지를 판단함에 있어서「일상가사범위 내에 속한다고 믿을 만한 정당한 이유」가 있는지 검토하여야 한다. 이는 일반적인 경우에「권한을 넘은 대리가 (기본적) 대리권의 범위에 속한다고 믿을 만한 정당한 이유가 있는가」와 같은 맥락이다. 그 결과 일상가사의 범위 내에 속한다고 믿을 만한 정당한 이유가 없는 경우에는 다른 대리권이 있어야 하고, 그렇지 않으면 제126조의 표현대리는 성립할 수가 없다.

(2) 효 과

이들 요건이 모두 갖추어진 경우의 효과는 제125조의 표현대리에서와 같다. 다만, 제126조의 표현대리에 있어서는 그 요건 중 일부가 구비되지 않았을지라도 양적으로 분할될 수 있는 행위의 경우에는, 일부무효의 법리를 적용하여야 하며, 그 결과 대리권의 범위에서 유효할 수 있다(같은 취지: 김상용, 596면; 주해(3), 141면(차한성)). 판례도 같은 태도이다(대판 1987. 9. 8, 86다카754; 대판 1989. 1. 17, 87다카1698).

4. 제129조의 표현대리(대리권 소멸 후의 표현대리) [224]

이는 대리권을 가지고 있던 자가 대리권이 소멸한 후에 대리행위를 한 경우이다. 예를 들면 하도급공사계약의 체결을 담당하던 회사직원이 회사를 그만둔 뒤 리베이트를 받기 위하여 어떤 자와 하도급공사계약을 체결한 경우가 그렇다.

〈제129조와 제470조 · 제471조의 관계〉

문헌에 따라서는(김상용, 611면; 지원림, 335면; 이영준, 642면), 가령 점원이 해고된 뒤 상점의 청구서나 영수증을 가지고 고객으로부터 수금한 경우에 고객은 제470조 · 제471조 또는 제129조의 요건을 증명하여 변제의 효력을 주장할 수 있다고 한다. 두 제도가 서로 다른 목적을 가진 것이고, 요건도 다르므로, 위의 견해처럼 선택적으로 주장할 수 있다고 하는 것이 좋을 것이다.

(1) 요 건

1) 대리권의 소멸 대리인이 과거에는 대리권을 가지고 있었으나, 대리행위를 할 때에는 그 대리권이 소멸하고 없어야 한다.

처음부터 대리권이 없었던 경우에는 여기의 표현대리가 성립할 수 없다(대판 1962. 3. 22, 4294민상483; 대판 1977. 5. 24, 76다2934; 대판 1984. 10. 10, 84다카780). 그리고 판례에 의하면, 대리인이 대리권 소멸 후 복대리인을 선임하여 복대리인으로 하여금 대리행위를 하도록 한 경우에도 제129조의 표현대리가 성립할 수 있다고 한다(대판 1998. 5. 29, 97다55317). 그러나 그 경우에는 제129조를 유추적용하여야 할 것이다. 한편 판례는, 대표이사의 퇴임등기가 된 경우에 제129조의 적용 내지 유추적용이 있다고 한다면 상업등기에 공시력을 인정한 의의가 상실될 것이라는 이유로, 그 경우에는 제129조의 적용 또는 유추적용을 부정한다(대판 2009. 12. 24, 2009다60244).

과거에 존재하였던 대리권이 포괄적이거나 계속적인 것일 필요는 없으며, 개별적이거나 일시적인 것이어도 무방하다(주해(3), 193면(차한성)). 다만, 계속적인 것이라면 개별적인 것에 비하여 상대방의 무과실을 인정하기가 쉬울 것이다. 그리고 무권대리행위가 범죄를 구성하더라도 제129조의 표현대리를 성립시키는 데 지장이 없다.

〈판 례〉

갑이 을로부터 여러 차례에 걸쳐서 금원을 차용함에 있어 병이 연대보증을 서고 갑으로 하여금 병을 대신하여 을과 보증계약을 체결토록 대리권을 수여한 사실이 있다 하여, 거래의 실정에 비추어 특단의 사정이 없는 한 병은 개개의 보증계약을 체결할 때마다 갑에게 대리권을 수여한 것이지, 구체적인 개개의 거래를 떠나서 일반적으로 병을 대신하여 보증계약을 체결할 수 있는 권한을 부여하였다고는 보기 어렵다 할 것이고, 그렇다면 갑이 구체적인 개개의 금원차용에 있어 병을 대리하여 보증계약을 체결함으로써 그 임무는 완료한 것이고, 병이 갑에게 더 이상 보증을 서지 않겠다는 통고를 한 것은 앞으로의 보증의뢰를 사전에 거절한 것이지 수권행위의 철회라고 볼 수 없으니, 병의 위 통고 후 갑이 병을 대신하여 보증계약을 체결한 것에는 본조의 표현대리가 성립될 수 없다 할 것이다(대판 1967. 9. 5, 67다1355).

2) 소멸한 대리권의 범위 내에서의 대리행위 대리행위가 소멸한 대리권의 범위 내에서 행하여졌어야 한다. 만약 대리행위가 소멸한 대리권의 범위를 넘어서서 행하여졌다면, 제126조의 표현대리가 문제될 수 있을 뿐이다([220] 참조). 주의할 것은, 제129조의 표현대리나 소멸한 대리권의 범위를 넘는 표현대리가 성립하려면 상대방이 과거에 대리인과 거래를 한 적이 있어야 한다는 점이다(반대: 주해(3), 195면(차한성)). 그렇게 새기지 않으면 언젠가 무엇에 대하여든지 대리권을 가지고 있었던 자와 법률행위를 한 상대방은, 그가 무권대리인에 대하여 알고 있지 못하는 한, 언제나 본인에게 표현대리를 주장할 수 있게 될 것인데, 그것은 옳지 않기 때문이다(위의 문헌은 거래경험이 있었는지를 선의·무과실의 인정에서 고려하려고 하나, 129조의 표현대리의 경우에는 상대방이 자신의 무과실을 증명할 필요가 없고 본인이 상대방에게 과실이 있었음을 반대증명하여야 하는 점에서 적절하지 않다). 제129조는 거래경험이 있는 상대방을 전제로 하는 것이다. 판례는 제129조의 표현대리에 관하여 뿐만 아니라 소멸한 대리권의 범위를 넘는 표현대리에 관하여도 이와 같은 입장에 있다(대판 1973. 7. 30, 72다1631; 대판 1979. 3. 27, 79다234).

〈판 례〉

「민법 제129조는 제 3 자가 대리인의 대리권이 소멸하기 전에 대리인과 거래한 일이 있는 등으로 대리권을 가진 자에게 여전히 대리권이 있다고 여겨 그와 거래를 한 사정이 있는 경우에 적용된다고 해석함이 그 법조의 정신으로 미루어 상당하다 할 것이며, 이 법리는 동조와 민법 제126조가 얽힌 경우에 있어서도 또한 같다 할 것이다.

이 사건에 있어서 논지 주장의 항변은 소외 이○○가 이전에도 종중재산을 타에 팔아넘긴 사실이 있으니 동인의 이번 이 사건의 종중 소유 땅의 매각은 그에게 권한을 넘은 표현대리의 법리로서 효력이 있다는 주장으로 보여 민법 제126조와 제129조와의 얽힌 경우의 주장으로 여겨진다.

그런데 원심은 위 항변을 피고에게 동 소외인 이○○에게 본건 토지를 처분할 권한이 있다고 믿을 만한 정당한 사유가 있는 경우에 해당하지 않는다는 취지의 판단으로 배척하였다. 이 판단은 피고가 위 소외인 이○○과 그의 대리권 소멸 전에 그와 거래한 일이 있음이 전연 엿보이지 않는 이 사건에서, 원심이 민법 제129조에 관한 앞 설시의 법리와 취지를 같이하는 것으로서 이해되어 옳게 시인된다.」(대판 1973. 7. 30, 72다1631: 판결원본에서 발췌)

3) 상대방의 선의 · 무과실 제129조는 「제 3 자」에게 선의 · 무과실을 요구하고 있다. 그런데 거기의 「제 3 자」는 대리행위의 상대방만을 가리키며, 그 상대방과 거래한 제 3 자를 포함하지 않는다(같은 취지: 곽윤직(신정판), 491면). 따라서 제129조의 표현대리가 성립하려면 상대방이 선의 · 무과실이어야 한다. 즉 대리인이 이전에는 대리권을 가지고 있었기 때문에 지금도 그 대리권이 계속 존재하는 것으로 상대방이 믿고(선의), 또한 그와 같이 믿는 데 과실이 없어야 한다(무과실). 통설(같은 취지: 곽윤직, 282면; 김상용, 611면; 김학동, 453면; 백태승, 527면. 반대: 김용한, 381면) · 판례(대판 2009. 5. 28, 2008다56392)도 같다. 그리고 「선의」와 관련하여 대리권이 이전에 존재하였다는 것과 상대방의 신뢰 사이에 인과관계가 있어야 한다(곽윤직(신정판), 491면; 주해(3), 195면(손지열). 같은 취지: 이영준, 644면. 반대: 김용한, 381면). [225]

상대방의 선의 · 무과실이라는 요건의 증명책임은 누가 부담하는가? 여기에 관하여 학설은 i) 본인이 상대방의 악의 · 과실을 증명하여야 한다는 견해(곽윤직, 282면; 김용한, 381면; 김주수, 474면; 백태승, 527면), ii) 선의는 상대방이 증명하여야 하고, 상대방에게 과실이 있다는 점은 본인이 증명하여야 한다는 견해(고상룡, 586면; 김상용, 612면; 김준호, 343면; 김학동, 453면; 이영준, 643면; 이은영, 645면)로 나뉘어 대립하고 있다. 그리고 판례는 없다. 생각건대 제129조의 표현대리는 외관상 제126조의 표현대리에 비하여는 신뢰가치가 높지만 제125조의 표현대리보다는 낮다. 그 때문에 민법은 요건 및 그 증명에 관하여 제129조를 다른 두 규정의 중간으로 규정한 듯하다. 그리고 이러한 판단은 실질적으로도 타당해 보인다. 즉 일단 대리권이 소멸한 이상, 상대방이 유효를 주장하려면 자신이 소멸사실을 몰랐음을 증명하게 하고, 그에 대하여 본인이 상대방의 과실을 주장 · 증명하여 무권대리로 만들 수 있게 하는 것이 옳을 것이기 때문이다. 결국 법문에 충실하게 ii)설처럼 해석하여야 한다.

4) 법정대리에의 적용 문제 제129조가 법정대리에 관하여도 적용되는가에 대하여 학설은 i) 긍정설(고상룡, 587면; 곽윤직, 282면; 김상용, 613면; 김용한, 381면; 김주수, 474면; 김학동, 453면; 백태승, 527면; 이은영, 645면; 주해(3), 198면(차한성))과 ii) 제한적 긍정설(김준호, 343면; 이영준, 644면)로 나뉘어 있다. 제한적 긍정설은 원칙적으로 법정대리에도 적용하되, 제한능력자를 보호하려는 취지에 반하는 결과로 되는 때에는 적용을 부정할 것이라고 한다. 그리고 판례는 긍정설의 입장에 있다(대판 1975. 1. 28, 74다1199(미성년자의 모가 미성년자가 성년으로 된 뒤 그의 토지를 매매한 경우)). 생각건대 제129조의 표현대리는 대리권이 소멸한 후의 것이기 때문에, 제한능력자의 법정대리의 경우에도 제한능력자의 보호는 원칙적으로 문제되지 않는다. 따라서 동조는 법정대리에도 적용된다고 하여야 한다. 다만, 가령 피성년후견인의 배우자 겸 성년후견인이었던 자가 이혼 후에 대리행위를 한 때처럼, 본인이 아직 제한능력자로 남아 있어 보호하여야 할 필요가 있는 경우에는, 제한능력자 보호의 취지를 살리기 위하여 제129조를 적용하지 않아야 한다.

(2) 효 과

이들 요건이 갖추어진 경우의 효과는 제125조의 표현대리에서와 같다. 민법은 제125조 · 제126조에서는 「책임이 있다」고 규정하고 제129조에서는 「대항하지 못한다」고 하여 표현을 다르게 하고 있으나, 그것들의 의미는 같은 것으로 이해된다(곽윤직(신정판), 491면).

[226] Ⅲ. 좁은 의미의 무권대리

1. 의 의

무권대리 가운데 표현대리가 아닌 경우가 좁은 의미(협의)의 무권대리이다. 예컨대 A로부터 전혀 대리권을 수여받은 바 없는 B가 A의 이름으로 A의 토지를 C에게 매도하는 계약을 체결한 경우가 그 예이다. 물론 표현대리에 해당하는 경우라 할지라도 상대방이 표현대리를 주장하지 않으면 좁은 의미의 무권대리로 다루어진다.

좁은 의미의 무권대리의 효과는 대리행위가 계약인가 단독행위인가에 따라 차이가 있다. 민법이 두 경우를 다르게 규정하고 있기 때문이다. 민법은 제130조 내지 제135조에서 계약의 무권대리를 규정하고, 제136조에서 단독행위의 무권대리를 규정하고 있다.

아래에서 무권대리를 계약의 경우와 단독행위의 경우로 나누어 설명하기로 한다.

2. 계약의 무권대리

문헌들은 대체로 계약의 무권대리를 본인과 상대방 사이의 효과, 상대방과 대리인 사이의 효과, 본인과 대리인 사이의 효과의 셋으로 나누어 기술한다(가령 곽윤직, 283면 이하). 이는 무권대리를 일반적인 대리제도에 있어서처럼 3면관계로 나누어놓은 것이다. 그런데 이 방법은 무권대리에는 그다지 좋지는 않다. 무엇보다도 무권대리의 경우에는 유권대리에 있어서 핵심적인 요소인 대리권이 없기 때문이다(대리권은 본인·대리인 사이의 관계임). 그래서 이 책에서는 위와 같은 방법을 따르지 않고, 먼저 본인·상대방 사이의 효과에 해당하는 부분을 「본인에 대한 효과」와 「상대방에 대한 효과」로 나누어 적고, 그 뒤에 「상대방에 대한 무권대리인의 책임」, 「무권대리인과 본인 사이의 효과」를 차례로 설명하기로 한다.

(1) 본인에 대한 효과

좁은 의미의 무권대리는 본인에게 효력이 생기지 않는다. 그러나 무권대리행위라도 본인이 그 효과를 원할 수 있고 또 상대방에게는 그것대로 효력을 인정하는 것이 그의 기대에 부합하므로, 민법은 본인이 원하는 경우에는 그것을 추인하여 효과를 생길 수 있게 하고 있다(130조). 그 결과 무권대리는 확정적 무효가 아니고, 유효·무효가 확정되지 않은 무효 즉 유동적 무효의 상태에 있게 된다. 본인은 추인을 하거나 추인을 거절하여 무권대리의 효력을 확정지을 수 있다.

1) 본인의 추인권 본인은 무권대리행위로서 행하여진 계약을 추인하여 유권대리와 동일한 효과를 발생하게 할 수 있다(130조).

(가) 추인의 성질 여기의 추인은 효력의 발생 여부가 확정되지 않은 행위에 관하여 그 행위의 효과를 자기에게 직접 발생하게 하는 것을 목적으로 하는 상대방 있는 단독행위이다(같은 취지: 대판 1990. 4. 27, 89다카2100; 대판 1995. 11. 14, 95다28090; 대판 2000. 9. 8, 99다58471; 대판 2002. 10. 11, 2001다59217). 추인에는 상대방·무권대리인의 동의나 승낙이 필요하지 않다. 그리고 추인은 사후의 대리권의 수여가 아니며, 추인권은 일종의 형성권이다(통설도 같음).

(나) 추인의 방법 추인은 단독행위이므로 의사표시로서 요건을 갖추어야

한다. 따라서 의사표시의 존재가 인정되지 않는 경우에는 추인의 효과가 생기지 않는다. 다만, 추인에는 특별한 방식이 요구되지 않으므로, 추인은 명시적으로뿐만 아니라 묵시적으로도 할 수 있다(통설 · 판례도 같음. 대판 1967. 12. 26, 67다2448; 대판 1981. 4. 14, 80다2314; 대판 1990. 4. 27, 89다카2100; 대판 1991. 3. 8, 90다17088; 대판 2001. 11. 9, 2001다44291; 대판 2009. 9. 24, 2009다37831; 대판 2010. 2. 11, 2009다68408; 대판 2014. 2. 13, 2012다112299 · 112305). 그런데 추인이 유효하려면 무권대리행위가 있음을 알고 하였어야 한다(판례도 같다. 대판 1995. 11. 14, 95다28090; 대판 2000. 9. 8, 99다58471 등). 한편 판례는, 묵시적 추인을 인정하기 위해서는 본인이 그 행위로 처하게 된 법적 지위를 충분히 이해하고 그럼에도 진의에 기하여 그 행위의 결과가 자기에게 귀속된다는 것을 승인한 것으로 볼 만한 사정이 있어야 할 것이므로(대판 2011. 2. 10, 2010다83199 · 83205; 대판 2014. 2. 13, 2012다112299 · 112305), 이를 판단함에 있어서는 관계되는 여러 사정을 종합적으로 검토하여 신중하게 하여야 할 것이라고 한다(대판 2009. 9. 24, 2009다37831; 대판 2010. 2. 11, 2009다68408(근저당권자가 근저당권설정자 측에 의하여 근저당권이 말소된 뒤 근저당권설정자인 회사로부터 1,000만원을 지급받은 사실만으로는 위 회사의 근저당권 말소행위를 추인하였다고 할 수 없다고 함); 대판 2010. 12. 23, 2009다37718).

무권대리행위에 의하여 체결된 계약이 요식행위인 경우에 추인의 의사표시도 방식을 갖추어서 하여야 하는가? 여기에 관하여 다수설은, 요식행위를 대리할 수 있도록 하는 수권행위도 일정한 방식에 따를 필요가 없으므로 추인도 방식을 갖출 필요가 없다고 한다(김상용, 615면; 지원림, 342면; 주해(3), 209면(강용현). 다른 견해: 이영준, 540면 · 654면).

〈판 례〉

「공정증서상의 집행인낙의 의사표시는 공증인가 합동법률사무소 또는 공증인에 대한 채무자의 단독 의사표시로서 성규의 방식에 따라 작성된 증서에 의한 소송행위이어서, 대리권 흠결이 있는 공정증서 중 집행인낙에 대한 추인의 의사표시 또한 당해 공정증서를 작성한 공증인가 합동법률사무소 또는 공증인에 대하여 그 의사표시를 공증하는 방식으로 하여야 하므로, 그러한 방식에 의하지 아니한 추인행위가 있다 한들 그 추인행위에 의하여는 채무자가 실체법상의 채무를 부담하게 됨은 별론으로 하고 무효의 채무명의(현재의 집행권원에 해당함: 저자 주)가 유효하게 될 수는 없」다(대판 2006. 3. 24, 2006다2803. 같은 취지: 대판 1991. 4. 26, 90다20473).

[227] 〈묵시적 추인에 관한 판례〉

(ㄱ) **묵시적 추인을 인정하기 위한 요건** 「무권대리행위는 그 효력이 불확정 상태에 있다가 본인의 추인 유무에 따라 본인에 대한 효력발생 여부가 결정되는 것으로서, 추인은 무권대리행위가 있음을 알고 그 행위의 효과를 자기에게 귀속시키도록 하는 단독행위인바, 증권회사의 고객이 그 직원의 임의매매를 묵시적으로 추인하였다고 하기 위하여는 자신이 처한 법적 지위를 충분히 이해하고 진의에 기하여 당해 매매의 손실이 자기에게 귀속된다는 것을 승인하는 것으로 볼 만한 사정이 있어야

할 것이다.」(대판 2002. 10. 11, 2001다59217)

(ㄴ) 묵시적 추인을 인정한 예

① 본인이 무권대리인으로부터 매매대금의 전부 또는 일부를 받은 경우(대판 1963. 4. 11, 63다64).

② 피고의 모친이 본건 토지를 판 대금으로 딴 곳에 농토를 매수하여 경작하고 원고는 본건 토지를 점유경작하고 있음에도 불구하고 위 피고가 군에서 돌아와서 모친에게 나무라기는 하였으나 10여년간 원고에게 아무런 말이 없었다면 동 피고는 무권대리인인 그 모친에게 대하여 본건 매매계약을 묵시적으로 추인하였다고 볼 수 있을 것이다(대판 1966. 10. 4, 66다1078).

③ 무권대리인이 차용금 중의 일부로 본인 소유의 부동산에 가등기로 담보하고 있던 소외인에 대한 본인의 채무를 변제하고 그 가등기를 말소하고 무권대리인이 차용한 금원의 변제기일에 채권자가 본인에게 그 변제를 독촉하자 그 유예를 요청하였다면 무권대리인의 행위를 추인하였다고 볼 것이다(대판 1973. 1. 30, 72다2309 · 2310).

④ 원고와 피고 사이의 매매계약을 소외인이 자의로 해제한 후 반환받은 금원으로 매수한 대지의 등기관계 서류를 원고가 위 소외인으로부터 교부받아 이를 자기 남편 명의로 위 대지에 관한 소유권이전등기를 경료한 경우에는, 원고가 소외인이 한 매매계약의 해제행위를 추인한 것으로 볼 것이다(대판 1979. 12. 28, 79다1824).

⑤ 부재자의 모가 적법한 권한 없이 원고와 사이에 부재자 소유 부동산에 관한 매매계약을 체결하였으나, 그 후 소외 갑이 부재자의 재산관리인으로 선임된 후에 위 매매계약에 기한 소유권이전등기를 위하여 자기의 인감증명서를 원고에게 교부하였다면 위 매매계약을 추인한 것으로 볼 것이다(대판 1982. 12. 14, 80다1872 · 1873).

⑥ 원고가 그 장남이 일건 서류를 위조하여 매도한 부동산을 피고에게 인도하고 10여년간 아무런 이의를 제기하지 않았다면 원고는 무권대리인인 그 장남의 위 매매행위를 묵시적으로 추인한 것으로 볼 것이다(대판 1981. 4. 14, 81다151).

⑦ 피고가 원고 명의의 영수증을 받고 무권대리인인 갑이 체결한 임대차계약상의 차임의 일부를 위 갑에게 지급하였다면 피고는 위 금원을 지급할 때에 위 임대차계약의 임대인이 갑이 아니라 원고임을 알았으며 위와 같이 위 임대차계약상의 차임의 일부로 금원을 지급함으로써 위 갑이 대리인으로서 체결한 원고와의 위 임대차계약을 묵시적으로 추인하였다고 봄이 논리칙과 경험칙에 부합한다(대판 1984. 12. 11, 83다카1531).

⑧ 무권대리인이 상호신용금고로부터 금원을 대출받은 사실을 그 직후에 알고도 그로부터 3년이 지나도록 상호신용금고에 아무런 이의를 제기하지 아니하였으며, 그 동안 4회에 걸쳐 어음을 개서하여 지급의 연기를 구하고, 자신의 이익을 위하여 직접 채무의 일부를 변제하기까지 하였다면 무권대리인에 대한 상호신용금고의 대출을 그 근저당권에 대한 피담보채무로 추인한 것으로 보아야 한다(대판 1991. 1. 25, 90다카26812).

⑨ 임야를 상속하여 공동소유하고 있는 친족들 중 일부가 가까운 친척에게 임야의

매도를 위임하여 매도대금을 동인들의 생활비로 소비하였고, 나머지 공유자들은 임야의 매각 소식을 전해 듣고도 15년간 아무런 이의를 제기하지 아니하였다면 위 신분관계, 매도경위, 대금의 소비관계 등 제반사정에 비추어 처분권을 위임하지 아니한 나머지 공유자들도 매매행위를 묵시적으로 추인한 것이라고 보아야 한다(대판 1991. 1. 29, 90다12717).

⑩ 처가 타인으로부터 금원을 차용하면서 승낙 없이 남편 소유 부동산에 근저당권을 설정한 것을 알게 된 남편이, 처의 채무변제에 갈음하여 아파트와 토지를 처가 금전을 차용한 자에게 이전하고 그 토지의 시가에 따라 사후에 정산하기로 합의한 후 그 합의가 결렬되어 이행되지 않았다고 하더라도, 일단 처가 차용한 사채를 책임지기로 한 이상 남편은 처의 근저당권 설정 및 금원 차용의 무권대리행위를 추인한 것이다(대판 1995. 12. 22, 94다45098).

⑪ 갑 주식회사의 공동대표이사 중 1인이 단독으로 을과 주차장관리 및 건물경비에 관한 갱신계약을 체결한 사안에서, 갑 주식회사가 종전 계약기간이 만료된 이후 7개월이나 경과된 시점에서 종전 계약의 기간만을 연장한 위 갱신계약의 체결사실을 인식하고 있으면서 을에게 기간이 만료된 종전 계약의 계속적인 이행을 요구하는 통고서를 발송하여 갱신계약의 효과가 갑 주식회사에게 귀속되는 것을 승인함으로써 위 갱신계약을 묵시적으로 추인하였다고 봄이 상당하다고 한 사례(대판 2010. 12. 23, 2009다37718).

(ㄷ) 묵시적 추인을 부정한 예

① 타인의 형사책임을 수반하는 무권대리행위에 의하여 권리의 침해를 받은 자가 그 침해사실을 알고도 장기간 형사고소나 민사소송을 제기하지 않은 경우에 그 사실만으로 그 행위에 대하여 묵시적인 추인이 있었다고 단정할 수 없다(대판 1967. 12. 18, 67다2294 · 2295).

② 당사자가 변론기일에 불출석하여 매매사실에 관하여 의제자백한 것으로 간주되었다 하여도 그로써 그 당사자가 소외인의 무권대리매매를 추인한 것이라고 볼 수 없다(대판 1982. 7. 13, 81다648).

③ 자(子)가 대리권 없이 부(父) 소유의 부동산을 매도한 사실에 관하여 매수인이 자를 고소하겠다고 하는 관계로 부가 매매대금에 해당하는 돈을 반환해 주겠다고 하면서 그 매매계약을 해약해 달라고 요청하고 또 그 금원 반환기일에 금원을 반환하지 못하게 되자 그 기일의 연기를 구하였다고 하는 사실만으로는 부가 자의 위 무권대리행위를 추인한 것이라고 단정할 수 없다(대판 1986. 3. 11, 85다카2337).

④ 무권대리행위에 대하여 본인이 그 직후에 그것이 자기에게 효력이 없다고 이의를 제기하지 아니하고 이를 장시간에 걸쳐 방치하였다고 하여 무권대리행위를 추인하였다고 볼 수 없다(대판 1990. 3. 27, 88다카181).

⑤ 권한 없이 종중 소유 부동산을 타인에게 매각처분한 사실을 알고서도 종중 측에서 10년이 넘도록 형사고소나 소유권 회복을 위한 민사소송을 제기하지 않았다거나, 문장을 비롯한 여러 종중원들이 그 동안 종중 부동산 처분행위를 생활이 곤란해

서 그런 것이라고 수차 이해하여 왔다는 등의 말을 했다는 사유만으로는 종중이 위 부동산 처분행위를 묵시적으로 추인하였다고 인정하기 어렵다(대판 1991. 5. 24, 90도2190).

⑥ 부가 자와 공동상속한 거주가옥의 부지를 자의 대리권 없이 매도하고 사망한 후 자가 매수인에게 그 매매대금 상당액을 지급하기로 약정한 것만으로 망부의 무권대리행위를 추인한 것으로 볼 수는 없다(대판 1991. 7. 9, 91다261).

⑦「무권대리행위에 대한 추인은 무권대리행위로 인한 효과를 자기에게 귀속시키려는 의사표시이니만큼 무권대리행위에 대한 추인이 있었다고 하려면 그러한 의사가 표시되었다고 볼 만한 사유가 있어야 하고, 무권대리행위가 범죄가 되는 경우에 대하여 그 사실을 알고도 장기간 형사고소를 하지 아니하였다 하더라도 그 사실만으로 묵시적인 추인이 있었다고 할 수는 없는 것인바, 권한 없이 기명날인을 대행하는 방식에 의하여 약속어음을 위조한 경우에 피위조자가 이를 묵시적으로 추인하였다고 인정하려면 그와 마찬가지로 추인의 의사가 표시되었다고 볼 만한 사유가 있어야 할 것이다.」(대판 1998. 2. 10, 97다31113)

추인의 의사표시는 무권대리인에 대하여 할 수도 있고 무권대리행위의 상대방에 대하여 할 수도 있다(대판 1969. 10. 23, 69다1175; 대판 1991. 3. 8, 90다17088; 대판 2009. 11. 12, 2009다46828. 대판 1981. 4. 14, 80다2314는 여기의 상대방에는 무권대리행위로 인한 권리 또는 법률관계의 승계인도 포함된다고 해석한다). 그 의사표시를 상대방에게 하면 추인의 효력은 곧바로 생기나, 무권대리인에게 하는 경우에는 상대방이 추인이 있었음을 알지 못하는 때에는 그 상대방에 대하여 추인의 효과를 주장하지 못한다(132조). 따라서 그때까지는 상대방은 — 뒤에 설명하는 — 철회를 할 수 있다(대판 1981. 4. 14, 80다2314). 물론 상대방이 추인이 있었음을 인정하는 것은 무방하다.

추인은 의사표시 전부에 대하여 행하여져야 하고, 그 일부에 대하여 추인을 하거나 그 내용을 변경하여 추인할 경우에는 상대방의 동의가 없는 한 무효이다(대판 1982. 1. 26, 81다카549). 한편 대법원은, 본인이 무권대리인의 어음교환행위를 추인한 경우 무권대리인이 어음교환을 위하여 한 배서행위도 추인한 것으로 해석할 것인지가 문제된 사안에서 다음과 같이 판단하였다. 즉, 어음교환행위가 주로 갑 회사에 대한 자금융통을 위하여 행하여진 것으로서 을 회사의 직원인 병이 어음을 교환함에 있어 갑 회사가 을 회사의 대외적 신용을 이용하여 그 어음을 용이하게 할인할 수 있도록 하기 위하여 권한 없이 을 회사 명의의 배서를 한 것이라면 그 배서행위는 실질적으로는 어음교환의 한 과정에 불과한 것이므로, 을 회사가 무권대리인인 병의 어음교환행위를 추인하였다면 거기에는 다른 특별한 사정이 없는 한 병이 어음교환을 위하여 한 배서행위도 추인하여 그 배서를 유효한 것으로 하겠다는 의사도 포함된 것으로 해석함이 상당하다고 하였다(대판 1994. 8. 12, 94다14186). 이러한 대법원의 태도는 타당하다고 생각한다.

추인의 의사표시는 본인 스스로 할 수도 있고, 그의 법정대리인(대판 1982. 12. 14, 80다1872 · 1873)이나 임의대리인이 대리하여 할 수도 있다. 그리고 본인이 사망한 때에는 그의 상속인이 추인할 수 있다(같은 취지: 주해(3), 208면(강용현)).

[228] **(다) 추인의 효과** 추인이 있으면 무권대리행위는 처음부터(즉 소급하여) 유권대리행위였던 것과 같은 효과가 생긴다(133조 본문).

〈민법상의 추인제도〉

민법은 추인제도로서 지금 보고 있는 무권대리행위의 추인과 함께 무효행위의 추인([239] 참조), 취소할 수 있는 행위의 추인([246] 참조)을 두고 있다. 이 가운데 무권대리행위의 추인은 유동적 무효인 행위를 소급적으로 유효하게 하는 것이고(130조 이하), 무효행위의 추인은 확정적으로 무효인 행위를 일정한 요건 하에 비소급적으로 유효하게 하는 것이며(139조), 취소할 수 있는 행위의 추인은 일단 유효하게 성립한 법률행위를 확정적으로 유효하게 하는 것이다(143조). 한편 민법에 규정되어 있지 않지만 학설 · 판례에 의하여 인정되는 것으로 무권리자에 의한 처분행위의 소급적 추인이 있다([239] 참조).

그러나 이러한 추인의 소급효의 원칙에는 두 가지 예외가 있다.

첫째로 「다른 의사표시」가 있으면 소급효가 없다(133조 본문). 여기의 「다른 의사표시」는 본인과 상대방 사이의 계약을 가리킨다. 만약 본인의 일방적인 의사만으로 소급효를 제한하여 장래에 향하여서만 효력이 생길 수 있는 것으로 하면, 그것은 상대방의 의사에 반하게 되기 때문이다.

둘째로 추인의 소급효는 제 3 자의 권리를 해하지 못한다(133조 단서). 이는 무권대리행위 후 추인이 있기까지 사이에 본인과 제 3 자 사이에서 행하여진 행위가 무효로 되어 제 3 자가 권리를 잃게 되는 일이 없도록 하기 위하여 둔 예외규정이다. 그러나 이것이 적용되는 범위는 매우 좁다. 즉 무권대리행위의 상대방이 취득한 권리는 배타적 효력이 없는데 제 3 자의 권리는 배타적 효력이 있다면, 제 3 자는 당연히 보호된다. 가령 A의 무권대리인인 B가 A의 토지를 C에게 파는 계약을 체결하고 등기는 아직 해주지 않은 상태에서 A가 그 토지를 D에게 팔고 등기까지 해준 경우에는, A가 B의 무권대리행위를 추인하더라도 D는 소유권을 잃지 않는다. 그리고 두 권리가 모두 배타적 효력이 없으면, 배타적 효력을 먼저 갖추는 자가 우선하게 된다. 위의 예에서 C와 D가 모두 등기를 하기 전이면, C와 D는 똑같이 배타성이 없는 소유권이전청구권이라는 채권만 가지게 되며, 그들 중에 먼저 등기하는 자가 우선하게 된다. 그런가 하면 제 3 자의 권리가 배타적 효력이 없는 경우 그의 권리가 배타적 효력 있는 상대방의 권리에 우선하지는 못한다. 여기의 제 3 자는 배타적 효력 있는 권리를 가지는 자라고 새겨야 하기 때문이다. 따라서 이 규정은 두 권리가 모두 배타적 효력이 있는 경우에만 적용되게 된다. 예컨대 동일한 채권을 무권대리인과 본인이 차례로 각각 다른 자에게 양도하고 이 두 양수인이 모두 대항요건을 갖춘 경우에 그렇다. 그때에는 본인이 추인을 하더라도 본인으로부터 채권을 양수한 자의 채권은 그대로 보호된다.

〈판 례〉

「종중을 대표할 권한 없는 자가 종중을 대표하여 한 소송행위는 그 효력이 없으나 나중에 종중이 그 총회결의에 따라 위 소송행위를 추인하면 그 행위시에 소급하여 유효하게 되는 것임은 물론이다.

… 민법 제133조 단서의 규정… 은 무권대리행위에 대한 추인의 경우에 있어 배타적 효력을 갖는 권리를 취득한 제 3 자에 대하여 그 추인의 소급효를 제한하고 있는 것으로서 위와 같은 하자있는 소송행위에 대한 추인의 경우에는 적용될 여지가 없는 것이다.」(대판 1991. 11. 8, 91다25383)

2) 본인의 추인거절 본인은 추인을 하지 않고 내버려 둘 수도 있으나, 적극적으로 추인의 의사가 없음을 표시하여 무권대리행위를 무효로 확정지을 수도 있다. 이를 본인의 추인거절권이라고 한다. 추인거절의 상대방과 방법은 추인에 있어서와 같다(132조).

3) 무권대리인의 지위와 본인의 지위가 동일인에게 귀속하는 경우(혼동)의 문제 무권대리인의 지위와 본인의 지위가 동일인에게 귀속하는 일은 특히 상속에 있어서 자주 발생한다. 가령 아들이 부(父)의 재산을 처분한 뒤 부의 사망으로 그의 지위를 상속하는 경우에 그렇다. 그러한 경우에 무권대리행위는 지위의 혼동으로 당연히 유효하게 되는지, 그리하여 추인의 거절을 할 수 없는지가 문제된다. 경우를 나누어 보기로 한다.

먼저 무권대리인이 본인을 상속한 경우가 있다. 이 경우에 관하여 학설은 i) 무권대리행위가 당연히 유효하다(추인을 거절할 수 없다)는 견해(곽윤직, 285면; 김용한, 368면; 김학동, 460면),

ii) 원칙적으로 무권대리행위가 유효하게 되나, 공동상속을 한 때에는 상속인 전원의 추인이 없으면 유효하게 되지 않는다는 견해(고상룡, 544면; 김주수, 448면; 김준호, 352면; 정기웅, 487면), iii) 양자의 지위는 혼동되지 않고 분리되어 병존하며, 다만 추인을 거절하는 것이 신의칙에 반하는 때에는 추인거절의 항변이 허용되지 않는다는 견해(김상용, 618면; 백태승, 532면; 이영준, 659면; 주해(3), 220면(강용현))로 나뉘어 있다. 그리고 판례는 무권대리인이 본인을 단독상속한 경우에 관하여 무권대리행위의 무효를 주장하는 것은 금반언의 원칙이나 신의칙에 반하여 허용될 수 없다고 한다(대판 1994. 9. 27, 94다20617). 생각건대 i)설은 공동상속에 관한 설명이 없어서 부족하다(판례도 그 점에서는 같다). 그리고 iii)설은 i)설을 비판하면서 i)설에 의하면 본인의 사망으로 인하여 무권대리가 유효하게 되기 때문에 상대방이 철회 · 손해배상청구도 할 수 없다고 비판하나(주해(3), 220면(강용현)), 상대방은 대리행위의 유효 인정만으로 충분히 보호되므로 더 이상 보호할 필요가 없다. 결국 원칙적으로는 유효하다고 하되, 공동상속에 관하여 예외를 인정하는 ii)설이 타당하다. 그런데 상속의 경우 추인이나 추인거절은 공유물의 처분 · 변경이어서(1006조 · 264조) 공유자 전원이 함께 하여야 유효하며, 다른 공유자의 추인이 없는 한 자신의 지분에 대하여도 추인할 수 없다(신사례, 118면 참조).

〈판 례〉

갑이 대리권 없이 을 소유 부동산을 병에게 매도하여 부동산 소유권이전등기 등에 관한 특별조치법에 의하여 소유권이전등기를 마쳐주었다면 그 매매계약은 무효이고 이에 터잡은 이전등기 역시 무효가 되나, 갑은 을의 무권대리인으로서 민법 제135조 제 1 항의 규정에 의하여 매수인인 병에게 부동산에 대한 소유권이전등기를 이행할 의무가 있으므로 그러한 지위에 있는 갑이 을로부터 부동산을 상속받아 그 소유자가 되어 소유권이전등기 이행의무를 이행하는 것이 가능하게 된 시점에서 자신이 소유자라고 하여 자신으로부터 부동산을 전전매수한 정에게 원래 자신의 매매행위가 무권대리행위여서 무효였다는 이유로 정 앞으로 경료된 소유권이전등기가 무효의 등기라고 주장하여 그 등기의 말소를 청구하거나 부동산의 점유로 인한 부당이득금의 반환을 구하는 것은 금반언의 원칙이나 신의성실의 원칙에 반하여 허용될 수 없다(대판 1994. 9. 27, 94다20617).

다음에 본인이 무권대리인을 상속한 경우가 있다. 이 경우에 관하여 학설은 i) 무권대리행위가 유효하게 되고 추인을 거절하지 못한다는 견해(곽윤직, 285면; 김용한, 368면), ii) 무권대리행위가 당연히 유효로 되지 않고 추인을 거절할 수도 있다는 견해(김상용, 619면;

(김주수, 448면; 김준호, 352면; 김학동, 460면; 백태승, 532면; 이영준, 659면; 주해(3), 222면(강용현))로 나누어져 있다. 그리고 여기에 관한 판례는 아직 없다. 생각건대 본인이 무권대리인을 상속한 경우는 무권대리인이 본인을 상속한 경우와는 달리 보아야 한다. 이 경우에는 본인은 무권대리행위를 한 자가 아니어서 당연히 추인을 하여야 하는 것이 아니다. 따라서 그는 추인뿐만 아니라 추인거절도 할 수 있고, 추인을 거절한 때에는 제135조에 의하여 이행 또는 손해배상책임을 진다고 할 것이다(공동상속의 경우 그의 몫만큼만 책임을 짐).

(2) 상대방에 대한 효과 [229]

무권대리행위의 효력은 본인의 의사에 좌우되기 때문에 상대방의 지위는 매우 불안정하게 된다. 여기서 민법은 상대방을 보호하기 위하여 상대방에게 최고권과 철회권을 인정한다.

1) **최 고 권** 상대방은 상당한 기간을 정하여 본인에게 무권대리행위의 추인 여부의 확답을 최고할 수 있다(131조 1문). 여기의 최고는 무권대리행위인 계약의 상대방이 본인에 대하여 무권대리행위를 추인하였는지 여부에 관하여 확답하라고 촉구하는 행위이며, 그 성질은 제한능력자의 상대방의 확답촉구와 마찬가지이다([110] 참조). 그리하여 최고는 의사의 통지이고, 최고권은 일종의 형성권이다.

이 최고는 철회와 달리 상대방이 계약 당시에 무권대리행위임을 알았을 경우 즉 악의의 경우라도 할 수 있다. 그런데 본인의 추인 또는 추인거절이 없고 또 철회도 없는 동안에만 할 수 있다.

(가) **최고의 요건** 무권대리행위의 상대방이 최고를 하려면, ① 추인의 대상이 되는 무권대리행위(계약)를 지적하고, ② 상당한 기간을 정하여, ③ 추인하겠는지 여부의 확답을 요구하여야 한다(131조 1문).

여기의 「상당한 기간」은 본인이 추인 여부의 확답을 결정하는 데 필요한 기간이며, 그것은 구체적인 경우에 존재하는 객관적 사정, 가령 계약의 종류·내용·당사자 사이에 의사표시가 도달하는 데 드는 시간 등을 고려하여 정한다. 그에 비하여 본인의 질병·여행과 같은 주관적인 사정은 고려하지 않아야 한다(같은 취지: 주해(3), 214면(강용현). 반대: 지원림, 350면).

상대방이 정한 기간이 객관적으로 상당하지 않은 경우에 최고가 유효한가? 여기에 관하여는 i) 최고가 무효라는 견해(주해(3), 214면(강용현))와 ii) 최고 후 상당한 기간이 지난 후에 최고의 효력이 생긴다는 견해(지원림, 350면)가 대립하고 있다. 생각건대 제

544조의 최고의 경우에는 채무불이행자인 채무자를 지나치게 보호할 필요가 없어서 통설 · 판례가 ii)설처럼 해석하나, 여기의 최고에서는 본인이 비난받아야 할 이유가 없으므로 상당하지 못한 기간을 정한 최고는 요건을 갖추지 못하여 무효라고 하여야 한다. 그 결과 객관적으로 상당한 기간이 지났다고 하여도, 최고가 없었던 것으로 되어, 본인은 추인도 추인거절도 할 수 있다고 할 것이다.

최고의 상대방은 원칙적으로 본인이나, 법정대리인이 있는 경우에는 그 법정대리인에게도 최고할 수 있다. 그에 비하여 무권대리인은 상대방이 아니다.

(나) 최고의 효과 최고를 받은 본인이 추인이나 추인거절을 하면 그에 따른 효과가 발생한다. 그것이 의사표시에 의한 것임은 물론이다. 그런데 문제는 본인이 확답을 하지 않은 경우이다. 본인이 그 기간 내에 확답을 발하지 아니한 때에는(발신주의) 추인을 거절한 것으로 본다(131조 2문).

2) 철 회 권 상대방은 계약 당시에 대리인에게 대리권이 없음을 알지 못한 경우 즉 선의인 경우에는, 본인의 추인이 있을 때까지 그 계약을 철회할 수 있다(134조). 이것이 상대방의 철회권이다. 철회는 무권대리행위의 상대방이 무권대리인과 체결한 계약을 무효로 하는 단독행위이고, 이러한 철회를 할 수 있는 철회권은 성질상 형성권에 해당한다. 민법이 최고권 외에 철회권을 인정한 이유는 상대방이 계약을 원하지 않는 경우에 철회권을 행사하여 무권대리행위로부터 스스로 벗어날 수 있도록 해주기 위해서이다. 상대방의 철회가 있으면, 무권대리행위는 확정적으로 무효가 되어 그 후에는 본인이 무권대리행위를 추인할 수 없다(대판 2017. 6. 29, 2017다213838).

이 철회는 ① 본인의 추인이 있기 전에, ② 본인이나 그 무권대리인에 대하여 하여야 한다. 그리고 철회권은 선의의 상대방에게만 인정된다. 악의의 상대방은 불확정한 상태에 놓이는 것을 각오한 자라고 할 수 있으므로, 그런 자를 보호할 필요는 없기 때문이다. 여기서 선의란 대리인에게 대리권이 없음을 알지 못하는 것이며, 선의 · 악의를 구별하는 시기는 계약 당시이다(이설 없음). 한편 상대방이 대리인에게 대리권이 없음을 알았다는 점에 대한 주장 · 증명책임은 철회의 효과를 다투는 본인에게 있다(대판 2017. 6. 29, 2017다213838).

[230] **(3) 상대방에 대한 무권대리인의 책임**

무권대리가 표현대리로 되지도 않고 또 본인의 추인도 없으면 본인은 책임을 지지 않는다. 이때 무권대리인에게도 책임을 지우지 않으면 상대방은 손해를 입게 되고, 급기야 대리제도는 이용을 꺼리게 될 것이다. 여기서 민법은 상대방 및 거래의 안전을 보호하고 대리제도의 신용을 유지하기 위하여, 무권대리행위에 관하여 본인에게 책임을 지울 수도 없고 또 상대방이 철회하지도 않은 때에는 무권대리인에게 무거운 책임을 지우고 있다(135조). 무권대리인의 이 책임은 과실을 요건으로 하지 않는 무과실책임이며(대판 1962. 4. 12, 61다1021; 대판 2014. 2. 27, 2013다213038), 법정책임이다. 따라서 대리권의 흠결에 관하여 무권대리인에게 과실 등의 유책사유(귀책사유)가 있어야만 인정되는 것이 아니고, 또 무권대리행위가 제 3 자의 기망이나 문서위조 등 위법행위로 야기되었더라도 그 책임이 부정되지 않는다(대판 2014. 2. 27, 2013다213038).

1) 책임발생의 요건

(가) 무권대리인의 대리행위가 있을 것.

(나) 대리인이 대리권을 증명할 수 없을 것(135조 1항). 이 요건은 상대방이 증명할 필요가 없고, 무권대리인이 책임을 면하려면 자기에게 대리권이 있었음을 증명하여야 한다.

(다) 상대방이 무권대리인에게 대리권이 없음을 알지도 못하고 또 알 수도 없었어야 한다(135조 2항). 즉 상대방은 선의·무과실이어야 한다. 이 요건도 상대방이 자신의 선의·무과실을 증명할 필요가 없고, 무권대리인이 책임을 면하려면 상대방의 악의 또는 과실을 증명하여야 한다(대판 1962. 1. 11, 61다202; 대판 1962. 4. 12, 61다1021; 대판 2018. 6. 28, 2018다210775).

〈참 고〉

대리행위의 상대방이 표현대리를 주장하였으나 그가 악의이거나 과실이 있어서 표현대리가 인정되지 못하는 경우(126조에서 「정당한 이유」를 엄격하게 해석하는 견해에서는 상대방이 선의·무과실이어도 표현대리가 불성립할 수 있음을 유의)에는, 상대방은 무권대리인의 대리권 없음에 대하여 악의나 과실이 인정될 가능성이 크고, 따라서 제135조 제 2 항 때문에 그는 무권대리인에게도 책임을 묻지 못하게 될 것이다.

(라) 본인의 추인이 없을 것(135조 1항). 견해에 따라서는 본인의 추인거절이 있어야 한다고 하나(이영준, 570면), 그것까지 필요하다고 할 것은 아니다. 이 요건의 증명책임은 상대방에게 있다(반대: 고상룡, 550면).

(마) 표현대리가 인정되지 않을 것. 일부 견해는 표현대리가 인정되는 경우에도 무권대리인의 책임을 물을 수 있다고 하나, 그것이 옳지 않음은 앞에서 살펴

보았다([218] 참조).

(바) 상대방이 철회권을 행사하지 않고 있을 것. 상대방이 철회권을 행사하면 무권대리행위인 계약이 확정적으로 무효가 되기 때문에 본인에게는 물론이고 무권대리인에게도 책임을 물을 수 없다.

(사) 무권대리인이 행위능력자일 것(135조 2항). 민법이 제한능력자가 무권대리인인 경우에 무거운 책임을 지우지 않는 이유는 제한능력자를 보호하기 위해서이다. 한편 통설은 제한능력자가 법정대리인의 동의를 얻어 무권대리행위를 한 때에는 능력자와 마찬가지로 책임을 져야 한다고 새긴다(가령 곽윤직, 287면; 주해(3), 249면(강용현)).

(아) 그 밖에 무권대리인의 과실은 필요하지 않다.

2) 책임의 내용 무권대리인은 상대방의 선택에 따라 계약을 이행할 책임 또는 손해를 배상할 책임을 진다(135조 1항).

여기서 이행책임이라 함은 무권대리행위가 유권대리이었다면 본인이 이행하였을 것과 같은 내용으로 이행하여야 한다는 것이다(같은 취지: 대판 2018. 6. 28, 2018다210775)(이때 무권대리행위가 쌍무계약인 경우에는 무권대리인은 상대방에 대하여 반대급부를 청구할 수 있다). 즉 무권대리인은 마치 자신이 계약의 당사자가 된 것처럼 계약에서 정한 채무를 이행할 책임을 져야 한다. 이 경우에 무권대리인이 계약에서 정한 채무를 이행하지 않으면 상대방에게 채무불이행에 따른 손해를 배상할 책임을 지며, 만약 계약에서 채무불이행에 대비하여 손해배상액의 예정에 관한 조항을 둔 때에는 특별한 사정이 없는 한 무권대리인은 그 조항에서 정한 바에 따라 산정한 손해액을 지급하여야 한다(대판 2018. 6. 28, 2018다210775). 이 경우에도 손해배상액의 예정에 관한 제398조가 당연히 적용된다(대판 2018. 6. 28, 2018다210775). 다음에 두 번째 선택지인 손해배상책임에 있어서는 그 범위가 이행이익(계약이 유권대리라면 이행되었을 이익)인지 신뢰이익(계약이 유권대리라고 믿었기 때문에 입은 손해)인지 문제될 수 있는데, 학설은 이행이익의 배상이라고 새기는 데 다툼이 없다. 한편 이 두 책임 가운데 어느 것이 발생하는가는 상대방의 선택에 의하여 정하여진다. 선택의 방법은 선택채권의 규정(380조 이하)에 의하게 된다.

제135조의 청구권의 소멸시효기간이 일반채권의 시효기간(162조 1항)처럼 10년이라고 하여야 하는지, 아니면 무권대리행위가 유권대리라면 상대방이 본인에게 가지는 청구권의 성질에 따라 10년 · 3년 · 1년 중 어느 것이 시효기간으로 되는지가 문제될 수 있으나, 후자가 타당하다(이설 없음). 그리고 이 시효기간은 상대방이 선

택권을 행사할 수 있을 때로부터 진행되고(대판 1963. 8. 22, 63다323; 대판 1965. 8. 24, 64다1156), 여기서 선택권을 행사할 수 있을 때란 대리권의 증명 또는 본인의 추인을 얻지 못한 때이다(대판 1965. 8. 24, 64다1156).

(4) 무권대리인과 본인 사이의 효과 [231]

본인의 추인이 없으면 본인과 대리인 사이에는 아무런 법률관계도 생기지 않는다. 본인이 추인한 경우에는 사무관리(734조 이하)가 성립할 것이다. 그리고 무권대리행위로 본인의 이익이 침해되면 불법행위(750조 이하)가 문제될 수 있다. 또한 무권대리인이 부당히 이득한 경우에는 부당이득(741조 이하)의 문제가 생길 수도 있다. 그런데 이것들은 일반원칙에 의한 것이며, 무권대리에 특유한 것이 아니다.

〈판 례〉

「피용자가 권한 없이 사용자를 대리하여 한 법률행위가 상대방에 대한 관계에서 기망에 의한 불법행위에 해당하여 사용자가 손해배상책임을 지는 경우에, 사용자가 피용자의 무권대리행위를 추인하였다고 하더라도 그것만으로는 이미 성립된 사용자 책임이 소멸되는 것이라고 볼 수 없다.」(대판 2009. 6. 11, 2008다79500)

3. 단독행위의 무권대리

민법은 단독행위의 무권대리는 계약에서와 달리 절대무효를 원칙으로 하고 여기에 넓은 예외를 인정하고 있다(136조).

(1) 상대방 없는 단독행위의 경우

상대방 없는 단독행위(재단법인 설립행위 · 소유권포기 등)의 무권대리는 언제나 절대무효이며(136조가 상대방 있는 단독행위에 관하여만 예외를 규정하고 있기 때문이다), 본인의 추인이 있더라도 아무런 효력이 생기지 않고, 무권대리인의 책임도 생기지 않는다. 본인의 추인을 인정하면 본인의 자의에 의하여 법률효과가 좌우되어 불합리하기 때문에 이를 인정하지 않는 것이다.

(2) 상대방 있는 단독행위의 경우

상대방 있는 단독행위(계약해제 · 채무면제 등)의 무권대리는 계약의 경우와 동일하게 다룰 수도 있다. 그런데 민법은 그 무권대리도 원칙적으로 무효라고 규정한다. 다만, 예외적으로 ① 능동대리에 있어서는, 상대방이 대리권 없이 행위를 하는 데 동의하거나 또는 그 대리권을 다투지 않은 때에만 계약에서와 같은 효과를 인정한다(136조 1문). 단독행위를 할 당시에 이의를 제기하거나 단독행위 후에 지체없이 이의를 제기해도 대리권을 다툰 것으로 된다. 그러나 상대방이 무권대리인에 대하여 대리권의 증명을 요구한 것만으로는 다툰 것으로 볼 수 없다(이영준, 685면). 대리권을 다투지 않은 한, 상대방이 대리인에게 대리권이 없었음을 알았는지 여부와 모르는 데 과실이 있었는지 여부는 묻지 않는다(이설 없음). 그리고 ② 수동대리에 있어서는, 상대방이 무권대리인의 동의를 얻어 행위를 한 때에만 계약에서와 같은 효과를 인정한다(136조 2문). 그 결과 무권대리행위(예: 착오취소)가 성립된 후 본인이 추인을 거절하면 무권대리인은 제135조에 의하여 손해배상책임을 진다. 그러나 그 규정에 의한 이행책임은 성질상 있을 수 없다(이영준, 685면; Staudinger-Dilcher, 12. Aufl., §180 Rn. 9).

제10절 법률행위의 무효 및 취소

제 1 관 서 설

[232] ### Ⅰ. 서 설

우리 민법에 있어서 명문규정 또는 해석상 법률행위가 무효인 때가 있는가 하면, 취소할 수 있는 것으로 규정되어 있는 때도 있다. 의사무능력자의 법률행위, 목적을 확정할 수 없거나 그것의 실현이 불가능한(원시적 불능) 법률행위, 강행규정(효력규정)을 위반한 법률행위, 사회질서에 반하는 법률행위(103조), 불공정한 법률행위(104조), 비진의표시의 예외적인 경우(107조 1항), 허위표시(108조) 등은 무효인 법률행위의 예이고, 제한능력자의 법률행위(5조 이하), 착오에 의한 법률행위(109조), 사기·강박에 의한 법률행위(110조)는 취소할 수 있는 행위이다. 그리고 민법은 이러한 법률행위의 무효와 취소(정확하게는 취소할 수 있는 것)에 관하여 일반적 규정으로 제137조 내지 제146조를 두고 있다.

법률행위의 무효나 취소는 법률행위에 의한 법률효과의 발생이 불완전한 경우에 해당한다. 그런데 법률행위에 있어서 법률효과의 발생이 불완전한 경우로는 무효나 취소 외에 조건(해제조건·법정조건)·기한(종기)·해제·해지 등도 있다. 민법은 이들 가운데 무효·취소에 관하여만 제137조 내지 제146조에서 일반적 규정을 두고 있다. 그리고 조건·기한은 법률행위의 부관(附款)으로서 제147조 내지 제154조에서,

해제 · 해지는 계약법인 제543조 이하에서 각각 규율하고 있다.

무효와 취소는 — 취소가 있을 경우 — 법률행위의 효과가 발생하지 않는다는 점에서 같다. 그러나 둘은 여러 가지 점에서 차이가 있다. 가장 근본적인 차이점은, 무효의 경우에는 누구의 주장을 기다리지 않고서 당연히 처음부터 효력이 없는 데 비하여, 취소의 경우에는 일단 유효하게 효력이 발생하였다가 특정인이 주장(취소)하는 때에 비로소 효력이 없는 것으로 된다는 데 있다.

무효(원칙적 무효)	취 소
처음부터 효력이 없다.	처음에는 일단 유효하다.
특정인의 무효주장이 필요하지 않다.	특정인(취소권자)의 주장(취소)이 있어야 비로소 무효로 된다.
누구라도 무효를 주장할 수 있다.	특정인 즉 취소권자만 주장(취소)할 수 있다.
시간이 경과하여도 효력은 변하지 않는다.	일정한 기간이 경과하면 취소권은 소멸하고, 따라서 유효한 것으로 확정된다. 그러나 취소가 있으면 처음부터(소급해서) 무효로 된다.
* 취소할 수 있는 경우 취소가 있으면 무효인 경우와 효력상 같아진다(처음부터 무효임).	

무효와 취소가 이와 같이 차이가 있기는 하나, 어떤 경우에 법률행위를 무효로 하고 어떤 경우에 취소할 수 있는 것으로 할 것인가는 — 절대적 원칙이 있는 것이 아니고 — 입법정책의 문제이다(같은 취지: 곽윤직, 289면 등. 이영준, 687면도 결과에서는 같다. 그러나 김상용, 631면은 부분적으로만 이를 인정한다). 대체로는 법질서 전체의 이상에 비추어 도저히 허용할 수 없는 때에는 무효로 규정하고(예: 반사회질서 행위 · 강행법규 위반행위), 효력의 부인을 특정인에게 맡겨도 무방한 때(예: 특정인의 보호를 목적으로 하는 경우(제한능력자의 행위), 비교적 경미한 절차상의 하자가 있는 경우)에는 취소로 규정한다(이영준, 686면은 개별적 · 다원적으로 설명하고 있으나, 큰 의미는 없다).

어떤 법률행위가 무효원인과 취소원인을 모두 포함하고 있는 경우(무효와 취소의 경합), 예컨대 미성년자가 의사능력이 없는 상태에서 단독으로 법률행위를 한 때에는, 각각의 요건을 증명하여 무효를 주장하거나 혹은 취소할 수 있다(이설 없음). 판례도, 보험금을 부정취득할 목적으로 다수의 보험계약이 체결된 경우에 제103조 위반으로 인한 보험계약의 무효와 고지의무 위반을 이유로 한 보험계약의 해지나 취소(110조에 의한 취소)는 그 요건이나 효과가 다르지만, 개별적인 사안에서 각각의 요건을 모두 충족한다면 위와 같은 구제수단이 병존적으로 인정되고, 이 경우

보험자는 보험계약의 무효, 해지 또는 취소를 선택적으로 주장할 수 있다고 한다(대판 2017. 4. 7, 2014다234827).

법률행위가 무효이거나 취소에 의하여 소급하여 무효로 된다고 하여 현실적으로 법률행위 자체가 행하여지지 않았던 것으로 되지는 않으며, 그 법률행위에 의하여 의욕된 법률효과가 생기지 않을 뿐이다. 따라서 그 이외의 효과가 발생할 수는 있다. 예컨대 무효이거나 취소된 법률행위에 기한 채무가 이미 이행된 때에는 그것들의 반환문제가 생기며(부당이득 반환의무), 취소의 원인이 동시에 불법행위의 요건도 갖춘 때에는 손해배상책임이 발생한다.

[233] 〈법률행위의 효력의 단계〉

민법이나 그 밖의 법률에서 구체적인 법률행위에 관하여 「효력이 없다」(예: 130조(무권대리))·「무효이다(무효로 한다)」(예: 103조(반사회질서의 법률행위)·108조 1항(통정한 허위의 의사표시)) 또는 「효력이 있다」(예: 107조 1항(진의 아닌 의사표시))·「유효하다」고 정하고 있는 때가 많다. 법률의 이러한 규정은 각각 「완전한 무효」 또는 「완전한 유효」를 의미하는 것이 아니다. 즉 민법이나 법률에서 정하고 있는 법률행위의 법률효과는 완전무효·완전유효의 두 가지만 있는 것이 아니고, 그 중간단계도 있는 것이다. 아래에서 법률이 채용하고 있거나 채용할 수 있는 효력의 여러 단계를 살펴보기로 한다(같은 취지: 곽윤직(신정판), 503면. 이하도 같은 책을 참조하였음).

(ㄱ) 법률행위의 효력은 「확정성의 정도」에 따라 ① 확정적으로 효력이 없는 것(이를 무효라고 표현하지 않는 이유는 무효는 확정적·절대적인 것만을 가리키기 때문이다)(누구도 효력이 있도록 만들지 못하는 것. 예: 반사회질서 행위), ② 불확정적으로 효력이 없는 것(특정인의 의사에 의하여 유효하게 될 가능성이 있는 것. 예: 무권대리행위), ③ 불확정적 유효(특정인의 의사에 의하여 효력이 없게 될 가능성이 있는 것. 예: 제한능력자의 행위·착오 사기 강박에 의한 행위), ④ 확정적 유효로 나눌 수 있다.

(ㄴ) 효력은 「효력주장자」를 기준으로 하여 ① 모든 자가 효력 없음을 주장할 수 있는 것(예: 반사회질서 행위), ② 특정인이 효력 없음을 주장할 수 있는 것(예: 취소할 수 있는 행위), ③ 특정인이 주장할 수 있는 유효(예: 107조 2항·108조 2항·109조 2항·110조 3항), ④ 모든 자가 주장할 수 있는 유효로 나눌 수 있다.

(ㄷ) 효력은 「효력 주장의 상대방」에 의하여 ① 모든 자에 대하여 효력 없음을 주장할 수 있는 것(예: 반사회질서 행위), ② 특정인에 대하여서만 효력 없음을 주장할 수 있는 것, ③ 특정인에 대하여 주장할 수 있는 유효(예: 표현대리), ④ 모든 자에 대하여 주장할 수 있는 유효로 나눌 수 있다.

(ㄹ) 그 밖에 처음부터 무효인지 장래에 향하여서만 무효인지(또는 소급효가 있는지), 일정한 시점까지만 효력 없음을 주장할 수 있는지 여부, 효력을 부인하기 위해서 재판절차를 밟아야 하는지에 따라 효력이 나누어질 수도 있다. 그런가 하면 위의 효력의 단계들의 여러 가지가 서로 합하여져 또다른 모습의 효력으로 될 수도 있다.

제2관 법률행위의 무효

I. 무효의 의의와 일반적 효과 [234]

(1) 무효의 의의

1) 무효 개념 법률행위의 무효란 법률행위가 성립한 당시부터 법률상 당연히 그 효력이 발생하지 않는 것이 확정되어 있는 것을 말한다. 그러나 이는 원칙적으로 그렇다는 의미이며, 거기에는 예외도 있다(「무효의 종류」 [237] 참조).

2) 불성립과의 구별 법률행위의 무효는 법률행위의 불성립과 구별하여야 한다. 법률행위의 불성립은 법률행위로서의 외형적인 존재가 인정되지 않는 것으로서 그 경우에는 유효·무효는 문제되지 않는다. 법률행위의 유효·무효는 법률행위가 성립한 후에 비로소 문제된다. 그리고 법률행위가 성립하기 위한 요건을 법률행위의 성립요건이라고 하고, 일단 성립한 법률행위가 효력을 발생하기 위하여 필요한 요건을 효력요건 또는 유효요건이라고 한다는 점과, 그 요건들이 구체적으로 어떤 것인지에 관하여는 앞에서 설명하였다([81] 이하 참조). [236]

법률행위가 무효인 경우에는 무효행위의 전환(138조)·추인(139조)의 문제가 생길 수 있는 데 비하여 불성립의 경우에는 그러한 문제가 생길 여지가 없다.

(2) 무효의 일반적 효과

법률행위가 무효이면 법률행위에 의하여 의욕된 법률효과는 발생하지 않는다. 따라서 무효인 법률행위가 채권행위인 때에는 채권은 발생하지 않고, 그리하여 이행할 필요가 없다. 물권행위인 때에는 물권변동은 일어나지 않는다. 채권행위가 있고 그 이행으로서 물권행위가 행하여진 경우에, 채권행위만이 무효인 때에 물권행위도 무효로 되는지는 물권행위를 무인행위로 보는지에 따라 다르다(물권법에서 논의한다. 물권법 [29] 이하 참조). 무효인 채권행위에 기하여 이미 이행이 된 때에는 급부한 것의 반환이 문제된다. 일반적으로는 급부한 것이 부당이득(741조 이하)으로 되어 반환되어야 하나, 제742조·제746조의 제한이 있다. 그리고 판례는, 무효인 법률행위에 따른 법률효과를 침해하는 것처럼 보이는 위법행위나 채무불이행이 있다고 하여도 법률효과의 침해에 따른 손해는 없는 것이므로 그 손해배상을 청구할 수는 없다고 한다(대판 2003. 3. 28, 2002다72125: 가장매매의 매수인인 원고가 소유권이전등기 청구권을 보전하기 위하여 처분금지가처분 신청사무를 법무사인 피고에게 위임하였는데 피고가 토지의 등기부상 지번과 토지대장상의 지번이 일치하는지 여부를 확인하고 그 지번이 일치하도록 신청서를 작성하여야 함에도 이를 제대로 확인하지 아니하고 토지대장상의 지번대로 처분금지가처분 신청서를 작성·제출하여 신청대로 처분금지가처분 결정이 발하여졌으나 등기부상 지번과 처분금지가처분 결정상의 지번이 일치하지 않는다는 이유로 그 기입등기 촉탁이 등기공무원에 의하여 각하된 경우).

법률행위의 무효는 당사자뿐만 아니라 제 3 자에 대하여도 주장할 수 있는 것이 원칙이다. 그리하여 무효행위에 기초하여 외형상 발생한 것으로 보이는 물권·채권이나 그 밖의 권리를 양수한 자에 대하여도 무효를 주장할 수 있고, 이행할 필요가 없다. 그리고 사실상 이행할 물건을 양수인으로부터 전득한 제 3 자에 대하여도 무효를 주장할 수 있다. 그러나 어디까지나 원칙적인 무효의 경우에 그러하며, 거기에는 예외도 있다(뒤의 상대적 무효).

[237] Ⅱ. 무효의 종류

(1) 절대적 무효·상대적 무효

절대적 무효는 누구에 대하여서나 또는 누구에 의하여서나 주장될 수 있는 무효이고, 상대적 무효는 특정인에 대하여서는 주장할 수 없는 무효(또는 특정인에 대하여서만 주장할 수 있는 무효)이다. 절대적 무효의 예로는 반사회질서 행위(반사회질서 법률행위의 무효는 이를 주장할 이익이 있는 자는 누구든지 주장할 수 있다. 대판 2016. 3. 24, 2015다11281), 의사무능력자의 행위를 들 수 있다. 무효는 절대적 무효가 원칙이다. 그러나 비진의표시가 무효인 경우(107조 2항) 또는 허위표시의 무효(108조 2항)는 선의의 제 3 자에게는 주장할 수 없는 상대적 무효이다. 법률이 때로 무효를 상대적 무효로 규정하는 이유는 거래의 안전을 보호하기 위해서이다. 주의할 것은, 절대적 무효의 경우에도 제 3 자가 다른 권리취득원인, 가령 선의취득(249조)에 의하여 보호될 수는 있다는 점이다. 그러나 무효행위의 당사자가 선의취득을 하지는 못한다(물권법 [76] 참조).

(2) 당연무효·재판상 무효

당연무효는 법률행위를 무효로 하기 위하여 어떤 특별한 행위나 절차가 필요하지 않은 무효이고, 재판상 무효는 소(訴)에 의하여서만 주장할 수 있는 무효이다. 재판상 무효는 무효의 결과가 일반 제 3 자에게 중대한 영향을 미치게 되는 경우에 규정된다. 재판상 무효에는 원고적격과 출소기한이 제한되어 있다. 무효는 당연무효가 원칙이나, 회사설립의 무효(상법 184조)·회사합병의 무효(상법 236조)와 같이 재판상 무효의 경우도 있다.

(3) 전부무효 · 일부무효

법률행위의 전부가 무효인 경우가 전부무효이고, 그 일부분만이 무효인 경우가 일부무효이다. 민법은 일부무효에 관하여 제137조를 두고 있다. 그에 의하면, 법률행위의 일부분이 무효인 때에는 원칙적으로 그 전부를 무효로 한다(137조 본문). 그러나 그 무효부분이 없더라도 법률행위를 하였을 것이라고 인정될 때에는 나머지 부분은 무효가 되지 않는다(137조 단서). 이를 일부무효의 법리라고 한다. 일부무효의 법리에서 무효부분이 없더라도 법률행위를 하였을 것인지 여부는 당사자의 의사에 의하여 판정되어야 하는데, 그 당사자의 의사는 실재하는 의사가 아니고 법률행위의 일부분이 무효임을 법률행위 당시에 알았다면 당사자 쌍방이 이에 대비하여 의욕하였을 가정적 의사를 말한다(대판 1996. 2. 27, 95다38875; 대판 2010. 3. 25, 2009다41465; 대판 2023. 2. 2, 2019다232277; 대판 2024. 5. 30, 2023다313968 · 313975; 대판 2024. 4. 4, 2023다298670. 일부취소에 관하여 같은 취지: 대판 1998. 2. 10, 97다44737; 대판 1999. 3. 26, 98다56607; 대판 2002. 9. 4, 2002다18435; 대판 2002. 9. 10, 2002다21509). 복수의 당사자가 하나의 법률행위를 한 경우에 그중 일부의 당사자의 법률행위가 무효인 경우에는 어떤가? 여기에 관하여 판례는, 「복수의 당사자 사이에 어떠한 합의를 한 경우 그 합의는 전체로서 일체성을 가지는 것이므로, 그중 한 당사자의 의사표시가 무효인 것으로 판명된 경우 나머지 당사자 사이의 합의가 유효한지의 여부는 민법 제137조에 정한 바에 따라 당사자가 그 무효부분이 없더라도 법률행위를 하였을 것이라고 인정되는지의 여부에 의하여 판정되어야 하고」, 이때 그 당사자의 의사도 실재하는 의사가 아니라 가정적 의사를 말하는 것이지만, 「그와 같은 경우에 있어서 나머지 당사자들이 처음부터 한 당사자의 의사표시가 무효가 되더라도 자신들은 약정내용대로 이행하기로 하였다면 무효가 되는 부분을 제외한 나머지 부분만을 유효로 하겠다는 것이 당사자의 의사라고 보아야 할 것이므로, 그 당사자들 사이에서는 가정적 의사가 무엇인지 가릴 것 없이 무효부분을 제외한 나머지 부분은 그대로 유효하다」고 한다(대판 2010. 3. 25, 2009다41465. 앞부분에 관하여 같은 취지: 대판 1996. 2. 27, 95다38875).

법률행위의 일부무효 법리는 여러 개의 계약이 체결된 경우에 그 계약 전부가 경제적 · 사실적으로 일체로서 행하여져서 하나의 계약인 것과 같은 관계에 있는 경우에도 적용된다(대판 2022. 3. 17, 2020다288375; 대판 2023. 2. 2, 2019다232277; 대판 2024. 4. 4, 2023다298670). 그리고 이때 그 계약 전부가 일체로서 하나의 계약인 것과 같은 관계에 있는 것인지의 여부는 계약 체결의 경위와 목적 및 당사자의 의사 등을 종합적으로 고려하여 판단해야 한다

(대판 2006. 7. 28, 2004다54633; 대판 2013. 5. 9, 2012다115120; 대판 2022. 3. 17, 2020다288375; 대판 2023. 2. 2, 2019다232277).

민법 제137조는 일체로서 행하여진 법률행위의 일부분에만 무효사유가 존재하고 그 무효부분이 없더라도 나머지 부분이 독립된 법률행위로서 유효하게 존속할 수 있는 경우에 적용되며, 따라서 법률행위가 분할될 수 없거나 무효인 일부분을 제외한 나머지 목적물이 특정될 수 없다면 그 규정은 적용될 여지가 없다(대판 2024. 7. 11, 2024다211762. 매매계약 전체에 대하여 지방의회 의결을 받아야 하는 경우임).

일부무효에 관하여는 민법이나 특별법이 개별적으로 특별규정을 두고 있는 경우도 있다(385조 · 591조 1항, 약관법 16조). 그러한 경우에는 개별규정이 제137조에 우선하여 적용된다.

〈판 례〉

「민법 제137조는 임의규정으로서 의사자치의 원칙이 지배하는 영역에서 적용된다고 할 것이므로, 법률행위의 일부가 강행법규인 효력규정에 위반되어 무효가 되는 경우 그 부분의 무효가 나머지 부분의 유효 · 무효에 영향을 미치는가의 여부를 판단함에 있어서는 개별 법령이 일부무효의 효력에 관한 규정을 두고 있는 경우에는 그에 따라야 하고, 그러한 규정이 없다면 원칙적으로 민법 제137조가 적용될 것이나 당해 효력규정 및 그 효력규정을 둔 법의 입법취지를 고려하여 볼 때 나머지 부분을 무효로 한다면 당해 효력규정 및 그 법의 취지에 명백히 반하는 결과가 초래되는 경우에는 나머지 부분까지 무효가 된다고 할 수는 없다고 할 것이다.」(대판 2004. 6. 11, 2003다1601. 같은 취지: 대판 2007. 6. 28, 2006다38161 · 38178; 대판 2008. 9. 11, 2008다32501; 대판 2010. 7. 22, 2010다23425; 대판 2013. 4. 26, 2011다9068; 대판 2022. 5. 26, 2020다253515)

(4) 확정적 무효 · 유동적 무효

1) 의 의 본래 법률행위의 무효(Nichtigkeit)는 확정적인 것이어서 타인의 행위 등이 있다고 하여 유효하게 될 수는 없다. 즉 확정적 무효인 것이다. 그런데 이론상 법률행위가 효력이 없지만(넓은 의미의 무효) 타인의 일정한 행위 기타 유효요건을 갖추면 유효하게 될 수 있음을 인정할 수 있다. 이러한 것을 유동적(불확정적) 무효(schwebende Unwirksamkeit)라고 한다. 무권대리행위나 처분권 없는 자의 처분행위가 그 예이다. 이들 행위는 본인이나 처분권자의 추인이 있으면 처음부터 유효했던 것으로 된다. 그리고 근래 우리 판례는 구 국토이용관리법(현행 「부동산 거래신고 등에 관한 법률」에 해당함)상의 규제구역(토지거래허가구역) 내에서 허가 없이 체결한 토지매매계약은 유동적 무효의 상태에 있다고 하였다(대판(전원) 1991. 12. 24, 90다12243)(판례는 그 외에 관할청의 허가 없이 사

찰 소유의 일정한 재산을 대여 · 양도 또는 담보에 제공한 행위도 마찬가지로 다룬다. 대판 2001. 2. 9, 99다26979). 아래에서 그 판례의 요지 부분과 관련 주요판례를 인용한다.

2) 구 국토이용관리법(또는 현행의 「부동산 거래신고 등에 관한 법률」)상의 허가 없이 체결한 계약에 관한 판례 아래에서 구 국토이용관리법(또는 현행의 「부동산 거래신고 등에 관한 법률」)상의 허가 없이 체결한 계약에 관한 판례를 정리하기로 한다.

(가) 기본원칙: 유동적 무효 국토이용관리법(현행 「부동산 거래신고 등에 관한 법률」에 해당함) 각 규정의 내용과 그 입법취지에 비추어 볼 때, 토지의 소유권 등 권리를 이전 또는 설정하는 내용의 거래계약은 관할 관청의 허가를 받아야만 그 효력이 발생하고 허가를 받기 전에는 물권적 효력은 물론 채권적 효력도 발생하지 아니하여 무효라고 보아야 할 것이다. 다만 허가를 받기 전의 거래계약이 처음부터 허가를 배제하거나 잠탈하는 내용의 계약일 경우에는 확정적으로 무효로서 유효화될 여지가 없으나, 이와 달리 허가받을 것을 전제로 한 거래계약(허가를 배제하거나 잠탈하는 내용의 계약이 아닌 계약은 여기에 해당하는 것으로 본다)일 경우에는 허가를 받을 때까지는 법률상 미완성의 법률행위로서 소유권 등 권리의 이전 또는 설정에 관한 거래의 효력이 전혀 발생하지 않음은 위의 확정적 무효의 경우와 다를 바 없지만, 일단 허가를 받으면 그 계약은 소급하여 유효한 계약이 되고 이와 달리 불허가가 된 때에는 무효로 확정되므로 허가를 받기까지는 유동적 무효의 상태에 있다고 보는 것이 타당하다(대판(전원) 1991. 12. 24, 90다12243).

(나) 허가의 필요 여부가 문제된 경우

(a) 매매계약 체결일이 규제구역으로 지정고시되기 전인 때 국토이용관리법상의 토지거래허가 규제구역 내에 있는 토지에 관한 매매계약 체결일이 규제구역으로 지정고시되기 전인 때에는 그 매매계약은 관할관청의 허가를 받을 필요가 없는 것이고, 매수인 명의로의 소유권이전등기절차를 위 규제구역 지정고시 이후에 경료하게 되었다 하여 위 원인행위에 대하여 허가를 받아야 하는 것은 아니다(대판 1992. 5. 12, 91다33872; 대판 1993. 11. 23, 92다49119; 대판 1996. 4. 12, 96다6431; 대판 2010. 3. 25, 2009다41465).

(b) 전전 매각의 경우(중간생략등기의 경우) 토지거래허가구역 내의 토지가 토지거래허가 없이 소유자인 최초 매도인으로부터 중간 매수인에게, 다시 중간 매수인으로부터 최종 매수인에게 순차로 매도되었다면 각 매매계약의 당사자는 각각의 매매계약에 관하여 토지거래허가를 받아야 하며, 위 당사자들 사이

에 최초의 매도인이 최종 매수인 앞으로 직접 소유권이전등기를 경료하기로 하는 중간생략등기의 합의가 있었다고 하더라도 이러한 중간생략등기의 합의란 부동산이 전전 매도된 경우 각 매매계약이 유효하게 성립함을 전제로 그 이행의 편의상 최초의 매도인으로부터 최종의 매수인 앞으로 소유권이전등기를 경료하기로 한다는 당사자 사이의 합의에 불과할 뿐, 그러한 합의가 있었다고 하여 최초의 매도인과 최종의 매수인 사이에 매매계약이 체결되었다는 것을 의미하는 것은 아니므로 최초의 매도인과 최종 매수인 사이에 매매계약이 체결되었다고 볼 수 없고, 설사 최종 매수인이 자신과 최초 매도인을 매매 당사자로 하는 토지거래허가를 받아 자신 앞으로 소유권이전등기를 경료하였다고 하더라도 이는 적법한 토지거래허가 없이 경료된 등기로서 무효이다(대판 1997. 11. 11, 97다33218).

(c) 매수인 지위의 인수 유동적 무효상태에 있는 매매계약상의 매수인의 지위에 관하여, 매도인과 매수인 및 제 3 자 사이에 제 3 자가 위와 같은 매수인의 지위를 매수인으로부터 이전받는다는 취지의 합의를 하였다고 하더라도, 위와 같은 합의는 매도인과 매수인 사이의 매매계약에 대한 관할 관청의 허가가 있어야 비로소 효력이 발생한다고 보아야 하고, 위 허가가 없는 이상 위 3 당사자 사이의 합의만으로 유동적 무효상태의 매매계약의 매수인 지위가 매수인으로부터 제 3 자에게 이전하고, 제 3 자가 매도인에 대하여 직접 토지거래허가 신청절차 협력의무의 이행을 구할 수 있다고 할 수는 없다(대판 1996. 7. 26, 96다7762; 대판 2000. 10. 27, 98두13492).

(d) 매도인 지위의 인수 토지거래허가제도는 투기적 거래를 방지하여 정상적 거래질서를 형성하려는 데에 입법취지가 있는 점에 비추어 보면, 제 3 자가 토지거래허가를 받기 전의 토지매매계약상 매수인 지위를 인수하는 경우와 달리 매도인 지위를 인수하는 경우에는 최초 매도인과 매수인 사이의 매매계약에 대하여 관할관청의 허가가 있어야만 매도인 지위의 인수에 관한 합의의 효력이 발생한다고 볼 것은 아니다(대판 2013. 12. 26, 2012다1863).

㈐ 유동적 무효인 경우의 법률관계

(a) 이행청구 · 손해배상청구 · 해제 불가 국토이용관리법상 토지거래허가구역 내의 토지에 관한 거래계약은 관할관청으로부터 허가받기 전의 상태에서는 거래계약의 채권적 효력도 전혀 발생하지 아니하여 무효이므로 권리의 이전 또는 설정에 관한 어떠한 내용의 이행청구도 할 수 없고, 그러한 거래계약의 당

사자로서는 허가받기 전의 상태에서 상대방의 거래계약상 채무불이행을 이유로 거래계약을 해제하거나 그로 인한 손해배상을 청구할 수도 없다(대판 1997. 7. 25, 97다4357; 대판 2000. 1. 28, 99다40524(이 판결은 해제에 관하여는 판시하지 않음)).

(b) 협력의무 문제 유동적 무효상태에 있는 토지거래허가구역 내 토지에 관한 매매계약에서 계약의 쌍방 당사자는 공동허가신청절차에 협력할 의무가 있고, 이러한 의무에 위배하여 허가신청절차에 협력하지 않는 당사자에 대하여 상대방은 협력의무의 이행을 소구할 수도 있다(대판(전원) 1991. 12. 24, 90다12243; 대판 1993. 1. 12, 92다36830; 대판 2009. 4. 23, 2008다50615). 그리고 이러한 매매계약을 체결할 당시 당사자 사이에 그 일방이 토지거래허가를 받기 위한 협력 자체를 이행하지 아니하거나 허가신청에 이르기 전에 매매계약을 철회하는 경우 상대방에게 일정한 손해액을 배상하기로 하는 약정을 유효하게 할 수 있으며, 토지거래허가 구역 내의 토지에 관한 매매계약을 체결함에 있어서 토지거래허가를 받을 수 없는 경우 이외에 당사자 일방의 계약 위반으로 인한 손해배상액의 약정에 있어서 계약 위반이라 함은 당사자 일방이 그 협력의무를 이행하지 아니하거나 매매계약을 일방적으로 철회하여 그 매매계약이 확정적으로 무효가 되는 경우를 포함하는 것으로 보아야 한다(대판 1998. 3. 27, 97다36996).

매매계약이 관할관청의 허가 없이 체결된 것이라고 하더라도, 매수인은 매도인에 대한 토지거래허가신청절차의 협력의무의 이행청구권을 보전하기 위하여 매도인을 대위하여 제 3 자 명의의 소유권이전등기의 말소등기절차이행을 구할 수 있다(대판 1994. 12. 27, 94다4806. 같은 취지: 1993. 3. 9, 92다56575(매도인의 상속인을 대위하여 토지가 상속인의 소유임의 확인을 구할 수 있다); 대판 1993. 3. 9, 92다56575(매도인을 대위하여 전 매도인에 대하여 토지거래허가절차에의 협력을 구할 수 있다)).

유동적 무효의 상태에 있는 거래계약의 당사자는 상대방이 그 거래계약의 효력이 완성되도록 협력할 의무를 이행하지 아니하였음을 들어 일방적으로 유동적 무효의 상태에 있는 거래계약 자체를 해제할 수 없다(대판(전원) 1999. 6. 17, 98다40459).

유동적 무효 상태에 있는 매매계약에 대하여 허가를 받을 수 있도록 허가신청을 하여야 할 협력의무를 이행하지 아니하고 매수인이 그 매매계약을 일방적으로 철회함으로써 매도인이 손해를 입은 경우에 매수인은 이 협력의무 불이행과 인과관계가 있는 손해는 이를 배상하여야 할 의무가 있다(대판 1995. 4. 28, 93다26397).

토지거래허가가 없이 매매계약이 체결됨에 따라 그 매수인이 그 계약을 효력이 있는 것으로 완성시키기 위하여 매도인에 대하여 그 매매계약에 관한 토지거래허가 신청절차에 협력할 의무의 이행을 청구하는 경우, 매도인의 토지거래계약허가 신청절차에 협력할 의무와 토지거래허가를 받으면 매매계약 내용에 따라 매수인이 이행하여야 할 매매대금 지급의무나 이에 부수하여 매수인이 부담하기로 특약한 양도소득세 상당 금원의 지급의무 사이에는 상호 이행상의 견련성이 있다고 할 수 없으므로, 매도인으로서는 매매대금 지급의무나 매수인이 부담하기로 특약한 양도소득세 상당 금원의 지급의무의 이행의 제공이 있을 때까지 그 협력의무의 이행을 거절할 수 없다(대판 1996. 10. 25, 96다23825).

(c) 해약금에 기한 해제 특별한 사정이 없는 한 국토이용관리법상의 토지거래허가를 받지 않아 유동적 무효 상태인 매매계약에 있어서도 당사자 사이의 매매계약은 매도인이 계약금의 배액을 상환하고 계약을 해제함으로써 적법하게 해제된다(대판 1997. 6. 27, 97다9369). 그리고 토지거래계약에 관한 허가구역으로 지정된 구역 안의 토지에 관하여 매매계약이 체결된 후 계약금만 수수한 상태에서 당사자가 토지거래허가신청을 하고 이에 따라 관할관청으로부터 그 허가를 받았다 하더라도, 그러한 사정만으로는 아직 이행의 착수가 있다고 볼 수 없어 매도인으로서는 민법 제565조에 의하여 계약금의 배액을 상환하여 매매계약을 해제할 수 있다(대판 2009. 4. 23, 2008다62427).

(d) 부당이득 반환청구 불가 유동적 무효 상태의 매매계약을 체결하고 그에 기하여 임의로 지급한 계약금 등은 그 계약이 유동적 무효 상태로 있는 한 그를 부당이득으로서 반환을 구할 수 없고 유동적 무효 상태가 확정적으로 무효가 되었을 때 비로소 부당이득으로 그 반환을 구할 수 있다(대판 1997. 11. 11, 97다36965).

(e) 처분금지 가처분 관할관청의 허가 없이 체결된 매매계약이라 하더라도 토지거래허가 신청절차청구권을 피보전권리로 하여 매매목적물의 처분을 금하는 가처분을 구할 수 있고, 매도인이 그 매매계약을 다투는 경우 그 보전의 필요성도 있다고 보아야 할 것이며, 이러한 가처분이 집행된 후에 진행된 강제경매절차에서 당해 토지를 낙찰받은 제 3 자는 특별한 사정이 없는 한 이로써 가처분채권자인 매수인의 권리보전에 대항할 수 없다(대판 1998. 12. 22, 98다44376).

(f) 허가 후 새 계약 체결이 필요한지 여부 허가받을 것을 전제로 한 거래계약은 일단 허가를 받으면 그 계약은 소급해서 유효화되므로 허가 후에 새로이 거래계약을 체결할 필요는 없다(대판(전원) 1991. 12. 24, 90다12243).

(g) 일부무효의 문제 국토이용관리법상의 규제구역 내의 토지와 건물을 일괄하여 매매한 경우, 토지에 관한 당국의 거래허가가 없으면 건물만이라도 매매하였을 것이라고 볼 수 있는 특별한 사정이 인정되는 경우에 한하여 토지에 대한 매매거래허가가 있기 전에 건물만의 소유권이전등기를 명할 수 있다고 보아야 할 것이고, 그렇지 않은 경우에는 토지에 대한 거래허가가 있어 그 매매계약의 전부가 유효한 것으로 확정된 후에 토지와 함께 이전등기를 명하는 것이 옳을 것이다(대판 1992. 10. 13, 92다16836).

㈑ **확정적 무효로 되는 경우**

(a) 무효사유 「국토의 계획 및 이용에 관한 법률」상 토지거래계약 허가구역 내의 토지에 관하여 허가를 배제하거나 잠탈하는 내용으로 매매계약이 체결된 경우에는 그 계약은 체결된 때부터 확정적으로 무효이다(대판 2010. 6. 10, 2009다96328; 대판 2019. 1. 31, 2017다228618; 대판 2024. 10. 31, 2024다255328). 그리고 이러한 허가의 배제 · 잠탈행위에는 토지거래허가가 필요한 계약을 허가가 필요하지 않은 것에 해당하도록 계약서를 허위로 작성하는 행위뿐만 아니라, 정상적으로는 토지거래허가를 받을 수 없는 계약을 허가를 받을 수 있도록 계약서를 허위로 작성하는 행위도 포함된다(대판 2010. 6. 10, 2009다96328). 대법원은 이 판결에서 「국토의 계획 및 이용에 관한 법률」상 토지거래계약 허가구역 내의 토지에 관한 매매계약을 체결하면서 허가요건을 갖추지 못한 매수인이 허가요건을 갖춘 사람의 명의를 도용하여 매매계약서에 그를 매수인으로 기재한 것은 매매계약을 체결하면서 처음부터 토지거래허가를 잠탈한 경우에 해당하므로 위 매매계약은 처음 체결된 때부터 확정적으로 무효라고 하였다.

토지거래허가를 받지 아니하여 유동적 무효 상태에 있는 계약이라고 하더라도 일단 거래허가신청을 하여 불허되었다면 특별한 사정이 없는 한 불허가된 때로부터 그 거래계약은 확정적으로 무효로 되었다고 할 것이지만, 그 불허가의 취지가 미비된 요건의 보정을 명하는 데에 있고 그러한 흠결된 요건을 보정하는 것이 객관적으로 불가능하지도 않은 경우라면 그 불허가로 인하여 거래계약이 확정적으로 무효가 되는 것은 아니다(대판 1998. 12. 22, 98다44376). 그리고 거래허가신청이 불허가되어 거래계약이 확정적으로 무효가 되었다고 하기 위하여는 거래허가신청이 국토이용관리법에서 규정한 적법한 절차(당사자가 협력하여 공동으로 신청하거나 당사자 일방이 이에 응하지 아니할 때에는 그 협력을 명하는 판결을 얻어서 하여야 한다)를 거쳐 이루어진 신청에 한한다 할 것이므로, 당사자 일방이 임의적으로 거래허가신청을 하였다가 불허가받았다 하더라도 그 불허가로 인하여 거래계약이 확정적으로 무효가 되는 것은 아니다(대판 1997. 9. 12, 97다6971).

토지거래허가를 받지 않아 거래계약이 유동적 무효의 상태에 있는 경우 그와 같은 유동적 무효 상태의 계약은 관할 관청의 불허가처분이 있을 때뿐만 아니라 당사자 쌍방이 허가신청협력의무의 이행거절 의사를 명백히 표시한 경우에는 허가 전 거래계약관계, 즉 계약의 유동적 무효 상태가 더 이상 지속된다고 볼 수 없고 그 계약관계는 확정적으로 무효가 된다(대판 1996. 6. 28, 95다54501; 대판 1996. 11. 22, 96다31703; 대판 1997. 7. 25, 97다4357 · 4364; 대판 1997. 11. 11, 97다36965 · 36972; 대판 1998. 3. 27, 97다36996; 대판 2010. 8. 19, 2010다31860). 그리고 그러한 법리는 거래계약상 일방의 채무가 이행불능임이 명백하고 나아가 그 상대방이 거래계약의 존속을 더 이상 바라지 않고 있는 경우에도 마찬가지라고 할 것이다(대판 1997. 7. 25, 97다4357 · 4364; 대판 2010. 8. 19, 2010다31860).

허가 전 거래계약이 정지조건부 계약인 경우에 있어서 그 정지조건이 토지거래허가를 받기 전에 이미 불성취로 확정되었다면 장차 토지거래허가를 받는다고 하더라도 그 거래계약의 효력이 발생될 여지는 없게 되었다고 할 것이므로, 이와 같은 경우에도 또한 허가 전 거래계약의 유동적 무효 상태가 더 이상 지속된다고 볼 수 없고 그 계약관계는 확정적으로 무효가 된다(대판 1998. 3. 27, 97다36996).

그러나 매매계약 체결 당시 일정한 기간 안에 토지거래허가를 받기로 약정하였다고 하더라도, 그 약정된 기간 내에 토지거래허가를 받지 못할 경우 계약해제 등의 절차 없이 곧바로 매매계약을 무효로 하기로 약정한 취지라는 등의 특별한 사정이 없는 한, 이를 쌍무계약에서 이행기를 정한 것과 달리 볼 것이 아니므로 위 약정기간이 경과하였다는 사정만으로 곧바로 매매계약이 확정적으로 무효가 된다고 할 수 없다(대판 2009. 4. 23, 2008다50615).

(b) 확정적 무효인 경우의 법률관계 　거래계약이 확정적으로 무효가 된 경우에는 거래계약이 확정적으로 무효로 됨에 있어서 귀책사유가 있는 자라고 하더라도 그 계약의 무효를 주장할 수 있다(대판 1995. 2. 28, 94다51789; 대판 1997. 7. 25, 97다4357 · 4364).

거래허가를 받지 아니한 거래계약의 경우에 거래 당사자는 거래허가를 받기 위하여 서로 협력할 의무가 있는 것이나, 그 토지거래가 계약 당사자의 표시와 불일치한 의사(비진의표시, 허위표시 또는 착오) 또는 사기, 강박과 같은 하자 있는 의사에 의하여 이루어진 경우에 있어서는, 이들 사유에 의하여 그 거래의 무효 또는 취소를 주장할 수 있는 당사자는 그러한 거래허가를 신청하기 전 단계에서 이러한 사유를 주장하여 거래허가신청 협력에 거절 의사를 일방적으로 명백히 함으로써 그 계약을 확정적으로 무효화시키고 자신의 거래허가절차에 협력할 의무를 면할 수 있다(대판 1996. 11. 8, 96다35309; 대판 1997. 11. 14, 97다36118).

대상청구권은 유동적 무효의 상태의 매매계약이 매매의 목적물인 부동산의 수용으로 인하여 객관적으로 허가가 날 수 없음이 분명해져 확정적으로 무효가 된 경우에는 특별한 사정이 없는 한 발생하지 않는다(대판 2008. 10. 23, 2008다54877).

대법원은, 토지거래허가구역 내 토지에 대하여 매매계약을 체결하였는데 거래허가가 나지 않은 상태에서 당해 토지가 경매절차에서 제 3 자에게 매각되어 소유권이전등기가 마쳐진 사안에서, 위 매매계약은 확정적으로 무효가 되어 매매대금 지급에 관련된 약정도 모두 무효이고, 매매계약과 관련하여 현실적으로 매매대금을 지급하지 않은 매수인은 매도인을 상대로 부당이득 반환을 구할 수 없고, 다만 매매계약 체결 전 존재하는 채권채무관계가 있다면 기존 채권채무관계는 유효하게 존속한다고 하였다(대판 2011. 6. 24, 2011다11009).

(마) 허가구역 지정해제가 된 경우 허가구역 지정기간 중에 허가구역 안의 토지에 대하여 토지거래허가를 받지 아니하고 토지거래계약을 체결한 후 허가구역 지정해제 등이 된 때에는 그 토지거래계약이 허가구역 지정이 해제되기 전에 위에서 본 바와 같은 사유로 확정적으로 무효로 된 경우를 제외하고는, 더 이상 관할 행정청으로부터 토지거래허가를 받을 필요가 없이 확정적으로 유효로 되어 거래 당사자는 그 계약에 기하여 바로 토지의 소유권 등 권리의 이전 또는 설정에 관한 이행청구를 할 수 있고, 상대방도 반대급부의 청구를 할 수 있다고 보아야 할 것이지, 여전히 그 계약이 유동적 무효상태에 있다고 볼 것은 아니다(대판(전원) 1999. 6. 17, 98다40459). 그리고 이러한 법리는 허가구역 지정기간이 만료되었음에도 재지정을 하지 아니한 때에도 동일하게 인정된다(대판 2010. 3. 25, 2009다41465). 그러나 이미 확정적으로 무효로 된 계약은 계약체결 후 허가구역 지정이 해제되거나 허가구역 지정기간 만료 이후 재지정을 하지 않은 경우라 하더라도 유효로 되는 것이 아니다(대판 2019. 1. 31, 2017다228618). 그런데 토지거래계약이 허가를 배제하거나 잠탈하는 내용으로 체결되어 확정적으로 무효로 되었더라도, 그 후 해당 토지가 토지거래계약 허가구역의 지정에서 해제되고, 매매계약 당사자들이 기존 매매계약이 무효임을 알면서 이를 추인하였다면 제139조 단서에 따라 무효였던 기존 매매계약은 추인한 때로부터

새로운 법률행위로서 유효하게 된다(대판 2024. 10. 31, 2024다255328). 이는 무효행위의 비소급적 추인을 인정한 것이다.

(바) **적용범위: 유상계약** 토지거래계약허가제도는 토지의 투기적인 거래가 성행하거나 지가가 급격히 상승하는 지역 및 그러한 우려가 있는 지역에서의 투기적인 거래를 방지하기 위한 것으로서(「국토의 계획 및 이용에 관한 법률」 117조 1항), 「국토의 계획 및 이용에 관한 법률」 제118조 제 1 항(현행 「부동산 거래신고 등에 관한 법률」 11조 1항: 저자 주)에서 명시하고 있는 것처럼 대가를 받고 소유권 또는 지상권을 이전 또는 설정하는 경우, 즉 유상계약에만 한정되어 적용되는 것이다. 따라서 그러한 토지거래계약허가제도를 위반함에 따른 벌칙조항, 즉 법 제141조 제 6 호(현행 「부동산 거래신고 등에 관한 법률」 26조 2항: 저자 주)도 유상계약의 경우에만 한정되어 적용되는 것으로 해석하여야 한다(대판 2009. 5. 14, 2009도926).

[238] Ⅲ. 무효행위의 추인

1. 의 의

무효행위의 추인이란 법률행위로서의 효과가 확정적으로 발생하지 않는 무효행위를 뒤에 유효하게 하는 의사표시이다. 이러한 추인은 허용될 수 없다. 왜냐하면 무효인 행위는 확정적으로 효력이 발생되지 않기 때문이다. 그런데 민법은 원칙적으로는 추인을 금지하되, 예외적으로 비소급적인 추인은 인정하고 있다(139조). 그리고 학설은 일정한 경우에 소급적인 추인을 인정한다.

2. 민법상의 비소급적 추인

민법상 무효행위는 당사자가 추인을 하여도 효력이 생기지 않는다(139조 본문). 그러나 당사자가 무효임을 알고 추인한 때에는 그때 새로운 법률행위를 한 것으로 본다(139조 단서). 그리하여 가령 가장매매의 당사자가 추인을 하면 그때부터 즉 비소급적으로 유효한 매매가 된다.

(1) 비소급적 추인의 요건

① 이러한 추인이 인정되려면 객관적으로 무효원인이 해소되고 있어야 한다. 법률행위가 사회질서에 반하거나(대판 1973. 5. 22, 72다2249) 폭리행위(대판 1994. 6. 24, 94다10900)이어서 무효인 경우처럼 무효원인이 해소되지 않고 있는 때에는, 추인에 의하여 유효하

게 될 수 없다. 한편 대법원은, 상법 제731조 제 1 항에 의하면 타인의 생명보험에서 피보험자가 서면으로 동의의 의사표시를 하여야 하는 시점은 보험계약 체결시까지이고, 이는 강행규정으로서 이를 위반한 보험계약은 무효이므로, 타인의 생명보험계약 성립 당시 피보험자의 서면동의가 없다면 그 보험계약은 확정적으로 무효가 되고, 피보험자가 이미 무효가 된 보험계약을 추인하였다고 하더라도 그 보험계약이 유효로 될 수 없다고 한다(대판 2006. 9. 22, 2004다56677; 대판 2010. 2. 11, 2009다74007). 그리고 학교법인이 사립학교법 제16조 제 1 항에 의한 이사회의 심의 · 의결 없이 학교법인 재산의 취득 · 처분행위를 하거나 사립학교법 제28조 제 1 항의 규정에 의하여 관할청의 허가 없이 의무부담행위를 한 경우에 그 행위는 효력이 없고(대판 2000. 9. 5, 2000다2344; 대판 2016. 6. 9, 2014다64752; 대판 2021. 2. 4, 2017다207932)(그런데 매매 등 계약 성립 후에라도 감독청의 허가를 받으면 그 매매 등 계약이 유효하게 된다(대판 2022. 1. 27, 2019다289815 등). 이러한 계약의 확정적 무효에 관하여 대판 2022. 1. 27, 2019다289815([119]) 참조), 학교법인이 나중에 그 의무부담행위를 추인하더라도 효력이 생기지 않는다고 한다(대판 2000. 9. 5, 2000다2344; 대판 2016. 6. 9, 2014다64752). 그에 비하여 — 앞에서 본 바와 같이([237] 참조) — 토지거래계약이 확정적으로 무효(강행법규 위반으로 인한 무효)로 되었더라도, 그 후 해당 토지가 토지거래계약 허가구역의 지정에서 해제되고, 매매계약 당사자들이 기존 매매계약이 무효임을 알면서 이를 추인하였다면 기존 매매계약은 추인한 때로부터 새로운 법률행위로서 유효하게 된다고 한다(대판 2024. 10. 31, 2024다255328). ② 추인을 하는 자는 법률행위가 무효임을 알고 하여야 한다. 무효임을 의심하면서 하는 추인도 유효하다고 할 것이다. ③ 무효행위의 추인은 새로운 법률행위를 한 것으로 보기 때문에, 추인은 새로운 행위와 동일한 요건을 갖추어야 한다. 따라서 추인에 의하여 새로운 법률행위로 되는 그 행위가 요식행위인 경우에는 방식도 갖추어야 한다. 그리고 추인하려고 하는 무효행위가 계약인 경우에는 추인은 쌍방의 합의로 하여야 한다.

(2) 추인의 의사표시

무효행위의 추인도 명시적으로뿐만 아니라 묵시적으로도 할 수 있다. 판례도 같다(대판 2009. 9. 24, 2009다37831; 대판 2010. 2. 11, 2009다68408; 대판 2014. 2. 13, 2012다112299 · 112305). 그리고 판례는 묵시적 추인이 있는지를 판단함에 있어서는 — 무권대리행위의 추인에서와 마찬가지로 — 관계되는 여러 사정을 종합적으로 검토하여 신중하게 할 것이라고 한다(대판 2009. 9. 24, 2009다37831; 대판 2010. 2. 11, 2009다68408; 대판 2010. 12. 23, 2009다37718; 대판 2014. 3. 27, 2012다106607). 그런데 추인에 의하여 새로운 법률행위로 의제되는 행위가 요식행위인 경우에는 방식을 갖추어야 하기 때문에 묵시적 추인은 인정될 수 없다(같은 취지: 이영준, 701면; 주해(3), 283면(김용담)). 한편 판례는, 당사자가 이전의 법률행위가 존재함을 알고 그 유효함을 전제로 하여 이에 터 잡은 후속행위를 하였다고 해서 그것만으로 이전의 법률행위를 묵시적으로 추인하였다고 단정할 수는 없고, 묵시적 추인을 인정하기 위해서는 이전의 법률행위가 무효임을 알거나 적어도 무효임을 의심하면서도 그 행위의 효과를 자기에게 귀속시키도록 하는 의사로 후속행위를 하였음이 인정되어야 할 것이라고 한다(대판 2014. 3. 27, 2012다106607).

(3) 비소급적 추인의 효과

비소급적 추인의 요건을 갖추면 새로운 법률행위를 한 것으로 의제된다. 따라서 추인은 소급효를 가지지 못한다. 다만, 판례는, 혼인 · 입양 등의 신분행위가 무효인 경우에 관하여는 그 신고가 부적법하다는 이유로 이미 형성되어 있는 신분관계의 효력을 부인하는 것은 당사자의 의사에 반하고 그 이익을 해칠 뿐만 아니라 그 실질적 신분관계의 외형과 호적의 기재를 믿은 제 3 자의 이익도 침해할 우려가 있다는 이유로 추인의 소급효를 인정한다(대판 1991. 12. 27, 91므30; 대판 2000. 6. 9, 99므1633 · 1640; 대판 2004. 11. 11, 2004므1484; 대판 2009. 10. 29, 2009다4862).

〈판 례〉

(ㄱ) 「무효등기의 유용에 대한 합의 내지 추인은 묵시적으로도 이루어질 수 있으나, 위와 같은 묵시적 합의 내지 추인을 인정하려면 무효등기 사실을 알면서 장기간 이의를 제기하지 아니하고 방치한 것만으로는 부족하고 그 등기가 무효임을 알면서도 유효함을 전제로 기대되는 행위를 하거나 용태를 보이는 등 무효등기를 유용할 의사에서 비롯되어 장기간 방치된 것이라고 볼 수 있는 특별한 사정이 있어야 한다.」(대판 2007. 1. 11, 2006다50055. 같은 취지: 대판 1991. 3. 27, 90다17552: 원인무효인 등기의 경유사실을 알고서 장기간 이의를 한 바 없다는 사유만으로 이를 추인한 것으로는 볼 수 없다)

(ㄴ) 「민법 제139조 본문이 무효인 법률행위는 추인하여도 그 효력이 생기지 않는다고 규정하고 있음에도 불구하고 혼인, 입양 등의 신분행위에 관하여는 이 규정을 적용하지 않고 추인에 의하여 소급적 효력을 인정하는 것은 신분행위는 신분관계를 형성하는 것을 목적으로 하는 법률행위로서 신분관계의 형성이 그 본질적인 내용이고 신고 등 절차는 그 신분행위의 창설을 외형적으로 확정짓는 부차적인 요건일 뿐인데 무효인 신분행위가 있은 후에 그 내용에 맞는 신분관계가 실질적으로 형성되어 쌍방 당사자가 아무런 이의 없이 그 신분관계를 계속하여 왔다면 그 신고가 부적법하다는 이유로 이미 형성되어 있는 신분관계의 효력을 부인하는 것은 당사자의 의사에 반하고 그 이익을 해칠 뿐 아니라 그 실질적 신분관계의 외형과 호적의 기재를 믿은 제 3 자의 이익도 침해할 우려가 있기 때문에 추인에 의하여 소급적으로 신분행위의

효력을 인정함으로써 신분관계의 본질적 요소를 보호하는 것이 타당하다는 데에 그 근거가 있다고 할 것이므로 당사자 간에 무효인 신고행위에 상응하는 신분관계가 실질적으로 형성되어 있지도 아니하고 또 앞으로도 그럴 가망이 없다고 하는 경우에는 무효의 신분행위에 대한 추인의 의사표시만으로 그 무효행위의 효력을 인정할 수는 없다고 할 것이다.」(대판 1991. 12. 27, 91므30. 같은 취지: 대판 2004. 11. 11, 2004므1484)

(ㄷ) 「당사자의 양도금지의 의사표시로써 채권은 양도성을 상실하며 양도금지의 특약에 위반해서 채권을 제 3 자에게 양도한 경우에 악의 또는 중과실의 채권양수인에 대하여는 채권 이전의 효과가 생기지 아니하나, 악의 또는 중과실로 채권양수를 받은 후 채무자가 그 양도에 대하여 승낙을 한 때에는 채무자의 사후승낙에 의하여 무효인 채권양도행위가 추인되어 유효하게 되며 이 경우 다른 약정이 없는 한 소급효가 인정되지 않고 양도의 효과는 승낙시부터 발생한다고 할 것이다(대법원 2000. 4. 7. 선고 99다52817 판결 참조). 이른바 집합채권의 양도가 양도금지특약에 위반해서 무효인 경우 채무자는 일부 개별 채권을 특정하여 추인하는 것이 가능하다고 할 것이다.」(대판 2009. 10. 29, 2009다47685)

(ㄹ) 무효행위의 추인이라 함은 법률행위로서의 효과가 확정적으로 발생하지 않는 무효행위를 뒤에 유효케 하는 의사표시를 말하는 것으로 무효인 행위를 사후에 유효로 하는 것이 아니라 새로운 의사표시에 의하여 새로운 행위가 있는 것으로 그때부터 유효케 되는 것이므로 원칙적으로 소급효가 인정되지 않는 것이다(대판 1983. 9. 27, 83므22).

3. 약정에 의한 소급적 추인 [239]

위에서 본 바와 같이, 민법은 비소급적인 추인만 인정하나, 학설은 당사자의 합의에 의하여 채권적인 소급적 추인을 인정한다. 당사자 사이에서만 소급하여 효력이 있는 것으로 인정하여도 무방하다는 이유에서이다. 그리고 그 행위는 채권행위일 수도 있고 물권행위일 수도 있다고 한다.

〈무권리자에 의한 처분행위의 소급적 추인의 문제〉

처분자가 처분권한이 없이 타인의 권리를 처분한 경우에 처분권한이 있는 자가 사후에 이를 추인하면 처분행위는 소급해서 유효하게 되는가? 여기에 관하여 학설은 i) 무효행위의 추인에 의하여 소급하여 효력이 있다고 하는 견해(곽윤직, 294면; 김용한, 401면; 백태승, 551면; 이영준, 702면. 그런데 이영준, 물권, 89면은 무권대리에서의 추인의 법리를 유추적용한다), ii) 무권대리의 추인과 같이 취급하여야 한다는 견해(이은영, 689면. 그런데 이은영, 물권(2006), 132면은 무효행위의 추인으로 본다), iii) 그때에는 제133조를 유추적용하거나 추완의 법리를 적용하여야 한다는 견해(고상룡, 608면)로 나뉘어 있다. 그리고 판례는 무권대리의 추인에 관한 제130조, 제133조 등을 무권리자의 추인에 유추적용할 수 있고, 따라서 무권리자의 처분이 계약으로 이루어진 경우에 권리자가 이를 추인하면 원칙적으로 그 계약의 효과가 계약을 체결했을 때에 소급하여 권리자에게 귀속된다고 한다(대판 1966. 10. 21, 66다1596; 대판

1981. 1. 13, 79다2151; 대판 1988. 10. 11, 87다카2238; 대판 1992. 9. 8, 92다15550; 대판 2001. 11. 9, 2001다44291; 대판 2017. 6. 8, 2017다3499). 그리고 추인은 무권리자의 처분이 있음을 알고 해야 하고, 명시적으로 또는 묵시적으로 할 수 있으며, 그 의사표시는 무권리자나 그 상대방 어느 쪽에 해도 무방하다고 한다(대판 2017. 6. 8, 2017다3499). 그런가 하면 무권리자에 의한 처분행위를 권리자가 추인한 경우에 권리자는 무권리자에 대하여 무권리자가 처분행위로 인하여 얻은 이득의 반환을 청구할 수 있다고 한다(대판 2022. 6. 30, 2020다210686 · 210693).

생각건대 우리의 학설과 판례는 처분행위를 소급해서 유효하다고 하는 결과에 있어서는 같으며, 단지 어떤 법리에 의하여 설명할 것인지에 관하여만 차이가 있을 뿐이다. 그런데 무권리자의 처분은 확정적인 무효가 아니고 유동적인 무효일 뿐만 아니라, 처분권자가 처분행위를 인정하는 경우에도 그것은 당사자가 아닌 자가 처분권한을 부여하는 것이기 때문에, 이 경우는 확정적인 무효행위를 당사자가 추인하는 무효행위의 추인과는 구별하는 것이 옳다. 그에 관하여는 명문규정이 있어야 하나, 명문규정이 없는 현행법 아래에서는 무권리자의 처분행위가 무권대리행위와 유사하므로 거기에는 제133조를 유추적용하는 것이 바람직하다. 한편 iii)설의 추완법리의 적용은 소급효가 인정될 수 없어서 취할 수 없다.

〈판 례〉

부동산의 경매절차에서 경매목적 부동산을 경락받은 경락인이 실질적인 권리자가 아니라 단순히 타인을 위하여 그 명의만을 빌려준 것에 불과하더라도 경매목적 부동산의 소유권은 경락대금을 실질적으로 부담한 자가 누구인가에 상관없이 그 명의인이 적법하게 취득한다고 할 것이다.

채권자가 채무자 소유의 부동산에 대하여 강제경매신청을 하여 자녀들 명의로 이를 경락받았다면 그 소유자는 경락인인 자녀들이라 할 것이므로, 채권자가 그 후 채무자와 사이에 채권액의 일부를 지급받고 자녀들 명의의 소유권이전등기를 말소하여 주기로 합의하였다 하더라도 이는 일종의 타인의 권리의 처분행위에 해당하여 비록 양자 사이에서 위 합의는 유효하고 채권자는 자녀들로부터 위 부동산을 취득하여 채무자에게 그 소유권이전등기를 마쳐주어야 할 의무를 부담하지만 자녀들은 원래 부동산의 소유자로서 타인의 권리에 대한 계약을 체결한 채무자에 대하여 그 이행에 관한 아무런 의무가 없고 이행을 거절할 수 있는 자유가 있었던 것이므로, 채권자의 사망으로 인하여 자녀들이 상속지분에 따라 채권자의 의무를 상속하게 되었다고 하더라도 그들은 신의칙에 반하는 것으로 인정할 만한 특별한 사정이 없는 한 원칙적으로 위 합의에 따른 의무의 이행을 거절할 수 있다고 한 사례(대판 2001. 9. 25, 99다19698. 위 첫째 단락과 같은 취지: 대판 2000. 4. 7, 99다15863 · 15870).

Ⅳ. 무효행위의 전환 [240]

1. 의 의

X라는 행위로서는 무효인 법률행위가 Y라는 행위로서는 요건을 갖추고 있는 경우에 Y라는 행위로서의 효력을 인정하는 것을 무효행위의 전환이라고 한다. 예컨대 방식이 흠결되어 약속어음의 발행으로서는 무효인 행위를 유효한 준소비대차로서 인정하는 것이 그렇다. 민법은 일정한 요건 하에 무효행위의 전환을 인정하고 있다(138조). 그리고 여기에 관하여 개별적으로 특별규정이 두어져 있기도 하다(530조 · 534조 · 1071조 등).

제138조는 임의규정이다(같은 취지: 이영준, 714면; 주해(3), 276면(김용담)). 따라서 당사자가 법률행위를 하면서 미리 그 법률행위가 무효인 경우에는 다른 법률행위로서 효력을 가진다거나 가지지 않는다고 정한 경우에는 그 약정이 우선하여 적용된다.

2. 요 건

(1) 무효인 제 1 의 법률행위의 존재

본래 법률행위가 유효하다면 전환은 문제될 여지가 없다. 그리고 무효행위의 전환은 일단 성립한 법률행위가 무효인 경우에 문제되는 것이므로, 법률행위가 성립하지 않은 때에는 전환은 논의될 여지가 없다.

단독행위가 무효인 경우에도 전환이 인정되는가에 관하여 학설은 i) 인정설(김주수, 494면; 김준호, 364면; 이영준, 720면)과 ii) 부정설(곽윤직, 295면; 김용한, 399면; 백태승, 549면)이 대립하고 있으나, 인정하여도 무방할 것이다. 민법 제1071조가 비밀증서에 의한 유언이 그 방식에 흠결이 있는 경우에 자필증서의 방식에 적합한 때에는 자필증서에 의한 유언으로 보는 것은 민법이 무효인 단독행위의 전환을 규정한 것이라고 할 수 있다(같은 취지: 이영준, 720면).

(2) 제 2 의 법률행위의 요건 구비

제 2 의 행위는 현실적으로 존재하여야 하는 것이 아니며, 이 점에서 은닉행위와 다르다. 즉 무효행위의 전환은 별도의 행위가 없음에도 불구하고 일정한 요건이 갖추어져 있는 때에 무효인 법률행위를 다른 행위로서 유효하게 하는 것이다.

방식과 관련하여 주의할 점이 있다. 제 2 의 행위가 불요식행위인 때에는 제 1 의 행위가 요식행위이든 불요식행위이든 전환이 인정된다. 그런데 제 1 의

행위는 불요식행위이고 제 2 의 행위가 요식행위인 때에는, 전환을 인정하기가 어렵다. 다음에 제 1, 제 2 의 행위가 모두 요식행위인 때에는, 일정한 형식 그 자체가 필요한 행위(예: 어음행위)로의 전환은 허용될 수 없으나, 확정적인 의사를 서면에 나타내는 것이 요구되는 행위(예: 인지·입양)로의 전환은 인정할 수 있다.

판례에 의하면, 혼인 외의 출생자를 혼인 중의 친생자로 신고한 때에는 인지로서의 효력이 있다고 하고(대판 1976. 10. 26, 76다2189)(이 내용은 현재에는 「가족관계의 등록 등에 관한 법률」 57조에 명문화되어 있다), 입양의 의사로 친생자 출생신고를 하고 거기에 입양의 실질적 요건이 모두 구비된 경우에는 입양의 효력을 인정한다(대판(전원) 1977. 7. 26, 77다492; 대판 1991. 12. 13, 91므153; 대판 2001. 5. 24, 2000므1493; 대판 2001. 8. 21, 99므2230; 대판 2018. 5. 15, 2014므4963(개정 전의 것)임)(그런데 미성년자의 입양에 가정법원의 허가를 요하는 현행법 하에서는 미성년자에 관한 한 이 판례가 유지되기 어렵다. 친족상속법 [126]도 참조). 그리고 상속포기 신고가 상속포기로서의 효력이 없는 경우에 상속재산의 협의분할을 인정한 것도 있다(대판 1989. 9. 12, 88누3305). 그런가 하면 사용자가 근로자의 임금 지급에 갈음하여 사용자가 제 3 자에 대하여 가지는 채권을 근로자에게 양도하기로 하는 약정은 전부 무효임이 원칙이지만(근기법 43조 1항 참조), 당사자 쌍방이 위와 같은 무효를 알았더라면 임금의 지급에 갈음하는 것이 아니라 지급을 위하여 채권을 양도하는 것을 의욕하였으리라고 인정될 때에는, 무효행위 전환의 법리에 따라 그 채권양도 약정은 「임금의 지급을 위하여 한 것」으로서 효력을 가질 수 있다고 한다(대판 2012. 3. 29, 2011다101308).

(3) 당사자가 제 1 의 행위의 무효를 알았더라면 제 2 의 행위를 하는 것을 의욕하였으리라고 인정될 것

즉 전환의 의사가 필요하다. 이 전환의 의사는 가정적 의사라고 보는 것이 일반적이나(곽윤직, 295면; 이영준, 717면 등), 「실제로 무효행위의 배후에 존재하는 예비적 의사」라고 하는 소수설도 있다(이은영, 687면). 판례는 「법률행위 당시에 무효임을 알았다면 의욕하였을 가정적 효과의사」(대판(전원) 2016. 11. 18, 2013다42236. 같은 취지: 대판 2010. 7. 15, 2009다50308; 대판 2022. 5. 26, 2020다253515)라고 하여 다수설과 같다.

전환의 의사를 판단하는 시기는 전환시가 아니고 행위 당시이다(주해(3), 279면(김용담)).

〈판 례〉

(ㄱ) 「매매계약이 약정된 매매대금의 과다로 말미암아 민법 제104조에서 정하는 '불공정한 법률행위'에 해당하여 무효인 경우에도 무효행위의 전환에 관한 민법 제138조가 적용될 수 있다. 따라서 당사자 쌍방이 위와 같은 무효를 알았더라면 대금을 다른 액으로 정하여 매매계약에 합의하였을 것이라고 예외적으로 인정되는 경우에는,

그 대금액을 내용으로 하는 매매계약이 유효하게 성립한다고 할 것이다.」(재건축사업부지에 포함된 토지에 대하여 재건축사업조합과 토지의 소유자가 체결한 매매계약이 매매대금의 과다로 말미암아 불공정한 법률행위에 해당하지만, 그 매매대금을 적정한 금액으로 감액하여 매매계약의 유효성을 인정한 사례)(대판 2010. 7. 15, 2009다50308)

(ㄴ) 「법률행위가 강행법규에 위반되어 무효가 되는 경우에 그 법률행위가 다른 법률행위의 요건을 구비하고 당사자 쌍방이 위와 같은 무효를 알았더라면 다른 법률행위를 하는 것을 의욕하였으리라고 인정될 때에는 민법 제138조에 따라 다른 법률행위로서 효력을 가질 수도 있다. 다만 이때 다른 법률행위를 하였을 것인지에 관한 당사자의 의사는 그 법률행위가 강행법규 위반으로 무효인 점을 고려하더라도 당시에 무효임을 알았다면 의욕하였을 것으로 평가할 수 있는 가정적 효과의사로서, 당사자가 법률행위 당시와 같은 구체적 사정 아래 있다고 상정하는 경우에 거래관행을 고려하여 신의성실의 원칙에 비추어 결단하였을 바를 의미한다. 이는 그 법률행위의 경위, 목적과 내용, 무효의 사유 및 강행법규의 입법취지와 위반의 경위 등을 두루 고려하여 판단할 것이나, 그 결과가 한쪽 당사자에게 일방적인 불이익을 주거나 거래관념과 형평에 반하는 것이어서는 안 됨은 물론, 이러한 전환을 허용하는 것이 강행법규의 입법취지 및 그 위반행위에 대한 제재의 의미를 전적으로 부정하거나 무력화시키는 것이어서는 안 될 것이다(대법원 2010. 7. 15. 선고 2009다50308 판결, 대법원 2016. 11. 18. 선고 2013다42236 전원합의체 판결 등 참조).」(대판 2022. 5. 26, 2020다253515)

(ㄷ) 「위 건설교통부 고시에 의하여 산출되는 임대보증금과 임대료의 상한액인 표준임대보증금과 표준임대료를 기준으로 계약상 임대보증금과 임대료를 산정하여 임대보증금과 임대료 사이에 상호전환을 하였으나 절차상 위법이 있어 강행법규 위반으로 무효가 되는 경우에는 특별한 사정이 없는 한 임대사업자와 임차인이 임대보증금과 임대료의 상호전환을 하지 않은 원래의 임대조건, 즉 표준임대보증금과 표준임대료에 의한 임대조건으로 임대차계약을 체결할 것을 의욕하였으리라고 봄이 상당하다. 그러므로 그 임대차계약은 민법 제138조에 따라 표준임대보증금과 표준임대료를 임대 조건으로 하는 임대차계약으로서 유효하게 존속한다고 보아야 할 것이다.

그리고 이와 같이 당사자 사이에 체결된 임대차계약이 표준임대보증금과 표준임대료 조건에 의한 임대차계약으로 전환되어 유효하게 존속하게 되는 이상, 임대사업자는 임차인에게 표준임대보증금을 초과하여 지급받은 임대보증금을 부당이득으로 반환할 의무가 있고, 임차인은 임대사업자에게 그 임대차계약에 따른 임대료로 표준임대료 금액을 지급할 의무가 있다.」(대판(전원) 2016. 11. 18, 2013다42236)

제3관 법률행위의 취소

[241] Ⅰ. 취소의 의의

1. 취소 개념

취소란 일단 유효하게 성립한 법률행위의 효력을 제한능력 또는 의사표시에 있어서의 착오 · 사기 · 강박을 이유로 법률행위를 한 때에 소급하여 소멸하게 하는 특정인(취소권자)의 의사표시이다. 따라서 취소할 수 있는 법률행위라 할지라도 취소권자의 취소가 있을 때까지는 유효하되, 취소가 있으면 소급하여 무효로 된다. 그런데 추인이 있거나(143조) 법정추인으로 인정되거나(145조) 취소권이 존속기간이 경과하여 소멸하면(146조) 이제는 더 이상 취소할 수 없게 되고, 법률행위는 처음부터 유효했던 것으로 확정된다.

법률행위의 취소는 하나의 의사표시로 성립하는 상대방 있는 단독행위이다(그러나 예외적으로 상대방 없는 경우도 있을 수 있다. [244] 참조).

2. 원칙적 취소와 구별되는 취소

위에서 설명한 취소는 제한능력 또는 착오 · 사기 · 강박을 이유로 한 법률행위의 취소만을 가리킨다. 이를 원칙적인 취소라고 한다. 그런데 민법은 여러 곳에서 취소라는 용어를 사용하고 있다. 그 가운데에는 취소대상이 법률행위인 때도 있으나, 법원선고나 행정처분인 때도 있다. 뒤의 경우가 원칙적인 취소와 다름은 분명하나, 앞의 경우도 취소원인과 효과에 있어서 원칙적인 취소와 같지 않다.

민법은 제140조 이하에서 취소에 관한 일반적 규정을 두고 있다. 그런데 그 규정은 원칙적인 취소에만 적용되며, 기타의 취소에는 적용이 없다. 원칙적인 취소와 구별되는 취소를 정리해 보기로 한다.

(1) 재판 또는 행정처분의 취소

실종선고의 취소(29조) · 부재자의 재산관리에 관한 명령의 취소(22조 2항) · 법인설립허가의 취소(38조) 등이 그에 해당하며, 이들은 공법상의 취소로서 취소라는 용어만 공통할 뿐 법률행위의 취소와는 전혀 관계가 없다.

(2) 완전히 유효한 법률행위의 취소

영업허락의 취소(8조 2항) · 사해행위의 취소(406조) · 부담부 유증의 취소(1111조) 등이 그 예이다.

(3) 가족법상의 법률행위의 취소

혼인의 취소(816조) · 이혼의 취소(838조) · 친생자 승인의 취소(854조) · 입양의 취소(884조) · 인지의 취소(861조) · 부양관계의 취소(978조) 등이 그 예이다.

3. 취소와 구별하여야 할 개념

(1) 철 회

철회는 아직 효력을 발생하고 있지 않은 의사표시를 종국적으로 효력이 발생하지 않게 하거나(예: 청약의 철회) 또는 일단 발생한 의사표시의 효력을 장래에 향하여 소멸시키는 표의자의 일방적 행위(예: 7조 · 16조 · 134조 · 1108조 · 1110조)이다.

(2) 해 제

해제는 일단 유효하게 성립한 「계약」의 효력을 당사자 일방(해제권자)의 의사표시에 의하여 그 계약이 처음부터 없었던 것과 같은 상태로 돌아가게 하는 것이다. 해제는 법률규정(채무불이행 기타 사유) 또는 당사자의 해제권 약정이 있는 경우에 허용된다.

Ⅱ. 취 소 권 [242]

1. 의의 및 성질

취소의 의사표시가 있으면 법률행위는 소급하여 무효로 된다. 여기서 취소할 수 있는 지위는 하나의 권리라고 볼 수 있다(이은영, 696면은 취소권을 독자적인 권리로 보지 않는다). 그런데 취소권은 일방적 의사표시에 의하여 법률관계의 변동을 일으키므로 일종의 형성권이다.

2. 취소권자

법률행위의 취소는 무효와 달리 일정한 자, 즉 취소권자만이 행할 수 있다. 민법은 제140조에서 취소권자를 규정하고 있다. 그 규정에 의한 취소권자를 나누어 설명한다.

(1) 제한능력자

제한능력자는 그가 행한 취소할 수 있는 행위를 단독으로(즉 법정대리인의 동의 없이) 취소할 수 있다. 그리고 이 제한능력자의 취소는 제한능력을 이유로 취소할 수 없다(이설 없음). 이것을 인정하게 되면 법률관계가 너무 복잡하게 되고 또 상대방을 너무 불안정한 지위에 놓이게 하기 때문이다. 그러나 다른 원인이 있어서 취소를 하는 것은 허용된다. 가령 제한능력자가 사기나 강박을 당하여 취소한 경우에 사기나 강박을 원인으로 취소행위를 다시 취소할 수 있는 것이다.

(2) 착오로 인하여 의사표시를 한 자

착오로 인하여(또는 착오에 의하여) 의사표시를 한 자는 그가 행한 법률행위를 취소할 수 있다. 2011. 3. 7. 민법개정 전에는 입법상의 잘못으로 취소권자에 착오자를 누락시켜 부득이 「하자 있는 의사표시를 한 자」에 그 자도 포함시켜서 해석하였으나, 민법을 개정하면서 그 문제를 해결하였다.

(3) 사기 · 강박에 의하여 의사표시를 한 자

사기나 강박에 의하여 의사표시를 한 자는 그가 행한 법률행위를 취소할 수 있다.

(4) 대 리 인

제한능력자와 착오 · 사기 · 강박에 의하여 의사표시를 한 자의 임의대리인과 법정대리인이다. 취소도 법률행위이므로 이는 대리인도 할 수 있다. 다만, 임의대리인이 행한 대리행위에 관하여 취소원인이 있는 경우에 그 취소권은 대리인이 아니고 본인에게 속하므로, 임의대리인이 취소를 하려면 다시 본인으로부터 그에 관하여 대리권이 수여되어야 한다(통설임. 반대: 이은영, 696면). 그러나 제한능력자의 법정대리인은 자신의 고유한 취소권이 있다. 그런데 제한능력자의 법정대리인은 제한능력자가 제한능력자로 있는 동안에만 취소권을 가지며, 제한능력자가 행위능력을 회복한 뒤에는 설사 법률행위를 취소할 수 있는 기간이 남아 있더라도 취소권이 없다. 왜냐하면 제한능력자가 행위능력을 회복하면, 법정대리인인 친권자나 후견인의 친권 · 후견권이 소멸하고, 이제는 더 이상 제한능력자의 법정대리인이 아니기 때문이다.

(5) 승 계 인

제한능력자 또는 착오 · 사기 · 강박에 의하여 의사표시를 한 자로부터 취소권을 승계한 자이다. 포괄승계인과 특정승계인을 나누어 보기로 한다.

1) 포괄승계인 상속인이나 합병된 회사와 같은 포괄승계인은 당연히 피승계인의 취소권을 승계하며, 따라서 취소권을 행사할 수 있다.

2) 특정승계인 특정승계인도 취소권을 승계하는가에 관하여는 i) 일반적으로 긍정하는 것이 다수설이나(고상룡, 613면; 곽윤직, 298면; 이영준, 723면 등), ii) 다수설에 의심을 품는 소수설(김용한, 405면; 김주수, 498면)도 있다. 다수설인 i)설은 취소권만의 승계는 인정되지 않으며, 취소할 수 있는 행위에 의하여 취득한 권리의 승계가 있는 경우에만 특정승계인은 취소권자가 된다고 한다. 생각건대 소수설이 지적하는 바와 같이, 다수설처럼 해석하는 경우에도 승계인의 보호필요성이 없거나 법정추인 등 때문에 취소권의 승계가 인정될 경우는 극히 적을 것이다. 그리고 때로는 법률관계가 불필요하게 복잡하게 될 가능성도 있다. 그렇지만 특정승계인을 배제할 근거가 없고, 또 승계인이 보호되어야 할 경우(예: 사기에 의하여 비싸게 매수한 자로부터 증여받은 자)도 있으므로 다수설에 따르기로 한다. 이러한 사견에 의하면, 토지소유자가 사기를 당하여 지상권을 설정한 후에 그 토지를 양도한 경우에는, 그 토지의 양수인은 승계인으로서 지상권설정행위를 취소할 수 있다.

이전에 보증인에 대하여 주채무자의 승계인이라는 이유로, 또는 제433조나 제435조를 이유로 취소권을 인정하는 문헌이 있었다. 그러나 오늘날에는 학설이 일치하여 보증인은 취소권을 행사할 수 없다고 한다(특히 곽윤직(신정판), 517면 참조). 우선 보증인은 승계인이 아니라고 한다. 그리고 제433조는 제 1 항에서 「보증인은 주채무자의 항변으로 채권자에게 대항할 수 있다」고 규정하는데, 이는 주채무자가 취소권을 행사하고 있으면 그 사실을 가지고 대항할 수 있다는 것을 의미할 뿐이고 보증인이 주채무자의 취소권을 행사할 수 있다는 것은 아니라고 한다. 또한 제435조는 「주채무자가 채권자에 대하여 취소권 … 이 있는 동안은 보증인은 채권자에 대하여 채무의 이행을 거절할 수 있다」고 규정하고 있는데, 이것 역시 주채무자의 취소권을 보증인이 직접 행사할 수 있다는 것은 아니라고 한다. 이러한 현재의 학설은 타당하다.

3) 승계인이 취소권을 행사하는 경우에는 취소권의 존속기간(146조 참조)을 산정함에 있어서 승계 전의 자가 권리를 가지고 있었던 기간도 포함시켜야 한다(같은 취지: 김학동, 480면).

[243] ## 3. 취소의 방법

(1) 취소의 의사표시

취소는 취소권자의 일방적인 의사표시에 의하여 행한다. 따라서 취소가 인정되려면 취소의 의사표시가 존재하여야 한다. 대법원은 원고가 피고(국가) 산하 계엄사령부 합동수사본부의 수사관들로부터 강박을 당하여 피고에게 부동산을 증여한다는 의사표시를 한 경우에 관하여, 「강박을 이유로 증여의 의사표시를 취소함에 있어서는 그 상대방에 대하여 적어도 그 의사표시 자체에 하자가 있으므로 이를 취소한다거나 또는 강박에 의한 증여이니 그 목적물을 반환하라는 취지가 어느 정도 명확하게 표명되어야 할 것」이라고 하면서, 강박으로 인하여 증여의 의사표시를 하게 되었다는 내용은 없이 오히려 잘못된 해석으로 인하여 수사가 이루어졌으니 바로잡아 달라는 취지만 기재되어 있는 진정서와 탄원서를 원호처장과 대통령에게 보낸 것만으로는 위 증여의 의사표시가 적법하게 취소된 것으로 보기 어렵다고 하였다(대판 2002. 9. 24, 2002다11847).

이 취소의 의사표시의 방식에 관하여는 제한이 없다. 따라서 반드시 재판상 행하여야 할 필요는 없다(구두변론기일에 변론으로 할 수도 있다. 대판 1961. 11. 9, 4293민상883). 또한 명시적으로뿐만 아니라 묵시적으로도 할 수 있다. 법률행위의 취소를 당연한 전제로 한 소송상의 이행청구(가령 소유권이전등기 말소청구)나 이를 전제로 한 이행거절이 있으면, 그것에는 취소의 의사표시가 포함되어 있다고 볼 것이다(대판 1993. 9. 14, 93다13162. 대판 1957. 10. 7, 4290민상518도 참조).

어떤 계약을 체결한 당사자 쌍방이 각기 그 계약을 취소하는 의사표시를 하였더라도 그 취소사유가 없는 경우에는 그 계약은 효력을 잃게 되지 않는다. 가령 갑·을 사이에 결손금 배상채무의 액수를 확정하는 합의가 있은 후, 갑은 합의가 강박에 의하여 이루어졌다는 이유를 들어, 그리고 을은 착오에 의하여 합의를 하였다는 이유를 들어 각기 위 합의를 취소하는 의사표시를 하였더라도, 위 합의에 각각 주장하는 바와 같은 취소사유가 있다고 인정되지 아니하는 이상, 갑·을 쌍방이 모두 위 합의를 취소하는 의사표시를 하였다는 사정만으로는, 위 합의가 취소되어 그 효력이 상실되는 것은 아니다(대판 1994. 7. 29, 93다58431).

(2) 취소원인의 진술 문제

취소를 하면서 취소원인을 진술하여야 하는가? 여기에 관하여 학설은 i) 필요하지 않다는 불필요설(김용한, 408면), ii) 원칙적으로는 필요하지 않으나, 여러 개의 취소원인이 경합되어 있는 경우에는 어떤 취소원인을 이유로 하는지가 상대방에게 인식가능하여야 할 것이라고 하는 제한적 필요설(김상용, 651면; 이영준, 724면), iii) 취소원인을 진술하지 않더라도 적어도 상대방이 인식할 수 있게 하여야 한다는 필요설(지원림, 373면)로 나뉘어 있다. 그리고 판례는 불필요하다는 입장으로 보인다(대판 2005. 5. 27, 2004다43824). 생각건대 취소원인 중 가령 사기취소와 착오취소의 요건이 동일하지 않고 그 효과도 차이가 있으므로(손해배상 의무 등), 어느 하나의 취소가 부인된 후에 다른 취소를 봉쇄하는 것은 그 각각의 경우의 표의자를 보호하려고 하는 민법규정의 취지에 반하고, 또한 실질적으로 타당하지 않다. 따라서 취소를 할 때에는 취소원인의 진술이 필요하다고 하여야 한다. 다만, 취소원인의 진술이 없으면 취소가 무효라고 할 것은 아니다. 취소의 의사표시가 있는 한 취소는 유효하다고 하여야 한다. 그 경우 취소자가 어느 것을 이유로 하여 취소하는지를 명시하지 않으면 법원이 해석에 의하여 그것을 탐구하여야 한다. 그런데 해석에 의하여 판단할 수 없는 때에는 법원은 어느 쪽인지를 석명하여야 한다.

(3) 취소권의 경합

동일한 법률행위에 관하여 당사자 일방 또는 쌍방에게 복수의 취소권이 발생하는 경우가 있다. 그러한 경우를 취소권의 경합이라고 한다.

취소권의 경합 가운데 일방당사자에게 여러 개의 취소권이 생기는 때가 있다. 가령 제한능력자가 상대방에게 속아서 법정대리인의 동의 없이 계약을 체결한 경우에 그렇다. 그러한 경우에는 제한능력자는 제한능력을 이유로 한 취소권과 사기를 이유로 한 취소권을 선택적으로 행사할 수 있다. 이때 하나의 취소권이 행사되면 계약이 소급해서 무효로 되기 때문에 다른 취소권을 행사할 필요는 없다. 그러나 두 취소의 법률효과가 다를 경우에는 이미 취소권을 행사했을지라도 다른 취소권을 행사할 수 있다고 하여야 한다(같은 취지: 지원림, 372면; 주해(3), 305면(김용담)). 그리하여 위의 예에서 사기를 이유로 취소한 뒤에 취소를 가지고 선의의 제 3 자에게 대항하기 위하여 제한능력을 이유로 취소할 수 있는 것이다(110조 3항 참조).

취소권의 경합 중에 양 당사자에게 하나 또는 둘 이상의 취소권이 생기는 때도 있다. 가령 한 당사자는 제한능력자의 상태에 있었고 상대방은 착오에 빠져 있었던 경우에 그렇다. 이러한 경우에는 양 당사자 모두 각각의 취소권을 행사할 수 있다. 그리고 이 경우에도 역시 두 취소권 중 어느 하나가 행사되면 법률행위가 소급해서 무효로 되기 때문에 다른 당사자는 취소할 필요가 없다. 그러나 이 경우에도 취소의 효과가 달라서 필요하다면 남은 취소권을 행사할 수 있다고 하여야 한다. 가령 위의 예에서 제한능력자의 상대방이 취소한 뒤에 제한능력자가 취소를 가지고 선의의 제 3 자에게 대항하기 위하여 다시 취소할 수 있다고 할 것이다.

[244] **(4) 일부취소**

법률행위의 일부무효(137조)와 달리 일부취소에 관하여는 민법에 규정이 없다. 그렇지만 이를 인정하여야 하며(이설 없음), 거기에는 일부무효의 법리를 적용하여야 한다. 판례도, 하나의 법률행위의 일부분에만 취소사유가 있는 경우에 그 법률행위가 가분적이거나 그 목적물의 일부가 특정될 수 있다면, 나머지 부분이라도 이를 유지하려는 당사자의 가정적 의사가 인정되는 때에는 그 일부만의 취소도 가능하다고 할 것이고, 그 일부의 취소는 법률행위의 일부에 관하여 효력이 생긴다고 하여(대판 1998. 2. 10, 97다44737; 대판 1999. 3. 26, 98다56607; 대판 2002. 9. 10, 2002다21509. 같은 취지: 대판 1990. 7. 10, 90다카7460; 대판 1992. 2. 14, 91다36062), 같은 태도를 취하고 있다. 나아가 판례는, 여러 개의 계약(가령 임차권양도계약 및 권리금계약)이 전체적으로 경제적·사실적으로 일체로서 행하여진 것으로 그 하나가 다른 하나의 조건이 되어 어느 하나의 존재 없이는 당사자가 다른 하나를 의욕하지 않았을 것으로 보이는 경우 등에는, 하나의 계약에 대한 기망 취소의 의사표시는 법률행위의 일부무효이론과 궤를 같이하는 법률행위 일부취소의 법리에 따라 전체 계약에 대한 취소의 효력이 있다고 한다(대판 2013. 5. 9, 2012다115120).

〈판 례〉

(ㄱ) 하나의 법률행위의 일부분에만 취소사유가 있는 경우에 그 법률행위가 가분적이거나 그 목적물의 일부가 특정될 수 있다면, 그 나머지 부분이라도 이를 유지하려는 당사자의 가정적 의사가 인정되는 경우 그 일부만의 취소도 가능하고, 또 그 일부의 취소는 법률행위의 일부에 관하여 효력이 생긴다고 할 것이나, 이는 어디까지나 어떤 목적 혹은 목적물에 대한 법률행위가 존재함을 전제로 한다.

매매계약 체결시 토지의 일정부분을 매매 대상에서 제외시키는 특약을 한 경우, 이는 매매계약의 대상 토지를 특정하여 그 일정부분에 대하여는 매매계약이 체결되지 않았음을 분명히 한 것으로써 그 부분에 대한 어떠한 법률행위가 이루어진 것으로는 볼 수 없으므로, 그 특약만을 기망에 의한 법률행위로서 취소할 수는 없다

(대판 1999. 3. 26, 98다56607).

(ㄴ) 갑이 지능이 박약한 을을 꾀어 돈을 빌려주어 유흥비로 쓰게 하고 실제 준 돈의 두 배 가량을 채권최고액으로 하여 자기 처인 병 앞으로 근저당권을 설정한 사안에서, 근저당권설정계약은 독자적으로 존재하는 것이 아니라 금전소비대차계약과 결합하여 그 전체가 경제적, 사실적으로 일체로서 행하여진 것이고 더욱이 근저당권설정계약의 체결원인이 되었던 갑의 기망행위는 금전소비대차계약에도 미쳤으므로 갑의 기망을 이유로 한 을의 근저당권설정계약 취소의 의사표시는 법률행위의 일부무효이론과 궤를 같이 하는 법률행위의 일부취소의 법리에 따라 소비대차계약을 포함한 전체에 대하여 취소의 효력이 있다고 한 사례(대판 1994. 9. 9, 93다31191).

(ㄷ) 채권자와 연대보증인 사이의 연대보증계약이 주채무자의 기망에 의하여 체결되어 적법하게 취소되었으나, 그 보증책임이 금전채무로서 채무의 성격상 가분적이고 연대보증인에게 보증한도를 일정금액으로 하는 보증의사가 있었으므로, 연대보증인의 연대보증계약의 취소는 그 일정금액을 초과하는 범위 내에서만 효력이 생긴다고 한 사례(대판 2002. 9. 10, 2002다21509).

(5) 취소의 상대방

민법은 제142조에서 「취소할 수 있는 법률행위의 상대방이 확정한 경우에는 그 취소는 그 상대방에 대한 의사표시로 하여야 한다」고 규정한다. 이것의 의미는 법률행위의 상대방이 특정되어 있는 경우, 즉 계약 또는 특정한 상대방에 대한 단독행위에 있어서는 취소의 의사표시는 그 특정되어 있는 상대방에 대하여 하여야 한다는 것이다. 그 법률행위에 의하여 취득된 권리가 타인에게 이전되어 있는 때에도 마찬가지이다. 그리하여, 예컨대 A가 B에게 속아 그의 토지를 B에게 헐값으로 싸게 팔았고, 그 후 B가 C에게 토지를 판 경우에도, A는 전득자인 C가 아니고 상대방인 B에게 취소하여야 한다. 제 3 자를 위한 계약(539조)의 경우에는 수익자(제 3 자)가 아니고 계약을 체결한 당사자가 상대방이 된다. 그리고 채무자와의 계약에 의한 채무인수(454조)의 경우에는 채권자가 승낙을 하였더라도 본래의 채무자가 상대방이다.

그런데 문제는 상대방이 특정되어 있지 않은 상대방 있는 단독행위나 상대방 없는 단독행위에 있어서는 누구에게 취소하여야 하는가이다. 여기에 관하여 학설은 전자는 상대방 있는 단독행위 일반으로 취급하여 제142조를 적용하는 듯하고(가령 이영준, 725면; 이은영, 700면), 후자에 대하여는 i) 취소의 의사를 적당한 방법으로 외부에 객관화하면 된다고 하거나(곽윤직, 299면 등 다수설), 혹은 ii) 그 법률행위에 의하여 직접적으로 이익을 취득한 자가 상대방이라고 한다(이영준, 726면; 이은영, 700면). 생각건대 이들 견해는 모두 만족스럽지 않다. 우선 불특정 다수인에 대한 단독행위를 별도로 취급하지 않은 점에서 문제가 있을뿐더러, 또 상대방 없는 단독행위를 한 가지로만 설명하는 것도 불완전하기 때문이다. 사견으로는, 불특정 다수인에 대한 단독행위(예: 현상광고)이든 상대방 없는 단독행위(예: 소유권포기)이든 그에 기하여 이해관계를 맺은 자가 있으면 취소는 그에 대하여 하여야 하며, 그러한 자가 없는 때에는 전자에 있어서는 그 단독행위와 같은 방법(가령 신문광고)에 의하여야 하고, 후자에 있어서는 취소의 의사를 적당한 방법으로 외부에 객관화하면 될 것이라고 생각한다.

[245] ## 4. 취소의 효과

(1) 취소의 소급효

법률행위가 취소되면 취소된 법률행위는 처음부터, 즉 소급적으로 무효였던 것으로 된다(141조 본문). 민법 제141조 본문은 「취소된 법률행위는 처음부터 무효인 것으로 본다」고 하여, 무효로 간주(의제)하고 있다. 그러나 그것은 취소의 법률효과를 그와 같이 하겠다는 의미에 지나지 않으며, 따라서 사실관계를 어떤 모습으로 단정짓는 일반적인 간주(의제)와는 다르다(같은 취지: 고상룡, 615면).

이러한 취소의 소급적 무효의 효과는 제한능력을 이유로 하는 취소에 있어서는 제 3 자에게도 주장할 수 있는 절대적인 것이나, 착오 · 사기 · 강박을 이유로 한 경우에는 선의의 제 3 자에 대하여는 주장할 수 없는 상대적인 것이다(109조 2항 · 110조 3항).

(2) 취소의 소급효의 구체적인 내용

법률행위가 취소되면 그 행위는 무효로 되므로, 그것이 채권행위인 때에는 채권은 발생하지 않고, 따라서 이행할 필요가 없다. 물권행위인 때에는 물권변동은 일어나지 않았던 것으로 된다. 채권행위가 있고 그 이행으로서 물권행위가 행하여진 경우에, 채권행위가 취소되면 물권행위도 효력을 잃게 되는지는 — 법률행위의 무효에서도 언급한 것처럼 — 물권행위를 무인행위로 보는지에 따라 다르다(물권법에서 논의한다. 물권법 [29] 이하 참조). 취소된 법률행위에 기하여 이미 이행이 된 때에는 급부한 것이 부당이득으로서 반환되어야 한다(741조 이하). 다만, 민법은 제한능력자의 반환범위에 관하여는 특별히 규정하고 있다(141조 단서).

다른 취소권자와 달리 제한능력자는 그의 행위로 인하여 「받은 이익이 현존하는 한도」에서 상환할 책임이 있다. 제한능력자가 악의라도 그렇다(748조 참조). 이는 제한능력자 보호를 위하여 반환범위를 현존이익에 한정한 것이다. 현존이익이란 이익이 그대로 있거나 모습을 바꾸어서 남아 있는 것을 말한다. 따라서 필요비로 지출한 때에는 다른 비용의 지출을 면한 것이 되므로 이익은 현존하는 것으로 인정된다. 이익이 현존하는지에 관한 증명책임에 관하여는 i) 제한능력자가 현존이익이 없음을 증명하여야 한다는 견해(고상룡, 616면; 곽윤직, 300면; 김상용, 655면; 김학동, 482면; 이은영, 709면)와 ii) 반환청구권자에게 있다는 견해(김용한, 410면; 이영준, 729면)가 대립하고 있다. 생각건대 제한능력자의 보호는 반환범위가 현존이익에 한정되는 것으로 충분하다. 그리고 제한능력자에게 반대증명책임을 부담시키는 것이 제141조 단서의 법문에 어긋난다고도 할 수 없다. 결국 상대방의 청구에 대하여 제한능력자가 현존이익이 없음을 증명하여 반환을 거절할 수 있을 뿐이라고 하여야 한다. 즉 이익의 현존은 추정된다고 할 것이다. 한편 제한능력자에 대한 이러한 특별취급은 제한능력을 이유로 취소한 경우에만 인정된다고 하여야 한다(같은 취지: 김용한, 410면; 김주수, 503면). 따라서 가령 제한능력자가 법정대리인의 동의를 얻어 법률행위를 하면서 상대방으로부터 사기를 당하여 취소한 때에는 제141조 단서가 적용되지 않는다. 그러나 제한능력자가 법정대리인의 동의 없이 상대방에게 속아서 계약을 체결한 경우에 그가 사기를 이유로 취소한 뒤에 제141조 단서를 적용받기 위하여 다시 제한능력을 이유로 하여 취소할 수는 있다고 할 것이다([243] 참조. 같은 취지: 지원림, 376면).

〈판 례〉

「미성년자가 신용카드 발행인과 사이에 신용카드 이용계약을 체결하여 신용카드 거래를 하다가 신용카드 이용계약을 취소하는 경우 미성년자는 그 행위로 인하여 받은 이익이 현존하는 한도에서 상환할 책임이 있는바(민법 제141조), 신용카드 이용계약이 취소됨에도 불구하고 신용카드 회원과 해당 가맹점 사이에 체결된 개별적인 매매계약은 특별한 사정이 없는 한 신용카드 이용계약 취소와 무관하게 유효하게 존속한다 할 것이고, 신용카드 발행인이 가맹점들에 대하여 그 신용카드 사용대금을 지급한 것은 신용카드 이용계약과는 별개로 신용카드 발행인과 가맹점 사이에 체결된 가맹점 계약에 따른 것으로서 유효하므로, 신용카드 발행인의 가맹점에 대한 신용카드 이용대금의 지급으로써 신용카드 회원은 자신의 가맹점에 대한 매매대금 지급채무를 법률상 원인 없이 면제받는 이익을 얻었으며, 이러한 이익은 금전상의 이득으로서 특별한 사정이 없는 한 현존하는 것으로 추정된다 할 것이다.」(대판 2005. 4. 15, 2003다60297 · 60303 · 60310 · 60327. 이 판결의 사안은 신용카드이용계약만 취소한 경우이며, 신용카드 이용계약과 개별 신용구매계약을 모두 취소한 경우에 관한 판례와 이론에 관하여는 [103] 참조)

[246] Ⅲ. 취소할 수 있는 행위의 추인

1. 의 의

취소할 수 있는 법률행위의 추인은 취소할 수 있는 법률행위를 취소하지 않겠다고 하는 의사표시이다. 즉 여기의 추인은 취소권의 포기이며, 이러한 추인에 의하여 취소할 수 있는 행위는 확정적으로 유효하게 된다. 추인은 상대방 있는 단독행위이다. 그러나 취소처럼 예외가 있다. 가령 취소할 수 있는 법률행위가 소유권의 포기와 같이 상대방 없는 단독행위인 경우에는 그 행위의 추인도 상대방 없는 단독행위가 된다.

일부 문헌(주해(3), 306면(김용담))은 추인이 소극적으로는 취소권의 포기라고 이해될 수 있으나, 적극적으로는 어디까지나 취소사유에도 불구하고 그 법률행위를 유효로 확정시키겠다는 취소권자의 의사표시라고 한다. 음미할 가치가 있는 견해라고 하겠다.

2. 추인의 요건

(1) 추인권자가 추인을 하여야 한다. 추인권자는 취소권자와 같다(143조).

제한능력자의 법률행위에 관하여 제한능력자와 법정대리인이 취소권을 가지는 경우에, 법정대리인이 추인을 하면 그 법률행위는 확정적으로 유효하게 되고, 법정대리인의 취소권뿐만 아니라 제한능력자의 취소권도 소멸한다.

(2) 추인은 취소의 원인이 소멸된 후에 하여야 한다(144조 1항). 즉 제한능력자는 능력자가 된 뒤에, 착오 · 사기 · 강박에 의하여 의사표시를 한 자는 착오 · 사기 · 강박의 상태에서 벗어난 뒤에 하여야 한다. 취소원인이 소멸되기 전에 한 추인은 추인으로서 효력이 없다(대판 1982. 6. 8, 81다107). 그러나 법정대리인 또는 후견인(후견인 중에 대리권이 없는 자도 있어서 후견인을 별도로 나열하였음)은 언제라도 추인을 할 수 있다(144조 2항). 그리고 제한능력자 가운데 미성년자와 피한정후견인은 능력자가 되기 전이라도 법정대리인 또는 후견인의 동의를 얻어서 추인을 할 수 있다고 하여야 한다(5조 · 13조 참조)(통설임. 반대: 이은영, 711면).

(3) 당해 행위가 취소할 수 있는 것임을 알고서 하여야 한다(판례도 같은 취지임. 대판 1997. 5. 30,

(97다2986). 이는 명문규정은 없으나 당연한 것이다. 따라서 취소할 수 있는 행위에 의하여 성립한 채무를 승인한다든가 또는 그 채무에 관한 화해청약을 한 것만으로 당연히 추인으로 되지는 않는다(곽윤직, 301면).

동일한 법률행위에 관하여 복수의 취소권을 가지고 있는 당사자가 취소원인 중 하나만 알고 추인한 경우에는, 그 취소원인에 의한 취소권만 소멸하고, 나머지의 취소권은 존속한다고 새겨야 한다(같은 취지: 이영준, 733면; 지원림, 372면; 주해(3), 308면(김용담)).

3. 추인방법

취소에 있어서와 같다(143조 2항 · 142조).

4. 추인의 효과

추인이 있으면 다시는 취소할 수 없으며(143조 1항), 그 결과 법률행위는 유효한 것으로 확정된다.

〈판 례〉

「취소한 법률행위는 처음부터 무효인 것으로 간주되므로 취소할 수 있는 법률행위가 일단 취소된 이상 그 후에는 취소할 수 있는 법률행위의 추인에 의하여 이미 취소되어 무효인 것으로 간주된 당초의 의사표시를 다시 확정적으로 유효하게 할 수는 없고, 다만 무효인 법률행위의 추인의 요건과 효력으로서 추인할 수는 있으나, 무효행위의 추인은 그 무효원인이 소멸한 후에 하여야 그 효력이 있는 것이다. … 무효원인이 소멸한 후란 것은 … 취소의 원인이 종료된 후 … 라고 보아야 할 것이다.」(대판 1997. 12. 12, 95다38240)

Ⅳ. 법정추인(法定追認) [247]

1. 의 의

민법은 취소할 수 있는 행위에 관하여 일정한 사실이 있는 때에는 법률상 당연히 추인이 있었던 것으로 의제(간주)하고 있는데(145조), 이를 법정추인이라고 한다. 추인은 명시적으로뿐만 아니라 묵시적으로도 할 수 있다. 그런데 민법은 일정한 경우에는 묵시적인 추인이 있었는지를 묻지 않고 추인이 있었던 것처럼 다루는 것이다. 법정추인제도가 있음으로써 추인이 있었는지를 둘러싸고 생길 수 있는 다툼이 현저하게 줄어들게 되었다.

법정추인에 있어서 추인은 의제된 의사표시의 일종으로서 본래의 의미의 의사표시가 아니다. 그것은 법률이 법률효과의 설명을 위하여 빌려온 개념에 불과하다.

2. 법정추인의 요건

(1) 다음 중 어느 하나의 사유가 존재하여야 한다(145조).

1) 전부나 일부의 이행 취소할 수 있는 행위에 의하여 생긴 채무의 전부나 일부를 취소권자가 이행하거나 상대방이 이행한 경우이다(통설임. 이은영, 713면은 상대방의 이행은 제외한다)(대판 1996. 2. 23, 94다58438은 취소할 수 있는 법률행위로부터 생긴 채무의 이행을 위하여 발행한 여러 장의 당좌수표 중 일부가 지급된 경우에 나머지 수표금 채무까지 법정추인된 것으로는 볼 수 없다고 한다. 매수표의 발행행위는 각각 독립된 별개의 법률행위라는 이유에서이다).

2) 이행의 청구 이는 취소권자가 청구한 때만이고, 상대방이 청구한 때는 제외된다. 뒤의 경우에는 취소권자는 아무런 행위도 하지 않기 때문이다.

3) 경개(更改) 경개는 취소할 수 있는 행위에 의하여 생긴 채권 또는 채무를 소멸시키고 그에 대신하여 다른 채권이나 채무를 발생하게 하는 계약이다(500조 이하). 취소권자가 경개를 채권자로서 하느냐 채무자로서 하느냐는 묻지 않는다.

4) 담보의 제공 취소권자가 채무자로서 담보를 제공하거나 채권자로서 담보제공을 받는 경우이다. 담보는 물적 담보(질권·저당권 등)이든 인적 담보(보증인)이든 상관없다.

5) 취소할 수 있는 행위로 취득한 권리의 전부나 일부의 양도 이 양도는 취소권자가 하는 경우에 한한다. 그리고 취소할 수 있는 행위로 취득한 권리 위에 제한적 권리(제한물권·임차권 등)를 설정하는 것도 포함된다. 그러나 취소함으로써 비로소 발생하게 될 장래의 채권(예: 부당이득반환청구권)의 양도는 제외된다. 그것은 취소를 전제로 한 것이기 때문이다.

6) 강제집행 취소권자가 채권자로서 집행하거나 채무자로서 집행받는 경우를 포함한다(통설임. 고상룡, 621면은 후자는 제외한다). 채무자로서도 소송상 이의를 할 수 있었기 때문이다.

(2) 위의 사유가 추인할 수 있는 후에, 즉 취소의 원인이 소멸된 후에 행하여졌어야 한다(145조 본문). 다만, 미성년자·피한정후견인이 법정대리인 또는 후견인의

동의를 얻어서 이들 행위를 하였거나 법정대리인 자신이 이들 행위를 한 경우에는, 취소원인이 소멸되기 전에 하였을지라도 법정추인이 된다(145조 본문 · 144조 2항).

(3) 취소권자가 이의를 보류하지 않았어야 한다(145조 단서). 여기서 「이의를 보류한다」는 것은 일반적으로, 예컨대 추인하는 것이 아니라는 것을 명시해서 변제하는 경우와 같이, 법률상 주어지는 법률효과(즉 추인으로 간주되는 효과)를 배제하는 것을 목적으로 하는 의사표시를 말한다고 설명된다(가령 곽윤직, 302면).

(4) 그 밖에 취소권자에게 추인의 의사가 있을 필요가 없고, 또 취소권의 존재를 알고 있을 필요도 없다.

3. 효 과

이들 요건이 갖추어지면 추인이 있었던 것과 같은 효과가 생긴다(145조 본문). 그리하여 취소할 수 있는 행위는 유효한 것으로 확정된다.

Ⅴ. 취소권의 단기소멸 [248]

(1) 민법규정 및 그 취지

민법은 제146조에서 취소권의 단기의 존속기간을 규정하고 있다. 이는 취소할 수 있는 법률행위에 관하여 법률관계를 가능한 한 빨리 확정하고 상대방을 불안정한 지위에서 벗어날 수 있도록 하기 위한 것이다.

(2) 취소권의 존속기간

취소권은 추인할 수 있는 날로부터 3년 내에, 법률행위를 한 날로부터 10년 내에 행사하여야 한다(146조).

여기서 「추인할 수 있는 날」이라 함은 「취소의 원인이 소멸된 날」을 의미한다(144조 1항). 판례는 이를 좀더 상세하게 표현하여 「취소의 원인이 종료되어 취소권 행사에 장애가 없어져서 취소권자가 취소의 대상인 법률행위를 추인할 수도 있고 취소할 수도 있는 상태가 된 때」를 가리킨다고 한다(대판 1998. 11. 27, 98다7421. 대판 1997. 6. 27, 97다3828은 「취소의 원인이 종료한 후」라고 한다). 그 결과 3년의 기간의 기산점은 제한능력 · 착오 · 사기 · 강박의 상태에서 벗어난 때이다. 물론 그 시점 이전에도 취소권자가 취소를 할 수는 있으나(예: 제한능력자의 취소), 취소권의 소멸시점은 기산점으로부터 3년의 기간이 만료한 때이다.

제한능력을 이유로 한 취소권에 관하여는 특별한 점이 있다. 그 경우에는 제한능력자 외에 법정대리인에게도 취소권이 있고, 그 법정대리인은 제한능력자가 아니기 때문이다. 이 법정대리인의 취소권에 관하여 문헌들은 제한능력자가 법률행위를 한 것을 법정대리인이 안 때가 기산점이라고 한다(고상룡, 624면; 김상용, 660면; 김주수, 509면; 이영준, 740면). 그리고 법정대리인의 취소권이 소멸하면 제한능력자의 취소권의 존속기간이 만료되기 전이라도 제한능력자의 취소권도 소멸한다고 한다. 그리고 그 이유로, 양자의 취소권은 발생원인이 같다는 점과 법률관계를 조속히 안정시키려는 것이 제146조의 취지라는 점을 든다. 이러한 견해도 충분히 주장될 여지가 있다. 그러나 제146조가 그와 같은 점을 특별히 의식하지 않고 있는 점, 민법이 제한능력자를 두텁게 보호하고 있는 점에 비추어 볼 때, 법정대리인의 취소권의 소멸 여부에 관계없이 제한능력자가 능력자로 된 때가 기산점으로 되어야 한다는 견해도 주장될 수 있지 않을까 한다. 숙고해 볼 문제라고 생각한다.

위의 두 기간(3년 · 10년) 가운데 어느 하나라도 만료하면 취소권은 소멸한다.

(3) 기간의 성질

제146조가 규정하는 기간은 제척기간이라고 새기는 데 학설이 일치하고 있으며, 판례도 같다(대판 1964. 3. 31, 63다214; 대판 1996. 9. 20, 96다25371). 법문상으로 보나 취소권이 형성권이라는 점으로 보나 위의 기간이 제척기간이라고 하는 통설 · 판례는 타당하다. 따라서 그 기간이 지났는지 여부는 당사자의 주장에 관계없이 법원이 당연히 조사하여 고려하여야 할 사항이다(대판 1996. 9. 20, 96다25371).

(4) 취소권의 행사로 발생한 부당이득 반환청구권의 존속기간

취소할 수 있는 법률행위에 기하여 이행을 한 후에 취소권 행사가 있으면 부당이득 반환청구권이 발생하는데, 그 권리가 언제까지 존속하는지가 문제된다. 여기에 관하여 학설은 i) 제146조의 기간 내에 행사하여야 한다는 견해(고상룡, 623면; 곽윤직, 303면; 김상용, 660면; 김용한, 416면; 김학동, 486면; 백태승, 557면; 이영준, 739면; 주해(3), 314면(김용담))와 ii) 취소한 때로부터 10년의 소멸시효에 걸린다고 하는 견해(이은영, 714면)로 나뉘어 있다. i)설은 ii)설처럼 해석하면 취소권을 빨리 소멸시키고 법률관계를 확정하려는 취지에 어긋난다고 하며, ii)설은 상대방의 부당이득 반환청구권을 생각하면 i)설과 같이 해석하여서는 안 된다고 한다. 그리고 판례는, 취소권 행사에 관한 판결은 없고, 환매권 행사에 관하여 환매권의 행사로 발생한 소유권이전등기 청구권은 환매권을 행사한 때로부터 10년의

소멸시효에 걸린다고 한다(대판 1991. 2. 22, 90다13420; 대판 1992. 4. 24, 92다4673; 대판 1992. 10. 13, 92다4666). 생각건대 우선 취소에 의한 부당이득 반환청구권은 취소권과는 별개의 권리이다. 따라서 그 권리가 제146조의 기간을 준수하여야 할 이유는 없다. 그리고 제146조의 취지가 그 권리행사까지 포함하는 것이라고 새겨야 하는 것도 아니다. 취소가 있으면 불확정 상태는 종료하기 때문이다. 또한 ii)설이 지적하는 것처럼 i)설과 같이 해석하면 상대방에게 매우 불리하게 되는 점도 고려하여야 한다. 결국 취소권이 행사된 때, 즉 부당이득 반환청구권이 발생한 때로부터 10년의 소멸시효에 걸린다고 하여야 한다(162조 1항).

제11절 법률행위의 부관(조건과 기한)

제 1 관 서 설

I. 서 설 [249]

법률행위의 부관(附款)이란 법률행위의 효과를 제한하기 위하여 법률행위의 내용으로서 덧붙여지는 약관(사적 자치적인 결정)이다. 이것은 법률행위 당시에 당사자 쌍방(원칙적인 경우) 또는 일방의 의사에 의하여 법률행위의 내용으로 덧붙여진다.

> 법률행위의 부관은 넓은 의미로는 법률행위에 부수하는 모든 약관을 가리키며, 그러한 부관에는 위에 설명한 좁은 의미의 부관 외에 이자약관 · 담보약관 · 면책약관 등을 모두 포함한다. 주의할 것은, 여기의 「약관」은 보통거래약관(채권법각론 [8] 이하 참조)과 관계가 없으며, 계약 등에서 정해진 개별적인 조항(Klausel)을 뜻한다는 점이다. 그럼에도 불구하고 보통거래약관으로 오해하게 할 수 있어서(약관법 2조 1항은 보통거래약관을 단순히 「약관」이라고 표현하고 있다) 여기의 의미로 「약관」이라는 용어를 사용하는 것은 바람직하지 않다. 그리고 일반적으로 「법률행위의 부관」은 넓은 의미로 사용하지 않고 위에서 기술한 것과 같은 좁은 의미로 사용한다.

법률행위를 함에 있어서 당사자가 때로는 그 법률효과를 행위 당시에 곧바로 발생하게 하지 않고 장차 일정한 사실이 생기면 발생하게 하고 싶어할 수도 있고, 때로는 행위 당시에 효력을 발생시키지만 일정한 사실이 생기면 발생했던 효력이 소멸하도록 하고 싶어할 수 있다. 그리고 이러한 결과는 사적 자치의 원칙상 마땅히 인정되어야 한다. 그리하여 민법은 법률행위의 부관이라는 제도를 두고 있다.

(좁은 의미의) 법률행위의 부관에는 조건 · 기한 · 부담의 세 가지가 있다. 그런데 민법은 이들 가운데 조건과 기한에 관하여서만 일반적 규정을 두고 있다. 그리고 부담과 관련하여서는 부담부 증여(561조)와 부담부 유증(1088조)만을 특별히 규정하고 있으며, 그러면서 부담을 법률행위의 부관이라는 면에서 규정하고 있지도 않다. 그리고 부담은 법률행위의 부관이라는 점에서 조건 · 기한과 공통되나, 그 밖에 이것들에 공통되는 원칙이 있지도 않다. 그래서 여기서는 부담에 대하여는 간단하게만 언급하고 조건과 기한에 관하여만 자세히 보기로 한다.

〈부담(負擔)〉

부담이란 무상의 출연행위에 덧붙여 수익자에게 일정한 불이익을 지우는 법률행위의 부관이다. 위에서 언급한 바와 같이, 우리 민법은 부담 있는 법률행위로 부담부 증여(561조)와 부담부 유증(1088조)의 둘을 규정하고 있다. 부담이 붙어 있는 법률행위와 조건 · 기한이 붙어 있는 법률행위는 성질상 다음과 같은 점에서 차이가 있다. 즉 조건 · 기한부 법률행위의 경우에는 조건이 성취되거나 기한이 도래한 때에 비로소 효력이 발생하고, 그 이전에는 미확정인 상태에서 기대권만이 존재하는 데 비하여, 부담부 법률행위의 경우에는, 비록 부담부이기는 하지만 법률행위 당시 효력이 발생하고 그럼으로써 당사자의 권리가 확정된다(같은 취지: 주해(3), 316면(민형기)).

〈판 례〉

「행정처분에 부담인 부관을 붙인 경우 그 부관의 무효화에 의하여 본체인 행정처분 자체의 효력에도 영향이 있게 될 수는 있지만, 그 처분을 받은 사람이 그 부담의 이행으로서 사법상 매매 등의 법률행위를 한 경우에는 그 부관은 특별한 사정이 없는 한 그 법률행위를 하게 된 동기 내지 연유로 작용하였을 뿐이므로 이는 그 법률행위의 취소사유가 될 수 있음은 별론으로 하고 그 법률행위 자체를 당연히 무효화하는 것은 아니며(대법원 1995. 6. 13. 선고 94다56883 판결, 대법원 1998. 12. 22. 선고 98다51305 판결 참조), 행정처분에 붙은 부담인 부관이 제소기간의 도과로 확정되어 이미 불가쟁력이 생겼다면 그 하자가 중대하고 명백하여 당연 무효로 보아야 할 경우 이외에는 누구나 그 효력을 부인할 수 없을 것이지만, 그 부담의 이행으로서 하게 된 사법상 매매 등의 법률행위는 그 부담을 붙인 행정처분과는 어디까지나 별개의 법률행위이므로 그 부담의 불가쟁력의 문제와는 별도로 그 법률행위가 사회질서 위반이나 강행규정에 위반되는지 여부 등을 따져보아 그 법률행위의 유효 여부를 판단하여야 한다.」(대판 2009. 6. 25, 2006다18174)

제2관　조건(條件)

Ⅰ. 조건의 의의 [250]

조건이란 법률행위의 효력의 발생 또는 소멸을 장래의 불확실한 사실의 성취(발생) 여부에 의존하게 하는 법률행위의 부관이다(조건은 법률행위 내용의 일부를 구성한다. 대판 2021. 1. 14, 2018다223054). 「결혼하면 집을 한 채 주겠다」거나, 「취직할 때까지 생활비를 대주겠다」는 계약을 맺은 경우에, 결혼하면 증여계약의 효력이 생기게 한다는 약정, 취직하면 생활비 지급을 중지한다는 약정이 조건이다. 때로는 장래의 사실(앞의 예에서의 결혼·취직) 자체를 조건이라고 하기도 하나(가령 조건의 성취의 경우), 그것은 정확하게는 조건사실이다(이영준, 744면은 조건을 이 의미로 이해한다).

1) 조건은 법률효과의 발생 또는 소멸에 관한 약관이며, 성립에 관한 것이 아니다.

2) 조건이 되는 사실은 장래의 것이어야 하고, 또 실현 여부가 객관적으로 불확실한 것이어야 한다. 과거의 사실(가령 「어제 샌프란시스코에 비가 왔다면」이라는 경우)은, 설사 당사자가 주관적으로 모르고 있었더라도 객관적으로는 이미 일어난 사실이므로 조건이 아니다. 그리고 장래의 사실이라도 반드시 실현되는 것이면 그것은 — 실현시기를 알 수 없더라도 — 기한이지 조건이 아니다(대판 2018. 6. 28, 2018다201702). 「내년 3월 1일부터」, 「A가 사망한다면」이 그 예이다.

조건사실은 「출생」·「A가 100세까지 사는 것」(이것은 A가 사망하는 것과 달리 장래의 불확실한 사실이므로 기한이 아니고 조건이다)과 같은 자연적인 사건일 수도 있고, 「나의 승진」·「B의 대금지급」과 같이 당사자나 제 3 자의 행위일 수도 있고, 또 「세법의 개정」·「도지사의 허가」와 같이 사회적인 행위일 수도 있다(같은 취지: 김상용, 662면).

조건사실의 실현 여부가 객관적으로 불확실한지 여부는 법률행위의 해석에 의하여 결정하는 수밖에 없다(곽윤직, 305면).

3) 조건은 법률행위의 부관인 만큼 당사자가 사적 자치에 의하여(즉 그의 의사에 의하여) 덧붙인 것이어야 한다(통설·판례도 같은 취지임. 대판 2000. 10. 27, 2000다30349; 대판 2003. 5. 13, 2003다10797). 따라서 법률행위의 효력 발생을 위하여 법률이 요구하는 요건인 법정조건은 조건이 아니다. 한편 조건을 붙이고자 하는 의사는 법률행위의 내용으로 외부에 표시되어야 하는데(대판 2020. 7. 9,

(2020다202821. 같은 취지: 대판 2003. 5. 13, 2003다10797), 의사표시의 방법에 일정한 방식이 요구되지 않으므로 묵시적 의사표시나 묵시적 약정으로도 할 수 있다(대판 2018. 6. 28, 2016다221368). 판례에 따르면, 조건을 붙이고자 하는 의사가 외부에 표시되었다고 인정하려면, 그 법률행위가 이루어진 동기와 경위, 그 법률행위에 의하여 달성하려는 목적, 거래의 관행 등을 종합적으로 고려하여 그 법률행위 효력의 발생 또는 소멸을 장래의 불확실한 사실의 발생 여부에 따라 좌우되게 하려는 의사가 인정되어야 한다(대판 2018. 6. 28, 2016다221368; 대판 2020. 7. 9, 2020다202821).

4) 어느 법률행위에 어떤 조건이 붙어 있는지 아닌지는 사실인정의 문제로서 그 조건의 존재를 주장하는 자가 이를 증명하여야 한다(대판 2006. 11. 24, 2006다35766. 정지조건부 법률행위에 해당한다는 사실은 그 법률행위로 인한 법률효과의 발생을 저지하는 사유로서 그 법률효과의 발생을 다투려는 자에게 주장 · 증명책임이 있다는 판례: 대판 1993. 9. 28, 93다20832).

〈판 례〉

(ㄱ) 「조건은 법률행위의 효력의 발생 또는 소멸을 장래의 불확실한 사실의 성부에 의존케 하는 법률행위의 부관으로서 당해 법률행위를 구성하는 의사표시의 일체적인 내용을 이루는 것이므로, 의사표시의 일반원칙에 따라 조건을 붙이고자 하는 의사 즉 조건의사와 그 표시가 필요하며, 조건의사가 있더라도 그것이 외부에 표시되지 않으면 법률행위의 동기에 불과할 뿐이고 그것만으로는 법률행위의 부관으로서의 조건이 되는 것은 아니다.」(대판 2003. 5. 13, 2003다10797)

(ㄴ) 토지매도인이 토지대금의 지급을 담보하기 위하여 토지매수인이 그 토지상에 신축한 연립주택에 관하여 소유권보존등기를 마친 후 그 일부세대에 대하여 토지매수인 명의로 소유권이전등기를 마쳐주면 이를 담보로 대출을 받아 토지대금을 지급하겠다는 토지매수인의 제의에 따라 소유권이전등기를 마쳐준 경우, 그 소유권이전의 합의는 토지매수인이 그 일부세대를 담보로 대출을 받아 토지대금을 지급하는 것을 정지조건으로 한 법률행위가 아니라 토지매도인이 소유권이전등기를 마쳐주는 선이행채무를 부담하고 이에 대하여 토지매수인이 토지대금을 지급하는 반대채무를 부담하는 것을 내용으로 하는 무조건의 쌍무계약이라고 본 사례(대판 2000. 10. 27, 2000다30349).

(ㄷ) 「사립학교법 제28조 제 2 항, 그 법 시행령 제12조 제 1 항이 학교교육에 직접 사용되는 학교법인의 재산 중 교지와 체육장 등은 매도하거나 담보에 제공할 수 없다고 규정한 것은 사립학교의 존립 및 목적수행에 필수적인 교육시설을 보전함으로써 사립학교의 건전한 발전을 도모하려는 데 그의 목적이 있는 것이므로, 매매당사자들이 유치원 부지에 대하여 유치원을 다른 곳으로 이전하거나 폐원함으로써 매매목적 토지상에 유치원이 존재하지 아니할 것을 조건으로 매매계약을 체결한 경우 그 유치원의 이전이나 폐원이 불가능하지 않다면 위의 규정들에 불구하고 그 매매계약

은 유효하게 된다(대법원 1997. 5. 28. 선고 97다10857 판결 참조).」(대판 2002. 9. 27, 2002다29152)

(ㄹ) 「제작물공급계약의 당사자들이 보수의 지급시기에 관하여 "수급인이 공급한 목적물을 도급인이 검사하여 합격하면, 도급인은 수급인에게 그 보수를 지급한다"는 내용으로 한 약정은 도급인의 수급인에 대한 보수지급의무와 동시이행관계에 있는 수급인의 당연한 목적물 인도의무를 확인한 것에 불과하므로, 법률행위의 일반적인 효과를 제한하기 위하여 법률행위의 효력 발생을 장래의 불확실한 사실의 성부에 의존하게 하는 법률행위의 부관인 조건에 해당하지 아니할 뿐만 아니라, 설령 조건에 해당한다 하더라도 검사에의 합격 여부는 도급인의 일방적인 의사에만 의존하지 않고 그 목적물이 계약내용대로 제작된 것인지 여부에 따라 객관적으로 결정되는 것이므로 순수 수의조건에 해당하지는 않는다.」(대판 2006. 10. 13, 2004다21862)

(ㅁ) 「조건은 법률행위의 당사자가 그 의사표시에 의하여 그 법률행위와 동시에 그 법률행위의 내용으로서 부가시켜 그 법률행위의 효력을 제한하는 법률행위의 부관이므로 구체적인 사실관계가 어느 법률행위에 붙은 조건의 성취에 해당하는지 여부는 의사표시의 해석에 속하는 경우도 있다고 할 수 있지만, 어느 법률행위에 어떤 조건이 붙어 있었는지 아닌지는 사실인정의 문제로서 그 조건의 존재를 주장하는 자가 이를 입증하여야 한다고 할 것이다.」(법률행위에 정지조건이 붙어 있는지 여부를 사실인정을 통하지 아니하고 의사표시의 해석 내지 법률적 평가를 통하여 인정한 원심판결을 파기한 사례)(대판 2006. 11. 24, 2006다35766)

(ㅂ) 「특정 법률행위에 관하여 어떠한 사실이 그 효과의사의 내용을 이루는 조건이 되는지와 해당 조건의 성취 또는 불성취로 말미암아 법률행위의 효력이 발생하거나 소멸하는지는 모두 법률행위 해석의 문제이다.」(대판 2021. 1. 14, 2018다223054)

Ⅱ. 조건의 종류 [251]

(1) 정지조건 · 해제조건

이는 가장 기본적이고도 중요한 분류이다. 정지조건은 법률행위의 효력의 발생을 장래의 불확실한 사실에 의존하게 하는 조건이고, 해제조건은 법률행위의 효력의 소멸을 장래의 불확실한 사실에 의존하게 하는 조건이다. 앞에서 들었던 예 가운데 「결혼하면 집을 한 채 주겠다」는 계약은 정지조건부 계약이고, 「취직할 때까지 생활비를 대주겠다」는 계약은 해제조건부 계약이다. 조건이기는 하나 정지조건인지 해제조건인지 불분명한 경우에 관하여 정지조건으로 추정하는 것이 합리적이라는 견해(주해(3), 324면(민형기))가 있으나, 어느 쪽으로든 추정할 근거는 없다(같은 취지: 김상용, 664면; 이영준, 753면).

〈정지조건 · 해제조건에 관한 판례〉

(ㄱ) 정지조건부 법률행위로 인정한 경우

① 귀속재산을 매수한 자가 그 소유권을 취득하기 전이라도 소유권 취득을 정지조건으로 하여 이를 매매할 수는 있다(대판 1969. 12. 9, 69다1785).

② 관할청의 허가를 받는 것을 조건으로 한 사찰 소유 부동산임대계약(대판 1981. 9. 22, 80다2586).

③ 임대차계약에 있어서 임대인이 제소전 화해 신청을 하고 임차인은 반드시 이 화해에 응하여야 하며 제소전 화해조서가 작성됨으로써 그 효력이 발생하기로 약정한 경우에는, 그 임대차계약은 제소전 화해조서가 작성됨을 조건으로 하는 정지조건부 계약이라고 해야 하고 해제조건부 계약이라고 할 수는 없다(대판 1990. 11. 13, 90다카24731 · 24748).

④ 동산의 매매계약을 체결하면서, 매도인이 대금을 모두 지급받기 전에 목적물을 매수인에게 인도하지만 대금이 모두 지급될 때까지는 목적물의 소유권은 매도인에게 유보되며 대금이 모두 지급된 때에 그 소유권이 매수인에게 이전된다는 내용의 이른바 소유권유보의 특약을 한 경우, 목적물의 소유권을 이전한다는 당사자 사이의 물권적 합의는 매매계약을 체결하고 목적물을 인도한 때 이미 성립하지만 대금이 모두 지급되는 것을 정지조건으로 하는 행위이다(대판 1996. 6. 28, 96다14807; 대판 1999. 9. 7, 99다30534; 대판 2010. 2. 11, 2009다93671).

(ㄴ) 해제조건부 법률행위로 인정한 경우

① 토지를 매매하면서 그 토지 중 공장부지 및 그 진입도로부지에 편입되지 않을 부분 토지를 매도인에게 원가로 반환한다는 약정은, 공장부지 및 진입도로로 사용되지 아니하기로 확정된 때에는 그 부분 토지에 관한 매매는 해제되어 원상태로 돌아간다는 일종의 해제조건부 매매라고 봄이 상당하고, 그 환원에 당사자의 의사표시를 필요로 하는 조건부 환매계약이라고 볼 수 없다(대판 1981. 6. 9, 80다3195).

② 주택건설을 위한 토지매매계약에 앞서 당사자의 협의에 의하여 건축허가를 필할 때 매매계약이 성립하고 건축허가신청이 불허되었을 때에는 이를 무효로 한다는 약정 아래 이루어진 본건 계약은 해제조건부 계약이다(대판 1983. 8. 23, 83다카552).

③ 약혼예물의 수수는 혼인 불성립을 해제조건으로 하는 증여와 유사한 성질의 것이다(대판 1994. 12. 27, 94므895; 대판 1996. 5. 14, 96다5506).

④ 회사채권자가 회사의 경영 정상화를 위한 투자약정을 한 후 자신의 그 회사에 대한 대여금채권에 대해 연대보증을 해주지 않으면 투자하지 않겠다고 하여 그 회사의 대표이사가 연대보증을 한 경우, 그 연대보증계약은 회사채권자가 약정 투자금을 투자하지 않을 것을 해제조건으로 하는 조건부 계약이다(대판 1996. 2. 9, 95다47756).

(ㄷ) 기타의 경우 　임대주택건설촉진법(현행 임대주택법에 해당: 저자 주)에 의하여 건설된 아파트의 임차권 양도가 같은 법에 의하여 금지되는 것이라 하여도 임차권 양도계약 자체는 그 당사자 사이에서는 유효한 것이므로 임차권의 양도가 금지되었다는 사정만으

로 임차권 양도계약이 해제조건부라고 볼 수 없다(대판 1993. 11. 9, 92다43128).

(2) 적극조건 · 소극조건

조건이 되는 사실이 현재의 상태의 변경인 경우(가령 내가 취직을 한다면, 내년에 홍수가 난다면 등)를 적극조건이라고 하고, 현재의 상태의 불변경인 경우(가령 내가 취직을 하지 않는다면, 내년에 홍수가 나지 않는다면 등)를 소극조건이라고 한다. 이 분류는 별로 의미가 없다.

(3) 수의조건(隨意條件) · 비수의조건(非隨意條件) [252]

이는 조건이 되는 사실이 당사자의 의사와 어떤 관계에 있는가에 의한 분류이다.

1) 수의조건 조건사실의 실현 여부가 당사자의 일방적인 의사에 의존하는 조건이다. 수의조건에는 다음의 두 가지가 있다.

(가) **순수 수의조건** 조건사실의 실현 여부가 당사자 일방의 의사에만 의존하는 조건이다. 「내 마음이 내키면 집 한 채를 주겠다」는 것이 그 예이다. 이러한 순수 수의조건이 붙어 있는 법률행위의 유효성에 관하여 학설은 대립하고 있다. i) 언제나 무효라는 견해(곽윤직, 306면; 백태승, 562면), ii) 순수 수의 정지조건부 법률행위는 무효이나, 순수 수의 해제조건부 법률행위는 유효하다는 견해(김용한, 423면), iii) 정지조건부 법률행위에 있어서 그 조건이 채무자의 의사에만 의존하는 경우에는 무효이나, 나머지의 경우는 모두 유효하다는 견해(고상룡, 631면; 김주수, 522면; 김준호, 383면; 주해(3), 325면(민형기). 김상용, 665면은 원칙적 유효설을 취한다), iv) 언제나 유효하다는 견해(이영준, 755면; 이은영, 724면), v) 그 경우는 법률행위 자체가 완료된 것이 아니어서 조건이라고 할 수는 없으나, 그것을 부과하는 것은 허용된다는 견해(김학동, 491면)가 그것이다. 생각건대 순수 수의조건을 붙이는 것이 법률행위 개념에 어긋나지는 않는다. 따라서 그것은 허용된다고 할 것이다. 그러나 경우에 따라서는 구속력의 발생을 원하지 않는 것으로 인정되어 효력이 생기지 않거나 자연채무가 발생하는 것으로 새겨질 수도 있다.

(나) **단순 수의조건** 결국은 당사자 일방의 의사에 의하여 결정되지만, 조건을 성취시키려는 의사 외에 의사결정에 의한 사실상태도 성립하여야 하는 경우의 조건이다. 「내가 카메라를 한 대 더 사면 이 카메라를 너에게 주겠다」는 것이 그 예이다. 이러한 단순 수의조건은 유효한 조건이다.

2) 비수의조건 조건사실의 실현 여부가 당사자의 일방적 의사에만 의

존하지는 않는 조건이다. 이에는 다음의 두 가지가 있다.

㈎ **우성조건(偶成條件)** 조건사실의 실현 여부가 당사자의 의사와는 관계 없이 자연적인 사실이나 제 3 자의 의사나 행위에 의존하는 조건이다. 「내년에 홍수가 난다면」이 그 예이다.

㈏ **혼성조건(混成條件)** 조건사실의 실현 여부가 당사자 일방의 의사 외에 제 3 자의 의사에도 의존하는 조건이다. 「네가 A와 결혼한다면」이 그 예이다.

(4) 가장조건(假裝條件)

겉으로 보기에는 조건이지만 실질적으로는 조건으로서의 효력이 인정되지 않는 것이다. 가장조건에는 다음의 것들이 있다(순수 수의조건을 언제나 무효라고 하는 곽윤직, 306면은 순수 수의조건도 가장조건이라고 한다).

1) 법정조건(法定條件) 민법 기타의 법률은 때로 법률행위가 효력을 발생하기 위하여 일반적인 요건 외에 추가로 더 갖추어야 하는 요건 내지 사실을 규정하기도 한다. 그러한 요건을 법정조건이라고 한다. 법인설립행위에 있어서 주무관청의 허가, 유증에 있어서 수증자의 생존, 학교법인(사립학교의 경우)의 기본재산 처분에 있어서 관할청의 허가(사립학교법 28조) 등이 그 예이다. 이러한 법정조건은 조건이 아니다. 그리고 법정조건을 법률행위의 조건으로 정한 경우에는 당연한 것이므로 무의미하다(같은 취지: 곽윤직, 307면; 김용한, 424면; 주해(3), 327면(민형기). 다른 견해: 이영준, 748면; 이은영, 727면).

법정조건은 대체로 법률행위의 유효요건에 해당한다(성립요건일 수도 있음). 그때 법률행위의 효력이 확정되지 않은 동안의 법률관계에는 조건규정을 유추적용하는 것이 바람직하다. 다수설(고상룡, 645면; 곽윤직, 307면; 김준호, 384면; 백태승, 563면; 이영준, 749면; 주해(3), 328면(민형기). 반대: 김학동, 489면)과 판례(대판 1962. 4. 18, 4294민상1603)도 같은 태도이다.

2) 기성조건(旣成條件) 조건사실이 법률행위 당시에 이미 성립하고 있는 경우이다. 본래 조건은 성립(실현) 여부가 객관적으로 불확실한 장래의 사실에 의존하는 것이므로, 기성조건은 진정한 의미의 조건이 아니다. 이러한 기성조건이 정지조건이면 조건 없는 법률행위가 되고, 해제조건이면 그 법률행위는 무효이다(151조 2항).

〈판 례〉

갑이 건물 철거 및 대지 인도를 약정한 것이 장차 경계측량을 하여 갑의 건물이 을의 토지를 침범한 사실이 확인된다는 장래의 사실을 조건으로 한 것이라면 위 조건이 기성조건이어서 무조건의 철거의무를 승인한 것이라 할 수 없고 위 침범은 20년의 점유취득시효가 완성된 후에 제 1 심 법원의 측량감정결과에 의하여 비로소 확인되었고 정지조건이 있는 법률행위는 조건이 성취된 때로부터 효력이 발생하는 것이므로 위와 같은 조건부의 철거 의사표시만으로 그때에 갑이 을에 대하여 철거의무를 승인한 것이라고 할 수 없다(대판 1993. 11. 9, 93다25790 · 25806).

3) **불법조건**(不法條件) 조건이 선량한 풍속 기타 사회질서에 위반하는 경우가 불법조건이다. 불법조건이 붙어 있는 법률행위는 무효이다(151조 1항). 불법조건만 무효인 것이 아니고 법률행위 자체가 무효로 된다. 판례도 같다(대판 1966. 6. 21, 66다530; 대결 2005. 11. 8, 2005마541). 불법행위를 하지 않을 것을 조건으로 하는 법률행위의 경우에는, 조건이 불법하지는 않지만 그것이 법률행위와 결합함으로써 반사회성을 띠게 되어 무효이다. 한편 불법조건이 붙은 법률행위가 이행된 경우에는 불법원인급여의 문제가 생긴다([129] 참조).

〈판 례〉

「조건부 법률행위에 있어 조건의 내용 자체가 불법적인 것이어서 무효일 경우 또는 조건을 붙이는 것이 허용되지 아니하는 법률행위에 조건을 붙인 경우 그 조건만을 분리하여 무효로 할 수는 없고 그 법률행위 전부가 무효로 된다고 보아야 한다.

원심은, 채권자가 주장하는 바와 같이 채무자의 대표이사가 채권자에게 청약의 의사표시를 하면서 부가한 조건의 내용 자체가 무효이거나 조건을 부가하여 청약의 의사표시를 하는 것이 무효라면 그 조건뿐만 아니라 청약의 의사표시 전체가 무효로 되는 것이므로, 이에 대하여 채권자가 승낙의 의사표시를 하였다 하더라도 감사임용계약이 성립된 것으로 볼 수 없다고 판단하였는바, 원심의 판단은 위와 같은 법리에 따른 것으로서 옳고 거기에 조건부 법률행위의 효력에 관한 법리를 오해한 위법이 있다고 할 수 없다.」(대결 2005. 11. 8, 2005마541. 같은 취지: 대판 1966. 6. 21, 66다530: 부첩관계에 있는 자들 사이의 부부생활의 종료를 해제조건으로 하는 증여계약은 조건만이 무효가 아니고 증여계약 자체가 무효이다)

4) **불능조건**(不能條件) 이는 객관적으로 실현이 불가능한 사실을 내용으로 하는 조건이다. 불능조건이 정지조건으로 되어 있는 법률행위는 무효이고, 불능조건이 해제조건으로 되어 있는 법률행위는 조건 없는 법률행위가 된다(151조 3항).

[253] Ⅲ. 조건을 붙일 수 없는 법률행위

(1) 의 의

조건은 사적 자치적인 결정에 해당한다. 따라서 법률행위에는 원칙적으로 조건을 붙일 수 있다. 그러나 조건 부가의 자유는 사적 자치에 있어서보다는 더 제한된 범위에서만 인정될 수밖에 없다. 왜냐하면 조건이 붙게 되면 법률행위의 효력이 불안정하게 되고, 따라서 불안정을 꺼리는 법률행위에는 조건을 붙일 수 없게 하여야 하기 때문이다. 조건을 붙일 수 없는 그러한 행위는 「조건과 친하지 않은 행위」라고도 한다.

(2) 구체적인 예

법률행위 가운데 조건을 붙일 수 없음이 명문으로 규정되어 있는 경우도 있다(예: 493조 1항의 상계). 그러나 명문규정이 없더라도, 그 효과가 즉시 확정적으로 발생하거나 또는 확정적으로 존속할 것이 요구되는 법률행위에는 조건을 붙일 수 없다. 구체적인 예를 살펴본다.

1) 친족법 · 상속법상의 행위 혼인 · 인지 · 이혼 · 입양 · 파양 · 상속의 승인 및 포기와 같은 친족법 · 상속법상의 행위에는 조건을 붙이지 못한다(다만, 대판 2004. 7. 8, 2002다73203은 상속재산 분할 협의를 정지조건부(상속세 및 상속채무 전부 변제)로 할 수 있다는 것을 전제로 하고 있다). 그러나 유언에는 조건을 붙일 수 있도록 하고 있다(1073조 2항).

2) 어음행위 · 수표행위 어음 · 수표가 문언증권(文言證券)으로서 그 유통의 안전을 확보하려면 어음행위 · 수표행위의 효력이 즉시 확정적으로 발생하여야 한다. 그리하여 어음행위 · 수표행위에는 조건을 붙이는 것이 허용되지 않는다(어음법 1조 2호 · 75조 2호, 수표법 1조 2호). 그러나 어음법상의 보증의 경우에는, 발행 및 배서의 경우와 같이 단순성을 요구하는 명문의 규정이 없을 뿐만 아니라 부수적 채무부담행위인 점에서 보증과 유사한 환어음 인수에 부단순인수(不單純引受)를 인정하고 있음에 비추어, 어음보증에 대하여 환어음 인수의 경우보다 더 엄격하게 단순성을 요구함은 균형을 잃은 해석이고 또 조건부 보증을 유효로 본다고 하여 어음거래의 안전성이 저해되는 것도 아니므로, 조건을 붙인 부단순보증은 그 조건부 보증 문언 대로 보증인의 책임이 발생한다고 보는 것이 마땅하다(대판 1986. 9. 9, 84다카2310).

3) 단독행위 단독행위에 조건을 붙이게 하면 상대방의 지위가 지나치

게 불안정하게 되므로 단독행위에는 원칙적으로 조건을 붙이지 못한다. 즉 명문규정이 있는 상계(493조 1항)뿐만 아니라 취소 · 추인 · 계약의 해제 해지 등 상대방 있는 단독행위에는 일반적으로 조건을 붙일 수 없다. 그러나 상대방의 동의가 있거나 또는 상대방을 특별히 불리하게 하지 않을 때에는 예외이다(이설 없음). 그리하여 상대방에게 이익이 되는 채무면제나 유증에는 조건을 붙일 수 있으며, 일정한 기간 내에 이행이 없으면 계약을 해제하겠다는 정지조건부 계약해제도 유효하다(대판 1970. 9. 29, 70다1508. 채권법각론 [59]도 참조). 판례는 현상광고에서는 지정행위에 조건이나 기한을 붙일 수 있다고 한다(대판 2000. 8. 22, 2000다3675).

(3) 위반한 경우의 효과

조건을 붙일 수 없는 행위에 조건을 붙인 경우의 효과에 관하여 특별히 규정하고 있는 때도 있다(어음법 12조 1항 · 77조 1항, 수표법 15조 1항 등). 그러한 때에는 물론 법률이 정하고 있는 효과가 인정된다(위의 예에서는 조건만 무효가 됨). 그런데 명문규정이 없는 경우에는 일부무효의 법리가 적용된다고 하여야 한다. 조건은 법률행위의 일부이어서 조건만의 유효 · 무효를 논하는 것이 옳지 않기 때문이다. 따라서 원칙적으로 법률행위 전체가 무효로 되고, 다만 조건이 없더라도 법률행위를 했으리라고 인정될 때에는 조건을 제외하고 나머지 법률행위가 유효하게 된다(137조 참조).

Ⅳ. 조건의 성취와 불성취 [254]

(1) 의 의

조건부 법률행위의 효력은 조건사실(장래의 불확실한 사실)의 실현 여부에 좌우되는데, 그 조건사실의 실현 · 불실현이 확정되는 것을 조건의 성취 · 불성취라고 한다.

(2) 조건의 부당한 불성취 및 성취의 효과

조건의 성취에 의하여 불이익을 입게 될 자가 부당하게 조건성취를 방해하여 불성취하게 하거나, 조건의 성취로 이익을 얻게 될 자가 부당하게 조건을 성취하게 한 경우가 있을 수 있다. 그러한 경우에도 조건의 불성취 또는 성취를 인정할 것인지가 문제된다.

1) 조건의 부당한 불성취 조건의 성취로 인하여 불이익을 입게 될 당사

자가 신의성실에 반하여 조건의 성취를 방해한 때에는, 상대방은 그 조건이 성취한 것으로 주장할 수 있다(150조 1항). 도급공사의 완공을 정지조건으로 하여 공사대금채무를 부담한 경우에 도급인이 수급인의 공사장 출입을 통제한 경우가 그 예이다(대판 1998. 12. 22, 98다42356 참조). 민법 제150조 제 1 항에서 규정하고 있는 내용을 요건과 효과로 나누어 자세히 설명하기로 한다.

(가) 요　　건

(a) 조건의 성취로 불이익을 입게 될 당사자의 방해행위가 있어야 한다. 여기의 「당사자」는 조건의 성취로 인하여 직접 불이익을 입게 되는 자만을 가리킨다. 정지조건부 행위에 의하여 권리를 처분하거나 채무를 부담하는 자, 해제조건의 성취에 의하여 권리를 상실하거나 의무를 부담하게 되는 자가 그 전형적인 예이다. 그 외에 해제조건부 제 3 자를 위한 계약의 경우의 권리를 취득할 제 3 자, 조건부 채무에 대한 보증인도 포함된다. 그러나 해제조건부 행위에 의하여 권리를 취득한 자의 채권자와 같이 조건의 성취로 인하여 간접적으로 불이익을 입는 자는 포함되지 않는다(같은 취지: 주해(3), 361면(민형기)).

(b) 방해행위로 조건이 불성취로 되어야 한다. 방해행위가 있었다는 사정만으로는 충분하지 않으며, 사회통념상 일방 당사자의 방해행위가 없었더라면 조건이 성취되었을 것으로 볼 수 있음에도 방해행위로 인하여 조건이 성취되지 못한 정도에 이르러야 하고, 방해행위가 없었더라도 조건의 성취가능성이 현저히 낮은 경우까지 포함되는 것은 아니다(대판 2022. 12. 29, 2022다266645). 방해행위는 제한이 없다. 따라서 작위인가 부작위인가, 법률행위인가 사실행위인가를 묻지 않는다.

(c) 방해행위가 신의성실에 반하는 것이어야 한다. 방해행위에 의하여 조건의 불성취가 있었더라도 방해행위가 신의성실에 반하지 않으면 성취로 의제되지 않는다. 한편 의용민법은 「고의」로 방해하였을 것을 요건으로 하였는데(같은 법 130조), 민법은 그것을 신의성실 위반으로 규정하였다. 그러므로 현행민법 아래서는 고의가 없이 과실만 있어도 신의성실에 반하면 요건을 갖추게 된다. 판례도 같은 입장이다(대판 1998. 12. 22, 98다42356).

〈판　례〉

㈀ 상대방이 하도급받은 부분에 대한 공사를 완공하여 준공필증을 제출하는 것을 정지조건으로 하여 공사대금채무를 부담하거나 위 채무를 보증한 사람은 위 조건의

성취로 인하여 불이익을 받을 당사자의 지위에 있다고 할 것이므로, 이들이 위 공사에 필요한 시설을 해주지 않았을 뿐만 아니라 공사장에의 출입을 통제함으로써 위 상대방으로 하여금 나머지 공사를 수행할 수 없게 하였다면, 그것이 고의에 의한 경우만이 아니라 과실에 의한 경우에도 신의성실에 반하여 조건의 성취를 방해한 때에 해당한다고 할 것이므로, 그 상대방은 민법 제150조 제 1 항의 규정에 의하여 위 공사대금채무자 및 보증인에 대하여 그 조건이 성취된 것으로 주장할 수 있다고 한 사례(대판 1998. 12. 22, 98다42356).

(ㄴ) 「민법 제150조 제 1 항은 계약 당사자 사이에서 정당하게 기대되는 협력을 신의성실에 반하여 거부함으로써 계약에서 정한 사항을 이행할 수 없게 된 경우에 유추적용될 수 있다. 그러나 민법 제150조 제 1 항이 방해행위로 조건이 성취되지 않을 것을 요구하는 것과 마찬가지로, 위와 같이 유추적용되는 경우에도 단순한 협력 거부만으로는 부족하고 이 조항에서 정한 방해행위에 준할 정도로 신의성실에 반하여 협력을 거부함으로써 계약에서 정한 사항을 이행할 수 없는 상태가 되어야 한다. 또한 민법 제150조는 사실관계의 진행이 달라졌더라면 발생하리라고 희망했던 결과를 의제하는 것은 아니므로, 이 조항을 유추적용할 때에도 조건 성취 의제와 직접적인 관련이 없는 사실관계를 의제하거나 계약에서 정하지 않은 법률효과를 인정해서는 안 된다.」(대판 2021. 1. 14, 2018다223054)

(나) **효　　과**

(a) 조건성취의 의제　　위의 요건이 갖추어지면 상대방은 조건이 성취된 것으로 주장할 수 있다. 여기서 조건이 성취된 것으로 주장할 수 있는 권리를 i) 통설은 일종의 형성권으로 이해하나(고상룡, 635면; 곽윤직, 309면; 김용한, 427면; 김주수, 520면; 김준호, 386면; 김학동, 496면; 백태승, 564면), ii) 조건성취의 법률효과의 발생이 의제된다고 하는 소수설(이영준, 769면)도 있다. 생각건대 ii)의 소수설에 의하게 되면, 상대방이 그대로 받아들이려고 하는 때에도 의제의 효과가 발생하게 되어 제150조 제 1 항에 맞지 않는 결과로 된다. 따라서 조건성취로 의제되는 것은 아니며, 상대방이 의제적인 효과를 발생시킬 것인지를 결정할 수 있다고 할 것이다. 그것은 형성권으로 이해될 수 있다.

(b) 조건성취 의제의 시기　　상대방이 조건성취를 주장하는 경우에 어느 시점을 표준으로 하여 조건성취가 된 것처럼 다루어져야 하는지가 문제된다. 여기에 관하여 학설은 i) 조건성취를 주장한 시점이라는 견해(김상용, 673면; 김주수, 520면)와 ii) 조건의 성취로 의제되는 시점은 신의성실에 반하는 행위가 없었더라면 조건이 성취되었을 시점이라고 할 것이고, 이러한 시점이 확정불가능한 경우에는 조건의 성

취가 방해된 시점이라고 하는 견해(김학동, 496면; 이영준, 769면; 주해(3), 363면(민형기))가 대립하고 있다. 그리고 판례는「신의성실에 반하는 행위가 없었더라면 조건이 성취되었으리라고 추산되는 시점」이라고 하여(대판 1998. 12. 22, 98다42356), ii)설과 같다. 생각건대 상대방이 조건성취를 주장할 수 있다고 하여 반드시 i)의 견해를 취해야 하는 것은 아니다(반대: 김상용, 673면). 상대방의 주장은 효과가 발생하기 위한 요건에 지나지 않기 때문이다. 상대방이 주장을 한 때에 어느 시점을 표준으로 하여 조건이 성취된 것과 같은 의제적인 효과가 인정되어야 하는지는 해석으로 결정하여야 한다. 사견으로는 ii)설이 주장하는 시점이 실질적으로 타당하고 또 상대방의 주장시기에 영향을 받지도 않아서 바람직한 것으로 보인다. 다만 ii)설이 조건성취를 의제하는 것은 옳지 않다.

(c) 손해배상청구 조건성취를 방해하는 행위는 뒤에 설명하는 조건부 권리에 대한 침해로 되는 때가 많다. 그때에는 상대방은 손해배상청구권도 가지게 된다. 그 결과 상대방은 조건성취와 손해배상청구 가운데 어느 하나를 선택적으로 행사할 수 있다.

2) 조건의 부당한 성취 조건의 성취로 인하여 이익을 얻게 될 당사자가 신의성실에 반하여 조건을 성취시킨 때에는, 상대방은 그 조건이 성취하지 않은 것으로 주장할 수 있다(150조 2항). 어떤 경우에 신의성실에 반하는지에 관하여 판례는, 당사자들이 조건을 약정할 당시에 미처 예견하지 못했던 우발적인 상황에서 상대방의 이익에 대해 적절히 배려하지 않거나 상대방이 합리적으로 신뢰한 선행행위와 모순된 태도를 취함으로써 형평에 어긋나거나 정의관념에 비추어 용인될 수 없는 결과를 초래하는 경우에 그렇다고 한다(대판 2021. 1. 14, 2018다223054; 대판 2021. 3. 11, 2020다253430). 그리고 이때의 효과는 위 1)의 경우에 준하여 생각하면 된다.

[255] V. 조건부 법률행위의 효력

1. 조건의 성취 여부 확정 전의 효력

(1) 기대권으로서의 조건부 권리

조건의 성취 여부가 확정되기 전에는 당사자 일방은 조건의 성취로 일정한 이익을 얻게 될 기대를 가진다. 민법은 이러한 기대 내지 희망을 일종의 권리로서 보호하고 있다. 이 권리를 조건부 권리라고 하는데, 이는 기대권의 일종이다.

(2) 조건부 권리의 보호

1) 침해의 금지 조건부 권리의 의무자는 조건의 성취 여부가 미정한 동안에 조건의 성취로 인하여 생길 상대방의 이익을 침해하지 못한다(148조). 예컨대 네가 결혼하면 내가 지금 살고 있는 집을 주겠다고 한 경우에, 그 집을 고의나 과실로 멸실시키거나 타인에게 매도한 때에는, 수증자의 조건부 권리를 증여자가 침해한 것이 된다. 이처럼 의무자가 조건부 권리를 침해한 때에는 의무자에게 손해배상책임이 생긴다. 그런데 그 성질에 관하여는 i) 불법행위책임이라는 견해(곽윤직, 310면; 주해(3), 347면(민형기)), ii) 채무자의 충실의무 및 보호의무를 이행하지 않은 데 기인한 것이므로 채무불이행책임이라는 견해(고상룡, 638면; 김학동, 497면; 백태승, 565면; 이영준, 772면; 이은영, 732면), iii) 경우에 따라서 채무불이행책임 또는 불법행위책임이라는 견해(김상용, 674면; 김용한, 430면)가 대립하고 있다. 생각건대 한편으로 법률행위 성립 후의 신의칙에 기한 의무(「기타의 행위의무」)를 침해한 것이므로 채무불이행책임이나, 그것은 다른 한편으로는 불법행위책임이기도 하다(청구권이 경합한다는 입장). 만약 제 3 자가 조건부 권리를 침해한 경우에는 물론 불법행위책임이 성립한다(이설 없음).

다음에 의무자가 조건부 권리를 침해하는 처분행위(물권행위 등)를 한 경우에 그 처분행위의 효력이 어떻게 되는지가 문제된다. 그러한 처분행위는 조건부 권리를 침해하는 범위에서 무효이다(같은 취지: 곽윤직, 310면; 이영준, 773면 등 통설. 고상룡, 638면은 유효설을 주장하나 결과에서는 같다. 대판 1992. 5. 22, 92다5584도 같은 취지임). 이렇게 새겨도 제 3 자를 해치지는 않는다. 왜냐하면 제 3 자에 대한 관계에서는 조건부 권리가 등기(가등기)되어야 무효를 주장할 수 있기 때문이다(동산의 경우에는 선의취득(249조)이 인정된다).

그리고 위의 효과(손해배상책임 · 처분행위의 무효)는 조건의 성취 여부가 결정될 때까지는 조건부로 발생한다고 해석하여야 한다.

〈판 례〉

「해제조건부 증여로 인한 부동산 소유권이전등기를 마쳤다 하더라도 그 해제조건이 성취되면 그 소유권은 증여자에게 복귀한다고 할 것이고, 이 경우 당사자간에 별단의 의사표시가 없는 한 그 조건성취의 효과는 소급하지 아니하나, 조건성취 전에 수증자가 한 처분행위는 조건성취의 효과를 제한하는 한도 내에서는 무효라고 할 것이고, 다만 그 조건이 등기되어 있지 않는 한 그 처분행위로 인하여 권리를 취득한

제 3 자에게 위 무효를 대항할 수 없다고 할 것이다.」(대판 1992. 5. 22, 92다5584)

2) **처분 등의 인정** 조건부의 권리 · 의무는 일반규정에 의하여 처분(양도 · 포기 · 제한물권 설정 등) · 상속 · 보존 또는 담보로 할 수 있다(149조). 전술한 제148조는 조건부 권리의 침해를 금지하는 소극적인 방법으로 보호하는 데 비하여, 여기의 제149조는 조건부 권리를 자유롭게 처분할 수 있도록 하여 적극적인 방법으로 보호하고 있다(같은 취지: 김상용, 675면).

〈판 례〉

「장래의 이행을 청구하는 소는 미리 청구할 필요가 있는 경우에 한하여 제기할 수 있는바, 여기서 미리 청구할 필요가 있는 경우라 함은 이행기가 도래하지 않았거나 조건 미성취의 청구권에 있어서는 채무자가 미리부터 채무의 존재를 다투기 때문에 이행기가 도래되거나 조건이 성취되었을 때에 임의의 이행을 기대할 수 없는 경우를 말하고, 이행기에 이르거나 조건이 성취될 때에 채무자의 무자력으로 말미암아 집행이 곤란해진다던가 또는 이행불능에 빠질 사정이 있다는 것만으로는 미리 청구할 필요가 있다고 할 수 없다.」(대판 2000. 8. 22, 2000다25576)

2. 조건의 성취 여부 확정 후의 효력

(1) 법률행위 효력의 확정

정지조건부 법률행위는 조건이 성취되면 그 행위의 효력이 발생하고, 조건이 불성취로 확정되면 무효로 된다(147조 1항)(판례도 같다. 대판 2006. 12. 7, 2004도3319). 그리고 해제조건부 법률행위는 조건이 성취되면 그 행위의 효력이 소멸하고, 불성취로 확정되면 효력이 소멸하지 않는 것으로 확정된다(147조 2항).

조건부 법률행위에 있어서 조건이 성취되었다는 사실은 조건의 성취로 이익을 얻는 자, 그리하여 정지조건의 경우에는 조건의 성취로 권리를 취득하고자 하는 자(대판 1983. 4. 12, 81다카692; 대판 1984. 9. 25, 84다카967; 대판 2023. 6. 29, 2023다221830)가, 해제조건의 경우에는 조건의 성취로 의무를 면하게 되는 자가 주장 · 증명하여야 한다.

(2) 조건성취의 효력이 소급하는지 여부

조건이 정지조건이든 해제조건이든 조건성취의 효력은 소급하지 않으며, 조건이 성취된 때에 발생한다(147조 1항 · 2항). 그러나 당사자의 의사표시에 의하여 소급효를 주는 것은 무방하다(147조 3항). 이때 소급시킬 수 있는 시점에 관하여는 제한이 없으므로 법률행위 성립 이후 어느 시점까지라도 가능하다고 하겠다. 그리고 의사표시에 의하여 소급효를 인정하는 경우에, 그로 인하여 제 3 자의 권리를 해하지는 못한다(이설 없음).

제3관 기한(期限)

Ⅰ. 기한의 의의 및 종류 [256]

1. 의 의

기한이란 법률행위의 효력의 발생 · 소멸 또는 채무이행의 시기(時期)를 장래 발생할 것이 확실한 사실에 의존하게 하는 법률행위의 부관이다. 그런가 하면 때로는 발생이 확실한 장래의 사실 자체를 기한이라고 하기도 하나(가령 기한이 도래한 때의 경우), 그것은 정확하게는 기한사실이다. 기한은 기한이 되는 사실(기한사실)이 장래의 것이라는 점에서는 조건과 같지만, 그것의 발생이 확정되어 있는 점에서 발생 여부가 불확실한 조건과 다르다. 이러한 기한이 붙어 있는 법률행위를 기한부 법률행위라고 한다.

기한도 조건과 마찬가지로 당사자의 의사표시에 의하여 임의로 덧붙여진 것이어야 한다. 따라서 당사자의 의사와 관계없이 법률이 권리의 발생 · 소멸을 장래 발생할 것이 확실한 사실에 의존하게 하는 시효기간 · 출소기간 · 제척기간이나 법원의 허여기간 등과 같은 법정기한(法定期限) 또는 지정기한은 여기의 기한에 해당하지 않는다(주해(3), 334면(민형기)). 그것들의 효력은 법률이 직접 규정하고 있다.

2. 종 류

(1) 시기(始期) · 종기(終期)

법률행위의 효력의 발생 또는 채무이행의 시기(時期)를 장래의 확실한 사실의 발생에 의존하게 하는 기한이 시기(始期)이고, 법률행위의 효력의 소멸을 장래의 확실한 사실에 의존하게 하는 기한이 종기이다. 가령 「내년 1월 1일부터 임대한다」, 「지금부터 3개월 후에 이행한다」고 하는 것은 시기가 붙어 있는 경우이고, 「내년 12월 31일까지 임대한다」는 것은 종기가 붙어 있는 경우이다.

(2) 확정기한 · 불확정기한

기한이 되는 사실은 장래 발생할 것이 확실하여야 하나 발생시기가 확정되어 있을 필요는 없다. 즉 발생시기가 확정되어 있지 않은 사실도 기한사실이 될 수 있다. 여기서 기한은 발생시기가 확정되어 있는가에 따라 확정기한과 불확정기한으로 나눌 수 있다. 확정기한은 발생시기가 확정되어 있는 기한이고, 불확정기한은 발생시기가 확정되어 있지 않는 기한이다. 「내년 1월 1일부터」, 「앞으로 3개월 후에」는 확정기한의 예이고, 「A가 사망하였을 때」, 상가분양계약에서 중도금지급기일을 「1층 골조공사 완료시」로 정한 것(대판 2005. 10. 7, 2005다38546)은 불확정기한의 예이다.

사정에 따라서는 불확정기한인지 조건인지 구별하기 어려운 때도 있다. 가령 「사업에서 이익이 생기면 지급하겠다」, 「부자가 되면 갚겠다」고 한 경우에 그렇다. 이러한 경우가 이익이 생기지 않거나 부자가 되지 않으면 지급 내지 변제를 하지 않겠다는 의미라면 그것은 조건이 된다. 그에 비하여 반드시 지급 내지 변제는 하겠지만 그 시기는 이익이 생긴 때 또는 부자가 된 때에 그러겠다는 의미라면 불확정기한이다. 이 가운데 어디에 해당하는지는 결국은 법률행위의 해석에 의하여 결정된다. 한편 위의 예가 불확정기한이라면, 사업에서 이익이 생길 수 없거나 부자가 될 수 없음이 확정된 때, 즉 기한사실의 발생이 불가능한 것으로 확정된 때에도 기한은 도래한 것으로 보아야 한다. 통설(이은영, 738면은 기한이 전제되어 있는 점을 간과하여 조건과의 구별 문제로 되돌리고 있다) · 판례도 같은 태도이다(대판 1989. 6. 27, 88다카10579(임대차계약을 합의해제하면서 다른 자에게 임대되는 때에 계약금 · 중도금을 반환하기로 하였으나 임대되지 않은 경우); 대판 2002. 3. 29, 2001다41766(화해계약을 체결하면서 지원금은 상호협의를 거쳐 지원하기로 하였으나 의무자가 파산한 경우); 대판 2009. 5. 14, 2009다16643; 대판 2018. 4. 24, 2017다205127). 그리고 판례는, 부관으로 정한 사실의 실현이 주로 채무를 변제하는 사람의 성의나 노력에 따라 좌우되고 채권자가 그 사실의 실현에 영향을 줄 수 없는 경우에는, 사실이 발생하는 때는 물론이고 그 사실의 발생이 불가능한 것으로 확정되지는 않았더라도 합리적인 기간 내에 그 사실이 발생하지 않는 때에도 채무의 이행기한은 도래한다고 한다(대판 2018. 4. 24, 2017다205127).

〈판 례〉

(ㄱ) 「부관이 붙은 법률행위에 있어서 부관에 표시된 사실이 발생하지 아니하면 채무를 이행하지 아니하여도 된다고 보는 것이 상당한 경우에는 조건으로 보아야 하고, 표시된 사실이 발생한 때에는 물론이고 반대로 발생하지 아니하는 것이 확정된

때에도 그 채무를 이행하여야 한다고 보는 것이 상당한 경우에는 표시된 사실의 발생 여부가 확정되는 것을 불확정기한으로 정한 것으로 보아야 한다. 따라서 이미 부담하고 있는 채무의 변제에 관하여 일정한 사실이 부관으로 붙여진 경우에는 특별한 사정이 없는 한 그것은 변제기를 유예한 것으로서 그 사실이 발생한 때 또는 발생하지 아니하는 것으로 확정된 때에 기한이 도래한다.」(대판 2003. 8. 19, 2003다24215. 같은 취지: 대판 2009. 11. 12, 2009다42635; 대판 2020. 12. 24, 2019다293098. 전단에 관하여 같은 취지: 대판 2011. 4. 28, 2010다89036; 대판 2023. 6. 29, 2023다221830)(대판 2018. 6. 28, 2018다201702는 그러한 부관이 화해계약의 일부를 이루고 있는 경우에도 위 판결 전단의 법리가 마찬가지로 인정된다고 한다).

(ㄴ) 「민법 제665조 제 1 항은 도급계약에서 보수는 완성된 목적물의 인도와 동시에 지급해야 한다고 정하고 있다. 이때 목적물의 인도는 단순한 점유의 이전만을 의미하는 것이 아니라 도급인이 목적물을 검사한 후 목적물이 계약 내용대로 완성되었음을 명시적 또는 묵시적으로 시인하는 것까지 포함하는 의미이다. 도급계약의 당사자들이 '수급인이 공급한 목적물을 도급인이 검사하여 합격하면, 도급인은 수급인에게 그 보수를 지급한다.'고 정한 경우 도급인의 수급인에 대한 보수지급의무와 동시이행관계에 있는 수급인의 목적물 인도의무를 확인한 것에 불과하고 '검사 합격'은 법률행위의 효력 발생을 좌우하는 조건이 아니라 보수지급시기에 관한 불확정기한이다. 따라서 수급인이 도급계약에서 정한 일을 완성한 다음 검사에 합격한 때 또는 검사 합격이 불가능한 것으로 확정된 때 보수지급청구권의 기한이 도래한다(대법원 2003. 8. 19. 선고 2003다24215 판결, 위 대법원 2004다21862 판결 등 참조).」(대판 2019. 9. 10, 2017다272486 · 272493)

(ㄷ) 대법원은, 재건축사업을 추진하던 자들과 사업 진행에 필요한 운전자금을 출자하고 사업상의 이익에 참여하기로 하는 등의 공동사업계약을 체결하고 그들에게 운전자금을 지급한 자가, 그 후 사업진행이 순조롭지 않자 공동사업관계에서 탈퇴하면서 '스폰서가 영입되거나 사업권을 넘길 경우나 사업을 진행할 때'에는 위 출자금을 반환받기로 하는 청산약정을 체결한 사안에서, 위 부관의 법적 성질을 거기서 정해진 사유가 발생하지 않는 한 언제까지라도 위 투자금을 반환할 의무가 성립하지 않는 정지조건이라기보다는 불확정기한으로 보아, 출자금반환의무는 위 약정사유가 발생하는 때는 물론이고 상당한 기간 내에 위 약정사유가 발생하지 않는 때에도 성립한다고 해석하는 것이 타당하다고 한 적이 있다(대판 2009. 5. 14, 2009다16643).

Ⅱ. 기한을 붙일 수 없는 법률행위 [257]

조건을 붙일 수 없는 행위는 대체로 기한도 붙일 수 없다. 그러나 조건은 붙일 수 없지만 기한은 붙일 수 있는 것도 있다.

(1) 행위 당시에 곧바로 효력이 발생하여야 하는 법률행위에는 시기(始期)를 붙일 수 없다. 혼인 · 협의이혼 · 입양 · 파양 · 상속의 승인과 포기 등의 가족법 · 상

속법상의 행위가 그 예이다. 어음행위 · 수표행위에는 조건을 붙일 수 없으나 시기(이행기)는 붙일 수 있다.

(2) 소급효가 있는 법률행위에는 시기를 붙이지 못한다. 시기를 붙이면 소급효가 무의미해지기 때문이다. 상계(493조) · 취소 · 추인이 그 예이다.

(3) 종기를 붙일 수 없는 법률행위의 범위는 해제조건에 있어서와 대체로 같다.

Ⅲ. 기한의 도래

기한이 되는 사실은 발생이 확실하기 때문에 기한은 반드시 도래한다. 기한의 도래시기는 기한이 어떻게 정하여져 있느냐에 따라 다르다. 기한이 기일 또는 기간으로 정하여져 있는 때에는 그 기일이 되거나 그 기간이 경과하면 기한이 도래한다. 그에 비하여 기한이 일정한 사실의 발생으로 정하여져 있는 경우에는 그 사실이 발생한 때에 기한이 도래한다. 그리고 이와 같은 경우에는 그 사실의 발생이 불가능한 것으로 확정된 때에도 기한이 도래한 것으로 보아야 하며, 그에 관하여는 앞에서 설명하였다([256] 참조). 한편, 기한의 이익의 포기나 상실(채권자의 청구가 있을 때에 그렇다)이 있으면 기한은 도래한 것으로 된다.

〈기한도래의 방해 등의 문제〉

기한은 반드시 도래하지만 사람에 따라서는 방해행위로 기한도래의 시기를 빠르게 하거나 늦게 할 수 있다. 불확정기한의 경우에 그렇다. 예컨대 기존건물이 노후화하여 더 이상 사용이 불가능하게 될 때까지 그 부지를 저렴한 차임을 받고 사용하게 해주기로 한 경우에, 임차인이 부당하게도 건물을 리모델링하여 거의 새건물처럼 만들거나 또는 임대인이 건물을 훼손한 때에 그렇다. 민법은 — 조건의 경우와 달리 — 기한에 관하여는 제150조와 같은 규정을 두고 있지 않다. 그렇지만 위와 같이 기한도래를 방해한 경우에는 조건에서와 같은 결과를 인정하는 것이 바람직하다(같은 취지: 주해(3), 369면(민형기)). 즉 제150조를 유추적용하여야 한다. 그리하여 기한의 도래로 인하여 불이익을 받을 당사자가 신의성실에 반하여 기한의 도래를 방해한 때에는 상대방은 그 기한이 도래한 것으로 주장할 수 있고, 기한의 도래로 인하여 이익을 받을 당사자가 신의성실에 반하여 기한을 도래하게 한 때에는 상대방은 그 기한이 도래하지 않은 것으로 주장할 수 있다고 하여야 한다.

Ⅳ. 기한부 법률행위의 효력

1. 기한 도래 전의 효력

기한부 권리는 발생할 것이 확실하기 때문에 조건부 권리 못지않게 보호되어야 한다. 여기서 민법은 조건부 권리의 침해금지에 관한 제148조와 처분 등에 관한 제149조를 기한부 법률행위에 준용하고 있다(154조). 그러나 채무이행시기에 기한이 붙어 있는 경우에는 채권·채무는 이미 발생하고 있으므로 기한부 권리로서의 보호는 문제되지 않는다. 그때는 변제기 전의 채권의 효력이 문제될 뿐이다.

2. 기한 도래 후의 효력

법률행위에 시기(始期)가 붙어 있는 경우에 기한이 도래하면 그 법률행위는 기한이 도래한 때로부터 효력이 발생하고(152조 1항), 종기가 붙어 있는 경우에 기한이 도래하면 그 법률행위는 기한이 도래한 때로부터 그 효력을 잃는다(152조 2항). 그리고 기한의 효력은 어떤 기한이든 기한 도래시부터 생기며 절대로 소급효가 없다. 당사자가 소급효의 특약을 하여도 마찬가지이다. 기한에 소급효를 인정하면 기한이 무의미해지기 때문이다.

Ⅴ. 기한의 이익 [258]

1. 의　　의

기한의 이익이란 기한이 존재함으로써, 즉 기한이 도래하지 않음으로써 당사자가 받는 이익을 말한다. 시기부 법률행위의 경우에는 법률행위의 효력이 발생하지 않음으로써 또는 이행기가 도래하지 않음으로써 얻는 이익이, 종기부 법률행위의 경우에는 법률행위의 효력이 소멸하지 않음으로써 얻는 이익이 그것이다. 이 기한의 이익은 기한의 도래로 인하여 당사자가 받을 이익과는 구별되며, 당사자가 현재 지니는 이익이다.

기한의 이익은 채권자만이 가지는 경우도 있고(가령 무상임치), 채무자만이 가지는 경우도 있고(가령 무이자 소비대차), 채권자·채무자 쌍방이 가지는 경우도 있다(가령 이자 있는 정기예금). 그렇지만 채무자만이 가지는 것이 보통이다. 그리하여 민법은 당사자의 특약이나 법률행위의 성질상 분명하지 않으면 기한의 이익은 채무자에게 있는 것으로 추정하고 있다(153조 1항). 따라서 기한의 이익이 채권자에게만 있거나 또는 채권자에게도 있는 때에는 채권자가 이를 증명하여야 한다.

2. 기한의 이익의 포기

기한의 이익은 포기할 수 있다. 그러나 상대방의 이익을 해하지 못한다(153조 2항).

(1) 기한의 이익이 일방에게만 있는 경우

이때에는 그 당사자는 상대방에 대한 의사표시에 의하여 기한의 이익을 포기할 수 있다. 그리하여 예컨대 무이자 소비대차의 차주는 언제든지 반환할 수 있고, 무상임치인은 언제든지 반환을 청구할 수 있다.

(2) 기한의 이익이 상대방에게 있는 경우

이때에 당사자 일방은 상대방의 손해를 배상하고 기한의 이익을 포기할 수 있다(이설 없음). 그리하여 예컨대 이자부 소비대차의 채무자는 이행기까지의 이자를 지급하면서 기한 전에 변제할 수 있다.

3. 기한의 이익의 상실

기한의 이익을 채무자에게 부여하는 것은 채무자를 믿기 때문이다. 따라서 채무자를 믿을 수 없는 사정이 생기면 부득이 채무자로부터 기한의 이익을 상실시켜 채권자가 원한다면 즉시 이행청구를 할 수 있도록 할 필요가 있다. 그리하여 법률은 다음 사유가 있는 경우에 기한의 이익을 상실시키고 있다(자세한 점은 채권법총론에서 논한다. 채권법총론 [68] 참조).

① 채무자가 담보를 손상하거나 감소 또는 멸실하게 한 때(388조 1호)

② 채무자가 담보제공의 의무를 이행하지 않은 때(388조 2호)

③ 채무자의 파산(채무자회생법 425조)

한편 당사자는 일정한 사유가 발생할 경우에 기한의 이익이 상실되는 것으로 약정할 수도 있다. 그러한 약정이 기한이익 상실의 특약이다. 그러한 특약에는 ① 일정한 사유가 발생하면 채권자의 청구 등을 요함이 없이 당연히 기한의 이익이 상실되어 이행기가 도래하는 것으로 하는 정지조건부 기한이익 상실의 특약과 ② 일정한 사유가 발생한 후 채권자의 통지나 청구 등 채권자의 의사행위를 기다려 비로소 이행기가 도래하는 것으로 하는 형성권적 기한이익 상실의 특약의 두 가지로 대별할 수 있다. 기한이익 상실의 특약이 위의 두 가지 중 어느 것에 해당하느냐는 법률행위의 해석의 문제이지만 일반적으로 기한이익 상실의 특약이 채권자를 위하여 둔 것인 점에 비추어 명백히 정지조건부 기한이익 상실의 특약이라고 볼 만한 특별한 사정이 없는 이상 형성권적 기한이익 상실의 특약으로 추정하는 것이 타당하다(대판 2002. 9. 4, 2002다28340, 대판 2010. 8. 26, 2008다42416 · 42423. 그 밖의 판례에 대하여는 채권법총론 [68] 참조).

제 4 장 기　　간

Ⅰ. 기간의 의의 [259]

기간이란 어느 시점에서 어느 시점까지 계속된 시간을 말한다. 기간은 기일과는 구별하여야 한다. 기일은 시간의 경과에 있어서 어느 특정의 시점을 가리키는 것으로서, 보통 「일(日)」로 표시된다. 이행기(변제기)는 대체로 기일로 정해진다.

시간은 사건으로서 하나의 법률사실이고, 그것 자체만으로 법률요건이 되는 일은 없으나, 다른 법률사실과 결합하여 법률요건이 되는 경우는 많다. 성년 · 최고기간 · 실종기간 · 기한 · 시효 등이 그 예이다.

기간의 계산에 관하여 법령이나 재판상의 처분 또는 법률행위에서 정하고 있으면 그에 의하게 되나, 정하고 있지 않으면 민법의 기간 계산방법에 의하게 된다(155조). 민법의 그 규정은 사법관계 외에 공법관계에도 적용된다. 그리하여 예컨대 광업법에는 기간의 계산에 관하여 특별한 규정이 두어져 있지 않으므로, 광업법 제16조 소정의 출원제한기간을 계산함에 있어서도 기간계산에 관한 민법의 규정이 그대로 적용된다(대판 2009. 11. 26, 2009두12907: 광업법 16조가 정하는 출원제한기간을 계산함에 있어서 민법 161조가 적용되지 않음을 전제로 하여 기간계산을 한 원심을 파기함). 채무자회생법 제179조 제 1 항 제 8 호의 2에서 정한 「회생절차개시 신청 전 20일 이내」라는 기간을 계산할 때에도 같다(대판 2020. 3. 2, 2019다243420).

Ⅱ. 기간의 계산방법

1. 계산방법의 종류

기간의 계산방법에는 자연적 계산방법과 역법적 계산방법의 두 가지가 있다. 자연적 계산방법은 시간을 실제 그대로 계산하는 것이고, 역법적 계산방법은 역(曆. 태양력을 의미함)에 따라서 계산하는 것이다. 전자는 정확하지만 불편하고, 후자는 부정확하지만 편리하다는 장단점이 있다. 민법은 단기간에 대하여는 전자의 방법을 사용하고, 장기간에 대하여는 후자의 방법을 사용한다.

2. 시 · 분 · 초를 단위로 하는 기간의 계산

시 · 분 · 초를 단위로 하는 기간(예: 5시간 · 30분 · 50초)의 계산은 자연적 계산방법에 의한다. 그리하여 즉시로부터 계산하기 시작하여(156조), 그로부터 그 기간이 끝나는 때가 만료점이 된다.

3. 일 · 주 · 월 · 년으로 정한 기간의 계산

(1) 기 산 점

기간을 일 · 주 · 월 · 년으로 정한 경우에는 원칙적으로 초일(初日)을 산입하지 않는다(157조 본문). 그러나 기간이 오전 0시로부터 시작하는 때(예: 오는 5월 1일부터 5일간, 「선거일 공시일로부터」라고 하는 경우(대판 1988. 9. 10, 88수85); 2주일의 상소기간이 「민사소송 등에서의 전자문서 이용 등에 관한 법률」 11조 4항 단서에 따라 전자문서 등재사실을 통지한 날부터 1주가 지난 날부터 기산하는 경우(대명(명령) 2014. 12. 22, 2014다229016))에는 초일을 산입하며(157조 단서), 나이 계산에 있어서는 출생일을 산입한다(158조).

민법은 최근의 개정(2022. 12. 27)을 통하여 나이를 만 나이로 계산함을 분명히 하였다(그러면서 나이 규정에서 「만」자를 삭제함). 그에 따르면, 나이는 출생일을 산입하여 만(滿) 나이로 계산하고, 연수(年數)로 표시한다(158조 본문). 다만, 1세에 이르지 아니한 경우에는 월수(月數)로 표시할 수 있다(158조 단서).

기간에 관한 민법규정은 모두 임의규정이다(155조 참조). 그 점은 초일 불산입의 원칙을 정하고 있는 제157조도 마찬가지이다. 따라서 당사자가 기간의 초일을 산입하는 것으로 약정을 하면 그 약정이 제157조에 우선하여 적용된다. 판례도 같은 태도이다(대판 2007. 8. 23, 2006다62942).

〈판 례〉

(ㄱ) 「민법 제157조는 "기간을 일, 주, 월 또는 년으로 정한 때에는 기간의 초일은 산입하지 아니한다"고 규정하여 초일 불산입을 원칙으로 정하고 있으나, 민법 제155조에 의하면 법령이나 법률행위 등에 의하여 위 원칙과 달리 정하는 것도 가능하다.」(대판 2007. 8. 23, 2006다62942)

(ㄴ) 「근로기준법 제19조 제 1 항 전단(현행 근기법 2조 1항 6호 1문에 해당: 저자 주)은 평균임금이라 함은 이를 산정하여야 할 사유가 발생한 날 이전 3월간에 그 근로자에 대하여 지급된 임금의 총액을 그 기간의 총일수로 제한 금액을 말한다 라고 규정하고 있는바 위의 사유가 발생한 날 이전 3월간의 기산에 있어서 사유발생한 날인 초일은 산입하지 아니하여야

할 것이므로(민법 제157조) 이 사건에 있어서는 사유가 발생한 날의 전일 즉 1985. 8. 22부터 소급하여 역일에 의한 3개월을 계산하여야 하는 것이다.」(대판 1989. 4. 11, 87다카2901)

(2) 만 료 점 [260]

기간을 일 · 주 · 월 · 년으로 정한 경우에는 민법이 정한 기간 계산방법에 의하여 찾아진 기간 말일의 종료로 기간이 만료된다(159조). 그리고 이때의 기간은 일(日)로 환산하여 계산하지 않고 역(曆)에 의하여 계산한다(160조 1항). 구체적으로 보면 주 · 월 · 년의 처음부터 계산하는 때(가령 4월 30일에 앞으로 1개월이라고 하는 경우)에는 그 주 · 월 · 년의 말일의 종료로 기간이 만료한다(위의 예: 5월 31일 오후 12시가 만료점임). 그에 비하여 주 · 월 · 년의 처음부터 계산하지 않는 때(가령 7월 15일에 앞으로 1년이라고 하는 경우)에는 최후의 주 · 월 · 년에서 기산일에 해당하는 날의 전일(위의 예: 다음해 7월 15일)의 만료로 기간이 만료한다(160조 2항). 이와 같이 역법적 계산방법의 경우에 기간의 만료점은 언제나 기간 말일이 종료하는 오후 12시이며, 구체적으로 기간계산을 시작한 시점(가령 4월 30일 오후 3시에 1개월이라고 하는 경우 오후 3시)이 아니다.

그런데 이러한 계산방법에 의하면 최후의 월(月)에 기산일에 해당하는 날이 없는 일이 생긴다. 윤년이 있는가 하면 월(月)에 장단이 있기 때문이다. 이러한 경우에는 최종의 월의 말일이 종료한 때에 기간이 만료한다(160조 3항). 예컨대 3월 30일에 지금부터 3개월이라고 하거나, 12월 30일에 지금부터 2개월이라고 하거나, 또는 윤년 2월 28일에 지금부터 1년이라고 하면, 기산일은 각각 3월 31일, 12월 31일 또는 2월 29일이 되어, 기간의 최종의 월에는 기산일에 해당하는 날이 없게 된다. 그때에는 최종의 월의 말일인 6월 30일 또는 다음해 2월 28일이 기간의 말일이 되고, 그 날이 종료하는 때 기간이 만료된다.

그리고 기간의 말일이 토요일 또는 공휴일에 해당하는 때에는 기간은 그 익일(翌日), 즉 다음날이 종료한 때 만료한다(161조. 2007. 12. 21. 개정으로 토요일 추가). 여기의 공휴일에는 임시공휴일도 포함된다. 그러나 기간의 초일이 공휴일인 것은 영향을 미치지 않는다(대판 1982. 2. 23, 81누204). 공휴일이 기간의 중간에 있는 경우에도 마찬가지이다. 한편 기간 말일이 공휴일인 경우에 관한 제161조는 「기일」의 경우에도 유추적용되어야 한다(독일민법 193조는 기일에 대하여도 같이 규정하고 있다). 그리하여 매매계약에 있어서 변제기가 공휴일인 경우 특약이 없는 한 제161조를 유추적용하여 그 변제기가 그 다음날까지 연장된다고 해야 한다.

〈일수(日數)와 시간이 포함된 기간 등의 계산〉

가령 7월 12일 오후 3시에 3일 8시간이라고 하는 경우에는, 3일에 대하여만 역법적 계산방법에 의하여 계산하고, 8시간에 대하여는 자연적인 계산방법에 의하여 계산하여야 한다(같은 취지: 주해(3), 382면(민형기)). 그리하여 위의 예에서의 기간의 만료점은 16일 오전 8시이며, 15일 오후 11시가 아니다. 그런데 이 경우에 3일 8시간 대신 80시간이라고 하면, 그 전부를 자연적 계산방법에 따라 계산하게 되므로 15일 오후 11시가 만료점이 된다(156조 참조).

그리고 이러한 결과는 위의 예처럼 일과 시간이 있는 경우뿐만 아니라 기간에 일·주·월 또는 년으로 정한 것과 시·분 또는 초로 정한 것이 함께 들어있는 모든 경우에 공통된다.

〈판 례〉

(ㄱ) 「민법 제159조는 기간을 '일'로 정한 때에는 기간 말일의 종료로 기간이 만료한다고 규정하여 기간의 말일에 관하여 초일의 경우와 마찬가지로 연장적 계산법을 채택하고 있으므로 어떤 행위를 하여야 하는 종기 또는 유효기간이 만료되는 시점을 '시행일' 또는 '공고일'이라고 하여 '일'로 정하였다면 그 기간의 만료점은 그 날 오후 12시가 된다.」(대판 1993. 11. 23, 93도662)

(ㄴ) 대한석탄공사에 피용된 채탄부의 정년이 53세라 함은 만 53세에 도달하는 날을 말하는 것이라고 보는 것이 상당하다(대판 1973. 6. 12, 71다2669).

(ㄷ) 광업권설정 출원제한기간(광업법 16조 참조)의 기산일인 2007. 7. 28.로부터 6개월의 기간이 경과하는 마지막 날인 2008. 1. 27.이 일요일인 경우, 그 출원제한기간은 민법 제161조의 규정에 따라 그 다음날인 2008. 1. 28. 만료된다고 본 사례(대판 2009. 11. 26, 2009두12907).

Ⅲ. 기간의 역산방법

민법이 규정하고 있는 기간 계산방법은 과거에 소급하여 계산하는 기간의 경우에도 유추적용되어야 한다(이설 없음). 민법 기타의 법령에는 기간의 역산이 필요한 경우가 간혹 있다. 가령 「전세권의 존속기간 만료 전 6월부터 1월까지 사이」(312조 4항) 또는 사원총회의 「1주간 전에」(71조)라고 하는 것이 그 예이다. 이러한 경우에는 존속기간 만료일 또는 사원총회일을 빼고 그 전날을 기산일로 하여 거꾸로 계산하여 역(曆)에 의하여 기간 말일을 찾아야 하며, 그 날의 오전 0시에 기간이 만료한다. 판례도 「선거일 전 3년간 사이」라고 하는 경우에 관하여 그것은 선거일 전날 24시를 기산점으로 하고 소급하여 계산한 3년간 사이를 의미한다고 하여(대판 1979. 3. 27, 79슈1), 같은 태도를 취하고 있다.

기간을 역산하는 방법을 예를 들어 구체적으로 살펴보기로 한다. 민법상 사단법인의 사원총회 소집통지는 총회 1주일 전에 발송해야 한다(71조). 그러면 총회일이 7월 20일이라면 언제까지 통지를 발송해야 하는가? 이 경우 기산일은 19일이 되고, 19일부터 1주일을 거꾸로 세어 계산하면 13일이 기간 말일이 된다. 그리고 기간 말일인 13일 오전 0시가 1주일 기간의 만료점이 된다. 그러므로 총회 소집통지는 늦어도 7월 12일 오후 12시까지는 발송되어야 한다.

제 5 장　소멸시효(消滅時效)

제 1 절　서　설

Ⅰ. 시효(時效)의 의의 [261]

시효란 일정한 사실상태가 오랫동안 계속된 경우에 그 상태가 진실한 권리관계에 합치하는가를 묻지 않고서 그 사실상태를 그대로 권리관계로서 인정하려는 제도이다. 시효에는 취득시효와 소멸시효의 두 가지가 있다.

취득시효는 어떤 자가 권리자인 것처럼 권리를 행사하고 있는 사실상태가 일정한 기간 동안 계속된 경우에 그가 진실한 권리자인가를 묻지 않고서 처음부터 권리자이었던 것으로 인정하는 것이고, 소멸시효는 권리자가 일정한 기간 동안 권리를 행사하지 않는 상태(권리불행사의 상태)가 계속된 경우에 그의 권리를 소멸시키는 것이다(다르게 설명하는 견해도 있음).

민법은 두 시효를 한꺼번에 규율하지 않고, 총칙편에서는 소멸시효만을 규정하고, 취득시효는 물권의 취득원인으로서 물권편에서 규정하고 있다(245조 이하).

Ⅱ. 시효제도의 존재이유

시효제도에 의하면 실질적으로 권리를 취득하였거나 의무를 이행하였는데 이를 증명하지 못하는 자가 보호될 수도 있으나, 그 반면에 권리를 취득하지 않았거나 의무를 이행하지 않았음에도 불구하고 권리를 취득하거나 의무를 면하는 자도 생기게 된다. 그런데 뒤의 경우에는 진정한 권리자가 희생되어, 진정한 권리자의 보호라는 민법의 기본입장에 어긋나게 된다. 그런데도 그와 같은 시효제도를 인정하는 이유는 무엇인가? 여기에 관하여 학설 · 판례를 살펴보고, 사견을 제시하기로 한다.

1. 학 설

(1) 전통적인 견해

종래의 전통적인 견해(이는 현재에도 다수설임)는 시효제도의 존재이유로 다음의 세 가지를 들고 있다(곽윤직, 317면; 김상용, 684면; 김용한, 446면; 백태승, 575면).

① 법률생활의 안정과 평화의 달성 일정한 사실상태가 오랫동안 계속되면 사회는 이것을 진실한 권리관계에 부합하는 것으로 믿게 되고, 그것을 기초로 하여 다수의 새로운 법률관계가 맺어지며, 사회질서가 이루어진다. 여기서 법률은, 법률상태와는 다른 사실상태이더라도, 그것이 일정한 기간 계속되는 때에는 그 사실상태를 그대로 인정해서 법률생활의 안정과 평화를 달성하려는 것이며, 이것이 시효제도의 존재이유라고 한다(곽윤직, 317면).

② 증거보전의 곤란으로부터 구제 사실상태가 오래 계속되면 그 동안에 정당한 권리관계에 관한 증거가 없어지기 쉽다. 여기서 증거보전의 곤란을 구제하고 민사소송제도의 적정과 소송경제의 이념에 비추어서 사실상태를 그대로 정당한 권리관계로 보자는 것이 시효제도를 두는 목적이라고 한다(곽윤직, 318면).

③ 권리 위에 잠자는 자는 보호할 필요가 없다 오랜 기간 동안 자기의 권리를 주장하지 않은 자는 이른바 「권리 위에 잠자고 있었던 자」로서 시효제도에 의한 희생을 감수하여야 하며 법률의 보호를 받을 값어치가 없다는 것을 든다(곽윤직, 318면).

그러면서 이들 중 ①②는 주로 취득시효에, ②③은 주로 소멸시효에 타당한 이유라고 한다(김용한, 446면은 ①은 주로 취득시효에, ①②③은 소멸시효에 타당하다고 한다).

(2) 다른 견해

위와 같은 전통적인 견해에 비판적인 견해도 주장되고 있다. 이들 견해는 특히 위의 견해의 이유 ③에 대하여는 한결같이 비판하고 있다. 그런데 구체적인 존재이유의 주장내용은 각양각색이다. 소수설에는 다음의 것들이 있다.

i) 「법질서의 법적 안정성의 요구」, 「증거보존의 곤란과 보호가치의 부존재」가 존재이유라는 견해(이영준, 782면)

ii) 시효제도의 존재이유는 전통적 견해의 ①②만이고, 소멸시효의 존재이유는 이 ①②와 「선량한 의무자의 보호」라는 견해(김학동, 507면·511면)

iii) 「거래의 신속한 결제」, 「증거보존 기간의 제한」, 「이익형량」, 「규범목적의 조화」라는 견해(이은영, 748면)

iv) 공통한 존재이유로 「증명곤란의 구제」를 들고, 소멸시효는 그 외에 「의무자의 신뢰」를 이유로 하고, 취득시효는 「증명곤란의 구제」 외에 「재화효용의 극대화」가 이유이나, 다만 등기부 취득시효는 「증명곤란의 구제」는 아니며, 「재화효용의 극대화」와 「선의 · 무과실의 점유자의 신뢰보호」라는 견해(주해(3), 391면(윤진수))

v) 시효제도의 존재이유는 「사실적 상태에 대한 시효이익 보유자의 기대를 보호함을 통하여 사회의 법률관계의 안정을 도모함에 있다」는 견해(지원림, 395면)

2. 판 례 [262]

판례는 「시효제도는 일정기간 계속된 사회질서를 유지하고 시간의 경과로 인하여 곤란하게 되는 증거보전으로부터의 구제 내지는 자기 권리를 행사하지 않고 소위 권리 위에 잠자는 자는 법적 보호에서 이를 제외하기 위하여 규정된 제도」라고 하거나(대판(전원) 1976. 11. 6, 76다148. 같은 취지: 대판 2020. 7. 9, 2016다244224 · 244231), 또는 「시효제도의 존재이유는 영속된 사실상태를 존중하고 권리 위에 잠자는 자를 보호하지 않는다는 데에 있고 특히 소멸시효에 있어서는 후자의 의미가 강」하다고 한다(대판(전원) 1992. 3. 31, 91다32053; 대판(전원) 2018. 10. 18, 2015다232316; 대판 2011. 7. 14, 2011다19737; 대판 2024. 3. 28, 2023다265700). 이러한 판례는 학설 중 전통적 견해와 같은 입장이라고 할 수 있다.

3. 사 견

여기에서 학설 · 판례를 하나하나 자세하게 검토할 여유는 없다. 그리하여 전체적인 방향만 언급하고 사견을 적기로 한다.

우선 시효제도의 존재이유를 어떻게 파악하느냐에 따라 개별적인 규정의 운용에 직접 영향을 미치게 됨을 유의하여야 한다. 즉 진정한 권리자를 보호하려는 것이라고 이해하면 시효규정을 되도록 좁혀서 해석할 것이고, 법적 안정성을 추구하면 넓게 인정하려 할 것이다. 그리고 소멸시효와 관련하여서는 시효에 걸리는 권리가 채권만 있는 것이 아니고 물권 기타의 권리도 있음을 유의하여야 한다. 후자에 있어서는 변제가 문제되지 않으며, 따라서 이유가 달라져야 할 수도 있다. 또한 취득시효 중 부동산 등기부 취득시효도 특수한 면이 있다. 일부 견해

(위 (2) 가운데 iv)의 견해)는 법경제학적인 사고에 입각한 이유(「재화효용의 극대화」)를 들기도 하는데, 그것이 타당근거로 될 수 있는지 의문이다.

사견으로는 시효제도는 궁극적으로 권리를 취득했거나 의무를 이행하였으나 증명을 하지 못하는 자를 보호하려는 데 그 목적이 있다고 생각한다. 그럼에 있어서 무권리자나 의무불이행자가 보호되는 일이 생기기도 하지만, 그것은 어디까지나 권리자 및 의무이행자의 보호과정에서 불가피하게 생기는 필요악일 뿐이다. 다만, 소멸시효에 있어서 채권 이외의 권리의 경우에는, 실효의 원칙과 마찬가지로, 권리행사를 하지 않음으로 인하여 의무자가 더 이상 권리행사가 없을 것이라고 믿은 그 신뢰를 보호하려는 데 이유가 있다고 할 것이다. 그렇게 하여 의무자를 불안정한 지위에서 구제해 주려는 것이다. 그리고 부동산의 등기부 취득시효는 부동산의 소유자로 등기하고서 점유하는 자의 신뢰를 보호하려는 데 그 이유가 있다. 이를 정리하면, 취득시효는 실질적으로 권리를 취득하였으나 증명하지 못하는 권리자를 보호하려는 것이나, 부동산의 등기부 취득시효만은 부동산의 소유자로 등기하고서 점유하는 자의 신뢰를 보호하려는 것이고, 소멸시효 가운데 채권의 경우에는 채무를 이행하였으나 증명하지 못하는 의무자를 보호하려는 것이며, 기타의 권리의 경우에는 권리불행사에 대한 의무자의 신뢰를 보호하려는 것이다. 이들에 의하여 사실상태가 법률관계로 높여져서 결과적으로 법적 안정을 가져올 수는 있으나, 그것은 부수적인 효과일 뿐이다.

시효를 이와 같이 이해하면, 당연히 시효제도의 적용을 가능한 한 제한할 수밖에 없다(같은 취지: 고상룡, 660면). 즉 되도록 실질적인 권리자나 이행한 의무자만 보호하고, 무권리자나 불이행자가 보호되지 않도록 노력하여야 한다. 이것이 진정한 권리자 보호라는 민법 전체의 이상과도 조화를 이루는 길이다. 그리고 법률규정 때문에 해석에 의하여서는 더 이상 타당한 결과를 얻을 수 없는 경우에는 민법의 개정도 고려하여야 한다.

[263] Ⅲ. 제척기간(除斥期間)과 소멸시효

1. 서 설

일정한 기간의 경과로 권리가 소멸 내지 실효하는 면에서 소멸시효와 유사하지만 여러 가지 점에서 소멸시효와 다른 제도로 제척기간과 실효의 원칙이 있다. 이 가운데 실효의 원칙에 관하여는 앞에서 보았으므로([53] 참조), 여기서는 제척기간에 관하여만 살펴보기로 한다.

2. 제척기간의 의의

권리의 제척기간(또는 예정기간)이란 일정한 권리에 관하여 법률이 예정하는 존속기간이다. 제척기간이 규정되어 있는 권리는 제척기간이 경과하면 당연히 소멸한다(대판 1995. 11. 10, 94다22682 · 22699; 대판 2014. 8. 20, 2012다47074; 대판 2015. 1. 29, 2013다215256). 이러한 제척기간은 그 권리와 관련된 법률관계를 빨리 확정하기 위한 목적으로 두어진다. 그리고 제척기간은 형성권에 관하여 규정된 때가 많으나, 청구권과 같은 다른 권리에 규정된 때도 있다.

〈판 례〉

(ㄱ)「제척기간은 권리자로 하여금 당해 권리를 신속하게 행사하도록 함으로써 법률관계를 조속히 확정시키려는 데 그 제도의 취지가 있는 것으로서, 소멸시효가 일정한 기간의 경과와 권리의 불행사라는 사정에 의하여 권리소멸의 효과를 가져오는 것과는 달리 그 기간의 경과 자체만으로 곧 권리소멸의 효과를 가져오게 하는 것이므로 그 기간 진행의 기산점은 특별한 사정이 없는 한 원칙적으로 권리가 발생한 때이고, 당사자 사이에 위와 같이 위 매매예약 완결권을 행사할 수 있는 시기를 특별히 약정한 경우에도 그 제척기간은 당초 권리의 발생일로부터 10년간의 기간이 경과되면 만료되는 것이지 그 기간을 넘어서 위 약정에 따라 권리를 행사할 수 있는 때로부터 10년이 되는 날까지로 연장된다고 볼 수 없다. 따라서 원 · 피고 사이에 위와 같은 매매예약 완결권의 행사시기에 관한 합의가 있었다 하여, 그 제척기간이 그 약정시기인 1985. 3. 26.부터 10년이 경과되어야 만료된다고 할 수 없으므로, 이 사건 매매예약 완결권은 매매예약 성립일인 1980. 5. 1.로부터 10년이 경과함으로써 소멸되었다고 본 원심의 판단은 정당하고, 이와 반대의 견해를 펴는 상고이유는 받아들일 수 없다.」(대판 1995. 11. 10, 94다22682 · 22699. 첫 부분에 관하여 같은 취지: 대판(전원) 2016. 10. 19, 2014다46648)

(ㄴ)「민법 제1019조 제 3 항의 기간은 한정승인신고의 가능성을 언제까지나 남겨둠으로써 당사자 사이에 일어나는 법적 불안상태를 막기 위하여 마련한 제척기간이고, 경과규정인 개정 민법(2002. 1. 14. 법률 제6591호) 부칙 제 3 항 소정의 기간도 제척기간이라 할 것이며, 한편, 제척기간은 불변기간이 아니어서 그 기간을 지난 후에는 당사자가 책임질 수 없는 사유로 그 기간을 준수하지 못하였더라도 추후에 보완될 수 없다.」(대결 2003. 8. 11, 2003스32)

3. 제척기간이 정하여져 있는 권리의 행사방법

제척기간이 정하여져 있는 권리의 경우에 권리자는 그 기간 내에 어떠한 행위를 하여야 하는지가 문제된다.

여기에 관하여 학설은 세 가지로 나뉘어 대립하고 있다. i) 다수설은 제척기간을 출소기간이라고 보아 그 기간 내에 재판상의 행사(소의 제기)가 있어야 한다고 주장한다(고상룡, 661면; 곽윤직, 320면; 김상용, 689면; 김주수, 536면; 백태승, 576면; 이영준, 786면). 그리고 ii) 재판상 행사가 요구되지 않는 한 재판 외의 행사로 충분하다는 견해가 있다(김준호, 400면; 이은영, 787면; 주해(3), 401면(윤진수)). 그런가 하면 iii) 위 ii)의 견해를 취하면서 그에 덧붙여, 청구권에 관한 권리행사기간이 제척기간이라고 해석되는 경우에는 재판상의 행사가 필요하다는 견해도 있다(김학동, 515면).

판례는 「징발재산 정리에 관한 특별조치법」 제20조가 정한 환매권(대판 1991. 2. 22, 90다13420; 대판 1992. 4. 24, 92다4673; 대판 1992. 10. 13, 92다4666), 미성년자의 법률행위의 취소권(대판 1993. 7. 27, 92다52795), 수급인에 대하여 하자담보책임을 물을 수 있는 권리(보수청구권 등)(대판 1990. 3. 9, 88다카31866; 대판 2000. 6. 9, 2000다15371)(집합건물법 9조에 의하여 준용되는 민법 667조 내지 671조에 규정된 하자담보책임 기간도 같음. 대판 2004. 1. 27, 2001다24891; 대판(전원) 2012. 3. 22, 2010다28840)에 관하여, 그것들의 행사기간은 모두 제척기간이라고 하면서 이들 권리는 그 기간 내에 재판상 또는 재판 외에서 행사할 수 있다고 한다. 그런가 하면 점유를 침탈당하거나 방해를 받은 자의 침탈자(물건의 반환 및 손해배상청구권) 또는 방해자에 대한 청구권(방해제거 및 손해배상청구권)의 행사기간 1년(204조 3항 · 205조 2항)은 제척기간이나, 그 제척기간은 반드시 그 기간 내에 소를 제기하여야 하는 이른바 출소기간으로 해석할 것이라고 한다(대판 2002. 4. 26, 2001다8097 · 8103). 이 판례는 그 이유로, 그 대상이 되는 권리가 청구권이라는 점, 일정한 기간이 지난 후에는 원상회복을 허용하지 않는 것이 점유제도의 이상에 맞다는 점, 여기에 점유의 회수 또는 방해제거 등 청구권에 단기의 제척기간을 두는 이유가 있는 점 등을 들고 있다. 이렇게 볼 때, 판례는 제척기간을 원칙적으로는 재판상 · 재판 외에서 권리를 행사할 수 있는 기간으로 보나, 일정한 경우에는 — 재판상의 행사를 요구하지 않았을지라도 — 예외적으로 출소기간으로 해석한다.

생각건대 i)설처럼 짧은 기간 내에 소제기를 요구하는 것은 지나치다. 그리고 iii)설과 판례는 청구권의 제척기간에 관하여 일반적으로 또는 제한적으로 예외를 인정하고 있는데, 그렇게 해석할 근거도 충분치 않다. 결국 ii)설이 타당하다.

〈판 례〉

「채권양도의 통지는 그 양도인이 채권이 양도되었다는 사실을 채무자에게 알리는 것에 그치는 행위이므로, 그것만으로 제척기간의 준수에 필요한 권리의 재판 외 행사에 해당한다고 할 수 없다.

따라서 집합건물인 아파트의 입주자대표회의가 스스로 하자담보추급에 의한 손해배상청구권을 가짐을 전제로 하여 직접 아파트의 분양자를 상대로 손해배상청구 소송을 제기하였다가, 그 소송 계속 중에 정당한 권리자인 구분소유자들로부터 그 손해배상채권을 양도받고 분양자에게 그 통지가 마쳐진 후 그에 따라 소를 변경한 경우에는, 그 채권양도 통지에 채권양도의 사실을 알리는 것 외에 그 이행을 청구하는 뜻이 별도로 덧붙여지거나 그 밖에 구분소유자들이 재판 외에서 그 권리를 행사하였다는 등의 특별한 사정이 없는 한, 위 손해배상청구권은 입주자대표회의가 위와 같이 소를 변경한 시점에 비로소 행사된 것으로 보아야 할 것이다(대법원 2008. 12. 11. 선고 2008다12439 판결 등 참조).」(대판(전원) 2012. 3. 22, 2010다28840. 이에 대하여는 채권양도 통지가 시효중단의 효력이 인정될 사유는 아니라고 하더라도 제척기간 준수의 효과가 부여될 수 있는 권리행사로는 인정하여야 한다는 소수의견이 있음)

4. 소멸시효와의 차이점 [264]

제척기간과 소멸시효를 비교하여 차이점을 보기로 한다.

(1) 권리의 소멸 여부

소멸시효 완성의 효과에 관하여 절대적 소멸설을 취하든 상대적 소멸설을 취하든, 두 제도의 경우에 모두 권리가 소멸하여 차이가 없다. 일부 견해(곽윤직, 320면)는 상대적 소멸설에 의할 경우 소멸시효에 있어서는 권리소멸을 주장할 수 있는 권리가 생길 뿐이어서 제척기간과 다르다고 하나, 상대적 소멸설에 의하더라도 권리소멸을 주장하면(이른바 원용) 권리가 소멸한다고 해석하므로 결과에서는 차이가 없게 된다.

(2) 소급효 유무

제척기간에 의한 권리소멸의 효과는 기간이 경과한 때부터 장래에 향하여 생기고 소급하지 않으나, 소멸시효에 의한 권리소멸의 효과는 소급한다(167조).

(3) 주장이 필요한지 여부

소멸시효의 경우는 절대적 소멸설에 의하더라도 민사소송의 변론주의로 인하여 시효이익을 받을 자가 공격 · 방어 방법으로 제출하여야 한다(통설 · 판례)(그러나 이론상은 누가 주장하든 법원은 고려해야 한다고 한다). 그러나 제척기간의 경우에는 법원은 직권으로 고려하여야 하며,

주장은 필요하지 않다(대판 1996. 9. 20, 96다25371). 상대적 소멸설에 의하면 원용(주장)이 필요한 소멸시효와 원용이 없어도 되는 제척기간은 당연히 다르다.

(4) 중단 여부

제척기간은 속히 권리관계를 확립시키려는 것이므로 중단이 없다(대판 2003. 1. 10, 2000다26425). 따라서 제척기간 내에 권리자의 권리의 주장 또는 의무자의 승인이 있어도 기간이 다시 진행하지 않는다. 그러나 소멸시효에는 중단이 있다(168조). 그리하여 소멸시효는 일정한 중단사유가 있으면 시효기간이 다시 진행한다.

(5) 시효이익의 포기

소멸시효의 경우에는 시효완성 후의 시효이익 포기제도가 있으나(184조), 제척기간에는 이것이 인정되지 않는다.

(6) 시효의 정지 유무

시효의 정지에 관한 규정(179조-182조)이 제척기간에 준용(유추적용)되는가에 관하여 학설은 i) 부정설(곽윤직, 321면; 백태승, 576면), ii) 긍정설(김상용, 691면; 이은영, 787면), iii) 제182조만을 준용하여야 한다는 제한적 긍정설(고상룡, 663면; 김주수, 537면; 김학동, 513면)로 나뉘어 있다. 생각건대 명문규정이 없는 우리 민법상 준용은 부정할 수밖에 없다.

[265] 5. 제척기간 · 소멸시효기간의 판별

제척기간과 소멸시효는 많은 차이가 있기 때문에, 권리행사기간이 둘 중 어느 것에 해당하는지를 구별하는 일은 대단히 중요하다. 학설은 일반적으로 법률규정의 문구에 의하여 구별할 것이라고 한다. 즉 「시효로 인하여」라고 되어 있는 때에는 소멸시효기간이고, 그러한 문구가 없으면(「행사하여야 한다」 기타) 제척기간이라고 해석한다. 이것이 하나의 표준은 될 것이나, 그것만에 의할 것은 아니고, 그것과 함께 권리의 성질 · 규정의 취지 등을 고려하여 실질적으로 판단하여야 한다(같은 취지: 고상룡, 664면; 김학동, 514면).

제척기간인지 소멸시효기간인지가 다투어지고 있는 것으로 선의취득의 경우의 도품 · 유실물의 반환청구기간(250조. 물권법 [79] 참조), 불법행위에 있어서 10년의 손해배상청구기간(766조 2항. 채권법각론 [316] 참조), 상속의 승인 · 포기의 취소권(1024조 2항 단서. 친족상속법 [308] 참조), 유류분반환청구권의 10년의 행사기간(1117조 2문. 친족상속법 [393] 참조) 등이 있는데, 그 자세한 내용은 해당하는 곳에서 설명한다.

6. 시효의 성질

시효의 공통적인 성질을 정리해 보기로 한다.

(1) 시효는 법이 정한 일정한 기간(시간)의 경과를 필요로 한다. 따라서 시간의 경과를 필요로 하지 않는 선의취득 내지 즉시취득(249조 참조)은 시효가 아니다.

(2) 시효는 법률요건이다. 즉 시효가 완성되면 법률상 당연히 권리를 취득하거나(취득시효의 경우) 권리가 소멸하게 된다(소멸시효의 경우). 그런데 소멸시효의 경우, 시효가 완성된 때에 권리가 소멸하지 않고 시효의 완성으로 권리가 소멸하였다고 주장할 수 있는 권리(원용권)가 생길 뿐이고, 당사자의 그러한 주장(원용)이 있어야 비로소 권리가 소멸한다고 하는 견해(상대적 소멸설)도 있다([288] 참조).

(3) 시효는 재산권에 관한 것이고, 가족관계에 관한 것이 아니다. 가족관계는 진실에 기초하여 판단되어야 할 법률관계이어서 사실상태에 기초하여 법률관계를 변경하는 것이 적절하지 않기 때문이다. 이러한 점에서 가족관계는 「시효에 친하지 않은 법률관계」라고 할 수 있다(곽윤직, 322면).

(4) 시효에 관한 법률규정은 임의규정이 아니고 강행규정이다. 시효제도의 존재이유(사견의 경우 증명곤란으로부터의 구제)에 비추어볼 때 그렇게 해석해야 하는 것이다. 그 결과 어떤 권리에 관하여 당사자가 시효에 걸리지 않는 것으로 특약을 하거나 시효완성을 어렵게 하는 것은 허용되지 않는다. 민법은 소멸시효에 관하여 명문으로 규정하고 있다(184조 2항).

제 2 절 소멸시효의 요건

I. 개 관 [266]

소멸시효에 의하여 권리가 소멸하기 위하여서는 다음의 세 요건이 갖추어져야 한다.

① 권리가 소멸시효에 걸리는 것이어야 한다.

② 권리자가 법률상 그의 권리를 행사할 수 있음에도 불구하고 행사하지 않아야 한다.

③ 위의 권리불행사의 상태가 일정한 기간 동안 계속되어야 한다. 이 기간을 소멸시효기간이라고 한다. 한편 이 요건과 관련하여, 민법은 일정한 사유가 있는 경우에 소멸시효의 진행(이는 권리불행사의 사실상태가 소멸시효기간의 기산점으로부터 완성을 향해가는 과정을 가리킨다)이 멈추고 그때까지 경과한 시효기간의 효력을 소멸시키는 「소멸시효의 중단」제도와, 일정한 사유가 있는 경우에 시효의 완성을 일정한 기간 동안 유예시키는 「소멸시효의 정지」제도를 두고 있다.

이들 요건을 차례로 살펴보기로 한다. 다만, 설명의 편의상 ③의 요건과 관련되는 「소멸시효의 중단」과 「소멸시효의 정지」는 별도의 절에서 기술하기로 한다.

Ⅱ. 소멸시효에 걸리는 권리

1. 서 설

어떠한 권리를 소멸시효에 걸리는 것으로 할 것인지, 그리고 소멸시효를 채권과 같은 기본적인 권리에 관하여 규정할 것인지 아니면 그에 기한 청구권에 관하여 규정할 것인지 등은 입법정책의 문제이다. 그리하여 입법례도 여러 가지로 나뉘어 있다. 독일민법은 청구권(물권적 청구권 포함)을 소멸시효의 대상으로 하고 있으며(같은 법 194조), 프랑스민법은 인적 소권 · 동산에 관한 소권 · 소유권을 제외한 물권에 관한 소권에 대하여 소멸시효를 규정한다(같은 법 2224조 · 2227조). 그리고 스위스채무법은 채권에 대하여 소멸시효를 규정하며(같은 법 127조), 일본민법은 우리 민법과 비슷하다(같은 법 167조).

2. 우리 민법상 소멸시효에 걸리는 권리

민법상 소멸시효에 걸리는 권리는 「채권」과 「소유권 이외의 재산권」이다. 이들 권리는 모두 재산권이며, 따라서 가족권 · 인격권과 같은 권리는 소멸시효에 의하여 소멸하지 않는다.

(1) 채 권

채권은 소멸시효에 걸리는 대표적인 권리이다(162조 1항).

(2) 소유권 이외의 재산권

우리 민법에 있어서는 채권뿐만 아니라 다른 재산권도 소유권이 아닌 것은 소멸시효의 목적이 된다(162조 2항). 그러나 개별적으로 시효소멸 여부가 문제되는 것들이 있다.

1) 소 유 권 소유권은 아무리 오랫동안 행사하지 않아도 소멸시효에 걸리지 않는다(162조 2항). 이는 소유권이 항구성을 가지기 때문이다.

2) 등기청구권 등기청구권이란 등기권리자(예: 부동산매매의 경우 부동산 매수인)가 등기의무자(예: 부동산매매의 경우 부동산 매도인)에 대하여 등기신청에 협력할 것을 청구할 수 있는 권리이다(물권법 [42] 이하 참조). 이러한 등기청구권이 소멸시효에 걸리는지에 관하여 학설은 i) 그 권리는 채권적 청구권이며, 10년의 소멸시효에 걸린다는 견해(곽윤직, 324면)와 ii) 이유는 똑같지 않지만 결과에서는 판례를 지지하는 견해(고상룡, 668면; 김상용, 698면; 김주수, 544면; 이영준, 801면; 이은영, 754면; 정기웅, 576면)로 나뉘어 있다. 그리고 판례는, 등기청구권은 채권적 청구권이지만 부동산을 매수한 자가 그 목적물을 인도받은 경우에는 매수인의 등기청구권은 소멸시효에 걸리지 않는다고 한다(대판(전원) 1976. 11. 6, 76다148 등 다수의 판결). 판례는 더 나아가, 부동산 매수인이 그 부동산을 사용 · 수익하다가 그 부동산을 처분하고 그 점유를 승계하여 준 경우에도 이전등기청구권의 소멸시효는 진행하지 않는다고 한다(대판(전원) 1999. 3. 18, 98다32175). 그리고 이러한 법리는 3자간 등기명의신탁(중간생략 명의신탁)에 의한 등기가 유효기간의 경과로 무효로 된 경우에도 마찬가지로 적용되며, 따라서 그 경우 목적 부동산을 인도받아 점유하고 있는 명의신탁자의 매도인에 대한 소유권이전등기 청구권 역시 소멸시효가 진행되지 않는다고 한다(대판 2013. 12. 12, 2013다26647). 또한 부동산실명법 시행 이전에 부동산의 소유명의를 신탁한 자는 특별한 사정이 없는 한 언제든지 명의신탁을 해지하고 소유권에 기하여 신탁해지를 원인으로 한 소유권이전등기 절차의 이행을 청구할 수 있는 것으로서, 이와 같은 등기청구권은 소멸시효의 대상이 되지 않는다고 한다(대판 2010. 2. 11, 2008다16899. 부동산실명법 시행 전의 판결로서 대판 1991. 11. 26, 91다34387도 참조).

사견은 i)설에 찬성한다(자세한 논의는 물권법에서 한다. 물권법 [43] 참조).

3) 물권적 청구권 물권적 청구권이란 물권의 내용의 실현이 어떤 사정으로 말미암아 방해당하고 있거나 방해당할 염려가 있는 경우에 물권자가 방해자에 대하여 그 방해의 제거 또는 예방에 필요한 일정한 행위를 청구할 수 있는 권리이다(물권법 [14] 이하 참조). 소유물반환청구권이 그 예이다. 이러한 물권적 청구권이 소

멸시효에 걸리는지에 관하여 학설은 i) 모두 소멸시효에 걸린다는 견해(이영준(물권), 51면), ii) 소유권에 기한 물권적 청구권은 소멸시효에 걸리지 않으나, 제한물권에 기한 물권적 청구권은 소멸시효에 걸린다는 견해(고상룡, 672면; 곽윤직, 324면; 김용한, 459면; 김주수, 549면; 백태승, 580면; 정기웅, 575면), iii) 모두 소멸시효에 걸리지 않는다는 견해(김상용, 697면; 김준호, 408면; 김학동, 519면; 이은영, 756면)로 나누어져 있다. 그리고 판례는 소유권에 기한 물권적 청구권에 관하여 소멸시효의 대상이 아니라고 한다(대판 1982. 7. 27, 80다2968. 그 외에 양도담보권설정자의 피담보채무 변제 후의 등기청구권을 실질적 소유권에 기한 물권적 청구권이라고 하면서 소멸시효를 부정한 판례: 대판 1979. 2. 13, 78다2412; 대판 1987. 11. 10, 87다카62; 대판 1993. 12. 21, 91다41170). 사견에 의하면, 물권적 청구권은 어떤 물권에 기한 것이든 물권으로부터 독립하여 소멸시효에 걸리지는 않는다고 하여야 한다(자세한 논의는 물권법에서 한다. 물권법 [16] 참조).

[267] 4) 형 성 권

㈎ 형성권은 권리자의 의사표시만으로 법률효과가 생기므로, 권리가 행사되었는데 목적을 달성하지 못하는 일이 있을 수 없다. 즉 권리불행사의 상태에 대한 중단이 있을 수 없다. 따라서 형성권의 존속기간은 설사 민법이 시효기간처럼 규정하고 있어도 제척기간이라고 새겨야 한다(통설임. 반대: 주해(3), 427면(윤진수)).

㈏ 형성권에 관하여 그 밖에도 문제되는 것들이 있다. 먼저 형성권에 관하여 법률이 제척기간을 규정하지 않은 경우에 얼마 동안 행사할 수 있는지가 문제된다. 지상권자나 지상권설정자의 지상물매수청구권(283조 2항 · 285조 2항), 지상권 당사자의 지료증감청구권(286조), 전세권설정자나 전세권자의 부속물매수청구권(316조 1항 · 2항), 유치권소멸청구권(324조 3항 · 327조), 동산질권 소멸청구권(343조 · 324조), 계약의 해지권 · 해제권(543조 이하), 매매예약완결권(564조), 매매대금 감액청구권(572조), 토지임차인과 토지전차인의 지상시설매수청구권(643조 · 644조 2항 · 645조), 임차인과 전차인의 부속물매수청구권(646조 · 647조), 임대차 당사자의 차임증감청구권(628조) 등 많은 예에서 그렇다.

여기에 관하여 학설은 i) 10년의 제척기간에 걸린다고 하는 견해(고상룡, 673면; 곽윤직, 325면; 김상용, 696면; 김용한, 460면; 김주수, 550면; 백태승, 580면), ii) 20년 내에 행사하여야 한다는 견해(이영준, 788면), iii) 그 권리에 관하여는 행사기간의 제한이 없다고 할 것이나, 다만 형성권이 일정한 채권관계의 존재를 전제로 하는 경우에는 그 채권관계가 소멸시효로 소멸하면 형성권도 소멸한다고 함이 타당하다는 견해(김학동, 515면), iv) 그 기초가 되는 법률관계에 의하여 정하고, 그것이 불가능할 때에는 신의칙 내지 실효의 원칙에 의하여 해결할 수밖에 없다는 견해(주해(3), 428면(윤진수). 이은영, 785면도 유사하다)로 나뉘어 대립하고 있다.

그리고 판례는 매매예약의 예약완결권(대판 1992. 7. 28, 91다44766 · 44773; 대판 1995. 11. 10, 94다22682 · 22699; 대판 1997. 7. 25, 96다47494 · 47500; 대판 2000. 10. 13, 99다18725; 대판 2003. 1. 10, 2000다26425)과 대물변제예약의 예약완결권(대판 1997. 6. 27, 97다12488)에 관하여, 그것들을 각각 형성권이라고 한 뒤, 그 권리의 행사기간의 약정이 없는 때에는 예약이 성립한 때(매매예약 완결권의 경우) 또는 권리가 발생한 때(대물변제예약 완결권의 경우)로부터 10년의 제척기간에 걸린다고 한다.

생각건대 i)설은 형성권의 행사 결과로서 생기는 채권적 권리가 10년의 시효에 걸리므로 형성권도 10년의 기간 내에 행사하여야 한다고 주장한다. 그러나 형성권의 결과로 생기는 권리의 존속기간이 형성권의 행사기간에 영향을 미쳐야 할 근거가 없다. 그리고 ii)설은 아마도 형성권이 제162조 제 2 항의 「소유권 이외의 재산권」에 해당한다는 점을 근거로 삼은 듯하다. 그러나 동조항은 소멸시효에 관한 것이고, 따라서 그것이 그대로 형성권에 적용될 수 있을지 의문이다. 다음에 iii)설은 그 뒷부분 내용의 예로 매매예약을 들고 있으나, 그 경우에는 완결권이 소멸하여야 예약이라는 채권관계가 소멸하게 되며, 완결권이 소멸하지 않은 상태로 10년이 지난다고 하여 예약이 없어지지 않는 문제점이 있다. 그에 비하여 iv)설은 취할 만한 견해로 보인다. 이러한 사견에 의할 때, 판례는 해당하는 경우에 관한 한 적절하다. 매매예약 등의 예약완결권은 예약에 기초하는데, 그 예약은 하나의 계약이어서 그에 기한 권리가 10년간 존속한다고 새기는 것이 옳기 때문이다.

(다) 형성권의 행사에 의하여 발생한 권리는 어느 기간 동안 행사할 수 있는가?(취소권의 경우에 관하여 논의하는 [248]도 참조) 가령 착오를 이유로 취소한 경우에 부당이득 반환청구권을 얼마 동안 행사할 수 있는지가 문제된다.

여기에 관하여 학설은 i) 형성권의 행사기간(제척기간) 내에 이들 권리도 행사하여야 한다는 견해(곽윤직, 325면; 김상용, 696면; 김용한, 461면; 김주수, 550면; 김학동, 516면)와 ii) 이들 권리의 시효기간은 형성권이 행사되어 이 권리가 행사될 수 있을 때부터 새로이 진행한다고 하는 견해(주해(3), 428면(윤진수))가 대립하고 있다.

그리고 판례는 「징발재산 정리에 관한 특별조치법」 제20조 소정의 환매권에 관하여, 그것이 형성권이라고 한 뒤, 위 환매권의 행사로 발생한 소유권이전등기청구권은 환매권을 행사한 때로부터 제162조 제 1 항 소정의 10년의 소멸시효기간이 진행되는 것이지 제척기간 내에 이를 행사하여야 하는 것이 아니라고 한다

(대판 1991. 2. 22, 90다13420; 대판 1992. 4. 24, 92다4673; 대판 1992. 10. 13, 92다4666).

생각건대 제척기간의 목적은 형성권행사와 관련된 법률관계 자체의 가부의 확정을 신속하게 하려는 것이지, 그로 인한 권리행사까지 제한하려는 것으로는 보지 않아야 한다. 그리고 가령 취소권자가 취소할 수 있는 기간이 거의 다되어 가까스로 취소를 한 뒤에 한숨을 돌리고 나서 취소에 기한 청구를 하려고 하였는데, 제척기간이 경과하였다고 하여 청구권을 행사할 수 없도록 하는 것은 타당하지도 않을 것이다. 결국 ii)설 및 판례가 옳다.

5) 점 유 권 점유권은 점유라는 사실상태에 따르는 권리이므로 소멸시효의 문제가 생기지 않는다.

6) 일정한 법률관계에 의존하는 권리 가령 상린권(215조 이하)·공유물분할청구권(268조. 대판 1981. 3. 24, 80다1888·1889)과 같이 일정한 법률관계에 수반하여 존재하는 권리는 그 기초가 되는 법률관계가 존속하는 동안에는 그로부터 독립하여 시효로 소멸하지 않는다.

7) 담보물권 질권·저당권 등의 담보물권은 피담보채권이 존속하는 한 그것만이 독립하여 소멸시효에 걸리지 않는다. 주의할 것은, 근저당권설정등기청구권과 같은 권리는 담보물권이 아니어서 그 피담보채권과는 별도로 소멸시효가 진행된다는 점이다. 판례도 같은 입장이다(대판 2004. 2. 13, 2002다7213).

8) 비재산권 소멸시효는 재산권에 관한 제도이어서 재산권만이 시효에 걸리며, 가족권·인격권과 같은 비재산권은 시효에 걸리지 않는다. 그리고 판례는, 과거 양육비에 관한 권리의 성질상 그 권리의 소멸시효는 자녀가 미성년이어서 양육의무가 계속되는 동안에는 진행하지 않고 자녀가 성년이 되어 양육의무가 종료된 때부터 진행한다고 한다(대결(전원) 2024. 7. 18, 2018스724)(구체적인 지급청구권으로 성립하지 않은 경우의 문제임).

9) 무효의 확인 대법원은, 학생에 대한 학교의 편입학 허가, 대학교 졸업인정, 대학원 입학, 공학석사학위 수여 등이 그 자격요건을 규정한 교육법에 위반되어 무효라면 이와 같은 당연무효의 행위를 학교법인이 취소하는 것은 그 편입학 허가 등의 행위가 처음부터 무효이었음을 당사자에게 통지하여 확인시켜 주는 것에 지나지 않으므로 여기에 신의칙 내지 신뢰의 원칙을 적용할 수 없고, 그러한 뜻의 취소권은 시효로 인하여 소멸하지도 않으며, 그와 같은 자격요건에 관한 흠은 학교법인이나 학생 또는 일반인들에 의하여 치유되거나 정당한 것으

로 추인될 수 있는 성질의 것도 아니라고 한다(대판 1989. 4. 11, 87다카131).

〈판　례〉

대법원은, 예탁금제 골프회원권(포괄적 권리)을 가진 자가 개별적인 권리로 가지는 시설이용권이나 예탁금반환청구권은 채권으로서 소멸시효의 대상이 된다고 한다(대판 2015. 1. 29, 2013다100750).

Ⅲ. 권리의 불행사(소멸시효기간의 기산점) [268]

소멸시효에 의하여 권리가 소멸하려면, 권리를 일정한 기간(소멸시효기간) 동안 행사하지 않고 있어야 한다. 즉 권리불행사가 있어야 한다. 그런데 이 요건에 있어서 핵심적인 문제는 언제부터 권리불행사로 되는지, 바꾸어 말하면 소멸시효기간의 기산점이 언제인지이다.

〈판　례〉

「채권을 계속 행사하고 있다고 볼 수 있다면 소멸시효가 진행하지 않는다. 나아가 채권을 행사하는 방법에는 채무자에 대한 직접적인 이행청구 외에도 변제의 수령이나 상계, 소송상 청구 및 항변으로 채권을 주장하는 경우 등 채권이 가지는 다른 여러 가지 권능을 행사하는 것도 포함된다. 따라서 채권을 행사하여 실현하려는 행위를 하거나 이에 준하는 것으로 평가할 수 있는 객관적 행위 모습이 있으면 권리를 행사한다고 보는 것이 소멸시효 제도의 취지에 부합한다.」(대판 2020. 7. 9, 2016다244224 · 244231)

1. 소멸시효기간의 기산점

민법상 소멸시효는 권리를 행사할 수 있는 때로부터 진행한다(166조 1항). 권리가 발생하였다고 하여 발생시부터 소멸시효가 당연히 진행하는 것이 아니다. 따라서 소멸시효기간의 기산점은 「권리를 행사할 수 있는 때」이다. 그리고 그러한 때 이후에도 권리를 행사하지 않고 있는 것이 소멸시효의 요건으로서의 「권리불행사」이다. 여기서 「권리를 행사할 수 있는 때」가 어떤 의미인지 문제된다.

소멸시효에 있어서 「권리를 행사할 수 있다」는 것은 권리를 행사하는 데 법률상의 장애가 없는 것을 가리킨다(통설 · 판례도 같다. 대판 1984. 12. 26, 84누572; 대판(전원) 1992. 3. 31, 91다32053; 대판 2024. 6. 27, 2023다30292 등). 따라서 법률상의 장애가 있으면 소멸시효는 진행하지 않는다. 예컨대 기한이 도래하지 않았거나(같은 취지: 대판 2017. 4. 13, 2016다274904) 조건이 성취되지 않은 경우에 그렇다(대판 2023. 2. 2,

(2022다276307 등). 그에 비하여 권리자의 질병, 여행, 법률적 지식의 부족, 권리의 존재(대판 1981. 6. 9, 80다316. 그러나 대판 2003. 4. 8, 2002다64957 등도 참조) 또는 권리행사 가능성에 대한 부지 및 그에 대한 과실 유무(대판 2006. 4. 27, 2006다1381; 대판 2023. 12. 14, 2023다248903; 대결 2024. 4. 30, 2023그887; 대판 2024. 6. 27, 2023다302920), 미성년(대판 1965. 6. 22, 65다775. 다만 시효정지 사유는 될 수 있다. 같은 취지: 주해(3), 462면(윤진수). 반대: 이영준, 804면)인 사정과 같은 사실상의 장애는 소멸시효의 진행에 영향을 미치지 않는다. 권리행사가 의무자(가령 채무자의 부재)나 제 3 자의 행동으로 방해되고 있는 경우도 마찬가지이다. 그리고 부동산경매절차에서 채무자에 대한 송달이 공시송달의 방법으로 이루어짐으로써 채무자가 경매진행 사실 및 잉여금의 존재에 관하여 사실상 알지 못하였다고 하더라도 소멸시효가 진행한다(대결 2024. 4. 30, 2023그887). 한편 판례는 권리자가 권리의 존재나 발생을 알지 못하였다고 하더라도 소멸시효의 진행에 장애가 되지 않는다는 원칙을 견지하면서도 다음과 같은 예외를 인정한다. 즉 보험사고가 발생한 것인지의 여부가 객관적으로 분명하지 않아 보험금청구권자가 과실 없이 보험사고의 발생을 알 수 없었던 경우와 같이 객관적으로 보아 보험사고가 발생한 사실을 확인할 수 없는 사정이 있는 때에는 보험금청구권자가 보험사고의 발생을 알았거나 알 수 있었던 때부터 보험금액청구권의 소멸시효가 진행한다고 하며(대판 1993. 7. 13, 92다39822; 대판 2001. 4. 27, 2000다31168; 대판 2005. 12. 23, 2005다59383 · 59390; 대판 2008. 11. 13, 2007다19624. 그러나 불법행위를 한 법인의 대표자에 대한 신원보증 보험계약상의 보험금청구권의 소멸시효 기산점은 감사제도의 존재이유에 비추어 볼 때 다른 임원 등이 그 대표자의 불법행위를 안 때로 늦추어지지 않는다고 한다(대판 2002. 10. 25, 2002다13614)), 또 법인의 이사회결의가 부존재함에 따라 발생하는 제 3 자의 부당이득 반환청구권처럼 법인이나 회사의 내부적인 법률관계가 개입되어 있어 청구권자가 권리의 발생 여부를 객관적으로 알기 어려운 상황에 있고 청구권자가 과실 없이 이를 알지 못한 경우에는 이사회결의의 부존재 확인판결의 확정과 같이 객관적으로 청구권의 발생을 알 수 있게 된 때부터 소멸시효가 진행된다고 한다(대판 2003. 2. 11, 99다66427 · 73371; 대판 2003. 4. 8, 2002다64957 · 64964). 그런가 하면, 건물신축공사에서 하수급인의 수급인에 대한 저당권설정청구권은 수급인이 건물의 소유권을 취득하면 성립하고 특별한 사정이 없는 한 그때부터 그 권리를 행사할 수 있다고 할 것이지만, 하수급인이 수급인을 상대로 저당권설정청구권을 행사할 수 있는지 여부를 객관적으로 알기 어려운 상황에 있어 과실 없이 이를 알지 못한 경우에는 객관적으로 하수급인이 저당권설정청구권을 행사할 수 있음을 알 수 있게 된 때부터 소멸시효가 진행한다고 한다(대판 2016. 10. 27, 2014다211978).

제166조 제 1 항은 소멸시효기간의 기산점에 관한 일반규정이다. 따라서 그에 관하여 특별규정이 있으면 당연히 그 특별규정이 우선적용된다. 그러한 특별

규정의 대표적인 예로 제766조가 있다.

〈판 례〉

(ㄱ) 「소멸시효는 객관적으로 권리가 발생하여 그 권리를 행사할 수 있는 때로부터 진행하고 그 권리를 행사할 수 없는 동안만은 진행하지 않는바, 권리를 행사할 수 없다고 함은 그 권리행사에 법률상의 장애사유, 예컨대 기간의 미도래나 조건 불성취 등이 있는 경우를 말하는 것이고, 사실상 권리의 존재나 권리행사 가능성을 알지 못하였고 알지 못함에 과실이 없다고 하여도 이러한 사유는 법률상 장애사유에 해당하지 않는다.」(대판(전원) 1992. 3. 31, 91다32053. 같은 취지: 대판 1984. 12. 26, 84누572; 대판 1992. 7. 24, 91다40924; 대판 1993. 4. 13, 93다3622; 대판 1999. 12. 7, 98다42929; 대판 2004. 4. 27, 2003두10763; 대판 2005. 4. 28, 2005다3113; 대판 2007. 5. 31, 2006다63150; 대결 2024. 4. 30, 2023그887; 대판 2024. 6. 27, 2023다302920)

(ㄴ) 「매매계약의 무효를 원인으로 한 매매대금 상당의 부당이득 반환청구권은 특별한 사정이 없는 한 매매대금을 지급한 때에 성립하고 그 성립과 동시에 권리를 행사할 수 있으므로 그때부터 소멸시효가 진행한다.」(대판 2024. 6. 27, 2023다302920)

(ㄷ) 「대법원이 2004. 4. 22. 선고 2000두7735 전원합의체 판결로 임용기간이 만료된 국공립대학 교원에 대한 재임용거부처분에 대하여 이를 다툴 수 없다는 종전의 견해를 변경하였다고 하더라도, 그와 같은 대법원의 종전 견해는 국공립대학 교원에 대한 재임용거부처분이 불법행위임을 원인으로 한 손해배상청구에 대한 법률상 장애사유에 해당하지 아니한다고 할 것이다(대법원 1993. 4. 13. 선고 93다3622 판결 참조).」(대판 2010. 9. 9, 2008다15865)

(ㄹ) 과세처분의 하자가 중대하고 명백하여 당연무효에 해당하는 여부를 당사자로서는 현실적으로 판단하기 어렵다거나, 당사자에게 처음부터 과세처분의 취소소송과 부당이득 반환청구소송을 동시에 제기할 것을 기대할 수 없다고 하여도 이러한 사유는 법률상 장애사유가 아니라 사실상의 장애사유에 지나지 않는다.

과세처분의 취소를 구하였으나 재판과정에서 그 과세처분이 무효로 밝혀졌다고 하여도 그 과세처분은 처음부터 무효이고 무효선언으로서의 취소판결이 확정됨으로써 비로소 무효로 되는 것은 아니므로 오납시부터 그 반환청구권의 소멸시효가 진행한다(대판(전원) 1992. 3. 31, 91다32053).

(ㅁ) 「헌법재판소에 의하여 면직처분의 근거가 된 법률규정이 위헌으로 결정되어 위헌결정의 소급효로 인하여 면직처분이 당연무효가 되고 그 면직처분이 불법행위에 해당되는 경우라도, 그 손해배상청구권은 위헌결정이 있기 전까지는 법률규정의 존재라는 법률상 장애로 인하여 행사할 수 없었다고 보아야 할 것이므로 소멸시효의 기산점은 위헌결정일로부터 진행된다 할 것이고, 이러한 법리는 그 법률이 위헌결정 당시에는 실효되었다 할지라도 그 법률규정으로 인한 면직처분의 효력이 그대로 지속되는 경우에도 마찬가지라 할 것이다.」(대판 1996. 7. 12, 94다52195)

(ㅂ) 군인 등이 공상을 입은 경우에 구 「국가유공자 예우 등에 관한 법률」(1997. 1. 13. 법률 제5291호로 개정되기 전의 것) 등 다른 법령에 의하여 보상을 받을 수 없음이 판명되어 국가배상법

제 2 조 제 1 항 단서 규정의 적용이 배제됨이 확정될 때까지는 같은 항 본문에 기한 손해배상청구권은 법률상 이를 행사할 수가 없으므로, 이처럼 다른 법령에 의하여 보상을 받을 수 없음이 판명되지 않고 있다는 사정은 위 손해배상청구권의 행사에 대한 법률상의 장애라고 할 수 있다(대판 1998. 7. 10, 98다7001).

(ㅅ) 「대상청구권에 대하여는 특별한 사정이 없는 한 매매 목적물의 수용 또는 국유화로 인하여 매도인의 소유권이전등기 의무가 이행불능되었을 때 매수인이 그 권리를 행사할 수 있다고 보아야 할 것이고 따라서 그때부터 소멸시효가 진행하는 것이 원칙이라 할 것이나, 국유화가 된 사유의 특수성과 법규의 미비 등으로 그 보상금의 지급을 구할 수 있는 방법이나 절차가 없다가 상당한 기간이 지난 뒤에야 보상금청구의 방법과 절차가 마련된 경우라면, 대상청구권자로서는 그 보상금청구의 방법이 마련되기 전에는 대상청구권을 행사하는 것이 불가능하였던 것이고, 따라서 이러한 경우에는 보상금을 청구할 수 있는 방법이 마련된 시점부터 대상청구권에 대한 소멸시효가 진행하는 것으로 봄이 상당할 것이다. 대상청구권자가 보상금을 청구할 길이 없는 상태에서 추상적인 대상청구권이 발생하였다는 사유만으로 소멸시효가 진행한다고 해석하는 것은 대상청구권자에게 너무 가혹하여 사회정의와 형평의 이념에 반할 뿐만 아니라 소멸시효제도의 존재이유에 부합된다고 볼 수 없기 때문이다.」(대판 2002. 2. 8, 99다23901)

(ㅇ) 건물에 관한 소유권이전등기 청구권에 있어서 그 목적물인 건물이 완공되지 아니하여 이를 행사할 수 없었다는 사유는 법률상의 장애사유에 해당한다.」(이 판결에 의하면 그 권리의 소멸시효 기산점은 건물의 완공시가 된다)(대판 2007. 8. 23, 2007다28024 · 28031)

[269] ## 2. 개별적인 검토

구체적인 권리에 있어서 소멸시효기간의 기산점을 살펴보기로 한다.

(1) 시기부(始期附) 권리

시기부 권리는 기한이 도래한 때가 기산점이 된다.

1) 확정기한부인 경우 이 경우에는 확정기한이 도래한 때부터 소멸시효가 진행한다. 다만, 이행기가 도래한 후에 채권자가 채무자에 대하여 기한을 유예한 경우에는 유예한 이행기일부터 다시 시효가 진행한다(대판 1992. 12. 22, 92다40211). 그리고 이행기가 도래한 후 채권자와 채무자가 기한을 유예하기로 합의한 경우에도 유예된 때로 이행기가 변경되어 소멸시효는 변경된 이행기가 도래한 때부터 다시 진행한다(대판 2017. 4. 13, 2016다274904). 이러한 기한유예의 합의는 명시적으로뿐만 아니라 묵시적으로도 할 수 있다(대판 2017. 4. 13, 2016다274904). 한편 채권자가 기한유예는 해주었으나 유예

기간을 정하지 않았다면 변제유예의 의사를 표시한 때부터 다시 소멸시효가 진행된다(대판 2006. 9. 22, 2006다22852 · 22869: 유예기간을 정하였다면 그 유예기간이 도래한 때부터 시효가 진행됨).

2) **불확정기한부인 경우** 이 경우에는 기한이 객관적으로 도래한 때가 기산점이 되며, 채권자가 기한 도래의 사실을 알았는지 여부, 그에 대한 과실의 유무는 묻지 않는다. 그에 비하여 지체책임은 채무자가 기한 도래를 안 때부터 지게 된다(387조 1항).

(2) 기한을 정하고 있지 않은 권리

기한을 정하지 않은 채권의 경우 채권자는 언제든지 권리를 행사할 수 있으므로, 소멸시효의 기산점은 채권이 발생한 때라고 하여야 한다(이설 없음). 그에 비하여 지체책임은 이행청구를 받은 때부터 진다(387조 2항).

물권과 같이 시기부 권리라는 것이 있을 수 없는 것, 즉 권리의 발생과 처음 행사할 수 있는 시기가 같은 것의 경우에도, 소멸시효의 기산점은 일반적으로 권리가 발생한 때이다.

(3) 채무불이행에 의한 손해배상청구권

1) 이 권리의 소멸시효의 기산점에 관하여 학설은 i) 본래의 채권을 행사할 수 있는 때라는 견해(곽윤직, 327면), ii) 채무불이행이 생긴 때라는 견해(고상룡, 677면; 백태승, 586면; 이은영, 759면; 주해(3), 472면(윤진수). 김주수, 556면; 이영준, 806면은 이행불능의 경우만을 기술하면서 이 견해를 취한다), iii) 이행불능의 경우에는 이행불능시이고, 이행지체의 경우에는 본래의 채권을 행사할 수 있는 때라고 하는 견해(김상용, 701면; 김학동, 521면)로 나누어져 있다. i)설은 손해배상청구권이 본래의 채권과 별개의 것이 아니고 변형물에 불과하다는 이유를 든다. 그리고 ii)설은 손해배상청구권이 채무불이행시에 비로소 성립한다는 점을 들고 있다. 그런가 하면 iii)설은 이행불능인 때에는 채권의 종류가 다르나, 이행지체인 때에는 본래의 채권의 확장이라고 한다.

한편 판례는 채무불이행시가 기산점이라고 한다(대판 1995. 6. 30, 94다54269; 대판 2005. 1. 14, 2002다57119(이행거절의 경우). 이행불능의 경우에 이행불능시가 기산점이라고 한 판례: 대판 1973. 10. 10, 72다2600; 대판 1975. 8. 29, 75다740; 대판 1977. 12. 13, 77다1048; 대판 1990. 11. 9, 90다카22513(계약체결일이 아니라고 함); 대판 2002. 12. 27, 2000다47361; 대판 2005. 9. 15, 2005다29474). 그런가 하면 채무불이행으로 인한 손해배상청구권은 현실적으로 손해가 발생한 때에 성립하고, 그때부터 소멸시효가 진행한다고도 한다(대판 2020. 6. 11, 2020다201156). 그런데 판례는 다른 한편으로, 채무불이행으로 인한 손해배상채권은 본래의 채권이 확장된 것이거나 본래의 채권의 내용이 변경된 것이므로 본래의 채권과 동일성을 가지며, 따라서 본래의 채권이 시효로 소멸한 때에는 손해배상채권도 함께 소멸한다고 한다(대판 2018. 2. 28, 2016다45779. 6개월마다 발생한 저작권 사용료 분배청구권의 지분적 청구권은 163조 1호에 의해 3년의 단기소멸시효가 적용된다고 하면서, 본래의 채권인 특정한 저작권 사용료 분배청구권이 소멸시효 완성으로 소멸한 이상, 그 불이행으로 인한 지연배상 등의 손해배상청구권 역시 소멸하였다고 함). 후자는 다른 측면에서 판단한 것이지만 손해배상청구권의 기산점에 영향을 준다(적어도 지연배상청구권에 대하여 i)설과 같아짐).

생각건대 채무불이행으로 인한 손해배상청구권은 어느 경우든 본래의 채권과 동일성을 유지한 것이기는 하나, 채무불이행시에 비로소 발생한 것인 만큼, 권리자 보호를 위하여 채무불이행시부터 소멸시효가 진행한다고 새겨야 한다. 그리고 이는 이행불능(전보배상청구권)뿐만 아니라 이행지체에 있어서도 똑같이 인정하여야 한다. 여기에서 이행지체를 구별할 이유는 없기 때문이다. 물론 이행지체의 경우에는 지연배상청구권의 시효만이 그렇다.

〈판 례〉

「매매로 인한 부동산소유권 이전채무가 이행불능됨으로써 매수인이 매도인에 대하여 갖게 되는 손해배상채권은 그 부동산소유권의 이전채무가 이행불능된 때에 발생하는 것이고 그 계약체결일에 생기는 것은 아니므로, 같은 취지에서 원심이 원고의 이 사건 손해배상채권은 그 계약체결일인 1976. 5. 4.로부터 10년이 경과함으로써 시효로 소멸되었다는 피고의 항변을 배척한 조처에 소론과 같은 소멸시효에 관한 법리오해, 이유모순 등의 위법이 있다 할 수 없다.」(대판 1990. 11. 9, 90다카22513. 결과에서 같은 취지: 대판 1973. 10. 10, 72다2600)

2) 채무불이행으로 인한 손해배상청구권의 소멸시효기간은 본래의 채권의 시효기간과 동일하다고 새겨야 한다(같은 취지: 지원림, 403면; 대판 1979. 11. 13, 79다1453; 대판 2005. 1. 14, 2002다57119; 대판 2008. 3. 14, 2006다2940; 대판 2010. 9. 9, 2010다28031 등 참조. 채권법총론 [90]도 참조).

(4) 청구 또는 해지통고를 한 후 일정기간이나 상당한 기간이 경과한 후에 청구할 수 있는 권리

통설은 이러한 권리(603조 2항 · 635조 · 659조 · 660조 등)는 전제가 되는 청구나 해지통고를 할 수 있는 때로부터 정해진 유예기간이 경과한 시점부터 시효가 진행한다고 한다(대표적으로 곽윤직, 328면). 그러나 여기에는 의문이 있다. 민법은 제603조 제 2 항 본문에서 반환시기의 약정이 없는 소비대차의 경우 대여한 자(대주. 貸主)는 상당한 기간을 정하여 반환을 최고하여야 한다고 규정한다. 그 결과 채무자는 상당한 기간이 경과한 때부터 지체책임을 지게 된다. 통설은 이와 같은 경우에 상당한 기간이 경과한 때부터 소멸시효가 진행한다고 해석하는 것이다. 그러나 반환시기의 약정이 없는 소비대차의 경우는, 채무자가 지체책임을 지게 되는 시기에서만 특수할 뿐 상당한 기간이 경과하지 않았다고 하여 청구를 하지 못하는 것은 아니기 때문에, 기한을 정하지 않은 채권 일반의 경우와 동일하게 해석하는 것이 바람직하다.

제603조 제 2 항은 반환시기의 약정이 없는 소비대차에 있어서 채무자를 보호하기 위하여 그의 지체책임에 관하여 특별히 규정한 것임을 유의하여야 한다. 그렇게 보면, 그 경우에도 소멸시효의 기산점은 채권이 발생한 때(대주가 목적물을 인도한 때)라고 하여야 한다. 그에 비하여 해지의 효력이 일정기간(해지기간) 후에 비로소 발생하는 해지통고의 경우(635조 · 659조 · 660조)에는, 해지의 효력이 생겨야 비로소 그것을 전제로 한 권리(635조의 경우 임차물의 반환청구권)를 행사할 수 있으므로, 통설처럼 해지기간이 경과한 시점부터 시효가 진행한다고 새기는 것이 옳다.

(5) 기한이익의 상실 약관이 붙은 채권 [270]

채권에 있어서 변제기를 정하고 있으면서 다른 한편으로 일정한 사유가 발생하면 기한의 이익을 상실하고 채권자는 즉시 청구할 수 있다는 계약조항을 두는 경우가 있다. 예컨대 할부채무에 있어서 1회의 불이행이 있으면 잔금 전액을 청구당하여도 이의가 없다는 등의 조항을 넣는 때에 그렇다. 이러한 경우에 기한이익 상실사유가 발생하였는데 채권자가 아무런 조치를 취하지 않았다면 잔액채권의 소멸시효가 언제부터 진행되는지 문제된다.

여기에 관하여 학설은 기한이익 상실사유(위의 예에서는 1회의 불이행)가 발생하면 그때부터 시효가 진행한다는 데 일치하고 있다.

그러나 판례는, 기한이익 상실의 특약을, 일정한 사유가 발생하면 채권자의 청구 등을 요함이 없이 당연히 이행기가 도래하는 것으로 하는 것(정지조건부 기한이익 상실의 특약)과 채권자의 통지나 청구 등 채권자의 의사행위를 기다려 비로소 이행기가 도래하는 것으로 하는 것(형성권적 기한이익 상실의 특약)의 두 가지로 나눈 뒤, 뒤의 경우에는 기한이익의 상실사유가 발생하였다고 하더라도 채권자가 나머지 전액을 일시에 청구할 것인가 종래대로 할부변제를 청구할 것인가를 자유로이 선택할 수 있으므로, 이와 같은 기한이익 상실의 특약이 있는 할부채무에 있어서는 1회의 불이행이 있더라도 각 할부금에 대해 그 각 변제기의 도래시마다 그때부터 소멸시효가 진행하고 채권자가 특히 잔존채무 전액의 변제를 구하는 취지의 의사를 표시한 경우에 한하여 전액에 대하여 그때부터 소멸시효가 진행한다고 한다(대판 1997. 8. 29, 97다12990. 같은 취지: 대판 2002. 9. 4, 2002다28340).

생각건대 기한이익의 상실특약에 의하여 일정한 사유가 발생하면 당연히 변제기로 되는 경우에는 그 사유 발생시가 시효의 기산점이 된다고 하여야 한다. 그러나 채권자가 그의 선택에 의하여 즉시 청구할 수 있을 뿐 당연히 이행기로 되지는 않는 경우에, 그가 기한까지의 이자를 받기 위하여 또는 다른 이유로 청구를 하지 않은 때에는 위의 경우와는 다르게 취급하여야 한다. 그때에는 본래의 변제기가 기산점이라고 하여야 한다. 결국 판례가 타당하다.

(6) 정지조건부 권리

정지조건부 권리는 조건이 미성취인 동안은 권리를 행사할 수 없는 것이어서 소멸시효가 진행하지 않으며, 조건이 성취된 때부터 소멸시효가 진행한다(대판 1992. 12. 22, 92다28822; 대판 2009. 12. 24, 2007다64556(어장에 대한 공유수면매립 사업의 시행을 위해 어업권자와 체결한 약정에 따라 그 사업을 시행하려는 자가 갖는 어장의 인도청구권은 공유수면매립 허가라는 정지조건을 성취하지 못하여 소멸시효가 진행하지 않았다고 한 사례)).

(7) 선택채권

선택권을 행사할 수 있을 때가 기산점이다. 판례도 무권대리인이 대리권을 증명하지 못하고 본인의 추인도 얻지 못한 경우에 상대방의 계약이행청구권이나 손해배상청구권의 소멸시효에 관하여 같은 태도를 취하고 있다(대판 1963. 8. 22, 63다323). 여기서 「선택권을 행사할 수 있을 때」란 「채권자가」 행사할 수 있을 때를 가리킨다. 따라서 선택채권에서 선택권자에 관하여 약정이 없어서 법률(380조)에 의하여 선택권이 채무자에게 속하게 된 경우에는, 채권자는 상당한 기간을 정하여 채무자에게 선택을 최고하여야 하고, 그럼에도 불구하고 채무자가 선택을 하지 않은 때에 비로소 선택권을 행사할 수 있게 된다(381조). 그러므로 위와 같은 경우에는 선택권 이전에 필요한 상당한 기간이 경과한 날부터 소멸시효가 진행한다. 판례도 같은 입장이다(대판 2000. 5. 12, 98다23915).

(8) 불법행위로 인한 손해배상청구권

여기에 관하여는 제766조의 특별규정이 있다. 그에 의하면 불법행위로 인한 손해배상청구권은 피해자나 그 법정대리인이 「손해 및 가해자를 안 날」로부터 3년 내에 행사하여야 하며(766조 1항), 「불법행위를 한 날」로부터 10년 내에 행사하여야 한다(766조 2항). 이에 대한 자세한 논의는 채권법각론에서 하기로 한다(채권법각론 [316] 이하 참조).

(9) 부작위채권

위반행위를 한 때가 기산점이 된다(166조 2항). 만약 성립시부터 기산점이 된다고 하면 20년간의 부작위채권이라도 10년이 지난 후에는 채무가 소멸하여 위반행위를 할 수 있게 되기 때문이다.

(10) 동시이행의 항변권이 붙은 채권 [271]

동시이행의 항변권은 법률상의 장애이지만 그 장애는 권리자의 의사에 의하여 제거될 수 있으므로, 그 항변권이 붙은 채권은 이행기부터 소멸시효가 진행한다(이설 없음). 판례도 같은 견지에 있다(대판 1991. 3. 22, 90다9797; 대판 1993. 12. 14, 93다27314). 그리하여 부동산에 대한 매매대금채권이 소유권이전등기 청구권과 동시이행의 관계에 있다고 할지라도 매도인은 매매대금의 지급기일 이후 언제라도 그 대금의 지급을 청구할 수 있는 것이며, 다만 매수인은 매도인으로부터 그 이전등기에 관한 이행의 제공을 받기까지 그 지급을 거절할 수 있는 데 지나지 않으므로, 매매대금청구권은 그 지급기일 이후 시효가 진행한다(대판 1991. 3. 22, 90다9797).

(11) 기한을 정하지 않은 임치계약의 경우의 임치물반환청구권

판례는, 임치계약(기한을 정하지 않은 경우임: 저자 주) 해지에 따른 임치물반환청구는 임치계약 성립 시부터 당연히 예정된 것이고, 임치계약에서 임치인은 언제든지 계약을 해지하고 임치물의 반환을 구할 수 있는 것이므로, 특별한 사정이 없는 한 임치물반환청구권의 소멸시효는 임치계약이 성립하여 임치물이 수치인에게 인도된 때부터 진행하는 것이지, 임치인이 임치계약을 해지한 때부터 진행하는 것이 아니라고 한다(대판 2022. 8. 19, 2020다220140[핵심판례 62면]). 그러나 임치계약의 해지 시를 기산점으로 보는 것이 옳다.

(12) 주택임차인이 임차물을 점유하고 있는 경우의 보증금반환채권

판례는, 주택임대차보호법에 따른 임대차에서 그 기간이 끝난 후 임차인이 보증금을 반환받기 위해 목적물을 점유하고 있는 경우 보증금반환채권에 대한 소멸시효는 진행하지 않는다고 한다(대판 2020. 7. 9, 2016다244224 · 244231[핵심판례 64면]). 대법원은 그 이유로, ① 채권을 행사하여 실현하려는 행위를 하거나 이에 준하는 것으로 평가할 수 있는 객관적 행위 모습이 있으면 권리를 행사한다고 보는 것이 소멸시효 제도의 취지에 부합한다는 점, ② 임차인이 임대차 종료 후 동시이행항변권을 근거로 임차목적물을 계속 점유하는 것은 임대인에 대한 보증금반환채권에 기초한 권능을 행사한 것으로서 보증금을 반환받으려는 계속적인 권리행사의 모습이 분명하게 표시되었다고 볼 수 있다는 점, ③ 만일 임차인이 임대차 종료 후 보증금을 반환받기 위해 목적물을 점유하여 적극적인 권리행사의 모습이 계속되고 있는데도 보증금반환채권이 시효로 소멸한다고 보면, 임차인은 목적물반환의무를 그대로 부담하면서 임대인에 대한 보증금반환채권만 상실하게 되어 부당하다는 점, ④ 임대차기간이 끝난 후 보증금을 반환받지 못한 임차인이 목적물을 점유하는 동안 주택임대차보호법 제 4 조 제 2 항에 따라 법정임대차관계가 유지되고 있는데도 임차인의 보증금반환채권은 그대로 시효가 진행하여 소멸할 수 있다고 한다면, 이는 그 규정의 입법 취지를 훼손하는 결과를 가져오게 된다는 점을 든다. 주의할 것은, 이러한 소멸시효 진행의 예외는 어디까지나 임차인이 임대차 종료 후 목적물을 적법하게 점유하는 기간으로 한정되고, 임차인이 목적물을 점유하지 않거나 동시이행항변권을 상실하여 정당한 점유권원을 갖지 않는 경우에 대해서까지 인정되는 것은 아니라는 점이다.

〈판 례〉

(ㄱ)「계속적 물품공급계약에 기하여 발생한 외상대금채권은 특별한 사정이 없는 한 개별 거래로 인한 각 외상대금채권이 발생한 때로부터 개별적으로 소멸시효가 진행하는 것이지 거래종료일부터 외상대금채권 총액에 대하여 한꺼번에 소멸시효가 기산한다고 할 수 없는 것이고(대법원 1978. 3. 28. 선고 77다2463 판결, 1992. 1. 21. 선고 91다10152 판결 등 참조), 각 개별 거래시마다 서로 기왕의 미변제 외상대금에 대하여 확인하거나 확인된 대금의 일부를 변제하는 등의 행위가 없었다면, 새로이 동종 물품을 주문하고 공급받았다는 사실만으로는 기왕의 미변제 채무를 승인한 것으로 볼 수 없다(대법원 2005. 2. 17. 선고 2004다59959 판결 등 참조).」(대판 2007. 1. 25, 2006다68940)

(ㄴ)「발행인에 대한 약속어음상의 청구권의 소멸시효는 만기의 날로부터 진행하는 것이 원칙이나, 그 약속어음이 수취인 겸 소지인의 발행인에 대한 장래 발생할 구상채권을 담보하기 위하여 발행된 것이라면, 소지인은 발행인에 대하여 구상채권이 발생하지 않은 기간 중에는 약속어음상의 청구권을 행사할 수 없고, 구상채권이 현실로 발생한 때에 비로소 이를 행사할 수 있게 되는 것이므로, 그 약속어음의 소지인의 발행인에 대한 약속어음상의 청구권의 소멸시효는 위 구상채권이 현실적으로 발생하여 그 약속어음상의 청구권을 행사하는 것이 법률적으로 가능하게 된 때부터 진행된다고 봄이 상당하다. 그리고 이러한 결과가 민법 제184조 제 2 항의 규정에 반하여 소멸시효를 가중하는 것이라고 할 수는 없다.」(대판 2004. 12. 10, 2003다33769)

(ㄷ)「지방재정법 제87조 제 1 항(현행「공유재산 및 물품 관리법」81조 1항에 해당: 저자 주)에 의한 변상금 부과처분이 당연무효인 경우에 이 변상금 부과처분에 의하여 납부자가 납부하거나 징수당한 오납금은 지방자치단체가 법률상 원인없이 취득한 부당이득에 해당하고, 이러한 오납금에 대한 납부자의 부당이득 반환청구권은 처음부터 법률상 원인이 없이 납부 또는 징수된 것이므로 납부 또는 징수시에 발생하여 확정되며, 그때부터 소멸시효가 진행

한다.」(대판 2005. 1. 27, 2004다50143).

(ㄹ) 「보험금액청구권의 소멸시효의 기산점은 특별한 사정이 없는 한 보험사고가 발생한 때라고 할 것이지만, 약관 등에 의하여 보험금액청구권의 행사에 특별한 절차를 요구하는 때에는 그 절차를 마친 때, 또는 채권자가 그 책임 있는 사유로 그 절차를 마치지 못한 경우에는 그러한 절차를 마치는 데 소요되는 상당한 기간이 경과한 때로부터 진행한다고 보아야 할 것이므로, 보험금액청구권의 소멸시효 기산점을 판단함에 있어서는 그 보험사고가 무엇인지와 보험금액청구권을 행사하는 데 특별한 제한이 있는지를 확정하는 것이 중요한 전제가 된다고 할 것이다.」(대판 2006. 1. 26, 2004다19104)

(ㅁ) 「상법은 보험료반환청구권에 대해 2년간 행사하지 아니하면 소멸시효가 완성한다는 취지를 규정할 뿐(제662조) 그 소멸시효의 기산점에 관하여는 아무것도 규정하지 아니하므로, 그 소멸시효는 민법 일반 법리에 따라 객관적으로 권리가 발생하고 그 권리를 행사할 수 있는 때로부터 진행한다고 보아야 할 것이다. 그런데 상법 제731조 제 1 항을 위반하여 무효인 보험계약에 따라 납부한 보험료에 대한 반환청구권은 특별한 사정이 없는 한 그 보험료를 납부한 때에 발생하여 행사할 수 있다고 할 것이므로, 위 보험료반환청구권의 소멸시효는 특별한 사정이 없는 한 각 보험료를 납부한 때부터 진행한다고 볼 것이다.」(대판 2011. 3. 24, 2010다92612)

(ㅂ) 「하자보수에 갈음한 손해배상청구권의 소멸시효기간은 각 하자가 발생한 시점부터 별도로 진행되는 것이다.」(대판 2009. 2. 26, 2007다83908)

(ㅅ) 「양도담보설정자의 정산금청구는 처분정산의 경우에는 담보부동산이 환가되어야 비로소 그 권리행사가 가능한 것이므로, 그 정산금청구권은 담보부동산의 환가시를 그 시점으로 하여 소멸시효가 진행된다.」(대판 1994. 5. 24, 93다44975. 이 판결은 가등기담보법이 시행되기 전의 사건에 관한 것이므로, 그 법이 적용되지 않는 양도담보에 관하여만 의미가 있다)

(ㅇ) 매립사업자가 매립공사 준공등기 후 매립지 중 일부를 즉시 양도하기로 약정하였으나 그 선택권의 소재에 관하여 약정이 없었던 경우, 매립지에 대한 매립사업자 명의의 소유권보존등기가 경료되고 도시계획결정 및 지적고시가 이루어져 그 소유토지의 위치와 면적이 확정된 때로부터 매립사업자의 선택권 행사에 필요한 상당한 기간이 경과한 날로부터 양수인의 소유권이전등기 청구권의 소멸시효가 진행된다고 본 사례(대판 2000. 5. 12, 98다23195).

(ㅈ) 「골프장 시설업자가 회원들이 골프장 시설을 이용할 수 있는 상태로 유지하고 있는 경우에는 골프장 시설업자가 회원에게 시설이용권에 상응하는 시설유지의무를 이행한 것으로 보아야 하므로 골프클럽의 회원이 개인적인 사정으로 골프장 시설을 이용하지 않는 상태가 지속된다는 사정만으로는 골프장 시설이용권의 소멸시효가 진행된다고 볼 수 없지만, 골프장 시설업자가 제명 또는 기존 사업자가 발행한 회원권의 승계거부 등을 이유로 회원의 자격을 부정하고 회원 자격에 기한 골프장 시설이용을 거부하거나 골프장 시설을 폐쇄하여 회원의 골프장 이용이 불가능하게 된 때부

터는 골프장 시설업자의 골프장 시설이용의무의 이행상태는 소멸하고 골프클럽 회원의 권리행사가 방해받게 되므로 그 시점부터 회원의 골프장 시설이용권은 소멸시효가 진행하고, 위 시설이용권이 시효로 소멸하면 포괄적인 권리로서의 예탁금제 골프회원권 또한 더 이상 존속할 수 없다고 봄이 상당하다.

한편 예탁금반환청구권은 골프장 시설이용권과 발생 또는 행사요건이나 권리 내용이 달라서 원칙적으로는 시설이용권에 대한 소멸시효 진행사유가 예탁금반환청구권의 소멸시효진행사유가 된다고 볼 수 없다. 예탁금반환청구권은 회칙상 이를 행사할 수 있는 기간(이 사건 회원권과 같은 경우에는 입회 후 5년)이 경과하지 않으면 이를 행사할 수 없고 이를 행사할 것인지 여부 또한 전적으로 회원 의사에 달린 것이므로, 임의 탈퇴에 필요한 일정한 거치기간이 경과한 후 탈퇴 의사표시를 하면서 예탁금반환청구를 하기 전에는 그 권리가 현실적으로 발생하지 않아 소멸시효도 진행되지 아니한다고 보아야 한다.」(대판 2015. 1. 29, 2013다100750)

(ㅊ) 「공사도급계약에서 소멸시효의 기산점이 되는 보수청구권의 지급시기는, 당사자 사이에 특약이 있으면 그에 따르고, 특약이 없으면 관습에 의하며(민법 제665조 제 2 항, 제656조 제 2 항), 특약이나 관습이 없으면 공사를 마친 때로 보아야 한다.」(대판 2017. 4. 7, 2016다35451)

(ㅋ) 구 상법 제530조의 9 제 1 항의 '분할 또는 분할합병으로 인하여 설립되는 회사 또는 존속하는 회사'가 「채권자에게 부담하는 연대채무의 소멸시효 기간과 기산점은 분할 또는 분할합병 전의 회사가 채권자에게 부담하는 채무와 동일한 것으로 봄이 타당하다. 결국 채권자는 해당 채권의 시효기간 내에서 분할로 인하여 승계되는 재산의 가액과 무관하게 연대책임을 물을 수 있다고 보아야 한다.」(대판 2017. 5. 30, 2016다34687)

(ㅌ) 「민법 제686조 제 2 항에 의하면 수임인은 위임사무를 완료하여야 보수를 청구할 수 있다. 따라서 소송위임계약으로 성공보수를 약정하였을 경우 심급대리의 원칙에 따라 수임한 소송사무가 종료하는 시기인 해당 심급의 판결을 송달받은 때로부터 그 소멸시효기간이 진행되나, 당사자 사이에 보수금의 지급시기에 관한 특약이 있다면 그에 따라 보수채권을 행사할 수 있는 때로부터 소멸시효가 진행한다.」(대판 2023. 2. 2, 2022다276307)

(ㅍ) 「부당이득 반환청구권은 법률상 원인 없이 타인의 재산 또는 노무로 인하여 이익을 얻고 이로 인하여 타인에게 손해를 가한 경우에 성립하며, 그 성립과 동시에 권리를 행사할 수 있으므로 청구권이 성립한 때부터 소멸시효가 진행한다.」(대판 2017. 7. 18, 2017다9039 · 9046)

[272] 3. 소멸시효기간의 기산점과 변론주의

판례에 의하면, 본래의 소멸시효의 기산일과 당사자가 주장하는 기산일이 서로 다른 경우에는 변론주의의 원칙상 법원은 당사자가 주장하는 기산일을 기준으로 소멸시효를 계산하여야 하며, 이는 당사자가 본래의 기산일보다 뒤의 날짜를 기산일로 하여 주장하는 경우는 물론이고 특별한 사정이 없는 한 그 반대의 경우에 있어서도 마찬가지라고 한다(대판 1971. 4. 30, 71다409; 대판 1995. 8. 25, 94다35886; 대판 2009. 12. 24, 2009다60244). 이에 대하여 학설은 i) 판례를 지지하는 견해(백태승, 584면; 이영준, 806면)와 ii) 판례에 반대하는 견해(주해(3), 475면(윤진수))로 나뉘어 있다.

〈기산일 당일이 소멸시효기간에 포함되는지 여부〉

소멸시효기간은 년(年)으로 정하여져 있는 기간이므로, 기산점이 속한 날은 시효기간에 산입되지 않는다(157조 본문). 가령 변제기를 시각(예: 8월 5일 오후 2시)으로 정한 경우, 또는 어느 시점에 권리발생의 원인이 되는 사실이 발생한 경우에는, 그 당일은 빼고 그 다음날부터 시효기간이 계산된다. 그리고 당사자가 변제기를 단순히 몇 월 몇 일로, 가령 8월 5일로 정한 경우에도 원칙적으로 8월 5일은 제외된다. 다만, 변제기에 관한 당사자의 약정의 해석상 변제기가 오전 0시부터 시작되는 것으로 인정되는 때에는 그 날이 포함된다(157조 단서). 그런데 그러한 해석은 특별한 사정이 있는 때에만 예외적으로 인정될 수 있을 뿐이다.

Ⅳ. 소멸시효기간 [273]

소멸시효가 완성하려면, 권리불행사의 상태가 일정기간 즉 소멸시효기간 동안 계속되어야 한다. 그 기간은 채권과 다른 재산권에서 다르고, 또 채권 가운데에서도 3년 · 1년의 단기소멸시효가 적용되는 것이 있다.

1. 채권의 소멸시효기간

(1) 보통의 채권

보통의 채권의 소멸시효기간은 10년이다(162조 1항). 그러나 상행위로 생긴 채권은 시효기간이 5년이다(상법 64조).

판례에 의하면 기존채무의 이행을 보장하기 위하여 약속어음을 발행한 경우에도 여전히 일반채권이고(대판 1961. 2. 8, 61다816), 상행위인 계약의 무효로 인한 부당이득반환청구권(대판 2021. 8. 19, 2018다258074), 주식회사들 사이에 체결된 상행위인 건물임대차계약이 종료된 뒤 임차 회사가 임차건물을 무단으로 점유 · 사용하는 경우에 임대 회사가 임차 회사에 대하여 가지는 부당이득 반환채권(대판 2012. 5. 10, 2012다4633), 위법배당을 받은 주주에 대하여 회사가 가지는 부당이득 반환청구권(대판 2021. 6. 24, 2020다208621), 주식회사 이사의 임무해태로 인한 회사의 손해배상청구권(대판 1969. 1. 28, 68다305: 일반 불법행위책임이 아니고 위임관계로 인한 채무불이행책임임), 신용협동조합 이사장의 임무해태로 인한 조합의 손해배상청구권(대판 2007. 5. 31, 2007다248: 일반 불법행위책임이 아니고 위임관계로 인한 채무불이행책임임), 상법 제401조에 기하여 임무를 해태한 주식회사 이사에 대하여 제 3 자가 가지는 손해배상청구권(766조 1항이 적용되지 않음. 대판 2006. 12. 22, 2004다63354; 대판 2008. 1. 18, 2005다65579; 대판 2008. 2. 14, 2006다82601), 상인이 근로자에 대하여 가지는 근로계약상의 주의의무 위반으로 인한 손해배상청구권(대판 2005. 11. 10, 2004다22742), 상인인 사용자가 근로계약에 수반되는 신의칙상의 부수적 의무인 보호의무를 위반하여 근로자에게 손해를 입힘으로써 발생한 근로자의 손해배상청구권(대판 2021. 8. 19, 2018다270876), 피해자에게 손해배상을 한 공동불법행위자 1인(이때의 기산점은 공동면책행위를 한 날임) 또는 보험자대위를 하는 보험자의 다른 공동불법행위자에 대한 구상금채권(대판 1979. 5. 15, 78다528; 대판 1994. 1. 11, 93다32958; 대판 1996. 3. 26, 96다3791; 대판 1998. 12. 22, 98다40466; 대판 1999. 6. 11, 99다3143), 피해자에게 손해배상을 한 어느 공동불법행위자의 보증인이 그 공동불법행위자 또는 다른 공동불법행위자에 대하여 가지는 구상권(대판 2008. 7. 24, 2007다37530: 이때 소멸시효기간의 기산점은 구상권이 발생한 시점, 즉 보증인이 현실로 피해자에게 손해배상금을 지급한 때라고 함), 물상보증인의 채무자에 대한 구상권(대판 2001. 4. 24, 2001다6237), 금전채무의 이행지체로 인하여 발생하는 지연손해금채권(원본채권이 민사상의 대여금채권일 경우에 그렇다. 만약 원본채권이 상사채권이면 지연손해금채권의 시효기간은 5년이 된다. [274] 참조)(대판 1995. 10. 13, 94다57800; 대판 1998. 11. 10, 98다42141), 근로복지공단이 과오급한(잘못 지급한) 보험급여를 환수할 권리(개정된 산업재해보상보험법 96조 1항이 같은 법 53조 1항 3호에 의한 이러한 권리의 소멸시효기간을 3년으로 정하고 있었으나, 뒤의 규정이 소급적용되지 않는다는 이유로, 민법상의 원칙을 적용함. 대판 2005. 5. 13, 2004다8630), 교통사고 피해자가 가해차량이 가입한 책임보험의 보험자로부터 사고로 인한 보험금을 수령하였음에도 자동차손해배상 보장사업을 위탁받은 보험사업자로부터 또다시 피해보상금을 수령한 것을 원인으로 한 위 보험사업자의 피해자에 대한 부당이득 반환청구권(대판 2010. 10. 14, 2010다32276), 구 의료보험법 제45조가 정한 보험자의 부당이득금 징수권(구 의료보험법 67조 1항의 2년의 시효기간의 적용을 받지 않음. 대판 2006. 11. 9, 2004두7467), 집합건물법 제 9 조에 따른 손해배상청구권(대판 2008. 12. 11, 2008다12439; 대판 2009. 2. 26, 2007다83908(하자보수에 갈음한 손해배상청구권)), 부동산실명법 제11조의 유예기간이 경과한 후에도 실명화 등의 조치를 취하지 아니한 명의신탁자가 명의수탁자에 대하여 부당이득의 법리에 따라 가지는 소유권이전등기 청구권(대판 2009. 7. 9, 2009다23313; 대판 2010. 2. 11, 2008다16899), 공익사업의 시행자가 이주대책 대상자들과 체결한 아파트 특별공급계약에서 구 「공익사업을 위한 토지 등의 취득 및 보상에 관한 법률」 제78조 제 4 항에 위배하여 생활기본시설 설치비용을 분양대금에 포함시킨 경우에 이주대책 대상자들이 사업시행자에게 이미 지급하였던 분양대금 중 그 부분에 해당하는 금액의 반환을 구하는 부당이득 반환청구권(대판 2016. 9. 28, 2016다20244) 등은 모두 10년의 시효에 걸린다고 한다. 그러나 부당이득 반환청구권이 상행위인 계약에 기초하여 이루어진 급부 자체의 반환을 구하는 것으로서 채권의 발생 경위나 원인, 당사자의 지위와 관계 등에 비추어 법률관계를 상거래 관계와 같은 정도로 신속하게 해결할 필요성이 있는 경우(대판 2021. 8. 19, 2018다258074), 보험계약자가 다수의 계약을 통하여 보험금을 부정 취득할 목적으로 보험계약을 체결하여 그것이 민법 제103조에 따라 선량한 풍속 기타 사회질서에 반하여 무효인 경우 보험자의 보험금에 대한 부당이득 반환청구권(대판(전원) 2021. 7. 22, 2019다277812), 실제로 발생하지 않은 보험사고의 발생을 가장하여 청구·수령된 보험금 상당 부당이득 반환청구권의 경우(대판 2021. 8. 19, 2018다258074)에는 상법 제64조가 유추적용되어 5년의 상사시효에 걸린다고 한다.

〈판 례〉

(ㄱ) 「부당이득 반환청구권이라도 그것이 상행위인 계약에 기초하여 이루어진 급부 자체의 반환을 구하는 것으로서, 그 채권의 발생 경위나 원인, 당사자의 지위와 관계 등에 비추어 그 법률관계를 상거래 관계와 같은 정도로 신속하게 해결할 필요성이 있는 경우 등에는 5년의 소멸시효를 정한 상법 제64조가 적용된다.

그러나 이와 달리 부당이득 반환청구권의 내용이 급부 자체의 반환을 구하는 것이 아니거나, 위와 같은 신속한 해결 필요성이 인정되지 않는 경우라면 특별한 사정이 없는 한 상법 제64조는 적용되지 않고 10년의 민사 소멸시효기간이 적용된다.」(대판 2021. 6. 24, 2020다208621. 첫째 단락에 관하여 같은 취지: 대판(전원) 2021. 7. 22, 2019다277812)

(ㄴ) 「민법 시행 전의 재산상속에 관한 관습법에 의하면, 호주가 사망하여 그 장남이 호주상속을 하고 차남 이하 중자가 여러 명 있는 경우에 그 장남은 호주상속과 동시에 일단 전 호주의 유산 전부를 승계한 다음 그 약 1/2을 자기가 취득하고 나머지는 차남 이하의 중자들에게 원칙적으로 평등하게 분여할 의무가 있고 이에 대응하여 차남 이하의 중자는 호주인 장남에 대하여 분재를 청구할 권리가 있는바(대법원 1969. 11. 25. 선고 67므25 판결, 1994. 11. 18. 선고 94다36599 판결 등 참조), 위와 같은 관습법상의 분재청구권은 일반적인 민사채권과 같이 권리자가 분가한 날부터 10년이 경과하면 소멸시효가 완성된다고 할 것이다.」(대판 2007. 1. 25, 2005다26284)

(2) 3년의 단기소멸시효에 걸리는 채권(163조) [274]

민법은 일정한 채권에 대하여는 3년의 단기시효를 규정하고 있다. 문헌들은 그 이유로, 그러한 채권은 일상적으로 빈번히 발생하고 금액도 소액이며 영수증도 교부되지 않음에 비추어 법률관계를 조속히 확정할 필요가 있다는 점을 든다.

그러나 단기시효제도에 대한 비판적인 주장도 있다(고상룡, 680면; 김용한, 454면 등). 그 채권들을 구체적으로 보기로 한다.

1) 이자 · 부양료 · 급료 · 사용료 기타 1년 이내의 기간으로 정한 금전 또는 물건의 지급을 목적으로 한 채권(1호) 여기서 「1년 이내의 기간으로 정한 채권」이라는 것은 1년 이내의 정기로 지급되는 채권(정기적 급부채권)이라는 뜻이며, 변제기가 1년 이내의 채권이라는 의미가 아니다(대판 1965. 2. 16, 64다1731; 대판 1980. 2. 12, 79다2169; 대판 1996. 9. 20, 96다25302; 대판 2013. 7. 12, 2013다20571; 대판 2018. 2. 28, 2016다45779). 부동산의 차임채권(동산의 차임채권은 164조 2호에 의해 1년의 단기시효에 걸림), 정수기 대여계약에 기한 월 대여료채권(대판 2013. 7. 12, 2013다20571), 1개월 단위로 지급되는 집합건물의 관리비채권(대판 2007. 2. 22, 2005다65821)이 그 예이다. 문헌에 따라서는 여기의 정기급여채권은 정기금채권이라는 기본채권의 지분채권이라고 하면서, 기본채권의 시효에 관하여는 규정이 없지만 최후의 변제기로부터 10년의 시효로 소멸한다고 한다(고상룡, 680면; 김상용, 703면; 김용한, 451면). 그러나 기본채권 개념은 인정할 필요가 없으며, 정기급여의 약정기간 동안 구체적인 급부채권만 문제될 뿐이다.

이자채권은 1년 이내의 정기로 지급하면 여기에 해당하나, 이자채권이라고 하더라도 1년 이내의 정기에 지급하기로 한 것이 아니면 단기시효에 걸리지 않는다(대판 1996. 9. 20, 96다25302). 그리고 판례는 대출금에 대한 변제기 이후의 지연손해금채권이나 금전채무의 이행지체로 인하여 발생하는 지연손해금채권은 3년의 단기시효의 대상이 아니라고 한다([273] 참조). 금융리스의 리스료도 마찬가지이다(대판 2001. 6. 12, 99다1949). 나아가 판례는, 방금 언급한 대출금에 대한 변제기 이후의 지연손해금채권에는 그 원본채권과 마찬가지로 상행위로 인한 채권에 5년의 소멸시효를 규정한 상법 제64조가 적용된다고 한다(대판 1979. 11. 13, 79다1453; 대판 2008. 3. 14, 2006다2940).

급료채권 중 노역인과 연예인의 임금채권에 관하여는 1년의 단기시효가 규정되어 있으며(164조 3호), 근로기준법상의 임금채권의 시효기간은 3년이다(같은 법 49조).

2) 의사 · 조산사 · 간호사 · 약사의 치료 · 근로 및 조제에 관한 채권(2호) 여기의 의사에는 자격 있는 의사 · 치과의사 · 한의사 · 수의사 외에 치료 등을 행한 무자격자도 포함시켜야 한다(이설 없음). 왜냐하면 무자격자를 제외시키면 그의 채권에는 10년의 시효가 적용되어(무자격자의 치료행위가 103조 위반은 아니다) 부당하게 되기 때문이다. 약사의 경우에도 마찬가지이다. 그리고 종합병원 · 의료법인에도 이 규정을 적용하여야 한다.

장기간 입원치료를 받는 경우의 시효기간의 기산점에 관하여 학설은 i) 특약 또는 관습이 없는 한 그 질병에 대한 의사와 환자 사이의 의료관계가 끝난 때라고 하는 견해(곽윤직, 330면; 김상용, 704면; 김학동, 524면; 백태승, 587면)와 ii) 특약이 없는 한 그 개개의 진료가 종료될 때마다 그에 대한 소멸시효가 진행된다는 견해(김주수, 557면; 이영준, 815면)가 대립하고 있으며, 판례는 ii)설과 같다(대판 2001. 11. 9, 2001다52568. 대판 1998. 2. 13, 97다47675도 참조). 생각건대 치료 중간의 청구는 정산하는 의미를 갖는 것이므로 i)설에 따르는 것이 타당하다.

약사의 약품 판매로 인한 채권은 여기의 「조제에 관한 채권」은 아니지만, 그것은 상인이 판매한 상품의 대가이어서 역시 3년의 시효에 걸린다(163조 6호).

〈판 례〉

「민법 제163조 제 2 호 소정의 '의사의 치료에 관한 채권'에 있어서는, 특약이 없는 한 그 개개의 진료가 종료될 때마다 각각의 당해 진료에 필요한 비용의 이행기가 도래하여 그에 대한 소멸시효가 진행된다고 해석함이 상당하고(대법원 1998. 2. 13. 선고 97다47675 판결 참조), 장기간 입원치료를 받는 경우라 하더라도 다른 특약이 없는 한 입원치료 중에 환자에 대하여 치료비를 청구함에 아무런 장애가 없으므로 퇴원시부터 소멸시효가 진행된다고 볼 수는 없다 할 것이다.」(대판 2001. 11. 9, 2001다52568)

3) 도급받은 자 · 기사(技師) 기타 공사의 설계 또는 감독에 종사하는 자의 공사(工事)에 관한 채권(3호) [275] 여기서 도급을 받은 자의 공사에 관한 채권은 공사대금채권뿐만 아니라 그 공사에 부수되는 채권, 가령 도급공사 중 발생한 홍수피해의 복구공사로 수급인이 도급인에 대하여 가지는 복구공사비 채권도 포함한다(대판 1994. 10. 14, 94다17185; 대판 2009. 11. 12, 2008다41451). 수급인의 저당권설정청구권도 공사대금채권을 담보하기 위하여 저당권설정등기 절차의 이행을 구하는 채권적 청구권으로서 공사에 부수되는 채권에 해당한다(대판 2016. 10. 27, 2014다211978). 그리고 도급인이 수급인으로 하여금 공사를 이행할 수 있도록 협력하여야 할 의무는 여기의 「공사에 관한 채무」에 해당한다(대판 2010. 11. 25, 2010다56685). 한편 여기의 도급은 전형계약인 도급계약만을 뜻하는 것이 아니고, 광범위하게 공사의 완성을 맡은 것으로 볼 수 있는 경우까지도 포함된다(대판 1987. 6. 23, 86다카2549).

이 규정에서 「도급받은 자」의 공사에 관한 채권은 수급인이 채권자인 경우의 채권만을 가리키는 것이고, 수급인을 상대로 그 공사의 과급금의 반환을 청구하는 채권은 포함하지 않는다(대판 1963. 4. 18, 63다92).

〈판 례〉

「우수현상광고의 광고자로서 당선자에게 일정한 계약을 체결할 의무가 있는 자가 그 의무를 위반함으로써 계약의 종국적인 체결에 이르지 않게 되어 상대방이 그러한 계약체결의무의 채무불이행을 원인으로 하는 손해배상을 청구한 경우, 그 손해배상청구권은 계약이 체결되었을 경우에 취득하게 될 계약상의 이행청구권과 실질적이고 경제적으로 밀접한 관계가 형성되어 있기 때문에, 그 손해배상청구권의 소멸시효기간은 계약이 체결되었을 때 취득하게 될 이행청구권에 적용되는 소멸시효기간에 따른다. 기록에 의하면, 우수현상광고의 당선자인 원고가 광고주인 피고에 대하여 가지고 있는 본래의 채권인 '기본 및 실시설계권'이란 당선자인(원고가)(저자 주) 피고에 대하여 우수작으로 판정된 계획설계에 기초하여 기본 및 실시설계계약의 체결을 청구할 수 있는 권리라고 할 것이고, 이러한 청구권에 기하여 계약이 체결되었을 경우에 취득하게 될 계약상의 이행청구권은 "설계에 종사하는 자의 공사에 관한 채권"으로서 이에 관하여는 민법 제163조 제 3 호 소정의 3년의 단기소멸시효가 적용되므로, 위의 기본 및 실시설계계약의 체결의무의 불이행으로 인한 손해배상청구권의 소멸시효 역시 3년의 단기소멸시효가 적용된다 할 것이다.」(대판 2005. 1. 14, 2002다57119)

4) **변호사 · 변리사 · 공증인 · 공인회계사 및 법무사에 대한 직무상 보관한 서류의 반환을 청구하는 채권**(4호) 여기의 서류에는 의뢰인의 등기필증과 같이 소유권이 의뢰인에게 있는 것은 포함되지 않는다(이설 없음).

5) **변호사 · 변리사 · 공증인 · 공인회계사 및 법무사의 직무에 관한 채권**(5호) 이 규정은 변호사 등 거기에서 정하고 있는 자격사의 직무에 관한 채권에만 적용되고, 세무사와 같이 그들의 직무와 유사한 직무를 수행하는 다른 자격사의 직무에 관한 채권에 대하여는 유추적용되지 않는다(대판 2022. 8. 25, 2021다311111). 그리고 세무사는 상법 제 4 조 또는 제 5 조 제 1 항이 규정하는 상인이라고 볼 수 없고, 세무사의 직무에 관한 채권이 상사채권에 해당한다고 볼 수 없으므로, 세무사의 직무에 관한 채권에 대하여는 제162조 제 1 항에 따라 10년의 소멸시효가 적용된다(대판 2022. 8. 25, 2021다311111).

6) **생산자 및 상인이 판매한 생산물 및 상품의 대가**(6호) 이에 대한 채권은 상행위로 생긴 것이므로 본래는 상법 제64조에 의하여 5년의 시효에 걸려야 하지만, 여기에서 5년보다 더 단기의 시효를 규정하고 있어서 같은 조 단서에 의하여 3년의 시효에 걸리게 된다(대판 1966. 6. 28, 66다790 참조).

〈판 례〉

(ㄱ) 「3년의 단기소멸시효가 적용되는 민법 제163조 제 6 호 소정의 '상인이 판매한

상품의 대가'란 상품의 매매로 인한 대금 그 자체의 채권만을 말하는 것으로서 상품의 공급 자체와 등가성 있는 청구권에 한한다고 해석하여야 할 것이다. … 위탁자의 위탁상품 공급으로 인한 위탁매매인에 대한 이득상환청구권이나 이행담보책임 이행청구권은 위탁자의 위탁매매인에 대한 상품공급과 서로 대가관계에 있지 아니하여 등가성이 없으므로 민법 제163조 제 6 호 소정의 '상인이 판매한 상품의 대가'에 해당하지 아니하여 3년의 단기소멸시효의 대상이 아니라고 할 것이고, 한편 위탁매매는 상법상 전형적 상행위이며 위탁매매인은 당연한 상인이고 위탁자도 통상 상인일 것이므로, 위탁자의 위탁매매인에 대한 매매 위탁으로 인한 위의 채권은 다른 특별한 사정이 없는 한 통상 상행위로 인하여 발생한 채권이어서 상법 제64조 소정의 5년의 상사소멸시효의 대상이 된다.」(대판 1996. 1. 23, 95다39854)

(ㄴ) 「농업협동조합법에 의하여 설립된 조합이 영위하는 사업의 목적은 조합원을 위하여 차별 없는 최대의 봉사를 함에 있을 뿐 영리를 목적으로 하는 것이 아니므로(동법 제 5 조), 동 조합이 그 사업의 일환으로 조합원이 생산하는 물자의 판매사업을 한다 하여도 동 조합을 상인이라 할 수는 없고, 따라서 그 물자의 판매대금 채권은 3년의 단기소멸시효가 적용되는 민법 제163조 제 6 호 소정의 '상인이 판매한 상품의 대가'에 해당하지 아니한다.」(대판 2000. 2. 11, 99다53292)

7) 수공업자 및 제조자의 업무에 관한 채권(7호) 수공업자는 자기의 일 [276]
터에서 주문을 받아 그 주문자와 고용관계를 맺지 않고 타인을 위하여 일하는 자(예: 재봉사 · 이발사 · 세탁업자)이고, 제조자는 주문을 받아 물건에 가공하여 다른 물건을 제조하는 것을 직업으로 하는 자(예: 표구사 · 구두제작자 · 가구제작자)를 가리킨다고 한다(곽윤직, 330면 등).

(3) 1년의 단기소멸시효에 걸리는 권리(164조)

민법은 제163조에 규정된 채권보다 더 일상적으로 발생하고 보통 즉시 이행청구가 되며 영수증이 발급되지 않기도 하는 채권에 관하여 1년의 최단기시효를 규정하고 있다. 그런데 1년의 단기시효를 규정한 제164조는 그 각 호에서 개별적으로 정하여진 채권의 채권자가 그 채권의 발생원인이 된 계약에 기하여 상대방에 대하여 부담하는 반대채무에 대하여는 적용되지 않으며, 따라서 그 채권의 상대방이 그 계약에 기하여 가지는 반대채권은 원칙으로 돌아가, 다른 특별한 사정이 없는 한 제162조 제 1 항에서 정하는 10년의 일반소멸시효기간의 적용을 받는다(대판 2013. 11. 14, 2013다65178). 그리하여 간병인의 간병료채권은 제164조 제 3 호의 1년의 단기시효에 걸리나, 간병을 받는 환자의 간병서비스 이행청구권과 그 채무의 불이행으로 인한 손해배상채권은 단기시효에 걸리지 않는다.

1) 여관 · 음식점 · 대석(貸席) · 오락장의 숙박료 · 음식료 · 대석료(貸席料) · 소비물의 대가 및 체당금(替當金)의 채권(1호) 대법원은, 건설회사가 공사에 투입한 인원이 공사 기간 중에 리조트의 객실과 식당을 사용한 데에 대한 리조트 사용료를 월 단위로 지급하기로 약정하였더라도, 리조트 사용료 채권은 — 제163조 제 1 호의 사용료 채권이 아니고 — 여기의 「숙박료 및 음식료 채권」으로서 소멸시효기간은 1년이라고 한다(대판 2020. 2. 13, 2019다271012).

2) 의복 · 침구(寢具) · 장구(葬具) 기타 동산의 사용료의 채권(2호) 판례는 여기의 동산의 사용료채권은 극히 단기의 동산임대차로 인한 임료채권을 말하고, 영업을 위하여 2개월에 걸친 중기(重機)의 임료채권은 이에 해당하지 않는다고 한다(대판 1976. 9. 28, 76다1839).

3) 노역인(勞役人) · 연예인의 임금 및 그에 공급한 물건의 대금채권(3호) 여기의 노역인은 사용자와 고용관계를 맺지 않고 주로 육체적 노동을 제공하는 자(예: 목수 · 미장이 · 정원사)를 가리킨다. 그리고 간병인계약에 기해 간병을 하는 간병인도 여기의 노역인에 해당한다(대판 2013. 11. 14, 2013다65178).

4) 학생 및 수업자(修業者)의 교육 · 의식(衣食) 및 유숙(留宿)에 관한 교주(校主) · 숙주(塾主. 즉 의숙이나 학숙과 같은 교육기관의 주인) · 교사의 채권(4호) 이 규정은 채권자가 개인인 경우뿐만 아니라 법인인 학교나 법인 아닌 사단 · 재단인 교육시설의 경우에도 적용된다. 국립 · 공립학교가 학생에 대해 가지는 채권도 이 규정이 적용된다고 할 것이다(곽윤직, 331면). 왜냐하면 국립 · 공립학교와 학생의 관계에서 학생의 징계처분은 공법관계라고 하더라도, 그 외의 점은 사법관계로 보는 것이 옳기 때문이다.

[277] **(4) 판결 등으로 확정된 권리**

소멸시효가 완성하기 전에 소를 제기하면 소멸시효는 중단되나, 확정판결이 있었더라도 그때부터 소멸시효는 다시 진행한다(178조 2항). 문제는 단기시효에 걸리는 채권은 확정판결 후에도 단기시효에 걸리는 것인지이다. 여기에 관하여 민법은 판결에 의하여 확정된 채권은 단기시효에 걸리는 채권이라도 소멸시효기간을 10년으로 한다고 규정하고 있다(165조 1항). 이 규정은 확정판결이 있으면 단기시효가 규정되어 있는 채권이라도 시효기간이 10년으로 된다는 의미이며, 확정판결이 있다고 하여 20년의 시효에 걸리는 권리의 시효기간이 10년으로 단축된다거나 시효에 걸리지 않는 권리가 10년의 시효에 걸린다는 뜻은 아니다(대판 1981. 3. 24, 80다1888 · 1889).

위와 같은 결과는 「파산절차에 의하여 확정된 채권 및 재판상의 화해, 조정 기타 판결과 동일한 효력이 있는 것에 의하여 확정된 채권」에도 인정된다(165조 2항). 여기의 「기타 판결과 동일한 효력이 있는 것」에는 청구의 인낙조서(민소 220조)와 확정된 지급명령(민소 474조. 1990년 개정에 의하여 확정판결과 동일한 효력을 인정하기 어려웠으나, 2002년에 다시 과거처럼 개정하였다)이 있다. 따라서 지급명령에서 확정된 채권은 단기의 소멸시효에 해당하는 것이라도 그 소멸시효기간이 10년으로 연장된다(대판 2009. 9. 24, 2009다39530).

한편 판결확정 당시에 변제기가 도래하지 않은 채권에는 이들 규정이 적용되지 않는다(165조 3항). 따라서 변제기가 도래하지 않은 채권은 그에 대하여 확정판결 등이 있어도 시효기간이 10년으로 연장되지 않으며, 본래의 변제기가 된 뒤 단기의 소멸시효로 소멸하게 된다. 이는 아마도 채권의 변제기가 되지 않은 만큼 소멸시효가 진행되지 않기 때문에 그러한 채권에까지 미리 시효기간을 연장할 필요가 없다는 데 그 이유가 있는 듯하다. 그러나 이 규정의 타당성에는 의문이 있다(같은 취지: 이은영, 765면). 한편 대법원은, 소송에서 법원이 판결로 소송비용의 부담을 정하는 재판을 하면서 그 액수를 정하지 않은 경우 소송비용 부담의 재판이 확정됨으로써 소송비용 상환의무의 존재가 확정되지만, 당사자의 신청에 따라 별도로 민사소송법 제110조에서 정한 소송비용액 확정결정으로 구체적인 소송비용 액수가 정해지기 전까지는 그 의무의 이행기가 도래한다고 볼 수 없고 이행기의 정함이 없는 상태로 유지된다고 한 뒤, 위와 같이 발생한 소송비용 상환청구권은 소송비용 부담의 재판에 해당하는 판결 확정 시 발생하여 그때부터 소멸시효가 진행하지만, 민법 제165조 제 3 항에 따라 민법 제165조 제 1 항에서 정한 10년의 소멸시효는 적용되지 않고, 따라서 국가의 소송비용 상환청구권은 금전의 급부를 목적으로 하는 국가의 권리로서 국가재정법 제96조 제 1 항에 따라 5년 동안 행사하지 않으면 소멸시효가 완성된다고 한다(대결 2021. 7. 29, 2019마6152).

주의할 것은, 제165조 제 1 항 · 제 2 항이 판결에 의하여 확정된 채권, 판결과 동일한 효력이 있는 것에 의하여 확정된 채권은 단기의 소멸시효에 해당한 것이라도 그 소멸시효는 10년으로 한다고 규정하는 것은 당해 판결 등의 당사자 사이에 한하여 발생하는 효력에 관한 것이라는 점이다. 따라서 채권자와 주채무자 사이의 확정판결에 의하여 주채무가 확정되어 그 소멸시효기간이 10년으로 연장되었다 할지라도, 그 보증채무까지 당연히 단기소멸시효의 적용이 배제되어 10년의 소멸시효기간이 적용되는 것은 아니고, 채권자와 연대보증인 사이에 있어서 연대보증채무의 소멸시효기간은 여전히 종전의 소멸시효기간에 따른다(대판 1986. 11. 25, 86다카1569; 대판 2006. 8. 24, 2004다26287 · 26294. 사견은 이 판결에 반대한다. 신사례, 136면 · 137면 참조). 그리고 주채무자에 대한 확정판결에 의하여 제163조 각 호의 단기소멸시효에 해당하는 주채무의 소멸시효기간이 10년으로 연장된 상태에서 그 주채무를 보증한 경우에는, 특별한 사정이 없는 한 그 보증채무에 대하여는 제163조 각 호의 단기소멸시효가 적용될 여지가 없고, 그 성질에 따라 보증인에 대한 채권이 민사채권인 경우에는 10년, 상사채권인 경우에는 5년의 소멸시효기간이 적용된다(대판 2014. 6. 12, 2011다76105: 건설자재 등 판매업을 하는 갑이 을 주식회사를 상대로 제기한 물품대금 청구소송에서 갑의 승소판결이 확정된 후 병이 을 회사의 물품대금채무를 연대보증한 사안에서, 갑의 병에 대한 보증채권은 상사채권으로서 소멸시효기간이 5년이라고 한 사례).

2. 채권 이외의 재산권의 소멸시효기간

채권과 소유권을 제외한 재산권의 소멸시효기간은 20년이다(162조 2항).

〈소멸시효와 변론주의(판례)〉

「민사소송절차에서 변론주의 원칙은 권리의 발생 · 변경 · 소멸이라는 법률효과 판단의 요건이 되는 주요사실에 관한 주장 · 증명에 적용된다. 따라서 권리를 소멸시키는 소멸시효 항변은 변론주의 원칙에 따라 당사자의 주장이 있어야만 법원의 판단대상이 된다.

그러나 이 경우 어떤 시효기간이 적용되는지에 관한 주장은 권리의 소멸이라는 법률효과를 발생시키는 요건을 구성하는 사실에 관한 주장이 아니라 단순히 법률의 해석이나 적용에 관한 의견을 표명한 것이다. 이러한 주장에는 변론주의가 적용되지 않으므로 법원이 당사자의 주장에 구속되지 않고 직권으로 판단할 수 있다. 당사자가 민법에 따른 소멸시효기간을 주장한 경우에도 법원은 직권으로 상법에 따른 소멸시효기간을 적용할 수 있다.」(대판 2017. 3. 22, 2016다258124. 후단에 관하여 같은 취지: 대판 2008. 3. 27, 2006다70929 · 70936; 대판 2013. 2. 15, 2012다68217; 대판 2023. 12. 14, 2023다248903. 이 세 판결은 소멸시효기간이 얼마나 되는지에 관한 주장은 단순한 법률상의 주장에 불과하다고 함)

제 3 절 소멸시효의 중단

[278] Ⅰ. 소멸시효 중단의 의의

소멸시효 완성에 필요한 권리불행사라는 사실상태는 일정한 사유가 있는 때에는 중단되고, 그때까지 진행한 시효기간은 효력을 잃게 된다. 이처럼 소멸시효의 진행을 막고 그 동안의 시효기간을 0으로 만드는 것이 소멸시효의 중단이다. 소멸시효가 중단되면, 그때부터 소멸시효는 다시 새로이 진행한다(178조 1항).

민법은 소멸시효의 중단에 관하여 제168조 내지 제178조에서 자세히 규정하고, 이를 취득시효에 준용한다(247조 2항).

소멸시효의 중단은 뒤에 설명하는 소멸시효의 정지와 함께 시효의 장애라고 불린다.

Ⅱ. 소멸시효의 중단사유 [279]

민법은 소멸시효의 중단사유로 ① 청구, ② 압류 · 가압류 · 가처분, ③ 승인을 규정하고 있다(168조). 이 가운데 ①, ②의 사유는 권리자가 자기의 권리를 주장하는 것이고, ③의 사유는 의무자가 상대방의 권리를 인정하는 것이다. 이들 사유를 나누어 살펴보기로 한다.

1. 청 구(168조 1호)

여기의 청구는 시효의 목적인 사법상의 권리를 재판상 또는 재판 외에서 실행하는 행위이다(대판 1979. 2. 13, 78다1500 · 1501). 이러한 청구는 자유롭게 할 수 있으나, 시효중단의 효력을 발생시키는 청구는 다음의 것들에 한정된다.

(1) 재판상의 청구(170조)

1) 재판상의 청구는 소를 제기하는 것이다. 이는 사법상의 권리를 민사소송의 절차에 의하여 주장하는 것이다(대판 1979. 2. 13, 78다1500 · 1501). 재판상의 청구, 즉 소의 제기가 있으면 시효는 중단된다. 이때 제기되는 소는 이행(급부)의 소 · 확인의 소 · 형성의 소 가운데 어느 것이라도 무방하다. 그리고 본소인가 반소(민소 269조)인가도 묻지 않는다.

소의 제기에 흠이 있는 경우에도 원칙적으로 소멸시효가 중단된다. 뒤에 보는 바와 같이, 민법은 소가 각하되면 시효중단의 효력이 없다고 규정하고 있는데(170조 1항), 이는 소제기가 있으면 흠이 있더라도 시효가 중단된다는 것을 의미한다. 그러나 흠이 중대하여 재판상의 청구로 볼 수 없는 경우에는 시효중단의 효력이 생기지 않는다고 하여야 한다(양창수, 민법연구(4), 90면 이하는 「무효의 소」라고 판단되는 경우, 가령 최소한의 형식조차 갖추지 못하여 권리의 재판상의 행사라고 평가될 수 없는 경우, 행정소송으로 제소할 것을 민사소송으로 제소한 경우, 채권자취소소송에서 당사자적격 없는 채무자만을 상대로 한 경우 등에는 시효중단 효력이 생기지 않는다고 한다). 그에 비하여 흠이 보정될 수 있는 것이고 또 실제로 보정된 경우에는 시효중단의 효력이 생긴다.

상대방이 제기한 소에 대하여 응소한 것도 재판상의 청구인지가 문제된다. 여기에 관하여 판례는 과거에는 이를 부인하였으나, 현재에는 「응소하여 그 소송에서 적극적으로 권리를 주장하고 그것이 받아들여진 경우」에도 재판상의 청구에 포함된다고 한다(대판(전원) 1993. 12. 21, 92다47861; 대판 2005. 12. 23, 2005다59383 · 59390; 대판 2006. 6. 16, 2005다25632; 대판 2006. 11. 9, 2004두7467 등. 그 밖에 취득시효에 관한 판결도 많이 있다). 그리고 학설도 판례에 찬성한다. 주의할 것은, 직접 채무자에 대한 응소행위가 아닌 경우에는 여기의 재판상 청구에 해당하지 않는다는 점이다. 그리하여 예컨대 물상보증인이 피담보채무의 부존재 또는 소멸을 이유로 제기한 저당권설정등기 말소청구소송에서 채권자 겸 저당권자가 청구기각의 판결을 구하고 피담보채권의 존재를 주장하였더라도 그것은 직접 채무자에 대하여 재판상 청구를 한 것으로 볼 수 없고(대판 2004. 1. 16, 2003다30890. 같은 취지: 대판 2007. 1. 11, 2006다33364(부동산의 제 3 취득자가 제기한 소송에서 응소한 경우)), 따라서 소멸시효가 중단되지 않는다. 그리고 피고가 응소행위를 하였다고 하여 바로 시효중단의 효과가 발생하는 것은 아니고, 변론주의 원칙상 시효중단의 효과를 원하는 피고로서는 당해 소송 또는 다른 소송에서의 응소행위로서 시효가 중단되었다고 주장하지 않으면 안 되고, 피고가 변론에서 시효중단의 주장 또는 이러한 취지가 포함되었다고 볼 만한 주장을 하지 않는 한, 피고의 응소행위가 있었다는 사정만으로 당연히 시효중단의 효력이 발생하지는 않는다(취득시효에 관한 판례: 대판 1995. 2. 28, 94다18577; 대판 1997. 2. 28, 96다26190; 대판 2003. 6. 13, 2003다17927 · 17934). 이때 시효중단의 주장을 반드시 채무자가 소멸시효 완성을 원인으로 한 소송을 제기한 경우나 당해 소송이 아닌 전 소송 또는 다른 소송에서 해야 하는 것이 아니며, 또한 시효중단의 주장은 반드시 응소시에 할 필요는 없고 소멸시효기간이 만료된 후라도 사실심 변론종결 전에는 언제든지 할 수 있다(대판 2010. 8. 26, 2008다42416 · 42423. 뒷부분에 관하여 같은 취지: 대판 2003. 6. 13, 2003다17927 · 17934). 응소의 경우 소멸시효가 중단되는 시기는 피고가 응소한 때(준비서면을 보내거나 진술한 때)이며, 원고가 소를 제기한 때로 소급하지 않는다(대판 2005. 12. 23, 2005다59383 · 59390; 대판 2010. 8. 26, 2008다42416 · 42423).

재심의 소의 제기도 재판상의 청구이다(대판 1998. 6. 12, 96다26961; 대판 1997. 11. 11, 96다28196 등 참조).

행정소송 및 행정심판은 위법한 행정처분의 취소 · 변경을 구하는 것이고 사권을 행사하는 것이 아니어서 일반적으로 시효중단사유가 되지 못하지만, 오납한 조세에 대한 부당이득 반환청구권을 실현하기 위한 수단이 되는 과세처분의 취소 또는 무효확인을 구하는 소는 재판상의 청구에 해당한다(대판(전원) 1992. 3. 31, 91다32053. 대판 1979. 2. 13, 78다1500 · 1501도 참조). 그리고 근로자가 사용자의 부당노동행위로 인하여 해고를 당한 경우, 근로자로서는 민사소송으로 해고의 무효확인 및 임금의 지급을 청구할 수 있으나 부당노동행위에 대하여 신속한 권리구제를 위하여 마련된 행정상 구제절차(근기법 28조, 「노동조합 및 노동관계조정법」 82조-86조)를 이용하여 노동위원회에 구제신청을 한 후 노동위원회의 구제명령 또는 기각결정에 대하여 행정소송에서 다투는 방법으로 임금청구권 등 부당노동행위로 침해된 권리의 회복을 구할 수도 있으므로, 근로자가 위 관계 법령에 따른 구제신청을 한 후 이에 관한 행정소송에서 그 권리관계를 다투는 것 역시 권리자가 재판상 그 권리를 주장하여 권리 위에 잠자는 것이 아님을 표명한 것으로서 소멸시효 중단사유로서의 재판상 청구에 해당한다(대판 2012. 2. 9, 2011다20034). 그에 비하여 형사소송은 피고인에 대한 국가형벌권의 행사를 목적으로 하는 것이므로, 피해자가 배상명령을 신청한 경우를 제외하고는 단지 피해자가 가해자를 상대로 고소하거나 그 고소에 기하여 형사재판이 개시되어도 시효는 중단되지 않는다(대판 1999. 3. 12, 98다18124).

한편 판례는, 확정된 승소판결에는 기판력이 있어서 승소 확정판결을 받은 당사자가 그 상대방을 상대로 다시 승소 확정판결의 전소와 동일한 청구의 소를 제기하는 경우 그 후소는 권리보호의 이익이 없어 부적법하지만, 예외적으로 확정판결에 의한 채권의 소멸시효기간인 10년의 경과가 임박한 경우에는 그 시효중단을 위한 소는 소의 이익이 있다고 한다(대판 1987. 11. 10, 87다카1761; 대판 2006. 4. 14, 2005다74764; 대판(전원) 2018. 7. 19, 2018다22008(이 판결에는 4인의 대법관의 반대의견이 있음); 대판 2019. 1. 17, 2018다24349). 그리고 이러한 경우에 후소의 판결이 전소의 승소 확정판결의 내용에 저촉되어서는 안 되므로, 후소 법원으로서는 그 확정된 권리를 주장할 수 있는 모든 요건이 구비되어 있는지 여부에 관하여 다시 심리할 수 없다고 한다(대판 2010. 10. 28, 2010다61557; 대판(전원) 2018. 7. 19, 2018다22008). 그런데 판례는, 후소 판결의 기판력이 후소의 변론종결시를 기준으로 발생하므로, 전소의 변론종결 후에 발생한 변제 · 상계 · 면제 등과 같은 채권소멸사유는 후소의 심리대상이 되며, 따라서 채무자인 피고는 후소 절차에서 위와 같은 사유를 들어 항변할 수 있고, 심리 결과 그 주장이 인정되면 법원은 원고의 청구를 기각할 것이라고 한다(대판 2019. 1. 17, 2018다24349). 그리고 이는 채권의 소멸사유 중 하나인 소멸시효 완성의 경우에도 마찬가지라고 한다

(대판 2019. 1. 17, 2018다24349). 나아가, 이처럼 판결이 확정된 채권의 소멸시효기간의 경과가 임박하였는지 여부에 따라 시효중단을 위한 후소의 권리보호이익을 달리 보는 취지와 채권의 소멸시효 완성이 갖는 효과 등을 고려해 보면, 시효중단을 위한 후소를 심리하는 법원으로서는 전소 판결이 확정된 후 소멸시효가 중단된 적이 있어 그 중단사유가 종료한 때로부터 새로이 진행된 소멸시효기간의 경과가 임박하지 않아 시효중단을 위한 재소의 이익을 인정할 수 없다는 등의 특별한 사정이 없는 한, 후소가 전소 판결이 확정된 후 10년이 지나 제기되었다 하더라도 곧바로 소의 이익이 없다고 하여 소를 각하해서는 안 되고, 채무자인 피고의 항변에 따라 원고의 채권이 소멸시효 완성으로 소멸하였는지에 관한 본안판단을 해야 한다고 한다(대판 2019. 1. 17, 2018다24349).

판례는 최근에, 재판상 청구의 새로운 유형으로 「새로운 방식의 확인소송」을 인정하였다. 그에 따르면, 채권자가 전소로 이행청구를 하여 승소 확정판결을 받은 후 그 채권의 시효중단을 위한 후소를 제기하는 경우, 그 후소의 형태로서 항상 — 앞의 단락해서 설명한 — 전소와 동일한 이행청구만이 시효중단사유인 「재판상의 청구」에 해당한다고 볼 수는 없으며, 시효중단을 위한 후소로서 이행소송 외에 전소 판결로 확정된 채권의 시효를 중단시키기 위한 조치, 즉 「재판상의 청구」가 있다는 점에 대하여만 확인을 구하는 형태의 「새로운 방식의 확인소송」이 허용되고, 채권자는 두 가지 형태의 소송 중 자신의 상황과 필요에 보다 적합한 것을 선택하여 제기할 수 있다고 한다(대판(전원) 2018. 10. 18, 2015다232316. 이러한 다수의 견에 대해서는, 새로운 방식의 확인소송은 허용되어서는 안 된다는 소수의견과, 새로운 방식의 확인소송은 입법을 통해서만 받아들일 수 있고 — 이행소송 외에 현행법의 해석으로 다른 형태의 소송을 허용한다면 — 전소 판결로 확정된 채권 그 자체를 확인의 대상으로 삼는 「청구권 확인소송」만이 가능하다는 소수 의견이 있음). 대법원은 종래 실무적으로 널리 행해져오고 있는 시효중단을 위한 이행소송이 법리적으로 뿐만 아니라 현실적으로도 여러 문제를 야기하기 때문에 그것을 해결하기 위하여 위와 같은 확인소송을 인정하였다. 대법원은 그 근거로, 후소에서 청구이의사유를 심리하는 등의 동일한 문제가 있는 이행소송의 소의 이익을 인정하는 이상, 동일한 청구권에 대해 중복되어 집행권원을 발생시키는 문제점을 제거한 위와 같은 형태의 소송을 불허할 이유가 없다는 점을 든다.

판례는 기본적 법률관계 확인의 소를 제기하면 그로부터 파생된 청구권의 소멸시효가 중단된다는 견지에 있다. 즉 대법원은, 파면된 사립학교 교원이 학교법인을 상대로 파면처분 효력금지 가처분 및 무효확인의 소를 제기하여 승소한 경우에 파면된 이후의 보수금채권의 소멸시효가 문제된 사안에서, 파면(해지)처분 무효확인의 소(또는 고용관계 존재확인의 소)는 보수금(임금)채권을 실현하는 수단이라는 성질을 가지고 있으므로 보수금채권 자체에 관한 이행소송을 제기하지 않았다 하더라도 위 소의 제기에 의하여 보수금채권에 대한 시효는 중단된다고 하였다(대판 1978. 4. 11, 77다2509). 나아가 대법원은, 원고의 근저당권설정등기 청구권의 행사는 그 피담보채권이 될 금전채권의 실현을 목적으로 하는 것으로서, 근저당권설정등기 청구의 소에는 그 피담보채권이 될 채권의 존재에 관한 주장이 당연히 포함되어 있는 것이고, 피고로서도 원고가 원심에 이르러 금전지급을 구하는 청구를 추가하기 전부터 피담보채권이 될 금전채권의 소멸을 항변으로 주장하여 그 채권의 존부에 관한 실질적 심리가 이루어져 그 존부가 확인된 이상, 그 피담보채권이 될 채권으로 주장되고 심리된 채권에 관하여는 근저당권설정등기 청구의 소의 제기에 의하여 피담보채권이 될 채권에 관한 권리의 행사가 있은 것으로 볼 수 있으므로, 근저당권설정등기 청구의 소의 제기는 그 피담보채권의 재판상의 청구에 준하는 것으로서 피담보채권에 대한 소멸시효 중단의 효력을 생기게 한다고 하였다(대판 2004. 2. 13, 2002다7213: 근저당권설정 약정에 의한 근저당권설정등기 청구권이 그 피담보채권이 될 채권과 별개로 소멸시효에 걸린다고 한 사례). 그런가 하면 소멸대상인 권리 그 자체의 이행청구나 확인청구를 하는 경우뿐 아니라 그 권리가 발생한 기본적 법률관계에 관한 청구를 하는 경우 또는 그 권리를 기초로 하거나 그것을 포함하여 형성된 후속 법률관계에 관한 청구를 하는 경우에도 그로써 권리 실행의 의사를 표명한 것으로 볼 수 있을 때에는 시효중단 사유인 재판상의 청구에 포함된다고 한 뒤(대판(전원) 1992. 3. 31, 91다32053; 대판 2011. 7. 14, 2011다19737; 대결 2023. 11. 9, 2023마6582도 참조), 기존 채권의 존재를 전제로 하여 이를 포함하는 새로운 약정을 하고 그에 따른 권리를 재판상 청구의 방법으로 행사한 경우에는 기존 채권을 실현하고자 하는 뜻까지 포함하여 객관적으로 표명한 것이므로, 새로운 약정이 무효로 되는 등의 사정으로 그에 근거한 권리행사가 저지됨에 따라 다시 기존 채권을 행사하게 되었다면, 기존 채권의 소멸시효는 새로운 약정에 의한 권리를 행사한 때에 중단되었다고 볼 것이라고 한다(대판 2016. 10. 27, 2016다25140).

가분채권(예: 손해배상채권)에 있어서 그 일부만이 청구된 경우에 관하여, 대법원은 초기에는, 일부청구의 경우에는 일부청구임을 밝혔는지에 관계없이 청구한 부분에 대하여만 시효가 중단되고 나머지 부분에 대하여는 시효가 중단되지 않는다고 하였다(대판 1967. 5. 23, 67다529; 대판 1970. 4. 14, 69다597; 대판 1975. 2. 25, 74다1557). 그 후 종래의 판례를 그대로 둔 채 그것과 모순되지 않게 새로운 법리를 제시하였다. 그에 따르면, 하나의 채권 중 일부청구를 하면서 일부청구임을 명시한 경우에는 청구한 그 일부에 대하여만 시효중단의 효력이 생기고 나머지 부분에 대하여는 시효중단의 효력이 생기지 않지만, 비록 일부만을 청구한 경우에도 그 취지로 보아 채권 전부에 관하여 판결을 구하는 것으로 해석된다면 그 청구액을 소송물인 채권의 전부로 보아야 하고, 이러한 경우에는 그 채권의 동일성의 범위 내에서 그 전부에 관하여 시효중단의 효력이 발생한다고 한다(대판 1992. 4. 10, 91다43695[핵심판례 70면]. 같은 취지: 대판 1992. 12. 8, 92다29924; 대판 2001. 9. 28, 99다72521; 대판 2006. 1. 26, 2005다60017 · 60024; 대판 2019. 7. 4, 2014다41681; 대판 2020. 2. 13, 2017다234965). 나아가 대법원은, 이 법리를 처음 판시한 판결(대판 1992. 4. 10, 91다43695)의 구체적 사안을 추상적으로 법리화하여, 소장에서 청구의 대상으로 삼은 채권 중 일부만을 청구하면서 소송의 진행경과에 따라 장차 청구금액을 확장할 뜻을 표시하고 당해 소송이 종료될 때까지 실제로 청구금액을 확장한 경우에는 소제기 당시부터 채권 전부에 관하여 판결을 구한 것으로 해석되므로, 그러한 경우에는 소제기 당시부터 채권 전부에 관하여 재판상 청구로 인한 시효중단의 효력이 발생한다고 한다(대판 2020. 2. 6, 2019다223723. 같은 취지: 대판 2021. 6. 10, 2018다44114; 대판 2022. 5. 26, 2020다206625; 대판 2023. 10. 12, 2020다210860 · 210877). 그 판결은 이어서, 소장에서 청구의 대상으로 삼은 채권 중 일부만을 청구하면서 소송의 진행경과에 따라 장차 청구금액을 확장할 뜻을 표시하였으나 당해 소송이 종료될 때까지 실제로 청구금액을 확장하지 않은 경우에는 소송의 경과에 비추어 볼 때 채권 전부에 관하여 판결을 구한 것으로 볼 수 없으므로, 나머지 부분에 대하여는 재판상 청구로 인한 시효중단의 효력이 발생하지 않으나, 그와 같은 경우에도 소를 제기하면서 장차 청구금액을 확장할 뜻을 표시한 채권자로서는 장래에 나머지 부분을 청구할 의사를 가지고 있는 것이 일반적이라고 할 것이므로, 다른 특별한 사정이 없는 한 당해 소송이 계속 중인 동안에는 나머지 부분에 대하여 권리를 행사하겠다는 의사가 표명되어 최고에 의해 권리를 행사하고 있는 상태가 지속되고 있는 것으로 보아야 하고, 채권자는 당해 소송이 종료된 때부터 6월 내에 제174조에서 정한 조치를 취함으로써 나머지 부분에 대한 소멸시효를 중단시킬 수 있다고 한다(대판 2020. 2. 6, 2019다223723). 그런가 하면 대법원은 다른 판결에서, 소장에서 청구의 대상으로 삼은 채권 중 일부만을 청구하면서 소송의 진행경과에 따라 장차 청구금액을 확장할 뜻을 표시하였더라도 그 후 채권의 특정 부분을 청구범위에서 명시적으로 제외하였다면, 그 부분에 대하여는 애초부터 소의 제기가 없었던 것과 마찬가지이므로 재판상 청구로 인한 시효중단의 효력이 발생하지 않는다고 한다(대판 2021. 6. 10, 2018다44114; 대판 2022. 5. 26, 2020다206625(이 경우에도 채권자는 당해 소송이 종료된 때부터 6월 내에 민법 174조에서 정한 조치를 취함으로써 나머지 부분에 대한 소멸시효를 중단시킬 수 있다고 함)).

채권자가 동일한 목적을 달성하기 위하여 복수의 채권을 갖고 있는 경우에, 채권자로서는 그의 선택에 따라 권리를 행사할 수 있되, 그중 어느 하나의 청구를 한 것만으로는 다른 채권 그 자체를 행사한 것으로 볼 수는 없으므로, 특별한 사정이 없는 한 그 다른 채권에 대한 소멸시효 중단의 효력은 없다(대판 2001. 3. 23, 2001다6145; 대판 2002. 6. 14, 2002다11441; 대판 2014. 6. 26, 2013다45716; 대판 2020. 3. 26, 2018다221867). 그리하여 가령 원고가 피고를 상대로 공동불법행위자에 대한 구상금 청구의 소를 제기하였다고 하여 이로써 원고의 이 사건 사무관리로 인한 비용상환청구권의 소멸시효가 중단될 수는 없으며(대판 2001. 3. 23, 2001다6145), 원고가 피고를 상대로 상법 제399조에 기한 손해배상청구의 소를 제기하였다고 하여 이로써 원고의 피고에 대한 일반 불법행위로 인한 손해배상청구권의 소멸시효가 중단될 수는 없다(대판 2002. 6. 14, 2002다11441). 그리고 부당이득 반환청구의 소 제기로 채무불이행으로 인한 손해배상청구권의 소멸시효가 중단될 수 없고(대판 2011. 2. 10, 2010다81285), 보험자대위에 기한 손해배상청구의 소를 제기하였더라도 양수금 청구의 소멸시효가 중단될 수는 없다(대판 2014. 6. 26, 2013다45716). 또 불법행위 손해배상청구권과 예금청구권 중 선택에 따라 권리를 행사할 수 있는 사안에서, 원고가 피고를 상대로 손해배상청구의 소를 제기하였다고 하여 이로써 예금채권을 행사한 것으로 볼 수는 없으므로, 원고의 피고에 대한 예금채권 청구의 소멸시효가 중단될 수는 없다(대판 2020. 3. 26, 2018다221867). 한편 국가나 국유재산 중 일반재산의 관리 · 처분에 관한 사무를 위탁받은 원고(한국자산관리공사)는 무단점유자를 상대로 변상금 부과 · 징수권의 행사와 별도로 민사상 부당이득 반환청구의 소를 제기할 수도 있는데(대판(전원) 2014. 7. 16, 2011다76402; 대판 2014. 9. 4, 2013다3576), 변상금 부과 · 징수권이 민사상 부당이득 반환청구권과 법적 성질을 달리하는 별개의 권리인 이상 원고가 변상금 부과 · 징수권을 행사하였다 하더라도 그것으로써 민사상 부당이득 반환청구권의 소멸시효가 중단된다고 할 수 없다(대판 2014. 9. 4, 2013다3576).

판례에 따르면, 원인채권의 지급을 확보하기 위한 방법으로 어음이 수수된 경우에 원인채권과 어음채권은 별개로서 채권자는 그 선택에 따라 권리를 행사할 수 있고, 원인채권에 기하여 청구를 한 것만으로는 어음채권 그 자체를 행사한 것으로 볼 수 없어 어음채권의 소멸시효를 중단시키지 못하는 것이지만, 이러한 어음은 경제적으로 동일한 급부를 위하여 원인채권의 지급수단으로 수수된 것으로서 그 어음채권의 행사는 원인채권을 실현하기 위한 것일 뿐만 아니라, 원인채권의 소멸시효는 어음금 청구소송에 있어서 채무자의 인적항변 사유에 해당하는 관계로 채권자가 어음채권의 소멸시효를 중단하여 두어도 채무자의 인적항변에 따라 그 권리를 실현할 수 없게 되는 불합리한 결과가 발생하게 되므로, 채권자가 어음채권에 기하여 청구를 하는 반대의 경우에는 원인채권의 소멸시효를 중단시키는 효력이 있고, 이러한 법리는 채권자가 어음채권을 피보전권리로 하여 채무자의 재산을 가압류함으로써 그 권리를 행사한 경우에도 마찬가지로 적용된다(대판 1999. 6. 11, 99다16378).

채무자가 제 3 채무자를 상대로 금전채권의 이행을 구하는 소를 제기한 후 채권자가 위 금전채권에 대하여 압류 및 추심명령을 받아 제 3 채무자를 상대로 추심의 소를 제기한 경우, 채무자가 권리주체의 지위에서 한 시효중단의 효력은 집행법원의 수권에 따라 피압류채권에 대한 추심권능을 부여받아 일종의 추심기관으로서 그 채권을 추심하는 추심채권자에게도 미친다(대판 2019. 7. 25, 2019다212945).

[280] 2) 재판상의 청구가 시효중단의 사유가 되려면 그 청구가 채권자 또는 그 채권을 행사할 권능을 가진 자에 의하여 행하여졌어야 한다(대판 1963. 11. 28, 63다654; 대판 2024. 7. 11, 2023다316820 · 316837). 무권리자에 의한 제소에 의하여서는 시효가 중단되지 않는 것이다. 그런데 채권양도의 양수인은 비록 대항요건을 갖추지 못했다고 하더라도 재판상 청구를 할 수 있다(대판 2005. 11. 10, 2005다41818). 그러한 양수인도 채권자이기 때문이다. 그리고 판례는, 채권양도 후 대항요건이 구비되기 전의 양도인은 채무자에 대한 관계에서는 여전히 채권자의 지위에 있으므로 재판상 청구를 할 수 있다고 한다(대판 2009. 2. 12, 2008두20109).

3) 재판상의 청구가 시효중단의 효력을 발생하는 시기는 소를 제기한 때, 또는 피고의 경정을 신청하는 서면, 청구취지의 변경을 신청하는 서면이나 중간확인의 소를 청구하는 서면을 법원에 제출한 때이다(민소 265조). 소제기에 흠이 있는 경우에도 마찬가지이다. 다만, 소제기에 의하여 행사되는 권리를 특정할 수 없는 경우에는 그 흠이 보정된 때에 비로소 시효가 중단된다고 하여야 한다(양창수, 민법연구(4), 98면). 물론 흠이 중대하여 재판상 청구로 인정될 수 없는 경우에 아예 시효중단의 효력

이 생기지 않음은 앞에서 설명한 바와 같다.

소송이 이송된 경우에 소멸시효의 중단시기는 소송이 이송된 때가 아니고 이송한 법원(처음에 소가 제기된 법원)에 소가 제기된 때이다(대판 2007. 11. 30, 2007다54610).

4) 재판상의 청구가 있었더라도 소의 각하 · 기각 또는 취하가 있으면 시효중단의 효력은 생기지 않는다(170조 1항). 그러나 소의 각하 등이 있는 경우라도 6개월 내에 재판상의 청구, 파산절차 참가, 압류 또는 가압류 · 가처분을 한 때에는 시효는 최초의 재판상의 청구로 인하여 중단된 것으로 본다(170조 2항). 다만, 기각판결이 확정된 경우에는 청구권의 부존재가 확정됨으로써 중단의 효력이 생길 수 없으므로, 청구기각판결의 확정 후 재심을 청구하였다 하더라도 시효의 진행이 중단되지 않는다(대판 1992. 4. 24, 92다6983). 한편 판례는, 민법 제170조의 규정상, 채무자가 제 3 채무자를 상대로 제기한 금전채권의 이행소송이 압류 및 추심명령으로 인한 당사자적격의 상실로 각하되더라도, 위 이행소송의 계속 중에 피압류채권에 대하여 채무자에 갈음하여 당사자적격을 취득한 추심채권자가 위 각하판결이 확정된 날로부터 6개월 내에 제 3 채무자를 상대로 추심의 소를 제기하였다면, 채무자가 제기한 재판상 청구로 인하여 발생한 시효중단의 효력은 추심채권자의 추심소송에서도 그대로 유지된다고 한다(대판 2019. 7. 25, 2019다212945). 그리고 채권양도 후 대항요건이 구비되기 전에 양도인이 제기한 소송 중에 채무자가 채권양도의 효력을 인정하는 등의 사정으로 인하여 양도인의 청구가 기각됨으로써 제170조 제 1 항에 의하여 시효중단의 효과가 소멸된다고 하더라도, 양도인의 청구가 당초부터 무권리자에 의한 청구로 되는 것은 아니므로, 양수인이 그로부터 6월 내에 채무자를 상대로 재판상의 청구 등을 하였다면, 제169조 및 제170조 제 2 항에 의하여 양도인의 최초의 재판상 청구로 인하여 시효가 중단된다고 한다(대판 2009. 2. 12, 2008두20109). 또한 소송목적인 권리를 양도한 원고는 법원이 소송인수 결정을 한 후 피고의 승낙을 받아 소송에서 탈퇴할 수 있는데, 그 후 법원이 인수참가인의 청구의 당부에 관하여 심리한 결과 인수참가인의 청구를 기각하거나 소를 각하하는 판결을 선고하여 그 판결이 확정된 경우에는 원고가 제기한 최초의 재판상 청구로 인한 시효중단의 효력은 소멸하며, 다만 인수참가인에 대한 청구기각 또는 소 각하 판결이 확정된 날부터 6개월 내에 탈퇴한 원고가 다시 탈퇴 전과 같은 재판상의 청구 등을 한 때에는, 탈퇴 전에 원고가 제기한 재판상의 청구로 인하여 발생한 시효중단의

효력은 그대로 유지된다고 한다(대판 2017. 7. 18, 2016다35789). 또 권리자인 피고가 응소하여 권리를 주장하였으나 그 소가 각하되거나 취하되는 등의 사유로 본안에서 그 권리주장에 관한 판단 없이 소송이 종료된 경우에도 민법 제170조 제2항을 유추적용하여 그때부터 6월 이내에 재판상의 청구 등 다른 시효중단조치를 취하면 응소시에 소급하여 시효중단의 효력이 있는 것으로 볼 것이라고 한다(대판 2010. 8. 26, 2008다42416 · 42423; 대판 2012. 1. 12, 2011다78606). 그리고 판례는, 이미 사망한 자를 피고로 하여 제기된 소는 부적법하여 이를 간과한 채 본안 판단에 나아간 판결은 당연무효로서 그 효력이 상속인에게 미치지 않고(대판 2002. 4. 26, 2000다30578), 채권자의 이러한 제소는 권리자의 의무자에 대한 권리행사에 해당하지 않으므로, 상속인을 피고로 하는 당사자표시 정정이 이루어진 경우와 같은 특별한 사정이 없는 한, 거기에는 애초부터 시효중단 효력이 없어 제170조 제2항이 적용되지 않는다고 봄이 타당하고, 법원이 이를 간과하여 본안에 나아가 판결을 내린 경우에도 마찬가지라고 한다(대판 2014. 2. 27, 2013다94312).

〈판 례〉

(ㄱ) 「시효제도의 존재이유는 영속한 사실상태를 존중하고 권리 위에 잠자는 자를 보호하지 않는다는 데에 있고 특히 소멸시효에 있어서는 후자의 의미가 강하므로, 권리자가 재판상 그 권리를 주장하여 권리 위에 잠자는 것이 아님을 표명한 때에는 시효중단사유가 되는바, 이러한 시효중단사유로서의 재판상의 청구에는 그 권리 자체의 이행청구나 확인청구를 하는 경우만이 아니라, 그 권리가 발생한 기본적 법률관계에 관한 확인청구를 하는 경우에도 그 법률관계의 확인청구가 이로부터 발생한 권리의 실현수단이 될 수 있어 권리 위에 잠자는 것이 아님을 표명한 것으로 볼 수 있을 때에는 그 기본적 법률관계에 관한 확인청구도 이에 포함된다고 보는 것이 타당하다.」(대판(전원) 1992. 3. 31, 91다32053)

(ㄴ) 「소유권의 시효취득에 준용되는 시효중단 사유인 민법 제168조, 제170조에 규정된 재판상의 청구라 함은 시효취득의 대상인 목적물의 인도 내지는 소유권존부확인이나 소유권에 관한 등기청구소송은 말할 것도 없고 소유권 침해의 경우에 그 소유권을 기초로 하여 하는 방해배제 및 손해배상 혹은 부당이득반환청구소송도 이에 포함된다고 해석함이 옳은 것이다. 왜 그런고 하니 위와 같은 여러 경우는 권리자가 자기의 권리를 자각하여 재판상 그 권리를 행사하는 점에 있어 서로 다를 바 없고, 또 재판상의 청구를 기판력이 미치는 범위와 일치시켜 고찰할 필요가 없기 때문이다.」(대판 1979. 7. 10, 79다569. 같은 취지: 대판 2011. 7. 14, 2011다19737(소유권이전등기 청구권이 발생한 기본적 법률관계에 해당하는 매매계약을 기초로 하여 건축주 명의변경을 구하는 소도 소멸시효를 중단시키는 재판상 청구에 포함된다고 한 사례))

(ㄷ) 아파트입주자 대표회의가 직접 하자보수에 갈음한 손해배상청구의 소를 제기

하였다가 구분소유자들로부터 손해배상채권을 양도받아 양수금청구를 하는 것으로 청구원인을 변경한 사안에서, 소를 제기한 때가 아니라 청구원인을 변경하는 취지의 준비서면을 제출한 때에 소멸시효 중단의 효과가 발생한다고 한 사례(대판 2009. 2. 12, 2008다84229. 이 판결은, 구체적 법령상 공동주택에 하자가 있는 경우 입주자 대표회의로서는 사업주체에 대하여 하자 보수를 청구할 수 있을 뿐, 그에 갈음한 손해배상청구권을 가지지 못한다는 입장에 있음을 유의할 것).

㈃ 원고가 채권자대위권에 기해 청구를 하다가 당해 피대위채권 자체를 양수하여 양수금청구로 소를 변경한 사안에서, … 당초의 채권자대위소송으로 인한 시효중단의 효력이 소멸하지 않는다고 본 사례(대판 2010. 6. 24, 2010다17284).

(2) 파산절차 참가(171조) [281]

파산절차 참가는 채권자가 파산재단의 배당에 참가하기 위하여 그의 채권을 신고하는 것이다(채무자회생법 447조). 이것이 있으면 시효는 중단된다. 그러나 채권자가 이를 취소하거나 그 청구가 각하된 때에는 시효중단의 효력이 없다(171조, 채무자회생법 32조 2호).

〈판 례〉

「민법 제171조는 파산절차 참가는 채권자가 이를 취소하거나 그 청구가 각하된 때에는 시효중단의 효력이 없다고 규정하고 있는바, 채권조사기일에서 파산관재인이 신고채권에 대하여 이의를 제기하거나 채권자가 법정기간 내에 파산채권 확정의 소를 제기하지 아니하여 배당에서 제척되었다고 하더라도 그것이 위 규정에서 말하는 '그 청구가 각하된 때'에 해당한다고 볼 수는 없다 할 것이고, 따라서 파산절차 참가로 인한 시효중단의 효력은 파산절차가 종결될 때까지 계속 존속한다고 할 것이다.」(대판 2005. 10. 28, 2005다28273)

민법에 규정은 없지만, 파산절차 참가보다 더 강력한 권리의 실행방법인 파산선고 신청은 당연히 시효중단사유가 된다고 하여야 한다(이설 없음). 판례도, 채무자회생법 제294조에 따른 채권자의 파산신청은 시효중단 사유인 재판상의 청구에 해당한다고 한다(대결 2023. 11. 9, 2023마6582). 그리고 강제집행절차에 있어서 배당요구를 하는 것도 파산절차 참가와 유사한 것이므로 역시 시효중단사유라고 하여야 한다(대판 2002. 2. 26, 2000다25484([284]에 인용); 대판 2022. 5. 12, 2021다280026). 또한 「채무자회생 및 파산에 관한 법률」에 의한 회생절차 참가(같은 법 32조 1호)와 개인회생절차 참가(같은 법 32조 3호)도 소멸시효 중단의 효력이 있다.

(3) 지급명령(172조)

지급명령은 금전 그 밖의 대체물이나 유가증권의 일정한 수량의 지급을 목적으로 하는 청구에 대하여 보통의 소송절차에 의함이 없이 채권자의 신청에 의하여 간이 · 신속하게 발하는 이행에 관한 명령이다(민소 462조 이하). 지급명령이 있으면 시효가 중단되며, 그 시기는 지급명령신청서를 관할법원에 제출하였을 때이다(민소 464조 · 265조).

채무자는 지급명령을 송달받은 날부터 2주일 이내에 이의신청을 할 수 있고(민소 470조 1항), 적법한 이의신청이 있으면 지급명령을 신청한 때에 소가 제기된 것으로 본다(민소 472조 2항). 그리하여 이때는 소제기에 의하여 시효중단의 효력을 갖는다. 이 경우에 시효중단의 시기는 소송으로 이행된 때가 아니라 지급명령을 신청한 때이다(대판 2015. 2. 12, 2014다228440). 지급명령 사건이 법원의 직권에 의한 결정(민소 466조 2항 참조)으로 소송절차에 회부된 경우에도 같다(민소 472조 1항. 대판 2025. 5. 15, 2024다317783). 한편 지급명령에 대하여 이의신청이 없거나, 이의신청을 취하하거나, 이의신청에 대하여 각하결정이 확정된 때에는 지급명령은 확정판결과 같은 효력이 있다(민소 474조).

그리고 판례는, 제170조 제1항에서 규정하고 있는 「재판상의 청구」라 함은 종국판결을 받기 위한 '소의 제기'에 한정되지 않고, 권리자가 이행의 소를 대신하여 재판기관의 공권적인 법률판단을 구하는 지급명령의 신청도 포함된다고 한 뒤, 제170조의 재판상 청구에 지급명령의 신청이 포함되는 것으로 보는 이상, 특별한 사정이 없는 한, 지급명령의 신청이 각하된 경우라도 6개월 이내 다시 소를 제기한 경우라면 제170조 제2항에 의하여 그 시효는 당초 지급명령의 신청이 있었던 때에 중단되었다고 보아야 할 것이라고 한다(대판 2011. 11. 10, 2011다54686).

민법 제172조는 채권자의 가집행신청이 없으면 지급명령에 시효중단의 효력이 없다고 규정하나, 민사소송법의 개정으로 채권자의 가집행신청제도가 삭제되어 그 규정은 무의미해졌다.

(4) 화해를 위한 소환(173조 1문)

화해(민소 385조)의 신청이 있으면 시효가 중단된다. 중단시점은 화해신청서 제출시이다(민소 385조 4항 · 265조). 그러나 법원이 화해를 위하여 상대방을 소환하였는데 상대방이 출석하지 않거나 또는 출석하였지만 화해가 성립하지 않은 때에는, 화해신청인이 1개월 이내에 소를 제기하지 않으면 시효중단의 효력이 없다(173조 1문). 적법한 소제기 신청이 있으면 화해신청을 한 때에 소가 제기된 것으로 본다(민소 388조 2항).

그리고 민사조정법은 조정에 관하여 그것은 시효중단의 효력이 있으나(같은 법 35조 1항), 조정신청이 취하되거나 조정신청인의 불출석으로 조정신청이 취하된 것으로 보는 때에는 1개월 이내에 소제기가 없으면 시효중단의 효력이 없다고 한다

(같은 법 35조 2항).

(5) 임의출석(173조 1문)

임의출석은 당사자 쌍방이 임의로 법원에 출석하여 소송에 관하여 구두변론함으로써 제소 및 화해신청을 하도록 허용하는 제도이다. 이러한 임의출석제도는 현행 민사소송법에는 없고(구법에는 있었음) 소액사건심판법에만 두어져 있다(같은 법 5조).

임의출석이 있으면 시효는 중단된다. 그러나 화해가 성립하지 않은 때에는 1개월 이내에 소제기가 없으면 시효중단의 효력이 생기지 않는다(173조 2문).

(6) 최고(催告)(174조) [282]

최고는 채권자가 채무자에 대하여 채무이행을 청구하는 행위이며, 그 성질은 의사의 통지이다(대판 2003. 5. 13, 2003다16238). 그것은 특별한 형식이 요구되지 않는 재판 외의 행위이다. 민법은 입법례로서는 드물게 이러한 최고를 시효중단사유로 하고 있다. 다만, 최고의 경우에는 6개월 이내에 재판상의 청구, 파산절차 참가, 화해를 위한 소환, 임의출석, 압류 또는 가압류 · 가처분과 같은 보다 강력한 조치를 취하지 않으면 시효중단의 효력이 생기지 않게 하였다(174조). 민법은 이 보완조치에 지급명령을 포함시키지 않았는데, 이는 입법상의 잘못으로 보아야 할 것이다(이설 없음. 고상룡, 690면; 김상용, 711면은 승인도 포함시키려고 하나, 그것은 성질상 174조에 열거된 것들과 다르고 또 그 경우에는 시효이익의 포기로 인정될 것이므로, 거기에 포함시킬 필요가 없다). 그리고 판례는, 최고 후 6개월 내에 채무자의 채무 승인이 있는 경우에도 제174조를 유추적용하여 시효중단의 효력이 발생한다고 해석한다(대판 2022. 7. 28, 2020다46663).

판례는 소송고지의 요건이 갖추어진 경우에 그 소송고지서에 고지자가 피고지자에 대하여 채무의 이행을 청구하는 의사가 표명되어 있으면 시효중단사유로서의 최고의 효력을 인정한다(대판 2009. 7. 9, 2009다14340; 대판 2015. 5. 14, 2014다16494). 나아가 시효중단제도는 제도의 취지에 비추어 볼 때 그 기산점이나 만료점을 원권리자를 위하여 너그럽게 해석하는 것이 바람직하고, 소송고지에 의한 최고는 보통의 최고와는 달리 법원의 행위를 통하여 이루어지는 것이므로 만일 법원이 소송고지서의 송달사무를 우연한 사정으로 지체하는 바람에 소송고지서의 송달 전에 시효가 완성된다면 고지자가 예상치 못한 불이익을 입게 된다는 점 등을 고려하면, 소송고지에 의한 최고의 경우에는 민사소송법 제265조를 유추적용하여 당사자가 소송고지서를 법원에 제출한 때에 시효중단의 효력이 발생한다고 볼 것이라고 한다(대판 2015. 5. 14, 2014다16494).

최고가 여러 번 있는 경우에는 6개월 이내에 보완조치가 있는 최고만 시효

중단의 효력을 발생시킨다(같은 취지: 대판 1970. 3. 10, 69다1151 · 1152; 대판 1983. 7. 12, 83다카437; 대판 1987. 12. 22, 87다카2337). 따라서 이 최고는 시효기간의 만료가 임박하여 다른 강력한 중단방법을 취하려고 할 때 예비적 수단으로서 실익이 있을 뿐이다.

보완조치를 해야 하는 이 6개월의 기간은 최고가 상대방에게 도달한 때에 기산한다. 다만, 판례는, 채무이행을 최고받은 채무자가 그 이행의무의 존부 등에 대하여 조사를 해 볼 필요가 있다는 이유로 채권자에 대하여 그 이행의 유예를 구한 경우에는, 채권자가 그 회답을 받을 때까지는 최고의 효력이 계속된다고 보아야 하고, 따라서 6개월의 기간은 채권자가 채무자로부터 회답을 받은 때로부터 기산한다고 한다(대판 1995. 5. 12, 94다24336; 대판 2006. 4. 28, 2004다16976; 대판 2006. 6. 16, 2005다25632; 대판 2010. 5. 27, 2010다9467). 그리고 소송고지로 인한 최고의 경우에는 당해 소송이 계속 중인 동안은 최고에 의하여 권리를 행사하고 있는 상태가 지속되는 것으로 보아 6개월의 기간은 당해 소송이 종료된 때로부터 기산하는 것으로 해석할 것이라고 한다(대판 2009. 7. 9, 2009다14340).

구체적인 경우에 최고가 있는 것으로 인정되는지는 최고의 해석에 의하여 결정된다. 그런데 그럼에 있어서는 권리자의 보호를 위하여 너그럽게 해석하는 것이 바람직하다(이설 없음). 판례도 그러한 견지에서, 재판상 청구가 취하된 경우(대판 1987. 12. 22, 87다카2337)(소송이 각하 · 기각된 경우도 같음. 대판 2022. 4. 28, 2020다251403(이 판결 사안은 지급명령이 각하된 경우임)), 채권자가 채무자를 상대로 재산명시신청을 하여 그 재산목록의 제출을 명하는 결정이 채무자에게 송달된 경우(대판 2001. 5. 29, 2000다32161; 대판 2012. 1. 12, 2011다78606), 연대채무자 1인의 소유부동산에 대하여 경매신청을 한 경우(대판 2001. 8. 21, 2001다22840), 채권자가 확정판결에 기한 채권의 실현을 위하여 채무자의 제 3 채무자에 대한 채권에 관하여 압류 및 추심명령을 받아 그 결정이 제 3 채무자에게 송달이 된 경우(대판 2003. 5. 13, 2003다16238)에 관하여 최고로서의 효력을 인정하고 있다.

〈판 례〉

(ㄱ) 「민법 제174조는 최고는 6월 내에 재판상의 청구를 하지 아니하면 시효중단의 효력이 없다고 규정하고 있는데 이때의 최고는 시효기간의 만료가 가까와져 재판상 청구 등 강력한 다른 중단방법을 취하려고 할 때 그 예비적 수단으로서의 실익이 있을 뿐이므로 최고를 여러 번 거듭하다가 재판상 청구 등을 한 경우에 있어서의 시효중단의 효력은 항상 최초의 최고시에 발생하는 것이 아니라 재판상 청구 등을 한 시점을 기준으로 하여 이로부터 소급하여 6월 이내에 한 최고시에 발생한다고 보아야 할 것이고(당원 1983. 7. 12. 선고 83다카437 판결 참조), 민법 제170조의 해석상 재판상의 청구는 그 소송이 취하된 경우에는 그로부터 6월 내에 다시 재판상의 청구를 하지 않는 한 시효중단의 효

력이 없고 다만 재판 외의 최고의 효력만 있게 된다.」(대판 1987. 12. 22, 87다카2337)

(ㄴ) 「채권자가 채무자의 제 3 채무자에 대한 채권을 압류 또는 가압류한 경우에 채무자에 대한 채권자의 채권에 관하여 시효중단의 효력이 생긴다고 할 것이나, 압류 또는 가압류된 채무자의 제 3 채무자에 대한 채권에 대하여는 민법 제168조 제 2 호 소정의 소멸시효 중단사유에 준하는 확정적인 시효중단의 효력이 생긴다고 할 수 없다. … 소멸시효 중단사유의 하나로서 민법 제174조가 규정하고 있는 최고는 채무자에 대하여 채무이행을 구한다는 채권자의 의사통지(준법률행위)로서, 이에는 특별한 형식이 요구되지 아니할 뿐 아니라 행위 당시 당사자가 시효중단의 효과를 발생시킨다는 점을 알거나 의욕하지 않았다 하더라도 이로써 권리행사의 주장을 하는 취지임이 명백하다면 최고에 해당하는 것으로 보아야 할 것이므로(대법원 1992. 2. 11. 선고 91다41118 판결 참조), 채권자가 확정판결에 기한 채권의 실현을 위하여 채무자의 제 3 채무자에 대한 채권에 관하여 압류 및 추심명령을 받아 그 결정이 제 3 채무자에게 송달이 되었다면 거기에 소멸시효 중단사유인 최고로서의 효력을 인정하여야 한다.」(대판 2003. 5. 13, 2003다16238)

(ㄷ) 「채무자가 파산할 경우 채권자의 그 파산자에 대한 채권의 이행청구 등 권리행사는 파산법(현행 채무자회생법에 포함됨: 저자 주)이 정하는 바에 따라 파산법원에 대한 파산채권신고 등의 방법으로 제한 및 변경되는 것이므로 채권자는 파산법원에 대한 파산채권신고라는 변경된 형태로 그 권리를 행사함으로써 위와 같은 약정에 의한 이행청구기간의 도과 혹은 소멸시효의 완성을 저지할 수 있는 것(즉, 이 경우 채권자는 파산한 채무자에게 이행청구를 하여야만 자신의 채권을 보전할 수 있는 것은 아니다)이다.」(대판 2006. 4. 14, 2004다70253)

(ㄹ) 「소송고지의 요건이 갖추어진 경우에 그 소송고지서에 고지자가 피고지자에 대하여 채무의 이행을 청구하는 의사가 표명되어 있으면 민법 제174조 소정의 시효중단사유로서의 최고의 효력이 인정된다 할 것이고(대법원 1970. 9. 17. 선고 70다593 판결 참조), 시효중단제도는 그 제도의 취지에 비추어 볼 때 이에 관한 기산점이나 만료점은 원권리자를 위하여 너그럽게 해석하는 것이 상당하다 할 것인데(대법원 2006. 6. 16. 선고 2005다25632 판결 참조), 소송고지로 인한 최고의 경우 보통의 최고와는 달리 법원의 행위를 통하여 이루어지는 것으로서, 그 소송에 참가할 수 있는 제 3 자를 상대로 소송고지를 한 경우에 그 피고지자는 그가 실제로 그 소송에 참가하였는지 여부와 관계없이 후일 고지자와의 소송에서 전소 확정판결에서의 결론의 기초가 된 사실상 · 법률상의 판단에 반하는 것을 주장할 수 없어(대법원 1991. 6. 25. 선고 88다카6358 판결 등 참조) 그 소송의 결과에 따라서는 피고지자에 대한 참가적 효력이라는 일정한 소송법상의 효력까지 발생함에 비추어 볼 때, 고지자로서는 소송고지를 통하여 당해 소송의 결과에 따라 피고지자에게 권리를 행사하겠다는 취지의 의사를 표명한 것으로 볼 것이므로, 당해 소송이 계속 중인 동안은 최고에 의하여 권리를 행사하고 있는 상태가 지속되는 것으로 보아 민법 제174조에 규정된 6월의 기간은 당해 소송이 종료된 때로부터 기산되는 것으로 해석하여야 할 것이다.」(대판 2009. 7. 9, 2009다14340)

(ㅁ) 「채권자가 소 제기를 통하여 채무자에게 권리를 행사한다는 의사를 표시한 경

우(후에 그 소송이 각하 · 기각 · 취하된 때임: 저자 주) 그 소송이 계속되는 동안에는 최고에 의하여 권리를 행사하고 있는 상태가 지속되고 있다고 보아야 하고, 최고에 의한 권리행사가 지속되고 있는 해당 소송 기간 중에 채권자가 민법 제174조에 규정된 재판상 청구, 압류 또는 가압류, 가처분 등의 조치를 취한 이상, 그 시효중단의 효력은 당초의 소 제기 시부터 계속 유지되고 있다고 할 것이다.」(대판 2022. 4. 28, 2020다251403)

(ㅂ) 예산회계법 73조 소정의 법령의 규정에 의하여 국가가 행하는 납입의 고지라 함은 국가가 조세 기타의 세입의 징수를 하기 위하여 동법 49조 및 동법 시행령 36조 등의 규정에 의거하여 하는 공적인 절차를 말하며 이 절차는 법규에 의거한 공적인 절차로서 명확한 형식이 정해져 있고 이 형식적 정확성에 의하여 일반 사인이 하는 일정한 형식에 제한이 없는 최고와는 다른 시효중단의 효력을 인정하고 있다 할 것이므로 위 법조의 형식과 절차를 거쳐서 한 납입의 고지를 말하며 그 권리의 발생원인이 공법상의 것이거나 사법상의 것이건 시효중단의 효력이 있다 해석함이 타당하다(다수의견)(대판(전원) 1977. 2. 8, 76다1720).

[283] 2. 압류 · 가압류 · 가처분(168조 2호)

(1) 압류는 집행법원이 확정판결 기타의 집행권원에 기하여 채무자의 재산의 처분을 금하는 강제집행의 첫단계이다(민사집행법 24조 · 56조 · 83조 · 188조 이하). 그리고 가압류와 가처분은 모두 장래의 강제집행의 불능과 곤란을 예방하기 위하여 행하여지는 강제집행 보전수단인데, 그 가운데 가압류는 장래의 금전채권(또는 금전으로 환산할 수 있는 채권)의 보전으로서 집행대상 재산을 미리 압류하여 두는 것이고(민사집행법 276조 이하), 가처분은 청구권의 목적물(계쟁물. 係爭物)의 현상(現狀)을 유지하게 하거나(계쟁물에 관한 가처분) 또는 다툼 있는 권리관계에 대하여 임시의 지위를 정하여 주는 것(임시의 지위를 정하기 위한 가처분)이다(민사집행법 300조 이하).

(2) 압류 · 가압류 · 가처분은 모두 권리의 실행행위이고 반드시 재판상의 청구를 전제로 하지는 않기 때문에, 민법은 이들을 별도의 시효중단사유로 정하고 있다(168조 2호). 압류 · 가압류 · 가처분에 의하여 시효가 중단되는 시기는 명령을 신청한 때이다(이설 없음). 판례도 가압류에 관하여 민사소송법 제265조를 유추적용하여 가압류를 신청한 때에 시효중단의 효력이 생긴다고 한다(대판 2017. 4. 7, 2016다35451).

그리고 판례에 의하면, 가압류에 의한 집행보전의 효력이 존속하는 동안은 시효중단의 효력이 계속된다고 한다(대판 2000. 4. 25, 2000다11102; 대판 2006. 7. 27, 2006다32781; 대판 2011. 5. 13, 2011다10044; 대판 2013. 11. 14, 2013다18622). 따라서 유체동산에 대한 가압류결정을 집행한 경우 가압류에 의한 시효중단의 효력은 가압류의 집행보전의 효력이 존속하는 동안 계속되나, 유체동산에 대한 가압류의 집행절차에 착수하지 않은 경우에는 시효중단의 효력이 없고, 그 집행절차를 개시하였으나 가압류할 동산이 없기 때문에 집행불능이 된 경우에는 집행절차가 종료된 때로부터 시효가 새로이 진행된다고 한다(대판 2011. 5. 13, 2011다10044). 또한 가압류의 피보전채권에 관하여 본안의 승소판결이 확정되었다고 하더라도 가압류에 의한 시효중단의 효력이 이에 흡수되어 소멸되지 않는다고 한다(대판 2000. 4. 25, 2000다11102). 방금 소개한 판례의 첫부분은 가압류의 시효중단효력의 종료시기가 언제인가에 관한 것으로서 실무상 매우 중요한 사항이다. 여기에 관하여 문헌은 찬성하는 견해(계속설)(이균용, 대법원 판례해설, 34호, 2000, 43면 이하)와 반대하는 견해(비계속설)(양창수, 민법연구(6), 503면 이하)로 나뉘어 있다. 생각건대, 후설(비계속설)이 주장하는 바와 같이, 가압류가 임시의 보전조치이고 피보전채권에 기판력이 생기지도 않는 집행준비행위에 지나지 않음에도 불구하고 가압류 등기가 남아있는 한 시효중단의 효력이 지속된다고 하는 것은, 재판상 청구에 대하여보다도 강력한 효과를 부여하는 것으로서 균형이 맞지 않는다. 또한 가압류에 의한 시효중단 후에 다른 시효중단조치를 요구하는 것이 채권자에게 가혹하지도 않다. 결국 가압류에 의해서는 1회만 시효중단이 일어나고, 그 효과가 계속되지는 않는다고 하여야 한다.

한편 채권자가 가분채권의 일부분을 피보전권리인 청구채권으로 주장하여 채무자 소유의 재산에 대하여 가압류를 한 경우에는 그 청구채권 부분에만 시효중단의 효력이 있고, 가압류로 보전되는 청구채권에 포함되지 않은 나머지 채권에 대하여는 시효중단의 효력이 발생할 수 없다(대판 1969. 3. 4, 69다3; 대판 2024. 10. 25, 2024다233212). 그리고 가압류 청구금액으로 채권의 원금만이 기재되어 있다면 가압류채권자가 가압류채무자에 대하여 원본채권 외에 그에 부대하는 이자 또는 지연손해금 채권을 가지고 있다고 하더라도 청구금액에 포함되지 않은 부대채권에 대하여는 시효중단의 효력이 발생할 수 없다(대판 2024. 10. 25, 2024다233212). 1개의 채권의 일부에 대한 가압류·압류는 유효한 채권 부분을 대상으로 한 것이고, 유효한 채권 부분이 남아 있는 한 거기에 가압류·압류의 효력이 계속 미친다. 따라서 1개의 채권 중 일부에 대하여 가압류·압류를 하였는데, 채권의 일부에 대하여만 소멸시효가 중단되고 나머지 부분은 이미 시효로 소멸한 경우, 가압류·압류의 효력은 시효로 소멸하지 않고 잔존하는 채권 부분에 계속 미친다(대판 2016. 3. 24, 2014다13280·13297).

(3) 판례는, 채권자가 채무자의 제 3 채무자에 대한 채권을 압류할 당시 그 피압류채권이 부존재하는 경우에도 집행채권에 대한 권리 행사로 볼 수 있으므로 특별한 사정이 없는 한 압류집행으로써 그 집행채권의 소멸시효는 중단되나, 압류명령 정본이 제 3 채무자에게 송달될 당시 피압류채권 발생의 기초가 되는 법률관계가 없어 피압류채권이 존재하지 않는 경우에는 압류의 효력이 없으므로, 특별한 사정이 없는 한 압류명령의 송달로써 개시된 집행절차는 곧바로 종료되고, 이로써 시효중단사유도 종료되어 집행채권의 소멸시효는 그때부터 새로이 진행한다고 한다(대판 2025. 5. 15, 2024다310980. 가압류에 관하여 같은 취지: 대판 2023. 12. 14, 2022다210093). 그리고 이는 가까운 장래에 피압류채권이 발생할 것이 상당한 정도로 기대된다고 보기 어려워 장래의 채권에 대한 압류가 효력이 없는 경우에도 마찬가지라고 한다(대판 2025. 5. 15, 2024다310980).

(4) 사망한 사람을 피신청인으로 한 가압류신청은 부적법하고 그 신청에 따른 가압류결정이 내려졌다고 하여도 그 결정은 당연무효로서 그 효력이 상속인에게 미치지 않으며, 이러한 당연무효의 가압류는 시효중단사유로서의 「가압류」에 해당하지 않는다(대판 2006. 8. 24, 2004다26287 · 26294). 그리고 가압류결정 이전에 이미 피보전권리인 어음채권의 시효가 완성되어 소멸한 경우에는 그 가압류결정에 의하여 그 원인채권의 소멸시효를 중단시킬 수 없다(대판 2007. 9. 20, 2006다68902). 채무자의 재산을 압류하기 전에 어음채권의 소멸시효가 완성된 경우에도 같다(대판 2010. 5. 13, 2010다6345).

(5) 판례는, 주택임대차보호법 제 3 조의 3에서 정한 임차권등기명령에 따른 임차권등기에는 소멸시효 중단사유인 압류 또는 가압류, 가처분에 준하는 효력이 없다고 한다(대판 2019. 5. 16, 2017다226629). 그 임차권등기는 담보적 기능을 주목적으로 하며, 본래의 담보적 기능을 넘어서 채무자의 일반재산에 대한 강제집행을 보전하기 위한 처분의 성질을 가진다고 볼 수 없다는 이유에서이다. 따라서 그에 따르면, 임차권등기명령에 따른 임차권등기가 행해져도 소멸시효의 진행에 아무런 영향이 없게 된다.

(6) 압류 · 가압류 · 가처분의 명령이 권리자의 청구에 의하여 또는 법률규정에 따르지 않음으로 인하여 취소된 때에는 시효중단의 효력이 없다(175조). 그러나 압류절차가 개시된 이상 압류할 물건이 없어서 집행불능이 되더라도 시효중단의 효력은 생긴다고 하여야 한다(이설 없음). 그리고 제175조가 일정한 사유가 있는 경우에 시효중단의 효력을 부정한 이유는, 그러한 사유가 가압류 채권자에게 권리행

사의 의사가 없음을 객관적으로 표명하는 행위이거나 또는 처음부터 적법한 권리행사가 있었다고 볼 수 없는 사유에 해당한다고 보기 때문이므로, 법률의 규정에 따른 적법한 가압류가 있었으나 제소기간의 도과로 인하여 가압류가 취소된 경우에는 그 규정이 정한 소멸시효 중단의 효력이 없는 경우에 해당한다고 볼 수 없다(대판 2011. 1. 13, 2010다88019).

〈판 례〉

「금전채권의 보전을 위하여 채무자의 금전채권에 대하여 가압류가 행하여진 경우에 그 후 채권자의 신청에 의하여 그 집행이 취소되었다면, 다른 특별한 사정이 없는 한 가압류에 의한 소멸시효 중단의 효과는 소급적으로 소멸된다고 할 것이다. 민법 제175조는 가압류가 "권리자의 청구에 의하여 취소된 때에는" 소멸시효 중단의 효력이 없다고 정한다. 가압류의 집행 후에 행하여진 채권자의 집행취소 또는 집행해제의 신청은 실질적으로 집행신청의 취하에 해당하고, 이는 다른 특별한 사정이 없는 한 가압류 자체의 신청을 취하하는 것과 마찬가지로 그에게 권리행사의 의사가 없음을 객관적으로 표명하는 행위로서 위 법규정에 의하여 시효중단의 효력이 소멸한다고 봄이 상당하다. 이러한 점은 위와 같은 집행취소의 경우 그 취소의 효력이 단지 장래에 대하여만 발생한다는 것에 의하여 달라지지 아니한다.」(대판 2010. 10. 14, 2010다53273)

(7) 압류 · 가압류 · 가처분을 시효의 이익을 받을 자에 대하여 하지 않은 때 [284]
에는, 이를 그에게 통지한 후가 아니면 시효중단의 효력이 없다(176조). 그리하여 예컨대 물상보증인이나 저당부동산의 제 3 취득자의 부동산을 압류한 경우에는, 그 사실을 주채무자에게 통지하여야 그에게 시효중단의 효력이 미친다. 채권자가 채무자의 제 3 채무자에 대한 채권을 압류하거나 제 3 자가 점유하는 채무자의 물건을 압류한 경우에도 마찬가지이다. 이와 같은 경우에 채권자는 직접 자기 채권의 만족을 얻기 위한 절차에 착수한 것이므로 그 채권에 대하여 시효중단을 인정하는 것이 타당하다. 다만, 채무자가 그러한 사실을 모르고 있는 동안에 시효가 중단될 수 있도록 하면 채무자가 예측하지 못한 불이익을 입을 수 있게 된다(같은 취지: 양창수, 민법연구(1), 178면 · 179면 참조). 그리하여 제176조는 압류 등을 시효이익을 받을 자에 대하여 하지 않은 때에도 시효중단의 효력이 발생하도록 하되, 시효이익을 받을 자에게 통지하도록 한 것이다. 그런데 현재의 민사집행법이 이들 경우에 채무자에게 통지하도록 하고 있고(강제경매의 경우: 민법 104조 2항 · 90조 2호(부동산) · 191조(채무자 이외의 자가 점유하는 동산) · 227조 2항(금전채권), 담보권 실행경매의 경우: 268조(부동산) · 271조(채무자 이외의 자가 점유하는 동산) · 273조 3항(금전채권)), 또 실무에서의 관행도 경매개시결정을 채무자에게 송달하고 있어서

이 규정은 큰 의미는 없다. 다만, 후술하는 시효중단시기와 관련하여서는 의미가 없지 않다. 한편 대법원은, 채권자가 채권보전을 위하여 채무자의 제3채무자에 대한 채권을 가압류한 경우 채무자에게 그 가압류 사실이 통지되지 않더라도 채권자의 채권에 대하여 소멸시효 중단의 효력이 발생한다고 한다(대판 2019. 5. 16, 2016다8589. 미간행판결임).

이 경우의 통지는 반드시 채권자 본인이 하여야 하는 것은 아니고, 경매법원이 경매절차의 이해관계인인 채무자에게 경매개시 결정이나 경매기일 통지서를 송달하여 할 수도 있다(대판 1990. 1. 12, 89다카4946; 대판 1990. 6. 26, 89다카32606; 대판 1994. 1. 11, 93다21477; 대판 1994. 11. 25, 94다26097). 그런데 이 경매개시 결정이나 경매기일 통지서는 압류의 사실을 채무자가 알 수 있도록 교부송달의 방법으로 송달하여야 하며, 우편송달(발송송달)이나 공시송달에 의하여 송달함으로써 채무자가 압류사실을 알 수 없었던 때에는 통지가 인정되지 않는다(대판 1990. 1. 12, 89다카4946; 대판 1994. 1. 11, 93다21477; 대판 1994. 11. 25, 94다26097). 그리고 대법원은, 물상보증인 소유의 부동산에 대하여 채권자인 은행의 신청으로 임의경매절차가 개시됨으로 인하여 채무자의 은행에 대한 채무의 소멸시효가 중단되었는지 문제된 사안에서, 경매개시 결정상의 압류사실에 관한 통지에는 은행여신거래 기본약관에서 정한 도달간주 조항(채무자의 주소가 변경된 때에는 바로 은행에 신고하여야 하고, 신고하지 않아 은행이 채무자가 신고한 최종 주소로 발송한 서류가 연착하거나 도달하지 않은 때에는 보통의 우송기간이 경과한 때에 도달한 것으로 본다는 조항)이 적용되지 않는다고 한다(대판 2010. 2. 25, 2009다69456).

이때 시효중단의 효력이 생기는 시기에 관하여는 압류 등을 시효의 이익을 받을 자에 대하여 한 경우처럼 압류 등의 신청시라고 하는 견해도 있을 수 있다. 그러나 그렇게 해석하면 압류 등의 신청이 있은 후 채무자에게 통지가 행하여지기 전에 시효가 완성된 줄 알고 채무자가 영수증을 폐기하는 등의 행위를 하여 불이익을 입을 수도 있다(양창수, 민법연구(1), 190면도 참조). 따라서 제176조의 경우에는 명령신청시가 아니고 통지가 채무자에게 도달한 때에 시효가 중단된다고 새겨야 한다. 통설도 같다(곽윤직, 336면; 이영준, 826면; 주해(3), 531면(윤진수); 양창수, 민법연구(1), 191면).

제176조의 통지가 있었다는 사실은 압류 등을 한 자가 증명하여야 한다.

〈판 례〉

(ㄱ) 「원인채권의 지급을 확보하기 위하여 어음이 수수된 당사자 사이에서 채권자가 어음채권을 피보전권리로 하여 채무자의 재산을 가압류함으로써 그 권리를 행사한 경우에는 그 원인채권의 소멸시효를 중단시키는 효력이 있고(대법원 1999. 6. 11. 선고 99다16378 판결 참조), 이러한 법리는 채권자가 어음채권을 청구채권으로 하여 채무자의 재산을 압류함으로써

그 권리를 행사한 경우에도 마찬가지이며, 한편 집행력 있는 채무명의(현재의 집행권원에 해당: 저자 주) 정본을 가진 채권자는 이에 기하여 강제경매를 신청할 수 있으며, 다른 채권자의 신청에 의하여 개시된 경매절차를 이용하여 배당요구를 신청하는 행위도 채무명의에 기하여 능동적으로 그 권리를 실현하려고 하는 점에서는 강제경매의 신청과 동일하다고 할 수 있으므로, 부동산경매절차에서 집행력 있는 채무명의 정본을 가진 채권자가 하는 배당요구는 민법 제168조 제 2 호의 압류에 준하는 것으로서 배당요구에 관련된 채권에 관하여 소멸시효를 중단하는 효력이 생긴다고 할 것이고, 따라서 원인채권의 지급을 확보하기 위하여 어음이 수수된 당사자 사이에 채권자가 어음채권에 관한 집행력 있는 채무명의 정본에 기하여 한 배당요구는 그 원인채권의 소멸시효를 중단시키는 효력이 있다.」(대판 2002. 2. 26, 2000다25484)

(ㄴ) 「저당권으로서 첫 경매개시결정등기 전에 등기되었고 매각으로 소멸하는 것을 가진 채권자는 담보권을 실행하기 위한 경매신청을 할 수 있을뿐더러 다른 채권자의 신청에 의하여 개시된 경매절차에서 배당요구를 하지 않아도 당연히 배당에 참가할 수 있는바, 이러한 채권자가 채권의 유무, 그 원인 및 액수를 법원에 신고하여 권리를 행사하였다면 그 채권신고는 민법 제168조 제 2 호의 압류에 준하는 것으로서 신고된 채권에 관하여 소멸시효를 중단하는 효력이 생긴다고 할 것이다(대법원 2002. 2. 26. 선고 2000다25484 판결, 대법원 2009. 3. 26. 선고 2008다89880 판결 참조). 그러나 민법 제175조에 "압류, 가압류 및 가처분은 권리자의 청구에 의하여 또는 법률의 규정에 따르지 아니함으로 인하여 취소된 때에는 시효중단의 효력이 없다"라고 규정하고, 민사집행법 제93조 제 1 항에 "경매신청이 취하되면 압류의 효력은 소멸된다"라고 규정하고 있으므로 경매신청이 취하되면 특별한 사정이 없는 한 압류로 인한 소멸시효 중단의 효력이 소멸하는 것과 마찬가지로 위와 같이 첫 경매개시결정등기 전에 등기되었고 매각으로 소멸하는 저당권을 가진 채권자의 채권신고로 인한 소멸시효 중단의 효력도 소멸한다고 봄이 상당하다 .

한편, 이러한 채권신고에 채무자에 대하여 채무의 이행을 청구하는 의사가 직접적으로 표명되어 있다고 보기 어렵고 채무자에 대한 통지 절차도 구비되어 있지 않으므로 별도의 소멸시효 중단사유인 최고의 효력은 인정되지 않는다고 할 것이므로, 경매신청이 취하된 후 6월 내에 위와 같은 채권신고를 한 채권자가 소제기 등의 재판상의 청구를 하였다고 하더라도 민법 제170조 제 2 항에 의하여 소멸시효 중단의 효력이 유지된다고 할 수 없다.」(대판 2010. 9. 9, 2010다28031)

(ㄷ) 「민법 제175조는 압류가 '권리자의 청구에 의하여 또는 법률의 규정에 따르지 아니함으로 인하여 취소된 때에는 소멸시효 중단의 효력이 없다'고 규정하고 있는데, 이는 그러한 사유가 압류채권자에게 권리행사의 의사가 없음을 객관적으로 표명하는 행위이거나 또는 처음부터 적법한 권리행사가 있었다고 볼 수 없는 사유에 해당한다고 보기 때문이므로(대법원 2011. 1. 13. 선고 2010다88019 판결 참조), 법률의 규정에 따른 적법한 압류가 있었으나 이후 남을 가망이 없는 경우의 경매취소를 규정한 민사집행법 제102조 제 2 항에

따라 경매절차가 취소된 때는 민법 제175조가 정한 소멸시효 중단의 효력이 없는 경우에 해당한다고 볼 수 없다.

따라서 경매신청이 취하된 경우에는 특별한 사정이 없는 한 압류로 인한 소멸시효 중단의 효력은 물론, 첫 경매개시결정등기 전에 등기되었고 매각으로 소멸하는 저당권을 가진 채권자의 채권신고로 인한 소멸시효 중단의 효력도 소멸하지만(위 대법원 2010다28031 판결 참조), 이와 달리 민사집행법 제102조 제 2 항에 따라 경매절차가 취소된 경우에는 압류로 인한 소멸시효 중단의 효력이 소멸하지 않고, 마찬가지로 첫 경매개시결정등기 전에 등기되었고 매각으로 소멸하는 저당권을 가진 채권자의 채권신고로 인한 소멸시효 중단의 효력도 소멸하지 않는다.」(대판 2015. 2. 26, 2014다228778)

(ㄹ) 「원인채권의 지급을 확보하기 위하여 어음이 수수된 당사자 사이에서 채권자가 어음채권을 청구채권으로 하여 채무자의 재산을 압류함으로써 그 권리를 행사한 경우에는 그 원인채권의 소멸시효를 중단시키는 효력이 있다(대법원 2002. 2. 26. 선고 2000다25484 판결 참조). 그러나 이미 어음채권의 소멸시효가 완성된 후에는 그 채권이 소멸되고 시효중단을 인정할 여지가 없으므로, 시효로 소멸된 어음채권을 청구채권으로 하여 채무자의 재산을 압류한다 하더라도 이를 어음채권 내지는 원인채권을 실현하기 위한 적법한 권리행사로 볼 수 없어, 그 압류에 의하여 그 원인채권의 소멸시효가 중단된다고 볼 수 없다.」(대판 2010. 5. 13, 2010다6345)

[285] ### 3. 승 인(168조 3호)

승인은 시효의 이익을 받을 당사자(예: 채무자)가 그 시효의 완성으로 권리를 상실하게 될 자 또는 그 대리인에 대하여 그 권리의 존재를 인정한다고 표시하는 것이다(대판 1992. 4. 14, 92다947; 대판 1995. 9. 29, 95다30178; 대판 1998. 11. 13, 98다38661; 대판 2000. 4. 25, 98다63193; 대판 2018. 4. 24, 2017다205127). 이러한 승인은 관념의 통지에 해당한다(대판 2013. 2. 28, 2011다21556).

승인에는 법률행위에 관한 규정이 유추적용된다. 따라서 승인을 단독으로 유효하게 하려면 승인자에게 행위능력이 있어야 한다(같은 취지: 이영준, 827면).

승인은 승인을 할 만한 권한 있는 자가 하여야 한다(대판 1970. 3. 10, 69다401). 시효이익을 받을 자 또는 그 대리인이 그러한 권한이 있다(대판 2016. 10. 27, 2015다239744). 그에 비하여 단순한 피용자, 가령 회사의 경리과장 · 총무과장 또는 출장소장은 일반적으로 회사가 부담하는 채무에 대하여 승인을 할 수 없다(대판 1965. 12. 28, 65다2133). 그리고 이행인수인이 채권자에 대하여 채무자의 채무를 승인하더라도 다른 특별한 사정이 없는 한 채무승인의 효력이 발생하지 않는다(대판 2016. 10. 27, 2015다239744. 이행인수인은 시효이익을 받을 당사자나 대리인이 아니어서).

시효중단의 효력이 있는 승인에는 상대방의 권리에 관한 처분의 능력이나 권한이 있음을 필요로 하지 않는다(177조). 즉 상대방의 권리를 승인자가 가지고 있다고 할 때 그에게 처분능력이나 권한이 없어도 승인을 할 수 있다. 본래 승인은 권리의 존재를 인정하는 것에 불과하기 때문이다. 그러나 관리능력이나 권한은 필요하다고 해석된다(177조의 반대해석). 그리하여 미성년자 · 피성년후견인의 법정대리인, 처분권한이 없는 부재자의 재산관리인(25조), 권한을 정하지 않은 대리인(118조)도 유효하게 승인을 할 수 있다.

승인의 상대방은 권리자 또는 그 대리인이며(통설 · 판례임. 대판 1992. 4. 14, 92다947 등), 승인은 반드시 이 상대방에 대하여 하여야 한다. 그리하여 가령 채무자가 2번저당권을 설정하여도 그것이 1번저당권자에 대한 승인이 되지 않는다. 또한 검사가 작성한 피의자 신문조서의 진술 기재 가운데 채무의 일부를 승인하는 내용이 표시되었다고 하여 그것만으로는 승인이 있었던 것으로 볼 수 없다(대판 1999. 3. 12, 98다18124). 이와 같이 승인을 반드시 상대방에 대하여 하여야 하는 이유로 문헌은, 그렇게 함으로써 비로소 진정한 권리상태가 객관화된다고 할 수 있고, 또 만일에 그렇게 하지 않는다면 악의의 채무자는 시효의 이익을 받지 못하게 될 염려가 있게 되기 때문이라고 설명한다(곽윤직, 337면)

승인에는 특별한 방식이 요구되지 않으므로, 명시적으로뿐만 아니라 묵시적으로도 할 수 있다(대판 1992. 4. 14, 92다947; 대판 1995. 9. 29, 95다30178; 대판 1998. 11. 13, 98다38661; 대판 2000. 4. 25, 98다63193; 대판 2010. 4. 29, 2009다99105; 대판 2018. 4. 24, 2017다205127). 그리하여 가령 채무증서를 다시 작성하거나 이자를 지급하는 것, 매 분기말에 물품대금이 포함된 잔액확인통지서를 작성 · 교부하여 주는 것(대판 2006. 9. 22, 2006다22852 · 22869), 일부변제(대판 1980. 5. 13, 78다1790(채무의 일부변제는 채무의 일부로서 변제한 이상 그 채무 전부에 관하여 시효중단의 효력을 발생하는 것으로 보아야 할 것이라고 함); 대판 1996. 1. 23, 95다39854)(채무자가 시효완성 전에 채무의 일부를 상계한 경우에도 그 수액에 관하여 다툼이 없는 한 채무 승인으로서의 효력이 있어 채무 전부에 관하여 시효중단의 효력이 발생함. 대판 2022. 5. 26, 2021다271732), 담보의 제공(대판 1997. 12. 26, 97다22676은 채무자가 채권자에 대하여 자기 소유의 부동산에 담보 목적의 가등기를 설정하여 주는 것은 민법 168조 소정의 채무의 승인에 해당한다고 볼 수 있으므로 위 조항이 헌법상의 평등권이나 재산권 보장 조항에 위반된다고도 볼 수 없다고 한다), 면책적 채무인수(대판 1999. 7. 9, 99다12376), 기한유예의 청구, 회생절차 내에서 이루어진 변제기 유예 합의(대판 2016. 8. 29, 2016다208303) 등은 묵시의 승인이 된다. 그런데 그 묵시적인 승인표시는 적어도 채무자가 그 채무의 존재 및 액수에 대하여 인식하고 있음을 전제로 하여 그 표시를 대하는 상대방으로 하여금 채무자가 그 채무를 인식하고 있음을 그 표시를 통해 추단하게 할 수 있는 방법으로 행해져야 한다(대판 1992. 4. 14, 92다947; 대판 2005. 2. 17, 2004다59959; 대판 2006. 9. 22, 2006다22852 · 22869; 대판 2007. 11. 29, 2005다64552; 대판 2009. 11. 26, 2009다64383; 대판 2010. 4. 29, 2009다99105; 대판 2018. 4. 24, 2017다205127). 따라서 계속적 거래관계에 있는 자가 단순히 기왕에 공급받았던 것과 동종의 물품을 추가로 주문하고 공급받은 것만으로는 기왕의 미변제채무에 대한 승인으로 볼 수 없다(대판 2005. 2. 17, 2004다59959; 대판 2007. 1. 25, 2006다68940). 그에 비하여 비법인사단의 대표자가 총유물의 매수인에게 소유권이전등기를 해주기 위하여 매수인과 함께 법무사 사무실을 방문한 행위는 소유권이전등기 청구권의 소멸시효 중단의 효력이 있는 승인에 해당한다(대판 2009. 11. 26, 2009다64383). 그리고 판례는 담보가등기를 경료한 부동산을 인도받아 점유하더라도 담보가등기의 피담보채권의 소멸시효가 중단되는 것은 아니지만(대판 2007. 3. 15, 2006다12701), 채무의 일부를 변제하는 경우에는 채무 전부에 관하여 시효중단의 효력이 발생하는 것이므로(대판 1980. 5. 13, 78다1790), 채무자가 채권자에게 담보가등기를 경료하고 부동산을 인도하여 준 다음 피담보채권에 대한 이자 또는 지연손해금의 지급에 갈음하여 채권자로 하여금 부동산을 사용·수익할 수 있도록 한 경우라면 채권자가 부동산을 사용·수익하는 동안에는 채무자가 계속하여 이자 또는 지연손해금을 채권자에게 변제하고 있는 것으로 볼 수 있으므로 피담보채권의 소멸시효가 중단된다고 한다(대판 2009. 11. 12, 2009다51028). 그런가 하면 동일한 채권자와 채무자 사이에 다수의 채권이 존재하는 경우 채무자가 변제를 충당하여야 할 채무를 지정하지 않고 모든 채무를 변제하기에 부족한 금액을 변제한 때에는 특별한 사정이 없는 한 그 변제는 모든 채무에 대한 승인으로서 소멸시효를 중단하는 효력을 가진다고 한다(대판 2021. 9. 30, 2021다239745). 채무자는 자신이 계약당사자로 있는 다수의 계약에 기초를 둔 채무들이 존재한다는 사실을 인식하고 있는 것이 통상적이므로, 변제 시에 충당할 채무를 지정하지 않고 변제를 하였으면 특별한 사정이 없는 한 다수의 채무 전부에 대하여 그 존재를 알고 있다는 것을 표시했다고 볼 수 있기 때문이다(대판 2021. 9. 30, 2021다239745)

승인은 시효의 이익을 받을 자가 상대방의 권리 등의 존재를 인정하는 일방적 행위로서, 그 권리의 원인·내용이나 범위 등에 관한 구체적 사항을 확인하여야 하는 것은 아니고(대판 2001. 2. 23, 2000다65864; 대판 2012. 10. 25, 2012다45566), 그에 있어서 채무자가 권리 등의 법적 성질까지 알고 있거나 권리 등의 발생원인을 특정하여야 할 필요는 없다(대판 2012. 10. 25, 2012다45566).

승인은 시효이익을 받을 당사자인 채무자가 그 권리의 존재를 인식하고 있다는 뜻을 표시함으로써 성립하는 것이므로 소멸시효의 진행이 개시된 이후에만 가능하고 그 이전에 승인을 하더라도 시효가 중단되지는 않으며, 또한 현존하지 않는 장래의 채권을 미리 승인하는 것은 채무자가 그 권리의 존재를 인식하고서 한 것이라고 볼 수 없어 허용되지 않는다(대판 2001. 11. 9, 2001다52568). 그리하여 가령 환자가 병원과 진료계약을 체결하면서 「입원료 기타 제요금이 체납될 시는 원고 병원의 법적 조치에 대하여 아무런 이의를 하지 않겠다」고 약정하였다 하더라도, 그 약정으로 그 당시 아직 발생하지도 않은 치료비채무의 존재를 미리 승인하였다고 볼 수는 없다(대판 2001. 11. 9, 2001다52568).

채무승인이 있었다는 사실은 이를 주장하는 채권자측에서 증명하여야 한다(대판 2005. 2. 17, 2004다59959).

승인에 의하여 시효중단의 효력이 생기는 시기는 승인이 상대방에게 도달한 때이다(대판 1995. 9. 29, 95다30178).

시효를 중단시키는 승인은 시효완성 전에만 할 수 있다. 시효가 완성된 후에는 시효이익의 포기만이 문제되기 때문이다.

〈판 례〉

(ㄱ) 면책적 채무인수가 있은 경우, 인수채무의 소멸시효기간은 채무인수와 동시에 이루어진 소멸시효 중단사유, 즉 채무승인에 따라 채무인수일로부터 새로이 진행된다(대판 1999. 7. 9, 99다12376).

(ㄴ) 피고(수급인)가 공사도급계약에 기하여 건물 신축을 위한 지하 굴착공사를 시행하다가 인접한 원고 소유의 주택에 복구공사비 상당의 손해를 가한 사안에서, 피고가 원고에게 보낸 통지서의 기재내용을 피고가 원고에 대한 복구공사비 채무의 존재를 인정함을 전제로 하고 다만 그 지급방법에 관하여 건축주와 피고 사이의 합의에 따라 원고가 건축주로부터 이를 직접 지급받을 것을 원고에게 요청한 취지라고 해석하여 피고는 이에 의하여 원고에 대한 복구공사비 채무를 승인하였다고 본 사례(대판 1998. 11. 13, 98다38661).

(ㄷ) 채무자가 수건의 대출금채무 중 변제되지 않고 있는 모든 채무를 변제한다는 의사로 채권자에게 잔존채무를 정산해 달라고 하였는데, 채권자의 실수로 일부의 채무를 제외한 나머지 대출금채무만이 남아 있는 것처럼 정산하여 채무자가 위 나머지 채무가 남아 있는 전채무인 것으로 알고 이를 변제한 경우, 채무자로서는 채권자가 제외된 채무까지 포함하여 정산하고 이를 잔존채무로 제시하였다 하더라도 당연히 변제하였을 것이므로, 채무자의 행위는 정산된 채무만이 전채무이고 그 이상의 채무는 존재하지 아니한다는 인식을 표시하거나 특정채무를 지정하여 그 일부의 변제를 한 것이 아니라, 당시 자신이 부담하고 있던 모든 채무를 그대로 인정한다는 관념을 표시한 것으로 본 사례(대판 2001. 2. 23, 2000다65864).

(ㄹ) 당사자 간에 계속적 거래관계가 있다고 하더라도 물품 등을 주문하고 공급하는 과정에서 기왕의 미변제 채무에 대하여 서로 확인하거나 확인된 채무의 일부를 변제하는 등의 절차가 없었다면 기왕의 채무의 존부 및 액수에 대한 당사자 간의 인식이 다를 수도 있는 점에 비추어 볼 때, 피고가 단순히 기왕에 공급받던 것과 동종의 물품을 추가로 주문하고 공급받았다는 사실만으로는 기왕의 채무의 존부 및 액수에 대한 인식을 묵시적으로 표시하였다고 보기 어렵다는 사례(대판 2005. 2. 17, 2004다59959).

(ㅁ) 위법한 행정지도로 상대방에게 일정기간 어업권을 행사하지 못하는 손해를 입힌 행정기관이 "어업권 및 시설에 대한 보상 문제는 관련부서와의 협의 및 상급기관의 질의, 전문기관의 자료에 의하여 처리해야 하므로 처리기간이 지연됨을 양지하여 달라"는 취지의 공문을 보낸 사유만으로 자신의 채무를 승인한 것으로 볼 수 없다고 한 사례(대판 2008. 9. 25, 2006다18228).

(ㅂ) 불법행위에 따른 손해배상청구권의 소멸시효 완성 전에 가해자의 보험자가 피해자의 치료비를 구 「자동차손해배상 보장법」(2006. 12. 28. 법률 제8127호로 개정되기 전의 것) 제 9 조 제 1 항 단서, 제11조 등의 규정에 따라 의료기관에 직접 지급한 경우, 특별한 사정이 없는 한 보험자가 피해자에 대한 손해배상책임이 있음을 전제로 그 손해배상채무 전체를 승인한 것으로 봄이 상당하고, 치료비와 같은 적극적인 손해에 한정하여 채무를 승인한 것으로 볼 수는 없다고 한 사례(대판 2010. 4. 29, 2009다99105).

(ㅅ) 형사재판절차에서 무죄를 주장하면서도 유죄가 인정되는 경우에 대비하여 제 1 심판결 및 항소심판결 선고 전에 각 1,000만 원을 공탁하면서 손해배상금의 일부라는 표시도 하지 않고 공탁금 회수제한신고서도 첨부한 사안에서, 채무자가 부담하는 손해배상채무는 정신적 손해에 대한 위자료 지급채무의 성격을 가지는 것이어서 형사재판과정에서 그 액수를 구체적으로 산정하기 곤란하였다는 점 등에 비추어 보면, 위 각 공탁에 의하여 당시 그 공탁금을 넘는 손해배상채무가 존재함을 인식하고 있었다는 뜻을 표시한 것이라고 보기는 어렵다는 점에서 위 각 공탁에 의하여 공탁금을 넘는 손해배상채무를 승인한 것이라고 볼 수 없다는 이유로 손해배상채무 전액에 대한 승인의 효력을 인정한 원심판결을 파기한 사례(대판 2010. 9. 30, 2010다36735).

(ㅇ) 갑이 대표이사로 있는 을 회사가 병에게 공정증서를 작성해 준 행위는 갑이 자신의 공사대금채무에 대한 담보를 제공할 목적으로 을 회사로 하여금 갑의 공사대금채무를 병존적으로 인수하게 한 것으로 보아야 하므로, 갑이 자신의 공사대금채무의 존재 및 액수에 대하여 인식하고 있음을 묵시적이나마 병에게 표시한 것으로 볼 수 있고, 병의 갑에 대한 위 공사대금채권은 채무자인 갑의 위와 같은 을 회사 명의의 공정증서 작성 · 교부를 통한 채무승인에 의하여 그 소멸시효가 중단되었다고 한 사례(대판 2010. 11. 11, 2010다46657).

Ⅲ. 소멸시효 중단의 효력 [286]

1. 효력의 내용

소멸시효가 중단되면 그때까지 경과한 시효기간은 산입하지 않는다(178조 1항 전단). 즉 그 기간은 0으로 된다. 그리고 중단사유가 종료한 때로부터 다시 시효기간의 계산이 시작된다(178조 1항 후단).

중단된 시효가 다시 기산하는 시기를 구체적으로 살펴보면, 중단사유가 청구(재판상 청구)인 경우에는 재판이 확정된 때이고(178조 2항), 압류 · 가압류 · 가처분인 경우에는 이들 절차가 끝났을 때이며(통설도 같음. 그러나 판례는 가압류에 의한 시효중단의 효력은 가압류의 집행보전의 효력이 존속하는 동안은 계속된다고 한다. 대판 2000. 4. 25, 2000다11102; 대판 2006. 7. 4, 2006다32781), 승인인 경우에는 승인이 상대방에게 도달한 때이다. 판례는, 압류의 경우에는 압류가 해제되거나 집행절차가 종료될 때에(대판 2017. 4. 28, 2016다239840(그리고 체납처분에 의한 채권압류로 인하여 채권자의 채무자에 대한 채권의 시효가 중단된 경우에 그 압류에 의한 체납처분 절차가 채권추심 등으로 종료된 때뿐만 아니라, 피압류채권이 그 기본계약관계의 해지 · 실효 또는 소멸시효 완성 등으로 인하여 소멸함으로써 압류의 대상이 존재하지 않게 되어 압류 자체가 실효된 경우에도 체납처분 절차는 더 이상 진행될 수 없으므로 시효중단사유가 종료한 것으로 보아야 하고, 그때부터 시효가 새로이 진행한다고 함). 대판 2015. 11. 26, 2014다45317은 압류에 의한 시효중단의 효력은 강제집행 절차가 종료될 때까지 계속된다고 함), 부동산의 가압류의 경우에는 특별한 사정이 없는 한 가압류등기가 말소된 때에(대판 2013. 11. 14, 2013다18622) 그 중단사유가 종료되어, 그때부터 새로 소멸시효가 진행한다고 한다.

〈판 례〉

(ㄱ) 「채권자가 배당요구 또는 채권신고 등의 방법으로 권리를 행사하여 강제경매절차에 참가하고, 그 권리행사로 인하여 소멸시효가 중단된 채권에 대하여 일부만 배당하는 것으로 배당표가 작성되고 다시 그 배당액 중 일부에 대하여만 배당이의가 있어 그 이의의 대상이 된 부분을 제외한 나머지 부분, 즉 배당액 중 이의가 없는 부분과 배당받지 못한 부분의 배당표가 확정이 되었다면, 이로써 그와 같이 배당표가 확정된 부분에 관한 권리행사는 종료되고 그 부분에 대하여 중단된 소멸시효는 위 종료 시점부터 다시 진행된다. 그리고 위 채권 중 배당이의의 대상이 된 부분은 그에 관하여 적법하게 배당이의의 소가 제기되고 그 소송이 완결된 후 그 결과에 따라 종전의 배당표가 그대로 확정 또는 경정되거나 새로 작성된 배당표가 확정되면 그 시점에서 권리행사가 종료되고 그때부터 다시 소멸시효가 진행한다.」(대판 2009. 3. 26, 2008다89880)

(ㄴ) 「가압류는 강제집행을 보전하기 위한 것으로서 경매절차에서 부동산이 매각되면 그 부동산에 대한 집행보전의 목적을 다하여 효력을 잃고 말소되며, 가압류채권자에게는 집행법원이 그 지위에 상응하는 배당을 하고 배당액을 공탁함으로써 가압류채권자가 장차 채무자에 대하여 권리행사를 하여 집행권원을 얻었을 때 배당액을

지급받을 수 있도록 하면 족한 것이다. 따라서 이러한 경우 가압류에 의한 시효중단은 경매절차에서 부동산이 매각되어 가압류등기가 말소되기 전에 배당절차가 진행되어 가압류채권자에 대한 배당표가 확정되는 등의 특별한 사정이 없는 한, 채권자가 가압류집행에 의하여 권리행사를 계속하고 있다고 볼 수 있는 가압류등기가 말소된 때 그 중단사유가 종료되어, 그때부터 새로 소멸시효가 진행한다고 봄이 상당하다[매각대금 납부 후의 배당절차에서 가압류채권자의 채권에 대하여 배당이 이루어지고 배당액이 공탁되었다고 하여 가압류채권자가 그 공탁금에 대하여 채권자로서 권리행사를 계속하고 있다고 볼 수는 없으므로 그로 인하여 가압류에 의한 시효중단의 효력이 계속된다고 할 수 없다].」(대판 2013. 11. 14, 2013다18622)

(ㄷ) 「배당을 받아야 할 채권자 중 가압류채권자가 있어 그에 대한 배당액이 공탁된 경우 공탁된 배당금이 가압류채권자에게 지급될 때까지 배당절차가 종료되었다고 단정할 수 없다. 따라서 가압류채권자에 대한 배당액을 공탁한 뒤 그 공탁금을 가압류채권자에게 전액 지급할 수 없어서 추가배당이 실시됨에 따라 배당표가 변경되는 경우에는 추가배당표가 확정되는 시점까지 배당요구에 의한 권리행사가 계속된다고 볼 수 있으므로, 그 권리행사로 인한 소멸시효 중단의 효력은 추가배당표가 확정될 때까지 계속된다.」(대판 2022. 5. 12, 2021다280026)

2. 효력의 인적 범위

(1) 시효중단의 효력은 당사자 및 그 승계인 사이에만 생긴다(169조). 여기서 당사자라 함은 중단행위에 관여한 자를 가리키고 시효의 대상인 권리 또는 청구권의 당사자를 의미하지 않는다. 그리하여 예컨대 손해배상청구권을 공동상속한 자 중 1인이 자기의 상속분을 행사하여 승소판결을 얻었더라도 다른 공동상속인의 상속분에까지 중단의 효력이 미치는 것이 아니며(대판 1967. 1. 24, 66다2279), 공유자의 한 사람이 공유물의 보존행위로서 재판상의 청구를 한 경우에 시효중단의 효력은 재판상의 청구를 한 공유자에게만 발생하고, 다른 공유자에게는 미치지 않는다(대판 1979. 6. 26, 79다639). 한편 채권자대위권 행사의 효과는 직접 채무자에게 귀속하므로 채권자가 채무자를 대위하여 채무자의 제 3 채무자에 대한 채권을 재판상 청구한 경우에는 그로 인한 대위의 객체인 채권의 시효중단의 효과는 채무자에게도 미친다(같은 취지: 주해(3), 490면(윤진수); 지원림, 421면).

승계인이라 함은 시효중단에 관여한 당사자로부터 중단의 효과를 받는 권리를 그 중단효과 발생 이후에 승계한 자를 뜻하며(대판 1998. 6. 12, 96다26961), 거기에는 포괄승계인은 물론 특정승계인도 포함된다(대판 1997. 4. 25, 96다46484; 대판 2015. 5. 28, 2014다81474 등 참조).

〈판 례〉

「공동광업권자는 조합계약을 한 것으로 보므로(광업법 제34조, 제19조 제 6 항), 공동광업권자는 광업권 및 광업권 침해로 인한 손해배상청구권을 준합유한다고 할 것이므로, 기존의 공동광업권자가 손해배상청구소송을 제기하였다면 그 손해배상청구권 전부에 대하여 소멸시효가 중단되는 것이고, 그 후에 광업권의 지분을 양수한 공동광업권자는 조합원의 지위에서 기존의 공동광업권자와 함께 소멸시효가 중단된 손해배상청구권을 준합유한다고 보아야 할 것이므로, 새로 공동광업권자가 된 자의 지분에 해당하는 부분만 따로 소멸시효가 중단됨이 없이 진행되는 것은 아니다.」(대판 1997. 2. 11, 96다1733)

(2) 중단의 효력이 당사자와 그 승계인에게만 미친다는 원칙에는 예외가 있다. 지역권(295조 2항 · 296조. 물권법 [157] 참조) · 연대채무(416조 · 421조. 채권법총론 [155] 참조) · 보증채무(440조. 채권법총론 [175] 참조) 등에 있어서 그렇다. 압류 · 가압류 · 가처분을 시효의 이익을 받을 자에게 하지 않은 경우에 그것을 시효이익을 받을 자에게 통지하면 그에게 시효중단의 효력이 미치는데(176조. [283] 참조), 이것도 일종의 예외라고 할 수 있다.

제 4 절 소멸시효의 정지

Ⅰ. 소멸시효 정지의 의의 [287]

민법은 일정한 사유가 있는 경우에는 그 사유가 종료된 때로부터 일정기간 내에는 소멸시효가 완성하지 않도록 규정하고 있다(179조 내지 182조). 이것을 소멸시효의 정지라고 한다. 이러한 시효정지는 시효중단과 더불어 시효의 완성을 막아 권리자를 보호하는 것이나, 이미 경과한 시효기간이 0으로 되지 않고 일정한 유예기간이 경과하면 시효가 완성하는 점에서 중단과 다르다.

Ⅱ. 소멸시효의 정지사유

(1) 제한능력자를 위한 정지

소멸시효의 기간 만료 전 6개월 내에 제한능력자에게 법정대리인이 없는 경우에는, 그가 능력자가 되거나 법정대리인이 취임한 때부터 6개월 내에는 시효가 완성되지 않는다(179조).

재산을 관리하는 아버지 · 어머니 또는 후견인에 대한 제한능력자의 권리는 그가 능력자가 되거나 후임 법정대리인이 취임한 때부터 6개월 내에는 소멸시효가 완성하지 않는다(180조 1항).

(2) 부부 사이의 권리와 정지

부부 중 한쪽이 다른 쪽에 대하여 가지는 권리는 혼인관계가 종료된 때부터 6개월 내에는 소멸시효가 완성되지 않는다(180조 2항). 이는 혼인관계가 존속하는 동안에는 시효중단의 절차를 밟는 것이 곤란하다는 이유에서 인정된 정지사유이다. 여기서 혼인관계가 종료한다는 것은 이혼은 물론이고, 배우자 일방의 사망이나 혼인의 취소 등도 포함한다(곽윤직, 339면).

(3) 상속재산에 관한 권리와 정지

상속재산에 속한 권리나 상속재산에 대한 권리는 상속인의 확정, 관리인의 선임 또는 파산선고가 있는 때로부터 6개월 내에는 소멸시효가 완성하지 않는다(181조).

(4) 사변(事變)에 의한 정지

천재 기타 사변으로 인하여 소멸시효를 중단할 수 없을 때에는, 그 사유가 종료한 때로부터 1개월 내에는 시효가 완성하지 않는다(182조). 여기의 사변은 폭설이나 홍수로 인한 교통의 두절 · 전쟁 · 폭동 · 지진 등을 가리키며, 권리자의 여행 · 질병과 같은 주관적인 사유는 이에 해당하지 않는다.

제 5 절 소멸시효의 효력

[288] Ⅰ. 소멸시효 완성의 효과

소멸시효의 요건이 갖추어진 경우에 어떤 효과가 발생하는가? 민법은 「소멸시효가 완성한다」고 할 뿐, 그 「완성한다」는 것이 무엇을 의미하는지에 관하여는 규정하고 있지 않다.

(1) 학 설

학설은 i) 절대적 소멸설, ii) 상대적 소멸설, iii) 2원설로 나뉘어 대립하고 있다.

i) 절대적 소멸설 절대적 소멸설은 소멸시효의 완성으로 권리가 당연히 소멸한다고 한다(곽윤직, 340면; 김주수, 571면; 이영준, 834면; 이은영, 778면). 이 견해는 그 근거로 현행 민법이 의용민법과 달리 시효의 원용제도를 삭제한 점, 입법자의 의도 등을 들고 있다.

ii) 상대적 소멸설 이 견해는 소멸시효의 완성으로 권리가 당연히는 소멸하지 않고 다만 시효의 이익을 받을 자에게 권리의 소멸을 주장할 권리(이른바 원용권)가 생길 뿐이라고 한다(김상용, 722면; 김용한, 489면; 김준호, 435면; 김학동, 544면; 백태승, 602면; 지원림, 427면; 주해(3), 483면(윤진수)). 그리고 소멸시효로 인한 권리소멸의 효과는 소멸시효의 원용이 있음으로써 비로소 확정적으로 생긴다고 한다. 이 견해는, 절대적 소멸설은 개별적 문제의 설명에 어려움이 있지만 상대적 소멸설은 그렇지 않으며, 윤리적인 감정 및 사회적 정의에도 부합한다는 점 등을 근거로 들고 있다.

iii) 2원설 이는 원칙적으로 상대적 소멸설을 취하면서, 예외적으로 단기소멸시효의 경우에는 절대적 소멸설을 취하는 견해이다(고상룡, 707면). 이 견해는 소멸시효는 각 제도에 따라 취지가 다르다고 하면서 이와 같이 주장한다.

(2) 판 례

판례는 절대적 소멸설을 취하고 있다(대판 1966. 1. 31, 65다2445; 대판 1979. 2. 13, 78다2157; 대판 1991. 7. 26, 91다5631). 즉 소멸시효가 완성하면 권리는 당연히 소멸한다고 한다. 그런데 판례는 다른 한편으로 변론주의의 원칙상 시효의 이익을 받을 자(판례가 말하는 여기의 「시효의 이익을 받을 자」는 176조의 「시효의 이익을 받을 자」와는 다른 개념이라고 보아야 한다. 그리하여 판례에 따르면 물상보증인은 176조에서는 「시효의 이익을 받을 자」에 해당하지 않으나, 여기의 「시효의 이익을 받을 자」에는 포함된다)가 소송에서 소멸시효의 주장을 하지 않으면 그 의사에 반하여 재판할 수 없다고 한다(대판 1979. 2. 13, 78다2157; 대판 1980. 1. 29, 79다1863; 대판 1991. 7. 26, 91다5631. 같은 취지: 대판 2017. 3. 22, 2016다258124; 대판 2024. 10. 31, 2024다232523). 그리고 소멸시효의 주장을 할 수 있는 자는 권리의 시효소멸에 의하여 직접 이익을 받는 자에 한정되고, 아무런 채권도 없는 자(대판 1991. 3. 27, 90다17552; 대판 2007. 3. 30, 2005다11312(구 토지수용법에 의하여 기업자가 손실보상금을 공탁한 경우의 공탁자는 공탁금출급청구권의 소멸시효를 원용하지 못함)) 또는 채권자대위권에 기한 청구에서의 제 3 채무자는 이에 해당하지 않으며(대판 1992. 11. 10, 92다35899; 대판 1993. 3. 26, 92다25472; 대판 1998. 12. 8, 97다31472; 대판 2004. 2. 12, 2001다10151), 채무자에 대한 일반채권자는 자기의 채권을 보전하기 위하여 필요한 한도에서 채무자를 대위하여 소멸시효 주장을 할 수 있을 뿐 채권자의 지위에서 독자적으로 시효의 주장을 할 수 없다고 한다(대판 1997. 12. 26, 97다22676; 대판 2012. 5. 10, 2011다109500; 대판

2017. 7. 11, 2014다32458; 대판 2023. 8. 18, 2023다234102). 나아가 판례의 예에 따르면 소멸시효의 주장을 할 수 있는 자인 「소멸시효에 의하여 직접 이익을 받는 자」로는 채무자 외에 가등기담보가 설정된 부동산의 양수인(대판 1995. 7. 11, 95다12446(피담보채권의 소멸시효를 원용할 수 있다고 함)), 매매계약 후 소유권이전청구권 보전의 가등기가 된 부동산을 취득한 제 3 자(대판 1991. 3. 12, 90다카27570(본등기청구권의 소멸시효를 주장할 수 있다고 함)), 유치권이 성립된 부동산의 매수인(대판 2009. 9. 24, 2009다39530), 물상보증인(대판 2004. 1. 16, 2003다30890(피담보채권의 소멸시효를 주장할 수 있다고 함)), 사해행위 취소소송의 상대방이 된 사해행위의 수익자(대판 2007. 11. 29, 2007다54849), 공탁금 출급청구권이 시효로 소멸한 경우에 공탁자에게 공탁금회수청구권이 인정되지 않는 때에 있어서 국가(대판 2007. 3. 30, 2005다11312) 등이 있게 된다. 그러나 후순위 담보권자는 선순위 담보권의 피담보채권 소멸로 직접 이익을 받는 자에 해당하지 않아(반사적 이익을 받을 뿐이라고 함) 선순위 담보권의 피담보채권에 관한 소멸시효가 완성되었다고 주장할 수 없다고 한다(대판 2021. 2. 25, 2016다232597[핵심판례 82면]). 한편 판례는, 유치권이 성립된 부동산의 매수인은 유치권자에게 채무자의 채무와는 별개의 독립된 채무를 부담하는 것이 아니라 단지 채무자의 채무를 변제할 책임을 부담하는 점 등에 비추어 보면, 유치권의 피담보채권의 소멸시효기간이 확정판결 등에 의하여 10년으로 연장된 경우 매수인은 그 채권의 소멸시효기간이 연장된 효과를 부정하고 종전의 단기소멸시효기간을 원용할 수는 없다고 한다(대판 2009. 9. 24, 2009다39530).

〈판 례〉

(ㄱ) 소멸시효를 원용할 수 있는 사람은 권리의 소멸에 의하여 직접 이익을 받는 사람에 한정되는바, 채권담보의 목적으로 매매예약의 형식을 빌어 소유권이전청구권 보전을 위한 가등기가 경료된 부동산을 양수하여 소유권이전등기를 마친 제 3 자는 당해 가등기담보권의 피담보채권의 소멸에 의하여 직접 이익을 받는 자이므로, 그 가등기담보권에 의하여 담보된 채권의 채무자가 아니더라도 그 피담보채권에 관한 소멸시효를 원용할 수 있고, 이와 같은 직접수익자의 소멸시효 원용권은 채무자의 소멸시효 원용권에 기초한 것이 아닌 독자적인 것으로서 채무자를 대위하여서만 시효이익을 원용할 수 있는 것은 아니며, 가사 채무자가 이미 그 가등기에 기한 본등기를 경료하여 시효이익을 포기한 것으로 볼 수 있다고 하더라도 그 시효이익의 포기는 상대적 효과가 있음에 지나지 아니하므로 채무자 이외의 이해관계자에 해당하는 담보 부동산의 양수인으로서는 여전히 독자적으로 소멸시효를 원용할 수 있다(대판 1995. 7. 11, 95다12446).

(ㄴ) 「채무자의 소멸시효에 기한 항변권의 행사도 우리 민법의 대원칙인 신의성실의 원칙과 권리남용 금지의 원칙의 지배를 받는 것이어서, 채무자가 시효완성 전에 채

권자의 권리행사나 시효중단을 불가능 또는 현저히 곤란하게 하였거나, 그러한 조치가 불필요하다고 믿게 하는 행동을 하였거나, 객관적으로 채권자가 권리를 행사할 수 없는 장애사유가 있었거나, 또는 일단 시효완성 후에 채무자가 시효를 원용하지 아니할 것 같은 태도를 보여 권리자로 하여금 그와 같이 신뢰하게 하였거나, 채권자 보호의 필요성이 크고, 같은 조건의 다른 채권자가 채무의 변제를 수령하는 등의 사정이 있어 채무이행의 거절을 인정함이 현저히 부당하거나 불공평하게 되는 등의 특별한 사정이 있는 경우에는 채무자가 소멸시효의 완성을 주장하는 것이 신의성실의 원칙에 반하여 권리남용으로서 허용될 수 없다고 할 것이다.」(대판 2002. 10. 25, 2002다32332. 같은 취지: 대판 1994. 12. 9, 93다27604; 대판 1999. 12. 7, 98다42929; 대판 2005. 5. 13, 2004다71881; 대판 2006. 8. 24, 2004다26287 · 26294; 대판 2007. 3. 15, 2006다12701; 대판 2008. 5. 29, 2004다33469; 대판 2008. 9. 25, 2006다18228; 대판 2010. 6. 10, 2010다8266; 대판 2011. 1. 13, 2009다103950; 대판 2011. 6. 30, 2009다72599; 대판 2011. 9. 8, 2009다66969; 대판 2011. 10. 13, 2011다36091; 대판 2011. 10. 27. 2011다54709; 대판 2012. 5. 24, 2009다22549(일제강점기에 국민징용령에 의하여 강제징용되어 일본국 회사인 미쓰비시중공업 주식회사에서 강제노동에 종사한 대한민국 국민이 구 미쓰비시가 해산된 후 새로이 설립된 미쓰비시중공업 주식회사를 상대로 국제법 위반 및 불법행위를 이유로 한 손해배상과 미지급 임금의 지급을 구한 사안); 대판 2014. 5. 29, 2011다95847; 대판 2017. 2. 15, 2014다230535; 대판 2016. 9. 30, 2016다218713 · 218720(갑 보험회사와 보험계약을 체결한 을이 계약의 책임개시일로부터 2년 후 자살하였는데 수익자인 병이 갑 회사를 상대로 재해사망특약에 기한 보험금의 지급을 구한 사안에서, 병의 재해사망보험금 청구권은 소멸시효의 완성으로 소멸하였고, 갑 회사의 소멸시효 항변이 권리남용에 해당하지 않는다고 한 사례); 대판 2025. 5. 29, 2024다294705)

(ㄷ) 「(위 (ㄴ) 판결의 법리를 판시하고 나서 다음과 같이 덧붙임: 저자 주) 다만 실정법에 정하여진 개별 법제도의 구체적 내용에 좇아 판단되는 바를 신의칙과 같은 일반조항에 의한 법원칙을 들어 배제 또는 제한하는 것은 중요한 법가치의 하나인 법적 안정성을 후퇴시킬 우려가 있다. 특히 소멸시효 제도는 법률관계 주장에 일정한 시간적 한계를 설정함으로써 그에 관한 당사자 사이의 다툼을 종식시키려는 것으로서, 누구에게나 무차별적 · 객관적으로 적용되는 시간의 경과가 1차적인 의미를 가지는 것으로 설계되었음을 고려하면, 법적 안정성 요구는 더욱 선명하게 제기된다. 따라서 소멸시효 완성 주장이 신의성실 원칙에 반하여 허용되지 아니한다고 평가하는 것은 신중을 기할 필요가 있다(대법원 2005. 5. 13. 선고 2004다71881 판결, 대법원 2016. 9. 30. 선고 2016다218713, 218720 판결 등 참조).」(대판 2025. 5. 29, 2024다294705)

(ㄹ) 「국가에게 국민을 보호할 의무가 있다는 사유만으로 국가가 소멸시효의 완성을 주장하는 것 자체가 신의성실의 원칙에 반하여 권리남용에 해당한다고 할 수는 없으므로, 국가의 소멸시효 완성 주장이 신의칙에 반하고 권리남용에 해당한다고 하려면 앞서 본 바와 같은 특별한 사정이 인정되어야 할 것이고, 또한 위와 같은 일반적 원칙을 적용하여 법이 두고 있는 구체적인 제도의 운용을 배제하는 것은 법해석에 있어 또 하나의 대원칙인 법적 안정성을 해할 위험이 있으므로 그 적용에는 신중을 기하여야 한다.」(대판 2008. 5. 29, 2004다33469)

(ㅁ) 「가. 채무자의 소멸시효를 이유로 한 항변권의 행사도 민법의 대원칙인 신의성실의 원칙과 권리남용 금지의 원칙의 지배를 받는 것이어서 객관적으로 채권자가 권리를 행사할 수 없는 장애사유가 있었다면 채무자가 소멸시효 완성을 주장하는 것은 신의성실의 원칙에 반하는 권리남용으로서 허용될 수 없다(대법원 2011. 9. 8. 선고 2009다66969 판결 등 참조).

나. … 채권자에게 권리의 행사를 기대할 수 없는 객관적인 사실상의 장애사유가

있었던 경우에도 대법원이 이에 관하여 채권자의 권리행사가 가능하다는 법률적 판단을 내렸다면 특별한 사정이 없는 한 그 시점 이후에는 그러한 장애사유가 해소되었다고 볼 수 있다.」(대판 2023. 12. 21, 2018다303653. 강제동원 피해자의 일본 기업에 대한 위자료청구권은 '대한민국과 일본국 간의 재산 및 청구권에 관한 문제의 해결과 경제협력에 관한 협정'의 적용 대상에 포함되지 않는다는 법적 견해를 최종적으로 명확하게 밝힌 대판(전원) 2018. 10. 30, 2013다61381이 선고될 때까지는 강제동원 피해자 또는 그 상속인들에게는 미쓰비시중공업 주식회사를 상대로 객관적으로 권리를 사실상 행사할 수 없는 장애사유가 있었다고 본 사례)

(ㅂ) 「상속채무를 부담하게 된 상속인의 행위가 단순히 피상속인에 대한 사망신고 및 상속부동산에 대한 상속등기를 게을리함으로써 채권자로 하여금 사망한 피상속인을 피신청인으로 하여 상속부동산에 대하여 당연 무효의 가압류를 하도록 방치하고 그 가압류에 대하여 이의를 제기하거나 피상속인의 사망 사실을 채권자에게 알리지 않은 정도에 그치고, 그 외 달리 채권자의 권리 행사를 저지·방해할 만한 행위에 나아간 바 없다면 위와 같은 소극적인 행위만을 문제삼아 상속인의 소멸시효 완성 주장이 신의성실의 원칙에 반하여 권리남용으로서 허용될 수 없다고 볼 것은 아니다.」(대판 2006. 8. 24, 2004다26287·26294)

(ㅅ) 소멸시효기간의 만료로 인한 권리소멸의 효과는 그 시효의 이익을 받는 자가 시효완성의 항변을 하지 않는 한 그 의사에 반하여 이를 인정할 수가 없는 것인바, '조건부 징계해임처분에 승복하여 그 효력을 다투지 아니한 채 약 10년이 경과한 뒤에 새삼스럽게 소를 제기하여 징계처분의 효력을 다투는 것은 신의칙에 반하여 허용될 수 없다'는 주장에는 소멸시효의 주장도 포함된 것으로 볼 수 없다(대판 1990. 8. 28, 90다카9619).

(ㅇ) 「소멸시효를 이유로 한 항변권의 행사도 민법의 대원칙인 신의성실의 원칙과 권리남용 금지의 원칙의 지배를 받는 것이어서 채무자가 소멸시효 완성 후 시효를 원용하지 아니할 것 같은 태도를 보여 권리자로 하여금 이를 신뢰하게 하였고, 권리자가 그로부터 권리행사를 기대할 수 있는 상당한 기간 내에 자신의 권리를 행사하였다면, 채무자가 소멸시효 완성을 주장하는 것은 신의성실 원칙에 반하는 권리남용으로 허용될 수 없다(대법원 2011. 9. 8. 선고 2009다66969 판결 등 참조). …

나. 한편 위와 같이 채무자가 소멸시효의 이익을 원용하지 않을 것 같은 신뢰를 부여한 경우에도 채권자는 그러한 사정이 있은 때로부터 상당한 기간 내에 권리를 행사하여야만 채무자의 소멸시효의 항변을 저지할 수 있다 할 것인데, 여기에서 '상당한 기간' 내에 권리행사가 있었는지 여부는 채권자와 채무자 사이의 관계, 신뢰를 부여하게 된 채무자의 행위 등의 내용과 동기 및 경위, 채무자가 그 행위 등에 의하여 달성하려고 한 목적과 진정한 의도, 채권자의 권리행사가 지연될 수밖에 없었던 특별한 사정이 있었는지 여부 등을 종합적으로 고려하여 판단할 것이다.

다만 위와 같이 신의성실의 원칙을 들어 시효 완성의 효력을 부정하는 것은 법적 안정성의 달성, 입증곤란의 구제, 권리행사의 태만에 대한 제재를 그 이념으로 삼고 있는 소멸시효 제도에 대한 대단히 예외적인 제한에 그쳐야 할 것이므로, 위 권리행사의 '상당한 기간'은 특별한 사정이 없는 한 민법상 시효정지의 경우에 준하여 단기간으로 제한되어야 한다. 그러므로 개별 사건에서 매우 특수한 사정이 있어 그 기간을 연장하여 인정하는 것이 부득이한 경우에도 불법행위로 인한 손해배상청구의 경우 그 기간은 아무리 길어도 민법 제766조 제 1 항이 규정한 단기소멸시효기간인 3년을 넘을 수는 없다고 보아야 한다.」(대판(전원) 2013. 5. 16, 2012다202819. 같은 취지: 대판 2013. 8. 22, 2013다200568; 대판 2017. 2. 15, 2014다230535. 앞부분에 관하여 같은 취지: 대판 2013. 7. 25, 2013다16602).

(ㅈ) 「채권자에게 권리의 행사를 기대할 수 없는 객관적인 사실상의 장애사유가 있었던 경우에도 그러한 장애가 해소된 때에는 그로부터 상당한 기간 내에 권리를 행사하여야만 채무자의 소멸시효의 항변을 저지할 수 있다. …

국가기관이 수사과정에서 한 위법행위 등으로 수집한 증거 등에 기초하여 공소가 제기되고 유죄의 확정판결까지 받았으나 재심사유의 존재 사실이 뒤늦게 밝혀짐에 따라 재심절차에서 무죄판결이 확정된 후 국가기관의 위법행위 등을 원인으로 국가를 상대로 손해배상을 청구하는 경우, 재심절차에서 무죄판결이 확정될 때까지는 채권자가 손해배상청구를 할 것을 기대할 수 없는 사실상의 장애사유가 있었다고 볼 것이다. 따라서 이러한 경우 채무자인 국가의 소멸시효 완성의 항변은 신의성실의 원칙에 반하는 권리남용으로 허용될 수 없다. 다만 채권자는 특별한 사정이 없는 한 그러한 장애가 해소된 재심무죄판결 확정일로부터 민법상 시효정지의 경우에 준하는 6개월의 기간 내에 권리를 행사하여야 한다.

이때 그 기간 내에 권리행사가 있었는지는 원칙적으로 손해배상을 청구하는 소를 제기하였는지 여부를 기준으로 판단할 것이다. 다만 재심무죄판결이 확정된 경우에 채권자로서는 민사상 손해배상청구에 앞서, 그보다 간이한 절차라고 할 수 있는 「형사보상 및 명예회복에 관한 법률」(이하 '형사보상법'이라 한다)에 따른 형사보상을 먼저 청구할 수 있다. …

따라서 채권자가 재심무죄판결 확정일로부터 6개월 내에 손해배상청구의 소를 제기하지는 아니하였더라도 그 기간 내에 형사보상법에 따른 형사보상청구를 한 경우에는 소멸시효의 항변을 저지할 수 있는 권리행사의 '상당한 기간'은 이를 연장할 특수한 사정이 있다고 할 것이고, 그때는 형사보상결정 확정일로부터 6개월 내에 손해배상청구의 소를 제기하면 상당한 기간 내에 권리를 행사한 것으로 볼 수 있다. 다만 이 경우에도 그 기간은 권리행사의 사실상의 장애사유가 객관적으로 소멸된 재심무죄판결 확정일로부터 3년을 넘을 수는 없다고 보아야 한다.」(대판 2013. 12. 12, 2013다201844)

(ㅊ) 「수사과정에서 불법구금이나 고문을 당한 사람이 그에 이은 공판절차에서 유죄확정판결을 받고 수사관들을 직권남용, 감금 등 혐의로 고소하였으나 검찰에서 '혐의 없음' 결정까지 받았다가 나중에 재심절차에서 범죄의 증명이 없는 때에 해당한다는 이유로 형사소송법 제325조 후단에 따라 무죄판결을 선고받은 경우, 이러한 무죄판결이 확정될 때까지는 국가를 상대로 불법구금이나 고문을 원인으로 한 손해배상청구를 할 것을 기대할 수 없는 장애사유가 있었다고 보아야 한다.」(대판 2019. 1. 31, 2016다258148. 이 판결은 그 앞부분

에서 — 대판 2013. 12. 12, 2013다201844에 따라 — 그 경우에는 사실상의 장애사유가 있다고 하면서도, 이 부분에서는 '사실상의'라는 문구를 뺀 뒤 단순히 '장애사유'가 있다고 한 뒤 소멸시효 완성을 부정하였다)

(ㅋ) 채무불이행으로 인한 손해배상청구권에 대한 소멸시효 항변이 불법행위로 인한 손해배상청구권에 대한 소멸시효 항변을 포함한 것으로 볼 수는 없다(대판 1998. 5. 29, 96다51110).

(ㅌ) 「헌법재판소는 2018. 8. 30. 민법 제166조 제 1 항, 제766조 제 2 항 중 진실 · 화해를 위한 과거사정리 기본법(이하 '과거사정리법'이라 한다) 제 2 조 제 1 항 제 3 호의 '민간인 집단 희생사건', 같은 항 제 4 호의 '중대한 인권침해사건 · 조작의혹사건'에 적용되는 부분은 헌법에 위반된다는 결정을 선고하였다(헌법재판소 2014헌바148 등 전원재판부 결정, 이하 '이 사건 위헌결정'이라 한다). …

이 사건 위헌결정의 효력은 과거사정리법 제 2 조 제 1 항 제 3 호의 '민간인 집단 희생사건'이나 같은 항 제 4 호의 '중대한 인권침해사건 · 조작의혹사건'에서 공무원의 위법한 직무집행으로 입은 손해에 대한 배상을 청구하는 소송이 위헌결정 당시까지 법원에 계속되어 있는 경우에도 미친다고 할 것이어서, 그 손해배상청구권에 대해서는 민법 제166조 제 1 항, 제766조 제 2 항에 따른 '객관적 기산점을 기준으로 하는 소멸시효'는 적용되지 않고, 국가에 대한 금전 급부를 목적으로 하는 권리의 소멸시효기간을 5년으로 규정한 국가재정법 제96조 제 2 항(구 예산회계법 제96조 제 2 항) 역시 이러한 객관적 기산점을 전제로 하는 경우에는 적용되지 않는다.」(대판 2019. 11. 14, 2018다233686. 같은 취지: 대판 2020. 4. 9, 2018다238865; 대판 2020. 11. 26, 2019다276307; 대판 2021. 7. 29, 2016다259363; 대판 2023. 1. 12, 2021다201184; 대판 2023. 2. 2, 2020다270633; 대판 2023. 3. 9, 2021다202903)

(3) 검토 및 사견

우선 학설 가운데 2원설은 원칙적인 경우와 단기소멸시효의 경우에 효과를 다르게 설명하고 있는데 그것은 부적절하다. 그리고 다른 두 견해인 절대적 소멸설과 상대적 소멸설은, 적어도 판례처럼 소멸시효를 원용하여야만 고려할 수 있다는 입장을 취하는 한, 결과에서 차이가 없다. 그리고 그러한 상황에서는 민법에 합치하는 모습으로 이론을 세워야 할 것이다. 결국 현행법상 절대적 소멸설이 타당하다(그러나 입법론으로서는 재검토가 필요하다).

[289] Ⅱ. 소멸시효의 소급효

소멸시효는 그 기산일에 소급하여 효력이 생긴다(167조). 그리하여 소멸시효가 완성된 권리는 기산일, 즉 그 권리를 처음 행사할 수 있었을 때에 소멸한 것으로 된다.

이러한 소급효 때문에 채권의 소멸시효가 완성된 때에는 채무자는 기산일 이후의 이자를 지급할 필요가 없다(이설 없음). 문헌에 따라서는, 제183조가 주된 권리의 소멸시효가 완성되면 종된 권리에 그 효력이 미친다고 하고 있어서 소급효규정의 독자적 의의가 별로 없다고 한다(주해(3), 484면(윤진수)). 그러나 제167조의 소급효규정이 없이 제183조만 있다면 소멸시효가 완성된 이후의 이자채권은 소멸한다고 하겠지만, 기산일 이후 시효기간 만료 전의 이자채권은 반드시 그렇다고 할 수 없다. 결국 소급효규정은 제183조를 도와 시효기간 만료 전의 종된 권리를 소멸시키는 중요한 기능을 담당하고 있다.

소멸시효의 소급효에 관하여 민법은 예외를 인정하고 있다. 즉 시효가 완성된 채권이 그 완성 전에 상계할 수 있었던 것이면 그 채권자는 상계할 수 있도록 한다(495조).

Ⅲ. 소멸시효의 이익의 포기

(1) 의 의

소멸시효 이익의 포기란 소멸시효로 인하여 생기는 법률상의 이익을 받지 않겠다는 일방적인 의사표시이다(같은 취지: 대판 2013. 2. 28, 2011다21556; 대판 2013. 7. 25, 2011다56187 · 56194; 대판 2017. 7. 11, 2014다32458)(상대적 소멸설은 이것의 성질을 원용권의 포기로 이해한다).

(2) 소멸시효 완성 전의 포기

소멸시효의 이익은 시효가 완성하기 전에 미리 포기하지 못한다(184조 1항). 민법이 이와 같이 규정한 것은, 채권자가 채무자의 궁박을 이용하여 미리 소멸시효의 이익을 포기하게 할 염려가 있기 때문이다(곽윤직, 342면 등은 그 외에 시효제도가 공익적인 제도이기 때문이라는 점도 들고 있다). 그리고 민법은 같은 취지에서 당사자의 합의에 의하여 소멸시효를 배제 · 연장 또는 가중할 수 없도록 한다(184조 2항). 그러나 이를 단축 또는 경감하는 것은 허용한다(184조 2항). 그리하여 예컨대 특정한 채무의 이행을 청구할 수 있는 기간을 제한하고 그 기간이 경과할 경우 채무가 소멸하도록 하는 약정은 소멸시효기간을 단축하는 것으로서 유효하다(대판 2006. 4. 14, 2004다70253; 대판 2007. 1. 12, 2006다32170).

(3) 소멸시효 완성 후의 포기 [290]

소멸시효의 이익은 시효가 완성한 뒤에는 자유롭게 포기할 수 있다(이설 없음. 184조 1항의 반대해석). 시효가 완성된 후에는 채무자의 궁박을 이용할 염려가 없을 뿐만 아니라, 이를 인정하는 것이 당사자의 의사를 존중하는 결과로 되기 때문이다.

시효이익 포기의 의사표시를 할 수 있는 자는 시효완성의 이익을 받을 당사자 또는 대리인에 한정되며, 제 3 자는 아니다(대판 1998. 2. 28, 97다53366 참조). 따라서 제 3 자가 시효이익 포기의 의사표시를 하더라도 그것은 시효완성의 이익을 받을 자에 대한 관계에서 아무 효력이 없다(대판 1998. 2. 27, 97다53366; 대판 2014. 1. 23, 2013다64793). 포기자에게 처분능력과 처분권한이 있어야 하는가에 관하여는 학설이 대립한다. i) 다수설은 포기가 처분행위이므로 포기자에게 처분능력과 처분권한이 있어야만 한다고 하나(곽윤직, 343면; 김상용, 724면; 김준호, 439면; 백태승, 604면; 주해(3), 554면(윤진수)), ii) 소수설은 절대적 소멸설의 입장에서 보면 시효이익 포기는 처분행위가 아니고 의무부담행위에 가깝다고 하면서, 따라서 포기자에게는 행위능력만 있으면 충분하다고 한다(이은영, 780면). 생각건대 시효이익의 포기는 재산권을 변동시키는 전형적인 처분행위는 아니지만 — 절대적 소멸설에 의하더라도 — 처분행위에 준하는 것으로 보아야 하므로 다수설이 타당하다.

시효이익 포기의 의사표시의 상대방은 진정한 권리자이다(대판 1994. 12. 23, 94다40734 참조).

포기는 반드시 명시적으로 할 필요가 없고 묵시적으로 하여도 무방하다. 그리하여 예컨대 소유권이전등기 청구권의 소멸시효기간이 지난 후에 등기의무자가 소유권이전등기를 해 주기로 약정(합의)한 경우(대판 1993. 5. 11, 93다12824), 부동산경매절차에서 경락대금이 시효완성 채권자에게 배당되어 그 채무의 일부변제에 충당될 때까지 채무자가 아무런 이의도 안한 경우(대판 2000. 6. 12, 2001다3580; 대판 2001. 6. 12, 2001다3580; 대판 2002. 2. 26, 2000다25484; 대판 2012. 5. 10, 2011다109500; 대판 2017. 7. 11, 2014다32458. 경매절차의 진행을 채무자가 알지 못하였다는 등 다른 특별한 사정이 있으면 예외임), 시효가 완성된 어음채권을 원인으로 하여 집행력 있는 집행권원을 가진 채권자가 채무자의 유체동산에 대한 강제집행을 신청하고 그 절차에서 채무자의 유체동산 매각대금이 채권자에게 교부되어 그 채무의 일부변제에 충당될 때까지 채무자가 아무런 이의를 진술하지 않은 경우(대판 2010. 5. 13, 2010다6345. 그 강제집행 절차의 진행을 채무자가 알지 못하였다는 등 다른 특별한 사정이 있으면 예외임), 시효가 완성된 후에 채무자가 그 기한의 유예를 요청한 경우(대판 1965. 12. 28, 65다2133; 대판 1991. 1. 29, 89다카1114)에는 포기가 있었던 것으로 볼 수 있다. 그리고 채무자가 시효완성 후에 채무를 일부변제한 때에는 그 액수에 관하여 다툼이 없는 한 그 채무 전체를 묵시적으로 승인한 것으로 보아야 한다(대판 2010. 5. 13, 2010다6345; 대판 2017. 7. 11, 2014다32458)(그런데 현재 판례로는 시효완성의 사실을 알고 그 이익을 포기한 것으로 추정되지는 않음). 그에 비하여 채무자가 소멸시효가 완성된 이후에 여러 차례에 걸쳐 채권자의 제소기간 연장 요청에 동의한 경우(대판 1987. 6. 23, 86다카2107), 소멸시효 완성 후에 있은 과세처분에 기하여 세액을 납부한 경우(대판 1988. 1. 19, 87다카70)에는, 그것만으로는 포기의 의사표시를 인정할 수 없다.

그런가 하면 채무자가 배당절차에서 이의를 제기하지 않았다고 하더라도 채무자의 다른 채권자가 이의를 제기하고 채무자를 대위하여 소멸시효 완성의 주장을 원용하였다면, 시효의 이익을 묵시적으로 포기한 것으로 볼 수 없다(대판 2017. 7. 11, 2014다32458).

소멸시효 이익의 포기는 가분채무의 일부에 대하여도 할 수 있다(대판 1987. 6. 23, 86다카2107; 대판 2012. 5. 10, 2011다109500). 그러한 견지에서 대법원은, 경매절차에서 채무자인 갑 주식회사가 소멸시효가 완성된 근저당권부 채권을 가진 을이 배당을 받는 데 대하여 이의를 제기하지 않은 사안에서, 갑 회사의 다른 채권자인 병이 갑 회사를 대위하여 이의를 제기한 부분을 제외한 나머지 채권에 대하여는 갑 회사가 시효이익을 포기한 것으로 보아야 하므로, 그 부분 배당액과 관련하여 을이 부당이득을 취득한 것이 아니라고 하였다(대판 2012. 5. 10, 2011다109500).

포기가 유효하려면 포기자가 시효완성의 사실을 알고서 하여야 한다. 만약 포기자가 채무의 시효완성 사실을 모르고 승인을 한 뒤 급부한 경우에는, 승인은 시효이익의 포기로 될 수 없다. 그렇지만 그 급부는 도의관념에 적합한 비채변제(744조)로 되어 부당이득을 이유로 반환청구를 하지는 못한다. 한편 대법원은 얼마 전까지 여러 판결에서, 채무자가 시효완성 후 채무를 승인한 경우에는 시효완성의 사실을 알고 그 이익을 포기한 것으로 추정된다고 하였다(대판 1967. 2. 7, 66다2173 등 다수). 그런데 최근에 전원합의체 판결로 그 추정 법리는 타당하지 않다고 하면서 종래의 판례를 변경하였다(대판(전원) 2025. 7. 24, 2023다240299. 이러한 다수의견에 대하여 그 추정 법리를 유지해야 한다는 대법관 5인의 별개의견이 있음). 이 새 판례는 예전부터 저자가 주장하던 바와 같은 견해로서 적절하다. 이 판결은, 그 사안에서 원고가 4차에 걸쳐 금전을 차용한 뒤 피고에게 일부변제한 경우에, 그것만으로 당시 원고가 제 1, 2 차용금 이자채무의 시효완성 사실을 알면서도 그로 인한 법적인 이익을 받지 않겠다는 의사표시를 하였다고 추정할 수는 없다고 하였다(원심은 원고가 제 1, 2 차용금 이자채무의 소멸시효가 완성된 상태에서 피고에게 차용금 중 일부를 변제하였다는 사실로부터 곧바로 제 1, 2 차용금 이자채무의 시효완성 사실을 알고도 그 이익을 포기한 것으로 추정하여 원고의 소멸시효 완성 주장을 배척하였음). 그러면서 원심으로서는 원고가 피고에 대한 차용금채무 중 일부를 변제할 당시 제 1, 2 차용금 이자채무의 시효완성 사실을 알면서도 시효이익을 포기하는 의사표시를 하였는지 여부를 구체적으로 심리하였어야 한다고 한 뒤, 여기서 시효완성 사실을 알면서도 시효이익을 포기하는 의사표시를 하였는지 여부는 일부변제에 이르게 된 구체적인 동기와 경위 및 자발성, 일부변제액과 소멸시효가 완성된 채무액 사이의 차이, 일부변제 당시 시효기간을 도과한 정도, 일부변제 당시 및 전후의 언동, 당사자들의 관계와 거래지식 및 경험 등 개별 사안에 존재하는 여러 사정을 종합적으로 고려하여 객관적이고 합리적으로 판단하여야 한다고 하였다(대판(전원) 2025. 7. 24, 2023다240299).

채권에 대한 소멸시효가 완성되었다면 그 뒤에는 더 이상 소멸시효의 중단 문제가 생길 여지가 없다. 그리하여 채무자가 소멸시효 완성 후 채무를 승인하였다면 그것은 시효이익의 포기 여부의 판단 문제로 될 뿐이다(현재 판례로는 시효이익의 포기로 추정되지는 않음).

한편 판례에 따르면, 소멸시효 중단사유로서의 채무승인은 관념의 통지로서 어떠한 효과의사가 필요하지 않으나, 시효완성 후 시효이익의 포기가 인정되려면 시효이익을 받는 채무자가 시효의 완성으로 인한 법적인 이익을 받지 않겠다는 효과의사가 필요하기 때문에 시효완성 후 소멸시효 중단사유에 해당하는 채무의 승인이 있었다 하더라도 그것만으로는 곧바로 소멸시효 이익의 포기라는 의사표시가 있었다고 단정할 수 없다고 한다(대판 2013. 2. 28, 2011다21556).

채무자가 소멸시효 완성 후에 채권자에 대하여 그 시효의 이익을 포기한 경우에는 그때부터 새로이 소멸시효가 진행한다.

〈판 례〉

(ㄱ) 「소멸시효 이익의 포기사유로서의 채무의 승인은 그 표시의 방법에 아무런 제한이 없어 묵시적인 방법으로도 가능하기는 하지만, 적어도 채무자가 채권자에 대하여 부담하는 채무의 존재에 대한 인식의 의사를 표시함으로써 성립하게 되고, 그러한 취지의 의사표시가 존재하는지 여부의 해석은 그 표시된 행위 내지 의사표시의 내용과 동기 및 경위, 당사자가 그 의사표시 등에 의하여 달성하려고 하는 목적과 진정한 의도 등을 종합적으로 고찰하여 사회정의와 형평의 이념에 맞도록 논리와 경험의 법칙, 그리고 사회일반의 상식에 따라 객관적이고 합리적으로 이루어져야 할 것이다.」(대판 2008. 7. 24, 2008다25299)

(ㄴ) 「동일 당사자간에 계속적인 거래로 인하여 같은 종류를 목적으로 하는 수개의 채권관계가 성립되어 있는 경우에 채무자가 특정채무를 지정하지 아니하고 그 일부의 변제를 한 때에도 다른 특별한 사정이 없다면 잔존채무에 대하여도 승인을 한 것으로 보아 시효중단이나 포기의 효력을 인정할 수 있을 것이나(당원 1980. 5. 13. 선고 78다1790 판결 참조), 그 채무가 별개로 성립되어 독립성을 갖고 있는 경우에는 일률적으로 그렇게만 해석할 수는 없을 것이고, 채무자가 가압류 목적물에 대한 가압류를 해제받을 목적으로 피보전채권을 변제하는 경우에는 특별한 사정이 없는 한 피보전채권으로 적시되지 아

니한 별개의 채무에 대하여서까지 소멸시효의 이익을 포기한 것이라고 볼 수는 없을 것이다.」(대판 1993. 10. 26, 93다14936. 같은 취지: 대판 2014. 1. 23, 2013다64793(채무자가 근저당권설정등기를 말소하기 위하여 피담보채무를 변제하는 경우))

(ㄷ) 「소멸시효 중단사유로서의 채무승인은 시효이익을 받는 당사자인 채무자가 소멸시효의 완성으로 채권을 상실하게 될 자에 대하여 상대방의 권리 또는 자신의 채무가 있음을 알고 있다는 뜻을 표시함으로써 성립하는 이른바 관념의 통지로 여기에 어떠한 효과의사가 필요하지 않다. 이에 반하여 시효완성 후 시효이익의 포기가 인정되려면 시효이익을 받는 채무자가 시효의 완성으로 인한 법적인 이익을 받지 않겠다는 효과의사가 필요하기 때문에 시효완성 후 소멸시효 중단사유에 해당하는 채무의 승인이 있었다 하더라도 그것만으로는 곧바로 소멸시효 이익의 포기라는 의사표시가 있었다고 단정할 수 없다. …

그리고 소송에서의 상계항변은 일반적으로 소송상의 공격방어방법으로 피고의 금전지급의무가 인정되는 경우 자동채권으로 상계를 한다는 예비적 항변의 성격을 갖는다. 따라서 이 사건과 같이 상계항변이 먼저 이루어지고 그 후 대여금채권의 소멸을 주장하는 소멸시효항변이 있었던 경우에, 상계항변 당시 채무자인 피고에게 수동채권인 대여금채권의 시효이익을 포기하려는 효과의사가 있었다고 단정할 수 없다. 그리고 항소심 재판이 속심적 구조인 점을 고려하면 제 1 심에서 공격방어방법으로 상계항변이 먼저 이루어지고 그 후 항소심에서 소멸시효항변이 이루어진 경우를 달리 볼 것은 아니다.

결론적으로 피고가 원심에서 소멸시효항변을 하기에 앞서 제 1 심에서 상계항변을 하였다는 사정만으로 피고에게 이 사건 대여금채권의 시효완성으로 인한 법적인 이익을 받지 않겠다고 하는 의사표시가 있었다고 단정할 수 없다.」(대판 2013. 2. 28, 2011다21556)

포기의 효력은 그 의사표시가 상대방에게 도달하는 때에 발생한다(대판 1994. 12. 23, 94다40734). 그리고 포기를 하면 처음부터 시효의 이익이 생기지 않았던 것으로 된다(절대적 소멸설의 입장). 한편 포기의 효과는 상대적이어서, 포기할 수 있는 자가 여럿인 경우에 그중 1인의 포기는 그에게만 효력이 생기고 다른 자에게는 영향이 없다(이설이 없고, 판례도 같음. 대판 2015. 6. 11, 2015다200227). 또한 근저당권부 채권의 채무자가 그 채권의 시효완성 후에 채권자에게 승인하여 시효이익을 포기한 경우 그 포기는 저당부동산의 제 3 취득자에게는 효력이 없다(대판 2010. 3. 11, 2009다100098). 그러나 소멸시효 이익의 포기 당시에는 그 권리의 소멸에 의하여 직접 이익을 받을 수 있는 이해관계를 맺은 적이 없다가 나중에 시효이익을 이미 포기한 자와의 법률관계를 통하여 비로소 시효이익을 원용할 이해관계를 형성한 자는 이미 이루어진 시효이익 포기의 효력을 부정할 수 없다(대판 2015. 6. 11, 2015다200227. 차용금채무자가 미지급이자 등을 확정하고 그것을 담보하기 위해 근저당권을 설정해 준 뒤, 그 채무자로부터 저당 부동산을 매수한 자는 채무자의 시효이익 포기의 효력을 부정할 수 없음).

왜냐하면, 시효이익의 포기에 대하여 상대적인 효과만을 부여하는 이유는 그 포기 당시에 시효이익을 원용할 다수의 이해관계인이 존재하는 경우 그들의 의사와는 무관하게 채무자 등 어느 일방의 포기 의사만으로 시효이익을 원용할 권리를 박탈당하게 되는 부당한 결과의 발생을 막으려는 데 있는 것이지, 시효이익을 이미 포기한 자와의 법률관계를 통하여 비로소 시효이익을 원용할 이해관계를 형성한 자에게 이미 이루어진 시효이익 포기의 효력을 부정할 수 있게 하여 시효완성을 둘러싼 법률관계를 사후에 불안정하게 만들자는 데 있는 것은 아니기 때문이다.

[291] Ⅳ. 종속된 권리에 대한 소멸시효의 효력

주된 권리의 소멸시효가 완성한 때에는 종속된 권리에 그 효력이 미친다(183조). 그리하여 예컨대 원본채권이 시효소멸하면, 이자채권은 설사 시효가 완성되지 않았을지라도 역시 소멸하게 된다(자세한 내용은 채권법총론 [48] 참조). 판례도, 원금 중 일부가 변제되고 나머지에 대하여 시효가 완성한 경우에 관하여, 소멸시효 완성의 효력이 시효가 완성된 원금부분으로부터 그 완성 전에 발생한 이자에 미친다고 하여 같은 입장이다(대판 2008. 3. 14, 2006다2940).

〈판 례〉

「이자 또는 지연손해금은 주된 채권인 원본의 존재를 전제로 그에 대응하여 일정한 비율로 발생하는 종된 권리라 할 것인데, 하나의 금전채권의 원금 중 일부가 변제로 소멸된 후 나머지 원금에 대하여 소멸시효가 완성된 경우, 가분채권인 금전채권의 성질상 변제로 소멸한 원금 부분과 소멸시효 완성으로 소멸한 원금 부분을 구분하는 것이 가능하고, 이 경우 원금에 종속된 권리인 이자 또는 지연손해금 역시 변제로 소멸한 원금 부분에서 발생한 것과 시효완성으로 소멸된 원금 부분에서 발생한 것으로 구분하는 것이 가능하므로, 위 소멸시효 완성의 효력은 소멸시효가 완성된 원금 부분으로부터 그 시효 완성 전에 발생한 이자 또는 지연손해금에는 미치나, 변제로 소멸한 원금 부분으로부터 그 변제 전에 발생한 이자 또는 지연손해금에는 미치지 않는다고 봄이 타당하다.」(대판 2008. 3. 14, 2006다2940)

제 6 장　권리의 주체

제 1 절　서　　설

Ⅰ. 권리의 주체와 권리능력 [292]

(1) 권리의 주체

권리는 당연히 그것이 귀속하게 되는 자를 전제로 한다. 여기서 권리가 귀속하는 주체를 「권리의 주체」라고 한다. 그리고 의무의 귀속자는 「의무의 주체」이다.

(2) 권리능력

권리능력은 권리의 주체가 될 수 있는 지위 또는 자격을 가리키며, 그것은 인격 또는 법인격이라고도 한다.

권리능력은 권리와 구별된다. 권리능력을 가지는 자만이 권리를 가질 수 있으나, 권리능력 자체가 권리는 아니다. 권리능력은 권리의 주체가 될 수 있는 추상적인 가능성에 지나지 않는다.

(3) 의무능력

권리능력에 대응하는 개념으로 의무능력이 있으며, 이는 의무의 주체가 될 수 있는 지위이다. 역사적으로 보면, 과거에는 노예·노비와 같이 의무만 부담하고 권리는 가질 수 없는 자도 있었으나, 오늘날에는 의무를 부담할 수 있는 자는 모두 권리도 가질 수 있다. 그리하여 권리능력은 동시에 의무능력이기도 하다. 우리 민법에 있어서도 마찬가지이다(3조 참조). 그러고 보면 권리능력이라고 하기보다는 「권리의무능력」이라고 하는 것이 표현상 더 정확하겠으나, 우리 민법이 법률관계를 권리 중심으로 규율하고 있기 때문에 그것을 줄여서 「권리능력」이라고 한다. 그렇지만 「권리능력」의 개념 속에 「의무능력」도 포함되어 있음을 유의하여야 한다.

Ⅱ. 권리능력자

우리 민법상 권리능력자(인격자)는 모든 살아 있는 사람과, 사람이 아니면서 법에 의하여 권리능력이 부여되어 있는 사단(사람의 집단)과 재단(재산의 집단)이다. 이 중에 살아 있는 사람을 「자연인」이라고 하고, 권리능력이 인정된 사단 또는 재단을 「법인」이라고 한다. 그리고 이 둘을 포괄하는 말로 「인(人)」이라는 표현을 쓰는 때가 많다. 본인 · 타인 · 매도인 · 매수인 · 임대인 · 임차인 등이 그 예이다. 그러나 자연인만을 「인(人)」이라고 하는 경우도 있다. 민법 제 1 편 제 2 장의 제목 「인(人)」이 그렇다. 그 밖에 자연인과 법인을 합하여 「자(者)」라고 표현하는 때도 있다. 채권자 · 채무자 · 변제자 · 제 3 자 등이 그 예이다.

Ⅲ. 권리능력과 행위능력의 구별

권리능력은 단순히 권리 · 의무의 주체가 될 수 있는 가능성에 불과하며, 실제로 그의 단독의 행위에 의하여 권리를 취득하거나 의무를 부담할 수 있는 지위까지 포함하는 것은 아니다. 어떤 자가 자신의 행위에 의하여 권리를 취득하거나 의무를 부담할 수 있으려면 권리능력 외에 행위능력도 가지고 있어야 한다. 그에 관하여는 앞에서 이미 설명하였다([97] 이하 참조).

Ⅳ. 강행규정

권리능력에 관한 규정은 강행규정이다. 따라서 당사자의 계약에 의하여 권리능력을 제한하거나 포기할 수 없다.

제 2 절 자 연 인

제 1 관 권리능력

Ⅰ. 권리능력 평등의 원칙 [293]

오늘날 자유민주주의 국가에서는 사람은 성별 · 연령 · 계급에 관계없이 누구나 평등하게 권리능력을 가진다. 이것을 권리능력 평등의 원칙이라고 한다. 이러한 권리능력 평등의 원칙은 오랜 기간을 두고 발전을 거듭하여 얻어진 역사적인 산물이다. 어느 시대, 어느 국가에서나 당연히 모든 사람에게 권리능력이 부여되었던 것은 아니다. 고대나 중세 봉건사회에서는 권리능력이 전혀 없거나 제한된 범위에서만 권리능력을 가지는 자가 적지 않았다. 그러던 것이 근대에 와서 모든 사람이 자유롭고 평등하다고 인정되면서 비로소 권리능력 평등의 원칙이 민법의 기본원리로 확립되게 되었다.

우리 민법도 제 3 조에서 모든 사람이 평등하게 권리능력을 가지고 있음을 규정하고 있다. 그리하여 우리 민법에서도 권리능력 평등의 원칙은 기본원리로 되고 있다.

권리능력 평등의 원칙에 의하여 사람은 사람이기만 하면 모두 똑같이 권리능력을 가진다. 그가 성인이든 젖먹이 어린아이이든, 정상적인 판단력을 가졌든 정신질환자이든 묻지 않는다.

사람에게 권리능력을 인정하는 것이 i) 사람이기 때문에 당연한 것인가(김학동, 97면; 이영준, 843면), ii) 법에 의한 것인가(곽윤직, 72면)에 관하여는 논란이 있다. 생각건대 오늘날 민주국가에서는 법률에 명문규정이 없더라도 모든 사람에게 권리능력이 인정되어야 하나, 그렇다고 하여도 그것이 법에 의한 것임은 부인할 수 없다. 역사적인 발전과정에 비추어 보아도 같다.

Ⅱ. 권리능력의 시기(始期)

민법은 제 3 조에서 「사람은 생존한 동안 권리와 의무의 주체가 된다」고 규정하고 있다. 따라서 사람은 생존하기 시작하는 때, 즉 출생한 때로부터 권리능력을 취득한다. 그리고 태아는 출생하기 전단계에 있으므로 권리능력이 없다(예외적으로만 인정됨).

사람의 출생시기는 민법이 명문으로 규정하고 있지 않으며, 학설 · 판례에 맡겨져 있는 실정이다. 그런데 학설은 태아가 모체로부터 완전히 분리된 때에 출생한 것으로 보는 데 일치하고 있다(전부노출설). 출생시기는 권리능력의 취득시기 · 연령 · 성년기 · 출생신고기간의 기산점 등을 정해줄 뿐만 아니라, 사산(死産)인지 살아서 태어난 후 사망한 것인지를 결정하는 데도 중요한 역할을 한다. 사산인지 출생 후 사망한 것인지는 특히 상속관계에 크게 영향을 미친다(가령 A가 부(父)와 처 · 태아를 남기고 사망한 경우에 그렇다).

사람이 권리능력을 취득하려면 출생 후 한 순간이라도 살아 있었어야 한다. 출생시기 이전에 사망한 경우에는 권리능력을 취득하지 못한다. 사람은 살아서 태어나면 남녀 · 출생 후 사망 여부 · 기형인지 여부 · 조산인지 지산인지 여부 · 쌍둥이인지 세쌍둥이인지 여부 등을 묻지 않고 모두 권리능력을 가진다. 인공수정 또는 체외수정으로 출생한 자도 같다(친족상속법 [122] · [123] 참조). 그리고 2인 이상이 동일한 모체에서 출생한 경우에는, 모체로부터 먼저 분리된 자가 먼저 권리능력을 취득한다.

출생의 사실은 출생신고의무자(가족 46조 참조)가 출생 후 1개월 이내에 신고하여야 하며(가족 44조 1항), 이를 게을리하면 과태료의 제재를 받는다(가족 122조). 출생의 사실 및 그 시기는 그것을 전제로 하여 법률효과를 주장하는 자가 증명하여야 하는데, 이때 가족관계등록부(과거의 호적부에 해당)의 기록은 진실한 것으로 추정을 받는 유력한 것이기는 하나, 반대의 증거에 의하여 번복될 수 있는 것이다(대결 2020. 1. 9, 2018스40; 대결 2023. 7. 14, 2023스17). 출생시기는 동거인 · 의사 · 조산사 등의 증명이나 그 밖에 신뢰할 수 있는 증거에 의하여 가족관계등록부의 기록과 다르게 확정될 수 있다.

그리고 가족관계등록부의 기록은 절차상의 것에 지나지 않으며, 그것에 의하여 실체적인 관계가 좌우되지 않는다. 권리능력은 가족관계등록부의 기록에 의하여가 아니고 출생이라는 사실에 의하여 취득되는 것이기 때문이다. 그리하여 예컨대 타인의 자(子)를 자기의 친생자로 신고하여도 친생자관계가 생기지는 않는다(다만 입양의 요건을 갖추면 양친자관계는 인정될 수 있다. 대판(전원) 1977. 7. 26, 77다492 등 참조. 그런데 이 판례는 미성년자 입양에 가정법원의 허가를 요하는 현행법(867조 1항) 하에서는 미성년자 입양에 관한 한 그대로 유지되기가 어려울 것이다).

Ⅲ. 태아의 권리능력 [294]

1. 서 설

태아는 수태 후 사람의 체내에서 발육되고 있는 생명체이다(체외에서 인공수정된 경우(친족상속법 [123] 참조)에는 수정란이 모체에 착상된 경우에만 태아로 보아야 한다. 같은 취지: 고상룡, 84면; 김주수, 121면; 이은영, 130면). 태아의 발육의 정도는 묻지 않으며, 모체로부터 일부가 노출되었더라도 전부 노출되지 않은 것은 태아에 해당한다. 이러한 태아는 아직 출생 전의 단계에 있으므로 민법상 사람이 아니며, 따라서 권리능력을 가지지 못한다(3조 참조). 그런데 태아에게 권리능력을 전혀 인정하지 않는다면 그에게 매우 불리한 경우가 생긴다. 가령 태아로 있는 동안에 부(父)가 사망하거나 타인에 의하여 살해당하더라도 상속을 받을 수도 없고 또 손해배상청구를 할 수도 없을 것이기 때문이다.

그리하여 각국의 민법은 태아가 출생한 경우를 생각하여 태아의 이익을 보호하는 규정을 두고 있다. 그런데 그 모습에는 두 가지가 있다. 하나는 일반적 보호주의로 모든 법률관계에 있어서 일반적으로 태아를 이미 출생한 것으로 보는 것이고(스위스민법 · 로마법), 다른 하나는 개별적 보호주의로 중요한 법률관계에 관하여서만 출생한 것으로 보는 것이다(독일민법 · 프랑스민법 · 일본민법). 이 두 태도는 정반대의 장단점을 가지고 있다. 일반적 보호주의는 태아의 이익을 전반적으로 보호하는 장점이 있으나, 구체적인 경우에 과연 어떤 범위에서 출생한 것으로 볼 것인가라는 어려운 해석문제를 남기는 단점이 있다. 그에 비하여 개별적 보호주의는 적용범위가 명확한 점은 좋으나, 태아의 이익을 전반적으로 보호하지 못하는 결점을 가지고 있다. 그런데 우리 민법은 이들 가운데 개별적 보호주의를 취하고 있다.

2. 태아가 이미 출생한 것으로 의제되는 사항 [295]

민법은 다음 사항에 관하여 태아를 이미 출생한 것으로 본다.

(1) 불법행위로 인한 손해배상의 청구(762조)

문헌에 의하면, 구체적으로는 부(父)의 생명침해에 대한 위자료청구(752조)(대판 1962. 3. 15, 4294민상903; 대판 1993. 4. 27, 93다4663)와 태아 자신이 입은 불법행위에 대한 손해배상청구(예: 모체에 대한 물리적 공격 · 약물투여로 자(子)가 기형이 된 경우)(대판 1968. 3. 5, 67다2869: 임신 중의 어머니가 교통사고를 당하고 그 충격으로 태아가 미숙아로서 조산이 되었고, 또 그 때문에 제대로 성장하지 못하고 사망한 경우)에 그렇다고 하며, 부의 생명침해의 경우의 재산적 손해는 상속규정(1000조 3항)에 의한다고 한다. 다수설 · 판례가 생명침해의 경우 재산적 손해는 피해자에게 발생하여 상속인에게 상속된다고 보기 때문이다(그러나 사견은 이와 다르다. 자세한 사항은 채권법각론에서 다룬다. 채권법각론 [312] · [313] 참조).

(2) 상 속(1000조 3항)

이것은 재산상속만을 의미하며, 호주상속에 관한 규정(988조)은 1990년 민법개정으로 삭제되었다.

(3) 대습상속(1001조 · 1000조 3항)

대습상속은 상속인이 될 직계비속 · 형제자매가 상속개시 전에 사망하거나 결격된 경우에 그 직계비속 및 배우자가 그 자에 갈음하여 상속하는 것이다. 그런데 태아도 그 직계비속으로 본다.

(4) 유 증(1064조 · 1000조 3항)

유증은 유언으로 타인에게 재산을 무상으로 주는 단독행위이며, 태아도 유증을 받을 수 있다.

(5) 사인증여(562조 · 1064조)

사인증여는 증여자의 사망으로 효력이 생기는 증여이다. 사인증여에 관하여 태아에게 권리능력이 인정되는가에 관하여는 i) 인정설(강태성, 101면; 고상룡, 82면; 곽윤직, 76면; 김용한, 95면; 김학동, 101면; 이은영, 133면; 정기웅, 101면)과 ii) 부정설(김상용, 139면; 김주수, 123면; 김준호, 69면; 이영준, 849면; 지원림, 68면)이 대립하고 있다. 인정설은 사인증여에 유증에 관한 규정이 준용된다는 점을, 그리고 부정설은 유증과 사인증여는 그 성질이 다르다는 것을 주된 이유로 든다. 생각건대 사인증여가 계약이어서 단독행위인 유증과 다르기는 하나, 유사한 면이 있어서 유증에 관한 규정을 준용하고 있는 만큼(562조), 태아에 관한 규정도 준용된다고 하여야 할 것이다. 따라서 인정설이 옳다.

(6) 유 류 분(1118조 · 1001조 · 1000조 3항)

유류분은 법정상속인에게 유보되는 상속재산의 일정비율이며, 구체적으로는 직계비속 · 배우자는 법정상속분의 2분의 1이고, 직계존속 · 형제자매는 법정상속분의 3분의 1이다(1112조). 이러한 유류분에 있어서 태아도 직계비속으로 다루어진다.

(7) 그 밖에 문제되는 사항

그 외에 태아의 인지청구권(인지란 혼인 외의 자의 부 또는 모가 그 자를 자기의 자로서 승인하여 법률상 친자관계를 생기게 하는 단독행위이다. 부는 태아를 인지할 수 있으나(858조), 태아의 인지청구권에 관한 규정은 없다(863조 참조))과 증여계약에 있어서의 수증능력 등에 관하여 태아의 권리능력을 인정할 것인가에 관하여 논의가 있다. 학설은 i) 개별규정을 이들의 경우에 유추적용하여야 한다는 견해(곽윤직, 76면; 이은영, 134면; 주해(1), 254면(양삼승). 고상룡, 82면은 수증능력만 언급하고, 정기웅, 101면은 인지청구권만 기술한다)와 ii) 유추적용에 반대하는 견해(김상용, 140면; 김준호, 68면; 백태승, 128면; 이영준, 849면. 김학동, 102면은 수증능력은 부정하고 인지청구권은 인정한다)로 나뉘어 있다. 그리고 판례는 의용민법 하의 사건에 관하여 개별규정을 유추하여 태아의 수증능력을 인정할 수 없다고 한다(대판 1982. 2. 9, 81다534). 생각건대 민법이 개별적 보호주의를 취하고 있는 이상 개별규정의 유추적용은 허용하지 않아야 할 것이다.

3. 태아의 법률상 지위 [296]

태아를 일정한 경우에 예외적으로 이미 출생한 것으로 본다는 것이 무슨 의미인지 문제된다.

(1) 학 설

학설은 정지조건설과 해제조건설로 나누어져 대립하고 있다.

i) 정지조건설 이는 태아가 태아로 있는 동안에는 권리능력을 취득하지 못하지만, 그가 살아서 태어나면 그의 권리능력 취득의 효과가 문제의 사건이 발생한 시기(가령 불법행위시 또는 상속개시시)까지 소급하여 생긴다고 하는 견해이다(고창현, 113면; 김상용, 142면; 김주수, 126면; 백태승, 131면; 이영준, 850면). 이 견해는 출생을 정지조건으로 태아의 권리능력을 인정한다(그러나 정지조건의 의미를 정확하게 쓴 것은 아님을 주의할 것). 정지조건설은 권리능력을 소급하여 인정하기 때문에 인격소급설이라고 할 수도 있다.

ii) 해제조건설 이는 이미 출생한 것으로 보게 되는 각 경우에 태아는 그 개별적 사항의 범위 안에서 제한된 권리능력을 가지며, 다만 사산(死産)인 때에는 그 권리능력 취득의 효과가 문제된 사건이 있었던 때에 소급하여 소멸한다고 하는 견해이다(고상룡, 78면; 곽윤직, 77면; 김용한, 97면; 김준호, 71면; 김학동, 103면; 이은영, 136면; 정기웅, 102면; 주해(1), 252면(양삼승). 강태성, 103면은 해제조건설을 취하되, 사산시에 권리능력이 소멸한다고 한다). 이 견해는 사산을 해제조건으로 하여 태아에게 권리능력을 인정한다(해제조건의 용어 역시 정확한 의미로 사용된 것이 아니다. 특히 소급효의 면에서 조건과 다르다). 해제조건설은 제한된 범위에서 권리능력을 인정하기 때문에 제한적 인격설이라고 할 수 있다.

(2) 판 례

판례는 정지조건설을 취하고 있다(대판 1976. 9. 14, 76다1365). 판례는 그 이유로, 설사 태아가 권리를 취득한다고 하더라도 현행법상 이를 대행할 기관이 없음을 들고 있다.

(3) 검토 및 사견

정지조건설(판례 포함)은 태아의 법정대리인이 존재할 수 없다는 점을 주된 이유로 든다. 그러나 이것은 본질적인 것이 아니다. 근본적으로는 민법이 태아에게 권리능력을 인정한 취지가 무엇인가에서 출발하여 핵심적인 문제에 접근하여야 한다. 민법은 분명히 태아의 이익을 보호하기 위하여 예외적으로 태아를 출생한 것으로 의제하고 있다. 그리고 출생한 것으로 의제한다는 것은 출생자처럼 다루겠다는 의미이다. 따라서 그의 법정대리인의 존재가 전제되어 있다고 할 것이다. 그에 관하여는 다른 규정이 없는 한 당연히 출생자에 관한 규정이 적용되어야 한다. 정지조건설은 그 외에 해제조건설에 의하면 모가 포태 사실을 모르거나 태아가 부(夫)의 자가 아닌 경우, 그리고 쌍둥이이거나 사산한 경우에 있어서 법률관계가 복잡하게 된다는 이유도 든다. 그러나 이들은 극히 예외적이고 비정상적인 경우들일 뿐이다. 또한 법률이론은 올바르기만 하다면 복잡한 것은 감수하여야 한다. 요컨대 정지조건설은 절차적인 문제에만 초점을 맞추고 본질을 외면하고 있다. 중요한 것은 민법이 태아를 두텁게 보호하려고 한다는 점이다. 따라서 민법의 그러한 취지를 살리려면, 태아가 태아인 동안에도 그의 법정대리인에 의하여 재산이 관리·보전될 수 있는 해제조건설을 취하여야 한다.

[297] Ⅳ. 권리능력의 범위

1. 서 설

사람은 누구나 평등하게 권리능력을 가진다. 그러나 이 원칙에는 예외가 있다. 첫째로 권리의 성질상 특정한 권리를 취득할 수 없는 경우가 있다. 예를 들면 부권(夫權)은 여성이 가질 수 없다. 둘째로 국가의 정책상 일정한 자에 대하여는 특정한 종류의 권리를 가질 수 없도록 하는 경우가 있다. 그러한 경우로 특히 문제되는 것이 외국인이다. 외국인의 권리능력에 대하여 아래에서 따로 살펴보기로 한다.

2. 외국인의 권리능력

(1) 외국인의 의의

외국인은 대한민국의 국적을 가지지 않은 자이며, 그러한 자로는 외국의 국적을 가지는 자와 무국적자가 있다. 한국 국적과 외국 국적을 가지고 있는 자(복수 국적자)는 한국 국적을 가지고 있는 동안에는 한국 국민이라고 하여야 한다(국적법 11조의 2 1항).

(2) 외국인의 권리능력의 원칙

오늘날 외국인의 권리능력에 관하여는 내국인과 평등하게 인정하는 평등주의가 일반적이나, 외국인의 본국이 자국민에게 인정하는 정도로만 인정하는 상호주의를 취하는 경우도 있다. 그리고 평등주의를 원칙으로 하는 국가도 다른 한편으로 제한을 가하고 있는 것이 보통이다.

우리 민법은 외국인의 권리능력에 관하여 아무런 규정도 두고 있지 않다. 따라서 헌법이 외국인의 지위를 국제법과 조약이 정하는 바에 의하여 보장한다고 하는 평등주의(헌법 6조 2항)가 민법에도 그대로 적용된다고 할 수 있다. 그러나 우리의 법률에서 국가의 정책상 외국인의 권리능력을 제한하는 경우도 많이 있다.

(3) 개별적인 사항

법률 가운데에는 외국인과 내국인을 동등하게 다룬다는 규정을 둔 때도 있다. 「채무자회생 및 파산에 관한 법률」 제 2 조가 그 예이다.

일정한 경우에는 외국인의 권리능력이 부정된다. 한국 선박(선박법 2조)·한국 항공기(항공법 6조)의 소유권에서 그렇다. 도선사가 되는 권리도 없다(도선법 6조 1호. 그러나 이는 공법상의 권리능력의 제한이다).

상호주의에 의하여 제한되는 경우는 흔하다. 특허권(특허법 25조)·디자인권(구 의장권. 디자인보호법 27조)·실용신안권(실용신안법 3조)·상표권(상표법 5조의 24)·광업권(광업법 10조의 2)·품종보호권(「식물신품종 보호법」 22조), 그리고 국가배상(국가배상법 7조)에 관하여 상호주의가 규정되어 있다. 그리고 외국인의 저작물은 우리나라가 가입 또는 체결한 조약에 따라 보호하고, 또한 우리나라에 상시 거주하는 외국인은 조약이 없어도 보호한다고 하면서, 어느 경우에나 상호주의에 의하여 제한할 수 있도록 한다(저작권법 3조). 전자거래(「전자문서 및 전자거래 기본법」 40조)에 관하여도 평등주의를 규정한 뒤, 상호주의에 의하여 제한을 할 수 있다고 한다. 외국인이 우리나라에서 토지를 취득하는 경우에는 일정한 기간 내에 시장·군수·구청장에게 신고만 하면 되나(일정한 지역에서는 허가를 받아야 함), 상호주의에 의하여 제한할 수 있도록 하고 있다(「부동산 거래신고 등에 관한 법률」 8조·9조·7조).

(4) 한국 국민이 국적을 상실한 경우

한국의 국적을 가지고 있는 자가 국적을 상실하면 그때부터 한국 국민만이 누릴 수 있는 권리를 누릴 수 없다(국적법 18조 1항). 이 권리 중 한국 국민이었을 때 취득한 것으로서 양도할 수 있는 것은 그 권리와 관련된 법령에서 따로 정한 바가 없으면 3년 내에 한국 국민에게 양도하여야 한다(국적법 18조 2항). 그리고 토지를 소유하고 있는 한국 국민이 외국인으로 된 경우에 그 토지를 계속 보유하고자 하는 경우에는, 외국인으로 변경된 날부터 6개월 이내에 시장·군수·구청장에게 신고하면 된다(「부동산 거래신고 등에 관한 법률」 8조 3항).

[298] Ⅴ. 권리능력의 종기

1. 권리능력의 소멸원인 : 사망

(1) 사람은 생존하는 동안에만 권리능력을 가지므로(3조), 생존이 끝나는 사망에 의하여 권리능력을 잃게 된다. 그리고 권리능력 소멸원인은 오직 사망밖에 없기 때문에, 인정사망이나 실종선고가 있더라도 당사자가 생존하고 있는 한 권리능력을 잃게 되지는 않는다.

사람의 사망이 있으면 사망한 자의 재산이 상속되고, 유언의 효력이 발생하며, 잔존배우자가 재혼할 수 있게 되고, 각종 연금이나 보험금청구권이 발생하게 된다. 이처럼 사망에 의하여 여러 가지의 법률효과가 발생하기 때문에, 사망의 유무나 시기는 출생에 있어서보다 훨씬 더 중요하다.

(2) 그러면 사람의 사망시기는 언제인가? 여기에 관하여 민법에는 규정이 없다. 그리고 학설은 종래 생활기능이 절대적·영구적으로 정지하는 것이 사망이며, 호흡과 혈액순환이 영구적으로 멈춘 때 사망이 인정된다고 하는 것이 통설이었다. 그런데 의학기술의 발달로 뇌기능이 정지한 후에도 호흡과 혈액순환이 가능해지자, 심장·간과 같은 장기의 이식을 위하여 뇌기능(즉 뇌파)이 정지한 때에 사망한 것으로 보자는 이른바 뇌사설이 의학계에서부터 주장되어 법학계에도 침

투해 들어왔다(가령 주해(1), 248면(양삼승)). 그 후 장기이식을 법적으로 규율하는 「장기 등 이식에 관한 법률」(이하에서는 장기이식법이라 함)이 제정(1999년)되었고, 그러자 사망시기에 관한 학설은 새로운 국면을 맞았다. 그런데 문헌들은 대부분 예전처럼 종래의 통설을 설명한 뒤, 장기이식법에 대한 설명을 덧붙이는 정도에 머물고 있으며, 소수만이 독자적인 견해를 밝히고 있다. 그 견해는 i) 종래의 통설과 같은 심장기능 정지설(이영준, 854면)과 ii) 심장기능 정지설과 뇌사설의 절충설(이은영, 141면)이다.

이들 학설을 검토하기 전에 먼저 장기이식법에 대하여 정리하기로 한다. 이 법은 장기이식을 엄격한 규제 하에서 제한적으로 허용하는 내용의 법률이다. 그리고 이 법에서 사망시기를 규율하고 있지는 않다. 즉 장기이식법에 의하더라도 뇌사는 사망이 아니다. 이는 「뇌사자가 이 법에 따른 장기 등의 적출로 사망한 경우에는 뇌사의 원인이 된 질병 또는 행위로 인하여 사망한 것으로 본다」는 규정(같은 법 21조 1항)에 비추어 보아도 명백하다. 일부 견해는 이 법이 뇌사를 사망으로 인정한 것이라고 하나(고상룡, 85면; 정기웅, 107면), 이는 옳지 않다(같은 취지: 강태성, 108면; 곽윤직, 81면; 김상용, 146면; 명순구, 92면; 백태승, 137면).

다음에 사망시기에 관한 견해를 보기로 한다. 사망시기의 문제는 법적인 문제 외에 윤리적인 문제도 결부되어 있어서 법적인 타당성만을 고려하여 결론을 내는 것은 적절하지 않다. 생각건대 사람들은 신체가 조금이라도 기능하고 있으면 살아 있다고 의식하게 된다. 그러므로 법적으로도 신체기능이 완전히 멈추어 다시 소생할 수 없는 경우에만 사망한 자로 다루는 것이 옳을 것이다. 다만, 장기이식은 현재의 법제에서처럼 엄격한 요건 하에 허용하면 된다. 결국 사망시기에 관하여는 종래의 통설을 따라야 한다.

(3) 사람이 사망한 때에는 사망신고 의무자(가족 85조 참조)가 사망의 사실을 안 날부터 1개월 이내에 신고하여야 하며(가족 84조 1항), 이를 위반하면 과태료의 제재를 받는다(가족 122조). 사망의 사실 및 시기는 그것을 전제로 하여 법률효과를 주장하는 자가 증명하여야 하는데(대판 1995. 7. 28, 94다42679는 실존인물인 한 살아 있으면 95세가 된다고 할지라도 생존이 추정되며, 사망하였다는 점은 상대방이 증명할 것이라고 한다. 그리고 대판 1994. 10. 25, 94다18683은 채권자대위소송에서 대위자인 원고가 내세우는 피대위자가 실존인물이고 그 연령이 80세 가량이라면 특별한 사정이 없는 한 그 피대위자는 현재 생존하고 있는 것으로 추정되고, 오히려 그가 사망하였다는 점을 피고가 적극적으로 증명할 것을 요구한다), 이때 가족관계등록부의 기록은 진실한 것으로 추정되나 반대의 증거에 의하여 번복될 수 있다(과거 호적부에 대한 판례: 대결 1984. 9. 13, 84스11; 대판 1994. 6. 10, 94다1883; 대결 1995. 7. 5, 94스26; 대결 1997. 11. 27, 97스4).

[299] ## 2. 사망사실 또는 사망시기의 증명곤란에 대비한 제도

사망의 유무나 사망시기는 법적으로 대단히 중요한데, 그것을 증명·확정하기 어려운 경우가 있다. 민법 기타의 법률은 그러한 경우에 대비하여 몇 가지 제도를 두고 있다.

(1) 동시사망의 추정(사망시기의 증명곤란에 대비한 제도)

2인 이상이 동일한 위난으로 사망한 경우에는 동시에 사망한 것으로 추정된다(30조). 이러한 동시사망 추정제도는 2인 이상이 사망한 때에 특히 상속과 관련하여 발생할 수 있는 불합리한 결과를 막기 위하여 두어졌다(동시사망이 추정되는 경우 그들 상호간에는 상속이 되지 않는다. 그러나 대습상속은 받을 수 있다. 대판 2001. 3. 9, 99다13157 및 친족상속법 [240]도 참조).

문헌들이 흔히 들고 있는 예를 가지고 동시사망 추정규정이 없는 경우와 그것이 있는 경우에 실제에 있어서 어떤 차이가 생기는지를 보기로 한다(가령 곽윤직, 81면 등).

처 B·자 C·모 D를 두고 있던 A가 C와 비행기를 타고 가다가 비행기가 추락하여 둘 다 사망하였다. 그런데 둘 중 누가 먼저 사망하였는지는 알 수가 없다. 이 경우에 A에게만 재산이 있다고 한다면, A의 재산은 누구에게 상속되는가?

㈀ **동시사망 추정규정이 없는 경우** 위의 사안에서 만약 A가 C보다 먼저 사망하였다면, A의 재산은 A가 사망한 때에 C와 B가 상속하고, 그 뒤 C가 사망한 때에 C가 상속했던 재산을 모두 B가 상속하게 된다(1000조·1003조). 그리하여 D는 전혀 상속을 받지 못한다. 그러나 만약 C가 A보다 먼저 사망하였다면, A의 사망시에 A의 재산이 B와 D에게 상속된다(1000조·1003조). 따라서 A가 C보다 먼저 사망한 경우가 C가 먼저 사망한 경우보다 B에게 더 유리하게 된다. 그 때문에 B가 그렇게 해석하여 A의 상속재산을 먼저 차지해 버리면, D로서는 반대의 증명을 할 수 없어 불합리함을 감수할 수밖에 없다.

㈁ **동시사망 추정규정이 있는 경우** 동시사망 추정규정이 있으면, 위의 사안의 경우 A와 C가 동시에 사망한 것으로 추정되므로 A의 사망시에 생존하지 않은 C는 상속을 받을 수가 없고, 처음부터 B와 D가 공동으로 A의 재산을 상속하게 된다.

민법 제30조는 2인 이상이 「동일한 위난」으로 사망한 경우에 관하여만 동시사망의 추정을 한다. 그런데 동시사망 추정규정이 없는 때의 불합리는 2인 이상이 각기 다른 위난으로 사망한 때에도 똑같이 발생할 수 있다. 그리하여 i) 다수설은 「2인 이상이 각기 다른 위난으로 사망하였는데 그들의 사망시기를 확정할 수 없는 경우」와, 나아가 「1인의 사망시기는 확정되어 있으나 다른 1인의 사망시

기는 확정할 수 없는 경우」에도 제30조를 유추적용하여 동시사망을 추정하자고 한다(강태성, 110면; 고상룡, 90면; 고창현, 116면; 곽윤직, 82면; 김상용, 149면; 김주수, 130면; 명순구, 93면; 백태승, 140면; 정기웅, 107면; 주해(1), 422면(한상호)). 그러나 ii) 소수설은 유추적용은 무리라고 한다(김학동, 106면; 이영준, 857면; 이은영, 147면). 소수설은 그 이유로, 제30조는 예외규정이어서 제한적으로 해석하여야 한다거나(김학동, 106면), 다른 경우에 있어서의 동시사망 추정은 입법자의 결단이 필요하기 때문이라거나(이영준, 857면), 혹은 과학적인 방법에 의한 사망시각을 추측하는 편이 낫다고 한다(이은영, 147면). 생각건대 우리 민법의 입법자가 의도적으로 그러한 경우에 있어서 동시사망 추정을 인정하지 않은 것으로 보이지는 않는다. 그러고 보면 논의되고 있는 경우는 입법자에 의하여 규율되지 않은 것들이다. 전형적인 법률의 틈인 것이다. 그러한 틈은 해석에 의하여 채워져야 한다. 그리고 그럼에 있어서 유사한 경우와의 불균형도 없어야 한다. 즉 「동일한 위난」의 경우와 같은 결과에 도달할 수 있게 하여야 한다. 이처럼 제30조의 유추적용은 자연스럽고도 당연한 것이다. 일부 견해는 과학적인 방법으로 사망시각을 추측하는 편이 낫다고 하나, 동시사망 추정은 그러한 것이 불가능한 때를 위한 제도이다. 결국 유추적용을 인정하여야 한다.

동시사망의 추정은 추정이지 의제(간주·본다)가 아니기 때문에, 그것은 반증에 의하여 번복될 수 있다. 그런데 이 반증에 관하여 판례는, 동시사망 추정의 경우에 사망의 선후에 의하여 관계인들의 법적 지위에 중대한 영향을 미치는 점을 감안할 때 충분하고도 명백한 증명이 없는 한 추정이 깨어지지 않는다고 한다(대판 1998. 8. 21, 98다8974).

(2) **인정사망**(사망 유무의 증명곤란에 대비한 제도) [300]

인정사망(認定死亡)은 수해·화재나 그 밖의 재난으로 인하여 사망한 사람이 있는 경우에 그것을 조사한 관공서의 사망통보에 의하여 가족관계등록부에 사망의 기록을 하는 것을 말한다(가족 87조·16조). 여기서 재난이라 함은 생존의 가능성이 거의 없는 사고를 가리키는 것으로서, 그 예로는 수해·화재 외에도 해난·갱도폭발·전사 등을 들 수 있다. 이러한 인정사망제도를 둔 이유는 사망의 확률이 매우 높음에도 실종선고 절차를 밟게 하는 것이 부적당하기 때문이다.

실종선고와 인정사망을 비교해 보면, 전자는 일정한 요건 하에 사망한 것으로 의제하는 데 비하여, 후자는 가족관계등록부에 사망의 기록을 하기 위한 절차적 특례제도이어서 강한 사망추정적인 효과만 인정한다. 따라서 실종선고가 사실에 반하는 때에는 실종선고 취소절차를 밟아야 하나, 인정사망이 사실에 반하는 때에는 그러한 절차 없이 당연히 효력을 잃게 된다.

(3) **실종선고**(사망 유무의 증명 곤란에 대비한 제도)

민법은 사망했을 가능성이 큰 경우에 일정한 요건 하에 실종선고를 하여 실종자를 일정한 시기에 사망한 것으로 의제하는 제도를 두고 있다. 그에 관하여는 뒤에서 자세히 설명한다([308] 이하 참조).

제2관 주 소

[301] ### Ⅰ. 서 설

사람과 관계 있는 장소가 법률관계에 영향을 미치는 경우가 자주 있다. 예컨대 본국 · 등록기준지 · 주민등록지 · 현재지 · 재산소재지 · 법률행위지 · 주소 · 거소 등이 그렇다. 그런데 민법은 이러한 장소들 가운데 모든 사람에게 공통적으로 문제되는 주소와 거소에 관하여만 일반적 규정을 두고 있을 뿐이다.

Ⅱ. 주소에 관한 입법주의

(1) **형식주의 · 실질주의**

주소를 정하는 표준과 관련하여 입법주의는 형식주의와 실질주의로 나누어진다. 형식주의는 형식적 표준(예: 등록기준지)에 의하여 주소를 획일적으로 정하는 주의이고, 실질주의는 생활의 실질적 관계에 의하여 주소를 정하는 주의이다.

(2) **의사주의 · 객관주의**

주소 결정과 관련하여서는 정주(定住)의 사실(어떤 장소가 생활의 중심적 장소를 이루고 있다는 사실)만을 요건으로 하는 객관주의와 정주의 사실 외에 정주의 의사(어느 곳을 주소로 하려는 의사)도 필요하다고 하는 의사주의가 있다.

(3) **단일주의 · 복수주의**

주소의 개수와 관련하여서는 주소를 하나만 인정하는 단일주의와 복수의 주소를 인정하는 복수주의가 있다.

Ⅲ. 민법상의 주소 [302]

1. 주소의 의의

우리 민법에 있어서 주소는 「생활의 근거되는 곳」이다(18조 1항). 이는 형식주의·실질주의 중 실질주의를 취한 것이다. 그리고 의사주의와 객관주의 가운데에는 객관주의를 채용한 것으로 해석된다(이설 없음). 왜냐하면 무엇보다도 의사주의를 취할 경우에 있어야 하는 의사무능력자를 위한 법정주소에 관한 규정이 없기 때문이다. 한편 민법은 「주소는 동시에 두 곳 이상 있을 수 있다」고 하여(18조 2항), 주소의 개수에 관하여 복수주의를 취하고 있다.

〈등록기준지〉

2005. 3. 31.의 민법 개정(2008. 1. 1. 시행) 전에는 친족법상의 「가(家)」의 소재지를 호적이라고 하고, 호적을 가의 구성원인 호주와 가족의 입장에서 「본적」이라고 하였다. 그러나 민법개정으로 가 제도가 폐지되었고, 아울러 본적 개념도 사라졌다. 그리고 본적 대신에 등록기준지 개념을 신설하여 2008년부터 사용하게 되었다(가족 9조 2항·10조). 그런데 이 등록기준지는 재외국민 등록사무의 처리지, 가족관계등록부의 검색, 비송사건의 관할법원의 결정 등의 기능을 위한 것이며, 재산관계에서는 의미가 거의 없다.

〈주민등록지〉

주민등록지는 30일 이상 거주할 목적으로 일정한 장소에 주소 또는 거소를 가진 자(즉 주민)가 주민등록법에 의하여 등록한 장소이다(주민등록법 6조·10조). 주민등록지는 공법상의 개념으로 민법상의 주소와 다르나, 반증이 없는 한 주소로 추정된다고 할 것이다.

2. 주소가 법률관계에 영향을 주는 사항

주소가 법률관계에 영향을 주는 사항 가운데 주요한 것을 들어 보면 다음과 같다.

(1) 민법이 규정하고 있는 사항

1) 부재 및 실종의 표준(22조·27조)

2) 변제의 장소(467조 2항)

3) 상속개시의 장소(998조)

(2) 민법 이외의 법률이 규정하고 있는 사항

1) 어음행위의 장소(어음법 2조 · 4조 · 21조 · 22조 · 27조 · 76조, 수표법 8조)

2) 재판관할의 표준(민소 3조, 가소 13조 · 22조 · 26조 · 30조 · 44조 · 46조 등, 비송법 2조 · 39조, 채무자회생법 3조 등)

3) 민사소송법상의 부가기간(민소 172조 2항)

4) 국제사법상 준거법을 결정하는 표준(국제사법 3조 2항 · 4조 · 14조 · 26조 2항)

5) 귀화요건(국적법 5조 · 7조 1항)

6) 주민등록 대상자의 요건(주민등록법 6조 1항)

〈법인의 주소〉

주소는 자연인뿐만 아니고 법인에서도 문제되며(36조), 법인의 주소가 그것의 법률관계에 영향을 미치는 경우도 자주 있다([365] 참조).

[303] Ⅳ. 거소 · 현재지 · 가주소

1. 거소(居所)

거소는 사람이 다소의 기간 계속하여 거주하는 장소로서 그 장소와의 밀접한 정도가 주소보다 못한 곳이다. 사람은 주소 외에 거소를 가질 수도 있으나, 주소는 없고 거소만 있는 자도 있다.

어떤 자에 대하여 주소를 알 수 없을 때에는 거소를 주소로 본다(19조). 그리고 국내에 주소가 없는 자에 대하여는 국내에 있는 거소를 주소로 본다(20조).

2. 현재지(現在地)

장소와의 관계가 거소보다도 더 옅은 곳(가령 여행자가 머무는 호텔)을 거소와 구별하여 현재지라고 부르기도 한다. 민법은 현재지에 대하여는 특별한 효과를 부여하고 있지 않다. 다만, 제19조 · 제20조의 거소에는 현재지가 포함되는 것으로 해석한다(그러나 항상 그렇지는 않다. 민소 3조에서의 거소는 현재지를 제외한다).

3. 가주소(假住所)

당사자는 어느 행위(거래)에 관하여 일정한 장소를 가주소로 정할 수 있으며, 그때에는 그 행위에 관하여는 가주소를 주소로 본다(21조). 그런데 이러한 가주소는 당사자의 의사에 의하여 거래의 편의상 설정된 것이고 생활의 실질과는 관계가 없으므로, 엄격한 의미에서는 주소가 아니다(이설 없음).

제3관 부재(不在)와 실종(失踪)

Ⅰ. 서 설 [304]

어떤 자가 그의 주소를 떠나서 쉽게 돌아올 가능성이 없는 때에는, 그 자 자신이나 이해관계인을 보호하기 위하여 어떤 조치를 취할 필요가 있다. 여기서 민법은 두 단계의 조치를 취하고 있다. 즉 ① 제 1 단계에서는 그를 아직 살아 있는 것으로 추측하여 그의 재산을 관리해 주면서 돌아오기를 기다리고, ② 만약 생사불분명 상태가 장기간 계속되면 제 2 단계로 넘어가 그를 사망한 것으로 보고 그에 관한 법률관계를 확정짓는다. 앞의 것이 부재자의 재산관리제도이고, 뒤의 것이 실종선고제도이다.

〈유사제도〉

민법상의 위의 두 제도와 유사한 것으로 「부재선고에 관한 특별조치법」에 의한 「부재선고제도」와 「특별실종 선고제도」가 있다. 이들 제도는 모두 한국전쟁과 관련된 것으로서, 그 가운데 후자는 시행기간이 만료되어 현재는 폐지되었고, 전자만이 시행되고 있다.

Ⅱ. 부재자의 재산관리

1. 부재자의 의의

민법 제22조에 의하면 부재자는 「종래의 주소나 거소를 떠난 자」이다. 그러나 그러한 자 가운데 재산관리가 필요하지 않은 자는 부재자로 다룰 필요가 없다. 가령 서울에 살고 있던 자가 상당기간 머물 생각으로 부산으로 옮겨갔지만 서울에 있는 그의 재산을 관리하고 있을 수 있으며, 그러한 자는 부재자로 다룰 이유가 없는 것이다. 그러므로 부재자는 「종래의 주소나 거소를 떠나 당분간 돌아올 가능성이 없어서 그의 재산이 관리되지 못하고 방치되어 있는 자」라고 하여야 한다. 통설 · 판례(대판 1960. 4. 21, 4292민상252는 일본에 유학하여 소재가 분명할 뿐만 아니라 타인을 통하여 자신의 재산을 관리하고 있는 자에 대하여 부재자가 아니라고 한다)도 같은 취지이다.

이러한 부재자는 생사가 불분명할 필요는 없다. 즉 생존이 분명한 자도 부재자일 수 있고, 또 생사가 불분명한 자도 실종선고를 받을 때까지는 부재자이다. 부재자는 자연인에 한하며, 법인에 대하여는 부재자에 관한 규정이 적용되지 않는다(대결 1965. 2. 9, 64스9). 그리고 부재자가 제한능력자이어서 법률상 당연히 그의 재산을 관리할 법정대리인이 있는 경우에는 부재자에 관한 규정이 적용될 여지가 없다. 그때에는 법정대리인과 별도의 재산관리인을 둘 필요가 없기 때문이다. 한편 부재자의 재산관리는 가정법원의 전속관할 사항이다(가소 2조 1항 2호 가목 2) · 44조 2호).

부재자의 재산관리에 관한 규정은 친족 · 상속법상의 재산관리에 준용되기도 한다(918조 · 1023조 · 1044조 · 1047조 · 1053조 등).

[305] ## 2. 재산관리의 방법 및 내용

부재자의 재산관리제도는 부재자의 종래의 주소나 거소에 남아 있는 재산을 관리하기 위한 것이다. 그러므로 부재자가 제한능력자이어서 그의 재산을 관리할 법정대리인이 법률상 당연히 존재하는 경우에는 부재자로서 특별히 조치를 취할 필요가 없다. 그리고 부재자가 스스로 재산관리인을 둔 경우에도 국가가 거기에 간섭을 할 필요가 없다. 다만, 부재자 본인의 부재중에 재산관리인의 권한이 소멸하거나 부재자의 생사가 분명하지 않게 된 때에는 국가가 간섭할 필요가 생긴다. 그에 비하여 부재자 자신이 재산관리인을 두지 않은 경우에는 국가가 언제나 간섭을 해야 할 필요가 있다.

그리하여 민법은 부재자의 재산관리에 관하여 부재자가 스스로 관리인을 둔 때와 그렇지 않은 때를 구별하여 규율한다. 그러면서 앞의 경우에는 원칙적으로 간섭을 하지 않고 부득이한 때에만 간섭을 한다.

(1) 부재자 자신이 관리인을 두지 않은 경우

1) 가정법원의 재산관리처분 부재자가 관리인을 두지 않은 경우에는 가정법원은 이해관계인이나 검사의 청구에 의하여 재산관리에 필요한 처분을 명하여야 한다(22조 1항 1문).

여기의 「이해관계인」은 부재자의 재산관리에 법률상 이해관계를 가지는 자이다. 예컨대 추정상속인 · 채권자 · 배우자 · 부양청구권자 · 보증인 등이 그렇다. 그에 비하여 단순한 이웃이나 친구는 이해관계인이 아니다. 검사를 청구권자로 한 것은 공익에 관한 사항이기 때문이다.

가정법원이 명할 수 있는 「재산관리에 필요한 처분」으로는 재산관리인의 선임(가소규 41조) · 경매에 의한 부재자의 재산매각(가소규 49조) 등이 있으며, 그중 가장 보통의 방법은 관리인의 선임이다. 그 때문에 민법과 가사소송규칙은 이에 관하여 자세한 규정을 두고 있다(민법 23조 내지 26조, 가소규 41조 내지 46조).

2) 선임된 재산관리인의 지위 [306]

(가) **성질 · 권한** 부재자의 재산관리인은 부재자 본인의 의사에 의하여서가 아니고 가정법원에 의하여 선임된 자이므로 일종의 법정대리인이다. 그렇지만 관리인은 언제든지 사임할 수 있고(가소규 42조 2항), 법원도 얼마든지 개임, 즉 바꿀 수 있다(가소규 42조 1항). 법원이 선임한 부재자의 재산관리인을 개임할 것인가는 관할법원의 자유재량에 속한다(대판 1961. 1. 25, 4293민재항349). 그러나 법원이 마음대로 할 수 있다는 것은 아니다. 우리 판례도, 이미 선임된 재산관리인에 대하여 그 부적성을 나타내주는 사유가 있다는 등 재산관리인을 바꾸어야 할 상황에 있다고 볼 만한 특별한 사정이 엿보이지 않음에도 불구하고 별다른 조사과정도 없이 쉽사리 그 재산관리인을 개임한 것은 재량권을 매우 벗어난 것으로 위법하다고 한다(대판 1986. 8. 26, 86프1).

관리인은 — 법원의 명령이 없는 경우에는 — 부재자의 재산에 관하여 제118조가 정하는 관리행위를 자유롭게 할 수 있으나, 재산의 처분과 같은 행위를 하려면 가정법원의 허가를 얻어야 한다(25조 1문). 판례에 의하면, 소유권이전등기 말소등기절차 이행청구나 인도청구(대판 1964. 7. 23, 64다108), 부재자 재산에 대한 소송상의 보존행위를 하기 위하여 한 소송행위의 추완신청(대판 1960. 9. 8, 4292민상885), 부재자 재산에 대한 임료청구 또는 불법행위로 인한 손해배상청구(대결 1957. 10. 14, 4290민재항104) 등은 허가 없이 할 수 있으나, 부재자 재산의 처분(대판 1960. 6. 30, 4292민상751; 대판 1970. 1. 27, 69다1820 등), 재판상 화해(대판 1968. 4. 30, 67다2117. 그러나 부재자의 권리 보존에 전적으로 이익이 되는 재판상 화해는 허가가 필요하지 않다고 한다. 대판 1962. 11. 1, 62다582) 등은 허가가 있어야 할 수 있다. 그리고 매각을 허가받은 재산으로 매도담보 또는 대물변제를 하거나 그 위에 저당권을 설정하는 때에는 다시 법원의 허가를 받을 필요가 없다고 한다(대판 1957. 3. 23, 4289민상677).

관리인이 법원의 허가 없이 처분행위 등을 한 경우에는 그 처분행위는 무효이다(대판 1960. 6. 30, 4292민상751; 대판 1970. 1. 27, 69다1820 등). 그러나 법원의 허가는 장래의 처분행위를 가능하게 할 뿐만 아니라 기왕의 처분행위에 대하여 추인을 하게 할 수도 있으므로, 허가 없이 처분행위를 한 뒤에 법원의 허가를 얻고서 추인(묵시적 추인 포함)을 한 경우에는 처분행위는 추인으로 유효하게 된다(대판 1956. 6. 14, 4289민상43; 대판 1982. 9. 14, 80다3063; 대판 1982. 12. 14, 80다1872 · 1873; 대판 2000. 12. 26, 99다19278). 그리고 대법원은, 부재자 소유 부동산에 대한 매매계약에 관하여 부재자 재산관리인이 권한을 초과하여서 체결한 것으로 법원의 허가를 받지 아니하여 무효라는 이유로 소유권이전등기 절차의 이행청구가 기각되어 확정되었다고 하더라도, 패소판결의 확정 후에 그 권한초과행위에 대하여 법원의 허가를 받게 되면 다시 위 매매계약에 기한 소유권이전등기 청구의 소를 제기할 수 있다고 하였다(대판 2002. 1. 11, 2001다41971).

관리인의 권한은, 그의 선임결정이 취소되지 않는 한, 설사 부재자에 대한 실종선고기간이 만료되거나(대판 1981. 7. 28, 80다2668(허가받은 행위를 실종기간 만료 후에 한 경우)) 또는 부재자의 사망이 확인된 후에도(대판 1967. 2. 21, 66다2352; 대판 1970. 1. 27, 69다719; 대판 1971. 3. 23, 71다189; 대판 1991. 11. 26, 91다11810) 소멸하지 않는다. 그런데 다른 한편으로 대법원은, 부재자의 재산관리인에 의하여 소송절차가 진행되던 중 부재자 본인에 대한 실종선고가 확정되면 그 재산관리인으로서의 지위는 종료되는 것이므로 그 경우에도 상속인 등에 의한 적법한 소송수계가 있을 때까지 소송절차가 중단된다고 한다(대판 1987. 3. 24, 85다카1151). 이 판결은 민사소송법 제233조(이 사건 당시의 민소 211조에 해당)의 규정상 소송당사자가 죽으면 소송이 중단되고 그 소송절차가 수계되어야 하는데, 소송 중 본인이 사망하였음(또는 실종선고가 있었음)에도 불구하고 부재자 재산관리인이 그에 대한 선임결정 취소가 없었다는 이유로 계속 지위를 보유한다면 중단수계문제가 발생할 수 없게 되기 때문에 그와 같이 판시한 것으로 생각된다. 그렇지만 이 판결은 조금 전에 기술한 내용(판례)과 실질적으로 충돌된다(이 판결을 소송수계만의 문제에 관한 것으로 이해할 수도 있으나, 그것은 자연스럽지 않다). 충돌되는 대법원의 이 두 태도를 종합하여 조화롭게 해석하자면, 소송 중에 실종선고가 내려진 경우(또는 사망한 경우)에는 재산관리인은 그의 지위를 잃으며, 그 외의 경우에는 선임결정의 취소가 없는 한 지위를 보유한다고 이해하여야 한다.

〈판 례〉

㈀ 부재자 재산관리인이 법원의 매각처분 허가를 얻었다 하더라도 부재자와 아무런 관계가 없는 남의 채무의 담보만을 위하여 부재자 재산에 근저당권을 설정하는 행위는 통상의 경우 객관적으로 부재자를 위한 처분행위로서 당연하다고는 경험칙상

볼 수 없다(대결 1976. 12. 21, 75마551).

(ㄴ)「법원의 재산관리인의 초과행위 허가의 결정은 그 허가받은 재산에 대한 장래의 처분행위를 위한 경우뿐만 아니라 기왕의 처분행위를 추인하는 행위로도 할 수 있다.」(대판 1982. 9. 14, 80다3063. 같은 취지: 대판 1956. 6. 14, 4289민상43; 대판 1982. 12. 14, 80다1872 · 1873; 대판 2000. 12. 26, 99다19278)

(ㄷ)「법원에 의하여 일단 부재자의 재산관리인 선임결정이 있었던 이상, 가령 부재자가 그 이전에 이미 사망하였음이 위 결정 후에 확실하여졌다 하더라도, 법에 정하여진 절차에 의하여 위의 결정이 취소되지 않는 한, 선임된 부재자 재산관리인의 권한이 당연히 소멸되지 아니한다 함이 당원의 판례로 하는 견해이며, 위 결정이 후에 이르러 취소된 경우에도 그 취소의 효력은 장래에 향하여만 생기는 것이며, 그 간의 그 부재자 재산관리인의 적법한 권한행사의 효과는 이미 사망한 그 부재자의 재산상속인에게 미친다.」(대판 1970. 1. 27, 69다719)

(ㄹ)「사망한 것으로 간주된 자가 그 이전에 생사불명의 부재자로서 그 재산관리에 관하여 법원으로부터 재산관리인이 선임되어 있었다면 그 재산관리인은 그 부재자의 사망을 확인했다고 하더라도 그 선임결정이 취소되지 아니하는 한 계속하여 그 권한을 행사할 수 있다 할 것이므로(당원 1967. 2. 21. 선고 66다2353 판결; 1971. 3. 23. 선고 71다189 판결 참조), 그 재산관리인에 대한 선임결정이 취소되기 전에 그 재산관리인의 처분행위에 기하여 경료된 등기는 그 경료에 필요한 법원의 처분허가 등 모든 절차를 거쳐 적법하게 경료된 것이라고 추정된다.」(대판 1991. 11. 26, 91다11810)

(ㅁ) 부재자 재산관리인이 부재자의 재산을 매각하려면 법원의 허가를 요하는 것이고 법원이 허가를 함에 있어서는 매각의 방법에 관하여는 경매법에 의한 매각을 명할 수도 있고 경매의 방법에 의하지 않고 임의매각하는 권한을 부여할 수도 있는 것이므로 법원이 허가함에 있어 매각방법에 관하여 하등 제한이 없는 경우에는 재산관리인은 임의매각도 할 수 있다(대판 1956. 2. 25, 4288민상455).

(ㅂ)「부재자의 생사가 일정기간 동안 분명하지 아니하여 이해관계인이나 검사의 청구에 의하여 법원에서 실종선고를 받은 때에는 그 실종기간이 만료하는 때에 사망한 것으로 보는 것인바, 소송계속 중에 당사자가 사망한 때에는 그 당사자에게 소송대리인이 선임되어 있지 아니하는 한 소송절차는 중단되고 이 경우에는 상속인, 상속재산관리인, 기타 법률에 의하여 소송을 속행할 수 있는 자가 소송절차를 수계하여야 하며 소송절차의 중단 중에는 소송수계인에 의하여 적법한 소송수계가 있을 때까지 소송절차가 정지되어 그 기간 중에는 유효한 소송행위를 할 수 없는 것이고, 부재자의 재산관리인에 의하여 소송절차가 진행되던 중 부재자 본인에 대한 실종선고가 확정되면 그 재산관리인으로서의 지위는 종료되는 것이므로 그 경우에도 상속인 등에 의한 적법한 소송수계가 있을 때까지 소송절차가 중단되는 법리는 다를 바 없다 할 것이다(당원 1983. 10. 25. 선고 83다카850 판결 참조).

그런데 기록에 의하면, 이 사건 소송은 법원에 의하여 부재자 재산관리인으로 선임된 소외인이 그 부재자 재산관리권에 기하여 그 보존행위로서 이 사건 소송을 제기하여 1984. 5. 25 그 제 1 심판결이 선고되었고, 위 제 1 심판결에 대하여 피고들이 항소를 제기하여 항소심인 원심법원에 그 소송이 계속되어 있던 1984. 7. 1 청주지방법원 83느164호로 부재자에 대하여 실종선고가 되고, 같은 해 7. 28 위 실종선고가 확정되어 사망간주됨으로써 소외인의 부재자에 대한 부재자 재산관리인으로서의 지위가 종료되었음에도 불구하고(그 후 1985. 5. 14 대전지방법원 공주지원에서 위 부재자 재산관리인 선임이 취소되었다), 원심에서는 원고에게 소송대리인이 선임되어 있지 아니한 이 사건 소송에서 부재자의 상속인 등에 의한 소송절차의 수계가 없었음에도 불구하고 이미 부재자의 재산관리권을 상실한 소외인에 의하여 소송절차가 진행된 결과 1985. 4. 29 원심판결이 선고되었음이 분명하다.」(대판 1987. 3. 24, 85다카1151)

[307] ㈏ **의 무** 관리인은 부재자와의 사이에 위임계약관계에 있는 것은 아니지만, 그 직무의 성질상 수임인과 동일한 의무를 부담하는 것으로 해석하여야 한다(이설 없음). 따라서 관리인은 선량한 관리자의 주의로써 직무를 처리하여야 하는 등(681조 참조) 수임인과 전적으로 동일한 지위에 있게 된다. 관리인은 그 밖에 관리할 재산의 목록작성(24조 1항, 가소규 47조 · 48조 참조), 부재자의 재산의 보존을 위하여 가정법원이 명하는 처분의 수행(24조 2항, 가소규 44조 1항 참조), 법원이 명하는 담보의 제공(26조 1항, 가소규 45조 · 46조 참조) 등의 의무도 진다.

㈐ **권 리** 가정법원은 관리인에게 부재자의 재산에서 상당한 보수를 지급할 수 있다(26조 2항. 대결 1971. 2. 26, 71스3). 즉 관리인은 보수청구권이 있다. 그리고 관리인은 재산관리를 위하여 지출한 필요비와 그 이자, 과실없이 받은 손해의 배상 등을 청구할 수 있다(688조 · 24조 4항 참조).

3) 관리의 종료 부재자가 후에 재산관리인을 정한 때에는 법원은 부재자 본인 · 재산관리인 · 이해관계인 또는 검사의 청구에 의하여 처분에 관한 명령을 취소하여야 한다(22조 2항). 그때에는 법원이 간섭을 할 필요가 없기 때문이다. 그리고 부재자가 스스로 그의 재산을 관리하게 된 때 또는 그의 사망이 분명하게 되거나 실종선고가 있는 때에는, 부재자 본인 또는 이해관계인의 청구에 의하여 그 명한 처분을 취소하여야 한다(가소규 50조). 이러한 경우에는 부재자의 재산으로 관리할 필요가 없기 때문이다.

가정법원의 처분명령 취소는 장래에 향하여만 효력이 생기며 소급하지 않는다(대판 1970. 1. 27, 69다719). 따라서 관리인이 법원의 허가를 얻어 부재자의 재산을 매각한 후, 법원이 관리인 선임결정을 취소하여도 관리인의 처분행위는 유효하다. 재산처분이 있은 뒤 법원의 허가결정이 취소된 때에도 마찬가지이다(대판 1960. 2. 4, 4291민상636).

(2) 부재자 자신이 관리인을 둔 경우

1) 원 칙 이 경우에는 민법은 원칙적으로 간섭을 하지 않는다.

부재자가 둔 재산관리인은 부재자의 수임인이고 또한 그의 임의대리인이므로, 그의 권한은 부재자와 관리인 사이의 계약(680조 이하)에 의하여 정하여진다. 그리고 관리인에게 재산처분권까지 위임된 경우에는 그 관리인이 그 재산을 처분함에 있어서 법원의 허가를 받을 필요도 없다(대판 1973. 7. 24, 72다2136). 만약 권한이 계약으로 정해지지 않은 때에는 제118조가 적용된다.

2) 예 외 민법은 다음 두 경우에는 예외적으로 간섭을 하고 있다.

(가) **재산관리인의 권한이 본인의 부재중에 소멸한 때** 이때에는 관리인이 처음부터 없었던 경우와 똑같이 다룬다(22조 1항 2문).

(나) **부재자의 생사가 분명하지 않게 된 때** 이때에는 가정법원은 재산관리인·이해관계인 또는 검사의 청구에 의하여 재산관리인을 개임, 즉 바꿀 수 있다(23조, 가소규 41조). 그런가 하면 관리인을 바꾸지 않고 감독만 할 수도 있다.

관리인을 바꾸는 경우의 관리인의 권한·관리방법 등은 본인이 관리인을 두지 않은 때와 같다. 관리인을 그대로 두고 감독만 하는 경우에는, 가정법원은 관리인에게 재산목록 작성·재산보존에 필요한 처분을 명할 수 있고(24조 3항, 가소규 47조·48조·44조), 관리인이 권한을 넘는 행위를 할 때 허가를 주고(25조 2문), 상당한 담보를 제공하게 할 수 있으며(26조 3항), 또한 부재자의 재산에서 상당한 보수를 지급할 수 있다(26조 3항).

〈판 례〉

부재자가 6.25사변 전부터 가사 일체와 재산의 관리 및 처분의 권한을 그 모인 갑에 위임하였다 가정하더라도 갑이 부재자의 실종 후 법원에 신청하여 동 부재자의 재산관리인으로 선임된 경우에는, 부재자의 생사가 분명하지 아니하여 민법 제23조의 규정에 의한 개임이라고 보지 못할 바 아니므로, 이때부터 부재자의 위임에 의한 갑의 재산관리 처분권한은 종료되었다고 봄이 상당하고, 따라서 그 후 갑의 부재자 재산처분에 있어서는 민법 제25조에 따른 권한초과행위 허가를 받아야 하며 그 허가를 받지 아니하고 한 부재자의 재산매각은 무효이다(대판 1977. 3. 22, 76다1437).

[308] ## Ⅲ. 실종선고(失踪宣告)

1. 의 의

부재자의 생사불명 상태가 오랫동안 계속되어 사망의 개연성은 크지만 사망의 확증이 없는 경우에 이를 방치하면 이해관계인(배우자·상속인 등)에게 불이익을 준다. 여기서 민법은 일정한 요건 하에 실종선고를 하고, 일정시기를 표준으로 하여 사망한 것과 같은 효과를 발생하게 하고 있다. 이를 실종선고제도라고 한다. 그리고 실종선고를 받은 사람을 실종자라고 한다(일부 문헌은 일반 사회에서처럼 생사불명인 부재자를 실종자라고 하나, 이는 부정확하다).

2. 실종선고의 요건

법원이 실종선고를 하려면 다음 4가지의 요건을 갖추어야 한다. 그리고 이들 요건이 갖추어지면 법원은 반드시 선고를 하여야 한다(27조 1항). 이 실종선고도 부재자의 재산관리와 마찬가지로 가정법원의 전속관할에 속한다(가소 2조 1항 2호 가목 3)·44조 1항 1호).

(1) 부재자의 생사 불분명

부재자의 생사가 분명하지 않아야 한다. 즉 생존도 사망도 증명할 수 없어야 한다. 그런데 생사가 모든 자에게 불분명할 필요는 없으며, 선고 청구권자와 법원에 불분명하면 된다. 한편 판례에 의하면, 호적부(현재의 가족관계등록부에 해당함)의 기재사항은 진실에 부합하는 것으로 추정되므로, 호적상 이미 사망한 것으로 기재되어 있는 자는 호적의 추정력을 뒤집을 수 있는 자료가 없는 한 그 생사가 불분명한 자라고 볼 수 없어 실종선고를 할 수 없다고 한다(대결 1997. 11. 27, 97스4).

(2) 실종기간의 경과

생사불분명 상태가 일정기간 동안 계속되어야 한다. 이 기간을 실종기간이라고 하며, 그 기간은 실종이 보통실종인가 특별실종인가에 따라 다르다. 보통실종은 보통의 경우의 실종이고, 특별실종은 사망의 가능성이 매우 높은 재난으로 인한 실종이다.

1) 보통실종 보통실종의 실종기간은 5년이다(27조 1항). 그 기간의 기산점은 민법에 정해져 있지 않으나, 부재자가 살아 있었음을 증명할 수 있는 최후의 시기(예: 마지막 편지를 보냈을 때)라고 해석하는 데 다툼이 없다.

2) 특별실종 민법은 특별실종으로 ㈎ 「전지(戰地)에 임한 자」(전쟁실

종), ㈏「침몰한 선박 중에 있던 자」(선박실종), ㈐「추락한 항공기 중에 있던 자」(항공기실종)(1984년 개정시 추가하여 열거함), ㈑「기타 사망의 원인이 될 위난을 당한 자」(위난실종)의 4가지를 규정하고 있으며, 이들 특별실종의 실종기간은 모두 1년이다(27조 2항).

특별실종기간의 기산점은, 전쟁실종은 전쟁이 종지(終止)한 때이고, 선박실종은 선박이 침몰한 때이며, 항공기실종은 항공기가 추락한 때이고, 기타 위난실종은 위난이 종료한 때이다(27조 2항). 전쟁실종의 경우「전쟁이 종지한 때」에 관하여 학설은 강화조약을 체결한 때가 아니고 사실상 전쟁이 끝나는 때, 즉 항복선언 또는 정전·휴전선언이 있는 때라고 해석한다(이설 없음).

전쟁실종은 군인에 대하여만 인정되는 것은 아니며, 자신의 의사로 전쟁터에 있었던 자이면 군인이 아닌 자이어도 무방하다. 그리하여 예컨대 우편·운송·간호를 위하여 전쟁터에 있었던 자, 군인을 위한 목사·승려, 취재 등을 위하여 전쟁터에 간 종군기자·화가·사진사 등에 대하여도 전쟁실종이 인정될 수 있다(같은 취지: 주해(1), 389면(한상호)). 그에 비하여 단순히 전쟁터에 있었던 일반인은 전쟁실종의 대상이라고 할 수 없다(반대: 김학동, 146면; 백태승, 184면; 이영준, 892면; 이은영, 197면).

민법이 정하는 특별실종 4가지 가운데 위난실종을 제외한 나머지는 위난실종 가운데 특별히 열거된 것이다. 즉 위난실종은 모든 특별실종을 포괄한다. 열거되지 않은 위난실종의 예로는 지진·화재·홍수·산사태·눈사태·폭동·화산폭발 등을 들 수 있다.

〈판 례〉

「민법 제27조의 문언이나 규정의 체계 및 취지 등에 비추어, 그 제 2 항에서 정하는 "사망의 원인이 될 위난"이라고 함은 화재·홍수·지진·화산 폭발 등과 같이 일반적·객관적으로 사람의 생명에 명백한 위험을 야기하여 사망의 결과를 발생시킬 가능성이 현저히 높은 외부적 사태 또는 상황을 가리킨다.」(갑이 잠수장비를 착용한 채 바다에 입수하였다가 부상하지 아니한 채 행방불명되었다 하더라도, 이는 "사망의 원인이 될 위난"이라고 할 수 없다는 원심판단이 정당하다고 한 사례)(대결 2011. 1. 31, 2010스165)

3) 실종기간의 경과가 신청요건인지 여부 실종기간이 경과한 뒤에 비로소 실종선고를 청구할 수 있는가에 관하여는 i) 긍정설(김용한, 135면; 주해(1), 392면(한상호))과 ii) 부정설(김주수, 181면)이 대립하고 있다. 긍정설은 선고만을 기간 경과 후에 할 수 있다고 보는 것은 법의 정신에 어긋난다고 하며, 부정설은 긍정설과 같은 해석은 제28조 [309]

의 취지에 어긋난다고 한다. 생각건대 민법 제27조의 법문상 두 견해가 모두 주장될 수 있겠으나, 그 속뜻은 실종기간만큼은 기다려 보고 청구하라는 의미를 갖는 것으로 보아야 한다. 따라서 실종기간이 경과한 후에 비로소 청구할 수 있다고 새겨야 한다.

(3) 청구권자의 청구

이해관계인이나 검사가 실종선고를 청구하여야 한다(27조 1항 · 2항). 여기서 이해관계인이라고 하면 실종선고를 청구하는 데 법률상 이해관계를 가지는 자, 즉 실종선고에 의하여 권리를 취득하거나 의무를 면하게 되는 자를 가리키며, 사실상 이해관계를 가지는 자는 그에 해당하지 않는다. 예컨대 부재자의 배우자, 추정상속인, 유증의 수증자, 연금채무자(국고. 國庫), 추정상속인의 채권자, 법정대리인, 부재자의 재산관리인, 생명보험금 수취인은 이해관계인이나, 추정상속인이 아닌 친족, 추정상속인의 내연의 처, 부재자의 친구나 이웃은 이해관계인이 아니다. 그리고 부재자의 채권자 · 채무자도 이해관계인이라고 볼 필요가 없다(그는 재산관리인 선임을 청구하면 될 것이다).

판례는 이해관계인을 「법률상뿐만 아니라 경제적 또는 신분적 이해관계인」이어야 한다고 하면서(대결 1961. 12. 19, 4294민재항649; 대결 1980. 9. 8, 80스27), 제 1 순위의 상속인이 있는 경우의 제 2 순위 또는 제 4 순위의 상속인(대결 1980. 9. 8, 80스27; 대결 1986. 10. 10, 86스20; 대결 1992. 4. 14, 92스4 · 5 · 6), 부재자의 처와 딸이 있는 경우의 부재자의 친형(대결 1961. 12. 19, 4294민재항649), 부재자의 상속인의 내연의 처로부터 건물을 매수한 자(대결 1961. 11. 23, 4294민재항1)는 이해관계인이 아니라고 한다.

(4) 공시최고(公示催告)

위의 세 요건을 갖추면 법원은 공시최고를 하여야 한다(가소규 53조). 즉 6개월 이상의 기간을 정하여 부재자 본인이나 부재자의 생사를 아는 자에 대하여 신고하도록 공고하여야 한다(가소규 54조 · 55조 · 26조). 공시최고기간이 경과할 때까지 신고가 없으면 실종선고를 한다.

[310] 3. 실종선고의 효과

실종선고가 확정되면 실종선고를 받은 자, 즉 실종자는 실종기간이 만료한 때에 사망한 것으로 본다(28조).

(1) 사망의제

민법은 실종자의 사망을 추정하지 않고, 사망한 것으로 의제한다(본다 · 간주한다). 따라서 본인의 생존 기타의 반증을 들어서 선고의 효과를 다투지 못하며, 이 효과를 뒤집으려면 실종선고를 취소하여야 한다(대판 1994. 9. 27, 94다21542; 대판 1995. 2. 17, 94다52751). 실종선고가 취소되지 않는 한 실종자가 생존하고 있든, 실종기간 만료시와 다른 시기에 사망하였음이 증명되었든 어느 경우나 사망의 효과는 그대로 존속한다. 이러한 견지에서 판례도, 「실종선고로 인하여 실종기간 만료시를 기준으로 하여 상속이 개시된 이상 설사 이후 실종선고가 취소되어야 할 사유가 생겼다고 하더라도 실제로 실종선고가 취소되지 아니하는 한, 임의로 실종기간이 만료하여 사망한 때로 간주되는 시점과는 달리 사망시점을 정하여 이미 개시된 상속을 부정하고 이와 다른 상속관계를 인정할 수는 없다」고 한다(대판 1994. 9. 27, 94다21542).

실종선고의 효과는 선고절차에 참가한 자에 대하여뿐만 아니라 제 3 자에 대하여도 생긴다.

(2) 사망의제 시기

실종자의 사망의제 시기에 관하여는 선고시 주의 · 최후소식시 주의 · 실종기간 만료시 주의 · 실종기간 중간시점 주의 등의 입법주의가 있으나, 민법은 실종기간 만료시 주의를 취하고 있다(28조). 즉 실종기간이 만료한 때에 사망한 것으로 본다. 그런데 이에 의하면 사망의제 시기가 선고 시기보다 앞서게 되어 부재자와 거래한 제 3 자가 피해를 입는 경우가 생길 수 있다. 가령 실종기간 만료 후 부재자의 대리인으로부터 부동산을 매수한 경우에 그렇다(그러나 재산관리인이 법원의 허가를 얻어 매도한 경우나 동산 거래의 경우(249조 참조)는 그렇지 않다). 한편 실종자가 실종기간 만료시에 사망한 것으로 의제(간주)되므로, 피상속인이 사망한 뒤에 실종선고가 내려졌을지라도 실종기간이 피상속인의 사망 이전에 만료되었으면 실종자는 상속인으로 될 수 없다(대판 1982. 9. 14, 82다144).

동일한 부재자에 대하여 실종선고를 두 번 할 수는 없으나, 만일 두 번 선고된 경우에는 제 1 의 선고에 의하여 상속 등의 법률관계를 판단하여야 한다(대판 1995. 12. 22, 95다12736 참조).

〈행방불명인 자를 피고로 하는 판결이 확정된 뒤
그에 대하여 실종선고가 된 경우 판결의 효력〉

가령 행방불명이 된 자를 피고로 하여 소유권이전등기 절차의 이행을 구하는 소를 제기하고 공시송달의 방법에 의하여 소를 진행하여 승소판결을 받고 그 판결이 확정되었는데, 그 후에 그 피고에 대하여 실종선고가 내려져 확정되었고, 그 결과 피고가 위의 소제기 전에 이미 사망한 것으로 의제되는 경우에, 피고를 상대방으로 한 판결이 사망한 자를 상대방으로 한 것으로서 무효인가가 문제된다. 여기에 관하여 판례는, 「판결이 유효하게 확정되어 기판력이 발생한 경우에는 그 판결이 해제조건부로 선고되었다는 등의 특별한 사정이 없는 한 그 효력이 유지되므로」, 위와 같은 사안의 경우에도 그 판결 자체가 당사자능력이 없는 사망한 사람을 상대로 한 판결로서 무효가 된다고는 볼 수 없다고 한 뒤, 다만 「실종자에 대하여 공시송달의 방법으로 소송서류가 송달된 끝에 실종자를 피고로 하는 판결이 확정된 경우에는 실종자의 상속인으로서는 실종선고 확정 후에 실종자의 소송수계인으로서 위 확정판결에 대하여 소송행위의 추완에 의한 상소를 하는 것이 가능」하다고 한다(대판 1992. 7. 14, 92다2455. 대판 2008. 6. 26, 2007다11057 도 참조). 여기에 관하여 학자들의 논의는 적으나, 의견을 제시하는 분들은 동의하는 견지에 있다(김학동, 149면; 이영준, 895면; 윤진수, 민법논고(1), 148면). 아래에 판결의 중요부분을 직접 인용한다.

〈판 례〉

(ㄱ) 「실종선고의 효력이 발생하기 전에는 실종기간이 만료된 실종자라 하여도 소송상 당사자능력을 상실하는 것은 아니므로 실종선고 확정 전에는 실종기간이 만료된 실종자를 상대로 하여 제기된 소도 적법하고 실종자를 당사자로 하여 선고된 판결도 유효하며 그 판결이 확정되면 기판력도 발생한다고 할 것이다.

그리고 이처럼 판결이 유효하게 확정되어 기판력이 발생한 경우에는 그 판결이 해제조건부로 선고되었다는 등의 특별한 사정이 없는 한 그 효력이 유지되어 당사자로서는 그 판결이 재심이나 추완항소 등에 의하여 취소되지 않는 한 그 기판력에 반하는 주장을 할 수 없는 것이 원칙이라 할 것이며 비록 실종자를 당사자로 한 판결이 확정된 후에 실종선고가 확정되어 그 사망간주의 시점이 소 제기 전으로 소급하는 경우에도 위 판결 자체가 소급하여 당사자능력이 없는 사망한 사람을 상대로 한 판결로서 무효가 된다고는 볼 수 없다.…

다만 이 사건에 있어서처럼 실종자에 대하여 공시송달의 방법으로 소송서류가 송달된 끝에 실종자를 피고로 하는 판결이 확정된 경우에는 실종자의 상속인으로서는 실종선고 확정 후에 실종자의 소송수계인으로서 위 확정판결에 대하여 소송행위의 추완에 의한 상소를 하는 것이 가능할 것이다.」(대판 1992. 7. 14, 92다2455)

(ㄴ) 소외 망인이 1951. 7. 2 사망하였으며, 그의 장남인 소외 (갑)은 1970. 1. 30. 서울가정법원의 실종선고에 의하여 소외 망인 사망 전인 1950. 8. 1. 생사 불명기간 만료로 사망 간주된 사실이 인정되는 사안에 있어서 소외 (갑)은 소외 망인의 사망 이전에 사망한 것으로 간주되었으므로 소외 망인의 재산상속인이 될 수 없다고 한 원심의 판단은 실종선고로 인하여 사망으로 간주되는 시기에 관하여 실종기간 만료시기설을 취하는 우리 민법 하에서는 정당하다(대판 1982. 9. 14, 82다144).

(3) 사망의제 범위 [311]

실종선고는 실종자의 종래의 주소(또는 거소)를 중심으로 하는 실종기간 만료시의 사법적 법률관계에 관하여 사망의 효과를 발생시킨다. 즉 ① 종래의 주소를 중심으로 하는 관계에 대하여만 사망을 의제하므로, 새로운 주소에서의 법률관계나 종래의 주소에 다시 돌아와 맺은 법률관계에는 영향이 없다. 실종선고는 실종자의 권리능력을 박탈하는 제도가 아니기 때문이다. ② 사법적 법률관계에 관하여만 사망을 의제하므로 공법상의 관계(선거권 · 피선거권 · 납세의무 · 허가받는 자격 · 그에 대한 또는 그에 의한 범죄 등)에는 영향을 미치지 않는다. ③ 사법적 법률관계인 이상 재산관계 · 가족관계 모두에 대하여 사망의 효과가 생긴다.

(4) 실종선고와 생존추정(의제) 여부

1) 실종선고를 받은 경우　부재자가 실종선고를 받은 경우에 실종자는 실종기간 만료시까지 생존한 것으로 다루어야 하는가? 여기에 관하여 학설은 i) 실종기간 만료시까지 생존한 것으로 보아야(간주) 한다는 견해(고상룡, 101면; 곽윤직, 114면; 김준호, 118면; 이영준, 895면; 이은영, 199면)와 ii) 실종기간 만료시까지 생존한 것으로 추정된다는 견해(김상용, 194면; 김용한, 139면; 김학동, 148면; 백태승, 187면)로 나뉘어 있다. 그리고 판례는 i)설을 취하고 있다(대판 1977. 3. 22, 77다81 · 82).

생각건대 i)설은 아마도 실종선고가 있으면 실종기간 만료시에 사망한 것으로 의제되기 때문에, 그때까지는 생존한 것으로 의제(간주)하는 것 같다. 그러나 그 견해를 취하면 반대의 증명을 하여도 뒤집지 못하는 문제가 생긴다. 그에 관하여는 선고취소 등의 제도가 없기 때문이다. 그런데 반대의 증명은 허용되어야 한다. 실종선고 취소제도가 그것을 전제로 하기 때문이다. 그러고 보면 실종기간 만료시까지 생존한 것으로 추정하는 것이 더 낫다. 그리하여 반대증명이 있으면 추정이 깨어지고(그러나 아직 그것만으로 실종선고의 효과가 소멸하지는 않는다고 해야 한다), 그 증명을 기초로 선고를 취소하면 선고의 효과는 소멸한다고 해야 한다.

2) 실종선고를 받지 않은 경우　부재자가 실종선고를 받지 않은 경우에는 어떤가? 이 경우의 생존추정과 관련하여 학설은 i) 실종선고를 받는다면 사망한 것으로 보게 되는 시기(실종기간 만료시)까지는 생존한 것으로 추정하여야 하고, 그 이후에는 사망한 것으로 추정하여야 한다는 견해(백태승, 187면), ii) 기간에 관계없이 생존을 추정하여야 한다는 견해(고상룡, 102면; 김용한, 139면; 김주수, 184면; 김준호, 118면; 이영준, 896면; 이은영, 199면; 정기웅, 160면; 주해(1), 406면(한상호)), iii) 추정은 생기지 않으며 사실문제로 해결된다는 견해(곽윤직, 114면; 김상용, 194면)로 나뉘

어 있다.

판례는 한편으로는 「부재자에 대하여 법원으로부터 실종선고가 없는 한 아직 사망자라 할 수 없」다고 하여(대판 1960. 9. 8, 4292민상885) ii)설을 취한 듯하나, 다른 한편으로 법이 인정사망 · 실종선고제도를 마련해 놓고 있다고 하여 그에 의하지 않고 사망사실을 인정할 수 없는 것은 아니라고 하면서, 「북태평양상의 기상조건이 아주 험하고 찬 바다에 추락하여 행방불명이」 된 자는 그 무렵 사망한 것으로 인정함이 우리의 경험칙과 논리칙에 비추어 당연하다고 하고 있어서(대판 1989. 1. 31, 87다카2954), 전체적으로는 오히려 iii)설을 취한 것으로 보아야 한다.

생각건대 실종선고가 없음에도 불구하고 i)설처럼 실종기간 만료시까지 생존한 것으로 추정할 근거는 없다. 그리고 ii)설은 판례의 사안처럼 사망의 확률이 매우 큰 경우까지 생존을 추정하는데, 그것도 부적당하다. 나아가, i) ii)설에 의하여 생존이 추정되면 추정을 면하려는 자가 반대증명을 하여야 하는데, 그에게 그 어려운 증명부담을 지울 근거가 없다. 결국 생존추정도 사망추정도 생기지 않으며, 구체적인 경우에 사실의 증명문제로 해결된다고 하여야 한다. 따라서 사망의 효과를 주장하는 자는 사망사실을 증명하든지 또는 실종선고를 청구하여야 할 것이다. 그리고 단지 부재자가 생존하였다고 할 때 가령 200세에 해당한다고 하여 당연히 사망을 추정할 수도 없다. 그러한 경우 부재자가 생존할 가능성은 거의 없지만, 그 시기를 확정할 수 없기 때문이다.

[312] 4. 실종선고의 취소

(1) 서 설

실종선고에 의하여 실종자는 사망한 것으로 의제(간주)되므로, 설사 실종자가 살아 돌아온다고 하여도 그것만으로 선고의 효과를 뒤집지는 못한다. 선고의 효과를 뒤집으려면 실종선고의 취소가 있어야 한다(29조). 실종선고 취소는 가정법원의 전속관할에 속한다(가소 2조 1항 2호 가목 3) · 44조 1항 1호).

(2) 실종선고 취소의 요건

1) 먼저 다음 세 가지 가운데 어느 하나의 증명이 있어야 한다.

(가) 실종자가 생존하고 있는 사실(29조 1항 본문)

(나) 실종기간이 만료된 때와 다른 시기에 사망한 사실(29조 1항 본문)

(다) 실종기간의 기산점 이후의 어떤 시기에 생존하고 있었던 사실. 이는 민법에 규정되어 있지는 않다. 그러나 이 경우에는 실종기간의 기산점이 달라져서 사망의제 시기가 달라지므로 상속관계 등에 영향을 미친다. 따라서 이 경우에도 선고가 취소되어야 한다(이설 없음).

2) 본인 · 이해관계인 또는 검사의 청구가 있어야 한다(29조 1항 본문). 여기의 이해관계인도 법률상 이해관계인임은 물론이다. 대법원도 그러한 맥락에서, 실종선고를 받은 피상속인이 청구인이 주장하는 시점에 사망하였다 하더라도 그 당시 자식 없이 생존해 있던 처가 민법 시행 전의 관습상 제 1 순위 상속인이므로, 피상속인의 조카로서 후순위 상속인에 불과한 청구인은 실종선고 취소를 청구할 이해관계인이 될 수 없다고 하였다(대결 2008. 8. 28, 2008스20).

3) 공시최고는 필요하지 않다. 일정한 사실이 이미 증명되었기 때문이다.

4) 요건이 갖추어지면 법원은 반드시 실종선고를 취소하여야 한다(29조 1항 본문 참조).

(3) 실종선고 취소의 효과

1) 선고취소의 소급효 실종선고가 취소되면 처음부터 실종선고가 없었던 것으로 된다. 즉 실종선고로 생긴 법률관계는 소급적으로 무효로 된다. 이는 실종선고제도의 취지와 제29조 제 1 항 단서에 비추어 볼 때 당연한 것이다. 그리고 무효로 되는 법률관계는 재산관계 · 가족관계를 모두 포함한다.

효과를 구체적으로 살펴보면, ① 실종자의 생존을 이유로 취소된 때에는, 그의 가족관계와 재산관계는 선고 전의 상태로 환원되고, ② 실종기간이 만료한 때와 다른 시기에 사망하였음을 이유로 하는 경우에는, 그 사망시기를 표준으로 하여 법률관계가 확정되며, ③ 실종기간 기산점 이후의 생존을 이유로 하는 경우에는, 일단 선고 전의 상태로 되돌아가고, 이해관계인은 그가 원한다면 다시 새로운 실종선고를 청구할 수 있게 된다.

2) 소급효의 제한 실종선고 취소의 소급효에는 하나의 예외가 있다(우리 문헌 [313]
들은 하나같이 29조 1항 단서와 2항을 모두 예외라고 설명하나, 뒤의 것은 소급효를 제한하는 예외가 아니다). 제29조 제 1 항 단서가 그것이다. 그에 의하면 실종선고의 취소는 「실종선고 후 취소 전에 선의로 한 행위」의 효력에 영향을 미치지 않는다. 이는 실종선고를 믿고 행위한 배우자 · 상속인 기타 이해관계인으로 하여금 예측하지 못한 불이익을 입지 않게 하기 위한 것이다.

(가) **요 건** 이에 의하여 보호되려면,

(a) 법률행위가 「실종선고 후 취소 전에」 행하여졌어야 한다. 「실종기간 만료 후 선고 전에」 행하여진 행위는 보호대상이 아니다.

(b) 그 행위가 「선의로」 행하여졌어야 한다. 여기서 선의란 실종선고가 사실에 반함을 알지 못하는 것이다. 선의인 데 무과실일 필요는 없다. 그리하여 과실로 말미암아 실종선고가 사실에 반함을 알지 못하였더라도 선의이다. 그리고 선의의 증명은 행위의 유효를 주장하는 행위자 쪽에서 하여야 한다. 이 선의와 관련하여서는 더 살펴보아야 하는 문제가 있다. 계약에는 양 당사자가 있어서 그들 모두가 선의이어야 하는지가 문제되고, 단독행위에 대하여도 논란이 있기 때문이다. 단독행위, 계약인 재산행위, 혼인관계의 순으로 보기로 한다.

단독행위의 경우에는 행위자가 선의이면 선고가 취소되어도 효력에 영향을 받지 않는다고 해석된다(통설). 그런데 견해에 따라서는, 단독행위의 상대방이 악의인 때에는 그는 악의의 수익자로서 책임을 져야 한다고 한다(김상용, 197면; 명순구, 152면. 김학동, 151면은 채무면제의 경우에만 이를 인정한다). 그러나 명문규정이 없는 한 그에게 책임을 물을 수는 없다고 할 것이다.

다음에 「계약인 재산행위」에 관한 학설을 본다. i) 제 1 설은 계약에서는 당사자 쌍방이 선의이어야 하고 일방 당사자만이 선의이면 행위에 영향을 미친다고 하며, 이것이 우리의 다수설이다(곽윤직, 116면; 김상용, 199면; 김학동, 152면; 이영준, 897면; 주해(1), 413면(한상호)). ii) 제 2 설은 일률적으로 효력을 결정하지 않고, 선의자에 대하여는 유효라고 하고 악의자에 대하여는 무효라고 하여 상대적으로 효력을 결정하자고 한다(김용한, 143면). iii) 제 3 설은 실종선고를 직접원인으로 하여 재산을 취득한 자(을)로부터 그것을 양수한 자(병)가 선의이면, 을·병 쌍방이 선의인 경우는 물론 병만이 선의인 경우에도 을·병 사이의 양도행위는 유효하고, 따라서 그 후의 전득자(정)가 악의라도 권리를 취득한다고 하며, 다만 악의자 정이 책략을 써서 병을 도구로 사용하여 중간에 개재시켰을 경우에는 예외로 할 것이라고 한다(고상룡, 106면; 김주수, 187면; 김준호, 122면; 명순구, 150면; 정기웅, 163면). iv) 제 4 설은 전득자가 선의인 경우에는 제29조 제 1 항 단서의 보호를 받는다고 한다(이은영, 205면). 생각건대 하나의 법률행위의 유효 여부를 다툼에 있어서 당사자 각각에 대하여 효력을 달리 정하는 것은 올바르지 않다. 그런 점에서 ii)설, iii)설, iv)설은 부적절하다. 그리고 iii)설은 선의자를 가장 많이 보호하기는 하나 그 반면에 실종자보호에 소홀하며, 또한 여러 경우의 구별이 근거 없이 행하여질뿐더러 복잡하다. ii)설에 의하면 마지막 취득자가 악의이면 반환청구를 당하고, 그 이전의 자는 선의이어도 담보책임을 지게 되어 선의자를 보호하지 못하게 되는 문제점이 있다. iv)설은 실종선고를 직접원인으로 재산을 취득한 자와 그로부터 재산을 취득한 자가 모두 선의이어도 전득자가 악의이면 선의의 취득자가 보호되지 못하여 문제이다. 사견으로는, 기본적으로는 다수설을 따라 쌍방 모두의 선의가 필요하다고 하되, 어느 한 단계에서 양 당사자가 선의이면 그 이후의 전득자는 설사 악의라고 하더라도 반환청구를 당하지 않는다고 하여야 한다. 그 이유는 전득자 이전의 선의의 자를 보호하기 위함이다. 이렇게 하는 것이 생존한 실종자와 전득자의 이해관계를 적절히 조화시키는 길이기도 하다. 이때의 이론구성은 한 세트의 양 당사자의 선의에 의하여 하자는 치유되었고, 그 후의 취득자는 하자 없는 권리를 취득하였다고 하면 될 것이다.

실종자의 배우자가 다른 자와 재혼한 후에 실종선고가 취소되면 어떻게 되는가?

여기에 관한 학설은 세 가지이다. i) 다수설은 혼인의 경우에는 쌍방이 선의이어야 한다고 해석한다(곽윤직, 116면; 김상용, 199면; 김용한, 144면; 김주수, 187면; 김학동, 153면; 주해(1), 416면(한상호)). 그리하여 재혼 당사자 중 하나라도 악의인 경우에는 구 혼인관계가 부활하는데, 그 혼인관계는 제840조 제 1 호의 이혼원인이 되고, 신 혼인관계는 중혼이 되어 취소할 수 있다고 한다(다만, 김학동, 153면은 일방이라도 악의이면 재혼은 무효라고 한다). ii) 제 2 설은 신 혼인관계의 배우자(즉 실종자의 배우자의 상대방)가 선의인 경우에는 실종선고의 취소가 신 혼인관계에 영향을 미치지 않으며, 신 혼인관계의 배우자가 악의인 경우에는 구 혼인관계가 부활하고 신 혼인관계는 중혼이 되어 취소할 수 있게 된다고 한다(이은영, 208면). iii) 제 3 설은 제29조 제 1 항 단서의 행위에 가족행위는 포함되지 않는다고 하면서, 실종선고가 취소되면 구 혼인관계가 부활하고 신 혼인관계는 선의·악의를 불문하고 언제나 중혼이 된다고 한다. 이때 어느 혼인을 유지할 것인가는 그들의 협의에 맡겨야 할 것이나, 협의가 이루어지지 않을 경우에는 혼인해소의 가사심판에 의하여 해결할 수 있을 것이라고 한다(고상룡, 108면; 정기웅, 164면). 생각건대 제29조 제 1 항 단서의 행위에서 가족행위가 제외되어야 할 이유는 없다. 그리고 가족행위의 경우에도 양 당사자가 선의인 때에만 실종선고의 취소에도 불구하고 유효하다고 하여야 한다. 결국 실종자의 배우자가 재혼한 경우 실종선고가 취소되면 재혼(신 혼인관계)의 당사자 쌍방이 모두 선의인 경우에는 구 혼인관계는 부활하지 않는다. 그에 비하여 신 혼인관계의 당사자 중 일방이라도 악의인 경우에는 구 혼인관계가 부활한다고 할 것이다. 그런데 이때 신 혼인관계는 무효라고 하지는 않아야 하며, 구 혼인관계의 부활로 중혼관계가 생겨 취소할 수 있는 혼인으로 된다고 새겨야 한다. 그리고 전혼은 이혼할 수 있는 혼인으로서 실종자의 이혼청구가 가능하다고 하여야 한다. 이때의 이혼사유를 통설은 「배우자의 부정행위」(840조 1호)라고 하나, 이는 부정확하다. 실종자의 배우자가 악의인 때에는 「배우자의 부정행위」라고 할 수 있지만, 상대방만이 악의인 때에는 「배우자의 부정행위」라고 할 수 없으므로 그때에는 「기타 혼인을 계속하기 어려운 중대한 사유가 있을 때」(840조 6호)에 해당한다고 하여야 한다.

(나) **효　과**　　위의 요건이 갖추어지면 그 법률행위는 그대로 유효하다. 그리고 그것과 양립할 수 없는 구 관계는 부활하지 않는다. 예컨대 실종자의 배우자가 재혼한 경우에 재혼의 당사자가 모두 선의이면 실종선고가 취소되어도 구 혼인관계는 되살아나지 않는다.

[314] **3) 제29조 제 2 항**　　실종선고가 취소되면 실종선고를 직접원인으로 하여 재산을 취득한 자는 — 그가 재산을 보유하고 있는 한 — 그가 선의이든 악의이든 재산권을 상실한다. 그리하여 실종자는 소유권에 기하여 반환청구를 할 수 있다. 재산취득자가 재산을 처분한 경우에도, 그는 그 대가를 보유할 법률상의 원인이 없으므로 그것을 부당이득으로서 실종자에게 반환하여야 한다. 그런데 그 이득 전부를 반환하게 하면 선의의 취득자에게 예측하지 못한 손해를 주게 되므로, 민법은 제29조 제 2 항에서 그가 선의인지 악의인지에 따라 반환범위를 달리 규정하고 있다.

그에 의하면, 실종선고를 직접원인으로 하여 재산을 취득한 자가 선의인 경우에는 그 받은 이익이 현존하는 한도에서 반환할 의무가 있고, 악의인 경우에는 그 받은 이익에 이자를 붙여서 반환하고 손해가 있으면 그것을 배상하여야 한다(29조 2항).

(가) 실종선고를 직접원인으로 하여 재산을 취득한 자로는 실종자의 상속인, 실종자로부터 유증 또는 사인증여를 받은 자, 생명보험금 수익자 등을 들 수 있다. 그에 비하여 이들로부터 법률행위에 의하여 재산을 취득한 전득자는 그에 해당하지 않는다.

(나) 여기의 반환의무는 성질상 부당이득의 반환이고, 반환범위도 부당이득에

있어서와 같다(748조 참조).

(다) 실종자의 이익반환청구권은 재산취득자가 재산을 처분하지 않고 그대로 보유하고 있든 처분하고 있든 언제나 인정되며, 또한 처분한 경우 상대방이 악의이어서 재산을 반환청구할 수 있는 때에도 역시 인정된다. 그때에는 실종자는 상대방에 대한 재산반환청구권과 여기의 이익반환청구권을 선택적으로 행사할 수 있다. 그에 비하여 상대방에게 반환청구를 할 수 없는 경우(쌍방이 선의인 경우)에는 이익반환청구권만 가지게 된다.

(라) 제29조 제 2 항에 기한 반환청구권은 부당이득 반환청구권이므로 10년의 소멸시효에 걸린다. 즉 실종선고 취소시부터 10년의 시효에 걸린다. 문제는 실종선고에 의하여 직접 재산을 취득한 표현상속인이나 그의 전득자에 대하여 재산회복청구를 하는 경우에 상속회복청구권의 제척기간 규정(999조)이 적용되는지이다. 여기에 관하여 학설은 나뉘어 있다. 하나는 i) 그 재산회복청구는 상속회복청구로 되므로 그 규정이 적용된다고 한다(전면적 적용설)(이영준, 899면). 다른 견해로 ii) 제척기간 규정이 언제나 적용되지 않는다는 견해(적용부정설)(김상용, 200면)가 있다. 이 견해는 상속회복청구는 유효하게 상속이 개시되는 것을 전제로 하여 문제되는 것이기 때문에 상속개시가 부정되는 실종선고 취소의 경우에는 제척기간 규정의 적용이 없다고 한다. 마지막으로 iii) 실종선고의 취소로 인하여 상속인이 달라지는 경우에 진정상속인이 표현상속인에게 재산회복청구를 하는 것은 상속회복청구가 되므로 제척기간 규정이 적용되나, 실종자가 생환하여 재산회복청구를 하는 경우는 상속회복청구라고 할 수 없다는 견해(제한적 적용설)(지원림, 102면; 주해(1), 411면(한상호))가 있다.

생각건대 실종자가 살아 돌아와 실종선고가 취소된 뒤 그가 제29조 제 2 항에 따라 반환청구를 하는 것은 상속회복청구일 수 없다. 그러므로 거기에는 상속회복청구권의 제척기간 규정(999조)이 적용되지 않아야 한다. 실종기간의 기산점 이후의 어느 시기에 생존하고 있었던 사실이 증명되어 실종선고가 취소된 경우에도 — 다시 실종선고가 없는 한 — 일단 원래대로 회복되어야 하는데, 그때에도 마찬가지이다. 그에 비하여 실종기간이 만료된 때와 다른 시기에 사망한 사실이 증명되어 실종선고가 취소된 경우에 사망을 원인으로 하여 진정상속인이 재산회복청구를 하는 것은 상속회복청구에 해당하므로 거기에는 제999조가 적용되어야 한다. 실종기간의 기산점 이후의 어느 시기에 생존하고 있었던 사실이 증명되어 실종선고가 취소된 뒤 다시 실종선고가 내려져서 새로운 실종선고에 의하여 상속인이 된 자가 재산회복청구를 할 때에도 같다. 즉 실종선고 취소 후 새로 상속인이 된 자가 재산회복청구를 하는 것은 상속회복청구에 해당하므로 거기에는 제999조가 적용되어야 하는 것이다. 이러한 사견은 결과에서는 iii)설과 동일하다.

4) 재산취득자에게 다른 권리취득원인이 존재하는 경우 재산취득자에게 취득시효(245조·246조·248조)·선의취득(249조)·매장물발견(254조)·부합(256조·257조) 등의 다른 권리취득원인이 있을 때에는, 실종선고의 취소가 있어도 그의 소유권에는 영향이 없다. 그리하여 그는 재산을 반환당하지도 않는다. 우리의 통설은 「실종선고를 직접원인으로 하여 재산을 취득한 자」에 대하여 위와 같은 설명을 하고 있으나(고상룡, 109면; 곽윤직, 116면; 김상용, 200면; 김주수, 189면; 이영준, 899면; 이은영, 203면; 주해(1), 418면(한상호). 다만, 김학동, 153면은 다르다), 그 자는 취득시효 등을 할 수 없다. 그리고 정작 그러한 설명이 필요한 것은 그로부터 재산을 전득한 자에 있어서이다.

제 3 절 법 인

제 1 관 서 설

[315] I. 법인의 의의와 존재이유

1. 법인의 의의

법인이란 자연인이 아니면서 법에 의하여 법인격(권리능력)이 인정되어 있는 것을 말한다. 우리 법상의 법인에는 일정한 목적을 위하여 결합한 사람의 단체 즉 사단에 대하여 법인격이 주어진 사단법인과, 일정한 목적을 위하여 출연된 재산 즉 재단에 대하여 법인격이 주어진 재단법인이 있다.

2. 법인제도의 존재이유

법인에게 권리능력이 인정됨으로써 법인은 그 구성원이나 관리자와는 별도로 권리를 취득하고 의무를 부담할 수 있다. 그렇지만 그것은 관념적인 존재일 뿐 육체를 가지고 있지 않기 때문에, 그의 행위는 자연인에 의하여 행하여질 수밖에 없다. 그럼에도 불구하고 법인을 자연인과 구별하여 따로 권리능력자로 인정하는 이유는 어디에 있는가?

예로부터 정도의 차이는 있을지언정 국가와 민족을 막론하고 단체가 중요한 법률생활의 단위로서 기능해왔다. 그 점은 현재 우리나라의 경우에도 마찬가지이다. 그러나 이와 같은 단체의 실제의 기능이 곧 법인을 존재하게 하는 직접적인 이유는 아니다. 단체의 그러한 기능에도 불구하고 법률상 법인제도로 규율할 필요가 없다면 굳이 그 제도를 두지 않아도 되기 때문이다. 민법이 법인제도를 둔 데는 다음과 같은 이유가 있다.

(1) 첫째로 사단이나 재단을 그 구성원 또는 재산출연자(및 관리자)와는 별도의 법적 주체로서 활동하게 하기 위하여서이다. 만일 법인제도가 없다면 사단법인의 경우 수많은 구성원이 모두 법적 거래에 참여하여야 하는 번거로움이 생기고, 재단법인은 독자적인 활동이 불가능할 것이다. 그런데 법인제도에 의하여 사단법인은 그 대표자에 의하여 간단하게 법적 거래를 할 수 있게 되고, 재단법인은 출연자와는 별도로 법적으로 행위를 할 수 있게 된다.

(2) 둘째로 사단 또는 재단의 재산과 사단의 구성원 또는 재산출연자의 재산을 분리하여 구별하여야 할 필요성이 있기 때문이다. 이는 사단이나 재단의 독자성을 위하여서도 요청되는 것이지만, 무엇보다도 다음의 이유인 책임제한의 전제로서 필요하다.

(3) 셋째로 사단이나 재단이 외부의 제 3 자에 대하여 책임을 져야 할 경우 그 구성원이나 출연자의 고유재산에 대하여는 강제집행을 하지 못하도록 하고 당해 사단 또는 재단 자체의 재산에 대하여만 책임을 물을 수 있게 하여야 할 필요가 있다. 만약 이것이 인정되지 않는다면 단체의 책임을 구성원이나 출연자(및 관리자)가 지게 되어, 단체의 기능은 매우 위축될 것이다. 단체가 더욱 널리 이용되고 활동이 증진된 데에는 이 책임제한이 기여한 바가 크다.

〈법인격 인정의 한계〉 [316]

법인의 존재이유가 위와 같기 때문에, 법인격이 법인제도의 취지와 달리 이용되는 경우에는 법인격이 부인되어야 한다. 예컨대 책임을 회피하기 위하여(법인 이름으로 금전을 빌려서 빼돌

(린 경우), 세금을 포탈하거나 또는 재산을 은닉할 목적으로 법인을 이용하는 경우에 그렇다. 이러한 때에는 형식적으로는 법인의 행위이므로 법인재산으로 책임을 져야 하지만 실질적으로는 지배주주 개인의 이익을 위한 것이므로 지배주주에게 책임을 묻는 것이 공평한 것이다. 그러기 위한 이론으로 개발된 이론이 영미의 법인격부인론, 독일의 실체파악이론, 일본의 법인격형해론(法人格形骸論)이다. 우리나라에서도 상법상의 다수설은 외국의 이러한 이론을 받아들이고 있으며, 그것을 보통 법인격부인론이라고 부른다. 그리고 법인격부인론을 취하는 학자들은 법인격부인의 근거를 대체로 민법 제 2 조 제 1 항의 신의칙이나 제 2 항의 권리남용 금지의 원칙에서 찾으나, 회사의 법인성(法人性)을 규정한 구 상법 제171조 제 1 항을 근거로 법인격 개념에 내재한 법질서적 목적에서 찾아야 한다는 견해도 있다. 한편 우리 판례도 일정한 범위에서 법인격부인론을 인정한다(대판 2001. 1. 19, 97다21604 등. 대판 1977. 9. 13, 74다954도 참조). 아래에서 우리 판례에 대하여 좀 더 살펴보기로 한다(여기에 관하여 자세한 사항은 송호영, "기존회사의 채무면탈의 의도로 신설회사가 설립된 것인지의 여부가 문제되는 경우," 민사판례연구 32권, 2010, 102면 이하 참조).

법인격부인의 법리가 처음 문제된 것은 대판 1977. 9. 13, 74다954에서이다. 그런데 그 판결에서는 그 법리의 적용 여부에 대하여 명시적인 판단을 하지 않았다. 그 후 1988년과 1989년에 선박의 편의치적(便宜置籍)과 관련한 판결이 나왔다(대판 1988. 11. 22, 87다카1671; 대판 1989. 9. 12, 89다카678). 이들 판결의 사안은, 선박수리를 의뢰한 A회사(홍콩에 본사를 둠)가 수리대금을 지급하지 않아 선박을 수리한 조선소가 그 선박을 압류하자, 편의치적을 위하여 리베리아에 주사무소를 두고 설립된 B회사가 그 선박의 소유자는 A회사가 아니고 B회사라고 하면서 제 3 자이의의 소를 제기한 사건이다. 이에 대하여 대법원은, B회사는 단지 편의치적만을 위하여 설립된 회사에 불과하고 실제의 소유자는 A회사인데 B회사가 별개의 법인격을 이유로 선박의 소유를 주장하는 것은 채무면탈이라는 불법목적을 달성하려는 것이므로 신의성실의 원칙에 위반하거나 법인격을 남용하는 것으로서 허용될 수 없다고 하였다. 편의치적과 관련된 이 판결들에 대하여 다수의 학자는 법인격부인의 법리를 정식으로 채택한 최초의 판결이라고 보나, 소수설은 그것은 회사의 배후자에게 책임을 추궁한 것이 아니고 형식적 소유자에게 제 3 자이의의 소 제기를 불허한 것이므로 법률관계의 정당한 귀속을 위한 실체파악에 해당한다고 주장한다(송호영, 위의 논문, 107면). 대법원이 법인격부인 법리를 전형적으로 채용한 판결은 2001년의 이른바 「삼진 사건」이다(대판 2001. 1. 19, 97다21604). 이 판결은, 오피스텔을 분양하는 주식회사 삼진이 원고와 오피스텔 및 상가분양계약을 체결하였는데 건물의 분양이 제대로 되지 않아 자금난에 빠져 공사가 지지부진하자 원고가 주식회사 삼진과 그 회사의 사실상의 지배주주인 대표이사를 피고로 하여 분양계약의 해제 및 원상회복을 청구한 데 대하여, 회사의 법인격남용을 이유로 회사의 대표이사에게 매매대금의 반환책임을 인정하였다. 그 후 ① 대판 2004. 11. 12, 2002다66892(안건사 사건), ② 대판 2006. 8. 25, 2004다26119(KT 사건), ③ 대판 2006. 7. 13, 2004다36130(전기회사 사건), ④ 대판 2008. 8. 21, 2006다24438(제약회사 사건), ⑤ 대판 2008. 9. 11, 2007다

90982, ⑥ 대판 2010. 1. 28, 2009다73400, ⑦ 대판 2010. 2. 25, 2008다82490 등이 이어졌다. 그런데 이들 중 ①③④⑤에서는 기존회사와 신설회사 사이의 법률관계가 문제되었고, ②에서는 자(子)회사에 대한 모(母)회사의 책임이 문제되었으며, ⑥⑦에서는 각각 재단법인과 주식회사에 있어서 전형적으로 배후자의 책임 여부가 문제되었다. 그리고 대법원은 ①③에서는 신설회사에 대하여 책임을 인정하였으나, 나머지의 판결에서는 신설회사나 배후자의 책임을 부정하였다. 그리고 판례는 법인격을 부인할 경우로 법인격이 형해화한 경우와 법인격이 남용된 경우를 구분한다. 그러면서 두 경우의 요건을 상세히 제시한다(아래 (ㄱ)판결의 둘째 단락은 형해화의 요건을, 셋째 단락은 남용의 요건을 제시하고 있음). 한편 지배주주의 책임을 회사(또는 신설회사)에 지우는 것은 — 기존회사의 채무에 대하여 지배주주 개인에게 책임을 지우는 — 전형적인 법인격부인의 법리와는 다르며, 그것은 역법인격부인(逆法人格否認)의 문제라고 할 수 있다. 그리고 ①③④⑤에서 그러한 문제가 생기게 된다.

〈판 례〉

(ㄱ) 「회사가 외형상으로는 법인의 형식을 갖추고 있으나 법인의 형태를 빌리고 있는 것에 지나지 아니하고 실질적으로는 완전히 그 법인격의 배후에 있는 타인의 개인기업에 불과하거나, 그것이 배후자에 대한 법률적용을 회피하기 위한 수단으로 함부로 이용되는 경우에는, 비록 외견상으로는 회사의 행위라 할지라도 회사와 그 배후자가 별개의 인격체임을 내세워 회사에게만 그로 인한 법적 효과가 귀속됨을 주장하면서 배후자의 책임을 부정하는 것은 신의성실의 원칙에 위반되는 법인격의 남용으로서 심히 정의와 형평에 반하여 허용될 수 없고, 따라서 회사는 물론 그 배후자인 타인에 대하여도 회사의 행위에 관한 책임을 물을 수 있다고 보아야 한다.

여기서 회사가 그 법인격의 배후에 있는 타인의 개인기업에 불과하다고 보려면, 원칙적으로 문제가 되고 있는 법률행위나 사실행위를 한 시점을 기준으로 하여, 회사와 배후자 사이에 재산과 업무가 구분이 어려울 정도로 혼용되었는지 여부, 주주총회나 이사회를 개최하지 않는 등 법률이나 정관에 규정된 의사결정절차를 밟지 않았는지 여부, 회사 자본의 부실 정도, 영업의 규모 및 직원의 수 등에 비추어 볼 때, 회사가 이름뿐이고 실질적으로는 개인 영업에 지나지 않는 상태로 될 정도로 형해화되어야 한다.

또한, 위와 같이 법인격이 형해화될 정도에 이르지 않더라도 회사의 배후에 있는 자가 회사의 법인격을 남용한 경우, 회사는 물론 그 배후자인 타인에 대하여도 회사의 행위에 관한 책임을 물을 수 있으나, 이 경우 채무면탈 등의 남용행위를 한 시점을 기준으로 하여, 회사의 배후에 있는 자가 회사를 자기 마음대로 이용할 수 있는 지배적 지위에 있고, 그와 같은 지위를 이용하여 법인제도를 남용하는 행위를 할 것이 요구되며, 위와 같이 배후자가 법인제도를 남용하였는지 여부는 앞서 본 법인격

형해화의 정도 및 거래상대방의 인식이나 신뢰 등 제반사정을 종합적으로 고려하여 개별적으로 판단하여야 한다.」(대판 2008. 9. 11, 2007다90982. 같은 취지: 대판 2010. 1. 28, 2009다73400; 대판 2010. 2. 25, 2008다82490)

(ㄴ) 「기존회사가 채무를 면탈하기 위하여 기업의 형태·내용이 실질적으로 동일한 신설회사를 설립하였다면, 신설회사의 설립은 기존회사의 채무면탈이라는 위법한 목적 달성을 위하여 회사제도를 남용한 것에 해당한다. 이러한 경우에 기존회사의 채권자에 대하여 위 두 회사가 별개의 법인격을 갖고 있음을 주장하는 것은 신의성실의 원칙상 허용될 수 없으므로, 기존회사의 채권자는 위 두 회사 어느 쪽에 대하여서도 채무의 이행을 청구할 수 있다고 할 것인바, 여기에서 기존회사의 채무를 면탈할 의도로 신설회사를 설립한 것인지 여부는 기존회사의 폐업 당시 경영상태나 자산상황, 신설회사의 설립시점, 기존회사에서 신설회사로 유용된 자산의 유무와 그 정도, 기존회사에서 신설회사로 이전된 자산이 있는 경우, 그 정당한 대가가 지급되었는지 여부 등 제반사정을 종합적으로 고려하여 판단하여야 한다.」(대판 2008. 8. 21, 2006다24438. 같은 취지: 대판 2010. 1. 14, 2009다77327; 대판 2011. 5. 13, 2010다94472; 대판 2024. 3. 28, 2023다265700)

「나아가 (이와 같은 경우에: 저자 주) 기존회사에 대한 소멸시효가 완성되지 않은 상태에서 신설회사가 기존회사와 별도로 자신에 대하여 소멸시효가 완성되었다고 주장하는 것 역시 별개의 법인격을 갖고 있음을 전제로 하는 것이어서 신의성실의 원칙상 허용될 수 없다.」(대판 2024. 3. 28, 2023다265700)

(ㄷ) 「이때(위 (ㄴ)판결 상의 판단을 가리킴: 저자 주) 기존회사의 자산이 기업의 형태·내용이 실질적으로 동일한 다른 회사로 바로 이전되지 않고, 기존회사에 정당한 대가를 지급한 제 3 자에게 이전되었다가 다시 다른 회사로 이전되었다고 하더라도, 다른 회사가 제 3 자로부터 자산을 이전받는 대가로 기존회사의 다른 자산을 이용하고도 기존회사에 정당한 대가를 지급하지 않았다면, 이는 기존회사에서 다른 회사로 직접 자산이 유용되거나 정당한 대가 없이 자산이 이전된 경우와 다르지 않다. 이러한 경우에도 기존회사의 채무를 면탈할 의도나 목적, 기존회사의 경영상태, 자산상황 등 여러 사정을 종합적으로 고려하여 회사제도를 남용한 것으로 판단된다면, 기존회사의 채권자는 다른 회사에 채무 이행을 청구할 수 있다.」(대판 2019. 12. 13, 2017다271643)

(ㄹ) 「특수목적회사(SPC)는 일시적인 목적을 달성하기 위하여 최소한의 자본출자요건만을 갖추어 인적·물적 자본 없이 설립되는 것이 일반적이다. 따라서 특수목적회사가 그 설립목적을 달성하기 위하여 설립지의 법령이 요구하는 범위 내에서 최소한의 출자재산을 가지고 있다거나 특수목적회사를 설립한 회사의 직원이 특수목적회사의 임직원을 겸임하여 특수목적회사를 운영하거나 지배하고 있다는 사정만으로는 특수목적회사의 독자적인 법인격을 인정하는 것이 신의성실의 원칙에 위배되는 법인격의 남용으로서 심히 정의와 형평에 반한다고 할 수 없으며, 법인격 남용을 인정하려면 적어도 특수목적회사의 법인격이 배후자에 대한 법률적용을 회피하기 위한 수단으로 함부로 이용되거나, 채무면탈, 계약상 채무의 회피, 탈법행위 등 위법한 목적달

성을 위하여 회사제도를 남용하는 등의 주관적 의도 또는 목적이 인정되는 경우라야 한다(대법원 2006. 8. 25. 선고 2004다26119 판결 참조).」(대판 2010. 2. 25, 2007다85980)

(ㅁ) 「주식회사는 주주와 독립된 별개의 권리주체이므로 그 독립된 법인격이 부인되지 않는 것이 원칙이다. 그러나 개인이 회사를 설립하지 않고 영업을 하다가 그와 영업목적이나 물적 설비, 인적 구성원 등이 동일한 회사를 설립하는 경우에 그 회사가 외형상으로는 법인의 형식을 갖추고 있으나 법인의 형태를 빌리고 있는 것에 지나지 않고, 실질적으로는 완전히 그 법인격의 배후에 있는 개인의 개인기업에 불과하거나, 회사가 개인에 대한 법적 책임을 회피하기 위한 수단으로 함부로 이용되고 있는 예외적인 경우까지 회사와 개인이 별개의 인격체임을 이유로 개인의 책임을 부정하는 것은 신의성실의 원칙에 반하므로, 이러한 경우에는 회사의 법인격을 부인하여 그 배후에 있는 개인에게 책임을 물을 수 있다(대법원 2001. 1. 19. 선고 97다21604 판결, 대법원 2008. 9. 11. 선고 2007다90982 판결 등 참조).

나아가 그 개인과 회사의 주주들이 경제적 이해관계를 같이 하는 등 개인이 새로 설립한 회사를 실질적으로 운영하면서 자기 마음대로 이용할 수 있는 지배적 지위에 있다고 인정되는 경우로서, 회사 설립과 관련된 개인의 자산 변동 내역, 특히 개인의 자산이 설립된 회사에 이전되었다면 그에 대하여 정당한 대가가 지급되었는지 여부, 개인의 자산이 회사에 유용되었는지 여부와 그 정도 및 제 3 자에 대한 회사의 채무 부담 여부와 그 부담 경위 등을 종합적으로 살펴보아 회사와 개인이 별개의 인격체임을 내세워 회사 설립 전 개인의 채무 부담행위에 대한 회사의 책임을 부인하는 것이 심히 정의와 형평에 반한다고 인정되는 때에는 회사에 대하여 회사 설립 전에 개인이 부담한 채무의 이행을 청구하는 것도 가능하다고 보아야 한다(대법원 2021. 4. 15. 선고 2019다293449 판결 참조).

위와 같이 개인의 채무 부담행위에 대한 회사의 책임을 부인하는 것이 심히 정의와 형평에 반한다고 인정되어 회사에 대하여 개인이 부담한 채무의 이행을 청구하는 법리는 채무면탈을 목적으로 회사가 새로 설립된 경우뿐 아니라 같은 목적으로 기존 회사의 법인격이 이용되는 경우에도 적용되는데, 여기에는 회사가 이름뿐이고 실질적으로는 개인기업에 지나지 않은 상태로 될 정도로 형해화된 경우와 회사의 법인격이 형해화될 정도에 이르지 않더라도 개인이 회사의 법인격을 남용하는 경우가 있을 수 있다. 이때 회사의 법인격이 형해화되었다고 볼 수 있는지 여부는 원칙적으로 문제가 되고 있는 법률행위나 사실행위를 한 시점을 기준으로, 회사의 법인격이 형해화될 정도에 이르지 않더라도 개인이 회사의 법인격을 남용하였는지 여부는 채무면탈 등의 남용행위를 한 시점을 기준으로 각 판단하여야 한다(대법원 2008. 9. 11. 선고 2007다90982 판결, 대법원 2010. 1. 28. 선고 2009다73400 판결 등 참조).」(대판 2023. 2. 2, 2022다276703)

(ㅂ) 갑 회사와 을 회사가 기업의 형태·내용이 실질적으로 동일하고, 갑 회사는 을 회사의 채무를 면탈할 목적으로 설립된 것으로서 갑 회사가 을 회사의 채권자에 대하여 을 회사와는 별개의 법인격을 가지는 회사라는 주장을 하는 것이 신의성실의 원칙에 반하거나 법인격을 남용하는 것으로 인정되는 경우에도, 권리관계의 공권적인 확

정 및 그 신속·확실한 실현을 도모하기 위하여 절차의 명확·안정을 중시하는 소송절차 및 강제집행절차에 있어서는 그 절차의 성격상 을 회사에 대한 판결의 기판력 및 집행력의 범위를 갑 회사에까지 확장하는 것은 허용되지 아니한다(대판 1995. 5. 12, 93다44531).

[317] ## Ⅱ. 법인의 본질

자연인이 아니면서 권리능력이 인정되는 법인은 실체가 있는가, 만약 있다면 그것이 무엇인가? 이것이 바로 법인의 본질에 관한 문제이다. 여기에 관하여는 19세기에 특히 독일에서 많은 논의가 있었다. 그리고 그것은 한편으로 법인에 대한 국가의 정책(억제·방임·조장·강제 등)의 이론적인 근거가 되기도 하였다. 이하에서 먼저 법인의 본질에 관한 19세기의 독일의 이론을 정리하고, 이어서 우리의 학설에 관하여 보기로 한다.

1. 고전적인 견해

법인 학설로 처음 주장된 것은 법인의제설이었으며, 그것의 이론적 연장이라고 할 수 있는 법인부인설도 생겼다. 그 후 의제설과 대비되는 실재설도 주장되었다.

(1) 법인의제설

권리·의무의 주체는 자연인에 한하며, 법인은 법률에 의하여 자연인에 의제된 것에 불과하다는 이론으로서, 대표적인 주장자는 사비니(Savigny)이다.

(2) 법인부인설

법인의제설에 의하면 결국 법인은 실체가 없는 것이므로 법인 이외의 실체를 찾는 이론이다. 구체적으로는 i) 일정한 목적에 바쳐진 재산(Brinz의 목적재산설), ii) 법인으로부터 이익을 얻는 다수의 개인(Jhering의 수익자주체설), 또는 iii) 현실적으로 법인재산을 관리하는 자(Hölder·Binder의 관리자주체설)를 법인의 본체라고 한다.

(3) 법인실재설

이는 법인을 권리주체로서의 실질을 가지는 사회적 실체라고 보는 이론이다. 실재설에는, i) 단체를 사회적 유기체라고 보는 유기체설(Gierke), ii) 법인의 실체를 권리주체임에 적합한 법률상의 조직체라고 보는 조직체설(Michoud·Saleilles) 등이 있다.

2. 우리의 학설 · 판례

(1) 학　설

우리나라에서는 과거에는 법인의 본질에 관하여 실재설에 해당하는 견해만이 주장되었었다. 그런데 근래에 와서 의제설이 등장하는가 하면 법인 학설을 종래와 다른 시각에서 논의하여야 한다는 견해도 주장되어 새로운 국면을 맞고 있다. 우리의 학설에는 다음의 것들이 있다.

i) 법인의제설　법인은 권리주체임에 적합한 조직체에 대하여 법이 법인격을 부여한 것으로서 법률관계를 간명하게 처리하기 위한 법기술이라고 하는 견해이다(이영준, 903면; 이은영, 234면).

ii) 목적구속적 조직체설　법인의 실체는 일정한 목적을 위하여 인적 · 물적 요소가 결합되어 있는 목적구속적 조직체라고 하는 견해이다(김상용, 210면; 백태승, 202면). 이는 실재설에 해당한다.

iii) 2면성설　법인은 법기술적인 것과 동시에 실체를 갖춘 사회적 실체인 것이라고 하면서, 의제설과 실재설은 법인의 2면성 가운데 어느 한 면만을 파악한 것이어서 타당하지 않다고 하는 견해이다(고상룡, 173면).

iv) 3계기설　법인은 거래의 주체가 되는 데 적합한 사회적 실체를 가지기 때문에 법의 가치판단을 거쳐서 권리 · 의무의 통일적인 귀속점이 된 자연인이 아닌 존재이며, 따라서 법인을 둘러싼 문제를 처리함에 있어서는 종래의 특정한 학설에 구애받지 않고 3가지 계기(실체적 계기 · 가치적 계기 · 기술적 계기)를 염두에 두면서 타당한 해결을 꾀하여야 한다는 견해이다(김주수, 193면).

v) 논의의 실익이 없다는 견해　입법과 학설 · 판례의 노력으로 법인 이론이 확립되어 있는 오늘날에 있어서는 법인의 본질에 관한 논의는 별로 실익이 없다는 견해이다(곽윤직, 119면).

(2) 판　례

우리 판례는, 「법인은 하나의 실재로서 기관에 의하여 독자의 행위를 할 수 있는 실재체」라고 한다(대판 1978. 2. 28, 77누155).

[318] ## 3. 검토 및 사견

(1) 학설 · 판례를 검토하기 전에 먼저 지적할 것은 법인의 본질에 관한 논의는 법인의 실체가 무엇인지를 밝히는 일이라는 점이다. 그것은 결코 직접적으로 해석론의 문제를 해결하기 위한 것이 아니다. 아마도 법인의 본질에 관하여 어느 학설을 취하든 구체적인 법률문제와 관련하여 결과가 달라지지는 않을 것이며, 단지 그 설명방법 내지 근거에서만 차이를 보이게 될 것이다. 그러고 보면 법인의 본질에 관한 이론은 어떤 것이 법인의 실체를 가장 적절하게 파악하고 있는가의 면에서 판단하여야 한다.

(2) 민법은 실제 사회에서 사단 또는 재단이 활동단위로서 기능하고 있음을 당연한 전제로 삼고 있다. 민법이 비록 법인설립에 관하여 허가주의를 취하고 있기는 하나(32조), 그것은 사단 또는 재단 가운데 선별하여 권리능력을 부여하겠다는 의미로 이해하여야 한다.

그리고 방금 언급한 것처럼, 민법은 일정한 요건을 갖춘 사단 · 재단 중에서도 법적 주체로서 활동하는 것이 적절한 것에 대하여만 권리능력을 부여하는 태도를 취하고 있다. 그 결과 그 외의 것은 법인격을 취득하고 싶어도 취득할 수 없게 된다.

이러한 점을 종합하여 보면, 우리 민법상 법인은 실제 사회에서 활동하고 있는 일정한 목적을 위하여 결합한 사람의 단체(사단) 또는 일정한 목적을 위하여 출연된 재산(재단) 가운데 법적인 활동을 인정할 가치가 있어서 권리능력이 부여되기에 적합한 것이라고 할 수 있다.

(3) 이러한 관점에서 다른 학설을 검토해 본다. 의제설에 의하면 법인 아닌 사단 또는 재단을 논리적으로 법인과 유사하게 다루어서는 안 된다. 그럼에도 불구하고 그 견해는 법인 아닌 사단 · 재단에 법인규정을 유추적용한다. 이러한 점은 논리적인 일관성 면에서 문제가 있다. 조직체설은 우리 법상 일정한 조직을 갖춘 단체가 곧바로 법인이 될 수 없다는 것과 조화되지 않는다. 2면성설과 3계기설은 주로 법률문제 해결을 염두에 둔 이론으로서 본질론으로서는 적절하지 않다. 그리고 법인의 본질에 관한 논의는 적어도 이론상 의미가 없지 않다. 판례는 실재설을 취한 점에서는 타당하나, 법인의 실체가 무엇인지를 밝혀 주지는 않

고 있어서 불충분하다.

Ⅲ. 법인의 종류 [319]

법인은 법률의 규정에 의하여서만 성립할 수 있는데(31조), 법인의 성립을 인정하는 법률에는 민법뿐만 아니라 특별법들도 많이 있다. 그 결과 법인에는 여러 가지가 있으나, 여기서는 민법상의 법인을 중심으로 하여 그 종류를 나누어 보기로 한다.

1. 공법인 · 사법인

공법인은 법인의 설립이나 관리에 국가의 공권력이 관여하는 것(예: 국가 · 지방자치단체)이고, 그 밖의 법인이 사법인이다. 그런데 공법인과 사법인의 중간적 법인도 있다(예: 한국은행 · 한국토지주택공사 · 농업협동조합).

2. 영리법인 · 비영리법인

이는 사법인을 세분한 것으로서, 법인의 목적이 경제적 이익의 추구에 있는가에 따라 나눈 것이다.

(1) 영리법인

영리법인은 영리를 목적으로 하는 사단법인이다. 상법상의 각종의 회사가 그 전형적인 예이다. 법인의 구성원인 사원이 있는 사단법인만이 영리법인이 될 수 있으며, 재단법인은 이익을 분배해 줄 사원이 없기 때문에 이론상 영리법인이 될 수 없다. 민법도 영리 재단법인을 인정하지 않는다(32조 · 39조 참조).

(2) 비영리법인

비영리법인은 학술 · 종교 · 자선 · 기예(技藝) · 사교 기타 영리 아닌 사업을 목적으로 하는 사단법인 또는 재단법인이다(32조 참조). 비영리법인도 목적을 달성하기 위하여 본질에 반하지 않는 정도의 영리행위는 할 수 있다(예: 전시회에 입장료를 받거나 병원에서 입원비를 받는 경우). 재단법인은 항상 비영리법인이며, 사단법인은 영리법인이 될 수도 있고 비영리법인이 될 수도 있다. 비영리법인은 반드시 공익을 목적으로 할 필요는 없다. 즉 비공익 · 비영리를 목적으로 하는 비영리법인도 인정된다. 이렇게 민법은 법인을 영리법인 · 비영리법인으로만 나누고 있으나, 비영리법인 가운데 공익법인에 대하여는 특별법을 제정하여 규율하고 있다. 「공익법인의 설립 · 운영에 관한 법률」이 그것이다.

〈이른바 민사회사(民事會社) 문제〉

민법 제39조 제 1 항은 「영리를 목적으로 하는 사단은 상사회사 설립의 조건에 좇아 이를 법인으로 할 수 있다」고 하고, 제 2 항은 「전항의 사단법인에는 모두 상사회사에 관한 규정을 준용한다」고 규정한다. 이러한 민법 제39조는 의용민법 제35조와 같은 것이다.

그런데 제39조 제 1 항과 동일한 의용민법 제35조 제 1 항은 「상행위를 영업으로 할 목적으로 설립된 사단」을 상법상의 영리법인으로 하고 있던 의용상법 규정(같은 법 52조 1항) 아래에서는 의미가 있었다. 그리하여 당시에는 영리법인이 상행위를 영업으로 하는 것이냐에 따라 상사회사와 민사회사로 나누어진다고 하면서, 상사회사는 상행위를 영업으로 하는 것을 목적으로 하는 사단법인이고, 민사회사는 상행위 이외의 영리행위(농업 · 어업 등)를 목적으로 하는 사단법인이라고 설명하였다.

그러면 현행상법 아래에서는 어떤가? 상법 제169조는 「이 법에서 "회사"란 상행위나 그 밖의 영리를 목적으로 하여 설립한 법인을 말한다」고 하여 상행위 이외의 영리행위를 목적으로 하는 종래의 민사회사도 상법상의 회사에 포함시킨다. 그리고 상법은 민사회사의 상인성과 그 행위의 상행위성도 인정하고 있다(같은 법 5조 2항 · 66조). 이와 같이 회사를 상사회사와 민사회사로 구별하지 않는 현행상법 아래에서는 민법 제39조 제 1 항은 아무런 의미도 없게 된다. 그리고 제39조 제 2 항은 잘못된 조항이라고 할 수 있다. 왜냐하면 상법 제169조에 따라 민사회사에도 당연히 상법규정이 「적용」되는데, 민법 제39조 제 2 항은 민사회사에 「상사회사」에 관한 규정을 「준용」한다고 하고 있기 때문이다(상법에서는 따로 인정하지 않는 「상사회사」 개념을 사용하는 것도 문제이다). 따라서 무의미하거나(39조 1항) 잘못된(39조 2항) 제39조는 마땅히 삭제되어야 한다.

3. 사단법인 · 재단법인

사단법인은 일정한 목적을 위하여 결합한 사람의 단체 즉 사단(社團)이 법인으로 된 것이고, 재단법인은 일정한 목적을 위하여 출연된 재산 즉 재단(財團)이 법인으로 된 것이다. 사단법인은 그 구성원인 사원들의 통합된 의사(총의)에 의하여 자율적으로 활동하는 데 비하여, 재단법인은 설립자의 의사에 의하여 타율적으로 활동한다. 민법상의 법인은 반드시 사단법인 · 재단법인 가운데 어느 하나에 속하여야 하며, 둘의 중간적 법인은 인정되지 않는다.

Ⅳ. 법인 아닌 사단과 재단 [320]

1. 개 설

실제 사회에서는 법인으로서의 실질을 갖추고 있으면서 법인이 아닌 것들이 많이 있다. 그것이 법인 아닌 사단과 재단이다. 이들이 생기는 원인은 대략 다음의 세 가지이다. 하나는 민법이 법인의 설립에 관하여 절차적 요건의 하나로 요구하고 있는 주무관청의 허가를 얻지 못하여서이고(32조 참조), 다음에는 행정관청의 규제나 감독을 꺼려 처음부터 법인으로 만들고 싶지 않아서이며, 마지막으로는 법인이 설립 도중에 있기 때문이다(설립 중의 법인).

민법의 법인에 관한 규정은 이들에 직접 적용되는 것이 아니며, 민법 기타의 법률은 이들에 관하여 개별적으로 약간의 규정을 두고 있을 뿐이다. 아래에서 법인 아닌 사단과 재단을 나누어 살펴보기로 한다.

2. 법인 아닌 사단

(1) 의 의

사단의 실질을 가지고 있지만 법인으로 되지 않는 것을 「법인 아닌 사단」이라고 한다. 「법인 아닌 사단」(「비법인사단」)은 「권리능력 없는 사단」 또는 「인격(법인격) 없는 사단」이라고도 한다. 그런데 민법 기타의 법률은 법인 아닌 사단이라고 표현한다(275조, 민소 52조, 부등법 26조).

법인 아닌 사단이 발생하는 원인은 이미 앞에서 설명하였다.

(2) 성립요건

1) 개 관 법인 아닌 사단으로 인정되려면, 단체로서의 조직을 갖추고, 대표의 방법 · 총회의 운영 · 재산의 관리 기타 단체의 중요한 점이 정관이나 규칙으로 확정되어 있어야 한다(같은 취지: 대판 1992. 7. 10, 92다2431; 대판 1999. 4. 23, 99다4504). 따라서 어떤 단체가 외형상 목적 · 명칭 · 사무소 · 대표자를 정하고 있더라도 사단의 실체를 인정할 만한 조직 · 재정기초 · 재산관리 기타 단체로서의 활동에 관한 증명이 없는 이상 법인 아닌 사단으로 볼 수 없다(대판 1997. 9. 12, 97다20908; 대판 1999. 4. 23, 99다4504). 한편 사단법인의 하부조직의 하나라 하더라도 법인 아닌 사단의 성립요건을 갖춘 경우에는 사단법인과는 별개의 독립된 비법인사단으로 될 수 있다(대판 2022. 8. 11, 2022다227688도 참조).

2) 조합과의 구별 사단법인의 기초가 될 수 있는 사회적 실체에는 사단 외에 조합도 있다. 사단과 조합은 단체성의 강약에 의하여 구별된다(대판 1992. 7. 10, 92다2431; 대판 1999. 4. 23, 99다4504). 사단은 단체가 구성원의 개성을 초월한 존재가 된다. 거기에서는 단체의 행동은 그의 기관에 의하여 행하여지고, 그 법률효과는 단체 자체에 귀속하며 그 구성원에게 속하지 않는다. 그리고 단체의 자산이나 부채도 단체에 속하며, 따라서 구성원은 단체의 채무에 대하여 책임을 지지 않는다. 그에 비하여 조합은 단체가 구성원으로부터 독립한 존재이기는 하나, 단체로서의 단일성보다 구성원의 개성이 강하게 나타난다. 거기에서는 단체의 행동은 구성원 전원 또는 그들로부터 대리권이 주어진 자에 의하여 행하여지고, 그 법률효과는 구성원 모두에게 귀속된다. 단체의 자산과 부채도 마찬가지이다.

민법은 이러한 사단과 조합 가운데 사단은 법인으로 될 수 있도록 하고, 조합은 법인으로 하지 않고 구성원 사이의 계약관계로 규율하고 있다(703조 이하). 그러나 논리적으로 사단만이 법인으로 될 수 있는 것은 아니므로, 조합의 실질을 가졌음에도 불구하고 이에 법인격을 부여할 수도 있다. 상법상의 합명회사가 그 예이다(상법 178조 이하). 주의할 것은, 조합이라는 명칭을 쓰고 있다고 하여 모두 그 실체가 조합인 것은 아니라는 점이다. 그 가운데에는 사단으로서의 실질을 가지고 있는 것도 있다. 예컨대 농업협동조합 · 축산업협동조합 · 수산업협동조합 등은 사단의 실질을 가지는 특수법인이며(농협 4조, 수협 4조), 노동조합(이것도 특수법인임)도 실체는 사단이다(「노동조합 및 노동관계조정법」 6조 참조).

어떤 단체가 사단인가 조합인가는 명칭에 의해서가 아니고 실질에 의하여 판단하여야 한다. 따라서 조합의 명칭을 가지고 있더라도 실질적으로 사단으로서의 요건을 갖추고 있으면 법인 아닌 사단이라고 하여야 한다(대판 1992. 7. 10, 92다2431; 대판 1994. 4. 26, 93다51591).

〈판 례〉

「민법상의 조합과 법인격은 없으나 사단성이 인정되는 비법인사단을 구별함에 있어서는 일반적으로 그 단체성의 강약을 기준으로 판단하여야 하는바, 조합은 2인 이상이 상호간에 금전 기타 재산 또는 노무를 출자하여 공동사업을 경영할 것을 약정하는 계약관계에 의하여 성립하므로(민법 제703조) 어느 정도 단체성에서 오는 제약을 받게 되는 것이지만 구성원의 개인성이 강하게 드러나는 인적 결합체인 데 비하여 비법인사단은 구성원의 개인성과는 별개로 권리 · 의무의 주체가 될 수 있는 독자적 존재로서의 단체적 조직을 가지는 특성이 있다 하겠는데, 어떤 단체가 고유의 목적을 가지고 사단적 성격을 가지는 규약을 만들어 이에 근거하여 의사결정기관 및 집행기관인 대표자를 두는 등의 조직을 갖추고 있고, 기관의 의결이나 업무집행방법이 다수결의 원칙에 의하여 행하여지며, 구성원의 가입, 탈퇴 등으로 인한 변경에 관계없이 단체 그 자체가 존속되고, 그 조직에 의하여 대표의 방법, 총회나 이사회 등의 운영, 자본의 구성, 재산의 관리 기타 단체로서의 주요사항이 확정되어 있는 경우에는 비법인 사단으로서의 실체를 가진다고 할 것이다(대법원 1992. 7. 10. 선고 92다2431 판결 참조). 또한, 민사소송법 제48조(현행 민사소송법 52조: 저자 주)가 비법인의 당사자능력을 인정하는 것은 법인이 아닌 사단이나 재단이라도 사단 또는 재단으로서의 실체를 갖추고 대표자 또는 관리인을 통하여 사회적 활동이나 거래를 하는 경우에는, 그로 인하여 발생하는 분쟁은 그 단체의 이름으로 당사자가 되어 소송을 통하여 해결하게 하고자 함에 있다 할 것이므로 여기서 말하는 사단이라 함은 일정한 목적을 위하여 조직된 다수인의 결합체로서 대외적으로 사단을 대표할 기관에 관한 정함이 있는 단체를 말한다고 할 것이고(대법원 1991. 11. 26. 선고 91다30675 판결 참조), 종중 또는 문중과 같이 특별한 조직행위 없이도 자연적으로 성립하는 예외적인 사단이 아닌 한, 비법인사단이 성립하려면 사단으로서의 실체를 갖추는 조직행위가 있어야 하는바, 만일 어떤 단체가 외형상 목적, 명칭, 사무소 및 대표자를 정하고 있다고 할지라도 사단의 실체를 인정할 만한 조직, 그 재정적 기초, 총회의 운영, 재산의 관리 기타 단체로서의 활동에 관한 입증이 없는 이상 이를 법인이 아닌 사단으로 볼 수 없는 것이다(대법원 1997. 9. 12. 선고 97다20908 판결 참조). 그리고, 사단으로서의 실체를 갖추는 조직행위가 사단을 조직하여 그 구성원으로 되는 것을 목적으로 하는 구성원들의 의사의 합치에 기한 것이어야 함은 앞서 본 사단의 특성에 비추어 당연하다고 할 것이다.」(대판 1999. 4. 23, 99다4504)

3) 법인 아닌 사단의 구체적인 예　　우리나라에는 법인 아닌 사단이 매우 [321]
많이 존재하고 있다. 그 대표적인 것으로는 종중(대판 1991. 8. 27, 91다16525)과 교회가 있다. 그 밖에 판례에 의하면, 동(대판 2004. 1. 29, 2001다1775(이태원리의 주민들이 그들의 공동편익과 복리를 위하여 주민 전부를 구성원으로 한 공동체로서 이태원동을 구성하여 활동한 경우); 대판 1990. 12. 7, 90다카25895) · 리(대판 1953. 4. 21, 4285민상162; 대판 1994. 2. 8, 93다173; 대판 1995. 9. 29, 95다32051; 대판 2008. 1. 31, 2005다60871; 대판 2009. 1. 30, 2008다71469; 대판 2012. 10. 25, 2010다75723(어떠한 임야가 임야조사령에 따라 동 · 리 명의로 사정된 경우)) · 자연부락(대판 1999. 1. 29, 98다33512; 대판 2007. 7. 26, 2006다64573; 대판 2008. 1. 31, 2005다60871. 대판 1987. 3. 10, 85다카2508; 대판 1991. 7. 26, 90다카25765; 대판 1993. 3. 9, 92다39532도 참조) · 등록된 일반적인 사찰(법인격 없는 사단이거나 재단이라고 함. 대판 1991. 6. 14, 91다9336; 대판 1996. 1. 26, 94다45562; 대판 1997. 4. 25, 96다46484; 대판 1999. 9. 3, 98다13600. 대판 1994. 12. 13, 93다43545; 대판 1997. 12. 9, 94다41249도 참조) · 구 주택건설촉진법에 의한 주택조합(대판 1994. 6. 28, 92다36052; 대판 1995. 2. 3, 93다23862; 대판 1997. 1. 24, 96다39721; 대판 1999. 11. 9, 99다34420; 대판 2021. 12. 30, 2017다203299)이나 연합주택조합(대판 1993. 4. 27, 92누8163; 대판 2003. 5. 13, 2000다50688) 또는 재건축조합(대판 1996. 1. 26, 95다40915; 대판 1996. 10. 25, 95다56866; 대판 1999. 12. 10, 98다36344; 대판 2003. 7. 22, 2002다64780; 대판 2006. 7. 4, 2004다7408)(재개발조합 · 재건축조합은 현재는 「도시 및 주거환경정비법」 38조에 의해 법인으로 됨) · 불교신도회(대판 1987. 10. 26, 85다카1320(기존의 신도회가 2개로 분열된 경우); 대판 1991. 10. 22, 91다26072; 대판 1996. 7. 12, 96다6103) · 산

제치성의 목적을 위한 마을주민의 결합체(대판 1991. 5. 28, 91다7750) · 회사의 채권자들로 구성된 청산위원회(대판 1996. 6. 28, 96다16582. 그런데 대판 1999. 4. 23, 99다4504는 그 판결 사안의 경우 부도난 회사의 채권자들이 조직한 채권단이 비법인사단으로서의 실체를 갖추지 못했다는 이유로 그 당사자능력을 부인하였다) · 법인 아닌 어촌계(대판 2003. 6. 27, 2002다68034) · 사단법인의 산하단체(대판 2008. 10. 23, 2007다7973)나 하부조직(대판 2009. 1. 30, 2006다60908) · 보중(洑中)(들판에서 농사를 짓는 몽리민들로 구성된 단체)(대판 1995. 11. 21, 94다15288) · 공동주택(아파트)의 입주자대표회의(대판 1991. 4. 23, 91다4478; 대판 2007. 1. 26, 2002다73333; 대판 2007. 6. 15, 2007다6307(공동주택의 입주자대표회의는 동별 세대수에 비례하여 선출되는 동별 대표자를 구성원으로 하는 법인 아닌 사단임); 대판 2007. 6. 15, 2007다6291; 대판 2008. 9. 25, 2006다86597; 대판 2016. 9. 8, 2015다39357) · 아파트 부녀회(대판 2006. 12. 21, 2006다52723) · 성균관(대판 2004. 11. 12, 2002다46423) · 지방향교(대판 2010. 5. 27, 2006다72109)는 법인 아닌 사단이라고 한다. 그리고 대법원은, 동 · 리의 행정구역 내에 조직된 동 · 리회는 다른 특별한 사정이 없는 한 그 주민 전부가 구성원이 되어서 다른 지역으로부터 입주하는 사람은 입주와 동시에 당연히 그 회원이 되고 다른 지역으로 이주하는 사람은 이주와 동시에 당연히 회원의 자격을 상실하는 불특정 다수인으로 조직된 영속적 단체라고 할 것이고, 이와 달리 그 동 · 리회를 특정 주민만을 회원으로 하는 단체로 보기 위해서는 그 재산 취득 당시 어느 정도 유기적인 조직을 갖추어 법인 아닌 사단으로서 존재하고 있었다는 점과 동 · 리회 명의 재산을 소유하게 된 과정이나 내용 등이 증명되어야 할 것이라고 한다(대판 2013. 10. 24, 2011다110685. 같은 취지: 대판 2009. 1. 30, 2008다71469).

[322] (3) 법률관계

1) 법적 규율 법인 아닌 사단에 관한 실체법적 규정으로는 그것의 재산귀속관계를 총유(總有)로 한다는 규정(275조 · 278조)만이 두어져 있고, 그 외에 소송상의 당사자능력을 인정하는 민사소송법 규정(민소 52조)과 등기능력을 인정하는 부동산등기법 규정(부등법 26조)이 있을 뿐이다. 따라서 그 밖의 법률관계는 해석으로 결정되어야 한다.

그러면 법인 아닌 사단의 법률관계를 어떻게 결정하여야 하는가? 여기에 관하여 학설은, 법인 아닌 사단에 대하여는 사단법인에 관한 규정 가운데에서 법인격을 전제로 하는 것을 제외하고는 모두 이를 유추적용하여야 한다는 데 일치하고 있으며(곽윤직, 126면; 김학동, 166면; 백태승, 209면; 이영준, 909면; 이은영, 247면; 정기웅, 246면), 판례도 같다(대판 1996. 10. 25, 95다56866; 대판 1997. 1. 24, 96다39721; 대판 2003. 11. 14, 2001다32687; 대판 2006. 2. 23, 2005다19552 · 19569). 입법례에 따라서는 조합에 관한 규정을 준용하는 경우도 있으나(독일민법 54조, 스위스민법 62조), 우리 민법은 오히려 법인 아닌 사단의 소유를 총유라고 함으로써 합유를 소유형태로 하는 조합(704조 · 271조 참조)과 다르다는 것을 간접적으로 밝히고 있을뿐더러(275조), 법인 아닌 사단은 사단법인과 실질에 있어서 같기 때문에, 통설 · 판례는 타당하다. 그런데 문제는 구체적으로 사단법인의 어떤 규정이 유추적용될 것인지이다. 이를 일률적으로 말할 수는 없으나, 예컨대 총회의 소집과 결의(대판 1992. 9. 14, 91다46830; 대판 1996. 10. 25, 95다56866; 대판 2006. 2. 23, 2005다19552 · 19569; 대판 2006. 7. 4, 2004다7408; 대판 2007. 12. 27, 2007다17062)(판례는, 법인 아닌 사단의 총회에서 회의의 소집 통지에 목적 사항으로 기재하지 않은 사항에 관하여 결의한 때에는 구성원 전원이 회의에 참석하여 그 사항에 의하여 의결한 경우가 아닌 한 그 결의가 원칙적으로 무효라고 함. 대판 2015. 2. 16, 2011다101155) · 정관 및 대표자의 업무집행(대판 1997. 1. 24, 96다39721), 법인의 권리능력에 관한 제34조(대판 2010. 5. 27, 2006다72109), 이사의 대리인 선임에 관한 제62조(대판 1996. 9. 6, 94다18522; 대판 2011. 4. 28, 2008다15438), 임시이사의 선임에 관한 제63조(대결(전원) 2009. 11. 19, 2008마699. 이 결정에 의하여 63조를 준용할 수 없다고 한 대결 1961. 11. 16, 4294민재항431을 변경함)나 특별대리인의 선임에 관한 제64조 등은 유추적용되어야 한다. 그에 비하여 법인의 등기, 청산인의 선임(대판 2003. 11. 14, 2001다32687은 반대의 취지임)과 해임, 법인의 해산 및 청산에 대한 법원의 감독 등에 관한 규정은 유추적용될 것이 아니다. 그리고 비법인사단의 경우에는 대표자의 대표권제한에 관하여 등기할 방법이 없으므로 이사의 대표권제한에 관한 민법 제60조도 유추적용될 수 없다(대판 2003. 7. 22, 2002다64780).

〈판 례〉

(ㄱ) 「비법인사단에 대하여는 사단법인에 관한 민법규정 중 법인격을 전제로 하는 것을 제외한 규정들을 유추적용하여야 할 것이므로(대법원 1992. 10. 9. 선고 92다23087 판결 참조) 비법인사단인 교회의 교인이 존재하지 않게 된 경우 그 교회는 해산하여 청산절차에 들어가서 청산의 목적범위 내에서 권리 · 의무의 주체가 되며, 이 경우 해산 당시 그 비법인사단의 총회에서 향후 업무를 수행할 자를 선정하였다면 민법 제82조를 유추하여 그 선임된 자가 청산인으로서 청산 중의 비법인사단을 대표하여 청산업무를 수행하게 된다.」(대판 2003. 11. 14, 2001다32687. 전단에 관하여 같은 취지의 판결: 대판 2007. 11. 16, 2006다41297)

(ㄴ) 「비법인사단의 경우에는 대표자의 대표권 제한에 관하여 등기할 방법이 없어 민법 제60조의 규정을 준용할 수 없고, 비법인사단의 대표자가 정관에서 사원총회의 결의를 거쳐야 하도록 규정한 대외적 거래행위에 관하여 이를 거치지 아니한 경우라도, 이와 같은 사원총회 결의사항은 비법인사단의 내부적 의사결정에 불과하다 할 것이므로, 그 거래상대방이 그와 같은 대표권제한 사실을 알았거나 알 수 있었을 경우가 아니라면 그 거래행위는 유효하다고 봄이 상당하고, 이 경우 거래의 상대방이 대표권제한 사실을 알았거나 알 수 있었음은 이를 주장하는 비법인사단측이 주장 · 입증하여야 한다.」(대판 2003. 7. 22, 2002다64780)

(ㄷ) 「민법 제63조는 법인의 조직과 활동에 관한 것으로서 법인격을 전제로 하는 조항은 아니라 할 것이고, 법인 아닌 사단이나 재단의 경우에도 이사가 없거나 결원이 생길 수 있으며, 통상의 절차에 따른 새로운 이사의 선임이 극히 곤란하고 종전 이사의 긴급처리권도 인정되지 아니하는 경우에는 사단이나 재단 또는 타인에게 손해가

생길 염려가 있을 수 있으므로, 민법 제63조는 법인 아닌 사단이나 재단에도 유추적용할 수 있다.」(대결(전원) 2009. 11. 19, 2008마699)

(ㄹ) 「비법인사단에 대하여는 사단법인에 관한 민법 규정 가운데 법인격을 전제로 하는 것을 제외하고는 이를 유추적용하여야 할 것인데, 민법 제62조의 규정에 비추어 보면 비법인사단의 대표자는 정관 또는 총회의 결의로 금지하지 아니한 사항에 한하여 타인으로 하여금 특정한 행위를 대리하게 할 수 있을 뿐 비법인사단의 제반 업무처리를 포괄적으로 위임할 수는 없으므로 비법인사단 대표자가 행한 타인에 대한 업무의 포괄적 위임과 그에 따른 포괄적 수임인의 대행행위는 민법 제62조의 규정에 위반된 것이어서 비법인사단에 대하여 그 효력이 미치지 아니한다(대법원 1996. 9. 6. 선고 94다18522 판결 등 참조).」(대판 2011. 4. 28, 2008다15438)

2) 내부관계 법인 아닌 사단의 내부관계는 제 1 차적으로 사단의 정관에 의하게 되나, 정관에 규정이 없는 경우에는 민법의 사단법인 규정이 유추적용된다(이설 없음). 그리하여 사원총회가 최고 의사결정기관이 되며, 총회에서의 의결은 사원의 과반수의 출석과 출석사원의 과반수의 찬성으로 한다. 그리고 총회에서 선임된 업무집행기관은, 선량한 관리자의 주의로써 사무를 처리하여야 한다(681조 참조).

3) 외부관계 법인 아닌 사단도 그 대표자가 정하여져 있으면 소송상의 당사자능력을 가진다(민소 52조). 따라서 제 3 자는 법인 아닌 사단에 대한 집행권원을 얻어 사단재산에 대하여 강제집행할 수 있다. 그러나 사원의 재산은 강제집행하지 못한다.

사단의 권리능력, 행위능력, 대표기관의 권한, 대표의 형식, 대표기관의 불법행위로 인한 사단의 배상책임(불법행위능력)(대판 2003. 7. 25, 2002다27088)에 대하여는 사단법인의 규정이 유추적용된다.

[323] **4) 재산귀속관계**

(가) 민법규정 앞서 언급한 바와 같이, 민법은 「법인이 아닌 사단의 사원이 집합체로서 물건을 소유할 때에는 총유로 한다」고 규정하고 있다(275조 1항). 총유는 관리 · 처분의 권능은 공동소유자의 단체(사원총회)에 속하고 사용 · 수익의 권능은 각 공동소유자(사원)에게 속하는 단체주의적인 공동소유형태이다(276조 참조). 한편 총유에 관한 규정은 소유권 이외의 재산권에도 준용되므로(278조), 채권 · 채무 등의 각종의 재산권도 준총유하는 것이 된다. 그 결과 사단의 구성원은 지분권이

나 분할청구권을 갖지 못한다(이설 없음).

(나) **재산귀속관계의 공시방법** 부동산등기법은 제26조 제 1 항에서 「종중, 문중, 그 밖에 대표자나 관리인이 있는 법인 아닌 사단이나 재단에 속하는 부동산의 등기에 관하여는 그 사단이나 재단을 등기권리자 또는 등기의무자로 한다」고 규정하고, 그 제 2 항에서는 「제 1 항의 등기는 그 사단이나 재단의 명의로 그 대표자나 관리인이 신청한다」고 규정한다. 따라서 법인 아닌 사단도 직접 그 명의로 등기를 할 수 있고, 또 다른 자에게 등기를 넘겨 줄 수도 있다(부등규칙 48조 참조). 그에 비하여 예금채권 등에 관하여는, 대표자의 성명에다가 사단의 대표자임을 명시하는 방법으로 공시하여야 할 것이다.

(다) **채무의 귀속관계** 법인 아닌 사단의 채무는 그 구성원에게 총유적으로 귀속한다. 즉 총사원이 준총유를 한다. 따라서 그 채무에 대하여는 사단재산만이 책임을 지며, 구성원은 부담금이나 회비의 납부의무만 있을 뿐 그의 고유재산으로 책임을 질 필요는 없다고 하여야 한다(통설도 같음. 고상룡, 260면; 곽윤직, 128면; 김상용, 271면; 김학동, 165면; 백태승, 221면; 이영준, 931면; 이은영, 249면). 이러한 통설에 대하여 법인 아닌 사단에는 여러 가지 유형이 있는 만큼 모든 요소를 종합하여 때로는 무한책임을 인정하여야 한다는 소수설도 주장된다(김용한, 212면. 김주수, 207면은 입법론으로서 문제점을 제기한다). 그러나 이는 입법론으로는 몰라도(특히 영리단체의 경우에는 준합유를 인정할 만하다) 해석론으로서는 적절하지 않다. 대법원은, 비법인 사단인 주택조합의 경우에, 그 조합이 사업을 수행하면서 부담하게 된 채무를 조합의 재산으로 변제할 수 없게 되었다고 하더라도 그 채무는 조합에 귀속되고, 정관 기타 규약에 따라 조합원총회 등에서 조합의 자산과 부채를 정산하여 그 채무초과분을 조합원들에게 분담시키는 결의를 하지 않는 한, 조합원이 곧바로 조합에 대하여 그 지분 비율에 따른 분담금 채무를 부담하지 않는다고 하였다(대판 2021. 12. 30, 2017다203299).

〈법인 아닌 사단의 권리능력 유무〉

견해에 따라서는, 민사소송법 제52조, 부동산등기법 제26조 등을 근거로 법인 아닌 사단에 권리주체성(고상룡, 255면) 또는 권리능력(이은영, 245면)을 인정하기도 한다(대판 1962. 5. 10, 4294행상102도 유사한 표현을 쓰고 있다). 이 견해는 사법상 권리의 주체가 될 수 없다면 소송법상 당사자능력이 인정될 실익이 없으며, 부동산등기법은 법인 아닌 사단의 부동산소유(실질적으로 단독소유)를 인정하고 있다고 한다. 그러나 법인 아닌 사단에 소송상의 당사자능력을 인정하는 것은 사단뿐만 아니라 상대방의 소송상의 편의를 고려한 것이므로, 그것 때문에 일반적으로 권리능력이 인정된다고 해석할 수는 없다. 그리고 법인 아닌 사단에 등기능력을 인정하였다고 하여 사단의 단독소유를 인정한 것은 아니므로, 그것 역시 권리능력의 근거로 보기는 어렵다.

한편 판례는, 사설 사암이나 사설 사찰이 아니고 종단에 등록을 마친 일반적인 사찰은 독자적인 권리능력과 당사자능력을 가진 법인격 없는 사단이거나 재단이라고 하고(대판 1996. 1. 26, 94다45562; 대판1997. 4. 25, 96다46484; 대판 2005. 6. 24, 2005다10388), 자연부락이 그 부락 주민을 구성원으로 하여 고유목적을 가지고 의사결정기관과 집행기관인 대표자를 두어 독자적인 활동을 하는 사회조직체라면 비법인사단으로서의 권리능력 내지 당사자능력을 가진다고 한다(대판 1999. 1. 29, 98다33512). 그러나 여기의 권리능력은 비법인사단으로서의 권리능력이라는 의미로 새겨야 한다.

[324] 〈종중에 관한 판례〉

법인 아닌 사단의 대표적인 것인 종중과 관련하여서는 과거부터 분쟁이 심했으며, 그리하여 판례도 많이 축적되어 있다. 아래에서 종중에 관한 판례를 정리하기로 한다.

(ㄱ) 의 의 종중은 「공동선조의 분묘수호와 제사 및 종원 상호간의 친목 등을 목적으로 하여 구성되는 자연발생적인 종족집단」이다(대판(전원) 2005. 7. 21, 2002다1178. 과거에는 공동선조의 후손 중 성년 이상의 남자를 종원으로 구성된다고 하였었다. 대판 1995. 9. 15, 94다49007; 대판 1996. 7. 30, 95다14794 등 참조). 이러한 종중은 관습상 당연히 성립하기 때문에 특별한 조직행위를 필요로 하지 않으며(대판 1998. 7. 10, 96다488; 대판 2002. 4. 12, 2000다16800 등), 종중의 규약이나 관습에 따라 선출된 대표자 등에 의하여 대표되는 정도로 조직을 갖추고 지속적인 활동을 하고 있으면 비법인사단으로서의 단체성이 인정된다(대판 1991. 8. 27, 91다16525; 대판 1994. 9. 30, 93다27703; 대판 2022. 8. 25, 2018다261605)(판례에 따르면, 종중에 유사한 비법인사단은 반드시 총회를 열어 성문화된 규약을 만들고 정식의 조직체계를 갖추어야만 비로소 단체로서 성립하는 것이라고는 할 수 없고, 실질적으로 공동의 목적을 달성하기 위하여 공동의 재산을 형성하고 일을 주도하는 사람을 중심으로 계속적으로 사회적인 활동을 하여 온 경우에는 이미 그 무렵부터 단체로서의 실체가 존재한다고 한다. 대판 1996. 3. 12, 94다56401; 대판 2010. 4. 29, 2010다1166). 그리고 종중에 반드시 성문의 규약이 있어야 하는 것이 아니고, 종중 구성원의 수가 소수라고 하여 종중이 성립할 수 없는 것도 아니다(대판 1991. 11. 26, 91다31661). 한편 종중 안에 무수한 소종중이 있을 수 있다(대판 1994. 10. 11, 94다19792; 대판 1997. 2. 28, 95다44986 등). 그러므로 어느 종중을 특정하고 그 실체를 파악함에 있어서는 그 종중의 공동선조가 누구인가가 가장 중요한 기준이 되고, 공동선조를 달리하는 종중은 그 구성원도 달리하는 별개의 실체를 가지는 종중이라고 할 것이다(대판 2002. 5. 10, 2002다4863; 대판 2007. 10. 25, 2006다14165; 대판 2010. 5. 13, 2009다101251).

같은 혈족이지만 공동선조를 달리하던 별개의 소종중이 통합하여 새로운 종족집단으로 통합종중을 구성하는 경우, 그 통합종중은 고유한 의미의 종중이 아니긴 하지만, 그것이 단체로서 실체가 인정될 수 있을 때에는 종중 유사의 권리능력 없는 사단으로서 단체성만은 인정될 수 있다. 그런데 그때에도 자연발생적 집단으로서 선조의 사망과 동시에 자손에 의하여 자연발생적으로 성립하는 고유한 의미의 종중으로서 통합 전 소종중의 객관적 실체가 없어지는 것은 아니다(대판 2008. 10. 9, 2008다41567).

그리고 판례는, 종중 규약의 내용이 선량한 풍속 기타 사회질서에 반하는 경우 또는 종원이 가지는 고유하고 기본적인 권리의 본질적인 내용을 침해하는 등 종중의 본질이나 설립 목적에 크게 위배되는 경우 그 종중 규약은 무효라고 한다(대판 2024. 12. 24, 2024다274398. 종중 규약 중 '종중 회장은 종손으로 한다.'는 조항은 무효라고 한 사례). 그런가 하면 다른 한편으로, 종중에 대하여는 가급적 그 독자성과 자율성을 존중해 주는 것이 바람직하고, 따라서 원칙적으로 종중규약은 그것이 종원이 가지는 고유하고 기본적인 권리의 본질적인 내용을 침해하는 등 종중의 본질이나 설립목적에 크게 위배되지 않는 한 그 유효성을 인정하여야 할 것이라고 한다(대판 2008. 10. 9, 2005다30566(종중회칙이 종손에게 회장후보자 추천권과 종무위원 선출권을 함께 부여하고 있다는 점만으로 종중의 본질이나 설립목적에 반하여 무효라고 볼 수 없다고 판단한 사례); 대판 2022. 8. 25, 2018다261605).

종중이 비법인사단으로서 당사자능력이 있는지는 소송요건의 문제로서 사실심의 변론종결시를 기준으로 판단하여야 한다(대판 1991. 11. 26, 91다31661; 대판 2010. 3. 25, 2009다95387).

(ㄴ) 구 성 과거의 판례에 의하면, 공동선조의 후손 중 성년 이상의 남자는 당연히 종중의 구성원이 되나(대판 2002. 4. 12, 2000다16800), 여자와 미성년의 남자는 구성원이 될 수 없었고, 또 타가에 출계한 자는 생부를 공동선조로 한 종중의 구성원이 될 수 없었다(대판 1996. 8. 23, 96다12566; 대판 1999. 8. 24, 99다14228 등). 그런데 대법원은, 종중 구성원의 자격을 성년 남자만으로 제한하는 종래의 관습법은 우리의 전체 법질서에 부합하지 않아 더 이상 법적 효력을 가질 수 없게 되었다고 하면서, 공동선조와 성과 본을 같이 하는 후손은 성별의 구별 없이 성년이 되면 당연히 그 구성원이 된다고 보는 것이 조리에 합당하다고 하여, 판례를 변경하였다(대판(전원) 2005. 7. 21, 2002다1178. 같은 취지: 대판 2007. 9. 6, 2007다34982; 대판 2024. 12. 24, 2024다274398)(당연히 종중의 구성원(종원)이 되는 후손 중 일부 종원을 임의로 그 종원에서 배제할 수 없다. 대판 2021. 11. 11, 2021다238902). 그리고 판례에 의하면, 종중을 구성하는 자손의 대수(代數)에는 제한이 없다고 한다(대판 1996. 8. 23, 96다20567; 대판 2010. 4. 29, 2010다1166). 또한 민법 제781조 제 6 항에 따라 자녀의 복리를 위하여 자녀의 성과 본을 변경할 필요가 있어 자녀의 성과 본이 모의 성과 본으로 변경되었을 경우 성년인 그 자녀는 모가 속한 종중의 공동선조와 성과 본을 같이 하는 후손으로서 당연히 종중의 구성원이 된다(대판 2022. 5. 26, 2017다260940).

공동선조의 후손들 중 특정지역 거주자나 특정범위 내의 자들만으로 구성된 종중은 있을 수 없으며(대판 1993. 5. 27, 92다34193; 대판 1999. 8. 24, 99다14228 등), 그것은 종중 유사의 단체에 지나지 않는다(대판 1993. 5. 27, 92다34193; 대판 2002. 4. 12, 2000다16800; 대판 2020. 10. 15, 2020다232846; 대판 2021. 11. 11, 2021다238902 등). 종중규약을 작성하면서 일부 종원의 자격을 임의로 제한하거나 확장한 종중규약은 종중의 본질에 반하여 무효이다(대판 1995. 9. 15, 94다49007; 대판 1997. 11. 14, 96다25715 등)(그런데 그로 인하여 이미 성립한 종중의 실재 자체가 부인되는 것은 아니다. 대판 2009. 8. 20, 2008다30482 · 30499; 대판 2023. 12. 28, 2023다278829). 특히 특정지역 내에 거주하는 일부 종중원에 한하여 의결권을 주고 그 밖의 지역에 거주하는 종중원의 의결권을 박탈할 개연성이 많은 종중규약이 그렇다(대판 1981. 2. 10, 80다516; 대판 1992. 9. 22, 92다15048). 그리고 종중이 그 구성원인 종원에 대하여 그가 가지는 고유하고 기본적인 권리의 본질적인 내용을 침해하는 처분을 하는 것은 허용되지 않는다(대판 2006. 10. 26, 2004다47024(장기간 종중의 의사결정 참여를 박탈하는 처분); 대판 2007. 9. 6, 2007다34982(여성의 종중원 자격과 의결권을 제한하고 종중 부동산에 관한 수용보상금을 남성종중원에게만 대여하기로 한 종중 임시총회 결의); 대판 2009. 12. 24, 2009다26367). 한편 종중이 종중원의 자격을 박탈하거나 종중원이 종중을 탈퇴할 수 없는 것이어서 공동선조의 후손들은 종중을 양분하는 것과 같은 종중분열을 할 수 없다

(대판 1998. 2. 27, 97도1993; 대판 2023. 12. 28, 2023다278829).

(ㄷ) **대 표 자** 종중의 대표자는 종중의 규약이나 관례가 있으면 그에 따라 선임하고 그것이 없다면 종장 또는 문장이 그 종원 중 성년 이상의 사람(과거의 판례는 성년 이상의 남자라고 하였음)을 소집하여 선출하며, 평소에 종중에 종장이나 문장이 선임되어 있지 아니하고 선임에 관한 규약이나 관례가 없으면 현존하는 연고항존자(年高行尊者. 항렬이 가장 높고 나이가 가장 많은 자)가 종장이나 문장이 되어 국내에 거주하고 소재가 분명한 종원에게 통지하여 종중총회를 소집하고 그 회의에서 종중 대표자를 선임하는 것이 일반 관습이다(대판 2009. 5. 28, 2009다7182; 대판 2010. 12. 9, 2009다26596; 대판 2024. 12. 24, 2024다274398). 그리고 문장이나 연고항존자라고 하여 그것만으로 당연히 종중재산에 대한 대표권을 갖는 것이 아니며, 별도로 선임된 대표자만이 대표권을 갖는다(대판(전원) 1983. 12. 13, 83다카1463; 대판 1999. 7. 27, 99다9523). 한편 전원합의체 판결 선고일인 2005. 7. 21. 이후에는 대표자를 선임하기 위하여 개최되는 종중총회의 소집권을 가지는 연고항존자를 확정함에 있어서 여성을 제외할 이유가 없으므로, 여성을 포함한 전체 종원 중 항렬이 가장 높고 나이가 가장 많은 사람이 연고항존자가 되며, 다만 이러한 연고항존자는 족보 등의 자료에 의하여 형식적·객관적으로 정해지는 것이지만 이에 따라 정해지는 연고항존자의 생사가 불명한 경우나 연락이 되지 않는 경우도 있으므로, 사회통념상 가능하다고 인정되는 방법으로 생사 여부나 연락처를 파악하여 연락이 가능한 범위 내에서 종중총회의 소집권을 행사할 연고항존자를 특정하면 충분하다(대판 2010. 12. 9, 2009다26596).

[325] (ㄹ) **종중총회** 종중총회의 소집권자는 종장 또는 문장이나(대판 1990. 11. 13, 90다카11971), 종중에 평소 종장이나 문장이 선임되어 있지 않고 선임에 관한 규약이나 일반관례가 없으면 현존하는 연고항존자가 종장이나 문장이 되어 총회의 소집권한을 갖는다(대판 1993. 3. 9, 92다42439). 여기서 연고항존자인지 여부는 원칙적으로 법원이 제출된 증거를 취사선택하여 자유로운 심증에 따라 인정할 수 있는 것이기는 하나, 소집통지 대상 종중원의 범위 확정을 위하여 족보를 살펴보아야 할 것이라면 소집통지 대상자에 대응하는 소집권자인 연고항존자의 확정도 그 족보를 포함하여 판단하여야 한다(대판 2009. 10. 29, 2009다45740). 한편 문장의 자격 있는 자가 소집권한 없는 자의 총회 소집에 동의하여 그로 하여금 소집하게 한 경우에는 권한 없는 소집이라고 할 수 없다(대판 1985. 10. 22, 83다카2396·2397; 대판 1996. 6. 14, 96다2729 등). 그리고 종중원들이 필요가 있어서 적법한 소집권자에게 임시총회의 소집을 요구하였으나 그 소집권자가 정당한 이유 없이 이에 응하지 않는 경우에는 차석의 임원 또는 발기인(총회소집의 발의자들)이 소집권자에 대신하여 총회를 소집할 수 있다(대판 1993. 3. 12, 92다51372; 대판 1997. 9. 26, 97다25279 등). 이 경우 반드시 민법 제70조를 준용하여 감사가 총회를 소집하거나 종원이 법원의 허가를 얻어 총회를 소집하여야 하는 것은 아니다(대판 2011. 2. 10, 2010다83199·83205).

종중총회의 소집통지 대상이 되는 종원의 범위를 확정하는 방법에 관하여 판례는, 종원에 관한 족보가 발간되었다면 그 족보의 기재가 잘못되었다는 등의 특별한 사정이 없는 한 그 족보에 의하여 그 범위를 확정하여야 하며(대판 1994. 5. 10, 93다51454; 대판 1999. 5. 25, 98다60668; 대판 2000. 2. 25, 99다20155; 대판 2009. 10. 29, 2009다45740. 그 외에 대판 1993. 3. 9, 92다42439(종원에 관한 새로운 세보가 발간되면 이에 의하여 총회 소집통지 종원의 범위를 확정하여야 하며 종전의 세보에 의하면 부적법하다고 한 사례)도 참조), 여기에서 발간된 족보란 소집통지 대상이 되는 종중원의 범위를 확정하기 위하여 필요한 것이므로 반드시 사건 당사자인 종중이 발간한 것일 필요는 없고 그 종중의 대종중 등이 발간한 것이라도 무방하다고 한다(대판 2009. 10. 29, 2009다45740).

총회의 소집은 특별한 사정이 없는 한 족보에 의하여 소집대상이 되는 종중원의 범위를 확정한 후 국내에 거주하고 소재가 분명하여 연락 통지가 가능한 모든 종중원에게 개별적으로 소집통지를 하여야 하나, 그 소집통지의 방법은 반드시 직접 서면으로 하여야만 하는 것은 아니고 구두 또는 전화로 하여도 되고 다른 종중원이나 세대주를 통하여도 무방하다(대판 2000. 2. 25, 99다20155; 대판 2001. 6. 29, 99다32257; 대판 2007. 9. 6, 2007다34982). 그러나 소집권자가 지파 또는 거주지별 대표자에게 총회소집을 알리는 것만으로는 충분하지 않다(대판 1994. 6. 14, 93다45244). 그리고 소집통지를 받지 않은 종원이 다른 방법에 의하여 이를 알게 된 경우에는 그 종원이 종중총회에 참석하지 않았다고 하더라도 그 종중총회의 결의를 무효라고 할 수 없다(대판 1995. 6. 9, 94다42389; 대판 2006. 10. 27, 2006다23695). 한편 종중의 규약이나 관행에 의하여 매년 일정한 날에 일정한 장소에서 정기적으로 종중원들이 집합하여 종중의 대소사를 처리하기로 되어 있는 경우에는 별도로 종중회의의 소집절차가 필요하지 않다(대판 1991. 10. 11, 91다24663; 대판 1994. 9. 30, 93다27703; 대판 2005. 12. 8, 2005다36298; 대판 2007. 5. 11, 2005다56315).

종중총회 자체가 종중규약에 따르지 않고 정당한 소집권자에 의하여 소집되지 않거나(대판 1990. 11. 13, 90다카28542), 일부 종중원에게 소집통지를 하지 않은 채 개최된 경우에는, 종중총회의 결의는 무효이다(대판 2000. 2. 25, 99다20155; 대판 2001. 6. 29, 99다32257; 대판 2007. 3. 29, 2006다74273; 대판 2021. 11. 11, 2021다238902 등). 특히 2005. 7. 21.의 전원합의체 판결이 선고된 후에는 공동선조의 자손인 성년 여자도 종중원이라고 할 것이므로, 위 판결 선고 이후에 개최된 종중총회 당시 남자 종중원들에게만 소집통지를 하고 여자 종중원들에게는 소집통지를 하지 않은 경우 그 종중총회에서의 결의는 무효이다(대판 2009. 2. 26, 2008다8898; 대판 2010. 2. 11, 2009다83650; 대판 2010. 7. 22, 2009다92739; 대판 2021. 11. 11, 2021다238902. 대판 2007. 9. 6, 2007다34982(종중의 족보에 종원으로 등재되어 있는 성년 여성들에게 통지함이 없이 개최된 임시총회의 결의를 무효라 함)도 참조).

종중총회의 결의방법에 있어서 종중규약에 다른 규정이 없는 이상 종원은 서면이나 대리인으로 결의권을 행사할 수 있으므로, 일부 종원이 총회에 직접 출석하지 않고 다른 출석 종원에 대한 위임장 제출방식에 의하여 결의권을 행사하는 것은 허용된다(대판 1991. 11. 8, 91다25383; 대판 2000. 2. 25, 99다20155). 종중총회의 결의는 특별한 규정이나 종친회의 관례가 없는 한 과반수의 출석에 출석자의 과반수로 결정한다(대판 1994. 11. 11, 93다40089). 그러나 종중 대표자의 선임이나 종중규약의 채택을 위한 종중회의의 결의의 방법은 출석자의 과반수의 찬성만 있으면 된다(대판 1994. 11. 11, 94다17772). 그리고 직선제에 의한 종중회장 선출시 의결정족수를 정하는 기준이 되는 출석종원이라 함은 당초 총회에 참석한 모든 종원을 의미하는 것이 아니라, 문제가 된 결의 당시 회의장에 남아 있던 종원만을 의미한다고 할 것이므로, 회의 도중 스스로 회의장에서 퇴장한 종원들은 이에 포함되지 않는다(대판 2001. 7. 27, 2000다56037).

[326] (ㅁ) **재산귀속관계** 종중은 법인 아닌 사단이고(대판 1991. 8. 27, 91다16525), 종중 소유의 재산은 종중원의 총유에 속한다(대판 1994. 9. 30, 93다27703; 대판 2000. 10. 27, 2000다22881 등). 따라서 종중재산의 관리 및 처분에 관하여 먼저 종중규약에 정하는 바가 있으면 그에 따라야 하고, 그에 관한 규약이 없으면 종중총회의 결의에 의하여야 하므로, 비록 종중대표자에 의한 종중재산의 처분이라도 그러한 절차를 거치지 않은 채 한 것은 무효이다(대판 1994. 9. 30, 93다27703; 대판 1996. 8. 20, 96다18656; 대판 2000. 10. 27, 2000다22881). 오늘날 분쟁이 많은 종중 토지의 매각대금 분배에 관하여 판례는 다음과 같은 태도를 취하고 있다. 즉 「종중의 토지 매각대금은 종원의 총유에 속하고, 그 매각대금의 분배는 총유물의 처분에 해당하므로, 정관 기타 규약에 달리 정함이 없는 한 종중총회의 결의에 의하여 그 매각대금을 분배할 수 있고, 그 분배비율, 방법, 내용 역시 결의에 의하여 자율적으로 결정할 수 있다. 그러나 … 종중재산의 분배에 관한 종중총회의 결의내용이 현저하게 불공정하거나 선량한 풍속 기타 사회질서에 반하는 경우 또는 종원의 고유하고 기본적인 권리의 본질적인 내용을 침해하는 경우 그 결의는 무효라고 할 것이다. 여기서 종중재산의 분배에 관한 종중총회의 결의 내용이 현저하게 불공정한 것인지 여부는 종중재산의 조성 경위, 종중재산의 유지·관리에 대한 기여도, 종중행사 참여도를 포함한 종중에 대한 기여도, 종중재산의 분배 경위, 전체 종원의 수와 구성, 분배 비율과 그 차등의 정도, 과거의 재산분배 선례 등 제반 사정을 고려하여 판단하여야 한다」고 한다. 그러면서 동시에 「총유물인 종중 토지 매각대금의 분배는 정관 기타 규약에 달리 정함이 없는 한 종중총회의 결의에 의하여만 처분할 수 있고 이러한 분배결의가 없으면 종원이 종중에 대하여 직접 분배청구를 할 수 없다. 따라서 종중 토지 매각대금의 분배에 관한 종중총회의 결의가 무효인 경우, 종원은 그 결의의 무효확인 등을 소구하여 승소판결을 받은 후 새로운 종중총회에서 공정한 내용으로 다시 결의하도록 함으로써 그 권리를 구제받을 수 있을 뿐이고 새로운 종중총회의 결의도 거치지 아니한 채 종전 총회결의가 무효라는 사정만으로 곧바로 종중을 상대로 하여 스스로 공정하다고 주장하는 분배금의 지급을 구할 수는 없다」고 한다(대판 2010. 9. 9, 2007다42310·42327). 그런가 하면, 종중재산을 분배함에 있어 단순히 남녀 성별의 구분에 따라 그 분배 비율, 방법, 내용에 차이를 두는 것은 개인의 존엄과 양성의 평등을 기초로 한 가족생활을 보장하고, 가족 내의 실질적인 권리와 의무에 있어서 남녀의 차별을 두지 않으며, 정치·경제·사회·문화 등 모든 영역에서 여성에 대한 차별을 철폐하고 남녀평등을 실현할 것을 요구하는 우리의 전체 법질서에 부합하지 않은 것으로 정당성과 합리성이 없어 무효라고 한다(대판 2010. 9. 30, 2007다74775). 그리고 판례에 따르면, 종중이 그 총유재산에 대한 보존행위로서 소송을 하는 경우에도 특별한 사정이 없는 한 종중총회의 결의를 거쳐야 한다고 한다(대판 2010. 2. 11, 2009다83650).

한편 판례는, 비법인사단인 종중의 토지에 대한 수용보상금은 종원의 총유에 속하고, 위 수용보상금의 분배는 총유물의 처분에 해당하므로 정관 기타 규약에 달리 정함이 없는 한 종중총회의 분배결의가 없으면 종원이 종중에 대하여 직접 분배청구를 할 수 없으나, 종중 토지에 대한 수용보상금을 종원에게 분배하기로 결의하였다면, 그 분배대상자라고 주장하는 종원은 종중에 대하여 직접 분배금의 청구를 할 수 있다고 한다(대판 1994. 4. 26, 93다32446). 그리고 분묘의 수호·관리나 봉제사에 대하여 현실적으로 또는 관습상 호주상속인인 종손이 그 권리를 가지고 있다면 그 권리는 종손에게 전속하는 것이고 종손이 아닌 다른 후손이나 종중에서 관여할 수는 없다고 할 것이나, 공동선조의 후손들로 구성된 종중이 선조 분묘를 수호·관리하여 왔고 타인에 의한 그 분묘 등의 훼손행위가 있었다면 종중은 불법행위를 원인으로 한 손해배상의 청구를 할 수 있다고 한다(대판 1992. 3. 13, 91다30491).

(ㅂ) 기 타 소종중이 통합하여 새로운 통합종중이 구성된 경우에, 통합종중의 규약에서 통합 전 소종중의 재산이 통합종중에 귀속되는 것으로 정하였다 하더라도, 이와 같은 통합 전 소종중원의 총유에 속하는 재산의 처분에 관하여는 그 소종중의 규약 혹은 종중총회 결의에 따른 적법한 처분절차를 거치지 아니하는 이상 그 유효성을 인정할 수 없고, 그 주장입증에 대한 책임은 처분행위의 유효를 주장하는 측에 있다(대판 2008. 10. 9, 2008다41567).

「종중 구성원의 자격에 관한 대법원의 견해의 변경은 관습상의 제도로서 대법원판례에 의하여 법률관계가 규율되어 왔던 종중제도의 근간을 바꾸는 것인바, … 위와 같이 변경된 대법원의 견해는 이 판결 선고 이후의 종중 구성원의 자격과 이와 관련하여 새로이 성립되는 법률관계에 대하여만 적용된다고 함이 상당하다.

다만, … 원고들이 피고 종회의 회원(종원) 지위의 확인을 구하는 이 사건 청구에 한하여는 위와 같이 변경된 견해가 소급하여 적용되어야 할 것이다.」(대판(전원) 2005. 7. 21, 2002다1178)

「종중 유사단체는 비록 그 목적이나 기능이 고유한 의미의 종중과 별다른 차이가 없다 하더라도 공동선조의 후손 중 일부에 의하여 인위적인 조직행위를 거쳐 성립된 경우에는 사적 임의단체라는 점에서 자연발생적인 종족집단인 고유한 의미의 종중과 그 성질을 달리하므로, 그러한 경우에는 사적 자치의 원칙 내지 결사의 자유에 따라 그 구성원의 자격이나 가입조건을 자유롭게 정할 수 있음이 원칙이다. 따라서 그러한 종중 유사단체의 회칙이나 규약에서 공동선조의 후손 중 남성만으로 그 구성원을 한정하고 있다 하더라도 특별한 사정이 없는 한 이는 사적 자치의 원칙 내지 결사의 자유의 보장범위에 포함되고, 위 사정만으로 그 회칙이나 규약이 양성평등 원칙을 정한 헌법 제11조 및 민법 제103조를 위반하여 무효라고 볼 수는 없다.」(대판 2011. 2. 24, 2009다17783. 전단에 관하여 같은 취지: 대판 2019. 2. 14, 2018다264628)

「종중 유사단체는 반드시 총회를 열어 성문화된 규약을 만들고 정식의 조직체계를 갖추어야만 비로소 단체로서 성립하는 것이 아니라, 실질적으로 공동의 목적을 달성하기 위하여 공동의 재산을 형성하고 일을 주도하는 사람을 중심으로 계속적으로 사회적인 활동을 하여 온 경우에는 이미 그 무렵부터 단체로서의 실체가 존재한다고 하여야 한다. 계속적으로 공동의 일을 수행하여 오던 일단의 사람들이 어느 시점에 이르러 비로소 창립총회를 열어 조직체로서의 실체를 갖추었다면, 그 실체로서의 조직을 갖추기 이전부터 행한 행위나 또는 그때까지 형성한 재산은, 다른 특별한 사정이 없는 한, 모두 이 사회적 실체로서의 조직에게 귀속되는 것으로 봄이 타당하다.」(대판 2019. 2. 14, 2018다264628)

「종중 유사단체는 비록 그 목적이나 기능이 고유 종중과 별다른 차이가 없다 하더라도 공동선조의 후손 중 일부에 의하여 인위적인 조직행위를 거쳐 성립된 경우에는 사적 임의단체라는 점에서 고유 종중과 그 성질을 달리하므로, 그러한 경우에는 사적자치의 원칙 내지 결사의 자유에 따라 구성원의 자격이나 가입조건을 자유롭게 정할 수 있으나, 어떠한 단체가 고유 의미의 종중이 아니라 종중 유사단체를 표방하면서 그 단체에 권리가 귀속되어야 한다고 주장하는 경우, 우선 권리 귀속의 근거가 되는 법률행위나 사실관계 등이 발생할 당시 종중 유사단체가 성립하여 존재하는 사실을 증명하여야 하고, 다음으로 당해 종중 유사단체에 권리가 귀속되는 근거가 되는 법률행위 등 법률요건이 갖추어져 있다는 사실을 증명하여야 한다.

특히 자연발생적으로 형성된 고유 종중이 아니라 그 구성원 중 일부만으로 범위를 제한한 종중 유사단체의 성립 및 소유권 귀속을 인정하려면, 고유 종중이 소를 제기하는 데 필요한 여러 절차(종중원 확정, 종중총회 소집, 총회 결의, 대표자 선임 등)를 우회하거나 특정 종중원을 배제하기 위한 목적에서 종중 유사단체를 표방하였다고 볼 여지가 없는지 신중하게 판단하여야 한다.」(대판 2021. 11. 11, 2021다238902. 같은 취지: 대판 2020. 4. 9, 2019다216411)

「종중과 위임에 유사한 계약관계에 있는 종중의 임원은 종중재산의 관리 · 처분에 관한 사무를 처리함에 있어 종중규약 또는 종중총회의 결의에 따라야 함은 물론 선량한 관리자로서의 주의를 다하여야 할 의무가 있다.」(대판 2017. 10. 26, 2017다231249)

[327] 〈교회에 관한 판례〉

(ㄱ) 「1. 교회의 법률적 성질

… 법인 아닌 사단으로서의 실체를 갖춘 개신교 교회(아래에서는 '교회'라 한다)가 특정 교단 소속 지교회로 편입되어 교단의 헌법에 따라 의사결정기구를 구성하고 교단이 파송하는 목사를 지교회의 대표자로 받아들이는 경우 교단의 정체에 따라 차이는 존재하지만 원칙적으로 지교회는 소속 교단과 독립된 법인 아닌 사단이고 교단은 종교적 내부관계에 있어서 지교회의 상급단체에 지나지 않는다. 다만, 지교회가 자체적으로 규약을 갖추지 아니한 경우나 규약을 갖춘 경우에도 교단이 정한 헌법을 교회 자신의 규약에 준하는 자치규범으로 받아들일 수 있지만, 지교회의 독립성이나 종교적 자유의 본질을 침해하지 않는 범위 내에서 교단 헌법에 구속된다. 종래 대법원판례는 특정 교단에 소속된 지교회가 독립된 법인 아닌 사단이라고 판시하여 왔는바(대법원 1960. 2. 25. 선고 4291

민상467 판결, 1967. 12. 18. 선고 67다2202 판결 등 참조), 이는 위 법리에 기초한 것으로서 앞으로도 교회를 둘러싼 법률관계를 해석하는 기본원리로서 유지되어야 할 것이다.

2. 법인 아닌 사단의 법률관계

가. …

나. 우리 민법이 사단법인에 있어서 구성원의 탈퇴나 해산은 인정하지만 사단법인의 구성원들이 2개의 법인으로 나뉘어 각각 독립한 법인으로 존속하면서 종전 사단법인에게 귀속되었던 재산을 소유하는 방식의 사단법인의 분열은 인정하지 아니한다. 따라서 그 법리는 법인 아닌 사단에 대하여도 동일하게 적용되며, 법인 아닌 사단의 구성원들의 집단적 탈퇴로써 사단이 2개로 분열되고 분열되기 전 사단의 재산이 분열된 각 사단들의 구성원들에게 각각 총유적으로 귀속되는 결과를 초래하는 형태의 법인 아닌 사단의 분열은 허용되지 않는다.

한편, 법인 아닌 사단의 구성원들이 집단적으로 사단을 탈퇴한 다음 사단으로서의 성립요건을 갖추어 새로운 단체를 형성하는 행위는 사적 자치의 원칙상 당연히 허용되나, 이 경우 신설 사단은 종전 사단과 별개의 주체로서, 그 구성원들은 앞서 본 바와 같이 종전 사단을 탈퇴한 때에 그 사단 구성원으로서의 지위와 함께 사단 재산에 대한 권리를 상실한다. 따라서 신설 사단의 구성원들이 종전 사단의 구성원들과 종전 사단 재산에 관하여 합의하는 등의 별도의 법률행위가 존재하지 않는 이상, 종전 사단을 집단적으로 탈퇴한 구성원들은 종전 사단 재산에 대한 일체의 권리를 잃게 되고, 이와 마찬가지로 탈퇴자들로 구성된 신설 사단이 종전 사단 재산을 종전 사단과 공유한다거나 신설 사단 구성원들이 그 공유지분권을 준총유한다는 관념 또한 인정될 수 없다.

3. 교회의 법률관계에 관한 종전 대법원판례의 내용과 문제점

가. 그 동안 대법원판례는 각종의 법인 아닌 사단 중 오직 교회에 대하여서만 법인 아닌 사단에 원칙적으로 적용되는 법리와는 달리 교회의 분열을 허용하고 분열시의 재산관계는 분열 당시 교인들의 총유(또는 합유)라고 판시하여 왔다. …

4. 새로운 법리의 방향

가. 교회가 법인 아닌 사단으로서 존재하는 이상 그 법률관계를 둘러싼 분쟁을 소송적인 방법으로 해결함에 있어서는 법인 아닌 사단에 관한 민법의 일반이론에 따라 교회의 실체를 파악하고 교회의 재산귀속에 대하여 판단하여야 한다. 이에 따라 위에서 본 법인 아닌 사단의 재산관계와 그 재산에 대한 구성원의 권리 및 구성원 탈퇴, 특히 집단적인 탈퇴의 효과 등에 관한 법리는 교회에 대하여도 동일하게 적용되어야 한다.

따라서 교인들은 교회 재산을 총유의 형태로 소유하면서 사용·수익할 것인데, 일부 교인들이 교회를 탈퇴하여 그 교회 교인으로서의 지위를 상실하게 되면 탈퇴가

개별적인 것이든 집단적인 것이든 이와 더불어 종전 교회의 총유재산의 관리처분에 관한 의결에 참가할 수 있는 지위나 그 재산에 대한 사용 · 수익권을 상실하고, 종전 교회는 잔존 교인들을 구성원으로 하여 실체의 동일성을 유지하면서 존속하며 종전 교회의 재산은 그 교회에 소속된 잔존 교인들의 총유로 귀속됨이 원칙이다.

그리고 교단에 소속되어 있던 지교회의 교인들의 일부가 소속 교단을 탈퇴하기로 결의한 다음 종전 교회를 나가 별도의 교회를 설립하여 별도의 대표자를 선정하고 나아가 다른 교단에 가입한 경우, 그 교회는 종전 교회에서 집단적으로 이탈한 교인들에 의하여 새로이 법인 아닌 사단의 요건을 갖추어 설립된 신설 교회라 할 것이어서, 그 교회 소속 교인들은 더 이상 종전 교회의 재산에 대한 권리를 보유할 수 없게 된다.

나. 앞서 본 바와 같이 특정 교단에 가입한 지교회가 교단이 정한 헌법을 지교회 자신의 자치규범으로 받아들였다고 인정되는 경우에는 소속 교단의 변경은 실질적으로 지교회 자신의 규약에 해당하는 자치규범을 변경하는 결과를 초래하고, 만약 지교회 자신의 규약을 갖춘 경우에는 교단변경으로 인하여 지교회의 명칭이나 목적 등 지교회의 규약에 포함된 사항의 변경까지 수반하기 때문에, 소속 교단에서의 탈퇴 내지 소속 교단의 변경은 사단법인 정관변경에 준하여 의결권을 가진 교인 2/3 이상의 찬성에 의한 결의를 필요로 한다.」(대판(전원) 2006. 4. 20, 2004다37775)(대판 2023. 11. 2, 2023다259316은, 교단에서의 탈퇴 내지 소속 교단의 변경은 교인 2/3 이상의 찬성에 의한 결의를 필요로 하지만, 「정수에 관하여 지교회의 규약에 다른 규정을 두고 있는 때에는 특별한 사정이 없는 한 그 규정에 의한 결의가 필요하다(민법 제42조 제 1 항 단서)」고 함)

[328] (ㄴ) 「교단에 소속되어 있던 지교회의 교인들 중 의결권을 가진 교인 2/3 이상의 찬성에 의한 결의를 통하여 소속 교단을 탈퇴하기로 결의한 다음 종전 교회를 나가 별도의 교회를 설립하여 별도의 대표자를 선정하고 나아가 다른 교단에 가입한 경우에는 사단법인 정관변경에 준하여 종전 교회의 실체가 이와 같이 교단을 탈퇴한 교회로서 존속하고 종전 교회 재산은 위 탈퇴한 교회 소속 교인들의 총유로 귀속되는바(위 전원합의체 판결 참조), 교단에 소속되지 않은 독립 교회에 있어서도 교인들의 일부가 종전의 독립 교회 상태를 벗어나 특정 교단에 가입하기로 결의한 경우에는 이로 인하여 그 교회의 명칭이나 목적 등 교회 규약으로 정하여졌거나 정하여져야 할 사항의 변경을 초래하게 되므로 위와 마찬가지로 사단법인 정관변경에 준하여 의결권을 가진 교인 2/3 이상이 찬성한 결의에 의하여 종전 교회의 실체는 특정 교단에 가입하여 소속된 지교회로서 존속하고 종전 교회 재산은 위 교단 소속 교회 교인들의 총유로 귀속될 것이나, 찬성자가 의결권을 가진 교인의 2/3에 이르지 못한다면 종전 교회는 여전히 독립 교회로서 유지되므로, 교단 가입 결의에 찬성하고 나아가 종전 교회를 집단적으로 탈퇴한 교인들은 교인으로서의 지위와 더불어 종전 교회 재산에 대한 권리를 상실하였다고 볼 수밖에 없다.」(대결 2006. 6. 9, 2003마1321)

(ㄷ) 「의결권을 가진 교인의 2/3 이상의 찬성에 의하여 소속 교단에서의 탈퇴 또는 소속 교단의 변경결의가 적법 · 유효하게 이루어졌다는 점은 이를 주장하는 자가 입

증하여야 한다.」(대결 2007. 6. 29, 2007마224. 같은 취지: 대판 2007. 12. 27, 2007다17062)

(ㄹ) 「교회가 이와 같이 그 실체를 갖추어 법인 아닌 사단으로서 성립한 경우에 교회의 대표자가 교회를 위하여 취득한 권리의무는 교회에 귀속된다고 할 것이나, 교회가 아직 실체를 갖추지 못하여 법인 아닌 사단으로서 성립되기 이전에 설립의 주체인 개인이 취득한 권리의무는 그것이 앞으로 성립될 교회를 위한 것이라 하더라도 바로 법인 아닌 사단인 교회에 귀속될 수는 없다고 할 것이며, 또한 앞서 본 설립 중의 회사의 개념과 법적 성격에 비추어, 법인 아닌 사단인 교회가 성립되기 전의 단계에서 설립 중의 회사의 법리를 유추적용할 수는 없다 할 것이다.」(대판 2008. 2. 28, 2007다37394 · 37400)

(ㅁ) 「기독교 단체인 교회에 있어서 교인들의 연보, 헌금 기타 교회의 수입으로 이루어진 재산은 특별한 사정이 없는 한 그 교회 소속 교인들의 총유에 속한다. 따라서 그 재산의 처분은 그 교회의 정관 기타 규약에 의하거나 그것이 없는 경우에는 그 교회 소속 교인들로 구성된 총회의 결의에 따라야 한다(대법원 1980. 12. 9. 선고 80다2045, 2046 판결 등 참조). …

비법인사단인 교회의 대표자는 총유물인 교회 재산의 처분에 관하여 교인총회의 결의를 거치지 아니하고는 이를 대표하여 행할 권한이 없다. 그리고 교회의 대표자가 권한 없이 행한 교회 재산의 처분행위에 대하여는 민법 제126조의 표견대리에 관한 규정이 준용되지 아니한다.」(대판 2009. 2. 12, 2006다23312. 주택조합에 대하여 이 판결의 뒷부분과 같은 취지의 판결로 대판 2003. 7. 11, 2001다73626이 있음)

〈판 례〉

「한편, 앞서 본 바와 같은 형태의 법인 아닌 사단의 분열(사단법인의 구성원들이 2개의 법인으로 나뉘어 각각 독립한 법인으로 존속하면서 종전 사단법인에게 귀속되었던 재산을 소유하는 방식의 사단법인의 분열: 저자 주)은 허용되지 아니하지만, 법인 아닌 사단의 구성원 중 일부가 탈퇴하여 새로운 법인 아닌 사단을 설립하는 경우에 종전의 법인 아닌 사단에 남아 있는 구성원들이 자신들이 총유의 형태로 소유하고 있는 재산을 새로이 설립된 법인 아닌 사단의 구성원들에게 양도하거나, 법인 아닌 사단이 해산한 후 그 구성원들이 나뉘어 여러 개의 법인 아닌 사단들을 설립하는 경우에 해산되기 전의 법인 아닌 사단의 구성원들이 자신들이 총유의 형태로 소유하고 있던 재산을 새로이 설립된 법인 아닌 사단들의 구성원들에게 양도하는 것은 허용된다.」(대판 2008. 1. 31, 2005다60871)

(4) 법인 아닌 사단이 법인의 설립등기를 한 경우의 법률관계

법인 아닌 사단이 설립등기를 하여 법인이 되면 그 사단의 권리 · 의무는 당연히 법인에 이전된다고 하여야 한다. 이는 설립 중의 법인이 등기를 한 경우에 설립 중의 법인의 권리 · 의무가 당연히 이전되는 것과 같은 법리가 적용되어야 하기 때문이다.

[329]
3. 법인 아닌 재단

(1) 의의 및 성립요건

재단법인의 실체가 되는 재단으로서의 실질을 가지고 있으면서 법인으로 되지 않은 것이 「법인 아닌 재단」 또는 「인격(법인격 · 권리능력) 없는 재단」이다. 법인 아닌 재단에 있어서 재단은 일정한 목적을 위하여 출연된 재산이며, 그 점에서 어떤 자의 사적 소유에 속하는 재산을 채권자 기타의 제 3 자의 권리를 보호하기 위하여 법률상 그 자의 다른 재산과 구별하여 다루는 경우의 재산(파산재단 · 각종의 재단저당의 목적이 되는 재단 · 한정승인을 한 상속재산 · 상속인 없는 상속재산)과 구별된다. 뒤의 것은 법인 아닌 재단이 아니다(같은 취지: 김상용, 275면; 백태승, 223면. 반대: 이영준, 931면).

법인 아닌 재단이 성립하려면, 일정한 목적을 위하여 출연된 재산이 사회적으로 독립한 존재를 가지고 있어야 하며, 또한 관리기구를 갖추어야 한다. 법인 아닌 재단의 발생원인도 법인 아닌 사단에 있어서와 같다.

법인 아닌 재단의 예로는 육영회(장학재단)를 들 수 있다.

(2) 법률관계

법인 아닌 재단에 대하여는 재산소유에 관하여도 규정하지 않고 있다. 단지 민사소송법과 부동산등기법에서 소송상의 당사자능력과 등기능력을 인정하고 있을 뿐이다(민소 52조, 부등법 26조). 따라서 그 밖의 관계에 대하여는, 재단법인에 관한 규정 가운데 법인격을 전제로 하지 않는 것을 유추적용하여야 한다. 몇 가지 특기할 만한 사항을 설명하기로 한다.

부동산의 등기에 관하여 법인 아닌 재단에게 등기능력이 인정됨으로써(부등법 26조), 등기를 필요로 하는 부동산에 관한 권리는 결국 직접 법인 아닌 재단의 단독소유에 속하는 것이 된다(부등규칙 48조 참조)(대판 1994. 12. 13, 93다43545는 종래부터 존재하여 오던 사찰의 재산을 기초로 구 불교재산관리법에 따라 불교단체 등록을 한 사찰은 권리능력 없는 재단으로서의 성격을 가지고 있다고 볼 것이므로, 비록 그 신도들이 그 사찰의 재산을 조성하는 데 공헌을 하였다 할지라도 그 사찰의 재산은 신도와 승려의 총유에 속하는 것이 아니라 권리능력 없는 사찰 자체에 속한다고 한다). 그런데 기타의 재산권에 대하여는 아무런 규정도 없어서 문제이다. 여기에 관하여는 i) 신탁의 법리로 설명하여야 한다는 견해(곽윤직, 129면; 김주수, 208면; 김학동, 169면)와 ii) 기타의 재산권도 역시 권리능력 없는 재단에 귀속한다고 하는 견해(고상룡, 264면; 김상용, 276면; 김준호, 188면; 백태승, 224면; 이영준, 933면; 이은영, 251면)가 대립하고 있다. i)설은 공시방법이 없음을 그 이유로 들고 있으며, ii)설은 공시방법이 없기는 법인 아닌 사단도 마찬가지이고 법인 아닌 재단도 하나의 독립된 실체라는 이유를 든다. 생각건대 권리가 법인 아닌 재단 자체에 귀속한다고 하면 법인 아닌 재단과 재단법인의 구별이 무의미해질뿐더러, 그것은 명문규정이 없는 한 인정되기 어려우나, 법인 아닌 사단에 대하여 단체에의 귀속을 인정한 만큼 재단으로서의 실체가 분명한 경우에는 재단 자체가 권리를 가진다고 하는 것이 나을 것이다. 그리고 같은 맥락에서 법률행위도 관리자 개인 명의로 한다고 할 것이 아니고 단체의 대표행위로서 한다고 하여야 한다(같은 취지: 고상룡, 264면; 김상용, 276면; 이은영, 251면. 반대: 곽윤직, 129면; 김주수, 209면).

등기가 필요한 부동산에 관한 권리가 법인 아닌 재단의 단독소유가 되고 기타의 권리도 법인 아닌 재단 자체에 귀속하는 점에서, 법인 아닌 재단은 부분적으로 권리능력을 가지고 있다고 할 수 있다. 우리의 학설 가운데에는 법인 아닌 재단이 소송상의 당사자능력이 있음을 이유로(고상룡, 263면) 또는 독립한 실체를 갖추고 있다는 이유로(김상용, 276면) 그것의 권리주체성을 인정하는 견해가 있다. 대법원은 당사자능력이 있음을 이유로 권리능력을 인정한 적도 있고(대판 1962. 5. 10, 4294행상102), 독립한 사회생활상의 단위를 이루고 있음을 이유로 독자적인 존재가 될 수 있다고 한 적도 있다(대판 1964. 6. 2, 63다856). 그러나 여기의 권리능력도 비법인사단에 있어서처럼 비법인재단으로서의 권리능력이라고 할 것이다([323] 참조).

법인 아닌 재단의 채무도 재단에 귀속한다고 하여야 하며, 그에 대하여는 재단의 재산으로만 책임을 진다(같은 취지: 이영준, 933면). 견해에 따라서는 재단의 책임재산이 부족할 때에는 대표자의 담보책임을 인정하여야 한다고 주장하나(김상용, 276면), 그것은 채권자 보호에는 도움이 되겠으나, 해석론상 근거를 찾기 어렵다.

〈판 례〉

가. 사찰 재산의 관리처분권은 그 사찰을 대표하는 주지에게 일임되어 있는 것이므로 사찰의 주지가 소속 종단의 결의나 승인 등 내부적인 절차를 거치지 않았다고 하더라도 그 처분행위는 유효한 것이다.

나. 사찰의 목적 수행 및 존립 자체를 위하여 필요불가결한 재산의 처분은 관할관청의 허가 여부와 관계없이 무효이나 이를 일반인에게 처분한 것이 아니고 소속 종단을 달리 하는 종파에게 그 점유를 인정하는 것에 그침으로써 그 재산이 계속 사찰 목적의 수행에 제공되는 경우에는 사찰 기본재산의 처분에 해당하지 아니하여 관할 관청의 허가 여부와 관계없이 유효하다(대판 1992. 2. 11, 91다11049).

제2관 법인의 설립

[330] ### Ⅰ. 법인설립에 관한 입법주의

법인설립에 관한 입법주의에는 여러 가지가 있으며, 우리나라는 여러 입법주의를 필요에 따라 사용하고 있다.

(1) 자유설립주의

법인의 실질만 갖추면 법인으로 인정하는 태도이다. 그런데 우리 민법은 법률규정에 의하여서만 법인을 설립할 수 있게 함으로써(31조) 자유설립주의는 배제하고 있다.

(2) 준칙주의

법인설립에 관한 요건을 미리 정해 놓고 그 요건만 갖추면 행정관청의 허가나 인가 없이도 당연히 법인이 성립하는 것으로 인정하는 태도이다. 준칙주의에서는 조직내용의 공시를 위하여 등기·등록 또는 신고를 요구하는 경우가 많다. 우리 법상 각종의 회사(상법 172조)·노동조합(「노동조합 및 노동관계조정법」 6조)에 관하여 준칙주의가 채용되어 있다.

(3) 허가주의

법인의 설립에 관하여 행정관청의 허가를 필요로 하는 태도이다. 민법은 비영리법인에 관하여 허가주의를 채용하고 있다(32조). 그 밖에 학교법인(사립학교법 10조)·의료법인(의료법 48조)도 같다.

(4) 인가주의

법률이 정한 요건을 갖추어 주무장관 기타 관할 행정관청의 인가를 얻어야만 법인으로 성립할 수 있도록 하는 태도이다. 법무법인(변호사법 41조)·상공회의소(같은 법 6조)·농업협동조합(같은 법 15조)·축산업협동조합(농협 107조·15조)·농업협동조합 중앙회(농협 121조)·중소기업협동조합(같은 법 32조)·수산업협동조합(같은 법 16조)·여객자동차 운수사업조합(「여객자동차 운수사업법」 53조)·한국해운조합(같은 법 9조) 등은 인가주의에 의하여 설립된 법인들이다. 인가주의는 법률이 정하고 있는 요건을 갖추면 인가권자가 반드시 인가해 주어야 하는 점에서 허가주의와 다르다.

(5) 특허주의

하나의 법인을 설립할 때마다 특별법의 제정을 필요로 하는 태도이다. 특허주의는 정책적으로 일정한 국영기업을 설립하는 때에 사용하는 일이 많다. 한국은행(같은 법)·한국산업은행(같은 법)·한국수출입은행(같은 법)·중소기업은행(같은 법)·대한석탄공사(같은 법)·한국가스공사(같은 법)·한국관광공사(같은 법)·한국공항공사(같은 법)·한국도로공사(같은 법)·한국방송공사(방송법 43조)·한국석유공사(같은 법)·한국수자원공사(같은 법)·한국전력공사(같은 법)·한국조폐공사(같은 법)·한국철도공사(같은 법)·한국토지주택공사(같은 법)·한국과학기술원(같은 법)·한국사학진흥재단(같은 법)·한국연구재단(같은 법)·한국마사회(같은 법) 등은 모두 특허주의에 의하여 설립된 법인이다.

(6) 강제주의

법인의 설립을 국가가 강제하는 태도이다. 의사회·치과의사회·한의사회·조산사회·간호사회(의료법 28조)와 지방변호사회(변호사법 64조)·대한변호사협회(변호사법 78조), 대한약사회(약사법 11조)·대한한약사회(약사법 12조)는 강제주의에 의한 법인의 예이다. 그런데 이들 법인에 관하여는 강제주의와 함께 허가주의나 인가주의도 채용되어 있다. 즉 의사회 등은 보건복지부장관의 허가를 받아야 하고(의료법 29조), 지방변호사회와 대한변호사협회는 법무부장관의 인가를 받아야 하며(변호사법 65조·79조), 대한약사회·대한한약사회는 보건복지부장관의 인가를 받아야 한다(약사법 13조). 한편 유자격자가 법인을 설립한 경우에 유자격자는 당연히 회원으로 되는 이른바 가입강제도 일종의 강제주의라고 할 수 있다. 상공회의소법에 의하면 일부의 상공회의소가 대한상공회의소를 설립한 경우 다른 상공회의소도 당연히 그 회원이 된다고 규정하고 있는데(같은 법 37조 1항), 이는 가입강제에 해당한다.

Ⅱ. 비영리 사단법인의 설립 [331]

1. 요　건

비영리 사단법인의 설립요건은 다음의 네 가지이다.

(1) 목적의 비영리성

「학술·종교·자선·기예·사교 기타 영리 아닌 사업」을 목적으로 하여야 한다(32조). 영리 아닌 사업이란 사원의 이익을 목적으로 하지 않는 사업을 말하며, 반드시 공익 즉 사회 일반의 이익을 목적으로 할 필요는 없다. 비영리사업과 영리행위를 같이 하는 때에는 그 목적이 영리성을 띠게 된다(곽윤직, 131면). 그러나 비영리사업의 목적을 달성하기 위하여 필요한 한도에서 그 본질에 반하지 않는 정도의 영리행위를 하는 것은 허용된다([319] 참조). 그런데 그러한 경우에 영리행위로 인한 수익은 사업목적의 수행을 위하여 사용되어야 하며, 어떠한 형식으로든 사원에게 분배되어서는 안 된다.

(2) **설립행위**(정관작성)

1) **의의 및 성질** 사단법인을 설립하려면 2인 이상의 설립자가 법인의 근본규칙을 정하여 이를 서면에 기재하고 기명날인하여야 한다(40조). 이 서면을 정관이라고 하는데, 이러한 정관을 작성하는 행위가 사단법인의 설립행위이다(통설도 같음. 이은영, 253면은 등기신청 및 허가신청도 설립행위의 구성요소라고 한다).

사단법인 설립행위의 법적 성질을 보면, 우선 요식행위이다. 그것은 서면에 일정한 사항을 기재하고 기명날인하는 방법으로 정관을 작성하여야 하기 때문이다. 따라서 설립자의 기명날인이 없는 정관은 효력이 없다. 그리고 그 행위가 계약인지에 대하여는, i) 합동행위설(고상룡, 186면; 곽윤직, 133면; 김상용, 218면; 김용한, 158면; 김준호, 134면; 백태승, 231면; 정기웅, 189면)과 ii) 계약설(김학동, 175면; 이영준, 935면; 이은영, 258면)이 대립하고 있다(대판 2000. 11. 24, 99다12437은 사단법인 정관의 법적 성질은 계약이 아니고 자치법규라고 한다). 합동행위설은 사단법인 설립행위는 계약이나 단독행위와 다른 특수한 법률행위라고 한다. 그리고 계약설은 합동행위 개념을 아예 인정하지 않는 입장으로서, 합동행위는 단체적 효과의 발생을 목적으로 하는 특수한 계약일 뿐이라고 한다. 흔히 이 가운데 어느 견해를 취하는가에 따라 의사의 흠결에 관한 규정의 적용에서 차이를 가져온다고 하나(고상룡, 186면; 김학동, 175면; 백태승, 229면 등), 그렇지는 않으며, 어떤 입장에 있든 해석에 의하여 같은 결과에 도달할 수는 있다(같은 취지: 이영준, 182면). 따라서 이들 견해 대립은 이론상의 것이라고 할 수 있겠으나, 계약 개념을 보다 잘 이해시키기 위하여 합동행위 개념을 인정하는 사견의 입장에서는 사단법인 설립행위는 당연히 합동행위에 속한다고 하게 된다.

사단법인 설립행위에는 쌍방대리 금지에 관한 제124조는 적용되지 않으며, 그 결과 설립자의 1인이 다른 설립자의 의사표시를 대리하여 행할 수 있다(이설 없음). 그리고 설립행위에 허위표시에 관한 제108조가 적용되는가에 관하여는 i) 긍정설

(김학동, 175면(107조 내지 110조 모두의 적용 긍정); 이은영, 259면)과 ii) 부정설(고상룡, 187면(109조 · 110조도 부정); 곽윤직, 133면; 김용한, 158면(109조 · 110조도 부정))이 대립하고 있다(문헌들은 주로 이 점을 이유로 설립행위가 합동행위나 계약이라고 한다). 생각건대 상대방이 없는 합동행위라는 설립행위의 특수성에 비추어 볼 때 부정설이 타당하다.

〈판 례〉

「사단법인의 정관은 이를 작성한 사원뿐만 아니라 그 후에 가입한 사원이나 사단법인의 기관 등도 구속하는 점에 비추어 보면 그 법적 성질은 계약이 아니라 자치법규로 보는 것이 타당하므로, 이는 어디까지나 객관적인 기준에 따라 그 규범적인 의미 내용을 확정하는 법규해석의 방법으로 해석되어야 하는 것이지, 작성자의 주관이나 해석 당시의 사원의 다수결에 의한 방법으로 자의적으로 해석될 수는 없다. 따라서 어느 시점의 사단법인의 사원들이 정관의 규범적인 의미 내용과 다른 해석을 사원총회의 결의라는 방법으로 표명하였다 하더라도 그 결의에 의한 해석은 그 사단법인의 구성원인 사원들이나 법원을 구속하는 효력이 없다.」(사단법인의 정관에 회장의 중임을 금지하는 규정만 두고 있을 뿐 전임자의 궐위로 인하여 선임된 이른바 보선회장을 특별히 중임제한 대상에서 제외한다는 규정을 두고 있지 않은 경우, 중임이 제한되는 회장에는 보선회장도 포함되는 것으로 해석함이 상당하다고 한 사례)(대판 2000. 11. 24, 99다12437)

2) 정관의 기재사항 [332]

㈎ **서 설** 정관의 기재사항에는 반드시 기재하여야 하는 필요적 기재사항과 반드시 기재하여야 하는 것은 아니지만 기재할 수 있는 임의적 기재사항이 있다. 필요적 기재사항은 어느 하나라도 누락되면 정관은 무효로 된다. 그리고 임의적 기재사항이라도 일단 정관에 기재되면 필요적 기재사항과 효력에 있어서 차이가 없으며, 따라서 그것을 변경할 때에도 정관변경절차에 의하여야 한다.

㈏ **필요적 기재사항**(40조) 필요적 기재사항에는 다음의 것들이 있다.

① 목 적

② 명 칭 특별한 제한이 없다. 그런데 회사는 그 종류에 따라 합명회사 · 합자회사 · 유한책임회사 · 주식회사 또는 유한회사의 명칭을 사용하여야 한다(상법 19조).

③ 사무소의 소재지 사무소가 둘 이상 있을 때에는 이를 모두 기재하고 주된 사무소를 정하여야 한다(36조 참조).

④ 자산에 관한 규정 자산의 종류 · 구성 · 관리 · 운용방법 · 회비 등에 관한 사항

⑤ 이사의 임면에 관한 사항 임면방법에 제한은 없으므로(상법 382조 이하 참조), 총회에 의하지 않는 선임방법을 정하거나 회원이 아닌 자를 이사에 임명할 수 있도록 하여도 무방하다.

⑥ 사원자격의 득실에 관한 규정 사원자격의 취득 · 상실에 관한 사항 즉 사단의 가입 · 사퇴 · 제명 등. 문헌들은 입사 · 퇴사 · 제명이라고 표현하나 부적당하다.

⑦ 존립시기나 해산사유를 정하는 때에는 그 시기 또는 사유 이는 정하고 있는 때에만 기재하면 된다.

(다) **임의적 기재사항** 임의적 기재사항에는 제한이 없다. 민법이, 정관에 특별히 규정하고 있지 않으면 효력이 없다거나 또는 정관에서 특별히 정하고 있는 경우에는 민법의 규정을 적용하지 않는다고 하는 경우에, 그것들도 모두 임의적 기재사항이다(41조 · 42조 1항 · 58조 2항 · 59조 1항 · 62조 · 66조 · 68조 · 70조 2항 · 71조 · 72조 · 73조 3항 · 75조 1항 · 78조 · 80조 2항 · 82조 등).

3) 정관이 무효로 되는 경우 정관 기타의 내부규정은 어떤 경우에 무효로 되는가? 그에 관하여 대법원은, 비영리법인인 서울특별시 개인택시운송사업조합 내의 조직인 복지회의 규정 중 일부의 무효 여부가 문제된 사안에서, 「법인인 피고조합의 정관이나 그에 따른 세부사업을 위한 규정 등 단체 내부의 규정은 특별한 사정이 없는 한 그것이 선량한 풍속 기타 사회질서에 위반되는 등 사회관념상 현저히 타당성을 잃은 것이거나 그 결정절차가 현저히 정의에 어긋난 것으로 인정되는 경우 등을 제외하고는 이를 유효한 것으로 그대로 시인하여야 할 것」이라고 하였다(대판 1992. 11. 24, 91다29026). 그리고 그 후에는, 법인 아닌 사단인 대한궁도협회의 내부규정에 해당하는 「공인 및 검정위원회 규정」의 무효 여부가 문제된 사안에서는 위의 법리를 더욱 일반화하여 「단체의 설립목적을 달성하기 위하여 수행하는 사업 또는 활동의 절차 · 방식 · 내용 등을 정한 단체 내부의 규정은 그것이 선량한 풍속 기타 사회질서에 위반되는 등 사회관념상 현저히 타당성을 잃은 것이라는 등의 특별한 사정이 없는 한 이를 무효라고 할 수 없다」고 하면서(대판 2022. 11. 17, 2019다283725 · 283732 · 283749(저작권 신탁관리업자인 법인이 음악저작물 사용료 분배규정을 개정한 경우)에서도 이 법리를 인정함), 대한궁도협회가 궁도경기용품인 궁시(弓矢. 활과 화살)에 대한 검정 및 공인제도를 실시하면서 각궁(角弓. 소나

양의 뿔로 장식한 활)에 대한 공인요건으로 최고가격에 관한 기준을 설정한 것이, 각궁 등 제조업자의 직업선택의 자유를 과도하게 제한하여 시장경제의 기본질서에 반한다고 할 수 없다고 하였다(대판 2009. 10. 15, 2008다85345).

(3) 주무관청의 허가 [333]

주무관청의 허가가 있어야 한다(32조). 주무관청이란 법인이 목적으로 하는 사업을 관리하는 행정관청이다(여기의 행정관청에 관하여 정기웅, 187면만은 중앙행정관청이라고 하나, 반드시 그렇게 보아야 할 필요는 없을 것이다).

법인의 목적이 두 개 이상의 행정관청의 관할사항인 경우에 어느 관청의 허가를 얻어야 하는가에 관하여는, i) 모든 관청의 허가를 얻어야 한다는 견해(곽윤직, 132면; 김상용, 221면; 김주수, 214면; 백태승, 232면; 이영준, 936면; 정기웅, 188면), ii) 어느 하나의 허가만 있으면 된다는 견해(고상룡, 188면; 김용한, 159면), iii) 주된 사업을 관장하는 관청의 허가만 얻으면 된다는 견해(김학동, 174면)가 대립한다. 생각건대 ii)설은 종된 사업을 주관하는 관청의 허가만으로 충분할 수가 있는 점에서 옳지 않고, iii)설은 주된 사업과 종된 사업의 구별이 항상 명확하지 않은 점에서 취하기 곤란하다. 결국 모든 관청의 허가가 필요하다고 할 것이다. 그리하여 가령 학술과 자선을 목적으로 하는 경우에는 교육부장관과 보건복지부장관의 허가를 얻어야 한다.

한편 허가가 어떤 성질의 것이고 그에 대하여 다툴 수 있는가가 문제된다. 학설은 i) 허가는 자유재량행위이고 불허가처분은 행정소송의 대상이 되지 않는다는 견해(곽윤직, 132면; 김상용, 221면; 김용한, 160면; 이영준, 936면; 이은영, 260면)와 ii) 사단법인의 설립요건을 갖추고 있는 한 주무관청은 반드시 허가하여야 하며, 불허가에 대하여는 행정소송을 제기할 수 있다는 견해(김주수, 215면. 김학동, 174면은 허가주의는 위헌이라고 하면서 개정 전까지는 기속재량행위라고 해석하자고 한다)로 나뉘어 있다. 그리고 판례는 i)설과 같다(대판 1996. 9. 10, 95누18437. 대판 1979. 12. 26, 79누248; 대판 1985. 8. 20, 84누509(비영리 재단법인에 관한 판결) 등도 참조. 뒤의 두 판결은 대판(전원) 1996. 5. 16, 95누4810에 의하여 폐기되었으나, 그것은 정관변경에 관련한 내용에 관하여만 폐기된 것이다). 생각건대 비영리법인의 설립에 관하여 허가주의를 취하고 있는 것은 문제이나, 허가주의가 명문화되어 있는 이상 ii)설과 같이 해석할 수는 없다. 그것은 해석론의 한계를 넘는 것이기 때문이다. 따라서 i)설 및 판례가 타당하다.

(4) 설립등기

주된 사무소의 소재지에서 설립등기를 하여야 하며, 이 설립등기가 있으면 법인이 성립한다(33조). 즉 설립등기는 법인의 성립요건이다.

설립등기는 주무관청의 허가가 있는 때부터 3주간 내에 주된 사무소 소재지에서 하여야 한다(49조 1항). 설립등기사항은 제49조 제 2 항에 규정되어 있다([376] 참조).

[334]

2. 설립 중의 사단법인

법인이 설립되는 과정을 보면 보통 세 단계를 거친다. 즉 첫단계에서는 설립자(발기인)들 사이에 법인설립을 목적으로 하는 법률관계를 맺고, 다음 단계에서는 정관작성 기타 법인설립을 위한 행위를 하고, 마지막으로 주무관청의 허가를 얻어 설립등기를 한다. 이 가운데 첫단계에 있는 것이 설립자(발기인)조합이고, 둘째 단계에 있는 것이 설립 중의 법인이다.

설립자(발기인)조합은 민법상 일종의 조합계약이다(703조 이하). 이 조합은 법인설립에 필요한 여러 가지 준비행위(예: 정관의 원안 작성, 사무소의 임차)를 하게 되는데, 이 행위는 설립 중의 행위와 구별되며, 그에 대하여는 조합 자체가 책임을 진다. 대법원도, 설립 중의 회사로서의 실체가 갖추어지기 이전에 발기인이 취득한 권리 · 의무는 구체적 사정에 따라 발기인 개인 또는 발기인조합에 귀속되는 것으로서 이들에게 귀속된 권리의무를 설립 후의 회사에 귀속시키기 위하여는 양수나 채무인수 등의 특별한 이전행위가 있어야 할 것이라고 한다(대판 1990. 12. 26, 90누2536(원고 앞으로 소유권이전등기가 마쳐진 이 사건 토지에 관하여 원고가 발기인이던 회사의 장부에 원고가 토지매입 자금을 입금하여 회사자금으로 이 사건 토지를 매입한 것으로 기재되었다거나 설립등기 후에 위 토지의 정지작업을 하였다는 사실만으로는 위 회사가 원고로부터 위 토지의 매수인으로서의 지위를 인수하였다고 보기는 어렵다고 함); 대판 1994. 1. 28, 93다50215; 대판 1998. 5. 12, 97다56020). 나아가 대법원은, 설립 중의 회사로서의 실체가 갖추어지기 이전에 발기인이 개인 명의로 금전을 차용한 경우, 그것은 그 발기인 개인에게 귀속됨이 원칙이고, 그 채무가 발기인조합에게 귀속되려면 그 금전의 차용행위가 조합원들의 의사에 기해 발기인조합을 대리하여 이루어졌어야 한다고 한다(대판 2007. 9. 7, 2005다18740).

설립자조합이 조합계약의 이행행위로서 정관을 작성하고 법인의 최초의 구성원을 확정하면 그때부터는 설립 중의 사단법인으로 된다. 설립 중의 사단법인은 법인 아닌 사단이라고 해석된다(통설도 같음). 그리고 설립 중의 법인은 후에 설립한 법인과 실질적으로 동일하므로(통설도 같은 취지임. 그러나 이영준, 937면은 동일체가 아니라고 한다), 설립 중의 법인의 행위는 후에 성립한 법인의 행위로 된다. 그런데 법인에 귀속하는 행위의 범위는 문제이다. 학설은 i) 모든 행위가 법인에 귀속된다고 하는 견해(곽윤직, 134면; 김상용, 222면; 백태승, 233면)와 ii) 목적범위 내의 행위만이 법인의 행위로 된다는 견해(이영준, 938면)로 나뉘어 있다. 그리고 판례는 법인의 설립 자체를 위한 행위에 대하여만 법인에게 책임을 지우고 있다(대판 1965. 4. 13, 64다1940). 생각건대 설립 중의 사단법인은 법인 아닌 사단으로서 거기에는 법인에 관한 규정이 유추적용되어야 한다. 따라서 설립 중의 법인의 대표기관이 목적범위 내에서 행한 행위만이 설립 중의 법인 자체의 행위이며, 그러한 행위는 모두 후에 성립한 법인의 행위로 된다. 그에 비하여 대표기관이 아닌 자의 행위나 대표기관이 목적범위를 넘어서 행한 행위는 설립 중의 법인의 행위가 아니어서 후에 성립한 법인의 행위로 되지 못한다. 다만, 후자에 대하여는 법인의 불법행위능력 규정이 유추적용되므로, 일정한 요건 하에 법인이 책임을 지게 될 수는 있다. 그러한 점에서 i)설은 옳지 않고, ii)설은 취지는 같으나 설명이 충분치 않다. 그리고 판례는 법인의 행위로 되는 범위를 지나치게 한정하는 것으로서 부당하다(대판 2000. 1. 28, 99다35737은 주식회사에 관한 사건에서 사견과 유사한 견해를 취하여 고무적이다).

Ⅲ. 비영리 재단법인의 설립 [335]

1. 요 건

비영리 재단법인의 설립에는 비영리 사단법인에 있어서와 마찬가지로 네 가지의 요건이 필요하며, 내용상으로도 설립행위에서만 차이가 있을 뿐이다.

(1) 목적의 비영리성(32조)

비영리 사단법인에서와 마찬가지로 영리 아닌 사업을 목적으로 하여야 한다(32조). 그 내용은 비영리 사단법인에 관하여 설명한 것과 같다([331] 참조).

(2) 설립행위

1) 의의 및 성질 재단법인의 설립자는 일정한 재산을 출연하고 정관을 작성하여야 한다(43조). 이 재산출연 및 정관작성이 재단법인 설립행위이다. 이처럼 정관작성 외에 재산출연이 필요하다는 점에서 재단법인 설립행위는 사단법인 설립행위와 다르다. 재단법인 설립행위는 생전처분으로 할 수 있음은 물론이고 유언으로도 할 수 있다(47조 참조).

재단법인 설립행위는 재산출연 즉 급부가 있어야 성립하는 행위이다(요물적 단독행위라고 할 수 있다). 또한 서면에 일정한 사항을 기재하여서 행하여야 하는 요식행위이다. 다음에 단독행위인지에 관하여는 논란이 있다. i) 압도적인 다수설(곽윤직, 138면 등)과 판례

(대판 1999. 7. 9, 98다9045)는 단독행위라고 하나, ii) 양도계약이라고 하는 소수설(이은영, 264면)도 있다. ii)설은, 단독행위는 대개 법률행위의 취소 · 계약의 해제 · 채권의 포기 등과 같이 법률관계의 변동을 가져오는 일방적 행위라고 하면서, 출연행위와 같은 권리의 양도를 단순히 양도인만의 단독행위로 한다는 것은 민법의 기본원리에 맞지 않으므로 출연행위는 양도계약이라고 보아야 한다고 주장한다. 그리고 설립자는 장래 설립될 재단법인과 계약을 체결할 수밖에 없다고 한다. 그러나 전형적인 단독행위 중에 권리이전을 목적으로 하는 것도 있다. 유증이 그렇다. 따라서 ii)설의 처음 논거는 설득력이 없다. 뿐만 아니라 ii)설은 상대방 없는 계약을 인정하는 것이어서도 취할 수 없다. 나아가 우리 법상 유언에 의하여서도 재단법인을 설립할 수 있는데, ii)설은 그 경우를 어떻게 설명할지도 의문이다. 결국 ii)설은 옳지 않다. 한편 재단법인의 설립자는 2인 이상이어도 되는데, 그 경우의 설립행위의 성질은 단독행위의 경합이라고 이해하는 데 다툼이 없다.

〈판 례〉

「민법 제47조 제 1 항에 의하여 생전처분으로 재단법인을 설립하는 때에 준용되는 민법 제555조는 "증여의 의사가 서면으로 표시되지 아니한 경우에는 각 당사자는 이를 해제할 수 있다"고 함으로써 서면에 의한 증여(출연)의 해제를 제한하고 있으나, 그 해제는 민법총칙상의 취소와는 요건과 효과가 다르므로 서면에 의한 출연이더라도 민법총칙 규정에 따라 출연자가 착오에 기한 의사표시라는 이유로 출연의 의사표시를 취소할 수 있고, 상대방 없는 단독행위인 재단법인에 대한 출연행위라고 하여 달리 볼 것은 아니다. …

또, 비록 재단법인에 대한 출연자와 법인과의 관계에 있어서 그 출연행위에 터잡아 법인이 성립되면 그로써 출연재산은 민법 제48조에 의하여 법인 성립시에 법인에게 귀속되어 법인의 재산이 되는 것이라고 할 것이고, 출연재산이 부동산인 경우에 있어서도 위 양당사자 간의 관계에 있어서는 법인의 성립 외에 등기를 필요로 하는 것은 아니라 할지라도, 착오를 원인으로 취소에 나아온 이 사건에서 출연자인 피고가 원고 법인의 성립 여부나 출연된 재산의 기본재산인 여부와는 관계없이 출연 의사표시를 취소할 수 있다고 할 것」이다(대판 1999. 7. 9, 98다9045).

[336] 2) 재산의 출연

(가) **서 설** 설립자는 일정한 재산을 출연하여야 한다. 여기서 「출연」이란 자기의 재산을 감소시키고 타인의 재산을 증가하게 하는 것이다. 출연재산

은 제한이 없으므로 채권이라도 무방하다.

재산출연행위는 무상행위라는 점에서 증여 및 유증과 비슷하므로, 민법은 생전처분으로 재단법인을 설립하는 때에는 증여에 관한 규정을 준용하고(47조 1항), 유언으로 재단법인을 설립하는 때에는 유증에 관한 규정을 준용한다(47조 2항). 전자의 경우에 증여에 관한 규정 중 증여가 계약이라는 점에 기초한 것은 준용되지 않으며, 제557조 · 제559조 등이 준용될 주요규정이다. 그리고 후자의 경우에 준용될 유증규정 중 주요한 것으로는 유언의 방식에 관한 규정(1060조 · 1065조-1072조), 유언의 효력에 관한 규정(1078조-1085조 · 1087조 · 1090조)을 들 수 있다.

(나) 출연재산(出捐財産)의 귀속시기

(a) 문 제 점 　위에서 본 바와 같이, 재단법인을 설립하려면 설립자가 일정한 재산을 출연하여야 한다. 그런데 그러한 출연재산이 언제 법인에 귀속하는지가 문제된다.

여기에 관하여 민법은 제48조에서 「생전처분으로 재단법인을 설립하는 때에는 출연재산은 법인이 성립된 때로부터 법인의 재산이 된다」고 하고(같은 조 1항), 「유언으로 재단법인을 설립하는 때에는 출연재산은 유언의 효력이 발생한 때로부터 법인에 귀속한 것으로 본다」고 규정한다(같은 조 2항). 이에 의하면, 법인의 성립시기는 법인의 설립등기를 한 때이고, 유언의 효력발생시기는 유언자가 사망한 때이므로, 결과적으로 생전처분에 의한 설립의 경우에는 설립등기시에, 그리고 유언에 의한 설립의 경우에는 유언자의 사망시에 법인에 귀속하는 것으로 된다.

그런데 다른 한편으로 민법은 법률행위에 의한 물권변동에 관하여 성립요건주의를 취하고 있고(186조 · 188조 1항), 또 지시채권의 양도에는 증서의 배서 · 교부를 요구하고(508조) 무기명채권의 양도에는 증서의 교부를 요구하고 있어서(523조), 충돌이 발생한다. 즉 물권을 출연하여 재단법인을 설립하는 때에는, 재산출연행위는 법률행위(물권행위)이어서, 이들 규정에 의하면 법인 명의의 부동산의 등기 또는 법인에의 동산의 인도가 있는 때에 법인재산으로 되게 된다. 그리고 지시채권이나 무기명채권을 출연하는 경우에는 증서의 배서 · 교부 또는 교부가 있는 때에 법인에 귀속하게 된다. 그리하여 제48조가 정하는 시기와 다르게 된다. 이러한 충돌을 어떻게 해결하여야 하는가? 출연재산이 물권인 경우와 채권인 경우를 나누어 보기로 한다.

[337] (b) 출연재산이 물권인 경우 설립자가 물권을 출연하여 재단법인을 설립하는 경우의 출연재산의 귀속시기에 관하여 문헌들은 주로 출연재산이 부동산물권인 때를 중심으로 논의하고 있다.

그리고 학설은 두 가지로 나뉘어 있다. i) 다수설은 제48조를 제187조의 「기타 법률의 규정」으로 보아서 등기 없이 제48조가 정하는 시기에, 그리하여 생전처분으로 재단법인을 설립하는 때에는 법인이 성립하는 때에, 그리고 유언으로 재단법인을 설립하는 때에는 유언자가 사망한 때에 법인에 귀속한다고 한다(고창현, 213면; 곽윤직, 136면; 김상용, 225면; 김용한, 165면; 김주수, 219면; 정기웅, 193면. 고상룡, 192면 · 190면은 생전처분의 경우에는 다수설을 취하면서 유언의 경우에는 판례의 특수이론을 채용하여 일관성을 잃고 있다). 이러한 다수설에 대하여 ii) 권리이전에 형식을 필요로 하지 않는 재산권은 법인의 성립 또는 설립자의 사망시에 당연히 법인에 귀속되지만, 부동산물권과 같이 그 이전에 등기를 요하는 것은 법인의 성립 또는 설립자의 사망시에 법인의 출연 부동산이전청구권이 생길 뿐이고 출연 부동산이 현실로 이전하는 것은 등기를 한 때라고 하는 견해가 소수설로서 주장되고 있다(김학동, 180면; 백태승, 238면; 이영준, 941면; 이은영, 267면).

판례는 과거에는 다수설에 따르고 있었으나(대판 1976. 5. 11, 75다1656), 그 후 태도를 바꾸어 현재에는, 출연자와 법인 사이에서는 법인 성립시에 법인의 재산이 되나, 제 3 자에 대한 관계에 있어서는 법인의 성립 외에 등기를 필요로 한다고 한다(대판(전원) 1979. 12. 11, 78다481 · 482; 대판 1981. 12. 22, 80다2762 · 2763; 대판 1993. 9. 14, 93다8054). 그리고 그 법리를 유언으로 재단법인을 설립하는 경우에도 그대로 적용하고 있다(대판 1993. 9. 14, 93다8054).

생각건대 판례의 태도는 물권관계가 당사자 사이의 관계와 제 3 자에 대한 관계에서 서로 달라질 수 있다는 것으로서 그것은 대항요건주의 이론 그 자체이며, 우리 민법이 취하고 있는 성립요건주의에 있어서는 전혀 근거가 없는 부당한 해석이다. 그리고 소수설은 거래의 안전을 보호하는 것이기는 하나, 제48조를 사문화시키는 것이어서 취할 수 없다. 그것은 해석론의 한계를 넘는 것이기 때문이다. 결국 제48조의 명문규정이 있는 한 다수설을 따를 수밖에 없다(그러나 48조는 우리 민법이 물권변동에 관하여 대항요건주의를 버리고 성립요건주의를 택하였으면서도 문제점을 알지 못하여 대항요건주의에서나 적당한 일본민법의 해당규정을 답습한 것이므로 마땅히 개정되어야 한다). 그에 의하면 출연재산이 물권인 경우에는 법인 성립시 또는 유언자 사망시에 법인재산으로 되며, 부동산의 등기나 동산의 인도는 필요하지 않다. 그 결과 유언에 의하여 재단법인이 설립되는 경우에 출연재산은 유언자가 사망한 때에 법인에 귀속하므로 출연재산은 상속재산에 포함되지 않고, 따라서 상속인의 출연재산 처분행위는 무권한자의 행위가 된다(채권을 출연한 경우에 관한 대판 1984. 9. 11, 83누578도 참조. 물론 판례는 제 3 자에 대한 관계에서는 달리 볼 것이다).

〈판　례〉

(ㄱ)「민법 제48조는 재단법인 설립에 있어서 재산출연자와 법인과의 간의 관계에 있어서의 출연재산의 귀속에 관한 규정이고 동 규정은 그 기능에 있어서 출연재산의 귀속에 관해서 출연자와 법인과의 관계를 상대적으로 결정함에 있어서 그의 기준이 되는 것에 불과하여 출연재산은 출연자와 법인과의 관계에 있어서 그 출연행위에 터잡아 법인이 성립되면 그로써 출연재산은 민법의 위 조항에 의하여 법인 설립시에 법인에게 귀속되어 법인의 재산이 되는 것이라고 할 것이고, 출연재산이 부동산인 경우에 있어서도 위 양 당사자간의 관계에 있어서는 위 요건(법인의 성립) 외에 등기를 필요로 하는 것이 아니라 함이 상당하다 할 것이다(출연행위는 재단법인의 성립요소임으로 출연재산의 귀속에 관해서 법인의 성립 외에 출연행위를 따로 요건으로 둘 필요는 없는 것이라고 할 것이다). …

그러므로 제 3 자에 대한 관계에 있어서는 출연행위가 법률행위임으로 출연재산의 법인에의 귀속에는 부동산의 권리에 관해서는 법인 성립 외에 등기를 필요로 하는 것이라고 함이 상당하다 할 것이다.」(대판(전원) 1979. 12. 11, 78다481 · 482)

(ㄴ)「유언으로 재단법인을 설립하는 경우에도 제 3 자에 대한 관계에서는 출연재산이 부동산인 경우는 그 법인에의 귀속에는 법인의 설립 외에 등기를 필요로 하는 것이므로, 원고가 그와 같은 등기를 마치지 아니한 이 사건에서 유언자의 상속인의 한 사람으로부터 이 사건 부동산의 지분을 취득하여 이전등기를 마친 선의의 제 3 자인 피고에 대하여 대항할 수는 없을 것이므로, 이는 이 사건 결과에도 영향이 없는 것이라고 할 것이다.」(대판 1993. 9. 14, 93다8054)

(c) 출연재산이 채권인 경우　　출연재산이 채권인 경우 가운데 그 채권 [338]
이 지명채권인 때에는 채권양도에 특별한 요건이 필요하지 않기 때문에(450조의 양도통지 · 승낙은 채권양도를 가지고 대항하기 위한 요건일 뿐이다), 제48조가 정하는 시기에 법인에 귀속하게 된다(이설 없음). 그런데 지시채권과 무기명채권에 대하여는 그 양도에 민법이 증서의 배서 · 교부 또는 교부를 요구하고 있어서 출연재산이 물권인 때와 유사한 문제가 생긴다. 여기에 관하여 학설은 i) 제48조를 제508조 또는 제523조의 예외규정이라고 보아 제48조가 정하는 시기에 법인에 귀속한다는 견해(고상룡, 194면; 곽윤직, 137면; 김용한, 166면)와 ii) 지시채권의 경우에는 제508조에 의하여 증서의 배서 · 교부가, 무기명채권의 경우에는 제523조에 의하여 증서의 교부가 있어야 법인에 귀속한다는 견해(이은영, 268면)가 대립하고 있다. 여기서도 제48조를 사문화시키지 않기 위하여 부득이 i)설을 따라야 할 것이다.

〈판 례〉

「출연자가 자기의 채권을 재단법인의 목적재산으로 일단 출연한 이상 그 채권은 재단법인에 귀속되는 것이고 그 채권에 대한 당사자의 평가액 여하에 따라 출연의 효과가 좌우되는 것은 아니라고 할 것이며, 다만 그 채권이 변제 기타 사유로 이미 소멸하여 존재하지 아니하거나 회수가 불가능한 것이어서 실질적인 재산가치가 전혀 없는 경우에만 재산의 출연이 있다고 볼 수 없을 것이다. …

민법 제48조 제 2 항의 규정에 의하면, 유언으로 재단법인을 설립하는 때에는 출연재산은 유언의 효력이 발생한 때 즉 출연자가 사망한 때로부터 법인에 귀속한다고 되어 있다.

이것은 출연자의 재산상속인 등이 출연자 사망 후에 출연자의 의사에 반하여 출연재산을 처분함으로써 법인재산이 일실되는 것을 방지하고자 출연자가 사망한 때로 소급하여 법인에 귀속하도록 한 것이므로 출연재산은 재산상속인의 상속재산에 포함되지 않는 것으로서 재산상속인의 출연재산 처분행위는 무권한자의 행위가 될 수밖에 없다.」(대판 1984. 9. 11, 83누578)

3) 정관의 작성 설립자는 일정한 사항을 기재한 정관을 작성하여 기명날인하여야 한다(43조). 정관의 기재사항에는 사단법인에서와 마찬가지로 필요적 기재사항과 임의적 기재사항이 있는데, 필요적 기재사항은 사단법인의 그것 가운데 사원자격의 득실에 관한 규정 · 법인의 존립시기나 해산사유를 제외한 나머지이다(43조 · 40조). 사원자격의 득실에 관한 규정이 없는 것은 재단법인에는 사원이 없기 때문이고, 법인의 존립시기나 해산사유를 규정하지 않은 것은 그것들을 임의적 기재사항으로 하려는 데 있다. 주의할 점은, 유언으로 재단법인을 설립하는 경우에는 유언의 방식(1065조 이하)에 따라야 한다는 점이다(47조 2항 참조).

4) 정관의 보충 본래 정관은 필요적 기재사항 가운데 어느 하나만 빠져도 무효이다. 그런데 민법은 재단법인은 되도록 존립하는 것이 바람직하다고 보아, 설립자가 필요적 기재사항 중 가장 중요한 「목적」과 「자산에 관한 규정」을 정하고 있으면 그 외에 명칭 · 사무소 소재지 · 이사 임면방법을 정하지 않고서 사망한 경우에, 이해관계인 또는 검사의 청구에 의하여 법원이 이를 정하도록 하고 있다(44조). 따라서 그때에는 법인이 성립할 수 있게 된다.

(3) 주무관청의 허가(32조)

주무관청의 허가가 있어야 한다(32조). 그 구체적인 내용은 비영리 사단법인에 관하여 설명한 것과 같다([333] 참조).

(4) 설립등기(33조)

이것 역시 비영리 사단법인에 관하여 설명한 것과 같다([333] 참조).

2. 설립 중의 재단법인

설립 중의 재단법인에 대하여도 사단법인에서와 유사한 문제가 생긴다. 재단법인 설립자가 재산을 출연하고 정관을 작성하면 설립 중의 재단법인이 되며, 이는 법인 아닌 재단에 해당한다. 판례에 의하면, 재단법인의 설립자는 설립인가(현행법상은 허가)를 받기 위한 준비행위를 할 수 있고, 이를 위하여 재산의 증여를 받거나 그 등기의 명의신탁을 할 수도 있으며, 그러한 법률행위의 효과는 법인의 성립과 동시에 법인에게 당연히 계승된다고 한다(대판 1973. 2. 28, 72다2344 · 2345). 이러한 판례는 타당하다(설립 중의 사단법인에 관한 [334]의 설명도 참조).

제3관 법인의 능력

Ⅰ. 서 설 [339]

(1) 법인의 능력으로서는 권리능력 · 행위능력 · 불법행위능력을 살펴보아야 한다. 그런데 이러한 법인의 여러 능력은 자연인의 경우와는 본질적으로 다르다. 자연인에 있어서는 모든 사람에게 평등하고 동일하게 권리능력이 인정되나, 법인에 대하여는 입법적으로 권리능력의 범위가 제한될 수 있다. 그리고 행위능력이나 불법행위능력도, 자연인에 있어서는 그것들이 의사능력 내지 판단능력이 불완전한 경우에 그를 보호하는 제도로 규정되어 있기 때문에 그러한 관점에서 논의되고 있으나, 법인에 있어서는 어떤 범위에서 누가 법인의 행위를 할 수 있는가(행위능력)와 누구의 어떤 행위에 대하여 법인 자신이 배상책임을 부담하는가(불법행위능력)의 관점에서 논의되고 있다.

(2) 법인의 능력에 관한 규정은 특별한 제한을 두고 있지 않는 한 민법상의 비영리법인뿐만 아니라 모든 법인에 널리 적용된다.

(3) 법인의 능력에 관한 규정은 강행규정이다.

Ⅱ. 법인의 권리능력

민법은 법인의 권리능력에 관하여 「법인은 법률의 규정에 좇아 정관으로 정한 목적의 범위 내에서 권리와 의무의 주체가 된다」고 규정하고 있다(34조). 이 규정에서 법인의 권리능력이 법률과 목적에 의하여 제한됨이 분명하나, 그 외에도 법인은 사람과 달리 육체가 없기 때문에 권리능력이 성질상 제한되기도 한다.

(1) 성질에 의한 제한

법인은 사람만이 가질 수 있는 권리를 가질 수 없다. 생명권 · 친권 · 배우자의 권리 · 정조권 · 육체상의 자유권 등이 그 예이다. 그에 비하여 자연인의 천연적 성질을 전제로 하지 않는 재산권 · 명예권(대판 1997. 10. 24, 96다17851 참조) · 성명권 · 신용권 · 정신적 자유권은 법인도 가질 수 있다. 한편 재산상속권은 성질상 법인이 가질 수 없는 것은 아니나, 민법이 상속인을 사람에 한정시키고 있어서(1000조 내지 1004조 참조), 법인은 상속권을 가질 수 없다. 그러나 법인은 유증은 받을 수 있으므로 포괄유증을 받음으로써 상속과 동일한 효과를 얻을 수는 있다.

〈판 례〉

「민법 제764조에서 말하는 명예라 함은 사람의 품성, 덕행, 명예, 신용 등 세상으로부터 받는 객관적인 평가를 말하는 것이고 특히 법인의 경우에는 그 사회적 명예, 신용을 가리키는 데 다름없는 것으로 명예를 훼손한다는 것은 그 사회적 평가를 침해하는 것을 말하고 이와 같은 법인의 명예가 훼손된 경우에 그 법인은 상대방에 대하여 불법행위로 인한 손해배상과 함께 명예회복에 적당한 처분을 청구할 수 있고(대법원 1988. 6. 14. 선고 87다카1450 판결 참조), 종중과 같이 소송상 당사자능력이 있는 비법인사단 역시 마찬가지라고 할 것인바(대법원 1990. 2. 27. 선고 89다카12775 판결 참조), 사람(종중 등의 경우에도 마찬가지이다)이 갖는 이와 같은 명예에 관한 권리는 일종의 인격권으로 볼 수 있는 것으로서, 그 성질상 일단 침해된 후에는 금전배상이나 명예회복에 필요한 처분 등의 구제수단만으로는 그 피해의 완전한 회복이 어렵고 손해전보의 실효성을 기대하기 어려우므로, 이와 같은 인격권의 침해에 대하여는 사전 예방적 구제수단으로 침해행위의 정지 · 방지 등의 금지청구권이 인정될 수 있다고 보아야 할 것이다(대법원 1996. 4. 12. 선고 93다40614, 40621 판결 참조).」(대판 1997. 10. 24, 96다17851)

(2) 법률에 의한 제한

법인의 권리능력은 법률에 의하여 인정되므로 법률은 권리능력의 범위도 제한할 수 있다. 그러나 현행법 가운데 법인의 권리능력을 일반적으로 제한하는 법률규정은 없으며, 약간의 개별규정이 있을 뿐이다(81조, 상법 173조, 채무자회생법 328조 등). 법인의 권리능력은 「법률」에 의하여서만 제한할 수 있을 뿐이고, 「명령」에 의하여 제한할 수는 없다(의용민법 43조는 명령에 의하여서도 제한할 수 있다고 규정하였다).

(3) 목적에 의한 제한 [340]

민법은 정관으로 정한 목적의 범위 내에서만 법인의 권리능력을 인정한다(34조). 그런데 이러한 명문규정에도 불구하고 일부 견해는 통설과 달리 이 규정은 권리능력을 제한한 것이 아니고 행위능력을 제한한 것이라고 한다(고상룡, 200면. 그리고 이은영, 238면은 권리능력의 제한과 이사의 대표권제한이라고 한다). 이 견해는 그 이유로 ① 용어법상의 부당함과 ② 제34조의 목적의 범위를 권리능력의 범위라고 해석하면 법인의 불법행위책임에 관한 제35조 제 1 항을 설명하기 어렵다는 점을 들고 있다. 생각건대 목적에 의하여 권리능력을 제한하는 제34조는 입법론상 바람직하지 않으나(특히 그 규정이 영리법인에도 적용되는 점에서 더욱 그렇다), 그 규정이 있는 한 그것을 무시하는 해석을 할 수는 없다. 따라서 그것은 제34조의 법문처럼 권리능력을 제한하는 것으로 새겨야 한다. 그때 제35조 제 1 항과의 모순 문제는 다음과 같이 해석하여 해결하여야 한다. 본래 제34조는 법인의 대표기관이 자의적으로 법률행위를 하여 법인이 부실하게 되지 않도록 하려는 취지의 규정이다. 따라서 그 규정은 법인의 법률행위에 관한 권리능력 규정이라고 보아야 한다. 그리고 법인의 불법행위에 관한 권리능력은 제35조가 따로 정한 것으로 이해하여야 한다(같은 취지: 김용한, 174면). 이러한 해석은 권리능력의 분리를 가져오는 점에서 바람직한 모습은 아니지만 민법규정에 가장 잘 합치하는 것이라고 생각된다.

〈참 고〉

법인의 권리능력을 그것의 목적의 범위 내에 제한할 것인가에 관하여는 근본적으로 다른 두 가지의 태도가 있다. 하나는 그러한 제한을 두지 않는 것으로서, 그에 의하면 법인은 그것의 목적의 범위 내에서뿐만 아니라 모든 범위에서 권리능력을 가진다. 이러한 태도를 취하는 입법례로 독일민법(법인의 권리능력 제한 규정이 없음)과 스위스민법(같은 법 53조)이 있다. 다른 하나는 법인의 권리능력을 그것의 목적범위 내로 제한하는 것으로서, 영미법이 그러한 입장에 있다. 즉 영미법은 이른바 ultra vires의 이론(ultra vires는 본래 「권한을 넘는」이라는 의미이며, 그것은 회사의 정관에 의하여 부여된 능력 밖의 행위, 특히 회사의 목적 외의 행위를 무효로 하는 법리이다)에 의하여 법인의 권리능력을 고정된 목적 아래에 제한하고 있는 것이다.

이러한 두 가지 입법태도 가운데 의용민법 제43조는 영미법의 ultra vires 이론을 본받았고, 우리 민법 제34조는 의용민법 제43조를 본받은 것으로 이해되고 있다.

제34조를 권리능력의 제한규정이라고 하는 경우에 「목적의 범위 내」를 어떻게 해석할 것인지가 문제된다. 여기에 관하여 학설은 i) 목적을 달성하는 데 필요한 범위 내라고 하는 견해(김주수, 227면)와 ii) 목적에 위반하지 않는 범위 내라고 하는 견해(곽윤직, 140면; 김상용, 230면; 김용한, 173면; 김학동, 189면; 백태승, 242면)로 나뉘어 있다. 그리고 판례는 i)설과 유사하게 「목적을 수행하는 데 있어 직접 또는 간접으로 필요한 행위」가 모두 목적범위 내의 행위라고 한다(대판 1987. 9. 8, 86다카1349; 대판 1987. 10. 13, 86다카1522; 대판 1991. 11. 22, 91다8821; 대판 1999. 10. 8, 98다2488; 대결 2001. 9. 21, 2000그98; 대판 2007. 1. 26, 2004도1632; 대판 2009. 12. 10, 2009다63236 등). 생각건대 목적에 의한 권리능력의 제한은 그 자체가 바람직하지 않을 뿐만 아니라, 법인을 크게 보호하지도 못하면서 거래의 상대방에게 예측하지 못한 손해를 생기게 할 수 있으므로, 되도록 제한의 범위를 좁혀야 할 필요가 있다. 따라서 ii)설이 타당하다.

〈판 례〉

(ㄱ) 「회사의 권리능력은 회사의 설립근거가 된 법률과 회사의 정관상의 목적에 의하여 제한되나, 그 목적범위 내의 행위라 함은 정관에 명시된 목적 자체에 국한되는 것이 아니고 그 목적을 수행하는 데 있어 직접 또는 간접으로 필요한 행위는 모두 포함되며 목적수행에 필요한지 여부도 행위의 객관적 성질에 따라 추상적으로 판단할 것이지 행위자의 주관적 구체적 의사에 따라 판단할 것은 아니다.」(대판 1987. 9. 8, 86다카1349)

(ㄴ) 「(목적수행에 필요한지의)(저자 주) 판단에 있어서는 거래행위를 업으로 하는 영리법인으로서 회사의 속성과 신속성 및 정형성을 요체로 하는 거래의 안전을 충분히 고려하여야 할 것인바, 회사가 거래관계 또는 자본관계에 있는 주채무자를 위하여 보증하는 등의 행위는 그것이 상법상의 대표권 남용에 해당하여 무효로 될 수 있음은 별론으로 하더라도 그 행위의 객관적 성질에 비추어 특별한 사정이 없는 한 회사의 목적범위 내의 행위라고 봄이 상당하다 할 것이다.」(대판 2005. 5. 27, 2005다480)

[341] ## Ⅲ. 법인의 행위능력

(1) 서 설

법인의 행위능력과 관련하여서는 법인 자신의 행위가 인정되는가, 그렇다면 누가 어떤 행위를 하였을 때에 법인의 행위로 되는가를 살펴보아야 한다.

(2) 법인의 행위

법인의 본질에 관하여 의제설을 취하면 법인 자신의 행위를 인정할 수 없다. 그 이론에서는 법인은 외부의 대리인에 의하여 행위를 할 수밖에 없게 된다. 그에 비하여 실재설에 의하면 법인 자신의 행위가 인정되게 된다.

그런데 실재설을 취한다고 하여도 법인이 현실적으로 행위를 할 수는 없기 때문에 어떤 자연인이 법인의 행위를 하게 되는데, 그 자연인을 법인의 대표기관이라고 한다. 이 대표기관이 법인의 행위능력의 범위 안에서 행위를 하는 때에 법인의 행위로 인정된다(같은 취지: 대판 1978. 2. 28, 77누155).

법인의 대표기관은 법인의 내부조직에 의하여 정하여지나, 비영리법인에 있어서는 이사 · 임시이사 · 특별대리인 · 청산인 · 직무대행자 등이 그에 해당한다.

법인의 대표기관과 법인과의 관계는 대리인과 본인 사이의 관계보다도 훨씬 밀접하며, 그리하여 이를 「대리한다」고 하지 않고 「대표한다」고 표현한다(59조 참조). 그러나 「대표」는 실질적으로는 대리와 유사하므로 법인의 대표에는 대리에 관한 규정을 준용한다(59조 2항).

법인의 대표기관이 법인을 대표하는 형식에 관하여도 대리규정이 준용되기 때문에, 대표기관은 법인을 위한 것임을 표시하여서 법률행위를 하여야 한다(114조 · 115조의 현명주의). 보통은 A법인 이사 B라고 표시한다.

(3) 행위능력의 범위

민법은 법인의 행위능력에 관하여는 규정을 두고 있지 않다. 그렇지만 법인의 경우에는 의사능력의 불완전을 문제삼을 필요가 없기 때문에 법인은 권리능력이 있는 모든 범위에서 행위능력을 가진다고 새겨야 할 것이다(통설도 같다. 그러나 고상룡, 206면은 구체적인 검토가 필요하다고 한다). 대표기관이 법인의 행위능력이 없는 범위의 행위를 한 경우에 그 행위는 법인의 행위로 인정되지 않으며, 그것은 대표기관 개인의 행위로 될 뿐이다. 따라서 거기에는 표현대리 규정도 준용되지 않는다(그에 비하여 대표권이 제한되어 있는 대표기관이 행위능력의 범위 안에서 대표권의 범위를 넘는 행위를 한 때에는 표현대리 규정이 준용된다).

(4) 법인의 법률행위의 효과

대법원은 법인의 법률행위의 효과에 관하여 다음과 같이 판시하고 있다. 법인이 대표기관을 통하여 법률행위를 한 때에는 대리에 관한 규정이 준용되므로(59조 2항), 적법한 대표권을 가진 자와 맺은 법률행위의 효과는 대표자 개인이 아니라 본인인 법인에게 귀속하고, 마찬가지로 그러한 법률행위상의 의무를 위반하여 발생한 채무불이행으로 인한 손해배상책임도 대표기관 개인이 아닌 법인만이 책임의 귀속주체가 되는 것이 원칙이라고 한다(대판 2019. 5. 30, 2017다53265). 그리고 제391조는 법정대리인 또는 이행보조자의 고의·과실을 채무자 자신의 고의·과실로 간주함으로써 채무불이행책임을 채무자 본인에게 귀속시키고 있는데, 법인의 경우도 법률행위에 관하여 대표기관의 고의·과실에 따른 채무불이행책임의 주체는 법인으로 한정된다고 한다(대판 2019. 5. 30, 2017다53265). 따라서 법인의 적법한 대표권을 가진 자가 하는 법률행위는 그 성립상 효과뿐만 아니라 위반의 효과인 채무불이행책임까지 법인에게 귀속될 뿐이고, 다른 법령에서 정하는 등의 특별한 사정이 없는 한 법인이 당사자인 법률행위에 관하여 대표기관 개인이 손해배상책임을 지려면 제750조에 따른 불법행위책임 등이 별도로 성립하여야 한다고 한 뒤, 이때 법인의 대표기관이 법인과 사이에 계약을 체결한 거래상대방인 제 3 자에 대하여 자연인으로서 제750조에 기한 불법행위책임을 진다고 보기 위해서는, 그 대표기관의 행위로 인해 법인에 귀속되는 효과가 대외적으로 제 3 자에 대한 채무불이행의 결과를 야기한다는 점만으로는 부족하고, 법인의 내부행위를 벗어나 제 3 자에 대한 관계에서 사회상규에 반하는 위법한 행위라고 인정될 수 있는 정도에 이르러야 하며, 그와 같은 행위에 해당하는지 여부는 대표기관이 의사결정 및 그에 따른 행위에 이르게 된 경위, 의사결정의 내용과 그 절차과정, 침해되는 권리의 내용, 침해행위의 태양, 대표기관의 고의 내지 해의의 유무 등을 종합적으로 평가하여 개별적·구체적으로 판단하여야 할 것이라고 한다(대판 2019. 5. 30, 2017다53265. 그러면서 대판 2009. 1. 30, 2006다37465(아래 [347]에 인용됨)를 참고판결로 인용한다). 이러한 판례는 타당하다. 다만, 법인의 경우에 특히 법인실재설에 의할 때 법인의 법률행위의 효과와 그 위반의 효과가 당연히 법인에게 귀속하게 되므로 그 근거로 제59조 제 2 항과 제391조를 들 필요가 없는데도 그러지 않은 점에서 아쉬움이 있다.

[342] ## Ⅳ. 법인의 불법행위능력

1. 민법규정

(1) 제35조 제 1 항의 의의

민법은 제35조 제 1 항에서 일정한 요건 하에 법인의 손해배상책임을 규정하고 있다. 그리고 문헌들은 일반적으로 이는 법인의 불법행위책임, 그리하여 법인의 불법행위능력을 정한 것으로 이해하고 있다.

제35조 제 1 항이 법인 자신의 손해배상책임을 인정하는 이유는 어디에 있는가? 여기에 관하여 학설은 i) 법인실재설의 입장에서, 그 규정은 법인 자신의 불법행위에 대하여 배상책임을 인정한 것으로서 당연한 규정이라는 견해(김상용, 232면; 김용한, 177면; 김학동, 192면), ii) 정책적으로 둔 규정이라는 견해(고상룡, 208면; 백태승, 245면. 이영준, 946면도 이에 해당한다)로 나뉘어 있다. ii)설을 취하는 문헌 가운데에는 실재설의 입장에 있는 견해도 있으나(백태승, 202면), 의제설의 견지에 서 있는 견해(이영준, 946면)도 있다. 판례는 법인 자체의 불법행위를 인정하는 점에서 i)설에 가깝다고 할 수 있다(대판 1978. 3. 14, 78다132). 생각건대 사견처럼 법인의 본질에 관하여 실재설을 취하는 한, 법인의 대표기관에 의한 일정한 행위는 법인 자신의 불법행위로 되며, 당연히 법인은 그에 대하여 책임을 진다고 하게 된다. 그리고 제35조 제 1 항은 이러한 당연한 사리를 규정한 것으로 볼 수 있다.

(2) 제35조의 적용범위

제35조는 민법상의 모든 법인에 적용된다. 회사에 관하여는 유사한 취지의 특별규정이 마련되어 있다(상법 210조 · 269조 · 389조 3항 · 567조). 그리고 제35조는 권리능력 없는 사단에도 유추적용된다. 판례도 그 규정을 유추적용하여 비법인사단인 종중(대판 1994. 4. 12, 92다49300. 그런데 대판 2008. 1. 18, 2005다34711에서는 유추적용은 하면서, 상대방이 악의 또는 중과실이라는 이유로 종중의 책임을 부정하였다) · 노동조합(대판 1994. 3. 25, 93다32828 · 32835. 「노동조합 및 노동관계조정법」 6조에 따르면, 노동조합은 등기를 하면 법인으로 되는데, 이 판결 사안에서는 등기를 하지 않아 법인 아닌 사단임) · 주택조합(대판 2003. 7. 25, 2002다27088)의 불법행위책임을 인정한 바 있다.

법인의 대표기관이 아닌 피용자가 가해행위를 한 경우에는 제35조가 적용되지 않고 제756조가 적용된다(756조는 사용자책임 규정인데, 그 규정은 사용자가 법인인 경우뿐만 아니고 가사사용관계에도 적용됨). 그에 비하여 법인의 대표기관이 그의 직무에 관하여 불법행위를 한 경우에는 법인은 제35조 제 1 항에 의하여 손해배상책임을 지고, 사용자책임을 규정한 제756조 제 1 항이 적용되지 않는다(대판 2009. 11. 26, 2009다57033). 그리고 법인의 대표기관이 가해행위를 한 경우에 제35조에 의하여 법인이 지는 책임은 법인 자신의 책임으로서 면책이 인정되지 않으나, 그 피용자가 가해행위를 한 경우에 제756조에 의하여 법인이 지는 책임은 법인 자신의 책임이 아니고 사용자로서 지는 것이며, 일정한 요건이 갖추어지는 때에는 면책이 인정된다(756조 1항 단서 참조).

공무원이 그 직무를 집행함에 있어서 타인에게 손해를 가한 경우에는 국가배상법 제 2 조가 적용된다.

[343] ## 2. 법인의 불법행위의 요건

법인의 불법행위가 성립하려면 다음의 세 요건이 필요하다(35조 1항 1문).

(1) 대표기관의 행위가 있을 것

제35조 제 1 항은 「이사 기타 대표자」의 행위를 요구하고 있으나, 그것은 대표기관이라는 의미이다. 대표기관으로는 이사 외에 임시이사(63조) · 특별대리인(64조) · 직무대행자(52조의 2 · 60조의 2) · 청산인(82조 · 83조)이 있다(대판 1994. 3. 25, 93다32828 · 32835는 노동조합의 간부들의 행위에 35조 1항을 유추적용한다). 한편 판례는, 여기서의 「법인의 대표자」에는 그 명칭이나 직위 여하 또는 대표자로 등기되었는지 여부를 불문하고 당해 법인을 실질적으로 운영하면서 법인을 사실상 대표하여 법인의 사무를 집행하는 사람이 포함된다고 한다(대판 2011. 4. 28, 2008다15438. 그리고 이러한 법리는 주택조합과 같은 비법인사단에도 마찬가지로 적용된다고 한다). 이러한 대표기관의 행위는 법인의 행위로 되어 불법행위책임을 발생시킬 수 있다.

〈판 례〉

「민법 제35조에서 말하는 '이사 기타 대표자'는 법인의 대표기관을 의미하는 것이고 대표권이 없는 이사는 법인의 기관이기는 하지만 대표기관은 아니기 때문에 그들의 행위로 인하여 법인의 불법행위가 성립하지 않는다.」(대판 2005. 12. 23, 2003다30159)

대표기관이 아닌 기관의 행위에 대하여도 법인의 책임을 인정하여야 하는가? 여기에 관하여는 i) 부정설(곽윤직, 142면; 김상용, 232면; 백태승, 248면; 이영준, 948면)과 ii) 긍정설(고상룡, 209면; 김용한, 178면; 김주수, 232면; 이은영, 285면; 정기웅, 205면. 김학동. 193면은 일정한 사항에 관하여 독자적으로 업무를 처리할 것이 맡겨진 자의 행위도 포함시킬 것이라고 한다)이 대립하고 있다. 생각건대 ii)설은 제35조 제 1 항의 명문규정에 반하여 취할 수 없다. 그 결과 사원총회나 감사와 같은 기관의 행위는 법인의 불법행위로 되지 못한다.

이사에 의하여 선임된 대리인(지배인 · 임의대리인 등)의 행위에 대하여 법인의 불법행위책임이 생기는지 문제된다. 여기에 관하여는 i) 법인의 불법행위책임은 생기지 않고 사용자책임만이 생길 수 있다는 견해(고상룡, 209면; 곽윤직, 142면; 김상용, 232면; 김용한, 177면; 김주수, 231면; 김준호, 150면; 백태승, 248면)와 ii) 제35조를 유추적용하여 법인의 불법행위책임을 긍정하여야 한다는 견해(이영준, 948면; 이은영, 286면)가 대립하고 있다. 그러나 이사에 의하여 선임된 대리인은 법인의 기관도 아니므로 명문규정이 없는 한 그의 행위에 대하여 법인 자신의 불법행위책임을 인정할 수는 없다.

(2) 대표기관이 「직무에 관하여」 타인에게 손해를 가했을 것 [344]

1) 직무에 관한 행위의 의미 법인의 대표기관은 직무에 관하여서만 법인을 대표한다. 따라서 그의 직무에 관한 행위에 대하여서만 법인이 불법행위책임을 진다. 「직무에 관한 행위」는 외형상 직무수행행위라고 볼 수 있는 행위뿐만 아니라 직무행위와 사회관념상 견련성을 가지는 행위를 포함한다(통설 · 판례도 같다. 대판 1969. 8. 26, 68다2320; 대판 1987. 11. 10, 87다카473; 대판 1990. 3. 23, 89다카555 등). 직무에 관한 행위는 일반적으로는 제34조가 정하는 「정관으로 정한 목적의 범위 내의」 행위와 일치할 것이나, 이사의 대표권이 제한된 경우에는 후자보다 범위가 좁을 것이다.

〈판 례〉

(ㄱ) 「법인이 그 대표자의 불법행위로 인하여 손해배상의무를 지는 것은 그 대표자의 직무에 관한 행위로 인하여 손해가 발생한 것임을 요한다 할 것이나, 그 직무에 관한 것이라는 의미는 행위의 외형상 법인의 대표자의 직무행위라고 인정할 수 있는 것이라면 설사 그것이 대표자 개인의 사리를 도모하기 위한 것이었거나 혹은 법령의 규정에 위배된 것이었다 하더라도 위의 직무에 관한 행위에 해당한다고 보아야 한다(대법원 1969. 8. 26. 선고 68다2320 판결 참조).」(대판 2004. 2. 27, 2003다15280. 같은 취지: 대판 2024. 7. 25, 2024다229343)

(ㄴ) 「법인의 대표자의 행위가 직무에 관한 행위에 해당하지 아니함을 피해자 자신이 알았거나 또는 중대한 과실로 인하여 알지 못한 경우에는 법인에게 손해배상책임을 물을 수 없다고 할 것이고, 여기서 중대한 과실이라 함은 거래의 상대방이 조금만 주의를 기울였더라면 대표자의 행위가 그 직무권한 내에서 적법하게 행하여진 것이 아니라는 사정을 알 수 있었음에도 만연히 이를 직무권한 내의 행위라고 믿음으로써 일반인에게 요구되는 주의의무에 현저히 위반하는 것으로 거의 고의에 가까운 정도의 주의를 결여하고, 공평의 관점에서 상대방을 구태여 보호할 필요가 없다고 봄이 상당하다고 인정되는 상태를 말한다.」(대판 2004. 3. 26, 2003다34045; 대판 2009. 11. 26, 2009다57033; 대판 2024. 7. 25, 2024다229343. 같은 취지: 2003. 7. 25, 2002다27088; 대판 2008. 1. 18, 2005다34711: 이들은 비법인사단에 같은 법리를 적용한 판례임)

(ㄷ) 「법인 대표자의 행위가 직무에 관한 행위에 해당하지 아니함을 피해자 자신이 알았거나 또는 중대한 과실로 인하여 알지 못한 경우인지를 판단할 때에는 그 행위가 법령상의 제한을 위반한 것인지에 대한 상대방의 인식가능성, 상대방의 경험이나 지위, 쌍방의 종래의 거래관계, 당해 행위의 성질과 내용 등을 종합적으로 고려하여야 한다.」(대판 2024. 7. 25, 2024다229343)

2) 대표기관이 권한을 넘어서서 부정한 대표행위를 한 경우 우리의 많은 문헌들은 「대표기관이 자신의 개인적 이익을 꾀할 목적으로 권한을 남용해서 [345]

부정한 대표행위를 한 경우」에 관하여 논의하고 있다. 그런데 이것이 대표기관이 대표권의 범위를 넘어서서 행위를 한 경우와 대표권의 범위 안에서 한 경우 가운데 어느 하나인지, 아니면 두 경우 모두인지 분명치 않다(백태승, 250면은 두 경우를 구별할 필요가 없다고 하며, 이영준, 947면은 두 경우를 혼동하고 있다). 합리적으로 생각한다면 이는 첫째 경우만의 문제일 것이다. 둘째 경우에는 그 효과로서 제35조가 언급될 가능성이 거의 없기 때문이다.

이것에 대하여 좀더 부연해서 설명하면 다음과 같다. 대표기관이 대표권의 범위 안에서 행위한 경우에는 그 행위의 효과가 직접 법인에게 귀속한다. 그리고 그러한 행위를 자신의 개인적 이익을 꾀할 목적으로 한 때에는 본래는 행위의 효과가 법인에게 귀속하여야 하지만, 대표권 남용에 해당할 경우에는(사견으로는 상대방이 악의이면) 대표권 남용이어서 — 대표권 남용이론에 의하여 — 상대방은 법인에게 그 행위의 유효주장을 하지 못하게 된다. 그럼에도 불구하고 상대방이 법인에게 불법행위책임은 물을 수 있도록 하는 것은 부적절하다. 그러한 경우의 상대방은 보호될 필요가 없는 자이기 때문이다. 결국 문헌들이 분명히 밝히지 않고 논의하는 경우는 대표권 남용의 경우가 아니고 대표권의 범위를 넘어서서 행위한 경우인 것이다. 문헌 중에는 드물지만 첫번째 경우에 관하여만 명시적으로 논의하고 있는 것도 있다(주해(1), 594면(홍일표)이 그렇다).

주의할 것은, 대표기관이 대표권의 범위 안에서 부정하게 대표행위를 한 경우이지만 법인의 불법행위책임이 발생하는 때도 있을 수 있다는 점이다. 행위의 효과가 법인에게 귀속될 수 없으면서 대표권 남용도 되지 않는 경우가 그 예이다. 대법원도, 상호신용금고의 대표이사인 갑이 을로부터 일정한 금전을 예탁금으로 입금처리하여 줄 것을 의뢰받고 당시 공동 대표이사인 병의 개인자금을 조달할 목적으로 그 금전을 차용하면서도 외관상으로만 그것을 위 금고의 차입금으로 입금처리하는 양 가장하여 을을 속이고 실제로는 차입금원장 등 장부에도 기장하지 아니한 채 위 금고용 차입금증서가 아닌 병 개인명의로 발행된 약속어음을 을에게 교부하여 주었다면 이는 실질적으로는 갑의 개인적인 융통행위로서 위 금고의 차용행위로서는 무효라 하겠으나 그의 행위는 위 금고 대표이사로서의 직무와 밀접한 관련이 있을 뿐만 아니라 외형상으로는 위 금고 대표이사의 직무범위 내의 행위로 보아야 할 것이고 을의 처지에서도 위 금고와의 거래로 알고 있었던 것이므로 위 금고는 그 대표이사 갑의 직무에 관한 불법행위로 인하여 을이 입은 손해를 배상할 책임이 있다고 하였다(대판 1990. 3. 23, 89다카555). 대표기관의 행위가 효력규정에 위반하여 그 효과가 법인에게 귀속하지 못하는 경우에도 같다(대판 1968. 1. 31, 67다2785도 참조. 이 판결은, 토지개량사업의 조합원이 토지개량사업법(폐지) 소정 절차를 밟지 않고 제 3 자로부터 차금한다 할지라도 이러한 행위는 그 직무에 관하여 한 행위라고 보는 것이 상당하고 다만 그 제 3 자가 조합장의 사용으로 하는 것임을 알고 있었다면 그 직무에 관하여 손해를 가하였다고 주장할 수 없다고 한다).

아래에서는 사견이 이해하는 것처럼 문헌들이 첫번째 경우에 관하여 논의하는 것으로 보고 설명하기로 한다.

위의 경우에 관하여 학설은 i) 제126조 우선적용설(고상룡, 215면; 고창현, 229면; 곽윤직, 143면; 정기웅, 206면), ii) 제35조 적용설(김상용, 235면; 백태승, 251면; 이영준, 947면), iii) 제126조 · 제35조의 선택적 적용설(김주수, 233면)로 나뉘어 있다. 그리고 정확하게 여기에 해당하는 판례는 없다. 생각건대 대표행위의 경우에는 대리행위에서와 달리 대표권한을 넘는 경우가 생기기 어렵다. 그럼에도 불구하고 만약 대표권을 넘어서 행위한 경우가 있다면(아마도 정관에 의하여 대표권이 제한된 경우에 발생할 가능성이 다소 있다), 그때에는 제126조만 적용하는 것이 옳다. 그렇지 않고 제35조를 적용하거나 제126조를 선택적으로 적용하면 대표권의 제한이 무의미하게 되기 때문이다.

〈대표권의 남용〉 [346]

대표기관이 「대표권의 범위 안에서」 오직 자기나 제 3 자의 이익을 꾀하기 위하여 대표행위를 행한 경우의 효과가 문제된다. 여기에 관한 우리의 학설은 파악하기가 쉽지 않다(대표권을 넘어선 경우와 구별하지 못하는 때가 많아서이다). 한편 판례는 대체로 제107조 제 1 항 단서의 유추적용을 인정하나(대판 1988. 8. 9, 86다카1858; 대판 1993. 6. 25, 93다13391; 대판 1997. 8. 29, 97다18059), 두 개의 판결에서는 권리남용설을 따르고 있다(대판 1987. 10. 13, 86다카1522; 대판 2016. 8. 24, 2016다222453). 사견은 대리권의 남용에 관하여서와 마찬가지로 예외적인 판례와 같은 권리남용설의 입장이다([196] 참조).

참고로 대표적인 판결 둘을 들어 둔다.

(ㄱ) 「대표이사의 대표권한 범위를 벗어난 행위라 하더라도 그것이 회사의 권리능력의 범위 내에 속한 행위이기만 하면 대표권의 제한을 알지 못하는 제 3 자가 그 행위를 회사의 대표행위라고 믿은 신뢰는 보호되어야 하고, 대표이사가 대표권의 범위 내에서 한 행위는 설사 대표이사가 회사의 영리목적과 관계없이 자기 또는 제 3 자의 이익을 도모할 목적으로 그 권한을 남용한 것이라 할지라도 일단 회사의 행위로서 유효하고, 다만 그 행위의 상대방이 대표이사의 진의를 알았거나 알 수 있었을 때에는 회사에 대하여 무효가 되는 것이며(대법원 1997. 8. 29. 선고 97다18059 판결 등 참조), 이는 민법상 법인의 대표자가 대표권한을 남용한 경우에도 마찬가지이다.」(대판 2004. 3. 26, 2003다34045)

(ㄴ) 「주식회사의 대표이사가 그 대표권의 범위 내에서 한 행위는 설사 대표이사가 회사의 영리목적과 관계없이 자기 또는 제 3 자의 이익을 도모할 목적으로 그 권한을 남용한 것이라 할지라도 일응 회사의 행위로서 유효하고, 다만 그 행위의 상대방이 그와 같은 정을 알았던 경우에는 그로 인하여 취득한 권리를 회사에 대하여 주장하는 것이 신의칙에 반하므로 회사는 상대방의 악의를 입증하여 그 행위의 효과를 부인할 수 있을 뿐이라고 함이 상당하다.」(대판 1987. 10. 13, 86다카1522)

(3) 일반 불법행위의 요건을 갖출 것

제35조 제 1 항은 제750조의 특별규정이기 때문에 일반 불법행위의 요건이 갖추어져야 한다. 그리하여 대표기관의 가해행위, 고의 · 과실, 책임능력, 가해행위의 위법성, 손해발생(인과관계 포함)이 있어야 한다(통설도 같음). 그런데 견해에 따라서는 제750조의 요건 대부분이 필요하지 않다고 하거나(김학동, 194면; 이은영, 288면), 제750조의 요건 중 책임능력만은 필요하지 않다고 한다(이영준, 951면). 그러나 대표기관의 불법행위가 법인의 불법행위로 된다고 할 것이므로, 이들 견해는 옳지 않다(뒤의 견해는 대리에 관한 117조를 유추 적용하여 그렇게 해석하나, 그 규정은 법률행위에 관한 것이고 불법행위에 관한 것이 아님을 유의하여야 한다).

[347] 3. 효 과

(1) 법인의 불법행위가 성립하는 경우

위의 요건이 모두 갖추어지면 법인은 피해자에게 손해를 배상하여야 한다(35조 1항 1문). 배상하여야 할 손해의 범위 등에 관하여는 일반원칙이 적용된다(대판 1987. 12. 8, 86다카1170은 과실상계를 인정하고, 또 대판 1999. 7. 27, 99다19384는 간접손해를 제외한다). 법인의 불법행위책임은 사용자책임과 달리 선임 · 감독에 주의를 다하였음을 이유로 면책되지 않는다(756조 1항 단서 참조). 견해에 따라서는 법인이 제35조의 책임과 경합하여 사용자책임도 부담한다고 한다(이영준, 951면). 이는 아마도 법인의제설의 입장에서 주장하는 견해인 듯하다. 그러나 실재설의 견지에서는 그러한 해석은 할 수 없다.

〈판 례〉

「도시재개발법(현행 「도시재정비 촉진을 위한 특별법」에 해당: 저자 주)에 의하여 설립된 재개발조합의 조합원이 조합의 이사 기타 조합장 등 대표기관의 직무상의 불법행위로 인하여 직접 손해를 입은 경우에는 도시재개발법 제21조, 민법 제35조에 의하여 재개발조합에 대하여 그 손해배상을 청구할 수 있으나, 재개발조합의 대표기관의 직무상 불법행위로 조합에게 과다한 채무를 부담하게 함으로써 재개발조합이 손해를 입고 결과적으로 조합원의 경제적 이익이 침해되는 손해와 같은 간접적인 손해는 민법 제35조에서 말하는 손해의 개념에 포함되지 아니하므로 이에 대하여는 위 법 조항에 의하여 손해배상을 청구할 수 없다.」(대판 1999. 7. 27, 99다19384. 여기의 간접손해의 개념은 오히려 간접피해에 해당함. 채권법총론 [88] 참조)

법인의 불법행위책임이 발생하는 경우에 민법은 가해행위를 한 대표기관 개인도 법인과 함께 배상책임을 지도록 하고 있다(35조 1항 2문). 이러한 민법규정의 이해와 관련하여서는 학설이 대립하고 있다. i) 법인실재설의 입장에서, 기관의 행위는 법인의 행위이나 한편으로는 기관 개인의 행위로서의 성질도 가지고 있으므로, 뒤의 관계에서 기관 개인의 책임이 생긴다는 견해(김용한, 180면; 김학동, 194면), ii) 그렇게 하는 것이 공평에 적합하기 때문이라는 견해(고상룡, 216면), iii) 피해자를 두텁게 보호하려는 정책적인 고려에 의한 것이라는 견해(김상용, 236면 · 243면; 김주수, 238면; 백태승, 253면) 등이 그것이다. 실재설인 사견의 견지에서 볼 때, 제35조 제 1 항 제 1 문과 달리 그 제 2 문은 당연한 것을 규정한 것은 아니며, 그것은 피해자의 보호를 위하여 정책적으로 둔 규정으로 이해하여야 한다. 이 경우 법인의 책임과 대표기관의 책임은 부진정연대채무의 관계에 있다.

〈판 례〉

「법인의 대표자가 그 직무에 관하여 타인에게 손해를 가함으로써 법인에 손해배상책임이 인정되는 경우에, 대표자의 행위가 제 3 자에 대한 불법행위를 구성한다면 그 대표자도 제 3 자에 대하여 손해배상책임을 면하지 못하며(민법 제35조 제 1 항), 또한 사원도 위 대표자와 공동으로 불법행위를 저질렀거나 이에 가담하였다고 볼 만한 사정이 있으면 제 3 자에 대하여 위 대표자와 연대하여 손해배상책임을 진다. 그러나 사원총회, 대의원 총회, 이사회의 의결은 원칙적으로 법인의 내부행위에 불과하므로 특별한 사정이 없는 한 그 사항의 의결에 찬성하였다는 이유만으로 제 3 자의 채권을 침해한다거나 대표자의 행위에 가공 또는 방조한 자로서 제 3 자에 대하여 불법행위책임을 부담한다고 할 수는 없다. 이때 의결에 참여한 사원 등이 대표자와 공동으로 불법행위를 저질렀거나 이에 가담하였다고 볼 수 있는지 여부는, 그 의결에 참여한 법인의 기관이 당해 사항에 관하여 의사결정권한이 있는지 여부 및 대표자의 집행을 견제할 위치에 있는지 여부, 그 사원이 의결과정에서 대표자의 불법적인 집행행위를 적극적으로 요구하거나 유도하였는지 여부 및 그 의결이 대표자의 업무집행에 구체적으로 미친 영향력의 정도, 침해되는 권리의 내용, 의결내용, 의결행위의 태양을 비롯한 위법성의 정도를 종합적으로 평가하여 법인 내부행위를 벗어나 제 3 자에 대한 관계에서 사회상규에 반하는 위법한 행위라고 인정될 수 있는 정도에 이르러야 한다.」(대판 2009. 1. 30, 2006다37465)

위와 같이, 법인과 기관 개인이 경합하여 피해자에게 배상책임을 지는 경우에, 법인이 피해자에게 배상하였다면 기관 개인에 대하여 구상권(상환청구권)을 행사할 수 있다. 그때에는 대표기관이 선량한 관리자의 주의의무를 다하지 못하여 임무를 게을리하였기 때문이다(61조 · 65조 참조).

(2) 법인의 불법행위가 성립하지 않는 경우

대표기관의 행위가 직무집행의 범위를 벗어난 것이거나 다른 이유로 법인의 불법행위책임이 생기지 않는 경우에는, 법인은 그에 대하여 책임을 지지 않으며, 대표기관만이 제750조에 의하여 책임을 진다. 다만, 민법은 피해자를 두텁게 보호하기 위하여 그 사항의 의결에 찬성하거나 그 의결을 집행한 사원·이사 기타 대표기관은 공동불법행위(760조)의 성립 여부를 묻지 않고 언제나 연대하여 배상책임을 지도록 하고 있다(35조 2항).

〈판 례〉

법인 자체에 대하여 불법행위상의 책임을 물을 수 있는 것은 법인 자체의 대표자가 그 직무에 관하여 타인에 대하여 불법행위를 가한 경우에만 한정한다는 것이 본조 제 1 항의 취지이며 구 농업협동조합법(1961. 7. 29. 법률 제670호) 제 3 조, 제 2 조, 제111조에 의하면 군농업협동조합이라는 법인의 목적달성을 위한 사업 중에는 신용사업이 있으나 그 신용사업 수행을 위하여 자금차입을 하는 경우에는 반드시 농업협동조합 중앙회로부터서만 이를 함을 요하는 것으로 법률상 명백히 규정하고 있으니 자금차입에 관한 군농업협동조합 자체의 불법행위책임은 그 조합의 대표권자가 위 중앙회로부터 자금차입을 하는 데 관하여 타인에게 불법행위를 가한 경우에만 한정된다 할 것인바 농업협동조합의 지소장이 그 개인적인 사업자금조달을 위하여 개인으로부터 자금을 차입하여 타인에게 손해를 가하였다 하더라도 이는 위 조합의 목적범위 내에서 타인에게 불법행위를 가한 경우라고 볼 수 없어 위 조합 자체의 불법행위가 된다고 볼 수 없다(대판 1964. 12. 29, 64다1321).

제4관 법인의 기관

[348] Ⅰ. 서 설

(1) 기관의 의의

법인은 권리능력·행위능력을 가지고 실재하는 것이기는 하나, 그것 자체가 스스로 활동하지는 못한다. 따라서 법인이 사회에서 활동하기 위하여서는 법인의 의사를 결정하고 그에 기하여 외부에 대하여 행위하고 내부의 사무를 처리할 수 있는 일정한 조직이 필요하다. 이러한 조직을 이루는 것이 법인의 기관이다. 이러한 법인의 기관은, 의제설에 의하면 법인과 구별되는 존재로서 법인의 대리인이라고 하게 되나, 실재설에 의하면 법인의 구성부분이라고 하게 된다.

(2) 기관의 종류

법인의 기관에는 의사결정기관 · 업무집행기관 · 감독기관이 있을 수 있는데, 법인의 종류에 따라서 차이가 있다. 다른 한편으로 법인의 기관에는 반드시 두어야 하는 필요기관(필수기관)과 반드시 둘 필요는 없지만 둘 수도 있는 임의기관이 있다.

민법상의 법인의 구체적인 기관으로는 이사 · 사원총회 · 감사 등이 있다. 이사는 대표기관이자 업무집행기관이며, 모든 법인에 반드시 두어야 하는 필요기관이다. 감사는 감독기관인데, 민법상의 법인에서는 임의기관이다. 다만, 공익법인에서는 감사가 필요기관이다(공익법인법 5조 1항)(상법상 주식회사에서는 감사가 필요기관이고(상법 312조 · 409조 이하), 유한회사에서는 임의기관이다(상법 568조)). 사원총회는 법인의 최고 의사결정기관인데, 자율적인 법인인 사단법인의 경우에는 필요기관인 데 비하여, 사원이 없는 타율적인 법인인 재단법인의 경우에는 사원총회가 있을 수 없다.

Ⅱ. 이 사

1. 의 의

이사는 대외적으로 법인을 대표하고(대표기관), 대내적으로는 법인의 업무를 집행하는(집행기관) 상설적인 필요기관(필수기관)이다. 사단법인이든 재단법인이든 법인에는 반드시 이사를 두어야 한다(57조). 이사의 수에는 제한이 없으며(58조 2항), 정관에서 임의로 정할 수 있다(40조 · 43조 참조). 그리고 이사는 자연인만이 될 수 있다(이설 없음). 다만, 자격상실이나 자격정지의 형을 받은 자는 이사가 될 수 없다(형법 43조).

2. 임면(任免) [349]

이사의 임면방법은 정관에 의하여 정하여진다(정관의 필요적 기재사항임. 40조 · 43조).

(1) 선 임

이사의 선임행위의 법적 성질은 위임과 유사한 계약이다(이설 없음). 이사는 이 계약에 의하여 법인의 기관으로서의 지위를 취득한다. 그리고 경우에 따라서는 묵시적으로 선임행위가 행하여진 것으로 인정하여야 할 때도 있다. 가령 법인 대표자의 유임이나 중임을 특히 금지하는 정관의 규정이 따로 없는 경우에는, 임기만료 후에 대표자의 개임이 없었다면 그 대표자를 묵시적으로 다시 선임하였다고 해석하여야 한다(대판 1970. 9. 17, 70다1256).

이사의 선임행위에 흠이 있는 때에는, 이해관계인은 선임행위의 무효 또는 취소의 소를 제기할 수 있으며, 그 본안판결이 있기 전이라도 이사의 직무집행정지 또는 직무대행자 선임의 가처분을 신청할 수 있다. 그리고 가처분을 명하는 결정이 있거나 가처분의 변경이나 취소가 있는 때에는, 주사무소와 분사무소가 있는 곳의 등기소에서 이를 등기하여야 한다(52조의 2). 한편 가처분으로 직무집행이 정지된 이사의 직무집행행위는 절대적으로 무효이다.

(2) 해임 · 퇴임

이사의 해임 · 퇴임은 정관에 의하나, 정관에 규정이 없거나 불충분한 때에는 대리규정에 의하는 외에(59조 2항 · 127조) 위임에 관한 규정을 유추적용하여야 한다(690조 · 691조 등). 따라서 이사의 임기가 만료되거나 이사직을 사임한 경우에도 후임이사가 선임될 때까지 계속해서 이사의 직무를 수행할 수 있다고 하여야 한다(691조 참조. 임기만료에 관한 사안에 관하여 판례도 같다. 대판 1972. 4. 11, 72누86; 대판 1982. 3. 9, 81다614; 대판 1997. 6. 24, 96다45122; 대판 1998. 12. 23, 97다26142; 대판 2005. 3. 25, 2004다65336; 대판 2006. 4. 27, 2005도8875(감사 포함); 대판(전원) 2007. 7. 19, 2006두19297(감사 포함); 대판 2007. 7. 26, 2005도4072 등). 그러나 일부 이사의 임기가 만료되었다 하더라도 아직 임기가 만료되지 않은 다른 이사들로써 정상적인 법인의 활동을 할 수 있는 경우에는 임기만료된 이사로 하여금 직무를 계속 수행하게 할 필요는 없다(대판 1983. 9. 27, 83다카938; 대판 2003. 1. 10, 2001다1171). 따라서 이러한 경우에는 임기가 만료된 이사는 임기만료로서 당연히 퇴임한다(대결 2014. 1. 17, 2013마1801). 한편 법인의 정상적인 활동이 가능한지는 그 이사의 임기만료시를 기준으로 판단하여야 하며, 그 이후의 사정까지 고려할 수는 없다(대결 2014. 1. 17, 2013마1801).

판례에 따르면, 이사에 대하여 유추적용되는 제689조 제 1 항이 위임계약은 각 당사자가 언제든지 해지할 수 있다고 규정하고 있으므로, 법인은 원칙적으로 이사의 임기 만료 전에도 이사를 해임할 수 있지만, 이러한 민법의 규정은 임의규정에 불과하므로 법인이 자치법규인 정관으로 이사의 해임사유 및 절차 등에 관하여 별도의 규정을 두는 것도 가능하다고 한다(대판 2013. 11. 28, 2011다41741). 그리고 이와 같이 법인이 정관에 이사의 해임사유 및 절차 등을 따로 정한 경우 그 규정은 법인과 이사와의 관계를 명확히 함은 물론 이사의 신분을 보장하는 의미도 아울러 가지고 있어 그것을 단순히 주의적 규정으로 볼 수는 없으며, 따라서 법인의 정관에 이사의 해임사유에 관한 규정이 있는 경우 법인으로서는 이사의 중대한 의무위반 또는 정상적인 사무집행 불능 등의 특별한 사정이 없는 이상, 정관에서 정하지 않은 사유로 이사를 해임할 수 없다고 한다(대판 2013. 11. 28, 2011다41741. 같은 취지: 대판 2024. 1. 4, 2023다263537). 그런가 하면 법인이 정관에서 이사의 해임사유와 절차를 정하였고 그 해임사유가 실제로 발생하였다면, 법인은 이를 이유로 정관에서 정한 절차에 따라 이사를 해임할 수 있는데, 이때 정관에서 정한 해임사유가 발생하였다는 요건 외에 이로 인하여 법인과 이사 사이의 신뢰관계가 더 이상 유지되기 어려울 정도에 이르러야 한다는 요건이 추가로 충족되어야 법인이 비로소 이사를 해임할 수 있는 것은 아니라고 한다(대판 2024. 1. 4, 2023다263537).

〈판 례〉 [350]

(ㄱ) 「민법상 법인과 그 기관인 이사와의 관계는 위임자와 수임자의 법률관계와 같은 것으로서 이사의 임기가 만료되면 일단 그 위임관계는 종료되는 것이 원칙이고, 다만 그 후임이사 선임시까지 이사가 존재하지 않는다면 기관에 의하여 행위를 할 수밖에 없는 법인으로서 당장 정상적인 활동을 중단하지 않을 수 없는 상태에 처하게 되므로 민법 제691조의 규정을 유추하여 구 이사로 하여금 법인의 업무를 수행케 함이 부적당하다고 인정할 만한 특별한 사정이 없고 종전의 직무를 구 이사로 하여금 처리하게 할 필요가 있는 경우에 후임이사가 선임될 때까지 임기만료된 구 이사에게 이사의 직무를 수행할 수 있는 업무수행권이 인정되는 것이다(대법원 1982. 3. 9. 선고 81다614 판결, 1983. 9. 27. 선고 83다카938 판결, 1996. 1. 26. 선고 95다40915 판결 등 참조).

…임기만료된 이사의 업무수행권은 급박한 사정을 해소하기 위하여 퇴임이사로 하여금 업무를 수행하게 할 필요가 있는지를 개별적 · 구체적으로 가려 인정할 수 있는 것이지 퇴임이사라는 사정만으로 당연히 또 포괄적으로 부여되는 지위는 아니라는 이유 등으로, 피고 법인의 이사임의 확인을 구하는 원고의 이 사건 청구를 기각하였다.

기록과 위에서 본 법리에 비추어 보면, 원심의 위 인정판단은 모두 정당하」다(대판 1996. 12. 10, 96다37206. 대법원은 이 법리를 법인 아닌 사단에도 그대로 인정한다. 대판 1996. 10. 25, 95다56866; 대판 2003. 7. 8, 2002다74817; 대판 2007. 6. 15, 2007다6307 등 참조).

(ㄴ) 「민법상 법인의 이사 전원 또는 그 일부의 임기가 만료되었거나 사임하였음에도 불구하고 그 후임이사의 선임이 없거나 또는 그 후임이사의 선임이 있었다고 하더라도 그 선임결의가 무효이고, 남아 있는 다른 이사만으로는 정상적인 법인의 활동을 할 수 없는 경우, 임기만료되거나 사임한 구 이사로 하여금 법인의 업무를 수행케 함이 부적당하다고 인정할 만한 특별한 사정이 없는 때에는, 구 이사는 후임이사

가 선임될 때까지 종전의 직무를 수행할 수 있고, 임기만료되거나 사임한 구 이사가 후임이사가 선임될 때까지 종전의 직무를 수행할 수 있는 경우에는 구 이사는 그 직무수행의 일환으로 다른 이사를 해임하거나 후임이사를 선임한 이사회 결의의 하자를 주장하여 그 무효확인을 구할 법률상 이익이 있지만, 만약 임기만료되거나 사임한 구 이사로 하여금 법인의 업무를 수행케 함이 부적당하다고 인정될 만한 특별한 사정이 있다면 이러한 구 이사가 제기한 이사회 결의 무효확인의 소는 확인의 이익이 없어 부적법하다고 보아야 할 것이다.」(대판 2005. 3. 25, 2004다65336)

(ㄷ) 「후임이사가 유효히 선임되었는데도 그 선임의 효력을 둘러싼 다툼이 있다고 하여 그 다툼이 해결되기 전까지는 후임이사에게는 직무수행권한이 없고 임기가 만료된 구 이사만이 직무수행권한을 가진다고 할 수는 없다.」(대판 2006. 4. 27, 2005도8875)

(ㄹ) 「학교법인의 이사나 감사 전원 또는 그 일부의 임기가 만료되었다고 하더라도, 그 후임이사나 후임감사의 선임이 없거나 또는 그 후임이사나 후임감사의 선임이 있었다고 하더라도 그 선임결의가 무효이고 임기가 만료되지 아니한 다른 이사나 감사만으로는 정상적인 학교법인의 활동을 할 수 없는 경우, 임기가 만료된 구 이사나 감사로 하여금 학교법인의 업무를 수행케 함이 부적당하다고 인정할 만한 특별한 사정이 없는 한, 민법 제691조를 유추하여 구 이사나 감사에게는 후임이사나 후임감사가 선임될 때까지 종전의 직무를 계속하여 수행할 긴급처리권이 인정된다고 할 것이며(대법원 1982. 3. 9. 선고 81다614 판결, 1996. 1. 26. 선고 95다40915 판결 등 참조), 학교법인의 경우 민법상 재단법인과 마찬가지로 이사를 선임할 수 있는 권한은 이사회에 속하여 있으므로, 임기가 만료된 이사들의 참여 없이 후임 정식이사들을 선임할 수 없는 경우 임기가 만료된 이사들로서는 위 긴급처리권에 의하여 후임 정식이사들을 선임할 권한도 보유하게 된다(대법원 1963. 4. 25. 선고 63다15 판결, 1967. 2. 21. 선고 66다1347 판결 등 참조).

위와 같은 법리에 비추어 볼 때, 비록 취임승인이 취소된 학교법인의 정식이사들에 대하여 원래 정해져 있던 임기가 만료되고 임원결격 기간마저 경과하였다 하더라도, 구 사립학교법상 임원취임 승인취소처분이 위법하다고 판명되고 나아가 위 취소처분의 취소청구와 동일한 소송절차 또는 별도의 소송절차 등에 의하여 임시이사 선임처분의 효력을 다툰 결과 그 처분에 의하여 선임된 임시이사들의 지위가 부정되어 직무권한이 상실되면, 학교법인으로서는 후임이사 선임시까지 이사가 존재하지 않게 되어 정상적인 활동을 중단하지 않을 수 없는 상태에 처하게 되므로, 결국 그 이사들은 후임이사 선임시까지 민법 제691조의 유추적용에 의하여 직무수행에 관한 긴급처리권을 가지게 되고, 이에 터잡아 후임 정식이사들을 선임함으로써 위법하게 상실된 사학의 자율성을 회복하고 시정할 수 있게 되는바, 위 긴급처리권의 법리는 감사의 경우에도 마찬가지로 적용된다.」(대판(전원) 2007. 7. 19, 2006두19297)

(ㅁ) 「법인의 자치규범인 정관에서 법인을 대표하는 이사인 회장과 대표권이 없는 일반 이사를 명백히 분리함으로써 법인의 대표권이 회장에게만 전속되도록 정하고

회장을 법인의 회원으로 이루어진 총회에서 투표로 직접 선출하도록 정한 경우 일반 이사들에게는 처음부터 법인의 대표권이 전혀 주어져 있지 않기 때문에 회장이 궐위된 경우에도 일반 이사가 법인을 대표할 권한을 가진다고 할 수 없고, 사임한 회장은 후임회장이 선출될 때까지 대표자의 직무를 계속 수행할 수 있다. 그러나 사임한 대표자의 직무수행권은 법인이 정상적인 활동을 중단하게 되는 처지를 피하기 위하여 보충적으로 인정되는 것이다.」(대판 2003. 3. 14, 2001다7599. 법인의 대표권에 관하여 같은 취지: 대결 2018. 11. 20, 2018마5471(대표권이 법인의 이사장에게 전속된 경우))

(ㅂ)「임기만료된 이사의 업무수행권은 법인이 정상적인 활동을 중단하게 되는 처지를 피하기 위하여 인정되는 것임에 비추어 본다면, 별다른 급박한 사정도 없이 임기만료 전의 현임이사를 해임하고 그 후임자를 선임하기 위한 이사 및 평의원 연석회의를 스스로 소집하여 이를 제안하는 것과 같은 일은 임기만료된 이사장에게 수행케 함이 부적당한 임무에 해당한다.」(대판 1982. 3. 9, 81다614. 같은 취지: 대판 1997. 6. 24, 96다45122; 대판 2006. 10. 27, 2006다23695)

(ㅅ)「임기만료된 대표자의 사무처리에 대하여 유추적용되는 민법 제691조는 종전 대표자가 임기만료 후에 수행한 업무를 사후에 개별적·구체적으로 가려 예외적으로 그 효력을 인정케 하는 근거가 될 수 있을 뿐, 그로 하여금 장래를 향하여 대표자로서의 업무수행권을 포괄적으로 행사하게 하는 근거가 될 수는 없으므로, 법인 아닌 사단의 사원 기타 이해관계인이 임기가 만료된 대표자의 직무수행금지를 소구하여 올 경우 민법 제691조만을 근거로 이를 배척할 수는 없는 것이다.」(대판 2003. 7. 8, 2002다74817. 같은 취지: 대결 2006. 10. 27, 2005마10)

법인과 이사의 법률관계는 신뢰를 기초로 한 위임 유사의 관계이므로, 이사는 정관에 특별한 제한이 없는 한 제689조 제 1 항이 규정한 바에 따라 언제든지 사임할 수 있으며(대판 1992. 7. 24, 92다749(재단법인의 경우); 대판 2003. 1. 10, 2001다1171(학교법인의 경우)도 같음. 그러나 김상용, 245면은 부득이한 사유가 있는 때에만 해임·사임을 할 수 있다고 한다), 사임행위는 상대방 있는 단독행위이므로 사임의 의사표시는 수령권한 있는 기관에 도달하면 효력이 생기고 이사회의 결의·관할관청의 승인 또는 법인의 승낙은 필요하지 않다(대판 1992. 7. 24, 92다749; 대판 1993. 9. 14, 93다28799; 대판 2003. 1. 10, 2001다1171. 대판 2008. 9. 25, 2007다17109도 참조). 그런데 법인이 정관에서 이사의 사임절차나 사임의 의사표시의 효력발생시기 등에 관하여 특별한 규정을 둔 경우에는, 이사의 사임의 의사표시가 법인의 대표자에게 도달한 것만으로 곧바로 사임의 효력이 발생하는 것이 아니고 정관에서 정한 바에 따라 사임의 효력이 발생하며, 따라서 이사가 사임의 의사표시를 하였더라도 정관에 따라 사임의 효력이 발생하기 전에는 그 사임의사를 자유롭게 철회할 수 있다(대판 2008. 9. 25, 2007다17109). 그리고 사임서 제시 당시 즉각적인 철회권유로 사임서 제출을 미루거나 대표자에게 사표의 처리를 일임하거나 사임서의 작성일자를 제출일 이후로 기재한 경우 등 사임의사가 즉각적이라고 볼 수 없는 특별한 사정이 있을 경우에는, 별도의 사임서 제출이나 대표자의 수리행위 등이 있어야 사임의 효력이 발생하고, 그 이전에 사임의사를 철회할 수 있다고 하여야 한다(대판 2006. 6. 15, 2004다10909). 한편 이사를 사임하는 의사표시가 상대방에게 도달하여 효력을 발생한 후에는 마음대로 그것을 철회할 수 없다(대판 1993. 9. 14, 93다28799; 대판 2006. 6. 15, 2004다10909).

〈판 례〉

「법인격 없는 사단인 종중과 그 기관인 이사와의 관계는 위임에 유사한 계약관계로서 수임자인 이사는 언제라도 사임할 수 있고(민법 제689조 제 1 항), 이 경우 종중규약 등에 특별한 정함이 없는 한 사임의 의사표시는 대표자에게 도달함으로써 효력이 발생한다고 할 것이며, 종중의 대표자가 사임하는 경우에는 대표자의 사임으로 그 권한을 대행하게 될 자에게 도달한 때에 사임의 효력이 발생하고 이와 같이 사임의 효력이 발생한 뒤에는 이를 철회할 수 없다(대법원 1991. 5. 10. 선고 90다10247 판결 참조).」(대판 2006. 10. 27, 2006다23695)

(3) 등 기

이사의 성명 · 주소는 등기사항이며(49조 2항), 이를 등기하지 않으면 이사의 선임 · 해임 · 퇴임을 가지고 제 3 자에게 대항할 수 없다(54조 1항)(대판 2000. 1. 28, 98다26187도 참조).

[351]

3. 직무권한

(1) 직무집행의 방법

이사 선임행위는 일종의 위임계약이므로 이사는 선량한 관리자의 주의로써 직무를 수행하여야 한다(681조 · 61조). 이사가 이 의무에 위반하면 그는 법인에 대하여 채무불이행을 이유로 손해배상책임을 지게 된다. 그런데 민법은 「이사가 그 임무를 해태한 때에는 그 이사는 법인에 대하여 연대하여 손해배상의 책임이 있다」는 규정을 두어 법인을 보호하고 있다(65조). 이 규정에 의하여 이사들은 각자 손해의 전부에 대하여 배상책임을 지게 되는데, 그 책임은 여전히 채무불이행의 성격을 가진다고 할 것이다.

이사의 직무권한에는 법인대표와 업무집행의 두 가지가 있다.

(2) 법인의 대표(대외적 권한)

1) 대 표 권 　이사는 법인의 사무에 관하여 각자 법인을 대표한다(59조 1항). 대표하는 사무에는 제한이 없으며, 원칙적으로 행위능력이 있는 모든 사항에 관

하여 대표권이 있다. 그리고 이사가 2인 이상인 경우에는 단독대표가 원칙이다.

법인의 대표에 관하여는 대리에 관한 규정을 준용한다(59조 2항). 따라서 대표기관이 대표행위를 함에 있어서는 대리행위에서와 마찬가지로 법인을 위한 것임을 표시하여서 하여야 한다(115조 참조). 그리고 무권대리 · 표현대리에 관한 규정도 준용된다.

〈판 례〉

「구 신용협동조합법(1998. 1. 13. 법률 제5506호로 개정되기 전의 것)…의 각 규정을 종합하여 보면, 신용협동조합의 이사장은 조합의 사무를 통할하고 조합을 대표하는 권한을 가지며, 위 법이 신용협동조합의 조합원에 대한 대출에 관하여 이사회의 결의를 거치도록 규정한 것은, …그 대표자의 대표권을 제한한 취지라고 할 것인바, 이와 같이 신용협동조합의 대출에 관한 대표자의 대표권이 제한되는 경우 그 요건을 갖추지 못한 채 무권대표행위에 의하여 조합원에 대한 대출이 이루어졌다고 하더라도 나중에 그 요건이 갖추어진 뒤 신용협동조합이 대출계약을 추인하면 그 계약은 유효하게 되는 것이고(민법 제59조 제 2 항, 제130조, 제133조 참조), 신용협동조합이 파산한 경우 파산재단의 존속 · 귀속 · 내용에 관하여 변경을 야기하는 일체의 행위를 할 수 있는 관리 · 처분권은 파산관재인에게 전속하고(파산법 제 7 조)(채무자회생법 384조에 해당: 저자 주), 반면 파산한 신용협동조합의 기관은 파산재단의 관리 · 처분권 자체를 상실하게 되므로, 위와 같은 무권대표행위의 추인권도 역시 특별한 사정이 없는 한 파산관재인만이 행사할 수 있다고 보아야 한다.

그런데 기록에 의하면, ○○신협의 파산관재인인 피고는, 이 사건 각 대출계약이 이사회의 결의 없이 이루어진 것이어서 무효라고 원고들이 주장하기 이전에 이미, 이 사건 각 대출계약이 유효함을 전제로 원고들에 대하여 이 사건 각 대출계약에 따른 이행을 촉구한 바 있음을 알 수 있으므로, 이 사건 각 대출계약은 피고의 적법한 추인권 행사로 말미암아 유효하게 되었다고 할 것이다.」(대판 2004. 1. 15, 2003다56625)

2) 대표권의 제한 [352]

㈎ **정관에 의한 제한** 이사의 대표권은 정관에 의하여 제한할 수 있으며(59조 1항 단서), 정관에 기재하지 않은 대표권제한은 무효이다(41조). 그리고 정관에 기재한 경우에도 등기하지 않으면 제 3 자에게 대항하지 못한다(60조). 여기의 제 3 자는 선의의 자로 한정되어 있지 않다. 그런데 학설은 i) 등기되어 있지 않으면 악의의 제 3 자에게도 대항할 수 없다는 견해(고상룡, 222면; 김용한, 184면; 김학동, 204면; 양창수, 민법연구(1), 122면 이하)와 ii) 등기되어 있지 않더라도 악의의 제 3 자에게는 대항할 수 있다는 견해(고창현, 233면; 곽윤직, 147면; 김상용, 240면; 김주수, 243면; 백태승, 250면; 이은영, 278면; 정기웅, 215면)로 나뉘어 대립하고 있다. i)설은 그 이유로 ① 대표권제한을 등

기사항으로 규정한 이상 법률관계를 획일적으로 처리하여야 한다는 점, ② 그렇게 해석하는 것 즉 등기를 하면 선의의 제 3 자에게도 대표권제한을 주장할 수 있고 등기를 하지 않으면 악의의 제 3 자에게도 대표권제한을 주장할 수 없다고 하는 것이 균형에 맞는다는 점, ③ 변경등기의 효력에 관한 제54조 제 1 항도 등기하지 않은 사항은 모든 제 3 자에게 대항하지 못한다고 규정한 것과 균형을 유지하여야 한다는 점, ④ 법률관계를 간명하게 한다는 점 등을 든다. 그에 비하여 ii)설은 ① 악의의 제 3 자를 보호할 이유가 없다는 점, ② 악의의 제 3 자를 제외하는 것이 법률행위의 본질에 합당하다는 점을 든다. 한편 판례는 제 3 자가 선의냐 악의냐에 관계없이 대항할 수 없다고 하여 i)설과 같다(대판 1992. 2. 14, 91다24564; 대판 2014. 9. 4, 2011다51540). 생각건대 우리 민법이 제정되면서 의용민법과 달리 「선의의 제 3 자」라고 하지 않고 단순히 제 3 자라고 한 점에 비추어 볼 때, 이는 등기 없이는 모든 제 3 자에게 대항할 수 없도록 하려는 취지로 이해하여야 한다. 한편 대표권제한을 등기한 경우에 모든 제 3 자에게 대항할 수 있다는 데 대하여는 다툼이 없다.

〈판 례〉

「법인의 대표자가 법인의 채무를 부담하는 계약을 함에 있어서 이사회의 결의를 거쳐 노회와 설립자의 승인을 얻고 주무관청의 인가를 받도록 정관에 규정되어 있다면 그와 같은 규정은 법인 대표권의 제한에 관한 규정으로서 이러한 제한은 등기하지 아니하면 제 3 자에게 대항할 수 없다고 할 것인바(당원 1975. 4. 22. 선고 74다410 판결; 1987. 11. 24. 선고 86다카2484 판결 각 참조), 피고 법인의 정관 제10조에 그와 같은 취지의 법인 대표권의 제한에 관한 규정이 있음은 소론과 같으나 그와 같은 취지가 등기되어 있다는 주장 입증이 없는 이 사건에서 피고 법인은 원고가 그와 같은 정관의 규정에 대하여 선의냐 악의냐에 관계없이 제 3 자인 원고에 대하여 이러한 절차의 흠결을 들어 이 사건 보증계약의 효력을 부인할 수 없다고 할 것이다.」(대판 1992. 2. 14, 91다24564)

정관에 의한 대표권제한의 예로는 일정한 행위에 총회 · 이사회 또는 설립자의 동의를 얻도록 하거나(같은 취지: 대판 1987. 11. 24, 86다카2484; 대판 1992. 2. 14, 91다24564) 공동대표로 하게 하는 것, 여러 명의 이사 가운데 특정한 이사(가령 이사장)에게만 대표권을 인정하는 것을 들 수 있다.

정관에 대표권에 대한 제한이 정하여져 있다는 것과 대표권의 제한에 관하여 등기가 되어 있다는 것은 모두 대표권의 제한을 주장하는 자가 주장 · 증명하여야 한다. 제41조 · 제60조의 법문에 비추어 보아도 그러하나, 민법상 이사는 원칙적으로 각자가 전면적인 대표권을 가지고 있기 때문에도 그렇게 새겨야 한다

(양창수, 민법연구(3), 349면 · 350면도 참조). 판례도 위와 같은 견지에 있다(대판 1987. 11. 24, 86다카2484; 대판 1992. 2. 14, 91다24564).

(나) **사원총회의 의결에 의한 제한** 일반적인 견해에 의하면, 사단법인 이사의 대표권은 사원총회의 의결에 의하여서도 제한할 수 있다고 한다(59조 1항 단서). 그리고 이 제한은 정관에 기재될 필요는 없으나, 등기는 하여야만 제 3 자에게 대항할 수 있다고 한다(60조). 그런데 이에 대하여 반대하는 주장이 있다. 즉 이 규정은 대표권행사에 관한 일반적 의무를 말한 것이고, 이에 의하여 사원총회의 의결이 직접 대표권을 제한한다고 할 수는 없다는 것이다. 즉 사원총회의 어떤 결의가 있었더라도 이는 대내적인 업무집행 방법을 정한 것으로서 이에 위반한 이사의 행위는 대표권의 범위 내의 행위라고 한다(김학동, 205면). 그런가 하면 제59조 제 1 항 단서가 아예 이사와 법인 사이의 대내적인 관계의 규정이고 대외적인 법인 대표권의 제한에 관한 규정이 아니라는 견해도 있다(양창수, 민법연구(1), 130면). 이러한 논란이 생긴 이유는, 현행민법이 의용민법 하에서부터 대표권제한에 관한 규정으로 이해되던 제59조 제 1 항 단서와 별도로 대표권의 제한은 정관에 기재하여야 효력이 있다고 하는 제41조를 신설한 데 있다. 통설은 제41조를 무시하고 의용민법에서와 같이 해석하는 것이고, 소수설들은 그 규정을 중시하는 해석을 하고 있는 것이다. 생각건대 제41조의 규정이 신설된 현행민법 아래서는 사원총회의 결의가 대표권을 제한하는 내용의 것이라도 정관에 기재되지 않으면 제한의 효력이 없다고 하여야 한다. 그때에 결의에 위반하여 대표행위를 한 이사는 사단법인에 대하여만 책임을 지게 될 뿐이다. 대표권제한이 제 3 자에 직접 영향을 미치는 점을 고려하여도 그렇게 새겨야 한다. 그렇다고 하여 제59조 제 1 항 단서가 대표권제한에 관한 규정이 아니라고 할 것은 아니다. 사원총회의 결의도 대표권제한의 내용을 가질 수 있고, 그것이 정관에 기재되면 효력이 생길 수 있는 것이다. [353]

(다) **법인과 이사의 이익상반의 경우** 법인과 이사의 이익이 상반하는 사항에 관하여는 이사는 대표권이 없으며, 그 경우에는 이해관계인이나 검사의 청구에 의하여 법원이 특별대리인을 선임하여야 한다(64조, 비송법 33조 참조). 그리고 그 사항에 대하여는 특별대리인이 법인을 대표한다. 그런데 특별대리인은 다른 이사가 있는 경우에는 선임될 필요가 없다고 해석하여야 한다(통설도 같음. 반대: 고상룡, 223면). 이 경우에는 다른 이사가 법인을 대표하면 되기 때문이다. [354]

이사가 제64조에 위반하여 법인과 이사의 이익이 상반하는 사항에 관하여 특별대리인을 선임하지 않고 스스로 대표행위를 한 경우에는 그 행위는 무권대표행위가 되며, 거기에는 무권대리에 관한 규정이 준용된다(59조 2항·130조 이하). 그 결과 법인이 추인하지 않는 한 그 행위의 효력이 법인에 미치지 않고(130조), 상대방의 선택에 따라 이사가 계약의 이행 또는 손해배상을 하여야 한다(135조).

㈑ **복임권의 제한** 이사는 스스로 대표권을 행사하여야 하며, 따라서 원칙적으로 복임권이 없다. 다만, 그는 정관 또는 총회의 결의로 금지하지 않은 사항에 한하여 타인으로 하여금 특정의 행위를 대리하게 할 수 있다(62조). 이사는 포괄적인 복임권은 없다(대판 1989. 5. 9, 87다카2407). 이러한 이사의 복임권의 범위는 임의대리인(120조 참조)과 법정대리인(122조 참조)의 복임권의 중간에 해당한다.

복임권은 대표권 있는 이사가 행사할 수 있다. 따라서 정관상 특정한 이사만이 대표권을 갖는 경우에는 대표권 없는 다른 이사는 복임권을 가지지 못한다(주해(1), 688면(최기원)). 이사가 선임한 자는 법인의 기관이 아니고 대리인에 해당한다. 그 결과 그의 불법행위에 대하여는 제35조가 적용되지 않고 제756조가 적용된다. 대리인의 자격에는 제한이 없으므로 대표권 없는 이사도 대리인으로 선임될 수 있다.

이사가 선임한 대리인은 특정재산의 관리와 같은 특정한 행위에 관하여 대리권을 가지며, 포괄적인 대리권은 없다. 그리고 이사는 이 대리인의 선임·감독에 관하여 책임을 진다고 새겨야 한다(121조 참조. 통설도 같음).

이사는 법인의 목적범위 내에서만 대표권을 행사할 수 있으나, 그것은 대표권의 제한이라고 할 수는 없다. 그리고 예컨대 학교법인이 기본재산을 매도하는 등의 행위를 하려고 할 때에 관할청의 허가를 받도록 하는 사립학교법 제28조 제 1 항과 같은 효력규정도 법인의 능력을 제한하는 것도 아니고 또 대표권의 제한도 아니라고 하여야 한다. 그것은 일정한 대표행위에 법률이 요구하는 특별한 유효요건이라고 보아야 한다. 따라서 규정에 위반한 행위는 무효이고, 그 규정이 요구하는 요건(가령 관할청의 허가)을 갖추지 않는 한, 유효하게 되지 못한다. 그 결과 그러한 경우에는 법인 및 대표기관의 불법행위책임만 남게 된다.

3) **대표권 남용** 이사가 대표권의 범위 내에서 또는 대표권의 범위를 넘어서서 자신 또는 제 3 자의 이익을 꾀하기 위하여 대표행위를 한 경우에 대하여는 앞에서 살펴보았다([346] 참조).

(3) 법인의 업무집행 [355]

1) 서 설 이사는 법인의 모든 내부적 사무를 집행할 권한이 있다(58조 1항). 그리고 이사가 여럿 있는 경우에는 정관에 다른 규정이 없으면 법인의 사무집행을 이사의 과반수로써 결정한다(58조 2항).

〈판 례〉

「재단법인 정관에서 일상적 사무를 처리하기 위해 사무총장, 사무국장 등의 명칭으로 상근 임원을 따로 두고 있는 경우, 비상근 또는 업무집행을 직접 담당하지 아니하는 이사도 단지 이사회에 상정된 의안에 대하여 찬부의 의사표시를 하는 데에 그치지 않고 상근 임원의 전반적인 업무집행을 감시할 의무가 있는 것이므로, 상근 임원의 업무집행이 위법하다고 의심할 만한 사유가 있음에도 불구하고 감시의무를 위반하여 이를 방치한 때에는 이로 말미암아 재단법인이 입은 손해에 대하여 배상책임을 면할 수 없다.」(대판 2016. 8. 18, 2016다200088)

2) 이사가 집행하여야 할 주요사무

(ㄱ) **재산목록의 작성** 재산목록은 법인의 적극재산 · 소극재산 모두를 기재한 명세서이다. 이사는 법인이 성립한 때에 기본 재산목록을 작성하고, 그 후에는 매년 연초의 3개월 내에 전년도 말 현재의 매년도 재산목록을 작성하여야 한다(55조 1항 1문). 사업연도를 정한 법인에 대하여는 민법이 「성립한 때 및 그 연도 말에」 작성하도록 규정하고 있다(55조 1항 2문). 그런데 통설은 이 규정의 의미에 관하여 매년도 재산목록이 전년도의 재산상태를 분명히 하기 위한 것이므로 이듬해 사업연도의 최초의 3개월 내에 작성하면 된다고 해석한다(대표적으로 곽윤직, 148면; 주해(1), 650면(홍일표). 반대: 이영준, 959면). 이에 의하면 사업연도가 매년 3월 1일부터 이듬해 2월 말인 경우에는 매년 5월 말까지 작성하면 된다. 이와 같이 작성한 재산목록은 사무소에 비치하여 열람할 수 있도록 하여야 한다.

재산목록을 작성하여 비치하도록 한 이유는 법인의 재산목록을 분명하게 하여 법인의 자산상태를 일반 제 3 자에게 알리는 동시에 이사 개인의 재산과 섞이는 것을 막아 제 3 자를 보호하려는 데 있다(같은 취지: 곽윤직, 148면).

이사가 재산목록의 작성 · 비치 의무를 위반하거나 재산목록에 부정기재를 한 때에는 500만원 이하의 과태료에 처한다(97조 2호).

(ㄴ) **사원명부의 작성** 사단법인의 이사는 사원명부를 작성하여 사무소에

비치하고, 사원의 변경이 있을 때에는 그것을 기재하여야 한다(55조 2항). 이사가 이 의무를 위반하거나 사원명부에 부정기재를 한 때에는 500만원 이하의 과태료에 처한다(97조 2호).

(다) **사원총회의 소집** 사단법인의 이사는 매년 1회 이상 통상총회(정기총회에 해당함)를 소집하여야 하고(69조), 필요하다고 인정한 때에는 임시총회를 소집할 수 있다(70조 1항). 그리고 일정한 수의 사원의 청구가 있는 때에는 임시총회를 소집하여야 한다(70조 2항).

(라) **총회 의사록의 작성** 사원총회의 의사(議事)에 관하여는 의사록을 작성하여야 하는데(76조 1항), 의사록에는 의사의 경과 · 요령 및 결과를 기재하고 의장 및 출석한 이사가 기명날인하여야 한다(76조 2항). 그리고 이사는 의사록을 주된 사무소에 비치하여야 한다(76조 3항).

이사가 의사록의 작성 · 비치에 관한 의무를 위반한 때에는 500만원 이하의 과태료에 처한다(97조 5호).

(마) **파산신청** 법인이 채무를 완전히 변제하지 못하게 된 때에는 이사는 지체없이 파산신청을 하여야 한다(79조). 이사가 이 규정에 위반하여 파산선고의 신청을 게을리한 때에도 500만원 이하의 과태료에 처한다(97조 6호).

(바) **법인해산시 청산인이 되는 것** 법인이 해산된 때에는 파산의 경우를 제외하고는 원칙적으로 이사가 청산인이 된다(82조).

(사) **법인등기** 이사는 각종의 법인등기를 하여야 하며, 그것을 위반하면 500만원 이하의 과태료에 처한다(97조 1호). 법인등기의 종류와 내용에 관하여는 뒤에 설명한다([376] 참조).

[356] ## 4. 이 사 회

이사가 여럿 있는 경우에는, 위에서 본 바와 같이, 정관에 다른 규정이 없으면 법인의 사무집행은 이사의 과반수로써 결정한다(58조 2항). 그리하여 실제에 있어서 법인은 이사가 여럿 있는 경우에 정관에 의하여 이사 전원으로 이사회를 구성하는 것이 보통이다. 이사회는 정관에 의하여 집행기관으로 정할 수 있다. 그러나 민법은 이사회를 법인의 당연한 기관으로 정하고 있지 않다(주식회사의 이사회는 필요기관이다. 상법 390조 이하 참조). 다만, 공익법인(공익법인법 6조)과 학교법인(사립학교법 15조)의 경우에는 이사회가 필요기관이다.

이사회의 소집 · 결의 · 의사록의 작성 등에 관하여는 정관에 특별한 규정이 없는 한 사원총회에 관한 규정(71조 내지 76조)을 유추적용하여야 할 것이다(이설 없음). 최근에 대법원은 이사회 소집에 대하여 전에 보지 못한 결정을 하였다(대결 2017. 12. 1, 2017그661). 그 결정에 따르면, 민법상 법인의 정관에 대표권 있는 이사만 이사회를 소집할 수 있고, 다른 이사가 요건을 갖추어 이사회 소집을 요구하면 대표권 있는 이사가 이에 응하도록 규정하고 있는데도 대표권 있는 이사가 다른 이사의 정당한 이사회 소집을 거절한 경우에는, 이사는 정관의 규정 또는 민법에 기초하여 법인의 사무를 집행할 권한에 의하여(58조 1항 · 2항 참조) 이사회를 소집할 수 있다고 한다. 그리고 민법상 법인에서 과반수에 미치지 못하는 이사가 정관의 특별한 규정에 근거하여 이사회를 소집하거나 과반수의 이사가 제58조 제 2 항에 근거하여 이사회를 소집하는 경우에는, 법원의 허가를 받을 필요 없이 그 본래적 사무집행권에 기초하여 이사회를 소집할 수 있고, 법원은 민법상 법인의 이사회 소집을 허가할 법률상 근거가 없다고 한다. 또한 법원의 허가를 얻어 임시총회를 소집할 수 있도록 규정한 제70조 제 3 항을 민법상 법인의 이사회 소집에 유추적용할 수 없다고 한다.

한편 판례에 따르면, 민법상 법인의 이사회의 결의에 하자가 있는 경우에 관하여 법률에 별도의 규정이 없으므로 그 결의에 무효사유가 있는 경우에는 이해관계인은 언제든지 또 어떤 방법에 의하든지 그 무효를 주장할 수 있다고 할 것이지만, 이와 같은 무효주장의 방법으로서 이사회 결의 무효확인소송이 제기되어 승소 확정판결이 난 경우 그 판결의 효력은 그 소송의 당사자 사이에서만 발생하는 것이지 대세적 효력이 있다고 볼 수는 없다고 한다(대판 2000. 1. 28, 98다26187; 대판 2000. 2. 11, 99다30039; 대판 2003. 4. 25, 2000다60197).

〈판 례〉

(ㄱ)「재단법인 이사회가 법령 또는 정관이 정하는 바에 따른 정당한 소집권자 아닌 자에 의하여 소집되고 그 이사 가운데 일부만이 참석하여 결의를 하였다면, 그 이사회의 결의는 부적법한 결의로서 효력이 없다.」(대판 2000. 2. 11, 99두2949. 같은 취지: 대판 2006. 10. 27, 2004다63408)

(ㄴ)「민법상 비영리 재단법인의 정관에 이사회를 개최하기에 앞서 미리 일정한 기한을 두고 회의 안건 등을 기재한 소집통지서를 발송하도록 하고 있음에도 불구하고 이러한 소집통지에 관한 절차를 거치지 아니한 관계로 그 소집통지를 받지 못한 이사가 참석하지 아니하였고, 이사회를 개최하지도 아니하였으면서 일부 이사들이 이

를 개최한 양 의사록만 작성하거나 일부 이사들만이 모여 이사회를 개최하였다면 이러한 이사회의 결의는 존재하지 아니하는 것이거나 당연무효라고 보아야 할 것이다. 이 경우 적법한 소집통지를 받지 못한 이사가 출석하여 반대의 표결을 하였다 한들 이사회 결의의 성립에 영향이 없었다고 하더라도 그 이사회 결의가 당연무효라고 하는 결론에 지장을 주지 아니한다(당원 1968. 12. 9.자 68마1283 결정; 1987. 3. 24. 선고 85누973 판결 참조).」(대판 1992. 7. 24, 92다749)

(ㄷ) 「사회복지법인의 정관에 이사회의 소집통지시 '회의의 목적사항'을 명시하도록 정하고 있음에도, 일부 이사가 참석하지 않은 상태에서 소집통지서에 회의의 목적사항으로 명시한 바 없는 안건에 관하여 이사회가 결의하였다면, 적어도 그 안건과 관련하여서는 불출석한 이사에 대하여는 정관에서 규정한 바대로의 적법한 소집통지가 없었던 것과 다를 바 없으므로 그 결의 역시 무효라 할 것이다.」(대결 2005. 5. 18, 2004마916)

(ㄹ) 「개정 전 신용협동조합법은 이사회의 결의를 요하는 사항만을 규정하고 있을 뿐 이사회의 결의방법에 관하여 아무런 규정을 두고 있지 아니하므로, 이사회 결의를 요하는 사항에 관하여 이사들에게 개별적으로 결의사항의 내용을 설명하고 동의를 받은 후 미리 작성한 이사회 회의록에 날인받는 방식으로 의결을 하는 이른바 서면결의의 방식에 의한 이사회 결의를 금지하고 있는 것으로 볼 수는 없다고 할 것이다.

그리고 ○○신협의 정관에 "재적이사 과반수의 출석으로 개최하고 출석이사 과반수의 찬성으로 의결한다"는 규정(제45조)이 있기는 하나, 이는 의사정족수 및 의결정족수에 관한 일반규정이어서 이른바 서면결의의 방식에 의한 이사회 결의를 금하는 규정이라고 단정하기 어려울 뿐 아니라, 만일 위 규정을 서면결의를 금하는 규정으로 본다면 이는 … 정관으로 이사회 결의의 방식까지 제한하는 규정을 둔 것이라고 할 것인바, 정관에 대표권의 제한규정을 둔 경우에도 민법 제60조에 의하여 대표권의 제한은 등기를 하지 아니한 이상 제 3 자에 대항할 수 없다고 할 것인데, ○○신협이 이러한 대표권의 제한에 관하여 등기를 하였다고 볼 만한 자료가 없으므로, ○○신협의 정관 제45조만으로 서면결의 방식에 의한 이사회 결의가 무효라고 할 수는 없다고 할 것이다.」(대판 2005. 6. 9, 2005다2554)

[357] 5. 임시이사

이사가 법인의 상설적 필요기관이기는 하지만, 일단 법인이 성립한 뒤에는 일시적으로 이사가 없게 되거나 결원이 생겨도 법인의 존립에는 영향이 없다. 그러나 이사가 전혀 없게 되거나 정관에서 정하고 있는 정원에 결원이 생기면 법인의 활동이 중단되어 법인 자체뿐만 아니라 타인에게도 손해가 생기는 등의 중대한 문제가 생길 수 있다. 그리하여 민법은 그러한 경우의 문제를 해결하기 위하여 임시이사제도를 두고 있다. 즉 이사가 없거나 결원이 있는 경우에, 이로 인하여 법인 또는 타인에게 손해가 생길 염려가 있는 때에는, 법원은 이해관계인이나 검사의 청구에 의하여 임시이사를 선임하여야 한다(63조). 여기서 「이사가 없거나 결원이 있는 경우」라 함은 이사가 전혀 없거나 정관에서 정한 인원수에 부족이 있는 경우를 말한다 할 것이고, 「이로 인하여 손해가 생길 염려가 있는 때」라 함은 통상의 이사 선임절차에 따라 이사가 선임되기를 기다릴 때에 법인이나 제 3 자에게 손해가 생길 우려가 있는 것을 의미한다(대결(전원) 2009. 11. 19, 2008마699 등. 앞부분에 관하여 같은 취지: 대결 1975. 3. 31, 74마562). 그리고 이해관계인은 임시이사가 선임되는 것에 관하여 법률상 이해관계를 가지는 자이며, 거기에는 법인의 다른 이사 · 사원 · 채권자 등이 포함된다(대결 1976. 12. 10, 76마394; 대결(전원) 2009. 11. 19, 2008마699).

한편 판례는, 법인 정관에서 이사들 중 대표권이 전속된 이사장이나 그 직무대행자인 부이사장을 법인의 회원이나 대의원으로 이루어진 총회에서 선출하도록 정하였고, 이러한 대표권이 전속된 이사장이나 그 직무대행자로 정한 부이사장이 없거나 결원이 있으며, 이로 인하여 손해가 생길 염려가 있는 때에는, 법원은 제63조에 따라 이해관계인이나 검사의 청구에 의하여 법인의 대표권이 전속된 임시 이사장이나 그 직무대행자인 임시 부이사장을 선임할 수 있다고 한다(대결 2018. 11. 20, 2018마5471).

그리고 판례(대결(전원) 2009. 11. 19, 2008마699. 사안은 법인 아닌 사단에 관한 것임)에 따르면, 교의의 선포 · 종교적 의식의 집행 · 신도의 교화 등을 목적으로 하는 종교단체라고 하더라도 그 종교적 행위를 영위하는 과정에서 인적 · 물적 조직을 구비하여 단체(사단 또는 재단)로서의 실체를 갖추고 일반사회에서 활동하며 다른 사회주체와 사회적 관계를 형성 · 유지하고 있다면, 이해관계인이나 검사는 임시이사의 선임을 청구할 수 있다고 한다. 그렇지만 헌법상 종교단체에 보장되는 종교활동의 자유와 자율성이 침해되지 않도록 그 선임요건과 필요성을 인정함에 신중을 기하여야 하며, 특히 그 선임요건으로 「손해가 생길 염려가 있는 때」를 판단할 때에는, 이사의 결원에 이르게 된 경위와 종교단체가 자율적인 방법으로 그 결원을 해결할 수 있는지 여부를 살피고, 아울러 임시이사의 부재(不在)로 인하여 혼란이 초래되어 임시이사를 선임하지 아니하는 것이 현저히 정의관념에 반하고 오히려 자유로운 종교활동을 위한 종교단체의 관리 · 운영에 심각한 장해를 초래하는지 여부 등의 사정을 종합적으로 참작하여야 할 것이라고 한다.

임시이사의 선임자격에 관하여는 법률상 명시적인 제한이 없다. 그러나 법인(또는 법인 아닌 단체)의 성격에 비추어 선임자격이 제한될 수 있을 것이다. 판례(대결(전원) 2009. 11. 19, 2008마699)에 따르면, 종교단체의 경우 결원이 된 이사가 지니는 지위·권한 및 직무내용과 임시이사가 실제로 수행하여야 하는 업무나 역할 등 당해 종교단체에 관한 구체적 사정에 따라서는 종교단체의 종교적인 활동 및 그 자율성에 장해를 주지 않도록 선임자격이나 그 구체적 권한 내지 직무내용을 제한함이 상당하다고 한 뒤, 특히 종교적인 영역에서 차지하는 종단 대표자의 지위나 역할의 중요성을 감안하면 그 종단의 신도가 아니어서 신앙적 동일성이 인정되지 않는 외부의 제 3 자로 하여금 신앙공동체인 종단의 대표자 업무를 담당하도록 하는 것은 특별한 사정이 없는 한 종교단체의 자율성과 본질에 어긋나므로 원칙적으로 허용되지 않는다고 해석할 것이라고 한다. 다만, 종단 내부의 총체적 분규와 전체적 대립 양상으로 인하여 당해 종단의 신도 중에서는 중립적인 지위에서 종단의 대표자 업무를 적정하게 수행할 수 있는 적임자를 도저히 찾을 수 없는 예외적 사정이 존재하는 경우에는 신도 아닌 사람도 임시이사로 선임할 수 있다고 할 것이나, 이 경우에도 그 직무범위나 권한을 비종교적 영역 내에서 선임의 필요성에 상응한 최소한의 범위로 제한함으로써, 종단의 정체성을 보존하고 그 자율적 운영에 대한 제약도 최소화될 수 있도록 할 것이라고 한다.

임시이사는 정식이사가 선임될 때까지의 일시적 기관이기는 하나, 원칙적으로 이사와 동일한 권한을 가지는 법인의 대표기관이다(대판 1963. 3. 21, 62다800; 대판 2013. 6. 13, 2012다40332; 대판 2018. 5. 15, 2017다56967; 대판 2019. 9. 10, 2019다208953). 다만, 학교법인의 경우와 같이 다른 재단법인에 비하여 자주성이 보장되어야 할 특수성이 있고 사립학교법 등 관련 법률에서도 이를 특별히 보장하고 있어 임시이사의 권한이 통상적인 업무에 관한 사항에 한정된다고 보아야 하는 경우도 있다(대판 2013. 6. 13, 2012다40332. 대판(전원) 2007. 5. 17, 2006다19054 (상지학원 임시이사 사건. 정식이사 선임 권한은 없다고 함)도 참조). 한편 정식이사가 선임되면 임시이사의 권한은 당연히 소멸한다(이설 없음).

〈판 례〉

(ㄱ) 「구 사립학교법은 임시이사 선임사유가 해소된 경우의 정상화 방법에 대하여 아무런 규정을 두고 있지 아니하므로, 이 문제는 구 사립학교법의 체계적인 해석을 통하여 그 결론을 도출하여야 할 것이다.

앞서 본 바와 같은 학교법인의 기본권과 구 사립학교법의 입법목적, 그리고 구 사립학교법 제25조가 민법 제63조에 대한 특칙으로서 임시이사의 선임사유, 임무, 재임기간 그리고 정식이사로의 선임제한 등에 관한 별도의 규정을 두고 있는 점 등에 비추어 보면, 같은 조 제 1 항에 의하여 교육인적자원부장관이 선임한 임시이사는 이사의 결원으로 인하여 학교법인의 목적을 달성할 수 없거나 손해가 생길 염려가 있는 경우에 임시적으로 그 운영을 담당하는 위기관리자로서, 민법상의 임시이사와는 달리 일반적인 학교법인의 운영에 관한 행위에 한하여 정식이사와 동일한 권한을 가지는 것으로 제한적으로 해석하여야 할 것이고, 따라서 정식이사를 선임할 권한은 없다고 봄이 상당하다. …

결국, 임시이사는 그 지위의 한시적 · 임시적인 특성으로 인하여 그 권한에 내재적인 한계를 가지고 있다고 할 것인바, 적어도 설립목적의 본질적인 변경이나 임시이사 선임사유 해소시의 정식이사 선임과 같이 학교법인의 일반적인 운영을 넘어서는 사항은 임시이사의 권한 밖의 일이라 할 것이다.」(대판(전원) 2007. 5. 17, 2006다19054: 이른바 상지학원 임시이사 사건)

(ㄴ) 「구 사립학교법상 임시이사는 정식이사를 선임할 권한이 없고, 임시이사가 선임되기 전에 적법하게 선임되었다가 퇴임한 정식이사 등 또한 후임 정식이사를 선임할 권한이 없으므로, 임시이사가 위 퇴임 정식이사 등과 협의하여 후임 정식이사를 선임하였다고 하여 권한 없는 임시이사의 정식이사 선임행위가 유효하게 될 수는 없다(대법원 2009. 7. 23. 선고 2008다18925 판결 참조).」(대판 2010. 10. 28, 2010다30676 · 30683. 같은 취지: 대판 2011. 9. 8, 2009다67115).

6. 특별대리인 [358]

법인과 이사의 이익이 상반하는 사항에 관하여는 이사는 대표권이 없다. 그리하여 그 경우에는 이해관계인이나 검사의 청구에 의하여 법원이 법인을 대표할 자를 선임하여야 하는데, 그 자가 특별대리인이다(64조 · 63조). 이 특별대리인은 대리인이 아니고 법인의 기관이다.

7. 직무대행자

이사의 선임행위에 흠이 있는 경우에 이해관계인의 신청에 의하여 법원이 가처분으로 선임하는 임시적 기관이다. 직무대행자는 가처분명령에 다른 정함이 없는 한 법인의 통상사무에 속하는 행위만을 할 수 있다(60조의 2 1항 본문). 다만, 법원의 허가를 얻은 경우에는 통상사무가 아닌 행위도 할 수 있다(60조의 2 1항 단서). 한편 직무대행자가 이 규정에 위반한 행위를 한 경우에도 법인은 선의의 제 3 자에 대하여 책임을 진다(60조의 2 2항)(이 규정의 정확한 의미는 파악하기가 대단히 어렵다. 특히 「경우에도」가 어느 경우를 전제로 한 것인지 알 수 없다. 좋지 않은 입법 방법이다).

〈판 례〉

(ㄱ)「민사집행법 제300조 제 2 항의 임시의 지위를 정하는 가처분은 권리관계에 다툼이 있는 경우에 권리자가 당하는 위험을 제거하거나 방지하기 위한 잠정적이고 임시적인 조치로서 그 분쟁의 종국적인 판단을 받을 때까지 잠정적으로 법적 평화를 유지하기 위한 비상수단에 불과한 것으로, 가처분결정에 의하여 학교법인의 이사의 직무를 대행하는 자를 선임한 경우에 그 직무대행자는 단지 피대행자의 직무를 대행할 수 있는 임시의 지위에 놓여 있음에 불과하므로, 가처분명령에 다른 정함이 있는 경우 외에는 학교법인을 종전과 같이 그대로 유지하면서 관리하는 한도 내의 학교법인의 통상업무에 속하는 사무만을 행할 수 있다고 하여야 할 것이다(민법 제60조의 2 제 1 항 본문, 대법원 1995. 4. 14. 선고 94다12371 판결 등 참조).

그런데 가처분결정에 의하여 선임된 직무대행자가 그 가처분의 본안소송인 이사회 결의 무효확인의 제 1 심판결에 대하여 항소권을 포기하는 행위는 학교법인의 통상업무에 속하지 않는다고 보아야 할 것이므로(대법원 1982. 4. 27. 선고 81다358 판결 참조), 그 가처분결정에 다른 정함이 있거나 관할법원의 허가를 얻지 아니하고서는 이를 할 수 없다고 보아야 할 것이다(민법 제60조의 2 제 1 항 단서 참조).」(대판 2006. 1. 26, 2003다36225. 같은 취지: 대판 2006. 10. 27, 2004다63408: 직무대행자가 항소를 취하하는 것은 재단법인의 통상업무에 속하지 않는다)

(ㄴ) 이사장 등 직무집행정지 가처분에 의하여 선임된 사단법인의 이사장 직무대행자는 위 법인에 대하여 이사와 유사한 권리의무와 책임을 부담하므로, 위 법인과의 사이에 이익이 상반하는 사항에 관하여는 민법 제64조가 준용되고, 위 법인의 이사장 직무대행자가 개인의 입장에서 원고가 되어 법인을 상대로 소송을 하는 경우에는 민법 제64조가 규정하는 이익상반 사항에 해당함이 분명하다(대판 2003. 5. 27, 2002다69211).

(ㄷ)「재단법인의 정관에서 "이사장의 유고시에는 이사 중 최연장자가 그 직무를 대행한다"고 규정하고 있는 경우, 이사장의 유고란 이사장의 임기가 만료되기 전에 이사장이 사망, 질병 등 기타 부득이한 사정으로 그 직무를 집행할 수 없는 경우를 말한다. 그러나 이사장의 임기가 만료된 후 후임 이사장이 취임하기 전에 임기만료된 이사장에 대하여 법원의 직무집행정지 가처분결정이 확정됨으로써 임기만료된 이사장이 그 직무를 계속 수행할 수 없는 사정이 발생한 경우에는, 그로써 이사장의 유고에 준하는 상황이 발생하였다고 할 것이다.」(대판 2008. 12. 11, 2006다57131).

[359] Ⅲ. 감사(감독기관)

1. 의의 · 임면

사단법인 또는 재단법인은 정관 또는 사원총회의 결의로 감사를 둘 수 있다(66조). 감독기관인 감사는 민법상의 법인에서는 임의기관이며 필요기관이 아니다(그러나 공익법인에서는 필요기관이다. 공익법인법 3조 · 5조 참조). 감사는 1인일 수도 있고 여럿일 수도 있다. 감사의 임면은 이사의 경우와 같다. 그러나 감사는 법인을 대표하는 기관이 아니므로 그의 성명 · 주소는 등기사항이 아니다. 감사의 성명 · 주소를 등기사항으로 하지 않은 것은 감사는 이사와 달리 외부에 대하여 법인을 대표하는 기관이 아니어서 제 3 자의 이해관계에 영향을 미치지 않기 때문이다.

2. 직무권한

감사는 법인의 내부에서 이사의 사무집행을 감독하며, 외부에 법인을 대표하지는 않는다. 명문의 규정은 없으나, 감사도 이사처럼 선관주의로써 사무를 처리하여야 하며(681조 참조), 이에 위반하면 채무불이행을 이유로 손해배상책임을 진다. 그러나 감사가 여럿 있더라도 연대하여 배상할 책임은 없다(65조 참조)(같은 취지: 곽윤직, 150면; 김상용, 245면; 백태승, 263면. 반대: 지원림, 147면; 주해(1), 706면(최기원)). 감사가 여럿인 경우에 그들은 각자 단독으로 직무를 행한다(이설 없음). 한편 감사에 대하여도 이사의 경우나 마찬가지로 제691조가 적용된다고 새겨야 한다. 그리하면, 감사 전원 또는 일부의 임기가 만료되었음에도 불구하고 그 후임감사의 선임이 없거나 또는 후임감사의 선임이 있었다고 하더라도 그 선임결의가 무효이고, 임기가 만료되지 않은 다른 감사만으로는 정상적인 법인의 활동을 할 수 없는 경우, 임기가 만료된 구 감사로 하여금 법인의 업무를 수행케 함이 부적당하다고 인정할 만한 특별한 사정이 없는 한, 구 감사는 후임감사가 선임될 때까지 종전의 직무를 수행할 수 있다고 하게 된다(대판 1998. 12. 23, 97다26142; 대판 2006. 4. 27, 2005도8875).

감사의 주요 직무로는 ① 법인의 재산상황을 감사하는 일, ② 이사의 업무집행의 상황을 감사하는 일, ③ 재산상황 및 업무집행에 관하여 부정 · 불비한 것이 있음을 발견한 때에는 이를 총회 또는 주무관청에 보고하는 일, ④ ③의 보고를 하기 위하여 필요한 때에는 총회를 소집하는 일 등이 있다(67조). 그러나 감사의 직무상 필요한 때에는 그 외의 행위도 할 수 있다고 새겨야 한다(이설 없음).

Ⅳ. 사원총회(의사결정기관) [360]

1. 의 의

사원총회는 사단법인의 사원 전원으로 구성되는 최고의 의사결정기관이다.

사원총회는 사단법인에서는 반드시 두어야 하는 필요기관이며, 정관의 규정에 의하여서도 이를 폐지하지 못한다. 재단법인에는 사원이 없으므로 사원총회도 있을 수 없으며, 재단법인의 최고의사는 정관에 정하여져 있다. 사원총회는 집행기관이 아니고 의결기관이다.

2. 총회의 종류

(1) 통상총회

통상총회는 매년 1회 이상 소집되는 사원총회이다(69조). 문헌들은 일반적으로 통상총회는「일정한 시기」에 소집되는 것이라고 해석하는데, 주식회사의 정기총회(상법 365조 1항 참조) 등과 달리 통상총회에 관하여 민법에는 그러한 제한이 없으므로, 통상총회는 반드시 일정한 시기에 소집될 필요는 없다고 새겨야 할 것이다(사견을 변경함). 통상총회의 소집권자는 사단법인의 이사이다(69조). 통상총회의 소집시기는 정관에서 정하는 것이 보통이나, 정관에 규정이 없으면 총회의 결의로 정할 수 있고, 총회의 결의도 없으면 이사가 임의로 결정할 수 있다(이설 없음).

(2) 임시총회

임시총회는 ① 이사가 필요하다고 인정하는 때(70조 1항), ② 감사가 필요하다고 인정하는 때(67조 4호), ③ 총사원의 5분의 1 이상이 회의의 목적사항을 제시하여 청구하는 때(70조 2항 1문)에 열리는 사원총회이다. ③의 경우에 있어서 5분의 1이라는 수는 정관에서 증감할 수 있으나(70조 2항 2문), 이 소수사원의 총회소집권은 박탈하지 못한다고 해석한다(이설 없음). 이것을 소수사원권(少數社員權)이라고 한다. 소수사원의 청구가 있음에도 불구하고 2주간 내에 이사가 총회소집의 절차를 밟지 않은 때에는, 청구한 사원은 법원의 허가를 얻어서 스스로 총회를 소집할 수 있다(70조 3항).

[361] 3. 소집의 절차

총회의 소집은 이사 등의 소집권자가 1주간 전에 그 회의의 목적사항을 기재한 통지를 발송하고(도달주의의 예외로 발신주의 채용. 111조 참조) 기타 정관에 정한 방법에 의하여야 한다(71조). 이 1주간의 기간은 단축하지는 못하지만 정관에서 적당하게 연장할 수는 있다(이설 없음).

총회를 소집함에 있어 회의의 목적사항을 기재하도록 하는 취지는 사원이 결의를 할 사항이 사전에 무엇인가를 알아 회의에의 참석 여부나 결의사항에 대한 찬반의사를 미리 준비하게 하는 데 있으므로, 회의의 목적사항은 사원이 의안이 무엇인가를 알기에 충분한 정도로 구체적으로 기재하면 된다(종중총회에 관하여 같은 취지: 대판 1993. 10. 12, 92다50799). 그리고 의안 내지 심의사항으로「기타」 또는「등」으로 기재한 경우에 결의가 적법한지 여부는 구체적으로 기재된 의제와 관련되는 정도, 심의사항의 중요도, 법인의 관행 등을 고려하여 판단하여야 한다(같은 취지: 백태승, 265면; 지원림, 148면).

사원총회 소집의 방법에 관하여 민법은 아무런 규정도 두고 있지 않다. 그 방법으로 보통은 정관에서 개별통지 · 신문광고 · 기관잡지에의 기재 등을 정하고 있으나, 정관에 규정이 없으면 모든 사원에게 알릴 수 있는 적당한 방법을 이사가 선택할 수 있다고 할 것이다.

소집절차가 법률 또는 정관의 규정에 위반한 경우의 효과에 관하여 민법에는 아무런 규정이 없으나(상법 376조 · 380조 등 참조), 치유될 수 있는 하자가 아닌 한 총회의 결의가 무효라고 하여야 한다(종중총회에 관하여 판례도 같다. 대판 1995. 11. 7, 94다7669; 대판 1995. 11. 7, 94다24794; 대판 1999. 6. 25, 99다10363; 대판 2000. 2. 25, 99다20155; 대판 2001. 6. 29, 99다32257; 대판 2007. 9. 6, 2007다34982 등 참조)(김주수, 250면은 주식회사에 관한 규정을 유추적용하자고 한다).

〈판 례〉

(ㄱ)「소집권한 없는 자에 의한 총회소집이라고 하더라도 소집권자가 소집에 동의하여 그로 하여금 소집하게 한 것이라면 그와 같은 총회소집을 권한 없는 자의 소집이라고 볼 수 없다 함은 소론과 같으나 단지 소집권한 없는 자에 의한 총회에 소집권자가 참석하여 총회소집이나 대표자 선임에 관하여 이의를 하지 아니하였다고 하여 이것만 가지고 총회가 소집권자의 동의에 의하여 소집된 것이라거나 그 총회의 소집절차상의 하자가 치유되어 적법하게 된다고는 할 수 없」다(대판 1994. 1. 11, 92다40402).

(ㄴ)「법인이나 법인 아닌 사단의 총회에 있어서, 소집된 총회가 개최되기 전에 당초 그 총회의 소집이 필요하거나 가능하였던 기초사정에 변경이 생겼을 경우에는, 특별한 사정이 없는 한 그 소집권자는 소집된 총회의 개최를 연기하거나 소집을 철회 · 취소할 수 있다고 할 것이다. …

법인이나 법인 아닌 사단의 총회에 있어서, 총회의 소집권자가 총회의 소집을 철회 · 취소하는 경우에는, 반드시 총회의 소집과 동일한 방식으로 그 철회 · 취소를 총회 구성원들에게 통지하여야 할 필요는 없고, 총회 구성원들에게 소집의 철회 · 취소 결정이 있었음이 알려질 수 있는 적절한 조치가 취하여지는 것으로써 충분히 그 소집 철회 · 취소의 효력이 발생한다고 할 것이다.」(대판 2007. 4. 12, 2006다77593)

(ㄷ) 종중 정관 규정에 따른 소수 대의원이 법원의 허가를 받아 임시총회를 소집한

경우 종중의 기관으로서 소집하는 것으로 보아야 할 것이고, 종중의 대표자라도 위 소수의 대의원이 법원의 허가를 받아 소집한 임시총회의 기일과 같은 기일에 다른 임시총회를 소집할 권한은 없게 된다고 보아야 한다(대판 1993. 10. 12, 92다50799).

[362] ### 4. 총회의 권한

사단법인의 사무는 정관으로 이사 또는 기타의 임원에게 위임한 사항 외에는 모두 사원총회의 결의에 의하여야 한다(68조). 그러나 강행법규 · 사회질서 · 법인의 본질 등에 반하는 사항은 결의할 수 없다. 정관의 규범적인 의미 내용과 다른 해석을 사원총회의 결의라는 방법으로 할 수도 없다(대판 2000. 11. 24, 99다12437). 그리고 총회는 집행기관이 아니므로 대외적인 대표권이나 내부적인 업무집행권이 없다. 총회의 결의사항의 집행은 대표기관이나 집행기관이 하는 것이다.

정관의 변경(42조)과 임의해산(77조 2항)은 총회의 전권사항이며, 총회의 이 권한은 정관에 의하여서도 박탈할 수 없다. 따라서 정관에서 총회의 결의에 의하지 않고 정관을 변경할 수 있다고 정하였더라도 그 정관규정은 무효이다.

소수사원권과 사원의 결의권과 같은 사원의 고유권은 총회의 결의에 의하여서도 박탈하지 못한다고 하여야 한다(이설 없음). 이는 다수결원리의 한계로부터 인정되는 것이다. 판례는, 비법인사단인 종중이 종중 규약에 근거하여 종원에 대하여 10년 내지 20년간 종원의 자격(각종 회의에의 참석권 · 발언권 · 의결권 · 피선거권 · 선거권)을 정지시킨다는 내용의 처분(이 처분을 받은 자들 중 일부는 고령자이어서 사실상 종원 자격이 박탈된 것으로 봄)을 한 것은 종원이 가지는 고유하고 기본적인 권리의 본질적인 내용을 침해하므로 그 효력을 인정할 수 없다고 한다(대판 2006. 10. 26, 2004다47024).

[363] ### 5. 총회의 결의

(1) 총회의 성립

총회를 성립시키는 정족수는 민법에 규정되어 있지 않다. 따라서 그것은 정관에서 정하여야 하나, 정관에도 정하여져 있지 않는 때가 문제이다. 여기에 관하여 학설은 i) 2인 이상의 사원이 출석하면 충분하다고 하는 견해(고상룡, 231면; 곽윤직, 152면; 김상용, 248면; 김용한, 191면; 김주수, 249면; 백태승, 267면; 이영준, 968면; 정기웅, 220면)와 ii) 사원 과반수의 출석이 필요하다는 견해(김준호, 167면; 김학동, 211면)로 나뉘어 있다. 생각건대 ii)설은 의결을 할 수 없는 총회는 의미가 없다는 견지에 있는 것으로 보이나, 의결은 못할지라도 총회의 성립 인정이 무의미하지는 않을 것이므로, i)설을 따라야 할 것이다.

(2) 결의사항

총회에서 결의할 수 있는 사항은 정관에 다른 규정이 없는 한 총회를 소집할 때 미리 통지한 사항에 한정된다(72조). 그리고 일반적으로 총회의 권한 내의 사항이어야 하고, 사회질서나 강행법규에 위반하지 않는 것이어야 한다.

(3) 결 의 권

각 사원은 평등하게 결의권을 가짐이 원칙이나(73조 1항. 주식회사의 경우에는 1주마다 1개의 의결권이 있다. 상법 369조 1항 참조), 그 원칙은 정관으로 변경할 수 있다(73조 3항). 그렇지만 어떤 사원의 결의권을 완전히 박탈할 수는 없다. 사원의 결의권은 제한할 수는 있어도 박탈할 수는 없는 사원의 고유권이기 때문이다. 그리고 결의권은 정관에 다른 규정이 없는 한 서면으로 행사하거나 대리인에 의하여 행사할 수도 있다(73조 2항). 한편 법인과 어느 사원과 관계되는 사항에 대하여 의결하는 경우에는 그 사원은 결의권이 없다(74조).

〈판 례〉

「민법 제74조에 의하면 사단법인과 어느 사원과의 관계사항을 의결하는 경우에는 그 사원은 의결권이 없다고 규정되어 있으므로 민법 제74조의 유추해석상 피고 공단(공익법인이 아닌 민법상 법인임: 저자 주)의 이사회의에서 피고 공단과 어느 이사와의 관계사항을 의결하는 경우에는 그 이사는 의결권이 없다고 할 것이고, 이때 의결권이 없다는 의미는 상법 제368조 제 4 항과 제371조 제 2 항의 유추해석상 이해관계 있는 이사는 이사회에서 의결권을 행사할 수는 없으나 의사정족수 산정의 기초가 되는 이사의 수에는 포함된다고 보아야 하고, 다만 결의성립에 필요한 출석이사에는 산입되지 아니한다고 풀이함이 상당하다.」(대판 2009. 4. 9, 2008다1521)

(4) 결의의 성립

총회의 결의는 정관에 다른 규정이 없으면 사원 과반수의 출석과 출석 사원의 결의권의 과반수로써 한다(75조 1항). 그러나 정관변경과 임의해산은, 정관에 다른 규정이 없으면, 각각 총사원의 3분의 2 이상과 4분의 3 이상의 동의가 있어야 한다(42조 1항 · 78조). 총회의 결의의 경우 서면이나 대리인에 의하여 결의권을 행사하는 사원은 출석한 것으로 본다(75조 2항).

한편 판례는, 민법 규정(75조 1항 · 71조 · 72조)에 비추어 볼 때 민법상 사단법인의 총회 결의는 소집 · 개최 절차가 이루어진 총회에 사원들이 참석하여 결의하는 것을 원칙적인 방법으로 한다고 보아야 하며, 따라서 민법상 사단법인에서 법률이나 정관에 정함이 없는데도 소집 · 개최 절차 없이 서면만으로 총회 결의를 한 경우에는 특별한 사정이 없는 한 그 결의에 중대한 하자가 있다고 한다(대판 2024. 6. 27, 2023다254984).

〈판 례〉

「민법상 사단법인 총회의 표결 및 집계방법에 관하여는 법령에 특별한 규정이 없으므로, 정관에 다른 정함이 없으면 개별 의안마다 표결에 참석한 사원의 성명을 특정할 필요는 없고, 표결에 참석한 사원의 수를 확인한 다음 찬성 · 반대 · 기권의 의사표시를 거수, 기립, 투표 기타 적절한 방법으로 하여 집계하면 된다.」(대판 2011. 10. 27, 2010다88682)

(5) 의사록의 작성

총회의 의사에 관하여는 의사록을 작성하여 주된 사무소에 비치하여야 한다(76조).

[364] Ⅴ. 사원권(社員權)

사단의 구성원인 사원(일반 사회에서는 회사의 직원을 사원이라고 하나, 그러한 자는 법적 의미의 사원은 아니다)이 사단에 대하여 가지는 권리를 통틀어서 사원권이라고 한다. 그것은 사단에 대한 법적 지위라고 할 수 있을 것이다(통설도 같음. 그러나 김상용, 249면은 다소 다르다). 사원권은 크게 공익권과 자익권으로 나누어진다(통설. 그러나 이영준, 970면은 그것 외에 특별권을 따로 나눈다). 이 가운데 공익권은 사단의 관리 · 운영에 참가하는 것을 내용으로 하는 권리로서, 결의권 · 소수사원권 · 업무집행권 · 감독권 등이 그에 속한다. 그리고 자익권은 사원 자신이 이익을 누리는 것을 내용으로 하는 권리이며, 사단의 설비를 이용하는 권리 등이 그에 해당한다(영리법인에 있어서는 이익배당청구권 · 잔여재산 분배청구권 등이 자익권임). 한편 사원은 사원의 자격에서 일정한 의무도 부담한다. 회비납부의무 · 출자의무 등이 그 예이다.

영리법인에서의 사원권은 자익권이 강하므로 양도나 상속이 허용되지만(상법 335조 참조), 비영리법인에서는 공익권이 강하므로 양도나 상속이 허용되지 않는다(56조). 그러나 사원권의 양도 · 상속을 부인하는 민법규정(56조)은 강행규정이 아니므로, 정관이나 관습에 의하여 양도나 상속이 될 수 있다고 할 것이다(대판 1992. 4. 14, 91다26850; 대판 1997. 9. 26, 95다6205).

〈판 례〉

「(구 도시재개발법상의 재개발조합에서)(저자주) 대지 또는 건축시설을 분양받은 조합원이 그 대지 또는 건축시설을 제 3 자에게 양도 등 처분하는 경우에는 위 법률 및 정관에서 특별한 정함이 없는 이상 조합원의 지위 역시 당연히 제 3 자에게 자동 승계되는 것은 아니라 할 것이고 따로 종전 조합원과 제 3 자 사이에 조합원의 지위승계에 관한 개별특약을 하고 제 3 자가 조합에 대하여 조합원으로서의 지위를 승계한 사실을 신고하는 등 조합원으로서의 지위의 승계취득에 관한 의사를 표시하고 조합이 이를 승낙한 경우라야 조합으로서는 그 제 3 자를 조합원으로 취급할 수 있게 될 것」이다(대판 2003. 9. 26, 2001다64479).

제5관 법인의 주소

Ⅰ. 법인의 주소와 그 효과 [365]

법인의 경우에도 자연인의 경우와 마찬가지로 일정한 장소를 주소로 정하여 법률관계의 기준으로 삼을 필요가 있다. 그리하여 민법은 법인의 주소에 관한 규정을 두고 있다. 그에 의하면 법인의 주소는 그 주된 사무소의 소재지에 있는 것으로 한다(36조). 여기서 「주된 사무소」란 법인을 통솔하는 최고수뇌부가 있는 장소를 가리킨다. 사무소가 여러 곳에 있는 경우에는 중심이 되는 사무소가 「주된 사무소」이다. 한편 정관에 「주된 사무소」로 기재된 사무소와 사실상 「주된 사무소」로 기능하는 사무소가 다를 때에는, 주된 사무소가 전자에서 후자로 이전되었다고 새긴다(다수설도 같음).

법인을 설립하는 때에는 주된 사무소의 소재지에서 설립등기를 하여야 하며(49조 1항), 사무소를 이전하면 이를 등기하여야 제 3 자에게 대항할 수 있다(54조 1항). 그 밖의 주소의 효과는 자연인에 있어서와 같다([302] 참조).

제6관 정관의 변경

Ⅰ. 서 설 [366]

정관의 변경은 법인이 동일성을 유지하면서 그 조직을 변경하는 것을 말한다. 정관변경의 가능성은 사단법인과 재단법인에 있어서 다르다. 사단법인은 사람의 단체를 실체로 하여 자율적으로 움직이는 것이기 때문에, 사단의 동일성이 유지되는 한, 그 정관은 원칙적으로 변경할 수 있다. 그러나 재단법인은 설립자에 의하여 정하여진 목적과 조직에 의하여 타율적으로 활동하는 것이므로, 그 정관은 원칙적으로 변경할 수 없다.

Ⅱ. 사단법인의 정관변경

1. 요 건

(1) 사원총회의 결의

정관의 변경에는 총사원의 3분의 2 이상의 동의가 있어야 한다(42조 1항 본문). 그런데 이 3분의 2 이상이라는 특별결의의 정족수는 정관에서 다르게 정할 수 있다(42조 1항 단서).

사단법인에 있어서 정관변경은 사원총회의 전권사항이며, 가령 정관에서 사원총회의 결의에 의하지 않고 이사회의 결의로 정관을 변경할 수 있다고 정하고 있더라도 그 정관규정은 무효이다.

(2) 주무관청의 허가

정관의 변경은 주무관청의 허가를 얻지 않으면 효력이 없다(42조 2항). 주무관청의 허가는 본질상 주무관청의 자유재량행위라고 보아야 한다(이설 없음. 설립허가에 관하여 인가설을 취하고 있는 김주수, 215면은 여기에 관하여는 자유재량행위라고 한다(252면 참조)).

(3) 기 타

그 밖에 정관이라는 서면의 변경은 반드시 필요하지는 않으나, 변경사항이 등기사항인 때에는(49조 2항 참조) 그 변경을 등기하여야 제 3 자에게 대항할 수 있다(54조 참조).

2. 정관변경의 한계

(1) 정관에서 그 정관을 변경할 수 없다고 규정하고 있더라도 모든 사원의 동의가 있으면 정관을 변경할 수 있다(통설). 만일 이 경우에 정관을 변경할 수 없다고 새기면 그것은 사회사정의 변화에 따라 자주적으로 활동하는 사단의 본질에 반하는 것이 되기 때문이다(같은 취지: 곽윤직, 155면).

(2) 정관에서 정하고 있는 목적도 정관변경의 절차에 따라서 변경할 수 있다

고 하여야 한다(통설). 사단이 자주적으로 그 목적을 변경하여도 그 동일성을 상실하지 않을뿐더러, 제42조가 목적의 변경을 제외하고 있지도 않기 때문이다. 그러나 영리목적으로의 변경은 허용하지 않아야 한다(통설). 그때에는 법인의 동일성이 유지되지 않기 때문이다.

(3) 사단법인의 본질에 반하는 정관변경은 허용되지 않는다. 판례도 법인 아닌 사단인 종중에 관하여 위와 같은 견지에서, 종원 일부만이 참석한 종중 회합에서 종중원의 일부를 종원으로 취급하지도 않고 또 일부 종원에 대하여는 영원히 종원으로서의 자격을 박탈하는 것으로 규약을 개정한 것은 종중의 원래의 설립목적과 종중으로서의 본질에 반하는 것으로서 그 규약개정의 한계를 넘어 무효라고 한다(대판 1978. 9. 26, 78다1435).

〈판 례〉

「사단법인은 일정한 목적을 위해 결합한 사람의 단체에 법인격이 인정된 것을 말하고, 사단법인에 있어 사원자격의 득실변경에 관한 사항은 정관의 기재사항이므로(민법 제40조 제6호), 어느 사단법인과 다른 사단법인이 동일한 것인지 여부는 그 구성원인 사원이 동일한지 여부에 따라 결정됨이 원칙이고, 다만 사원자격의 득실변경에 관한 정관의 기재사항이 적법한 절차를 거쳐서 변경된 경우에는 구성원이 다르더라도 그 변경 전후의 사단법인은 동일성을 유지하면서 존속하는 것이고, 이러한 법리는 법인 아닌 사단에 있어서도 마찬가지라고 할 것이다.」(대판 2008. 9. 25, 2006다37021)

Ⅲ. 재단법인의 정관변경 [367]

재단법인은 그 목적과 조직이 설립시에 확정되어 있는 타율적 법인이기 때문에 원칙적으로 그 정관을 변경하지 못한다. 그러나 다음과 같은 경우에는 정관변경이 예외적으로 인정된다.

1. 정관의 변경방법이 정해져 있는 경우

설립자가 정관에서 그 정관의 변경방법을 정하고 있는 경우에는 그 방법에 따라 정관을 변경할 수 있다(45조 1항). 그러나 이것은 본래의 의미의 정관변경이 아니고 정관내용의 실행에 지나지 않는다. 한편 이러한 정관변경의 경우에도 주무관청의 허가가 있어야 변경의 효력이 발생한다(45조 3항). 그리고 변경된 사항이 등기

사항이면 등기하여야 제 3 자에게 대항할 수 있다(54조 1항·49조 2항). 주무관청의 허가의 성질에 관하여는 아래에서 논의하기로 한다.

2. 사무소 등의 변경

정관에서 변경방법을 정하고 있지 않더라도 재단법인의 목적달성 또는 그 재산의 보전을 위하여 적당한 때에는 명칭 또는 사무소의 소재지를 변경할 수 있다(45조 2항). 예컨대 환경보전을 목적으로 하는 재단법인의 명칭이 환경파괴적인 명칭을 사용하여 목적달성에 지장이 많은 때에는 그 명칭을 변경할 수 있고, 또 재단법인의 재산이 대부분 지방에 있는데도 사무소를 서울에 두어 재산관리에 어려움이 많은 때에는 사무소를 지방으로 이전할 수 있다. 주무관청의 허가·등기 등은 위의 경우와 같다.

[368] 3. 목적달성이 불능한 경우

(1) 민법은 정관변경 방법이 정해져 있지 않을지라도 정관변경의 중대한 예외를 또 하나 인정하고 있다. 그에 의하면, 재단법인의 목적을 달성할 수 없는 때에는, 설립자나 이사는 주무관청의 허가를 얻어 설립의 취지를 참작하여 그 목적 기타 정관의 규정을 변경할 수 있다(46조). 이는 재단법인의 목적달성이 불능인 경우에는 그 법인은 해산하는 수밖에 없는데, 사회적으로 목적을 변경하여서라도 존속시키는 것이 바람직하고 또 설립자의 의사에도 더 부합할 것이기 때문에 인정된 것이다. 이때에 변경될 수 있는 정관은 목적을 포함하여 모든 규정이다. 그리고 설립의 취지를 참작한다는 것은 반드시 전의 목적과 유사하여야 한다는 의미는 아니라고 해석된다(통설도 같음). 주무관청의 허가와 등기 등은 여기에서도 같다. 여기의 정관변경의 요건을 따로 정리해 보기로 한다.

1) 재단법인의 목적을 달성할 수 없게 되었을 것.

2) 주무관청의 허가를 얻을 것. 주무관청이 허가를 할 때는 그 법인의 설립 취지를 참작하여야 한다. 이는 되도록 법인의 동일성을 유지하기 위해서 필요하다고 할 것이다(곽윤직, 156면).

3) 변경범위는 목적을 비롯하여 정관의 모든 규정이다. 그런데 가장 중요한 것은 목적의 변경이다.

4) 설립의 취지를 참작할 것. 사단법인과 달리 재단법인은 타율적 고정성을 본질로 하므로, 재단법인이 목적을 변경하면 그 동일성을 유지하기가 어렵다. 그리하여 민법은 설립취지를 참작하도록 하고 있는 것이다. 그런데 여기서 설립취지를 참작한다는 것이, 위에서 언급한 것처럼, 반드시 이전의 목적과 유사한 것으로 변경하여야 한다는 의미는 아니다. 그렇지만 설립취지에 어긋나서는 안 된다. 따라서 재단법인의 본질에 반하는 조직이나 영리목적의 법인으로 변경할 수는 없다(같은 취지: 주해(1), 632면(홍일표)).

5) 변경을 할 수 있는 자는 설립자나 이사이다. 재단법인에는 사원이 없으므로 사원총회의 결의로 할 수도 없는 만큼 설립자나 법인의 관리책임자인 이사가 할 수 있도록 규정한 것이다.

6) 정관변경은 등기하여야 제 3 자에게 대항할 수 있다(54조 1항).

(2) 재단법인 정관변경에 있어서(이는 정관변경의 모든 경우에 관한 것이며, 목적 달성 불능의 경우에 한정되지 않음을 주의할 것) 주무관청의 허가의 법적 성질이 문제된다. 판례는 과거에는 정관변경에 관한 주무관청의 허가는 그 본질상 주무관청의 자유재량에 속하는 행위라고 하였으나(대판 1979. 12. 26, 79누248; 대판 1985. 8. 20, 84누509), 그 후 전원합의체 판결로 판례가 변경되어 그 법적 성격은 인가라고 한다(대판(전원) 1996. 5. 16, 95누4810). 그리고 학설은 논의가 적으나, i) 새로운 판례와 같은 견해(이영준, 973면; 주해(1), 632면(홍일표))와 ii) 제45조 제 3 항의 경우는 판례와 같이 새겨도 상관없으나, 제46조의 경우에는 인가로 보는 것이 옳지 않다는 견해(곽윤직, 157면)가 나타나 있다. ii)설은 제46조의 정관변경은 법인설립과 마찬가지라는 점을 들고 있다. 생각건대 타당성 면에서 판례와 학설은 충분한 가치가 있으나, 명문규정에 반하는 해석이어서 취하기가 어렵다. 개정이 필요한 부분이라고 하겠다.

〈판 례〉

「민법 제45조는 … 제 3 항에서 제42조 제 2 항(정관의 변경은 주무관청의 허가를 얻지 아니하면 그 효력이 없다)의 규정은 전 2항의 경우에 준용한다고 규정하고, 같은 법 제46조는 재단법인의 목적을 달성할 수 없는 때에는 설립자나 이사는 주무관청의 허가를 얻어 설립의 취지를 참작하여 그 목적 기타 정관의 규정을 변경할 수 있다고 규정하고 있는바, 여기서 말하는 재단법인의 정관변경 "허가"는 법률상의 표현이 허가로 되어 있기는 하나, 그 성질에 있어 법률행위의 효력을 보충해 주는 것이지 일반적 금지를 해제하는 것이 아니므로, 그 법적 성격은 인가라고 보아야 할 것이다.…

한편 인가는 기본행위인 재단법인의 정관변경에 대한 법률상의 효력을 완성시키는 보충행위로서, 그 기본이 되는 정관변경 결의에 하자가 있을 때에는 그에 대한 인가가 있었다 하여도 기본행위인 정관변경 결의가 유효한 것으로 될 수 없으므로 기본행위인 정관변경 결의가 적법 유효하고 보충행위인 인가처분 자체에만 하자가 있다면 그 인가처분의 무효나 취소를 주장할 수 있지만, 인가처분에 하자가 없다면 기본행위에 하자가 있다 하더라도 따로 그 기본행위의 하자를 다투는 것은 별론으로 하고 기본행위의 무효를 내세워 바로 그에 대한 행정청의 인가처분의 취소 또는 무효확인을 소구할 법률상의 이익이 없다.」(대판(전원) 1996. 5. 16, 95누4810)

[369] 4. 기본재산의 처분 및 증감

재단법인은 재산(기본재산)을 실체로 한다. 따라서 재단법인의 기본재산을 처분하거나 그것을 증가시키는 것은 중대한 조직변경을 의미하게 된다. 그 때문에 판례는 정관에 기재된 재단법인의 기본재산의 처분은 정관변경에 해당하므로 주무관청의 허가가 있어야 효력이 발생할 수 있다고 한다(대판 1965. 5. 18, 65다114; 대판 1966. 11. 29, 66다1668; 대결 1967. 2. 22, 65마704; 대판 1974. 6. 11, 73다1975; 대결 2018. 7. 20, 2017마1565). 나아가 판례는, 이 점은 경매절차에 의한 매각의 경우에도 같다고 한다(대결 1967. 2. 22, 65마704; 대결 1986. 1. 17, 85마720; 대결 2018. 7. 20, 2017마1565. 이들은 모두 통상의 강제경매의 경우임. 담보권 실행경매에 관한 대결 2007. 6. 18, 2005마1193도 참조(이는 법상 사회복지법인의 기본재산 매도에 보건복지부장관의 허가가 요구되는 경우에 관한 것임)). 그리고 그 법리는 기본재산을 증가시키는 경우에도 적용된다고 한다(대판 1982. 9. 28, 82다카499; 대판 1991. 5. 28, 90다8558. 의용민법 하의 판례인 대판 1969. 7. 22, 67다568; 대판 1978. 7. 25, 78다783; 대판 1978. 8. 22, 78다1038 · 1039 도 참조). 이러한 판례는 타당하다. 주무관청의 허가는 보통 사전에 받을 것이지만, 사후에 받아도 무방하다고 할 것이다(대결 2018. 7. 20, 2017마1565: 재단법인의 정관변경에 대한 주무관청의 허가는, 경매개시요건은 아니고, 경락인의 소유권 취득에 관한 요건이다). 그 경우에는 허가가 있기 전까지는 계약이나 경매가 효력이 생기지 않고 있다가 허가를 받으면 유효하게 된다(대판 1998. 7. 24, 96다27988 참조. 이 판결은 사립학교법상 학교법인의 기본재산 처분에 관할청의 허가가 필요한 경우에 관하여, 학교법인의 기본재산에 관한 매매 등의 계약이 성립한 후라도 감독청의 허가를 받으면 그 매매 등 계약이 유효하게 된다고 한다). 한편 민법상 재단법인의 기본재산에 관한 저당권 설정행위는 특별한 사정이 없는 한 정관의 기재사항을 변경하여야 하는 경우에 해당하지 않으므로, 그에 관하여는 주무관청의 허가를 얻을 필요가 없다(대결 2018. 7. 20, 2017마1565). 그리고 판례에 따르면, 민법상 재단법인의 정관에 '기본재산은 담보설정 등을 할 수 없으나 주무관청의 허가 · 승인을 받은 경우에는 이를 할 수 있다'는 취지로 정해져 있고, 정관 규정에 따라 주무관청의 허가 · 승인을 받아 민법상 재단법인의 기본재산에 관하여 근저당권을 설정한 경우, 그와 같이 설정된 근저당권을 실행하여 기본재산을 매각할 때에는 주무관청의 허가를 다시 받을 필요는 없다(대결 2019. 2. 28, 2018마800).

〈판 례〉

(ㄱ) 「재단법인의 기본재산의 처분은 결국 재단법인의 정관의 변경을 초래하므로 정관의 변경이 이루어지지 아니하면 재단의 기본재산에 관한 처분행위는 그 효력이 발생할 수 없다고 할 것이고, 정관의 변경은 주무관청의 허가를 얻지 아니하면 그 효력이 없는 것이므로 주무관청의 허가가 없는 재단법인의 기본재산의 매매계약이나 교환계약은 그 효력이 발생할 여지가 없다고 함이 본원의 판례이며(1969. 2. 18. 선고 68다2323 판결, 1974. 4. 23. 선고 73다544 판결) 이 경우에 채권계약과 물권계약을 갈라 물권계약으로서의 효력만 부인하고 채권계약으로서는 유효한 것이라 인정한다면 특단의 사정이 없는 한 주무부장관의 허가 없는 기본재산의 처분을 금하는 법의 취지가 몰각되는 결과를 빚을 염려가 있으므로 소위 채권계약으로서도 그 효력이 유지될 수 없는 것이라 할 것이다.」(대판 1974. 6. 11, 73다1975)

(ㄴ) 「재단법인의 기본재산에 관한 사항은 정관의 기재사항으로서 기본재산의 변경은 정관의 변경을 초래하기 때문에 주무부장관의 허가를 받아야 하고 따라서 이미 기본재산으로 되어 있는 재산을 처분하는 행위는 물론 새로이 기본재산으로 편입하는 행위도 주무부장관의 허가가 있어야만 유효하다고 할 것이므로 어떤 재산이 재단법인의 기본재산에 편입되었다고 인정하기 위하여서는 그 편입에 관한 주무부장관의 허가가 있었음이 먼저 입증되어야 할 것」이다(대판 1982. 9. 28, 82다카499).

(ㄷ) 「재단법인의 기본재산처분행위는 정관변경 사항이므로 주무관청의 허가를 요하며, 재단법인의 채권자가 그 기본재산에 대하여 강제집행을 실시하여 경락되는 경우도 동일하다 함은 소론 주장과 같이 당원의 일관된 견해이기는 하나, 그와 같은 재단법인의 정관변경에 대한 주무관청의 허가는 경매개시의 요건은 아니고 경락인의 소유권취득에 관한 요건이므로 경매신청시에 그 허가서를 제출하지 아니하였다 하여 경매신청을 기각할 것은 아니다.」(대결 1986. 1. 17, 85마720)

(ㄹ) 「재단법인은 일정한 목적을 위하여 바쳐진 재산이라는 실체에 대하여 법인격을 부여한 것이므로 그 출연된 재산 즉 재단법인의 기본재산은 바로 법인의 실체인 동시에 법인의 목적을 수행하기 위한 가장 기본적인 수단으로서 이를 처분한다는 것은 재단법인의 실체가 없어지는 것을 의미하므로 재단법인의 기본재산은 이를 함부로 처분할 수 없는 것이고, 재단법인이 정관의 변경을 초래하는 기본재산의 처분을 위하여 주무관청의 허가를 신청할 것인지 여부는 특별한 사정이 없는 한 재단법인의 의사에 맡겨져 있다고 할 것이므로, 채무자인 피고 재단법인에 다른 재산이 없어 기본재산을 처분하지 않고는 채무의 변제가 불가능하다고 하더라도, 피고 재단법인으로부터 기본재산을 양수한 자도 아니고 금전채권자들에 불과한 원고 및 선정자들에게는 강제이행청구권의 실질적인 실현을 위하여 필요하다는 사유만으로 기본재산의 처분을 희망하지도 않는 피고 재단법인을 상대로 주무관청에 대하여 기본재산에 대한 처분허가신청 절차를 이행할 것을 청구할 권한이 없다.」(대판 1998. 8. 21, 98다19202 · 19219)

(ㅁ)「일단 주무장관의 허가를 얻어 기본재산에 편입하여 정관 기재사항의 일부가 된 경우에는 비록 그것이 명의신탁관계에 있었던 것이라 하더라도 이것을 처분(반환)하는 것은 정관의 변경을 초래하는 점에 있어서는 다를 바 없으므로 주무장관의 허가 없이 이를 이전등기할 수는 없다.」(대판 1991. 5. 28, 90다8558)

(ㅂ)「집합건물법상의 매도청구권은 재건축사업의 원활한 진행을 위하여 집합건물법이 재건축 불참자의 의사에 반하여 그 재산권을 박탈할 수 있도록 특별히 규정한 것으로서, 그 실질이 헌법 제23조 제 3 항의 공용수용과 같다고 볼 수 있다(헌법재판소 2006. 7. 27. 선고 2003헌바18 결정 참조). 그런데 재단법인의 기본재산에 대하여 집합건물법에 의하여 매도청구를 하는 경우에도 위 기본재산을 취득하기 위해서 재단법인의 정관변경이 별도로 필요하다고 보면, 재단법인이 임의로 그 기본재산을 처분하는 내용으로 정관변경을 하지 않는 이상 매도청구를 한 자가 재단법인의 기본재산을 취득할 수 없게 되어 매도청구 대상자의 의사에 반하여 그 재산권을 박탈하도록 한 매도청구권의 본질에 반하게 된다. 따라서 재단법인의 기본재산에 대하여 집합건물법상의 매도청구가 있는 경우에는 그 기본재산에 대한 매매계약의 성립뿐만 아니라 기본재산의 변경을 내용으로 하는 재단법인의 정관의 변경까지 강제되는 것으로 봄이 상당하다.」(대판 2008. 7. 10, 2008다12453)

제 7 관 법인의 소멸

[370] Ⅰ. 서 설

법인의 소멸이란 법인이 권리능력을 상실하는 것을 말한다. 자연인의 권리능력 상실은 자연인이 사망한 때에 순간적으로 일어나나, 법인의 경우에는 일정한 절차를 거쳐 단계적으로 일어난다. 즉 먼저 해산을 하고, 이어서 청산으로 들어가게 되며, 청산이 종결된 때에 법인은 완전히 소멸하게 된다. 그리하여 법인은 해산 후에도 청산이 종결될 때까지는 제한된 범위에서 권리능력을 가지며, 그러한 법인을 청산법인이라고 한다. 청산법인은 해산 전의 법인과 동일성을 가지는 것이다.

Ⅱ. 해산(解散)

해산이란 법인이 본래의 목적수행을 위한 적극적인 활동을 멈추고 청산절차(잔무의 처리 · 재산의 정리)에 들어가는 것을 말한다. 법인의 해산사유에는 사단법인 · 재단법인에 공통한 것과 사단법인에 특유한 것이 있다.

1. 사단법인 · 재단법인에 공통한 해산사유(77조 1항)

(1) 존립기간의 만료 기타 정관에 정한 해산사유(이는 사단법인에서는 필요적 기재사항이고 재단법인에서는 임의적 기재사항임)의 발생

(2) 법인의 목적달성 또는 달성불능

법인의 목적이 달성되었거나 달성불능으로 된 경우에는 법인이 존속할 이유가 없으므로 이것들을 해산사유로 규정하고 있다. 법인의 목적이 달성되었는지 또는 달성불능으로 되었는지는 사회관념에 따라서 판단하여야 한다. 한편 목적이 달성불능일지라도 정관을 변경하여 존속할 수는 있다(42조 · 46조).

(3) 파 산

법인이 채무를 완전히 변제하지 못하게 된 때, 즉 채무초과(소극재산이 적극재산을 넘는 것)가 된 때에는, 이사는 지체없이 파산을 신청하여야 한다(79조). 법인의 파산원인은 단순한 채무초과로 충분하고(채무자회생법 306조), 자연인과 같이 지급불능(유형 무형의 재산 · 노무 · 신용에 의하여 지급할 수 없는 상태)을 요하지 않는다(채무자회생법 305조 참조). 민법은 이사만을 파산신청권자로 하나, 「채무자 회생 및 파산에 관한 법률」은 이사 외에 채권자도 신청권자로 규정하고 있다(채무자회생법 294조). 이사가 파산선고의 신청을 게을리한 경우에 과태료의 처분을 받는다는 점은 앞에서 설명하였다(97조 6호. [355] 참조).

(4) 설립허가의 취소

법인이 목적 이외의 사업을 하거나 설립허가의 조건에 위반하거나 기타 공익을 해하는 행위를 한 때에는, 주무관청은 설립허가를 취소할 수 있다(38조). 설립허가의 취소는 제38조에 규정된 경우에 한정되며, 따라서 가령 목적달성 불능은 취소사유가 아니다(대판 1968. 5. 28, 67누55; 대판 1977. 8. 23, 76누145; 대판 1982. 10. 26, 81누363). 그리고 이 취소는 장래에 향하여 법인의 존재를 부인하는 것으로서 소급효가 없다.

2. 사단법인에 특유한 해산사유(77조 2항) [371]

(1) 사원이 없게 된 때

이는 사원이 1명도 없게 된 경우를 가리킨다. 사단법인의 실체는 사단이므로 그것은 복수의 사원의 존재를 전제로 한다. 따라서 사단법인이 성립하려면 복수의 사원이 존재하여야 한다. 그런데 민법은 사원이 전혀 없는 경우만을 해산사유로 규정하고 있다. 그 이유는 사원이 1명이라도 있으면 법인으로서 활동을 하고 또 목적달성을 할 수 있는 데 비하여, 사원이 전혀 없으면 법인의 의사결정기관이 존재하지 않게 되어 법인으로서 활동할 수 없고, 그 결과 그 경우에만은 법인의 존립을 인정할 필요가 없기 때문이다. 그러고 보면 복수의 사원의 존재는 사단법인의 성립요건이기는 하지만 그것의 존속요건은 아님을 알 수 있다. 아무튼 이 규정상 사원이 1인인 사단법인도 있을 수 있다. 그런데 사원이 1인도 없게 되면 해산된다.

(2) 총회의 결의

총회의 결의에 의한 해산을 임의해산이라고 하는데, 이는 총회의 전권사항이다. 따라서 총회로부터 이 권한을 빼앗거나 총회가 아닌 다른 기관이 해산결의를 할 수 있는 것으로 하여도 그러한 정관규정은 무효이다.

해산결의는 총사원 4분의 3 이상의 동의를 요하나, 그 정족수는 정관에서 다르게 정할 수 있다(78조). 해산결의를 기한부나 조건부로 할 수 있는가에 관하여는 i) 긍정설(주해(1), 741면(최기원))과 ii) 부정설(곽윤직(신정판), 279면; 김상용, 256면; 백태승, 277면; 이영준, 976면; 지원림, 152면)이 대립되는데, 그러한 해산결의는 제 3 자를 해할 염려가 있으므로 허용되지 않는다고 하여야 한다.

[372] Ⅲ. 청산(淸算)

1. 의 의

청산이란 해산한 법인이 남아 있는 사무를 처리하고 재산을 정리하여 완전히 소멸할 때까지의 절차를 말한다. 청산은 파산으로 해산하는 경우에는 「채무자 회생 및 파산에 관한 법률」이 정하는 절차에 의하게 되고, 파산 외의 원인에 의하여 해산하는 경우에는 민법이 정하는 절차에 의하게 된다. 청산절차에 관한 규정은 모두 제 3 자의 이해관계에 중요한 영향을 미치는 것으로서 강행규정이다(대판 1980. 4. 8, 79다2036; 대판 1995. 2. 10, 94다13473; 대판 2000. 12. 8, 98두5279). 따라서 정관에서 그와 달리 규정하고 있더라도 그러한 정관규정은 무효이다.

2. 청산법인의 능력

청산법인은 청산의 목적범위 내에서만 권리가 있고 의무를 부담한다(81조). 즉 청산의 목적범위 내에서 권리능력과 행위능력을 가진다. 여기의 「목적범위 내」도 법인의 능력에 관한 「목적범위 내」(34조)에서처럼 넓게 해석하여야 한다(대판 1957. 1. 11, 4289행상70은 부당하게 박탈된 귀속재산의 임차권을 회복하여 관리당국과 다시 임대차계약을 체결하는 행위는 청산의 목적범위를 일탈하는 것이 아니라고 한다). 그러나 청산이라는 목적을 변경하거나 해산 전의 적극적인 사업을 하는 것은 이를 넘는 것이 된다. 청산법인이 행한 목적범위 외의 행위는 무효이다(대판 1980. 4. 8, 79다2036).

〈판 례〉

(ㄱ) 「비법인사단에 해산사유가 발생하였다고 하더라도 곧바로 당사자능력이 소멸하는 것이 아니라 청산사무가 완료될 때까지 청산의 목적범위 내에서 권리·의무의 주체가 되고, 이 경우 청산 중의 비법인사단은 해산 전의 비법인사단과 동일한 사단이고 다만 그 목적이 청산 범위 내로 축소된 데 지나지 않는다.」(교회가 건물을 다른 교회에 매도하고 더 이상 종교활동을 하지 않아 해산하였다고 하더라도 교인들이 교회 재산의 귀속관계에 대하여 다투고 있는 이상 교회는 청산목적의 범위 내에서 권리·의무의 주체가 되어 당사자능력이 있고, 위 교인들이 교회의 대표자 지위의 부존재 확인을 구하는 소송에는 청산인 지위의 부존재 확인을 구하는 취지가 포함되어 있다고 본 사례)(대판 2007. 11. 16, 2006다41297)

(ㄴ) 「법인 아닌 사단에 대하여는 사단법인에 관한 민법규정 가운데서 법인격을 전제로 하는 것을 제외하고는 이를 유추적용하여야 할 것인바, 사단법인에 있어서는 사원이 없게 된다고 하더라도 이는 해산사유가 될 뿐 막바로 권리능력이 소멸하는 것이 아니다(민법 제77조 제 2 항). 법인 아닌 사단에 있어서도 구성원이 없게 되었다 하여 막바로 그 사단이 소멸하여 소송상의 당사자능력을 상실하였다고 할 수는 없고, 청산사무가 완료되어야 비로소 그 당사자능력이 소멸하는 것이다.」(대판 1992. 10. 9, 92다23087)

3. 청산법인의 기관 [373]

(1) 개 관

법인이 해산하면 청산인이 이사에 갈음하여 집행기관으로 되나, 감사·사원총회 등의 다른 기관은 청산법인의 기관으로서 계속하여 권한을 행사한다.

(2) 청 산 인

청산법인의 집행기관은 청산인이다. 즉 청산인은 청산법인의 능력의 범위 내에서 대내적으로 청산사무를 집행하고 대외적으로 청산법인을 대표한다(87조 2항). 그의 지위는 이사와 마찬가지이다. 따라서 민법은 이사에 관한 여러 규정을 청산인에 준용하고 있다(96조). 이사의 사무집행방법(58조 2항)·대표권(59조)·대표권제한의 대항요건(60조)·주의의무(61조)·대리인 선임(62조)·특별대리인의 선임(64조)·임무해태(65조)·임시총회의 소집(70조)에 관한 규정이 그렇다.

청산인으로 되는 자는, 첫째로 정관에서 정한 자이고, 둘째로 총회 결의로 선임된 자이며, 이들이 없으면 셋째로 해산 당시의 이사이다(82조). 그러나 이사까지 없으면 법원이 직권으로 또는 이해관계인이나 검사의 청구에 의하여 청산인을 선임할 수 있으며, 후에 청산인에 결원이 생겨 손해가 생길 염려가 있는 때에도 같다(83조).

그리고 중요한 사유가 있는 때에는 법원은 직권으로 또는 이해관계인이나 검사의 청구에 의하여 청산인을 해임할 수 있다(84조). 여기서 「중요한 사유」란 청산인이 직권을 남용하여 부정행위를 하거나 이해관계인에 대하여 현저하게 불공정한 행위를 하거나 청산인으로서의 의무를 현저하게 위반하는 것과 같이 청산인의 지위에 그대로 있어서는 안 될 중대한 사유가 있는 것을 가리킨다(주해(1), 759면(최기원)). 법원이 해임할 수 있는 청산인은 법원이 선임한 자에 한하지 않고(83조), 보통의 방법(82조)에 따라 선임된 자도 포함된다. 이 해임권은 청산에 대한 감독권에 기하여 인정된 것이기 때문이다.

청산인의 직무권한은 항을 바꾸어 살펴보기로 한다.

[374]

4. 청산사무(청산인의 직무권한)

민법은 청산인이 행하여야 할 청산사무를 열거하고 있다(85조 이하). 그러나 이것이 전부는 아니며, 청산의 본질상 필요한 사항은 모두 청산인의 직무권한에 포함된다고 할 것이다. 민법이 규정하고 있는 청산사무에 관하여 시간적인 순서에 따라 살펴보기로 한다.

(1) 해산의 등기와 신고

청산인은 법인이 파산으로 해산한 경우가 아니면 취임 후 3주일 내에 ① 해산 사유와 해산 연월일, ② 청산인의 성명과 주소, ③ 청산인의 대표권을 제한한 경우에는 그 제한을 주사무소 소재지에서 등기하고(85조 1항), 이를 주무관청에 신고

하여야 한다(86조 1항). 또한 등기한 사항에 변경이 생기면 3주간 내에 변경등기를 하여야 한다(85조 2항 · 52조). 청산 중에 취임한 청산인은 그 성명 및 주소를 주무관청에 신고하면 된다(86조 2항). 청산인이 위의 등기를 게을리한 경우 또는 주무관청에 사실이 아닌 신고를 하거나 사실을 은폐한 경우에는, 500만원 이하의 과태료의 처분을 받는다(97조 1호 · 4호). 한편 파산에 의한 청산의 경우에는 법원이 등기를 촉탁하고 주무관청에 통지하므로(채무자회생법 23조 · 314조), 청산인은 이를 할 필요가 없다.

(2) 현존사무의 종결(87조 1항 1호)

이는 법인의 해산 전부터 계속되고 있는 완결되지 않은 모든 사무의 종결을 가리킨다.

(3) 채권의 추심(87조 1항 2호)

다만, 변제기가 되지 않은 채권이나 조건부 채권은 적당한 방법(양도 기타의 환가처분)으로 환가할 수밖에 없다(민사집행법 241조 참조).

(4) 채무의 변제(87조 1항 2호)

1) **채권신고의 독촉** 청산인은 취임하는 날로부터 2개월 내에 3회 이상의 공고로 일반채권자에 대하여 일정한 기간 내에 그의 채권을 신고할 것을 최고하여야 한다(88조 1항 1문). 신고기간은 2개월 이상이어야 한다(88조 1항 2문). 이 공고에는 채권자가 기간 내에 신고하지 않으면 청산에서 제외된다는 것을 표시하여야 한다(88조 2항). 그리고 이 공고는 법인의 등기사항의 공고와 동일한 방법으로 하여야 한다(88조 3항). 청산인이 이 공고를 게을리하거나 부정한 공고를 하면 500만원 이하의 과태료의 처분을 받는다(97조 7호). 한편 청산인이 알고 있는 채권자에 대하여는 개별적으로 채권을 신고하라고 최고하여야 한다(89조 1문). 청산법인에 대하여 채권을 주장하는 자도 여기의 채권자에 포함시켜야 한다(같은 취지: 주해(1), 769면(최기원). 대판 1964. 6. 16, 64다5도 참조).

2) **변 제** 청산인은 채권 신고기간 내에는 채권자에게 변제하지 못한다(90조 본문). 채권 신고기간의 취지를 살리고 채권자들 사이에 공평을 기하기 위하여서이다. 그러나 법인은 지연손해배상은 하여야 한다(90조 단서).

청산 중의 법인은 변제기에 이르지 않은 채권에 대하여도 변제할 수 있다(91조 1항). 즉, 청산법인이 기한의 이익을 포기하면서 변제할 수 있는 것이다. 그런데 그 경우에 조건부 채권, 존속기간이 불확정한 채권, 기타 가액이 불확정한 채권에 관하여는 법원이 선임한 감정인의 평가에 의하여 변제하여야 한다(91조 2항).

채권을 신고하지 않아 청산으로부터 제외된 채권자는 법인의 채무를 완전히 변제한 뒤 귀속권리자에게 인도하지 않은 재산에 대해서만 변제를 청구할 수 있다(92조). 따라서 그 채권자는 잔여재산이 있더라도 그 귀속권리자에게 인도한 후에는 청구하지 못하게 된다. 그 결과 채권신고기간은 제척기간이 된다(곽윤직, 162면).

청산인이 알고 있는 채권자에 대하여는 그가 신고를 하지 않았더라도 청산에서 제외하지 못하며, 반드시 변제하여야 한다(89조 2문). 청산법인에 대하여 채권을 주장하는 자도 청산인이 알고 있는 채권자와 동일하게 다루어야 함은 위에서 기술하였다. 한편 채권자가 변제를 수령하지 않으면 공탁하여야 한다(487조 이하 참조).

[375] **(5) 잔여재산의 인도**(87조 1항 3호)

위의 절차를 밟은 후에 잔여재산이 있으면 이를 귀속권자에게 인도한다. 잔여재산의 귀속권자는 첫째로 정관에서 지정한 자이다(80조 1항). 정관으로 지정한 자가 없거나 지정방법을 정관이 정하고 있지 않은 때에는(지정방법을 정한 정관규정도 유효하며, 그에 반하는 잔여재산 처분은 특별한 사정이 없는 한 무효이다. 대판 1980. 4. 8, 79다2036; 대판 1995. 2. 10, 94다13473), 둘째로 이사(해산 전의 경우) 또는 청산인(해산 후의 경우)이 주무관청의 허가를 얻어 그 법인의 목적에 유사한 목적을 위하여 그 재산을 처분할 수 있다(80조 2항 본문). 사단법인에 있어서는 이때 총회의 결의가 있어야 한다(80조 2항 단서). 이들 방법에 의하여 처분되지 않은 재산은 마지막으로 국고에 귀속한다(80조 3항). 법인의 구성원에게 분배하는 일은 없다(상법 538조 등 참조).

〈판 례〉

(ㄱ) 「민법 제80조 제 1 항과 제 2 항의 각 규정 내용을 대비하여 보면, 법인 해산시 잔여재산의 귀속권리자를 직접 지정하지 아니하고 사원총회나 이사회의 결의에 따라 이를 정하도록 하는 등 간접적으로 그 귀속권리자의 지정방법을 정해 놓은 정관규정도 유효하다고 풀이할 것이며, 또한 위와 같은 민법상의 청산절차에 관한 규정은 모두 제 3 자의 이해관계에 중대한 영향을 미치기 때문에 이른바 강행규정이라고 해석되므로 이에 반하는 잔여재산의 처분행위는 특단의 사정이 없는 한 무효라고 보아야 할 것이다.」(대판 1995. 2. 10, 94다13473)

(ㄴ) 민법 제80조 제 1 항, 제81조 및 제87조 등 청산절차에 관한 규정은 모두 제 3 자의 이해관계에 중대한 영향을 미치는 것으로서 강행규정이므로, 해산한 법인이 잔여재산의 귀속자에 관한 정관규정에 반하여 잔여재산을 달리 처분할 경우 그 처분행위는 청산법인의 목적범위 외의 행위로서 특단의 사정이 없는 한 무효이고, 한편 민법 제58조, 제59조, 제87조 및 제96조 등에 의하면 이사 또는 청산인은 법인의 사무에 관하여 정관에 규정한 취지에 위반할 수 없으므로, 정관에 법인 재산의 처

분에 관하여 이사회 또는 청산인회의 심의의결을 거치도록 규정되어 있는 경우에도, 해산한 법인이 잔여재산의 귀속자에 관한 민법 및 정관의 규정에 따라 구체적으로 확정된 잔여재산 이전의무의 이행으로서 그 귀속권리자에게 잔여재산을 이전하는 것은, 위 이사회 또는 청산인회의 심의의결을 요하는 재산의 처분에 해당한다고 볼 수 없다.

해산한 법인이 해산시 잔여재산이 지정한 자에게 귀속한다는 정관규정에 따라 구체적으로 확정된 잔여재산 이전의무의 이행으로서 잔여재산인 토지를 그 귀속권리자에게 이전하는 것은 채무의 이행에 불과하므로 그 귀속권리자의 대표자를 겸하고 있던 해산한 법인의 대표청산인에 의하여 잔여재산 토지에 관한 소유권이전등기가 그 귀속권리자에게 경료되었다고 하더라도 이는 쌍방대리금지 원칙에 반하지 않는다(대판 2000. 12. 8, 98두5279).

(6) 파산신청

청산 중에 법인의 재산이 그의 채무를 완전히 변제하기에 부족하다는 것(채무초과)이 분명하게 된 때에는, 청산인은 지체없이 파산선고를 신청하고 이를 공고하여야 한다(93조 1항). 이 공고는 법원의 등기사항의 공고와 동일한 방법으로 하여야 한다(93조 3항 · 88조 3항). 청산인이 이 파산선고의 신청을 게을리하거나(97조 6호) 또는 공고를 게을리하거나 부정한 공고를 한 때에는 500만원 이하의 과태료의 처분을 받는다(97조 7호).

법인의 파산으로 파산관재인이 정해지면 청산인은 파산관재인에게 그의 사무를 인계하여야 하며, 그럼으로써 그의 임무가 종료된다(93조 2항). 그러나 이는 파산재단에 속하는 권리 · 의무에 관하여만 그러하며, 그 이외의 사항에 관하여는 청산인의 임무는 존속한다(이설 없음).

(7) 청산종결의 등기와 신고

청산이 종결된 때에는 청산인은 3주간 내에 이를 등기하고 주무관청에 신고하여야 한다(94조). 그러나 청산종결의 등기가 되었을지라도 청산사무가 종료되지 않은 경우에는 청산법인은 존속한다고 하여야 하며(대판 1980. 4. 8, 79다2036; 대판 2003. 2. 11, 99다66427 · 73371), 청산법인으로서 당사자능력도 가진다고 하여야 한다(대판 1997. 4. 22, 97다3408).

제8관 법인의 등기

[376] ### Ⅰ. 서 설

민법은 법인의 조직과 내용을 일반에게 공시하게 하기 위하여 법인등기제도를 두고 있다. 법인등기의 절차는 비송사건절차법에 규정되어 있다(같은 법 60조 이하). 그리고 법인등기에 관한 특별법으로 「법인의 등기사항 등에 관한 특례법」(법인등기특례법)이 있다. 그 외에 이 법들을 위한 대법원규칙으로 「민법법인 및 특수법인 등기규칙」과 「법인 등의 등기사항에 관한 특례규칙」이 있다. 등기한 사항은 법원이 지체없이 공고하여야 한다(54조 2항).

법인등기의 효력에 관하여는 두 가지 입법주의가 있다. 하나는 등기를 성립요건으로 하는 것이고, 다른 하나는 등기를 대항요건으로 하는 것이다. 우리 민법은 법인의 설립등기만은 법인의 성립요건으로 정하고 있으나, 나머지의 등기는 모두 대항요건으로 하고 있다. 이들 중 등기가 성립요건인 경우에는 적어도 성립을 원하는 한 등기를 할 것이어서 따로 강제할 필요가 없다. 그러나 대항요건인 경우에는 등기를 하도록 강제할 필요가 있다. 그 방법으로 민법은, 등기하지 않으면 제 3 자에게 대항하지 못하여 실체법상으로 불이익을 입게 되는 것 외에, 등기의무가 있는 이사 · 청산인 등이 등기를 게을리하면 과태료의 처분을 받도록 하고 있다(97조 1호).

Ⅱ. 법인등기의 종류

(1) 설립등기(49조)

법인설립의 허가가 있는 때에는 3주간 내에 주된 사무소의 소재지에서 설립등기를 하여야 한다(49조 1항). 3주간의 기간은 주무관청의 허가서가 도착한 날부터 기산한다(53조). 앞에서 언급한 바와 같이 이 설립등기는 성립요건이며, 법인은 설립등기가 있으면 성립하게 된다(33조).

설립등기의 등기사항은 ① 목적, ② 명칭, ③ 사무소, ④ 설립허가의 연월일, ⑤ 존립시기나 해산사유를 정한 때에는 그 시기 또는 사유, ⑥ 자산의 총액,

⑦ 출자의 방법을 정한 때에는 그 방법, ⑧ 이사의 성명 · 주소(다만, 대표권이 없는 이사의 주소는 적을 필요가 없음. 법인등기특례법 2조 단서), ⑨ 이사의 대표권을 제한한 때에는 그 제한 등이다(49조 2항).

(2) 분사무소 설치의 등기(50조)

법인이 분사무소(分事務所)를 설치한 경우에는, 주사무소(主事務所)의 소재지에서 3주일 내에 분사무소 소재지와 설치 연월일을 등기하여야 한다(50조). 과거에는 분사무소 소재지에서 추가로 등기를 해야 했으나, 주사무소 소재지에서만 등기하도록 민법이 개정되었다(2024. 9. 20. 개정). 위의 3주일의 기간은 등기사항이 관청의 허가를 요하는 것이면 그 허가서가 도착한 날부터 기산한다(53조).

이 분사무소 설치의 등기는 제 3 자에 대한 대항요건이다(54조 1항). 따라서 등기를 하기 전에는 분사무소의 설치를 가지고 제 3 자에게 대항하지 못한다.

(3) 사무소 이전의 등기(51조)

법인이 주사무소를 이전한 경우에는 종전 소재지 또는 새 소재지에서 3주일 내에 새 소재지와 이전 연월일을 등기하여야 하고(51조 1항), 법인이 분사무소를 이전한 경우에는 주사무소 소재지에서 3주일 내에 새 소재지와 이전 연월일을 등기하여야 한다(51조 2항). 등기기간의 기산점과 등기의 효력은 분사무소 설치에 관하여 설명한 바와 같다(53조 · 54조 1항 참조).

(4) 변경등기(52조)

제49조 제 2 항의 사항(설립등기사항)에 변경이 있는 때에는 3주간 내에 변경등기를 하여야 한다(52조). 이 경우의 등기기간의 기산점과 등기의 효력은 분사무소 설치의 등기의 경우와 같다(53조 · 54조 1항 참조).

(5) 해산등기(85조)

청산인은 법인이 파산으로 해산한 경우가 아니면 취임 후 3주일 내에 다음 각 호의 사항을 주사무소 소재지에서 등기하여야 한다(85조 1항 본문). ① 해산 사유와 해산 연월일, ② 청산인의 성명과 주소, ③ 청산인의 대표권을 제한한 경우에는 그 제한(85조 1호-3호). 그리고 이 등기사항에 변경이 있는 때에는 3주일 내에 변경등기를 하여야 한다(85조 2항 · 52조). 이 경우의 등기기간의 기산점과 등기의 효력은 분사무소 설치의 등기의 경우와 같다(53조 · 54조 1항 참조).

(6) 직무집행정지 등 가처분의 등기

이사의 직무집행을 정지하거나 직무대행자를 선임하는 가처분을 하거나 그

가처분을 변경 · 취소하는 경우에는 주사무소가 있는 곳의 등기소에서 이를 등기하여야 한다(52조의 2). 이 등기도 대항요건이라고 할 것이다(54조 1항).

Ⅲ. 등기의 효력

법인등기 가운데 설립등기만은 법인의 성립요건이고(33조), 그 밖의 등기는 모두 대항요건이다(54조 1항). 그리하여 가령 이사의 변경등기는 대항요건으로 규정되어 있으므로 이사 변경의 법인등기가 되었다고 하여 등기된 대로의 실체적 효력이 없으며(대판 2000. 1. 28, 98다26187), 법인이 해산하였어도 해산등기가 없으면 제 3 자에게 대항하지 못한다(대판 1984. 9. 25, 84다카493).

제9관 법인의 감독과 벌칙

[377] ### Ⅰ. 법인의 감독

비영리법인은 영리법인과 달리 설립할 때부터 소멸할 때까지 광범위하게 국가의 감독을 받는다.

1. 업무감독

법인이 존속하고 있는 동안에 업무의 감독은 설립허가를 한 주무관청이 담당한다(37조). 감독의 내용은 법인의 사무 및 재산상황의 검사 · 설립허가의 취소 등이다(37조 · 38조 · 67조 3호).

2. 해산과 청산의 감독

법인의 해산과 청산의 감독은 법원이 담당한다(95조). 해산 · 청산은 법인의 목적과는 관계가 없을뿐더러 제 3 자의 이해관계에 영향을 크게 미치기 때문이다. 감독의 내용은 필요한 검사와 청산인의 선임 · 해임이다(95조 · 83조 · 84조).

Ⅱ. 벌　　칙

1. 서　　설

법인의 이사 · 감사 또는 청산인이 그의 직무를 다하지 않은 일정한 경우에는 500만원 이하의 과태료의 제재를 받는다(97조. 2007. 12. 21. 개정).

과태료는 일종의 질서벌이며 형사벌이 아니다. 따라서 그 절차는 형사소송법에 의하지 않고 비송사건절차법에 의한다(같은 법 247조 이하). 그에 따르면 우선 과태료 사건은 과태료에 처할 자의 주소지의 지방법원이 관할한다(비송 247조). 과태료의 재판을 하는 법원은 재판을 하기 전에 당사자의 진술을 듣고 검사의 의견을 구하여야 하며(비송 248조 2항), 그 재판은 이유를 붙인 결정으로 하여야 한다(비송 248조 1항). 이 결정에 대하여 당사자와 검사는 즉시항고를 할 수 있다(비송 248조 3항 1문). 그리고 과태료의 재판은 검사의 명령으로써 집행한다(비송 249조 1항 1문).

2. 과태료의 처분을 할 수 있는 사항

이에 관하여는 관계되는 곳에서 이미 설명하였으므로, 여기서는 민법에 규정된 사항을 적는 데 그치기로 한다(97조).

(1) 법인에 관한 등기를 게을리한 때(97조 1호).

(2) 재산목록 또는 사원명부의 작성 · 비치의무를 위반하거나 이들에 부정기재를 한 때(97조 2호 · 55조).

(3) 주무관청 또는 법원의 검사 · 감독을 방해한 때(97조 3호 · 37조 · 95조).

(4) 주무관청 또는 총회에 대하여 사실이 아닌 신고를 하거나 사실을 은폐한 때(97조 4호).

(5) 총회 의사록의 작성 · 비치의무를 위반하거나 청산인이 채권신고기간 내에 변제를 한 때(97조 5호 · 76조 · 90조).

(6) 이사나 청산인이 파산선고의 신청을 게을리한 때(97조 6호 · 79조 · 93조).

(7) 청산인이 채권신고의 공고나 파산선고 신청의 공고를 게을리하거나 부정한 공고를 한 때(97조 7호 · 88조 · 93조).

제10관 외국법인

[378] **I. 외국법인의 의의 및 능력**

(1) 의 의

내국법인(한국법인)이 아닌 법인이 외국법인이다. 내국법인·외국법인을 결정하는 기준에 관하여 학설은 i) 준거법설(곽윤직, 166면; 김주수, 200면; 백태승, 286면; 정기웅, 244면. 이은영, 224면도 이에 속하는 것으로 보인다)과 ii) 준거법과 주소지를 함께 고려하는 견해(김상용, 215면; 김용한, 206면; 김학동, 228면)가 대립하고 있다. i)설은 한국법에 의하여 설립된 법인이 내국법인이고, 외국법에 의하여 설립된 법인이 외국법인이라고 한다. 그리고 ii)설은 우리 법에 의하여 설립되고 우리나라에 주소를 가지는 법인만이 내국법인이고, 나머지는 외국법인이라고 한다. 두 견해는 거의 차이가 없을 것이나, i)설에 찬성한다. 주의할 것은 특별법에서는 국가의 정책상 외국법인의 범위를 다르게 정하기도 한다는 점이다(예:「부동산 거래신고 등에 관한 법률」2조 4호).

(2) 능 력

외국법인의 능력에 관하여 민법은 아무런 규정도 두고 있지 않다(상법 614조 이하 참조). 그리하여 학설은 민법은 내·외국법인의 평등주의를 취하고 있는 것으로 해석한다. 그러나 외국법인의 권리능력에 대하여도 외국인의 경우와 마찬가지로 법률이나 조약에 의하여 제한이 가해지고 있음은 물론이다.

제 7 장 물 건

제 1 절 권리의 객체 일반론

Ⅰ. 권리 객체의 의의 [379]

권리는 일정한 이익을 누리게 하기 위하여 법이 인정하는 힘이다(권리법력설의 입장). 이러한 권리가 성립하려면 당연히 그 힘의 대상이 있어야 한다. 이를 일반적으로 권리의 객체라고 한다(이러한 의미의 권리의 객체는 민법전에서는 권리의 목적이라고 표현함을 주의하여야 한다. 373조 이하의 채권의 목적이 대표적인 예이다).

권리의 객체는 권리의 종류에 따라 다르다. 물권에 있어서는 물건, 채권에 있어서는 특정인(채무자)의 행위(급부), 권리 위의 권리에 있어서는 권리, 형성권에 있어서는 법률관계, 지식재산권에 있어서는 저작 · 발명 등의 정신적 · 지능적 창조물, 인격권에 있어서는 생명 · 신체 · 자유 · 명예 등의 인격적 이익, 친족권에 있어서는 친족법상의 지위(가령 친권의 경우 자녀), 상속권에 있어서는 상속재산이 그 객체이다. 사람은 물권의 객체는 될 수 없지만, 인격권 · 가족권과 같은 다른 권리의 객체로 될 수는 있다(통설도 같음. 반대: 김준호, 189면).

Ⅱ. 민법규정

권리의 객체는 권리에 따라 다르고 매우 다양한데, 민법은 그 가운데에서 물건에 관하여서만 일반적인 규정을 두고 있다. 그 이유는, 모든 권리의 객체에 일반적으로 적용되는 규정을 두는 것은 불가능할뿐더러 설사 가능하다고 하여도 그 가치가 작지만, 물건은 중요한 재산권인 물권의 객체일 뿐만 아니라 채권이나 그 밖의 여러 권리에도 관련되어 있는 것이기 때문이다.

제 2 절 물건의 의의 및 종류

[380] Ⅰ. 물건의 의의

민법은 제98조에서 「본법에서 물건이라 함은 유체물 및 전기 기타 관리할 수 있는 자연력을 말한다」고 정의하고 있다.

1. 물건의 요건

(1) 유체물이거나 자연력일 것

일반적으로(법적으로가 아니고) 말하면 물건에는 유체물과 무체물이 있다. 유체물은 형체가 있는 물질(고체 · 액체 · 기체)이고, 무체물은 형체가 없는 물질이다. 보통의 물건은 유체물이며, 전기 · 열 · 빛 · 음향 · 에너지 · 전파 · 공기 등의 자연력은 무체물이다. 권리도 전형적인 무체물이다.

민법에 의하면 이들 가운데 유체물은 모두 물건이나, 무체물은 자연력만이 물건으로 될 수 있다. 따라서 가령 권리는 물건이 아니다.

〈물건에 관한 입법례〉

유체물만을 물건으로 할 것인가 무체물도 물건의 개념에 포함시킬 것인가에 관하여는 입법례가 나뉘어 있다. 로마법 · 프랑스민법(516조 · 526조 · 529조) · 오스트리아민법(353조)은 무체물을 모두 물건에 포함시키나, 독일민법(90조)과 일본민법(85조)은 유체물만을 물건으로 규정하고 있다. 그리고 스위스민법은 유체물 외에 무체물 가운데 법적 지배가 가능한 자연력을 물건에 포함시키고 있다(같은 법 713조). 우리 민법은 이들 가운데 스위스민법을 본받은 것이다. 이러한 민법의 태도에 관하여 학설은 i) 타당하다는 견해(곽윤직, 168면)와 ii) 관리할 수 있는 자연력을 포함시킨 것은 타당하나 지식재산권과 같은 권리를 포함시키지 않은 것은 유감스러운 일이라는 견해(이영준, 986면)로 나뉘어 대립하고 있다.

(2) 관리가 가능할 것

물건이 되려면 관리할 수 있는 것이어야 한다. 관리할 수 있다는 것은 배타적 지배가 가능하다는 의미이다. 제98조는 이 요건을 자연력에 관하여만 요구하고 있으나, 유체물에서도 필요하다고 새겨야 한다(이설 없음). 배타적 지배를 할 수 없는 것은 물권의 객체로 될 수 없기 때문이다. 그 결과 유체물일지라도 해 · 달 · 별 · 바다 등은 물건이 아니다(다만, 바다는 인위적으로 일정한 범위를 정하여 배타적으로 지배할 수 있게 하는 경우에는 어업권의 객체가 된다). 그리고 공기 · 전파 등은 자연력이지만 배타적 지배가 불가능하므로 역시 물건이 아니다.

(3) **사람의 신체가 아닐 것**(외계의 일부일 것 · 비인격성) [381]

사람의 신체나 그 일부는 물건이 아니다. 따라서 인체에는 물권이 성립할 수 없다(그러나 인격권 · 친족권 등이 성립할 수는 있다). 타인의 신체에 대하여 물권의 성립을 인정하는 것은 노예제도를 인정하는 것이므로 인격절대주의를 바탕으로 하고 있는 근대민법에서는 허용될 수 없는 것이다.

인공적으로 인체에 부착된 의치 · 의안 · 의수 · 의족 · 가발 등도 신체에 고착하고 있는 한 신체의 일부로 보아야 한다. 그러나 신체에서 분리된 머리카락 · 이(齒) · 혈액 등은 물건이며, 분리되기 전의 사람의 소유에 속한다. 인체의 일부를 분리시키는 채권계약(예: 손 · 발을 절단하기로 하는 수술계약)이나 분리된 물건의 처분행위(예: 대학병원에의 기증)는 사회질서에 반하지 않는 한 유효하다(이설 없음).

시체가 물건인가, 물건이라면 소유권의 객체가 되는가, 그리고 시체에 대한 권리는 누구에게 속하는가에 관하여는 논란이 있다. 학설은 우선 물건인가에 관하여 긍정하는 것이 다수설이나, 부정하는 소수설(김상용, 280면; 이영준, 987면. 관습법상의 관리권의 객체라고 하는 백태승, 291면도 물건이 아니라고 보는 듯하다)도 있다. 그리고 시체를 물건이라고 보는 다수설은 모두 시체도 소유권의 객체가 될 수 있지만, 그 소유권은 보통의 소유권과 달리 오직 매장 · 제사 등을 위한 권능과 의무를 내용으로 하는 특수한 것이라고 한다(특수 소유권설)(곽윤직, 169면; 김용한, 216면; 김주수, 270면; 김학동, 233면; 이은영, 301면; 정기웅, 262면). 한편 그 특수 소유권이 누구에게 속하는가에 관하여는 i) 제사를 주재하는 자, 즉 상주에게 속한다는 견해(곽윤직, 169면; 김용한, 216면; 김주수, 270면; 정기웅, 262면)와 ii) 호주승계인에게 속한다는 견해(김학동, 233면)가 대립하고 있다. 판례는, 사람의 유체 · 유골은 매장 · 관리 · 제사 · 공양의 대상이 될 수 있는 유체물로서, 분묘에 안치되어 있는 선조의 유체 · 유골은 제1008조의 3 소정의 제사용 재산인 분묘와 함께 그 제사 주재자에게 승계되고, 피상속인 자신의 유체 · 유골 역시 위 제사용 재산에 준하여 그 제사 주재자에게 승계된다고 한다(대판(전원) 2008. 11. 20, 2007다27670). 그리고 공동상속인들 사이에 협의가 이루어지지 않는 경우에는 제사주재자의 지위를 인정할 수 없는 특별한 사정이 있지 않는 한 피상속인의 직계비속 중 남녀 · 적서를 불문하고 최근친의 연장자가 제사주재자로 우선한다고 한다(대판(전원) 2023. 5. 11, 2018다248626. 판례가 변경됨. 친족상속법 [250] 참조). 생각건대 시체의 물건성을 부정하는 소수설은 인간의 존엄과 가치 내지 인격의 존중에 지나치게 연연하고 있는 듯하다. 사람의 인격(일반적인 의미의 인격)은 사후에도 존중되어야 하지만 사람이 사망한 이상 법적 문제 처리를 위한 이론구성이 불가피하며, 다수설을 그러한 관점에서 이해하여야 할 것이다(이은영, 301면은 시체를 타인이 점유하고 있을 때 반환청구권이 인정되어야 할 것이라고 한다). 그리고 시체에 대한 권리(특수 소유권)는 분묘 등의 승계에 관한 제1008조의 3에 비추어 볼 때 제사를 주재하는 자에게 속한다고 함이 타당하다. 한편 시체의 처분행위는, 어떤 이론의 입장에 있든, 사회질서에 반하여 무효라고 하여야 한다. 또한 사망한 자가 생전에 자신의 유해를 처분하는 의사를 표명하였을지라도(그것은 법률이 정한 유언사항이 아니어서 유언으로 할 수는 없다) 시체의 귀속권자는 그에 구속되지 않는다(이설 없음). 판례도, 피상속인이 생전행위 또는 유언으로 자신의 유체·유골을 처분하거나 매장장소를 지정한 경우에, 제사주재자가 무조건 이에 구속되어야 하는 법률적 의무까지 부담하지는 않는다고 한다(대판(전원) 2008. 11. 20, 2007다27670. 이 부분은 판례가 변경되지 않음).

〈시체에 관한 법률〉

시체 또는 유골에 관하여 규정하고 있는 법률이 많이 있으나, 그 가운데 중요한 것으로 「장사 등에 관한 법률」, 「시체 해부 및 보존에 관한 법률」, 형법(159조 내지 163조), 경범죄처벌법(1조 6호·7호)을 들 수 있다.

(4) 독립한 물건일 것

물건이 단순히 채권의 목적물로 되는 경우와 달리, 물권의 객체로 되는 경우에는 독립한 존재를 가져야 한다. 왜냐하면 물권에 있어서는 하나의 독립한 물건 위에 하나의 물권이 성립한다는 이른바 일물일권주의(물권법 [7] 참조)가 원칙으로 되어 있기 때문이다. 일물일권주의를 인정하는 근거는 ① 물건의 일부나 집단 위에 하나의 물권을 인정할 필요가 없다는 것과, ② 물건의 일부나 집단 위에 하나의 물권을 인정한다면 그 공시가 곤란하거나 혼란될 것이라는 데 있다.

독립한 물건인지 여부는 물리적인 모습을 기초로 하여 판단하되, 궁극적으로는 사회관념에 의하여 결정하여야 한다.

[382] 2. 물건의 개수

(1) 물건의 일부

하나의 물건의 일부는 독립한 물건이 아니며, 따라서 그것은 원칙적으로 물권의 객체가 되지 못한다. 그러나 위에서 설명한 일물일권주의의 인정근거에 비추어, ① 물건의 일부 위에 물권을 인정할 필요가 있고, ② 어느 정도 공시가 가능하거나 공시와 관계가 없는 때에는 그 범위에서 예외가 인정된다. 즉 용익물권은 1필의 토지 위에 설정될 수 있고(부등법 69조 내지 72조 참조), 전세권은 1동의 건물의 일부에 설정될 수 있다(부등법 72조 1항 6호 참조). 그리고 「입목에 관한 법률」에 의하여 소유권보존등기를 받은 수목의 집단은 토지와는 별개로 양도하거나 저당권의 목적으로 할 수 있고(같은 법 3조 2항), 판례에 의하면 명인방법이라는 관습법상의 공시방법을 갖춘 수목의 집단과 미분리의 과실은 독립한 물건으로서 거래의 객체가 된다. 그리고 판례는 농작물을 토지와는 별개의 물건으로 다룬다([388] 참조).

(2) 단 일 물

겉모습으로 보아 단일한 일체를 이루고 각 구성부분이 개성을 잃고 있는 물건이다(접시 1개, 소 1마리 등). 이러한 단일물이 하나의 물건임은 물론이다.

(3) 합 성 물

각 구성부분이 개성을 잃지 않고 결합하여 단일한 형체를 이루고 있는 물건이다(건물 · 보석반지 · 자동차 등). 합성물도 하나의 물건이다. 소유자가 다른 물건이 결합하여 합성물이 되면 소유권의 변동이 생기게 된다(256조 이하 참조).

(4) 집 합 물

단일물 또는 합성물들이 모여 경제적으로 단일한 가치를 가지고 거래상으로도 하나로 다루어지는 것을 집합물이라고 한다(상점의 상품 전체 · 공장의 시설 전부 등). 집합물은 하나의 물건이 아니며, 따라서 일물일권주의의 원칙상 그 위에 하나의 물권이 성립할 수는 없다. 그러나 ① 집합물을 법률상 하나의 물건으로 다루어야 할 사회적인 필요성이 있고, ② 적당한 공시방법을 갖출 수 있는 경우에는 그 한도에서 집합물 위에 하나의 물권의 성립을 인정하는 것도 무방하다. 그리하여 특별법상 하나의 물건으로 다루어지는 경우가 있다(「공장 및 광업재단 저당법」 등 참조). 그리고 얼마 전에는 여러 개의 동산을 특정할 수 있는 경우에는 그것을 목적으로 담보등기를 할 수 있는 제도를 입법화하기도 하였다(「동산 · 채권 등의 담보에 관한 법률」 3조 2항. 2010. 6. 10. 제정, 2012. 6. 11. 시행). 한편 판례는 일정한 요건(특정을 위한 요건) 하에 집합물에 대하여 양도담보가 설정될 수 있음을 인정한다(대판 1988. 10. 25, 85누941; 대판 1988. 12. 27, 87누1043; 대판 1990. 12. 26, 88다20224; 대판 1999. 9. 7, 98다47283; 대판 2004. 11. 12, 2004다22858). 구체적으로는 원자재 · 양어장 내의 뱀장어들 · 의류들 · 농장 내의 돼지들에 대하여 양도담보의 설정을 인정하였다.

3. 재산 개념

(1) 민법이나 민사특별법에서 많이 사용하는 용어로서 재산이 있다. 그런데 그 재산의 의의나 내용은 경우에 따라 다르며 일정하지 않다.

(2) 많은 경우에는 재산이 단순히 「경제적 가치 있는 물건 또는 권리」를 가리키는 말로 쓰이고 있다. 미성년자에게 처분을 허락한 재산(6조) · 실종신고를 직접 원인으로 하여 취득한 재산(29조) · 증여의 목적인 재산(554조)이 그 예이다(그 외에도 482조 2항 4호 5호 · 607조 · 695조 · 703조 2항 · 735조 · 741조 · 746조 · 751조 · 752조 · 806조 2항 · 918조 · 922조 · 950조 1항 4호 · 1008조). 이때에는 재산이라는 개념에 특유한 의의가 없다.

(3) 그런가 하면 재산이 「어떤 주체를 중심으로 하여 결합한 또는 일정한 목적 하에 결합한 금전적 가치 있는 물건 및 권리 · 의무의 총체」의 의미로 사용되기도 한다. 그중에 「주체」를 중심으로 결합한 총체의 예로는 부재자의 재산(22조 이하) · 자(子)의 재산(180조 · 920조 · 923조 · 925조) · 채무자의 재산(340조 · 437조) · 부부재산(829조 · 839조의 2) · 피후견인의 재산(941조 · 943조 · 949조 · 955조 · 955조의 2 · 957조) · 상속재산(181조 · 998조의 2 · 1006조 · 1012조 이하) 또는 피상속인의 재산(1005조 · 1008조의 2)이 있다. 그리고 「목적」을 중심으로 결합한 총체의 예로는 재단법인의 출연재산(43조 · 45조 · 48조) · 해산한 법인의 재산(80조 · 87조 · 92조) · 조합재산(704조 · 710조 · 724조) · 신탁재산(신탁법 3조 등) · 파산재단(채무자회생법 24조 등) · 공장재단이나 광업재단(「공장 및 광업재단 저당법」 10조 이하 · 52조 이하)을 들 수 있다.

이들 가운데 재산이 어떤 법률관계에서 일체로 다루어진다면 재산이라는 개념이 법률상 특별한 의의가 있게 된다. 그런데 위의 것 중 주체를 중심으로 한 재산은 독립성이나 일체성이 약하며, 따라서 그 의의가 크지 않다. 그에 비하여 목적을 중심으로 한 재산은 주체를 중심으로 한 것보다 독립성과 일체성이 강하다. 그러나 그 독립성 · 일체성의 정도는 동일하지 않고 경우에 따라 다르다. 재단법인의 출연재산이나 해산한 법인의 재산, 그리고 공장재단 · 광업재단은 법률이 전체를 일체로서 다루기 때문에 독립성이 대단히 강하나, 다른 경우들은 재산에 속하는 각각의 물건이나 권리 · 의무가 법률상 특별히 다루어질 뿐이고, 독립한 일체로서 권리의 객체 또는 거래의 목적이 되는 일이 없다(곽윤직(신정판), 298면).

그러고 보면 우리 법은 법률에 특별규정이 없는 한 재산에 대하여 독립성이나 일체성을 인정하지 않는 입장에 있다고 할 수 있다.

Ⅱ. 물건의 종류 [383]

민법이 총칙편에서 규정하고 있는 물건의 분류는 동산·부동산, 주물·종물, 원물·과실의 세 가지이다. 그런데 문헌에서는 그것들 외에도 몇 가지 다른 분류를 하고 있다. 민법에 의한 분류는 뒤에 따로 보기로 하고, 여기서는 그 밖의 분류만을 설명하기로 한다.

1. 융통물·불융통물

사법상 거래의 객체가 될 수 있는 물건을 융통물이라 하고, 그렇지 못한 물건을 불융통물이라고 한다. 불융통물에는 공용물·공공용물·금제물이 있다.

(1) 공용물(公用物)은 국가나 지방자치단체의 소유로서 국가나 지방자치단체의 공적 목적에 사용되는 물건이다. 관공서의 건물·국공립 학교의 건물이 그 예이다.

(2) 공공용물(公共用物)은 공중(公衆)의 일반적인 사용에 제공되는 물건이며, 도로·하천·공원이 그 예이다. 공공용물은 사인의 소유에 속할 수도 있다. 도로부지가 그 예이다(도로법 4조 참조). 공용물이나 공공용물은 국유재산법(6조) 또는 「공유재산 및 물품 관리법」(5조)상의 행정재산이 되며, 공용폐지가 있을 때까지는 사법상의 거래의 객체가 되지 않는다(국유재산법 27조·40조, 「공유재산 및 물품 관리법」 11조·19조).

(3) 금제물(禁制物)은 법령의 규정에 의하여 거래가 금지되는 물건이며, 이에는 소유 또는 소지까지 금지되는 것과 거래만이 금지되는 것이 있다. 아편 및 아편흡식기구(형법 198조 이하)·음란한 문서 도화 기타의 물건(형법 243조·244조)·위조 변조한 통화와 그 유사물(형법 207조 이하)은 전자의 예이고, 국유문화유산(「문화유산의 보존 및 활용에 관한 법률」 66조. 그러나 기타의 국보·보물·국가민속문화유산·일반동산문화유산은 수출 또는 국외반출만 금지되어 있다(같은 법 39조·60조 참조. 매도금지 규정은 삭제되었다))은 후자의 예이다.

2. 가분물·불가분물

가분물은 물건의 성질 또는 가격을 현저하게 손상하지 않고서 나눌 수 있는 물건이고(금전·곡물·토지 등), 그렇지 않은 물건이 불가분물이다(그림·소·말·건물 등). 이는 보통은 객관적 성질에 의한 구별이지만, 당사자의 의사표시에 의하여 가분물을 불가분물로 다루게 되는 경우도 있다(409조 참조).

가분물 · 불가분물의 구별은 공유물의 분할(269조 참조), 다수당사자의 채권관계(408조 이하 참조)에서 의미가 있다.

3. 대체물 · 부대체물

「일반거래상」 물건의 개성이 중요시되지 않아서 동종 · 동질 · 동량의 다른 물건으로 바꾸어도 당사자에게 영향을 주지 않는 물건이 대체물이고(금전 · 신형자동차 · 술 · 곡물 등), 물건의 개성이 중요시되어 다른 물건으로 바꿀 수 없는 물건이 부대체물이다(그림 · 골동품 · 중고자동차 · 소 · 건물 등).

대체물 · 부대체물의 구별은 소비대차(598조 이하) · 소비임치(702조 이하) 등에서 실익이 있다.

4. 특정물 · 불특정물

「구체적인 거래에 있어서」 당사자가 물건의 개성을 중요시하여 다른 물건으로 바꾸지 못하게 한 물건이 특정물이고, 다른 물건으로 바꿀 수 있게 한 물건이 불특정물이다. 이는 당사자의 의사에 의한 주관적 구별이어서 당사자는 일반적으로 물건의 개성이 중요시되는가에 관계없이(즉 대체물인가 부대체물인가 관계없이) 특정물로든 불특정물로든 거래할 수 있다. 따라서 이 구별은 엄격하게는 물건의 구별이 아니고 거래방법의 구별이다. 예컨대 그림이나 소(牛)같은 부대체물도 대량으로 거래하면서 불특정물로 다룰 수 있으며, 쌀과 같은 대체물도 「이 쌀」이라는 특정물로 거래할 수 있다. 그렇지만 보통은 부대체물은 특정물로, 대체물은 불특정물로 거래된다.

특정물 · 불특정물의 구별은 채권의 목적물의 보관의무(374조) · 채무변제의 장소(467조) · 매도인의 담보책임(570조 이하) 등에서 실익이 있다.

5. 소비물 · 비소비물

소비물은 물건의 성질상 그 용도에 따라 한 번 사용하면 다시 그 용도로 사용할 수 없는 물건이고(술 · 곡물 등), 같은 용도로 반복하여 사용할 수 있는 물건이 비소비물이다(그림 · 건물 · 기계 등). 금전은 반복해서 사용할 수 있으나, 한 번 사용하면 그 주체에 변경이 생겨서 전 소유자가 다시 사용할 수 없기 때문에 소비물로 다루어진다.

소비물 · 비소비물의 구별은 소비대차(598조 이하) · 사용대차(609조 이하) · 임대차(618조 이하) 등에서 실익이 있다. 즉 비소비물은 소비대차의 목적물로는 될 수 없고, 사용대차나 임대차의 목적물로만 될 수 있다. 그리고 소비물만이 소비대차의 목적물로 될 수 있다(그러나 소비물이 예외적으로 사용대차 · 임대차의 목적물로 될 수는 있다. 소비물을 소비 이외의 목적으로 사용하고 반환하기로 한 경우에 그렇다). 한편 금전은 소비물로 다루어지기 때문에 원칙적으로 소비대차의 목적물로 되고, 사용대차나 임대차의 목적물로 될 수 없다(598조 참조).

제 3 절　부동산과 동산

Ⅰ. 부동산 · 동산 구별의 이유 [384]

부동산 · 동산의 구별은 물건의 분류 가운데 가장 중요한 것이다. 이 둘을 구별하는 이유로는 보통 다음의 두 가지를 든다.

(1) 부동산은 동산에 비하여 경제적 가치가 크므로 특별히 보호하여야 할 필요가 있다.

(2) 부동산은 움직이지 않기 때문에 그 위의 권리관계를 공적 장부에 의하여 공시하는 데 적합하나, 이리저리 움직일 수 있는 동산은 그러한 공시에 적합하지 않다. 장부에 의한 공시가 불가능하지는 않으나, 물건이 어디 있는지 모르면 의미가 없고, 또 모든 동산이 장부에 의하여 공시할 만큼 가치가 크지도 않다.

그런데 이들 가운데 (1)의 이유는 동산인 금전의 역할이 현저하게 커지고 또 유가증권(이는 물건은 아님)제도의 발전으로 그 의의를 거의 상실하였다. 그에 비하여 (2)의 이유 즉 공시방법의 차이는 오늘날에도 대단히 중요하다. 그러나 선박 · 자동차 · 항공기 · 건설기계와 같이 동산임에도 불구하고 등기나 등록에 의하여 공시되는 것이 있어서 그 의미는 변해가고 있다(선박-상법 743조, 소형선박-「자동차 등 특정동산 저당법」 5조, 자동차-자동차관리법 5조 이하 및 「자동차 등 특정동산 저당법」 5조, 항공기-항공법 3조 이하 및 「자동차 등 특정동산 저당법」 5조, 건설기계-건설기계관리법 3조 이하 및 「자동차 등 특정동산 저당법」 5조 참조).

현행법상 부동산과 동산이 다르게 취급되고 있는 중요한 사항을 열거하면 다음과 같다. ① 공시방법이 다르다(부동산은 등기, 동산은 점유 내지 인도). ② 동산거래에서는 공신의 원칙이 채용되어 있으나(249조의 선의취득), 부동산거래에서는 그렇지 않다. ③ 무주(無主)의 동산의 소유권은 먼저 점유한 자에게 속하나, 무주의 부동산은 국유이다(252조). ④ 부합의 법률효과가 양자에서 다르다(256조·257조). ⑤ 용익물권과 저당권은 부동산에만 설정될 수 있다. ⑥ 취득시효의 요건이 다르다(245조·246조). ⑦ 부동산에 대하여만 재판관할에 관하여 특별규정이 있고(민소 20조), 둘은 강제집행의 절차 및 방법에서도 차이가 있다(민사집행법 78조 이하, 188조 이하 참조).

[385]

Ⅱ. 부 동 산

민법은 「토지 및 그 정착물」을 부동산으로 하고 있다(99조 1항).

〈부동산에 관한 입법례〉

무엇을 부동산으로 할 것인가에 관하여는 입법례가 나뉘어 있다. 토지를 부동산으로 하는 것은 모든 입법례의 공통적인 현상이다. 그런데 토지의 정착물, 특히 건물을 토지와는 별개의 부동산으로 할 것인지에 대하여는 일치되어 있지 않다.

서양에서는 「지상물은 토지에 따른다」(superficies solo cedit)는 법언이 보여주는 바와 같이, 토지만을 부동산으로 하고 토지의 정착물이나 지상물은 독립한 부동산으로 다루지 않는다. 그에 대하여 구체적으로 살펴보면, 독일민법은 물건을 동산과 토지(부동산)로 나누고, 건물·수목과 같은 토지의 정착물은 토지의 「본질적 구성부분」으로 규정한다(같은 법 94조). 그 결과 그 정착물은 토지의 일부이어서 권리의 목적으로 되지 못한다. 스위스민법도 토지소유권의 객체는 토지이고 토지소유권은 법률상의 제한을 제외하고는 모든 건축물과 식물 및 원천(源泉)을 포함한다고 규정하여(같은 법 655조·667조), 독일민법과 유사하다. 그리고 프랑스민법은 토지와 그 토지에 정착되어 일체를 이루는 건물·수목 등을 「성질에 의한 부동산」이라고 하고(같은 법 518조-523조), 토지에 종속하는 물건을 그 성질에 의하면 동산이지만 그 용도로 보면 부동산에 종속된 것이어서 이를 부동산으로 다루는 「용도에 의한 부동산」이라고 하며(이는 종물은 주물에 따른다는 법언이 적용되며 우리 법의 종물에 가까운 것이다), 부동산을 객체로 하는 소유권 이외의 권리는 「권리의 객체에 의한 부동산」이라고 한다(같은 법 526조). 그리고 프랑스 문헌들은 건물이나 수목 기타의 지상물은 부동산이고 이는 그 성질상 토지에 합체되어 부동산이 되는데, 이러한 합체가 있으면 토지에 대한 부합이 있게 되고(같은 법 553조-555조), 그에 따라 토지소유자는 건물이나 수목 기타의 지상물에 대한 소유권도 취득하게 된다고 한다. 그리하여 결국 프랑스민법에서도 건물 기타의 지상물은 토지와 별개의 부동산으로 다루지 않는다.

그에 비하여 동양에서는 토지의 정착물을 토지와 별개의 부동산으로 다루고 있다. 과거에 우리나라에 의용되었던 일본민법이 그러하고(같은 법 86조 1항), 우리 민법도 의용민법의 그 태도를 따르고 있다(99조 1항).

1. 토 지

물건으로서의 토지는 지적공부(地籍公簿)(토지대장·임야대장 등.「공간정보의 구축 및 관리 등에 관한 법률」 2조 19호 참조)에 하나의 토지로 등록되어 있는 육지의 일부분이다. 본래 육지는 연속되어 있으나, 편의상 인위적으로 구분하여 각 구역마다 번호(토지번호 즉 지번)를 붙이고, 이를 지적공부(토지대장·임야대장 등)에 등록한다(「공간정보의 구축 및 관리 등에 관한 법률」 64조·66조·71조). 이렇게 등록이 되면 토지는 독립성이 인정된다(대판 1976. 4. 27, 75다1621; 대판 1982. 6. 8, 81다611; 대판 1995. 6. 16, 94다4615).

토지의 범위는 지표면과 정당한 이익이 있는 범위 내에서 그 상하를 포함한다(212조 참조). 따라서 토지의 구성물(암석·토사·지하수 등)은 토지의 일부분에 지나지 않는다(대판 1964. 6. 23, 64다120은 논둑은 논의 구성부분이라고 한다). 그런데 토지에 부존되어 있는 미채굴의 광물은 국가가 이를 채굴·취득하는 권리(광업권)를 부여할 권능을 가지고 있기 때문에(광업법 2조), 토지소유자의 소유권은 그것에는 미치지 않는다. 여기서 미채굴의 광물의 법적 성격이 문제된다. 학설은 i) 국유에 속하는 독립한 부동산이라는 견해(곽윤직, 175면; 김상용, 288면; 주해(2), 42면(김병재))와 ii) 토지의 구성부분이기는 하지만(따라서 토지소유자의 소유에 속한다고 함) 국가의 배타적인 채굴취득허가권의 객체라는 견해(김용한, 277면; 김주수, 277면; 김학동, 240면; 백태승, 299면; 이영준, 993면. 고상룡, 277면; 김준호, 198면도 이에 속한다)로 나뉘어 있다. 생각건대 미채굴의 광물에 관하여 채굴허가권을 갖는다는 것은 그에 대한 소유권이 있음을 전제로 한다. 그리고 광업법이 광구 밖에서 토지로부터 분리된 광물의 소유권을 토지소유자가 아닌 취득자의 소유로 규정하는 것을 보면(같은 법 5조 2항), 광물의 소유권은 토지소유권과는 무관하다는 견지에 서 있는 것으로 보인다. 결국 미채굴의 광물은 토지의 일부분이 아니며 토지로부터 독립된 국가소유의 물건이라고 보아야 한다.

바다에 대하여는 어업권(수산업법 18조 이하)·공유수면 점용사용권(「공유수면 관리 및 매립에 관한 법률」 8조 이하)·공유수면매립권(「공유수면 관리 및 매립에 관한 법률」 28조 이하) 등의 이용권이 성립할 수는 있어도 사적 소유권의 객체는 되지 않는다(통설도 같음. 반대: 고상룡, 278면). 「공유수면 관리 및 매립에 관한 법률」에 의하면, 바다는 「공간정보의 구축 및 관리 등에 관한 법률」 제 6 조 제 1 항 제 4 호(이 규정은 「해안선은 해수면이 약최고고조면(略最高高潮面: 일정 기간 조석을 관측하여 분석한 결과 가장 높은 해수면)에 이르렀을 때의 육지와 해수면과의 경계로 표시한다」고 규정한다)에 따른 해안선으로부터 「배타적 경제수역법」에 따른 배타적 경제수역 외측 한계까지의 사이이고(같은 법 2조 1호 가목), 바닷가는 「공간정보의 구축 및 관리 등에 관한 법률」 제 6 조 제 1 항 제 4 호에 따른 해안선으로부터 지적공부(地籍公簿)에 등록된 지역까지의 사이를 가리킨다(같은 법 2조 1호 나목). 한편 바다·바닷가 등과 같은 공유수면을 매립면허취득자가 매립하여 준공검사 확인증을 받은 경우에는 국가, 지방자치단체 또는 매립면허취득자가 법률이 정한 바에 따라 매립지의 소유권을 취득한다(「공유수면 관리 및 매립에 관한 법률」 46조 참조).

과거에는 하천은 국유였다(구 하천법 3조). 그런데 하천법이 개정되어(2007. 4. 6. 개정, 2008. 4. 7. 시행) 현재는 하천의 국유제를 폐지하였다. 그러면서 하천을 구성하는 사유의 토지 등에 대하여는 원칙적으로 사권을 행사할 수 없도록 하고, 소유권 이전 및 저당권 설정 등 일부 사권 행사만을 허용하고 있다(같은 법 4조 2항). 그리고 개정법은 국가하천으로 지정된 사유 토지의 소유자가 하천관리청에 그 토지의 매수를 청구할 수 있는 매수청구제를 정하고 있다(같은 법 79조-81조). 그 밖에 하천의 점용은 여전히 인정되고 있다(같은 법 33조).

도로에 대하여는 사적 소유권과 저당권 설정은 인정되나, 그 외의 사권 행사는 금지된다(도로법 4조).

독립한 토지의 개수는 「필(筆)」로서 표시된다. 1필의 토지를 여러 필로 분할하거나 여러 필의 토지를 1필로 합병하려면 분필 또는 합필의 절차를 밟아야 한다(「공간정보의 구축 및 관리 등에 관한 법률」 79조·80조, 부등규칙 75조-80조). 그 구체적인 절차는 다음과 같다. 분필의 경우에는 먼저 「공간정보의 구축 및 관리 등에 관한 법률」 제79조에 따라 토지소유자가 지적소관청에 분할을 신청하여야 한다. 그러면 소관청이 지적측량을 하고(위 법 23조 1항 3호 라목) 그에 따라 필지마다 지번·지목·경계 또는 좌표와 면적을 정한 후 지적공부에 등록하게 된다. 그 후에는 부동산등기부에 분필의 등기를 하게 된다(부등규칙 75조·76조 참조). 그리고 합필의 경우에는 위의 법 제80조에 따라 토지소유자가 지적소관청에 합병의 신청을 하면, 소관청에 의하여 지적 등이 정해져 지적공부에 등록되고, 그 뒤에 등기부에 합필의 등기를 하게 된다(부등규칙 79조·80조 참조). 한편 판례는, 지적법(현행 「공간정보의 구축 및 관리 등에 관한 법률」에 해당함)상의 분필절차를 거치지 않은 한 1개의 토지로서 등기의 목적이 될 수 없는 것이며, 설사 등기부에만 분필의 등기가 실행되었다 하여도 이로써 분필의 효과가 발생할 수는 없는 것이므로, 결국 이러한 분필등기는 1부동산 1등기용지(등기기록)의 원칙에 반하는 등기로서 무효라고 한다(대판 1990. 12. 7, 90다카25208. 같은 취지: 대판 1984. 3. 27, 83다카1135·1136; 대판 1995. 6. 16, 94다4615; 대판 1997. 9. 9, 95다47664).

1필의 토지의 일부는 분필절차를 밟기 전에는 양도하거나 제한물권을 설정할 수 없다. 물권의 변동이 생기려면 등기를 하여야 하는데(186조), 1필의 토지의 일부에 대하여는 원칙적으로 등기할 수 없기 때문이다. 다만, 용익물권만은 분필절차를 밟지 않아도 1필의 토지의 일부 위에 설정될 수 있다(부등법 69조 6호·70조 5호·72조 1항 6호 참조).

2. 토지의 정착물 [386]

토지의 정착물이란 토지에 고정적으로 부착되어 쉽게 이동할 수 없는 물건으로서 그러한 상태로 사용되는 것이 그 물건의 성질로 인정되는 것을 말한다. 예컨대 건물 · 수목 · 다리 · 돌담 · 도로의 포장 등이 그렇다. 그러나 판자집 · 임시로 심어 놓은 수목 · 토지나 건물에 충분히 정착되어 있지 않은 기계 등은 정착물이 아니다. 판례는 가설건축물(컨테이너 등)은 일시 사용을 위해 건축되는 구조물로서 일반적으로 토지에 정착되어 있다고 볼 수 없다고 한다(대판 2021. 10. 28, 2020다224821).

토지의 정착물은 모두 부동산이지만, 그 가운데에는 토지와는 별개의 부동산이 되는 것(예: 건물)도 있고, 토지의 일부에 불과한 것(예: 다리 · 돌담 · 도로의 포장)도 있다. 토지와는 별개의 독립한 부동산으로 되는 정착물들을 살펴보기로 한다.

(1) 건 물

우리 법상 건물은 토지와는 별개의 부동산이다. 그리하여 토지등기부와 따로 건물등기부를 두고 있다(부등법 14조 1항). 건물은 건축물대장에 등록되나(건축법 38조 참조), 그것은 토지와는 달리 등록에 의하여 독립성을 갖는 것은 아니며(대판 1997. 7. 8, 96다36517도 참조), 건물로 인정되는 때에 바로 하나의 물건으로 된다. 짓고 있는 건물이 언제부터 독립한 건물(부동산)로 되는가는 양도나 압류 등에 있어서 대단히 중요하다. 독립한 건물인 경우에는 그 건물에 관하여 등기하여야 물권을 취득하고(186조), 토지의 일부에 지나지 않는 정착물이라면 토지와 함께 양도되며(186조), 정착되지 않은 건축자재에 불과하다면 동산이어서 인도한 때에 소유권이 이전된다(188조). 그리고 압류 방법도 동산과 부동산에서 차이가 있다. 그런데 건물 여부를 판단하는 명확한 기준은 없다. 따라서 결국 사회통념에 의하여 결정하여야 한다. 판례에 의하면, 최소한의 기둥과 지붕 그리고 주벽(主壁)이 이루어지면 된다고 한다(대판 1986. 11. 11, 86누173; 대판 1996. 6. 14, 94다53006; 대판 2001. 1. 16, 2000다51872; 대판 2002. 4. 26, 2000다16350; 대판 2003. 5. 30, 2002다21592 · 21608. 이에 관하여 공간된 첫 판결인 대판 1977. 4. 26, 76다1677은 최소한의 요건으로 기둥 · 지붕 · 주벽의 완성을 들고 있었으나, 그 이후의 판결에서는 그것이 충분조건으로 되고 있다). 한편 건물의 소유권은 건물이 되는 시점에 당시의 건축주가 등기 없이 당연히 소유권을 원시취득한다(대판 1993. 4. 23, 93다1527 · 1534; 대판 1998. 9. 22, 98다26194; 대판 2002. 3. 12, 2000다24184 · 24191; 대판 2002. 4. 26, 2000다16350 참조).

〈판 례〉

(ㄱ) 「독립된 부동산으로서의 건물이라고 하기 위하여는 최소한의 기둥과 지붕 그리

고 주벽이 이루어지면 된다고 할 것이다. 기록에 의하면, 신축 건물은 경락대금 납부 당시 이미 지하 1층부터 지하 3층까지 기둥, 주벽 및 천장 슬라브 공사가 완료된 상태이었을 뿐만 아니라 지하 1층의 일부 점포가 일반에 분양되기까지 한 사정을 엿볼 수 있는바, 비록 피고 등이 경락을 원인으로 이 사건 토지의 소유권을 취득할 당시 신축 건물의 지상층 부분이 골조공사만 이루어진 채 벽이나 지붕 등이 설치된 바가 없다 하더라도, 지하층 부분만으로도 구분소유권의 대상이 될 수 있는 구조라는 점에서 신축 건물은 경락 당시 미완성 상태이기는 하지만 독립된 건물로서의 요건을 갖추었다고 봄이 상당하다.」(대판 2003. 5. 30, 2002다21592 · 21608).

(ㄴ) 시설부지에 정착된 레일은 사회통념상 그 부지에 계속적으로 고착되어 있는 상태에서 사용되는 시설의 일부에 해당하는 물건이라고 봄이 상당하다(대결 1972. 7. 27, 72마741).

(ㄷ) 공장 울 안에 공장건물과 인접하여 설치된 저유조가 그 설치된 장소에서 손쉽게 이동시킬 수 있는 구조물이 아니고 그 토지에 견고하게 부착시켜 그 상태로 계속 사용할 목적으로 축조된 것이며 거기에 저장하려고 하는 원유, 혼합유 등을 풍우 등 자연력으로부터 보호하기 위하여 둥그런 철근콘크리트 및 철판 벽면과 삿갓모양의 지붕을 갖추고 있는 경우, 그 저유조는 유류창고로서의 기능을 가진 독립된 건물로 보아야 한다(대판 1990. 7. 27, 90다카6160).

독립한 건물의 개수는 동(棟)으로 표시한다. 건물의 개수도 사회통념에 의하여 결정하여야 한다(대판 1997. 7. 8, 96다36517). 건물의 경우에는 1동의 건물의 일부가 독립하여 소유권의 객체가 될 수 있으며, 이를 구분소유라고 한다(215조). 그리고 건물의 구분소유를 합리적으로 규율하기 위하여 「집합건물의 소유 및 관리에 관한 법률」이 제정되어 있다.

등기부상 1동의 건물로 등기되어 있는 것의 일부는 구분 또는 분할의 등기를 하지 않는 한 처분하지 못한다. 다만, 전세권은 건물의 일부에 대하여도 설정할 수 있다(부등법 72조 1항 6호 참조).

[387] **(2) 수목의 집단**

토지에서 자라고 있는 수목은 본래 토지의 정착물로서 토지의 일부에 지나지 않는다(대결 1976. 11. 24, 76마275도 참조). 그런데 그러한 수목이 특별법이나 판례에 의하여 독립한 부동산으로 다루어지기도 한다.

1) **「입목에 관한 법률」(이하 '입목법'이라 함)에 의한 수목의 집단** 　입목법은, 그 법에 따라 소유권보존등기를 받은 수목의 집단을 입목이라고 하면서(입목법 2조 1항 1호), 그것을 토지와는 별개의 부동산으로 다룬다(입목법 3조 1항). 그리하여 입목의 소유자는 입목을 토

지와 분리하여 양도하거나 이를 저당권의 목적으로 할 수 있다(입목법 3조 2항). 그리고 토지의 소유권 또는 지상권의 처분은 입목에 영향을 미치지 않는다(입목법 3조 3항). 한편 1필의 토지의 일부분에 자라고 있는 수목도 입목이 될 수 있으며, 또한 수종에 제한도 없다(입목법 시행령 1조).

2) 입목법의 적용을 받지 않는 수목의 집단 판례에 의하면, 입목법의 적용을 받지 않는 수목의 집단도 명인방법을 갖추면 독립한 부동산으로서 거래의 목적이 된다(대결 1998. 10. 28, 98마1817 참조). 그러나 그것은 소유권의 객체가 될 뿐이고(따라서 양도담보는 가능함) 저당권의 객체는 되지 못한다(같은 취지: 곽윤직 179면; 김주수, 281면; 김학동, 243면. 반대: 고상룡 281면). 등기할 방법이 없기 때문이다. 한편 집단이 아닌 개개의 수목도 거래의 가치가 있는 것은 마찬가지로 다루어야 할 것이다.

〈명인방법(明認方法)〉

명인방법은 수목의 집단 또는 미분리의 과실의 소유권이 누구에게 속하고 있는지를 제 3 자가 명인(명백하게 인식)할 수 있도록 하는 관습법상의 공시방법이다. 나무껍질을 깎아 거기에 소유자의 이름을 먹물로 써놓는 것 또는 과수원 주변에 새끼줄을 치고 소유자의 이름을 기재한 표찰을 붙여 놓는 것 등이 그 예이다.

〈판 례〉

「경매의 대상이 된 토지 위에 생립하고 있는 채무자 소유의 미등기 수목은 토지의 구성부분으로서 토지의 일부로 간주되어 특별한 사정이 없는 한 토지와 함께 경매되는 것이므로 그 수목의 가액을 포함하여 경매대상 토지를 평가하여 이를 최저 경매가격으로 공고하여야 하고(대법원 1976. 11. 24.자 76마275 결정 참조), 다만 입목에 관한 법률에 따라 등기된 입목이나 명인방법을 갖춘 수목의 경우에는 독립하여 거래의 객체가 되므로 토지 평가에 포함되지 아니한다고 할 것이다.」(대결 1998. 10. 28, 98마1817).

(3) 미분리의 과실 [388]

과일 · 잎담배 · 뽕잎 · 입도(立稻) 등과 같은 미분리의 과실은 수목의 일부에 지나지 않는다. 그런데 판례는 이것도 명인방법을 갖춘 때에는 독립한 물건으로서 거래의 목적으로 될 수 있다고 한다.

독립성이 인정되는 미분리과실은 부동산인가 동산인가? 여기에 관하여 학설은 i) 동산이라는 견해(고상룡, 283면; 곽윤직, 179면. 동산에 준하여 다루는 것이 타당하다고 하는 김주수, 282면도 이에 속한다)와 ii) 부동산이라는 견해(김상용, 292면; 김용한, 226면; 김학동, 243면; 백태승, 304면; 이영준, 997면; 주해(2), 58면(김병재))로 나뉘어 있다. 생각건대 미분리의 과실은 토지의 정착물인 수목의 일부이므로 그것은 이론상 부동산일 뿐만 아니라, 그것을 동산이라고 하면 그에 대한 선의취득 등이 인정되어 부당하기도 하다(이은영, 물권법, 314면은 오히려 선의취득을 인정하기 위하여 동산이라고 새긴다). 따라서 그것은 부동산이라고 하여야 한다. 다만, 법률에서 편의상 동산처럼 다루어지는 경우가 있기는 하다(1월 이내에 수확할 수 있는 미분리과실을 압류할 경우에 관한 민사집행법 189조 2항 2호 참조).

(4) 농 작 물

토지에서 경작 · 재배되는 각종의 농작물은 토지의 정착물이며, 토지의 일부에 지나지 않는다. 타인의 토지에서 경작 · 재배되는 때에도 마찬가지이다(256조 본문). 다만, 정당한 권원(어떤 행위를 적법 내지 정당하게 하는 법률상의 원인)에 기하여 타인의 토지에서 경작 · 재배한 경우에는 토지와는 별개의 물건으로 다루어진다(256조 단서).

그런데 판례에 의하면, 농작물은 타인의 토지에서 소유자의 승낙을 얻어 경작하는 때는 물론이고(대판 1968. 3. 19, 67다2729), 남의 땅에서 아무런 권원 없이 위법하게 경작한 때에도 그 소유권은 경작자에게 있다고 한다(대판 1963. 2. 21, 62다913; 대판 1965. 7. 20, 65다874; 대판 1967. 7. 11, 67다893; 대판 1968. 6. 4, 68다613 · 614; 대판 1969. 2. 18, 68도906; 대판 1979. 8. 28, 79다784 등). 이러한 판례의 태도에 관하여 학설은 i) 부당하다는 견해(곽윤직, 179면. 같은 취지: 백태승, 305면)와 ii) 타당하다는 견해(김상용, 292면; 김주수, 282면; 김준호, 201면; 김학동, 244면)가 대립하고 있다. 생각건대 남의 땅에서 권원 없이 경작한 경우에 관한 판례이론은 부합에 관한 민법규정(256조)에 어긋나는 것일뿐더러, 소유권 존중이라는 민법의 기본입장을 부정하는 것이다. 또한 타당성 면에서도 받아들일 수 없다. 판례는 놀고 있지 않은 농지에서 주인을 배척하면서까지 경작한 때에도 경작자의 소유라고 하기 때문이다. 이러한 판례가 어떻게 타당하게 되는지 도저히 이해할 수 없다. 판례는 지극히 부당하다.

어쨌든 판례에 의하면 남의 땅에서 경작된 농작물은 언제나 토지와는 독립한 물건이며, 경작자의 소유에 속한다. 그리고 거기에는 명인방법도 요구되지 않는다(다만, 대법원이 쪽파와 같은 수확되지 아니한 농작물에 있어서 명인방법을 실시함으로써 그 소유권을 취득한다고 하였음을 볼 때(대판 1996. 2. 23, 95도2754), 판례는 농작물에 대하여 명인방법에 의한 소유권 취득을 부정하지는 않는다는 견지에 있다).

Ⅲ. 동 산

[389]

(1) 의 의

부동산 이외의 물건이 동산이다(99조 2항). 토지에 부착하고 있는 물건이라도 정착물이 아니면 동산에 속한다. 그리고 전기 기타 관리할 수 있는 자연력도 동산이다. 선박·자동차·항공기·일정한 건설기계는 동산이기는 하나, 부동산처럼 다루어진다. 의용민법은 무기명채권을 동산으로 의제하였으나(같은 법 86조 3항 참조), 현행민법은 그러한 규정을 두지 않고 채권편에서 따로 규율하고 있다(523조-526조). 이러한 현행법상 무기명채권(예: 상품권·승차권·입장권·무기명 국채)은 물건이 아니어서 동산에 해당할 수도 없다.

〈참 고〉

무기명채권은 특정한 채권자를 지정함이 없이 증서(증권)의 소지인에게 변제하여야 하는 증권적 채권이다. 무기명채권의 예로는 무기명사채·상품권·철도승차권·극장의 입장권·시중은행의 양도성 예금증서(대판 2000. 3. 10, 98다29735)를 들 수 있다. 이러한 무기명채권은 채권이 증권에 담겨 있어서 그 채권의 성립·존속·행사 등에 증권이 필요하게 된다. 예컨대 그 채권을 양도하려면 증권(증서)의 교부가 있어야 하는 것이다(523조).

(2) 특수한 동산(금전)

금전은 동산이기는 하나, 보통의 동산과 달리 물질적인 이용가치는 거의 없고 그것이 나타내는 추상적인 가치(금액)만이 의미가 있는 특수한 것이다(그리고 그 추상적인 가치에 의하여 재화의 교환을 매개한다). 따라서 금전은 특정한 물건이 아니고 그것이 나타내는 금액만큼의 가치로 인식되어야 한다. 그 결과 금전의 소유권은 언제나 그것의 점유자에게 있다고 하게 된다. 그리하여 가령 어떤 자의 금전을 다른 자가 불법으로 점유하여도 그 소유권은 점유자에게 있고, 처음의 소유자는 그 금액만큼의 채권적인 반환청구권만 가지게 될 뿐이며 물권적 반환청구권은 없다. 그러나 예외적으로 금전이 물건으로 다루어지는 경우도 있다. 가령 수집의 목적으로 특정금전을 매매하는 경우가 그렇다.

제 4 절 주물과 종물

[390] Ⅰ. 주물 · 종물의 의의

물건의 소유자가 그 물건의 일상적인 사용을 돕기 위하여 자기 소유인 다른 물건을 이에 부속하게 한 경우에, 그 물건을 주물(主物)이라고 하고 주물에 부속시킨 다른 물건을 종물(從物)이라고 한다(100조 1항). 배(船)와 노(櫓), 시계와 시계줄이 그 예이다.

물건에 대한 민법의 규율은 단일물을 중심으로 하고 있다. 그래야 법적인 명확성과 거래의 안전을 확보할 수 있기 때문이다. 그런데 민법이 독립한 복수의 물건을 일정한 범위에서 하나의 물건처럼 다루는 경우가 있다. 여기의 주물·종물이 그러한 경우에 해당한다. 민법이 주물·종물을 하나의 물건처럼 다루는 이유는 무엇인가? 주물·종물에 있어서 그것들은 모두 독립된 물건이지만, 종물은 주물의 효용을 돕는 입장에 있고, 그럼으로써 주물의 경제적 가치를 충분히 발휘할 수 있게 한다. 따라서 그와 같은 경우에는 그 법률적 운명에 있어서도 동일하게 취급하여 그 결합을 파괴하지 않는 것이 물건의 사회경제적 의의를 다할 수 있게 하는 길이다. 즉 민법은 주물·종물이 그 사회경제적 의의를 다하게 하기 위하여 그것들이 법률적으로 운명을 같이하도록 하고 있는 것이다.

〈주물-종물관계에 관한 판례〉

(ㄱ) 주물-종물관계를 인정한 예

① 농지에 부속한 양수장 시설은 주물인 몽리 농지의 종물이다(대판 1967. 3. 7, 66누176).

② 낡은 가재도구 등의 보관장소로 사용되고 있는 방과 연탄창고 및 공동변소가 본채에서 떨어져 축조되어 있기는 하나 본채의 종물이라고 본 사례(대판 1991. 5. 14, 91다2779).

③ 횟집으로 사용할 점포건물에 거의 붙여서 횟감용 생선을 보관하기 위하여 즉 위 점포건물의 상용에 공하기 위하여 신축한 수족관 건물은 위 점포건물의 종물이다(대판 1993. 2. 12, 92도3234).

④ 백화점 건물의 지하 2층 기계실에 설치되어 있는 전화교환설비는 10층 백화점의 효용과 기능을 다하기에 필요불가결한 시설들로서, 위 건물의 상용에 제공된 종물이라 할 것이다(대판 1993. 8. 13, 92다43142).

⑤ 주유소의 주유기는 계속해서 주유소 건물 자체의 경제적 효용을 다하게 하는 작용을 하고 있으므로 주유소 건물의 상용에 공하기 위하여 부속시킨 종물이다

(대판 1995. 6. 29, 94다6345. 같은 취지: 대결 2000. 10. 28, 2000마5527).

(ㄴ) 주물-종물관계를 부정한 예

① 호텔의 각 방실에 시설된 텔레비전, 전화기, 호텔 세탁실에 시설된 세탁기, 탈수기, 드라이크리닝기, 호텔 주방에 시설된 냉장고 제빙기, 호텔 방송실에 시설된 VTR(비디오), 앰프 등은 호텔의 경영자나 이용자의 상용에 공여됨은 별론으로 하고 호텔 자체의 경제적 효용에 직접 이바지하지 않음은 경험칙상 명백하므로 호텔에 대한 종물이라고는 할 수 없다(대판 1985. 3. 26, 84다카269).

② 정화조는 수세식 화장실에서 배출하는 오수의 정화처리를 위하여 필수적으로 설치되어야 하고, 또 기록에 의하면, 이 사건 정화조가 위 3층건물의 대지가 아닌 인접한 다른 필지의 지하에 설치되어 있기는 하지만 위 3층건물 화장실의 오수처리를 위하여 위 건물 옆 지하에 바로 부속하여 설치되어 있음을 알 수 있어 독립된 물건으로서 종물이라기보다는 위 3층건물의 구성부분으로 보아야 할 것이다(대판 1993. 12. 10, 93다42399).

③ 주유소의 지하에 매설된 유류저장탱크를 토지로부터 분리하는 데 과다한 비용이 들고 이를 분리하여 발굴할 경우 그 경제적 가치가 현저히 감소할 것이 분명하다는 이유로, 그 유류저장탱크는 토지에 부합되었다고 본 사례(대판 1995. 6. 29, 94다6345. 같은 취지: 대결 2000. 10. 28, 2000마5527).

④ 신·구 폐수처리시설이 그 기능면에서는 전체적으로 결합하여 유기적으로 작용함으로써 하나의 폐수처리장을 형성하고 있지만, 신 폐수처리시설이 구 폐수처리시설 그 자체의 경제적 효용을 다하게 하는 시설이라고 할 수 없으므로 종물이 아니라고 한 사례(대판 1997. 10. 10, 97다3750).

Ⅱ. 종물의 요건 [391]

종물의 요건은 다음과 같다(100조 1항).

(1) 주물의 일상적인 사용을 돕는 것일 것(상용(常用)에 공(供)할 것). 종물이려면 사회관념상 계속하여 주물의 경제적 효용을 돕는 것이어야 한다. 따라서 일시적으로 효용을 돕거나, 또는 주물 소유자의 사용을 돕고 있기는 하지만 주물 자체의 효용과는 직접 관계가 없는 물건은 종물이 아니다. 가령 식기·책상·난로는 가옥의 종물이 아니다. 여기에 관하여는 학설이 일치하며 판례도 같다(대판 1985. 3. 26, 84다카269; 대판 1994. 6. 10, 94다11606; 대판 1997. 10. 10, 97다3750; 대결 2000. 11. 2, 2000마3530).

(2) 주물에 부속시킨 것으로 인정할 만한 정도의 장소적 관계가 있어야 한다.

(3) 주물로부터 독립된 물건이어야 한다. 주물의 구성부분은 종물이 아니다(대판 1993. 12. 10, 93다42399는 정화조는 건물의 구성부분이라고 한다). 독립한 물건이면 되고, 반드시 동산일 필요는 없다. 그 결과 동산이든 부동산이든 주물·종물이 될 수 있다. 주택과 딴 채로 된 광, 주유소 건물과 주유기(대판 1995. 6. 29, 94다6345. 대결 2000. 10. 28, 2000마5527도 참조)는 주물·종물이 모두 부동산인 경우의 예이다.

(4) 주물·종물은 모두 동일한 소유자에게 속하여야 한다. 민법이 이것을 요건으로 요구하는 이유는, 다른 소유자에게 속하는 물건 사이에 주물·종물관계를 인정하면, 종물이 주물과 운명을 같이하게 되어, 주물의 처분으로 제 3 자의 권리가 침해될 염려가 있기 때문이다(곽윤직, 181면). 그러한 관점에서 본다면, 제 3 자를 해하지 않는 범위에서 다른 소유자에게 속하는 물건 사이에도 주물·종물의 관계를 인정하여야 한다(이설 없음). 그런데 판례는 주물의 소유자가 아닌 자의 물건은 종물이 될 수 없다고만 한다(대판 2008. 5. 8, 2007다36933·36940).

Ⅲ. 종물의 효과

종물은 주물의 처분에 따른다(100조 2항). 여기의 처분은 소유권양도·제한물권 설정과 같은 물권적 처분뿐만 아니라 매매·대차와 같은 채권적 처분도 포함하는 넓은 의미이다. 주물 위에 저당권이 설정된 경우에 저당권의 효력이 종물에도 미친다는 데 대하여는, 의용민법 아래서는 규정이 없어서 논란이 있었으나, 현행민법은 명문의 규정을 두고 있다(358조). 그러나 주물의 시효취득과 같이 점유에 기한 권리변동의 경우에는 종물에 그 효력이 미치지 않는다.

한편 제100조 제 2 항은 임의규정이라고 해석되므로, 당사자는 주물을 처분할 때에 특약으로 종물을 제외할 수도 있고 종물만을 따로 처분할 수도 있다(대판 2012. 1. 26, 2009다76546).

[392] Ⅳ. 종물이론의 유추적용

주물·종물 이론은 물건 상호간에 관한 것이지만 그것은 권리 상호간에도 유추적용되어야 한다(이설 없음). 따라서, 가령 건물이 양도되면 그 건물을 위한 대지의 임차권(대판 1993. 4. 13, 92다24950: 저당권이 실행된 경우)이나 지상권(대판 1996. 4. 26, 95다52864)도 건물양수인에게 이전하고, 구분건물의 전유부분에 대한 소유권보존등기만 행하여지고 대지지분에 대한 등기가 되기 전에 전유부분만에 대하여 내려진 가압류결정의 효력은 그 대지권에까지 미치며(대판 2006. 10. 26, 2006다29020), 원본채권이 양도되면 이자채권도 이전한다.

〈판 례〉

(ㄱ) 「건물의 소유를 목적으로 하여 토지를 임차한 사람이 그 토지 위에 소유하는 건물에 저당권을 설정한 때에는 민법 제358조 본문에 따라서 저당권의 효력이 그 건물뿐만 아니라 그 건물의 소유를 목적으로 한 토지의 임차권에도 미친다고 보아야 할 것이므로(당원 1992. 7. 14. 선고 92다527 판결 참조), 건물에 대한 저당권이 실행되어 경락인이 건물의 소유권을 취득한 때에는 특별한 다른 사정이 없는 한 그에 수반하여 그 건물의 소유를 목적으로 한 토지의 임차권도 그 건물의 소유권과 함께 경락인에게 이전된다고 봄이 상당하다.」(대판 1993. 4. 13, 92다24950)

(ㄴ) 「민법 제100조 제 2 항에서는 "종물은 주물의 처분에 따른다"고 하고 있는바, 위 종물과 주물의 관계에 관한 법리는 물건 상호간의 관계뿐 아니라, 권리 상호간에도 적용되고, 위 규정에서의 처분이란 처분행위에 의한 권리변동뿐 아니라 주물의 권리관계가 압류와 같은 공법상의 처분 등에 의하여 생긴 경우에도 적용되어야 한다는 점, 저당권의 효력이 종물에 대하여도 미친다는 민법 제358조 본문 규정은 민법 제100조 제 2 항과 그 이론적 기초를 같이한다는 점, 집합건물의 소유 및 관리에 관한 법률 제20조 제 1 항, 제 2 항에 의하면 구분건물의 대지사용권은 전유부분과 종속적 일체불가분성이 인정되는 점 등에 비추어 볼 때, 구분건물의 전유부분에 대한 소유권보존등기만 경료되고 대지지분에 대한 등기가 경료되기 전에 전유부분만에 대해 내려진 가압류결정의 효력은, 대지사용권의 분리처분이 가능하도록 규약으로 정하였다는 등의 특별한 사정이 없는 한, 종물 내지 종된 권리인 그 대지권에까지 미친다고 보아야 할 것이다.」(대판 2006. 10. 26, 2006다29020)

제 5 절 원물과 과실

Ⅰ. 원물 · 과실의 의의 [393]

물건으로부터 생기는 경제적 수익을 과실(果實)이라고 하고, 과실을 생기게 하는 물건을 원물(元物)이라고 한다. 민법은 제101조에서 물건으로부터 생기는 수익인 과실의 개념을 규정하고, 제102조에서는 그 과실의 귀속(및 범위)을 규정하고 있다.

과실에는 천연과실과 법정과실이 있다. 이 둘은 물건으로부터 생기는 수익이라는 점, 즉 과실이라는 점에서만 공통할 뿐, 본질에 있어서는 서로 다르다. 그리하여 민법은 그 둘을 별도로 규율하고 있다.

그리고 민법은 물건의 과실만 인정하며, 권리의 과실(주식의 배당금·특허권의 사용료 등) 개념은 인정하지 않는다.

Ⅱ. 천연과실

(1) 의 의

물건의 용법에 의하여 수취되는 산출물이 천연과실(天然果實)이다(101조 1항). 「물건의 용법에 의하여」라 함은 원물의 경제적 용도에 따르는 것을 말한다. 천연과실에는 자연적·유기적인 것(과일·곡물·가축의 새끼·우유 등)뿐만 아니라 인공적·무기적(석재·흙·모래 등)인 것도 있다(원물의 수익으로 인정될 경우).

일부 문헌(김기선, 205면)은 천연과실은 물건의 용법에 따라서 수취하는 물건이라야 하므로, 화분의 열매, 화물운반 전용마가 낳은 망아지는 천연과실이 아니라고 한다. 생각건대 천연과실의 개념은 과실이 원물에서 분리될 때 누구에게 속하는지를 결정하는 데 의미가 있으므로, 위와 같은 경우에는 문제되는 것들이 과실인지의 관점에서 해결하려고 할 것이 아니고, 원물(위의 예에서는 화분이나 화물운반 전용마)의 대차에 있어서 수익도 얻을 수 있도록 약정했는지 아닌지 법률행위의 해석에 의하여 해결하는 것이 바람직하다(같은 취지: 곽윤직(신정판), 317면). 즉 일률적으로 과실이라거나 아니라고 하여 수취권이 있다거나 없다고 할 수 없는 것이다.

천연과실은 원물로부터 분리되기 전에는 원물의 구성부분에 지나지 않으나(다만, 명인방법을 갖춘 경우에는 독립성이 인정된다), 분리된 때에 독립한 물건으로 된다.

[394] ### (2) 귀 속

천연과실은 그것이 원물로부터 분리되는 때에 그것을 수취할 권리자에게 속한다(102조 1항). 수취권자는 원물의 소유자(상속재산의 소유권을 취득한 자는 그 과실의 수취권이 있다: 대판 2007. 7. 26, 2006다83796)인 것이 보통이나(211조 참조), 예외적으로 선의의 점유자(201조)·지상권자(279조)·전세권자(303조)·유치권자(323조)·질권자(343조)·저당권자(359조)·매도인(587조)·사용차주(609조)·임차인(618조)·친권자(923조)·유증의 수증자(1079조) 등에게도 수취권이 인정된다. 그리고 동산의 양도담보설정자도 수취권을 갖는다. 가령 돼지를 양도담보의 목적물로 하여 소유권을 양도하되 점유개정의 방법으로 양도담보설정자가 계속하여 점유·관리하면서 무상으로 사용·수익하기로 약정한 경우에는, 양도담보 목적물로서 원물인 돼지가 출산한 새끼돼지는 천연과실에 해당하고, 그 천연과실의 수취권은 원물인 돼지의 사용·수익권을 가지는 양도담보설정자에게 귀속된다(대판 1996. 9. 10, 96다25463). 이는 부동산의 양도담보의 경우에도 마찬가지이다. 그런데 그 양도담보에 가등기담보법이 적용되는 때에는 양도담보설정자는 소유자로서 수취권이 있으므로, 이 설명이 의미를 가지는 것은 그 법이 적용되지 않는 때이다. 그 외에 소유권유보부 매매에 있어서 매수인도 수취권이 있다. 소유자 이외의 자에게 수취권이 인정되는 때에는 소유자는 수취권을 갖지 못한다. 한편 제102조 제1항도 임의규정이다.

〈참　고〉

문헌(양창수, 민법연구(8), 107면 이하, 특히 129면)에 따라서는 천연과실의 수취권자에서 유치권자·질권자·저당권자·친권자는 제외하여야 하고, 사용차주는 예외적으로만 즉 당사자 사이에서 천연과실의 수취를 포함하는 수익의 특약이 있는 경우에만 제102조 제1항의 적용을 받는다고 한다. 그 문헌이 들고 있는 이유는 다음과 같다. 제102조 제1항은 천연과실의 「소유자」의 귀속을 규정하고 있는데(위 문헌, 105면), 유치권자는 유치물의 과실을 수취하여 자기 채권의 만족에 우선적으로 충당할 수 있기는 하지만(323조 1항) 소유권을 취득하는 것이 아니며, 이 점은 질권의 경우에도 마찬가지라고 한다(343조 참조). 그리고 저당권에 관한 제359조는 일정한 과실에도 저당권의 효력이 미쳐서 경매의 대상이 된다고 하는 것일 뿐, 저당권자에게 과실의 소유권을 취득하게 하는 것은 아니라고 한다. 또한 친권자(923조 2항 본문)에 대하여는 수취권 반대학설들을 제시하며, 사용차주는 예외적으로 목적물의 사용 외에 수익까지도 약정된 경우에만 과실수취권이 있다고 한다.

이 견해는 위의 사견 및 통설과 달리 소유자 이외의 자 중 일정한 자가 과실의 「소유권」을 취득하는지에 관하여 구체적으로 살펴본 점에서 의미가 있다. 그러나 소유자 아닌 자로서 어찌되었든 과실을 취득하게 되는 경우가 포함되는 것을 굳이 배제할 필요는 없다고 하겠다.

[395] Ⅲ. 법정과실

(1) 의 의

물건의 사용대가로 받는 금전 기타의 물건이 법정과실(法定果實)이다(101조 2항). 물건의 대차에 있어서의 사용료(집세·지료 등)(대판 2001. 12. 28, 2000다27749는 국립공원의 입장료는 토지의 사용대가라는 민법상의 과실이 아니라고 한다), 금전대차에 있어서의 이자 등이 그 예이다(김상용, 298면; 김주수, 288면은 이자는 법정과실이 아니지만 법정과실로 다룰 것이라고 한다). 그런데 원물·과실은 모두 물건이어야 하므로 노동의 대가·권리사용의 대가 등은 과실이 아니다(통설도 같음. 반대: 고상룡, 291면). 그리고 원물 사용의 대가를 받을 수 있는 권리도 과실은 아니다.

〈판 례〉

「국립공원의 입장료는 토지의 사용대가라는 민법상 과실이 아니라 수익자 부담의 원칙에 따라 국립공원의 유지·관리비용의 일부를 국립공원 입장객에게 부담시키고자 하는 것이어서 토지의 소유권이나 그에 기한 과실수취권과는 아무런 관련이 없」다(대판 2001. 12. 28, 2000다27749).

(2) 귀 속

법정과실은 수취할 권리의 존속기간의 일수의 비율로 취득한다(102조 2항). 그리하여 가령 토지를 임대하고 있는 동안에 그 토지를 매도한 경우에는, 토지소유권이 이전된 날을 기준으로 하여 매도인과 매수인이 차임을 나누어 가지게 된다. 그런데 이 규정도 역시 임의규정이므로 당사자가 다르게 약정할 수 있다.

(3) 원물 자체의 사용이익에의 유추적용

가옥에 거주하는 것과 같이 원물을 그대로 이용하는 경우에 그 사용이익은 법정과실은 아니나, 과실의 수취에 준하여 다룰 것이라고 함이 통설(김상용, 298면; 김용한, 234면; 김주수, 288면; 김준호, 208면; 김학동, 249면; 백태승, 313면; 이영준, 1002면; 주해(2), 80면(김병재))·판례(대판 1987. 9. 22, 86다카1996·1997; 대판 1996. 1. 26, 95다44290 등)이다. 그에 의하면, 타인의 가옥을 선의로 점유한 때에는 점유·사용으로 인한 이익을 반환할 의무가 없게 된다(201조 1항의 유추적용). 위의 통설·판례의 기본입장은 타당하다. 그러나 제201조 제 1 항의 해석에 관한 그것들의 태도에는 찬성할 수 없다(자세한 점은 물권법 [95] 참조).

민법규정 색인

(왼쪽의 숫자는 민법규정이고, 오른쪽의 숫자는
본문의 옆에 붙인 일련번호 즉 옆번호임)

판례(대법원 · 헌법재판소) 색인

(오른쪽의 숫자는 옆번호임)

사항 색인

(오른쪽의 숫자는 옆번호임)

저자약력
서울대학교 법과대학, 동 대학원 졸업
법학박사(서울대)
경찰대학교 전임강사, 조교수
이화여자대학교 법과대학/법학전문대학원 조교수, 부교수, 교수
Santa Clara University, School of Law의 Visiting Scholar
사법시험 · 행정고시 · 외무고시 · 입법고시 · 감정평가사시험 · 변리사시험 위원
현재: 이화여자대학교 법학전문대학원 명예교수

주요저서
착오론
민법주해[Ⅱ], [Ⅷ], [Ⅸ], [XIII](초판)(각권 공저)
주석민법 채권각칙(7)(제 3 판)(공저)
법학입문(공저)
법률행위와 계약에 관한 기본문제 연구
대상청구권에 관한 이론 및 판례연구
부동산 점유취득시효와 자주점유
법률행위에 있어서의 착오에 관한 판례연구
계약체결에 있어서 타인 명의를 사용한 경우의 법률효과
흠있는 의사표시 연구
민법개정안의견서(공저)
제 3 자를 위한 계약 연구
민법사례연습
민법강의(상)(하)
채권의 목적 연구
불법원인급여에 관한 이론 및 판례 연구
법관의 직무상 잘못에 대한 법적 책임 연구
시민생활과 법(공저)
신민법강의
신민법사례연습
신민법입문
기본민법
민법 핵심판례240선(공저)
민법총칙
물권법
채권법총론
채권법각론
친족상속법
민법전의 용어와 문장구조
나의 민법 이야기

제 8 판
민법총칙

초판발행 2011년 1월 20일
제 8 판발행 2026년 1월 20일

지은이 송덕수
펴낸이 안종만 · 안상준

편 집 김선민
기획/마케팅 조성호
표지디자인 이수빈
제 작 고철민 · 김원표

펴낸곳 (주) 박영사
서울특별시 금천구 가산디지털2로 53, 210호(가산동, 한라시그마밸리)
등록 1959. 3. 11. 제300-1959-1호(倫)
전 화 02)733-6771
f a x 02)736-4818
e-mail pys@pybook.co.kr
homepage www.pybook.co.kr
ISBN 979-11-303-9921-8 93360

정 가 42,000원